Jan-Pieter Barbian:
Literaturpolitik im »Dritten Reich«

Institutionen, Kompetenzen, Betätigungsfelder
Überarbeitete und aktualisierte Ausgabe

Deutscher
Taschenbuch
Verlag

dtv

November 1995
Deutscher Taschenbuch Verlag GmbH & Co. KG,
München

Umschlaggestaltung: Dieter Brumshagen
Umschlagbild: Archiv für Kunst und Geschichte, Berlin
Gesamtherstellung: C. H. Beck'sche Buchdruckerei,
Nördlingen
Printed in Germany · ISBN 3-423-04668-6

Das Buch

Kaum eine Epoche der Zeitgeschichte ist in so großem Umfang erforscht worden wie das »Dritte Reich«, und dennoch sind einige Lücken noch nicht geschlossen. Jan-Pieter Barbian legt mit seiner ›Literaturpolitik im »Dritten Reich«‹ eine auf ein breites dokumentarisches Fundament gegründete Studie vor, die alle Voraussetzungen für ein Standardwerk mitbringt.
Wie weit der Literaturpolitik im NS-Staat Bedeutung zugemessen wurde, läßt sich aus der Vielzahl der mit Lenkung und Kontrolle befaßten Institutionen erschließen. Barbian untersucht die oft wechselnden, oft konkurrierenden Kompetenzen und Betätigungsfelder der Schrifttumsabteilung des Reichsministeriums für Volksaufklärung und Propaganda, der einschlägigen Stellen beim Reichsministerium für Wissenschaft, Erziehung und Volksbildung, der langen Reihe parteiamtlicher Schrifttumsstellen sowie der Gestapo und des Sicherheitsdienstes. Deutlich wird auch, inwieweit die »literarischen Institutionen« selbst, also die Schriftstellerorganisationen, die Verbände des Buchhandels und der Bibliotheken, der Börsenverein, die Deutsche Bücherei sowie Verlage durch Anpassung und vorauseilenden Gehorsam der staatlichen Kontrolle zuarbeiten. Dabei wird ein zeitlicher Bogen gespannt von der bereits eingeschränkten literaturpolitischen Liberalität der Weimarer Republik und der längst erfolgreichen völkischen Literaturbewegung hin zum Ausbau einer gewaltigen Bürokratie zur Säuberung, Überwachung und Disziplinierung des deutschen literarischen Lebens im »Dritten Reich«.

Der Autor

Jan-Pieter Barbian, geboren 1958, studierte Geschichte, Germanistik und Philosophie an der Universität Trier und war dort von 1987 bis zu seiner Promotion 1991 als Wissenschaftlicher Mitarbeiter im Fach Geschichte tätig. Seit 1991 leitet er den Fachbereich »Kulturelle Bildung« der Volkshochschule der Stadt Duisburg. Forschungsschwerpunkte: Film- und Kulturpolitik der Weimarer Republik und der NS-Zeit, deutsch-niederländische Beziehungen in den Jahren 1919 bis 1939, Montanwesen in Deutschland und Frankreich im 18. und frühen 19. Jahrhundert.

»Wie man es erzählen kann, so ist es nicht gewesen. Wenn man es aber erzählen kann, wie es war, dann ist man nicht dabeigewesen, oder die Geschichte ist lange her, so daß einem Unbefangenheit leichtfällt. Allein, daß man trennen muß und hintereinanderreihen, um es erzählbar zu machen, was in Wirklichkeit miteinander vermischt ist bis zur Unlösbarkeit ...«

Christa Wolf, Nachdenken über Christa T. (1968)

Inhaltsverzeichnis

Kapitel I Literaturpolitik im Übergang von der Weimarer Republik zum »Dritten Reich«

A. Umrisse einer nationalsozialistischen Kultur- und Literaturpolitik in der Weimarer Republik

B. Die Anfänge der nationalsozialistischen Literaturpolitik nach der Machtübernahme vom 30. 1. 1933

Kapitel II Die bürokratische Institutionalisierung der Literaturpolitik

A. Der Aufbau einer staatlichen Literaturpolitik

Kapitel III Die Betätigungsfelder der Literaturpolitik im »Dritten Reich«

A. Die Literaturpolitik gegenüber den Schriftstellern

B. Die Literaturpolitik auf dem Gebiet des Buchhandels

C. Die Literaturpolitik auf dem Gebiet des Bibliothekswesens

Vorwort

Das vorliegende Buch ist eine geringfügig überarbeitete und aktualisierte Ausgabe meiner gleichnamigen Dissertation aus dem Jahre 1991, die erstmals 1993 publiziert wurde. An ihrem Zustandekommen waren viele Personen und Institutionen beteiligt. Da es sich um eine auf Quellenauswertungen gestützte Darstellung handelt, habe ich an erster Stelle den Archivaren zu danken. Aus der Vielzahl möchte ich Herrn Dr. Wolfram Werner vom Bundesarchiv Koblenz hervorheben, dessen sorgfältig aufgearbeitete Bestände zur NS-Zeit mittlerweile in das Bundesarchiv Potsdam transferiert worden sind. Auch den Kolleginnen und Kollegen im Berlin Document Center, das seit 1994 dem Bundesarchiv untersteht, sei für ihre wertvolle Unterstützung unter schwierigen Arbeitsbedingungen gedankt. Als das vorliegende Buch in den Jahren 1986 bis 1991 entstand, war die Möglichkeit zur Nutzung von Aktenüberlieferungen in Archiven der ehemaligen DDR und in der Deutschen Bücherei Leipzig noch keine Selbstverständlichkeit. Um so mehr habe ich den Mitarbeiterinnen und Mitarbeitern dieser Institutionen zu danken, die mir diesen Zugang ermöglicht und meine Arbeit in großzügiger Weise unterstützt haben.

Die Entstehung einer wissenschaftlichen Studie lebt neben der eigenen Arbeitsenergie vor allem auch von der Möglichkeit zum Diskurs mit Fachkollegen. In dieser Hinsicht war ich in der glücklichen Lage, Ergebnisse meiner Arbeit auf drei Tagungen vorstellen zu können: auf der Internen Arbeitstagung des Instituts für Zeitgeschichte zum Thema »Schriftsteller, Verleger und Buchhändler im Dritten Reich. Zeitzeugen berichten über Bedingungen, Möglichkeiten und Grenzen literarischen Arbeitens« (8./9. 11. 1989); auf dem 9. Jahrestreffen des Wolfenbütteler Arbeitskreises für Geschichte des Buchwesens, das dem Thema »Buch und Buchhandel im Dritten Reich« gewidmet war (15.-17. 11. 1989); sowie auf der von Prof. Dr. Hans-Peter Herrmann organisierten Arbeitstagung »Deutsche Literatur und Nationalsozialismus/Deutsche Literaturwissenschaft und Nationalsozialismus« im Institut für Neuere Deutsche Literaturgeschichte der Albert-Ludwigs-Universität Freiburg i. Br. (8./9. 3. 1991). Darüber hinaus verdanke ich Prof. Dr. Kurt Düwell, vormals Universität Trier, jetzt Heinrich-Heine-Universität Düsseldorf, Dr. Reinhard Bollmus, Universität Trier, Prof. Dr. Wolfgang Schieder, Universität Köln, sowie Prof. Dr. Erhard Schütz, Freie Universität Berlin, wichtige methodische und inhaltliche Anregungen.

Die Aktenüberlieferungen zum Thema sind über die gesamte Bundesrepublik verteilt. Das hat viele Archivreisen erforderlich gemacht. Nicht möglich gewesen wäre dies ohne die großzügige finanzielle Unterstützung der Horst-Kliemann-Stiftung für Geschichte des Buchwesens und der Fritz-Thyssen-Stiftung. Frau Dr. Monika Estermann, Frankfurt am Main, und Herrn Dr. Rudolf Kerscher, Köln, sei daher an dieser Stelle für die Vermittlung der Reisestipendien besonders gedankt.

Die Recherche und Abfassung eines Buches bedeuten den Verzicht auf ein Stück Lebenszeit, nicht nur individueller, sondern auch gemeinsamer. Ich danke daher meiner Frau von Herzen, daß sie diesen Weg dennoch mit Aufmerksamkeit und Geduld mitgegangen ist.

Das Buch ist den Außenseitern der deutschen Wissenschaft gewidmet, von denen stellvertretend für viele Walter Benjamin, Norbert Elias, Martin Greiner, Emil J. Gumbel, Theodor Lessing, Ludwig Quidde, Ernst Troeltsch genannt seien. Sie haben ihre innovativen und anregenden Forschungsergebnisse gegen politisch oder rassisch motivierte Widerstände des etablierten Wissenschaftsbetriebs durchsetzen müssen.

Duisburg, im März 1995

Einleitung

1. Der Stand der Forschung zur nationalsozialistischen Kultur- und Literaturpolitik

Als Hildegard Brenner 1963 in ihrer grundlegenden Studie zur »Kunstpolitik des Nationalsozialismus« darauf hinwies, daß die nationalsozialistischen Machthaber erstmals in der »Geschichte moderner Staatswesen« den Versuch unternommen hatten, die Künste für ihre Herrschaftsziele dienstbar zu machen,[1] hätte dies der Ausgangspunkt einer ausführlicheren Beschäftigung mit der Kulturpolitik im »Dritten Reich« sein können. Um so mehr, als die Autorin auf die doppelte Bedeutung von »Kunstpolitik« aufmerksam machte: zum einen Politik der staatlichen und parteiamtlichen Verwaltungsapparate, die reglementierend in die Kunstsphäre eingriff; zum anderen die Künste selbst, mit denen unterschwellig politische Werte in der Gesellschaft verbreitet und so eine informelle soziale Kontrolle ausgeübt werden konnte.[2] Von einer Analyse dieses Instrumentariums waren mithin wesentliche Aufschlüsse über die Etablierung und Praktiken der nationalsozialistischen Herrschaft, über gesellschaftliche Wertvorstellungen und Verhaltensmuster, über die Entwicklung der Kunstgattungen und die »Spielräume« der Künstler unter den Bedingungen der Diktatur zu erwarten.

Die zeitgeschichtliche und politologische Forschung widmete sich in der Folge jedoch anderen Themenbereichen. Neben Biographien zu den nationalsozialistischen Führungspersönlichkeiten erschienen vor allem Untersuchungen zur Innen- und Außenpolitik sowie zur Sozial- und Wirtschaftsgeschichte des »Dritten Reichs«. Die Kulturgeschichte und -politik, die im Rahmen der Geschichtswissenschaft bis heute nur einen Außenseiterstatus besitzen, wurden dagegen weitgehend ausgeblendet. Von vereinzelten Beiträgen abgesehen, ist erst seit Anfang der achtziger Jahre eine stärkere Beschäftigung mit den für

[1] H. Brenner, Die Kunstpolitik des Nationalsozialismus, Reinbek bei Hamburg 1963, Enzyklopädisches Stichwort »Kunst und Politik«, S. 273–278, hier S. 273.

[2] Ebd., S. 275–76.

Kulturpolitik zuständigen Institutionen und dem kulturellen Leben im nationalsozialistischen Deutschland feststellbar.

In seiner 1944 in den USA unter dem Titel »Behemoth« erschienenen Studie über die »Struktur und Praxis des Nationalsozialismus« setzte Franz Neumann noch die nationalsozialistische Kultur einfach mit der Propaganda gleich.[3] Eine Analyse, die diese These stützen könnte, fehlt. Während Neumann detailliert die politischen Mechanismen der NS-Herrschaft, die »totalitäre Monopolwirtschaft« und die »neue Gesellschaft« darstellt, sucht man nach fundierten Aussagen über die Kultursphäre bei ihm vergebens. Ähnlich wie Neumann ordnete auch Hannah Arendt in ihrer Untersuchung über die »Elemente und Ursprünge totaler Herrschaft« die Kultur dem Stichwort »totalitäre Propaganda«[4] unter und betrachtete die gesamte Kultursphäre ansonsten als eine zu vernachlässigende Größe.

Karl Dietrich Bracher ging zwar in seiner erstmals 1960 erschienenen Studie über die »Stufen der Machtergreifung« noch relativ ausführlich auf die »Reglementierung der Kultur« ein.[5] Doch ist seine Darstellung im Gegensatz zu seinen sonstigen Forschungsergebnissen ausgesprochen undifferenziert. So verlief die »Gleichschaltung« auf kulturellem Gebiet nach den Vorstellungen Brachers ohne größere Komplikationen in der Regie von Goebbels. Die Reichskulturkammer mit ihren sieben Einzelkammern diente ganz einfach der »›monolithische[n]‹ Ausrichtung des gesamten Kulturlebens im Sinne der nationalsozialistischen ›Weltanschauung‹«.[6] Sämtliche »›links‹gerichteten, jüdischen oder demokratischen Schriftsteller« seien beson-

[3] F. Neumann, Behemoth. Struktur und Praxis des Nationalsozialismus 1933 bis 1944, hg. und mit einem Nachwort von G. Schäfer, Frankfurt a.M. 1984 (Ungekürzte Taschenbuchausgabe), S. 507: »Die nationalsozialistische Propaganda wird immer überlegen bleiben, weil die nationalsozialistische Kultur Propaganda ist und sonst nichts [...]«.

[4] H. Arendt, Elemente und Ursprünge totaler Herrschaft, Ungekürzte Ausgabe, München, Zürich 1986 (Englische Originalausgabe 1951), S. 546–574.

[5] K. D. Bracher, Stufen der Machtergreifung, in: Bracher/Sauer/Schulz, Die nationalsozialistische Machtergreifung, Zweite, durchgesehene Auflage Köln, Opladen 1962, Teil I, S. 31–368, hier S. 288–307.

[6] Ebd., S. 288. In Brachers Studie »Die deutsche Diktatur. Entstehung, Struktur, Folgen des Nationalsozialismus«, 3. Aufl. Köln, Berlin 1970, S. 280, wird die RKK dann gar zur »allumfassenden Überwachungs- und Zensurorganisation«.

ders »entschieden und radikal« ausgeschaltet worden.[7] Hinsichtlich der Literatur ist dann zwar richtig erkannt, daß hierbei eine »totalitäre Kontrolle und Lenkung nur beschränkt durchführbar« war.[8] Die weiteren Ausführungen verlieren sich dann allerdings im Dickicht der literaturpolitischen Institutionen und Kompetenzen, die von Bracher nicht richtig erkannt werden. Die Bücherverbrennungen vom 10. 5. 1933 werden in ihrer Bedeutung überbewertet und fälschlicherweise dem Propagandaminister zugeschrieben.[9] Schließlich wird die Gesamtentwicklung der Künste in den Jahren 1933 bis 1945 als eine »Periode äußerster Sterilität innerdeutscher Kultur« abgetan.[10]

Gerhard Schulz überschätzt in seiner Analyse der »Anfänge des totalitären Maßnahmenstaates« die Machtvollkommenheiten des Propagandaministers nicht nur in institutioneller Hinsicht.[11] Obwohl Schulz den Begriff der »Polykratie der Ressorts«[12] in die historische Forschung eingeführt hat, geht er wie Bracher davon aus, daß das Propagandaministerium einen weitgehend unbestrittenen Primat in der Kulturpolitik besessen habe. Von der Existenz parteiamtlicher Schrifttumsstellen etwa ist Schulz nichts bekannt. Fragwürdig ist aber auch die Definition der nationalsozialistischen »Propaganda«. »Der einzelne« sei, so Schulz, »einer selbständigen Handlungsbefähigung und schließlich seines Handlungsbedürfnisses beraubt, seinem eigenen Bewußtsein entfremdet, von einer zentralisierten Ordnung blind gemacht« worden, »um von ihr vereinnahmt zu werden«.[13]

Ohne auf kulturpolitische Aspekte näher einzugehen, formulierte Hans Buchheim in seinem 1962 veröffentlichten Essay

[7] Bracher, Stufen der Machtergreifung, S. 300.

[8] Bracher, Stufen der Machtergreifung, S. 298. Im Widerspruch dazu und in Unkenntnis des nationalsozialistischen Zensurapparats schreibt Bracher dann aber in Die deutsche Diktatur, S. 281, daß die Entscheidungsgewalt der RKK-Einzelkammern über die Berufszulassung »Zensur und Zeitungsverbot, die alten Mittel der Diktatur, [...] fast überflüssig« gemacht hätten.

[9] Bracher, Stufen der Machtergreifung, S. 301. Der gleiche Fehler findet sich auch in Die deutsche Diktatur, S. 283.

[10] Bracher, Stufen der Machtergreifung, S. 303.

[11] G. Schulz, Die Anfänge des totalitären Maßnahmenstaates, in Bracher/Sauer/Schulz, Die nationalsozialistische Machtergreifung, Teil II, S. 371–682, hier S. 544–562.

[12] Ebd., S. 599–612.

[13] Ebd., S. 562.

»Totalitäre Herrschaft« eine Reihe von Einsichten, die auch für die Beschäftigung mit der Kultursphäre in den Jahren 1933 bis 1945 fruchtbar sind. So hat Buchheim klargestellt, daß totalitäre Herrschaft »kein durchgängig rationalisierter, in allen Teilen mit gleicher Wirksamkeit arbeitender Apparat« sei. Sie käme zwar bisweilen ihrem Ideal nahe, »aber aufs Ganze gesehen verwirklicht sich ihr Machtanspruch nur diffus, in ganz verschiedener Intensität zu verschiedenen Zeiten in den verschiedenen Bereichen des Lebens; dabei sind immer totalitäre mit nicht-totalitären Zügen vermischt«.[14] Buchheim hat in diesem Zusammenhang erstmals auf die Divergenz zwischen propagierter und »wirklicher Wirklichkeit« aufmerksam gemacht, auf die »Verquickung der gestörten, teils geleugneten, teils verfälschten und doch wirksamen alten und der umfassend proklamierten, aber nur fragmentarisch und diffus vorhandenen neuen Wirklichkeit«.[15] Ebenso wichtig ist Buchheims Hinweis, daß der Anspruch auf eine totale Kontrolle und Lenkung zwangsläufig den »Kreis der Funktionäre mit Ermessensspielraum« erweitere.[16] Das totalitäre Regime könne daher »die jeder politischen Führung eigentümliche Unsicherheit (daß stets nur ein Teil dessen geschieht, was angeordnet wird, und auch das nur vielfach in gebrochener Form) nicht ausschalten, sondern höchstens aus einem Bereich in einen anderen verlagern«.[17]

Die Defizite in der Beschäftigung mit den Institutionen und Inhalten der nationalsozialistischen Kulturpolitik bleiben keineswegs auf die Vertreter der »Totalitarismus«-Theorie beschränkt. In Hans Mommsens Desideratenkatalog zur Erforschung »zentrale[r] Probleme der inneren Struktur« der NS-Herrschaft aus dem Jahr 1966 wurden der Stab Stellvertreter des Führers bzw. die Partei-Kanzlei der NSDAP sowie die Wirtschafts-, Sozial- und Finanzpolitik genannt, nicht aber die Kulturpolitik.[18] Martin Broszat übernahm in seinem Standardwerk »Der Staat Hitlers« die schon bei Bracher und Schulz zu findende Bewertung des Propagandaministeriums als einer omnipo-

[14] H. Buchheim, Totalitäre Herrschaft. Wesen und Merkmale, München 1962, S. 43.
[15] Ebd., S. 46.
[16] Ebd., S. 132.
[17] Ebd.
[18] H. Mommsen, Beamtentum im Dritten Reich, Stuttgart 1966, S. 16.

tenten Institution zur Steuerung des kulturellen Lebens.[19] Mit der Errichtung der Reichskulturkammer (RKK) habe Goebbels schließlich »auf Kosten der Kultus- und Innenminister [der Länder] auch den gesamten Bereich der Kunst- und Kulturpolitik an sich« gezogen.[20] Eine Behauptung, die nicht nur das Fortbestehen einer regionalen Kulturpolitik im »Dritten Reich« ausblendet, sondern auch die Kompetenzen des am 2. 5. 1934 gegründeten Reichserziehungsministeriums völlig vernachlässigt.

In seinem ansonsten überaus anregenden Buch »Die braune Revolution«, das eine Antwort auf die Frage nach der modernisierenden Wirkung des Nationalsozialismus für die deutsche Gesellschaft zu geben versucht, geht David Schoenbaum mit keiner Silbe auf das Kulturleben ein.[21] Ein Manko, das um so mehr überrascht, als das Buch den Untertitel »Eine Sozialgeschichte des Dritten Reiches« trägt und man daher wohl einen Abschnitt über die Lage von Schriftstellern und Künstlern oder über die Entwicklung einzelner Kulturunternehmen hätte erwarten können. Schließlich zählt, was bis heute häufig genug vergessen wird, auch die Kultur mit ihren unterschiedlichen Berufen und Unternehmenszweigen zur gesellschaftlichen Realität.

Es war Reinhard Bollmus, der sich in seiner 1970 erschienenen Studie »Das Amt Rosenberg und seine Gegner« erstmals ausführlich mit zentralen Aspekten der nationalsozialistischen Kulturpolitik beschäftigte.[22] Bollmus relativierte zunächst die Bedeutung des von Alfred Rosenberg initiierten »Kampfbundes für deutsche Kultur« in der Phase des politischen Kampfes der NSDAP gegen die Weimarer Republik. Auf der Grundlage einer detaillierten Quellenauswertung konnte er dann die Entstehung, Entwicklung und den Stellenwert der Dienststelle des »Beauftragten des Führers für die Überwachung der gesamten geistigen und weltanschaulichen Schulung und Erziehung der

[19] M. Broszat, Der Staat Hitlers. Grundlegung und Entwicklung seiner inneren Verfassung, 7. Aufl. München 1978, S. 155.

[20] Ebd.

[21] D. Schoenbaum, Die braune Revolution. Eine Sozialgeschichte des Dritten Reiches, Aus dem Amerikanischen von T. Schoenbaum-Holtermann, München (dtv) 1980 (Originalausgabe 1967).

[22] R. Bollmus, Das Amt Rosenberg und seine Gegner. Zum Machtkampf im nationalsozialistischen Herrschaftssystem, Stuttgart 1970.

NSDAP« rekonstruieren,[23] was weit über die Geschichte dieser Institutionen hinaus wesentliche Erkenntnisse über die Struktur der NS-Herrschaft erbrachte. So hat Bollmus das Führungs- und Kompetenzchaos als Spezifikum des »Führer-Staates« herausgearbeitet, wobei er dieses Chaos im Gegensatz zu Bracher und anderen Vertretern der Totalitarismus-Theorie nicht als ein von Hitler aus Machtkalkül bewußt herbeigeführtes Phänomen, sondern als »Ausdruck tatsächlicher Planlosigkeit« erklärte.[24]

Zu ähnlichen Ergebnissen kam Michael H. Kater in seiner Untersuchung zum »Ahnenerbe der SS«.[25] Kater gelang es mit seiner Detailstudie nicht nur, die kultur- und wissenschaftspolitischen Ambitionen Himmlers aufzudecken. Er relativierte vor allem die von der Forschung bislang vertretene Auffassung von der rationalen Herrschaft des Reichsführers-SS. Himmler habe, so Katers Fazit aus den diversen Aktivitäten des »Ahnenerbe«, »nach 1942 einfach die Übersicht über sein Imperium verloren, das sich in einem Prozeß fortwährender Zellteilung zusehends vergrößerte«.[26] Das Imperium der SS sei in Wirklichkeit ein »System der Systemlosigkeit« gewesen, »dessen Hauptcharakteristikum in der Suspension der ursprünglich auf dem ›Führerprinzip‹ beruhenden Befehlstechnik bestand«.[27] Das habe zu »Autoritätsvakua« geführt, »innerhalb derer sich die einzelnen Befehlsempfänger schließlich aus der jeweiligen Situation heraus und unter Berufung auf angeblich verankerte ›Rechte‹ eo ipso legitimieren mußten, um ihrer Tätigkeit überhaupt nachgehen zu können«.[28] Am Ende der Entwicklung hätte, so die kühne These Katers, nicht der »SS-Staat«, sondern die völlige Auflösung des Himmlerschen Verwaltungsapparates gestanden.

In seine 1976 erschienenen methodischen Überlegungen zur nationalsozialistischen Polykratie bezog Peter Hüttenberger auch die kulturelle Sphäre als vollwertiges Untersuchungsfeld

[23] Bollmus klammerte allerdings das Engagement des Amtes Rosenberg und seine Auseinandersetzungen mit anderen Herrschaftsträgern auf dem Gebiet der Literaturpolitik aus.

[24] Bollmus, Das Amt Rosenberg, S. 250.

[25] M. H. Kater, Das »Ahnenerbe« der SS 1935–1945. Ein Beitrag zur Kulturpolitik des Dritten Reiches, Stuttgart 1974.

[26] Ebd., S. 350–351.

[27] Ebd., S. 352.

[28] Ebd.

ein.[29] Hüttenberger entwickelte drei zentrale Fragestellungen, an denen sich die weitere wissenschaftliche Beschäftigung mit dem NS-Herrschafts- und Gesellschaftssystem orientieren sollte. Erstens ginge es darum, die »Modi des Handelns jedes einzelnen Herrschaftsträgers gegenüber den von ihm statuarisch unmittelbar abhängigen Organisationen« zu bestimmen. Zweitens müßten die »Herrschaftsbeziehungen der einzelnen Herrschaftsträger zu den durch sie nicht unmittelbar organisierten Teilen der Bevölkerung« näher untersucht werden. Im Mittelpunkt stünde dabei die »Problematik der sozialen, wirtschaftlichen und kulturellen Abhängigkeiten, und zwar unter dem doppelten Gesichtspunkt: der Konformität und Nonkonformität«. Drittens stelle sich die Frage nach den »gemeinsamen Interessen der Herrschaftsträger an der Bevölkerung in Verbindung mit den Fragen der Stabilität des Regimes«. Die »Gesamtstabilität bzw. -instabilität und die Instabilitäten in Teilbereichen« konkretisiere sich dabei »im je abweichenden Verhalten der Bevölkerung, wobei dieses wiederum von den wechselnden Beziehungen innerhalb der Polykratie, deren Fähigkeit, zentrale Aufgaben der Gesellschaft [...] zu bewältigen, sowie von den Divergenzen zwischen der politischen Kultur der Bevölkerung und des Regimes abhängt«.

Anregend in methodischer Hinsicht sind auch die 1980 veröffentlichten Ansätze von Uwe-Karsten Ketelsen zu einer Neuinterpretation der NS-Kulturpolitik.[30] Der Autor hinterfragte die in der bisherigen Forschung vorherrschende Reduktion der Kulturpolitik im Dritten Reich auf das Ziel, einen »leistungsfähigen Apparat zur totalen ideologischen Lenkung und Unterdrückung aufzubauen«.[31] De facto hätten aber weder ein systematisch geschlossener kulturpolitischer Verwaltungsapparat noch eine einheitliche Kulturideologie existiert.[32] Bei Ketelsen findet sich auch der wichtige Hinweis, daß die nach dem 30. 1. 1933 »übernommenen und ›gleichgeschalteten‹ Gruppen

[29] P. Hüttenberger, Nationalsozialistische Polykratie, in: GG 2 (1976), S. 417–442. Zum folgenden s. ebd., S. 437–438.

[30] U.-K. Ketelsen, Kulturpolitik des III. Reichs und Ansätze zu ihrer Interpretation, in: Text & Kontext 8 (1980), S. 217–242. Vgl. dazu jetzt auch ders., Literatur und Drittes Reich, 2., durchgesehene Aufl. Greifswald 1994.

[31] Ketelsen, Kulturpolitik des III. Reiches, S. 228.

[32] So ebd., S. 229.

und Verbände ihre teilweise sehr speziellen Interessen nach 1933 *innerhalb* des Partei- bzw. Staatsapparats und unter dessen Bedingungen weiter verfolgten«.[33] Notwendig sei daher die Darstellung der Kulturpolitik nicht mehr nur unter einem systematischen, sondern vor allem unter dem entwicklungsgenetischen Gesichtspunkt. Ein zweiter zentraler Ansatzpunkt ist für Ketelsen die Klärung der Funktion der Kulturpolitik im gesamtgesellschaftlichen Prozeß der Jahre 1933 bis 1945, insbesondere im Hinblick auf die Bedürfnisstrukturen des Klein- und Bildungsbürgertums.[34]

Während Klaus Hildebrand in seinem erstmals 1978 erschienenen historischen Grundriß »Das Dritte Reich« die Kulturgeschichte und Kulturpolitik der Jahre 1933 bis 1945 immer noch mit nur wenigen Zeilen abtut,[35] gehen zwei andere Überblicksdarstellungen ausführlich auf diesen Aspekt ein. Dabei weisen Hans-Ulrich Thamer in seiner Darstellung »Verführung und Gewalt«[36] und Norbert Frei in seiner Geschichte des »Führerstaats«[37] übereinstimmend darauf hin, daß der ideologische Anspruch der Nationalsozialisten auf Reglementierung und Steuerung der Kultursphäre sich keineswegs lückenlos mit der Realität deckte. Thamer sieht allerdings in der Zulassung nonkonformer Kulturproduktionen im »Dritten Reich« nur ein bewußtes herrschaftstechnisches Kalkül der NS-Machthaber.[38] Demgegenüber hat Frei zu Recht hervorgehoben, daß es »auch unfreiwillige Machtbegrenzung« gegeben habe, »resultierend aus der Dürftigkeit der nationalsozialistischen Kulturproduktion, der Ambivalenz der Weltanschauung und widerstreitenden Auffassungen innerhalb der Kulturbürokratie selbst«.[39] Zudem habe es einen »faktischen Mangel an Spielraum« gegeben. Die angestrebte »umfassende Mobilisierung der Gesellschaft« hätte Rücksichtnahmen auf »kulturelle Traditionen und zivilisatori-

[33] Ebd., S. 232.

[34] S. im einzelnen ebd., S. 233–239.

[35] K. Hildebrand, Das Dritte Reich, 4. Aufl. München 1991, S. 6. Die Literaturangaben zum Stichwort »Kultur«, S. 265–266, sind nicht nur spärlich, sondern auch keineswegs auf der Höhe der aktuellen Diskussion.

[36] H.-U. Thamer, Verführung und Gewalt. Deutschland 1933–1945, Berlin 1986, S. 494–521 und S. 711–726.

[37] N. Frei, Der Führerstaat. Nationalsozialistische Herrschaft 1933–1945, München 1987, S. 109–120.

[38] Thamer, Verführung und Gewalt, S. 511.

[39] Frei, Der Führerstaat, S. 110. Die folgenden Zitate ebd.

sche Besitzstände« erforderlich gemacht, um die »wie auch immer abgestufte Loyalität einer großen Mehrheit der Deutschen« nicht zu gefährden.

Sowohl Thamer als auch Frei bestätigen damit die Ergebnisse der Studien von Hans Dieter Schäfer, die unter dem Titel »Das gespaltene Bewußtsein« erstmals einen unverstellten Blick auf das kulturelle und literarische Leben der Jahre 1933 bis 1945 geöffnet haben.[40] Es sind im wesentlichen drei Ergebnisse. Erstens machte Schäfer auf eine nicht-nationalsozialistische Literaturszene im »Dritten Reich« aufmerksam.[41] Darunter befanden sich zahlreiche Autoren, deren Erscheinungsbild sich erst mit der deutschen Nachkriegsliteratur verbindet, deren publizistische Anfänge jedoch vor 1945 lagen. Zweitens konnte Schäfer nachweisen, daß einerseits Teile der bürgerlichen Kultur aus kaiserlicher und republikanischer Zeit im »Dritten Reich« überlebten, andererseits zahlreiche Erscheinungen der Massenkultur und des Amerikanismus, wie sie für die deutsche Nachkriegsgesellschaft nach 1945 typisch waren, bereits unter dem Nationalsozialismus vorgeprägt wurden.[42] Daraus folgt drittens das Bemühen Schäfers, die scheinbaren Epochengrenzen 1933/1945 aufzuweichen und die Kontinuitäten im soziokulturellen Verhalten und in den Mentalitätsstrukturen herauszuarbeiten.[43]

Die Geschichte der Reichskulturkammer und ihrer sieben Einzelkammern, die für das Berufsleben von rund 200000 Menschen zuständig waren und denen damit eine zentrale Bedeutung für die Sozialgeschichte des »Dritten Reichs« zukommt, muß noch geschrieben werden. In einem ersten, 1986 veröffentlichten Beitrag hat Volker Dahm nachweisen können, daß die nach außen vertretene Ideologie der Reichskulturkammer, die von der historischen Forschung bislang für bare Münze genom-

[40] H. D. Schäfer, Das gespaltene Bewußtsein. Über deutsche Kultur und Lebenswirklichkeit 1933–1945, München 1981. Die scharfe Kritik von M. H. Kater, Die Sozialgeschichte und das Dritte Reich. Überlegungen zu neuen Büchern, in: Archiv für Sozialgeschichte 22 (1982), S. 661–671, hier S. 665–670, geht an den Intentionen des Buches völlig vorbei.

[41] Schäfer, Die nichtnationalsozialistische Literatur der jungen Generation im Dritten Reich, ebd., S. 7–54.

[42] Das gespaltene Bewußtsein. Über die Lebenswirklichkeit in Deutschland 1933–1945, ebd., S. 114–162.

[43] Zur Periodisierung der deutschen Literatur seit 1930, ebd., S. 55–71.

men wurde, nicht mit der Realität übereinstimmte.[44] Die Ideologie der ständischen Organisation der Kulturberufe unter staatlicher Aufsicht verdeckte vielmehr die herrschaftsimmanenten Motive der improvisierten Gründung. Hinzu kommt, daß die nicht einkalkulierten politischen und sozialen Implikationen dem Propagandaminister und seiner Ministerialbürokratie noch bis weit in die dreißiger Jahre hinein enormes Kopfzerbrechen bereiteten.

Die Literatur als Teilgebiet der Kulturpolitik im »Dritten Reich« ist bereits mit einer Fülle von Publikationen bedacht worden, auf die hier nur in einer kleinen Auswahl eingegangen werden soll. Als Standardwerk, aus dem immer wieder zitiert wird, gilt bis heute die 1960 erschienene Dissertation von Dietrich Strothmann zur nationalsozialistischen Literaturpolitik.[45] Das Manko der Studie liegt jedoch darin, daß keine Archivalien einbezogen worden sind, die Tätigkeit der staatlichen und parteiamtlichen Schrifttumsstellen vielmehr nur aus gedruckten Quellen dargestellt wird. Daraus ergibt sich ein eingeschränktes Bild, das durch die Zugrundelegung der nur an politischen Zusammenhängen interessierten Totalitarismus-Theorie noch zusätzlich verengt wird.[46] Nun ist es keine Kunst, im Abstand von mehr als drei Jahrzehnten angesichts der mittlerweile erfolgten archivalischen Erschließung der Quellen und einer veränderten Forschungslage klüger zu sein. Bei einer genauen Durchsicht fällt jedoch auf, daß Strothmann nicht einmal die gedruckten Quellen richtig ausgewertet hat. Es finden sich zahllose Lükken, Fehler und Widersprüche hinsichtlich der Chronologie der Ereignisse, der Gründung und Tätigkeit von Institutionen, zu beteiligten Personen, literaturpolitischen Maßnahmen u.a.[47]

[44] V. Dahm, Anfänge und Ideologie der Reichskulturkammer, in: VfZG 34 (1986), S. 53–84.

[45] D. Strothmann, Nationalsozialistische Literaturpolitik. Ein Beitrag zur Publizistik im Dritten Reich, Bonn 1960, 3. Aufl. 1968.

[46] S. dazu bereits die Kritik von Ketelsen, Kulturpolitik des III. Reiches, S. 222.

[47] Dazu eine kleine Auswahlliste von Fakten- und Sachfehlern: falsche Datierung der Gründung des Amtes Rosenberg und der PPK (16); vier falsche Angaben zur Leitung der Schrifttumsabteilung (25); lückenhafte Nennung der Einzelkammern der RKK (27/Anm. 15); die Schrifttumsabteilung der Dienststelle Rosenberg sei angeblich gleicher Abteilung des RMVP nachgebildet (37); das Schrifttumsamt Rosenbergs sei »Hauptstelle der NSGKdF« gewesen (39); völlig unverständliche Herstellung einer Ver-

Aufgrund der bislang unkritischen Rezeption des Werkes sind diese Fehler in viele andere Studien übernommen worden.

Als problematisch zu bewerten ist auch die häufig zitierte Dokumentation von Joseph Wulf zur »Literatur und Dichtung im Dritten Reich«.[48] Wulf hatte zu Beginn der sechziger Jahre erstmals in größerem Umfang die damals noch ausschließlich im Berlin Document Center aufbewahrten Personal- und Sachakten aus dem Umfeld der nationalsozialistischen Literaturpolitik eingesehen. Die Auswahl der Dokumente erfolgte jedoch nicht unter der Maßgabe, einer unvoreingenommenen wissenschaftlichen Beschäftigung mit den verschiedenen Aspekten des Themas den Weg zu ebnen, sondern zielte auf eine die Komplexität der Handlungsabläufe vereinfachende politische Aufklärung und eine moralische Abrechnung. Ähnlich wie Strothmann ging auch Wulf davon aus, daß die deutsche Literatur der Jahre 1933 bis 1945 »ganz und gar vom nationalsozialistischen Staat gelenkt« worden sei.[49] »Entstehung und Ergebnis dieser Literatur« seien »unverkennbar Versagen und Entartung [!]«.[50] Neben dieser fragwürdigen Pauschaleinschätzung müssen die teils lücken-, teils fehlerhafte Zitierweise sowie eine Reihe von Faktenfehlern kritisiert werden.[51] Die gleichen

bindung zwischen der Gründung der PPK (April 1934) und der Ausschaltung der Röhm-Gruppe (42/Anm. 54); ebenso unverständlich die Angabe, die PPK sei am 18. 4. 1934 in Gebäude des RMVP in Berlin eingezogen (61); der SDS sei zum 11. 3. 1933 aufgelöst worden (68); der Ullstein Verlag sei bereits 1933 in Partei-Besitz übergegangen (119); falsche Datierung der Errichtung des Werbe- und Beratungsamtes (136); falsche Behauptung, daß das RMVP nach dem Verlust des Einflusses von Rust auf die Literaturpolitik eine »intensivere Lenkung auf die Volksbibliotheken« ausgeübt habe (143); Verwechslung der »Abteilung Büchereiwesen« in der Dienststelle Rosenberg mit dem Referat Büchereiwesen in der Schrifttumsabteilung des RMVP (160). Die Liste ließe sich für die nachfolgenden 300 Seiten des Buches beliebig fortsetzen. Auf einige besonders markante Fehler wird in meinen Fußnoten noch hingewiesen.

48 J. Wulf, Literatur und Dichtung im Dritten Reich. Eine Dokumentation, Frankfurt a. M. 1983 (Originalausgabe 1966).

49 Ebd., S. 5.

50 Ebd.

51 Auf S. 229 behauptet Wulf, der Rosenbergsche »Jahresgutachtenanzeiger« habe eine »Machtkonzentration Goebbels gegenüber« dargestellt und sei vom Rosenbergschen Schrifttumsamt zusammen mit der PPK herausgegeben worden; die Daten zur Amtszeit Hederichs und Berndts als Leiter der Schrifttumsabteilung, ebd. S. 229 bzw. 231, sind falsch; auf S. 234 wird

inhaltlichen und methodischen Bedenken lassen sich gegenüber der erstmals 1966 von Ernst Loewy herausgegebenen »Dokumentation« zur »Literatur unterm Hakenkreuz« erheben.[52]

Relativ gut untersucht sind die Eingriffe in die personelle Zusammensetzung und Organisationsstrukturen der schriftstellerischen Repräsentanzvertretungen und Interessenverbände. Hier liegen schon seit längerem die Arbeiten von Hildegard Brenner und Inge Jens zur Sektion für Dichtung in der Preußischen Akademie der Künste und die fundierte Studie von Ernst Fischer zum Schutzverband deutscher Schriftsteller vor.[53] Dagegen ist die Tätigkeit des PEN-Clubs in der Weimarer Republik und seine »Gleichschaltung« im Jahr 1933 bislang noch kein Gegenstand eingehenderer Untersuchungen geworden.

Nachdem Hans-Wolfgang Strätz bereits 1968 eine eingehende Analyse der studentischen »Aktion wider den undeutschen Geist« und der Bücherverbrennungen des 10. Mai 1933 veröffentlicht hatte,[54] erschien im »Jubiläumsjahr« 1983 eine ganze

Bernhard Payr im Zusammenhang mit einem Text aus dem Jahre 1938 als Leiter des Amtes Schrifttumspflege (der er erst ab 1944 war) bezeichnet und Hellmuth Langenbucher als stellvertretender Leiter der Reichsstelle zur Förderung des deutschen Schrifttums genannt; auf S. 258 verwechselt Wulf die Kanzlei des Führers der NSDAP (Bouhler) mit der Partei-Kanzlei der NSDAP (Bormann); auf S. 262, Anm. 1, findet sich die falsche Angabe, daß die von der PPK herausgegebene NS-Bibliographie nur bis 1942 erschienen sei; die Charakterisierung von Hans Hinkel als »äußerst aktiven Manager bei der Steuerung der Literatur im Dritten Reich«, S. 315, ist zumindest fragwürdig.

52 E. Loewy, Literatur unterm Hakenkreuz. Das Dritte Reich und seine Dichtung. Eine Dokumentation, Ungekürzte Taschenbuchausgabe Frankfurt a.M. 1983 (Originalausgabe ebd. 1966).

53 H. Brenner, Ende einer bürgerlichen Kunst-Institution. Die politische Formierung der Preußischen Akademie der Künste ab 1933, Stuttgart 1972; I. Jens, Dichter zwischen rechts und links. Die Geschichte der Sektion für Dichtkunst der Preußischen Akademie der Künste dargestellt nach den Dokumenten, München 1979 (Erstausgabe München 1971), hier S. 189–228; E. Fischer, Der »Schutzverband deutscher Schriftsteller« 1909–1933, in: AGB 21 (1980), Sp. 1–666, hier Sp. 611–638.

54 H.-W. Strätz, Die geistige SA rückt ein. Die studentische »Aktion wider den undeutschen Geist« im Frühjahr 1933, in: VfZG 16 (1968), S. 347–372. Ein »redaktionell bearbeiteter Nachdruck« des Aufsatzes erschien in dem Sammelband »10. Mai 1933. Bücherverbrennung in Deutschland und die Folgen«, hg. von U. Walberer, Frankfurt a.M. 1983, S. 84–114.

Flut weiterer Publikationen.[55] Deren wichtigstes Ergebnis ist der Nachweis, daß die »Aktion« von der Deutschen Studentenschaft initiiert, geplant und unter Beteiligung des Nationalsozialistischen Deutschen Studentenbundes und mit finanzieller Unterstützung des Propagandaministeriums durchgeführt wurde.

Während die symbolträchtige Bücherverbrennung zu den mittlerweile am besten erforschten Ereignissen gehört, sind die Strukturen und die Funktionsweise der nationalsozialistischen Literaturpolitik bislang noch kaum eingehender untersucht worden.[56] Dies gilt zunächst im Hinblick auf die staatlichen und parteiamtlichen Schrifttumsstellen, ihre Gründung, institutionelle Entwicklung und ihre Kompetenzen.[57] Aber auch über die konkreten Lebens- und Arbeitsbedingungen der Schriftsteller ist noch viel zu wenig bekannt. Ebenso steckt die quellengestützte Beschäftigung mit der Geschichte des Buchhandels im »Dritten Reich« noch in den Anfängen. Die 1971 erschienene Arbeit von Dietrich Aigner zur »Indizierung des »›schädlichen und unerwünschten Schrifttums‹« lieferte zwar einen Beitrag zur Buchzensur, der die Ausführungen Strothmanns an Aus-

[55] G. Sauder (Hg.), Die Bücherverbrennung. Zum 10. Mai 1933, München 1983; Dort wo man Bücher verbrennt. Stimmen der Betroffenen, hg. von K. Schöffling, Frankfurt a.M. 1983; »Das war ein Vorspiel nur...«. Bücherverbrennung Deutschland 1933. Voraussetzungen und Folgen, hg. von H. Haarmann, W. Huder und K. Siebenhaar, Berlin (West), Wien 1983; H. Denkler/E. Lämmert (Hg.), »Das war ein Vorspiel nur...«. Berliner Colloquium zur Literaturpolitik im ›Dritten Reich‹, Berlin (West) 1985. Zur weiteren Literatur s. die Sammelrezension von J. M. Ritchie, The Nazi Book-Burning, in: The Modern Language Review 83 (1988), S. 627–643.

[56] V. Dahm hat denn auch zu Recht darauf aufmerksam gemacht, daß das, was nur als »Metapher der kulturellen Barbarei gelten kann, für deren ganze Wirklichkeit« gehalten wurde. Die Bücherverbrennung habe bis heute die »fatale Funktion« erfüllt, den »Blick auf diese Wirklichkeit zu verstellen, ja sie dem allgemeinen historischen Bewußtsein zu entziehen«. Die nationalsozialistische Schrifttumspolitik nach dem 10. Mai 1933, in: Walberer (Hg.), 10. Mai 1933. Bücherverbrennung in Deutschland und die Folgen, S. 36–83, hier S. 36.

[57] Zu den parteiamtlichen Schrifttumsstellen liegen bislang nur zwei Untersuchungen vor: G. Rothfeder, Amt Schrifttumspflege. A study in literary control, in: GSR 4 (1981), S. 63–78; P. Josting, Der »Jugendschrifttumskampf« des NSLB, Hildesheim, Zürich, New York 1995.

führlichkeit und Präzision übertraf.[58] Doch sind auch bei Aigner zahlreiche Fehler und Lücken feststellbar. Das kompliziert geflochtene Instrumentarium der staatlichen und parteiamtlichen Eingriffe in den Buchmarkt bedarf jedenfalls weiterer Präzisierungen. Mit seiner Dissertation über »Das jüdische Buch im Dritten Reich« hat Volker Dahm nicht nur eine Monographie des Schocken Verlags vorgelegt, sondern auch einen zentralen Aspekt der nationalsozialistischen Buchhandelspolitik detailliert aufgearbeitet.[59] Die Darstellung von Siegfried Lokatis zur »Hanseatischen Verlagsanstalt«, die auf der Auswertung des in Hamburg befindlichen Firmenarchivs basiert, hat erstmals aufgezeigt, wie das »Buchmarketing« im »Dritten Reich« funktionierte.[60] Kommerzielle Erwägungen gingen bei dem seit 1933 im Besitz der Deutschen Arbeitsfront (DAF) befindlichen Verlag mit politischen Zielsetzungen Hand in Hand. Geschickt nutzte die Verlagsleitung die Türen, die ihr als Teil des DAF-Konzerns in die nationalsozialistischen Freizeitorganisationen geöffnet wurden. Neben systemkonformer NS-Literatur und Massenbuchware erschienen aber auch gehaltvolle Werke konservativer Autoren, die – wie etwa Ernst Jünger oder Werner Bergengruen – dem Nationalsozialismus kritisch gegenüberstanden. In bezug auf den »Leihbuchhandel als Teil der Reichsschrifttumskammer« konnte Raimund Kast nachweisen, daß es der staatlichen Schrifttumsbürokratie zwar einerseits gelang, die Zahl der während der Weltwirtschaftskrise sprunghaft angestiegenen Leihbüchereien z.T. beträchtlich einzuschränken und gleichzeitig eine Professionalisierung des Berufsstandes in begrenztem Umfang durchzusetzen.[61] Andererseits scheiterte jedoch der 1933 begonnene Versuch, den Leihbuchhandel politisch im Sinne des Nationalsozialismus zu instrumentalisieren, am traditionellen Leseverhalten des Publi-

[58] D. Aigner, Die Indizierung »schädlichen und unerwünschten Schrifttums« im Dritten Reich, Frankfurt a.M. 1971 (= Sonderdruck aus dem AGB, Bd. XI, 3–5).

[59] V. Dahm, Das jüdische Buch im Dritten Reich, Erster Teil: Die Ausschaltung der jüdischen Autoren, Verleger und Buchhändler, Frankfurt a.M. 1979; Zweiter Teil: Salman Schocken und sein Verlag, Frankfurt a.M. 1982 (= Sonderdruck aus dem AGB, Bd. XX).

[60] S. Lokatis, Hanseatische Verlagsanstalt. Politisches Buchmarketing im »Dritten Reich«, in: AGB 38 (1992), S. 1–189.

[61] R. Kast, Der deutsche Leihbuchhandel und seine Organisation im 20. Jahrhundert, in: AGB 36 (1991), S. 165–349, hier S. 203–276.

kums und der ihm folgenden Anschaffungspraxis der Leihbuchhändler.

Das Büchereiwesen unter dem Nationalsozialismus ist erst in den letzten Jahren als Forschungsgegenstand entdeckt worden. Engelbrecht Boese hat 1987 eine ebenso fundierte wie reflektierte Geschichte des öffentlichen Büchereiwesens geschrieben.[62] Dagegen gibt die Studie von Hans-Gerd Happel zum wissenschaftlichen Bibliothekswesen nur einen sehr groben Überblick über die institutionelle Entwicklung und das Personal.[63] In einem Sammelband, der die Ergebnisse einer Wolfenbütteler Tagung zur Geschichte der Bibliotheken während des Nationalsozialismus zusammenfaßt,[64] sind weitere Aufsätze und Materialien enthalten. Insgesamt fehlen jedoch sowohl eine zusammenhängende Darstellung der Büchereipolitik als auch Untersuchungen zu zentralen Bereichen wie den Werkbüchereien, den Parteibüchereien und den konfessionellen Büchereien. Die Entwicklung des Volksbüchereiwesens und der wissenschaftlichen Bibliotheken, ihre Arbeitsweise, Personal- und Bestandspolitik, Wirkung u. a. m. müßte anhand regionaler Detailstudien noch präziser zu fassen versucht werden.

2. Quellenlage

Die Akten zur nationalsozialistischen Literaturpolitik sind nicht nur in unterschiedlicher Dichte überliefert, sondern auch auf verschiedene Archivstandorte verteilt. Der umfangreichste Bestand an Sachakten zur Tätigkeit der staatlichen Behörden und parteiamtlichen Dienststellen befindet sich momentan im

[62] E. Boese, Das Öffentliche Bibliothekswesen im Dritten Reich, Bad Honnef 1987.

[63] H.-G. Happel, Das wissenschaftliche Bibliothekswesen im Nationalsozialismus. Unter besonderer Berücksichtigung der Universitätsbibliotheken, München u. a. 1989.

[64] Bibliotheken während des Nationalsozialismus, hg. von P. Vodosek und M. Komorowski. Teil I, Wiesbaden 1989. S. dazu auch C. Quasten, Bibliotheken während des Nationalsozialismus. 5. Jahrestagung des Wolfenbütteler Arbeitskreises für Bibliotheksgeschichte vom 1. bis 14. April 1988, in: Zeitschrift für Bibliothekswesen und Bibliographie 36 (1989), S. 165–172.

Bundesarchiv Potsdam, das zusätzlich zu den Beständen des ehemaligen Zentralen Staatsarchivs der DDR inzwischen auch die Aktenbestände des Bundesarchivs Koblenz zu Regierungs- und Parteidienststellen aus den Jahren 1933 bis 1945 übernommen hat. Allerdings ist hier ebenso wie in anderen Archiven kaum ein Bestand vollständig überliefert. Hinzu kommt, daß im Laufe des Jahres 1996 sämtliche Aktenbestände wiederum aus dem Bundesarchiv Potsdam in ein neu eingerichtetes Archivgebäude in Berlin-Lichterfelde überführt werden sollen. Da die Archive in Koblenz und Potsdam bislang mit unterschiedlichen Signaturen für die gleichen Aktenbestände gearbeitet haben, muß vermutlich ein neues Signatursystem für die dann in einem Haus zusammengefaßten Aktenüberlieferungen gefunden werden. Die von mir in den Jahren 1987 bis 1990 in Koblenz und Potsdam ausgewerteten Bestände und deren Signaturen geben daher den Zustand im Frühjahr 1995 wieder.

Im Bestand »Reichskanzlei« (R 43 II und 07.01) sind zentrale Aktenstücke zur Gründung des Propagandaministeriums und zur Durchsetzung seiner Kompetenzen auf kulturpolitischem Gebiet, zur Errichtung der Reichskulturkammer sowie zu den Ressortstreitigkeiten zwischen dem Propaganda- und dem Reichserziehungsministerium über die Zuständigkeit für das Volksbüchereiwesen überliefert. Der Bestand »Reichsministerium für Volksaufklärung und Propaganda« (R 55 und 50.01) enthält zwar eine Reihe von Akten zur Literaturpolitik des Ministeriums und seiner nachgeordneten Behörden. Aufgrund zahlreicher Überlieferungslücken können jedoch die umfangreiche Tätigkeit der Reichsschrifttumsstelle (ab 1. 4. 1939 Werbe- und Beratungsamt für das deutsche Schrifttum), der Schrifttumsabteilung und der Wirtschaftsstelle des deutschen Buchhandels nur in Umrissen rekonstruiert werden.[65] Das gleiche gilt für das »Reichserziehungsministerium« (R 21 und 49.01), zu dessen Büchereipolitik nur noch vereinzelte Akten vorhanden sind. Während der Bestand »Reichskulturkammer-Zentra-

[65] In seinem »Erfahrungsbericht« über »Deutsche Aktenbestände im Moskauer Zentralen Staatsarchiv«, in: VfZG 40 (1992), S. 311–319, hier S. 316, weist Bernd Wegner darauf hin, daß sich im Fond 1363 »Reichsministerium für Volksaufklärung und Propaganda«, der insgesamt 639 Akteneinheiten umfaßt, »offenbar« auch Unterlagen der Schrifttumsabteilung befinden. Um welche Art von »Unterlagen« es sich dabei handelt, ist allerdings unklar.

le« (R 56 I) nur wenige Akten zu Teilaspekten des Themas – wie etwa der »Gleichschaltung« des PEN-Clubs im Jahre 1933 – enthält, gibt der Bestand »Reichsschrifttumskammer« (R 56 V und 50.05) die Korrespondenz von Kammer-Präsident Johst, die Tätigkeit der Geschäftsführung und der »Gruppe Schriftsteller« in Berlin detailliert wieder. Die Akten der »Gruppe Buchhandel« sind dagegen nur zu einem verschwindend geringen Teil erhalten geblieben, da die Leipziger Geschäftsstelle bei einem Luftangriff auf das Buchhandelszentrum im Dezember 1943 ausgebombt wurde. Der Bestand »Reichssicherheitshauptamt« (R 58) ist zwar auch sehr lückenhaft, gibt aber immerhin einen aussagekräftigen Einblick in die Zensurtätigkeit der Gestapo und des SD. Wichtige Überlieferungen zur Haushaltsplanung der RSK, zur Errichtung und Finanzierung der Wirtschaftsstelle des deutschen Buchhandels, zur Reichsschrifttumsstelle und zur Reichsarbeitsgemeinschaft für Deutsche Buchwerbung lassen sich im Bestand »Reichsfinanzministerium« (R 2) finden.

Die Darstellung der parteiamtlichen Schrifttumsstellen erfolgt ebenfalls auf einer unterschiedlich intensiven Quellengrundlage. Nahezu vollständig überliefert sind die Bestände »Kanzlei Rosenberg« (NS 8) und »Der Beauftragte des Führers für die Überwachung der gesamten geistigen und weltanschaulichen Schulung und Erziehung der NSDAP« (NS 15), die Aufschluß über die Tätigkeit der Reichsstelle zur Förderung des deutschen Schrifttums bzw. der Abteilung (später Amt/Hauptamt) Schrifttumspflege in der Dienststelle Rosenberg geben. Die Aktivitäten der Schrifttumsabteilung des NSLB sind über den Bestand »Hauptamt für Erzieher/Reichswaltung des NSLB« (NS 12) gut zu erschließen. Eine Vielzahl wichtiger Informationen zur parteiamtlichen ebenso wie zur staatlichen Literaturpolitik lassen sich aus dem Bestand »Reichspropagandaleitung« (NS 18) gewinnen, da Goebbels während des Krieges sein Parteiamt reaktivierte und als Verbindungsstelle zur Partei-Kanzlei benutzte. Dagegen liegt für die »Parteiamtliche Prüfungskommission zum Schutze des NS-Schrifttums« (NS 11) nur noch vereinzeltes Material vor. Bei der Zerstörung der Berliner Dienststelle im Jahr 1943 sind insbesondere die wichtigen Zensurakten verlorengegangen. Die Aktivitäten des Stabs Stellvertreter des Führers, der ab Mai 1941 als »Partei-Kanzlei der NSDAP« weitergeführt wurde, sind im Bestand NS 6 leider nur rudimentär dokumentiert. Der vom Institut für Zeitgeschichte unternommene Versuch zur Rekonstruktion der Akten aus der Empfängerüberlieferung vermag diese Lücke zwar nicht auszufüllen. Die mit einem ausführlichen Register versehene Aktenedition gibt jedoch einen Überblick über die Vielzahl der Betätigungsfelder, unter denen sich auch literaturpolitisch relevante Themen befinden. Praktisch ohne jede zusammenhängende Aktenüberlieferung ist die Schrifttumsstelle der HJ und des BDM.

Die Bestandslücken des Bundesarchivs können zum Teil durch Aktenüberlieferungen in einer Reihe staatlicher, städtischer und privater Archive geschlossen werden. Darüber hinaus lassen sich die konkreten Auswirkungen der von den Berliner Verwaltungsstellen angeordneten literaturpolitischen Maßnahmen überprüfen und regionale Besonderheiten feststellen.

Einen Quellenbestand von besonderem Wert bietet das Berlin Document Center, das seit 1994 mit der Bezeichnung Abteilung III Außenstelle Berlin-Zehlendorf dem Bundesarchiv angegliedert worden ist.[66] Hier befinden sich rund 60000 Personalakten von Mitgliedern der RSK, überwiegend der »Gruppe Schriftsteller«. Die Akten geben einen präzisen Einblick in die Arbeitsweise der Kammer, insbesondere in die Handhabung des Instruments der Berufszulassung. Auch die Biographien der in der staatlichen und parteiamtlichen Schrifttumsbürokratie oder bei der Gestapo und dem SD beschäftigten Mitarbeiter, die in Lexika so gut wie gar nicht auftauchen, für das Verständnis der Literaturpolitik im »Dritten Reich« jedoch von großer Wichtigkeit sind, lassen sich über die im BDC archivierten Personalakten rekonstruieren. Darüber hinaus sind hier noch eine Reihe von Aktenbänden vorhanden, die zwar zum Teil personenbezogene Daten enthalten, als Zensurakten bzw. als Protokolle von Durchsuchungen der Gestapo und des SD in Sortimentsbuchhandlungen und Leihbüchereien aber eigentlich in die Sachbestände des Bundesarchivs Potsdam gehören. Leider ist das bis heute nicht das einzige Manko. Da das BDC über Jahrzehnte nur als Fundus für die Bearbeitung von Entnazifizierungsverfahren, Strafprozessen, Einreise- und Aufenthaltsgenehmigungen im Ausland, Entschädigungs- und Rentenansprüchen diente, wurden die Akten nicht nach archivalischen Grundsätzen behandelt. Die Akten sind nicht nur in sich völlig

[66] In den Anmerkungen werden die Aktenüberlieferungen dieses Archivs weiterhin unter der Abkürzung BDC für Berlin Document Center zitiert.

ungeordnet, sondern meist auch aus verschiedenen Provenienzen zusammengestellt. Wichtige Dokumente zu einer Person oder zu einem Vorgang finden sich häufig in verschiedenen Akten, ohne daß der Benutzer hierauf verwiesen wird. Dieser beklagenswerte Zustand wird sich durch die institutionelle Neuordnung sicherlich ändern, wobei die Erschließung und sorgfältige Rekonstruktion der Aktenbestände erhebliche Zeit in Anspruch nehmen wird. Zudem wird erwogen, die Bestände ebenfalls in das neu genutzte Gebäude des Bundesarchivs in Berlin-Lichterfelde zu transferieren, um wenigstens an einem Ort über einen zusammenhängenden Aktenbestand zur NS-Zeit verfügen zu können.

Die Aktenüberlieferungen im Politischen Archiv des Auswärtigen Amts in Bonn geben wichtige Aufschlüsse über das im August 1935 eingeführte Buchexport-Ausgleichverfahren, über die Planung und Durchführung von Buchausstellungen im Ausland, über die Nutzung der Kulturabkommen zur Verbreitung nationalsozialistischer Literatur auf dem ausländischen Buchmarkt sowie zur Zusammenarbeit des Auswärtigen Amtes (AA) mit der Bouhler-Kommission. Allerdings erschwert hier der weitgehend ungeordnete Zustand der meisten Bestände und der einzelnen Aktenbände, die größtenteils keine eigene Archivsignatur erhalten haben, sondern immer noch das ursprüngliche Aktenzeichen tragen, in erheblichem Maße die wissenschaftliche Auswertung und Zitierung.

Im Landesarchiv Berlin ist die Tätigkeit der RSK-Landesleitung Berlin dokumentiert, die über die mit Abstand größte Anzahl von Mitgliedern verfügte. Aus den Aktenüberlieferungen ergeben sich wichtige Erkenntnisse hinsichtlich der Überwachung der Sortimentsbuchhandlungen und Leihbüchereien, der Ausschaltung der jüdischen Verleger und Buchhändler, der Ausbildung des buchhändlerischen Nachwuchses, der politischen Schulung des Berufsstandes und der Betriebsschließungen im Zuge der »totalen Mobilisierung« des Buchhandels in der Schlußphase des Krieges. Das hierdurch gewonnene Bild von der praktischen Gestaltung der Buchhandelspolitik kann im Sächsischen Staatsarchiv Leipzig über die Geschäfts- und Mitgliedsakten des ›Börsenvereins der Deutschen Buchhändler‹ sowie über die Akten des Koehler & Volckmar-Konzerns, dem damals bedeutendsten Unternehmen des deutschen Zwischenbuchhandels, vervollständigt werden. Die Deutsche Bibliothek/ Deutsche Bücherei in Leipzig hält nicht nur eine Fülle gedruckter amtlicher Quellen zur Literaturpolitik bereit, sondern in ihrem Hausarchiv auch noch eine Reihe von Akten, aus denen minutiös die Zusammenarbeit mit dem Propagandaministerium bei der Buchzensur hervorgeht.

Umfangreiche Überlieferungen zur Tätigkeit der Gestapo finden sich im Nordrhein-Westfälischen Hauptstaatsarchiv Düsseldorf. Dort sind nicht nur Geschäftsverteilungspläne der Stapo(leit)stelle Düsseldorf, ihrer Außendienststellen sowie der Stapostellen in Köln und Aachen, Runderlasse des Gestapa beziehungsweise des Reichssicherheitshauptamtes von grundsätzlicher Bedeutung und deren praktische Ausführung im behördlichen Instanzenzug erhalten. Das Archiv führt auch einen großen Bestand an Personalakten der Stapo(leit)stelle Düsseldorf, die Aufschluß über das System der Überwachung von Schriftstellern, Verlegern und Buchhändlern geben. Darüber hinaus enthalten die Bestände des Nordrhein-Westfälischen Hauptstaatsarchivs noch eine Reihe von Aktenbänden zu literaturpolitischen Aktivitäten einzelner NSDAP-Gau- und Kreisleitungen sowie von HJ und BDM. Die hier gewonnenen Erkenntnisse über die polizeiliche Kontrolle des Buchmarktes und die Eingriffe regionaler Parteidienststellen in die Literaturpolitik können durch die im Staatsarchiv Würzburg aufbewahrten Personalakten der Stapostelle Würzburg beziehungsweise durch einzelne Vorgänge im Bestand NSDAP-Gau Mainfranken ergänzt werden. Von besonderer Wichtigkeit für das Thema ist der Aktenbestand »Reichsstudentenführung«. Aus ihm können die Konzeptionierung, Vorbereitung und Durchführung der »Aktion wider den undeutschen Geist« mit den Bücherverbrennungen vom 10. 5. 1933 rekonstruiert werden.

Die literaturpolitische Tätigkeit der Dienststelle Rosenberg auf regionaler Ebene läßt sich durch Aktenüberlieferungen in zwei Archiven präziser fassen. Das Generallandesarchiv Karlsruhe führt im Bestand »NSDAP Gau Baden« eine Reihe von personen- und sachbezogenen Akten des Gauschrifttumsbeauftragten und der Kreisschrifttumsbeauftragten des Amtes Schrifttumspflege aus den Jahren 1936 bis 1943. Das Stadtarchiv Düsseldorf bewahrt den Nachlaß Dr. Oskar Mücke auf, der in den dreißiger Jahren als Kreisdienststellenleiter der Reichsstelle zur Förderung des deutschen Schrifttums wirkte. In dem Bestand finden sich neben wichtigen allgemeinen Unterlagen der Berliner Dienststelle auch einzelne Berichte zum Düsseldorfer Buchhandel.

Die Bestände des Thüringischen Hauptstaatsarchivs Weimar geben zum einen Auskunft über die Amtszeit des Nationalsozialisten Wilhelm Frick, der als thüringischer Innen- und Volksbildungsminister von Januar 1930 bis April 1931 erstmals exekutive Machtmittel zur Durchsetzung einer nationalsozialistischen Kultur- und Literaturpolitik einsetzen konnte. Zum anderen sind im Bestand »Thüringisches Ministerium für Volksbildung, Abteilung C« eine Reihe von Akten zur »Säuberung« der Leih- und Volksbüchereien von »schädlichem und unerwünschtem Schrifttum«, zur Büchereipolitik des Reichserziehungsministeriums und zur Entwicklung des thüringischen Volks- und Schülerbüchereiwesens enthalten. Auch die Streitigkeiten des Propagandaministeriums mit den Landesregierungen um die Durchsetzung seiner Kompetenzen auf kulturpolitischem Gebiet haben hier ihren Niederschlag gefunden.

Im Deutschen Literaturarchiv Marbach am Neckar werden eine Vielzahl von Autorennachlässen und Verlagsarchiven aufbewahrt. Die darin enthaltenen Korrespondenzen vermitteln Eindrücke von den konkreten Lebens- und Arbeitsbedingungen einzelner Schriftsteller und Verleger im »Dritten Reich«. Darüber hinaus enthalten die Nachlässe von Hans Grimm und Will Vesper eine Fülle wichtiger Unterlagen zur Entwicklung der Sektion für Dichtung an der Preußischen Akademie der Künste in den dreißiger Jahren, zur Gründungsphase der RSK, zur Behandlung der »nichtarischen« Schriftsteller und zur Kritik an der Bürokratisierung der staatlichen Literaturpolitik. Das Verlagsarchiv des Münchner Langen-Müller Verlags und der Nachlaß Gustav Pezold geben einen kleinen Einblick in das Verlagsimperium der DAF, über dessen Struktur bislang nur wenig bekannt ist.

Nicht alles, was sich im »Dritten Reich« abgespielt hat, steht in den Akten. Es ist ein Charakteristikum von Diktaturen, daß vieles auf informeller Ebene geregelt wird. Das gilt sowohl für behördliche Vorgänge als auch für die private Lebenssphäre und die Arbeitswelt der Bevölkerung. Daher ist es wichtig, die aus den Akten gewonnenen Erkenntnisse durch die Lektüre von Erinnerungen und Augenzeugenberichten sowie durch die Befragung von Zeitzeugen zu ergänzen, zu hinterfragen und gegebenenfalls zu korrigieren. Auch wenn im Abstand von fünf Jahrzehnten die Erinnerung nicht immer zuverlässig arbeitet, so habe ich durch die Befragung von Wilhelm Haegert, 1933 bis 1938 Leiter der Propagandaabteilung und 1939 bis 1945 Leiter der Schrifttumsabteilung, von Dr. Paul Hövel, 1935 bis 1945 Leiter der Wirtschaftsstelle des deutschen Buchhandels und Referent für Auslandsangelegenheiten in der Goebbelsschen Schrifttumsabteilung, sowie von Heinrich Gruber, 1938 bis 1943 Referent für Verlagsfragen in der Schrifttumsabteilung und 1944 bis 1945 kommissarischer Leiter des Suhrkamp Verlags, doch viele wichtige Details über die Tätigkeit der staatlichen Schrifttumsbürokratie erfahren. Eine Reihe von Schriftstellern, Verlegern und Buchhändlern haben schriftliche oder mündliche Auskünfte über ihre Lebens- und Arbeitsbedingungen in den Jahren 1933 bis 1945 gegeben.

3. Methodik und Fragestellungen

Die Grundlage der Darstellung von Institutionen, Personenzusammenhängen und Maßnahmen auf literaturpolitischem Gebiet bildet das angeführte Quellenmaterial. Methodisch notwendig ist diese Vorgehensweise, weil die bislang vorliegende Forschungsliteratur zum einen nur Teilbereiche des Themas berücksichtigt hat, so daß hier erstmals der Versuch einer fundierten Gesamtdarstellung unternommen wird. Zum anderen ist eine Vielzahl von Studien durch ein hohes Maß an Faktenfehlern und sachlich unhaltbaren Bewertungen gekennzeichnet, die der Korrektur bedürfen.

Problematisch an diesem Ansatz ist zweifellos, daß das ausgewertete Quellenmaterial (Aktenvermerke, Denkschriften, Schriftverkehr, Reden, Publikationen) vorwiegend die Aktivitäten der Bürokratie wiedergibt. Wenn man so will, ist dies die Perspektive der »Täter«. Demgegenüber tritt die Perspektive der »Opfer«, also der Schriftsteller, Verleger, Buchhändler, Lektoren und Bibliothekare, auf den ersten Blick zurück. Das hat seinen Grund darin, daß keine den Verwaltungsakten in Quantität und Qualität vergleichbaren Überlieferungen des von der Literaturpolitik staatlicher Behörden und parteiamtlicher Dienststellen betroffenen Personenkreises vorliegen. Dieser Umstand mag ebenso auf andere Epochen zutreffen, wird aber unter den Bedingungen einer Diktatur noch dadurch verschärft, daß die schriftliche Fixierung von Überlegungen zu politischen Entwicklungen und Institutionen, insbesondere dann, wenn es um deren Kritik geht, aus Angst vor politischer Verfolgung vermieden wird. Dennoch geben die überlieferten Nachlässe ebenso wie die Tagebücher und Memoiren von Schriftstellern und einzelnen Verlegern Aufschluß über deren Lebens- und Arbeitsbedingungen im »Dritten Reich«.

Aber auch die Verwaltungsakten beschränken sich keineswegs auf rein behördeninterne Vorgänge. Sie enthalten vielmehr eine Fülle von Informationen zur Reaktion von Schriftstellern, Verlegern, Buchhändlern und Bibliothekaren auf die »Gleichschaltungsbestrebungen« der neuen Machthaber nach dem 30. 1. 1933, zu Differenzen zwischen einzelnen Schriftstellern und Kulturfunktionären, zur rechtlichen und sozialen Lage der Schriftstellerschaft, zur wirtschaftlichen Entwicklung des Buchhandels, zum Leseverhalten des Publikums, zum Problem der Buchknappheit während des Krieges und anderem mehr. Hinzu kommen Quellen wie die »Deutschland-Berichte der Sopade«, die von 1934 bis 1940 im Auftrag der Exil-SPD von Mitgliedern aus dem Untergrund erstellt wurden, und die »Meldungen aus dem Reich«, die von 1938 bis 1945 aus Berichten von V-Männern des SD zusammengestellt wurden.[67] Obwohl bei beiden Informationsquellen eine parteiische Sichtweise und Kommentierung zu beachten ist, geben sie doch vielfach einen von Propaganda und sonstigen politischen Absichtserklärungen unverstellten Blick auf die Lebenswirklichkeit im »Dritten Reich« frei.

Zu fragen ist allerdings, ob die Unterscheidung zwischen einer Perspektive der »Täter« und einer der »Opfer« in dieser idealtypischen Form zulässig ist. Unbestreitbar bleibt, daß seit Beginn der NS-Diktatur politische Gegner mit einer bis dahin beispiellosen Brutalität verfolgt, inhaftiert, gefoltert und zum Teil ermordet wurden. Die Vertreibung eines Großteils der kulturellen Elite der Weimarer Republik und die sukzessive Ausschaltung der von ihr getragenen Kunst der Moderne darf ebensowenig vergessen werden wie die historisch einzigartige Ghettoisierung und Ermordung der deutschen, ab 1938/39 dann auch der europäischen Juden. In all diesen Fällen ist die klare Benennung

[67] Deutschland-Berichte der Sozialdemokratischen Partei Deutschlands (Sopade) 1934–1940. Unveränderter Nachdruck. Hg. von K. Behnken. Salzhausen, Frankfurt a. M. 1980; Meldungen aus dem Reich. Die geheimen Lageberichte des Sicherheitsdienstes der SS 1938–1945. Hg. und eingeleitet von H. Boberach. Bde. 1–17, Herrsching 1984.

von »Tätern« und »Opfern« unstrittig. Doch läßt sich damit die Gesamtsituation der Literatur und anderer Künste im »Dritten Reich« nicht restlos erklären. Insbesondere aus den im Bundesarchiv, Abteilung III Berlin-Zehlendorf aufbewahrten Personalakten von Schriftstellern sowie einzelner Verleger und Buchhändler, aber auch aus anderen Archivüberlieferungen geht hervor, daß es ein sehr differenziertes Verhalten gegenüber der sich etablierenden »Schrifttumsbürokratie« gab. »Mittäterschaft« und »Widerstand« bilden dabei die beiden Pole einer breit gefächerten Skala von Reaktionsweisen.

Der Begriff »Schrifttumsbürokratie« wird an dieser Stelle und im gesamten Text als Zusammenfassung einer Gruppe von Personen verwendet, die in staatlichen Behörden und in parteiamtlichen Dienststellen literaturpolitisch relevante Entscheidungen beeinflussen oder durchsetzen konnten. Faktisch ist dieser Begriff jedoch nicht viel mehr als eine die Realität verkürzende Hypostasierung oder Synthese. Denn ebensowenig wie die – im NS-Jargon gesprochen – »Kulturschaffenden« auf eine konsequent eingehaltene Linie zu bringen waren, sprach die Kulturbürokratie mit einer Stimme. Damit sind nicht nur die ständigen Kompetenzstreitigkeiten angesprochen, die zwischen den unterschiedlichen Zweigen der staatlichen Verwaltung und von diesen wiederum mit parteiamtlichen Dienststellen geführt wurden. Sie werden auch in dieser Studie eine große Rolle spielen. Es geht aber vor allem darum, die Biographien und die Tätigkeit von Beamten und Angestellten des mittleren, gehobenen und höheren Dienstes beziehungsweise von vergleichbaren Funktionsträgern in der Parteiverwaltung näher zu untersuchen, einer Personengruppe, die für die Gestaltung der Literaturpolitik im »Dritten Reich« von entscheidender Bedeutung war.[68]

Angesichts der Vielfalt der am literaturpolitischen Geschehen beteiligten Personen stellt sich natürlich die Frage, ob es überhaupt so etwas wie eine einheitliche »Literaturpolitik« mit einer klar definierten Konzeption, eindeutigen Zielen und politischen Handlungen gegeben hat? Eine mögliche Antwort auf die Frage nach der Konzeption müßte in der Zeit vor 1933 zu finden sein, als sich die NSDAP als Alternative zu den herrschenden demokratischen Parteien anbot und sich auf den unterschiedlichsten

[68] S. dazu neben den Ausführungen im Text insbesondere die biographischen Angaben in den Fußnoten zu Kapitel II.

politischen und sozialen Ebenen gegen die Republik engagierte. Am Anfang der Studie steht daher die – quellenmäßig leider nur dürftig abgesicherte – Beschäftigung mit einzelnen Aspekten der Kultur- und Literaturpolitik der NSDAP während der Weimarer Republik. Neben der Frage nach der Konzeption spielt dabei auch die nach dem Stellenwert der Kultur- beziehungsweise Literaturpolitik für den Kampf der NSDAP gegen republikanische Kulturwerte und für eine »artgerechte« deutsche Kultur eine wichtige Rolle.

Wenn es tatsächlich so etwas wie eine literaturpolitische Konzeption gegeben hat, müßte diese in der Zeit nach der nationalsozialistischen Machtübernahme in konkrete politische Zielvorgaben und Handlungen umgesetzt worden sein. Hildegard Brenner hat in ihrer eingangs erwähnten Studie darauf hingewiesen, daß die Nationalsozialisten die Kunst für ihre innen- und außenpolitischen Herrschaftszwecke instrumentalisiert hätten.[69] In jüngster Zeit hat sich Oliver Rathkolb dieser These angeschlossen, indem er die besondere Förderung der »Hochkultur«, zu der er Oper, Theater und Film rechnet, als systemstabilisierendes Kalkül von Führungsfiguren wie Goebbels, Göring und von Schirach nachzuweisen versucht.[70] Zugespitzt formuliert würde das bedeuten, daß die Kunst ebenso wie die anderen Kulturzweige im »Dritten Reich« nur im Hinblick auf ihre propagandistische Verwertbarkeit hin beurteilt und benutzt worden wäre, praktisch also kaum noch über ein Eigenleben verfügt hätte. Zu fragen ist danach, ob dies auch auf den Bereich der Literatur zutrifft? Wenn man auf diese Frage eine positive Antwort gibt, also den Ansatz der politischen Verwertungsabsicht und deren Umsetzung in die Realität nachweist, bleibt immer noch die Frage, ob sich die staatliche und parteiamtliche »Literaturpolitik« in diesem einen Punkt erschöpfte? Wie etwa ist in diesem Zusammenhang das antisemitische Dogma Hitlers und seiner »Bewegung« einzuordnen, d.h. welche Relevanz hatte es für die Gestaltung der »Literaturpolitik«? Des weiteren ist zu fragen, ob die am literarischen Leben beteiligten Produzenten sich willenlos in die NS-Apparatur einzwängen und ob die Rezipienten sich stets im Sinne der Machthaber beeinflussen ließen? Ging das von

69 Brenner, Die Kunstpolitik des Nationalsozialismus, S. 273.

70 O. Rathkolb, Führertreu und gottbegnadet. Künstlereliten im Dritten Reich, Wien 1991, insbesondere S. 266–272.

Brenner angenommene Kalkül der Handhabung von Kunst als »social engineering« restlos auf? Oder könnte es nicht so gewesen sein, daß Produzenten und Rezipienten erfolgreich eigene Wege in herrschaftsfreien Nischen gingen? Ebenso wie die Politik, die *mit der Kunst* betrieben wurde, bleibt für Brenner die zweite Seite, nämlich die Politik, die *für die Kunst* betrieben wurde, letztlich immer nur auf den höheren Herrschaftszweck hin ausgerichtet. Das ist eine extrem rationalistische Beurteilung politischen Handelns. Nun läßt sich in den Quellen zur nationalsozialistischen »Literaturpolitik« zweifellos eine Fülle von Belegen für diese Ansicht finden. Die Frage bleibt jedoch, ob Politik – insbesondere wenn man sie im Rahmen einer Institutionengeschichte betrachtet – nicht viel mehr als ein genetischer Prozeß verstanden werden müßte, in dem neben sachlichen Erwägungen und Zwängen sehr viele persönliche Faktoren wirksam sind, die sich rationalen Planungen und Problemlösungen entziehen?

Auf dem Hintergrund der in jüngster Zeit erneut entbrannten Debatte über die modernisierende Wirkung des Nationalsozialismus[71] läßt sich fragen, ob die Politik im Literaturbereich nicht auch objektiv die Beseitigung bestehender Mißstände brachte und zur Einführung berufsbezogener oder sozialpolitischer Verbesserungen führte, die bereits vor 1933 aktuell waren und die über das Jahr 1945 hinausweisen? Die Frage ist keine Provokation und soll in keinem Fall zu einer »positiveren« Einschätzung des Nationalsozialismus führen. Sie begegnet allerdings der lange vorherrschenden Tendenz, die soziale Wirklichkeit im »Dritten Reich« nur partiell wahrzunehmen und die Kontinuität von Entwicklungsprozessen der deutschen Gesellschaft im Übergang vom 19. auf das 20. Jahrhundert auszublenden.[72]

[71] Dazu bereits R. Dahrendorf, Gesellschaft und Demokratie in Deutschland, München 1965; jetzt: Nationalsozialismus und Modernisierung. Hg. von M. Prinz und R. Zitelmann, Darmstadt 1991. Die Gegenposition vertritt u. a. H. Mommsen, Nationalsozialismus als vorgetäuschte Modernisierung, in: Der Nationalsozialismus und die Deutsche Gesellschaft. Ausgewählte Aufsätze. Zum 60. Geburtstag hg. von L. Niethammer und B. Weisbrod, Reinbek bei Hamburg 1991, S. 405–427.

[72] S. dazu neben Schäfer, Das gespaltene Bewußtsein, auch Ketelsen, Literatur und Drittes Reich, insbesondere S. 94–198.

4. Inhaltliche Gliederung und Zielsetzung

Die vorliegende Studie ist in drei Kapitel untergliedert. Das erste Kapitel geht auf die Literaturpolitik im Übergang von der Weimarer Republik zum »Dritten Reich« ein. Dabei wird zunächst die Frage zu beantworten versucht, ob es bereits in der Weimarer Republik Ansätze einer nationalsozialistischen Kultur- und Literaturpolitik gab. Das ist eine aufgrund der spärlichen Quellenlage schwierige Spurensuche nach der literaturpolitischen Programmatik und Organisation der NSDAP in der Phase der Machteroberung. Die Beantwortung der Frage kann aber zum einen Aufschluß darüber geben, welche Funktion der kulturellen und literarischen Sphäre im Rahmen der Auseinandersetzung mit der Republik zukam. Zum anderen ist die Klärung dieser Zusammenhänge die notwendige Voraussetzung zum Verständnis der literaturpolitischen Ereignisse in der Phase nach der nationalsozialistischen Machtübernahme vom 30. 1. 1933.

Der zweite Abschnitt des ersten Kapitels stellt dann die Anfänge der nationalsozialistischen Literaturpolitik dar, die nach der Regierungsübernahme auf Reichsebene, in Preußen und in den übrigen Ländern auf die exekutiven Machtmittel des Staates gestützt war. Detailliert beschrieben wird die Phase der sogenannten »Gleichschaltung«: die Eingriffe in die personelle Zusammensetzung und Organisationsstruktur der schriftstellerischen Repräsentanz- und Interessenvertretungen, der Übergang von der Selbstanpassung zur Neuformierung beim Börsenverein der Deutschen Buchhändler in den Jahren 1933 bis 1934 sowie die Entwicklung beim Verband Deutscher Volksbibliothekare und beim Verein Deutscher Bibliothekare. Parallel zu diesen Veränderungen in der Organisationsstruktur der Schriftstellerschaft, Buchhändler und Bibliothekare liefen die ersten Maßnahmen zur Entfernung von Literatur, die aus politischen, rassischen oder ästhetischen Gründen als »unerwünscht« abgelehnt wurde. Dafür stehen die studentische »Aktion wider den undeutschen Geist« mit den Bücherverbrennungen vom 10. 5. 1933 und die amtlichen Bemühungen um eine Systematisierung des Zugriffs auf die Bestände des Buchmarktes und der Volksbüchereien.

Das zweite Kapitel ist dem Prozeß der bürokratischen Institutionalisierung der Literaturpolitik gewidmet. Aufgrund der diffusen institutionengeschichtlichen Entwicklung folgt die Gliederung hier nicht der Chronologie, sondern der wissenschaftlichen Systematisierung ex post. Zunächst wird die Institutionalisierung einer staatlichen Literaturpolitik dargestellt: die Gründung und der Aufbau des Reichsministeriums für Volksaufklärung und Propaganda, das allerdings erst im Laufe des Jahres 1934 mit der Reichsschrifttumsstelle und der Schrifttumsabteilung über eine eigene Schrifttumsbürokratie in (vorerst) bescheidenem Umfang verfügte; die Errichtung der Reichskulturkammer mit der Reichsschrifttumskammer als einer von sieben Einzelkammern; sowie das aus dem preußischen Kultusministerium hervorgegangene Reichsministerium für Wissenschaft, Erziehung und Volksbildung, das dem Propagandaministerium auf dem Gebiet des Büchereiwesens Konkurrenz machte.

Die Polizeibehörden waren zwar auch schon im Kaiserreich und in der Weimarer Republik als Zensurstellen auf kulturellem Gebiet tätig gewesen. Doch die Rolle, die die Politische Polizei nach der nationalsozialistischen Machtübernahme zu spielen begann, war etwas völlig Neuartiges. Gestützt auf die Notverordnungen des Reichspräsidenten vom 4. und 28. 2. 1933 sowie auf eine Reihe weiterer rechtlicher Grundlagen konnte sich die alsbald reichseinheitlich organisierte Gestapo als literaturpolitische Kontrollstelle etablieren. Daneben dehnte auch der SD, die parteiamtliche Elitetruppe zur Überwachung und Bekämpfung politischer Gegner, ihren Einfluß auf die Literaturpolitik sukzessive aus.

Noch vor dem Aufbau einer staatlichen Schrifttumsbürokratie war mit der Reichsstelle zur Förderung des deutschen Schrifttums eine erste Schrifttumsstelle entstanden. Die Gründung ging im wesentlichen auf Mitarbeiter aus Rosenbergs Kampfbund für deutsche Kultur zurück. Die Reichsstelle war jedoch zunächst noch weder eine staatliche Behörde noch eine parteiamtliche Dienststelle. Erst nachdem die Zusammenarbeit mit dem Propagandaministerium zu Beginn des Jahres 1934 mit einem Eklat endete, übernahm Rosenberg die Reichsstelle als Abteilung Schrifttumspflege in sein neues Amt als Beauftragter des Führers für die Überwachung der gesamten geistigen und weltanschaulichen Schulung und Erziehung der NSDAP. Auch die Errichtung der Parteiamtlichen Prüfungskommission zum Schutze des nationalsozialistischen Schrifttums lag zeitlich noch vor dem Aufbau einer eigenen Schrifttumsbürokratie des Propagandaministeriums. Im Laufe der dreißiger Jahre mischten sich dann immer mehr Reichsleiter der NSDAP in die Literaturpolitik ein. Die Studie stellt hier nur die wichtigsten Stellen mit ihren Kompetenzen und ihrem Personal vor: den Stab Stellvertreter des Führers, ab Mai 1941 als Partei-Kanzlei der NSDAP fortgeführt, unter Martin Bormann; Robert Leys Reichsorganisationsleitung und die DAF, die über ein bedeutendes Verlagsimperium verfügte; Joseph Goebbels, der während des Krieges seine Reichspropagandaleitung als literaturpolitischen Faktor und als Verbindungsstelle zur Partei-Führung reaktivierte; Max Amann als Reichsleiter für die Presse der NSDAP; das Hauptamt für Erzieher beziehungsweise der NS-Lehrerbund; sowie die zunächst von Baldur von Schirach, ab 1940 von Artur Axmann geleitete Reichsjugendführung.

Das dritte Kapitel stellt ausführlich die Betätigungsfelder der Literaturpolitik dar. In einem ersten Abschnitt werden die Maßnahmen zur Kontrolle der Schriftsteller und zur Verdrängung ihrer jüdischen Kollegen aus dem Beruf, die propagandistische Funktionalisierung der Schriftstellerschaft bei Veranstaltungen im In- und Ausland, die Versuche zur inhaltlichen Steuerung der literarischen Produktion, die Praxis der Literaturpreisverleihungen, die rechtliche und soziale »Betreuung« der Autoren durch die RSK sowie schließlich die Einweisung in die Wehrmacht oder Rüstungsindustrie im Zuge des von Goebbels verkündeten »totalen Krieges« beschrieben.

Der zweite, dem Buchhandel gewidmete Abschnitt schildert zunächst die Nutzung der Berufszulassung durch die RSK als Filter zur politischen »Säuberung« und zur »Arisierung« der Buchhandelsunternehmen. Erstmals vollständig werden dann das differenzierte Instrumentarium der Nach- und Vorzensur von in- und ausländischen Buchpublikationen sowie die Reglementierung der Verlage, des vertreibenden Buchhandels und der Leihbüchereien beschrieben. Die öffentliche Buchpropaganda im Inland und die Nutzung der deutschen Bücher für die nationalsozialistische Auslandspropaganda werden als wichtige Aspekte der Literaturpolitik herausgearbeitet. Die Neuordnung der fachlichen Ausbildung des buchhändlerischen Nachwuchses, die politische Schulung des Berufsstandes und die soziale »Betreuung« der Buchhändlerschaft waren Maßnahmen, bei denen sich Interessen des Berufsstandes mit herrschaftsimmanenten Zielsetzungen der RSK verbanden. Die weitgehend im verborgenen verlaufene Konzentrationsbewegung auf dem deutschen Buchmarkt, die zu einer Monopolstellung des Zentralparteiverlags unter der Leitung von Max Amann führte, wird in ihren personellen und wirtschaftlichen Implikationen dargestellt. Schließlich geht es um den Kriegsbeitrag des deutschen Buchhandels.

Der dritte Abschnitt geht auf die verschiedenen Bereiche der staatlichen und parteiamtlichen Büchereipolitik ein. Am Anfang stehen dabei ganz bewußt die Volks- und Schülerbüchereien. Beide sollten in besonderem Maße zur Erziehung des deutschen Volkes im Sinne des Nationalsozialismus beitragen und wurden daher vom Reichserziehungsministerium mit großer Aufmerksamkeit bedacht. Auch die Entwicklung der wissenschaftlichen Bibliotheken muß in engem Zusammenhang mit herrschaftspolitischen Zielsetzungen gesehen werden. Das wird noch einmal besonders deutlich am Beispiel der Deutschen Bücherei, die im »Dritten Reich« nicht nur zu der in Fachkreisen des In- und Auslands angesehenen deutschen Nationalbibliothek aufstieg, sondern auch einer starken Funktionalisierung für fachfremde politische Aufgaben unterzogen wurde. Weiterhin dargestellt werden die Entwicklung des Büchereiwesens der NSDAP, ihrer Gliederungen und angeschlossenen Verbände, die besondere Förderung der Werkbüchereien sowie die fortschreitende Verdrängung der konfessionellen Büchereien.

Die drei Kapitel der Arbeit sind primär an den Quellen und nicht an den vorliegenden theoretischen Erklärungsmodellen zum Nationalsozialismus orientiert. Das bedeutet nicht, daß bereits vorliegende Forschungsergebnisse außer acht gelassen worden wären. Der Begriff »Literaturpolitik« wird in Anlehnung an Hildegard Brenners Ansatz zur Definition nationalsozialistischer Kunstpolitik angewandt, allerdings unter ständiger Einbeziehung des Vergleichs zwischen den politischen Ansprüchen und ihrer jeweiligen Einlösung in der sozialen Realität. Aus der Rezeption der Kontroverse zwischen Vertretern der Totalitarismus- und der Polykratie-Theorie, des Streits um die Rolle Hitlers, der unterschiedlichen Bewertung der Modernisierungswirkung des Nationalsozialismus konnten eine Reihe wichtiger Fragestellungen abgeleitet werden.[73] Die Einsichten

[73] Die in der Forschungsliteratur vertretenen unterschiedlichen Positionen werden ausführlich referiert bei Hildebrand, Das Dritte Reich (4. Aufl. 1991), S. 115–233, und bei D. Rebentisch, Führerstaat und Verwaltung im Zweiten Weltkrieg. Verfassungsentwicklung und Verwaltungspolitik 1939–1945, Stuttgart 1989, S. 3–20.

Hans Buchheims, die Überlegungen Peter Hüttenbergers, die Beiträge von Dieter Rebentisch und Karl Teppe zu einer nationalsozialistischen Verwaltungsgeschichte[74] sowie die Studien von Engelbrecht Boese, Volker Dahm und Hans Dieter Schäfer zu Aspekten nationalsozialistischer Kultur- und Literaturpolitik haben sowohl in methodischer als auch in inhaltlicher Hinsicht anregend gewirkt. Ähnlich wie den zuletzt genannten Autoren geht es auch mir um eine empirisch gestützte Revision unseres bisherigen Bildes der deutschen Gesellschaft in den Jahren 1933 bis 1945. Nicht im Sinne einer »Entsorgung« der deutschen Geschichte oder einer Relativierung der nationalsozialistischen Gewaltverbrechen, sondern im Sinne einer Schärfung des Bewußtseins für die Vielfalt der menschlichen »Lebenswirklichkeit« in Vergangenheit und Gegenwart.

[74] Verwaltung contra Menschenführung im Staat Hitlers. Studien zum politisch-administrativen System, hg. von D. Rebentisch und K. Teppe, Göttingen 1986; K. Teppe, Provinz, Partei, Staat. Zur provinziellen Selbstverwaltung im Dritten Reich, untersucht am Beispiel Westfalens, Münster 1977; Rebentisch, Führerstaat und Verwaltung im Zweiten Weltkrieg.

Kapitel I
Literaturpolitik im Übergang von der Weimarer Republik zum »Dritten Reich«

A. Umrisse einer nationalsozialistischen Kultur- und Literaturpolitik in der Weimarer Republik

1. Die Einschränkung der Entfaltungsmöglichkeiten von Schriftstellern und Verlegern

Für die nationalsozialistische Propaganda war es ein gängiger Topos, die Liberalität des Weimarer Staates gegenüber der Kultursphäre als Faktum hinzustellen und als Führungsschwäche zu brandmarken. Wenn man vom Text der Weimarer Verfassung ausging, so hatte diese Einschätzung – von einem autoritären Staatsverständnis aus betrachtet – durchaus ihre Berechtigung. In Artikel 118 war jedem Deutschen das Recht zur freien Meinungsäußerung durch »Wort, Schrift, Druck, Bild oder in sonstiger Weise« zugestanden worden.[1] Und mit Artikel 142 garantierte der Staat die Freiheit der Kunst, der Wissenschaft und ihrer Lehre, sagte er ihnen »Schutz« und »Pflege« zu.[2] Allerdings enthielt der Artikel 118 eine Reihe von Gesetzesvorbehalten. Neben der Ankündigung eines Lichtspielgesetzes sowie eines besonderen Gesetzes zum »Schutz der Jugend« war es vor allem die äußerst dehnbare Formulierung, daß sich die freie Meinungsäußerung »innerhalb der Schranken der allgemeinen Gesetze« zu vollziehen habe, die für die Zensurgeschichte der Weimarer Republik von großer Bedeutung werden sollte.

Bereits im November 1921, also etwas mehr als zwei Jahre nach Erlaß der Weimarer Verfassung, mußte der Geschäftsführer des Schutzverbands deutscher Schriftsteller den Reichs-

[1] Zitiert nach dem Text der Weimarer Verfassung in dem von F. Siebert eingeleiteten und kommentierten Band »Von Frankfurt nach Bonn«. Die Deutschen Verfassungen 1849–1949, 8. Aufl. Frankfurt a. M. u. a. 1966, hier S. 73.

[2] Ebd., S. 76.

kunstwart um Beistand bitten. »Die geistig Schaffenden«, so Arthur Eloeßer an Edwin Redslob, seien nämlich »in Deutschland noch nie so recht- und schutzlos gewesen wie heute; sie sind im Gegenteil einer Reihe unverständlicher Übergriffe in ihr Schaffensgebiet ausgesetzt worden und zwar unter dem Vorwand der Bekämpfung von Schund und Schmutz in Literatur und Kunst«.[3] Das Schreiben der wohl bedeutendsten Schriftstellervereinigung der Weimarer Republik an den zur Förderung und zum Schutz der Künste eingesetzten Redslob ist ein Beleg dafür, wie rasch die verfassungsmäßig zugesicherten Freiheiten wieder begrenzt wurden. Denn auf der Grundlage des Artikels 118 hatten nun die ordentlichen Gerichte die Möglichkeit, im Klagefall über die »Gesetzesmäßigkeit« eines Kunstwerks zu entscheiden. Und es war genau dieser Hebel, den die in Verwaltung und Justiz verbliebenen »Eliten« aus dem Kaiserreich zur Bekämpfung der republikanischen Literatur und Kunst der Moderne einsetzten.

Dabei war das am 18. 12. 1926 erlassene »Gesetz zur Bewahrung der Jugend vor Schund- und Schmutzschriften«, in dem eine an die Entscheidung von Prüfstellen gebundene Indizierung und Vertriebseinschränkung jugendgefährdender Literatur eingeführt wurde,[4] weniger folgenreich, als in den vor Verabschiedung des Gesetzes im Reichstag und in der Öffentlichkeit vehement geführten Debatten zunächst befürchtet worden war.[5] Als viel wirkungsvolleres Unterdrückungsmittel fungierte

[3] Schreiben des SDS an den Reichskunstwart im Reichsministerium des Innern vom 14. 11. 1921, BArch Potsdam R 32/93 Bl. 227–228, hier Bl. 227 + Rs. Diese Initiative war im übrigen kein Einzelfall. Der SDS engagierte sich zwischen 1920 und 1933 immer wieder gegen alle Versuche, die künstlerische Freiheit der Schriftsteller einzuschränken. Vgl. Fischer, Der Schutzverband deutscher Schriftsteller, hier Sp. 510–554. Zur Position von Edwin Redslob in den Strafprozessen gegen Künstler s. dessen Memoiren »Von Weimar nach Europa. Erlebtes und Durchdachtes«, Berlin (West) 1972, hier S. 176–177.

[4] Der Gesetzestext in RGBL/Teil I, Nr. 67 vom 24. 12. 1926, S. 505–506. Zum Ablauf der Debatte D. Peukert, Der Schund- und Schmutzkampf als »Sozialpolitik der Seele«. Eine Vorgeschichte der Bücherverbrennung?, in: »Das war ein Vorspiel nur...«. Bücherverbrennung Deutschland 1933, S. 51–63.

[5] Bis Januar 1933 wurden nur 188 Schriften auf die vom Gesetz vorgesehene Verbotsliste gesetzt. Angabe bei Fischer, Der Schutzverband deutscher Schriftsteller, hier Sp. 535.

hingegen das Strafgesetzbuch. Die hier vorgesehene Bestrafung der »Gotteslästerung« (§ 66) traf seit 1920 eine Vielzahl von Autoren, darunter Carl Einstein, Ernst Glaeser, Walter Hasenclever, Kurt Tucholsky, Johannes R. Becher.[6] Die Hochverratsparagraphen 81, 82, 85 und 86 des Strafgesetzbuches dienten in Verbindung mit dem § 7, Absatz 4 des 1922 erlassenen »Gesetzes zum Schutz der Republik« immer wieder zum Verbot linksgerichteter Presse- und Buchpublikationen.[7] Die in § 184 StGB untersagte Verbreitung unzüchtiger Schriften, Darstellungen und Abbildungen führte 1922 etwa zu einem vielbeachteten Prozeß gegen die Aufführung von Arthur Schnitzlers Schauspiel »Der Reigen« im Berliner Kleinen Schauspielhaus.[8]

Neben ordentlichen Gerichten benutzten auch zahlreiche Staatsanwälte den Strafgesetzparagraphen 184 dazu, bei Verlegern und Sortimentern Beschlagnahmungen ohne vorheriges Gerichtsverfahren vorzunehmen, wobei sich diese Form der Präventivzensur oft genug auf die bloße Kenntnis eines anzüglichen Buchtitels gründete.[9] Hinzu kamen schließlich noch Maßnahmen der Polizeibehörden, die unter Hinweis auf die Aufrechterhaltung der »öffentlichen Sicherheit und Ordnung« Lesungen, Theater- und Filmaufführungen abzusetzen berechtigt waren.

Auch wenn diese vielfältigen Formen der Unterdrückung ein Klima der Verunsicherung unter den republikanisch gesinnten Künstlern erzeugten, so funktionierten bis zum Beginn der dreißiger Jahre doch zumindest die Solidarisierungs- und Abwehrmechanismen. Klaus Petersen hat in einer detailliert belegten Untersuchung zum einen auf das gute Zusammenwirken von Schriftstellern, Juristen und Politikern hingewiesen, die sich in Organisationen, Protestkundgebungen und in der Presse gegen die antidemokratische Justiz zur Wehr setzten.[10] Zum anderen hat Petersen auf die umfangreiche justizkritische Belle-

[6] Dazu im einzelnen D. Breuer, Geschichte der literarischen Zensur in Deutschland, Heidelberg 1982, Abschnitt 42 »Zensur auch in der Republik«, S. 219–229, hier S. 222–226; sowie K. Petersen, Literatur und Justiz in der Weimarer Republik, Stuttgart 1988, S. 78–80.

[7] Petersen, Literatur und Justiz, S. 97–108.

[8] Vgl. Breuer, Geschichte der literarischen Zensur, S. 220–222.

[9] Petersen, Literatur und Justiz, S. 80–81.

[10] S. bei Petersen, Literatur und Justiz, den Abschnitt »Die Verteidigung der Freiheit in Kunst und Literatur«, S. 109–131.

tristik aufmerksam gemacht, mit der die Autoren eigene Erfahrungen verarbeiteten und die Öffentlichkeit über die schleichende »Erosion« der verfassungsmäßig garantierten Freiheiten informierten.[11]

Aufgrund der zunehmenden Polarisierung des politischen Lebens und der autoritären Maßnahmen, mit denen die Präsidialregierungen Brünings, von Papens und von Schleichers seit 1930 die Krise von Staat und Gesellschaft zu meistern versuchten, geriet die progressive Kultur der Weimarer Republik jedoch immer stärker in die Defensive. Zusätzlich zum vorhandenen Instrumentarium dienten nun die vom Reichspräsidenten auf Vorlage des Reichskanzlers hin erlassenen »Notverordnungen« als Grundlage für das Verbot politisch mißliebiger Presseorgane, Buchpublikationen und öffentlichen Auftritte.[12] Insbesondere kommunistische Autoren bekamen den Gegenwind deutlich zu spüren. Willi Bredel wurde 1930 zu einer zweijährigen Gefängnishaft verurteilt, im Herbst 1931 wurden Lesungen von Erich Weinert untersagt, noch im gleichen Jahr zwei in der Reihe »Der Rote 1 Mark-Roman« erschienene Romane Hans Marchwitzas verboten; der von Bert Brecht 1932 mitgestaltete Film »Kuhle Wampe oder Wem gehört die Welt« kam erst nach erheblichen Schnittauflagen in die deutschen Kinos.[13] Aber auch diejenigen bürgerlichen Autoren und Publizisten, die sich wie Thomas und Heinrich Mann, Carl von Ossietzky, Erich Maria Remarque oder Carl Zuckmayer auf die Seite der Republik stellten, sahen sich einer verstärkten Repression durch die nationale Rechte und den von ihr beeinflußten Verwaltungs- und Justizapparat ausgesetzt.[14] Die zwanziger Jahre erwiesen

[11] Ebd. das Kapitel »Justizkritische Literatur«, S. 133–193.

[12] Dazu insbesondere H. A. Walter, Die Deutsche Exilliteratur 1933–1950, Bd. 1 Bedrohung und Verfolgung bis 1933, S. 45–71.

[13] Hierzu und zur Entwicklung der kulturellen Linken in der Weimarer Republik überhaupt das anregende Buch von J. Willet, Explosion der Mitte. Kunst + Politik 1917–1933. Aus dem Englischen von B. Schwarz, München 1981, hier S. 208–209.

[14] Zu den publizistischen Angriffen auf diese und zahlreiche andere republikanische und pazifistische Autoren s. die ausführliche Zusammenstellung bei E. K. Benner, Deutsche Literatur im Urteil des »Völkischen Beobachters« 1920–1933. Ein Beitrag zur publizistischen Vorgeschichte des 10. Mai 1933, München 1954, S. 96–189. 1930 wurde nach gezielten Ausschreitungen der Nationalsozialisten die Aufführung der amerikanischen Verfilmung von Erich Maria Remarques Roman »Im Westen nichts Neues« verboten,

sich rasch als »Intermezzo hoher Kultur im Verhältnis zu einer latent vorhandenen Bedrohung«.[15] Diese prägnante Feststellung von John Willet gilt es zu beachten, um die Ereignisse des Jahres 1933 richtig einschätzen zu können.

2. Die Verbreitung der völkisch-nationalen und nationalsozialistischen Literatur

Peter Gay hat in seinem großen Essay zur Kultur der Weimarer Zeit darauf hingewiesen, daß nur der kulturelle Bereich von den republikanischen »Außenseitern« dominiert worden sei, während die alten Machtzentren den »Außenseitern« verschlossen geblieben wären.[1] Diese Einschätzung trifft allerdings die Wirklichkeit nicht ganz. Gay selbst führt die Bildung antirepublikanischer »Kulturkartelle« und die vielfältigen Aktivitäten des DNVP-Vorsitzenden Alfred Hugenberg auf diesem Gebiet an.[2] Das »System Hugenberg«, das aus einem weitverzweigten Netz von Anzeigenbüros, Nachrichtenagenturen, Zeitungsberatungs- und Beteiligungsgesellschaften, Filmunternehmen, der August Scherl GmbH sowie einer Reihe anderer Verlage bestand,[3] war zwar der unbestritten einflußreichste, aber nicht der einzige Medienkonzern der nationalen Rechten.

Thomas Mann bei seiner »Deutschen Ansprache« in München durch Zwischenrufe nationalsozialistischer Provokateure behindert, Ende 1931 Carl von Ossietzky vom Reichsgericht in Leipzig zu achtzehn Monaten Gefängnis wegen eines aufklärerischen Artikels in der »Weltbühne« über die geheime Aufrüstung der Reichswehr verurteilt.

[15] Willet, Explosion der Mitte, S. 10.

[1] P. Gay, Die Republik der Außenseiter. Geist und Kultur in der Weimarer Zeit 1918–1933. Aus dem Amerikanischen von H. Lindemann, Frankfurt a. M. 1987, S. 159.

[2] Ebd., S. 175–176.

[3] Dazu im einzelnen H. Holzbach, Das »System Hugenberg«. Die Organisation bürgerlicher Sammlungspolitik vor dem Aufstieg der NSDAP, Stuttgart 1981, insbes. der Anhang: Systematische Darstellung des Hugenberg-Konzerns, S. 259–313. Für den Scherl Verlag sind ebd., S. 293, 38 Buchneuerscheinungen aus dem Jahre 1928 angegeben, von denen rund 565 000 Exemplare verkauft wurden.

Auch der Deutschnationale Handlungsgehilfen-Verband (DHV), 1893 in Hamburg von Mitgliedern der antisemitischen und antiliberalistischen Deutschsozialen Partei gegründet, begann sich seit der Mitte der zwanziger Jahre ein Verlagsimperium aufzubauen.[4] Zusätzlich zur Hanseatischen Verlagsanstalt AG, in der 1920 bereits eine Reihe von Druck-, Verlags- und Vertriebsfirmen des DHV zusammengefaßt worden waren, wurden u.a. 1927 der Georg Müller Verlag in München, 1928 der Avenarius Verlag in Leipzig und 1931 der ebenfalls in München ansässige Albert Langen Verlag aufgekauft. Mit Hilfe dieser schöngeistigen Verlage betrieb die größte Angestelltengewerkschaft der Weimarer Republik eine gezielte Literaturpolitik zugunsten der völkisch-nationalen und nationalsozialistischen Autoren.[5] Deren Werke wurden ohne Rücksichtnahme auf ökonomische Verluste auf dem deutschen Buchmarkt vertrieben,[6] wobei der DHV neben eigenen Buchhandlungen und

[4] S. zum folgenden den wichtigen Beitrag von A. Meyer, Die Verlagsfusion Langen-Müller. Zur Buchmarkt- und Kulturpolitik des Deutschnationalen Handlungsgehilfen-Verbands (DHV) in der Endphase der Weimarer Republik, in: AGB 32 (1989), Sp. 1–271.

[5] In der Hanseatischen Verlagsanstalt erschienen u.a. die »schöngeistigen« Werke von Richard Euringer, Rudolf Huch, Ernst Jünger, Hjalmar Kutzleb, Will Vesper, Josef Magnus Wehner, August Winnig. Im fusionierten Langen-Müller Verlag wurden Richard Billinger, Hans Friedrich Blunck, Paul Ernst, Hans Franck, Hans Grimm, Hanns Johst, Erwin Guido Kolbenheyer, Wilhelm Schäfer, Emil Strauß, aber auch Reinhold Schneider und Ernst Wiechert herausgestellt. Zur Einschätzung dieser Autoren und ihrer Literatur s. A. v. Bormann, Vom Traum zur Tat. Über völkische Literatur, in: Die deutsche Literatur in der Weimarer Republik, hg. von W. Rothe, Stuttgart 1974, S. 304–333; E. Breßlein, Von der rechtsradikalen dramatischen Literatur der Weimarer Republik zur nationalsozialistischen, in: Leid der Worte. Panorama des literarischen Nationalsozialismus, hg. von J. Thunecke, Bonn 1987; U.-K. Ketelsen, Völkisch-nationale und nationalsozialistische Literatur in Deutschland 1933–1945, Stuttgart 1976, insbes. S. 58–78; K. Prümm, Die Literatur des soldatischen Nationalismus der zwanziger Jahre (1918–1933). Gruppenideologie und Epochenproblematik, Kronberg/Ts. 1974; K. Vondung, Der literarische Nationalsozialismus. Ideologische, politische und sozialhistorische Wirkungszusammenhänge, in: Die deutsche Literatur im Dritten Reich. Themen – Traditionen – Wirkungen, hg. von H. Denkler und K. Prümm, Stuttgart 1976.

[6] Zu Buchabsatz und wirtschaftlicher Entwicklung der Verlage Georg Müller und Albert Langen die Belege bei Meyer, Verlagsfusion Langen-Müller, S. 187–193.

Buchgemeinschaften auch das Vermittlungspotential ihrer »Fachgruppe Buchhandel«, Nachfolgerin des 1921 übernommenen »Allgemeinen Deutschen Buchhandlungsgehilfen-Verbands«, einsetzen konnte.[7] Heinrich Beenken, Hugo Bruckmann, Eugen Diederichs, J. F. Lehmann, Theodor Fritsch, Gerhard Stalling sind weitere Namen aus dem nationalen Verlagswesen der zwanziger und frühen dreißiger Jahre, über dessen weitverzweigte Organisationsstruktur und Wirkungsweise in der historischen Forschung bis heute noch wenig Klarheit besteht.[8] Seit 1923 trat auch der von der NSDAP übernommene Franz Eher Verlag in München auf dem Buchmarkt in Erscheinung.[9] Zunächst nur mit politischen Broschüren und Büchern, die allerdings – wie etwa Adolf Hitlers »Mein Kampf« – schon sehr hohe Auflagen erreichten; später dann auch mit den ersten »schöngeistigen« Werken.[10] Ein zweites, heute unbekanntes NS-Verlagsunternehmen war der von Fritz Tittmann geleitete Streiter Verlag in Zwickau, der seit 1927 für die Reichspropagandaleitung der NSDAP Plakate, Flugblätter und NS-Bro-

[7] Ebd., S. 204–207. Der »Allgemeine Deutsche Buchhandlungsgehilfen-Verband« war 1872 gegründet worden und zählte zum Zeitpunkt der Übernahme durch den DHV 2300 Mitglieder. Bis Ende 1931 stieg die Zahl der Mitglieder in der »Fachgruppe Buchhandel« auf 6524.

[8] S. dazu die Studien von J. U. Ulbricht, »Die Quellen des Lebens rauschen in leicht zugänglicher Fassung...«. Zur Literaturpolitik völkischer Verlage in der Weimarer Republik, in: Von Göschen bis Rowohlt, hg. von Monika Estermann und Michael Knoche, Wiesbaden 1990, S. 177–197; Die Bücher des heimlichen Deutschland. Zur Geschichte völkischer Verlage in der Weimarer Republik, in: Revue d'Allemagne et des pays de langue allemande 22 (1990), S. 401–413; »Ein heimlich offener Bund für das große Morgen...«. Methoden systematischer Weltanschauungsproduktion während der Weimarer Republik, in: Buchhandelsgeschichte 1/1993, B1-B17.

[9] »Aus der Geschichte des Zentralverlags der NSDAP«, in: Buch und Schwert. Ein Sinnbild unserer Zeit. Führer durch die Buchausstellung in der Neuen Staatsgalerie am Königlichen Platz in München vom 27. Oktober bis 10. November 1940, München o.J. (1940), S. 41–46, hier S. 43. Im Laufe des Jahres 1923 wurden insgesamt 55000 Schriften verlegt. Als erste größere Buchpublikation erschien Gottfried Feders Kampfschrift »Der deutsche Staat auf nationaler und sozialer Grundlage«.

[10] S. ebd., S. 45–46, die Angaben zu den Auflagen der politischen Schriften von Göring, Goebbels, Ley, Oberlindober, Schirach und Rosenberg sowie der schöngeistigen Bücher von Zöberlein, Tremel-Eggert, Weller, Trenker u.a.

schüren in hohen Auflagen herstellte und vertrieb.[11] Neben den Buchveröffentlichungen konnte die nationale Rechte die Publizistik für ihre (literatur-)politischen Ziele einsetzen. In der von Will Vesper herausgegebenen Literaturzeitschrift »Die schöne Literatur« (ab 1931 »Die Neue Literatur«), in Wilhelm Stapels Kulturzeitschrift »Deutsches Volkstum«, im Feuilleton des »Völkischen Beobachters« sowie in den seit 1930 von Alfred Rosenberg herausgegebenen »Nationalsozialistischen Monatsheften« fand zum einen die Abrechnung mit der republikanischen »Literatur der Moderne«[12] statt; zum anderen wurden hier die von den völkisch-nationalen und nationalsozialistischen Autoren vertretenen »Werte« einem kulturell interessierten Publikum vermittelt.[13] Rechnet man noch die Literaturgeschichtsschreibung und -wissenschaft auf völkischer Grundlage eines Adolf Bartels, Paul Fechter, Josef Nadler, Heinz Kindermann oder anderer Germanisten hinzu,[14] wird deutlich, wie präsent die von der politischen Reaktion favorisierte Literatur und deren Lobby in der Weimarer Republik tatsächlich war.

[11] G. Paul, Aufstand der Bilder. Die NS-Propaganda vor 1933, Bonn 1990, S. 65 und S. 278/Anm. 27.

[12] Dieser Begriff wird in Anlehnung an D.J.K. Peukert, Die Weimarer Republik. Krisenjahre der »Klassischen Moderne«, Frankfurt a.M. 1987, insbesondere S. 166–190, verwendet.

[13] Zu den in enger Verbindung mit den DHV-Verlagen Albert Langen und Georg Müller herausgegebenen Zeitschriften Stapels und Vespers die näheren Angaben bei Meyer, Die Verlagsfusion Langen-Müller, S. 194–203. S. des weiteren G. Berglund, Der Kampf um den Leser im Dritten Reich. Die Literaturpolitik der »Neuen Literatur« (Will Vesper) und der »Nationalsozialistischen Monatshefte«, Worms 1980, und Benner, Deutsche Literatur im Urteil des »Völkischen Beobachter«, S. 96–189.

[14] Dazu W. Voßkamp, Kontinuität und Diskontinuität. Zur deutschen Literaturwissenschaft im Dritten Reich, in: Wissenschaft im Dritten Reich, hg. von P. Lundgreen, Frankfurt a.M. 1985, S. 140–162, insbes. S. 143–154; S. L. Gilman (Hg.), NS-Literaturtheorie. Eine Dokumentation, Frankfurt a.M. 1971; Ketelsen, Literatur und Drittes Reich, S. 72–93.

3. Der »Kampfbund für deutsche Kultur«

Auf dem Parteitag der NSDAP im August 1927 in Nürnberg war der Entschluß zur Gründung einer »Nationalsozialistischen Gesellschaft für Kultur und Wissenschaft« gefaßt worden.[1] Bereits Mitte Oktober 1927 erhielten führende NSDAP-Mitglieder sowie renommierte Vertreter der völkisch-nationalen Kulturszene von Alfred Rosenberg, den Hitler mit der Leitung der Gesellschaft betraut hatte, ein erstes Rundschreiben. Darin wies der Chefredakteur des »Völkischen Beobachters« zunächst auf seine Bemühungen hin, »[...] 20–30 bester deutscher Namen dafür zu gewinnen, sich als Förderer dieser Sache öffentlich nennen zu lassen«.[2] Seine Parteigenossen auf kommunaler Ebene bat er um Unterstützung bei der Suche nach sämtlichen »irgendwie als national bekannten Persönlichkeiten Ihrer Stadt«, die für eine materielle Unterstützung und für Vorträge der Gesellschaft in Frage kämen.[3]

Zu Beginn des Jahres 1928 dann offiziell gegründet,[4] erhielt die »Nationalsozialistische Gesellschaft für deutsche Kultur« bereits Ende 1928 einen neuen Namen. Der »Kampfbund für deutsche Kultur e.V.« (KfdK) verfolgte den gleichen Zweck

[1] Rundschreiben von Alfred Rosenberg an die Ortsgruppen der NSDAP vom 14. 10. 1927, BArch Potsdam NS 8/122 Bl. 35–37, hier Bl. 35. Das auf einem Bogen mit Briefkopf des Völkischen Beobachter/Schriftleitung aufgesetzte Schreiben befand sich in der Anlage zu einem Rundschreiben des Eher Verlags, in dem die Ortsgruppen um eine verstärkte Anzeigenwerbung für die Parteizeitung zwecks Finanzierung des Wahlkampfes gebeten wurden. S. dazu HStA Düsseldorf RW 23/67 Bl. 334–335.

[2] Rundschreiben Rosenbergs vom 14. 10. 1927, BArch Potsdam NS 8/122 Bl. 35. Mit Schreiben vom 11. 10. 1927 (Briefkopf NSDAP/Hauptgeschäftsstelle der Reichsleitung) hatte Rosenberg auch Hans Grimm gebeten, »[...] uns zunächst durch Ihren Namen zu unterstützen, werden sich doch unsere Vorträge auch mit den Problemen zu befassen haben, welche Sie in Ihrem großen Roman [»Volk ohne Raum«] behandelt haben«. DLA Marbach/NL H. Grimm: Briefwechsel mit Regierungsstellen, NS-Parteistellen und Einzelpersönlichkeiten der NSDAP, hier Mappe 5 I-R.

[3] Rundschreiben Rosenbergs vom 14. 10. 1927, BArch Potsdam NS 8/122, Bl. 35–36.

[4] Brenner, Die Kunstpolitik des Nationalsozialismus, S. 8. Das Gründungsprotokoll trug die Unterschriften von Heinrich Himmler, Emil Weiss, Gregor Strasser, Franz Xaver Schwarz, Philipp Bouhler und Alfred Rosenberg, war also eine eindeutig nationalsozialistische Angelegenheit.

wie seine kurzlebige Vorläuferin, nämlich »inmitten des heutigen Kulturverfalles die Werte des deutschen Wesens zu verteidigen und jede arteigene Äußerung kulturellen deutschen Lebens zu fördern«.[5] Allerdings war der Name, mit dem man anläßlich eines Vortrags von Prof. Othmar Spann zur »Kulturkrise der Gegenwart« am 23. 2. 1929 im Auditorium Maximum der Universität München erstmals öffentlich in Erscheinung trat,[6] seiner engen parteipolitischen Anbindung enthoben. Damit ließ sich die mit der Vereinsgründung von einem Teil der Nationalsozialisten verfolgte Taktik, sich auch im scheinbar überparteilichen Kampf gegen die »Kultur der Republik« und für eine neue »völkische Kultur« beim kulturell aufgeschlossenen nationalen Bildungs- und Besitzbürgertum zu profilieren, weitaus wirkungsvoller realisieren.[7]

In der Folgezeit bemühten sich Alfred Rosenberg als »Führer« des KfdK und die in München eingerichtete Geschäftsstelle unter Leitung Gotthard Urbans um neue Mitglieder und finanzkräftige Förderer, um den Auf- und Ausbau von Fach- und Ortsgruppen sowie um wissenschaftliche und literarische Vorträge in ganz Deutschland.[8] Neben dem »Völkischen Beobachter«, dessen Feuilletonchef Josef Stolzing-Cerny sich als Leiter der »Fachgruppe Schrifttum« für den KfdK engagierte,

[5] So § 1 der »Satzung« des KfdK vom 19. 12. 1928, BArch Potsdam NS 8/122 Bl. 73–75, hier Bl. 73. Vgl. dazu den bei K. Hille, Der Kampfbund für deutsche Kultur, in: 1933 – Wege zur Diktatur. Supplementband zum Katalog, hg. von der Staatlichen Kunsthalle Berlin, Berlin 1983, S. 170–172, vollständig abgedruckter Text des 6-seitigen Rundschreibens, mit dem die »Nationalsozialistische Gesellschaft für deutsche Kultur« im Frühjahr 1928 die Öffentlichkeit über ihre Organisation und Ziele informierte.

[6] Der Vortrag wurde in den »Mitteilungen des Kampfbundes für deutsche Kultur« 1/Nr. 3 (1929), S. 33–44, veröffentlicht.

[7] Daß die Kultur auch von anderen Parteien der nationalen Rechten als geeignetes Betätigungsfeld gegen die Republik entdeckt wurde, beweist die im Januar 1929 – also parallel zum Neuaufbau des KfdK – erfolgte Gründung eines »Schutzvereins für die geistigen Güter Deutschlands«. Dessen Initiator und Vorsitzender, Alfred Hugenberg, verfolgte nach Angaben in den KfdK-Mitteilungen Nr. 2 vom Februar 1929, S. 29, das Ziel, durch die »Sammlung geldlicher Mittel« die »Wahrung der deutschen Überlieferung« und den »Schutz kultureller Güter« gezielt zu unterstützen. Eine Konkurrenz zwischen beiden kulturellen Vereinigungen sollte, wie Hugenberg auf eine Anfrage des KfdK hin versicherte, hierdurch jedoch nicht entstehen.

[8] Im einzelnen Brenner, Die Kunstpolitik des Nationalsozialismus, S. 9–21; Bollmus, Das Amt Rosenberg, S. 28–34.

dienten vor allem die seit Januar 1929 herausgegebenen »Mitteilungen des Kampfbundes für deutsche Kultur« der Artikulation literaturpolitischer Vorstellungen der Nationalsozialisten. Hier wurden Autoren wie Ferdinand Bruckner, Alfred Döblin, Lion Feuchtwanger, Egon Friedell, Emil Ludwig, Heinrich und insbesondere Thomas Mann, Walter von Molo, Erich Maria Remarque, Kurt Tucholsky oder Jakob Wassermann, deren Werke republikanische und humanistische Werte vertraten, diffamiert.[9] Zur Lektüre empfohlen wurden den Kampfbund-Mitgliedern statt dessen das pseudo-wissenschaftliche Rasseschrifttum eines Hans Günther, die nationalsozialistische »Kampf- und Bekenntnisdichtung« eines Baldur von Schirach und völkische Autoren wie Otto Bangert, Maria Kahle, Agnes Miegel oder Bogislaw von Selchow.[10]

In einer Rede von Eugen Diederichs zum »Tag des Buches«, die von den »Mitteilungen« im April 1929 abgedruckt wurde,[11] setzte sich der Leipziger Verleger mit der »Krisis des deutschen Buches« auseinander. Ihre Ursachen sah er vor allem in der fehlenden »Verwurzelung des Menschen in Landschaft und im Blutserbe« sowie in einer »allzu starken Überfremdung mit ausländischer Literatur«.[12] Zur Bewältigung der Krise forderte Diederichs die Etablierung einer »neue[n] geistige[n] Schicht [...], die durch Verantwortungsgefühl gegenüber unserem geistigen Erbgut alle Gruppen und alle Stände im Willen ergreift und diesen Willen zu einer Gemeinschaft des Denkens ausbildet«.[13]

Mit Angriffen auf Thomas Mann in den »Leipziger Neuesten Nachrichten« (1927),[14] mit Lesungen und Redeauftritten für den Kampfbund[15] profilierte sich Hanns Johst bei der politi-

[9] Dazu insbesondere Jg. 1 (1929) der »Mitteilungen« passim.

[10] S. etwa den zum Weihnachtsgeschäft 1929 verfaßten Artikel »Deutsches Dichten und Denken«, in: Mitteilungen des KfdK 1/Nr. 11–12 (1929), S. 139–145.

[11] »Besinnung – Gesinnung«, in: Mitteilungen des KfdK 1/Nr. 4 (1929), S. 52–54.

[12] Ebd., S. 53.

[13] Ebd., S. 54.

[14] »Thomas Manns Räuberromane«, in: Mitteilungen des KfdK 1/Nr. 4 (1929), S. 61. Johsts Pamphlet trug den Titel »Thomas Mann auf der Insel der dreißig Särge«.

[15] Johst trat seit 1929 wiederholt in Lesungen der Ortsgruppe München des KfdK auf. Anläßlich der Tagung des KfdK in Potsdam am 24. und 25. 5.

schen Rechten. 1932 übernahm der Autor, der in den zwanziger Jahren noch dem Expressionismus nahegestanden hatte,[16] die »Fachgruppe Schrifttum« im KfdK. Diese sollte – nach Plänen der Geschäftsführung vom Juni 1932 – insbesondere durch Einflußnahme auf die Feuilletons der NS-Zeitungen und durch die Errichtung eines eigenen Verlages die Schriftsteller nationalsozialistischer Gesinnung verstärkt unterstützen.[17]

Die Wirkung der außerordentlich vielfältigen Aktivitäten des KfdK ist schwer abzuschätzen.[18] Natürlich blieb den politischen Gegnern der Nationalsozialisten die Doppelbödigkeit des Kampfbundes nicht verborgen. So entlarvte ihn die »Frankfurter Zeitung« als eine »auf kulturell frisierte SA«.[19] Doch obwohl

1931 hielt Johst eine Rede zum Thema »Wort – Schrift – Zucht«. Mitteilungen des KfdK 3/Nr. 5/6 (1931), S. 39–43.

[16] Zu diesem Wandel s. die Untersuchung von H. F. Pfanner, Hanns Johst. Vom Expressionismus zum Nationalsozialismus, Den Haag, Paris 1970.

[17] »Denkschrift betr. Zusammenarbeit zwischen der Abt. Volksbildung der Reichsleitung der N.S.D.A.P. [...] und dem Kampfbund für deutsche Kultur (K.f.d.K.)« vom 21. 6. 1932, BArch Potsdam NS 15/82, S. I–IX, hier S. VII.

[18] Brenner, Die Kunstpolitik des Nationalsozialismus, und Bollmus, Das Amt Rosenberg, kommen hierbei zu unterschiedlichen Bewertungen. Während Brenner vor allem die Funktionalisierung der Kultur für politische Zwecke herausarbeitet, die von den Nationalsozialisten entdeckt und auf vielfältige Weise vor und nach 1933 ausgeübt wurde, hinterfragt Bollmus kritisch sowohl die Stellung des KfdK innerhalb der NSDAP als auch die reale Wirkungsweise des kulturellen Engagements des Kampfbundes von 1929 bis 1933. Die Differenzen kommen durch die Unterschiedlichkeit der Blickrichtung zustande. Beurteilt man den KfdK vom Standpunkt der innerparteilichen Machtkämpfe aus, so ist das Scheitern der von Rosenberg geführten Kulturorganisation unbestreitbar. Was die gesellschaftliche Profilierung der NSDAP im Kampf gegen die Weimarer Republik und für einen völkischen »Neubeginn« anlangt, so war die subversive Kulturarbeit des KfdK ein – wenn auch begrenzter – Erfolg.

[19] Der Hinweis auf diese Charakterisierung des KfdK durch die Frankfurter Zeitung findet sich in dem Artikel »An unsere Mitglieder und Freunde!«, Mitteilungen des KfdK 2/Nr. 12 (1929), S. 11–12, hier S. 11. Für den preußischen Kultusminister Adolf Grimme war der KfdK nichts anderes als eine »maskierte nationalsozialistische Organisation«, weshalb er dem Berliner Pädagogik-Professor Ernst Krieck einen Redeauftritt bei der Potsdamer Tagung des KfdK im Mai 1931 untersagte. S. dazu den Bericht über »Unsere Tagung in Potsdam (Pfingsten, den 24. und 25. Mai 1931)«, in: Mitteilungen des KfdK 3/Nr. 5/6 (1931), S. 34.

damit zutreffend die ideologische und funktionale Affinität erkannt worden war, beharrte der KfdK auf seiner Überparteilichkeit. In einer Entgegnung auf die »Frankfurter Zeitung« hieß es dazu: »Der Nationalsozialismus hat für jeden, mit seinem Volkstum verwurzelten Deutschen schon lange nicht mehr die Bedeutung eines parteipolitischen Gebildes, sondern ist ihm ein Begriff geworden gleichbedeutend mit Volksgemeinschaft und Freiheitswillen. Der Kampfbund für Deutsche Kultur ist aber nicht eine nationalsozialistische Organisation, denn es gibt keine ›nationalsozialistische‹ Kultur, aber deutsch ist er und die in Frankfurt können sicher sein, daß er sich trotz ihrer Behauptungen durchsetzen und einsetzen wird für das *deutsche* Kultur- und Geistesleben im Dienste aller schöpferischen Deutschen«.[20]

Innerparteilich erwies sich diese Camouflage aber schon bald als entscheidendes Defizit. Denn die Kulturvereinigung besaß keine offizielle parteiamtliche Anerkennung[21] und mußte sich daher über Mitgliedsbeiträge und Spenden selbst finanzieren. Ein Umstand, der fatale Folgen hatte, als man sich mit einer groß aufgezogenen Tagung in Potsdam im Mai 1931 sowie mit einer Reihe anderer Projekte – wie dem einer »Theatergemeinde« – finanziell völlig übernahm.[22] Da es Rosenberg offenbar nicht gelang, regelmäßige Zuschüsse aus dem Etat der NSDAP-Reichsleitung zur Sanierung des Kampfbundes zu erhalten, mußte zum Ende des Jahres 1931 die Vereinszeitschrift eingestellt werden. Da das Defizit des Kampfbundes im Laufe des Jahres 1932 auf 12000 RM anwuchs, drohte Vorstandsmitglied

[20] »An unsere Mitglieder und Freunde!«, Mitteilungen des KfdK 2/Nr. 12 (1929), S. 11.

[21] Und dies, obwohl in den Ausgaben des »Nationalsozialistischen Jahrbuchs« von 1928 bis 1933 der KfdK immer wieder unter den Organisationen der NSDAP aufgeführt wurde. Vgl. auch A. Rosenberg, Nationalsozialistischer [!] Kampfbund für deutsche Kultur, in: NSJ 2 (1928), S. 97–100.

[22] Die Potsdamer Tagung, auf der Alfred Rosenberg (»Blut und Ehre«), Hellmut Nicolai (»Nationale Erziehung des Beamten«), Hanns Johst, H. Weiß (»Der Rundfunk als Kulturwaffe«), Hermann Göring (»Wehrwille sichert Kultur«) und Ernst Graf zu Reventlow (»Deutsche Jugend – deutsche Kultur«) mit Reden aufgetreten waren, führte zu einem Defizit von rund 1000 RM. S. die Mitteilungen des KfdK 3/Nr. 5/6 (1931), S. 51. Zur Entwicklung der von Dr. Walter Stang, dem Leiter des »Dramaturgischen Büros« im KfdK, aufgezogenen Theaterbesucherorganisation Bollmus, Das Amt Rosenberg, S. 38–39.

Hugo Bruckmann Rosenberg im November 1932 sogar die Entlassung des in seiner Tätigkeit völlig überforderten Urban und die Auflösung von Stangs kostspieligem »Büro« an.[23]

Dennoch sind die Tiefenwirkungen der hier nur in groben Umrissen skizzierten Tätigkeit des KfdK in bezug auf das Kunst- und Literaturverständnis breiter bürgerlicher Kreise nicht zu unterschätzen. Die NSDAP verdankte dem KfdK die Entdeckung, die Republik auch mit kulturellen Mitteln, also in der Domäne der »Außenseiter«, untergraben zu können. Trotz Mißmanagement gelang es dem KfdK immerhin, seine Mitgliederzahl zwischen April 1929 und Januar 1933 von ca. 300 auf ca. 6000, die Zahl seiner Ortsgruppen von ca. 25 auf ca. 240 zu vergrößern.[24] Neben Weimar und München wurde im Laufe des Jahres 1932 auch Berlin – vor allem durch das Geschick von Hans Hinkel, der in Personalunion als Reichsorganisationsleiter des KfdK und als preußischer Kampfbund-Leiter fungierte – zu einem Zentrum nationalsozialistischer Kulturarbeit. Und wie nachhaltig diese Schrittmacherdienste des KfdK u.a. auf literaturpolitischem Gebiet wirkten, sollte sich nach dem 30. 1. 1933 erst so richtig erweisen.

[23] Schreiben Bruckmanns an Rosenberg vom 9. 11. 1932, BArch Potsdam NS 8/123 Bl. 207–208. Das Defizit hatte Ende 1931 4000 RM betragen und war bis 1932 auf 12000 RM angewachsen, obwohl Schatzmeister Franz Xaver Schwarz einen einmaligen Zuschuß von 3000 RM gewährt hatte. Zum Geschäftsführer des Kampfbundes merkte Bruckmann an: »Wenn Urban den Verwaltungsgeschäften so unzulänglich nachzukommen weiß (nicht aus Mangel an Fleiß, aber weil er sich um tausend Dinge bemüht, die uns nur kosten und nichts bringen), so muß er ausscheiden und durch eine Buchhalterin ersetzt werden, die wenigstens *Ordnung* hält« (Bl. 207, Hervorhebung im Text).

[24] Die Zahlenangaben bei Bollmus, Das Amt Rosenberg, S. 29.

4. Die »Abteilung für Rasse und Kultur«, die »Abteilung Volksbildung« und die »Propagandaleitung« innerhalb der Reichsleitung der NSDAP

Der von Rosenberg geführte »Kampfbund für deutsche Kultur« blieb nicht die einzige nationalsozialistische Organisation, die sich mit kulturpolitischen Fragen befaßte. Am 31. 12. 1930 veröffentlichte der »Völkische Beobachter« eine »Anordnung« Hitlers zur Gründung einer »Abteilung für Rasse und Kultur«.[1] Zu ihrem Leiter wurde mit dem Ministerialrat i.R. Hanno Konopath ein Mann ernannt, der erst zum 1. 5. 1930 der NSDAP beigetreten war[2] und dessen »Rassefimmel« selbst Goebbels noch störend auffiel.[3] Wie aus einem von Konopath und Constantin Hierl, dem Leiter der Organisationsabteilung II in der Münchner Parteizentrale, verfaßten Rundschreiben an die Gauleiter vom 23. 12. 1930 hervorgeht,[4] war die neue Abteilung eine Reaktion auf den überraschenden Wahlerfolg der NSDAP bei den Reichstagswahlen vom 14. 9. 1930. Über eine Intensivierung der öffentlichen Kulturarbeit der NSDAP sollten nämlich zum einen »die vielfach rein gefühlsmäßigen neuen Wähler« für die Partei gewonnen und nach Möglichkeit auch zur Mitgliedschaft bewogen werden, zum anderen »viele der besten Kräfte des deutschen Volkes, die bisher noch abseits stehen« für die NSDAP vereinnahmt werden.[5]

Ob es dann tatsächlich zum Aufbau eines umfangreichen »kulturellen« Vortragswesens[6] und zur vorgesehenen Errichtung von Kulturleiterstellen auf Gauebene[7] gekommen ist, läßt

[1] Bollmus, Das Amt Rosenberg, S. 34.

[2] BDC/Masterfile/Konopath, H. (*1882). Es war vermutlich auf den Einfluß von Goebbels zurückzuführen, daß Konopath der NSDAP beitrat. Jedenfalls berichtet Goebbels in seinem Tagebuch (13. 4. 1930) von einer langen Unterredung mit Konopath, bei dem er ihn zum Beitritt zu bewegen versuchte. Die Tagebücher von Joseph Goebbels. Sämtliche Fragmente, hg. von E. Fröhlich im Auftrag des Instituts für Zeitgeschichte und in Verbindung mit dem Bundesarchiv, Teil 1 1924–1941, München u.a. 1987, hier Bd. 1 1924–1930, S. 545.

[3] Goebbels-Tagebücher, Teil 1, Bd. 1, S. 648.

[4] BArch Potsdam Slg. Schumacher/227.

[5] Ebd.

[6] Ebd., Abschnitt IV »Lehrplan«, III.-V. Bl.

[7] Ebd., III. Bl.

sich nicht belegen.[8] Das nur sporadisch überlieferte Quellenmaterial macht allerdings deutlich, daß dem Instrument kulturpolitischer Einflußnahme auf die Bevölkerung innerhalb der Reichsleitung der NSDAP eine größere Bedeutung eingeräumt wurde.[9] Im Prozeß der innerparteilichen Institutionalisierung der Kulturpolitik, die insbesondere auf Kosten der »überparteilichen« Kampfbundvereinigung Rosenbergs verlief,[10] erwies sich die »Abteilung für Rasse und Kultur« jedoch nur als kurzes Zwischenspiel. Denn nachdem Konopath im Juni 1932 durch ein Parteigerichtsurteil die Fähigkeit zur Ausübung eines Parteiamtes und zum öffentlichen Auftritt als Redner der NSDAP für die Dauer von zwei Jahren aberkannt worden war,[11] wurde seine Abteilung wieder aufgelöst.

[8] In den Mitteilungsblättern des Gaues Köln-Aachen der NSDAP, Jg. 1, H. 2 (1931), findet sich immerhin ein Artikel zur »Kulturarbeit in den Ortsgruppen«. Darin wird die Einsetzung von Kreiskulturwarten und die Durchführung des von der »Abteilung Rasse und Kultur« entworfenen Vortragsprogramms angeordnet. In dem Artikel wird auch zur Kontrolle des Leihbüchereiwesens und zur Einflußnahme auf deren Anschaffungspolitik aufgefordert. Ein Exemplar der Mitteilungsblätter für die Jahrgänge 1931 bis 1935 findet sich im HStA Düsseldorf RW 23/102 Bl. 9ff., hier Bl. 14/Rs.-15.

[9] S. in diesem Zusammenhang Paul, Aufstand der Bilder. In seiner bemerkenswerten Studie arbeitet der Verfasser die Formulierung eines spezifischen Propagandakonzepts und seine Genese in der praktischen Parteiarbeit der Jahre 1920 bis 1933 heraus. Dabei wird deutlich, daß die NSDAP keineswegs mit einem einheitlichen Propagandakonzept antrat. Die von Goebbels vertretene »Angriffspropaganda«, ebd. S. 45–50, mußte sich vielmehr erst gegen die vom Strasser-Flügel favorisierte »Aufklärungspropaganda«, ebd. S. 51–52, durchsetzen.

[10] Vgl. dazu die aus dem Jahre 1932 stammende »Denkschrift« von H. S. Ziegler, dem Leiter der »Unterabteilung Theater« in der »Abteilung für Rasse und Kultur«, BArch Potsdam NS 8/127 Bl. 39–42. Darin hieß es u. a.: »Es ist überhaupt nicht diskutabel, daß eine Unterabteilung des mit der Partei unverbundenen sozusagen privaten Kampfbundes derartig entscheidende Maßnahmen [auf dem Gebiet der Kultur- und Personalpolitik] vornehmen könnte. Schon deshalb nicht, weil die Instanzen des Kampfbundes parteimäßig nicht zur Verantwortung gezogen werden können und zu allerletzt der obersten Kontrolle der Parteiführung entzogen bleiben« (Bl. 40). Zum Kontext Bollmus, Das Amt Rosenberg, S. 34–36.

[11] Die Entscheidung des Vorsitzenden des Untersuchungs- und Schlichtungsausschusses der NSDAP-Reichsleitung wurde Konopath mit Schreiben vom 30. 6. 1932 mitgeteilt. Die Abschrift des Schreibens in BDC/Partei-Kanzlei-Correspondence/Konopath, H.

Auch die noch im Juni 1932 eingerichtete »Abteilung Volksbildung« unter Leitung des bayerischen Landtagsabgeordneten Dr. Rudolf Buttmann existierte nur kurzzeitig. Nach den im September 1932 getroffenen »Abmachungen« mit dem Kampfbund hätte von der dem Reichsorganisationsleiter unterstellten »Abteilung Volksbildung« vor allem die »Ausarbeitung eines nationalsozialistischen Kulturprogramms« sowie die »kulturpolitische Einflußnahme auf nat[ional].-soz[ialistische]. Behörden« in den Ländern und Gemeinden koordiniert werden sollen.[12] Dazu dürfte es jedoch kaum gekommen sein. Mit dem Sturz Strassers und der damit verbundenen Neuorganisation der NSDAP-Reichsleitung im Dezember 1932 wurden sämtliche kulturpolitischen Kompetenzen auf die neue »Reichspropagandaleitung« übertragen. In ihr ging neben den Hauptabteilungen Propaganda (I), Nachrichtendienst (III), Film (IV) und Rundfunk (V) auch die »Abteilung Volksbildung« als Hauptabteilung II auf.[13] Damit standen sich am Vorabend der nationalsozialistischen Machtübernahme Rosenberg und Goebbels als Konkurrenten auf kulturpolitischem Gebiet gegenüber.

[12] »Abmachungen zwischen der Abtl. Volksbildung und dem Kampfbund für deutsche Kultur«, BArch Potsdam Slg. Schumacher/211, hier S. 1. Der Text des Abkommens wurde Gregor Strasser am 24. 9. 1932 von Rolf Rienhardt, dem Leiter der Hauptabteilung III in der Reichsorganisationsleitung, vorgelegt. Zum »Programm« der »Abteilung Volksbildung« R. Buttmann, Nationalsozialismus und Volksbildung, in: NSJ 7 (1933), S. 193–197.

[13] Vgl. die »Neuordnung der Reichspropagandaleitung« vom 19. 10. 1932, in: Verordnungsblatt der Reichsleitung der NSDAP, 2. Jg./Folge 34 vom 31. 10. 1932, S. 76, mit der »Neuordnung der Reichspropagandaleitung« vom 24. 1. 1933, in: ebd., 2. Jg./Folge 40 vom 31. 1. 1933, S. 88. BArch Potsdam NSD 13/1. Zur Genese der Reichspropagandaleitung der NSDAP in den Jahren 1930 bis 1933 Paul, Aufstand der Bilder, S. 70–79.

5. Das Innen- und Volksbildungsministerium in Thüringen unter Wilhelm Frick (1930/31)

Die seit Ende 1930 feststellbaren Bemühungen um eine Institutionalisierung der Kulturpolitik innerhalb der Reichsleitung der NSDAP hingen eng mit den Erfahrungen zusammen, die Vertreter der Partei bei der Übernahme exekutiver Macht auf Landes- und Kommunalebene gemacht hatten. So war am 23. 1. 1930 im thüringischen Landtag mit Wilhelm Frick der erste Nationalsozialist zum Minister gewählt worden. Als Innenminister übernahm der ehemalige Oberamtmann bei der politischen Polizei in München damit nicht nur die oberste Leitung des gesamten Landespolizeiwesens, sondern auch kulturpolitische Funktionen wie das »Lichtspiel- und Theaterwesen nach ihrer polizeilichen Seite« oder die »Bekämpfung von Schmutz in Wort und Bild«.[1] Als Volksbildungsminister erhielt Frick zudem Einfluß auf das Schul- und Volksbildungswesen, auf die Landesuniversität in Jena sowie auf das Bücherei- und Kunstwesen in Thüringen.[2]

Daß Frick diese Kompetenzen weidlich zur Realisierung nationalsozialistischer »Experimente« zu nutzen gewillt war, wie es der DDP-Landtagsabgeordnete Kallenbach schon vor der Wahl Fricks befürchtet hatte,[3] wurde im Laufe seiner vierzehnmonatigen Amtszeit rasch deutlich. Insbesondere in den Schulen sollte durch die Einführung eines »Deutschen Schulgebets«,[4]

[1] »Geschäftsordnung für das Staatsministerium« aus dem Jahre 1928, in: HStA Weimar Thüring. Min. f. Volksbildung/C 15 Bl. 35–37, hier Bl. 36/Rs.-37 (S. 4–5).

[2] Ebd. Bl. 37–37/Rs. (S. 5–6).

[3] Stenographische Berichte über die Sitzungen des Fünften Landtages von Thüringen, Bd. I, 6. Sitzung am 23. 1. 1930, hier S. 140: »Wir befürchten, daß die von einer Regierungspartei angekündigten Experimente eine Gefahr für das Land werden«.

[4] Der Erlaß vom 16. 4. 1930 ist abgedruckt im Amtsblatt des Thüringischen Ministeriums für Volksbildung Jg. 9/Nr. 6 (1930), S. 39. Zur Begründung für die Einführung des Schulgebetes führte der Erlaß einleitend an: »Die deutsche Not findet ihre Ursache nur zum Teil in wirtschaftlicher Bedrängnis. Art- und volksfremde Kräfte versuchen seit langem die geistig-sittlich-religiösen Grundlagen unseres deutschen Denkens und Fühlens zu zerstören, um das deutsche Volk zu entwurzeln und es so leichter beherrschen zu können«. Drei der vier vorgelegten Entwürfe zum »Thüringer

durch das Verbot von Erich Maria Remarques Roman »Im Westen nichts Neues« als Klassenlesestoff und des nach dieser Vorlage entstandenen Spielfilms,[5] durch behördlich angeordnete Feiern zum 60. Jahrestag der Reichsgründung von 1871[6] sowie durch einen Erlaß zum »Schutz der Schule gegen kommunistische Wühlarbeit«[7] politisch und »rassisch« Unerwünschtes ausgeschaltet und die Jugend im völkischen Geist erzogen werden.

Die »Verseuchung deutschen Volkstums durch fremdrassige Unkultur« bei Musik- und Theaterveranstaltungen sollte durch eine politische Auslegung der Gewerbeordnung unterbunden werden, in der die Genehmigung eines Betriebes oder einer Veranstaltung von der »Zuverlässigkeit in sittlicher und artistischer (d. h. künstlerischer) Beziehung« abhängig gemacht wurde.[8] Eine Taktik, die im November 1933 auch auf die Reichskulturkammergesetzgebung übertragen wurde. Die Entfernung von zahlreichen Werken renommierter Künstler der Moderne aus dem Weimarer Schloßmuseum, der Eingriff in die Spielpläne der Thüringischen Staatstheater und das Verbot eines Redeauftritts von Hellmut von Gerlach, Mitbegründer der »Deutschen Friedensgesellschaft« und der »Deutschen Liga für Menschenrechte«, waren weitere markante Maßnahmen der Frickschen »Kulturpolitik«.[9] Diese blieb jedoch nicht auf reine Säuberungsmaßnahmen beschränkt.

Schulgebet«, ebd. S. 40, wurden allerdings durch eine Entscheidung des Staatsgerichtshofes vom 11. 7. 1930 für verfassungswidrig erklärt.

[5] W. Frick, Thüringer Bilanz, in: NSJ 6 (1932), S. 211–216, hier S. 212.

[6] Anordnung vom 10. 1. 1931, in: Amtsblatt des Thüringischen Ministeriums für Volksbildung Jg. 10/Nr. 1 (1931), S. 1.

[7] Amtsblatt des Thüringischen Ministeriums für Volksbildung Jg. 10/Nr. 6 (1931), S. 25. In dem Erlaß vom 20. 2. 1931 wurde u. a. auch die Verbreitung kommunistischer Druckschriften in den Schulen untersagt.

[8] Erlaß vom 5. 4. 1930 »Wider die Negerkultur für deutsches Volkstum«, in: Amtsblatt des Thüringischen Ministeriums für Volksbildung Jg. 9/Nr. 6 (1930), S. 40–41, hier S. 40. Auch hier hieß es einleitend: »Seit Jahren machen sich fast auf allen kulturellen Gebieten in steigendem Maße fremdrassige Einflüsse geltend, die die sittlichen Kräfte des deutschen Volkstums zu unterwühlen geeignet sind«.

[9] Dazu im einzelnen Brenner, Die Kunstpolitik des Nationalsozialismus, S. 32–34. Zum Verbot des Vortrags von Gerlach über das Thema »Ist die Republik bedroht?« s. die Rede des sozialdemokratischen Abgeordneten Frölich in den Stenographischen Berichten des Fünften Landtages von Thüringen, Bd. II, 79. Sitzung am 1. 4. 1931, S. 1821.

Ähnlich wie im Polizeiwesen versuchte Frick auch auf kulturellem Gebiet durch eine gezielte Personalpolitik die nationalsozialistische Einflußsphäre abzusichern und zu vertiefen. Die Ernennung des völkisch-nationalen Kunsthistorikers Prof. Dr. Paul Schultze-Naumburg zum Leiter der Vereinigten staatlichen Kunstlehranstalten (Hochschule für Baukunst, bildende Kunst und Handwerk) in Weimar ab 1. 4. 1930[10] und die Vermittlung einer »ordentlichen Lehrstelle« in der mathematisch-naturwissenschaftlichen Fakultät der Universität Jena mit einem »Lehrauftrag für Sozialanthropologie« für den Verfasser rassekundlicher Schriften Dr. Hans Günther ab 1. 10. 1930[11] sind hierfür die bekanntesten Belege. Mit der Bestellung von Dr. Hans Severus Ziegler, der als Redakteur der von Adolf Bartels herausgegebenen Zeitschrift »Deutsches Schrifttum«, als Gründer der 1928 vom Eher Verlag übernommenen Wochenzeitung »Der Nationalsozialist« und als Leiter der Ortsgruppe Weimar des Rosenbergschen Kampfbundes bekanntgeworden war, zum »künstlerischen Beirat« in der Kunstabteilung des Volksbildungsministeriums ab 1. 11. 1930[12] setzte Frick eine Art »Kulturkommissar« in sein ansonsten von Verwaltungsjuristen beherrschtes Ministerium ein.[13]

[10] »Niederschrift über die Sitzung des Thüringischen Staatsministeriums am 28. 3. 1930«, HStA Weimar Thüring. Min. f. Volksbildung/C 47 Bl. 23. Zur Person Schultze-Naumburgs Brenner, Die Kunstpolitik des Nationalsozialismus, S. 19 und S. 28.

[11] »Niederschrift über die Sitzung des Thüringischen Staatsministeriums am 14. 5. 1930«, HStA Weimar Thüring. Min. f. Volksbildung/C 47 Bl. 37. Zum Werk Günthers Brenner, Die Kunstpolitik des Nationalsozialismus, S. 28.

[12] Schreiben Fricks an Ziegler vom 25. 10. 1930, HStA Weimar Thüring. Min. f. Volksbildung/C 790 Bl. 139. Für seine »Beratertätigkeit« erhielt der nationalsozialistische Publizist eine monatliche Vergütung von 200 RM.

[13] Ziegler blieb nicht der einzige »Fachberater«. Mit Schreiben vom 27. 11. 1930 wurde der Stadtorganist Friedrich Martin zum »nebenamtlichen Musikfachberater ohne besondere Vergütung« bestellt (HStA Weimar Thüring. Min. f. Volksbildung/C 790 Bl. 144). Die eindeutig parteipolitisch motivierte Berufung dieser »Fachberater« spielte eine wichtige Rolle in der Debatte über den Mißtrauensantrag gegen Frick im thüringischen Landtag. S. die Redebeiträge der Abgeordneten Frölich (SPD) und Witzmann (DVP) in den Stenographischen Berichten des Fünften Landtages von Thüringen, Bd. II, 79. Sitzung am 1. 4. 1931, S. 1821 bzw. S. 1824.

Die drei genannten Namen standen für eine »Gesinnungskultur«, deren Programmatik von Ziegler 1931 erstmals für die Öffentlichkeit dezidiert ausgearbeitet worden war.[14] »Kultur« wurde dabei von Ziegler im völkischen Sinne definiert als der »Inbegriff aller rassenmäßig bedingten geistigen, seelischen und sittlichen Werte eines Volkes und weiterhin aller aus diesen Werten gestalteten Werke, die einem Volke von seinen schöpferischen Persönlichkeiten geschenkt werden«.[15] »Dichtung und Schrifttum« ebenso wie alle anderen kulturellen Äußerungsformen waren Mittel des Staates bei der Erziehung des Volkes zu »Rasse und Volkstum«.[16] Bevor dieses Mittel funktionstüchtig werden konnte, mußte jedoch zunächst die – nach Auffassung Zieglers – überwiegend jüdisch geprägte Tendenz- und Zersetzungsliteratur der Republik unterdrückt werden.[17] An ihre Stelle sollten dann Autoren treten, die »[...] das Leben des Volkes in allen seinen Problemen in möglichst positivem Sinne gestalten und die erhabensten Eigenschaften der rassisch bestimmten Volkheit an großen heldischen Beispielen zur Darstellung bringen«.[18]

Ein Anfang zur Förderung dieser »neuen« Literatur wurde in Thüringen gemacht, als man im März 1931 auf Antrag des Volksbildungsministeriums aus dem Reservefonds des Staatsministeriums 500 RM zur Anschaffung völkisch-nationaler Literatur für die Büchereien benutzte.[19] Im September 1932 erhielt Adolf Bartels, der Mentor der völkisch-nationalen Literatur, von der neuen nationalsozialistischen Landesregierung 3000 RM für die Abfassung einer Literaturgeschichte Thüringens.[20]

[14] H. S. Ziegler, Praktische Kulturarbeit im Dritten Reich. Anregungen und Richtlinien für eine gesunde Volksbildung, Zweite verbesserte Auflage, München 1932.

[15] Ebd., S. 4.

[16] S. ebd. den Abschnitt »Der Staat als Erzieher zu Rasse und Volkstum«, S. 6–8, sowie den Abschnitt »Schrifttum, Presse und Theater«, S. 24–36.

[17] Zur »Abrechnung« mit dieser Literatur ebd., S. 26–30.

[18] Ebd., S. 26.

[19] »Niederschrift über die Sitzung des Thüringischen Staatsministeriums am 27. 3. 1931«, HStA Weimar Thür. Min. f. Volksbildung/C 47 Bl. 85/Rs.

[20] »Niederschrift über die Sitzung des Thüringischen Staatsministeriums am 30. 9. 1932«, HStA Weimar Thür. Min. f. Volksbildung/C 47 Bl. 154.

Die Programmschrift Zieglers ebenso wie Äußerungen Fricks[21] machen deutlich, daß die nationalsozialistische Kulturarbeit in Thüringen auf ein zukünftiges »Drittes Reich« unter Führung der NSDAP ausgerichtet war. Auch wenn nach dem Sturz Fricks am 1. 4. 1931 die von ihm getroffenen Sach- und Personalentscheidungen wieder weitgehend rückgängig gemacht wurden,[22] blieben die Folgen der vierzehnmonatigen Regierungsbeteiligung der Nationalsozialisten nachhaltig genug. Thüringen erhielt eine »Pilotfunktion« für die Handhabung exekutiver Machtmittel – nicht nur bei der Bekämpfung des politischen Gegners, sondern gerade auch bei der Formulierung und Durchsetzung völkischer Kulturvorstellungen. Besondere Beachtung verdient in diesem Zusammenhang noch die Anregung Zieglers, sämtliche Kultureinrichtungen durch ein eigenständiges »Reichskulturministerium« zentral überwachen und steuern zu lassen.[23] Als dann bei den Landtagswahlen vom 31. 7. 1932 die NSDAP mit 26 Abgeordneten zur stärksten Fraktion im thüringischen Land-

[21] So hatte Frick schon gleich nach seiner Ernennung zum Volksbildungsminister im Januar 1930 auf einer Wahlversammlung der NSDAP in München verkündet: »Die nationalsozialistische Bewegung schickt sich bereits an, die Macht zu ergreifen mit dem Ziele, das Dritte Reich machtvoll aufzurichten. Mein Kampf in Thüringen ist nur die erste Etappe in diesem Kampf. Wir wollen uns eine Machtposition in Thüringen schaffen, um von hier aus ins Reich zu wirken«. Der Redeauszug findet sich in einem »Frick spricht in München« überschriebenen Bericht der in Weimar herausgegebenen Wochenzeitung »Der Nationalsozialist« Nr. 44/1930, in: HStA Weimar Thüring. Min. d. Innern/P 126 Bl. 52.

[22] Der vom Volksbildungsministerium geschlossene Vertrag mit Schultze-Naumburg wurde vom Landtag »abgelehnt«, die Entfernung der Werke moderner Kunst aus dem Weimarer Schloßmuseum rückgängig gemacht, die einseitige nationalsozialistische Propaganda in Schulen und an der Landesuniversität Jena wurde ebenso »mißbilligt« wie der an Günther erteilte Lehrauftrag für »Sozialanthropologie«. S. im einzelnen die Beschlüsse des Fünften Landtages von Thüringen 1930/32, Nr. 120, S. 52–53. Der an Ziegler erteilte Auftrag als »künstlerischer Berater« wurde mit Schreiben vom 2. 4. 1931 (HStA Weimar Thüring. Min. f. Volksbildung/C 790 Bl. 154), der Erlaß »Wider die Negerkultur für deutsches Volkstum« am 17. 9. 1931 (Amtsblatt des Thüringischen Ministeriums für Volksbildung Jg. 10/Nr. 16 1931, S. 105) vom thüringischen Volksbildungsminister Dr. Kästner (Wirtschaftspartei) »zurückgezogen«.

[23] Ziegler, Praktische Kulturarbeit im Dritten Reich, S. 30–36.

tag wurde, konnte Fritz Wächtler als neuer Volksbildungsminister die von Frick vorgezeichnete Kulturpolitik rücksichtslos fortsetzen.[24]

[24] Dazu die aus Anlaß des fünfjährigen Regierungsjubiläums verfaßte Übersicht »Nationalsozialistische Volksbildungsarbeit in Thüringen 1932–1936«, in HStA Weimar Thüring. Min. f. Volksbildung/C 120 Bl. 168–172 (S. 1–9).

B. Die Anfänge der nationalsozialistischen Literaturpolitik nach der Machtübernahme vom 30. 1. 1933

1. Der Eingriff in die personelle Zusammensetzung und Organisationsstruktur der schriftstellerischen Repräsentanz- und Interessenvertretungen

1.1. Die »Sektion für Dichtung« in der Preußischen Akademie der Künste

Am 19. 3. 1926 war durch einen Erlaß des preußischen Kultusministers Carl Heinrich Becker die »Sektion für Dichtkunst« in der Preußischen Akademie der Künste eingerichtet worden. Die langwierigen Diskussionen, die der Gründung dieser Repräsentativkörperschaft vorausgegangen waren,[1] setzten sich in der Folge ungehemmt fort. Dabei griffen die Meinungsverschiedenheiten über die personelle Zusammensetzung, über die Frage nach dem Selbstverständnis und nach den konkreten Betätigungsfeldern ineinander.

Nachdem am 7. 5. 1926 die ersten fünf Mitglieder der Sektion vom preußischen Kultusministerium benannt worden waren, wobei Gerhart Hauptmann und Stefan George die Ernennung ablehnten, Arno Holz nach einem Eklat auf der Festsitzung der Gesamtakademie am 26. 10. 1926 zurücktrat,[2] wählten Ludwig Fulda, Thomas Mann und Hermann Stehr auf der ersten Sitzung des Sektions-Senates am 27. 10. 1926 sechs Berliner Mitglieder und achtzehn auswärtige Autoren neu hinzu.[3] Am 10. 1. 1928 und am 29. 1. 1932 folgte die Zuwahl weiterer elf Autoren.[4]

[1] Dazu im einzelnen Jens, Dichter zwischen rechts und links, S. 9–48.

[2] Ebd., S. 49–64.

[3] Die Namen der am 27. 10. 1926 zugewählten Mitglieder finden sich ebd., S. 64–65.

[4] Zur Wahl von Leonhard Frank, Alfred Mombert, Theodor Däubler, Alfred Döblin, Fritz von Unruh am 10. 1. 1928 s. ebd., S. 71. Am 29. 1. 1932 wurden Gottfried Benn, Rudolf G. Binding, Max Mell, Rudolf Pannwitz, Alfons Paquet, Ina Seidel zugewählt.

Obwohl von wenigen Ausnahmen abgesehen überwiegend konservative und formal traditionalistische Schriftsteller in die Sektion aufgestiegen waren, ging einem Teil der auswärtigen Mitglieder die Berücksichtigung der völkisch-nationalen Literatur nicht weit genug. Die im Oktober 1927 von Wilhelm Schäfer eingebrachten Vorschläge zur Reformierung der preußischen in eine deutsche Dichterakademie[5] wurden von Erwin Guido Kolbenheyer dazu benutzt, die Position der »vom Volk als spezifisch deutsch empfundenen Kunst« gegen die »volksfremde« Großstadtliteratur auszuspielen. Mit dieser Polarisierung eng verbunden war die Unterscheidung zwischen überparteilichen »Dichtern« und politisierenden »Literaten«, analog dazu die Ablehnung eines Selbstverständnisses der Sektion als »Arbeitsgremium« und die Befürwortung der »reinen« Repräsentationsfunktion.

Um die Stellung des völkisch-nationalen »Blocks«, zu dem neben Kolbenheyer und Schäfer auch Josef Ponten, Emil Strauß, Hermann Stehr und Wilhelm von Scholz zu rechnen waren, auszuweiten, schlug Kolbenheyer im Dezember 1927 die Zuwahl von Hans Friedrich Blunck, Paul Ernst, Hans Grimm, Gerhart Hauptmann, Börries Freiherr von Münchhausen und Jakob Schaffner vor. Nachdem diese Wahlvorschläge ebenso unberücksichtigt blieben wie die auf einer Senatssitzung am 13. 10. 1930 vorgetragenen Pläne zur Gründung einer Deutschen Dichterakademie, traten Kolbenheyer, Schäfer und Strauß Anfang Januar 1931 aus der Sektion aus. Die Frontenbildung innerhalb der preußischen Dichter-Sektion, die parallel zur Formierung der völkischen Abwehrfront gegen die Republik verlief, endete mit einem Sieg der Vernunft. Am 27. 1. 1931 fand Alfred Döblin auf einer Senatssitzung breite Zustimmung für das von ihm vorgelegte Arbeitsprogramm.[6] Am gleichen

[5] Vgl. hierzu wie zur folgenden zusammenfassenden Darstellung der Debatte die näheren Ausführungen bei Jens, Dichter zwischen rechts und links, 3. Kapitel »Dichter contra Literaten«, S. 98–144.

[6] Die fünf Grundforderungen Döblins für eine effektive Sektionsarbeit waren: »1. unbedingter Schutz der Geistesfreiheit. 2. Legislatorische Aufgaben. 3. Einfluß auf die Jugenderziehung in kulturwichtigen Dingen. 4. Hinausgehen über das formal Ästhetische und Anerkennung aller lebendig wirksamen Geistigkeit ohne Verkleisterung der vorhandenen Gegensätze. 5. Prinzipielle Heranziehung als Sachverständige bei Gerichtsverhandlungen«. Zitiert nach Jens, Dichter zwischen rechts und links, S. 140. S. zur Tätigkeit der »Sektion für Dichtung« im einzelnen ebd., S. 145–188.

Tag wurden Heinrich Mann zum Ersten und Ricarda Huch zur Zweiten Vorsitzenden der »Sektion für Dichtung« gewählt.

Im nachhinein betrachtet erwies sich die Entwicklung um die Jahreswende 1930/31 für die republikanischen Schriftsteller allerdings als Pyrrhussieg. Denn nach der nationalsozialistischen Machtübernahme geriet die Dichter-Sektion rasch in den Sog der »Gleichschaltung«.[7] Als entscheidender Schwachpunkt erwies sich dabei die institutionelle und finanzielle Abhängigkeit vom preußischen Kultusministerium. Dessen seit dem 4. 2. 1933 amtierender »kommissarischer« Leiter, der Nationalsozialist Bernhard Rust, nahm einen von Heinrich Mann mitunterzeichneten Wahlaufruf für eine Einheitsfront aus SPD und KPD gegen den »Faschismus« zum Anlaß für einen »erpresserische[n] Bluff«.[8] Den Präsidenten der Preußischen Akademie der Künste, Max von Schillings, stellte er am 15. 2. 1933 vor die Alternative, entweder den Ersten Vorsitzenden der »Sektion für Dichtung« zu entfernen oder andernfalls die Auflösung der gesamten Akademie gewärtigen zu müssen. Noch am gleichen Tag wurde – ohne eine vorherige Aussprache unter den Sektionsmitgliedern, ja nicht einmal in Gegenwart von deren Erstem Vorsitzenden – der Rücktritt Heinrich Manns bekanntgegeben.[9]

Dieser offenkundige Bruch mit demokratischen Umgangsformen innerhalb der Akademie blieb keineswegs unwidersprochen. Ludwig Fulda, Alfred Döblin, Leonhard Frank und der Berliner Stadtbaurat Martin Wagner gaben eine Erklärung ab, in der sie das Verhalten Heinrich Manns gegen die Angriffe Rusts und des Akademie-Präsidiums in Schutz nahmen.[10]

[7] S. dazu neben Jens, Dichter zwischen rechts und links, S. 189–228, auch die Dokumente bei Brenner, Ende einer bürgerlichen Kunst-Institution, hier Teil B, S. 56–121, sowie R. Schnell, Literarische innere Emigration 1933–1945, Stuttgart 1976, S. 18–23.

[8] So die Charakterisierung des Rustschen Verhaltens durch Walter, Deutsche Exilliteratur, Bd. 1, S. 146.

[9] Heinrich Mann wurde erst nachträglich zu der Senatssitzung hinzugezogen und erklärte sich nach einer kurzen Unterredung mit von Schillings und Sektions-Sekretär Oskar Loerke im Dienstzimmer des Akademiepräsidenten zum »persönlichen Opfer« der Demission bereit. Jens, Dichter zwischen rechts und links, S. 189–190.

[10] W. Huder, Die sogenannte Reinigung. Die »Gleichschaltung« der Sektion für Dichtkunst der Preußischen Akademie der Künste 1933, in: Exilforschung 4 (1986), S. 144–159, hier S. 150.

Nachdem aber auf einer für den 20. 2. 1933 anberaumten Sitzung die Forderung nach einem entschiedenen solidarischen Protest gegen den Eingriff in die Autonomie der Sektion verworfen wurde,[11] war die Tür für weitere Pressionsmaßnahmen geöffnet. Auf einer »Kundgebung für deutsches Schrifttum« des Kampfbundes für deutsche Kultur am 23. 2. 1933 im Plenarsaal des preußischen Landtages präsentierte Alfred Rosenberg Hanns Johst als durch sein Werk »vorbestimmte[n] Sammler aller jener dichterischen Geister, die würdig sind und würdig sein werden, den grotesken Spuk der sogenannten Dichterakademie durch Blut und Geist deutschen Wesens zu ersetzen«.[12] Johst war zu diesem Zeitpunkt nicht nur »Reichsführer der Gruppe Schrifttum« im Rosenbergschen Kampfbund, sondern genoß auch die Gunst Rusts, der ihn Anfang Februar 1933 zum Ersten Dramaturgen und künstlerischen Leiter des Preußischen Staatlichen Schauspielhauses in Berlin ernannt hatte.[13] Doch noch bevor Johst durch das Zusammenspiel von Kultusministerium und Kampfbund in der Dichter-Sektion zum Zuge kommen konnte, setzte dort die personelle »Säuberung« aus eigenen Kräften ein.

Auf der Senatssitzung vom 13. 3. 1933, zu der nur diejenigen Mitglieder hinzugezogen wurden, von denen kein Widerstand gegen eine Neuformierung der Sektion zu erwarten war,[14] wurde die Versendung eines von Gottfried Benn, dem kommissarischen Leiter der Sektion, entworfenen und durch von Schillings geringfügig überarbeiteten Revers' beschlossen. Darin hieß es: »Sind Sie bereit unter Anerkennung der veränderten geschichtlichen Lage weiter Ihre Person der Preußischen Akademie der Künste zur Verfügung zu stellen? Eine Bejahung dieser Frage schließt die öffentliche politische Betätigung gegen die Reichsregierung aus und verpflichtet Sie zu einer loyalen Mitarbeit an

[11] Ebd., S. 153–154.

[12] Zitiert nach dem Bericht von F. Ahrenhövel, Im Geiste Schlageters! Kundgebung für deutsches Schrifttum im Kampfbund für Deutsche Kultur, in: Deutsche Kultur-Wacht Jg. 1933/H. 5, S. 8–9, hier S. 8.

[13] S. dazu den Aufmacher der Deutschen Kultur-Wacht Jg. 1933/H. 4, S. 1–2.

[14] Schreiben von Oskar Loerke an von Schillings vom 7. 3. 1933, abgedruckt bei Brenner, Ende einer bürgerlichen Kunst-Institution, S. 56. An der Sitzung nahmen dann nur Benn, Binding, Loerke und von Molo sowie der Sekretär des Akademie-Präsidiums, Alexander Amersdorffer, teil.

den satzungsgemäß der Akademie zufallenden *nationalen kulturellen* Aufgaben *im Sinne der veränderten geschichtlichen Lage«*.[15]

Wurden mit diesem »Abteilungs-Plebiszit für oder gegen Hitler«[16] die politischen Gegner der nationalsozialistischen Regierung in den eigenen Reihen mundtot gemacht, so erhielten die jüdischen Mitglieder der Sektion durch die – juristisch völlig unhaltbare – Anwendung des am 7. 4. 1933 erlassenen »Gesetzes zur Wiederherstellung des Berufsbeamtentums« am 5. 5. 1933 ihren Ausschlußbescheid.[17] In die damit freigewordenen Plätze rückten aufgrund einer Absprache des vierköpfigen Rumpfsenates mit Kultusminister Rust noch am gleichen Tage Werner Beumelburg, Hans Friedrich Blunck, Hans Carossa, Peter Dörfler, Paul Ernst, Friedrich Griese, Hans Grimm, Hanns Johst, Erwin Guido Kolbenheyer, Agnes Miegel, Börries von Münchhausen, Wilhelm Schäfer, Emil Strauß und Will Vesper nach;[18] also weitestgehend jene völkisch-nationalen Schriftsteller, deren Aufnahme Ende der zwanziger Jahre noch gescheitert war.

Bei der in Anwesenheit von Rust am 7. 6. 1933 abgehaltenen Sitzung des Sektions-Senats wurde Johst zum Ersten und

[15] Der Text wird zitiert nach Brenner, Ende einer bürgerlichen Kunst-Institution, S. 58, mit den durch von Schillings vorgenommenen und in meiner Textwiedergabe kursiv gesetzten Erweiterungen, ebd. S. 59.

[16] So die treffende Charakterisierung des Bennschen Revers' durch Huder, Die sogenannte Reinigung, S. 156.

[17] »Nach an maßgebender amtlicher Stelle eingeholten Informationen«, so teilte Akademie-Präsident von Schillings in seinen Schreiben vom 5. 5. 1933 mit, wurden Ludwig Fulda, Franz Werfel, Bernhard Kellermann, Georg Kaiser, Alfred Mombert, Fritz von Unruh, Leonhard Frank, René Schickele und Rudolf Pannwitz ausgeschlossen. Jens, Dichter zwischen rechts und links, S. 212–213. Während Heinrich Mann bereits am 15. 2. 1933 aus der Akademie verbannt worden war, schieden Alfred Döblin, Ricarda Huch, Thomas Mann und Jakob Wassermann aufgrund der ablehnenden Beantwortung des Bennschen Revers' aus. Die Antworten auf diesen Revers ebd., S. 204–212. Das Faksimile eines von dem Sektions-Mitglied Johannes Schlaf ausgefüllten »Fragebogen[s] zur Durchführung des Gesetzes zur Wiederherstellung des Berufsbeamtentums vom 7. April 1933« ist abgedruckt bei Wulf, Literatur und Dichtung im Dritten Reich, S. 40.

[18] Die Namen bei Jens, Dichter zwischen rechts und links, S. 213–214.

Blunck zum Zweiten Vorsitzenden gewählt.[19] Der bisherige Sektionssekretär Oskar Loerke wurde von Beumelburg als »Schriftführer« abgelöst.[20] Mit der Annahme des Entschließungsantrages von Blunck, »sich als Beginn der Deutschen Akademie der Dichtung« zu definieren,[21] und mit der Einsetzung von sieben Arbeitsausschüssen, die in enger Fühlungnahme mit dem Kampfbund tätig werden sollten,[22] schien auf der Vollversammlung am 8. 6. 1933 der Weg zur Realisierung der seit langem formulierten völkisch-nationalen Literaturkonzeption geebnet zu sein.

In der Folge wurde die Dichter-Sektion jedoch zum Spielball im kulturpolitischen Machtkampf zwischen dem preußischen Kultusministerium, dem Kampfbund für deutsche Kultur und dem Propagandaministerium. Wie aus einem vertraulichen Bericht der von dem Rosenberg-Vertrauten Hans Hagemeyer geleiteten »Reichsstelle zur Förderung des deutschen Schrifttums« vom Juni 1933 hervorgeht, wurden im Kampfbund Pläne zur Eingliederung der Dichterakademie entwickelt.[23] Ein Ge-

[19] Ebd. S. 218. Johst kommentierte seine Wahl »[...] als ein Bekenntnis der deutschen Dichter zu gewissen Prinzipien der nationalsozialistischen Idee, mit denen er verbunden sei, und als einen starken Ausdruck dafür, daß niemand das Recht habe, die Nationalsozialisten als Barbaren zu bezeichnen«. Zitiert aus dem Sitzungsprotokoll vom 7. 6. 1933 nach Brenner, Ende einer bürgerlichen Kunst-Institution, S. 81.

[20] Zum entwürdigenden Umgang des Akademie-Präsidiums mit Oskar Loerke s. dessen »Tagebücher 1903–1939«, hg. von H. Kasack, Heidelberg, Darmstadt 2. Aufl. 1956, hier S. 263–281.

[21] Zitiert nach Brenner, Ende einer bürgerlichen Kunst-Institution, S. 79.

[22] Zu den Arbeitsausschüssen Brenner, Ende einer bürgerlichen Kunst-Institution, S. 81–82. In einem Rundschreiben Beumelburgs »An die Mitglieder der Deutschen Akademie der Dichtung« vom 12. 7. 1933 wurde dazu mitgeteilt: »Mit dem Kampfbund für deutsche Kultur sind Verbindungen aufgenommen, und es wurde auf beiden Seiten die Bereitwilligkeit zu engerer Zusammenarbeit festgestellt. Die [Arbeits-] Ausschüsse werden darum gebeten, den Kampfbund für deutsche Kultur in ihre Erwägungen miteinzubeziehen« (Punkt 9, S. 4). Das Rundschreiben findet sich im DLA Marbach/NL H. Grimm A 26c.

[23] S. den von Gotthard Urban, dem Geschäftsführer des KfdK, verfaßten »Bericht über die Entwicklungsgeschichte der Reichsstelle zur Förderung des deutschen Schrifttums« vom 22. 6. 1933, hier S. 4, BArch Potsdam R 56 I/67. Damit wurde der am 16. 3. 1933, also noch vor der Gründung des Propagandaministeriums, vom Kampfbund gegenüber Reichsinnenminister Frick ventilierte Plan, die Dichter-Akademie durch ein »Kuratorium für

danke, der nahelag, da neben Johst auch Grimm, Kolbenheyer und eine Reihe anderer Autoren des Münchner Langen-Müller Verlages enge Beziehungen zum Kampfbund unterhielten.[24]

Daß diese Rechnung, sich eine repräsentative Schriftstellervereinigung als berufsständischen Unterbau einzuverleiben, dann doch nicht aufging, hing mit der besonderen Wendigkeit von Goebbels zusammen. Während man in der Rosenbergschen Schrifttumsstelle mit der beabsichtigten Einverleibung der Dichterakademie das Propagandaministerium vor ein »fait accompli« zu stellen gehofft hatte,[25] gelang dies dem Propagandaminister mit der Gründung der Reichsschrifttumskammer. Zu deren Präsident wurde Mitte November 1933 Hans Friedrich Blunck, zu Mitgliedern des Präsidialrates Hans Grimm und Hanns Johst ernannt.

Hatte sich Goebbels damit bereits einen gewichtigen Teil des Personals der Dichterakademie »eingekauft«, während die übrigen Autoren zu gewöhnlichen Kammermitgliedern gemacht wurden, so unterhöhlten die rechtlichen Kompetenzen und das Arbeitsprogramm der Reichsschrifttumskammer sämtliche in der Dichtungs-Sektion entworfenen Projekte.[26] Zudem wurden die Akademiemitglieder von Rust im Stich gelassen, der weder vor noch nach seiner Ernennung zum Reichserziehungsminister Anstalten zur erhofften Verreichlichung und damit zu einer politischen Prestigeaufwertung der Sektion machte.[27]

Die von zahlreichen Autoren immer wieder beklagte Indolenz Rusts gegenüber dem weiteren Schicksal der Dichterakade-

deutsches Schrifttum« unter Leitung von Hanns Johst zu ersetzen, aufgegeben. Zu diesem Projekt BArch Potsdam R 56 I/66.

[24] Brenner, Ende einer bürgerlichen Kunst-Institution, S. 13–14/Fn. 12; Meyer, Verlagsfusion Langen-Müller, S. 207 und S. 209. Von den vierzehn Autoren, die am 5. 5. 1933 neu in die »Sektion für Dichtung« berufen wurden, hatten neun ihre Werke ganz oder teilweise im Langen-Müller Verlag erscheinen lassen!

[25] So Urban in seinem »Bericht« vom 22. 6. 1933, S. 4, BArch Potsdam R 56 I/67.

[26] Brenner, Ende einer bürgerlichen Kunst-Institution, S. 97–109 (»Aufnahme der Sektionsarbeit«).

[27] So wurde die dem preußischen Kultusministerium bereits im Oktober 1933 eingereichte Neufassung der Satzung für eine »Deutsche Akademie der Dichtung« bis 1945 von Rust nie unterzeichnet und in Kraft gesetzt.

mie[28] hatte allerdings ihre Ursache in der völligen Konzeptionslosigkeit der nationalsozialistischen Machthaber bei der Lösung der gesamten Akademiefrage. Während zu Beginn des Jahres 1934 der Plan auftauchte, die »preußische« Akademie Hitler unmittelbar zu unterstellen,[29] schien zur Mitte des Jahres durch eine »Zusage« Hitlers die Entscheidung zugunsten einer völligen Eingliederung in die von Goebbels kontrollierte Schrifttumskammer gefallen zu sein.[30] Obwohl dann im Dezember 1934 die Akademie zunächst wieder im Machtbereich von Rust bestätigt wurde,[31] war die Übernahme der Akademie durch Goebbels im April 1935 noch immer im Gespräch.[32] Daß es dazu schließlich doch nicht kam, war dem Interesse Görings am Erhalt repräsentativer Kulturinstitutionen in Preußen zu verdanken. Schon zu Beginn des Jahres 1937 war der von Grimm gegenüber Johst vertretene Vorschlag, die »Deutsche Akademie der Dichtung« wegen ihrer völligen Bedeutungslosigkeit ganz aufzulösen, mit Rücksicht auf die Pläne des preußischen Ministerpräsidenten nicht weiterverfolgt worden.[33] Die Übernahme

[28] Hierzu das Schreiben von Rudolf G. Binding an Grimm vom 11. 6. 1934 sowie sein Schreiben an Grimm, Kolbenheyer, von Münchhausen, Schäfer, Strauß vom 5. 7. 1934, DLA Marbach/NL H. Grimm A 3.

[29] So Grimm in einem Schreiben an Wilhelm Schäfer vom 25. 2. 1934, DLA Marbach/NL H. Grimm A 3.

[30] Mitteilung Beumelburgs an Grimm vom 23. 6. 1934, DLA Marbach/NL H. Grimm A 26a, sowie Schreiben Grimms an Binding vom 27. 6. 1934, DLA Marbach/NL H. Grimm A 3. Der Hinweis auf die von Hitler am 19. 6. 1934 gegenüber Goebbels gemachte »vage oder schon bestimmtere Zusage« zur Unterstellung der »Akademie der Künste« unter das Propagandaministerium findet sich in einem vertraulichen Rundschreiben Beumelburgs an die Mitglieder des Senats der Deutschen Akademie der Dichtung vom 8. 4. 1935, S. 3, DLA Marbach/NL H. Grimm A 26b.

[31] Schreiben Bindings an Grimm vom 22. 12. 1934, DLA Marbach/NL H. Grimm A 3.

[32] Rundschreiben Beumelburgs an die Mitglieder des Senats der Deutschen Akademie der Dichtung vom 8. 4. 1935, S. 3: »Nach der Überzeugung des Präsidenten, nach der Überzeugung auch von anderen Stellen, die ich zu Gehör bekam, und nach meiner eigenen ist es nunmehr unausweichlich, daß die Gesamtakademie – und die Deutsche Akademie der Dichtung als eine Abteilung derselben – in Zukunft dem Minister Goebbels unterstehen werden; der Zeitpunkt ist unbestimmt und wahrscheinlich nicht unmittelbar bevorstehend«. DLA Marbach/NL H. Grimm A 26b.

[33] Schreiben Grimms an Binding vom 24. 2. 1937, DLA Marbach/NL H. Grimm A 3.

des »Protektorats« über die Gesamtakademie durch Göring am 1. 7. 1937 sicherte dann auch den Fortbestand der Dichtungs-Sektion.[34]

Zu diesem Zeitpunkt war jedoch deren ambitioniertes Arbeitsprogramm aus dem Jahre 1933 schon längst hinter unergiebigen Grundsatzdiskussionen über das Selbstverständnis der Akademie, insbesondere in ihrem Verhältnis zur Schrifttumskammer, zurückgetreten[35] und eine konstruktive Zusammenarbeit durch die zunehmenden persönlichen Querelen verhindert.[36] Damit geschah genau das, was Hans Grimm der »Gemeinschaft von Pairs«[37] hatte ersparen wollen: Sie verlor ihre Souveränität und verkam zur bloßen Dekoration.[38]

[34] Runderlaß des Sekretärs des Akademie-Präsidiums Amersdorffer vom 15. 7. 1937, DLA Marbach/Nachlaß H. Grimm A 26b. Am 1. 7. 1937 wurde durch einen Beschluß des preußischen Staatsministeriums die republikanische Satzung der »Preußischen Akademie der Künste« vom 1. 8. 1931 offiziell außer Kraft gesetzt.

[35] S. dazu im einzelnen den umfangreichen Schriftwechsel zwischen Grimm und Binding im DLA Marbach/NL H. Grimm A 3 und A 26a sowie die Korrespondenz zwischen Grimm und Kammer-Präsident Blunck ebd., A 2.

[36] Hatte schon die Ernennung Bluncks zum Präsidenten der RSK zu erheblichen Verstimmungen unter den Akademie-Mitgliedern geführt (s. etwa das Schreiben von Grimm an Emil Strauß vom 21. 12. 1933, DLA Marbach/Nachlaß H. Grimm A 3), so richtete sich die insbesondere von Grimm und Binding formulierte Kritik an der Ineffizienz der Dichter-Akademie seit 1934 auch gegen die lasche Führung der Amtsgeschäfte durch Hanns Johst (s. u.a. das Schreiben Bindings an seine Kollegen vom 5. 7. 1934, DLA Marbach/NL H. Grimm A 3). Neben Blunck, der im November 1934 sein Amt als 2. Vorsitzender der Dichterakademie niederlegte, begannen sich auch Will Vesper und Börries von Münchhausen verstärkt für die Schrifttumskammer zu engagieren. Die Versuche Grimms zum Aufbau einer Abwehrfront gegen diese »Bürokratie« scheiterten mit dem Austritt Kolbenheyers aus dem Senat der Dichter-Akademie im Juni 1935 und mit der Ernennung von Johst zum neuen RSK-Präsidenten im Oktober des gleichen Jahres.

[37] So die elitäre Selbstdeutung der Dichter-Akademie durch Hans Grimm in einem Schreiben an Wilhelm Schäfer vom 25. 2. 1934, DLA Marbach/NL H. Grimm A 3.

[38] Schreiben Grimms an Binding vom 5. 7. 1933, DLA Marbach/NL H. Grimm A 3. Zur Tätigkeit der Akademie in nationalsozialistischer Zeit Brenner, Ende einer bürgerlichen Kunst-Institution, S. 109–121 (»Kompetenzüberschneidungen und zunehmende Funktionslosigkeit«).

1.2. Die »deutsche Sektion« des internationalen PEN-Clubs

Nachdem Alfred Kerr, der Vorsitzende des deutschen PEN-Zentrums, bereits am 15. 2. 1933 in die Tschechoslowakei emigriert war, traten am 7. 3. 1933 als Reaktion auf das Reichstagswahlergebnis auch Theodor Däubler, Herwarth Walden und Hans Martin Elster von ihren Vorstandsposten zurück. Die damit notwendig gewordene Neubesetzung der Verbandsspitze nahm Carl Haensel, PEN-Club-Mitglied und langjähriger Syndikus des Schutzverbands deutscher Schriftsteller, zum Anlaß, eine grundlegende personelle und inhaltliche Neuorientierung der deutschen PEN-Sektion zu fordern.

In einem Artikel für die »Deutsche Allgemeine Zeitung« vom 17. 3. 1933 rechnete er mit dem »Internationalismus« der bisherigen Verbandspolitik ab und machte deutlich, »[...] daß nur der ein Volk nach außen vertreten kann, der bis in die Tiefen, mit dem eigenen Volkstum verwurzelt, und von seinen Säften bis in die letzte Pore durchzogen ist«.[39] Haensel wies abschließend auch darauf hin, daß die Neubesetzung des Vorstands im Hinblick auf den bevorstehenden PEN-Kongreß in Ragusa (Dubrovnik) möglichst rasch durchzuführen sei.

Damit war das Signal zur »Gleichschaltung« des deutschen PEN-Clubs gegeben. Sie wurde in den folgenden Wochen hinter den Kulissen vorbereitet. Wie aus zwei Gesprächsaufzeichnungen von Erich Kochanowski, einem Mitarbeiter Hinkels in der Landesleitung Preußen des Kampfbundes für deutsche Kultur, hervorgeht, waren die nationalen Vertreter des deutschen PEN-Clubs bestrebt, ihr Vorgehen eng mit der nationalsozialistischen Kulturorganisation abzustimmen. So regte Walter Bloem am 27. 3. 1933 gegenüber Kochanowski an, »[...] daß die Mitglieder des Kampfbundes in den PEN-Club hineingehen, um dort die Säuberungsaktion schleunigst durchführen zu können«.[40]

[39] DAZ vom 17. 3. 1933. Haensel wies in diesem Artikel auch auf seinen am 20. 5. 1932 in der DAZ veröffentlichten Bericht über den internationalen PEN-Kongreß in Budapest hin, der bereits die bezeichnende Überschrift »Der Weg in die Zukunft führt über die Nation« trug.

[40] »Besuch des Walter Bloem bei Pg. Kochanowski a. 27. 3. 33«, BArch Potsdam R 56 I/102 Bl. 232–233, hier Bl. 232. Kochanowski gab zur »Säuberungsaktion« noch die Anmerkung: »Es sind etwa ⅓ der deutschen Mitglieder eingeschriebene Kommunisten, sehr viele Juden«.

Am 4. 4. 1933 stellte Edgar von Schmidt-Pauli bei Kochanowski den Antrag auf Aufnahme in den Kampfbund und gab ihm die Empfehlung, bis zur kommenden General-Mitglieder-Versammlung eine Vorschlagsliste mit nationalsozialistischen Schriftstellern für den PEN-Club aufzustellen.[41] Während die nationale Gruppe, der neben Bloem und Schmidt-Pauli auch Hanns Heinz Ewers, Hans Richter und Fedor von Zobeltitz zuzurechnen waren, also keineswegs geschlossen auftrat, verfolgten die Kampfbund-Strategen in Berlin das eindeutige Ziel, »[...] den PEN-Club vollständig zu erobern und Ragusa mit ausgesprochenen Nationalsozialisten zu beschikken«.[42]

Allerdings brachte die dann am 9. 4. 1933 in Berlin abgehaltene ordentliche Hauptversammlung noch nicht die von den Nationalsozialisten gewünschten Ergebnisse.[43] Auf der von Elster als »Beauftragten des bisherigen Vorstandes« geleiteten Sitzung wurden Fedor von Zobeltitz, Schmidt-Pauli, Richter und Werner Bergengruen in einen »kommissarischen Vorstand« gewählt. Aufgrund des Vorschlags von Bloem und Elster wurden u.a. die Autoren Barthel, Ewers, Fechter, Freiherr von Grote, Jahnn, Johst, Mantau-Sadila und Pechel, auf Vorschlag von Elster und Müller-Clemm die Autoren Beumelburg, Burte, Grimm, Kolbenheyer, König, von Münchhausen, Schaeffer, Wiechert sowie Hinkel und Rosenberg als Vertreter des Kampfbundes als neue Mitglieder aufgenommen.[44] In der dann einsetzenden Diskussion über die Neuwahl des PEN-Vor-

[41] Die Gesprächsaufzeichnung Kochanowskis findet sich in BArch Potsdam R 56 I/102 Bl. 293.

[42] So Kochanowski in seiner Aufzeichnung zum Besuch Walter Bloems am 27. 3. 1933, BArch Potsdam R 56 I/102 Bl. 232.

[43] S. zum folgenden das von Carl Haensel verfaßte »Protokoll der ordentlichen Hauptversammlung am 9. April 1933 in Berlin«, BArch Potsdam R 56 I/102 Bl. 20.

[44] Die Namensliste der neu zugewählten Mitglieder findet sich in BArch Potsdam R 56 I/102 Bl. 10. Wie aus einem Schreiben Johannes von Leers' an Kolbenheyer vom 27. 4. 1933 (BArch Potsdam R 56 I/102 Bl. 261) hervorgeht, lehnte Kolbenheyer die ihm angebotene Mitgliedschaft im deutschen PEN-Club ab. Auch Rosenberg bat in einem Schreiben an Elster vom 9. 8. 1933 (BArch Potsdam R 56 I/102 Bl. 74), »[...] von einer Mitgliedschaft meinerseits Abstand nehmen zu wollen, da ich mich nicht in der Lage sehe, an den Bestrebungen des P. E. N.-Club teilzunehmen«.

stands und -Ausschusses kam es zu »teilweise scharfen Zusammenstößen«.[45] Da man sich offenbar nicht auf eine der beiden vorliegenden Listen einigen konnte, erhielt Fedor von Zobeltitz als Alterspräsident den Auftrag, eine Kommission aus zehn Herren zu bilden, die – »nach Fühlungnahme mit den Regierungsstellen« – eine neue Vorstands- und Ausschußliste ausarbeiten sollten.[46]

Auf der am 23. 4. 1933 fortgesetzten Generalversammlung wurden zunächst weitere Mitglieder neu zugewählt. Nachdem Fedor von Zobeltitz u. a. die Aufnahme von Bronnen, Mekkel, Schauwecker, Schirach, Steguweit und Stoffregen eingebracht und diese entgegen der bisherigen Satzung für sofort stimmberechtigt erklärt hatte, schob Schmidt-Pauli mit Wulf Bley, Kochanowski, Johannes von Leers und Rainer Schlösser prononcierte Vertreter des Rosenbergschen Kampfbundes nach.[47] Die hierdurch gestärkte Position der Nationalsozialisten machte sich bei der anschließenden Beratung über die Neuwahl des Vorstandes deutlich bemerkbar. Die von der Zehner-Kommission unterbreitete Liste sah Fedor von Zobeltitz und Walter Bloem als Ehrenvorsitzende, Werner Beumelburg, Hans Hinkel und Hanns Johst als Vorsitzende, Carl Haensel als Schriftführer (Stellvertreter W. G. Hartmann) sowie Hans Richter als Schatzmeister (Stellvertreter Freiherr von Grote) vor.[48]

Die beabsichtigte Kontrolle der nationalsozialistischen Vorstandsmitglieder durch die nationale Gruppe, die noch durch den Vorschlag verstärkt werden sollte, die Ehrenvorsitzenden

[45] So das Protokoll zur Hauptversammlung am 9. 4. 1933, BArch Potsdam R 56 I/102.

[46] Der Zehner-Kommission gehörten neben Fedor von Zobeltitz die national bzw. nationalsozialistisch orientierten Schriftsteller Ewers (NSDAP seit 1. 11. 1931), Haensel (NSDAP ab 1. 5. 1933), Hartmann, Jahnn, Kuhn, Mantau-Sadila (NSDAP seit 1. 5. 1932), Müller-Clemm, Richter und Hans-Caspar von Zobeltitz (NSDAP seit 21. 3. 1933) an. Vorschlagslisten mit verschiedenen Namen für Vorstand und Ausschuß sind in BArch Potsdam R 56 I/102 Bl. 21–24 überliefert.

[47] »Protokoll der Fortsetzung der ordentlichen Generalversammlung am 23. April 1933«, BArch Potsdam R 56 I/102 Bl. 17–19, hier Bl. 17.

[48] Ebd., Bl. 18. Damit wären die Nationalsozialisten im PEN-Vorstand nur mit Hinkel und Johst vertreten gewesen, während alle übrigen Vorstandsmitglieder zum national-konservativen Spektrum gehörten.

nicht nur auf ein Jahr zu wählen und sie »im Falle der Behinderung des Vorsitzenden« den Vorsitz führen zu lassen,[49] stieß bei den Kampfbund-Vertretern auf entschiedene Kritik. Kochanowski teilte »im Auftrag von Hinkel und Johst« mit, daß sich die beiden Herren »keinen Rat zumuten lassen«.[50] Der PEN-Club sei »ein wichtiges Instrument im ganzen Staatsgefüge. Und wenn hier ein neuer Vorstand gewählt wird, so ist es selbstverständlich, daß dieser es sich zur Pflicht macht, den P.E.N.-Club ganz besonders im Interesse des Staates zu verwalten«. Bley forderte eine »klare und eindeutige Führung und Eingliederung des deutschen Schrifttums«.

Schmidt-Pauli fiel seinen nationalen Kollegen mit dem Gegenvorschlag in den Rücken, Hinkel, Johst und Schlösser zu Vorsitzenden, von Leers und sich selbst zu Schriftführern, Elster und Kochanowski zu Schatzmeistern zu wählen. »Falls diesem Vorschlag nicht zugestimmt wird«, so machte er deutlich, »haben die zu wählenden Vorsitzenden und alle Kampfbundmitglieder bis zu einer weiteren Mitgliederversammlung kein Interesse an den Vorgängen im P.E.N.-Club«.[51] Im gleichen Ton der Erpressung erklärte Kochanowski, »daß wir nur einem Vorstand in dieser Zusammensetzung zustimmen werden«. Dem von Bley durch den Hinweis, daß die deutsche PEN-Gruppe im Falle der Nichtannahme der neuen Liste »die Staatsführung nicht mehr hinter sich« hätte, noch verstärkten Druck wichen die nationalen Schriftsteller kampflos. Beumelburg, von Grote und Richter verzichteten auf die ihnen angebotenen Vorstandsposten. Nachdem Kochanowski jede weitere Diskussion mit der Begründung abgelehnt hatte, daß alle Bedenken bereits »von den Herren Hinkel, Johst und Rosenberg in Betracht gezogen worden« seien und er das »Vertrauen zu den neuen Vorsitzenden [habe], daß der neue Vorstand unter ihrer Führung vollständig im Sinne unserer neuen Reichsführung arbeite«,[52] verließen Bloem und andere Vertreter der nationalen Gruppe die Sitzung. Damit konnten Vorstand und Ausschuß des deutschen PEN-Clubs

[49] Der Antrag auf Satzungsänderung in diesem Sinne wurde von Maximilian Müller-Jabusch gestellt, ebd.

[50] Protokoll, BArch Potsdam R 56 I/102 Bl. 18. Die folgenden Zitate ebd.

[51] Ebd., Bl. 18/Rs. Die folgenden Zitate ebd.

[52] Ebd., Bl. 19.

»einstimmig« im nationalsozialistischen Sinne besetzt werden.[53]

Die von den nationalsozialistischen Kulturfunktionären verfolgte Taktik, die deutsche PEN-Gruppe zukünftig für die außenpolitischen Ziele der Reichsregierung zu instrumentalisieren, war bereits in der Hauptversammlung am 23. 4. 1933 deutlich zum Ausdruck gebracht worden. Dazu bot sich nach den Bücherverbrennungen des 10. Mai, die im Ausland ein verheerendes Echo ausgelöst hatten,[54] und nach einer Rede Hitlers vor dem Reichstag am 17. 5. 1933, in der er unter der Voraussetzung einer Respektierung der »nationalen Rechte« des deutschen Volkes den europäischen Nachbarstaaten »Frieden und Freundschaft« angeboten hatte,[55] eine gute Gelegenheit. Auf einer Sitzung des personell neu formierten PEN-Vorstands am 20. 5. 1933 wurde der Entschluß gefaßt, »trotz der Inanspruchnahme aller deutschen Kräfte mitten im entscheidenden Verlauf der nationalen Revolution die Internationale Tagung [des PEN-Club] in Ragusa zu beschicken«.[56]

Diese Entscheidung war jedoch keineswegs so selbstlos, wie es der Text der Pressemitteilung über die Vorstandssitzung suggerieren wollte. Denn die deutsche Delegation, der neben Elster und Schmidt-Pauli auf ausdrücklichen Wunsch des Reichsaußenministers auch der Korvetten-Kapitän a.D. und Autor kriegsgeschichtlicher Sachbücher Fritz Otto Busch angehörte,[57] sollte »in Gestalt einer grundsätzlichen Proklamation im Geist des neuen Deutschland unter seinem Führer Adolf Hitler die Tagungsteilnehmer über die nationale Revolution und ihr Wollen unterrichten und alle böswilligen Angriffe, vor allem aber

53 Ebd. Die neue »Vorstands- und Ausschußliste des P.E.N.-Club« findet sich in BArch Potsdam R 56 I/102 Bl. 267.

54 Vgl. »Sechs Bekenntnisse zum neuen Deutschland«. Rudolf G. Binding, E. G. Kolbenheyer, Die »Kölnische Zeitung«, Wilhelm von Scholz, Otto Wirz, Robert Fabre-Luce antworten Romain Rolland, Hamburg 1933.

55 Die Rede Hitlers ist wiedergegeben bei M. Domarus, Hitler. Reden und Proklamationen 1932–1945. Kommentiert von einem Zeitgenossen, Bd. I Triumph, Erster Halbband 1932–1934, Wiesbaden 1973, S. 270–279, Zitat S. 273.

56 Pressemitteilung zur Vorstandssitzung »P.E.N.-Konferenz in Ragusa«, BArch Potsdam R 56 I/102 Bl. 109–110, hier Bl. 109.

57 Schreiben Kochanowskis an das Polizeirevier in Berlin-Lichterfelde-Ost vom 20. 5. 1933, BArch Potsdam R 56 I/102 Bl. 111.

die Greuelhetze einzelner zurückweisen«.[58] PEN-Vorsitzender Hinkel gab den Delegierten noch die Empfehlung auf den Weg, »in jeder Form sich an die Gewohnheiten und Erfordernisse internationaler Höflichkeit zu halten, sie in jeder Weise zu respektieren und den Willen zur sachlichen Mitarbeit zu bekunden«.[59]

Auf dem vom 25. bis 28. 5. 1933 in Ragusa abgehaltenen Kongreß wurden die Bücherverbrennungen ebenso scharf kritisiert wie die den PEN-Satzungen zuwiderlaufenden Ausschlüsse linksorientierter und jüdischer Schriftsteller aus dem deutschen PEN-Club.[60] Neben der englischen und der französischen Delegation machten vor allem die aus Deutschland vertriebenen Autoren Schalom Asch, Emil Ludwig und Ernst Toller Front gegen die nationalsozialistisch besetzte deutsche PEN-Gruppe. Den Auftritt Tollers nahm die deutsche Delegation zum Anlaß, unter Protest die Versammlung zu verlassen,[61] so daß die vorgesehene Rede Buschs zum Thema »Der freie Schriftsteller und die Presse« entfiel.[62]

Zuvor war es Busch, Elster und Schmidt-Pauli allerdings aufgrund gezielter informeller Gespräche gelungen, ein von amerikanischer Seite als Kompromiß formuliertes Schluß-Kommuniqué von der Mehrheit des Kongresses verabschieden zu lassen und damit eine von PEN-Präsident H. G. Wells gewünschte antideutsche Resolution zu verhindern.[63] Zudem behielt der

[58] »P. E. N.-Konferenz in Ragusa«, Bl. 109.

[59] Ebd., Bl. 110.

[60] Hierzu im einzelnen die bei Wulf, Literatur und Dichtung im Dritten Reich, S. 76–79, wiedergegebenen Berichte der französischen und britischen Presse über den Tagungsverlauf.

[61] S. das noch am 26. 5. 1933 von Busch an Kochanowski aufgegebene Telegramm in BArch Potsdam R 56 I/102 Bl. 104.

[62] Ein Teil der Rede Buschs wurde dann in der von Hans Hinkel für den Kampfbund herausgegebenen Zeitschrift »Deutsche Kultur-Wacht« Jg. 1933/H. 11, S. 13, veröffentlicht. Im Vorspann zum Abdruck der Rede wurde mitgeteilt, daß sich dem deutschen Protest die österreichische Delegierte Grete von Urbanitzky, die holländische Delegierte van Ammers-Küller, der Basler Präsident Stickelberger und der Schweizer Schriftsteller Hermann Burte angeschlossen hätten. Die Rede wird von Wulf, Literatur und Dichtung im Dritten Reich, S. 93–94, stark gekürzt, jedoch ohne Angabe der Auslassungsstellen, und teilweise fehlerhaft abgedruckt.

[63] Dazu die beiden von Busch und Schmidt-Pauli am 27. und 28. 5. 1933 verfaßten Berichte über den Verlauf des PEN-Kongresses in BArch Pots-

deutsche PEN seinen Sitz im Exekutivkomitee. Es war dieser propagandistische Teilerfolg, der auf einer Ausschußsitzung des deutschen PEN-Clubs am 7. 7. 1933 den Ausschlag für ein Verbleiben in der internationalen Schriftstellervereinigung gab.[64] Auf Vorschlag Hinkels sollte die deutsche PEN-Sektion durch eine Intensivierung der Pressearbeit, mit Aufrufen und literarischen Veranstaltungen weiterhin für die nationale Politik des »Dritten Reiches« werben.[65]

Die Abhängigkeit des deutschen PEN-Zentrums von den außenpolitischen Interessen des nationalsozialistischen Staates wurde erneut deutlich, als Hitler am 14. 10. 1933 den Austritt aus dem Völkerbund verkündete.[66] Der Vorstand der deutschen PEN-Gruppe reagierte am 1. 11. 1933 mit dem »vor allen Schriftstellern der Welt« abgegebenen Bekenntnis »zum Führer des deutschen Volkes, Reichskanzler Adolf Hitler, in der Gewißheit, daß der wirkliche Friede und die wirkliche Völkerversöhnung allein unter seiner Führung geschaffen werden«.[67] Mit der Aufkündigung der internationalen Kooperation im Rahmen des Völkerbundes stand auch die Arbeit im PEN-Club zur Disposition. Als auf der Sitzung des Exekutivkomitees in London am 8. 11. 1933 der Ausschluß »kommunistischer« Mitglieder aus dem deutschen PEN-Club erneut als Verstoß gegen die Satzungen verurteilt wurde, nachdem zuvor bereits von der Londoner PEN-Gruppe jedem wegen politischer oder rassischer Gründe aus einem der PEN-Zentren ausgeschlossenen Mitglied ein Gast-Status angeboten worden war, erklärte der deutsche Delegierte Schmidt-Pauli den Austritt seiner Sektion aus dem internationalen PEN.[68]

dam R 56 I/102 Bl. 88–96 und 97–102. Die Berichte sind gekürzt wiedergegeben bei Wulf, Literatur und Dichtung im Dritten Reich, S. 84–93.

64 »Protokoll der Aussschußsitzung am 7. Juli 1933«, BArch Potsdam R 56 I/102 Bl. 266.

65 Ebd.

66 Dazu der »Aufruf Hitlers an das deutsche Volk«, der »Aufruf der Reichsregierung an das deutsche Volk« sowie der Text der Rundfunkansprache Hitlers bei Domarus (Hg.), Hitler. Reden, Bd. I, Erster Halbbd., S. 306–314.

67 Die ursprüngliche, mit Anmerkungen Hinkels versehene Fassung des über die Presse verbreiteten Bekenntnisses ist überliefert in BDC/RSK/Schmidt-Pauli, E. von.

68 S. den im »Protokoll der Ausschußsitzung vom 18. November 1933« festgehaltenen Bericht Schmidt-Paulis über den Verlauf der Sitzung des

Damit gewann die Gründung eines »Verband[s] nationalbewußter Schriftsteller« neue Aktualität, die von Hinkel schon einmal auf der Ausschußsitzung vom 7. 7. 1933 zur Diskussion gestellt worden war.[69] Nachdem der Austritt aus dem internationalen PEN-Club am 18. 11. 1933 vom deutschen PEN-Ausschuß bestätigt wurde,[70] kam es am 8. 1. 1934 zur Gründung einer »Union Nationaler Schriftsteller«.[71] In ihr gingen das Vereinsvermögen und weitgehend auch die bisherigen Mitglieder der deutschen Gruppe des PEN-Clubs auf.[72] Zum Präsidenten wurde Hanns Johst gewählt,[73] als Vizepräsident kam Gottfried Benn neu hinzu, während Schmidt-Pauli als Schriftführer, Elster und Kochanowski als Schatzmeister übernommen wurden.

Das Programm der Schriftsteller-Union wurde der Öffentlichkeit am 1. 3. 1934 mit einem im »Völkischen Beobachter« abgedruckten Aufruf »An die Schriftsteller aller Länder!« vorgestellt.[74] Geschickt wurde darin zunächst vor der internationalen Gefahr des Kommunismus gewarnt und die nationale deut-

Exekutivkomitees sowie den Anfang Januar 1934 verfaßten »Bericht Dr. Edgar v. Schmidt-Pauli zur Umgründung« der deutschen PEN-Gruppe in die »Union nationaler Schriftsteller«, hier S. 2, BDC/RSK/Schmidt-Pauli, E. von.

69 Protokoll der Ausschußsitzung vom 7. 7. 1933, BArch Potsdam R 56 I/102 Bl. 266.

70 Protokoll der Ausschußsitzung vom 18. 11. 1933, BDC/RSK/Schmidt-Pauli, E. von.

71 »Niederschrift der Generalversammlung des P. E. N.-Clubs, Deutsche Gruppe, zu Berlin [...] am 8. Januar 1934« sowie die »Niederschrift der Gründungs-Versammlung der Union Nationaler Schriftsteller zu Berlin [...] am 8. Januar 1934«, BDC/RSK/Schmidt-Pauli, E. von. Da zur Generalversammlung des PEN-Clubs nicht die erforderliche Hälfte aller Mitglieder erschienen war, konnte der PEN-Club am 8. 1. 1934 allerdings noch nicht einmal offiziell aufgelöst werden.

72 »Niederschrift« zur Generalversammlung des PEN-Clubs am 8. 1. 1934 und »Rundschreiben« der »Union Nationaler Schriftsteller« vom 25. 1. 1934, mit dem die bisherigen Mitglieder der deutschen PEN-Gruppe zum Beitritt aufgefordert wurden. BDC/RSK/Schmidt-Pauli, E. von.

73 »Niederschrift« der Gründungsversammlung vom 8. 1. 1934, BDC/RSK/Schmidt-Pauli, E. von. In einem Schreiben vom 31. 1. 1934, ebd., bedankte sich Johst bei Hinkel für seine »zielbewußte und erfolgreiche Führung der Deutschen Gruppe des PEN-Clubs«. Aufgrund seiner starken Arbeitsbelastung im preußischen Kultusministerium wollte sich Hinkel nicht mehr in der »Union nationaler Schriftsteller« engagieren.

74 VB vom 1. 3. 1934. Der Aufruf war von Johst und Benn unterzeichnet.

sche Literatur gegen die Emigrantenliteratur ausgespielt. An die Stelle der völkerübergreifenden Konzeption des PEN-Clubs[75] sollte die »kulturelle Persönlichkeit des Vaterlandes« treten, die nicht nur in engen nationalistischen, sondern auch in rassischen Kategorien definiert wurde.

Angesichts der aufgeblasenen und teilweise sehr unklaren Formulierungen des Aufrufes[76] verwundert es nicht, daß die »Union Nationaler Schriftsteller« im In- und Ausland auf wenig Resonanz stieß. Während das deutsche PEN-Zentrum eine vielseitige Verbandspolitik zugunsten der Schriftsteller betrieben[77] und damit einen nicht unwesentlichen Beitrag zum internationalen Renommee der Weimarer Republik geleistet hatte, wurde die von den Nationalsozialisten aufgezogene Nachfolgeorganisation rasch zu einem unbrauchbaren Papiertiger.

[75] »Satzung des PEN-Clubs (Deutsche Gruppe) e.V.« [o.D.], BArch Potsdam R 56 I/102 Bl. 220–221. Darin wurde als Zweck die »Arbeit im Sinne der Völkerversöhnung« (§ 1) definiert.

[76] Als Beispiel mag die folgende Textpassage dienen, deren Sinn und Wirkung bei ausländischen Rezipienten wohl völlig im unklaren geblieben sein dürften: »Die deutsche Schriftstellerschaft ist der Meinung, daß in dem gefährdeten Zustand, in dem sich die abendländische Kultur befindet, keine geistige Neuordnung Europas sich verwirklichen, kein Stil sich bilden, keine Literatur so aufgelösten Elementen [gemeint ist die Emigrantenliteratur] mehr entsteigen, ja überhaupt keine Geschichte diesem Erdteil mehr beschieden sein kann, wenn nicht der *hohe Begriff des Vaterlandes als genealogischer Tatbestand, moralisches Erbe, sprachliches Mysterium den obersten verantwortungsfordernden Begriff der Zukunft bildet*«. Zitiert nach dem Abdruck des Aufrufs im VB vom 1. 3. 1934 (Hervorhebung im Text).

[77] »Besondere Aufgaben« waren laut Satzung des deutschen PEN-Clubs in der Weimarer Zeit die »Auseinandersetzung mit den geistigen Fragen der Zeit«, die »Pflege der geistigen und persönlichen Beziehungen zwischen den deutschen Schriftstellern und Vertretern der fremden Literaturen« sowie die »Förderung der gesellschaftlichen Interessen des deutschen Schrifttums im In- und Ausland«. Zur Tätigkeit des PEN-Clubs in der Weimarer Republik liegt bislang keine Darstellung vor. Zur Fortsetzung der Verbandspolitik nach 1933 s. Der deutsche PEN-Club im Exil 1933–1948. Eine Ausstellung der Deutschen Bibliothek Frankfurt am Main, hg. von W. Berthold und B. Eckert, Frankfurt a.M. 1980.

1.3. Der »Schutzverband deutscher Schriftsteller e. V.«

Der 1909 in Berlin gegründete »Schutzverband deutscher Schriftsteller« (SDS) war die bedeutendste Schriftstellervereinigung der Weimarer Republik. Die Zahl der Mitglieder war von 250 im Jahre 1910 auf 1400 im Jahre 1920 angestiegen und erreichte 1931 mit 2514 ihren Höchststand.[78] Neben der Berliner Zentrale bestand ein über das gesamte Reich verteiltes Netz von Ortsgruppen und »Gauen«.[79] Als Reaktion auf die Neustrukturierung des »Deutschen Verlegervereins« nach Fachvereinigungen wurden seit 1920 auch im SDS Fachgruppen aufgebaut.[80]

Daß der Schutzverband bei den Schriftstellern auf so große Resonanz stieß, hing mit dessen moderner Konzeption zusammen. Von Anbeginn wollte der SDS mit der Tradition der nur repräsentativen Standesorganisationen des 19. Jahrhunderts brechen und ganz konkrete Verbesserungen der rechtlichen, sozialen und wirtschaftlichen Stellung der deutschen Schriftstellerschaft erreichen.[81] Diese Zielsetzung einer am Vorbild der Gewerkschaftsbewegung orientierten Interessenvertretung kam bereits darin zum Ausdruck, daß die Mitgliedschaft im SDS an eine hauptberufliche oder doch zumindest regelmäßige schriftstellerische Betätigung gebunden wurde. Zentrale Bereiche der SDS-Tätigkeit in der Weimarer Republik waren der Kampf gegen die neuen Formen der Zensur durch Staat und Justiz, Bemühungen um eine rechtliche und ökonomische Besserstellung der Autoren gegenüber den Verwertern ihrer literarischen Erzeugnisse, die Maßnahmen zu einer sozialen Absicherung durch das Projekt einer Altersversorgung und Sterbekasse, durch den Aufbau einer Darlehenskasse, einer Konsumgenossenschaft und einer Künstlerwohnkolonie, die Unterstützung notleidender Schriftsteller sowie die Förderung von Nachwuchsautoren.[82]

[78] Zahlenangaben bei Fischer, Der Schutzverband deutscher Schriftsteller, Sp. 126 (1910–1914) und Sp. 243 (1920–1932).

[79] S. die Skizzen der SDS-Ortsgruppen und -Gaue ebd., Sp. 281–314.

[80] S. ebd., Sp. 314–337. Fachgruppen existierten für technisch-wissenschaftliche Schriftsteller (seit 1. 10. 1920), für Erzähler (seit 10. 12. 1920), für Lyriker (seit Anfang 1921), Übersetzer (seit 14. 10. 1929) und für Pressemitarbeiter (seit 1929). Ein 1922 geplantes Essayistenkartell kam nicht zustande.

[81] S. ebd., Sp. 31–49 (»Die Gründung des ›Schutzverbandes deutscher Schriftsteller‹ 1909/10«).

[82] S. ebd., Sp. 243–610 (»Die Weimarer Zeit: Aufstieg und Krisen«).

Allerdings wurde die erfolgreiche Vertretung dieser Verbandsarbeit nach außen im Laufe der zwanziger Jahre nicht nur durch finanzielle Sorgen,[83] sondern auch durch interne Querelen zunehmend behindert. Waren es zunächst organisatorische Reibungen zwischen der Berliner Zentrale und den auf Eigenständigkeit pochenden Ortsgruppen, Gauen und Fachgruppen,[84] so führte die ideologische Polarisierung der politischen Szenerie der Republik auch im SDS zu bedrohlichen Spaltungserscheinungen.

Den Anfang machte eine bereits 1924 gebildete Fraktion, die sich nach dem X. Parteitag der KPD im Juli 1925 als »Arbeitsgemeinschaft kommunistischer Schriftsteller im SDS« bezeichnete.[85] Deren Mitglieder waren im Oktober 1928 in entscheidendem Maße an der Gründung des »Bundes proletarisch-revolutionärer Schriftsteller« (BPRS) beteiligt. Seine dezidiert politische und gewerkschaftliche Programmatik, der Aufbau einer Regionalstruktur mit 23 Bezirksverbänden, die Herausgabe eines eigenen Verbandsorgans (»Die Linkskurve«) und die rasche Zunahme seiner Mitglieder (1932: rund 500) ließen den BPRS zu einer ernst zu nehmenden Konkurrenz für den SDS werden.

1931 kam es zur Bildung von zwei weiteren Oppositionsbewegungen.[86] Im Oktober 1931 waren 25 Mitglieder, die überwiegend der kommunistischen Fraktion angehörten, aus dem SDS ausgeschlossen worden. Damit hatte der Hauptvorstand die Forderung der basis-orientierten Opposition nach einem stärkeren Engagement in den politischen Tageskämpfen und nach einer entschiedeneren Durchsetzung der schriftstellerischen Interessen zu unterdrücken versucht. Die Folge war allerdings eine Solidarisierungswelle, die am 11. 12. 1931 zur Spaltung der Berliner Ortsgruppe und zur Gründung der

[83] Die Verbandsaktivitäten des SDS wurden durch Aufnahmegebühren, Mitgliedsbeiträge, Zuschüsse des Reiches und des Landes Preußen, Darlehen und Sondereinnahmen finanziert. Seit dem Ende der zwanziger Jahre kam es allerdings zu einer latenten Finanzkrise, die die schriftstellerische Interessenvertretung in zunehmende Abhängigkeit von den staatlichen Subventionen brachte. Fischer, Der Schutzverband deutscher Schriftsteller, Sp. 273–276.

[84] Ebd., Sp. 278–281 und Sp. 317.

[85] Hierzu und zum folgenden Fischer, Der Schutzverband deutscher Schriftsteller, Sp. 564–571.

[86] Zum folgenden ebd., Sp. 572–611.

»Ortsgruppe Berlin-Brandenburg« führte. Nach anfänglichen Schlichtungsversuchen kam es im März 1932 zum völligen Bruch mit dem SDS, so daß die auf mittlerweile rund 500 Mitglieder angewachsene »Ortsgruppe« nun ebenfalls eine völlig eigenständige Sach- und Öffentlichkeitsarbeit betrieb.

Als Reaktion auf die Opposition von links bildete sich im Oktober 1931 eine »Arbeitsgemeinschaft nationaler Schriftsteller«. Deren Vorsitz übernahm Walter Bloem. In seinem Bestreben, die einflußreiche kommunistische Fraktion in den eigenen Reihen nun endgültig auszuschalten, wählte der Hauptvorstand des SDS Bloem, der zu jenem Zeitpunkt auch noch den Vorsitz im PEN-Club innehatte, Ende 1931 zum neuen Vorsitzenden. Hans Richter, der Vorsitzende des »Verbandes deutscher Erzähler«, wurde als zweiter Vertreter der nationalen Gruppe in den Hauptvorstand gewählt. Da Bloem jedoch bereits im April 1932 wegen der vom SDS und vom PEN-Club unterstützten Kampagne für Carl von Ossietzky von seinem Amt zurücktrat, ging der Verband weitgehend führungs- und konzeptionslos in das Jahr 1933.

Auf nationalsozialistischer Seite war man über diese Entwicklungen im SDS genau auf dem laufenden. Bereits am 2. 11. 1931 hatte Hanns Heinz Ewers, eines der Gründungsmitglieder des SDS, den Geschäftsführer des Kampfbundes für deutsche Kultur, Gotthard Urban, über die »Vorgänge bei der Gründung des ›Nationalverbandes deutscher Schriftsteller‹ bezw. einer neuen, diesem entgegengesetzten Organisation« informiert.[87] Obwohl der expressionistische Autor aufgrund seiner erotisch-sadistischen Werke in der Münchner Partei-Zentrale auf heftige Ablehnung stieß,[88] wurde er von Hitler wenige Tage später emp-

[87] Rundschreiben Urbans an die Mitglieder der NSDAP-Reichsleitung vom 13. 12. 1931, BDC/Partei-Kanzlei-Correspondence/Ewers, H. H. Das Zitat ebd., S. 1.

[88] Während Urban eine Mitgliedschaft von Ewers in der NSDAP kategorisch ablehnte, empfahl der Vorsitzende des Untersuchungs- und Schlichtungsausschusses der NS-Reichsleitung, Walter Buch, in einem Schreiben an die Ortsgruppenleitung Bad Eilsen der NSDAP vom 13. 6. 1932, die Abrechnung mit Ewers auf die Zeit nach der nationalsozialistischen Machtübernahme zu verschieben: »Wir haben jetzt 13 Jahre gewartet und dürfen nicht kurz vor dem Ziel durch Vorprellen unsere Arbeit erschweren«. Das Schreiben Buchs sowie das Anschreiben des Ortsgruppenleiters mit dem Hinweis auf das parteischädigende Verhalten von Ewers in BDC/Partei-Kanzlei-Correspondence/Ewers, H. H.

fangen und – einer Darstellung von Ewers zufolge – in die NSDAP aufgenommen.[89]

Die Kontakte von Ewers zur NSDAP sollten dann bei der »Gleichschaltung« des Schriftsteller-Verbandes eine entscheidende Rolle spielen. Denn am 11. 3. 1933 drang Ewers »im Einvernehmen mit Dr. Goebbels (als Reichspropagandaleiter der NSDAP)«[90] an der Spitze einer kleinen Autorengruppe in eine Vorstandssitzung des SDS ein. Über den weiteren Verlauf der Aktion berichtete Ewers 1940: »Der Parole des Führers folgend, der auf seinem Wege zur Machtergreifung strengste Legalität verlangte, ging auch ich in diesem (gewiß bescheidenen Falle) streng legal vor, d.h. ich handelte genau nach den Satzungen des Verbandes. Ich verlangte [!] also, daß sofort die größere Anzahl des Vorstandes ihren Rücktritt erklären solle; die übrigen sollten bleiben, aber nur, um nun ihrerseits neue, von mir genannte Vorstandsmitglieder hinzuzuwählen. Ich ging dann mit meinen Leuten hinaus, ließ dem Vorstand eine Viertelstunde Zeit, sich zu entscheiden. Was ich erwartet hatte, geschah: so groß war die Angst und die Feigheit der Herren, daß sie sofort alles taten, was man von ihnen verlangte«.[91]

Acht Mitglieder des Hauptvorstands räumten ohne jeden Widerstand das Feld.[92] Ein Umstand, der nur durch die tiefe Verunsicherung erklärbar ist, in der sich die Verbandsspitze durch die seit 1930 latente Krise des SDS befand. Die verbliebenen Vorstandsmitglieder, die nun mit den neu hinzugekommenen sechs Autoren der »Arbeitsgemeinschaft nationaler Schriftstel-

89 S. die Anlage I (»Kurze Darstellung«) zum Schreiben von Ewers an Reichsschatzmeister Schwarz vom 20. 4. 1940, BDC/Partei-Kanzlei-Correspondence/Ewers, H. H.

90 So die Formulierung bei G. Rühle, Das Dritte Reich. Dokumentarische Darstellung des Aufbaues der Nation. Das erste Jahr 1933, Berlin 1934, S. 83.

91 Anlage 1 (»Betrifft: Mein Verhältnis zur Schrifttumskammer«) zum Schreiben von Ewers an die RSK vom 10. 6. 1940, hier S. 2. BDC/RSK/Ewers, H. H.

92 Die Zahlenangabe bei Rühle, Das Dritte Reich [1933], S. 84, weicht von dem im Verbandsorgan »Der Schriftsteller«, Jg. 21/H. 5 (1933) gegebenen Bericht über »Die Umstellung des Schutzverbandes deutscher Schriftsteller«, zitiert bei Fischer, Der Schutzverband deutscher Schriftsteller, Sp. 615, ab. Darin sind 18 Mitglieder benannt, die aus dem Hauptvorstand ausgeschieden sein sollen.

ler« kooperierten,[93] beschlossen am 15. 3. 1933, daß die SDS-Mitgliedschaft mit einer Mitgliedschaft in der KPD oder ihr nahestehender Verbände unvereinbar war.[94]

Auf der Hauptversammlung vom 4. 5. 1933 ließ man sich den neu formierten Hauptvorstand von den Mitgliedern noch einmal pro forma bestätigen. Hatte die Wahl von Walter Bloem zum Ehrenvorsitzenden noch etwas mit Literatur zu tun, so rückten mit Götz Otto Stoffregen als Erstem und Hans Heinz Mantau-Sadila als Zweitem Vorsitzenden linientreue Autoren ohne jegliches Renommee an die Verbandsspitze.[95] Ebenso entscheidend wie die personellen Veränderungen war die von der Hauptversammlung angenommene Neufassung der Satzung.[96] Darin wurde der SDS als »Standesorganisation« (§ 1) definiert und aus dem § 2 die Gewerkschaftsorientierung gestrichen. In § 3 wurde als Vorbedingung für die Aufnahme von Bewerbern eine schriftliche Erklärung mit dem »klare[n] Bekenntnis zur deutschen Kulturgemeinschaft in Wort und Tat« gefordert. Die Kontrolle des Vorstands über die Mitglieder sicherten der § 8, der den Ausschluß »bei öffentlicher Herabsetzung oder bei Gefährdung des Verbands oder seines Ansehens« festlegte, der § 11, mit dem sich der SDS das Recht zur Einsichtnahme in die Honorarabrechnungen der Autoren mit ihren Verlagen verschaffte, und der § 20, der die Auflösung einer Ortsgruppe ermöglichte.

Der Prozeß der »Gleichschaltung« des SDS war damit jedoch

[93] Zahlenangabe bei Rühle, Das Dritte Reich [1933], S. 84. Im Hauptvorstand verblieben W. Bloem, W. Goetz (als 2. Schatzmeister), C. Haensel (als 2. Vorsitzender), H. Richter, W. Schendell (der bisherige Geschäftsführer) und H. Spiero. Die neuen Vorstandsmitglieder waren die Autoren Barthel, Bergengruen, von Conring, Frhr. von Grote, Jahnn, Mantau-Sadila, Meckel, Seitz, Wienand und Werner.

[94] »Die Umstellung des Schutzverbandes deutscher Schriftsteller«, zitiert bei Fischer, Der Schutzverband deutscher Schriftsteller, hier Sp. 617.

[95] Während bei Rühle, Das Dritte Reich [1933], S. 84, Mantau-Sadila als neuer zweiter Vorsitzender des SDS angegeben ist, wird bei Fischer, Der Schutzverband deutscher Schriftsteller, Sp. 617, Hans Richter genannt. Vermutlich handelt es sich dabei jedoch erst um die Zusammensetzung der Vorstandsspitze des am 9. 6. 1933 gegründeten »Reichsverbandes deutscher Schriftsteller«.

[96] Zum folgenden der im »Deutschen Schriftsteller«, Jg. 21/H. 3/5, wiedergegebene Text der Satzung, zitiert bei Fischer, Schutzverband deutscher Schriftsteller, Sp. 617–619.

noch keineswegs abgeschlossen. Während sich der Rosenbergsche Kampfbund im Gegensatz zu seinem Engagement in der preußischen Dichterakademie und im PEN-Club völlig aus den Vorgängen um den SDS heraushielt,[97] schaltete sich das Propagandaministerium um so aktiver in die weitere Entwicklung ein. Dabei konnte der für Schrifttumsfragen zuständige Hilfsreferent in der Abteilung »Propaganda« des Goebbelsschen Ministeriums, Dr. Heinz Wismann, auf die Unterstützung der SDS-Vorstandsmitglieder Ewers, Stoffregen, Mantau-Sadila und Richter rechnen. Deren Pläne zu einer organisatorischen Zusammenfassung sämtlicher Schriftstellerverbände in einem Dachverband führten am 9. 6. 1933 zur Gründung des »Reichsverbandes deutscher Schriftsteller e.V.« (RDS), in dem neben dem SDS der »Verband deutscher Erzähler«, der »Deutsche Schriftstellerverein« und das »Kartell lyrischer Autoren« aufgingen.[98] Zum »Reichsführer« des neuen Verbandes wurde Goetz Otto Stoffregen, zu seinem Stellvertreter Hans Richter und zum Schatzmeister der nationalsozialistische Autor Karl August Walther gewählt.

[97] »Bericht über die Entwicklungsgeschichte der Reichsstelle zur Förderung des deutschen Schrifttums« vom 22. 6. 1933, BArch Potsdam R 56 I/67. Dort hieß es: »Das [Propaganda-]Ministerium machte Urban davon Mitteilung, daß unter der Ägide des Ministeriums ein Reichsverband der Schriftsteller ins Leben gerufen worden sei. An dieser Gründung ist der Kampfbund ebenso uninteressiert wie unbeteiligt« (S. 4).

[98] Über die Hintergründe, die zur Gründung des RDS führten, berichtete der Stellvertreter Johsts in der »Reichsleitung Schrifttum« und Leiter der »Fachgruppe Schrifttum« in der preußischen Landesleitung des Kampfbundes für deutsche Kultur, Wulf Bley, an Johst mit Schreiben vom 17. 7. 1933: »Der Reichsverband deutscher Schriftsteller ist praktisch nichts als eine auf Initiative von Hanns Heinz Ewers gemeinsam mit dem Deutschnationalen Hans Richter und dem immerhin recht wackligen [!] guten Stoffregen am Ufa-Stammtisch beschlossen[e] und mit Hilfe des sehr wenig orientierten Pg. Wismann (Propaganda-Ministerium) durchgeführte ›Gleichschaltung‹ des Schutzverbandes Deutscher Schriftsteller. (Der Ufa-Stammtisch ist von dem sehr geschickten Pressechef der Ufa, Pfeiffer, gegründet worden. Ihm gehört u.a. auch Goetz Otto Stoffregen an. Er vereinigt Schriftsteller, Filmleute usw., die sich um das Verlagshaus Scherl und die geistig gleich gestimmte Ufa geschäftlich gruppieren. Er ist die Gartenlaubenkolonie der nationalen Rechten.)«. BDC/RSK/Bley, W. Die weitere Entwicklung sollte allerdings deutlich machen, daß Wismann – ganz im Gegensatz zur Einschätzung Bleys – in literaturpolitischen Angelegenheiten durchaus »orientiert« war.

Obwohl die Kontinuität zum SDS in organisatorischer und vermögensrechtlicher Hinsicht, teilweise sogar in den inhaltlichen Zielsetzungen offenkundig war,[99] bedeuteten die Einführung des »Führerprinzips«, des Kriteriums der »deutschblütigen Abstammung« und eines »politisch einwandfreien« Verhaltens als Voraussetzung für die Aufnahme in den RDS doch einen entscheidenden Bruch mit der bisherigen Verbandspraxis.[100] Sinn erhielt die gegen jüdische und linke Schriftsteller gerichtete Neuregelung der Aufnahmemodalitäten jedoch erst dadurch, daß der RDS sich als »Zwangsorganisation« definierte, deren »Mitgliedschaft in Zukunft entscheidend dafür sein wird, ob ein Schriftwerk in Deutschland verlegt werden kann oder nicht«.[101]

Damit war ein Grundprinzip der späteren Reichskulturkammergesetzgebung vorformuliert, über das seit Ende Juli 1933 eifrig im Propagandaministerium beratschlagt wurde.[102] Und es war der im RDS-Vorstand vertretene Ministeriumsreferent Wismann, der die Überleitung des RDS in die durch das Reichskulturkammergesetz vom 22. 9. 1933 gegründete Reichsschrifttumskammer betreiben konnte. Der Rosenbergschen Kulturkampftruppe blieb in diesem Prozeß nur die Rolle des Zuschauers. Während in der preußischen Landesleitung in Berlin völlige Klarheit darüber bestand, daß die Gründung des RDS »nicht nur ohne jede Fühlungnahme mit dem KfdK, sondern mit bewußter Spitze gegen ihn durchgeführt worden«

99 So begründeten Bley als Vertreter des Berliner Kampfbundes wie auch Urban von der Münchner Geschäftsstelle aus ihre ablehnende Haltung gegenüber dem RDS mit der fortdauernden »gewerkschaftlichen« Orientierung des Verbandes. S. das Schreiben Bleys an Hinkel vom 17. 7. 1933, BDC/Bley, W., sowie den »Bericht über die Entstehungsgeschichte der Reichsstelle zur Förderung des deutschen Schrifttums«, S. 4, BArch Potsdam R 56 I/67.

100 Auf den vor Aufnahme in den RDS auszufüllenden »Fragebögen« wurden neben Angaben zur schriftstellerischen Betätigung auch Angaben zur »arischen« oder »nichtarischen« Abstammung, zur bisherigen parteipolitischen Zugehörigkeit sowie die Benennung von zwei Bürgen verlangt. S. die zumeist in den RSK-Personalakten überlieferten Aufnahme-Erklärungen und Fragebögen der RDS-Mitglieder im BDC.

101 S. die in dem vom SDS übernommenen Verbandsorgan »Der Schriftsteller« vom August 1933 veröffentlichten neuen RDS-Richtlinien, zitiert bei Fischer, Der Schutzverband deutscher Schriftsteller, Sp. 625.

102 Dazu Kapitel II, Abschnitt A 2.1. dieser Arbeit.

sei,[103] verfolgte Urban in München – »von einem heillosen Bildungsfimmel erfaßt«[104] – seine Pläne zu einer umfassenden Neustrukturierung des deutschen Schrifttums mit der Dichterakademie als berufsständischer Säule für die Schriftstellerschaft.

2. Von der Selbstanpassung zur Neuformierung: Die Entwicklung des »Börsenvereins der Deutschen Buchhändler« in den Jahren 1933 und 1934

Das Jahr 1933 stand für den Börsenverein – wie für alle übrigen Wirtschaftsverbände – im Zeichen der ökonomischen Krise. 1932 war die Produktion von Erst- und Neuauflagen in Buchform gegenüber dem Vorjahr erneut von 24074 auf 21452 (= 10,9%) gesunken. Die Gesamtladenpreise waren von 141256,05 RM auf 103451,25 RM, die Durchschnittsladenpreise von 6,16 RM auf 5,08 RM gefallen. Durch die Umsatzeinbußen auf dem Binnen- wie auf dem Exportmarkt wurden zahlreiche Unternehmungen des Verlagswesens und des Sortiments finanziell ruiniert oder vom Konkurs bedroht.[1] Die infolge der Massenarbeitslosigkeit gesunkene Kaufkraft der Bevölkerung, insbesondere des bürgerlichen Mittelstandes, hatte zu einem rasanten Aufleben der Leihbüchereien geführt, während die von Staat, Ländern und Gemeinden unterhaltenen Bibliotheken aus Einsparungsgründen Neuanschaffungen entweder ganz zurückstellten oder aber über Einkaufsstellen der öffentlichen Hand direkt bei den Verlagen und damit unter Umgehung des ortsansässigen Buchhandels tätigten.[2] Mit besonderem Mißfallen beobachtete der Börsenver-

[103] Schreiben Bleys an Johst vom 17. 7. 1933, S. 1, BDC/Bley, W.

[104] So die bissige Charakterisierung der literaturpolitischen Aktivitäten Urbans und Hagemeyers durch Bley in seinem Schreiben an Hinkel vom 17. 7. 1933, S. 1, BDC/RSK/Bley, W.

[1] L. Schönrock, Der deutsche Büchermarkt im Jahre 1932, in: Bbl. 100. Jg., Redaktioneller Teil, Nr. 58 vom 9. 3. 1933, S. 168–172.

[2] S. dazu den für die Hauptversammlung des Börsenvereins am 14. 5. 1933 erstellten Geschäftsbericht des Vorstandes des Börsenvereins der Deutschen Buchhändler zu Leipzig über das Vereinsjahr 1932, in: Bbl. 100. Jg., Redaktioneller Teil, Nr. 99 vom 29. 4. 1933, S. 297–313, hier insbesondere S. 302.

eins-Vorstand auch die Herausgabe und den Vertrieb von Druckschriften durch Behörden wie die Deutsche Reichsbahn, das Reichsverkehrs- und das Reichsfinanzministerium oder gar die Hessische Landesstelle für Pilz- und Hausschwammberatung in Darmstadt.[3]

Strukturell hatte diese Krisenentwicklung sämtliche Verlagssparten erfaßt. Doch litten insbesondere der wissenschaftliche Verlag unter der Kürzung der Beamtengehälter und der Bibliotheksausgaben, der Schulbuch- und Lehrmittelverlag unter der rigorosen Beschneidung der Kulturetats von Staat und Ländern, der schöngeistige und Jugendbuchverlag unter der Abwanderung der Kunden zu billigen Buchreihen oder in die Leihbüchereien.[4] Mittelbar beeinflußte diese prekäre Lage des Verlagswesens natürlich auch den Sortimentsbuchhandel, der aber zudem noch seine Geschäfte auf dem Binnenmarkt durch Direktlieferungen der Verlage sowie durch die Konkurrenz von Warenhäusern, Partei- und Gewerkschaftsbetrieben, auf dem Auslandsmarkt durch Einfuhrbeschränkungen, Zoll- und Devisenschwierigkeiten bedroht sah.[5]

In dieser katastrophalen ökonomischen Situation zu Beginn des Jahres 1933 war vom Börsenverein als der zentralen Interessenvertretung der deutschen Verleger und Buchhändler Krisenmanagement zu erwarten. Doch erst das Ergebnis der Reichstagswahlen vom 5. 3. 1933, durch das der bis dahin vom Börsenblatt für den Deutschen Buchhandel gänzlich ignorierte NSDAP-Führer Adolf Hitler[6] in seiner Stellung als Reichskanzler bestätigt wurde, führte in der Leipziger Buchhandelszentrale zu einem gesteigerten Aktivismus. In seinem Monatskommentar »Zur Wirtschaftslage« wertete der Chefredakteur des Börsenblatts, Prof. Dr. Gerhard Menz, den Wahlausgang »von allem anderen abgesehen, worauf einzugehen hier nicht der Ort ist«, als Gewinn für die Wirtschaft, die nun mit stabilen Herrschaftsverhältnissen und ei-

[3] Ebd., S. 302–303.

[4] Ebd., S. 298–299.

[5] Ebd., S. 299–300.

[6] Dazu G. Krämer-Prein, Der Buchhandel war immer deutsch. Das »Börsenblatt für den deutschen Buchhandel« vor und nach der Machtergreifung, in: Walberer (Hg.), 10. Mai 1933. Bücherverbrennungen in Deutschland und die Folgen, S. 285–302, hier S. 291–292.

ner langfristigeren staatlichen Wirtschaftspolitik kalkulieren könne.[7]

Obwohl Menz deutlich die Freiheit zu Eigeninitiativen der Privatwirtschaft auch unter der neuen nationalsozialistischen Regierung gewahrt wissen wollte, war die Verlockung doch groß, über den »Staat« den Weg aus der ökonomischen Krise zu suchen. Von seiner Mitgliederbasis wurde der Börsenvereins-Vorstand wiederholt bedrängt, in den Berliner Ministerien wegen gesetzlicher Maßnahmen zur Stützung der Verlags- und Buchhandelsunternehmen vorstellig zu werden. Friedrich Oldenbourg, seit 1930 Vorsteher des Börsenvereins, kam diesen Wünschen denn auch am 9. 3. 1933 durch Schreiben an den Reichsinnen- und an den Reichswirtschaftsminister nach, die in der Börsenblatt-Ausgabe vom 18.3. zur Kenntnisnahme der Mitglieder abgedruckt wurden.[8]

Allerdings stellte sich im Zuge der »dynamischen« politischen Entwicklung jener Tage dem Börsenvereins-Vorstand zunächst das Problem, welche staatliche oder parteiamtliche Institution in der Folge für die Belange des Buchhandels entscheidend sein würde. Zudem sorgte die »Gleichschaltung« der öffentlichen Verwaltungen in den Ländern und der Interessenvertretungen der Privatwirtschaft für erhebliche Unruhe, auch wenn Gerhard Menz in seinem Kommentar zur Wirtschaftslage im Monat März 1933 größtes Verständnis für diese Maßnahmen aufzubringen wußte. Die Forderung nach »Gleichschaltung« sichere nämlich, so argumentierte Menz, »daß jede Vereinigung so geführt wird, daß sie sich mit dem Staatswillen in Übereinstimmung befindet, daß jedenfalls Konflikte von vornherein ausgeschlossen bleiben. Unter dieser Voraussetzung kann sich der Staat dann viel weiter entlasten, als das sonst möglich wäre, und vieles wieder der Selbstverwal-

[7] G. Menz, Zur Wirtschaftslage, in: Bbl. 100. Jg., Redaktioneller Teil, Nr. 62 vom 14. 3. 1933, S. 183–186. Das Zitat S. 183.

[8] Bbl. 100. Jg., Redaktioneller Teil, Nr. 66 vom 18. 3. 1933, S. 195–196. Während der Börsenvereins-Vorsteher in seinem Schreiben an Frick die Bitte vortrug, »[...] bei der kulturellen Aufbauarbeit, die von der jetzigen Reichsregierung ins Auge gefaßt ist, den deutschen Buchhandel und die Bedeutung der Kulturetats nicht zu vergessen«, meldete er gegenüber Hugenberg den »Anspruch« an, »[...] daß der Buchhandel gehört wird, wenn Wirtschaftsmaßnahmen gesetzgeberischer Art getroffen werden, die auch ihn berühren müssen«.

tung überlassen, was er jetzt in eigene Regie genommen hat, ja nehmen mußte, wenn er überhaupt seinen Willen durchsetzen wollte«.[9]

Die Börsenvereins-Spitze verfolgte offenbar eine Strategie mit doppeltem Boden. Den veränderten politischen Rahmenbedingungen war man willens, sich mehr oder minder bereitwillig unterzuordnen. Auf diese Weise sollte aber zum einen der Börsenverein als selbstverwaltete Interessenvertretung der deutschen Buchhändlerschaft vor Eingriffen von außen bewahrt werden; zum anderen wollte man sich die politische Anpassungsbereitschaft durch staatliches Entgegenkommen auf wirtschaftlichem Gebiet bezahlen lassen. Trotz des weitgehenden Verlustes der internen Akten des Börsenvereins-Vorstands, die dessen Beweggründe und den Ereignisablauf im einzelnen genauer faßbar machen würden, läßt sich diese These durch eine Rekonstruktion der weiteren Vorgänge in den Jahren 1933 und 1934 erhärten.

Am 29. 4. 1933 war im Börsenblatt zu lesen, daß in Berlin »Verhandlungen mit den zuständigen Stellen über diejenigen Maßnahmen stattgefunden [hatten], die entsprechend den neuen politischen Verhältnissen im Buchhandel getroffen werden müssen«.[10] Dabei kam die Abkehr von der bisher gehandhabten demokratischen Praxis einer Interessenabstimmung auf den ordentlichen und außerordentlichen Hauptversammlungen darin zum Ausdruck, daß ein »vollständiges Wirtschaftsprogramm und die personellen Änderungen [...], die zu gelten haben, bis die gesetzliche Regelung des berufsständischen Aufbaus der deutschen Gesamtwirtschaft vorliegt«,[11] den Börsenvereins-Mitgliedern als vollendete Tatsachen bekanntgegeben werden sollten.

Im Börsenblatt vom 3. 5. 1933 erschien dann ein »Sofortprogramm für den Deutschen Buchhandel«, das der Gesamtvorstand des Börsenvereins bereits am 12. 4. 1933 verabschiedet und das vermutlich den erwähnten Gesprächen mit den Berliner

[9] G. Menz, Zur Wirtschaftslage, in: Bbl. 100. Jg., Redaktioneller Teil, Nr. 84 vom 8. 4. 1933, S. 255–257, hier S. 256.

[10] Bbl. 100. Jg., Redaktioneller Teil, Nr. 99 vom 29. 4. 1933, S. 297. Die Mitteilung war dem für die Mitglieder-Hauptversammlung am 14. 5. 1933 bestimmten »Geschäftsbericht« des Vorstands vorangestellt.

[11] Ebd.

Regierungsstellen zugrundegelegen hatte.[12] Nach einleitenden Bekundungen zur prinzipiellen Kooperationsbereitschaft bei der Aufbauarbeit der »nationale[n] Erhebung« formulierten Vorsteher Friedrich Oldenbourg und seine sieben Vorstandskollegen[13] Forderungen, von deren Erfüllung mit Hilfe staatlicher Unterstützung man sich eine Lösung der Struktur- und Absatzkrise in der deutschen Buchwirtschaft versprach.

Durch Erhebung des Börsenvereins zur »Zwangsorganisation für alle Buchhändler« (Punkt 1), durch »staatliche Konzessionierung der buchhändlerischen Gewerbebetriebe« (Punkt 2), durch Zurückdrängung der buchhändlerischen Betätigung staatlicher Einrichtungen, von Gewerkschaften, Vereinen und Parteien (Punkt 3), durch »Abbau« der Buchgemeinschaften (Punkt 7), durch »sofortige und restlose Beseitigung des Buchverlags und -vertriebs von Warenhäusern« (Punkt 8) sowie durch gesetzliche »Maßnahmen gegen die ungesunde und volksschädigende Ausbreitung der sogenannten modernen [!] Leihbibliotheken« (Punkt 9) sollten der Markt bereinigt und die Position der traditionellen Buchhandelsunternehmen gestärkt werden. Als Gegenleistung für die Erfüllung dieser wirtschaftlichen Wünsche hielt der Börsenverein für die nationalsozialistischen Machthaber den Punkt 10 bereit: »In der Judenfrage vertraut sich der Vorstand der Führung der Reichsregierung an. Ihre Anordnungen wird er für seinen Einflußbereich ohne Vorbehalt [!] durchführen«.[14]

Um den Worten auch gleich Taten folgen zu lassen, wurde im Börsenblatt vom 13. 5. 1933 eine Liste mit zwölf Schriftstellern veröffentlicht – unter ihnen Lion Feuchtwanger, Alfred Kerr, Emil Ludwig, Heinrich Mann, Erich Maria Remarque, Kurt Tucholsky, Arnold Zweig –, die »für das deutsche Ansehen als schädigend zu erachten sind« und deren Werke daher vom

[12] Bbl. 100. Jg., Redaktioneller Teil, Nr. 101 vom 3. 5. 1933, S. 321–322. Die folgenden Ausführungen stützen sich auf diese Textwiedergabe.

[13] Das »Sofortprogramm« wurde von Friedrich Oldenbourg, Heinrich Boysen, Hellmuth von Hase, Paul Nitschmann, Friedrich Alt, Herbert Hoffmann, Albert Diederich, Ernst Reinhardt unterzeichnet.

[14] Gerade in diesem Punkt wird die »schamlose Mixtur aus wirtschaftlichem Opportunismus und politischer Anbiederung« besonders deutlich, als die das »Sofortprogramm« treffend charakterisiert worden ist. Dahm, Die nationalsozialistische Schrifttumspolitik nach dem 10. Mai 1933, in: Walberer (Hg.), 10. Mai 1933, S. 40/41.

Buchhandel nicht weiter vertrieben werden sollten.[15] Damit schloß sich der Gesamtvorstand des Börsenvereins dem Werturteil der studentischen »Aktion wider den undeutschen Geist« an, als deren Höhepunkt am 10. 5. 1933 die Bücherverbrennungen in nahezu allen Hochschulstädten des Deutschen Reiches inszeniert worden waren.[16]

Für den 14. 5. 1933, also wenige Tage nach diesen Ereignissen, hatte sich der neue Minister für Volksaufklärung und Propaganda mit seinem Staatssekretär und Wirtschaftsfachmann Walther Funk zum traditionellen Kantate-Treffen im Leipziger Buchhändlerhaus angekündigt. In seiner Rede vor dem Plenum betonte Goebbels geschickt die staatserhaltende und -erneuernde Funktion der »Regierung der nationalen Erhebung«: »Diese Regierung weiß, wie nötig sie den Geist hat, diese Regierung weiß, wessen die Seele des Volkes bedarf und diese Regierung ist auch überzeugt, daß das Buch, das dem Geist der Zeit gerecht wird, auch in Zukunft seinen Weg machen wird. Und so glauben wir, nicht nur dem deutschen Volk wirtschaftlich und politisch einen Weg nach oben zu zeigen, sondern auch kulturell und geistig, allerdings unter einer Voraussetzung: so weitherzig wir in den Methoden sind, und so human wir mit unseren Gegnern verfahren [sic!], so eng, so hart und so unerbittlich sind wir in den Prinzipien, müssen wir in den Prinzipien sein. Denn sollen Prinzipien einen Staat tragen, dann müssen sie von einer mitleidlosen Härte erscheinen. Nur auf hartem Grunde kann ein Staatswesen aufgebaut werden. Diese Ideen, die mit dem 30. Januar 1933 zum Durchbruch kamen, sind ihrem Wesen nach antiinternational, antipazifistisch und antidemokratisch. Sie sind ihrem Wesen nach in den Gedanken des Kampfes erhärtet, in der Absicht, das deutsche Volk und sein Denken wieder zurückzuführen auf Rasse, Religion und Volkstum, ihrem Wesen nach auch den Gedanken der autoritativen Persönlichkeit auf allen Gebieten des öffentlichen Lebens durchzusetzen«.[17]

Obwohl sich Goebbels nach Angabe in seinem »Tagebuch« nur »mittelmäßig in Form« fühlte, verzeichnet das Protokoll

[15] Bbl. 100. Jg., Redaktioneller Teil, Nr. 110 vom 13. 5. 1933.

[16] S. dazu Kapitel I, Abschnitt B 4.1. dieser Arbeit.

[17] Die vollständige Rede von Goebbels ist wiedergegeben in Bbl. 100. Jg., Redaktioneller Teil, Nr. 112 vom 16. 5. 1933, S. 353–356. Das Zitat S. 355.

der Rede »stürmischer Beifall«.[18] Doch damit nicht genug. Als »Tafellied« brachte die Versammlung zur Melodie »Ich hab' mich ergeben« dem Reichsminister folgenden Lobgesang dar: »Heut hat uns Kantate / nach altem Brauch vereint, / auf das dem deutschen Buche / die Zukunft heller scheint. // Wenn auch vergangne Jahre / viel Elend uns bedrückt'. / Nun hat uns die Erlösung / das Schicksal selbst geschickt. // Gewichen ist das Schlechte, / das Deutschland lang entzweit, / gekommen ist ein Wille / zur großen Tat bereit. // Was Haß und Zwietracht säte, /es bannt's mit starker Hand. / Er eint die deutschen Land / zu einem Vaterland. // Des deutschen Buches Seele / kämpft mit bei dieser Tat. / Es hilft sein deutscher Wille, / daß rascher reift die Saat. // Du deutsches Herz, du großes, / wie friedvoll ward dein Schlag, / seit deine Ketten sprengte / der Freiheit goldner Tag«.[19]

Auf jener wahrlich denkwürdigen Kantate-Veranstaltung wurde auch ein »Aktionsausschuß« ins Leben gerufen, der die »Anpassung des Börsenvereins und der ihm angeschlossenen Vereine an die berufsständische Wirtschaftsverfassung« leiten und überwachen sollte.[20] In diesen Ausschuß wurden mit Karl Baur, dem Leiter des Callwey Verlages in München, sowie den Buchhändlern Martin Riegel aus Hamburg und Theodor Fritsch junior aus Leipzig Persönlichkeiten eingesetzt, die, wie Friedrich Oldenbourg auf der Hauptversammlung des Börsenvereins am 14. 5. offen zugab, »in der buchhändlerischen Öffentlichkeit bisher noch nicht oder noch nicht in prominenter Form«[21] in

[18] Goebbels-Tagebücher, Teil 1, Bd. 2, S. 420 (15. 5. 1933).

[19] Ein Exemplar des von der Offizin Haag-Drugulin AG in Leipzig gestifteten und in der Schrifttype »Maximilian Gotisch« gesetzten Tafelliedes hat sich in der Deutschen Bücherei Leipzig erhalten (Sign. 1933 B 1733).

[20] »Stenographischer Bericht über die Verhandlungen der Hauptversammlung des Börsenvereins der Deutschen Buchhändler zu Leipzig« am 14. 5. 1933, in: Bbl. 100. Jg., Redaktioneller Teil, Nr. 136 vom 15. 5. 1933, S. 434–440, hier S. 439.

[21] Ebd., S. 439. Zu den Umständen der Berufung Karl Baurs in den »Aktionsausschuß« s. dessen Erinnerungen »Wenn ich so zurückdenke...«. Ein Leben als Verleger in bewegter Zeit, München 1985 (Erstausgabe als Privatdruck München 1968), S. 179–183. Allerdings stimmen die dort gemachten Angaben zum Zeitablauf und zur politischen Einstellung der in den »Aktionsausschuß« berufenen Buchhändler nicht ganz mit der Realität überein. So wurde der Ausschuß nicht im März, sondern erst im Mai 1933 aus Anlaß

Erscheinung getreten waren. Entscheidender als der Stellenwert im deutschen Buchhandel dürfte für den Börsenvereins-Vorsteher jedoch gewesen sein, daß mit Baur, Riegel und Fritsch drei Angehörige der NSDAP in eine zentrale Position des ansonsten eher deutschnational orientierten Börsenvereins aufrückten.[22] Durch die auf persönlichen Wunsch von Goebbels erfolgte Berufung von Dr. Heinz Wismann aus dem Propagandaministerium konnte dem Ausschuß zudem eine amtliche Autorität verliehen werden.[23] Oldenbourg selbst, der der deutschnationalen Front und dem Stahlhelm, Bund der Frontsoldaten angehörte, übernahm den Vorsitz.

Damit war zum einen die politische Zuverlässigkeit der buchhändlerischen Spitzenorganisation gegenüber Regierungs- und Parteidienststellen nachgewiesen; zum anderen behielten sich der Börsenverein und sein Vorsteher zunächst die Kontrolle über die anstehenden oder bereits vollzogenen personellen Neubesetzungen und Satzungsänderungen der reichsdeutschen buchhändlerischen Vertretungen auf Fach-, Kreis- und Ortsebene vor. »Nichtbuchhändlerische örtliche Stellen«, so wurde im Börsenblatt vom 18. 5. wohl im Hinblick auf etwaige partei-

der Hauptversammlung des Börsenvereins gebildet; und der Hamburger Sortimenter Martin Riegel wußte im Gegensatz zu K. Baurs Behauptung (S. 181) sehr wohl über die »Absichten der Partei im Blick auf unseren Beruf« Bescheid. S. dazu etwa die auf dem Jungbuchhändlertreffen des Gaues Weser-Ems am 22. 10. 1933 gehaltene Rede Riegels, »Möge ein neuer Buchhandel kommen!«, in: Buch und Beruf im neuen Staat. Elf Reden für den deutschen Buchhandel, hg. von K. H. Bischoff, Bremen 1933, S. 20–21.

22 Auf diesen Umstand wurde in einer Bekanntmachung zur Zusammensetzung und Aufgabenstellung des »Aktionsausschusses« im Bbl. 100. Jg., Redaktioneller Teil, Nr. 114 vom 18. 5. 1933, S. 361, ausdrücklich hingewiesen.

23 S. dazu die im Stenographischen Bericht über die Verhandlungen der Hauptversammlung des Börsenvereins der Deutschen Buchhändler am 14. 5. 1933, hier S. 439, wiedergegebenen Ausführungen Oldenbourgs: »Ich darf sagen, daß ich es mit größter Genugtuung begrüßt habe, daß mir am letzten Mittwoch, als ich in Berlin wegen unserer Sorgen verhandelte, Herr Dr. Wismann vom Reichsministerium für Volksaufklärung und Propaganda mitteilte, der Herr Reichsminister wünsche, daß in dem zu gründenden Aktionsausschuß sein Ministerium vertreten sei. Ich hoffe, daß wir unter diesen Umständen die Gewähr haben, daß nun Arbeit geleistet wird, die – ich möchte das hier einmal offen aussprechen – nicht gar so fern von der Reichsregierung vor sich gehen wird, wie das in den letzten Jahren bei uns vielfach notwendig war«.

amtliche Interventionsversuche vom Aktionsausschuß bekanntgegeben, »sind hierfür nicht zuständig«.[24]

Eine weitere personalpolitisch wichtige Entscheidung fiel im Juni 1933. Zum 15. 6. wurde Gerhard Menz, der langjährige Chefredakteur des Börsenblatts, durch Dr. Hellmuth Langenbucher ersetzt.[25] Langenbucher, der seit 1929 der NSDAP angehörte, war zuvor Leiter der Presseabteilung des vom Deutschnationalen Handlungsgehilfenverband (DHV) unterhaltenen Langen-Müller Verlages gewesen und verfügte über ausgezeichnete Kontakte zur NS-Presse.[26] Als Kampfbund-Mitglied war er auch maßgeblich an der Gründung der »Reichsstelle zur Förderung des deutschen Schrifttums« im Juni 1933 in Leipzig beteiligt.[27] Obwohl sich der Börsenverein im ersten Halbjahr nach der nationalsozialistischen Machtübernahme in personeller und struktureller Hinsicht eng an den »Kampfbund für deutsche Kultur« angelehnt hatte, gelang es dem Propagandaministerium in der Folge, auch diesen kulturpolitisch bedeutenden Berufsverband für seinen Machtbereich zu vereinnahmen.

Auf der Grundlage des Reichskulturkammergesetzes vom 22. 9. 1933 und der hierzu am 1. 11. 1933 erlassenen ersten Durchführungsverordnung wurde der bislang privatrechtlich organisierte Börsenverein in die Reichsschrifttumskammer als »Körperschaft des öffentlichen Rechts« übernommen. Am 1. 12. 1933 gab der Aktionsausschuß des Börsenvereins unter Berufung auf eine Anweisung des RSK-Präsidenten bekannt, daß »für alle Gewerbetreibende, die Bücher herstellen, vertreiben oder verleihen« ausschließlich der Börsenverein die zuständige Organisation sei.[28] Daher hatten sich bis zum 15. 12. 1933 alle diejenigen bei der Geschäftsstelle zu melden, »die Buchhan-

[24] Bbl. 100 Jg., Redaktioneller Teil, Nr. 114 vom 18. 5. 1933, S. 361.

[25] S. die »Bekanntmachung« im Bbl. 100. Jg., Redaktioneller Teil, Nr. 136 vom 15. 6. 1933, S. 433. Im Bbl. 100. Jg., Redaktioneller Teil, Nr. 234 vom 7. 10. 1933, S. 763, wurde vom Aktionsausschuß bekanntgegeben, daß Langenbucher von Berlin aus neben der Schriftleitung des Börsenblatts auch die »Bearbeitung aller kulturpolitischen Fragen« in engster Kooperation mit dem Propagandaministerium übernehmen sollte.

[26] Dazu Meyer, Die Verlagsfusion Langen-Müller, S. 141; Fragebogen zur Aufnahme Langenbuchers in die RSK vom 19. 3. 1938, BDC/RSK/Langenbucher, H.

[27] S. dazu Kapitel II, Abschnitt C 1.1. dieser Arbeit.

[28] Bbl. 100. Jg., Nr. 280 vom 2. 12. 1933, S. 927.

del allein oder in Verbindung mit anderen Geschäftszweigen betreiben und bisher nicht Mitglied des Börsenvereins sind bzw. nicht im Adreßbuch stehen«.

Daß die Börsenvereins-Spitze die staatlich erteilte Vollmacht bei der Mitgliederaufnahme als Filter gegenüber der lästigen Konkurrenz der zahllosen buchhändlerischen Klein- und Nebenbetriebe zu nutzen gewillt war, geht eindeutig aus einem Bericht über die Sitzung des Kreisausschusses des Börsenvereins am 7. 12. 1933 in Leipzig hervor.[29] Allerdings mußte man bei dieser Gelegenheit auch eingestehen, daß die Eingliederung in die RSK den Börsenverein vor große organisatorische Probleme stellte.[30] So zog sich die Aufnahme der neuen Mitglieder in den Börsenverein und in die »Arbeitsgemeinschaft der buchhändlerischen Neben- und Kleinbetriebe«, über die seit Februar 1934 Firmen mit Anteilen an Buchhandelsumsätzen von weniger als 50% beziehungsweise mit einem Gesamtjahresumsatz von weniger als 10000 RM für die RSK erfaßt wurden,[31] noch bis Mitte August 1934 hin.[32] Als strukturelles Defizit erwies sich zudem die bisherige Satzung, die den Börsenverein als reinen Wirtschaftsverband definierte und – im Gegensatz zu den Bestimmungen des Kulturkammergesetzes – auch die deutschsprachigen Verleger im Ausland als Mitglieder zuließ. Dennoch schien man am Ende des Jahres 1933 im Börsenverein mit der Entwicklung zufrieden zu sein.

Neben der institutionellen war zunächst auch die personelle Kontinuität gewahrt. Friedrich Oldenbourg konnte seine von Goebbels anläßlich der feierlichen Eröffnung der RKK am 15. 11. 1933 mitgeteilte Berufung in den Präsidialrat der RSK[33] sowie den in der neuen Börsenvereins-Satzung vom 28. 1. 1934

[29] Bbl. 100. Jg., Nr. 284 vom 7. 12. 1933, S. 944–947, hier S. 946: »Herr Dr. Oldenbourg führt noch aus: [...] Bei der Überprüfung der Betriebe, die in die verschiedenen Kammern einzugliedern sind, müssen von vornherein die Maßstäbe angelegt werden, die davor schützen, daß der alte Buchhandel kaputt geht und ein neuer uferlos wachsen kann«.

[30] Ebd., S. 944.

[31] S. dazu die Punkte 2–4 der »Bekanntmachung« des Präsidenten der Reichsschrifttumskammer betr. die Mitgliedschaft in der RSK, in: Bbl. 101. Jg., Redaktioneller Teil, Nr. 65 vom 17. 3. 1934, S. 241–242.

[32] »Bekanntmachung« des neuen Börsenvereins-Vorstehers Kurt Vowinckel im Bbl. 101. Jg., Redaktioneller Teil, Nr. 194 vom 21. 8. 1934, S. 737.

[33] »Die deutsche Kultur vor neuen Aufgaben«, in: Goebbels-Reden. Hg. von H. Heiber, Bd. 1 1932–1939, Düsseldorf 1971, S. 131–141 , hier S. 141.

verankerten »Führergrundsatz« als Stärkung seiner Position an der Börsenvereinsspitze werten. Wie fragwürdig und abhängig von externen Machtfaktoren diese Position jedoch tatsächlich geworden war, zeigte sich erstmals im April 1934.

Die am 16. 4. 1934 vom Stellvertreter des Führers Rudolf Heß verfügte Einrichtung einer »Parteiamtlichen Prüfungskommission zum Schutze des nationalsozialistischen Schrifttums« hatte in Verlegerkreisen erhebliche Beunruhigung verursacht. Weniger wegen ihres politischen Charakters als vielmehr aufgrund des in der Verfügung enthaltenen Passus, wonach »Manuskripte, die nationalsozialistische Probleme und Stoffe zum Gegenstand haben, in erster Linie dem *Zentralparteiverlag*, der Eigentum der NSDAP. ist, zum Verlage angeboten werden« sollten.[34] In einem Schreiben an »Reichsminister« Heß vom 17. 4. 1934 gab Oldenbourg diesbezüglich zu bedenken: »Eine wörtliche Durchführung der Bekanntmachung würde bei Zugrundelegung des Totalitätsanspruches bedeuten, daß in der Hauptsache der Verlag Franz Eher Nachf. als eine Art zentraler Staatsverlag für das politische Schrifttum überhaupt nur noch in Betracht käme«.[35] Aufgrund der sich daraus »für das Gesamtgewerbe ergebenden Schädigungen« bat Oldenbourg um eine »Abänderung der Verfügung in dem Sinne, daß die Wahl des Verlags den Autoren freigestellt wird«.[36]

Der ansonsten taktisch gewiefte Börsenvereins-Vorsteher hatte mit dieser sachlich durchaus begründeten Eingabe einige folgenreiche Fehler begangen. Nicht nur, daß er das Schreiben an Heß im Namen des Aktionsausschusses unterzeichnete, ohne diesen überhaupt konsultiert zu haben – eine Vorgehensweise, die ihm die herbe Kritik des mittlerweile zum stellvertretenden RSK-Präsidenten avancierten Ausschußmitglieds Wismann eintrug.[37] Aufgrund der Veröffentlichung des Schreibens im Börsenblatt vom 21. 4. 1934, in der auch die Verfügung über die Gründung der Prüfungskommission und die ersten Ausfüh-

[34] Die »Verfügung« von Rudolf Heß wird zitiert nach der Veröffentlichung im Bbl. 101. Jg., Nr. 92 vom 21. 4. 1934, S. 367. Hervorhebung im Text.

[35] Die »Eingabe« Oldenbourgs ebd., S. 368.

[36] Ebd.

[37] Schreiben Wismanns an Oldenbourg vom 25. 4. 1934, StA Leipzig, Börsenverein der Deutschen Buchhändler (BV) F 6884 (Verlag R. Oldenbourg, München).

rungsbestimmungen des neuen Amtsleiters Philipp Bouhler abgedruckt worden waren, lehnte Heß jede weitere Diskussion über Oldenbourgs Abänderungsvorschlag grundsätzlich ab.[38] Zudem erhielt der Börsenvereins-Vorsteher ein geharnischtes »Einschreiben!« von Wilhelm Baur, dem Leiter des Eher-Buchverlags in Berlin, in dem es wörtlich hieß: »Wir betrachten dieses Vorgehen [nämlich Oldenbourgs Korrekturversuch an einem parteiamtlichen Beschluß] als bewußt gegnerisch gegen unseren nationalsozialistischen Zentralparteiverlag und werden auf der kommenden Hauptversammlung den Antrag stellen, die neue Satzung, die Sie als Führer bezw. Vorsteher des Börsenvereins für weitere drei Jahre vorsieht, abzulehnen. Wir verwahren uns dagegen, daß an der Spitze des Börsenvereins ein Mann steht, der bewußt gegen uns Front macht. Im nationalsozialistischen Staat gehört an die Spitze des Börsenvereins ein wirklicher Nationalsozialist und kein Dr. Friedrich Oldenbourg«.[39]

Die Abberufung Oldenbourgs konnte dann allerdings wohl durch eine Intervention Karl Baurs bei Ernst Schulte-Strathaus, dem für Kulturfragen zuständigen Sachbearbeiter im Stab Stellvertreter des Führers, und durch die Unterstützung der RSK-Spitze noch einmal verhindert werden.[40] Als sich Oldenbourg dann aber auch noch gegen die von Kammer-Präsident Hans Friedrich Blunck und Vizepräsident Wismann initiierten Pläne zur Förderung des deutschen Buchexports stellte, verlor er Ende Mai 1934 dann doch sein Vorsteheramt.

Zur Vorgeschichte der Ablösung Oldenbourgs gehört, daß sich der Börsenverein zunächst selbst erfolglos um die Einbeziehung des exportierenden Buchhandels in das Abrechnungsverfahren mit Sperr- und Registermark, durch das der für den

[38] Schreiben von Heß an Oldenbourg vom 24. 4. 1934, ebd.

[39] Schreiben von W. Baur an Oldenbourg vom 23. 4. 1934, ebd.

[40] S. ebd. die von Wismann angefertigte Notiz über ein Telefonat Karl Baurs mit dem Braunen Haus in München vom 28. 4. 1934, bei dem Schulte-Strathaus K. Baur wissen ließ, »daß gegen eine Bestätigung des Herrn Dr. Oldenbourg als Vorsteher des Börsenvereins durch die Hauptversammlung seitens der Reichsleitung der Partei keine Bedenken bestehen. Sollte Herr [Wilhelm] Baur vom Eher-Verlag gegen die Wiederwahl Dr. Oldenbourg's Stellung nehmen, so handle er in diesem Falle als Mitglied des Börsenvereins. Im übrigen würde über eine Bereinigung aller schwebenden Fragen in den ersten Tagen der nächsten Woche im Braunen Haus verhandelt werden«.

Absatzrückgang maßgeblich verantwortliche Kursverfall ausländischer Währungen aufgefangen werden sollte, bemüht hatte.[41] In der RSK wurde demgegenüber ein Verfahren favorisiert, das der Kammerreferent Werner Schlegel in einer umfangreichen Denkschrift entworfen hatte.[42] Ihr Kerngedanke war die Gründung von »nach Aufgabengebieten gegliederten Genossenschaften«, deren Tätigkeit nach außen als rein wirtschaftliche Selbsthilfemaßnahmen des deutschen Buchhandels kaschiert, de facto jedoch staatlich subventioniert, kontrolliert und gelenkt werden sollte.[43] Der Börsenverein und seine Untergliederung, so stellte Schlegel in seiner Denkschrift lapidar fest, sei für die Durchführung der von der Kammer vorgesehenen kulturpolitischen Aufgaben »ungeeignet, weil er die Schweiz, Österreich, Tschechoslowakei, Ungarn und Polen zu seinem Vereinsgebiet rechnet«.[44]

Daß dieser Schlegel-Plan zur bürokratischen Reglementierung des deutschen Buchexports auf Buchhändlerseite als staatlicher Eingriff in die Autonomie ihrer Organisations- und Wirtschaftsweise entschieden abgelehnt wurde, brachte Oldenbourg auf einer Sitzung des Präsidialrates der Reichsschrifttumskammer am 16. 1. 1934 deutlich zum Ausdruck.[45] Anläßlich eines

[41] »Bekanntmachung« des Aktionsausschusses betr. Scrips-Verfahren im Bbl. 100. Jg., Redaktioneller Teil, Nr. 284 vom 7. 12. 1933, S. 943. Das Problem einer Neustrukturierung des Exportbuchhandels als Voraussetzung für eine Beseitigung der Absatzkrise wurde auch im Börsenblatt des öfteren diskutiert: W. Säuberlich, Deutsche Buchausfuhr und Kulturpropaganda (Bbl. Nr. 184 vom 10. 8. 1933, S. 601); W. Linden, Deutsche Buchausfuhr und Kulturpropaganda (Bbl. Nr. 284 vom 7. 12. 1933, S. 947–948).

[42] »Denkschrift für die Vorbereitung eines Gesetzes für die zentrale Leitung der deutschen Kulturpolitik und für die Förderung des deutschen Buchexports« (RSK/Abteilung C Werner Schlegel), überliefert in BArch Potsdam R 2/4926 Bl. 5–35 (S. 1–16).

[43] Ebd., Bl. 31–35 (S. 14–16).

[44] Ebd., Bl. 19 (S. 8).

[45] »Protokoll der Präsidialratssitzung am Dienstag, den 16. Januar 1934«, hier S. 10–12, DLA Marbach/NL H. Grimm, Konv. Reichsschrifttumskammer, Mappe III. Bei P. Hövel, Die Wirtschaftsstelle des deutschen Buchhandels, Berlin 1935 bis 1945. Ein Augenzeugenbericht, in: Buchhandelsgeschichte 1984/1, B1-B16, hier B3, wird ein Schreiben Oldenbourgs an Vizepräsident Wismann vom Januar 1934 zitiert, in dem sich der Börsenvereins-Vorsteher erneut von den Plänen Schlegels distanzierte. Leider ist die von Hövel auf S. B16/Fn. 9 gemachte Angabe, er habe sämtliche in seinem Bericht erwähnten »dokumentarischen Unterlagen« an das Archiv

Vortrags auf der außerordentlichen Hauptversammlung des Börsenvereins am 28. 1. 1934 in Leipzig sah sich Kammer-Präsident Blunck, der bislang stets als Verfechter einer selbständigen Verwaltung der in seiner Kammer zusammengeschlossenen Berufsverbände aufgetreten war, daher schon zu Beschwichtigungen veranlaßt.[46] Dennoch wurde am 16. 3. 1934 in Berlin mit der Gründung einer »Genossenschaft Deutscher Verleger«, als deren erstes Ziel die »Selbsthilfe des deutschen Verlags auf dem Gebiete des Buchexports« angegeben wurde,[47] ein erster Schritt zur Realisierung des Schlegel-Plans vollzogen.

In den Vorstand der Genossenschaft trat neben Herrmann Degener und Heinrich Hirzel auch Kurt Vowinckel ein. Und es war dieser weitgehend unbekannte Berliner Verleger geopolitischer Schriften, der den Mitgliedern des Börsenvereins im Börsenblatt vom 12. 6. 1934 als Nachfolger des von der Schrifttumskammer fallengelassenen Friedrich Oldenbourg präsentiert wurde.[48] Der an den Ereignissen als Zeitzeuge beteiligte

des Börsenvereins abgegeben, unzutreffend. Die Dokumente befinden sich weder hier noch in dem von Hövel ausgewerteten Archiv des Springer Verlages in Heidelberg.

46 Der Text der Rede in Bbl. 101. Jg., Redaktioneller Teil, Nr. 61 vom 13. 3. 1934, S. 225–227, und Nr. 63 vom 15. 3. 1934, S. 233–235, hier S. 234–235: »Mit Recht fürchtet der Buchhandel nun in solchen Vermittlungsstellen eine Einengung seiner Bewegungsfreiheit, es sind Befürchtungen, die wir von der Schrifttumskammer teilen. Ich glaube aber, daß bald eine Form gefunden werden muß, die nicht nur die eingefrorenen Kredite des Buchhandels im Ausland auflockert, sondern auch in unseren Handelsverträgen der Buchausfuhr eine bevorrechtigte Stellung sichert«.

47 »Bekanntmachung« des Vorstands der neu gegründeten »Genossenschaft« im Bbl. 101. Jg., Redaktioneller Teil, Nr. 69 vom 22. 3. 1934, S. 261. Dazu ließ Börsenvereins-Vorsteher Friedrich Oldenbourg an gleicher Stelle verlautbaren: »Der Börsenverein der Deutschen Buchhändler, der an den Vorverhandlungen beteiligt war, hat sich bei der Gründung zunächst zurückgehalten, weil er gegen den Gründungsplan gewisse grundsätzliche Bedenken hegte. Nachdem nun aber die Bildung der Genossenschaft Tatsache geworden ist, gilt es, um der Einheit des Buchhandels willen [sic!], zwischen Börsenverein und Genossenschaft zu einem Einvernehmen und zu einer Zusammenarbeit zu kommen«.

48 Zu den Hintergründen der Absetzung Oldenbourgs durch die RSK, die im Börsenblatt Nr. 124 vom 31. 5. 1934 als selbständiger Entschluß des Börsenvereins-Vorstehers kaschiert wurde, s. die Briefe Bluncks und Wismanns an Oldenbourg vom 29. 5. 1934, die Schreiben Oldenbourgs an Blunck und an die Mitglieder des Aktionsausschusses vom 1. 6. 1934 sowie

Karl Baur hat in seinen – erstmals 1968 erschienenen – Memoiren behauptet, daß Vowinckel nur »vorgeschoben« gewesen sei, »dahinter« hätten Wilhelm Baur, Max Amann und das Propagandaministerium gestanden.[49] Vowinckel selbst hat dieser Auffassung 1971 widersprochen. Der Rücktritt Oldenbourgs sei ausschließlich auf Druck des Propagandaministeriums hin erfolgt, das Vowinckel zum »Reichskommissar für den deutschen Buchhandel« habe ernennen und den Börsenverein durch eine »Genossenschaft deutscher Buchhändler« habe ersetzen wollen.[50] Mit dem im Gegensatz zu Oldenbourg politisch sicherlich besser steuerbaren Vowinckel, der zu jenem Zeitpunkt allerdings noch kein Mitglied der NSDAP war,[51] sollte jedenfalls der Widerstand der deutschen Buchhändlerschaft gegenüber den Buchexportplänen der RSK gebrochen, der Börsenverein auf eine straffere nationalsozialistische Linie eingeschworen und der Weg für eine grundlegende Umstrukturierung der Buchhändlerorganisation frei gemacht werden.

Am 13. 7. 1934, also bereits vier Wochen nach der Einsetzung Vowinckels, wurde im Börsenblatt der Beschluß des Börsenvereins-Gesamtvorstands bekanntgegeben, einen »Bund Reichsdeutscher Buchhändler« mit Sitz in Leipzig zu gründen.[52] In dem beigefügten Entwurf einer Satzung wurde als Zweck dieses

das abschließende Schreiben Bluncks an Oldenbourg vom 9. 6. 1934, in: StA Leipzig/BV F 6884. In einem Dankschreiben vom Juni 1934 an seine bisherigen Mitarbeiter im Börsenvereins-Vorstand und an einzelne Mitglieder ging Oldenbourg mit einem ironischen Seitenhieb auf seine »Absetzung« durch die RSK ein: »Man gestatte mir [. . .], daß ich mit einer Drucksache – es handelt sich ja schließlich auch bei meinem ›Rücktritt‹ um eine Drucksache! – allen Freunden mit herzlichem Dank versichere, daß ich die überwältigende Stellungnahme der Hauptversammlung und die jetzt eingegangenen Abschiedsgrüße als einen Wert betrachte, der weit über mein Verdienst geht«. Ein Exemplar dieser »Drucksache« in DLA Marbach/NL A. Kippenberg.

49 K. Baur, »Wenn ich so zurückdenke. . .«, S. 188.

50 S. dazu die im Januar 1971 in der Zeitschrift »Buchhändler heute« veröffentlichte Stellungnahme von Kurt Vowinckel zu der Artikel-Serie von R. K. Unbescheid, Der Börsenverein und seine Vorsteher. Schule des Gemeinsinns, Teil VIII, in: Buchhändler heute, Dezember 1970, S. 1382–1385.

51 BDC/Masterfile/Vowinckel, K. Sein Eintritt in die NSDAP erfolgte erst zum 1. 5. 1937.

52 Bbl. 101. Jg., Redaktioneller Teil, Nr. 161 vom 13. 7. 1934, S. 625–626.

Vereins die »ständische Selbstverwaltung des reichsdeutschen Buchhandels in nationalsozialistischem Geist« bestimmt;[53] eine Formulierung, mit der die zunächst garantierte Autonomie gleich wieder im Hinblick auf den übergeordneten Staatszweck aufgehoben wurde. Ferner sollte der Bund »im Rahmen der Volksgemeinschaft zum Nutzen des Standes« arbeiten.[54] Während dem »Bund Reichsdeutscher Buchhändler« somit die Aufgaben der berufsständischen Erfassung und Verwaltung für den Bereich der RSK zugewiesen wurde, sollte der Börsenverein weiterhin die ökonomischen Interessen der deutschen Buchhändlerschaft – auch in ihren Beziehungen zum Ausland – vertreten. Um die »Gefahr des Auseinanderklaffens und des Gegeneinanderarbeitens«[55] der beiden Organisationen zu vermeiden, wurde für die Vorsteherposten eine Personalunion vorgesehen.

Die eindeutig nationalsozialistische Fundierung des neuen Buchhändler-Bundes kam nicht nur in der zitierten Zweckbestimmung des Vereins, sondern auch in der Festlegung zum Ausdruck, daß die Bekleidung von Ämtern an der Vereinsspitze und in den Verwaltungsgremien an den Nachweis der arischen Abstammung (unter Einschluß der Ehepartner) gebunden war.[56] Verantwortlich für diese neuen Bestimmungen dürfte im wesentlichen das »Beratergremium« Vowinckels gewesen sein, das Mitte Juni 1934 den bisherigen »Aktionsausschuß« ersetzt hatte. Ihm gehörten mit Wilhelm Baur, Horst Stobbe und Martin Wülfing linientreue Mitglieder der NSDAP an.[57] Zur Be-

53 »Entwurf einer Satzung des Bundes reichsdeutscher Buchhändler« ebd., S. 630–632, hier S. 630.

54 Ebd.

55 So die Formulierung des Gesamtvorstands in seiner »Bekanntmachung« im Bbl. vom 13. 7. 1934, S. 625.

56 § 13 des Satzungs-Entwurfs für den BRB, S. 632.

57 »Bekanntmachung« Vowinckels im Bbl. 101. Jg., Redaktioneller Teil, Nr. 139 vom 18. 6. 1934. W. Baur gehörte der NSDAP seit 1920 an, Martin Wülfing seit 1926 (BDC/Masterfile). Horst Stobbe war zwar erst am 1. 5. 1933 der NSDAP beigetreten, fungierte jedoch von Juli 1933 bis August 1935 »im Auftrag der Partei als Leiter des Verlages der DAF.«. S. dazu die BDC/Masterfile sowie den Lebenslauf Stobbes vom 14. 10. 1942 in BDC/RSK. Als Schwager Leys und als Arbeitgeber der späteren Ehefrau von Rudolf Heß verfügte Stobbe zudem über ausgezeichnete Kontakte zur NSDAP. S. den Hinweis auf diese personellen Verflechtungen in den Deutschland-Berichten der Sozialdemokratischen Partei Deutschlands (So-

schlußfassung über diese Maßnahmen zur Neuorganisation sollten die Börsenvereins-Mitglieder auf den 25. 8. 1934 zu einer außerordentlichen Hauptversammlung nach Goslar eingeladen werden.

In Goslar tagten dann jedoch – und zwar erst am 16.9. – lediglich der Gesamtvorstand des Börsenvereins zusammen mit den Vorsitzenden der buchhändlerischen Kreis- und Fachvereine. Zur Debatte standen dabei auch nicht die geplanten Organisationsveränderungen, sondern die wirtschaftliche Lage des Buchhandels, die »übereinstimmend« als »äußerst bedenklich« charakterisiert wurde.[58] »Die Aussichten für eine Umsatzsteigerung«, so war im Bericht des Börsenblatts vom 2. 10. 1934 über die Sitzung zu lesen, seien »leider nur gering, so daß es nur noch mit Hilfe *besonderer Maßnahmen der Regierung* möglich erscheint, dem Buchhandel über diese Krisenzeit hinwegzuhelfen«.[59] Weiter hieß es dann: »Von der Absendung einer Entschließung an die höchsten Regierungsstellen wurde abgesehen in der Hoffnung, daß es dem neuen Vorsteher des Börsenvereins gelingen wird, bei diesen Stellen Gehör für die Not des Buchhandels und die Erfüllung seiner Forderungen zu finden, damit der Buchhandel seine wichtigen kulturellen Aufgaben – nicht zuletzt auch zum Nutzen des Staates selbst – erfüllen kann«.[60]

Mit dem »neuen Vorsteher« war Wilhelm Baur gemeint, der am 21. 9., also fünf Tage nach der Goslarer Krisensitzung, in der Zweigstelle des Börsenvereins in Berlin vom Gesamtvorstand »zugewählt« wurde.[61] Die Vermutung liegt nahe, daß dieses überraschende Revirement zum einen auf den Druck Max Amanns, der als Chef des Eher Verlags sowohl über erhebliche wirtschaftliche Macht als auch über politischen Einfluß in der nationalsozialistischen Führung bis hinauf zu Hitler selbst ver-

pade), Erster Jahrgang 1934, hier: »Aus der Arbeitsfront« vom August/September 1934, S. 451.

[58] S. den erst im Bbl. 101. Jg., Redaktioneller Teil, Nr. 230 vom 2. 10. 1934, S. 857–858, abgedruckten Bericht über die »Buchhändler-Sitzung in Goslar«. Das Zitat S. 857.

[59] Ebd., S. 857. Hervorhebung von mir.

[60] Ebd., S. 857/58.

[61] So die »Bekanntmachung« des Gesamtvorstands im Bbl. 101. Jg., Redaktioneller Teil, Nr. 224 vom 25. 9. 1934, S. 833.

fügte,[62] zurückzuführen war. Zu gleichen Teilen dürfte aber auch die weiterhin aussichtslose Lage der deutschen Buchwirtschaft den Entscheidungsablauf in der Börsenvereins-Spitze maßgeblich bestimmt haben.

Die Absicht der Mitglieder des Börsenverein-Gesamtvorstands, mit dem Nationalsozialisten Wilhelm Baur[63] den Weg aus der ökonomischen Krise zu finden und dabei sogar die nicht unerheblichen Bedenken gegen diesen mächtigen Vertreter der Interessen des Zentralparteiverlags zurückzustellen,[64] geht deutlich aus dem Bericht zur Goslarer Tagung vom 16. 9. 1934 hervor. Die politische Dimension dieser »verspäteten Gleichschaltung« kann hingegen mit der Rede Wilhelm Baurs auf der Sitzung des Gesamtvorstands vom 21. 9. 1934 belegt werden. Darin machte der erst 29jährige Verlagsleiter deutlich, daß die im Jahre 1933 vom Börsenverein unternommenen Versuche zur Anpassung an die veränderten politischen Verhältnisse vom nationalsozialistischen Standpunkt aus als völlig unzureichend bewertet werden müßten.[65] Allerdings erklärte auch er sich zur Zusammenarbeit mit den »bewährte[n] alte[n] Mitarbeiter[n]« in der »vorbildliche[n] Zentrale des deutschen Buchhandels« bereit, »sofern Sie glauben, mich zu Ihrem Vorsteher erwählen zu können«.[66]

Auf die Bedenken wegen seines Alters reagierte Wilhelm Baur mit dem Hinweis auf seine verbandspolitische Tätigkeit an der Spitze des Bayerischen Buchhändler-Vereins seit Juni 1933 und auf seine langjährigen ökonomischen Erfahrungen in einem

[62] S. dazu Kapitel II, Abschnitt C 3.4. dieser Arbeit.

[63] Wilhelm Baur war bereits am 22. 11. 1920 als damals 15jähriger in die NSDAP eingetreten (Wiedereintritt nach dem Verbot der NSDAP am 21. 3. 1925), BDC/Masterfile/Baur, W.; er war seit jenem Zeitpunkt auch im Eher Verlag tätig.

[64] Die Initiative zur »Wahl« Wilhelm Baurs zum Börsenvereins-Vorsteher war vom Gesamtvorstand selbst ausgegangen, dessen Mitglieder Herbert Hoffmann und Ernst Reinhardt die Zustimmung der RSK zu dieser Entscheidung eingeholt hatten. S. das von Dr. Max Albert Heß, dem Geschäftsführer des Börsenvereins, verfaßte Protokoll zur Sitzung des Gesamtvorstands am 21. 9. 1934 in Berlin, in: Bbl. 101. Jg., Redaktioneller Teil, Nr. 224 vom 25. 9. 1934, S. 833–834, hier S. 833.

[65] »Ansprache des Herrn Wilhelm Baur an den Gesamtvorstand in der Sitzung vom 21. September 1934«, in: Bbl. 101. Jg., Redaktioneller Teil, Nr. 224 vom 25. 9. 1934, S. 835–837, hier S. 835.

[66] Ebd., S. 835/36.

»immerhin in Deutschland führenden Verlag«.[67] Auch die Bemerkung, daß der Eher Verlag »niemals beabsichtigt habe, eine Art Diktatur im Buchhandel zu errichten«,[68] sollte zur Besänftigung beitragen. Baur ließ den Gesamtvorstand aber auch wissen, »daß ich nicht um Ihre Stimme bitte, sondern daß der Posten [des Vorstehers] an sich von unserer Seite [gemeint ist der Eher Verlag] aus bereits wiederholt verlangt wurde«.[69] Um der wirtschaftlichen Sanierung willen waren *Paul Nitschmann, Hellmuth von Hase, Albert Diederich*, Theodor Fritsch, Martin Riegel, *Herbert Hoffmann* und *Ernst Reinhardt* bereit, diesem Verlangen nun endlich nachzugeben.[70]

Die am 11. 11. 1934 in Leipzig abgehaltene außerordentliche Hauptversammlung des Börsenvereins markiert den Schlußpunkt des Übergangs von der anfänglich betriebenen Selbstanpassung zur nationalsozialistischen »Gleichschaltung«. Die Ernennung Wilhelm Baurs zum Vorsteher, die im Börsenblatt vom 3. 11. bekanntgegebene Ausgliederung des Börsenvereins aus der RSK und die dafür vorgenommene Eingliederung des »Bundes Reichsdeutscher Buchhändler«,[71] die Satzung des neuen Bundes, in der bezeichnenderweise die ursprünglich vorgesehene Beschränkung der Amtszeit des Vorstehers und seiner Berater auf sechs Jahre fallengelassen und die Gaueinteilung der NSDAP für die Regionalgliederung übernommen wurde,[72] so-

[67] Ebd., S. 836. W. Baur war – auf maßgebliches Betreiben von Ernst Reinhardt – auf der außerordentlichen Hauptversammlung des Bayerischen Buchhändler-Vereins am 25. 6. 1933 zu dessen Vorsteher gewählt worden. S. dazu das im Namen des Vorstands des Bayerischen Buchhändlervereins unterzeichnete Schreiben Reinhardts an die Geschäftsstelle des Börsenvereins vom 22. 6. 1933, StA Leipzig/BV F 2309 (Zentralverlag der NSDAP, Franz Eher Nachf. GmbH).

[68] So Baur laut Protokoll zur Sitzung des Gesamtvorstands am 21. 9. 1934, S. 834.

[69] »Ansprache des Herrn Wilhelm Baur an den Gesamtvorstand«, S. 835.

[70] Die fünf von mir hervorgehobenen Verleger und Buchhändler waren bereits Mitglieder des Börsenverein-Gesamtvorstands unter Friedrich Oldenbourg gewesen und hatten auch das »Sofortprogramm für den Deutschen Buchhandel« vom 12. 4. 1933 mitunterzeichnet. Fritsch und Riegel waren nach der Auflösung des »Aktionsausschusses« Anfang Juni 1934 in den Gesamtvorstand »aufgestiegen«.

[71] Bbl. 101. Jg., Redaktioneller Teil, Nr. 257 vom 3. 11. 1934, S. 957.

[72] S. in der »Satzung des Bundes reichsdeutscher Buchhändler«, abgedruckt im Bbl. 101. Jg., Redaktioneller Teil, Nr. 257 vom 3. 11. 1934,

wie die Berufungen in die einzelnen Fachschaften und Fachgruppen[73] standen für die Mitglieder überhaupt nicht mehr zur Diskussion.

Immerhin fühlte sich der neue Börsenvereins- und Bundes-Vorsteher in seiner Ansprache vor der Hauptversammlung aber noch einmal dazu verpflichtet, die Sorge der deutschen Buchhändlerschaft zu zerstreuen, daß er »als Vertreter des nationalsozialistischen Parteiverlages nicht die Interessen des Gesamtbuchhandels verfolgen« könne.[74] Es bestünde nicht die Absicht, »einen Staatsverlag nach russischem Muster zu errichten«. Vielmehr wolle der Eher Verlag es sich »auch weiterhin angelegen sein lassen [...], als deutscher Verlag neben den übrigen Verlegern im Wettstreit mit der besten deutschen Literatur zu liegen«. Allerdings müsse er sich das Recht vorbehalten, »Parteiwerke allein herauszugeben. Dieses Recht wird ihm auch niemand streitig machen können«.

3. Die »Gleichschaltung« beim »Verband Deutscher Volksbibliothekare« und beim »Verein Deutscher Bibliothekare«

Im März 1931 trat der »Verband Deutscher Volksbibliothekare« (VDV) mit einem Hilferuf für die deutschen Büchereien an die Öffentlichkeit.[1] Darin klagte der 1922 in Kassel gegründete Berufsverband über die drastischen Mittelkürzungen, mit denen die Länder und Gemeinden auf die Folgen der Weltwirt-

S. 959–960, die §§ 5 (Gliederung des Bundes) und 13 (Amtsführung und Amtsdauer).

73 S. dazu die »Bekanntmachungen« Wilhelm Baurs im Bbl. 101. Jg., Redaktioneller Teil, Nr. 269 vom 17. 11. 1934, S. 1005–1006, und Nr. 288 vom 11. 12. 1934, S. 1077–1079.

74 »Protokoll über die Verhandlungen der außerordentlichen Hauptversammlung des Börsenvereins der Deutschen Buchhändler zu Leipzig« am 11. 11. 1934, in: Bbl. 101. Jg., Redaktioneller Teil, Nr. 265 vom 13. 11. 1934, S. 989–993, hier S. 990. Die folgenden Zitate ebd.

1 »Hilfe für die deutschen Büchereien. Ein Aufruf des Verbandes Deutscher Volksbibliothekare e.V. – März 1931«. Ein Exemplar des Aufrufs findet sich im HStA Weimar Thüring. Min. f. Volksbildung / C 698, Bl. 14ff. Die folgenden Zitate ebd.

schaftskrise reagierten. Stagnation oder Rückschritt drohe hierdurch nicht nur einer jahrzehntelangen Aufbauarbeit der Bibliotheksbestände. Auch die vielfältigen und im Zuge der Massenarbeitslosigkeit besonders wichtigen Nutzungsmöglichkeiten der Bibliotheken stünden durch die Finanzkrise zur Disposition. Um eine drohende »geistige und seelische Verkümmerung« zu verhindern, forderte der VDV den Erhalt der Büchereien als »Bildungseinrichtung« samt ihres »volkspädagogisch geschulten Personals«. Unvermeidliche Einsparungen sollten – damit sie nicht den »Lebensnerv« der Büchereien treffen – nur noch »in engster Fühlungnahme« mit den Bibliotheksfachleuten vorgenommen werden.

Der »Aufruf« weist auf die materielle Misere hin, in der sich das öffentliche Büchereiwesen am Ende der Weimarer Republik befand. Sie ist jedoch nur der eine Aspekt eines Empfindens der Verunsicherung, das sich unter den deutschen Bibliothekaren breitgemacht hatte. Über die Auswahl der »volkspädagogisch« relevanten Literatur, über die Ausleihmodalitäten und eine Reihe anderer praktischer Fragen des öffentlichen Büchereiwesens wurde schon seit 1914 ein heftiger Streit zwischen dem Leiter der Leipziger Bücherhallen, Walter Hofmann, und dem Direktor der Stadtbücherei Stettin, Erwin Ackerknecht, geführt.[2]

Während Hofmann in Leipzig eine »Deutsche Zentralstelle für volkstümliches Büchereiwesen«, ein »Institut für Leser- und Schrifttumskunde«,[3] eine »Fachschule für Bibliothekstechnik und -verwaltung« sowie ein »Einkaufshaus für Volksbücherei-

[2] S. dazu die knappe Zusammenfassung mit weiterführender Literatur bei J. Sywottek, Die Gleichschaltung der deutschen Volksbüchereien 1933 bis 1937, in: AGB XXIV (1983), Sp. 385–536, hier Sp. 391–394, A. Kettel, Volksbibliothekare und Nationalsozialismus. Zum Verhalten führender Berufsvertreter während der nationalsozialistischen Machtübernahme, Köln 1981, S. 15–23; sowie Boese, Das Öffentliche Bibliothekswesen im Dritten Reich, S. 9–12.

[3] Dazu der zur Jahresversammlung am 15. und 16. 1. 1931 vorgelegte Bericht an die Mitglieder der Deutschen Zentralstelle für volkstümliches Büchereiwesen (DZ), HStA Weimar Thüring. Min. f. Volksbildung / C 696 Bl. 163–168. Das »Institut für Leser- und Schrifttumskunde« war 1926 als Zusammenfassung der bisherigen Forschungs- und Vorbereitungsabteilungen der DZ entstanden. 1931 wurden dann beide Bereiche rechtlich völlig voneinander getrennt. Walter Hofmann blieb nach seinem Rücktritt als Vorsitzender der DZ im Jahre 1926 noch bis 1937 Leiter des »Instituts für Leser- und Schrifttumskunde«. Vgl. E. Boese, Walter Hofmanns Institut

en« aufbaute und die »Hefte für Büchereiwesen« herausgab, fand die »Stettiner Richtung« in Berlin Unterstützung durch die »Zentralstelle für Volksbüchereien«. Sie war eine Gründung des dem preußischen Kultusministerium unterstehenden »Zentralinstituts für Erziehung und Unterricht« und benutzte die unter der Schriftleitung von Erwin Ackerknecht und Wilhelm Schuster erscheinende Zeitschrift »Bücherei und Bildungspflege« als Publikationsorgan.[4] Im Kontext der Finanzkrise wurde die seit langem artikulierte Forderung nach einer Vereinheitlichung des durch den Richtungsstreit gespaltenen Berufsverbands der Volksbibliothekare besonders akut.

Eine verstärkte Zentralisierung der Macht schien einigen Volksbibliothekaren aber auch der Schlüssel zur Lösung der allgemeinen politischen Krise. Für Johannes Beer, den Direktor der Städtischen Volksbüchereien in Frankfurt am Main, war »mit ziemlicher Deutlichkeit zu sehen, daß die augenblickliche[n] Staatsform, wie sie kodifiziert ist, nicht von einer Mehrheit, ja nicht einmal von einer wesentlichen Minderheit des Volkes wirklich getragen wird«.[5] In einem »Autorität und Volksbildung« überschriebenen Rückblick auf die republikanische Volksbildungsarbeit, der zu Beginn des Jahres 1933 in der Fachzeitschrift »Bücherei und Bildungspflege« erschien, forderte Beer unverhohlen: »Wir müssen den Staat wollen, der echte Autorität hat, wir müssen als Volksbildner dieses oberste Ziel klar herausstellen, dann haben wir *das* Bildungsziel«.[6] Die bisherige »freie« Volksbildungsarbeit müsse durch eine »gebunde-

für Leser- und Schrifttumskunde 1926–1937, in: Bibliothek 5 (1981), S. 3–23.

[4] Sywottek, Gleichschaltung der deutschen Volksbüchereien, Sp. 394.

[5] J. Beer, Autorität und Volksbildung, in: Bücherei und Bildungspflege 13 (1933), S. 19–27, hier S. 20. Der Aufsatz basierte auf einem Vortrag, den Beer in der zweiten Jahreshälfte 1932 vor einem »größeren und verschiedenartig zusammengesetzten Kreise von Volksbibliothekaren« zum Thema »Ausleihpädagogik« gehalten hatte. S. die Vorbemerkung ebd., S. 19. Der Aufsatz ist gekürzt wiedergegeben bei F. Andrae (Hg.), Volksbücherei und Nationalsozialismus. Materialien zur Theorie und Politik des öffentlichen Büchereiwesens in Deutschland 1933–1945, Wiesbaden 1970, S. 45–52. Daß Beers Auffassungen keineswegs vereinzelt waren, belegen die Ausführungen bei Boese, Das Öffentliche Bibliothekswesen im Dritten Reich, S. 67–70.

[6] Beer, Autorität und Volksbildung, Bücherei und Bildungspflege 13 (1933), S. 25.

ne« ersetzt werden, deren Aufgabe es sei, »[...] diesen autoritären Staat, da wir ihn noch nicht haben, mit zu verwirklichen«.[7]

Die Vorschläge Beers wurden im April 1933 zur offiziellen Verbandslinie gemacht. In einer von den nationalsozialistischen Bibliothekaren Wilhelm Schuster und Wolfgang Herrmann unterzeichneten »Erklärung« sagte sich der Verband Deutscher Volksbibliothekare von den »Theorien [!] von der Eigengesetzlichkeit (Autonomie) der Pädagogik und von der positiven Neutralität, die bisher der öffentlichen Bücherei Schutz gegen die Übergriffe der im Reiche und in den Ländern, von Provinz zu Provinz und von Stadt zu Stadt wechselnden Parteiherrschaften boten«, los.[8] Pflicht sei nun, »[...] einen Kernbestand des aus den tiefsten Quellen deutschen Blutes und Geistes Erwachsenen herauszuheben und von da aus zur Volksgemeinschaft im neuen deutschen Staate durchzustoßen«.[9] Während die »Säuberung« der Bibliotheksbestände vom VDV als eine zu vernachlässigende Größe angesehen wurde, da »die deutschen Volksbüchereien immer schon einen Kampf gegen Literatentum und Asphaltliteratur für das echtbürtige Schrifttum führten«, sei das eigentliche Problem der Zukunft die »Zentrierung auf die neuen Aufgaben und das neue Bildungsziel«. Dieses wurde für alle Volksbibliothekare deutlich benannt: »Echter Dienst am Staat und an der Nation«.[10]

Obwohl damit die Bereitwilligkeit zur Anpassung an die veränderten politischen Verhältnisse bereits frühzeitig demonstriert war, tat sich der VDV in der Folge doch schwer mit der Selbstfindung im institutionellen Gefüge des »neuen Staates«. Vom VDV wurde zunächst eine verstärkte Kooperation mit dem Kampfbund für deutsche Kultur angestrebt.[11] Sinn machte dies zum einen deshalb, weil die Rosenbergsche Kulturkampftruppe zu jenem Zeitpunkt enge Beziehungen sowohl zum

[7] Ebd., S. 21.

[8] »Erklärung und Aufruf des Verbandes Deutscher Volksbibliothekare«, in: Bücherei und Bildungspflege 13 (1933), S. 97–98, hier S. 97. Der »Aufruf« ist wiedergegeben bei Andrae (Hg.), Volksbücherei und Nationalsozialismus, S. 52–54, hier S. 52.

[9] Bücherei und Bildungspflege 13 (1933), S. 97. Die folgenden Zitate ebd.

[10] Ebd., S. 98.

[11] Zum Umbau des deutschen Volksbüchereiwesens, in: Bücherei und Bildungspflege 13 (1933), S. 169–170, hier S. 169. Der neue VDV-Vorstand hatte beim KfdK den Antrag auf einen korporativen Anschluß gestellt und seinen Mitgliedern den persönlichen Beitritt zum KfdK nahegelegt.

preußischen Kultusministerium wie auch zum thüringischen Volksbildungsministerium unterhielt, denen im Prozeß der »Gleichschaltung« des Volksbüchereiwesens Schlüsselrollen zufallen sollten.[12] Zum anderen saß mit Dr. Max Wieser, dem Direktor der Stadtbücherei Berlin-Spandau, ein Kampfbund-Mitglied in einem »Ausschuß«, den der Oberbürgermeister Berlins im April 1933 zur »Neuordnung« sämtlicher Berliner Stadt- und Volksbüchereien eingesetzt hatte.[13] Dem Ausschuß, über dessen Aktivitäten noch genauer zu berichten sein wird, gehörten mit dem bereits erwähnten Wolfgang Herrmann und Hans Engelhardt zwei weitere Mitglieder der NSDAP an.[14]

Ohne die Verbindungen zum Kampfbund abbrechen zu lassen, wurde im Sommer 1933 vom geschäftsführenden Vorstand über eine Eingliederung des VDV in die Deutsche Arbeitsfront verhandelt.[15] Eine Umstrukturierung, die nicht nur dem Streben der Verbandsspitze nach einer einheitlichen Zusammenfassung des Berufsstandes entsprochen hätte,[16] sondern auch den in der DAF entwickelten Plänen eines sämtliche Berufssparten umfassenden zentralen Angestelltenverbandes entgegengekommen wäre.

Zur gleichen Zeit wurden im Reichsministerium für Volksaufklärung und Propaganda die ersten Überlegungen zu einer Vereinnahmung und Instrumentalisierung des Büchereiwesens angestellt. In einer umfangreichen Denkschrift des RDS-Refe-

[12] Mit Schreiben vom 20. 5. 1933 teilte die dem thüringischen Volksbildungsministerium unterstehende »Landesberatungsstelle für das volkstümliche Büchereiwesen« der Gauleitung des KfdK in Erfurt mit, daß die Büchereileiter Thüringens die Anweisung erhalten sollten, »die Bestrebungen des ›Kampfbundes‹ in jeder Weise zu fördern«. Praktiziert werden sollte dies »durch die Mitarbeit in den Ortsgruppen wie vor allem dadurch, daß die Büchereien selber als Einzeichnungsstellen für den ›Kampfbund‹ arbeiten und daß die Leser für ihn gewonnen werden«. HStA Weimar Thüring. Min. f. Volksbildung/C 698 Bl. 112.

[13] Mitteilung »Säuberung der Berliner Stadtbibliothek« im Kampfbund-Organ »Deutsche Kultur-Wacht«, Jg. 1933/H. 9, S. 15.

[14] Ebd.

[15] Zum Umbau des deutschen Volksbüchereiwesens, S. 169.

[16] S. ebd. den Hinweis auf die Gefahr, daß »Beamte und Angestellte, Männer und Frauen, jeweils verschiedenen Organen des ständischen Aufbaus zugeteilt und so eine einheitliche berufsständische Vertretung in Zukunft unmöglich werden könnte, eine Gefahr, die für einen an Zahl geringen Stand besonders schwerwiegend ist«.

renten Karl Heinl vom Juni 1933 wurde in den regional weit verzweigten und von allen Volksschichten genutzten öffentlichen Büchereien ein »überaus wertvolles und geradezu ideales Beeinflussungs- und Umformungsmittel für die Denk- und Gesinnungsart des gesamten Volkes« erblickt.[17] Um die »Aufgaben des Reiches in Bezug [!] auf die geistige Verwurzelung der Revolution durchzuführen und zu vollenden«,[18] sei es allerdings erforderlich, den organisatorischen und inneren »Neubau« der Volksbüchereien über eine »Reichsstelle« laufen zu lassen.[19] Hingegen müßten sämtliche »privaten Bildungs- u. Fachberufsorganisationen [...] korporativ ausgeschaltet bleiben [,] auch wenn ihre bisherige Führung durch äußerlichen Übertritt zur NSDAP, die von ihr bisher meistens bekämpft wurde, sich ›gleichgeschaltet‹ glaubt«.[20] Heinl wollte ihnen nurmehr die Chance lassen, »[...] sich dem ständischen Aufbau des Reiches gemäß in eine Standesorganisation mit entsprechenden Fachschaften umzuwandeln unter endgültigem Verzicht auf ihre bisherige *autonome* Stellung, für die im neuen Reich *kein* Raum mehr sein kann«.[21]

Nachdem sich Ende September 1933 das vom Propagandaministerium entworfene Modell einer Vereinigung sämtlicher Kulturberufe im Rahmen der Reichskulturkammer durchgesetzt hatte,[22] liefen die Verhandlungen auf die von Heinl skizzierte Eingliederung des »privaten« Berufsverbands der Volksbibliothekare in die neu geschaffene Kammer des »öffentlichen Rechts« hinaus. Sie erfolgte offiziell mit der »Bekanntmachung über die Gliederung der Reichsschrifttumskammer«, die am

[17] »Denkschrift betreffend Neubau des deutschen öffentlichen Büchereiwesens im Rahmen des die Neugestaltung des gesamten deutschen Volks- und Kulturlebens umfassenden nationalpädagogischen Programms der Reichsregierung. Dem Reichsministerium für Volksaufklärung und Propaganda überreicht durch Dr. Karl Heinl«, BArch Potsdam R 56 V/137 Bl. 102–153, hier Bl. 109. Bei Fischer, Der Schutzverband deutscher Schriftsteller, Sp. 627, wird Heinl als einer der neuen Fachreferenten des RDS genannt, woraus sich auch seine – für Sywottek, Gleichschaltung der deutschen Volksbüchereien, Sp. 411–12, unverständliche – Verbindung zum Ministeriumsreferenten Wismann erklärt.

[18] »Denkschrift betreffend Neubau [...]«, Bl. 108.

[19] Ebd., Bl. 117.

[20] Ebd.

[21] Ebd. Hervorhebungen im Text.

[22] S. dazu Kapitel II, Abschnitt A 2.1. dieser Arbeit.

23. 12. 1933 im Börsenblatt für den Deutschen Buchhandel veröffentlicht wurde.[23] Die Mitgliedschaft im »Verband Deutscher Volksbibliothekare« wurde nun allen hauptberuflich Angestellten öffentlicher Büchereien ebenso wie allen nebenberuflichen Mitarbeitern und Berufsanwärtern zur Pflicht gemacht.[24]

Damit waren die Probleme der Neuorganisation des Volksbüchereiwesens allerdings noch keineswegs beendet. Denn im Preußischen Ministerium für Wissenschaft, Kunst und Volksbildung, das nach zähen Verhandlungen im Oktober 1933 seine Zustimmung zur Eingliederung des VDV in den vom Propagandaministerium gesteuerten ständischen Aufbau der Kulturberufe gegeben hatte,[25] stießen die weitreichenden Anordnungen der RSK nun plötzlich auf Gegenwehr. Dabei besann man sich auf die engen Kontakte, die in der Weimarer Republik vom preußischen Kultusministerium zum Volksbüchereiwesen aufgebaut worden waren. So war im Herbst 1929 mit Heinrich Becker ein leitender Mitarbeiter der »Deutschen Zentralstelle für volkstümliches Bibliothekswesen« und des »Instituts für Leser- und Schrifttumskunde« als Referent für das Volkshochschul- und Büchereiwesen in das Berliner Ministerium übernommen worden.[26] Als Folge des Papen-Schlages wurde der Sozialdemokrat Becker am 1. 12. 1932 in den

[23] Bbl. 100. Jg., Redaktioneller Teil, Nr. 298 vom 23. 12. 1933, S. 995–997, hier S. 995.

[24] Ebd., Pkt. V, S. 996.

[25] Kettel, Volksbibliothekare und Nationalsozialismus, S. 66–67. Die Angabe stützt sich auf ein Schreiben des Verbandsvorsitzenden Wilhelm Schuster an Karl Taupitz vom 21. 10. 1933 sowie auf ein Schreiben Schusters an Walter Hofmann vom 28. 10. 1933. Beide Schreiben befinden sich in dem von Kettel ausgewerteten »Walter-Hofmann-Archiv« bei der FH für Bibliothekswesen in Stuttgart. S. dazu auch den Bericht über die 7. Jahresversammlung des Verbandes Deutscher Volksbibliothekare in Hannover vom 17.–19. September 1933, in: Bücherei und Bildungspflege 13 (1933), S. 342–344. Dort kamen die Querelen zwischen dem RMVP und dem preußischen Kultusministerium indirekt zum Ausdruck, indem auf den Doppelcharakter der Büchereiarbeit als »Schrifttumsarbeit« auf der einen und »Volksbildungsarbeit« auf der anderen Seite hingewiesen wurde.

[26] S. die Autobiographie von H. Becker, Zwischen Wahn und Wahrheit, Berlin (Ost) 1972, S. 218–257. Zu den Ämtern Beckers bei der DZ s. auch Kettel, Volksbibliothekare und Nationalsozialismus, S. 18–20.

»einstweiligen Ruhestand« versetzt,[27] das von ihm geleitete Referat aufgelöst und dessen Kompetenzen auf die Schulabteilung übertragen.[28]

Die hierdurch verursachte Einflußschmälerung hatte Rust bereits am 12. 7. 1933 durch die Einsetzung eines »Beratenden Ausschusses für das volkstümliche Büchereiwesen« auszugleichen versucht.[29] Ihm gehörten neben einem Vertreter des preußischen Kultusministeriums die Bibliothekare Wilhelm Schuster, Fritz Heiligenstaedt und Wolfgang Herrmann sowie – seit Oktober 1933 – Albert Meyer-Lülmann vom Deutschen Gemeindetag und Gotthard Urban vom Kampfbund für deutsche Kultur an.[30] Am 28. 12. 1933 ging der Ausschuß zusammen mit dem »Sonderausschuß für Kataloge« durch einen Erlaß Rusts in der neu geschaffenen »Preußischen Landesstelle für volkstümliches Büchereiwesen« auf.[31] Diese sollte als eine dem Kultusministerium unmittelbar unterstellte »Aufsichtsstelle« die Tätigkeit sämtlicher »Beratungsstellen für das volkstümliche Büchereiwesen« im Lande Preußen koordinieren[32] und dabei insbesondere die Ausrichtung der Büchereien »im Geiste des nationalsozialistischen Staates« sicherstellen.[33] Eine Vereinheitlichung wurde auch bezüglich der Fachzeitschriften dekretiert. Mit dem lapidaren Hinweis, daß der Landesstelle die Zeitschrift »Die Bücherei« als »Veröffentlichungsorgan« dienen sollte,[34] wurde implizit die ohne größere Diskussionen vorgenommene Zusammenlegung der »Hefte für Büchereiwesen« mit der »Bücherei und Bildungspflege« mitgeteilt.

Obwohl damit die in Fachkreisen seit langem geforderte Zentralisierung und einheitliche Ausrichtung des Volksbüchereiwesens eingeleitet wurde, wird man den »Noch heute!« überschriebenen Erlaß Rusts vom 28. 12. 1933 vor allem als eine Reaktion auf den wenige Tage zuvor erfolgten Zugriff der RSK

[27] Becker, Zwischen Wahn und Wahrheit, S. 256.

[28] Kettel, Volksbibliothekare und Nationalsozialismus, S. 27.

[29] Hinweis auf den Erlaß Rusts in: Bücherei und Bildungspflege 13 (1933), S. 170.

[30] Sywottek, Gleichschaltung der deutschen Volksbüchereien, Sp. 410–411.

[31] Der Erlaß ist abgedruckt in: Die Bücherei 1 (1934), 11–13, hier S. 11.

[32] Ebd.

[33] Ebd., S. 12.

[34] Ebd., S. 11.

auf das Volksbüchereiwesen interpretieren müssen.[35] Denn während das Personal der Volksbüchereien in die von Goebbels kontrollierte berufsständische Vertretung integriert wurde, sicherte sich Rust – zunächst für Preußen – die fachliche Zuständigkeit. Daß diese aus dem internen Machtkampf resultierende Regelung zu Schizophrenien führte und das vom Nationalsozialismus geforderte »Führerprinzip« ad absurdum führte, wird am Beispiel Wilhelm Schusters deutlich. Dieser war nun als erster Vorsitzender des Verbandes Deutscher Volksbibliothekare dem Präsidenten der Reichsschrifttumskammer gegenüber verpflichtet, als Leiter der »Preußischen Landesstelle für volkstümliches Büchereiwesen« und als Schriftleiter der »Bücherei« unterstand er hingegen dem preußischen Kultusministerium.[36]

Durch das verstärkte Engagement des preußischen Kultusministeriums war ein Kompetenzstreit mit dem Propagandaministerium vorprogrammiert. Er brach aus, als im Mai 1934 mit der Gründung des Reichserziehungsministeriums unter Bernhard Rust der Anspruch des Goebbelsschen Ministeriums auf eine reichseinheitliche Führung der Kulturpolitik beschnitten wurde. Im Kontext der für Mitte Juni 1934 geplanten »Verhandlungen beim Führer betreffend Überführung aller Kunstangelegenheiten von den Ländern auf das Reich«[37] verdeutlichte das Propagandaministerium noch einmal die Notwendigkeit einer vollständigen Übernahme des Volksbüchereiwesens in seinen Kompetenzbereich.

Die zum »Menschenformungsmittel«[38] Schrifttum gehörigen

[35] Zum Abschluß seines Erlasses hatte Rust bestimmt, daß »Einmischungen nichtzuständiger Stellen in das Gebiet des volkstümlichen Büchereiwesens [...] sofort der zuständigen Dienststelle der Landesverwaltung und über die Beratungsstellen der Preußischen Landesstelle zu melden« seien. Damit dürften wohl nicht nur untergeordnete Parteidienststellen, sondern vor allem das Propagandaministerium bzw. die RSK angesprochen worden sein. In diesem Sinne urteilt auch Boese, Das Öffentliche Bibliothekswesen im Dritten Reich, S. 51–56.

[36] Dazu W. Schuster, Die Neuordnung des Preußischen Büchereiwesens, in: Die Bücherei 1 (1933), S. 9–17.

[37] »Vermerk« der Rechtsabteilung des Propagandaministeriums vom 9. 6. 1934, BArch Potsdam R 56 V/166 Bl. 1–7, hier Bl. 1.

[38] So K. Heinl in seiner Denkschrift »Für die zuständige Eingliederung des Volksbüchereiwesens [...]«, Anlage C zum Aktenvermerk der Rechtsabteilung vom 9. 6. 1934, BArch Potsdam R 56 V/166 Bl. 11–15/Rs., hier Bl. 12/Rs.

öffentlichen Büchereien hätten nämlich, wie Karl Heinl, der neue Referent für Büchereiwesen und Vorsitzende des Büchereiausschusses bei der RSK,[39] Anfang Juni 1934 in einer Denkschrift argumentierte, »in ihrem Wesen nichts mehr mit der Schulerziehung, der Schulpädagogik oder Volksbildung im alten Sinne zu tun«.[40] Sie seien vielmehr »völlig in sich abgeschlossene, selbständige Faktoren der großen Durchdringungsarbeit des Volkes mit nationalsozialistischem Geiste«.[41] Da die Schrifttumspflege und -förderung bereits im Propagandaministerium »einheitlich zusammengefaßt« sei, fehle jetzt »nur noch die Eingliederung des Volksbüchereiwesens zur Abrundung des Ganzen zu einer nur dem Staate dienenden Lebensformungsinstitution«.[42] Das Reichserziehungsministerium hätte dagegen nur deshalb besonderes Interesse am Bibliothekswesen, da hier »die vielen überschüssigen Lehrer und Studienassessoren, die der Schulbetrieb nicht mehr aufnehmen kann«, untergebracht werden könnten.[43]

Doch weder die wohlklingenden Sentenzen Heinls noch das Pochen auf die Bestimmungen des Reichskulturkammergesetzes scheinen das Rustsche Ministerium beeindruckt zu haben.[44] Während die bibliothekarischen Angestellten der Volksbüchereien weiterhin von der RSK »berufsständisch betreut« wurden und der VDV am 1. 10. 1934 seine Finanzhoheit an die Kammer abtrat,[45] gab das Reichserziehungsministerium die Richtlinien für den organisatorischen Ausbau des Volksbüchereiwesens und für die inhaltliche Arbeit vor Ort aus. Die von den Bibliothekarsverbänden erhoffte und von den nationalsozialistischen Kulturfunktionären betriebene Vereinheitlichung des öffentlichen Bü-

[39] Zur Bildung des »Büchereiausschusses« s. die »Bekanntmachung« des RSK-Präsidenten vom 14. 3. 1934, in: Bbl. 101 Jg., Redaktioneller Teil, Nr. 65 vom 17. 3. 1934, S. 242.

[40] Heinl, »Für die zuständige Eingliederung des Volksbüchereiwesens [...]«, Bl. 12/Rs.

[41] Ebd.

[42] Ebd., Bl. 13.

[43] Ebd., Bl. 15/Rs.

[44] S. die von Wismann als Leiter der Schrifttumsabteilung des Propagandaministeriums am 6. 3. 1935 verfaßte »Stellungnahme zur Frage des Büchereiwesens im Anschluß an die Besprechung mit den Vertretern des Unterrichtsministeriums«, BArch Potsdam R 56 V/166 Bl. 17–19.

[45] Mitteilung des VDV-Vorsitzenden Schuster, in: Die Bücherei 1 (1934), S. 584.

chereiwesens blieb damit ambivalent. Um so mehr, als mit dem Zugriff des Reiches auf das Bibliothekswesen nicht nur die bisherige Selbstverwaltung der Bibliotheken – insbesondere im Hinblick auf die Anschaffungspolitik – aufgehoben wurde, sondern auch die Ambitionen des Deutschen Gemeindetages auf ein stärkeres Mitspracherecht bei der Gestaltung des kommunalen Bibliothekswesens eingedämmt wurden.[46]

Für den Verein Deutscher Bibliothekare (VDB) stellte die nationalsozialistische Machtübernahme kaum einen nennenswerten Einschnitt dar. Die Verbandsleitung habe, so ließ der Vorsitzende Adolf Hilsenbeck die Teilnehmer der 29. Vereins-Versammlung am 8. 6. 1933 in Darmstadt wissen, bereits seit 1920 »gegenüber dem Unwesen der Parteien die berufsständische Gliederung als die bessere Grundlage für Politik und Leben vertreten«.[47] Daher sei keine »Umstellung, sondern nur ein Einreihen in die neue Arbeitsfront nötig gewesen«.[48] Die vom Reichsinnenminister in einem Rundschreiben vom 27. 4. 1933 geforderte »Gleichschaltung«[49] beschränkte sich denn auch darauf, daß Friedrich Smend, Bibliotheksrat an der Preußischen Staatsbibliothek und seit dem 6. 5. 1933 Obmann der neu gegründeten »Vereinigung Nationalsozialistischer Bibliothekare«, zum Stellvertreter des wiedergewählten Vereins-Vorsitzenden avancierte.[50] Neben Hilsenbeck wurden auch der bisherige Schriftführer und der Schatzmeister in ihren Ämtern bestätigt. Im elfköpfigen Gesamtausschuß besaßen nun aber immerhin sechs Mitglieder das Parteibuch der NSDAP.[51]

Einer von ihnen, Joachim Kirchner, der Direktor der Rothschildschen Bibliothek in Frankfurt am Main,[52] schwor die in

[46] Auf diesen wichtigen Aspekt geht Sywottek, Gleichschaltung der deutschen Volksbüchereien, Sp. 415–422, näher ein.

[47] So die Wiedergabe der Ausführungen Hilsenbecks im Bericht von G. Leyh, 29. Versammlung des Vereins Deutscher Bibliothekare in Darmstadt am 8. und 9. Juni 1933, in: ZfB 50 (1933), S. 500–504, hier S. 500.

[48] Ebd.

[49] Auf das Schreiben wird im Bericht über die Mitgliederversammlung des VDB in Darmstadt am 8. 6. 1933, ebd., S. 505 ff., hier S. 506, verwiesen.

[50] Ebd.

[51] Angabe ebd., S. 507.

[52] BDC/Partei-Kanzlei-Correspondence/Kirchner, J. (1890–1978): Bibliothekar an der Preußischen Staatsbibliothek; seit 1928 Leiter der Rothschildschen Bibliothek (ab 1933: Städtische Bibliothek für Neuere Sprachen und Musik); 1941–1945 Direktor der Universitätsbibliothek München;

Darmstadt versammelten Bibliothekare auf ihre neuen Aufgaben im nationalsozialistischen Staat ein. Der im Braunhemd angetretene Bibliothekar[53] lobte zunächst die »Bücherverbrennungen marxistischer, kommunistischer und jüdischer Autoren, die wir als unserem deutschen Volksempfinden zuwiderlaufend und als zersetzend empfinden«.[54] Gleichzeitig machte er aber auch deutlich, daß die wissenschaftlichen Bibliotheken nun »aktivistisch die kulturpolitischen Ziele der Hitlerbewegung vorwärts zu treiben« hätten.[55] Daher sollten »wissenschaftliche und allgemein belehrende Schriften, die die politischen Ziele der Bewegung und ihrer Führer, die nationalpolitische Erziehung der Jugend, die deutschen Kulturwerte der Vergangenheit, deutsche Geschichte, deutsches Recht, die Beantwortung philosophischer und religiöser Fragen in deutschem Geiste, die Heimat- und Volkskunde, die Rassen- und Ahnenforschung, Rassenhygiene u.a.m. zum Gegenstande haben, [...] nicht nur in einem, sondern möglichst in mehreren Exemplaren den Lesern zur Verfügung gestellt werden [...]«.[56] Ebenso wie die Bibliotheksbenutzer sollten nach den Vorstellungen Kirchners auch die Beamten und die Anwärter des höheren und mittleren Bibliotheksdienstes vom »nationalen Gedanken völlig durchdrungen werden«.[57]

Im gleichen Tenor definierte Friedrich Prinzhorn, der Direktor der Bibliothek der Technischen Hochschule Danzigs, am 25. 5. 1934 auf der 30. Versammlung des VDB die »Aufgaben der Bibliotheken im nationalsozialistischen Deutschland«.[58] Die deutschen Bibliothekare stünden als »Vermittler der Geistesgüter, als Erzieher und als Diener im Reich der Wissen-

Kirchner unterstützte neben seiner Bibliotheksarbeit aktiv den KfdK, war Schrifttumssachverständiger des Polizeipräsidiums Frankfurt/Main und in späteren Jahren »Gauschrifttumsbeauftragter« der Rosenbergschen Schrifttumsstelle. S. auch die Angaben bei Happel, Das wissenschaftliche Bibliothekswesen im Nationalsozialismus, S. 47–49.

[53] Hinweis im Bericht Leyhs über die 29. Versammlung des VDB vom 8. und 9. 6. 1933, S. 501.

[54] J. Kirchner, Das Schrifttum und die wissenschaftlichen Bibliotheken im nationalsozialistischen Deutschland, Leipzig 1933, S. 3.

[55] Ebd., S. 14.

[56] Ebd., S. 9.

[57] Ebd., S. 13.

[58] F. Prinzhorn, Die Aufgaben der Bibliotheken im nationalsozialistischen Deutschland, Leipzig 1934.

schaft [...] mitten in der Arbeitsfront des ganzen deutschen Volkes, das um seine Erhaltung und um seine Stärkung ringt [...]«.[59] Wie jeder deutsche »Volksgenosse« seien auch sie »von ganzem Herzen Adolf Hitler, dem Führer, dem Erretter aus tiefster Volkesnot, dem Kämpfer und glühenden Idealisten für ein einiges deutsches Volk, ergeben, und geloben ihm unwandelbare Treue und Hingabe als Mitstreiter für ein gesundes, kraftvolles Deutschland«.[60]

Solche schneidigen Worte dürfen jedoch nicht darüber hinwegtäuschen, daß sich unter der Oberfläche im Grunde recht wenig an der personellen Zusammensetzung und Struktur des VDB verändert hatte. Der Fachverband der wissenschaftlichen Bibliothekare war zwar Ende Dezember 1933 in die RSK eingegliedert und der Vereins-Vorsitzende in den Verwaltungsrat der Kammer berufen worden.[61] Doch im Widerspruch dazu hatte das Preußische Kultusministerium bereits am 5. 1. 1934 festgelegt, daß Beamte »bis auf weiteres« keine Mitglieder der RSK werden sollten.[62] Den daraufhin einsetzenden Kompetenzstreit um das wissenschaftliche Bibliothekswesen konnte Rust nach seiner Ernennung zum Reichserziehungsminister für sich entscheiden. Am 22. 5. 1935 teilte das Ministerium dem VDB mit, daß »für den Verein wie für seine Mitglieder im Hinblick auf § 1 des Reichskulturkammergesetzes eine Zugehörigkeit zu einer der in der Reichskulturkammer vereinigten Kammern (z. B. der Reichsschrifttumskammer) nicht in Betracht« käme.[63] Der VDB wurde daraufhin am 6. 6. 1935 wieder aus der Kammer ausgegliedert[64] und konnte fortan seine Tätigkeit als selbständiger »wissenschaftlicher Fachverein« mit freiwilliger Mitgliedschaft fortsetzen.[65]

59 Ebd., S. 25.

60 Ebd.

61 Bericht über die Mitglieder-Versammlung des Vereins Deutscher Bibliothekare in Danzig am 24. Mai 1934, in: ZfB 51 (1934), S. 460ff., hier S. 461.

62 Hinweis ebd.

63 Das Schreiben wird zitiert nach dem Bericht über die Mitglieder-Versammlung des Vereins Deutscher Bibliothekare in Tübingen am 14. 6. 1935, in: ZfB 52 (1935), S. 553–55, hier S. 554.

64 Ebd.

65 Die Vereins-Satzung wurde erst am 19. 10. 1935 auf einer außerordentlichen Mitgliederversammlung in Berlin nach dem »Führerprinzip« umgestaltet. S. den Bericht über die Mitglieder-Versammlung des VDB am 6. 6.

4. Erste Maßnahmen zur »Säuberung« des Buchhandels und des öffentlichen Büchereiwesens von »unerwünschter« Literatur

4.1. Die »Aktion wider den undeutschen Geist« mit den Bücherverbrennungen vom 10. Mai 1933

Am 6. 4. 1933 wurden die Einzelstudentenschaften der deutschen Universitäten durch ein »Rundschreiben Nr. 1« über die Gründung eines »Hauptamtes für Presse und Propaganda bei der Deutschen Studentenschaft« informiert.[1] Dessen Aufgabe sei es, »den Einsatz der Studentenschaften im Rahmen der Erneuerungsbewegung wirksamer zu gestalten und auf dem Wege der Erneuerungsbewegung der Aufgabe der Studentenschaft entsprechend Wegweiser zu sein«.[2] Um das neue Propagandaamt auch gleich in der Öffentlichkeit bekanntzumachen, wurde für die Zeit vom 12. 4. bis 10. 5. 1933 eine »Gesamtaktion« angekündigt, über deren Inhalt »im Augenblick« jedoch

1936 in Dresden, in: ZfB 53 (1936), S. 592ff., hier S. 593. Der erste Wechsel an der Vereins-Spitze war persönlich motiviert und vollzog sich im Kreise der Fachkollegen: im Juni 1935 löste der Direktor der Universitätsbibliothek Tübingen, Georg Leyh, den langjährigen Vorsitzenden Hilsenbeck ab. S. ebd. 52 (1935), S. 555. Aufgrund politischer Querelen mußte Leyh im Mai 1937 sein Amt abgeben. Seine Nachfolge trat Gustav Abb, Direktor der Universitätsbibliothek Berlin und dezidierter Nationalsozialist, an. Ebd. 54 (1937), S. 535. Zu Abb und Leyh s. die Angaben bei Happel, Das wissenschaftliche Bibliothekswesen im Nationalsozialismus, S. 50–51 bzw. S. 60–62.

[1] Schreiben des »Hauptamtes für Presse und Propaganda der Deutschen Studentenschaft« in Berlin an die Einzelstudentenschaften vom 6. 4. 1933, StA Würzburg RSF/I*21 C 14/2. Das Archiv der 1919 in Würzburg gegründeten »Deutschen Studentenschaft«, das zunächst in der Universitätsbibliothek Würzburg aufbewahrt wurde, befindet sich seit Sommer 1986 als Bestand »Reichsstudentenführung« im Würzburger Staatsarchiv. Der Bestand ist z. Zt. jedoch noch weitgehend ungeordnet. Die von mir ausgewerteten Dokumente sind zum Teil – noch mit der alten Bestandsbezeichnung – kommentiert abgedruckt bei G. Sauder (Hg.), Die Bücherverbrennung. Zum 10. Mai 1933, München 1983.

[2] Schreiben des »Hauptamtes für Presse und Propaganda der Deutschen Studentenschaft« an die Einzelstudentenschaften vom 6. 4. 1933, StA Würzburg RSF/I*21 C 14/2.

»aus technisch-organisatorischen Gründen« noch nichts Näheres mitgeteilt wurde.[3]

Bereits zwei Tage später, also am 8. 4. 1933, erfuhren die Studentenschaften durch ein zweites Rundschreiben, daß es bei der »Aktion« um die »öffentliche Verbrennung jüdischen zersetzenden Schrifttums durch die Studentenschaften der Hochschulen aus Anlaß der schamlosen Hetze des Weltjudentums gegen Deutschland« gehen sollte.[4] Während »jeder Student« aus seiner eigenen Bibliothek und aus der seiner Bekannten die »jüdische Zersetzungsliteratur« aussondern sollte, wurde den Studentenschaften die »Befreiung« der öffentlichen Büchereien »von derartigem Material« übertragen. Die entstandenen Lükken sollten möglichst durch »volksbewußtes« und die »deutsche Erneuerung« bejahendes »Schrifttum« ersetzt werden. Für die Zeit vom 12. 4. bis 10. 5. war eine groß angelegte »Aufklärungsaktion« in der Bevölkerung über die Zielsetzung der Säuberungsmaßnahmen vorgesehen. Die »Sammlung von zersetzenden Schriften« und die »Reinigung von Bibliotheken usw.« sollten am 26. 4. beginnen. Als Schluß- und Höhepunkt der »Aktion wider den undeutschen Geist« sollte dann am 10. 5. 1933 »nur an den Hochschulorten« ein »Verbrennungsakt« stattfinden.[5]

In dem Rundschreiben vom 8. 4. 1933 hatte das Presse- und Propagandaamt der Deutschen Studentenschaft darum gebeten, die Informationen »bis zum Beginn der Aktion (12. 4.) streng vertraulich zu behandeln«.[6] Ob diese Diskretionspflicht auch gegenüber dem Nationalsozialistischen Deutschen Studentenbund (NSDStB) galt, ist nicht ganz klar. Jedenfalls setzte dessen Bundesleitung durch eine »Eil-Anordnung« vom 11. 4. 1933 seine »sämtliche[n] Dienststellen« über die von der Deutschen Studentenschaft geplanten »hocherfreuliche[n] Maßnahmen« in Kenntnis.[7] Gleich zu Beginn und ein weiteres Mal zum Abschluß des Schreibens machte der Nationalsozialistische Studentenbund deutlich, daß ihm bei der Aktion »selbstverständ-

[3] Ebd.

[4] »Rundschreiben P Nr. 2 betr. Erste Maßnahme des Propagandaamtes«, hier S. 1, StA Würzburg RSF/I*21 C 14/2. Die folgenden Zitate ebd.

[5] Ebd., S. 2.

[6] Ebd.

[7] »Eil-Anordnung« der NSDStB-Bundesleitung vom 11. 4. 1933, StA Würzburg RSF/I*21 C 14/1.

lich auf Grund seines langen Kampfes gegen das Judentum die Führung« zustünde.[8]

Hans-Wolfgang Strätz hat in diesem Zusammenhang die »Vermutung« geäußert, daß die Idee zur »Aktion wider den undeutschen Geist« aus der Rivalität zwischen der »Deutschen Studentenschaft« und dem »Nationalsozialistischen Deutschen Studentenbund« resultierte.[9] Der Dachverband der deutschen Studentenschaften habe sich nämlich nach der Machtübernahme der NSDAP in einem Legitimations- und Profilierungszwang gegenüber der nationalsozialistischen Studentenvereinigung befunden, die nach ihrer Gründung im Jahre 1926 bereits zu Beginn der dreißiger Jahre die Mehrheit in den meisten deutschen Studentenparlamenten erlangt hatte.[10]

Für diese These spricht einiges, auch wenn sie sich aufgrund der insgesamt dürftigen Aktenüberlieferungen kaum beweisen läßt. Strätz blieb in seiner Argumentation allerdings nicht konsequent. Denn der »Anstoß« zur Aktion war nach seiner Auffassung nicht von studentischer Seite selbst, sondern »wohl aus dem Reichsministerium für Volksaufklärung und Propaganda« gekommen.[11] Als Beleg kann Strätz auf die Anfang April 1933 geführten Gespräche von Mitarbeitern der Deutschen Studentenschaft im Propagandaministerium verweisen, die zu einer Bezuschussung der vom 12. 4. bis 10. 5. durchgeführten »Aufklärungsaktion« durch das Propagandaministerium führten.[12] Auch der Auftritt von Goebbels als Redner bei der Bücherver-

[8] Ebd., S. 3. Auf S. 1 wurde bereits betont: »*Sämtliche* Gruppen des NSDStB (die Kreispresse- und Propagandawarte haben besonders darauf zu achten) haben diese Aktion nicht nur zu unterstützen, sondern selbstverständlich die Führung hierbei zu übernehmen«.

[9] Strätz, Die geistige SA rückt ein, in: VfZG 16 (1968), hier S. 349.

[10] Hierzu im einzelnen A. Faust, Studenten und Nationalsozialismus in der Weimarer Republik. Der Nationalsozialistische Deutsche Studentenbund, 2 Bde., Düsseldorf 1973, Bd. 2, Kap. VI, S. 7–50.

[11] Strätz, Die geistige SA rückt ein, S. 348.

[12] S. das Schreiben der Deutschen Studentenschaft an den RMVP- Mitarbeiter Prof. Dr. Rothacker vom 10. 4. 1933, in dem auf eine Unterredung vom 9.4. Bezug genommen wird, StA Würzburg RSF/I*21 C 14/2; sowie ebd. das Schreiben der Deutschen Studentenschaft an das Ministerium für Volksaufklärung und Propaganda [o. D., Anfang Mai 1933], in dem genaue Angaben zur Verwendung der vom Propagandaministerium auf Antrag der DSt gewährten »einmalige[n] Unterstützung zwecks Durchführung des Aufklärungsfeldzuges« gemacht werden.

brennung auf dem Opernplatz in Berlin am 10. 5. 1933 verfestigte bei Strätz und einer Reihe anderer Autoren den Eindruck, das neue Ministerium für »Volksaufklärung und Propaganda« sei der Initiator oder doch zumindest der entscheidende Drahtzieher der Ereignisse gewesen.[13] Dies dürfte jedoch nicht zutreffen.

In die Betrachtungen einbezogen werden muß zunächst die Entwicklung der deutschen Studentenschaften während der Weimarer Republik. Wie Anselm Faust in einer eingehenden Studie nachgewiesen hat, hatte die zunehmende soziale Deklassierung der deutschen Studenten zu einer politischen Radikalisierung geführt.[14] Völkisch-nationale und nationalsozialistische

[13] Vor Strätz war bereits Brenner, Die Kunstpolitik des Nationalsozialismus, S. 45, von der Urheberschaft des Goebbelsschen Propagandaministeriums ausgegangen. Gleiches behaupten auch K. D. Bracher, Die deutsche Diktatur. Entstehung, Struktur, Folgen des Nationalsozialismus, Köln, Berlin 1969, S. 283, Walter, Deutsche Exilliteratur, Bd. 1, S. 190; und Hildebrand, Das Dritte Reich, S. 6. H.-U. Thamer, Verführung und Gewalt. Deutschland 1933–1945, Berlin 1986, schreibt die ganze Aktion fälschlicherweise dem NSDStB zu (S. 304). Bei Strothmann, Nationalsozialistische Literaturpolitik, S. 73–74, findet sich die wenig präzise Formulierung, daß die »NS-Kulturführung zusammen mit Studenten, Parteifunktionären und SA-Männern« mit den Bücherverbrennungen vom 10. 5. 1933 »ihre Literaturpolitik« eingeleitet hätten. A. Faust, Die Hochschulen und der »undeutsche Geist«. Die Bücherverbrennungen am 10. Mai 1933 und ihre Vorgeschichte, in: »Das war ein Vorspiel nur...«. Bücherverbrennung Deutschland 1933, S. 31–50, nimmt an, »daß die Studentenschaft Überlegungen und Absichten zu kulturellen ›Reinigungsmaßnahmen‹, die im Umfeld des Propagandaministeriums und – wahrscheinlicher noch – des preußischen Ministeriums für Wissenschaft, Kunst und Volksbildung kursierten, aufgriff, mit eigenen Interessen koppelte und in die Tat umsetzte« (S. 38). Aigner, Die Indizierung »schädlichen und unerwünschten Schrifttums« im Dritten Reich, Sp. 934, hat demgegenüber eindeutig festgestellt, daß die Konzeption und Durchführung der Aktion »ausschließlich« von der nationalsozialistischen Studentenschaft ausgegangen sei. Zu diesem Schluß kommt auch Sauder in dem von ihm herausgegebenen Sammelband »Die Bücherverbrennung. Zum 10. Mai 1933« und in der »Nachschrift« zu seinem Aufsatz »Der Germanist Goebbels als Redner bei der Berliner Bücherverbrennung«, in: H. Denkler/E. Lämmert (Hg.), »Das war ein Vorspiel nur...«. Berliner Colloquium zur Literaturpolitik im ›Dritten Reich‹, Berlin (West) 1985, S. 56–81, hier S. 74–79. Zur weiteren Literatur s. die Sammelrezension von J. M. Ritchie, The Nazi Book-Burning, in: The Modern Language Review 83 (1988), S. 627–643.

[14] A. Faust, Studentenschaft und Nationalsozialismus, Bd. 1, S. 112–152.

Anschauungen waren bereits lange vor dem 30. 1. 1933 an deutschen Hochschulen durchsetzungsfähig geworden.[15] Spätestens seit der Mitte der zwanziger Jahre wurden republikanisch gesonnene Gelehrte wie Theodor Lessing oder Emil Julius Gumbel eingeschüchtert und unterdrückt.[16] Stand der Aufstieg des NSDStB bereits parallel zu dem der NSDAP, so heizte die NS-Presse die antiintellektuelle Bewegung an den deutschen Hochschulen immer wieder an. Die Literatur, die ab 1933 verfolgt und verbrannt wurde, war zuvor bereits – etwa im Feuilleton des Völkischen Beobachters – Gegenstand zynischer Ächtung und heftiger Verleumdungen gewesen.[17]

Ein zweites ist der politische Kontext, in dem die »Aktion wider den undeutschen Geist« gesehen werden muß. Am 23. 4. 1933 teilte ein Mitarbeiter der Deutschen Studentenschaft dem Erlanger Germanisten Benno von Wiese über die Zielsetzung der laufenden »Aktion« mit: »Im Rahmen der Boykottbewegung in Deutschland soll von der Deutschen Studentenschaft ein Kampf wider den undeutschen Geist durchgeführt werden. Um zu vermeiden, daß fast die ganze Antijudenbewegung im Wirtschaftlichen sich erstreckt, wird von der Studentenschaft ein Kampf gegen alles Undeutsche im Geistigen durchgeführt werden. Das soll sich erstrecken auf Literatur, Musik, Film, Theater, Kunst aller Art usw.«.[18] Die Deutsche Studentenschaft begriff sich als »geistige SA«,[19] die sich vom Boykott jüdischer

[15] Dazu neben Faust, Studenten und Nationalsozialismus, auch M. H. Kater, Studentenschaft und Rechtsradikalismus in Deutschland 1918–1933, Hamburg 1975.

[16] W. Benz, Emil J. Gumbel. Die Karriere eines deutschen Pazifisten, in: 10. Mai 1933. Bücherverbrennung in Deutschland und die Folgen, S. 160–198; zum »Fall Theodor Lessing« s. R. Marwedel, Theodor Lessing 1872–1933. Eine Biographie, Darmstadt, Neuwied 1987, S. 253–308. Weitere »Fälle« studentischer Boykottmaßnahmen gegenüber politisch unliebsamen Professoren bei Faust, Studentenschaft und Nationalsozialismus, Bd. 1, S. 51–88.

[17] S. im einzelnen die Analyse von Benner, Literatur im Urteil des Völkischen Beobachter.

[18] Schreiben von Gerhard Schröder (Berlin) an Benno von Wiese, S. 1, StA Würzburg RSF/I*21 C 14/2.

[19] So die bezeichnende Charakterisierung der nationalsozialistischen Studenten durch den Leiter des neuen Amtes für Hochschulreform bei der DSt, Georg Plötner, in der Anlage zu einem Rundschreiben der DSt vom 19. 4. 1933. Zitiert bei Strätz, Die geistige SA rückt ein, S. 356.

Geschäfte am 1. 4. 1933 inspirieren ließ und an die Spitze der kulturellen Erneuerungsbewegung treten wollte.

Das Schreiben an Wiese war kein Einzelfall. Zahlreiche andere Sympathisanten der völkisch-nationalen Literaturszene versuchte die Deutsche Studentenschaft im Laufe des April 1933 für eine Mitwirkung bei der Vorbereitung und Durchführung der »Aktion wider den undeutschen Geist« zu gewinnen.[20] Eine lenkende Hand des Propaganda- oder des preußischen Kultusministeriums ist dabei nirgends erkennbar. Zwar kam es in der zweiten Aprilhälfte zu einer Kooperation mit dem »Ausschuß zur Neuordnung der Berliner Stadt- und Volksbüchereien«, der im Auftrag des Berliner Oberbürgermeisters und des preußischen Kultusministeriums operierte.[21] Die vom Ausschuß zusammengestellten »Schwarzen Listen« wurden am 27. 4. 1933 von der Deutschen Studentenschaft als Vorlage für die »Sammlungsaktion« an die Einzelstudentenschaften verschickt.[22] Doch hielten die Kultusverwaltungen der Länder die Studentenvertretungen aus den behördlichen Maßnahmen zur Neuordnung der öffentlichen Bibliotheken völlig heraus.

Damit blieb nur noch die Zugriffsmöglichkeit auf die in den ursprünglichen Planungen noch gar nicht berücksichtigten privaten Buchhandlungen und Leihbüchereien. Deren Bestände wurden Ende April/Anfang Mai 1933 von Vertretern der an den einzelnen Hochschulorten gebildeten »Kampfausschüsse«[23] – teilweise in Begleitung von Mitarbeitern der örtlichen Polizei-

[20] Schon am 6. 4. 1933 hatte das »Hauptamt für Presse und Propaganda« Schriftsteller und Publizisten, deren »Einstellung zum deutschen Schrifttum [wir] kennen«, über die geplante »Aktion« informiert und um Beiträge zum »Artikeldienst« der DSt-Korrespondenz gebeten. StA Würzburg RSF/I*21 C 14/4. Die Antwortschreiben von Stehr, Kolbenheyer und Vesper ebd.

[21] Zu Entstehung, personeller Zusammensetzung und Aktivitäten des Ausschusses Boese, Das Öffentliche Bibliothekswesen im Dritten Reich, S. 28–34, sowie Kapitel I, Abschnitt 4.2. dieser Arbeit.

[22] »Rundschreiben P Nr. 3«, StA Würzburg RSF/I*21 C 14/1.

[23] Die Einsetzung eines zentralen Kampfausschusses und örtlicher Kampfausschüsse an Hochschulorten sowie an größeren Orten ohne Hochschule war in dem »Rundschreiben P Nr. 2« vom 8. 4. 1933, hier S. 2, angeordnet worden. Für die Zusammensetzung wurde vorgeschlagen: »Führer und drei Studenten (einer davon Geschäftsführer), ein Professor, ein Mitglied des Kampfbundes für deutsche Kultur und ein Schriftsteller«. StA Würzburg RSF/I*21 C 14/2.

behörden – »durchsucht«. Über die »entnommenen« Bände wurde ein genaues »Bücherprotokoll« geführt.[24] Diese verglichen die Kampfausschüsse dann noch einmal mit den »Schwarzen Listen«, die vom »Ausschuß zur Neuordnung der Berliner Stadt- und Volksbüchereien« in laufend aktualisierter Form an das Propaganda-Hauptamt der DSt in Berlin und von dort wieder an die einzelnen Hochschulorte versandt wurden.[25] Die Freigabe zur Bücherverbrennung erfolgte jedoch erst, nachdem die Buchhändler und Leihbüchereibesitzer ihre Zustimmung gegeben hatten.[26] Die Studentenschaft befleißigte sich also eines relativ aufwendigen, bürokratenhaften Formalismus, der sich außerordentlich merkwürdig neben dem propagierten »revolutionären« Erneuerungselan ausnimmt.

Wie aus den Berichten der Studentenschaften hervorgeht,[27] verlief die Durchführung der »Sammlungsaktion« im wesentlichen ohne größere Widerstände. Auch die Kooperation zwischen der Deutschen Studentenschaft und dem Nationalsozialistischen Deutschen Studentenbund scheint komplikationslos gewesen zu sein. In Berlin räumten Mitglieder des NSDSTB an der Tierärztlichen Hochschule, die zunächst bei einer Reihe von Stadtbibliotheken vor verschlossenen Türen gestanden hatten, rund 15 Zentner Bücher und Broschüren aus dem Keller des Sexualwissenschaftlichen Instituts von Magnus Hirschfeld.[28]

[24] S. die Bücherprotokolle für Buchhandlungen und Leihbüchereien der Stadt Würzburg in StA Würzburg RSF/IV*1*60/1–4.

[25] Schreiben des Ausschuß-Mitglieds Dr. Wolfgang Herrmann an den Amtsleiter Leistritz vom 1. 5. 1933, mit dem der Studentenschaft eine »ganz umfassende Schwarze Liste (Schöne Literatur), die voraussichtlich morgen durch das Kultusministerium für alle preußischen Volksbüchereien als verbindlich erklärt werden wird«, zuging. StA Würzburg RSF/I*21 C 14/2. In den Aktenfaszikeln RSF/I*21 C 14/1 und 2 sind nach Umfang und Datierung unterschiedliche Exemplare der »Schwarzen Liste« überliefert.

[26] Schreiben der Studentenschaft der Universität Würzburg vom 9. 5. 1933, durch das der Würzburger Buchhandel über das Ergebnis der auf einer Kampfausschuß-Sitzung vom gleichen Tage vorgenommenen Überprüfung der beschlagnahmten Bücher informiert wurde. Im unteren Teil des Schreibens befand sich eine abtrennbare »Bestätigung« mit dem Text: »Hiermit erkläre ich mich mit der Verbrennung der meiner Leihbücherei entnommenen Bücher einverstanden«. StA Würzburg RSF/IV*1*60/1–4.

[27] Die Berichte sind gesammelt in StA Würzburg RSF/I*21 C 14/3.

[28] Ebd. das Schreiben der Studentenschaft der Tierärztlichen Hochschule

Aus Breslau wurde berichtet, daß die Inhaber der Büchereien teilweise »schon von sich aus besonders übel berüchtigte Bücher aus dem Leihverkehr gezogen und zurückgestellt« hätten.[29] Auch die Ende April eingegangene »Schwarze Liste« fände »reißenden Absatz«.[30] Die Deutsche Studentenschaft in Hannover betrieb eine besonders umfangreiche Straßen- und Hauspropaganda. Radfahrerkolonnen warben mit dem Plakat »Wir kämpfen gegen Schund und Schmutz« für die »Säuberung« der Leihbibliotheken und öffentlichen Büchereien.[31] In Greifswald wurden die Buchhandlungen und Leihbüchereien von der Studentenschaft nicht nur dazu aufgefordert, die in der »Schwarzen Liste« erfaßten Bücher »aus ihren Beständen auszusondern und uns zur Vernichtung zu übergeben«.[32] Zudem sollten sie sich in ihren Schaufenstern mit einem Plakat ausdrücklich zur »Aktion wider den undeutschen Geist« bekennen. »Bei Weigerung war Boykott angedroht worden«.[33]

In einigen Städten wurde allerdings zwischen den Buchhändlern oder Leihbüchereibesitzern und den »Kampfausschüssen« zum Teil um jeden einzelnen Titel gerungen;[34] wohl weniger

zu Berlin an das »Hauptamt für Aufklärung und Werbung der Deutschen Studentenschaft« vom 21. 7. 1933. Ein zweiter Anlauf dieser Studentenschaft bei 20 Berliner Stadt- und Leihbibliotheken führte erst »nach längeren Verhandlungen« zur Aushändigung »undeutschen« Schrifttums, »da die zuständigen Stellen noch nicht benachrichtigt waren«.

29 Schreiben der Studentenschaft der Universität Breslau an das »Hauptamt für Aufklärung und Werbung der Deutschen Studentenschaft« vom 28. 4. 1933, ebd.

30 Schreiben der Studentenschaft der Universität Breslau an das »Hauptamt für Aufklärung und Werbung der Deutschen Studentenschaft« vom 8. 5. 1933, ebd.

31 S. den vom Führer der Studentenschaft der Technischen Hochschule Hannover am 22. 5. 1933 verfaßten »Bericht über den Verlauf der Aktion der Deutschen Studentenschaft, Hannover, gegen Schund und Schmutz«, ebd.

32 Schreiben der Studentenschaft der Universität Greifswald an das Hauptamt für Aufklärung und Werbung der Deutschen Studentenschaft vom 17. 5. 1933, S. 1, ebd.

33 Ebd.

34 Dazu das Schreiben der »Gute[n] Bücherstube« in Würzburg an den »Kampfausschuß wider den undeutschen Geist« vom 19 5. 1933. StA Würzburg RSF/I*1*60/1–4. Darin erklärte sich der Eigentümer der Leih-

aus politischen als vielmehr aus wirtschaftlichen Erwägungen. Denn die Studentenschaft der Universität Greifswald wies mit Recht darauf hin, daß dem ohnehin angeschlagenen Leihbuchhandel durch die Beschlagnahmung des »undeutschen Schrifttums« erhebliche finanzielle Verluste entstanden.[35] Die Studentenschaften in Dresden und Halle-Wittenberg machten die Reichsführung der Deutschen Studentenschaft in Würzburg auf die fehlende Rechtsgrundlage der »Sammlungsaktion« aufmerksam. Sie empfahlen daher nicht nur die Kooperation mit dem neu geschaffenen Geheimen Staatspolizeiamt in Berlin,[36] sondern auch schon die Erstellung eines zentralen amtlichen Verbotsindexes.[37] Die Bonner Studentenschaft wollte über den kommissarischen Oberbürgermeister der Stadt eine amtliche Anerkennung der vom »Prüfungsausschuß gezeichneten Bücher« erlangen.[38]

Einige Studentenschaften äußerten an weiteren Punkten der »Aktion« Kritik. So lehnte die Göttinger Studentenschaft die

bücherei zwar bereit, die in der »Schwarzen Liste« aufgeführten Buchtitel nicht weiter auszuleihen, »obwohl mir *nichts* davon bekannt ist, daß das weitere Ausleihen gerichtliche Strafen nach sich zieht«. Bei allen Buchtiteln, die nicht auf den Index gesetzt worden waren, sollten die beschlagnahmten Exemplare zurückgegeben werden. Für die verbrannten Bücher bat er um Erstattung der »Selbstkosten«. Bereits am 11. 5. 1933 gab die Polizeidirektion Würzburg die Beschwerde einer ortsansässigen Buchhandlung an den Führer der Studentenschaft weiter, wonach auch »Bücher beschlagnahmt worden sind, die nicht auf der ›schwarzen Liste‹ standen«. Diese sollten – ebenso wie die bei den Bücherverbrennungen am 10. 5. unberücksichtigt gebliebenen Bände – »an die rechtmäßigen Eigentümer« zurückgegeben werden. Das Schreiben findet sich ebd.

[35] Schreiben der Studentenschaft der Universität Greifswald an das Hauptamt für Aufklärung und Werbung der Deutschen Studentenschaft vom 17. 5. 1933, S. 2. Die Greifswalder Leihbüchereien sollten nach Plänen der Studentenschaft für ihre Verluste sogar mit kostenlosen Buchexemplaren völkischer Verlage »entschädigt« werden. StA Würzburg RSF/I*21 C 14/3.

[36] Schreiben der Studentenschaft der Technischen Hochschule Dresden vom 8. 5. 1933, StA Würzburg RSF/I*21 C 14/3.

[37] S. ebd. die Schreiben der Studentenschaft der Vereinigten Friedrichs-Universität Halle-Wittenberg vom 5. 5. und vom 10. 5. 1933. Dem Schreiben vom 5. 5. 1933 war ein »Vorläufiger Hallischer Generalindex« beigefügt. StA Würzburg RSF/I*21 C 14/3.

[38] Schreiben der Studentenschaft Bonn an das Amt für Aufklärung und Werbung vom 17. 5. 1933, S. 1. StA Würzburg RSF/I*21 C 14/3.

angeordnete Aufstellung eines »Schandpfahles« mit der Begründung ab: »Unser Widersacher, der Jude, hat im Grunde seiner Art nach gehandelt. Gewiß ist es unsere Aufgabe, die Andersartigkeit des Juden auch dem letzten Volksgenossen klar zu machen und deutlich zu bekunden, daß wir nun einen anderen deutschen Geist wieder wollen. Jetzt aber, wo der Jude durch unseren Kampf seiner Macht beraubt ist, ihn noch überall anzuprangern, halten wir nicht für angemessen. [...] Wir müßten sonst [...] unseren eigenen Fehler der vergangenen Zeit anprangern, denn der Jude hat uns nicht verraten, weil er nicht der unsrige ist«.[39] Die Studentenschaft der philosophisch-theologischen Hochschule Regensburg teilte mit, daß eine Verbrennung jüdischen Schrifttums nicht stattfinden könne, »da sich in unseren Büchereien solches nicht findet. Unsere Hochschule ist immer schon frei von jüdischem Geist gewesen und wird es auch in Zukunft sein, was man anscheinend von den Universitäten nicht immer sagen kann«.[40] Die Studentenschaft der Technischen Hochschule Stuttgart wollte den für den 10. 5. 1933 vorgesehenen Fackelzug mit anschließender Bücherverbrennung nicht durchführen, »da Stuttgart, eine Stadt, die sowieso nicht der geeignete Boden für Fackelzüge ist, in der letzten Zeit mit Fackelzügen überhäuft wurde«.[41] In Danzig sah man wegen der besonderen außenpolitischen Lage und der Spannungen mit Polen von der spektakulären öffentlichen Kundgebung ab.[42]

In der Mehrzahl der deutschen Hochschulstädte fanden aber am 10. 5. 1933 oder einige Tage später Bücherverbrennungen

[39] Schreiben der Studentenschaft der Universität Göttingen an den Leiter des Hauptamtes für Aufklärung und Werbung der Deutschen Studentenschaft vom 24. 4. 1933, ebd. Die Aufstellung des »Schandpfahles«, an den »die Erzeugnisse derer« genagelt werden sollten, »die nicht unseres Geistes sind«, war mit Rundschreiben vom 19. 4. 1933 angeordnet worden. Vgl. Sauder (Hg.), Die Bücherverbrennung, S. 237–238.

[40] Das Schreiben an die DSt vom 26. 4. 1933 in StA Würzburg RSF/I*21 C 14/4.

[41] Schreiben der Studentenschaft der Technischen Hochschule Stuttgart an das Hauptamt für Aufklärung und Werbung der Deutschen Studentenschaft vom 29. 4. 1933, S. 1, ebd.

[42] Schreiben der Deutschen Studentenschaft der Technischen Hochschule Danzig an das Hauptamt für Presse und Propaganda der Deutschen Studentenschaft vom 7. 5. 1933, StA Würzburg RSF/I*21 C 14/3.

statt.[43] Noch am 9.5. hatte die Deutsche Studentenschaft, deren für die Aktion verantwortliches Hauptamt nun den Zusatz »für Aufklärung und Werbung« trug, den Einzelstudentenschaften zur »symbolische[n] Handlung im Verbrennungsakt« die passenden »Feuersprüche« zugesandt.[44] Dabei fällt auf, daß neben jüdischen Autoren, auf die die »Aktion« zu Beginn ausgerichtet war, mit Heinrich Mann, Ernst Glaeser, Erich Kästner, Friedrich Wilhelm Förster und Erich Maria Remarque nun auch nichtjüdische Vertreter der republikanischen Literatur und Wissenschaft gebrandmarkt wurden.

Die in den neun »Feuersprüchen« genannten Namen machten allerdings nur einen kleinen Teil der in den »Schwarzen Listen« als »schädlich« oder »unerwünscht« aufgeführten Autoren aus. Bei den aus Anlaß der Bücherverbrennungen gehaltenen Reden, für die sich NS-Kulturfunktionäre und Hochschulgermanisten zur Verfügung stellten,[45] fand eine Generalabrechnung mit der gesamten, nun als »artfremd« diffamierten deutschen Literatur der Moderne statt.[46] Auch in der von Goebbels auf dem Opern-

[43] Zu Datum und genauem Ablauf der Bücherverbrennungen an den einzelnen Hochschulorten s. Sauder (Hg.), Die Bücherverbrennung, S. 169–218. Ergänzend A. Schöne, Göttinger Bücherverbrennung 1933. Rede am 10. Mai 1983 zur Erinnerung an die ›Aktion wider den undeutschen Geist‹, Göttingen 1983; St. Füssel, »Wider den undeutschen Geist«. Bücherverbrennung und Bibliothekslenkung im Nationalsozialismus, in: Göttingen unterm Hakenkreuz, Göttingen 1983, S. 95–104; C. Zimmermann, Die Bücherverbrennung am 17. Mai 1933 in Heidelberg. Studenten und Politik am Ende der Weimarer Republik, in: J.-F. Leonhard (Hg.), Bücherverbrennung. Zensur, Verbot, Vernichtung unter dem Nationalsozialismus in Heidelberg, Heidelberg 1983, S. 55–84; Ausstellungskatalog »Das war ein Vorspiel nur...«. Bücherverbrennung Deutschland 1933, S. 195–218.

[44] »Rundschreiben P Nr. 4« vom 9. 5. 1933, StA Würzburg RSF/I*21 C 14/2.

[45] Dazu G. Sauder, Akademischer »Frühlingssturm«. Germanisten als Redner bei der Bücherverbrennung, in: 10. Mai 1933. Bücherverbrennung in Deutschland und die Folgen, S. 140–159. Präzisierend zu dem von Sauder dargestellten Auftritt des Privatdozenten für Neuere Deutsche Philologie Gerhard Fricke in Göttingen Schöne, Göttinger Bücherverbrennung 1933, S. 18–21 und S. 36–37/Fn. 36.

[46] Eine genaue Auswertung der von den Nationalsozialisten indizierten Bücher liegt weder für das Jahr 1933 noch für die gesamte Zeit bis 1945 vor. Ansätze finden sich bei Aigner, Die Indizierung »schädlichen und unerwünschten Schrifttums« im Dritten Reich, Sp. 983–1006. Die »Aktion wider den undeutschen Geist« erfaßte jedenfalls nicht nur die vom deutsch-

platz in Berlin gehaltenen Rede,[47] die über den »Deutschlandsender« im ganzen Reich verbreitet wurde, fehlte der Hinweis auf den »Unrat« und »Schmutz« der »jüdischen Asphaltliteraten« nicht.[48] Doch obwohl der Propagandaminister die Studenten als »Vortrupp eines wirklich revolutionären deutschen Geistes« lobte, bemühte er sich doch gleichzeitig darum, die von der Studentenschaft organisierte Aktion als singuläres Ereignis auszuweisen. So betonte Goebbels, daß der »Rechts- und Normalzustand, dessen Träger *wir* in der Oppositionsbewegung waren, [...] nun, mit der Übernahme der Macht durch uns, auch der Rechts- und der Normalzustand unseres Staates geworden« sei. Explizit forderte er die Studentenschaft auf, »hinter das Reich und hinter seine neuen Autoritäten zu treten«.[49]

Damit wird deutlich, daß die studentische »Aktion wider den undeutschen Geist« wohl kaum auf Regiepläne staatlicher Stellen zurückzuführen war.[50] Ganz im Gegenteil. Die Konsolidie-

jüdischen Bildungsbürgertum rezipierte Literatur, wie es G. L. Mosse in seinem Beitrag »Die Bildungsbürger verbrennen ihre eigenen Bücher«, in: H. Denkler/E. Lämmert (Hg.), »Das war ein Vorspiel nur...«. Berliner Colloquium, S. 35–50, nachweisen will. Aber auch die von V. Dahm in seiner Entgegnung, ebd., S. 50–55, aufgestellte Behauptung, die »Hauptstoßrichtung« habe der »marxistischen und sozialistischen Literatur in allen ihren Spielarten ohne Ansehen der Nationalität der Verfasser und ohne zeitliche Einschränkung« gegolten (S. 53), trifft die Realität nicht ganz.

[47] Am 3. 5. 1933 hatte die Deutsche Studentenschaft bei Goebbels angefragt, ob er die »Feuerrede« zu halten bereit sei. Erst am 9. 5. 1933 erhielt sie vom persönlichen Adjutanten des Ministers die Zusage. Beide Schreiben in StA Würzburg RSF/I*21 C 14/2. In seinem Tagebuch ging der ansonsten so geschwätzige Propagandaminister mit keinem Wort auf die »Aktion wider den undeutschen Geist« ein. Goebbels beschäftigte sich zu jener Zeit vielmehr intensiv mit der Vorbereitung des 1. Maifeiertags. Zu seiner »Feuerrede« merkte er am 11. 5. 1933 nur kurz an: »Rede vor dem Scheiterhaufen der von Studenten entbrannten Schmutz- und Schundbücher. Ich bin in bester Form«. Goebbels-Tagebücher, Teil 1, Bd. 2, S. 419.

[48] Die Rede ist vollständig wiedergegeben bei Heiber (Hg.), Goebbels-Reden, Bd. 1, S. 108–112, hier S. 109. Die folgenden Zitate ebd.

[49] Ebd., S. 111.

[50] Zu diesem Schluß kommt auch K. Prümm in seiner Entgegnung auf G. Sauder, Der Germanist Goebbels als Redner bei der Berliner Bücherverbrennung, in: H. Denkler/E. Lämmert (Hg.), »Das war ein Vorspiel nur...«. Berliner Colloquium, S. 81–88, hier S. 86. S. auch den bemerkenswerten Tagebucheintrag des Zeitgenossen H. Stresau, Von Jahr zu Jahr, Berlin 1948, S. 22: »Immer aber war es bisher in Deutschland so, daß die

rung der nationalsozialistischen Herrschaft im Innern wie nach außen setzte eine berechenbare Politik voraus. Für die Buchhändler und Verleger, auf deren traditionellem Kantatetreffen Goebbels vier Tage später eingeführt werden sollte, waren die »revolutionären« Bücherverbrennungen jedoch alles andere als vertrauenerweckende Maßnahmen.[51] Auch die Reaktionen im Ausland waren so verheerend,[52] daß mit erheblichem diplomatischem und publizistischem Aufwand die Bedeutung der Ereignisse heruntergespielt werden mußte.[53]

Die Deutsche Studentenschaft scheint das alles jedoch zunächst wenig berührt zu haben. Denn am 16. 5. 1933 wurden die Einzelstudentenschaften mit einem weiteren Rundschreiben zur Fortsetzung der »Aktion« verpflichtet.[54] Vom 22. bis 27.5. sollte durch »Stichproben«, denen ein erneuter Nachtrag zur »Schwarzen Liste« zugrundegelegt wurde,[55] der Erfolg der

eigentlich revolutionäre Substanz, das ist der Anspruch protestantischer Freiheit, durch die Führung ins Dogmatische abgebogen wurde, in die Autorität der ›Obrigkeit‹, und dies mit Hilfe eines bestimmten Wort-Fetischismus. So erging es den Bauern mit Luther, so erging es den Arbeitern mit Ebert und Noske, und Gott weiß, wie es weiterhin gehen wird« (15. 5. 1933).

[51] Bezeichnenderweise wies Goebbels in seiner Rede vor der Kantate-Versammlung des Börsenvereins am 14. 5. 1933, in: Bbl. 100. Jg., Redaktioneller Teil, Nr. 112 vom 16. 5. 1933, hier S. 355, auf seine Mahnung an die Studenten hin, daß ihre Pflicht nicht nur »im Beseitigen dessen, was schädlich wurde«, sondern auch »im Bahnbrechen für das, was für die kommende Zeit nützlich zu werden verspricht«, liege.

[52] Hierzu H. Weiss, Besser ein Mühlstein am Halse. Reaktionen in der ausländischen Presse, in: 10. Mai 1933. Bücherverbrennung in Deutschland und die Folgen, S. 116–137; G. Stern, The Book Burning: Widerschein in Amerika, in: »Das war ein Vorspiel nur...«. Bücherverbrennung Deutschland 1933, S. 97–106.

[53] S. u.a. »Sechs Bekenntnisse zum neuen Deutschland«; W. Schlegel, Dichter auf dem Scheiterhaufen, Berlin 1934, insbes. S. 50–55. Schlegel versuchte die »Scheiterhaufen« als »Symbol der [nationalsozialistischen] Revolution« markanten Ereignissen anderer Revolutionen gegenüberzustellen: »Wo andere Völker ihrem Temperament entsprechend enthaupten [England], erschießen [Rußland] oder stürmen [Frankreich], verbrennt das deutsche Volk. Das Feuer als reinigende Kraft ist ein uraltes, mit der germanisch-deutschen Geschichte untrennbar verbundenes Symbol« (S. 51). Weitere Dokumente bei Sauder (Hg.), Die Bücherverbrennung, S. 262–275.

[54] »Rundschreiben P Nr. 5«, StA Würzburg RSF/I*21 C 14/2.

[55] S. ebd. die Anlage zum »Rundschreiben P Nr. 5«.

»Säuberungsmaßnahmen« bei Buchhandlungen und Leihbüchereien überprüft werden. Die Kontrollen sollten jeweils »mit Einverständnis der Büchereien« erfolgen.[56] Diese bislang weitgehend selbstverständliche Kooperationsbereitschaft war nun allerdings nicht mehr gegeben.

Schon am 9. 5. 1933 hatte der Gesamtvorstand des Börsenvereins im Börsenblatt die Aufnahme von Verhandlungen »mit den zentralen Regierungsstellen« bekanntgegeben, die zu einer »einheitliche[n] Regelung für die jetzt vom Vertrieb auszuschaltenden Werke« führen sollten.[57] Bis zum Inkrafttreten dieser Regelung sollte »allen Sondermaßnahmen gegenüber« auf diese Verhandlungen verwiesen werden. Bei »unzulässigen Eingriffen« sei der »Schutz der örtlichen zuständigen Verwaltungsstellen anzurufen«.

In Göttingen übernahm der Buchhändler-Ortsverein diese Argumentationshilfe nahezu wörtlich, als er die Studentenschaft der Universität in einem Schreiben vom 22. 5. 1933 darauf hinwies, daß der vom Börsenverein eingesetzte Aktions-Ausschuß »im Einverständnis mit dem Beauftragten des Herrn Reichsministers Dr. Goebbels eine Liste derjenigen Bücher zusammen[stellt], deren Vertrieb verboten werden soll«.[58] Aus diesem Grunde bitte er, »von dem Besuch der dem Ortsverein angehörigen Buchhandlungen absehen zu wollen, da ja erst nach Bekanntgabe der rechtskräftigen Liste die Entscheidung über einzelne Bücher fallen kann«.[59]

Es war dieses Arrangement der Buchhändlerschaft mit dem Propagandaministerium, das rasch zum Ende der studentischen Einmischung in die nationalsozialistische Literaturpolitik führte. An die Stelle improvisierter revolutionärer »Säuberungsmaßnahmen« sollte die koordinierte und kontrollierte Ausschaltung des »undeutschen Schrifttums« treten.

[56] »Rundschreiben« vom 16. 5. 1933, ebd.

[57] Bbl. 100. Jg., Redaktioneller Teil, Nr. 106 vom 9. 5. 1933, S. 337. Die folgenden Zitate ebd.

[58] Schreiben des Ortsvereins Göttinger Buchhändler an die Studentenschaft der Universität vom 22. 5. 1933, hier S. 1, StA Würzburg RSF/I*21 C 14/3.

[59] Ebd., S. 2.

4.2. Die Bemühungen um einen systematischeren Zugriff auf die Buchbestände des Buchhandels und der Volksbüchereien

Der »Ausschuß zur Neuordnung der Berliner Stadt- und Volksbüchereien« hatte gleich nach seiner Einsetzung im April 1933 mit der Erstellung »Schwarzer Listen« begonnen. Die Indizierungsarbeit wurde mit dem Sachgebiet »Schöne Literatur« begonnen und sukzessive auf die Gebiete »Politik und Staatswissenschaften«, »Kunst«, »Geschichte«, »Literaturgeschichte«, »Geographie« und »Biographie« ausgeweitet.[60] Oberster Auswahlgrundsatz war dabei der »Kampf [...] gegen die Zersetzungserscheinungen unserer artgebundenen Denk- und Lebensform, d.h. gegen die *Asphaltliteratur*, die vorwiegend für den großstädtischen Menschen geschrieben ist, um ihn in seiner Beziehungslosigkeit zur Umwelt, zum Volk und zu jeder Gemeinschaft zu bestärken und völlig zu entwurzeln«.[61]

Die anfangs nur für Berlin gültigen Listen wurden im Mai 1933 vom preußischen Kultusministerium für sämtliche öffentlichen Büchereien des Landes Preußen verbindlich gemacht.[62] Damit wurden die indizierten Werke für die Ausleihe gesperrt. Bezüglich des Verbleibs der auszusondernden Buchbestände riet das Ausschuß-Mitglied Wolfgang Herrmann in einem Aufsatz für das Börsenblatt entweder zur Freigabe für die von der Deutschen Studentenschaft organisierten Autodafés oder zur Sekretierung im »Giftschrank«.[63] »Grundsätzlich« sollte aber »von jedem, auch dem gefährlichsten Buch *je ein Exemplar* in den großen Stadt-, Haupt- und Studienbüchereien für die kommende Auseinandersetzung mit den Asphaltliteraten und Marxisten« aufbewahrt werden.[64] Zudem wurde in der Vorbemer-

[60] Die verschiedenen Listen sind – leider ohne genaue Datierung – überliefert in BArch Potsdam R 56 V/70a Bl. 5–31.

[61] »Grundsätzliches zur Anfertigung von Schwarzen Listen«, veröffentlicht in Bücherei und Bildungspflege 13 (1933), S. 116–117, hier S. 116. Wiedergegeben bei Andrae (Hg.), Volksbücherei und Nationalsozialismus, S. 167–168.

[62] Die in BArch Potsdam R 56 V/70a Bl. 15–17 überlieferte Liste für den Bereich »Schöne Literatur« trägt bereits den Vermerk »Amtliche Schwarze Liste für die *Volksbüchereien* in Preußen«.

[63] W. Herrmann, Prinzipielles zur Säuberung der öffentlichen Büchereien, in: Bbl. 100. Jg., Redaktioneller Teil, Nr. 112 vom 16. 5. 1933, S. 356–358, hier S. 356.

[64] Ebd.

kung zu der im Anschluß an die Herrmannschen Ausführungen veröffentlichten »Schwarze[n] Liste ›Schöne Literatur‹« einschränkend darauf hingewiesen, daß die Liste »*alle* Bücher und *alle* Autoren, die bei der Säuberung der *Volksbüchereien* entfernt werden *können*«, nannte.[65] »Ob sie *alle* ausgemerzt werden *müssen*, hängt davon ab, wie weit die Lücken durch gute *Neuanschaffungen* aufgefüllt werden«.[66]

Die vom Berliner Ausschuß aufgestellten »Schwarzen Listen« waren die ersten Indizierungslisten, die aufgrund ihrer Verwendung bei der studentischen »Aktion wider den undeutschen Geist« rasch über Preußen hinaus weite Verbreitung fanden. Allerdings haftete ihnen zum einen der Makel einer fehler- und lückenhaften Titelaufnahme an.[67] Zum anderen geriet mit Wolfgang Herrmann einer der Hauptakteure des Ausschusses in Mißkredit. Denn am 19. 5. 1933 wurde über den »Großdeutschen Pressedienst« ein brisantes Detail über den politisch engagierten Bibliothekar verbreitet.[68]

In einem im Juli 1932 verfaßten und zu Beginn des Jahres 1933 erschienenen »Auswahlverzeichnis für Volksbüchereien« zum Thema »Der neue Nationalismus und seine Literatur« hatte Herrmann Hitlers »Mein Kampf« attestiert, daß es »keine wissenschaftlich originellen und ›theoretisch‹ durchdachten Gedanken« enthalte.[69] Zwar konnte Herrmann trotz dieser Enthüllung zunächst zum Abteilungsleiter in der »Zentralstelle für

[65] Ebd., S. 357.

[66] Ebd.

[67] In den Listen sind neben Teil- und Gesamtindizierungen oft einfach nur Namen angegeben, ohne daß daraus ersichtlich geworden wäre, wie mit dem betreffenden Autor zu verfahren war. Auch sind die Titel in der Regel nur in Stichworten wiedergegeben. Die Angabe des Erscheinungsjahres, der Verlage und damit auch der jeweils indizierten Ausgaben fehlte grundsätzlich.

[68] S. das Schreiben Herrmanns an den Kampfbund für deutsche Kultur, z.Hd. von Herrn Stehr (Berlin) vom 26. 5. 1933, mit dem sich der Bibliothekar gegen den »Angriff« des »Großdeutschen Pressedienstes« zur Wehr zu setzen versuchte. BDC/RSK/Herrmann, W. (*1904). Herrmann war seit 1. 2. 1932 Mitglied der NSDAP (BDC/Masterfile).

[69] Zitiert nach der »Erklärung« Herrmanns vom 20. 5. 1933 zu der »im ›Großdeutschen Pressedienst‹ gegen mich vorgebrachten Denunziation«, hier S. 1. BDC/RSK/Herrmann, W.

das deutsche Bibliothekswesen«[70] und im April 1934 zum Direktor der Stadtbibliothek in Königsberg avancieren. Doch als Vorreiter bei der »Säuberung« der Volksbüchereien war er desavouiert.[71]

Neben Preußen war die Entwicklung in Thüringen, das über ein besonders dichtes Bibliotheksnetz verfügte, von besonderer Bedeutung. Das thüringische Volksbildungsministerium, das seit August 1932 von dem Nationalsozialisten Fritz Wächtler geleitet wurde, stellte am 28. 8. 1933 »Vorläufige Richtlinien für die Auslese der Bestände der öffentlichen Büchereien nach völkischen Gesichtspunkten« auf.[72] Die wohl spätestens seit Juli 1933 erarbeiteten »Richtlinien«, zu denen auch Stellungnahmen des bereits in der Ära Frick an die Universität Jena berufenen Literaturwissenschaftlers Henning Brinkmann eingeholt wurden,[73] gingen weit über die in Berlin aufgestellten Aussonderungsgrundsätze hinaus.

Auf dem Gebiet der »Schönen Literatur« wurden neben den

[70] Diese Ernennung war die eigentliche Ursache für den Artikel »Eine Fehlbesetzung?« im »Großdeutschen Pressedienst«. Für Herrmann setzte sich insbesondere der Stettiner Stadtrat Schwarz van Berk ein, der in einem Schreiben vom 22. 5. 1933 an die KfdK-Reichsleitung sowie an das Propagandaministerium auf Herrmanns Engagement in der Pressestelle der NSDAP-Gauleitung Pommern und in der Feuilleton-Redaktion der »Pommerschen Zeitung« hinwies. BDC/RSK/Herrmann, W.

[71] S. dazu den Tagebucheintrag Stresaus vom 21. 5. 1933, Von Jahr zu Jahr, S. 23, in dem auch die Charakterisierung Herrmanns als »Wendehals« durch eine österreichische linksorientierte Zeitung angeführt wird. Die Position des Ausschußvorsitzenden Wieser schien zu diesem Zeitpunkt ebenfalls alles andere als gefestigt: »Dr. W[ieser] geistert in einer apokalyptischen Stimmung umher und sagte gestern, es würde ihm am Ende so wie mir gehen. Offensichtlich hat er Angst. Ja, wer andern eine Grube gräbt...« (ebd.). Stresau, der aus politischen Gründen bereits seine Kündigung als Bibliothekar an der Stadtbibliothek in Spandau erhalten hatte, konnte die Akteure des »Ausschusses zur Neuordnung der Berliner Stadt- und Volksbüchereien« aus nächster Nähe beobachten.

[72] Veröffentlicht im Amtsblatt des Thüringischen Ministeriums für Volksbildung, Jg. 12/Nr. 15 vom 26. 9. 1933, S. 145–148.

[73] S. die »Bemerkungen« Brinkmanns zu den »Schwarzen Listen« vom 22.7. und 7. 8. 1933, HStA Weimar Thür. Min. f. Volksbildung/C 619 Bl. 53–54 und Bl. 55–56. Zur Einstellung Brinkmanns als a.o. Prof. in der philosophischen Fakultät der Landesuniversität Jena s. die »Niederschrift« über die 6. Sitzung des Thüringischen Staatsministeriums am 5. 3. 1930, HStA Weimar Thür. Min. f. Volksbildung/C 47 Bl. 12–14, hier Bl. 13.

»artfeindlichen« Schriften auch alle Werke indiziert, »[...] die – aus dem Geiste des bürgerlich-dekadenten Subjektivismus volkstumsfremder und landschaftsferner großstädtischer Literaten verfaßt – in ihrer Wirkung dahin führen, daß volksbegründende und volksgestaltende Einrichtungen und Werte als Bagatellen behandelt, ironisiert und verfälscht werden«.[74] Zudem sollte »fremdsprachliche oder aus fremden Sprachen übertragene Literatur« nur noch dann für den Ausleihverkehr bereitgehalten werden, wenn sie »deutsch-nordischem Empfinden artverwandt und seelenverbunden ist«. Bei der »Wissenschaftlichen Literatur« waren sämtliche marxistischen, pazifistischen und antimilitaristischen Schriften auszusondern. Ferner die »ausgesprochene lieberalistisch[sic!]-demokratische Tendenz- und Gesinnungsliteratur jüdisch-literatenhafter Prägung« sowie die »durch die neueste Entwicklung überholte oder überflüssig gewordene staatsbürgerliche Literatur«. Darstellungen, die nicht dem völkischen Geschichtsbild und hier insbesondere der heroisierenden Deutung des Ersten Weltkrieges entsprachen, sollten ebenso aus den Bibliotheken entfernt werden wie Schriften zum »weltanschaulich-überwundenen Vulgär-Darwinismus« und die »im naturwissenschaftlichen oder naturphilosophischen Gewand auftretende antireligiöse und antikirchliche Aufklärungsliteratur«. Die Unterdrückung der modernen Kunst und Architektur in Thüringen, die schon zu Beginn der dreißiger Jahre eingeleitet worden war, wurde nun mit der Indizierung der auf sie bezogenen wissenschaftlichen Literatur fortgesetzt.[75]

In der Praxis gestaltete sich die »Säuberung« der Bestände allerdings sehr schwierig. Die den öffentlichen Büchereien gesetzte Frist bis zum 15. 10. 1933 erwies sich angesichts von mehr als 500 betroffenen Einrichtungen als illusorisch. Noch im September 1935 erhielt das Volksbildungsministerium in Weimar die Mitteilung, daß »vereinzelt unerwünschte Literatur vorhanden ist, weil die Katalogisierung teilweise so unzulänglich ist, daß der Büchereileiter mit den Angaben der ›Schwarzen

[74] »Vorläufige Richtlinien für die Auslese der Bestände der öffentlichen Büchereien nach völkischen Gesichtspunkten«, S. 145. Die folgenden Zitate ebd.

[75] Ebd., S. 146.

Liste‹ nicht allzuviel anfangen kann«.[76] Die privaten Leihbüchereien, von denen lediglich »erwartet« wurde, daß sie sich an die vom Volksbildungsministerium ausgegebenen »Richtlinien« halten sollten,[77] scheinen sich zunächst wenig um die Entfernung der »unerwünschten« Literatur bemüht zu haben. Jedenfalls beschwerte sich ein Leihbüchereibesitzer in Gera, dessen Geschäft im Rahmen einer landesweiten polizeilichen Razzia durchsucht worden war, bei der Landesregierung mit dem Argument, »die mehreren Hundert bei ihm beschlagnahmten Bücher seien nicht verboten und er als Kaufmann müsse das führen, was seine Kundschaft verlange«.[78] Offenbar befriedigten die Leihbüchereien die Nachfrage nach Literatur, die in den Volksbibliotheken nicht mehr ausgeliehen werden durfte.

Die thüringischen »Richtlinien« vom 28. 8. 1933 verdienen insbesondere auch deshalb Beachtung, weil sie vom thüringischen Volksbildungsministerium als Vorbild für eine »*gesamtdeutsche* Regelung« konzipiert worden waren.[79] Verhandlungen über ein »einheitliches Vorgehen« bei der »Säuberung« der Volksbüchereien sollten mit den übrigen Kultusministerien der Länder und »evtl. auch« mit dem Propagandaministerium geführt werden.[80] Zu solchen Verhandlungen ist es jedoch nie gekommen. Auch in Thüringen wurde im Februar 1934 die bisherige »Landesberatungsstelle für volkstümliches Büchereiwesen und Jugendschrifttumspflege« in eine »Landesstelle«

[76] Schreiben der Thüringischen Landesstelle für volkstümliches Büchereiwesen an den Herrn Thüringischen Minister für Volksbildung vom 11. 9. 1935, HStA Weimar Thür. Min. f. Volksbildung/C 619 Bl. 230.

[77] »Vorläufige Richtlinien [...]« vom 28. 8. 1933, S. 148.

[78] Schreiben der Landesberatungsstelle für volkstümliches Büchereiwesen und Jugendschrifttumspflege an das Thüringische Volksbildungsministerium vom 6. 11. 1933, HStA Weimar Thür. Min. f. Volksbildung/C 619 Bl. 157.

[79] »Der Aufbau des Bücherbestandes der deutschen Volksbücherei nach volksbiologischen und nationalpolitischen Gesichtspunkten. Richtlinien für die Thüringischen Landesbüchereien und die vom Lande Thüringen und den thüringischen Kreisen und Gemeinden unterstützten und beratenen Büchereien« [o. D., vermutlich Juli 1933], HStA Weimar Thür. Min. f. Volksbildung/C 619 Bl. 4–12.

[80] »Bemerkungen zur praktischen Durchführung der Richtlinien«, ebd. Bl. 13–14, hier Bl. 14.

umgewandelt und von Gera nach Jena verlegt.[81] Sie erlangte – wie ihr Pendant in Preußen – maßgeblichen Einfluß auf die Personalpolitik und den Neuaufbau der Volksbüchereibestände.[82]

Schon im Mai 1933 hatte Kurd Schulz, der alte und neue Leiter der Landes(beratungs)stelle, bei den Volksbüchereien in Thüringen die Anschaffung von Hitlers »Mein Kampf« betrieben.[83] Die Schriftleitung der »Nationalsozialistischen Monatshefte« wandte sich an das thüringische Volksbildungsministerium mit dem eigennützigen Hinweis, daß nun doch »im Interesse der weiteren geistigen Vertiefung unserer Weltanschauung innerhalb der Nation« eine Anschaffung der von Hitler herausgegebenen Zeitschrift »in allen Bibliotheken, Lesehallen und ähnlichen Instituten, seien sie nun rein staatlich oder vom Staat unterstützt,« wünschenswert sei.[84] Auch der Börsenvereins-Vorstand witterte das Geschäft. Mit Schreiben vom 11. 5. 1933 bat er das Ministerium, bei der anstehenden »Auffüllung der Bestände mit dem Schrifttum nationaler Haltung« den ortsansässigen Buchhandel gebührend zu berücksichtigen.[85] Seit Dezember 1933 wurden dann – zunächst unter dem Titel »Goldene Liste«[86] – systematisch Empfehlungslisten mit völkisch-nationaler und nationalsozialistischer Literatur erarbeitet, an denen sich die Volksbiblio-

[81] »Polizeiverordnung zur Neuordnung des volkstümlichen Büchereiwesens« vom 9. 2. 1934, in: Amtsblatt des Thüringischen Ministeriums für Volksbildung Jg. 13/H. 5 vom 2. 3. 1934, S. 31–32.

[82] S. zu den Befugnissen der Landesstelle ebd., § 3 a.)-c.), S. 31.

[83] S. die Schreiben von Schulz an das Thüringische Volksbildungsministerium vom 20.5. und 13. 6. 1933, HStA Weimar Thür. Min. f. Volksbildung/C 698 Bl. 123–124 und 125–126.

[84] Schreiben Thilo von Trottas (Nationalsozialistische Monatshefte/ Schriftleitung) an den Herrn Thüringischen Minister für Volksbildung vom 8. 5. 1933, HStA Weimar Thür. Min. f. Volksbildung/C 629 Bl. 15.

[85] Schreiben des Börsenvereins-Vorstehers Friedrich Oldenbourg an das Thüringische Ministerium für Volksbildung in Weimar vom 11. 5. 1933, HStA Weimar Thür. Min. f. Volksbildung/C 629 Bl. 26–27, hier Bl. 26.

[86] HStA Weimar Thür. Min. f. Volksbildung/C 628 Akten betr. »die ›Goldene Liste‹ (Liste besonders empfehlenswerter Bücher)«. Darin das Schreiben der Thüringischen Landesberatungsstelle für volkstümliches Büchereiwesen an das Volksbildungsministerium vom 18. 12. 1933, Bl. 32–33, mit dem erste Vorschläge für das Gebiet der Schönen Literatur unterbreitet wurden.

thekare bei der Auffüllung der Bestände orientieren sollten.[87]

Während die »Säuberung« und »Neuordnung« der Bestände im Volksbüchereiwesen also in der Anfangsphase im wesentlichen von den einzelnen Landesverwaltungen geleistet wurde, lief die Ausschaltung des »unerwünschten« Schrifttums vom Buchmarkt über den Börsenverein. Wohl als Reaktion auf die vom Buchhandel mit sehr gemischten Gefühlen aufgenommene »Reinigungsaktion« der Deutschen Studentenschaft wurde seit Mai 1933 »im Einvernehmen und mit Kenntnis« des Propagandaministeriums ein »Arbeitsausschuß« tätig.[88] Ihm gehörten unter Führung des KfdK Vertreter des Reichsverbands Deutscher Schriftsteller, des Verlags-, Sortiments- und Leihbuchhandels sowie »verschiedene namhafte, am deutschen Schrifttum teilhabende Persönlichkeiten« an.[89]

Am 13. 7. 1933 legte dieser »Arbeitsausschuß« dem Propagandaministerium eine erste Zusammenstellung von Werken der »Schönen Literatur« vor, die zunächst nur aus dem Buchhandel entfernt werden sollten.[90] Weitere Listen zu den Sachge-

[87] Am 16. 2. 1934 hatte Wächtler ein erstes Bücherverzeichnis für den »Aufbau der Bestände der öffentlichen Büchereien nach völkischen Gesichtspunkten« herausgegeben. Veröffentlicht in: Amtsblatt des Thüringischen Ministeriums für Volksbildung Jg. 13/H. 5 vom 2. 3. 1934, S. 32–39. An gleicher Stelle, S. 39, erschien eine »Ergänzung der Liste der aus dem Ausleihverkehr der öffentlichen Büchereien auszuscheidenden Bücher«. Für beide Listen wurden Fortsetzungen angekündigt.

[88] Schreiben Urbans, Kampfbund-Reichsleitung, an das Propagandaministerium vom 13. 7. 1933, BArch Potsdam R 56 V/70 Bl. 2. Auf Verhandlungen mit den »zentralen Regierungsstellen über eine einheitliche Regelung für die jetzt vom Vertrieb auszuschaltenden Werke« war bereits im Bbl. 100. Jg., Redaktioneller Teil, Nr. 106 vom 9. 5. 1933, S. 337, hingewiesen worden. Es ist daher zu vermuten, daß der von Urban erwähnte »Arbeitsausschuß« entweder anläßlich des Kantate-Treffens des Börsenvereins am 14. 5. 1933 oder kurz danach ins Leben gerufen wurde. Jedenfalls waren dieser »Arbeitsausschuß« und der »Ausschuß zur Neuordnung der Berliner Stadt- und Volksbüchereien« nicht »identisch«, wie Sauder (Hg.), Die Bücherverbrennung, S. 110, vermutet.

[89] Mitteilung Urbans in seinem Schreiben an das Propagandaministerium vom 13. 7. 1933, BArch Potsdam R 56 V/70 Bl. 2.

[90] Die Liste war dem Schreiben Urbans beigefügt und findet sich in BArch Potsdam R 56 V/70 Bl. 31–73. Die »Schwarze Liste für öffentliche Büchereien und gewerbliche Leihbüchereien. Erzählende Literatur«, ebd. Bl. 10–30.

bieten »Recht, Politik, Staatswissenschaften«, »Geschichte«, »Pädagogik und Jugendbewegung«, »Weltanschauung« und »Sexualliteratur« wurden am 16. 6. 1933 auf einer Sitzung in der Deutschen Bücherei in Leipzig besprochen.[91] An ihr nahmen unter dem Vorsitz des Philosophie-Professors an der TH Dresden und langjährigen Kampfbund-Aktivisten Alfred Baeumler u.a. Dr. Wismann vom Propagandaministerium, Hans Hagemeyer von der »Reichsstelle zur Förderung des deutschen Schrifttums«, Urban und August Friedrich Velmede als Vertreter des Kampfbundes, Dr. Heß vom Börsenverein und Dr. Heinrich Uhlendahl, der Direktor der Deutschen Bücherei, teil. Dabei legte Baeumler besonderen Wert auf »klare Begründungen für jedes einzelne Werk«, da die Listen »in die ganze Welt hinaus getragen werden sollen«.[92] Prinzipiell plädierte er »um der Volkspolitik willen« für »eine scharfe Liste«.[93] Auch die aufgeworfene Frage »Was heißt überhaupt verbieten?« beantwortete Baeumler damit, daß die »vollständige Ausmerzung der vorhandenen Bücherbestände« beabsichtigt sei.[94] Allerdings machte die anschließende Diskussion deutlich, daß durch diese Radikallösung eine Fülle eigentums- und verlagsrechtlicher Probleme aufgeworfen wurden.[95] Die Fertigstellung der Indizierungslisten, die nun auch für die Volks- und gewerblichen Leihbüchereien gelten sollten, wurde dem Propagandaministerium von der Reichsleitung des Kampfbundes für Ende Juli 1933 zugesagt.[96] Aufgrund der Mitwirkung der Deutschen Bücherei in Leipzig war die dann vorgelegte, nach Autoren, Verlagen, Serien und Sammelwerken gegliederte »Liste der unerwünschten Literatur«[97] nicht nur weitaus umfangreicher, sondern auch weitaus präziser in der bibliographischen Erfassung der Werke als die eilig zusammengestellten »Schwarzen Listen« des Berliner Stadt- und Volksbibliotheks-Ausschusses.

[91] »Protokoll der Sitzungen vom 16. Juni 1933«, BArch Potsdam R 56 I/45.

[92] Ebd., S. 1.

[93] Ebd., S. 2.

[94] Ebd.

[95] »Diskussion über die Frage des Schadensersatzes bezw. des Verlustträgers«, ebd., S. 3–4.

[96] Schreiben Velmedes an Wismann vom 13. 7. 1933, BArch Potsdam R 56 V/70 a Bl. 161–162, hier Bl. 162.

[97] Die Listen finden sich – zusammengefaßt zu einer »Liste der unerwünschten Literatur« – in BArch Potsdam R 56 V/70.

Bei der Erstellung waren vier von Alfred Baeumler ausgearbeitete Grundsätze[98] befolgt worden: indiziert wurden erstens alle Schriften, die »Nation und Staat und ihre Einrichtungen verhöhnen, verächtlich machen oder ihre sittlichen Grundlagen angreifen oder in Zweifel stellen«;[99] zweitens alle Schriften, die »die Volksordnung und Volksgemeinschaft und ihre sittlichen Grundlagen angreifen und aufzulösen geeignet sind, die sich also im besonderen auch gegen die rassisch-biologischen Voraussetzungen eines gesunden Volkstums richten«; drittens alle Schriften, die »die christliche Religion und ihre Einrichtungen, den Gottesglauben und andere einem gesunden Volksempfinden heiligen Dinge verhöhnen, verunglimpfen oder verächtlich machen«; und viertens das »Schrifttum der sogenannten Asphaltliteratur, deren Kennzeichen eine geistreichelnde, bewegliche Intellektualität ist, die mit virtuoser Technik vorgetragen sein kann, aber in ihrer Standpunktlosigkeit ohne Bindungen an die Werte ist, auf denen das völkische, sittliche und religiöse Gemeinschaftsleben beruht, die auch um solche Werte nicht ringt, sich vielmehr in ihrer freischwebenden Intellektualität gefällt und so zur Verneinung aller Bindungen und Werte führt (Literatur des intellektuellen Nihilismus)«.

Schon bei der Übersendung der Liste mit »Schöner Literatur« am 13. 7. 1933 hatte Urban das Propagandaministerium darum gebeten, die indizierten Werke für das gesamte Reich verbieten und die tatsächliche Entfernung aus dem Buchhandel sicherstellen zu lassen.[100] Vom Kampfbund war sogar schon der Text einer »Bekanntmachung« entworfen worden, mit dem der »Aktionsausschuß« des Börsenvereins das Verbot und die Einziehung der »für den Vertrieb und Verleih untersagten Werke« anordnen sollte.[101] Offenbar zogen sich die Verhandlungen zwischen Kampfbund, Börsenverein und Propagandaministerium über die Durchführung des Verbotsverfahrens aber doch

[98] Den Auftrag hierzu hatte Baeumler auf der Sitzung in der Deutschen Bücherei am 16. 6. 1933 erhalten. »Protokoll«, S. 2.

[99] Vorbemerkung zur »Schwarze[n] Liste für öffentliche Büchereien und gewerbliche Leihbüchereien. Erzählende Literatur«, BArch Potsdam R 56 V/70 Bl. 7–9, hier Bl. 9. Die folgenden Zitate ebd.

[100] Schreiben der Reichsleitung des KfdK (Urban) an das Propagandaministerium vom 13. 7. 1933, BArch Potsdam R 56 V/70 Bl. 2.

[101] »Anlage 3« zum Schreiben Velmedes an Wismann vom 13. 7. 1933, BArch Potsdam R 56 V/70a Bl. 164–165, hier Bl. 165.

noch erheblich in die Länge. Denn erst Anfang November 1933 wurde ein von Wismann entworfenes und an Börsenvereins-Vorsteher Oldenbourg weitergeleitetes Rundschreiben zum Versand freigegeben.[102]

In den ab November von der Geschäftsstelle des Börsenvereins – »in Übereinstimmung mit dem Kampfbund für Deutsche Kultur« – verschickten »Einschreiben«[103] wurde den Verlegern schöngeistiger Literatur mitgeteilt, daß das »Angebot und der Vertrieb der unten genannten Werke aus nationalen und kulturellen Gründen nicht erwünscht ist und deshalb unterbleiben muß«. Falls diese Werke dennoch weiterhin in den buchhändlerischen Verkehr gebracht würden, »müßten Sie damit rechnen, daß der Börsenverein auf Grund des § 9 der Satzung vorgeht«. Der Börsenverein habe es nämlich »übernommen, mit den ihm zur Verfügung stehenden Machtmitteln den Wünschen der maßgebenden Stellen Geltung zu verschaffen«.[104] Das Verbot sollte allerdings nur den »Verkauf an die breite Masse« betreffen. Insofern die indizierten Bücher für wissenschaftliche Studien, literarische Arbeiten oder ähnliche sachlich begründete Zwecke verwandt werden sollten, war die Auslieferung an das Sortiment freigegeben. Abschließend machte der Börsenverein »besonders« darauf aufmerksam, »daß diese Benachrichtigung *streng vertraulich* zu behandeln« sei. Die »zuständigen Behörden« würden »gegen jede Indiskretion mit strengsten Mitteln vorgehen«. Der Verbotsvorgang sollte also nicht mehr öffentlich bekanntgemacht werden. Wie aus dem Schreiben an den Malik Verlag, das den Vermerk »falls in das Ausland verlegt, nicht nachsenden!« trug,[105] hervorgeht, diente diese Taktik wohl zur Vermeidung weiterer negativer Reaktionen des Auslands auf die nationalsozialistische Kulturpolitik.

Besonders hart von den Vertriebsverboten betroffen waren

[102] Schreiben Urbans (KfdK-Reichsleitung) an Wismann vom 3. 11. 1933, BArch Potsdam R 55/684 Bl. 28.

[103] Die Rundschreiben sind gesammelt in BArch Potsdam R 55/684: Bl. 214ff. (November/Dezember 1933) und Bl. 30–199 (Januar 1934).

[104] Zitiert aus dem Schreiben vom 12. 1. 1934 an die Firma Deutsches Leben und Sieben-Stäbe Verlag, Hamburg, BArch Potsdam R 55/684 Bl. 53. Die folgenden Zitate ebd.

[105] Schreiben vom 13. 12. 1933, BArch Potsdam R 55/684 Bl. 303–304.

die Deutsche Verlags-Anstalt,[106] der S. Fischer Verlag,[107] die Gustav Kiepenheuer Verlags-AG,[108] der Rowohlt Verlag,[109] die Ullstein Verlags-AG[110] sowie die Kurt Wolff Verlags-AG.[111] Der Sieben-Stäbe-Verlags- und Druckereigesellschaft wurde die weitere Verbreitung von nicht weniger als 21 Titeln von Hanns Heinz Ewers untersagt.[112] Die Propyläen Verlags GmbH mußte neben Werken von Brecht, Hasenclever und Heinrich Mann vor allem auf Erich Maria Remarques Erfolgsroman »Im Westen nichts Neues« verzichten,[113] Alfred Richard Meyers Berliner Kleinverlag auf Walter Mehrings »Wedding-Montmartre in zehn Chansons«.[114] Doch nicht nur bei den avantgardistischen, sondern auch bei den national-konservativen Verlagen spürte man »unerwünschte« Literatur auf. Beim Langen-Müller Verlag waren es Werke von Franz Blei, Lion Feuchtwanger und Arnold Zweig,[115] bei der August Scherl GmbH die Autoren Ernst Ludwig Grombeck und Alfred Schirokauer.[116]

Die Verlage scheinen sich den vom Börsenverein angeordneten Maßnahmen weitgehend widerstandslos untergeordnet zu haben. Zwar wies die Politische Redaktion des Ullstein Verlags – unter Berufung auf eine Rücksprache mit Hans Hinkel – die Geschäftsführung des Börsenvereins am 18. 12. 1933 darauf hin, daß eine »gesetzliche Grundlage« für ihr Vorgehen fehle.[117] Auch die Heranziehung des § 9 der Börsenvereins-Satzung könne keine Anwendung finden, da der Vertrieb der nun als »unerwünscht« bezeichneten Bücher »bisher ohne Beanstan-

[106] Schreiben vom 25. 11. 1933, ebd. Bl. 239.

[107] Schreiben vom 27. 11. 1933, ebd. Bl. 257–58.

[108] Schreiben vom 27. 11. 1933, ebd. Bl. 288–89.

[109] Ein Anschreiben in BArch Potsdam R 55/684 fehlt. Doch sind in der Liste der KfdK-Reichsleitung mit »unerwünschter Literatur« vom Juli 1933, BArch Potsdam R 56 V/70 hier Bl. 178–179, insgesamt 46 Titel des Rowohlt Verlags enthalten, die aus dem Buchhandel entfernt werden sollten.

[110] Schreiben vom 29. 11. 1933, BArch Potsdam R 55/684 Bl. 360.

[111] Schreiben vom 11. 12. 1933, ebd. Bl. 393.

[112] Schreiben vom 1. 12. 1933, ebd. Bl. 344.

[113] Schreiben vom 28. 11. 1933, ebd. Bl. 324.

[114] Schreiben vom 27. 11. 1933, ebd. Bl. 306.

[115] Schreiben vom 30. 11. 1933, ebd. Bl. 297.

[116] Schreiben vom 29. 11. 1933, ebd. Bl. 337.

[117] Ullstein Verlag an die Geschäftsstelle des BV vom 18. 12. 1933, hier S. 2, BArch Potsdam R 56 I/89.

dungen geduldet« worden und »die Fortführung des Vertriebes jetzt nicht als Verletzung der Mitgliedspflichten« zu bezeichnen sei.[118] Ende Februar 1934 ließ Otto Lachmann, der Leiter der Buch- und Zeitschriften-Vertriebsabteilung des gleichen Verlags, den Kampfbund für deutsche Kultur jedoch wissen, daß er den Beschlagnahme-Anordnungen des Börsenvereins voll und ganz zustimme.[119] Es sei nicht nur sein »fester Wunsch und Wille«, sondern auch der »aller leitender Herren des Verlages«, daß zukünftig im Verlag »ganz geradlinig und ohne jeden Winkelzug im Sinne und Geiste der heutigen Staatsführung gearbeitet werden« wird.[120] Es sollte sich aber rasch zeigen, daß es den nationalsozialistischen Kulturfunktionären beim Ullstein Verlag nicht mehr nur um die »Säuberung« der Buchlagerbestände ging. Der ebenso einflußreiche wie umsatzstarke Verlag wurde zum Spekulationsobjekt zwischen dem Propagandaministerium und dem Eher Verlag.[121]

Wenig zufrieden mit der Entwicklung zeigte sich der Börsenverein. Sein Ziel war es gewesen, durch die Erarbeitung einer parteiamtlich und ministeriell akzeptierten »Liste der unerwünschten Literatur« die Verbotsvorgänge eingrenzen und kontrollieren zu können. Im März 1934 mußte die Geschäftsleitung des Börsenvereins jedoch gegenüber dem Propagandaministerium beklagen, daß die erhoffte Konsolidierung ausblieb.[122] Da immer wieder Parteidienststellen gegen einzelne, bislang noch nicht indizierte Schriften vorgingen, regte der Börsenverein eine Zentralisierung des Verfahrens an.[123] Sämtliche

[118] Ebd, S. 2.

[119] Lachmann (Ullstein Verlag) an August Friedrich Velmede (KfdK, Berlin) vom 21. 2. 1934, BArch Potsdam R 55/684 Bl. 10.

[120] Ebd.

[121] S. dazu Kapitel III, Abschnitt B 6. dieser Arbeit.

[122] Schreiben von Börsenvereins-Geschäftsführer Dr. Heß an Dr. Wismann vom 3. 3. 1934, BArch Potsdam R 55/684 Bl. 3–4.

[123] Konkreter Anlaß des Schreibens von Heß war ein Antrag des Gebietsführers der Hitler-Jugend/Gebiet Baden in Karlsruhe auf Verbot einer von Kardinal Faulhaber verfaßten Schrift. Dabei wurde auf die bereits von Oldenbourg gegenüber Wismann vorgebrachte Anregung, »die Beschlagnahme von Druckwerken zu zentralisieren« (ebd., Bl. 3), verwiesen. Der Badisch-Pfälzische Buchhändler-Verband in Heidelberg hatte den HJ-Gebietsführer dahingehend beschieden, »[...] daß er keine Möglichkeit habe, den Verkauf des Buches durch den Buchhandel zu unterbinden, weil die Verbreitung des Buches amtlich nicht verboten ist« (ebd., Bl. 3/Rs.)

Verbotswünsche sollten bei »zentralen Regierungsstellen vorgetragen werden, die dann von Amts wegen die Beschlagnahme verfügen«.[124] Die Anregung war leicht formuliert. Um ihre Realisierung mußte sich das Propagandaministerium in der Folge jedoch mit zähen Verhandlungen bemühen.[125]

[124] Ebd., Bl. 3/Rs.
[125] S. dazu im einzelnen Kapitel III, Abschnitt B 2.1.1. dieser Arbeit.

Kapitel II
Die bürokratische Institutionalisierung der Literaturpolitik

A. Der Aufbau einer staatlichen Literaturpolitik

1. Das Reichsministerium für Volksaufklärung und Propaganda

1.1. Gründung und Kompetenzen

Am Nachmittag des 6. 3. 1933 führte der Reichspropagandaleiter der NSDAP Joseph Goebbels mit Hitler ein mehrstündiges Gespräch in der Reichskanzlei.[1] Dabei ging es darum, welche Konsequenzen aus den Reichstagswahlen vom Vortag für die NSDAP zu ziehen waren. Wie Goebbels seinem Tagebuch anvertraute, erhielt er an diesem Tage von Hitler grünes Licht für den Aufbau eines Ministeriums, in dem die Gebiete Presse, Rundfunk, Film, Theater und Propaganda »in einer einzigen, großzügigen Organisation« zusammengefaßt werden sollten.[2]

Die Idee zu dieser Ministeriumsgründung dürfte mit Sicherheit schon vor den Reichstagswahlen vom 5. 3. 1933 entwickelt worden sein.[3] In einem noch mit »*Reichskommissariat* für Volksaufklärung und Propaganda« überschriebenen Papier[4]

[1] Goebbels-Tagebücher, Teil 1, Bd. 2, S. 388 (6. 3. 1933).

[2] Ebd.

[3] H. Heiber, Joseph Goebbels, München 1965 (Originalausgabe Berlin 1962), S. 115–116. Auch die kurze Wiedergabe des Gesprächs durch Goebbels in seinem Tagebuch vom 6. 3. 1933 erweckt den Eindruck, daß die Errichtung des Ministeriums eine längst beschlossene Sache war.

[4] Das 6seitige Papier findet sich in BArch Potsdam R 43 II/1149 Bl. 16–21. Hier trägt es den Eingangsstempel »Rk. 4.Apr. 1933«. Da zu diesem Zeitpunkt jedoch bereits das *Reichsministerium* für Volksaufklärung und Propaganda gegründet war, muß dieses Papier vor dem 11. 3. 1933 abgefaßt worden sein. Dafür spricht auch, daß an diesem Tage Hitler auf der entscheidenden Ministerbesprechung fast wörtlich mit Formulierungen aus der vermutlich von Goebbels oder Funk abgefaßten Vorlage argumentierte. Die Vermutung liegt nahe, daß Hitler und Goebbels den bereits Anfang August

wurde die Notwendigkeit zur Gründung des neuen Reichsinstituts mit der »erschreckende[n] *Desorganisation*« der bisherigen »staats- und volkspolitischen Aufklärungs- und Werbearbeit« begründet.[5] Reich und Länder würden »ohne erkennbare Planung nebeneinander« arbeiten, die »einzelnen Ministerien dichten sich darüber hinaus untereinander ab, wirken selten wirklich zusammen und begründen damit selbst das völlige Durch- und vor allem Gegeneinander, das in der volkspolitischen Arbeit vorhanden ist«. Zudem sei »eine Reihe von Beamten der in Frage kommenden Stellen arbeitsmäßig und vor allem politisch verbraucht und untragbar geworden«,[6] die republikanische »Reichszentrale für Heimatdienst« völlig »abgespielt, jedes Ansehens und jeder Resonanz im Volke bar«.[7] Für eine »dem Wesen der Dinge entsprechende Zusammenfassung« könne einzig und allein die »Pressestelle der Reichsregierung« als »*Ausgangspunkt*« dienen.[8]

Schon am 6. 3. 1933 stand für Hitler und Goebbels die Ernennung von Walther Funk, dem langjährigen Mitarbeiter in der »Wirtschaftspolitischen Abteilung« der NS-Reichsleitung und jetzigen Pressechef der Reichsregierung, zum Staatssekretär des neuen Ministeriums fest.[9] Mit ihm zusammen besuchte Goebbels wohl noch am Abend desselben Tages den Sitz der Reichspressestelle im Leopoldspalais, das er in seinem Tagebuch bereits als »mein Haus am Wilhelmplatz« bezeichnete.[10]

Den Mitgliedern der Reichsregierung wurde das von Hitler

1932 diskutierten Plan zur Errichtung eines Ressorts für »Volkserziehung« mit Goebbels an der Spitze reaktivierten. Dieser Plan war im Zusammenhang mit einer möglichen Regierungsbeteiligung der NSDAP ins Spiel gebracht worden. Seine Realisierung scheiterte damals jedoch noch an der intransigenten Haltung Hitlers in der Frage der Machtaufteilung im Reichskabinett. S. dazu Reuth, Goebbels, S. 230–233.

5 BArch Potsdam R 43 II/1149 Bl. 16. Hervorhebung im Text. Die folgenden Zitate ebd.

6 Ebd., Bl. 17.

7 Ebd.

8 Ebd. Hervorhebung im Text.

9 Goebbels-Tagebücher, Teil 1, Bd. 2, S. 388.

10 Ebd. Zur Rolle Funks in der wirtschaftspolitischen Abteilung der NS-Reichsleitung vor 1933 s. Broszat, Der Staat Hitlers (7. Aufl. 1978), S. 77–78, und A. Barkai, Das Wirtschaftssystem des Nationalsozialismus. Ideologie, Theorie, Politik 1933–1945, Frankfurt a. M., Erweiterte Neuausgabe 1988, S. 34/Fn *.

und Goebbels entwickelte Projekt auf der Ministerbesprechung am 7. 3. 1933 erstmals vorgestellt.[11] Obwohl es hierbei noch zu keiner Beschlußfassung gekommen war, notierte Goebbels am 8. 3. 1933 in seinem Tagebuch, daß sein Ministerium »nun im Rohbau fertiggestellt« sei.[12] Während hinter den Kulissen also bereits die ersten Vorarbeiten liefen, wurde die »Errichtung eines Reichsministeriums für Volksaufklärung und Propaganda« auf der Ministerbesprechung vom 11. 3. 1933 »außerhalb der Tagesordnung« verhandelt.[13] Hitler hielt sich bei dieser erneuten Einbringung seines Antrags im wesentlichen an die erwähnte Begründungsvorlage.[14] Allerdings versuchte er die besondere Dringlichkeit einer Entscheidung dadurch deutlich zu machen, daß er die »Aufklärungsarbeit« des neuen Ministeriums nicht nur in der aktuellen Situation bei der »Vorbereitung wichtiger Regierungshandlungen«, sondern auch »für den Kriegsfall« als unverzichtbar hinstellte.[15]

Wie aus der knappen Referierung des Sitzungsverlaufs hervorgeht, versuchte Alfred Hugenberg dennoch eine Verschiebung der Entscheidung herbeizuführen.[16] Wohl nicht nur aus Furcht um seine Kompetenzen als Reichswirtschaftsminister sowie als Reichsminister für Ernährung und Landwirtschaft.[17] Die vorgesehene Finanzierung der neuen Bürokratie über ein »Anzeigenmonopol« im Pressewesen tangierte nämlich insbe-

[11] Heiber, Goebbels, S. 120.

[12] Goebbels-Tagebücher, Teil 1, Bd. 2, S. 389. Die Vereinbarungen mit Hitler waren für Goebbels offenbar bereits maßgeblicher als die Beschlußfassung des Reichskabinetts.

[13] »Auszug aus der Niederschrift über die Ministerbesprechung vom 11. März 1933«, BArch Potsdam R 43 II/1149 Bl. 5–8, hier Bl. 5.

[14] S. ebd., Bl. 5 und 6. Lediglich das in dem Papier zum »Reichskommissariat für Volksaufklärung und Propaganda«, hier Bl. 21, angeführte Argument, mit »dieser zentralen volkspolitischen Werbestelle würde die nationale Regierung etwas Einzigartiges schaffen, das den großartigen Organisationen, die auf diesem Gebiete von Franzosen und Polen zur Werbung für ihre politischen Ziele aufgebaut wurden, ebenbürtig wäre«, wurde von Hitler seltsamerweise nicht eingesetzt.

[15] Ebd., Bl. 5.

[16] Ebd., Bl. 6.

[17] Dessen Kompetenzbereich hatte Hitler mit dem Hinweis angesprochen, daß das neue Propagandaministerium bereits bei der »das Kabinett jetzt beschäftigenden Öl- und Fettfrage« (ebd., Bl. 5) wichtige Aufklärungsarbeit im Sinne der Reichsregierung zu leisten hätte.

sondere die geschäftlichen Interessen des Medienzaren. Auch der Reichspost- und Reichsverkehrsminister wollte sich nicht ohne weiteres mit einer Abgabe der Rundfunkeinnahmen abfinden.[18] Trotz dieser beachtlichen Bedenken setzte sich Hitler mit Unterstützung von Reichsinnenminister Frick durch.[19]

Am 13. 3. 1933, also bereits zwei Tage nach der Beschlußfassung des Kabinetts, unterzeichnete Reichspräsident von Hindenburg die Ernennungsurkunde des »Schriftstellers« Dr. Goebbels zum Reichsminister und die Walther Funks zum Staatssekretär.[20] In dem zugehörigen »Erlaß über die Errichtung des Reichsministeriums für Volksaufklärung und Propaganda« wurde zunächst nur der allgemeine Zweck des neuen Reichsressorts festgelegt, während die Aufgaben im einzelnen noch von Hitler »im Einvernehmen mit den beteiligten Reichsministerien« bestimmt werden sollten.[21]

Am 8. 4. 1933 ließ Goebbels dann über die Presse die Organisationsstruktur seines Ministeriums verbreiten.[22] Vorgesehen waren sieben Abteilungen: Haushaltung und Wirtschaft (I), *Propaganda* (II), *Rundfunk* (III), *Presse* (IV), *Film* (V), Theater (VI) und *Volksbildung* (VII).[23] Nicht nur diese Aufbaustruktur,

18 Ebd., Bl. 7.

19 Die ganze Farce der Scheinabstimmung der Ministerien im Kabinett wird daran deutlich, daß Goebbels an jenem 11. 3. 1933, an dem der Beschluß zur Gründung des Ministeriums erst offiziell von der Reichsregierung gefaßt wurde, in seinem neuen Amtssitz am Wilhelmplatz 8/9 bereits »den Stuck von den Wänden schlagen« ließ. Goebbels-Tagebücher, Teil 1, Bd. 2, S. 390.

20 Dieser rasche Vollzug des Kabinettsbeschlusses widerspricht der Darstellung des langjährigen Mitarbeiters in der Presseabteilung des Propagandaministeriums A. Stephan, Joseph Goebbels. Dämon einer Diktatur, Stuttgart 1949, S. 28, wonach der Reichspräsident seine Unterschrift unter die Ernennungsurkunde »mehrere Tage verweigerte«, da die Ministeriumsgründung von Hitler »gegen den Willen Hindenburgs« durchgesetzt worden sei. Vgl. dazu auch den Tagebucheintrag von Goebbels zu seiner Vereidigung durch den Reichspräsidenten am 14. 3. 1933, Goebbels-Tagebücher, Teil 1, Bd. 2, S. 393.

21 RGBL/Teil I Nr. 21 vom 17. 3. 1933, S. 104.

22 Das Archiv. Nachtragsband I Januar-Mai 1933, S. 289.

23 Die von mir hervorgehobenen Abteilungen wurden bereits in der Reichspropagandaleitung der NSDAP geführt. S. die Mitteilung über die »Neuordnung der Reichspropagandaleitung« vom 24. 1. 1933, in: Verordnungsblatt der Reichsleitung der NSDAP, 2. Jg./Folge 40 vom 31. 1. 1933, S. 88. BArch Potsdam NSD 13/1.

sondern auch die Auswahl der Mitarbeiter erfolgte in enger Anlehnung an die erst im Januar 1933 umstrukturierte Reichspropagandaleitung der NSDAP.[24] Deren Vertretungen in den 31 NSDAP-Gauen wurden am 16. 5. 1933 auch zu »Landesstellen« des Reichsministeriums für Volksaufklärung und Propaganda »erhoben«.[25] Allerdings mußte Goebbels in den kommenden Wochen um die Kompetenzen und den Etat seines Ministeriums noch zäh verhandeln.[26]

Erst am 30. 6. 1933 konnte Hitler eine »Verordnung« erlassen, mit der das Propagandaministerium nun »für alle Aufgaben der geistigen Einwirkung auf die Nation, der Werbung für Staat, Kultur und Wirtschaft, der Unterrichtung der in- und ausländischen Öffentlichkeit über sie und der Verwaltung aller diesen Zwecken dienenden Einrichtungen« zuständig erklärt wurde.[27] Zur Erfüllung dieser Aufgabenstellung hatten das Auswärtige Amt, das Reichsministerium des Innern, das Reichswirtschaftsministerium, das Reichsministerium für Ernährung und Landwirtschaft, das Reichspost- und Reichsverkehrsministerium eine Reihe ihrer bisherigen Kompetenzen abzugeben.[28] Was den Bereich der Literaturpolitik anlangte, so übernahm das Propagandaministerium vom Reichsinnenministerium die Betreuung der Deutschen Bücherei in Leipzig und

[24] Von der Reichspropagandaleitung wechselten zunächst Wilhelm Haegert (Abt. II), Hans Weidemann (Abt. II), Arnold Raether (Abt. V) und Horst Dreßler-Andreß (Abt. III) ins Propagandaministerium.

[25] Mitteilung des DNB Jg. 1/Nr. 1055 vom 17. 5. 1933, BArch Potsdam R 43 II/1149 Bl. 45. Die Liste der Landesstellenleiter, Presse- und Rundfunkreferenten ebd., Bl. 45–46.

[26] Am 15. 3. 1933 hatte Goebbels zu den »Schwierigkeiten« um die Kompetenzabgrenzung seines Ressorts noch ganz selbstherrlich angemerkt: »Aber wir Nazis werden immer schnell einig, da wir an solche Fragen mit gesundem Menschenverstand herangehen«, Goebbels-Tagebücher, Teil 1, Bd. 2, S. 393. Die Tagebuchaufzeichnungen der Folgemonate sind dann allerdings voller Klagen über die mühsamen und langwierigen Verhandlungen. Die Besprechungen mit dem AA über das Sachgebiet der Auslandspropaganda, mit dem Reichsinnenministerium über die Veranstaltung nationaler Feiertage und von Staatsfeiern sowie mit dem Preußischen Ministerpräsidenten über die Rundfunkverwaltung sind dokumentiert in BArch Potsdam R 43 II/1149 Bl. 49ff.

[27] RGBL/Teil I Nr. 75 vom 5. 7. 1933, S. 449.

[28] S. im einzelnen ebd., Pkt. 1–4.

die »Bekämpfung von Schund und Schmutz«.[29] Hierfür ebenso wie für alle anderen »Aufgaben« unter Einschluß der Gesetzgebung sollte Goebbels zukünftig »federführend« sein.[30]

Damit war der Kampf um den Aufbau des Ministeriums jedoch noch keineswegs abgeschlossen. Denn die großen Arbeitsbereiche, die der Propagandaminister für sich reserviert hatte, und die im Grunde völlig unzureichende Festlegung seiner Zuständigkeiten durch die Hitlersche »Verordnung« vom 30. 6. führten weiterhin zu »viel Ärger wegen der Kompetenzüberschreitungen meiner Abteilungen«, wie Goebbels am 8. 7. 1933 in seinem Tagebuch beklagen mußte.[31] Nicht nur die Amtskollegen im Reichskabinett,[32] sondern auch die »gleichgeschalteten« Landesregierungen und hier vor allem Göring als Ministerpräsident Preußens wollten sich nicht ohne weiteres mit der Beschneidung ihrer Interessenssphären abfinden.[33]

Es war wiederum der an einer Zurückdrängung des Länder-Partikularismus interessierte Reichskanzler, der den Propagandaminister in diesem Machtkampf entscheidend unterstützte.[34] Zunächst wurden die »Reichsstatthalter« am 15. 7. 1933 von Hitler angewiesen, die Einrichtung von »*Stellen* für Volksaufklärung, Propaganda oder irgendwelche Art der Einwirkung auf In- und Ausland, wie man sie auch bezeichnen mag«, zu

[29] Ebd., Pkt. 2.

[30] Ebd.

[31] Goebbels-Tagebücher, Teil 1, Bd. 2, S. 443.

[32] Weniger im Wirtschaftsministerium, das nach dem Rücktritt Hugenbergs am 27. 6. 1933 weitgehend entmachtet war, als vielmehr im Reichsfinanzministerium stieß Goebbels wegen seiner Finanz- und Kompetenzansprüche auf Widerstand. S. die Goebbels-Tagebücher, Teil 1, Bd. 2, S. 438 (23. 6. 1933).

[33] Am 17. 6. 1933 notierte Goebbels zu einem Besuch in Hamburg, daß sich NSDAP-Gauleiter Kaufmann über Göring beklagt habe. »Der macht in blödesten Partikularismus nur aus persönlichem Machthunger«, Goebbels-Tagebücher, Teil 1, Bd. 2, S. 435. Im Tagebuch vom 27. 6. 1933 findet sich dann der fast schon resignative Satz »Der Partikularismus blüht«, ebd., S. 439.

[34] Schon bei den Verhandlungen mit dem AA über die Neufestsetzung der Kompetenzen auf dem Gebiet der Auslandspropaganda hatte Hitler »mit Verve meinen Standpunkt« vertreten, wie Goebbels stolz in seinem Tagebuch vom 25. 5. 1933, Goebbels-Tagebücher, Teil 1, Bd. 2, S. 424, anmerkt.

unterbinden.[35] Zudem sollten die Gesetzgebungs- und Verwaltungskompetenzen des Reichspropagandaministers bei *»Feiern und Kundgebungen* nationaler und politischer Art«[36] sowie auf dem Gebiet der Presse, des Lichtspiel- und Theaterwesens und des Rundfunks[37] entscheidend berücksichtigt werden. Das ging deutlich an die Adresse Görings, der sich in den Wochen zuvor intensiv um den Erhalt seines Einflusses im Theater- und Rundfunkwesen bemüht hatte.[38] Am 25. 8. 1933 konnte Goebbels beruhigt als Fazit eines Gesprächs mit Hitler festhalten: »Mein Amt: bekommt alles, was Inspiration verlangt. Soll nicht von Verwaltung und Bürokratie erdrückt werden. Auch Theater hierhin. Akut die Auflösung der Länder.«[39]

Mit der Vorlage des ersten detaillierten Geschäftsverteilungsplanes vom 1. 10. 1933,[40] in den die Aufgabengebiete »Musik und Kunst« [zusammen mit Theater als Abteilung VI][41] sowie »Abwehr (Lügenabwehr im In- und Auslande)« [als Abteilung VII][42] neu eingearbeitet worden waren, wurde der Grundstein

35 Schreiben des Reichskanzlers an die Herren Reichsstatthalter in den Ländern betr. Aufgabenverteilung zwischen Reich und Ländern auf dem Gebiete der Volksaufklärung und Propaganda vom 15. 7. 1933, BArch Potsdam R 43 II/1149 Bl. 88–92, hier Bl. 88. Hervorhebung im Text.

36 Ebd., Bl. 89. Hervorhebung im Text.

37 Ebd., Bl. 90–91.

38 S. dazu den Eintrag von Goebbels in sein Tagebuch vom 12. 5. 1933: »Gestern: Arbeit, Ärger, Krach, Intrigen. Göring will alles schlucken. Krukenberg [der Leiter des Reichsrundfunks und der Rundfunkabteilung im Propagandaministerium] mit ihm im Bunde. Ich werde hineinfunken. Göring krankhaft ehrgeizig ... hat mich geprellt« (Goebbels-Tagebücher, Teil 1, Bd. 2, S. 419); und vom 15. 6. 1933: »Laubinger [der Leiter der Theaterabteilung des Propagandaministeriums]: er beklagt sich über Göring. In der Theaterfrage. Preußischer Partikularismus auch in der Rundfunksache. Ich berichte Hitler. Er hat einen Wutanfall. Dieser Zaunstandpunkt muß niedergerissen werden« (ebd., S. 434). Ergänzend Schulz, Die Anfänge des totalitären Maßnahmenstaates, in: Bracher/Sauer/Schulz, Die nationalsozialistische Machtergreifung, Teil II, S. 550–552.

39 Goebbels-Tagebücher, Teil 1, Bd. 2, S. 461.

40 BArch Potsdam R 43 II/1149 Bl. 126–133.

41 Ebd., Bl. 132/Rs. (S. 13).

42 Ebd., Bl. 133 (S. 15). Als Abteilungsleiter fungierte Hermann Demann, der zuvor die Unterabteilung »Lügenabwehr« in der Reichspropagandaabteilung geleitet hatte.

zu einem wahrhaft »hypertrophen« Wachstum gelegt.[43] Hatte der Reichsarbeitsminister auf der Ministerbesprechung vom 11. 3. 1933 noch gefordert, daß »ein derartiges Reichsministerium jedes Erwerbscharakters entkleidet sein müsse«,[44] so griff Goebbels gerne auf die immensen Einnahmen aus dem staatlich monopolisierten Rundfunkwesen zu, um mit ihnen die Steigerung des Ministeriumsetats von 29 Mio. RM (1934) auf 97 Mio. RM (1939) zu finanzieren.[45] Auch von einem »bewußte[n] Kleinhalten des Büroapparates«, mit dem man noch die Einrichtung des ursprünglich vorgesehenen »Reichskommissariats« schmackhaft machen wollte,[46] war nun nicht mehr die Rede.

Die Anzahl der ministeriellen Abteilungen betrug 1936 zehn und erreichte 1943 mit siebzehn ihren Höhepunkt, wobei stets noch eine Fülle nach- und untergeordneter Behörden hinzugerechnet werden muß.[47] Mehr als 500 Mitarbeiter,[48] deren Büros über ganz Berlin verteilt waren,[49] wurden schließlich im Goebbelsschen Amtsbereich beschäftigt. Vorwiegend handelte es sich dabei um Nationalsozialisten der Jahrgänge um 1900, die

[43] Heiber, Goebbels, S. 128, weist in diesem Zusammenhang mit einem ironischen Seitenhieb auf »Parkinsons Gesetz« zum Verwaltungswachstum aus dem Jahre 1957 hin.

[44] »Auszug aus der Niederschrift über die Ministerbesprechung vom 11. März 1933«, hier Bl. 6.

[45] Zahlenangaben bei Heiber, Goebbels, S. 130.

[46] »Reichskommissariat für Volksaufklärung und Propaganda«, hier Bl. 20.

[47] S. dazu im einzelnen die Geschäftsverteilungspläne des Propagandaministeriums vom 10. 2. 1936, BArch Potsdam R 55/1317 Bl. 1–11 (S. 2–20), und vom 1. 11. 1942 mit den Änderungen zum 1. 11. 1943, BArch Potsdam R 55/1317 Bl. 52–140. Kommentierend Heiber, Goebbels, S. 128–135. Zu den genauen Aufgabenbereichen der einzelnen Abteilungen und nachgeordneten Behörden s. die im Auftrag von Goebbels verfaßte Darstellung von G. W. Müller, Das Reichsministerium für Volksaufklärung und Propaganda, Berlin 1940, S. 11–38. Der »Führer durch die Behörden und Verbände«, hg. von L. Münz (und C. Lehmann), Berlin 1933 (hier S. 17/18), 1934 (S. 48–51), 1936 (S. 54–57), 1939 (103–106) scheint durch die rasante Entwicklung völlig überfordert gewesen zu sein.

[48] Zahlenangabe bei P. Diehl-Thiele, Partei und Staat im Dritten Reich, Bonn, 2. Aufl. 1971, S. 219/Fn. 47: 549.

[49] Heiber, Goebbels, S. 128, gibt 54 vom Propagandaministerium genutzte Gebäude an. Für Umbauten wurden zwischen 1934 und 1941 allein 14 Mio. RM ausgegeben (ebd., S. 129).

vielfach unter »Durchbrechung der klassischen Grundsätze staatlicher Personalpolitik«[50] als Angestellte oder Beamte in den mittleren, gehobenen und höheren Dienst aufsteigen konnten.[51] Neben dieser jungen Garde, deren Verdienste vor allem im Engagement für die Partei lagen,[52] gab es aber auch zahlreiche erfahrene Verwaltungsbeamte, die aus anderen Ministerien übernommen wurden und auf deren Sachkompetenz Goebbels gerade in der Aufbauphase besonders angewiesen war.[53]

1.2. Die Reichsschrifttumsstelle (ab 1939: Werbe- und Beratungsamt für das deutsche Schrifttum)

Am 8. 3. 1933 merkte Goebbels in seinem Tagebuch zu den für sein neues Ministerium vorgesehenen Abteilungen Rundfunk, Presse, Film, Propaganda und Theater an: »Das sind alles die Gebiete, die mir persönlich sehr nahe liegen, und denen ich mich deshalb schon mit ganzem Eifer und mit ganzer innerer Hingabefreudigkeit widmen werde«.[54] Es fällt auf, daß das Ge-

[50] Mommsen, Beamtentum im Dritten Reich, S. 63.

[51] W. A. Boelcke weist in der Einleitung zu dem von ihm herausgegebenen Band »Kriegspropaganda 1939–1941. Geheime Ministerkonferenzen im Reichspropagandaministerium«, Stuttgart 1966, hier S. 117, auf die zum 10jährigen Bestehen des Ministeriums aufgestellte Statistik der Personalabteilung hin. Danach betrug das »Durchschnittsalter« beim mittleren Dienst 40, beim gehobenen Dienst 47 und bei den Beamten des höheren Dienstes 39 Jahre. Vgl. auch E. K. Bramsted, Goebbels und die nationalsozialistische Propaganda 1925–1945. Aus dem Englischen übersetzt von H. E. Strakosch, Frankfurt a. M. 1971 (Originalausgabe East Lansing/Michigan 1965), S. 111–113.

[52] Dieser Umstand wurde von Goebbels mit einigem Stolz in seinem Tagebuch vom 18. 4. 1933, Goebbels-Tagebücher, Teil 1, Bd. 2, S. 409, vermerkt: »Mein Ministerium ist fast ausschließlich mit jungen Nationalsozialisten besetzt. Sie verstehen zwar den bürokratischen Kram nicht so gut wie die alten Beamten, sie bringen dafür aber Feuer, Begeisterung und unverbrauchten Idealismus mit«.

[53] Insbesondere in die Abteilung I »Verwaltung und Recht« wurden von Goebbels 1933 eine Reihe erfahrener Verwaltungsjuristen eingesetzt: Dr. Erich Greiner und Dr. Karl Ott kamen aus dem Reichsfinanzministerium, Dr. Hans Schmidt-Leonhardt aus dem Reichsinnenministerium. S. die Personalakten des RMVP im BDC sowie die knappen Angaben bei Boelcke (Hg.), Kriegspropaganda 1939–1941, S. 60–61.

[54] Goebbels-Tagebücher, Teil 1, Bd. 2, S. 389.

biet »Schrifttum« in dieser Aufzählung fehlt. Ein Umstand, der nicht nur deshalb verwundert, weil Goebbels mit einem literaturgeschichtlichen Thema an der Universität Heidelberg promoviert worden war, sondern auch, weil der Propagandaminister ursprünglich einmal freier Schriftsteller hatte werden wollen.[55]

Aber schon in der Reichspropagandaabteilung war eine eigenständige Abteilung für Schrifttumsfragen nicht vorgesehen. Und im ersten Geschäftsverteilungsplan des Reichspropagandaministeriums vom 1. 10. 1933 war im Rahmen der Abteilung »Propaganda« auch nur ein kleines Referat für diesen Bereich vorgesehen. Dabei hatte der ebenfalls an der Heidelberger Universität promovierte Referatsleiter, Dr. Heinz Wismann, ein weitgefaßtes Feld zu betreuen: »Förderung der nationalen Literatur; Verlagswesen; Autoren; Buchgemeinschaften; Volksbüchereien; Leihbüchereien; Zeitschriften; Deutsche Bücherei in Leipzig; Reichsstelle zur Förderung des deutschen Schrifttums«.[56]

Der zuletzt erwähnte Punkt war allerdings mißverständlich formuliert. Denn die »Reichsstelle zur Förderung des deutschen Schrifttums« war eine privatrechtliche Gründung, an der Vertreter des Rosenbergschen Kampfbundes für deutsche Kultur maßgeblich beteiligt waren.[57] Wismann war in dieser ersten, noch halboffiziellen Schrifttumsstelle eigentlich nur deshalb vertreten, weil das Propagandaministerium – zusammen mit dem Reichsinnenministerium, dem Börsenverein der Deutschen Buchhändler und dem Langen-Müller Verlag – die Aktivitäten der von Hans Hagemeyer seit Juni 1933 zunächst in Leipzig, ab August dann in Berlin aufgebauten Geschäftsstelle finanziell unterstützte.[58] Das Verhältnis zwischen Propagandaministerium und Reichsstelle war in der Anfangsphase durchaus kooperativ.[59] Eine Wandlung dieses Arbeitsverhältnisses dürfte

[55] Heiber, Goebbels, S. 27–39.

[56] Geschäftsverteilungsplan vom 1. 10. 1933, BArch Potsdam R 43 II/1149 hier Bl. 128/Rs. (S. 6).

[57] S. im einzelnen Kapitel II, Abschnitt C 1.1. dieser Arbeit.

[58] S. das Schreiben Rosenbergs an Goebbels vom 5. 3. 1934, BArch Potsdam NS 8/171 Bl. 236–241, hier Bl. 240.

[59] S. den von Hagemeyer am 8. 1. 1934 an Rosenberg geschickten Bericht über die »Bedeutung und Aufgaben der Reichsstelle zur Förderung des deutschen Schrifttums«, BArch Potsdam NS 8/153 Bl. 150–154, hier Bl. 153. Aus der vom Propagandaministerium am 2. 7. 1934 vorgenommenen Prüfung der »Einnahmen und Ausgaben der Reichsstelle zur Förderung des

die Gründung der Reichskulturkammer im November 1933 bewirkt haben. Denn der Aufbau der Reichsschrifttumskammer machte die in der Reichsstelle ebenso wie im Kampfbund vorhandenen Ambitionen auf einen bestimmenden Einfluß in der Literaturpolitik völlig zunichte.

Der entscheidende Bruch ging jedoch nicht von der Reichsstelle, sondern vom Propagandaministerium aus. Dem zuständigen Referenten Wismann, der nun auch als Vizepräsident in der RSK saß, scheinen die eigenständigen Aktivitäten der Hagemeyerschen Organisation bei der Realisierung seiner ehrgeizigen Pläne auf dem Gebiet der Literaturpolitik im Wege gestanden zu haben. Er wartete zunächst noch den Ablauf der »Säuberungsmaßnahmen« im Buchhandel ab, die ja auf der Grundlage der vom »Arbeitsausschuß« unter Leitung des KfdK erarbeiteten »Schwarzen Listen« im Dezember 1933 und Januar 1934 vom Börsenverein betrieben wurde. Auf der Sitzung des Präsidialrates der Reichsschrifttumskammer am 16. 1. 1934 kündigte Wismann erstmals seine Vorstellungen über eine »grundsätzliche Neuerung der Reichsstelle« an.[60] Sie sollte in drei Abteilungen gegliedert werden: die »Förderung des deutschen Buches im Inland« mit Hans Hagemeyer als Abteilungs- und Hellmuth Langenbucher als Lektoratsleiter; das »deutsche Buch im Ausland« unter Leitung des Reichsstellen-Lektors Werner Schlegel; und »Volksbüchereiwesen« unter Karl Heinl.[61] Aufgrund der – insbesondere von Hans Grimm – als völlig unzureichend bewerteten bisherigen Tätigkeit Hagemeyers erhielt Wismann von den Präsidialratsmitgliedern grünes Licht für die Eingliederung der Reichsstelle in die Reichsschrifttumskammer.[62]

Am 30. 1. 1934 schickte Wilhelm Haegert, der Leiter der Pro-

deutschen Schrifttums«, BArch Potsdam R 55/322 Bl. 5, geht hervor, daß die Reichsstelle vom 1. 7. 1933 bis zum 31. 3. 1934 insgesamt 25000 RM an Zuschüssen vom Ministerium erhalten hatte. Am 1. 4. 1934 wurden sämtliche Zahlungen eingestellt.

60 »Protokoll der Präsidialratssitzung« vom 16. 1. 1934, hier S. 5, DLA Marbach/NL H. Grimm Konv. Reichsschrifttumskammer, Mappe III. Dem Präsidialrat gehörten neben Blunck und Wismann auch Theodor Fritsch jun., Hans Grimm, Gunther Haupt, Hanns Johst und Friedrich Oldenbourg an.

61 Ebd., S. 5–6. Damit war in den Grundzügen auch schon der spätere Aufbau der Schrifttumsabteilung von Wismann vorgezeichnet.

62 Ebd., S. 6–7.

paganda-Abteilung des Goebbelsschen Ministeriums, dem Reichsstellen-Geschäftsführer Hagemeyer, den zuvor Wismann und RSK-Präsident Blunck vergeblich auf ihre Seite zu ziehen versucht hatten,[63] ein Entlassungsschreiben.[64] Die Folge war eine der zahllosen Kompetenzstreitigkeiten, die für die nationalsozialistische Literaturpolitik bis 1945 charakteristisch werden sollten. Über mehrere Wochen hinweg kursierten umfangreiche Schriftsätze zwischen Rosenberg, Goebbels, Haegert und Rudolf Heß.[65] Obwohl das Propagandaministerium mit erheblichem Aufwand die Einsetzung Wismanns als Leiter der Reichsstelle zur Förderung des deutschen Schrifttums durchzusetzen versuchte,[66] gelang es Rosenberg aber schließlich doch, die Reichsstelle in sein neues Amt als »Beauftragter des Führers für die Überwachung der gesamten geistigen und weltanschaulichen Schulung der NSDAP« hinüberzuretten.

Damit war der von Wismann verfolgte Plan, den Lektorenapparat sowie die umfangreiche Autoren- und Verlagskartothek der Reichsstelle für das Propagandaministerium zu vereinnahmen,[67] gescheitert. Im März 1934 wurde daraufhin im Ministe-

[63] So die Darstellung von H. F. Blunck, Unwegsame Zeiten. Lebensbericht 2. Band, Mannheim 1952, S. 239. Blunck war ebenso wie Wismann Mitglied im »Führerrat« der Reichsstelle. Dazu das Schreiben Hagemeyers an Rosenberg vom 26. 3. 1934, BArch Potsdam NS 8/153 Bl. 133–135, hier Bl. 134.

[64] Das Schreiben Haegerts an die Reichsleitung der NSDAP, von dem Hagemeyer offenbar nur eine »Abschrift« erhielt, scheint nicht überliefert zu sein. In BArch Potsdam NS 8/171 Bl. 248–249 findet sich nur die prompte Reaktion Rosenbergs, der sich mit Bezug auf diesen Vorgang am 31. 1. 1934 an Haegert wandte.

[65] S. im einzelnen NS 8/171 Bl. 227–249 und NS 8/177 Bl. 225–229.

[66] Schreiben von Rosenberg an Goebbels vom 19.2. und 5. 3. 1934, BArch Potsdam NS 8/171 Bl. 236–244. In seinem Schreiben an Heß vom 15. 3. 1934, BArch Potsdam NS 8/177 Bl. 225–229, wies Rosenberg darauf hin, daß die Ernennung Wismanns zum Leiter der Reichsstelle sogar über den Rundfunk verbreitet worden sei (Bl. 227).

[67] Diese Taktik war von Rosenberg wohl gleich durchschaut worden. Denn in seinem Schreiben an Goebbels vom 5. 3. 1934, BArch Potsdam NS 8/171 hier Bl. 239, äußerte er geschickt: »Ich kann mich des Eindrucks nicht erwehren, daß Herr Dr. Wismann in seinem Ministerium die beim Kampfbund für Deutsche Kultur vorhandenen Grundlagen der Reichsstelle und die Pläne für die Organisation der Reichsstelle selbst als eigene Vorschläge seines Referats vertreten hat«. Noch am 18. 7. 1934 mußte sich Rosenberg beim Propagandaminister über die fortgesetzten Versuche beschweren,

rium mit dem Aufbau einer »Reichsschrifttumsstelle« begonnen. Als rechtliche Legitimation für ihre Einrichtung mußte das »Gesetz zur Bewahrung der Jugend vor Schund- und Schmutzschriften« herhalten,[68] für dessen Durchführung das Propagandaministerium seit dem Kompetenzrevirement vom 30. 6. 1933 offiziell zuständig war.

Nach außen setzte sich die Reichsschrifttumsstelle allerdings ausdrücklich von einer »Zensurstelle« ab.[69] Ihr Betätigungsfeld wurde von Wismann im Börsenblatt vom 9. 6. 1933 mit »Propagandamaßnahmen zur Pflege und Förderung des deutschen Schrifttums« angegeben,[70] was nahezu wörtlich dem Titel und der Aufgabenstellung der Rosenbergschen Schrifttumsstelle entsprach. Neben den Werken »junger bisher noch unbekannter Dichter und Schriftsteller« sollte auch »wertvolles Schrifttum aus früherer Zeit, das während der jüdisch-marxistischen Ära unterdrückt und totgeschwiegen wurde«, besonders herausgestellt werden.[71]

Nach der offiziellen Gründung der Reichsschrifttumsstelle am 2. 6. 1934 trat man dann »schlagartig«[72] mit der Aktion »Die sechs Bücher des Monats« an die Öffentlichkeit.[73] Die Werbekampagne für Bücher zu »Fragen der Zeit« und »Dichtung«, die von Rundfunk und Presse kräftig unterstützt wurde,[74] ver-

»Mitarbeiter der mir unmittelbar unterstehenden Reichsstelle zur Förderung des deutschen Schrifttums [...] bei Ihnen unterstehenden Dienststellen als Mitarbeiter zu gewinnen«, BArch Potsdam NS 8/171 Bl. 227.

68 S. den für Staatssekretär Lammers in der Reichskanzlei angefertigten »Vermerk« (o. Vf.), BArch Potsdam R 43 F 4222 Bl. 58–59. Der 1934 oder 1935 entstandene »Vermerk« sollte Lammers einen Überblick über die Kompetenzen der »Reichsstelle zur Förderung des deutschen Schrifttums«, der »Parteiamtlichen Prüfungskommission zum Schutz des NS-Schrifttums« und der »Reichsschrifttumsstelle« geben.

69 Meldung zur Gründung der »Reichsschrifttumsstelle« in: Das Archiv 1 (1934/35), S. 384.

70 »Die Reichsschrifttumsstelle. I. Wille und Ziel«, Bbl. 101. Jg., Redaktioneller Teil, Nr. 132 vom 9. 6. 1934, S. 513.

71 Das Archiv 1 (1934/35), S. 384.

72 So die bezeichnende Formulierung von Wismann in seiner Vorstellung der RSS im Bbl. vom 9. 6. 1934.

73 S. C. R. Dietz, Die Reichsschrifttumsstelle. II. Die ersten Maßnahmen, in: Bbl. 101. Jg., Redaktioneller Teil, Nr. 132 vom 9. 6. 1934, S. 513–514.

74 Auch im Börsenblatt wurden die monatlich ausgewählten Bücher jeweils besonders herausgestellt.

folgte zwei Ziele: Zum einen sollte dem Sortiment und der Leserschaft »ein Grundstock von [...] empfehlenswerten, der nationalsozialistischen Weltanschauung entsprechenden Werken« vorgelegt werden;[75] zum anderen versprach man sich von der »Propagierung guten Schrifttums« eine wirtschaftliche Belebung des Buchgeschäfts.[76]

In der Anfangsphase war die Reichsschrifttumsstelle eine »angegliederte« Dienststelle des Propagandaministeriums mit einem überschaubaren Bürobetrieb. An der Seite Wismanns, dem die Leitung übertragen worden war, arbeiteten der Geschäftsführer Curt Reinhard Dietz und der Referent Edgar Diehl. Beide konnten einschlägige Kenntnisse der Literaturszene und des Verlagswesens einbringen.[77] Ein Beispiel für ihr durchaus beachtenswertes Engagement war die von Diehl unter dem Titel »Lieder der Stille« herausgegebene Anthologie junger Lyriker, die im November 1935 der Berliner Presse mit einer Lesung vorgestellt wurde.[78] Auch der am 15. 9. 1935 als »Pressereferent« eingestellte Erich Langenbucher verfügte über gute Beziehungen zum Buchhandel. Zu Beginn der dreißiger Jahre hatte er als Sekretär im Langen-Müller Verlag gearbeitet. Im

[75] »Mitteilung« der Geschäftsstelle des Börsenvereins betr. »Die sechs Bücher des Monats«, Bbl. 101. Jg., Redaktioneller Teil, Nr. 202 vom 30. 8. 1934, S. 761.

[76] Das Archiv 1 (1934/35), S. 384.

[77] Curt Reinhard Dietz (1896–1946): Studium von Philosophie, Germanistik, Literaturgeschichte und Volkswirtschaft in Gießen; nach dessen Abbruch im Jahre 1922 freier Schriftsteller, Verlagsmitarbeiter (Lektorat, Werbung, Ausbau eines schöngeistigen Verlages), Schriftleiter einer Zeitschrift, Kritiker für Schrifttum und Film. Seit 1. 4. 1932 Mitglied der NSDAP. Nach einem Gespräch mit Goebbels im Januar 1934 wurde Dietz Ende März mit dem Aufbau und der geschäftsführenden Leitung der Reichsschrifttumsstelle betraut. S. den »Lebenslauf« (o. D.[1939]) in BDC/RSK/Dietz, C. R.; Edgar Diehl (1906–?): nach Abschluß einer Buchhandelslehre von 1924 bis 1934 im Buchhandel tätig. Mitglied der NSDAP seit 1. 12. 1931. S. den »Personalfragebogen« des Propagandaministeriums vom 20. 1. 1943, BDC/RMVP/Diehl, E.

[78] »Lieder der Stille. Eine Auswahl neuer Lyrik«, hg. von Edgar Diehl, Dresden o. J. [1935]. In dem Band waren neunzehn Jungautoren und -autorinnen, unter ihnen auch Peter Huchel, vertreten. Vorherrschende Themen waren Natur, Liebe und Lieder aus dem bäuerlichen Lebenskreis. S. den Bericht über die Vorstellung des Bandes mit der Lesung von Maria von Faber du Faur: A. D., Junge Lyrik. Eine Veranstaltung der Reichsschrifttumsstelle, in: Berliner Tageblatt Nr. 540 vom 14. 11. 1935.

Juni 1933 war er zusammen mit seinem Bruder Hellmuth in die Redaktion des Börsenblatts übernommen worden.[79] Bei der Lektoratstätigkeit wurde dieser kleine Angestelltenstab durch einen Kreis freier Mitarbeiter unterstützt, der sich aus dem Hochschulbereich, der Publizistik und dem Bibliothekswesen rekrutierte.[80]

Nachdem Dietz und Wismann bereits 1937 ausgeschieden waren,[81] kam es 1938 zu einem großen personellen Revirement. Als Folge einer prinzipiellen Neufestlegung der Kompetenzen zwischen der Reichskulturkammer und dem Propagandaministerium wechselten am 1. 4. 1938 die Referenten Alfons Brugger (Buchwerbung), Otto Henning (Vortragswesen) und Ludwig Warmuth (Fachschrifttum) von der Reichsschrifttumskammer in die Reichsschrifttumsstelle.[82] Mit Dr. Karl Thielke wurde ein Referent für das Sachgebiet »wissenschaftliches Schrifttum« neu eingestellt.[83] Die Bemühungen um einen systematischeren Auf- und Ausbau der Dienststelle wurden jedoch dadurch beeinträchtigt, daß sich die personell unterbesetzte Schrifttumsabteilung des Ministeriums bei der Erledigung ihrer Arbeiten immer wieder der Referenten der Reichsschrifttumsstelle bediente.[84]

Im Frühjahr 1939 wurde daher eine klare inhaltliche und personelle Trennung beider Dienstbereiche festzulegen versucht. Die Reichsschrifttumsstelle hatte nun alle »kulturpolitischen Führungsaufgaben« an die »Reichsschrifttumsabteilung« abzugeben und übernahm dafür alle »werbenden und fördernden

[79] S. die Beurteilung der Tätigkeit Langenbuchers bei der Reichsschrifttumsstelle durch Diehl vom 15. 2. 1937, BDC/RSK/Langenbucher, E. Langenbucher war Mitglied der NSDAP seit 1. 5. 1933, Mitglied der SS seit 1. 4. 1933.

[80] Handbuch der Reichskulturkammer, hg. von Hans Hinkel, Berlin 1937, S. 137.

[81] Während Dietz am 1. 5. 1937 die Geschäftsführung des »Deutschen Vereins zur Verwertung von Urheberrechten an Werken des Schrifttums« übernahm, wurde Wismann zum 31. 10. 1937 aus dem Propagandaministerium entlassen.

[82] S. die RSK-Personalakten von Brugger, Henning und Warmuth im BDC.

[83] S. die Personalangabe zu Thielke in BArch Potsdam R 55/30 Bl. 19.

[84] Dazu die kritischen Anmerkungen des neuen Leiters der Schrifttumsabteilung Alfred-Ingemar Berndt zum »Personaletat der Abteilung VIII für das Rechnungsjahr 1939/40« vom 6. 1. 1939, BArch Potsdam R 55/407 Bl. 279–286, hier Bl. 279–80.

Aufgaben«.[85] Ab 1. 4. 1939 firmierte sie unter der neuen Bezeichnung »Werbe- und Beratungsamt für das deutsche Schrifttum«.[86] An der Spitze des Amtes stand – wie bisher – der jeweilige Abteilungsleiter »Schrifttum« des Propagandaministeriums. Geschäftsführer wurde der Werbefachmann Alfons Brugger,[87] der nach dem Weggang von Diehl seit dem 1. 7. 1938 die Reichsschrifttumsstelle geleitet hatte.[88] Aufgrund der Personalverknappung während des Krieges blieb allerdings auch diese, von Goebbels selbst verordnete Zuständigkeitsabgrenzung im wesentlichen Papier. Wie in den Vorjahren wurden Mitarbeiter des »Werbe- und Beratungsamtes« in die Schrifttumsabteilung abgezogen.[89] Weiterhin wurden eine Fülle wichtiger schrifttumspropagandistischer und -politischer Arbeiten über das mit beträchtlichen Finanzmitteln ausgestattete »Werbe- und Beratungsamt« abgewickelt.[90]

Schon die Reichsschrifttumsstelle hatte nicht nur als »prakti-

85 »Nachrichtenblatt des Reichsministeriums für Volksaufklärung und Propaganda«, Bd. 7 1939, Nr. 6 vom 28. 3. 1939, S. 37. BArch Potsdam R 55/436.

86 Ebd.

87 Alfons Brugger (1906–?): Studium von Volkswirtschaft, Rechts- und Staatswissenschaften in München, Wien und Berlin; 1933/34 als Werbeberater für die Firma Lodenfabrik in München tätig; seit April 1934 Schriftleiter der Zeitschrift »Die deutsche Werbung«; ab Herbst 1934 Werbeberater bei der »Reichsarbeitsgemeinschaft für deutsche Buchwerbung«; vom 1. 8. 1937 bis 31. 3. 1938 Leiter der Abteilung »Buchwerbung« in der RSK. S. den »Lebenslauf« vom 22. 11. 1941 in BDC/RSK/Brugger, A.

88 Diehl war am 1. 7. 1938 als Sachbearbeiter für Büchereiwesen zum Deutschen Volksbildungswerk gegangen. »Personalfragebogen« des Propagandaministeriums vom 20. 1. 1943, BDC/RMVP/Diehl, E.

89 Geschäftsverteilungsplan des Werbe- und Beratungsamtes für das deutsche Schrifttum (o. D., 1942), BArch Potsdam R 55/30 Bl. 130–140. Darin ist für den Geschäftsführer Brugger, für die Referatsleiter Henning, Warmuth und Heidelberger sowie für den Referenten Reinelt die Abordnung zur Abteilung Schrifttum vermerkt.

90 Im Haushalt des Propagandaministeriums für 1942/43, in dem die Mittel für das Werbe- und Beratungsamt erstmals auf einen eigenen Titel gesetzt waren, sind allein 629 000 RM angegeben. S. die Zusammenstellung von Dr. Lucerna (Abt. H) vom 6. 1. 1943, BArch Potsdam R 55/862 Bl. 16. Der erste Etat der Reichsschrifttumsstelle (1. 6. 1934–31. 3. 1935) hatte dagegen noch bescheidene 53 485.15 RM betragen, BArch Potsdam R 55/322 Bl. 61.

sche[s] Arbeitsinstrument« der Schrifttumsabteilung fungiert.[91] Sie sollte »überall da in Erscheinung [treten], wo das Ministerium im Rahmen seiner Schrifttumsarbeit im Hintergrunde zu bleiben wünscht«.[92] Daher dehnte sich das Aufgabengebiet der ersten offiziellen staatlichen Schrifttumsstelle rasch aus. Sie wirkte an der seit 1934 im Herbst eines jeden Jahres veranstalteten »Woche des deutschen Buches« und an der seit 1936 intensivierten »Fachbuchwerbung« im Frühjahr mit, gab zahlreiche Auswahlverzeichnisse »empfehlenswerten Schrifttums« für das Sortiment, die Leih- und Volksbüchereien heraus, bereitete Buchausstellungen im In- und Ausland vor.[93] Auch die Organisation von Autorenlesungen und der seit Herbst 1938 stattfindenden »Weimarer Dichtertreffen« wurden über die Reichsschrifttumsstelle abgewickelt.

Das Werbe- und Beratungsamt für das deutsche Schrifttum übernahm alle diese Betätigungsfelder, erhielt jedoch im Krieg noch eine Reihe neuer Funktionen: den gezielten »Dichtereinsatz« im Ausland und die »Betreuung« ausländischer Schriftsteller in Deutschland, die »Steuerung« der Verlagsproduktionen, insbesondere der Fach- und naturwissenschaftlichen Bücher, die »Sichtung und Wertung« des Schrifftums im Hinblick auf die Papierzuteilung sowie die Überprüfung und Stellung von Verbotsanträgen bei in- und ausländischen Buchpublikationen.[94] Offiziell wurden diese Kompetenzen noch bis zur Stilllegung des Werbe- und Beratungsamtes im Dezember 1944 wahrgenommen.[95] Danach gingen sie – allerdings wohl nur noch als Formalie – auf die »Wirtschaftsstelle des deutschen Buchhandels« über.

[91] »Organisationsplan und Etat der Reichsschrifttumsstelle« (1938), BArch Potsdam R 55/686 Bl. 89–93, hier Bl. 89.

[92] Ebd.

[93] S. ebd. Bl. 89–93. Nähere Angaben dazu in Kapitel III, Abschnitt B 3. und 4. dieser Arbeit.

[94] Geschäftsverteilungsplan von 1942, BArch Potsdam R 55/30 Bl. 130–140. Nähere Angaben in Kapitel III, Abschnitt A 3. und A 4. sowie B 2.1.5–2.1.7. dieser Arbeit.

[95] Schreiben der Abteilung Haushalt des RMVP an die Wirtschaftsstelle des deutschen Buchhandels vom 20. 12. 1944, BArch Potsdam R 55/706 Bl. 20.

1.3. Die Schrifttumsabteilung des Propagandaministeriums

Zur Gründung einer Schrifttumsabteilung innerhalb des Propagandaministeriums kam es erst am 1. 10. 1934. Dabei wurde lediglich das bereits vorhandene Referat für Literatur- und Verlagswesen aus der Abteilung »Propaganda« ausgegliedert und in den Status einer eigenständigen Abteilung VIII unter Leitung Wismanns erhoben.[96] Dieser betreute auch das Referat »Deutsches Schrifttum: Allgemeines« mit den Zuständigkeiten »Grundsätzliche Fragen der Pflege und der Förderung des deutschen Schrifttums, Reichsschrifttumskammer, Reichsschrifttumsstelle, Reichsarbeitsgemeinschaft für deutsche Buchwerbung, Deutsche Bücherei in Leipzig, Notgemeinschaft des deutschen Schrifttums«.[97]

Neben Wismann bestand die Abteilung aus nur noch zwei Hauptreferenten, denen jeweils ein Hilfsreferent assistierte. Der stellvertretende Abteilungsleiter Dr. Rudolf Erckmann war zuständig für das »Deutsche Schrifttum: Inland« mit dem Aufgabengebiet »Schriftsteller, Verlagswesen, Buchhandel, Buchausstellungen, Buchwochen, Buchpreise, Stiftungen, Unterstützungen, Buchverbote, unerwünschte Literatur«.[98] Dr. Paul Hövel wurde mit dem »Deutschen Schrifttum: Ausland« betraut, worunter Schriftsteller, Verlagswesen, Buchhandel, Buchexport, Werbung für das deutsche Buch im Ausland und Buchver-

[96] Mitteilung im Nachrichtenblatt des Reichsministeriums für Volksaufklärung und Propaganda, Bd. 2 1934, 5. 9. 1934, S. 110, BArch Potsdam R 55/432. S. auch den Geschäftsverteilungsplan des RMVP vom 1. 11. 1934, BArch Potsdam R 55/1402 Bl. 2–12, hier Bl. 3.

[97] Zitiert nach dem Geschäftsverteilungsplan des Propagandaministeriums vom 10. 2. 1936, BArch Potsdam R 55/1317 Bl. 1–11, hier Bl. 10/Rs. Heinz Wismann (1897–1945): 1924–1929 Studium der Kunstgeschichte, Archäologie, Philosophie und Zeitungskunde; Promotion 1933 in Heidelberg; 1929–1933 Verlags- und Privatsekretär im Pfälzischen Zeitungsverlag (Ludwigshafen/Rh.); ab 1. 4. 1933 als Hilfsreferent, ab 5. 9. 1933 als selbständiger Referent im Promi beschäftigt; NSDAP-Mitglied seit 1. 5. 1932. BDC/RMVP/Wismann, H., Bd. 1.

[98] BArch Potsdam R 55/1317 Bl. 10/Rs. Rudolf Erckmann (1903–?): 1925–1931 Studium der neueren Philologie in Heidelberg und Gießen; 1932 Studienassessor; 1933 Promotion; Einstellung im RMVP am 1. 7. 1934; NSDAP-Mitglied seit 1. 1. 1931. S. BDC/RMVP/Erckmann, R.

bote fielen.[99] Ein drittes Referat, »Büchereiwesen«, mußte von Erckmann [»Leihbüchereien, Werkbüchereien, Büchereien sonstiger privater Betriebe (wie Schiffahrtsgesellschaften usw.), Vereinsbüchereien«] und Hövel [»Büchereien im Auslande, Zusammenarbeit mit internationalen Büchereiorganisationen«] mitbetreut werden.[100]

Innerhalb des Ministeriums stand die Schrifttumsabteilung auf sehr schwachen Füßen, was neben der unzureichenden Besetzung mit nur drei Hauptreferenten auch schon rein äußerlich darin zum Ausdruck kam, daß sie nicht in das eigentliche Ministeriumsgebäude am Wilhelmplatz 8/9 aufgenommen, sondern stets nur in angemieteten Häusern untergebracht wurde.[101] Die personelle Zusammensetzung und sachliche Kompetenzzuweisung der Abteilung blieben bis 1937 unverändert. Erst der Sturz Wismanns, der es bis dahin verstanden hatte, durch ein weitverzweigtes Netz von persönlichen Kontakten und ihm unterstehender Dienststellen die literaturpolitische Entwicklung des Propagandaministeriums zu prägen, brachte Bewegung in das Gefüge.

Dabei waren die Umstände, die am 31. 10. 1937 zum Ausscheiden des ersten Leiters der Schrifttumsabteilung aus dem Propagandaministerium führten, geradezu spektakulär. Wismann hatte sich bei der Gründung der Wirtschaftsstelle des deutschen Buchhandels im Jahre 1935 mit Wilhelm Baur, dem Börsenvereinsvorsitzenden und Leiter des Eher Buch-Verlags in Berlin, überworfen.[102] Als Folge umfangreicher Recherchen Baurs[103] trat zutage, daß Wismann bis 1934 mit einer »Halbjü-

[99] BArch Potsdam R 55/1317 Bl. 11. Paul Hövel (1904–1990): 1924–1934 Studium der evangelischen Theologie, Geschichte, Staatswissenschaft, Staatsrecht, Soziologie und Volkswirtschaftslehre; 1934 Promotion über das Thema »Arbeitsbeschaffung und Wirtschaftsplanung im nationalsozialistischen Staat«; ab 27. 10. 1934 im Promi tätig; NSDAP-Mitglied seit 1. 8. 1931. S. BDC/RMVP/Hövel, P.

[100] BArch Potsdam R 55/1317 Bl. 11.

[101] Diese – bereits aus dem überlieferten Aktenmaterial ableitbare – Einschätzung der Abteilung wurde mir von Dr. Paul Hövel in einem Schreiben vom 20. 2. 1985 ausdrücklich bestätigt.

[102] Dazu Kapitel II, Abschnitt A 2.3.4. dieser Arbeit.

[103] Schreiben des RSK-Referenten Herbert Menz an Präsident Hanns Johst vom 8. 2. 1937, BArch Potsdam R 56 V/27 Bl. 195–197, hier Bl. 196: »Mein Eindruck ist, daß Baur ein unerbittlicher Gegner von Wismann ist und daß er sich auch nicht scheuen würde, bei Dr. Goebbels gegen Wis-

din« verheiratet war und dies sowohl bei seinem Parteieintritt im Jahre 1932 als auch bei seiner Einstellung im Propagandaministerium am 1. 4. 1933 verschwiegen hatte.[104] Diese »unangenehme Geschichte«[105] scheint Goebbels aber zunächst noch nicht dazu bewogen zu haben, Wismann fallen zu lassen. Am 30. 6. 1937 notierte der Propagandaminister in sein Tagebuch: »Darf bleiben! Ich kann ihn auch nicht entbehren«.[106]

Im Laufe der weiteren Nachforschungen, mit denen der Geschäftsführer der Reichskulturkammer, Hans Hinkel, betraut worden war, mußte Goebbels allerdings weitere »anstößige« Details erfahren. So hatte Wismann seinen früheren (jüdischen) Schwager von September 1934 bis März 1935 bei der »Reichsarbeitsgemeinschaft für deutsche Buchwerbung« beschäftigt.[107] In einem Gespräch mit dem Geschäftsführer der hierfür zuständigen RSK wollte sich der Informant Curt Reinhard Dietz allerdings nicht genau festlegen, »da die Arbeiten der Kammer, der Abteilung VIII, der Reichsschrifttumsstelle und aller anderen Stellen völlig unübersichtlich gewesen seien und man nie gewußt habe, in welcher Eigenschaft Herr Dr. Wismann nun gerade arbeitete«.[108] Das vielseitige Engagement verleitete Wismann schließlich noch dazu, seine chronische Geldknappheit durch ständige Gehaltsvorschüsse und durch doppelte Abrechnung von Reisekosten zu lösen.[109]

mann vorzugehen. In meiner Gegenwart gab er ein Fernschreiben an das Braune Haus in München auf mit der Bitte, nachzuforschen, ob mit der Mitgliedschaft des Wismann Alles [!] in Ordnung sei. Es steht nämlich fest, daß Wismann in der Kartei des Braunen Hauses nicht geführt wurde, als er bereits das Parteiabzeichen trug«. S. auch ebd., Bl. 189–190, das Schreiben von Menz an Johst vom 12. 2. 1937.

104 Menz an Johst vom 5. 4. 1937, BArch Potsdam R 56 V/27 Bl. 147–149, mit dem Zusatz, daß Baur den »Reichsleiter SS-Obergruppenführer Amann von den gegen Wismann bestehenden Bedenken und Vorgängen Kenntnis gegeben« habe (Bl. 149).

105 So Goebbels in seinem Tagebuch vom 24. 6. 1937, Goebbels-Tagebücher, Teil 1, Bd. 3 1937–1939, S. 183.

106 Ebd., S. 189.

107 Schreiben Wilhelm Ihdes an Johst vom 12. 7. 1937, BDC/RMVP/Wismann, H., Bd. 1.

108 Ihde an Hinkel vom 12. 7. 1937, ebd.

109 Dazu die 6seitige Stellungnahme des RSK-Verwaltungsleiters Heinl vom 7. 7. 1937 zum Prüfungsbericht des »Beauftragten der RKK« [Hinkel] vom 17. 6. 1937 betr. Beanstandungen von Spesen-, Reisekosten- und Ge-

Die Aufdeckung dieser Fehltritte lieferte dem RSK-Präsidenten Hanns Johst den willkommenen Anlaß, sich seines omnipotenten Stellvertreters zu entledigen. Noch im Februar 1937 hatte der Kammer-Referent Herbert Menz in einem Schreiben an seinen Vorgesetzten die Auffassung Wilhelm Baurs wiedergegeben, daß es zwecklos sei, »Wismann seines Ehrenamtes als Vicepräsidenten zu entkleiden, wenn er nicht zugleich seines Postens als Leiter der Abteilung VIII im Ministerium enthoben wird. Im Ministerium habe Wismann nichts als Feinde; aber nach Ansicht eines maßgebenden Herrn im Ministerium sei Wismann noch der Beste von allen Abteilungsleitern und werde deshalb gehalten, zumal man niemand anders habe«.[110] Nur vier Monate später informierte Johst den Propagandaminister von der Entbindung Wismanns als Vizepräsident der RSK und äußerte die Bitte, ihn auch als Leiter der Schrifttumsabteilung abzulösen, da er ansonsten eine dem beiderseitigen Arbeitsverhältnis abträgliche »stete Befangenheit« voraussetzen müsse.[111]

Am 23. 7. 1937 zog Goebbels auch für sich die Konsequenz, daß »Wismann nicht mehr zu halten« sei.[112] Die verfügte Entlassung kommentierte er mit der besorgten Frage »Wer aber wird Nachfolger?«.[113] Tags darauf präsentierte Staatssekretär Funk seinem Minister einen Personalcoup. Er schlug ihm vor, dem stellvertretenden Vorsitzenden der Parteiamtlichen Prüfungskommission, Karl Heinz Hederich, die Stelle anzubieten.[114] Schon am 28. 7. 1937 wurde Goebbels mit Philipp Bouhler, dem Vorsitzenden der Prüfungskommission, einig. Beruhigt hielt Goebbels in seinem Tagebuch fest: »Einheit von Partei und Staat. Dann hört auch der Stunk auf«.[115] Der Propagandaminister sollte sich täuschen.

haltsvorschuß-Zahlungen an Wismann, BDC/RMVP/Wismann, H., Bd. 2, sowie das Schreiben von Menz an Johst vom 25. 3. 1937, BArch Potsdam R 56 V/27 Bl. 163–164.

[110] Menz an Johst vom 8. 2. 1937, BArch Potsdam R 56 V/27 Bl. 196.

[111] Schreiben von Johst an Goebbels vom 30. 6. 1937, BDC/RMVP/Wismann, H., Bd. 2.

[112] Goebbels-Tagebücher, Teil 1, Bd. 3, S. 209.

[113] Ebd.

[114] Goebbels-Tagebücher, Teil 1, Bd. 3, S. 210 (24. 7. 1937).

[115] Ebd., S. 215 (28. 7. 1937). S. auch ebd., S. 217 (30. 7. 1937): »Als Nachfolger für Wismann ist Hederich nun festgelegt. Bouhler macht noch einige Vorbehalte, aber die buttern wir unter«; und S. 228 (7. 8. 1937):

In der Anfangsphase brachte Hederich durchaus neuen Schwung in die Schrifttumsabteilung des Propagandaministeriums. Im November 1937 legte er einen umfangreichen Bericht über Maßnahmen zur organisatorischen Neustrukturierung vor.[116] Um seinen Vorschlägen entsprechenden Nachdruck zu verleihen, wies Hederich auf die »Gefahr« hin, daß »bei einer weiteren Vernachlässigung schrifttumspolitischer Arbeiten eben andere Dienstbereiche diese Arbeiten in Angriff nehmen und durchführen, ohne daß man ihnen ernsthaft widersprechen kann«.[117] Daher forderte er nicht nur eine deutliche Aufstokkung des Personals und Etats der Abteilung, sondern auch eine völlig neue sachliche Gliederung der Arbeitsgebiete. Die Kammern sollten »entpolitisiert«,[118] die Kooperation mit der Parteiamtlichen Prüfungskommission intensiviert[119] und die Kompetenzen der Reichsschrifttumsstelle ganz auf die Schrifttumsabteilung übertragen werden.[120] Hederich schwebte vor, »alle Bereiche des öffentlichen Lebens, die für die Schrifttumspolitik von Bedeutung sind, in die schrifttumspolitischen Aufgaben des Ministeriums einzubeziehen und die Führung des Ministeriums sicherzustellen«.[121] Am Ende der Entwicklung sollte es nur noch eine zentrale »Reichsstelle« geben, in der alle anderen staatlichen und parteiamtlichen Schrifttumsstellen aufgingen.[122]

Die Vorschläge Hederichs fanden bei Goebbels großen Anklang.[123] Zum 1. 4. 1938 hatten die Einzelkammern der Reichs-

»Wismann endgültig durch Hederich ersetzt. Er hat seine Arbeit schon aufgenommen«.

116 Abteilung VIII/Der Leiter: »Bemerkungen zum anliegenden Etat« vom 20. 11. 1937, »Voranschlag 1938/39«, BArch Potsdam R 55/166 Bl. 317–337.

117 »Voranschlag 1938/39«, hier »Arbeitsmäßige und organisatorische Neuordnung«, ebd., Bl. 325.

118 »Personelle Neugestaltung der Abteilung VIII des Ministeriums«, ebd., Bl. 321.

119 Ebd.

120 »Erläuterungen zur Anforderung für die Reichsschrifttumsstelle« vom 22. 11. 1937, ebd., Bl. 345–350, hier Bl. 345.

121 »Etatbemerkungen zur Reichsschrifttumsstelle« vom 22. 11. 1937, ebd., Bl. 339–341, hier Bl. 340.

122 Ebd.

123 S. Goebbels-Tagebücher, Teil 1, Bd. 3, S. 346: »Hederich gibt sehr instruktiven Bericht über Neuaufbau der Schrifttumsabteilung. Da ist noch sehr viel zu tuen [!]. Ich muß mit ihm ausführlich darüber sprechen«

kulturkammer sämtliche kultur*politischen* Aufgaben an die für sie zuständigen Abteilungen des Ministeriums abzugeben.[124] Die Übernahme von Kammerpersonal wurde durch eine Reihe von Neueinstellungen ergänzt.[125] Der Geschäftsverteilungsplan der Schrifttumsabteilung für 1938/39 berücksichtigte die Vorschläge Hederichs zu einer Sachgliederung:[126]

Hauptreferat I (Leitung: Johannes Schlecht)
Referat 1 (Schlecht)
Reichsschrifttumsstelle, Kuratorium des deutschen Schrifttums, Schrifttumsarbeit der RPÄ, Propagandistische Großaktionen, Schrifttum der NSDAP, Mob-Referat;

(26. 11. 1937). S. auch ebd., S. 353: »Mit Hederich Schrifttumsarbeit durchgesprochen. Hederich macht sich gut. Er hat brauchbare Pläne« (2. 12. 1937).

[124] »Verfügung über die künftige Behandlung der Reichskulturkammersachen«, in: Nachrichtenblatt des Reichsministeriums für Volksaufklärung und Propaganda, Bd. 6 1938, Nr. 9 vom 2. 6. 1938, S. 43–46, BArch Potsdam R 55/435.

[125] Bereits am 1. 4. 1937 war Dr. Hans Schirmer als Referent neu eingestellt worden (Nachrichtenblatt, Bd. 5 1937, S. 37, BArch Potsdam R 55/434) und am 18. 10. Johannes Schlecht aus der Presseabteilung als stellvertretender Abteilungsleiter in die Schrifttumsabteilung gewechselt (BArch Potsdam R 55/2 Bl. 111). 1938 folgten Dr. Hugo Koch (1. 1.), Heinz Gruber (20. 1.), Sebastian Losch (1. 7.), Dr. Lothar Kühne (19. 7.–31. 10. 1938), Dr. Erich Kühne (21. 7.), Dr. Siegwalt Benatzky (14. 9.). S. Nachrichtenblatt des Reichsministeriums für Volksaufklärung und Propaganda, Bd. 6 1938, BArch Potsdam R 55/435.

[126] Der Geschäftsverteilungsplan in BArch Potsdam R 55/407 Bl. 287–291 gibt die für das Rechnungsjahr 1939/40 projektierte Zusammensetzung der Schrifttumsabteilung wieder. Ende 1938 waren allerdings nur die neun von mir angegebenen Referate (zusätzlich der drei Referate der Reichsschrifttumsstelle) vorhanden. S. den »Personalstand der Abteilung S« in BArch Potsdam R 55/14 Bl. 352. Vgl. dazu die organisatorischen Neuordnungsvorschläge und Personalanforderungen Hederichs in BArch Potsdam R 55/166 Bl. 322–337:

Referat I	Schrifttumsförderung
Referat II	Buch- und Schrifttumsausstellungen im In- und Ausland
Referat III	Büchereifragen
Referat IV	Schrifttumspolitisches Referat Inland
Referat V	Schrifttumspolitisches Referat Ausland
Referat VI	Buchverbotswesen
Referat VII	Wirtschaftliche Schrifttumsfragen
Referat VIII	Schrifttumspolitischer Verbindungsstab.

Referat 2 (Koch)
Buchverbotswesen, Liste des schädlichen und unerwünschten Schrifttums, Überwachung des Buchmarktes, Verkehr mit allen am Buchverbotswesen beteiligten Stellen;
Referat 3 (Henning)
Literarische Gesellschaften, Örtliche Werbegemeinschaften, Verkehr mit den RPÄ;
[Reichsschrifttumsstelle]
Referat 4 (Losch)
Deutsche Bücherei, Büchereiwesen, Leihbüchereien, Werkbüchereien, Jugend- und Grenzlandbüchereien, Vereinsbüchereien, Verkehr mit Büchereireferaten anderer Ministerien und Länder, katholisches Büchereiwesen;

Hauptreferat II (Leitung: Dr. Rudolf Erckmann)
Referat 1 (Erckmann)
Ausrichtung und Förderung des deutschen Schrifttums, Literaturpreise, Buchausstellungen im Inland, Autorenfragen;
Referat 2 (Gruber)
Überwachung und Förderung des gesamten Verlagswesens, Verlagslektorate, Lektoren und Verlegertagungen;
Referat 3 (Benatzky)
Sportschrifttum, Schrifttum der SA, Unterhaltungsschrifttum;
Referat 4 (Langenbucher)
Jugendschrifttum, Jahresschau des deutschen Schrifttums, Sprachpflegeamt, Schriftpflege, Mundartdichtung;
[Reichsschrifttumsstelle]

Hauptreferat III (Leitung: Dr. Paul Hövel)
Referat 1 (Hövel)
Deutsches Schrifttum im Ausland, Kulturabkommen, Schrifttumspolitische Aktionen im Ausland, Dichteraustausch, Buchexport, Wirtschaftsstelle des deutschen Buchhandels;
Referat 2 (E. Kühne)
Volksdeutsches Schrifttum, Betreuung volksdeutscher Dichter und Dichtergruppen, Volksdeutsche literarische Vereinigungen, Volksdeutsches Büchereiwesen, Minderheitenschrifttum, Grenzlandschrifttum, Karten und Atlanten;
Referat 3 (Ruoff)
Buchausstellungen im Ausland, Auslandsreisen deutscher

Dichter, Buchbesprechungswesen im Ausland, Buchpropaganda im Ausland;
[Reichsschrifttumsstelle]
Referat 4 (Schirmer)
Übersetzungswesen, Überwachung der Übersetzungen ausländischer Werke in Deutschland und deutscher Werke im Ausland, Ermittlungen über ausländische Verlage und Autoren, Autoren- und Verlagskartei.

Schon bei einem der ersten Gespräche hatte Goebbels seinen neuen Abteilungsleiter instruiert, keinen Streit mit Rosenberg anzufangen.[127] Doch genau das geschah. In einer Rede, die er auf der Abschlußkundgebung zur »Woche des deutschen Buches« im Oktober 1937 in Essen hielt,[128] meldete Hederich deutlich den Anspruch der PPK auf eine zentrale Führung der nationalsozialistischen Literaturpolitik an.[129] Hatte dies bereits das Mißfallen Rosenbergs ausgelöst,[130] so brachte Hederich sich durch abfällige Bemerkungen über den »Völkischen Beobachter« auch noch bei Amann und Wilhelm Baur in Mißkredit.[131]

Im Dezember 1937 begann ein personalpolitisches Kesseltreiben, das Goebbels erheblich zusetzte. Denn während sich Rosenberg und Amann auf den »nun offenbar größenwahnsinnig

[127] Goebbels-Tagebücher, Teil 1, Bd. 3, S. 275: »Mit Hederich Aufbau der Schrifttumsabteilung durchgesprochen. Er macht einen klugen Eindruck. Mit Rosenberg sage ich ihm soll er keinen Streit anfangen. Sonst Leistungen zeigen, damit setzt man sich am besten durch« (23. 9. 1937).

[128] Die Rede Hederichs ist abgedruckt in Bbl. 104. Jg., Redaktioneller Teil, Nr. 260 vom 9. 11. 1937, S. 889–897.

[129] Ebd., S. 895.

[130] Schreiben von Rosenberg an Goebbels vom 3.12. und 21. 12. 1937, BArch Potsdam NS 8/171 Bl. 59–62; Schreiben Rosenbergs an Heß vom 4.11. und 2. 12. 1937, BArch Potsdam NS 8/178 Bl. 34–36 und 49–52.

[131] S. die Abschrift eines Schreibens von Hederich an Wilhelm Baur vom 20. 11. 1937, BArch Potsdam NS 8/208 Bl. 80–90. Darin hieß es: »Es ist nicht meine Angelegenheit, wenn sich der Völkische Beobachter in einen stärkeren Gegensatz zur Staatsführung setzt und in bestimmten Dingen eine Politik betreibt, die nicht nur ich allein für die Bewegung als für verderblich bezeichne« (Bl. 83). Zu dem hierauf bezogenen Schreiben Rosenbergs an Goebbels vom 3. 12. 1937, BArch Potsdam NS 8/171 Bl. 61–62, notierte Goebbels in sein Tagebuch: »Rosenberg verlangt, daß ich Hederich entlassen soll. Er hat einen törichten Brief über den V. B. geschrieben. Aber deshalb kann ich ihn doch nicht entlassen. Ich lehne das ab.« Goebbels-Tagebücher, Teil 1, Bd. 3, S. 365 (12. 12. 1937).

geworden[en]« Hederich[132] einschossen, forderte Göring die Entlassung Hinkels wegen dessen Einmischung in Angelegenheiten des Preußischen Staatstheaters[133] und Blomberg die Entfernung eines Majors von Wrochem aus dem Ministerbüro. »Wenn ich da nachgebe«, klagte Goebbels in seinem Tagebuch, »verliere ich allmählich alle Mitarbeiter. So geht das nicht. Am Ende setzt sich dann niemand mehr für mich ein. Ich lehne das ab. Sie habe [!] alle drei Fehler gemacht. Aber dafür brauchen sie nicht gleich geköpft zu werden«.[134]

Konnte Goebbels im Dezember 1937 noch – mit ausdrücklicher Zustimmung Hitlers[135] – Hederich halten, so mußte er sich im Oktober 1938 erneut von einem Leiter seiner Schrifttumsabteilung trennen. Denn Hederich hatte »einen Mordskrach« mit Amann,[136] weil er dem Eher Verlag zwei Broschüren »auf eine

[132] So die Charakterisierung Hederichs durch Rosenberg in einem Schreiben an Rudolf Heß vom 2. 12. 1937, BArch Potsdam NS 8/178 Bl. 34–36, hier Bl. 35.

[133] Diesen Umstand versuchte Rosenberg im Zusammenhang der »Angelegenheit Hederich« gegen den Propagandaminister auszuspielen. S. das Schreiben Rosenbergs an Goebbels vom 21. 12. 1937, BArch Potsdam NS 8/171 hier Bl. 59. Daß es sich bei dem von Rosenberg nicht näher benannten Theaterintendanten um Gustaf Gründgens handelte, geht aus einer »Aktennotiz« der Abteilung II 112 im Sicherheitshauptamt über eine Besprechung mit den Mitarbeitern der von Hans Hinkel geleiteten Abteilung II a des Propagandaministeriums am 30. 7. 1938 hervor. BArch Potsdam R 58/984 Bl. 76–78, hier Bl. 77: »3) *175-Cliquen in den Staatstheatern und der Volksbühne.* SS-Oberführer Hinkel gab einen *streng vertraulichen* Bericht über seine vorjährigen Differenzen mit Generalfeldmarschall Göring wegen des Gründgen[s]kreises [...]«.

[134] Goebbels-Tagebücher, Teil 1, Bd. 3, S. 366 (14. 12. 1937).

[135] Über die Besprechung der »Angelegenheit Hederich« mit Hitler hatte Goebbels Rosenberg in seinem Schreiben vom 23. 12. 1937 informiert, BArch Potsdam NS 8/171 Bl. 58. Daß Hitler den Propagandaminister wieder einmal stützte, hielt dieser mit einiger Genugtuung in seinem Tagebuch vom 23. 12. 1937 fest, Goebbels-Tagebücher, Bd. 3, S. 380. Der »Fall Hinkel« wurde von Goebbels – »nach Rücksprache mit Pg. Göring« – dahingehend gelöst, daß Hinkel seinen Posten als Geschäftsführer der RKK verlor, dafür aber zum Leiter der neu eingerichteten Abteilung IIa avancierte, die mit der »Arisierungspolitik« und den Mitgliedschaftsangelegenheiten sämtlicher Einzelkammern befaßt war (Goebbels an Rosenberg vom 23. 12. 1937; Goebbels-Tagebücher, Teil 1, Bd. 3, S. 426 [2. 2. 1938]).

[136] So Goebbels am 19. 8. 1938, Goebbels-Tagebücher, Teil 1, Bd. 3, S. 511.

ganz pampige Art« verboten hatte, wie der Propagandaminister das Ereignis kommentierte.[137] Der Vorfall war ein Indiz dafür, daß die 1937 beabsichtigte Verquickung staatlicher und parteiamtlicher Arbeitsbereiche nicht realisierbar war. In der Personal- und Schrifttumsabteilung des Ministeriums hatte man sich schon zuvor mehrmals über die Versuche Hederichs beklagt, Mitarbeiter der PPK einzuschleusen[138] und bestimmte Aufgaben in einem undefinierten Bereich zwischen den beiden Schrifttumsstellen erledigen zu lassen.[139]

Nachfolger Hederichs wurde am 24. 12. 1938 der erst 34jährige Alfred-Ingemar Berndt.[140] Er war zuvor als stellvertreten-

[137] Goebbels-Tagebücher, Teil 1, Bd. 3, S. 509 (17. 8. 1938). S. dazu auch den von Alfred-Ingemar Berndt für Goebbels verfaßten »Bericht über die verfügte Auflagensperre von 2 Büchern des Zentralpartei-Verlages durch MinRat Hederich« vom 22. 11. 1938 sowie das Schreiben von Goebbels an Bouhler vom 24. 11. 1938, BDC/RMVP/Hederich, K. H.

[138] So waren die auf Antrag Hederichs vom 22. 5. 1938, BArch Potsdam R 55/2 Bl. 246, eingestellten Referenten Dr. Erich und Dr. Lothar Kühne aus der PPK übernommen worden. Gegen diese Bevorzugung hatte sich Paul Hövel, der Referatsleiter »Ausland«, noch am gleichen Tag in einem Schreiben an Hederich verwahrt, da hierdurch die Übernahme sachkundiger Mitarbeiter der Reichsschrifttumsstelle in den Dienst des Ministeriums verhindert werden würde. Das Schreiben Hövels in BDC/RMVP/Ruoff, W.

[139] Dazu das Schreiben der Personalabteilung (IB) des Propagandaministeriums an den Staatssekretär vom 23. 12. 1937 betr. Kompetenzstreitigkeiten der Abteilung VIII mit der Presse- und Propagandaabteilung, BArch Potsdam R 55/886: »Für ganz unmöglich halte ich es aber, daß Pg. Hederich einzelne Aufgaben, wie z.B. die Überprüfung der Reiseliteratur, aus dem Ministerium heraus in die parteiamtliche Prüfungskommission verlagern will«. Im Juli 1938 war der Referent Lothar Kühne im Auftrag des Ministeriums zur »Neuordnung« der Verhältnisse auf literaturpolitischem Gebiet in Österreich nach Wien geschickt worden, mußte jedoch im Oktober durch den Referenten Heinrich Gruber ersetzt werden, da er anscheinend nur die Interessen der PPK wahrnahm. S. den »Vermerk« Schlechts vom 3. 10. 1938, BArch Potsdam R 55/2 Bl. 270, sowie die »Aufzeichnung« des Referatsleiters »Inland«, Rudolf Erckmann, vom 14. 10. 1938, ebd. Bl. 481.

[140] Nachrichtenblatt des Reichsministeriums für Volksaufklärung und Propaganda, Bd. 7 1939, S. 2, BArch Potsdam R 55/436. Alfred-Ingemar Berndt (1905–1945): 1933–1935 Hauptschriftleiter beim Deutschen Nachrichtenbüro; ab November 1935 in der Presseabteilung der Reichsregierung tätig, seit 1. 4. 1936 stellvertretender Reichspressechef; 1939–1941 Abteilungsleiter »Rundfunk«, 1941–1943 Abteilungsleiter »Propaganda«; NSDAP-Mitglied seit 1. 5. 1932, 1933 SA, ab Oktober 1934 SS. S. das

der Pressechef der Reichsregierung in der Presseabteilung des Ministeriums tätig gewesen.[141] Am 6. 1. 1939 brachte Berndt umfangreiche Reorganisationsvorschläge für die Schrifttumsabteilung ein.[142] Auch wenn das »dringendste und bescheidenste Aufbauprogramm«[143] Berndts eindeutig von dessen Profilierungsstreben gegenüber dem Vorgänger und seinem Vorgesetzten Goebbels gekennzeichnet ist, so macht es doch deutlich, daß die Stellung der für die Literaturpolitik zuständigen ministeriellen Abteilung auch nach den Verbesserungen des Jahres 1938 noch keineswegs gefestigt war.

Um zu verhindern, daß das Aufgabengebiet weiterhin durch die parteiamtlichen Dienststellen »ausgehöhlt« wird, wurde erneut eine personelle Aufstockung für die »wohl bisher am meisten vernachlässigte Abteilung des Ministeriums« gefordert.[144] Des weiteren sollte der Zuständigkeitsbereich durch die Einrichtung zusätzlicher Referate für Presse-, Kirchen-, Jugend-, Wirtschafts-, Verwaltungs-, Rechts- und Wissenschaftsschrifttum sowie für die soziale Betreuung der Schriftsteller[145], durch den Aufbau einer »Reichsautorenkartei«[146] und eines »Generalreferats Archiv und Zeitdokumente«[147] erweitert werden. Befriedigt konnte Goebbels feststellen: »Berndt bringt Leben in die Schrifttumsarbeit. Er ist am Ende doch ein Kerl«.[148]

Schreiben Berndts an Himmler vom 11. 7. 1944, BDC/SS/Berndt, A.-I. S. auch die biographischen Angaben bei Boelcke (Hg.), Kriegspropaganda 1939–1941, S. 75–80.

[141] Bei Boelcke (Hg.), Kriegspropaganda 1939–1941, S. 77, findet sich der Hinweis, daß Berndt im Herbst 1938 – auf »Betreiben Dietrichs« – von dieser Funktion entbunden wurde, da von ihm in skrupelloser Weise Berichte über die »Sudetenkrise« umgeschrieben worden waren.

[142] BArch Potsdam R 55/407 Bl. 279–286.

[143] Ebd., Bl. 280.

[144] So die in dieser Form sicherlich überzogene Formulierung Berndts, ebd. Bl. 279.

[145] S. den Geschäftsverteilungsplan der Abteilung VIII in der Anlage zu den Etatbemerkungen Berndts vom 6. 1. 1939, ebd., Bl. 287–288; sowie das Schreiben Berndts an den Leiter der Personalabteilung (IB) vom 9. 1. 1939, mit dem ein Referat für das gesamte juristische und Verwaltungsschrifttum beantragt wurde, BArch Potsdam R 55/2 Bl. 489.

[146] BArch Potsdam R 55/407, Bl. 289.

[147] Ebd., Bl. 290–291.

[148] Goebbels-Tagebücher, Teil 1, Bd. 3, S. 563 (28. 1. 1939).

Doch auch die personelle Erweiterung[149] und die Berücksichtigung der von Berndt vorgeschlagenen neuen Sachreferate beendeten die Sorgen des Propagandaministers mit seiner Schrifttumsabteilung nicht. Bei Kriegsbeginn wechselte Berndt – unter Mitnahme einzelner Referenten[150] – an die Spitze der Rundfunkabteilung. Da der stellvertretende Abteilungsleiter Johannes Schlecht offenbar mit der Arbeit und den Kompetenzquerelen mit Bouhler und Rosenberg nicht mehr zurechtkam,[151] wurde am 4. 11. 1939 Hinkel von Goebbels »kommissarisch« die Leitung der Abteilung übertragen.[152] Nachdem es ihm gerade gelungen war, durch eine Aussprache mit Bouhler Ordnung in das vom Propagandaminister mißmutig registrierte »Wirrwarr im Schrifttum«[153] zu bringen, mußte er Ende November 1939 die Amtsgeschäfte schon wieder an Wilhelm Haegert abgeben.[154] Zuvor hatte der ehemalige Stabsleiter der Reichspropagandaleitung der NSDAP die ministerielle Propaganda-Abteilung (seit 1933) und die Abteilung »Volkskulturelle Fragen« (ab 1938) geleitet.

149 Im Laufe des Jahres 1939 wurden die Referenten Wilhelm Bartholdy (1. 4.), Dr. Lothar Decker und Karl Köhler (2. 5.) neu eingestellt, die Referenten Dr. Wilhelm Ruoff (1. 5.), Karl Thielke (1. 9.) aus der Reichsschrifttumsstelle, der Leiter des »Generalreferats Archiv und Zeitdokumente«, Dr. Carstensen, aus der Propagandaabteilung übernommen.

150 Einspruch Haegerts beim Leiter der Personalabteilung vom 2. 9. 1939 gegen die von Berndt verfügte Herausnahme der Referenten Bartholdy, Benatzky, Gruber und Köhler aus der Schrifttums- in die Rundfunkabteilung, BArch Potsdam R 55/14 Bl. 143.

151 So die Einschätzung von Goebbels, Goebbels-Tagebücher, Teil 1, Bd. 3, S. 631 (4. 11. 1939) und S. 644 (17. 11. 1939).

152 Goebbels-Tagebücher, Teil 1, Bd. 3, S. 631. S. auch die hausinterne Mitteilung der Personalabteilung des Propagandaministeriums vom 9. 11. 1939, BArch Potsdam R 55/14 Bl. 194. Die Empfehlung zu dieser kommissarischen Beauftragung Hinkels war noch von Berndt in einem Schreiben an den Leiter der Personalabteilung, Dr. Erich Müller, vom 1. 11. 1939, BDC/RMVP/Berndt, A.-I., ausgegangen. Darin schrieb Berndt: »Ich habe das Gefühl, daß die Schrifttumsabteilung allmählich zerbricht. Pg. Schlecht hat sich sicherlich große Mühe gegeben, aber angesichts der großen Schwierigkeiten die Flinte ins Korn geworfen«.

153 Goebbels-Tagebücher, Teil 1, Bd. 3, S. 643 (16. 11. 1939). Der Hinweis auf die Kontaktaufnahme Hinkels zu Bouhler und Rosenberg ebd., S. 649 (22. 11. 1939).

154 Ebd., S. 653 (29. 11. 1939). Haegert war bereits am 1. 9. 1939 mit der Leitung der Schrifttumsabteilung betraut worden, hatte die Stelle jedoch aufgrund seiner Teilnahme am Krieg gegen Polen noch nicht angetreten.

Obwohl Goebbels Haegert für einen »Mann des Durcheinanders« hielt,[155] erfolgte gerade unter ihm eine Konsolidierung der Schrifttumsabteilung in personeller und sachlicher Hinsicht, die bis zum Kriegsende hielt.[156] 1942 gelang es der Abteilung, zum einen die gesamte Buchzensur in ihrem Arbeitsbereich zu zentralisieren.[157] Zum anderen wurde die Wirtschaftsstelle des deutschen Buchhandels – zusammen mit der Papierbewirtschaftungsstelle der Amannschen Pressekammer – vom Reichswirtschaftsministerium als alleiniger »Bedarfsträger« für die Verwaltung und Zuteilung von Papier- und Einbandstoffen anerkannt, »soweit sie die Herstellung von Büchern, Broschüren, Plakaten und anderen Werbemitteln zu Propagandazwekken betreffen«.[158] Haegert fungierte in diesem Zusammenhang als »Verbindungsmann« des Propagandaministeriums zum Reichswirtschaftsministerium.[159] Seit August 1943 wirkte die Schrifttumsabteilung auch bei den neu gegründeten »wissenschaftlichen Fachausschüssen« mit, in denen Vertreter des Reichserziehungsministeriums, des Reichsforschungsrats, des Reichsministeriums für Bewaffnung und Munition sowie der NSDAP u. a. über das wissenschaftliche Schrifttum berieten.[160]

155 So Goebbels in seinem Tagebuch vom 25. 1. 1938, Goebbels-Tagebücher, Teil 1, Bd. 3, S. 414.

156 S. im einzelnen die Geschäftsverteilungspläne der Schrifttumsabteilung für 1940 (BArch Potsdam R 55/893 Bl. 5–8), 1942 (BArch Potsdam R 55/13 Bl. 101–103), 1. 11. 1943 (BArch Potsdam R 55/1314 Bl. 43–44) und 1. 11. 1943 (BArch Potsdam R 55/1317 Bl. 117–119). An neuen Referenten kamen 1940 Heinrich Zimmermann aus der Filmabteilung und Dr. Hellmuth Bauer, 1941 Prof. Dr. Wilhelm Ziegler aus der Propagandaabteilung und Dr. Hans W. Hagen von der PPK. Zudem wurden 1941/1942 die Referenten Alfons Brugger, Otto Henning, Erich Langenbucher, Sebastian Losch, Günther Lutz, Wilhelm Ruoff, Dr. Anselm Schlösser, Eberhard Trüstedt und Ludwig Warmuth aus dem Werbe- und Beratungsamt in den Etat des Ministeriums übernommen. S. das Nachrichtenblatt des Reichsministeriums für Volksaufklärung und Propaganda, Bd. 8 1940 – Bd. 11 1943, BArch Potsdam R 55/437–440.

157 Hausinterne Mitteilung von Staatssekretär Gutterer vom 22. 5. 1942, in: Nachrichtenblatt des Reichsministeriums für Volksaufklärung und Propaganda, Bd. 10, Nr. 16 vom 4. 6. 1942, S. 61, BArch Potsdam R 55/438.

158 Ebd., Nr. 25 vom 17. 10. 1942, S. 92.

159 Mitteilung der Rechtsabteilung an die Wirtschaftsstelle vom 7. 3. 1942, BArch Potsdam R 55/213 Bl. 178.

160 Nachrichtenblatt des Reichsministeriums für Volksaufklärung und Propaganda, Bd. 11, Nr. 13 vom 19. 8. 1943, S. 64–65.

Zu Beginn des Jahres 1944 wurde Haegert schließlich noch als »Sonderbeauftragter« in dem von Speers Ministerium eingerichteten »Lenkungsbereich Buch, Propaganda und Druck« eingesetzt.[161]

Neben diesen wichtigen Aufgaben blieb die Abteilung auf den zentralen Gebieten der Literaturpolitik führend beteiligt. Sowohl in allen die Belange und den »Einsatz« der Schriftsteller betreffenden Fragen als auch bei der Kontrolle und Steuerung des Buchmarktes im In- und Ausland liefen die Fäden im Propagandaministerium zusammen.[162] Für diese Zwecke waren zwischen 1933 und 1938 bereits insgesamt 2602537,81 RM (einschließlich 1237150 RM an Zuschüssen für die Deutsche Bücherei in Leipzig) aufgewandt worden.[163] Während des Krieges fand dann noch einmal eine beträchtliche Mittelaufstockung statt:

1939	760049,93 RM	+ 274800 RM für die DB
1940	998166,51 RM	+ 280000 RM für die DB
1941	2225085,24 RM	+ 330100 RM für die DB
1942	1750000,00 RM	+ 370000 RM für die DB;
		+ 356000 RM für die »Wirtschaftsstelle des deutschen Buchhandels«;
		+ 629000 RM für das »Werbe- und Beratungsamt für das deutsche Schrifttum«
zus.	5733301,68 RM	+ 2239900 RM = 7973201,68 RM

Einschränkend muß zu der Aufzählung von Kompetenzen allerdings gesagt werden, daß die Führungsrolle des Propagandaministeriums auf dem Gebiet der Literaturpolitik zu keinem Zeitpunkt unumstritten war und daß die von hier ausgehende Literaturpolitik nie einheitlich durchgesetzt werden konnte.

[161] Hausinterne Mitteilung der Haushalts- an die Personalabteilung des RMVP vom 15. 2. 1944, BArch Potsdam R 55/10 Bl. 2. Zu Aufbau und Tätigkeitsbereich dieser Behörde s. Kapitel III, Abschnitt B 2.1.6. dieser Arbeit.

[162] S. dazu Kapitel III, Abschnitte A 3. und B 3. dieser Arbeit.

[163] S. die aus Anlaß des zehnjährigen Bestehens des Propagandaministeriums zusammengestellten Angaben über die Verwendung der Finanzmittel, hier »Ausgabenentwicklung im Bereich Schrifttum (1933–1942)« vom 6. 1. 1943, BArch Potsdam R 55/862 Bl. 16. Die folgenden Zahlenangaben ebd.

Besonders prägnant kommt dies in einer Denkschrift des stellvertretenden Leiters der Schrifttumsabteilung, Johannes Schlecht, zum Ausdruck, die wohl auf den Herbst 1939 zu datieren ist.[164] Zu jenem Zeitpunkt beriet sich Goebbels mit Schlecht über eine »volksnähere Ausrichtung« der Abteilung, die ihm »zu weltfremd und zu vegetarisch geworden« war.[165]

In seiner vermutlich in diesem Zusammenhang entstandenen Denkschrift klagte Schlecht nicht nur über die ständigen Kompetenzquerelen mit den Schrifttumsstellen Bouhlers und Rosenbergs, die im übrigen auch seinem Minister schon »zum Halse heraus« hingen.[166] Für ebenso gravierend hielt Schlecht das eigenständige und eigenmächtige Agieren der Reichsschrifttumskammer. Diese stellte er als ein »völlig uneinheitliches Gebilde« mit zwei unterschiedlich ausgeprägten Polen dar.[167] Während die Politik der »Gruppe Schriftsteller« im wesentlichen durch den Geschäftsführer der Kammer, Wilhelm Ihde – in Absprache mit Hans Schmidt-Leonhardt, dem Leiter der ministeriellen Rechtsabteilung – gesteuert werde, würde die »Gruppe Buchhandel« unter der Leitung Wilhelm Baurs die ihm übergeordnete Schrifttumsabteilung »nur noch aus formalen und arbeitsmäßigen Gründen und post festum« beteiligen.[168] Wilhelm Baur vertrete dabei vorwiegend die Interessen des Amannschen Parteiverlags, der DAF und des Rosenbergschen Schrifttumsamtes.[169] Er fühle sich mittlerweile »als Vorgesetzter des Leiters S«, der den »diktatorischen Maßnahmen« Baurs kaum mehr etwas entgegenzusetzen habe.[170] Aus seiner kritischen Analyse zog Schlecht den Schluß: »Die Position der Abteilung Schrifttum ist aussichtslos, wenn sich die Entwicklung in der Reichsschrifttumskammer im aufgezeigten Sinne weiter vollzieht. Die Schwierigkeiten mit den Übergriffen der Parteiamtlichen Prü-

[164] Der mit einer handschriftlichen Einfügung auf 1939 datierte Bericht ist leider erst ab Seite 5 (bis 8) erhalten in BArch Potsdam R 56 V/17 Bl. 34–37.

[165] Goebbels-Tagebücher, Teil 1, Bd. 3, S. 604 (10. 10. 1939).

[166] So Goebbels wörtlich in seinem Tagebuch vom 5. 12. 1939, in dem ein Gespräch des Ministers mit Haegert über den »Fall Bouhler-Rosenberg« vermerkt wird. Goebbels-Tagebücher, Teil 1, Bd. 3, S. 658.

[167] BArch Potsdam R 56 V/17 hier Bl. 34.

[168] Ebd., Bl. 35.

[169] Ebd.

[170] Ebd. Die Entlassung der Abteilungsleiter Wismann und Hederich war ja insbesondere auch durch Wilhelm Baur betrieben worden.

fungskommission und des Amtes Schrifttumspflege ließen sich überwinden, wenn die Reichsschrifttumskammer als zuverlässiges Arbeitsinstrument des Ministeriums dem Leiter S zur Verfügung stünde. Solange das nicht geschieht, wird auf weite Sicht der Einfluß der Schrifttumsabteilung zugunsten aller anderen Stellen leiden, was den Zusammenbruch der mühsam aufgebauten zentralen Schrifttumsführung und -propaganda bedeutet. Damit würde ein wichtiger Sektor der deutschen Kultur dem Zuständigkeitsbereich des Herrn Ministers entzogen und nach verschiedenen Richtungen hin zersplittert«.[171]

Goebbels scheint sich jedoch nicht so recht auf diese Empfehlung eingelassen zu haben. Die Stellung Amanns, als dessen verlängerter Arm Wilhelm Baur im Buchhandelszentrum Leipzig operierte, war auf Partei- und Staatsebene viel zu gefestigt, als daß sich der Propagandaminister zu einem gezielten Vorgehen gegen die Sonderpolitik des Zentralverlags der NSDAP hätte entschließen können. Als Autor stand der chronisch geldbedürftige Goebbels zudem beim Parteiverlag unter Vertrag. So mußte sich Schlecht 1941 erneut über die ständigen Angriffe Wilhelm Baurs auf die Referenten und die Politik der Schrifttumsabteilung bitter beklagen,[172] ohne daß damit eine feststellbare Änderung eingetreten wäre. Bis Kriegsende lief die im Namen von Goebbels betriebene Literaturpolitik zum Teil auf getrennten Gleisen, wobei in einigen Fällen Schrifttumsabteilung und RSK ganz bewußt gegeneinander arbeiteten.[173]

Divergierende persönliche Loyalitäten spielten nicht nur im

[171] Ebd., Bl. 37.

[172] S. die »Aufzeichnung« Schlechts vom 7. 7. 1941 betr. Schwierigkeiten zwischen dem Vizepräsidenten Wilhelm Baur und dem stellvertretenden Leiter der Abteilung ORR Schlecht vom 7. 7. 1941, BArch Potsdam R 55/889 Bl. 6–8; die Stellungnahme Schlechts zur Beschwerde Baurs vom 1. 8. 1941, ebd. Bl. 18–20; sowie die Notiz über die in Gegenwart von Hinkel und Schlecht geführte Unterredung von Staatssekretär Gutterer mit Wilhelm Baur, ebd. Bl. 11–13.

[173] Dies gilt für das Buchexport-Ausgleichsverfahren und die Papierkontingentierung, die ab 1935 bzw. ab 1939 über die Wirtschaftsstelle des deutschen Buchhandels und nicht über die von Wilhelm Baur kontrollierte »Gruppe Buchhandel« abgewickelt wurden. S. dazu im einzelnen Kapitel II, Abschnitt A 2.3.4. sowie Kapitel III, Abschnitt B 2.1.6. dieser Arbeit. Eine dem Eher-Konzern entgegengesetzte Verlagspolitik wurde von der Schrifttumsabteilung auch bei der Stillegung von Verlagen in den Jahren 1943/44 verfolgt. S. dazu Kapitel III, Abschnitt B 7.3. dieser Arbeit.

Fall Wilhelm Baur eine wichtige Rolle. Im Laufe der dreißiger Jahre war es der SS gelungen, eine Reihe von Mitarbeitern der Kammer für SD-Tätigkeiten zu gewinnen.[174] Demgegenüber blieb der Anteil der SS-Angehörigen in der Schrifttumsabteilung des Propagandaministeriums gering. Von den Referenten, die zum Teil aus der bündischen Jugend der Weimarer Republik kamen, gehörten nur Erich Langenbucher und Günther Lutz der SS an.[175] Und von den insgesamt vier Abteilungsleitern unterhielt lediglich Berndt nachweisbare Kontakte zum SD.[176] Sein Nachfolger Haegert war hingegen ein altgedientes Mitglied der SA mit engen Verbindungen zu deren Stabschef Viktor Lutze.[177] Unter ihm dürfte der Einfluß des Reichsführers-SS Heinrich Himmler auf die Schrifttumsabteilung somit kaum zugenommen haben. 1941 machte Haegert mit Dr. Wilhelm Ziegler sogar einen langjährigen Mitarbeiter der republikanischen »Reichszentrale für Heimatdienst« zum stellvertretenden Abteilungsleiter.[178]

174 Dazu Kapitel II, Abschnitt B 2. dieser Arbeit.

175 S. die SS-Personalakten von Erich Langenbucher und Lutz im BDC. Der bündischen Jugend hatten in der Weimarer Republik die Referenten Hövel, Gruber und Trüstedt angehört. Mündliche Äußerungen Paul Hövels vom 27. 7. 1985 und Heinrich Grubers vom 8./9. 11. 1989 bei Zeitzeugenbefragungen des Verfassers.

176 S. den »Personalbericht« [o.D., 1939] des SD-Hauptamtes, von dem Berndt seit 1936 als Mitarbeiter geführt wurde, BDC/SS/Berndt, A.-I. Darin hieß es: »In seiner neuen Stellung als Leiter der Abteilung Schrifttum des gleichen Ministeriums haben sich die sachlichen Berührungspunkte mit der Arbeit des SD noch vervielfältigt. B. verspricht, in dieser Stellung für die SS und den SD besonders wertvolle Arbeit zu leisten«.

177 BDC/SA/Haegert, W.: seit 1932 SA-Sturmbannführer (1941 SA-Oberführer); ab dem 15. 3. 1943 der »Adjutantur« des SA-Stabschefs zugeteilt. S. ebd. auch die Aufzeichnung Haegerts »Zur Kulturarbeit der SA« vom 9. 11. 1941.

178 Wilhelm Ziegler (1891–?): 1910–1914 Studium der Theologie, Geschichte, Volkswirtschaft; Februar–November 1918 Referent im Kriegspresseamt; 1919–1927 Referent in der Reichszentrale; 1933 zunächst in den »einstweiligen Ruhestand« versetzt; am 15. 4. 1933 als Oberregierungsrat in die Propagandaabteilung des Goebbelsschen Ministeriums übernommen, wo er das Referat »Judenfragen; Stiftung für Opfer der Arbeit; Versailler Vertrag; nationale Literatur; Verlagswesen usw.« betreute; NSDAP-Mitglied ab 1. 5. 1933. S. BDC/Partei-Kanzlei/Correspondence/Ziegler, W. sowie den Geschäftsverteilungsplan des Propagandaministeriums vom 1. 10. 1933, BArch Potsdam R 43II/1149 hier Bl. 128/Rs.

2. Die Reichsschrifttumskammer innerhalb der Reichskulturkammer

2.1. Die Gründung der Reichskulturkammer

In dem bereits erwähnten Schreiben an die Reichsstatthalter in den Ländern vom 16. 7. 1933 hatte Hitler auch die Errichtung einer »Reichskulturkammer« als »Unterbau für das Reichsministerium für Volksaufklärung und Propaganda zur Erledigung seiner Aufgaben« angekündigt.[1] In ihr sollten »die Berufe des Rundfunks, des Films, des Theaters, der bildenden Kunst, der Musik, der Literatur und der Presse unter Führung des Ministeriums zusammengefaßt werden«.[2] Am 11. 8. 1933 legte das Propagandaministerium der Reichskanzlei den ersten Entwurf eines Reichskulturkammer-Gesetzes vor.[3]

Darin war vorgesehen, die »Angehörigen der Berufe«, deren »Tätigkeit« in den »Aufgabenkreis« des Propagandaministeriums fiel, in »Körperschaften des öffentlichen Rechts« zu erfassen (§ 1). Im einzelnen sollte die Reichskulturkammer aus einer Reichsschrifttumskammer, einer Reichspressekammer, einer Reichsrundfunkkammer, einer Reichstheaterkammer, einer Reichsmusikkammer, einer Reichskammer der bildenden Künste und der am 14. 7. 1933 gegründeten »vorläufigen Filmkammer« (nun Reichsfilmkammer) bestehen (§ 2, § 5). Dem Reichsminister für Volksaufklärung und Propaganda wurde nicht nur die Aufsicht über die Reichskulturkammer (§ 5), sondern auch die Kompetenz zugesprochen, die »zur Durchführung dieses Gesetzes erforderlichen Rechts- und Verwaltungsschriften« zu erlassen (§ 6).

In einer dem Gesetzentwurf beigefügten Denkschrift wurden die »Grundgedanken für die Errichtung einer Reichskulturkammer« erläutert.[4] Den zu Einzelkammern erhobenen Berufsorganisationen wurde die Erledigung öffentlicher Aufgaben »im Wege der Selbstverwaltung unter staatlicher Überwachung

[1] BArch Potsdam R 43 II/1149 hier Bl. 92, Punkt 9.
[2] Ebd.
[3] BArch Potsdam R 43 II/1241 Bl. 3 (S. 1–2). Zu den folgenden Ausführungen s. ebd.
[4] BArch Potsdam R 43 II/1241 Bl. 4–7 (S. 1–7).

und Mitwirkung« übertragen.[5] Konkret war damit zum einen die »Anpassung des Rechts« an die »Forderungen des nationalsozialistischen Staates« gemeint. Zum anderen sollte jeder einzelne Angehörige eines Kulturberufs »in seinem Schaffen, seinem Lebensinhalt und Lebenssinn, als wirkende Persönlichkeit« erfaßt und »in diesem Schaffen und Wirken dem Staate eingegliedert, im Staate zusammengefaßt« werden. Die »Kulturschaffenden« hatten also ihre Autonomie abzugeben. Mehr noch: Im Rahmen des ständischen Aufbaus sollten sie zu einem »Organ des *Ganzen*«[6] werden, was nicht viel anderes bedeutete, als daß ihnen im »Staat als Schaffensgemeinschaft«[7] eine ganz bestimmte Funktion zugewiesen wurde. Sie ist von Hildegard Brenner auf die prägnante Formel »Kunst als social engineering« gebracht worden.[8] Mit den vielfältigen Ausdrucksformen der Kunst sollten nationalsozialistische »Grundwerte« in der deutschen Gesellschaft propagiert und verfestigt werden.

Diese Deutung trifft jedoch nur *einen* zentralen Aspekt der mit der Gründung der Reichskulturkammer verfolgten Politik des Propagandaministeriums. Die der Reichskanzlei vorgelegten »Grundgedanken« enthalten eine Reihe von Seitenhieben auf einen Konkurrenten, der die seit langem bestehenden kulturpolitischen Ambitionen von Goebbels zu unterlaufen versuchte. Ohne daß Ley oder die Deutsche Arbeitsfront mit einem Wort erwähnt worden wären, kritisierte die vermutlich von Staatssekretär Funk und dem Leiter des ministeriellen Rechtsreferats Schmidt-Leonhardt verfaßte Denkschrift »Bestrebungen, die den ständischen Aufbau einseitig auf das Gebiet der sozialen Kämpfe abdrängen und ihn zu *einer Art paritätischer Arbeitsgemeinschaft unter Wiederbelebung gewerkschaftlicher Gedankengänge machen wollen*«.[9] Der Bereich der Kultur sei jedoch »staatswichtiger« und müsse »von der dafür zuständigen Stelle der Reichsregierung (auch wegen der allzugroßen Vielgestaltigkeit der Verhältnisse auf diesem Gebiete, die einer planmäßigen Einwirkung hinderlich ist) schärfer erfaßt werden, als das bei

[5] Ebd. Bl. 4. Die folgenden Zitate ebd.
[6] Ebd. Bl. 4/Rs. Hervorhebung im Text.
[7] Ebd.
[8] Brenner, Die Kunstpolitik des Nationalsozialismus, S. 273–278.
[9] BArch Potsdam R 43 II/1241 Bl. 4/Rs. Hervorhebungen im Text.

aller Bedeutung anderer Berufszweige sonst der Fall ist«.[10] Zudem brauche das Propagandaministerium »Verbände ›der Presse‹, ›des Rundfunks‹, ›des Schrifttums‹, ›des Theaters‹, ›des Films‹, ›der Musik‹ und ›der bildenden Kunst‹, und nicht Verbände von Arbeitnehmern und Arbeitgebern, in denen so stark wie möglich die Gleichmäßigkeit des wirtschaftlichen Interesses betont und die Verschiedenheit der Verhältnisse der Berufszweige zurückgedrängt wird«. Ein »Abgleiten des Entwicklungsganges in rein wirtschaftliche und materielle Gedankengänge« begegne »an dieser Stelle einer besonderen Empfindlichkeit«.

Daß hinter dieser feinfühligen Rücksichtnahme auf die Belange der Kultur massive Ressortinteressen steckten, macht ein Schreiben Funks an Rudolf Heß vom 23. 8. 1933 deutlich.[11] Darin bat der Staatssekretär den Stellvertreter des Führers um »Einwirkung auf Herrn Dr. Ley«.[12] Der Arbeitsfrontführer hatte durch den Zugriff auf den »Verband der deutschen Theaterangestellten« und andere Kulturberufe für »Schwierigkeiten« gesorgt.[13] Offenbar befürchtete man im Propagandaministerium, daß Ley als »Erbe« der Freien Gewerkschaften und vor allem des Deutschen Handlungsgehilfen Verbands mit seiner »Fachgruppe Buchhandel« nun auch in die Goebbelssche Domäne übergreifen würde.[14] Funk stellte daher fest, daß die Arbeitsfront »ganze andere Aufgaben« habe, »in die wir als Reichsministerium in keiner Weise eingreifen wollen und die unbeschadet unserer Propaganda- und Kulturarbeit für den sozialen Neubau des Reiches unangetastet bleiben«.[15] Es sei »also gar nicht nötig, daß hier künstlich Gegensätze geschaffen wer-

[10] Ebd., Bl. 5. Die folgenden Zitate ebd.

[11] Das Schreiben ist in der Fassung des von Funk noch einmal überarbeiteten Entwurfs überliefert in BArch Potsdam 50.01/162 Bl. 3–4.

[12] Ebd., Bl. 3/Rs.

[13] So Funk ebd.

[14] Auf diesen Zusammenhang weist der Mitarbeiter der Presseabteilung des Propagandaministeriums Werner Stephan in seiner 1949 erschienenen Goebbels-Biographie indirekt hin: »[...] für die Künstler hatte die Kulturkammer einen großen Vorzug: sie wurden auf diese Weise vor den Einwirkungen der Arbeitsfront bewahrt, die unter der Führung von Dr. Ley für die Voraussetzungen geistigen Schaffens keinerlei Verständnis besaß« (S. 42).

[15] Funk an Heß vom 23. 8. 1933, BArch Potsdam 50.01/162 Bl. 3/Rs.-Bl. 4.

den, die nur aus einem falschen, schädlichen und mißverstandenen Prestigeanspruch der Arbeitsfront auf dem Kulturgebiete resultieren«.[16]

Die Intervention war erfolgreich. Am 25. 8. 1933 erhielt Goebbels von Hitler die endgültige Zustimmung zum Reichskulturkammer-Gesetz.[17] Die daraufhin einsetzenden Beratungen des Gesetzentwurfes mit den beteiligten Reichsressorts scheinen weitgehend komplikationslos verlaufen zu sein.[18] Der Propagandaminister mußte lediglich zusichern, daß Reich, Länder und Gemeinden »durch die Ausführung des Gesetzes nicht mit Kosten belastet werden«.[19] Bei der abschließenden Beratung des Gesetzes im Reichskabinett am 22. 9. 1933 setzten allerdings Staatssekretär Reinhardt vom Reichsfinanzministerium und Reichswirtschaftsminister Kurt Schmitt noch die Mitwirkung ihrer Ressorts bei allen Rechtsverordnungen und allgemeinen Verwaltungsvorschriften der Einzelkammern, insofern sie finanzielle oder gewerbliche Belange betreffen sollten, durch (§ 7).[20] Ansonsten wurde aber der bereits seit dem 11. 8. 1933 vorliegende Gesetzestext im wesentlichen übernommen und das Reichskulturkammer-Gesetz auf der Grundlage des »Gesetzes zur Behebung der Not von Volk und Reich« vom 24. 3. 1933 verabschiedet.[21]

[16] Ebd., Bl. 4.

[17] Goebbels-Tagebücher, Teil 1, Bd. 2 1931–1936, S. 461 (25. 8. 1933). Zwei Tage zuvor hatte Goebbels in sein Tagebuch, ebd. S. 460, über ein Gespräch mit Hitler und Göring notiert, Ley habe »eine schlechte Umgebung. Seine Arbeitsfront macht uns Sorgen. Viel Marxismus«.

[18] Die Behauptung von Bracher, Stufen der Machtergreifung, in: Bracher/Sauer/Schulz, Die nationalsozialistische Machtergreifung, S. 291, das Reichskulturkammer-Gesetz sei erst »nach langen, an Kontroversen, Beschwichtigungs- und Überredungsversuchen reichen Vorbereitungen« zustande gekommen, kann durch die Quellen nicht belegt werden.

[19] So die Mitteilung von Goebbels in einem Schreiben vom 20. 9. 1933, mit dem er Staatssekretär Lammers von der Reichskanzlei über das Ergebnis einer Ministerbesprechung vom 19.9. informierte, BArch Potsdam R 43 II/1241 Bl. 8.

[20] »Auszug aus der Niederschrift über die Sitzung des Reichsministeriums vom 22. 9. 1933«, BArch Potsdam R 43 II/1241 Bl. 13–14.

[21] Die Empfehlung hierzu hatte Goebbels' Staatssekretär Lammers bereits in seinem Schreiben vom 20. 9. 1933, BArch Potsdam R 43 II/1241 Bl. 8, gegeben. Zum Text des von Hitler und Goebbels unterzeichneten Reichskulturkammer-Gesetzes s. RGBL/Teil I Nr. 105 vom 26. 9. 1933, S. 661–662.

Mit der am 1. 11. 1933 von Goebbels und Reichswirtschaftsminister Schmitt erlassenen »Ersten Verordnung zur Durchführung des Reichskulturkammer-Gesetzes«[22] wurden die »in vorläufig privatrechtlicher Form« gegründeten Berufsverbände – das »Reichskartell der deutschen Musikerschaft« (25. 4. 1933), der »Reichsverband deutscher Schriftsteller« (9. 6. 1933), die »Nationalsozialistische Rundfunkkammer« (3. 7. 1933), die »Reichstheaterkammer« (9. 8. 1933), das »Reichskartell der bildenden Künstler« und die »Reichsarbeitsgemeinschaft der Deutschen Presse« (4. 10. 1933) – analog zur »vorläufigen Filmkammer« – zu »Körperschaften des öffentlichen Rechts« erklärt (§§ 1 und 2).[23] Ein Verfahren, das »mit den Augen eines Formaljuristen des liberalen Systems angesehen, ungewöhnlich und gewagt« war, wie der mit den Gesetzesvorbereitungen betraute Schmidt-Leonhardt in einem Kommentar selbst zugeben mußte.[24]

Die Pflicht zur Mitgliedschaft in den sieben Einzelkammern wurde nun über die bisherigen Mitglieder der umgegründeten Berufsverbände hinaus auf sämtliche Personen ausgedehnt, die »bei der Erzeugung, der Wiedergabe, der geistigen oder technischen Verarbeitung, der Verbreitung, der Erhaltung, dem Absatz oder der Vermittlung des Absatzes von Kulturgut« mitwirkten (§ 4).[25] Ausschlaggebendes Kriterium für die sogenannte »Kulturkammerpflichtigkeit« war also der enge Zusammenhang von kultureller Betätigung und »Öffentlichkeit« (§ 5). Dabei sollte unerheblich sein, ob dies in einem kommerziellen oder gemeinnützigen Rahmen, durch Einzelpersonen oder Per-

[22] RGBL/Teil I Nr. 123 vom 3. 11. 1933, S. 797–800.

[23] Ebd., S. 797. Die in Klammern gesetzten Daten geben die vom Propagandaministerium initiierte Gründung der jeweiligen Berufsverbände an. Vgl. dazu auch das »Gesetz über die Errichtung einer vorläufigen Filmkammer« vom 14. 7. 1933, RGBL/Teil I Nr. 82 vom 17. 7. 1933, S. 483–484.

[24] H. Schmidt-Leonhardt, Die Reichskulturkammer, S. 11, in: Grundlagen, Aufbau und Wirtschaftsordnung des nationalsozialistischen Staates, hg. von H. H. Lammers und H. Pfundtner, Bd. I/Gruppe 2/Beitrag 20. Der 1886 geborene Schmidt-Leonhardt ist der klassische Fall eines erfahrenen Verwaltungsjuristen, der seine im sächsischen Ministerium des Innern und im Reichsinnenministerium erworbene Sachkompetenz von Anbeginn dem NS-Regime willig zur Verfügung stellte, obwohl er der NSDAP formell erst am 1. 5. 1937 beitrat (BDC/Masterfile/Schmidt-Leonhardt, H.).

[25] RGBL/Teil I Nr. 123 vom 3. 11. 1933, S. 797–800. Zu den folgenden Ausführungen vgl. ebd.

sonenzusammenschlüsse (Gesellschaften, Vereine, private Stiftungen, Körperschaften oder Anstalten des öffentlichen Rechts), durch Reichsangehörige oder in Deutschland arbeitende Ausländer, durch Selbständige oder Angestellte gegeben war (§ 6).

Die Mitgliedschaft in den Einzelkammern wurde entweder »mittelbar« über die Fachverbände und Fachschaften oder »unmittelbar« erworben, falls solche Berufszusammenschlüsse fehlten (§ 15). Über die »Befreiung« von der Mitgliedschaftspflicht, die im Falle nur geringer oder sporadischer Betätigung erfolgte (§ 9), sowie über die »Aufnahme« oder »Ablehnung« eines Antragstellers und den »Ausschluß« eines Mitgliedes hatten die Präsidenten der Einzelkammern unter dem Gesichtspunkt der »Zuverlässigkeit und Eignung« (§ 10)[26] zu entscheiden. Darüber hinaus standen den Präsidenten als Sanktionsmittel die Verhängung von »Ordnungsstrafen« (§ 28) und die Einschaltung von Polizeibehörden (§ 29) zur Verfügung. Letzte Entscheidungsinstanz war allerdings der Präsident der Reichskulturkammer (§ 17), dessen Amt in Personal- und Realunion vom Reichspropagandaminister geführt wurde (§ 11).

Die dominante Stellung von Goebbels im Gesamtgefüge der Reichskulturkammer kam auch in einer Reihe weiterer Prärogativen zum Ausdruck: Errichtung und Berufung eines Reichskultursenats (§ 12); Ernennung der Präsidenten und Präsidialräte der Kammern (§ 13); Entscheidung bei Meinungsverschiedenheiten oder Einschaltung in Meinungsbildungsprozesse unter den Einzelkammern (§ 21); Aufhebung von Verordnungen oder Verwaltungsschriften der Einzelkammern (§ 22); Aufstel-

[26] Damit wurde die bereits in der Ära Frick in Thüringen praktizierte Anwendung der Gewerbeordnung auf Kulturveranstaltungen, die von den Nationalsozialisten abgelehnt wurden, in der Kulturkammer-Gesetzgebung verankert. S. den Erlaß vom 5. 4. 1930 »Wider die Negerkultur für deutsches Volkstum«, in: Amtsblatt des Thüringischen Ministeriums für Volksbildung Jg. 9/Nr. 6 (1930), S. 40–41, hier S. 40. Vgl. dazu auch § 3 des Gesetzes über die Errichtung einer vorläufigen Filmkammer, S. 483: »Die Aufnahme in die Filmkammer kann abgelehnt oder ein Mitglied ausgeschlossen werden, wenn Tatsachen vorliegen, aus denen sich ergibt, daß der Antragsteller die für die Ausübung des *Filmgewerbes* erforderliche Zuverlässigkeit nicht besitzt«. Hervorhebung von mir. Auf den Zusammenhang dieser Bestimmungen mit der deutschen Gewerbeordnung weist – allerdings ohne Bezugnahme auf das »Experimentierfeld« Thüringen – Dahm, Anfänge und Ideologie der Reichskulturkammer, S. 77, hin.

lung des Haushaltsplanes für die Reichskulturkammer und Kontrolle der Haushaltspläne der Einzelkammern (§ 23); ausschließliche Vertretung der Kulturkammerangelegenheiten gegenüber der Reichsregierung (§ 27).

Da bei den Verhandlungen über das Kulturkammergesetz eine finanzielle Belastung von Reich, Ländern und Gemeinden ausgeschlossen worden war, mußten die Verwaltungskosten der Einzelkammern über die Mitgliedschaftsbeiträge finanziert werden. Deren Zahlung wurde zur Pflicht gemacht (§ 24), ihre Einziehung wie »öffentliche Abgaben« gehandhabt (§ 30). Im sogenannten »Beiträge-Gesetz« vom 24. 3. 1934 wurde der steuerähnliche Charakter der Mitgliedschaftsbeiträge bei Körperschaften des öffentlichen Rechts vom Reichsfinanzminister noch einmal ausdrücklich anerkannt.[27] Allerdings bedurften ab diesem Zeitpunkt die Festsetzung der Beiträge und Umlagen ebenso wie die Haushaltsvoranschläge der Einzelkammern auch der Genehmigung durch das Reichsfinanzministerium.[28]

Um ihre Funktion einer kultur-, wirtschafts- und sozialpolitischen Kontroll- und Steuerungsinstanz erfüllen zu können (§ 3), konnten die Präsidenten der Einzelkammern mit Hilfe von »Amtlichen Bekanntmachungen« und »Anordnungen«, die den Charakter »mittelbaren Reichsrechts« besaßen, Bedingungen für die Betriebszulassung und -führung sowie für den Abschluß arbeits- und sozialrechtlicher Vereinbarungen festsetzen (§ 25). Für den Fall der Enteignung sollten sogar »keine Entschädigungsansprüche« geltend gemacht werden dürfen (§ 26). Es sollte sich erst im Laufe der Entwicklung in den nachfolgenden Jahren erweisen, wie folgenreich gerade diese im Verordnungstext vom 1. 11. 1933 unscheinbar formulierten Vollmachten der Kammern, die nur durch das Mitbestimmungsrecht des Reichswirtschaftsministers auf dem Gebiet des Buch-, Musikalien-, Kunst- und Rundfunkhandels (§ 25) begrenzt wurden, waren.

Die »Eröffnung« der Reichskulturkammer fand am 15. 11. 1933 im Rahmen eines großen Festaktes in der Berliner Philharmonie statt. In seiner Rede »Die Kultur vor neuen Aufgaben« entwickelte Goebbels mit großem propagandistischem Auf-

[27] »Gesetz zur Erhaltung und Hebung der Kaufkraft« vom 24. 3. 1934, RGBL/Teil I Nr. 33 vom 26. 3. 1934, S. 235–236.

[28] Ebd., S. 235 (§ 4).

wand seine kulturpolitischen Grundvorstellungen.[29] Wohl nicht nur an die Adresse der versammelten Künstlerprominenz, sondern auch an die im Saal anwesenden Ley, Rosenberg und Göring gerichtet, stellte der Propagandaminister als »Sinn der Reichskulturkammer« heraus: »Die schaffenden Menschen sollen sich in Deutschland wieder als *eine* einzige Einheit empfinden; es soll ihnen jenes Gefühl trostloser Leere genommen werden, das sie bisher von der Nation und ihren treibenden Kräften trennte. Nicht *einengen* wollen wir die künstlerisch-kulturelle Entwicklung, sondern *fördern*. Der Staat will seine schützende Hand darüberhalten; die deutschen Künstler sollen sich unter seinem Patronat geborgen fühlen und das beglükkende Gefühl zurückgewinnen, daß sie im Staate ebenso unentbehrlich sind wie die, die die Werte seines materiellen Daseins schaffen«.[30] Allerdings habe auch der Künstler die »Pflicht«, die »eigenen Gesetze« des »neuen Staates« »anzuerkennen und zur Richtschnur seines schöpferischen Handelns zu machen«.[31]

Etwaige Befürchtungen, daß »hier die Gesinnungsriecherei eine Heimstätte finden könnte«, zerstreute Goebbels mit dem Hinweis: »Wir haben den Mut, großherzig zu sein, und wünschen und hoffen, daß unsere Großherzigkeit durch gleiche Großherzigkeit seitens der Künstlerschaft belohnt wird«.[32] Ganz konkret spekulierte der Propagandaminister dabei auf zweierlei: zum einen hoffte er, daß nationalsozialistische »Stoffe und Probleme« in der Kunst zur Darstellung gelangen würden;[33] zum andern wollte er die »neue nationale Kunst Deutschlands«[34] als Werbeartikel in der Welt nutzen.

[29] Heiber (Hg.), Goebbels-Reden, Bd. 1, S. 131–141.
[30] Ebd., S. 138–139. Hervorhebungen im Text.
[31] Ebd., S. 139.
[32] Ebd., S. 140.
[33] Ebd., S. 138.
[34] Ebd., S. 140.

2.2. Der Aufbau der Reichsschrifttumskammer

Am Ende seiner Rede zur Eröffnung der Reichskulturkammer stellte Goebbels die von ihm berufenen Präsidenten und Präsidialräte der Einzelkammern vor.[35] Die Namensliste mischte national und international angesehene Künstler mit nationalsozialistischen Kulturfunktionären, wodurch nach außen der Eindruck einer rein parteipolitischen Institution vermieden wurde.[36] Das gleiche Aufbauprinzip galt für die Reichsschrifttumskammer. An ihre Spitze trat Hans Friedrich Blunck, der als Autor völkisch-nationaler Epen und Balladen auf dem deutschen Literaturmarkt mit hohen Auflagen vertreten war und der auch im Ausland über zahlreiche gute Kontakte verfügte.[37] Im Präsidialrat saßen die Schriftsteller Hans Grimm und Hanns Johst (NSDAP), der Verleger Friedrich Oldenbourg, der Sortimenter Theodor Fritsch junior (NSDAP) und Heinz Wismann (NSDAP) vom Propagandaministerium.

Mit dem Aufbau der Reichsschrifttumskammer war neben Blunck und Vizepräsident Wismann der ebenfalls parteilose Gunther Haupt als Geschäftsführer befaßt.[38] Ihr grundlegendes

[35] S. im einzelnen ebd., S. 140–141.

[36] In der Reichsmusikkammer, die Goebbels in seiner Aufzählung bezeichnenderweise an den Anfang stellte, saßen so renommierte Fachvertreter wie Richard Strauß (Präsident) und Wilhelm Furtwängler (Mitglied des Präsidialrates). Auch Eugen Hönig (Präsident der Reichskammer der bildenden Künste), Otto Laubinger (Präsident der Reichstheaterkammer) und Fritz Scheuermann (Präsident der Reichsfilmkammer) waren alles andere als exponierte Vertreter des Nationalsozialismus. Hingegen waren die Reichspressekammer mit Max Amann an der Spitze und die von Horst Dreßler-Andres geleitete Reichsrundfunkkammer eindeutige Domänen von Parteivertretern. Zu beachten ist aber, daß auch in die Präsidialräte der Einzelkammern eine Reihe nationalsozialistischer Kulturfunktionäre aufrückte. Zur Motivation dieser Goebbelsschen Taktik Brenner, Die Kunstpolitik des Nationalsozialismus, S. 58.

[37] Zu den Umständen von Bluncks Berufung s. dessen Memoiren, Unwegsame Zeiten, S. 179–214. Blunck wurde erst am 1. 5. 1937 Mitglied der NSDAP.

[38] Gunther Haupt (1904): 1927 Promotion in Tübingen; 1930–1932 Lektor im Langen-Müller Verlag, 1932–1933 bei der Hanseatischen Verlagsanstalt; Geschäftsführer der Fichte-Gesellschaft vom 1. 5.–15. 11. 1933. Ich danke Herrn Dr. Hans-Martin Pleßke von der Deutschen Bücherei in Leipzig für diese Angaben. Haupt wurde erst am 1. 1. 1940 Mitglied der NSDAP (BDC/Masterfile/Haupt, G.). Zu den völkisch-nationalen Bewer-

Problem bestand darin, einerseits das Gebot zur Erfassung sämtlicher auf dem Gebiet der Literatur tätigen Berufsangehörigen erfüllen zu müssen, andererseits aber nur über den Reichsverband deutscher Schriftsteller als Keimzelle der Reichsschrifttumskammer verfügen zu können.

Daß man sich Anfang Dezember 1933 noch gar nicht so genau über die Eingliederungsmodalitäten im klaren war, ist an den ziemlich unspezifischen Formulierungen einer gemeinsamen »Bekanntmachung« der Reichsschrifttums- und der Reichspressekammer ablesbar.[39] In ihr wurde die Anmeldung der professionellen *»schriftstellerische[n] Tätigkeit«* über den RDS zur Pflicht gemacht.[40] Sie sollte auch für Beamte gelten, was allerdings auf den erbitterten Widerstand sowohl des Reichsinnenministeriums als auch der Kultusministerien der Länder stieß.[41] Bei *»geschäftliche[n] Unternehmungen«* sollte die Erfassung an einen »Umsatz in Druckwerken« von mehr als 20% des Gesamtumsatzes gebunden werden.[42]

Durch die »Bekanntmachung über die Gliederung der Reichsschrifttumskammer« vom 21. 12. 1933 wurde jedoch ein weit über diesen Rahmen hinausgehender Personenkreis zur Mitgliedschaft verpflichtet.[43] Die Integration in die Kammer erfolgte dabei nach sehr unterschiedlichen Prinzipien. Zum einen wurden bestehende Berufsverbände ganz in die RSK übernommen. Dies traf auf den »Börsenverein der Deutschen Buchhändler«, die »Reichsfachgruppe Buchhandel im Deutschen Handlungsgehilfenverband«, den »Verband Deutscher Volksbibliothekare« und den »Verein Deutscher Bibliothekare« zu. Deren Mitglieder wurden damit zu »mittelbaren« Kammerangehörigen, was in der Praxis bedeutete, daß sie in ihrem bisherigen Berufsverband organisiert blieben, nun jedoch auch der Disziplinargewalt der Kammer unterstellt waren und an diese

tungskriterien für Literatur s. Haupts Streitschrift »Was erwarten wir von der kommenden Dichtung?«, Tübingen 1934.

[39] Abgedruckt bei K. F. Schrieber (Hg.), Das Recht der Reichskulturkammer, Bde. I–V, Berlin 1935–1937, hier Bd. I, S. 198–199.

[40] Ebd., S. 199 (Ziffer 3). Hervorhebung von mir.

[41] Ebd. (Ziffer 6). S. im einzelnen Kapitel II, Abschnitt A 3.1. dieser Arbeit.

[42] »Bekanntmachung« der Reichspresse- und der Reichsschrifttumskammer, hier S. 198 (Ziffer 2). Hervorhebung von mir.

[43] Veröffentlicht in Bbl. 100. Jg., Redaktioneller Teil, Nr. 298 vom 23. 12. 1933, S. 995–997.

zusätzliche Beiträge zu zahlen hatten. Zum anderen wurden Dachverbände und neu gebildete Arbeitsgemeinschaften mit der Zusammenfassung und Eingliederung einzelner Gesellschaften oder Berufsgruppen betraut. Dies galt für die »Gesellschaft der Bibliophilen«, die »Deutschen Buchgemeinschaften«, die »Literarischen Gesellschaften«, die »Stiftungen und Verteiler literarischer Preise« sowie für die »Verlags- und Buchhandlungsvertreter«. Während die Volksbüchereien über den Deutschen Gemeindetag zusammengefaßt und in die RSK eingegliedert werden sollten, war für die »Werksbibliotheken und volksbildnerischen Bibliotheken in anderen Verbänden, Gemeinschaften und Gewerben usw. nichtgewerbsmäßiger Art« die unmittelbare Anmeldung bei der Kammer vorgesehen.[44] Gleiches sollte für die »amtlichen, parteiamtlichen, städtischen, studentischen und sonstigen Buchbeschaffungsämter bzw. Bucheinkaufsstellen« gelten.[45] Die »Gesellschaft für Senderechte« wurde korporatives Mitglied.

In einer »Bekanntmachung über die Mitgliedschaft in der Reichsschrifttumskammer« vom 20. 2. 1934 wurde der Firmenkreis, der sich mit dem Vertrieb von Literatur befaßte, noch einmal näher zu fassen versucht.[46] Mit Hilfe einer »Arbeitsgemeinschaft der buchhändlerischen Neben- und Kleinbetriebe« sollte die Kontrolle über diesen vielgliedrigen Wirtschaftssektor sichergestellt werden. Indem sich die RSK zum Fürsprecher des »althergebrachten und verdienstvollen Buchhandels«[47] machte und Friedrich Oldenbourg die Leitung der Arbeitsgemeinschaft übertrug, wurden geschickt die organisationspolitischen Ziele der öffentlichen Verwaltung mit den handfesten ökonomischen Interessen des Börsenvereins verknüpft.

Am 4. 4. 1934 grenzten die Präsidenten Blunck und Amann in einer »Gemeinsamen Bekanntmachung« die Zuständigkeitsbereiche der Reichsschrifttums- und der Reichspressekammer voneinander ab.[48] Zum ausschlaggebenden Kriterium für die Mitgliedschaft von Unternehmen, die Bücher, Zeitungen und

[44] Ebd. (Pkt. V), S. 996.

[45] Ebd. (Pkt. XIII).

[46] Abgedruckt bei Schrieber (Hg.), Das Recht der Reichskulturkammer, Bd. I, S. 201.

[47] So die bezeichnende Formulierung der »Bekanntmachung«, ebd.

[48] S. bei Schrieber (Hg.), Das Recht der Reichskulturkammer, Bd. I, S. 209–211.

Zeitschriften verlegten oder vertrieben, wurde die Umsatzrelation aus den drei Produktionssparten gemacht. Der Pressekammer hatten demnach neben den »Schriftleitern« auch Verleger, Verlagsangestellte, Einzelhandelsgeschäfte, Grossisten und die Bahnhofsbuchhandlungen anzugehören. Die Grenzen zwischen beiden Kammern blieben allerdings auf dem Produktions- ebenso wie auf dem Vertriebssektor weiterhin fließend – nicht zuletzt aufgrund der Interessenüberschneidungen, die sich ab September 1934 aus der Zwitterstellung Wilhelm Baurs als Mitarbeiter Amanns, als Vorsteher des Börsenvereins und als Leiter des Bundes Reichsdeutscher Buchhändler in der RSK ergaben.

Durch eine »Anordnung« vom 30. 7. 1934 wurde den »Verlags- und Buchhandelsunternehmen« die Überprüfung der Kammer-Zugehörigkeit ihrer Geschäftspartner, Autoren, Angestellten und Lehrlinge zur Auflage gemacht.[49] »Um die gegenseitige Unterrichtung zu erleichtern«, hatten zukünftig »alle Mitglieder der Reichsschrifttumskammer auf ihren geschäftlichen Briefsachen die Mitgliedsnummer ihres zuständigen Fachverbands anzugeben«.[50] Dem RDS wurde das Recht eingeräumt, Erkundigungen bei Verlagen über alle Autoren und Übersetzer einholen zu dürfen, von denen nach dem Gründungsdatum der Kammer (15. 11. 1933) Bücher auf den Markt gekommen waren.[51]

Die am 15. 9. 1934 erlassene »Satzung der Reichsschrifttumskammer«[52] beendete die bisher noch begrenzt vorhandene Autonomie der Fachverbände. Deren Satzungen mußten nun an das Kammerrecht angepaßt werden, wobei sämtliche Änderungen an die Zustimmung des RSK-Präsidenten gebunden waren (§ 3). Dieser entschied letztendlich auch über die Aufnahme und den Ausschluß eines Verbandsmitglieds (§ 5). Die Kammer-Verwaltung war zur Einholung von Auskünften jeder Art (§ 7) und zur Entsendung von Vertretern zu allen Verbandssitzungen (§ 8) berechtigt. Ein Mitspracherecht der Fachverbände ergab sich de jure nur noch über den »Verwaltungsbeirat« der

[49] »Anordnung über den Nachweis der Mitgliedschaft in der Reichsschrifttumkammer«, wiedergegeben bei Schrieber (Hg.), Das Recht der Reichskulturkammer, Bd. I, S. 222–223.

[50] Ebd. (§ 2), S. 223.

[51] Ebd. (§ 3).

[52] BArch Potsdam R 56 V/36 Bl. 1–8.

Kammer (§ 6), der allerdings am 15. 12. 1935 wieder abgeschafft wurde,[53] und bei der Festsetzung der Mitgliedschaftsbeiträge (§ 10).

2.3. Die institutionelle Entwicklung

2.3.1. Der Präsidentenwechsel

Das Jahr 1935 brachte den ersten tiefen Einschnitt in der Entwicklung der Reichsschrifttumskammer. Er stand in engem Zusammenhang mit einem grundlegenden politischen Klimawechsel und mit einer Reihe von Personalveränderungen im Gesamtgefüge der Reichskulturkammer. Die unter der Aufsicht von Goebbels als Präsident und von Funk als Vizepräsident tätige Geschäftsführung der Reichskulturkammer hatte bis zu jenem Zeitpunkt nur aus zwei Sachbearbeitern bestanden: Hans Schmidt-Leonhardt für den fachlich-juristischen und Franz Moraller für den personalpolitischen und propagandistischen Bereich.[54] Im Mai 1935 wurde Hans Hinkel von Goebbels als dritter »Reichskulturwalter« eingestellt und mit der Beaufsichtigung der Verbandsangelegenheiten der Einzelkammern betraut.[55]

Daß Goebbels nun bei den Einzelkammern eine schärfere Gangart einlegen wollte, war bereits dem ersten öffentlichen Statement Hinkels am 5. 6. 1935 zu entnehmen: »Der Nationalsozialismus muß es ablehnen, daß Menschen nationalsozialistische Kulturpolitik treiben, die noch nicht durch ihre Tat und

[53] Hinweis bei W. Ihde (Hg.), Handbuch der Reichsschrifttumskammer, Leipzig 1942, S. 42/Fn. 4.

[54] Franz Karl Theodor Moraller (1903–?): 1924–1925 in der völkischen Jugend; 1925 im »Schlageterbund« (einer Tarnorganisation der seinerzeit verbotenen SA); Mitglied der NSDAP seit 31. 10. 1927; 1933 zunächst Pressechef der badischen Staatsregierung, von Juli 1933 bis Oktober 1934 Gaupropaganda- und Landesstellenleiter des Propagandaministeriums für Baden, ab Oktober 1935 Reichsamtsleiter für Kultur in der Reichspropagandaleitung der NSDAP. BDC/SA/Moraller, F.

[55] Hinkel war seit 1921 Mitglied der NSDAP. Zu seiner umfangreichen publizistischen Tätigkeit in der »Kampfzeit der Bewegung« s. den »Lebenslauf« für die Jahre 1901–1935 in BArch Potsdam R 56 I/107 sowie seinen bis 1932 reichenden Erinnerungsband »Einer unter Hunderttausend«, München 1937. Aus dem KfdK war Hinkel nach einer Kontroverse mit Rosenberg im Mai 1934 ausgeschieden.

ihre Haltung bewiesen haben, daß sie unsere Idee wirklich erlebt haben. Besonders auf dem Gebiet der Kulturpolitik, wo es nicht allein um die Beurteilung der künstlerischen Fertigkeit, sondern um die Entscheidung der Grundrichtung der weltanschaulich bedingten und verwurzelten Kulturpolitik unserer Zeit geht, können nationalsozialistische Grundsätze immer nur von Nationalsozialisten verstanden und verwirklicht werden«.[56]

Die Stoßrichtung gegen die 1933 von Goebbels aus taktischen Gründen an die Spitze der Einzelkammern berufenen nichtnationalsozialistischen Präsidenten und Präsidialratsmitglieder brachte Hinkel am folgenden Tag auf einer Sitzung des Präsidialrats der Reichsschrifttumskammer deutlich zum Ausdruck. Den »erprobten und bewährten Meistern des schöpferischen Lebens der Nation« sei zwar eine »tiefe Ehrfurcht entgegenzubringen«.[57] Doch für die Einflußnahme auf die »künstlerische Entwicklung des Volkes« solle zukünftig »nicht allein das Alter« als entscheidendes Kriterium dienen.[58]

Der anwesende RSK-Präsident Blunck, dessen 47 Jahre wohl weniger schwer wogen als seine Parteilosigkeit und seine lavierende Haltung in der Frage der jüdischen Kammer-Mitglieder,[59] wurde damit auf die Abschußliste gesetzt. Die Fäden des geplanten Revirements zog Hinkel selbst. Er reaktivierte den Ersten Vorsitzenden der politisch kaltgestellten »Deutschen Akademie der Dichtung«, Hanns Johst, mit dem ihn seit 1933 eine persönliche Freundschaft verband.[60] Hinkel muß späte-

56 Rede Hinkels auf der ersten »post- und telegraphenwissenschaftlichen Halbwoche für Beamte, Angestellte und Arbeiter einiger Reichspostdirektionen«, auszugsweise wiedergegeben in Das Archiv 2 (1935/36), S. 397.

57 Sinngemäße Wiedergabe der Ausführungen Hinkels in Das Archiv 2 (1935/36), S. 483–484.

58 Ebd., S. 484.

59 S. dazu das »Protokoll der Sitzung des Verwaltungsbeirates« der Reichsschrifttumskammer am 7. 3. 1934, hier S. 4–5, DLA Marbach/NL H. Grimm, Konv. Reichsschrifttumskammer, Mappe III. Die Memoiren Bluncks, Unwegsame Zeiten, hier S. 219, S. 242 und S. 313–314, geben seine Haltung zur »Arierfrage« nicht ganz zutreffend wieder. S. dazu Kapitel III, Abschnitt A 1.1. dieser Arbeit.

60 Hinkel und Johst hatten bei der »Gleichschaltung« sowohl der Sektion für Dichtung in der Preußischen Akademie der Künste als auch der deutschen PEN-Gruppe kooperiert. Beide gehörten dem Kampfbund für deutsche Kultur in führenden Stellungen an, und beide zogen sich im Laufe des

stens im Juli 1935 an Johst mit dem Vorschlag zur Übernahme der RSK-Präsidentschaft herangetreten sein. Dies ist aus zwei Schreiben vom 25. 7. 1935 zu schließen, in denen Johst geschickt die politischen Spielräume der Kammer gegenüber den konkurrierenden Schrifttumsstellen auf Staats- und Parteiebene auslotete.[61] Das zweite Schreiben schließt mit der markanten Forderung: »Das Durcheinander und Gegeneinander der augenblicklichen Kompetenzen kann ich aber nur beseitigen, wenn Minister Goebbels mir die Position schafft. Autorität ist primär immer eine Frage des Staatsmannes, der sie seinem Vertrauten übergibt und insoweit er sie ihm übergibt. Ich getraue mir [!] das Schrifttum im Sinne unserer Bewegung einzubeziehen, wenn man mich mit den nötigen Machtmitteln begabt!«.[62]

Blunck geriet jedoch noch von einer zweiten Seite unter Beschuß. In einem Schreiben vom 20. 8. 1935 machte die Berliner Gestapo Hinkel, der seit Juli 1935 von Goebbels auch den »Sonderauftrag« zur »Beaufsichtigung« des jüdischen Kulturlebens erhalten hatte,[63] auf eine in der Dezember-Ausgabe 1934 der »Europäischen Revue« abgedruckte »Rede an die Jugend der Westländer« aufmerksam.[64] Darin hatte der RSK-Präsident die Behauptung aufgestellt, daß die Bestrebungen des deutschen Schrifttums nach einem »Konkordat« zwischen der Reichsregierung und den deutschen Juden durch ausländische Interventionen permanent sabotiert werden würden.[65] Der zuständige Sachbearbeiter im Gestapa schloß mit dem »Anheimstellen, gegen den Präsidenten der Reichsschrifttumskammer das geeignet Erscheinende zu veranlassen«.[66]

Bereits neun Tage später konnte Hinkel seinem alten Kampfbundgefährten Johst mitteilen, daß Goebbels »mit meiner Dir bereits genannten Absicht voll und ganz einverstanden« sei und »mir die Möglichkeiten zur baldigen Verwirklichung gegeben«

Jahres 1934 enttäuscht aus diesem Bereich zurück. S. das Schreiben Hinkels an Johst vom 18. 7. 1934, BArch Potsdam R 56 V/2 Bl. 137.

61 Die handschriftlichen Briefe Johsts an Hinkel finden sich in BArch Potsdam R 56 V/31 Bl. 141 und 142–144.

62 Ebd., Bl. 143–144.

63 Das Archiv 2 (1935/36), S. 590–91 (25. 7. 1935).

64 Das Schreiben des Gestapa (II 1 B 2) an Hinkel in BDC/RSK/Blunck, H.

65 So die Angabe des Gestapa im Schreiben vom 20. 8. 1935, ebd. Vgl. dazu auch Blunck, Unwegsame Zeiten, S. 344.

66 Gestapa an Hinkel vom 20. 8. 1935, BDC/RSK/Blunck, H.

habe.[67] Offiziell vollzogen wurde der Amtswechsel dann am 3. 10. 1935.[68] Als Trostpflaster erhielt Blunck den Titel eines »Altpräsidenten e. h.« und die Betreuung der Auslandsbeziehungen der Kammer als Aufgabengebiet.[69] De facto hatte der geschaßte »Erbhofbauer« und »Gschaftlhuber«[70] in der Folge allerdings nur noch bedeutungslose Marginalien zu setzen.[71]

Blunck war nicht die einzige repräsentative Gallionsfigur, die 1935 abgeschoben wurde. Am 13.7. war bereits Richard Strauß als Präsident der Reichsmusikkammer zurückgetreten, am 18.10. folgte Fritz Scheuermann, der Präsident der Reichsfilmkammer. Zudem starb am 27.10. Otto Laubinger, der Präsident der Reichstheaterkammer. Und nachdem im Oktober 1936 auch noch Eugen Hönig von seinem Amt als Präsident der Reichskammer der bildenden Künste zurücktrat, waren die Einzelkammern nur noch von linientreuen Parteigenossen beherrscht. Auch Johst gehörte seit dem 1. 11. 1932 der NSDAP an und war am 11. 9. 1935 auf dem Reichsparteitag mit dem neu gestifteten »Preis der NSDAP für Kunst [und Wissenschaft]« ausgezeichnet worden.[72] Ab 1. 11. 1935 wurde er zudem noch Mitglied der SS.[73]

Da sich der neue RSK-Präsident vorwiegend in seiner komfortablen Villa in Oberallmannshausen am Starnberger See aufzuhalten gedachte,[74] war die Besetzung der Geschäftsstelle in Berlin die nächste drängende Personalfrage. Erster Geschäftsführer der Kammer war im November 1933 Gunther Haupt geworden. Er war parteilos, verfügte jedoch als ehemaliger Mitarbeiter der DHV-eigenen Hanseatischen Verlagsanstalt und des Langen-Müller Verlages über ausgezeichnete Kontakte zum völkisch-nationalen Buchhandel. Die von ihm im Auftrag von

[67] Hinkel an Johst vom 29. 8. 1935, BArch Potsdam R 56 V/31 Bl. 140.

[68] Bericht über die Sitzung des Präsidialrates der RSK vom 3. 10. 1935, Bbl. 102. Jg., Redaktioneller Teil, Nr. 232 vom 5. 10. 1935, S. 826–827.

[69] Ebd., S. 825.

[70] So die herablassenden Bezeichnungen für Blunck in einem Schreiben Hinkels an Johst vom 20. 2. 1940, BArch Potsdam R 56 V/191 Bl. 70, und Johsts an Hinkel vom 5. 2. 1940, BArch Potsdam R 56 V/31 Bl. 84.

[71] S. im einzelnen bei Blunck, Unwegsame Zeiten, S. 357–399.

[72] Das Archiv 2 (1935/36), S. 810.

[73] BDC/SS/Johst, H.

[74] Über diese Adresse lief in den folgenden Jahren der Großteil von Johsts Schriftverkehr als RSK-Präsident. S. den umfangreichen Korrespondenzenbestand in BArch Potsdam R 56 V.

Kammer-Präsident Blunck geleitete Geschäftsstelle wies in der Anfangsphase folgende formale »Arbeitsgliederung« auf:[75]

Abteilung A (Dr. Heinz Wismann)
Stellvertreter des Präsidenten, Beaufsichtigung der unterstellten Gruppen, Verbindung zu anderen Reichsstellen, Urheberrechtsfragen

Abteilung B (Dr. Gunther Haupt)
Geschäftsführung, Beobachtung des Schrifttums, Betreuung des buchhändlerischen Nachwuchses und des Vortragswesens, persönlicher Referent des Präsidenten

Abteilung C (Dipl. Ing. Werner Schlegel)
Beobachtung des deutschen Buches im Ausland

Abteilung D (Dr. Karl Heinl)
Öffentliches Büchereiwesen, Sprachpflege

Abteilung E (Dr. Eberhard Hasper)
Beobachtung des Verlagswesens, des Buchhandels und des Leihbüchereiwesens

Abteilung F (Dr. Wolfgang Reichstein)
Juristischer Sachverständiger, Verordnungswesen

Nachdem Haupt im November 1934 mit dem Geschichtsprofessor Richard Suchenwirth bereits ein Altparteigenosse gleichberechtigt zur Seite gestellt worden war,[76] schied er aufgrund persönlicher Differenzen offiziell zusammen mit Blunck am 1. 10. 1935 aus der Kammer aus.[77] Die Umstände der nur wenige Monate später folgenden Demission Suchenwirths verdienen deshalb nähere Beachtung, weil sie ein bezeichnendes Licht auf den Zustand der RSK zu Beginn des Jahres 1936 werfen. Su-

[75] Die »Arbeitsgliederung« ist überliefert in DLA Marbach/NL H. Grimm: Konv. Reichsschrifttumskammer, Mappe III.

[76] Richard Suchenwirth (1896–?): Studium der Geschichte und Germanistik in Wien; 1920–1929 Gymnasialprofessor; ab 1929 und bis zu seiner Flucht aus Österreich im Jahre 1934 Professor an der Technisch-Gewerblichen Bundeslehranstalt in Wien; NSDAP-Mitglied seit 1926, SA-Mitglied seit 1932; ab April 1933 Amtsleiter der Landesleitung Österreich der NSDAP; ab 1936 Direktor der Hans-Schemm-Hochschule für Lehrerbildung in Pasing; ab 1943 a.o. Professor für »Deutsche Geschichte mit besonderer Berücksichtigung des Deutschtums im Osten« an der Philosophischen Fakultät der Universität München. BDC/SA/Suchenwirth, R.

[77] Zu den Hintergründen s. das Schreiben des Kammer-Justitiars Gentz an den Präsidenten der RKK vom 14. 9. 1937 betr. die »Personalangelegenheit Haupt«, BDC/RSK/Haupt, G.

chenwirths Abgang war nämlich die unmittelbare Folge eines heftigen Kompetenzstreites mit Vizepräsident Wismann.[78] Dieser hatte seine Zuständigkeiten seit seiner Ernennung zum Abteilungsleiter Schrifttum im Propagandaministerium beträchtlich erweitert: zusammen mit dem Kammer-Präsidenten konnte er erstens Entscheidungen über die »kulturpolitische Haltung und Gestaltung der Kammer« treffen; zweitens Sitzungen des Präsidialrates leiten; drittens Ernennungen und Berufungen von Mitarbeitern der Kammer vornehmen, wobei der Vizepräsident als Personalchef fungierte; viertens rechtsverbindliche Anordnungen gemäß § 25 der ersten Durchführungsverordnung zum Reichskulturkammer-Gesetz erlassen; fünftens abschließende Verhandlungen mit der RKK-Zentrale über Grundsatzfragen leiten; sechstens Ausschlüsse auf der Grundlage von § 10 der ersten Durchführungsverordnung verfügen; siebtens Ordnungsstrafen ab einer Höhe von 250 RM verhängen; und achtens Schriftverkehr mit Verwaltungsbehörden auf Reichs-, Länder-, Kommunal- und Parteiebene sowie unter den Einzelkammer-Präsidenten führen.[79]

Angesichts solch umfassender Kompetenzen sah sich Suchenwirth von den literaturpolitischen Entscheidungsprozessen innerhalb der Kammer weitgehend ausgeschlossen. Mit Recht wies er auf den »Dualismus zwischen der [Schrifttums-]Abteilung des Ministeriums und der Reichsschrifttumskammer« hin,[80] die in der Doppelstellung Wismanns begründet lag. Durch die »*Polyarchie*«[81] in Form einer dreifach besetzten Verwaltungsspitze sah er zudem die Effizienz der ohnehin eng begrenzten Kammer-Tätigkeit[82] beeinträchtigt. Da sich Suchen-

[78] Schreiben Wismanns an Staatssekretär Funk vom 3. 3. 1936, BArch Potsdam R 56 I/137.

[79] Geschäftsverteilungsplan der RSK vom Dezember 1935, BArch Potsdam R 56 V/35 Bl. 66–71, hier Bl. 66.

[80] Wörtliche Wiedergabe von Äußerungen Suchenwirths im Schreiben Wismanns an Funk vom 3. 3. 1936, hier S. 2, BArch Potsdam R 56 I/137.

[81] So die bemerkenswerte Wortwahl des historisch gebildeten Suchenwirth, wiedergegeben von Wismann ebd.

[82] Suchenwirth soll Wismann im Zusammenhang der Vorbereitung einer Rede von Goebbels vor dem Reichskultursenat im November 1935 sinngemäß gesagt haben, »es sei nicht gerade einfach, über drei Schreibmaschinenseiten hinweg von den kommenden Aufgaben der Kammer zu sprechen, denn das Material dazu müsse man sich gleichsam aus den Fingern saugen«. Ebd., S. 4.

wirth weder gegen den omnipotenten Wismann noch gegen den Leiter der Verwaltungsabteilung in der Kammer, Karl Heinl,[83] durchzusetzen vermochte, trat er im Februar 1936 als Geschäftsführer zurück. Doch mit der Berufung Heinls zu seinem Nachfolger war nur ein Zwischenzustand erreicht. Erst im Mai 1937 konnte der Geschäftsführerposten in der RSK mit einem sowohl parteipolitisch zuverlässigen wie verwaltungsmäßig erfahrenen Kandidaten besetzt werden. Wilhelm Ihde war von 1935 bis 1937 Hauptgeschäftsführer des Reichsverbandes der Deutschen Presse gewesen.[84] Der NSDAP gehörte er seit 1930, der SS seit Beginn des Jahres 1933 an.[85]

2.3.2. *Vom »Reichsverband Deutscher Schriftsteller« zur »Gruppe Schriftsteller«*

Erste Kritik an dem 1933 in die Reichsschrifttumskammer übernommenen Reichsverband Deutscher Schriftsteller wurde bereits im März 1934 laut. In einem Schreiben an den Propagandaminister beklagte sich das Präsidialratsmitglied Hans Grimm über die Aufnahmemodalitäten des Zwangsverbandes, bei dem die »Meister des Faches« in einer Heerschar aus Dilettanten untergehen würden.[86] Demgegenüber forderte der Erfolgsautor die Bildung einer »Fachschaft der beruflichen Qualitätsarbeiter«, die – mit Sonderrechten ausgestattet – das eigentliche »Herz und Kopfstück« der Kammer bilden sollten.[87] In einer Reihe von Schreiben aus den Jahren 1934 und 1935 kritisierte Grimm auch gegenüber RSK-Präsident Blunck die Paralysie-

[83] Karl Heinl (1898–?): Dr. phil.; vor 1933 als Bibliothekar tätig; Mitglied der NSDAP seit 1. 5. 1933. BDC/RSK/Heinl, K.

[84] Wilhelm Ihde (1899–?): bis 1926 Bankbeamter in Schwerin, danach im Bremer Im- und Exporthandel tätig; 1927–1931 Studium in Köln; im WS 1930/31 Hochschulgruppenführer des NSDStB; seit Herbst 1930 als Wirtschaftsjournalist bei diversen Zeitungen tätig; 1931 von Ley kurzfristig im NS-Zeitungsdienst in Köln als Wirtschaftsredakteur und Geschäftsleiter beschäftigt. BDC/RSK/Ihde, W.

[85] BDC/Masterfile, BDC/SS: SS-Anwärter seit 15. 9. 1932.

[86] Schreiben Grimms an Goebbels vom 21. 3. 1934, DLA Marbach/NL H. Grimm: Korrespondenz mit Regierungsstellen, NS-Parteistellen und Einzelpersönlichkeiten der NSDAP, hier Mappe 3 F-G. Auch abgedruckt in H. Grimm, Der Schriftsteller und seine Zeit. Aufsätze, Zeitungsantworten, Politische Briefe, hg. von W. und H. Grimm, Lippoldsberg 1980, S. 164–165, hier S. 164.

[87] Ebd.

rung der Literatur durch »Büros«.[88] Sie seien inkompetent besetzt und übten eine – durch die Mitgliedsbeiträge finanzierte – Verwaltungstätigkeit aus, die in keiner Relation zu dem daraus erwachsenden Gewinn für die Schriftsteller stünde.[89] Notwendig sei daher, daß der RDS zukünftig nur noch als »erstes Sammelbecken und ›Klärbassin‹ unter einem Schriftsteller im Hauptberufe« fungiere, während die »durch Gott« berufenen »Dichter« in einem autonomen Sonderverband innerhalb der Kammer organisiert sein sollten.[90]

Obwohl Grimm mit seinen elitären Vorstellungen völlig die Intentionen der Nationalsozialisten verkannte, denen es um die Erfassung und Kontrolle sämtlicher auf dem Gebiet der Literatur tätigen Personen ging, traf seine Kritik am RDS doch einen wunden Punkt der Kammerverwaltung. Die Fachverbände waren zwar 1934 de jure entmachtet worden. Doch der Verwaltungsapparat des RDS existierte de facto innerhalb der Kammer fort. An der Spitze des Verbandes stand mit Götz Otto Stoffregen ein Mann, der in den zwanziger Jahren vor allem militärisch und journalistisch aktiv gewesen war.[91] Nachdem er im Januar 1932 der NSDAP beigetreten war, wurde er Mitarbeiter der nationalsozialistischen Presseorgane »Völkischer Beobachter«, »Angriff« und »Brennessel«. Im März 1933 avancierte er zum Intendanten des Deutschlandsenders. Stoffregens kompetenter Stellvertreter Hans Richter, bis 1933 Vorsitzender des Verbands Deutscher Erzähler, wurde im März 1935 aufgrund seiner fehlenden Parteizugehörigkeit zum Rücktritt gezwungen.[92] Die

88 Die Schreiben Grimms an Blunck finden sich im DLA Marbach/NL H. Grimm, Konv. Reichsschrifttumskammer, Mappe I 1933/34 und Mappe II 1935/36. S. auch die Rede Grimms im Präsidialrat der RSK am 5. 6. 1935, BArch Potsdam R 56 V/187 Bl. 8–13.

89 So Grimm in einem Schreiben an Blunck vom 23. 4. 1935, BArch Potsdam R 56 V/187 Bl. 1–7, hier Bl. 2–3.

90 Ebd., Bl. 5.

91 Götz Otto Stoffregen (1896–?): 1918–1919 im Freikorps Lüttwitz, im Grenzschutz Ost und in der Sicherheitspolizei Berlin; 1921 im »Selbstschutz Oberschlesien« und Privatsekretär des völkischen Reichstagsabgeordneten Wulle; 1923 in der Schwarzen Reichswehr; 1924 Redakteur der »Ostpreußischen Zeitung«; Mitglied der NSDAP seit 1. 1. 1932, SA-Mitglied seit 1. 7. 1933. BDC/RSK/Stoffregen, G. O.

92 Schreiben Stoffregens an Richter vom 5. 3. 1935, BDC/RSK/Richter H. Schon am 8. 6. 1934 hatte Stoffregen seinem Stellvertreter angedeutet, daß

RDS-Geschäftsführung unter Hugo Linhard[93] setzte sich zusammen aus einer »Verwaltungsstelle«, einer »Abteilung für Schrifttum«, die in Zusammenarbeit mit der »Politischen Kontrollstelle« für die Bearbeitung der Aufnahme-, Ablehnungs- und Ausschlußentscheidungen zuständig war, einer »Rechtsabteilung« für die Beratung der Mitglieder, der Redaktion der Verbandszeitschrift »Der Schriftsteller« sowie aus den »Büros« der Reichsfachschaften (»Erzähler«, »Lyriker«, »Übersetzer«, »Wissenschafts- und Fachschrifttum«, »Funkschriftsteller«, »Textdichter«, »Bühnenschriftsteller«, »Frauengruppe«).[94] Die Gauverbandsleitungen des RDS dienten zugleich auch als Landesleitungen der Kammer.[95]

Wie aus einer Denkschrift des RSK-Justitiars Günther Gentz vom Sommer 1935 hervorgeht,[96] arbeitete die umfangreiche RDS-Verwaltung allerdings außerordentlich ineffizient. Gentz kritisierte insbesondere, daß eine »klare Dezernats- und Zuständigkeitsabgrenzung« fehle und der Geschäftsgang »völlig unübersichtlich« sei.[97] Er empfahl daher eine Zusammenfassung der Referate und ihre Übernahme in die Kammer-Verwaltung. Dem Drängen der Kammer und des Propagandaministeriums kam der »Führerrat« des RDS am 20. 9. 1935 mit dem

dessen fehlende Parteizugehörigkeit das Prestige und die Unabhängigkeit des RDS beeinträchtigen könnte.

93 Hugo Linhard (1896–?): gelernter Industriekaufmann; in den zwanziger Jahren als Einkäufer bei den Rotafixwerken, bei den Stralauer Glashütten sowie als Vertreter und Einrichter von Tankstellen der Deutschen Gasolin AG tätig; ab 1927 Leiter eines Ingenieurbüros zum Bau elektrischer Licht- und Kraftanlagen; NSDAP-Mitglied seit 1. 9. 1930; 1931–1938 SS-Mitglied; danach in der Wehrmacht. BDC/RSK/Linhard, H.

94 S. den Bericht des Berliner Wirtschaftsprüfers Arnold Strehlik vom 8. 5. 1935 über eine im Auftrag der RSK durchgeführte Prüfung der RDS-Verwaltung, BArch Potsdam R 56 V/73 Bl. 78–104, hier Bl. 82–83. Im Anhang, Bl. 106, findet sich eine Übersichtstafel zum Aufbau der RDS-Reichsleitung.

95 S. im einzelnen den Haushaltsvoranschlag der RSK für 1935, hier Anhang S 6 »Organisationsplan ›Reichsverband Deutscher Schriftsteller e. V.‹«, BArch Potsdam R 2/4874.

96 BArch Potsdam R 56 V/73 Bl. 1–6a. Die Denkschrift ist undatiert, dürfte jedoch spätestens im August oder September 1935 entstanden sein.

97 Ebd., Bl. 1.

Beschluß zur Auflösung des Verbandes nach.[98] Damit wurden die rund 12000 RDS-Mitglieder[99] ab 1. 10. 1935 zu unmittelbaren Mitgliedern der RSK. Mit ihren Beiträgen sollte – wie Verwaltungsleiter Heinl dem RKK-Geschäftsführer Hinkel vorrechnete – »der geplante Ausbau der Kammer auf weite Sicht hin bestritten werden«.[100]

Die neue, zunächst noch von Geschäftsführer Suchenwirth geleitete Abteilung II firmierte unter dem Titel »Schriftsteller und Schrifttumspflege«.[101] Ihr Aufgabengebiet war in vier Referate gegliedert: 1.) »Organisationsfragen der Schriftsteller«, die wie bisher von Hugo Linhard betreut werden sollten; 2.) »Pflege und Förderung des deutschen Schriftstellers und des deutschen Schrifttums im Inland«; hier sollte der ebenfalls aus dem RDS übernommene Rudolf Krieger die Verbindung zu den staatlichen und parteiamtlichen Schrifttumsstellen sowie zu den der Kammer angeschlossenen Stiftungen und Gesellschaften aufrechterhalten, Buchausstellungen vorbereiten, die »Notgemeinschaft des deutschen Schrifttums« verwalten und sich um die allgemeinen wirtschaftlichen Belange der Schriftsteller kümmern; 3.) »Pflege und Förderung des deutschen Schriftstellers und des deutschen Schrifttums im Ausland«, für die sich »Altpräsident« Blunck engagieren wollte;[102] 4.) die »Rechtsberatungsstelle« sowie die noch durch Stellen für »Filmschriftsteller« und »Buchbesprechungswesen« erweiterten »Fachberatungsstellen« des RDS.

Im Herbst 1936 wurde die Abteilung II in »Gruppe Schriftsteller« umbenannt.[103] Damit verbunden war eine Reihe organisatorischer und personeller Neuerungen. Abteilungsleiter wur-

[98] »Sitzungsprotokoll« vom 26. 9. 1935, BArch Potsdam R 56 V/73 Bl. 139–145; sowie »Der Auftrag an den Dichter« im Bbl. 102. Jg., Redaktioneller Teil, Nr. 232 vom 5. 10. 1935, S. 830–831.

[99] Zahlenangabe in der Denkschrift von Gentz, BArch Potsdam R 56 V/73 Bl. 6.

[100] Schreiben Heinls an Hinkel vom 15. 8. 1935, BArch Potsdam R 56 V/73 Bl. 137.

[101] Zum folgenden der Geschäftsverteilungsplan der RSK vom Dezember 1935, BArch Potsdam R 56 V/35 Bl. 66–71, hier Bl. 68–70.

[102] S. dazu die ausführlichen Berichte Bluncks über seine Auslandsreisen in BDC/RSK/Blunck, H. F. Kopien dieser Berichte mit zusätzlicher Korrespondenz befinden sich in BArch Potsdam R 56 V/191.

[103] Zum folgenden der Geschäftsverteilungsplan der RSK vom 1. 7. 1935, BArch Potsdam R 56 V/35 Bl. 72–78, hier Bl. 76.

de Kurt O. Fr. Metzner,[104] der über einige Verlagserfahrungen verfügte, sich beim RDS mit großer Akribie um eine »Neuordnung« des Buchbesprechungswesens bemüht hatte[105] und seit 1936 im Auftrag der Kammer die Zeitschrift »Der deutsche Schriftsteller« neu herausgab.[106] Metzner leitete auch unter Mitwirkung der »Fachberater« das Referat A »Fachliche Betreuung der Schriftsteller«. Die »Rechtliche Betreuung der Schriftsteller« wurde zu einem eigenständigen Referat B mit Beratungs- und Schlichtungsfunktionen erhoben. Auch für die »Soziale Betreuung der Schriftsteller« bestand nun ein gesondertes Referat (C), in dem Anträge auf Unterstützung, Darlehen oder Erholungsaufenthalte bearbeitet und Vorarbeiten zur Altersversorgung für Schriftsteller geleistet wurden. Referatsleiter war der Lyriker Alfred Richard Meyer.[107] Er hatte schon seit 1930 die Geschäftsführung der »Notgemeinschaft des deutschen Schrifttums« innegehabt. Für die »Organisatorische Betreuung der Schriftsteller« blieb (noch bis März 1938) Hugo Linhard zuständig.

Nach der Abgabe sämtlicher *literaturpolitischen* Kompetenzen der Kammer an die Schrifttumsabteilung des Ministeriums am 1. 4. 1938 übernahm im Dezember 1938 Gerhard Schumann die Leitung der »Gruppe Schriftsteller«.[108] Der Träger des

[104] Kurt O. Fr. Metzner (1895–?): 1921–1926 im PAN-Verlag Rolf Heise tätig, in dem vorwiegend geisteswissenschaftliche Literatur erschien; 1926–1936 Geschäftsführer der aus dieser Firma hervorgegangenen GmbH; Mitglied der NSDAP ab 1. 5. 1937. BDC/RSK/Masterfile/Metzner, K.

[105] K. O. Fr. Metzner, Geordnete Buchbesprechung. Ein Handbuch für Presse und Verlag. Erläuterungen zu der gemeinsamen Anordnung der Präsidenten der Reichsschrifttumskammer und der Reichspressekammer vom 5. 6. 1935, Leipzig 1935.

[106] »Der Schriftsteller« war bis 1933 das Verbandsorgan des SDS gewesen. Die Zeitschrift wurde im Pariser Exil unter diesem Titel weiter herausgegeben.

[107] Alfred Richard Meyer (1882–?) veröffentlichte seine Gedichte unter dem Pseudonym »Munkepunke« in expressionistischen Zeitschriften. Zu seinen Beziehungen zum Ernst-Rowohlt Verlag s. P. Mayer, Ernst Rowohlt in Selbstzeugnissen und Bilddokumenten, Reinbek bei Hamburg 1967, S. 33–34. Mitglied der NSDAP ab 1. 5. 1937, BDC/Masterfile/Meyer, A. R.

[108] Gerhard Schumann (*1911): Studium der Germanistik, Geschichte und Anglistik in Tübingen; während seiner Studienzeit Leiter des NSDStB Gau Württemberg; ab 1935 in der Gauleitung Württemberg, Landesstelle des Propagandaministeriums tätig; ab 1936 Mitglied des Reichskultursenats

»Schwäbischen Dichterpreises« (1935) und des »Nationalen Buchpreises« (1936) schied allerdings schon ein Jahr später wieder aus.[109] Als dann auch sein Nachfolger Metzner aufgrund einer heftigen Auseinandersetzung mit RSK-Geschäftsführer Ihde über die Bearbeitung einiger politisch heikler Aufnahmeanträge im April 1941 die Kammer verließ,[110] stieg der ehemalige Rowohlt-Mitarbeiter Alfred Richard Meyer zum Leiter der Abteilung II auf. Diese blieb in ihrem organisatorischen Aufbau bis Kriegsende weitgehend unverändert.[111] Neu hinzu kam lediglich noch ein Referat II E, mit dem die »berufsständische und organisatorische Betreuung aller Vereinigungen und Einzelpersonen, die durch Dichterlesungen an der Erhaltung und Verbreitung von Schrifttum mitwirken«, sichergestellt werden sollte.[112]

2.3.3. Vom »Börsenverein der Deutschen Buchhändler« zur »Gruppe Buchhandel«

Am 19. 10. 1934 war der Börsenverein der Deutschen Buchhändler wieder aus der Reichsschrifttumskammer ausgegliedert worden. An seine Stelle war der am 15. 10. 1934 ins Vereinsregister beim Amtsgericht Leipzig neu eingetragene Bund Reichsdeutscher Buchhändler e. V. getreten.[113] Die außerordentliche Hauptversammlung des Börsenvereins am 11. 11. 1934 in Leipzig hatte weder über diese Umstrukturierungsmaßnahme noch über die Satzung des Bundes zu beraten, sondern nur noch der Anpassung der Börsenvereins-Satzung an die veränderte Sach-

und des »Kulturkreises der SA«; NSDAP-Mitglied seit 1. 12. 1930, SA-Mitglied seit 1. 1. 1931. BDC/RSK/SA/Schumann, G.

109 Schreiben Schumanns an Johst vom 15. 11. 1939, BDC/RSK/Schumann, G.

110 S. im einzelnen BDC/RSK/Ihde, W. Das dortige Material zur Kontroverse Ihdes mit Metzner liegt kopiert und systematisiert in BArch Potsdam R 56 V/186 Bl. 26–40 vor. Einer der Streitpunkte war die Aufnahme des Schwiegersohns des ehemaligen Reichspräsidenten Ebert in die Kammer.

111 S. im einzelnen die Geschäftsverteilungspläne der RSK vom 1. 4. 1939, BArch Potsdam R 56 V/35 Bl. 88–96, und von 1940–1945 in BArch Potsdam R 2/4879–4884.

112 Geschäftsverteilungsplan der RSK von 1941, BArch Potsdam R 2/4880 Bl. 577.

113 »Bekanntmachung« im Bbl. 101. Jg., Redaktioneller Teil, Nr. 257 vom 3. 11. 1934, S. 957.

lage zuzustimmen.[114] Eine Entmündigung, die insbesondere deshalb schwer ins Gewicht fiel, weil die Etablierung des neuen berufsständischen Verbandes erhebliche Auswirkungen auf die Struktur der traditionellen Standesvertretung hatte.

So mußte neben dem Amt des Vorstehers auch das seines Stellvertreters und des Schatzmeisters beim Bund Reichsdeutscher Buchhändler und beim Börsenverein mit den gleichen Personen besetzt sein.[115] Der bisherige »Gesamtvorstand« des Börsenvereins wurde durch einen »Kleinen Rat« ersetzt. Dessen ausdrücklich hervorgehobene Unterscheidung vom »Rat« des Bundes wird de facto nur nominell bestanden haben, da in beiden Gremien Wilhelm Baur und sein Stellvertreter, der Mitinhaber der Haude- und Spenerschen Verlagsbuchhandlung Martin Wülfing,[116] den Ton angaben. Eine Fiktion von Selbständigkeit besaß der Börsenverein noch im »Großen Rat«. Er setzte sich aus den Fachschaftsleitern des Bundes und deren Stellvertretern, den Verbindungsmännern von sieben Buchhändler-Fachverbänden aus anderen Einzelkammern der Reichskulturkammer sowie aus sieben Delegierten der dem Börsenverein angeschlossenen Auslandsvereine zusammen. Sein Zweck dürfte wohl vor allem gewesen sein, die internationalen Kontakte des Börsenvereins auf politischer und wirtschaftlicher Ebene weiterhin nutzbar machen zu können.

Die »Fachvereine« und »Kreisvereine« des Börsenvereins wurden hingegen von der Fach- und Regionalgliederung des Bundes ganz abgekoppelt. In der Folge waren die Fachschaften »Verlag« (Leiter: Karl Baur), »Handel« (Leiter: Theodor Fritsch jun.), »Zwischenhandel« (Leiter: Felix Gartmann),

[114] »Protokoll über die Verhandlungen der außerordentlichen Hauptversammlung des Börsenvereins der Deutschen Buchhändler zu Leipzig« am 11. 11. 1934, Bbl. 101. Jg., Redaktioneller Teil, Nr. 265 vom 13. 11. 1934, S. 989–993.

[115] Hierzu und zum folgenden die »Satzung des Bundes Reichsdeutscher Buchhändler e. V.«, Bbl. 101. Jg., Redaktioneller Teil, Nr. 257 vom 3. 11. 1934, S. 959–960.

[116] Der 1899 geborene Wülfing, der seit dem 23. 9. 1926 Mitglied der NSDAP war (BDC/Masterfile), wurde zunächst nur »kommissarisch«, auf der Hauptversammlung des Börsenvereins am 19. 5. 1935 dann endgültig zum Stellvertreter Wilhelm Baurs ernannt. S. die aus Anlaß der 10jährigen Amtsführung vom Börsenverein verfaßte Zusammenstellung über die Mitglieder des Börsenvereins-Vorstands in den Jahren 1933 bis 1944, StA Leipzig BV/812.

»Leihbücherei« (Leiter: Johannes Mau) und »Angestellte« (Leiter: Karl Thulke) sowie die »Arbeitsgemeinschaft [später »Fachschaft«] Deutscher Buchvertreter« (Leiter: Hans Joachim Siber), die teilweise noch einmal in spezielle »Fachgruppen« unterteilt waren, für die organisatorische und inhaltliche Detailarbeit des Bundes zuständig.[117] In den der NSDAP nachgebildeten Gau-Regionen des Bundes nahmen ab 1935 »Gauobleute« die Interessen des Berufsstandes wahr. Fach- und Gau-Bereich waren personell und kompetenzmäßig dem Bundes-Vorsitzenden untergeordnet.

Die genauen Modalitäten der Mitgliedschaftsumschichtungen regelte eine »Bekanntmachung« Wilhelm Baurs vom 12. 11. 1934.[118] Danach wurden alle innerhalb des deutschen Reichsgebietes selbständig tätigen Verleger und Buchhändler »ohne besonderen Antrag« zu Zwangsmitgliedern des Bundes Reichsdeutscher Buchhändler, während ihre Mitgliedschaft im Börsenverein auf freiwilliger Basis weiterlaufen konnte. Die leitenden Angestellten des Buchhandels und Verlagswesens mußten ebenfalls Mitglieder im Bund werden, konnten im Börsenverein allerdings nur auf ausdrücklichen und begründeten Antrag hin verbleiben. Die Verteilung der neuen Mitglieder auf die einzelnen Fachschaften sollte durch die Geschäftsstelle des Bundes erfolgen. Damit war der Börsenverein auf ein reines »Wirtschaftskartell« beschränkt, in dem deutsche und ausländische Fachvertreter juristische und ökonomische Fragen des Produktions- und Vertriebsablaufs regelten. Die personelle Kontinuität kam darin zum Ausdruck, daß der langjährige Geschäftsführer des Börsenvereins Dr. Max Albert Heß (bis 1945),[119] der

[117] »Bekanntmachung« vom 5. 12. 1934 über die neue Zusammensetzung der Börsenvereins-Gremien sowie der Fachschafts- und Gaugliederung des BRB, Bbl. 101. Jg., Redaktioneller Teil, Nr. 288 vom 11. 12. 1934, S. 1077–1079; »Bekanntmachung« über die »Gliederung der Fachschaft Verlag«, ebd., Nr. 294 vom 18. 12. 1934, S. 1102–1103.

[118] Bbl. 101. Jg., Redaktioneller Teil, Nr. 269 vom 17. 11. 1934, S. 1005–1006.

[119] Und dies, obwohl Heß von 1922 bis 1932 Mitglied der Johannis-Loge »Minerva zu den 3 Psalmen« in Leipzig gewesen war und deshalb – trotz wiederholter Versuche – nicht in die NSDAP aufgenommen wurde. Dazu das Schreiben des Schatzmeisters der NSDAP/Amt für Mitgliedschaftswesen an die Kanzlei des Führers der NSDAP vom 16. 12. 1940, BDC/Oberstes Parteigericht/Heß, M. A. Heß war ab 1920 Syndikus und seit 1923 erster Geschäftsführer des Börsenvereins. Zur Biographie s. den Artikel

Schatzmeister Dr. Hellmuth von Hase (bis 1935), der Leiter der Auslandsabteilung Willi Max Schulz (bis 1945) und Prof. Dr. Gerhard Menz als Sachverständiger für Ausbildungs- und allgemeine Wirtschaftsfragen in der Geschäftsstelle des Börsenvereins (bis 1945) tätig blieben.

Innerhalb der Reichsschrifttumskammer wurde das Arbeitsgebiet »Buchhandel/Büchereien/Überwachung des Buchmarktes« als Abteilung III von Geschäftsführer Heinl geleitet.[120] Die Abteilung bestand aus nur zwei Referenten: Karl Heinrich Bischoff[121] war für die Mitgliedschaftsfragen des Bundes Reichsdeutscher Buchhändler, für die Führung der »Stammrolle« der nebengewerblich betriebenen Buchhandlungen, für Fach- und Wirtschaftsfragen des Gesamtbuchhandels, für die buchhändlerische Nachwuchsschulung, für Buchwerbung, Devisenanträge und Kalendergenehmigungen zuständig. Dr. Eberhard Hasper, seit 1934 Vorsitzender der »Beobachtungsstelle für den Reisebuchhandel«,[122] betreute im Auftrag von Wilhelm Baur die Arbeit der sechs Fachschaften. Auch auf dem Gebiet des Buchhandels bestanden also zunächst zwei verschiedene Verwaltungen, die zudem noch räumlich voneinander getrennt waren.

Erst nachdem der Bund Reichsdeutscher Buchhändler auf einer Hauptversammlung in Weimar am 24. 10. 1936 seine Auflösung beschlossen hatte,[123] kam es zu einer Vereinheitlichung. Die Abteilung III erhielt nun den Titel »Gruppe Buchhandel«

»Dr. Heß fünfzig Jahre alt«, in: Bbl. 102. Jg., Redaktioneller Teil, Nr. 208 vom 7. 9. 1935, S. 735.

120 Geschäftsverteilung vom Dezember 1935, BArch Potsdam R 56 V/35 Bl. 70–71.

121 Karl Heinrich Bischoff (1900–?): seit 1919 Tätigkeit als Sortimenter für fremdsprachliche Literatur in Wien, 1923–1924 und 1928–1935 Leiter der Vertriebs- und Werbeabteilung in der Export- und Verlagsbuchhandlung G. A. v. Halem AG; NSDAP-Mitglied seit 1. 5. 1933; seit Anfang 1934 Kreiskulturwart der NSDAP im Kreis Bremen, ab August 1934 Kreisobmann sowie Ortsobmann der NS Kulturgemeinde im Gau Weser-Ems, Kreis Bremen; Schriftsteller-Pseudonym Veit Bürkle. S. BDC/RSK/Masterfile/Bischoff, K. H.

122 Zu Kompetenzen und Tätigkeit dieser »Beobachtungsstelle« Kapitel III, Abschnitt B 2.3. und 2.4.2. dieser Arbeit.

123 S. den Bericht über die Hauptversammlung in Bbl. 103. Jg., Redaktioneller Teil, Nr. 253 vom 29. 10. 1936, S. 943–944.

und wurde von Berlin nach Leipzig verlagert.[124] Ihre Führung übernahm Wilhelm Baur, der seit dem 2. 4. 1935 auch schon Mitglied des Präsidialrates der Reichsschrifttumskammer war.[125] Die Geschäftsführung der »Gruppe Buchhandel« übernahm Karl Thulke, der Leiter der »Fachschaft Angestellte«.[126] Zu seinem persönlichen Aufgabengebiet gehörten neben der Verwaltung (III G) die Aufsicht über die kulturkammerpflichtigen Personen und Unternehmen des Buchhandels und Verlagswesens, die Koordination der Fachschaftsarbeit, die Herausgabe der »Vertraulichen Mitteilungen« an die Fachschaften Verlag und Sortiment sowie an die Gauobleute des Buchhandels in den Landesleitungen der RSK.[127] Zudem war Thulke für die »Soziale Betreuung« (III C) der Mitglieder zuständig, worunter die Arbeitsvermittlung von Buchhandelsangestellten und Buchvertretern, die Prüfung von Anträgen auf finanzielle Unterstützung, die Verwaltung und Neueinrichtung von Fürsorgestellen für arbeitsunfähige, notleidende oder alte Buchhändler fielen.

Das Referat »Fachliche Betreuung der Mitglieder der Gruppe Buchhandel« (III A) setzte sich aus den sechs Fachschaften des aufgelösten Bundes Reichsdeutscher Buchhändler zusammen. Die »Rechtliche Betreuung« (III B) übernahm der stellvertretende Geschäftsführer Dr. Johannes Grewe. 1938 wurden die sechs Fachschaften auf das Referat III A verschoben: III A1 »Verlag«, III A2+3 »Handel/Zwischenhandel«, III A4 »Leihbücherei« und III A5+6 »Buchvertreter/Angestellte«.[128] Die vier Referatsleiter waren von nun an Anlaufstelle für die Mit-

[124] Geschäftsverteilungsplan der RSK vom 1. 7. 1937, BArch Potsdam R 56 V/35 Bl. 76/Rs.-77/Rs.

[125] Das Archiv 2 (1935/36), S. 140.

[126] Karl Thulke (*1904): Buchhandelslehrling in Königsberg, ab 1925 Buchhandelsgehilfe in Lübeck; 1927 Prokurist; 1929 in der Freiburger Universitätsbuchhandlung tätig; 1931 Vertriebs- und Werbeleiter beim Langen-Müller Verlag; Ende 1932 im DHV mit der »buchhändlerischen Berufsausbildung« betraut; 1933 ehrenamtlicher Leiter der »Fachschaft der Buchhandelsangestellten« in der RSK; 1933–1936 Verlagsleiter beim Brunnen-Verlag/Willi Bischoff in Berlin; seit 15. 7. 1936 Nachfolger von Max Albert Heß als Geschäftsführer des BRB; NSDAP-Mitglied seit 1. 5. 1933, SS-Mitglied seit September 1933. BDC/Masterfile/SS/RSK/Thulke, K.

[127] RSK-Geschäftsverteilungsplan vom 1. 7. 1937, BArch Potsdam R 56 V/35 Bl. 76/Rs. Zu den folgenden Ausführungen vgl. ebd.

[128] RSK-Geschäftsverteilungsplan vom 1. 4. 1938, BArch Potsdam R 56 V/35 Bl. 83.

gliedschaftsangelegenheiten und übten die Kontrolle über die Aktivitäten der Fachschaften aus. Zum Referat für die Rechtsberatung der Fachschaften (III B1/B2) kam 1941 noch ein »Referat für soziale und Fragen der Leistungssteigerung des Buchhandels« (III C) neu hinzu.[129] Hier wurden – neben den bislang von Thulke bearbeiteten Sozialmaßnahmen – die »Schulungswochen« und »Freizeiten«, die Förderung des Nachwuchses und der Einsatz deutscher Buchhändler im Ausland betreut.

Obwohl Leipzig zum eigentlichen Verwaltungszentrum des berufsständisch organisierten Buchhandels wurde, blieben zunächst noch einige wesentliche Abteilungen in Berlin. Noch bis 1941 konzentrierte Karl Heinrich Bischoff in seinem Kammer-Referat III Z zentrale literatur- und wirtschaftspolitische Zuständigkeiten: »Nichtarierfragen«, Führung der »Liste 1 des schädlichen und unerwünschten Schrifttums«, Sperranordnungen und Ausnahmeanträge betreffend Neugründung oder Erweiterung von Buchhandelsbetrieben, die fachliche Ausbildung und politische Schulung von Jungbuchhändlern, Buchvertretern und Leihbuchhändlern, die Verwaltung der 1934 eingerichteten »Reichsschule des deutschen Buchhandels«.[130] Zudem leitete Bischoff seit 1939 auch noch die »Gruppe Lektoren«,[131] die im Oktober 1938 aus der »Gruppe Buchhandel« herausgelöst worden war.[132] Als er im Herbst 1941 aus der Kammer ausschied, um in Wien den »arisierten« Zsolnay Verlag zu übernehmen,[133] wurden die Kompetenzen des Referats III Z

[129] RSK-Geschäftsverteilungsplan von 1941, BArch Potsdam R 2/4880 Bl. 583.

[130] Vgl. die Geschäftsverteilungspläne der RSK für die Jahre 1935 (BArch Potsdam R 56 V/35 Bl. 66–71), 1937 (ebd., Bl. 72–78), 1938 (ebd., Bl. 79–84), 1939 (ebd., Bl. 88–96), 1940 (BArch Potsdam R 2/4879).

[131] Geschäftsverteilungsplan der RSK von 1940, BArch Potsdam R 2/4879 hier Bl. 455.

[132] »Amtliche Bekanntmachung« der RSK vom 23. 10. 1938 über die »Eingliederungspflicht der Lektoren und Schriftwalter«, abgedruckt bei Ihde (Hg.), Handbuch der Reichsschrifttumskammer, S. 263.

[133] Bischoff übernahm den Zsolnay Verlag offiziell zum 1. 10. 1941. Ab 1942 firmierte der Verlag unter Karl Heinrich Bischoff Verlag, Wien und Berlin. Während seiner Kammertätigkeit hatte sich der ortskundige Bischoff bereits intensiv mit dem österreichischen, insbesondere mit dem jüdischen Buchhandel beschäftigt. S. die diesbezüglichen Aktennotizen und Schreiben in BDC/RSK/Bischoff, K. H.

auf die Berliner Geschäftsführung der Kammer sowie auf die Abteilungen II und III verteilt.

Bis 1938 wurde auch die »Buchwerbung« von der Berliner Kammer-Zentrale aus gesteuert. Die Abteilung IV war aus der im März 1935 gegründeten Reichsarbeitsgemeinschaft für Deutsche Buchwerbung hervorgegangen, deren Hauptaufgabe in der Vorbereitung, Durchführung und Auswertung der »Woche des Deutschen Buches« bestand.[134] Mit der Umwandlung der Reichsarbeitsgemeinschaft in eine Kammer-Abteilung am 1. 4. 1937 wurden drei Referate geschaffen: Das Referat A »Werbung für das deutsche Buch im Inland« wurde neben der Buchwoche auch für die Fachbuchwerbung und die Organisation von Buchausstellungen auf Reichs- und Gauebene zuständig (Leiter: Alfons Brugger); das Referat C »Werbung für das deutsche Buch im Ausland« sollte die Aktivitäten des Propagandaministeriums, des Auswärtigen Amtes, der Auslandsorganisation der NSDAP und der Auslandsabteilung des Börsenvereins von seiten der Kammer fachlich ergänzen (Leiter: Dr. Rudolf Krieger); im Referat B wurden Auswahlbibliographien zusammengestellt, Vorträge von Schriftstellern koordiniert, Literaturzeitschriften und Literaturwettbewerbe überwacht (Leiter: Dr. Gerhard Heidelberger).[135]

Am 1. 4. 1938 ging dieses umfangreiche Aufgabengebiet an die Reichsschrifttumsstelle des Propagandaministeriums über.[136] Der Kammer verblieb lediglich die Aufsicht über die literarischen Gesellschaften, bibliophilen Vereine und Vortragsveranstalter. Sie waren seit 1933 in einer »Arbeitsgemeinschaft« zusammengefaßt, firmierten ab 1938 als »Gruppe Literarische Vereine und Vortragsveranstalter«,[137] ab August 1939 dann als

[134] E. Langenbucher, »Gemeinschaftliche Buchwerbung. Erste Sitzung der Reichsarbeitsgemeinschaft für Deutsche Buchwerbung«, Bbl. 102. Jg., Redaktioneller Teil, Nr. 78 vom 2. 4. 1935, S. 265. Zur Tätigkeit der »Reichsarbeitsgemeinschaft« s. im einzelnen Kapitel III, Abschnitt B 3.2., 3.3. und 4.3. dieser Arbeit.

[135] RSK-Geschäftsverteilungsplan vom 1. 7. 1937, BArch Potsdam R 56 V/35 hier Bl. 77/Rs.

[136] »Zweite Bekanntmachung über die Gliederung der Reichsschrifttumskammer« vom 21. 5. 1938, wiedergegeben bei Ihde (Hg.), Handbuch der Reichsschrifttumskammer, S. 44–45, hier S. 44.

[137] »Amtliche Bekanntmachung« der RSK vom 5. 1. 1938, abgedruckt bei Ihde (Hg.), Handbuch der Reichsschrifttumskammer, S. 265–266.

»Reichswerk ›Buch und Volk‹« in der RSK (Abteilung IV).[138] Eine weitere, dem unmittelbaren Zugriff der Leipziger Buchhandelszentrale entzogene Verwaltungsstelle verdient aufgrund ihrer Bedeutung einen eigenen Abschnitt.

2.3.4. Die »Wirtschaftsstelle des deutschen Buchhandels«

Die seit der Jahreswende 1933/34 in der RSK diskutierten Pläne zu einer Lösung des Buchexportproblems hatten am 16. 3. 1934 zur Gründung einer »Genossenschaft Deutscher Verleger« in Berlin und am 20. 3. 1934 zur Gründung einer »Hamburg-Bremer Buch-Export Genossenschaft« geführt.[139] Nachdem der Widerstand des Börsenvereins gegen die staatliche Zentralisierung der Buchexporte durch den Sturz des Vorstehers Friedrich Oldenbourg gebrochen worden war, wurden die Verhandlungen über die weitere Ausgestaltung des Verfahrens zunächst über die RSK fortgeführt.

Bei einem Gespräch im Reichsfinanzministerium am 21. 7. 1934 machte Kammerreferent Werner Schlegel[140] noch einmal deutlich, daß es sich bei der geplanten Buchexportförderung um

[138] RSK-Geschäftsverteilungsplan von 1940, R 2/4879 Bl. 503.

[139] »Denkschrift für die Vorbereitung eines Gesetzes für die zentrale Leitung der deutschen Kulturpolitik und für die Förderung des deutschen Buchexports« (Reichsschrifttumskammer/Abteilung C/Werner Schlegel), R 2/4926 Bl. 5–35, hier Bl. 33. Zu einer »Genossenschaft der Kommissionäre« merkte Schlegel an, daß hierüber noch Verhandlungen »schweben« würden, ebd. Die »Denkschrift« ist undatiert, muß jedoch nach dem 20. 3. 1934 verfaßt worden sein. Sie stellte die überarbeitete und erweiterte Fassung einer »Denkschrift über die Planung einer aktiven nationalsozialistischen äußeren Kulturpolitik« dar, die Schlegel im November 1933 verfaßt hatte. Ein Exemplar findet sich in BDC/RSK/Schlegel, W. Die Vorschläge Schlegels zur Förderung des Buchexports waren bereits am 16. 1. 1934 Gegenstand einer Präsidialratssitzung der RSK gewesen. S. das Protokoll der Sitzung, hier S. 8–15, DLA Marbach/NL H. Grimm: Konv. Reichsschrifttumskammer, Mappe III.

[140] Julius Friedrich Werner Schlegel (1900–?): 1920–1924 Studium der Betriebswirtschaft an der Technischen Hochschule Dessau (Abschluß: Diplom-Ingenieur); 1924–1932 in der väterlichen Firma als technischer Leiter und Prokurist tätig; danach freier Schriftsteller; ab 1. 9. 1933 Vorlektor der Reichsstelle zur Förderung des deutschen Schrifttums; 1. 12. 1933–31. 12. 1934 Referent in der RSK; 1933–1935 Mitglied der SA, ab 1936 NSKK. BDC/RSK/Schlegel, W.

eine »kulturpolitische Maßnahme« handele.[141] Es ginge nämlich nicht nur um den Absatz wissenschaftlicher Literatur, sondern auch um die schöngeistigen und politisch-philosophischen Werke. Über die Genossenschaften könnten sowohl die Preise kontrolliert als auch der Absatz bestimmter politisch erwünschter Titel im Ausland gesteuert werden. Um diese propagandistisch wichtigen Aufgaben für den nationalsozialistischen Staat leisten zu können, beantragte Schlegel einen Zuschuß aus öffentlichen Mitteln in Höhe von 15 Millionen RM. Da zu diesem Zeitpunkt allerdings weder das Reichsfinanz- noch das Reichswirtschaftsministerium bereit waren, diesen Betrag zur Verfügung zu stellen,[142] gerieten die Verhandlungen über eine staatliche Buchexportförderung erst einmal ins Stocken.

Zur Mitte des Jahres 1935 wandte sich Paul Hövel, der für Auslandsfragen zuständige Referent in der neu geschaffenen Schrifttumsabteilung des Propagandaministeriums, erneut an den Reichsfinanzminister.[143] Dabei spielten zwei Argumente eine wesentliche Rolle. Die Buchexportförderung sei zum einen deshalb eine lohnende Investition, weil »das deutsche Buch im Auslande als Wegbereiter der gesamten deutschen Ausfuhr zu betrachten« sei. Zum anderen sei die Buchausfuhr das »wirksamste Mittel der Auslandspropaganda auf weite Sicht«. Denn durch eine Intensivierung der Buchausfuhr würde der Welt, so Hövel weiter, »beweiskräftig demonstriert, daß die deutschen Leistungen im geistigen Bereich unentbehrlich sind, und daß der Einwand der Greuelpropaganda, Deutschland sei ein barbarisches Land und habe sich von der abendländischen Kultur getrennt, nicht zutrifft«.

Unterstützung fand dieser Vorstoß der Schrifttumsabteilung

141 »Vermerk« eines Referenten des RFM vom 26. 7. 1934, BArch Potsdam R 2/4926 Bl. 37–39, hier Bl. 37. Zum folgenden s. ebd.

142 Ebd., Bl. 38–39. Schlegel wurde die Abschöpfung der Mitgliedsbeiträge der RSK sowie die Heranziehung des Propagandaministeriums und des Werberates der deutschen Wirtschaft zur Finanzierung der Kosten empfohlen. Dazu auch der »Zwischenbericht der Reichsschrifttumskammer über die Arbeiten vom 1. April–30. Juni 1934«, hier S. 4–5, DLA Marbach/NL H. Grimm: Konv. Reichsschrifttumskammer, Mappe III, in dem auf die Verschleppung der Verhandlungen durch den Reichswirtschaftsminister hingewiesen wurde.

143 Schreiben Hövels (RMVP/Abt. VIII) an den Reichsminister der Finanzen vom 12. 6. 1935, BArch Potsdam R 2/4926 Bl. 143–146. Zu den folgenden Ausführungen s. ebd.

beim Reichswirtschaftsministerium, das sich mit ganz ähnlichen Argumenten beim Reichsfinanzminister für die Bewilligung der beantragten 15 Millionen RM einsetzte.[144] Da von diesem Betrag, mit dem eine 25%ige Preissenkung für jedes exportierte Buch finanziert werden sollte, 5 Millionen RM von der »Wirtschaftsgruppe Druck- und Papierverarbeitung« aufgebracht und die verbleibenden 10 Millionen RM nur als »Überbrükkungskredit« gewährt werden sollten, stimmte Schwerin von Krosigk schließlich zu.[145]

Am 21. 6. 1935 informierten Wismann und Vowinckel den Börsenvereins-Vorsteher Wilhelm Baur, daß »die Exportangelegenheit nunmehr fix und fertig abgeschlossen sei, die diesbezüglichen gesetzlichen Bestimmungen in den nächsten Tagen erlassen werden und der Buchhandel müsse demgemäß um 25% senken«.[146] Wilhelm Baur, der bei diesem Entscheidungsprozeß völlig übergangen worden war, wollte sich aber nicht ohne weiteres mit der Abwicklung des Exportausgleichsverfahrens außerhalb seines Zuständigkeitsbereichs abfinden. Er reaktivierte kurzfristig die bereits überwunden geglaubte Opposition des Börsenvereins, indem er sich die Einwände der Verleger Arthur Georgi junior und Hermann Degener gegen die staatlich oktroyierte Preissenkung zu eigen machte.[147] Denn dieser Eingriff

144 Schreiben des Reichs- und Preußischen Wirtschaftsministers an den Reichsminister der Finanzen vom 8. 6. 1935, BArch Potsdam R 2/4926 Bl. 133–137.

145 »Aufzeichnung« Hövels vom 13. 6. 1935 über seine Besprechung im Reichswirtschaftsministerium mit Reichsbankrat Scharr als Bevollmächtigtem von Reichsbankdirektor Brinkmann, BArch Potsdam R 2/4926 Bl. 153–154. In einem »Zusatz« vom 14. 6. 1935, ebd. Bl. 154, merkte Hövel an, daß Schwerin von Krosigk nach Einsichtnahme in die Gesprächsaufzeichnung die ausgehandelten Vorschläge als »eine tragbare Basis für neue Verhandlungen« ansehe. Taktik des RFM war es allerdings, die Finanzierung der Kosten auf das RWM abwälzen zu können. S. den »Vermerk« des Referenten Nasse für seinen Kollegen Schmidt-Schwarzenberg vom 13. 6. 1935, ebd. Bl. 147–148. Zum Ergebnis der weiteren Beratungen s. das Schreiben des Reichsministers der Finanzen an den Reichswirtschaftsminister vom 19. 6. 1935, ebd. Bl. 169–172.

146 So die Wiedergabe des Gesprächs in einem Schreiben Wilhelm Baurs an Wismann vom 17. 9. 1935, hier S. 2, BDC/RSK/Baur, W.

147 S. dazu das Schreiben Vowinckels an Wilhelm Baur vom 7. 8. 1935, in dem es hieß: »Sie hatten den von mir seit 1½ Jahren verfochtenen Plan der Preissenkung zur Ausfuhrförderung übernommen, hatten mich beauftragt und gedeckt. Sie haben dann das von mir erzielte Ergebnis angenommen

in die Autonomie der Preisbildung war für die Verlegerschaft immer noch der entscheidende Punkt, an dem sie ihre Zustimmung zum mühsam ausgehandelten Exportförderungsplan verweigerten. Zudem war Wilhelm Baur ein Dorn im Auge, daß auch die in der RSK noch vertretenen jüdischen Buchhandelsfirmen in den Genuß der Exportunterstützung kommen sollten.[148]

Allen Bedenken und Widerständen zum Trotz wurde am 1. 8. 1935 dann aber doch eine Verwaltungsstelle zur Abwicklung des Ausgleichsverfahrens gegründet, die den euphemistischen Namen »Wirtschaftsstelle des deutschen Buchhandels« erhielt.[149] Am 27. 8. 1935 erließen die Präsidenten der Reichsschrifttums-, der Reichspresse- und der Reichsmusikkammer eine »Anordnung«, in der es hieß: »Allen in Deutschland ansässigen Buch-, Zeitschriften-, Musikalien- und Lehrmittel-Verlegern und -Händlern geht in diesen Tagen ein Merkblatt der Reichsschrifttumskammer, Abteilung Wirtschaftsstelle des deutschen Buchhandels, über die Neuregelung der Ausfuhr ab 9. 9. 1935 zu. Jeder exportierende Buch-, Zeitschriften-, Musikalien- und Lehrmittel-Verleger und -Händler ist verpflichtet, sich an die Richtlinien dieses Merkblatts zu halten«.[150] Während diese »Anordnung« veröffentlicht wurde, sollte sich die weitere Arbeit der Wirtschaftsstelle im verborgenen abspielen.[151] Aus naheliegenden Gründen: das Ausland sollte nämlich

und begrüßt. Als aber der letzte Ansturm der von Ihnen Geführten kam, sind Sie ohne stichhaltige Begründung umgeschwenkt und haben mich fallenlassen«. BDC/RSK/Baur, W. S. ebd. das Schreiben Wismanns an Wilhelm Baur vom 2. 9. 1935 sowie das Antwortschreiben Baurs vom 17. 9. 1935. Die Argumentation Degeners gegen das Buchexport-Ausgleichsverfahren ist wiedergegeben bei Hövel, Wirtschaftsstelle des deutschen Buchhandels, B6.

148 So Hövel, Wirtschaftsstelle des deutschen Buchhandels, hier B10.

149 Zum Aufbau der Dienststelle s. ebd., B10–B12.

150 Zitiert nach Schrieber (Hg.), Das Recht der Reichskulturkammer, Bd. III, S. 11.

151 Das »Merkblatt zur Durchführung des Buchexport-Ausgleichsverfahrens, hg. von der Wirtschaftsstelle des deutschen Buchhandels, Berlin, 27. 8. 1935/1. 9. 1939 (3. Ausgabe) trug den Vermerk: »Streng vertraulich! Nur für den Empfänger bestimmt! Sorgfältig aufbewahren!«. Im »Abschnitt 1: Allgemeines« hieß es zudem: »Außer der Tatsache der Preissenkung selbst darf von dem Vorhandensein des Verfahrens an Dritte weder im Inland noch im Ausland etwas berichtet werden«. Für Verstöße gegen diese Vor-

weder über die wirtschaftspolitische Protektionsmaßnahme noch über die damit verfolgten kulturpolitischen Ziele des nationalsozialistischen Staates informiert werden.[152]

Zum Leiter der Wirtschaftsstelle wurde Paul Hövel ernannt. Seine neue Dienststelle, deren Verwaltungskosten durch einen ½%igen Abzug von den an die Exporteure gezahlten Subventionen finanziert wurden, ressortierte anfangs in der RSK. Ab 1. 4. 1938 wurde sie in die Zuständigkeit des Propagandaministeriums übernommen.[153] Obwohl das Buchexport-Ausgleichsverfahren rasch zu einer deutlichen Steigerung des Absatzes deutscher Bücher im Ausland führte,[154] mußte – da sich das Reichsfinanzministerium gegen die weitere Finanzierung sperrte[155] – vor allem das Reichswirtschaftsministerium noch bis zur

schrift wurden Ordnungsstrafen auf der Grundlage der Reichskulturkammer- oder der Devisen-Gesetzgebung angedroht. Ein Exemplar des »Merkblatts« findet sich in BArch Potsdam R 2/4927 Bl. 537–563, hier Bl. 539.

152 Trotz der Geheimhaltungspflicht konnte Fritz Landshoff, der Leiter der deutschen Abteilung des Querido Verlags in Amsterdam, bereits am 19. 9. 1935 in einem Brief an Arnold Zweig detaillierte Angaben zur Handhabung und zu den möglichen Auswirkungen der deutschen Buchexportsubventionierung machen. Der Brief ist abgedruckt in: F. H. Landshoff: Amsterdam, Keizersgracht 333, Querido Verlag. Erinnerungen eines Verlegers. Berlin, Weimar, 2. Aufl. 1991, S. 241–244, hier S. 242–243.

153 »Zweite Bekanntmachung über die Gliederung der Reichsschrifttumskammer« vom 21. 5. 1938, wiedergegeben bei Ihde (Hg.), Handbuch der Reichsschrifttumskammer, S. 44–45, hier S. 45. Nachdem der Rechnungshof des Deutschen Reiches im Zusammenhang einer Wirtschaftsprüfung am 6. 3. 1939 die »ungeklärte Rechtsform« der Wirtschaftsstelle moniert hatte, wurde sie ab 1940 in eine »nachgeordnete Dienststelle« des Propagandaministeriums umgewandelt. S. das Schreiben des Rechnungshofes des Deutschen Reiches an die Wirtschaftsstelle vom 6. 3. 1939, BArch Potsdam R 55/310 Bl. 67, sowie die »Niederschrift über das Ergebnis der am 16. 4. 1943 bei der Wirtschaftsstelle durchgeführten Prüfung« (Abteilung H/Ref. Lucerna, Wiegand) vom 21. 4. 1943, BArch Potsdam R 55/213 Bl. 31–33, hier Bl. 32.

154 Vgl. die von Hövel zusammengestellten »Auslandsberichte über die Auswirkung des Buchexport-Ausgleichsverfahrens« vom 7. 7. 1936, BArch Potsdam R 2/4926 Bl. 319–357.

155 »Vermerk betr. Förderung des Buchexports« vom 10. 10. 1936, BArch Potsdam R 2/4926 Bl. 359–363. Darin wurde die Umwandlung des 1935 einmalig gewährten Überziehungskredits in einen »rollenden Fonds« abgelehnt und die Finanzierung der Kosten des Buchexport-Ausgleichsverfahrens »aus den für die allgemeine Exportförderung vorgesehenen Mitteln« des Reichswirtschaftsministeriums empfohlen (Bl. 363).

Einstellung des Verfahrens am 1. 4. 1943 jährlich mehrere Millionen RM an Subventionsgeldern zuschießen.[156]

Seit Kriegsbeginn verlor das 1935 entwickelte Instrument der Buchexportförderung allerdings an Bedeutung, da die Wirtschaft in den besetzten oder mit Deutschland verbündeten Ländern zunehmend an die deutschen Bedürfnisse angepaßt und die Ausfuhrregelung für eine Reihe dieser Länder ausgesetzt wurde.[157] Die Fortexistenz der von Hövel geleiteten Dienststelle konnte jedoch zum einen dadurch gesichert werden, daß ihr im März 1939 vom Propagandaministerium auch die Überwachung der Einfuhr von Büchern übertragen wurde.[158] Zum anderen fiel der Wirtschaftsstelle im Herbst 1939 die verwaltungsmäßige Abwicklung der »Papierkontingentierung« zu.[159]

Die Verfügungsgewalt über die Zuteilung von Papier- und

[156] Zu den jährlichen Etatverhandlungen der »Wirtschaftsstelle des deutschen Buchhandels« im einzelnen R 2/4926 und 4927. Bis August 1940 waren insgesamt 52905951,28 RM an Subventionsgeldern für den Buchexport gezahlt worden. Angabe im Schreiben der Schrifttumsabteilung des RMVP an den Reichsminister der Finanzen vom 23. 8. 1940, R 2/4927 Bl. 523–535, hier Bl. 526. Für eine Fortsetzung des Buchexport-Ausgleichsverfahrens machte sich auch das Auswärtige Amt stark. Dazu das von Staatssekretär von Weizsäcker unterzeichnete Schreiben der Abteilung Kult W an das Propagandaministerium vom 17. 6. 1940, BArch Potsdam 49.01/279 Bl. 151. Zur Einstellung des Verfahrens s. die »Aufzeichnung« Hövels betr. »Weiterführung des Buchexport-Ausgleichsverfahrens« vom 23. 12. 1942, R 2/4927 Bl. 571–577, hier Bl. 577.

[157] Dazu die von Hövel verfaßte »1. Aufzeichnung Betr.: Weiterführung des Buchexport-Ausgleichsverfahrens« vom 23. 12. 1942, BArch Potsdam R 2/4927 Bl. 571–577. Von 1938 bis 1941 wurden Österreich, das »Reichsprotektorat Böhmen und Mähren«, Danzig und Ostpreußen, die »Gebiete von Elsaß-Lothringen und Luxemburg« sowie die »besetzten niederländischen Gebiete« von der Ausfuhrregelung ausgenommen.

[158] »Vertrauliches Rundschreiben« der Wirtschaftsstelle des deutschen Buchhandels vom 23. 5. 1939 betr. Regelung der Einfuhr von Büchern, BArch Potsdam R 55/828 Bl. 6–8. Darin wird auf einen »Erlaß des Reichsministers für Volksaufklärung und Propaganda vom 6. 3. 39« Bezug genommen (Bl. 6). Zur Handhabung des Verfahrens s. Kapitel III, Abschnitt B 2.1.5. dieser Arbeit.

[159] »Niederschrift« über die von der Haushaltsabteilung des Propagandaministeriums vorgenommene Prüfung der Wirtschaftsstelle, BArch Potsdam R 55/213 hier Bl. 32. Zur Handhabung der Papierkontingentierung während des Krieges s. im einzelnen Kapitel III, Abschnitt B 2.1.6. dieser Arbeit.

Einbandstoffen war ursprünglich von Wilhelm Baur unter Bezugnahme auf entsprechende Regelungen in der von Max Amann geleiteten Reichspressekammer für die RSK reklamiert worden.[160] Damit hätte der Zentralparteiverlag bestimmenden Einfluß auf die gesamte Verlagsproduktion des Buch-, Zeitungs- und Zeitschriftensektors erlangt. Doch Karl Baur, der Leiter der »Fachschaft Verlag« in der »Gruppe Buchhandel«, sorgte bei den Verhandlungen mit der Schrifttumsabteilung des Propagandaministeriums und der »Wirtschaftsgruppe Druck- und Papierverarbeitung« im Reichswirtschaftsministerium dafür, daß die Wirtschaftsstelle des deutschen Buchhandels mit der Durchführung der Papierkontingentierung betraut wurde.[161] Wohl nicht ganz uneigennützig, denn Karl Baur hatte als Inhaber des Münchner Callwey Verlags auch ein persönliches Interesse, den Zentralparteiverlag nicht noch mächtiger werden zu lassen. Dessen Statthalter in der Reichsschrifttumskammer, Wilhelm Baur, mußte sich erneut damit abfinden, daß eine wichtige Kompetenz außerhalb seines Machtbereichs lag.

1940 waren in der Wirtschaftsstelle des deutschen Buchhandels nicht weniger als 96 Angestellte beschäftigt.[162] Die »nachgeordnete Dienststelle« des Propagandaministeriums wies zu diesem Zeitpunkt folgende Geschäftsverteilung auf: Leitung und Geschäftsführung (Abteilung I); Buchhaltung (Abteilung II); Kontrolle (Abteilung III), über die das Buchexport-Ausgleichsverfahren und die Überwachung der Bucheinfuhr liefen; Registratur (Abteilung IV) und Papierbewirtschaftung (Abteilung V), für die allein 15 Mitarbeiter zuständig waren.[163] Aufgrund der Kompetenzerweiterungen des Jahres 1939 konnte die Wirtschaftsstelle auch die vorläufige Einstellung der Buchexportsubventionierung zum 1. 4. 1943 überdauern. Nachdem im

[160] Schreiben Wilhelm Baurs an Karl Baur vom 9. 6. 1941, hier S. 4–5, BDC/RSK/Wülfing, M.

[161] Dazu K. Baur, »Wenn ich so zurückdenke...«, S. 356–360; sowie das Schreiben Wilhelm Baurs an Karl Baur vom 9. 6. 1941, BDC/RSK/Wülfing, M. Das eigenmächtige Vorgehen Karl Baurs in der »Angelegenheit Papierwirtschaftsstelle« war einer der Gründe, die Wilhelm Baur zur Absetzung Karl Baurs als Leiter der »Fachschaft Verlag« in der »Gruppe Buchhandel« bewogen.

[162] »Grundsätzliche Bermerkungen zur Haushaltsführung der Wirtschaftsstelle des deutschen Buchhandels« vom 23. 7. 1940, BArch Potsdam R 55/405 Bl. 69–72.

[163] BArch Potsdam R 55/213 Bl. 62–67.

August 1944 die Mitarbeiter des Werbe- und Beratungsamtes für das deutsche Schrifttum an die Wehrmacht und Rüstungswirtschaft abgegeben worden waren, übernahm die Wirtschaftsstelle schließlich auch noch deren Aufgabenbereich.[164]

2.3.5. Die Landesstellen der Reichsschrifttumskammer

In § 4 der RSK-Satzung vom 15. 9. 1934 waren 17 Gaue benannt worden, in denen jeweils ein vom Präsident ernannter »Vertrauensmann« für die Beaufsichtigung und Koordination der Aktivitäten der von der Kammer erfaßten Fachverbände auf regionaler Ebene verantwortlich sein sollte.[165] Eine Änderung dieser Regelung wurde durch eine Goebbelssche Anordnung vom 12. 11. 1934 erforderlich.[166] Darin waren die Gaupropagandaleiter der NSDAP, die schon seit 1933 in Personalunion die Landesstellen des Propagandaministeriums führten, auch noch zu »Landeskulturwaltern« ernannt und mit der »Aufsicht über die Reichskulturkammer in ihrem Gebiet« betraut worden.[167] Um dieser Aufgabe gerecht werden zu können, wurden die »Landesleitungen« der Einzelkammern in die Behörden der »Landeskulturwalter« und Gaupropagandaleiter eingebaut,[168] womit das Strukturprinzip der Supervision der Ministeriumsabteilungen über die Einzelkammern übernommen wurde.

Am 9. 7. 1935 paßte die Reichsschrifttumskammer ihre ursprüngliche Gaueinteilung an diejenige der NSDAP an.[169] In den jetzt 31 Gauen residierten die »Landesleiter der RSK«, die zunächst noch mit den Führern der RDS-Gaue identisch wa-

[164] »Vermerk« der Personalabteilung des RMVP vom 18. 8. 1944, BArch Potsdam R 55/213 Bl. 12. Zur Situation der Dienststelle in den Jahren 1944/45 s. Hövel, Wirtschaftsstelle des deutschen Buchhandels, B14.

[165] BArch Potsdam R 56 V/36 hier Bl. 2–3.

[166] »Anordnung über die Aufsicht der Landesstellenleiter über die Arbeit der Reichskulturkammer im Reiche«, abgedruckt bei Schrieber (Hg.), Das Recht der Reichskulturkammer, Bd. II, S. 25.

[167] Ebd.

[168] »Richtlinien über die Eingliederung der Landeskulturwalter in den Aufbau der Reichskulturkammer«, ebd., S. 25–27.

[169] »Amtliche Bekanntmachung Nr. 76« der RSK vom 9. 7. 1935, veröffentlicht im Bbl. 103. Jg., Redaktioneller Teil, Nr. 166 vom 20. 7. 1935. Die geänderte Gaueinteilung bei Ihde (Hg.), Handbuch der Reichsschrifttumskammer, S. 41–42.

ren.[170] Die »Gauobmänner« und »Gaufachberater des Buchhandels« (ab 1937 »Landesobmänner«/»Landesfachberater«) wurden vom Bund Reichsdeutscher Buchhändler gestellt. Nach der Auflösung des RDS zum 30. 9. 1935 und des BRB am 25. 10. 1936 wurden die »Landesleitungen« der Kammer unmittelbar unterstellt und die Verwaltungskosten mit einem eigenen Posten im Etat der Kammer geführt.[171]

Allerdings stand sowohl die personelle wie auch die sachliche Ausstattung der Landesleitungen in keinerlei Verhältnis zu deren umfangreichem Arbeitsgebiet. Wie aus einem Rundschreiben des RSK-Geschäftsführers Suchenwirth vom September 1935 hervorgeht,[172] sollten sie als regionale Verwaltungsschaltstelle zwischen Landeskulturwalter und RSK-Präsident auf der einen, zwischen den Fachverbänden und dem Landeskulturwalter auf der anderen Seite fungieren. Darüber hinaus oblag ihnen die Aufsicht über die Einhaltung der Anordnungen und Bekanntmachungen der Kammer, die Beobachtung und Beeinflussung der Arbeitsweise und Veranstaltungstätigkeit der Fachverbände in den Gauen, die Betreuung der Schriftsteller in berufsständischen Fragen sowie die kulturpolitische Führung von Schriftstellern und literarischen Vereinigungen im nationalsozialistischen Sinne. Da zur Durchführung dieser Aufgaben von der Kammer keine ausreichenden Finanzmittel zur Verfügung gestellt werden konnten, hatte Vizepräsident Wismann schon beim Aufbau der Landesleitungen im März 1935 auf das »Vorbild der Partei und der alten Parteimitglieder« verweisen müssen, »die in solchen Fällen ihre letzte Existenz für den Gedanken des Führers geopfert haben«.[173] Aber auch nach der Etatisierung der Landesleitungen im Kammer-Haushalt änderte sich an diesem grundlegenden Mißstand nicht viel.

So wurde in der 1938 zur Kantate-Versammlung der Buch-

[170] Zur regionalen Gliederung von RSK und RDS s. den Haushaltsvoranschlag der Kammer für das Rechnungsjahr 1935/36, BArch Potsdam R 2/4878 Anhang S 3/5.

[171] »Dienstanweisung für die Landesleitungen« vom 30. 11. 1937, BArch Potsdam R 56 V/180 Bl. 79–81; sowie Haushaltsvoranschlag der RSK für das Rechnungsjahr 1936/37, hier Vorwort, S. I–II, und Kapitel II »Landesleitungen der Reichsschrifttumskammer«, S. 17–22, BArch Potsdam R 2/4875.

[172] BArch Potsdam R 56 V/180 Bl. 98–100.

[173] Rundschreiben Wismanns an die Landesleitungen der RSK vom 22. 3. 1935, BArch Potsdam R 56 V/180 Bl. 216–221, hier Bl. 218.

händler herausgegebenen Bierzeitung »Der Landesob« aus einem – fiktiven – Bericht zitiert, der das »Verhältnis und die Zusammenarbeit« zwischen Landesobmann und Landesleiter als »ausgezeichnet« charakterisierte, »soweit es kein Geld kostet«.[174] Der Anzeigenteil pries die »sensationelle« Neuerscheinung eines »Dr. Habenichts« an: »Die Gestaltung einer Organisation ohne alle Geldmittel«.[175] Das Buch stelle einen »Triumphzug der Sparsamkeit« dar. »Säcke werden zu Prachtgewändern, Roller zu Luxuskraftwagen, Lauben zu Palästen – ohne jede Anwendung von Geldmitteln«.[176]

Diese Selbstdarstellung war keinesfalls reiner Klamauk, sondern traf durchaus die Realität. Einer Rundfrage-Aktion der RSK bei den Landesleitungen vom August 1938 ist zu entnehmen, daß deren Geschäftsstellen im günstigsten Fall (Gau Hamburg) drei Arbeitskräfte beschäftigen konnten.[177] Die Regel war jedoch nur ein hauptamtlicher Angestellter. In Berlin, dem mitgliederstärksten Gau der RSK, wurden die Mitarbeiter der Landesleitung 1938 von sechs auf zwei reduziert, so daß die »Betreuung« der Schriftsteller zeitweise völlig zum Erliegen kam und von der Kammer-Zentrale übernommen werden mußte.[178] Demgegenüber scheinen die Interessen der Buchhändlerschaft in der seit 1937 von Martin Wülfing geführten Landesleitung besonders stark beachtet worden zu sein.[179] Neben dem Perso-

[174] »Der Landesob. Berufsständisches Organ für alle außerbuchhändlerischen Fragen. Erscheint nur einmal. Die Gesamtauflage ist vorbestellt und ausverkauft«, Leipzig 1938, hier S. 1. Ein Exemplar findet sich in der DB (Sign. 1938 B 2128).

[175] Ebd., S. 8.

[176] Ebd.

[177] Das Material ist gesammelt in BArch Potsdam R 56 V/37 Bl. 7–55. Zum Personal- und Sachmittelbestand in den Einzelgauen s. die von Ihde zusammengestellte Übersicht, ebd. Bl. 5–6.

[178] Antwortschreiben des Landesleiters Schrifttum beim Landeskulturwalter des Gaues Berlin vom 8. 8. 1938, ebd. Bl. 9. Am 1. 4. 1940 wurde die bislang in Berlin-Nikolassee untergebrachte Landesleitung vollständig in die Kammer-Zentrale nach Berlin (Hardenbergstraße 6) verlegt. S. den Tätigkeitsbericht für 1940/41/42 der Landesleitung Berlin der Reichsschrifttumskammer vom 30. 4. 1942, hier S. 1, LA Berlin, Rep. 243, Acc. 1814, Nr. 38–39.

[179] Dazu der umfangreiche Bestand im LA Berlin, Rep. 243, Acc. 1814, hier insbesondere die Tätigkeitsberichte für 1935/36 (in: Nr. 27), 1936/37 (in: Nr. 25–26), 1938/39 und 1940/41/42 (in: Nr. 38–39). »Kommissari-

nalmangel machte auch die ungenügende Ausstattung mit Sachmitteln eine effiziente Arbeitsweise häufig genug unmöglich. So konnte etwa der Landesleiter im Gau Saarpfalz, der in Neustadt an der Haardt saß, kaum einen regelmäßigen Kontakt nach Saarbrücken, wo sich die Mehrzahl der Landesfachberater und der regionalen Kammer-Mitglieder befand, unterhalten, da ihm nur selten Reise- und Telephonkosten erstattet wurden.[180]

Den allgemeinen Tenor der Antworten hielt RSK-Geschäftsführer Ihde in einem Schreiben an den Präsidenten der Reichskulturkammer vom 15. 10. 1938 fest: »[...] die Klagen aus meinen Landesleitungen darüber, daß sie nicht in der Lage sind, ihre Arbeit ordnungsgemäß durchzuführen, haben sich derart gehäuft, daß ich befürchten muß, daß in absehbarer Zeit jede ordentliche Abwicklung der Geschäfte innerhalb meiner Kammer in Frage gestellt wird«.[181]

Erschwerend war zu jenem Zeitpunkt noch hinzugekommen, daß die Organisationsstruktur der »regionalen Gliederungen der Reichskulturkammer« seit dem 1. 4. 1938 von Goebbels verändert worden war.[182] Die Landesleitungen der Einzelkammern waren nun disziplinarisch den Dienststellen des Landeskulturwalters »angegliedert«. Die Landesleiter sollten »unter Mitwirkung des Landeskulturwalters durch den Präsidenten der Reichskulturkammer im Einvernehmen mit dem Präsidenten der jeweiligen Einzelkammer« ernannt werden, wobei dem Gauleiter – als viertem Beteiligten – ein »Vorschlags- und Einspruchsrecht« zugebilligt wurde. Neben der Personalhoheit sollten die Präsidenten der Einzelkammern auch die kulturpolitische Einflußnahme verlieren und sich auf die Kontrolle der rein fachlichen Tätigkeit ihrer Landesleitungen beschränken.

scher« Nachfolger Wülfings, der nach Übernahme der Leitung der »Fachschaft Verlag« im Juli 1941 sein Amt als Landesleiter niederlegte, wurde Robert Böhmler.

180 Schreiben des RSK-Landesleiters für den Gau Saarpfalz an die Kammer in Berlin vom 10. 8. 1938, BArch Potsdam R 56 V/37 Bl. 32–33.

181 BArch Potsdam R 56 V/37 Bl. 2–4, hier Bl. 2.

182 »Zweite Anordnung des Präsidenten der Reichskulturkammer über den Aufbau der regionalen Gliederungen der Reichskulturkammer« vom 3. 2. 1938, abgedruckt bei K. F. Schrieber/A. Metten/H. Collatz (Hg.); Das Recht der Reichskulturkammer. Sammlung der für den Kulturstand geltenden Gesetze und Verordnungen, der amtlichen Anordnungen und Bekanntmachungen der Reichskulturkammer und ihrer Einzelkammern, 2 Bde., Berlin 1943, hier RKK I, 28, S. 33–34.

Gravierender als diese Neuerungen, deren reale Auswirkungen nicht überschätzt werden dürfen, war, daß die Verwaltung und das Personal der Landesleitungen unmittelbar dem RKK-Präsidenten unterstellt wurden und der Landeskulturwalter zukünftig für den Haushalt seiner Dienststelle »einschließlich der Landesleitungen« zuständig wurde. Dies bedeutete in der Praxis, daß die Kammer-Zentralen ihre für die Landesleitungen vorgesehenen Finanzmittel monatlich an die Behörden der Landeskulturwalter zu überweisen hatten, die dann für die Verteilung der Mittel verantwortlich waren.[183] Für die Landesleiter entstand hierdurch ein beträchtlicher Mehraufwand an Arbeit, da sie die für ihren Geschäftsbereich zur Verfügung gestellten Gelder beim Landeskulturwalter abrufen und mit einem für jede Ausgabe gesonderten Antrag begründen mußten. Was ursprünglich als »Vereinfachungsmaßnahme« von Goebbels geplant war, erwies sich in der Praxis für die ohnehin schwach ausgeprägten Landesleitungen als ineffiziente Komplikation.

Falls die Landesleitungen bis 1938 der RSK überhaupt ein regional-spezifisches Profil verschafft haben sollten, wie es in der Anfangsphase beabsichtigt gewesen war,[184] so sank dieses rasch infolge verschleppter, unsachgemäß oder gar nicht ausgeführter Arbeitsvorgänge. Die Unzufriedenheit unter den Mitgliedern über das Mißmanagement führte im Gau Saarpfalz sogar so weit, daß dem »Landesleiter für Schrifttum« vereinzelt die Einstellung der Beitragszahlungen angedroht wurde.[185] Sicherlich ein Extrembeispiel. Doch wird für die Mitglieder ab 1939 immer weniger einsehbar geworden sein, welche konkreten Gegenleistungen sie von den Landesleitungen für die Entrichtung ihrer Kammer-Beiträge erhielten. Denn noch vor

[183] Haushaltsvoranschlag der RSK für das Rechnungsjahr 1939, BArch Potsdam R 2/4878 hier Bl. 247. Darin waren insgesamt 350000 RM für die Unterhaltung der Landesleitungen veranschlagt und 40000 RM als Beteiligungsbetrag an den Verwaltungskosten der Landeskulturwalter. S. zudem den »Umlauf an alle Landesleitungen der Reichsschrifttumskammer« vom 23. 1. 1939, BArch Potsdam R 56 V/180 Bl. 103–104, hier Bl. 103.

[184] Rundschreiben Wismanns an die RSK-Landesleitungen vom 22. 3. 1935, BArch Potsdam R 56 V/180.

[185] Schreiben des RSK-Landesleiters an Ihde vom 10. 8. 1938, BArch Potsdam R 56 V/37 hier Bl. 33.

Kriegsbeginn spitzte sich die ohnehin prekäre Lage der 39 Landesstellen weiter zu.[186]

Durch die finanziellen Kalamitäten der Reichskulturkammer, die aus dem Mißverhältnis zwischen gestiegenen Verwaltungsausgaben und gesunkenen Mitgliedseinnahmen resultierten,[187] wurden erneut drastische Einschnitte in die Struktur der Kammer erforderlich. Sie ließen sich ab September 1939 mit dem Gebot der kriegsnotwendigen »Verwaltungsvereinfachung« begründen und führten neben der Auflösung der Reichsrundfunkkammer zu erheblichen Personaleinsparungen.[188] So wurden in der Reichsschrifttumskammer 41 von 139 Planstellen (= 29,5%) gestrichen und den Landesleitungen eine Reihe grundlegender Aufgabenbereiche – wie der der Neuaufnahme von Mitgliedern – entzogen.[189] Auch wenn – mit Ausnahme der Landesleitung Berlin – nur vereinzeltes Quellenmaterial zu den Regionalstellen der RSK vorliegt, läßt sich doch vermuten, daß die weitere Kriegsentwicklung die Kompetenzaushöhlung zugunsten der Zentrale noch verstärkt haben dürfte und die Akti-

[186] 1939 waren zu den bis dahin 31 Landesleitungen der RKK-Einzelkammern noch die von Danzig, Kärnten, Niederdonau, Oberdonau, Steiermark, Sudetenland, Tirol-Vorarlberg und Wien hinzugekommen.

[187] Schreiben des Leiters der Haushaltsabteilung Karl Ott an Goebbels vom 30. 6. 1939 und 18. 6. 1940, BArch Potsdam R 55/701 Bl. 351–353 und Bl. 59–60.

[188] Minister-Erlaß »Vereinfachung der Verwaltung« vom 4. 9. 1939, in: Nachrichtenblatt des Reichsministeriums für Volksaufklärung und Propaganda, Bd. 7, Nr. 18 vom 8. 9. 1939, S. 102, BArch Potsdam R 55/436. Zur Auflösung der Reichsrundfunkkammer die »Fünfte Verordnung des Reichsministeriums für Volksaufklärung und Propaganda zur Durchführung des Reichskulturkammergesetzes« vom 28. 10. 1939, abgedruckt bei Schrieber/Metten/Collatz (Hg.), Das Recht der Reichskulturkammer, RKK I, 9, S. 16–17.

[189] Stellungnahmen Johsts vom 21. 9. 1939 und Ihdes vom 1. 11. 1939 zu den vom Propagandaministerium geplanten »Vereinfachungsmaßnahmen« im Bereich der Reichskulturkammer-Verwaltung, BArch Potsdam R 55/701 Bl. 177 und Bl. 151. Zur Bearbeitung der Aufnahmeanträge durch die RSK-Zentrale das Schreiben Ihdes an den Präsidenten der RKK vom 10. 2. 1942, BArch Potsdam R 56 I/16 Bl. 117. Daraus geht hervor, daß die ursprünglich noch den Landesleitern konzedierte Möglichkeit zur Stellungnahme binnen eines Monats »wegen zu geringer Inanspruchnahme« schließlich ganz fallengelassen wurde.

vitäten der Landesleitungen immer mehr zur papierenen Fiktion werden ließ.[190]

3. Das Reichsministerium für Wissenschaft, Erziehung und Volksbildung

3.1. Die Gründung

Die Errichtung des Propagandaministeriums und der Reichskulturkammer waren für Goebbels nur die institutionellen Voraussetzungen, mit denen er die staatliche Zentralisierung der Kulturpolitik betreiben wollte. Doch ähnlich wie in der Weimarer Republik, in der die Pläne zu einer grundlegenden Reichsreform am Widerstand und der Uneinigkeit der Länder gescheitert waren, stießen solche Ambitionen auch im »Dritten Reich« rasch auf den Ressortegoismus der Kultusverwaltungen. Hans Schemm, der neue Staatsminister für Unterricht und Kultus in Bayern, ließ das Propagandaministerium am 14. 11. 1933 wissen, daß er nicht bereit war, die Mitgliedschaft von Körperschaften und Anstalten des öffentlichen Rechts (§ 6 der Ersten Durchführungsverordnung zum Reichskulturkammer-Gesetz) sowie den Erlaß von Verwaltungsvorschriften über den Betrieb dieser Einrichtungen (§ 25) in den Einzelkammern hinzunehmen.[1] Und zwar deshalb, weil die Länder und Gemeinden ansonsten sämtliche Aufsichtsbefugnisse über die von ihnen selbst finanzierten Ausbildungsstätten für bildende Kunst, Kunstgewerbe und Musik sowie für Theater und Konzertbetriebe hätten abtreten müssen.[2]

Das Beharren Schemms auf dieser Kompetenz wurde von seinen nationalsozialistischen Amtskollegen in den Ländern

[190] Auflistung der Landesleitungen der RSK für das Jahr 1943 in: Die Reichskulturkammer Jg. 1, H. 3 (1943), S. 62–67. Darin finden sich auffallend viele unbesetzte Stellen.

[1] Eine an die Kultusministerien der deutschen Länder gerichtete Abschrift des Schreibens findet sich im HStA Weimar Thür. Min. f. Volksbildung u. Justiz/C 957 Bl. 2–3.
[2] Ebd., Bl. 1/Rs. (S. 2).

Thüringen,[3] Baden,[4] Hessen[5] und Württemberg[6] unterstützt. Auch das Reichsinnenministerium lehnte eine Abtretung des staatlichen »Rechtsetzungsmonopols« an die Einzelkammern der Reichskulturkammer entschieden ab, da dies zu einer Aufspaltung des Staates »in einen Pluralismus widerstreitender Machtkomplexe« führen würde.[7] Die Furcht vor einem »Dualismus« in der Kulturverwaltung wurde vom preußischen Ministerium für Wissenschaft, Kunst und Volksbildung, in dessen Ressort die meisten öffentlichen Kunsteinrichtungen lagen, geteilt.[8] Zudem widersetzte sich Rust ebenso wie Frick einer Mitgliedschaft von Beamten und Angestellten des öffentlichen Dienstes, die sich haupt- oder nebenberuflich mit »kulturkammerpflichtigen« Tätigkeiten beschäftigten.[9]

[3] S. den handschriftlichen Vermerk auf dem Schreiben Schemms, ebd. Bl. 3 (S. 3).

[4] Schreiben des Badischen Ministers des Kultus, des Unterrichts und der Justiz/Abteilung Kultus und Unterricht an den Thüringischen Volksbildungsminister vom 8. 12. 1933, ebd. Bl. 5.

[5] Schreiben des Hessischen Staatsministeriums/Ministerialabteilung für Bildungswesen, Kultus, Kunst und Volkstum an das Thüringische Volksbildungsministerium vom 30. 12. 1933, ebd. Bl. 6.

[6] Schreiben des Württembergischen Kultusministeriums an das Thüringische Volksbildungsministerium vom 23. 1. 1934, ebd. Bl. 10.

[7] S. die Aufzeichnung eines Sachbearbeiters des RMI über eine Besprechung mit dem Leiter der Rechtsabteilung des RMVP, Schmidt-Leonhardt, am 19. 1. 1934 betr. Auswirkungen des Reichskulturkammergesetzes, BArch Potsdam 49.01/278 Bl. 23–26, hier Bl. 26.

[8] »Denkschrift. Zu dem Verhältnisse der auf Grund des Reichskulturkammergesetzes geschaffenen Reichskammern zu den Hoheitsverwaltungen von Reich und Ländern«, die Staatssekretär Wilhelm Stuckart Kultusminister Rust am 18. 1. 1934 als Grundlage für ein Gespräch mit Staatssekretär Funk vom Propagandaministerium zusandte. BArch Potsdam 49.01/278 Bl. 249–254, hier Bl. 253.

[9] Schreiben des Reichsinnenministers an den Reichspropagandaminister vom 15. 12. 1933, mit dem eine Mitgliedschaft von Beamten, Wissenschaftlern, Geistlichen, Ärzten und Rechtsanwälten in der Reichsschrifttumskammer oder einer anderen Einzelkammer der Reichskulturkammer entschieden abgelehnt wurde, BArch Potsdam 49.01/278 Bl. 236; sowie das Schreiben Stuckarts an den Reichsminister für Volksaufklärung und Propaganda vom 20. 2. 1934 betr. Zugehörigkeit der im öffentlichen Dienste des Landes Preußen stehenden Beamten und Angestellten sowie der öffentlichen Einrichtungen zu den in der Reichskulturkammer vereinigten, auf Grund des Reichskulturkammergesetzes vom 29.[!]9.1933 gebildeten Kammern, ebd. Bl. 15–22.

Noch während die Verhandlungen über diese strittigen Punkte liefen, wurde am 1. 5. 1934 das Reichsministerium für Wissenschaft, Erziehung und Volksbildung gegründet.[10] Dessen Aufgabengebiet wurde am 11. 5. 1934 durch einen »Erlaß« Hitlers festgelegt.[11] Das Reichsinnenministerium hatte danach seine Kompetenzen in den Bereichen Wissenschaft, Erziehung und Unterricht, Jugendverbände sowie Erwachsenenbildung an das neue Reichsministerium abzugeben. Doch die Gründung des Reichserziehungsministeriums ging nicht allein zu Lasten Fricks.

Am 8. 5. 1934 hatte Staatssekretär Funk vom Propagandaministerium mit einem pikanten Plan den Aufbau der neuen Reichsbehörde zu unterlaufen versucht. Im Auftrag seines Ministers schlug Funk der Reichskanzlei die Gründung eines »Ministeriums für Kultur und Volksaufklärung« in Preußen und die Umbenennung des Propagandaministeriums in ein »Reichsministerium für Kultur und Volksaufklärung« vor.[12] Goebbels dürfte dabei wohl weniger der »Fehler offener Etikettierung der Absicht« oder der »negative Akzent des Ausdrucks« zur beabsichtigten Löschung der »Propaganda« aus dem Titel seines Ministeriums getrieben haben.[13] Vielmehr sah der Propagandaminister durch die Gründung des Reichsministeriums für Wissenschaft, Erziehung und Volksbildung, hinter dem zunächst nichts anderes als die bisherige Verwaltung des preußischen Kultusministeriums stand, seinen Anspruch auf die alleinige Kontrolle und Lenkung der deutschen Kulturpolitik im Inland gefährdet. Mit dem neuen Namen, so mag er sich ausgerechnet haben, hätte die Kulturhoheit des Reiches gegenüber den Ländern und dem neuen Ressortkolle-

[10] »Erlaß« des Reichspräsidenten über die Gründung des Reichsministeriums für Wissenschaft, Erziehung und Volksbildung vom 1. 5. 1934, RGBL/Teil I Nr. 44 vom 5. 5. 1934, S. 365.

[11] RGBL/Teil I Nr. 51 vom 14. 5. 1934, S. 375.

[12] Schreiben von Funk an Lammers vom 8. 5. 1934, mit dem dem Staatssekretär in der Reichskanzlei Entwürfe für die »telefonisch besprochenen Verordnungen« zugesandt wurden, BArch Potsdam R 43 II/1149 Bl. 166. Funk wies in diesem Schreiben darauf hin, daß die Goebbelsschen Pläne von Göring unterstützt würden. Hingegen war man sich mit Rust noch nicht hinsichtlich der Auslegung des Begriffs »Kultur« einig geworden, da der preußische Kultusminister die »Künste« nicht ohne weiteres aus seinem Landesressort abgeben wollte.

[13] Auf diesen Aspekt weist Heiber, Goebbels, S. 127, hin.

gen im Reichskabinett sicherlich wirkungsvoller durchgesetzt werden können.

Dieses Kalkül scheiterte jedoch am Veto Hitlers, der nach einem Vortrag von Staatssekretär Lammers am 9. 5. 1934 auf der Beibehaltung der für ihn positiv besetzten »Propaganda« in der Amtsbezeichnung des Goebbelsschen Ministeriums beharrte.[14] Auch die Errichtung eines neuen preußischen Landesministeriums für Kultur und Volksaufklärung wurde von Hitler abgelehnt.[15] Aufgrund dieser Entwicklung avancierte Rust, dessen Ressort nun auf Reichs- und Landesebene operieren konnte und der über einen Stab ambitionierter Mitarbeiter verfügte, zu einem ernstzunehmenden Rivalen auf kulturpolitischem Gebiet.[16]

3.2. Die für Aspekte der Literaturpolitik zuständigen Abteilungen

An literaturpolitisch relevanten Kompetenzen war Rust in dem erwähnten »Erlaß« Hitlers vom 11. 5. 1934 explizit nur das »wissenschaftliche Büchereiwesen« zugesprochen worden. Doch fiel dem Reichserziehungsministerium aus seiner Zuständigkeit für das gesamte Schulwesen auch die Betreuung der Lehrer- und Schülerbüchereien sowie die Erarbeitung geeigne-

[14] »Aufzeichnung« von Lammers über seinen Vortrag bei Hitler am 9. 5. 1934, BArch Potsdam R 43 II/1149 Bl. 169. Zu Hitlers »Vorliebe« für die Propaganda s. »Mein Kampf«, München 631.–635. Auflage 1941, hier Erster Band, 6. Kapitel »Kriegspropaganda«, S. 193–204, und Zweiter Band, 11. Kapitel »Propaganda und Organisation«, S. 649–669; sowie analysierend Paul, Aufstand der Bilder, S. 24–44.

[15] »Aufzeichnung« von Lammers, BArch Potsdam R 43 II/1149 Bl. 169. Mit der Zustimmung zu dieser Neugründung hätte Hitler seine Pläne zu einem Wechsel vom Föderalismus zum Zentralismus unterminiert. Der Vorstoß von Goebbels, der den Abbau des Föderalismus ja eigentlich selbst tatkräftig betrieb, kann nur als situativer Schachzug verstanden werden, mit dem der Propagandaminister seine kulturpolitischen Hoheitsbefugnisse auf das Land Preußen auszudehnen hoffte.

[16] Eine Biographie Rusts ebenso wie eine Darstellung der vielfältigen Aktivitäten des Reichsministeriums für Wissenschaft, Erziehung und Volksbildung zählt bis heute zu den Desideraten der Forschung. Meine These stützt sich auf eigene Untersuchungen zur Büchereipolitik und zur auswärtigen Kulturpolitik des Ministeriums.

ter Lehrbücher für Unterrichtszwecke zu.[17] Ein weiteres Aufgabengebiet mußte sich das Reichserziehungsministerium gegen die Kompetenzansprüche des Propagandaministeriums erkämpfen.

Am 15. 5. 1934 war im Reichskabinett der Antrag von Goebbels, seinem Ministerium durch ein Ergänzungsgesetz zum Reichskulturkammer-Gesetz das Volksbüchereiwesen zu unterstellen, abgelehnt worden.[18] Der RSK wurde lediglich das Recht zugestanden, die Mitglieder des Verbandes Deutscher Volksbibliothekare zu erfassen.[19] Diese Regelung konnte vom Propagandaministerium auch nach der Auflösung des Verbandes zum 1. 10. 1938 durchgesetzt werden.[20] Ab 1. 4. 1939 wurden die Volksbibliothekare offiziell als »Gruppe Büchereiwesen« in der RSK geführt.[21] Eingeschränkt wurde diese berufsständische Erfassung nur insofern, als hiervon beamtete Biblio-

[17] Vgl. R. Eilers, Die nationalsozialistische Schulpolitik. Eine Studie zur Funktion der Erziehung im totalitären Staat, Köln, Opladen 1963, S. 28–37.

[18] »Auszug aus der Niederschrift über die Sitzung des Reichsministeriums vom 15. 5. 1934«, BArch Potsdam R 43 II/1241 Bl. 31–33, hier Bl. 33. Das ohne Bestimmungen zum Volksbüchereiwesen erlassene »Ergänzungsgesetz« zum RKK-Gesetz ist abgedruckt in RGBL/Teil I Nr. 56 vom 19. 5. 1934, S. 413.

[19] »Notiz« von ORR Kurt Zierold, Reichserziehungsministerium, über eine Besprechung mit Wismann vom 5. 11. 1934, BArch Potsdam 49.01/278 Bl. 81.

[20] Schreiben Schmidt-Leonhardts an den Präsidenten der RSK vom 12. 10. 1938, BArch Potsdam R 56 V/137 Bl. 267. Darin vertrat der Leiter der Rechtsabteilung des Propagandaministeriums die Auffassung, daß »meine Zuständigkeit für die Volksbibliotheken gegeben ist, weil es sich um eine Angelegenheit des Schrifttums handelt und der Herr Reichsminister für Wissenschaft, Erziehung und Volksbildung nach dem Zuständigkeitserlaß vom 11. Mai 1934 [...] nur für das *wissenschaftliche* Büchereiwesen zuständig ist«. Hervorhebung im Text.

[21] Nachdem die Auflösung des Verbandes durch ein Schreiben der RSK vom 26. 9. 1938 angeordnet worden war, wurde sie auf dem Deutschen Volksbüchereitag in Leipzig (24.-26. 9. 1938) offiziell bekanntgegeben. S. den Bericht über die Tagung in Die Bücherei 5 (1938), S. 671–684, hier S. 684. Der Verbandsvorsitzende Wilhelm Schuster wurde am 1. 4. 1939 als Leiter der »Gruppe Büchereiwesen« in die RSK übernommen. S. das Schreiben von Wilhelm Baur an Schuster vom 24. 4. 1939, BArch Potsdam R 56 V/137 Bl. 257.

thekare ausdrücklich ausgenommen waren.[22] Bezüglich der sachlichen Ausrichtung des Volksbüchereiwesens beharrte das Reichserziehungsministerium aber bei allen weiteren Verhandlungen mit Erfolg auf seiner »Federführung«.[23]

Bearbeitet wurde das aus dem Reichsinnenministerium übernommene Aufgabengebiet im »Amt für Volksbildung«.[24] Die zuständige Abteilung V I »Volksbüchereiwesen und Erwachsenenbildung« bestand allerdings aus nur einem Sachbearbeiter: Prof. Dr. Heinz Dähnhardt.[25] Als operatives Instrument stand ihm die »Preußische Landesstelle für Volksbüchereiwesen« zur Verfügung, die zum 1. 9. 1935 in eine dem Reichserziehungsministerium unmittelbar unterstehende »Reichsstelle für volkstümliches Büchereiwesen« umgewandelt wurde.[26] Ihre Leitung hatte zunächst der Direktor der Stadtbibliothek Frankfurt a.d.

[22] »Erlaß« des Reichs- und Preußischen Ministers für Wissenschaft, Erziehung und Volksbildung an die Vorsteher der nachgeordneten Reichs- und preußischen Dienststellen vom 31. 5. 1935, BArch Potsdam R 21/10628. Darin wurde auf einen entsprechenden »Erlaß« des Reichsinnenministeriums vom 14. 11. 1934 aufmerksam gemacht.

[23] »Notiz« Zierolds vom 5. 11. 1934, BArch Potsdam 49.01/278 Bl. 81; sowie die von Wismann verfaßte »Stellungnahme zur Frage des Büchereiwesens im Anschluß an die Besprechung mit den Vertretern des Unterrichtsministeriums« vom 6. 3. 1934, BArch Potsdam R 56 V/166 Bl. 17–19.

[24] Geschäftsverteilungsplan des Amtes für Volksbildung (V) vom 14. 1. 1937, hier Abteilung V I, BArch Potsdam R 21/1 Bl. 138ff., hier Bl. 141. Zum Aufgabengebiet des »Amts für Volksbildung« s. O. Graf zu Rantzau, Das Reichsministerium für Wissenschaft, Erziehung und Volksbildung, Berlin 1939, S. 24–30.

[25] Heinz Dähnhardt (1897–?): 1915–1926 Studium der Philologie; 1926 Dr. phil.; 1927–1934 Lehrer für Geschichte an der Wohlfahrtspflegerschule im Evangelischen Johannisstift in Berlin-Spandau und Leiter eines Volkshochschulheimes; ab 15. 4. 1934 Lehrauftrag für Geschichtliche Bildung an der Hochschule für Lehrerbildung in Cottbus; seit 15. 10. 1934 Referent des REM; NSDAP-Mitglied seit 1. 5. 1933. BDC/Research/Masterfile/Dähnhardt, H.

[26] Schon am 7. 5. 1935 war die »Preußische Landesstelle für volkstümliches Büchereiwesen« von Rust mit der fachlichen Aufsicht und Vereinheitlichung der Arbeit der Staatlichen Landesstellen für Volksbüchereiwesen betraut worden. S. den »Erlaß« zur »Förderung des öffentlichen Büchereiwesens«, in: Deutsche Wissenschaft, Erziehung und Volksbildung 1 (1935), S. 205. Am 7. 8. 1935 wurde die »Preußische Landesstelle« dann auch offiziell in eine »Reichsstelle« umgewandelt. Ebd., S. 356. BArch Potsdam RD 39/1–1.

Oder, Franz Schriewer, inne.[27] Im Mai 1937 folgte ihm Dr. Fritz Heiligenstaedt, der seit 1919 die Beratungsstelle für Volksbüchereiwesen in der Provinz Hannover geführt hatte.[28] Mit der »Reichsstelle« sollte die Tätigkeit der Staatlichen Volksbüchereistellen, die formal weiterhin den Kultusverwaltungen der Länder unterstellt blieben, zentral gesteuert werden.[29] Die Leiter und Mitarbeiter der Landesstellen waren schon im Mai 1935 mit einer vom Reichserziehungsministerium organisierten »Schulungstagung« auf diese Neuordnung der Verwaltungsstruktur des Volksbüchereiwesens vorbereitet worden.[30]

Fortgesetzt wurde der damit eingeleitete Prozeß der Vereinheitlichung im Oktober 1937 durch den Erlaß von »Richtlinien für das Volksbüchereiwesen«.[31] Während für das Volksbüchereiwesen in den Großstädten von nun an die »Reichsstelle für das Volksbüchereiwesen« unmittelbar zuständig war,[32] wurden die öffentlichen Büchereien in Gemeinden von weniger als 500 Einwohnern bis zu 100000 Einwohnern von den Staatlichen Volksbüchereistellen betreut.[33] Sie sollten lenkenden Einfluß auf die Verwaltung, die Personalpolitik, den Bestandsaufbau, die Neuanschaffungen und die Katalogisierung der Büchereien nehmen.[34]

Das Reichserziehungsministerium verfügte damit über einen Instanzenzug, der völlig unabhängig vom Propagandaministerium operierte. Lediglich bei der »Säuberung« der Bibliotheken

[27] Schriewer war am 7. 5. 1935 Nachfolger Schusters als Leiter der »Preußischen Landesstelle für volkstümliches Büchereiwesen« geworden. Hinweis in Die Bücherei 2 (1935), S. 241. S. zu den Hintergründen dieses Revirements Boese, Das Öffentliche Bibliothekswesen im Dritten Reich, S. 60–62.

[28] Die Bücherei 4 (1937), S. 229.

[29] F. Schriewer, Die staatlichen Volksbüchereistellen im Aufbau des deutschen Volksbüchereiwesens, Leipzig 1938.

[30] S. dazu den ausführlichen Bericht und die Wiedergabe der Reden in Die Bücherei 2 (1935), S. 289–351.

[31] Abgedruckt in: Deutsche Wissenschaft, Erziehung und Volksbildung 3 (1937), S. 473–477, BArch Potsdam RD 39/1–3.

[32] Ebd., S. 476.

[33] Ebd., S. 474–476.

[34] Ebd., S. 475. Dort hieß es explizit: »(4) Die Volksbüchereistellen sollen den Ausbau des Volksbüchereiwesens fördern und es im nationalsozialistischen Sinne ausrichten«.

von sogenanntem »schädlichem und unerwünschtem Schrifttum« wurden die seit 1935 von der RSK, ab 1938 dann von der Schrifttumsabteilung des Propagandaministeriums geführten Indizierungslisten übernommen.[35] Auch die 1940 erstmals vom Propagandaministerium herausgegebene »Liste der für Jugendliche und Büchereien ungeeigneten Druckschriften« wurde vom Reichserziehungsministerium für die Volksbüchereien verbindlich gemacht.[36]

Die Neuanschaffungen wurden hingegen von den Staatlichen Volksbüchereistellen in eigener Regie gesteuert. Sie erarbeiteten für die Einrichtungen ihres Zuständigkeitsbereichs, der in der Regel ein Reichsland, in Preußen die Regierungsbezirke und Provinzen umfaßte,[37] verbindliche Anschaffungslisten.[38] Die »Reichsstelle für das Volksbüchereiwesen« gab 1936 im Auftrag des Reichserziehungsministeriums noch einmal gesonderte »Reichslisten« für Dorfbüchereien und kleinere städtische Büchereien heraus.[39] Bei der Erstellung dieser Auswahlverzeichnisse kooperierte die Reichsstelle für das Volksbüchereiwesen vor allem mit dem »Institut für Leser- und Schrifttumskunde« in Leipzig. Dessen Leiter wurde zu Beginn des Jahres 1938 auch

35 Die »Anordnung der Reichsschrifttumskammer über schädliches und unerwünschtes Schrifttum« vom 25. 4. 1935 wurde »auf Wunsch« des RSK-Präsidenten im Amtsblatt Deutsche Wissenschaft, Erziehung und Volksbildung 1 (1935), S. 205–206, veröffentlicht. BArch Potsdam RD 39/1–1. Zur Entstehung und Handhabung der »Anordnung« s. Kapitel III, Abschnitt B 2.1.1. dieser Arbeit.

36 »Runderlaß« des Reichserziehungsministeriums vom 17. 12. 1940, in: Deutsche Wissenschaft, Erziehung und Volksbildung 7 (1941), S. 6–7. BArch Potsdam RD 39/1–7.

37 Ein »Verzeichnis der Staatlichen Volksbüchereistellen« findet sich als Anlage 2 zu den »Richtlinien für das Volksbüchereiwesen«, hier S. 478–479. Ende 1938 belief sich ihre Zahl auf 43. Angabe bei Graf zu Rantzau, Reichsministerium für Wissenschaft, Erziehung und Volksbildung, S. 28.

38 Meine Angaben stützen sich auf das Fallbeispiel Thüringen. S. die Überlieferung zur dortigen Anschaffungspraxis der Landesstelle für Volksbüchereiwesen im HStA Weimar Thür. Min. f. Volksbildung/C 628 [Die »Goldene Liste« (Liste besonders empfehlenswerter Bücher), Bd. 1 1933–1939] und 629 [Thüringisches Büchereiwesen, Allgemeines, Bd. 2 1933–1949].

39 »Bericht« der Thüringischen Landesstelle für volkstümliches Büchereiwesen in Jena vom März 1937, HStA Weimar Thür. Min. f. Volksbildung/C 707 Bl. 11–12. S. im einzelnen Kapitel III, Abschnitt C 1.1. dieser Arbeit.

mit der Führung eines bei der »Reichsstelle für das Volksbüchereiwesen« eingerichteten »Arbeitsausschusses für Buchberichte und Besprechungswesen« betraut.[40]

Neben der fachlichen Ausrichtung der öffentlichen Büchereien war das Reichserziehungsministerium für die Ausbildung und politische Schulung des bibliothekarischen Nachwuchses zuständig.[41] Eine Aufgabe, die angesichts des immensen Ausbaus der Volksbüchereien – Ende 1938 bestanden davon rund 5000 und für jedes Jahr waren rund 1500 Neugründungen geplant[42] – eine große Bedeutung gewann.[43]

Bei der Betreuung der Schülerbüchereien, für die ebenfalls die Abteilung »Volksbüchereiwesen und Erwachsenenbildung« zuständig war, mußte sich das Ministerium stark auf die Mitarbeit parteiamtlicher Schrifttumsstellen stützen. Die »Säuberung« und der Neuaufbau der Bestände der Schulbüchereien erfolgte dabei zunächst in enger Abstimmung mit den Staatlichen Volksbüchereistellen und dem NS-Lehrerbund. Dessen Schrifttumsabteilung, die ein weitverzweigtes Netz von Lektoren in den einzelnen Gauen besaß,[44] gab dem Reichserziehungsministerium Auskünfte über die politische Zuverlässigkeit von Ver-

[40] Der Hinweis auf die Errichtung und die Satzung dieses Arbeitsausschusses in: Die Bücherei 5 (1938), S. 8–9.

[41] Das Reichserziehungsministerium selbst nahm zum einen Einfluß auf die Prüfungsordnungen, in denen neben fachlicher Qualifikation auch ein »Ariernachweis« (einschließlich der Ehepartner) und die Zugehörigkeit zur NSDAP oder einer ihrer Gliederungen vorausgesetzt wurden. Zum anderen steuerte es auch die Zulassung langjähriger nebenamtlicher Mitarbeiter von Volksbüchereieinrichtungen zur Ausbildung für den volksbibliothekarischen Dienst. S. den »Erlaß« vom 6. 5. 1935 betr. »Annahme von Anwärtern für die Ausbildung für den volksbibliothekarischen Dienst gemäß der Preußischen Bibliotheksprüfungsordnung vom 24. September 1930«, in: Deutsche Wissenschaft, Erziehung und Volksbildung 1 (1935), S. 205; sowie die »Bekanntmachung« zur »Prüfung für den Dienst an volkstümlichen Büchereien« vom 28. 6. 1938, in: ebd. 4 (1938), S. 332. BArch Potsdam RD 39/1–1 und 1–4.

[42] Zahlenangaben bei Graf zu Rantzau, Reichsministerium für Wissenschaft, Erziehung und Volksbildung, S. 28.

[43] »Amtliche Bekanntmachung betr. Bedarf an Volksbibliothekaren/innen« vom 11. 5. 1938, in: Die Bücherei 5 (1938), S. 367–368.

[44] Dazu im einzelnen Kapitel II, Abschnitt C 3.5. dieser Arbeit.

lagen,[45] führte eine Autorenkartei[46] und legte regelmäßig Gutachten zu deren Publikationen vor.[47] Sie dienten als Grundlage eines »Verzeichnis[ses] der zur Beschaffung für Schülerbüchereien (Lehrer- und Schülerbüchereien) geeigneten Bücher und Schriften«, das seit 1935 im Ministerialamtsblatt »Deutsche Wissenschaft, Erziehung und Volksbildung« veröffentlicht wurde.[48] Eine gesonderte »Grundliste« mit völkisch-nationaler und nationalsozialistischer Literatur erschien 1937 zum »Aufbau des Schülerbüchereiwesens an den Volksschulen«.[49] Auch die Überprüfung der pädagogischen Literatur und der Lehrmittel erfolgte über das Lektorat des NS-Lehrerbunds.[50] Seit dem Ende der dreißiger Jahre machte sich allerdings zunehmend die Parteiamtliche Prüfungskommission zum Schutze des NS-Schrifttums, die sich aus Legitimationsgründen immer wieder um neue Kompetenzen bemühen mußte,[51] auf diesem Arbeitsfeld breit.

Am 14. 7. 1937 hatten Bouhler und Rust ein »Arbeitsabkommen« geschlossen.[52] Darin war die Errichtung eines gemeinsamen »Arbeitskreises« und eines Lektorats beschlossen worden, die für Fragen der gesamten wissenschaftlichen, erzieherischen und volksbildnerischen Literatur zuständig sein sollten. Durch einen »Erlaß« vom 20. 10. 1939 erklärte sich Rust auch zur

[45] S. BArch Potsdam NS 12/252, in dem Gutachten zu verschiedenen Verlagen pädagogischer Literatur für die Jahre 1935 bis 1937 zusammengestellt sind.

[46] S. den Schriftwechsel betr. Autorenkartei (1936–1938), BArch Potsdam NS 12/253–254.

[47] Mehr als 10000 solcher Gutachten finden sich in BArch Potsdam NS 12/231–251.

[48] Vgl. die Jahresbände in BArch Potsdam RD 39/1–1 (1935) bis /1–10 (1944) passim. Die Neuanschaffungen und der Aufbau der Schülerbüchereien sollte dann von den Staatlichen Landes(beratungs)stellen für das Volksbüchereiwesen mitbetrieben werden. Dazu F. Schriewer, Das Schülerbüchereiwesen, in: Die Bücherei 2 (1935), S. 350–351.

[49] Der »Ministerialerlaß« und die erste »Grundliste für Schülerbüchereien der Volksschulen« sind abgedruckt in Deutsche Wissenschaft, Erziehung und Volksbildung 3 (1937), S. 48–53. BArch Potsdam RD 39/1–3.

[50] S. die Vorgutachten zu pädagogischem Schrifttum und Lehrmitteln in BArch Potsdam NS 12/206–230 sowie die Endgutachten ebd. 231–251.

[51] Dazu im einzelnen Kapitel II, Abschnitt C 2.2. dieser Arbeit.

[52] Mitteilung über das Arbeitsabkommen im Bbl. 104. Jg., Redaktioneller Teil, Nr. 162 vom 17. 7. 1937, S. 602–603: »Politische Ausrichtung des wissenschaftlichen Schrifttums«.

Überprüfung von Dissertationen und Habilitationen, insofern sie »Fragen des Nationalsozialismus« betrafen, durch die PPK vor der Drucklegung bereit.[53] Noch im gleichen Jahr begann Bouhler zusätzlich die Überprüfung der Schul- und Unterrichtsliteratur an sich zu ziehen. Obwohl das Reichserziehungsministerium seit 1935 neue Volksschullesebücher herausgegeben hatte und sich seit 1938 um neue Lesebücher für alle Fächer der höheren Schulen bemühte,[54] war es bis zum Kriegsbeginn noch zu keiner einheitlichen Lösung der Schulbuchfrage gekommen. So wurden zwar alle nach dem Juli 1938 erschienenen oder neu aufgelegten Klassenlesestoffe und Lehrmittel der höheren Schulen von einer im August 1938 errichteten »Reichsprüfstelle« zensiert und nach ihrer Zulassung im Ministerialblatt veröffentlicht.[55] Doch mußte die Verwendung der Klassenlesestoffe, die vor diesem Zeitpunkt erschienen waren, wohl aus arbeitstechnischen Gründen ins Ermessen der Schulleiter gestellt werden.[56]

1940 wurde Hitler »von beachtenswerter Seite« darüber informiert, »daß noch heute an den Schulen fast restlos Lehrbücher verwendet werden, die längst vor der Machtübernahme verfaßt worden seien; in allen Teilen des Reiches seien Klagen

[53] Die diesbezügliche Notiz der Deutschen Allgemeinen Zeitung vom 10. 11. 1939 wird zitiert in einem Schreiben Rosenbergs an Rust vom 13. 11. 1939, BArch Potsdam NS/8 170 Bl. 30–34, hier Bl. 30–31. S. dazu auch die Akten-Notiz von Prof. Baeumler für Stabsleiter Urban vom 29. 12. 1939, BArch Potsdam NS 15/107.

[54] »Runderlaß« betr. »Einführung des Lesebuchs für das zweite Schuljahr« vom 20. 5. 1936, in: Deutsche Wissenschaft, Erziehung und Volksbildung 2 (1936), S. 278; »Runderlaß« betr. »Deutschlehrbücher für Höhere Schulen« (6.-8. Klasse) vom 15. 12. 1939, in: ebd. 6 (1940), S. 53–56.

[55] Zur Errichtung und Aufgabenstellung der »Reichsprüfstelle für Klassenlesestoffe und Lehrmittel der höheren Schule« s. den »Erlaß« Rusts vom 17. 8. 1938, veröffentlicht in: Bbl. 106. Jg., Redaktioneller Teil, Nr. 213 vom 13. 9. 1938, S. 713–714. Das »Verzeichnis der als Klassenlesestoffe bzw. zur Beschaffung für Arbeitsbüchereien der Höheren Schule zugelassenen Schriften« wurde ab Jg. 5 (1939) fortlaufend in »Deutsche Wissenschaft, Erziehung und Volksbildung« veröffentlicht. BArch Potsdam RD 39/1–5ff.

[56] S. den »aus gegebener Veranlassung« erneuerten Hinweis des Reichserziehungsministeriums auf seine Erlasse zur Überprüfung der Klassenlesestoffe und Lehrmittel an höheren Schulen vom 17. 8. und 20. 12. 1938, in: Deutsche Wissenschaft, Erziehung und Volksbildung 5 (1939), S. 354–355. BArch Potsdam RD 39/1–5.

über die veralteten Schulbücher laut geworden, die durch ihren überholten Lehrstoff sich nicht im Sinne der nationalsozialistischen Weltanschauung auswirkten und daher schädlich seien«.[57] Hinter dieser diskret verpackten Denunziation stand niemand anderes als das Propagandaministerium, das dem Erziehungsministerium eine Lektion auf dem Gebiet der Literaturpolitik erteilen wollte. In der Geheimen Ministerkonferenz vom 7. 8. 1940 war nämlich »wieder einmal das gänzliche Fehlen geeigneter Lehrbücher für die deutsche Geschichte« zur Sprache gebracht worden.[58] Leopold Gutterer, der ambitionierte Verwaltungsdirektor des Propagandaministeriums, hatte in diesem Zusammenhang über die »völlig aussichtslosen Versuche« berichtet, »beim Erziehungsministerium eine Wandlung des jetzigen unmöglichen Zustandes zu erreichen«. Gutterer war daraufhin von Goebbels mit der Erarbeitung einer »Denkschrift« beauftragt worden, die einen »Überblick über völlig veraltete Lehrbücher« geben und »ganz sachlich« die Fehler darstellen sollte, »die nicht länger geduldet werden dürfen«. Die hierfür benötigten Unterlagen sollte sich Gutterer über die Reichspropagandaämter besorgen.

Die Initiative des Propagandaministeriums verfehlte ihre Wirkung bei Hitler nicht. Sie führte jedoch zu einem von Goebbels wohl kaum beabsichtigten und erwarteten Ergebnis. Denn nicht seinem Ministerium, sondern der Bouhler-Kommission wurde vom »Führer« spontan die Aufgabe übertragen, zusammen mit dem NS-Lehrerbund »beschleunigt für die Abfassung von Schulbüchern, die den nationalsozialistischen Anforderungen entsprechen«, zu sorgen.[59] Der eigentlich zuständige Reichserziehungsminister, der mittlerweile innerhalb der NS-Führungsschicht isoliert und auch bei Hitler in Ungnade gefallen war,[60] wurde dagegen »für die Dauer von zehn Jahren« von der Verantwortung für diesen Arbeitsbereich entbunden.[61]

Rust mußte nun zusehen, wie die von der PPK aufgebaute

[57] Abschrift eines Schreibens des Reichsministers und Chefs der Reichskanzlei an den Chef der Kanzlei des Führers der NSDAP vom 2. 10. 1940, BArch Potsdam NS 15/107.

[58] Protokoll der »Ministerkonferenz« bei Boelcke (Hg.), Kriegspropaganda 1939–1941, S. 449 (Pkt. 7). Zum folgenden s. ebd.

[59] Schreiben von Lammers an Bouhler, BArch Potsdam NS 15/107.

[60] S. dazu Eilers, Die nationalsozialistische Schulpolitik, S. 112–114.

[61] Schreiben von Lammers an Bouhler, BArch Potsdam NS 15/107.

»Reichsstelle für das Schul- und Unterrichtsschrifttum« die Überprüfung, Korrektur und Neuschaffung von Lernbüchern, Lesestoffen und pädagogischer Literatur an seinem Ministerium vorbei betrieb.[62] Mit zunehmender Verknappung der Papiermengen begann sich die »Reichsstelle« sogar unmittelbar in die Herstellung und den Vertrieb der Schulbücher einzuschalten.[63] 1941 führte sie in Zusammenarbeit mit dem NS-Lehrerbund zudem noch eine Sichtung der Schüler- und Lehrerbüchereien durch, wobei nicht weniger als 750000 Bände – überwiegend aus »weltanschaulichen Gründen« – ausgesondert wurden.[64]

Die Angelegenheiten der Staats- und Hochschulbibliotheken, einschließlich der Personalien der Beamten, beamteten und nichtbeamteten Hilfskräfte, der Reichstauschstelle und des Buchbeschaffungsamtes, der deutschen Wissenschaftsliteratur im Ausland sowie des wissenschaftlichen Büchereiwesens im In- und Ausland wurden seit Februar 1935 im »Amt für Wissenschaft« bearbeitet.[65] Der für die »Arbeitsgliederung« W 5

[62] Praktisch durfte das Ministerium nur noch die von der »Reichsstelle für das Schul- und Unterrichtsschrifttum« überprüften Verzeichnisse der Klassenlesestoffe in seinem Ministerialamtsblatt veröffentlichen. S. etwa den »Runderlaß« vom 16. 12. 1943 betr. »Klassenlesestoffe für den Deutschunterricht an Höheren Schulen«, in: Deutsche Wissenschaft, Erziehung und Volksbildung 10 (1944), S. 7–10. Die Einwände Rusts gegen diesen Einbruch in seine Ressortzuständigkeit wurden von Hitler ignoriert. S. das Schreiben des stellvertretenden PPK-Vorsitzenden Hederich an Rosenberg vom 24. 12. 1940, S. 2, BArch Potsdam NS 15/107. Zu Aufbau und Tätigkeit der »Reichsstelle für das Schul- und Unterrichtsschrifttum« s. die ausführliche Darstellung der PPK, die Bouhler dem Chef der Partei-Kanzlei der NSDAP, Martin Bormann, am 14. 5. 1942 auf dessen Anfrage hin zusandte, BArch Potsdam R 43 II/585 Bl. 36–59, hier Bl. 53–54.

[63] Bouhler an Bormann vom 14. 5. 1942, hier Bl. 54.

[64] Ebd. Mit einem »Runderlaß« vom 30. 6. 1944 mußte das Reichserziehungsministerium – »im Einvernehmen« mit der PPK – ein revidiertes »Verzeichnis der zur Beschaffung für Schülerbüchereien (Lehrer- und Schülerbüchereien) geeigneten Bücher und Schriften« herausgeben. Deutsche Wissenschaft, Erziehung und Volksbildung 10 (1944), S. 177–181, BArch Potsdam RD 39/1–10.

[65] Geschäftsverteilungsplan des Amtes Wissenschaft vom 21. 1. 1937, BArch Potsdam R 21/1 Bl. 14ff., hier Bl. 41. Zu den Aufgaben des Amtes für Wissenschaft s. Graf zu Rantzau, Das Reichsministerium für Wissenschaft, Erziehung und Volksbildung, S. 6–11.

zuständige Referent war Dr. Rudolf Kummer.[66] Der ehemalige Bibliothekar an der Bayerischen Staatsbibliothek in München hatte sich durch seine diversen Aktivitäten für die Reichsstelle zur Förderung des deutschen Schrifttums, für die Abteilung Volksbildung in der Reichspropagandaleitung sowie für den Stab Stellvertreter des Führers empfohlen.[67]

Auf eine Anregung Kummers ging die am 1. 12. 1936 von Rust verfügte Einsetzung des »Reichsbeirats für Bibliotheksangelegenheiten« zurück.[68] Das aus einem »Preußischen Beirat« hervorgegangene Beratungsgremium[69] sollte die ministeriellen Gesetze und Verwaltungsvorschriften mit Gutachten vorbereiten, das Ausbildungs- und Prüfungswesen für den wissenschaftlichen und mittleren Bibliotheksdienst im Reichsgebiet leiten sowie die internationalen Kontakte der wissenschaftlichen Bibliotheken koordinieren.[70] Während des Krieges übertrug Rust dem »Reichsbeirat« auch die Aufgabe, zusammen mit der »Reichstauschstelle« unter Leitung von Dr. Adolf Jürgens für den Neuaufbau der durch Luftangriffe zerstörten Bibliotheken zu sorgen.[71] Vorsitzender des Gremiums wurde der Generaldirektor der Preußischen Staatsbibliothek, Hugo Andres Krüß, dessen Arbeit durch fünf von Rust ausgewählte Biblio-

[66] Rudolf Kummer (1896–?): Studium von Jura, Volkswirtschaft und Orientalistik; 1921 Dr. phil.; 1922 zunächst Referendar, ab 1. 11. 1923 Staatsbibliothekar an der Bayerischen Staatsbibliothek in München; NSDAP-Mitglied und SS-Angehöriger seit 1. 11. 1931. BDC/Masterfile/SS/Research/Kummer, R. Ergänzend dazu die Angaben bei Happel, Das wissenschaftliche Bibliothekswesen im Nationalsozialismus, S. 45–47.

[67] S. Kummers »Lebenslauf« (o. D., 1935), BDC/Research/Kummer, R.

[68] In einer kleinen »Denkschrift über die Neuorganisation des Deutschen Wissenschaftlichen Büchereiwesens«, die er am 22. 1. 1935 an Ministerialdirektor Dr. Vahlen vom REM schickte, hatte Kummer mit Nachdruck die Bildung eines »Reichsausschusses des Deutschen Bibliothekswesens« gefordert. BDC/Research/Kummer, R. S. auch Kapitel III, Abschnitt C 3.1.

[69] H. A. Krüß, Fünfundzwanzig Jahre Preußischer Beirat für Bibliotheksangelegenheiten, in: ZfB 50 (1933), S. 18–21.

[70] »Bekanntmachung« Rusts vom 7. 12. 1936, in: Deutsche Wissenschaft, Erziehung und Volksbildung 2 (1936), S. 532–533. BArch Potsdam RD 39/1–2.

[71] »Runderlaß« des REM vom 13. 8. 1943, in: Deutsche Wissenschaft, Erziehung und Volksbildung 9 (1943), S. 266. Die seit 1934 dem REM unterstehende »Reichstauschstelle« war primär für die technische Abwicklung der Bibliotheksbeziehungen zum Ausland (insbesondere Buchtausch im Zusammenhang mit Kulturabkommen) zuständig.

theksfachleute unterstützt wurde.[72] Der Reichserziehungsminister selbst ließ sich durch einen »ständigen Kommissar« vertreten.[73]

Ebenso wie das öffentliche Büchereiwesen wurden auch die wissenschaftlichen Bibliotheken einer gezielten Politisierung unterzogen. Sie mußten Konzessionen in der Personal- und Bestandspolitik sowie bei der Ausbildung des Nachwuchses machen.[74] Doch blieben die wissenschaftlichen Bibliotheken von der studentischen »Aktion wider den undeutschen Geist« des Jahres 1933 und von allen weiteren Säuberungswellen, die bis 1945 im Buchhandel und in den öffentlichen Büchereien durchgeführt wurden, verschont.[75] Verbotsliteratur, die in den Beständen vorhanden war oder aus aufgelösten Gewerkschafts- und Parteibüchereien, aus Volksbüchereien und aus jüdischen Privatbibliotheken übernommen wurde, mußten nur »sekretiert« und für die »wissenschaftliche« Benutzung bereitgehalten werden.[76]

Die Ausrichtung der Rustschen Büchereipolitik an nationalsozialistischen Grundsätzen kam vor allem im Auf- und Ausbau des Volksbüchereiwesens zum Ausdruck. Sie sollten, wie es der zuständige Sachbearbeiter metaphernreich ausdrückte, »keine pädagogische Autonomie« mehr besitzen und nicht länger ein »unverbindlicher Rendezvousplatz des Geistes« sein, sondern eine »Waffe im völkischen Lebenskampf«.[77] Auch der Aufbau der Büchereien in den 1934 eingeführten »Landjahrlagern« vollzog sich unter ideologischen Prämissen.[78] Grenzbü-

[72] »Bekanntmachung« vom 7. 12. 1936.

[73] Ebd.

[74] S. im einzelnen Kapitel III, Abschnitt C 3.1.

[75] Dazu die Fallstudie von H. F. Leonhard, Vom lebendigen zum deutschen Geist – Aussonderung und Separierung von Büchern in Heidelberger Bibliotheken unter dem Nationalsozialismus, in: ders. (Hg.), Bücherverbrennung, Zensur, Verbot, Vernichtung unter dem Nationalsozialismus in Heidelberg, S. 101–133. Der Autor hat durch eine Auswertung des Archivs der Heidelberger Universitätsbibliothek die unterschiedliche Behandlung der Volksbüchereien und der wissenschaftlichen Bibliotheken in bezug auf die Verbotsliteratur nachweisen können.

[76] Dazu Kapitel III, Abschnitt C 3.2.

[77] H. Dähnhardt, Weg und Ziel deutscher Volksbüchereiarbeit, in: Die Bücherei 4 (1937), S. 1–5, hier S. 2.

[78] Zur ideologischen Konzeption und zur Praxis des Landjahrs s. Graf zu

chereien, Krankenhaus- und Lazarettbüchereien waren weitere Objekte, mit denen sich das Reichserziehungsministerium zu profilieren versuchte.[79] Im Gegenzug war das Ministerium darum bemüht, die Tätigkeit und den Einfluß der konfessionellen Büchereien zu begrenzen.[80]

Aufgrund seiner schwachen Stellung innerhalb der Führungsschicht des NS-Staates und zur Absicherung seiner Kompetenzen gegenüber Goebbels suchte Rust in seiner Büchereipolitik immer wieder die Zusammenarbeit mit Parteidienststellen. So wurde der Ministeriumsreferent Kummer am 9. 3. 1935 von Alfred Rosenberg zum Leiter der »Abteilung Büchereiwesen« in der Schrifttumsstelle seines »Reichsüberwachungsamtes« ernannt.[81] Kummer verfügte außerdem über gute Kontakte zum SD und zur PPK.[82] 1937 wurde Oskar Schmeller, bislang Geschäftsführer der »Reichsstelle zur Förderung des deutschen Schrifttums«, stellvertretender Leiter der »Reichsstelle für das Volksbüchereiwesen«.[83] Der Ausbau der Jugendbüchereien wurde in enger Abstimmung mit der Reichsjugendführung und den Gaustellen der Hitler-Jugend vollzogen.[84] Das von der DAF unterhaltene »Amt Deutsches Volksbildungswerk« konnte die vom Reichserziehungsministerium 1938 herausgegebenen »Richtlinien für die Erwachsenenbildung« zur Verdrängung der vom »Reichswerk ›Buch

Rantzau, Reichsministerium für Wissenschaft, Erziehung und Volksbildung, S. 34–41. Zum Aufbau der Büchereien in den Landjahrlagern s. den Erlaß des REM vom 14. 5. 1936, in: Deutsche Wissenschaft, Erziehung und Volksbildung 2 (1936), S. 286–287.

[79] Dazu Kapitel III, Abschnitte C 1.2. und 2.

[80] S. dazu Kapitel III, Abschnitt C 7.

[81] »Lebenslauf« Kummers, o.D. (ca. 1936/37), BDC/SS/Kummer, R. Dieser Vorgang war vom Leiter der Schrifttumsabteilung im RMVP mit großem Argwohn registriert worden. Vgl. die Nachricht Wismanns an Schmidt-Leonhardt vom 12. 3. 1935, BArch Potsdam R 56 V/166 Bl. 20–21.

[82] Angaben im Personal-Bericht des SD-Hauptamtes [o.D., ca. 1938] und im Lebenslauf Kummers [o.D., Januar 1935], BDC/SS/Research/Kummer, R.

[83] S. die Nachricht »Reichsstelle für volkstümliches Büchereiwesen«, in: Die Bücherei 4 (1937), S. 229.

[84] Graf zu Rantzau, Reichsministerium für Wissenschaft, Erziehung und Volksbildung, S. 28.

und Volk‹« in der RSK betreuten Veranstalter von Dichterlesungen benutzen.[85]

[85] »Gedanken über das Dichterlesungswerk der Abteilung Schrifttum im Reichsministerium für Volksaufklärung und Propaganda« (5 S.), die von ORR Schlecht am 19. 3. 1940 Walter Tießler, dem Leiter des »Reichsrings für nationalsozialistische Propaganda und Volksaufklärung« in der Reichspropagandaleitung, vorgelegt wurden, BArch Potsdam NS 18/702.

B. Die Etablierung der Geheimen Staatspolizei und des Sicherheitsdienstes der NSDAP als literaturpolitische Kontrollstellen

1. Die rechtlichen Grundlagen, der organisatorische Aufbau und die Betätigung der Gestapo auf dem Gebiet der Literaturpolitik

In der »Verordnung des Reichspräsidenten zum Schutze des deutschen Volkes« vom 4. 2. 1933 war den »Druckschriften« ein ausführlicher Abschnitt gewidmet.[1] Das war zunächst nichts Ungewöhnliches, denn schon seit Beginn des Präsidialkabinetts Brüning im März 1930 war es des öfteren zu Presseverboten gekommen. Die Notverordnung Hindenburgs vom 4. 2. 1933 betraf allerdings nicht mehr nur »periodische Druckschriften«, sondern sämtliche »Druckschriften, deren Inhalt geeignet ist, die öffentliche Sicherheit oder Ordnung zu gefährden« (§ 7).[2] War dieses außerordentlich dehnbare Kriterium erfüllt, so konnten die Ortspolizeibehörden – unabhängig oder auf Weisung der obersten Landesbehörden – eine Druckschrift beschlagnahmen und einziehen.

Die »Verordnung des Reichspräsidenten zum Schutz von Volk und Staat« vom 28. 2. 1933 verschärfte die Bestimmungen zum einen durch die Aufhebung von Artikel 118 der Weimarer Reichsverfassung, in der das Recht der freien Meinungsäußerung durch »Wort, Schrift, Druck, Bild oder in sonstiger Weise« garantiert worden war (§ 1).[3] Zum anderen sollte die Reichsregierung das Recht erhalten, die Befugnisse der obersten Landesbehörde »vorübergehend« wahrzunehmen, falls in einem Land »die zur Wiederherstellung der öffentlichen Sicherheit und Ordnung nötigen Maßnahmen nicht getroffen« wurden (§ 2). Eine Regelung, die insbesondere die Position des Reichsinnenministeriums gegenüber den noch nicht von den

[1] RGBL/Teil I Nr. 8 vom 6. 2. 1933, S. 35–40.
[2] Ebd., S. 36.
[3] RGBL/Teil I Nr. 17 vom 28. 2. 1933, S. 83.

Nationalsozialisten beherrschten Ländern zu stärken vermochte.

Diese Gesetzesgrundlagen waren der Ausgangspunkt für den Aufbau einer literaturpolitischen Kontrollfunktion der Politischen Polizei in den Ländern. Dabei kam der Entwicklung in Preußen zentrale Bedeutung zu. Hier wurde noch im Februar 1933 die Politische Abteilung Ia aus dem Polizeipräsidium Berlin herausgelöst.[4] Durch ein Gesetz vom 26. 4. 1933 wurde dann das Geheime Staatspolizeiamt eingerichtet, das die bisherigen politisch-polizeilichen Funktionen des Landeskriminalpolizeiamtes übernahm.[5] Das zunächst noch dem preußischen Innenministerium unterstehende Gestapa erhielt in den preußischen Regierungsbezirken »Staatspolizeistellen« als nachgeordnete Ausführungsorgane.[6] Im ersten Geschäftsverteilungsplan des Gestapa (gültig ab 19. 6. 1933) war das Dezernat II »Pressepolizei« für »Verbote und Beschlagnahmungen« von Druckschriften sowie die »Verwertung beschlagnahmten Eigentums« zuständig.[7] Zu jenem Zeitpunkt war das Gestapa noch keine »spezifisch nationalsozialistische Behörde«,[8] was vor allem darauf zurückzuführen war, daß sich die 34 Mitarbeiter des neuen Amtes vorwiegend aus der alten Politischen Abteilung des Berliner Polizeipräsidiums rekrutierten.

Das sollte sich grundsätzlich ändern, nachdem Göring, der mit einem Gesetz vom 30. 11. 1933 die Gestapo aus dem preußischen Innenministerium herausgelöst und sich selbst unterstellt hatte, am 20. 4. 1934 den Reichsführer-SS Heinrich Himmler zum stellvertretenden Leiter der Preußischen Gestapo ernannte.[9] Zuvor war es Himmler gelungen, in allen anderen Ländern des Deutschen Reiches zum Kommandeur der

[4] Hierzu H. Buchheim/M. Broszat/H.-A. Jacobsen/H. Krausnick, Anatomie des SS-Staates, Bd. 1: H. Buchheim, Die SS – das Herrschaftsinstrument, München 1967, S. 35–36; sowie Ch. Graf, Politische Polizei zwischen Demokratie und Diktatur, Berlin 1983. Im April 1933 wurde die Politische Polizei in der Prinz-Albrecht-Straße 8 untergebracht und damit auch räumlich von der allgemeinen Polizei getrennt.

[5] S. im einzelnen ebd., S. 36–37.

[6] Ebd., S. 37.

[7] BArch Potsdam R 58/840 Bl. 2–6, hier Bl. 4.

[8] So die Einschätzung von S. Aronson, Reinhard Heydrich und die Frühgeschichte von Gestapo und SD, Stuttgart 1971, S. 182.

[9] S. im einzelnen ebd., S. 187–190.

Politischen Polizei ernannt zu werden.[10] Am 22. 4. 1933 setzte er Reinhard Heydrich als Chef des Gestapa in Berlin ein.

Im Geschäftsverteilungsplan des Amtes vom 25. 10. 1934 war die nun für Presseangelegenheiten zuständige »Unterabteilung II 2« personell neu besetzt und aufgabenmäßig präziser gegliedert.[11] Das Dezernat II 2 A 1 war im Rahmen der Wahrnehmung der »Pressepolizei« u.a. für die Durchführung des Reichskulturkammergesetzes zuständig.[12] Über das Dezernat II 2 A 2 wurden zum einen die »pressepolizeiliche Behandlung und Auswertung der Inlandspresse und der inländischen Druckschriften«, also die Verbots- und Beschlagnahmevorgänge, zum anderen die »Überwachung der inländischen Journalisten, Schriftleiter und Verleger« abgewickelt.[13]

Am Geschäftsverteilungsplan des Gestapa vom 1. 10. 1935 wird der weitere Differenzierungsprozeß der »Unterabteilung II 2« deutlich.[14] Neben Referaten für »Inlandspresse und Inlandsschrifttum« (II 2 B), für »Inländische Korrespondenzen, Schriftleiter, Schriftsteller und Berichterstatter« (II 2 D) sowie für »Auslandspresse und Auslandsschrifttum« (II 2 E) gab es nun noch spezielle Referate für die »Kirchlich-konfessionelle Presse« (II 2 C) und für die »Emigrantenpresse« (II 2 G). Zudem unterhielt die Unterabteilung eine Bücherei und ein eigenes »Lektorat der pressepolizeilich zu bearbeitenden Bücher« (II 2 J). In die seit 1934 von Regierungsrat Dr. Hermann Gotthardt geleitete und bislang von reinen Verwaltungsjuristen beherrschte Abteilung war im April 1935 mit Dr. Fritz Rang auch ein erster SS-Angehöriger aus dem SD übernommen worden.[15]

Die Ernennung Himmlers zum »Chef der deutschen Polizei im Reichsministerium des Innern« am 17. 6. 1936 sanktionierte

[10] Vgl. die Übersicht bei Buchheim, Die SS, S. 37–42.

[11] BArch Potsdam R 58/840 Bl. 24–50, hier Bl. 43–44.

[12] Ebd., Bl. 43.

[13] Ebd., Bl. 44.

[14] BArch Potsdam R 58/840 Bl. 60–74, hier Bl. 69–70.

[15] BDC/SS/Rang, F.(1899–?): Diplomlandwirt; 1919–1920 im Freikorps Epp, 1923–1925 im Stahlhelm; 1929-April 1933 landwirtschaftlicher Fachlehrer in Hildesheim und Oldenburg; anschließend Geschäftsführer und Pressereferent des landwirtschaftlichen Gaufachberaters Weser-Ems, ab August 1933 Stabsleiter und Leiter der Presseabteilung der Landesbauernschaft Oldenburg-Bremen; am 10. 1. 1934 Leiter der Presseabteilung des SD-Amtes; NSDAP-Mitglied seit 1. 10. 1932, SS-Mitglied seit 28. 4. 1933. Zur Biographie von H. Gotthardt s. Graf, Politische Polizei, S. 346–347.

die de facto bereits bestehende Vereinheitlichung der deutschen Polizei.[16] Ab 1. 10. 1936 wurde für die Politischen Polizeien in den Ländern die einheitliche Bezeichnung »Geheime Staatspolizei« eingeführt.[17] Während in Preußen weiterhin das Gestapa als Landeszentralbehörde der Gestapo fungierte, führte diese in den übrigen Ländern zukünftig die Bezeichnung »Staatspolizeileitstelle« oder »Staatspolizeistelle«.[18] Obwohl diese Behörden der politischen Polizei weiterhin formal dem Weisungsrecht der Landesregierungen unterworfen waren, rückten sie doch allmählich in die Funktion einer Mittelinstanz.

So wurde dem Gestapa in Berlin zunächst für Preußen (10. 2. 1936), Sachsen (10. 4. 1937) und Bayern (15. 7. 1937), am 15. 2. 1938 dann auch in allen übrigen Ländern eine unmittelbare Weisungsbefugnis gegenüber den Staatspolizei(leit)stellen zugesprochen.[19] Diese wiederum konnten bei der Erledigung ihrer Arbeiten über die Kreis- und Ortspolizeibehörden beziehungsweise die Landräte in den Landkreisen verfügen.[20] Damit war ein Instanzenzug geschaffen, der der Gestapo die Wahrnehmung sicherheitspolizeilicher Aufgaben im Auftrag sowohl der staatlichen Verwaltung auf Reichs- oder Landesebene als auch

[16] Dazu im einzelnen Buchheim, Die SS, S. 49–59.

[17] »Runderlaß« des RF-SS und Chefs der deutschen Polizei im Reichsministerium des Innern, veröffentlicht im Ministerialblatt des Reichs- und Preußischen Ministerium des Innern Nr. 44 vom 14. 10. 1936, S. 1344–1346.

[18] »Staatspolizeileitstellen« befanden sich in Karlsruhe (für Baden), München (für Bayern), Stuttgart (für Württemberg) und Dresden (für Sachsen). »Staatspolizeistellen« gab es in Dessau (für Anhalt), Braunschweig, Bremen, Hamburg, Darmstadt (für Hessen), Lübeck, Schwerin (für Mecklenburg), Oldenburg, Weimar (für Thüringen). Preußen verfügte aufgrund des preußischen Gesetzes über die Geheime Staatspolizei vom 10. 2. 1936 auch noch über eine Reihe von »Staatspolizeistellen«; ebenso Bayern (in Nürnberg, Augsburg, Regensburg, Würzburg, Speyer) und Sachsen (in Leipzig, Chemnitz, Zwickau, Plauen). S. ebd., S. 1344–1345.

[19] Schreiben des RF-SS und Chefs der deutschen Polizei im Reichsministerium des Innern (gez. Heydrich) an das Thüringische Ministerium des Innern vom 22. 9. 1937, HStA Weimar Thür. Min. d. Innern/P 5 Bl. 3 (S. 1–2); sowie den »Runderlaß« des RF-SS und Chefs der deutschen Polizei im Reichsministerium des Innern vom 15. 2. 1938 betr. die Organisation der Gestapo in Anhalt, Baden, Braunschweig, Bremen, Hamburg, Hessen, Oldenburg, Saarland, Thüringen und Württemberg, veröffentlicht im Ministerialblatt des Reichs- und Preußischen Ministerium des Innern Nr. 8 vom 23. 2. 1938, S. 285.

[20] Ebd.

der Einzelkammern der Reichskulturkammer bis hinunter in die kleinste Region ermöglichte. Von den Stapo(leit)stellen in den Ländern wurde ab 1938 der Aufbau der Geschäftsverteilung des Gestapa in verkleinerter Form übernommen, so daß es hier ein analoges Referat für »Inlandspresse und Schrifttum« gab.[21]

Die Bearbeitung der »Presseangelegenheiten« im Gestapa wurde in der Folgezeit gestrafft. Ab 1938 bestand das »Referat II P« nur noch aus drei »Sachgebieten«.[22] Das »Sachgebiet II P 1« unter Leitung von Dr. Wilhelm Altenloh[23] war u.a. für das Inlandsschrifttum, die Liste des schädlichen und unerwünschten Schrifttums, die Überwachung von Schriftstellern, Verlegern und Buchhändlern zuständig. In dem von Dr. Fritz Rang geleiteten »Sachgebiet II P 2« wurde das Auslands- und Emigrantenschrifttum« und im »Sachgebiet II P 3«, dem ein Regierungs-Assessor Dr. Hammer vorstand, die kirchliche und konfessionelle Presse sowie das »Sekten-Schrifttum« bearbeitet. 1939 waren in der Abteilung nur noch Angehörige der SS beschäftigt.[24] Eine Tatsache, die nicht nur den zentralen Einfluß Himmlers und Heydrichs auf die Personalpolitik des Gestapa belegt, sondern auch auf eine verschärfte Politisierung der »Schrifttumsarbeit« schließen läßt. Nach der Errichtung des Reichssicherheitshauptamtes am 27. 9. 1939 wurde die gesamte Abteilung II des Gestapa in das Amt IV überführt.[25] Hier stand die »Gruppe IV C« nun unter Leitung Fritz Rangs. Die »Ange-

[21] S. etwa den »Organisations- und Geschäftsverteilungsplan der Staatspolizeistelle Düsseldorf« vom 1. 1. 1938, HStA Düsseldorf RW 36/3 Bl. 2–10, hier Bl. 10.

[22] »Geschäftsverteilungsplan des Geheimen Staatspolizeiamtes« vom 1. 1. 1938, BArch Potsdam R 58/840 Bl. 152–163, hier Bl. 163, und vom 12. 1. 1939, BArch Potsdam R 58/840 Bl. 164–166, hier Bl. 166.

[23] BDC/SS/Altenloh, W. (1908–?): Jurastudium in Heidelberg, München und Bonn; Referendarexamen 1930, Dr. jur. 1931; ab 25. 11. 1934 Gerichtsassessor, ab 14. 2. 1935 im Gestapa beschäftigt; NSDAP-Mitglied seit 1. 5. 1933, SA-Angehöriger vom 1. 4. 1933 bis 1. 3. 1935, SS-Angehöriger seit 14. 9. 1935; ab 9. 11. 1938 Führer im SD-Hauptamt.

[24] Im »Geschäftsverteilungsplan des Geheimen Staatspolizeiamtes« vom 1. 7. 1939, BArch Potsdam R 58/840 Bl. 186–204, hier Bl. 196, sind sämtliche Mitarbeiter des Sachgebiets II P mit ihren SS-Rängen angegeben.

[25] »Geschäftsverteilunsplan« des RSHA (Stand: Oktober 1939/September 1940), BArch Potsdam R 58/840 Bl. 169. Zur Errichtung, Gliederung und Entwicklung des RSHA s. im einzelnen Buchheim, Die SS, S. 66–83.

legenheiten der Presse und des Schrifttums« wurden von Ernst Hermann Jahr, einem promovierten Verwaltungsjuristen, der seit September 1937 im Gestapa beschäftigt war, bearbeitet.[26]

Die Rolle der Gestapo als literaturpolitische Kontrollinstanz kam zunächst bei der Beschlagnahmung von Büchern zum Tragen. Sie wurde noch bis 1945 auf der Grundlage der Notverordnungen des Reichspräsidenten vom 4. und 28. 2. 1933 durchgeführt.[27] Das Vorgehen gegen kommunistische und sozialdemokratische Verlage, Buchhandlungen und Buchgemeinschaften konnte zudem unter Bezugnahme auf das »Gesetz über die Einziehung kommunistischen Vermögens«[28] und das »Gesetz über die Einziehung volks- und staatsfeindlichen Vermögens«[29] erfolgen, die am 26. 5. beziehungsweise 14. 7. 1933 von Hitler und Frick erlassen worden waren. Während die Gestapo hierbei im Auftrag der Länder, nach 1936 dann im wesentlichen auf Anweisung des »Reichsführers SS und Chefs der deutschen Polizei im Reichsministerium des Innern« operierte, waren die Polizeibehörden durch § 29 der ersten Durchführungsverordnung zum Reichskulturkammer-Gesetz auch zu Vollzugsorganen der Einzelkammern gemacht worden.

Das Gestapa und die Stapo(leit)stellen gaben auf Antrag etwa der RSK allgemeine politische Auskünfte zu Kammermitgliedern oder politisch-polizeiliche Gutachten für die Bearbeitung von Aufnahmeanträgen und Ausschlußverfügungen.[30] Auch vor Auslandsreisen von Kammer-Mitgliedern wurde die Gestapo grundsätzlich um eine Stellungnahme gebeten.[31] Seit der »Anordnung des Präsidenten der Reichsschrifttumskammer

[26] BDC/SS/Jahr, E. H. (1909–?): 1937 Dr. jur.; NSDAP-Mitglied seit 1930, SS-Mitglied seit 1933; ab Januar 1944 Leiter der Stapostelle Tilsit.

[27] S. dazu im einzelnen Kapitel III, Abschnitt B 2.1.2.

[28] RGBL/Teil I Nr. 55 vom 27. 5. 1933, S. 293.

[29] RGBL/Teil I Nr. 81 vom 15. 7. 1933, S. 479–480.

[30] Diese Aussage beruht auf der Auswertung zahlreicher RSK-Personalakten im BDC sowie von Akten der Stapo(leit)stelle Düsseldorf im HStA Düsseldorf (RW 58) und der Stapostelle Würzburg im StA Würzburg.

[31] Die Einschaltung der Gestapo war erforderlich, da von ihr der für die Ausreise erforderliche Auslandspaß ausgestellt wurde. Den Schriftstellern Karl Bröger und Anton Dörfler etwa wurde 1937 von der Gestapo Berlin bzw. der Stapostelle Nürnberg-Fürth die Ausreise nach Polen bzw. Österreich untersagt. S. das Schreiben der RSK an den RF-SS und Chef der deutschen Polizei vom 16. 12. 1937, BArch Potsdam R 58/896 Bl. 68–69. Herbert Eulenberg erhielt wegen seiner »politischen Unzuverlässigkeit«

über schädliches und unerwünschtes Schrifttum« vom 25. 4. 1935 hatten das Gestapa beziehungsweise die Staatspolizei(leit)stellen die Beschlagnahmung und Einziehung der von der Kammer, ab 1938 von der Schrifttumsabteilung des Propagandaministeriums indizierten Bücher sicherzustellen.[32] Daneben wurden die Polizeibehörden auch mit der Ausführung der »formlosen« Buchverbote des Propagandaministeriums,[33] der Verbotsanordnungen der Parteiamtlichen Prüfungskommission zum Schutz des NS-Schrifttums[34] und mit der Überwachung der Einfuhr von Verbotsliteratur betraut.[35] Bezüglich der kulturkammerpflichtigen Unternehmen hatte die Gestapo für die von der RSK angeordnete, ab 1938 jedoch über die Abteilung IIa des Propagandaministeriums abgewickelte Schließung jüdischer oder politisch mißliebiger Betriebe zu sorgen.[36] Ferner wurden Sortimente, Buchhandlungen, Leihbüchereien, in Einzelfällen auch Privatbibliotheken von Zeit zu Zeit auf Verbotsliteratur hin durchsucht.

1940 von der Stapoleitstelle Düsseldorf keine Genehmigung zu Reisen nach Prag und Florenz, HStA Düsseldorf RW 58/34125 Bl. 27–29.

[32] Dazu im einzelnen Kapitel III, Abschnitt B 2.1.1.

[33] »Runderlaß« des RSHA vom 9. 6. 1941, veröffentlicht im »Befehlsblatt des Chefs der Sicherheitspolizei und des SD« Nr. 23 vom 21. 6. 1941. Wiedergegeben in einem Aktenvermerk der Stapo-Außenstelle Duisburg vom 9. 8. 1943, HStA Düsseldorf RW 36/30 Bl. 76.

[34] S. einzelne Verbots- und Beschlagnahmeanordnungen der PPK in BArch Potsdam R 58/890–935 passim.

[35] Diese Überwachung erfolgte in der Anfangsphase keineswegs systematisch. Noch 1937 wurde in einem SD-Bericht zum »Buchhandel«, BArch Potsdam R 58/1108 Bl. 1–31, moniert, daß die Zollkontrollen zu wenig unter politischen Gesichtspunkten durchgeführt würden (Bl. 31). Ab 1936/37 kam es dann zur Einrichtung spezieller »Grenzpolizeikommissariate«, die über die jeweiligen Verbotsvorgänge informiert wurden und deren Einhaltung beim Grenzverkehr sicherstellen sollten. S. etwa den »Runderlaß« der Stapoleitstelle Düsseldorf vom 11. 3. 1941 betr. Einfuhr französischen Schrifttums, HStA Düsseldorf RW 18/31 Bl. 23.

[36] Die Gestapo fungierte dabei nur als ausführendes Organ im Sinne von § 29 der ersten Durchführungsverordnung zum Reichskulturkammer-Gesetz. Die Sondierungen wurden im SD-Hauptamt geleistet, das eng mit der seit 1. 4. 1938 bestehenden Abteilung IIa (»Politische Beurteilung kulturell tätiger Personen und kulturwirtschaftlicher Unternehmen; Betätigung von Juden auf kulturellem Gebiet«) des Propagandaministeriums kooperierte. »Bericht« betr. Besuch des SS-Oberführers Hinkel mit seinen Mitarbeitern im SD-Hauptamt am 28. 9. 1938, BArch Potsdam R 58/984 Bl. 86–87.

Wie aus der Auswertung einschlägiger Akten im Bundesarchiv Potsdam, im Nordrhein-Westfälischen Hauptstaatsarchiv Düsseldorf, im Staatsarchiv Würzburg und im Berlin Document Center hervorgeht, war der Gestapo-Apparat effizient genug, um seine vielfältigen Aufgaben auf literaturpolitischem Gebiet erfüllen zu können. Sicher gab es Lücken. Doch zeigen die Zerschlagung einer noch bis 1935 aktiven konspirativen Gruppe des Bundes Proletarisch-Revolutionärer Schriftsteller[37] und eine Vielzahl anderer »Fahndungserfolge«,[38] wie engmaschig das Netz aus Überwachung und Denunziation für Systemabweichler gestrickt war.

Die Polizeibehörden haben sich im wesentlichen auf ihre Rolle als Vollzugsorgane der RSK beschränkt und keine eigenständige Literaturpolitik betrieben.[39] Allerdings kam es bisweilen zu auffälligen Abweichungen in der politischen Beurteilung einzelner Kammer-Mitglieder. So wurden immer wieder Schriftsteller in die Kammer übernommen oder in ihr belassen, denen die zuständigen Gestapo-Stellen ebenso wie Dienststellen der NSDAP eine politische Unbedenklichkeit nicht zubilligen wollten.[40] Bemerkenswerterweise haben sich dabei in der Regel die Schrifttumsstellen des Propagandaministeriums mit ihrer Auffassung durchgesetzt, daß der gesetzlichen Verpflichtung zur vollständigen Erfassung kulturkammerpflichtiger Berufsangehöriger eine Priorität zukäme und daß Ausschlüsse aus der Kammer nur auf der Grundlage eindeutiger Beweise erfolgen durften. Eine Rechtsauffassung, die zwar einerseits die Kontrolle der Berufsausübung im Rahmen der Kammer sicher-

[37] Der gesamte Vorgang der Überwachung und Ausschaltung der illegal tätigen Schriftstellergruppe findet sich in BArch Potsdam R 58/736.

[38] S. die Einzelakten der Stapo(leit)stelle für den Regierungsbezirk Düsseldorf im HStA Düsseldorf (RW 58) und der Stapostelle Würzburg im StA Würzburg.

[39] Die Feststellung von Aronson, Reinhard Heydrich und die Frühgeschichte von Gestapo und SD, S. 228, wonach sich die Unterabteilung II P 2 in die Zuständigkeiten von Goebbels und Amann eingemischt habe, ist in dieser Form unzutreffend. Die Gestapo war nämlich nicht nur zur Kooperation mit dem RMVP und den Einzelkammern der RKK verpflichtet, sondern konnte ja aufgrund der Notverordnungen des Reichspräsidenten vom 4. und 28. 2. 1933 auch selbst im Auftrag des »Reichsführers-SS und Chefs der deutschen Polizei« literatur- und pressepolitisch aktiv werden.

[40] S. dazu Kapitel III, Abschnitt A 1.2.

stellte, andererseits aber auch politisch mißliebigen Personen und Betrieben eine gewisse Form der Rechtssicherheit gewährte und ihnen die Weiterarbeit ermöglichte.

2. Der organisatorische Aufbau und die literaturpolitische Betätigung des SD

Im Gegensatz zur Gestapo verfügte der Sicherheitsdienst anfangs über keinerlei gesetzliche Exekutivbefugnisse. Auch innerhalb der NSDAP war der 1931 zum Schutz der Partei-Führer gegründete SD keineswegs unumstritten. Erst im Zusammenhang mit der Ausschaltung der SA-Spitze wurde er am 9. 6. 1934 vom Stellvertreter des Führers zum alleinigen Nachrichtendienst der NSDAP erklärt.[1] Die damit dem SD eingeräumte Monopolstellung wurde dann im November 1938 von Reichsinnenminister Frick auch für die staatliche Sphäre übernommen.[2]

Im Januar 1935 avancierte das SD-Amt zu einem »Hauptamt« der SS und siedelte von München nach Berlin (Wilhelmstraße 102) über.[3] Schon seit Beginn des Jahres 1934 baute die SD-Zentrale nach dem Vorbild der Wehrkreise des Heeres sieben Oberabschnitte auf: den Oberabschnitt-Ost mit Sitz in Berlin (für alle Zentral- und Ostprovinzen Preußens), -West mit Sitz in Frankfurt am Main (für Hessen), -Südwest mit Sitz in Stuttgart (für Baden, Württemberg, Rheinpfalz), -Nordwest mit Sitz in Hannover (für Niedersachsen, Westfalen), -Hamburg (für Hamburg), -Südost mit Sitz in Dresden (für Sachsen, Thüringen) und -Süd mit Sitz in München (für Bayern, Franken).[4] Daneben verfügte der SD noch über Abschnitte (für Regierungsbezirke und kleinere Länder), Außenstellen und ein Netz

[1] Die »Anordnung« des StdF bei Buchheim, Die SS, S. 63–64. Am 14. 12. 1938 wurde die Monopolstellung des SD innerhalb der NSDAP von Heß noch einmal bestätigt. Ebd., S. 64. Vgl. auch Aronson, Reinhard Heydrich und die Frühgeschichte von Gestapo und SD, S. 195–199.

[2] Der »Erlaß« vom 11. 11. 1938 bei Buchheim, Die SS, S. 65.

[3] Aronson, Reinhard Heydrich und die Frühgeschichte von Gestapo und SD, S. 197.

[4] Ebd., S. 164.

von Nachrichtenlieferanten.[5] Die Finanzierung dieses expandierenden Apparates erfolgte zu einem Teil über den Schatzmeister der NSDAP und den Stellvertreter des Führers.[6] Das verbleibende Defizit mußte aus Mitteln des »Freundeskreises« der SS und aus den Gewinnen der von der SS unterhaltenen Wirtschaftsunternehmungen gedeckt werden.[7]

Hauptaufgabe des SD war die Erforschung der »Ideen«, die in Opposition zur Weltanschauung der NSDAP standen.[8] In diesem Zusammenhang erhielt die Auswertung von Presse- und Buchpublikationen eine wichtige Funktion. Seit Juni 1934 wurde daher in der Deutschen Bücherei in Leipzig von Wilhelm Spengler eine eigene »Schrifttumsstelle« des SD aufgebaut.[9] Spengler, 1907 geboren, hatte – nach seiner Dissertation an der Universität Leipzig über »Das Drama Schillers und seine Genesis« (1931) – seit November 1933 zunächst ehrenamtlich für den SD-Oberabschnitt Mitte und Südost konfessionelle Neuerscheinungen geprüft.[10] Am 15. 3. 1934 war er dann hauptamtlich in das SD-Amt des Reichsführers-SS übernommen worden.[11] Spengler arbeitete noch im Frühjahr 1934 Vorschläge zu einer umfassenden Auswertung des gesamten deutschsprachigen Schrifttums aus,[12] die er ab Juni des gleichen Jahres in die Tat umzusetzen begann.

Damit erhielt der SD direkten Zugriff auf die Verfasser-, Verlags-, Sach- und Zeitschriftenkartei, die von den Bibliothekaren der Deutschen Bücherei mit großer Sorgfalt aufgebaut worden

[5] Die »Nachrichtenlieferanten« waren noch einmal in die Kategorien »V-Leute« (Vertrauensleute), »A-Leute« (Agenten), »Z-Leute« (Zubringer), »H-Leute« (Helfershelfer) und »U-Leute« (Unzuverlässige) unterteilt. Ebd., S. 155.

[6] Zum Problem der Finanzierung des SD s. ebd., S. 154 und 197–198.

[7] Ebd., S. 198. S. in diesem Kontext auch E. Georg, Die wirtschaftlichen Unternehmungen der SS, Stuttgart 1963.

[8] Diese Aufgabe war dem SD zur Unterscheidung von der Tätigkeit der Gestapo durch den sog. »Funktionstrennungserlaß« Heydrichs vom 1. 7. 1937 zugewiesen worden. Buchheim, Die SS, S. 62–63.

[9] Lebenslauf Spenglers vom 13. 7. 1936, BDC/SS/Spengler, W. Spengler wurde offiziell erst ab 1. 5. 1937 als Mitglied der NSDAP geführt. BDC/Masterfile/Spengler, W.

[10] Lebenslauf vom 13. 7. 1936, BDC/SS/Spengler, W.

[11] »Vermerk« des RSHA/Abt. I A 5 vom 14. 10. 1943, BDC/SS/Spengler, W.

[12] Angabe Spenglers in seinem Lebenslauf vom 13. 7. 1936.

waren und anhand der Neuzugänge laufend aktualisiert wurden. Die Reichskulturkammer kam dieser Arbeit insofern entgegen, als sie durch eine »Anordnung« vom 20. 9. 1935 die Verleger gegenüber der Deutschen Bücherei zur Ablieferung jeweils eines Exemplars der von ihnen herausgegebenen Druckschriften »spätestens innerhalb einer Woche« nach Erscheinen verpflichtete.[13]

Am 1. 4. 1936 wurden Spengler und seine Mitarbeiter zur »Hauptabteilung Presse und Schrifttum« im SD-Hauptamt nach Berlin versetzt,[14] wobei allerdings die »Verbindungsstelle« des SD in der Deutschen Bücherei bestehen blieb. Leiter der »Hauptabteilung Presse und Schrifttum« war Franz Alfred Six. Six, Jahrgang 1909, zählte zum Kreis der jungen Akademiker, mit denen sich Heydrich beim Aufbau des SD umgab.[15] Er hatte in Heidelberg Geschichte, Staats- und Zeitungswissenschaften studiert, wurde 1934 promoviert und habilitierte sich 1936.[16] Seit 1935 war er Dozent, ab 1938 a.o. Professor an der Universität Königsberg.[17] Daneben war er noch an der Auslandswissenschaftlichen Fakultät der Universität Berlin aktiv, deren Leitung er 1941 nach seinem Ausscheiden aus dem SD übernahm.[18] Seit 1937 vertrat Six die literaturpolitischen Interessen des Reichsführers-SS auch in der Parteiamtlichen Prü-

[13] »Anordnung der Reichskulturkammer betr. Ablieferung von Druckschriften an die Deutsche Bücherei in Leipzig« (gez. Dr. Goebbels) vom 20. 9. 1935, wiedergegeben bei Ihde (Hg.), Handbuch der Reichsschrifttumskammer, S. 158.

[14] Lebenslauf Spenglers vom 13. 7. 1936.

[15] Aronson, Reinhard Heydrich und die Frühgeschichte von Gestapo und SD, S. 162. Zu Heydrichs engstem Mitarbeiterstab s. die Angaben ebd., S. 141–152.

[16] Lebenslauf von Six vom 27. 1. 1941, BDC/SS/Six, F. A. NSDAP-Mitglied seit 1. 3. 1930.

[17] Ebd.

[18] Ebd. Die Angabe von Aronson, Reinhard Heydrich und die Frühgeschichte von Gestapo und SD, S. 208, Six und andere Intellektuelle hätten 1941 »ihre Rolle bei Heydrich ausgespielt«, erscheint mir zumindest im Fall von Six unzutreffend. Denn der ehemalige Amtsleiter im RSHA hatte stets starke wissenschaftliche Ambitionen, so daß die Übernahme der Leitung der Auslandswissenschaftlichen Fakultät an der Friedrich-Wilhelms-Universität durchaus einem Wunsch von Six entsprach. 1943 konnte Six durch die Protektion Himmlers dann auch die Leitung der Kulturabteilung im Auswärtigen Amt übernehmen. S. dazu die Abschrift eines Fernschreibens des persönlichen Referenten des RF-SS Brandt an das SS-Führungshaupt-

fungskommission und im »Arbeitskreis der NS-Bibliographie«.[19]

1936 wurde die »Hauptabteilung Presse und Schrifttum« in »Zentralabteilung I 3« umbenannt.[20] Sie verfügte über sechs Unterabteilungen mit einem großen Stab von Referenten und Hilfskräften, die sich ausschließlich aus der SS rekrutierten. Unter den Abteilungsleitern sind neben Spengler vor allem noch Erich Ehrlinger und Walter von Kielpinski zu erwähnen. Der 1910 geborene Ehrlinger war promovierter Jurist, hatte 1934 jedoch seine Laufbahn im württembergischen Staatsdienst zugunsten einer Tätigkeit im SA-Hochschulamt aufgegeben.[21] Nach Auflösung des Amtes wechselte er im Juni 1935 zum SD.[22] Von Kielpinski, Jahrgang 1909, hatte schon während seines Studiums der Germanistik und neueren Sprachen in Leipzig im Juli 1934 für den SD ehrenamtlich zu arbeiten begonnen.[23] Nach seinem Staatsexamen wurde er am 15. 12. 1934 hauptamtlich in den SD übernommen.[24]

Nach der Errichtung des Reichssicherheitshauptamtes Ende September 1939 wurden die literaturpolitischen Kontrollstellen des SD aufgeteilt. In dem von Six geleiteten Amt II »Gegnerforschung« war nun die Abteilung II A »Grundlagenforschung« für die »Verbindungsstelle« des SD in der Deutschen Bücherei zuständig.[25] Die eigentliche Auswertung und Überwachung des Schrifttums erfolgte hingegen im Amt III »Deutsche Lebensgebiete« unter Otto Ohlendorf.[26] Ohlendorf, eigentlich Fachmann für Wirtschaftsfragen, hatte 1936 eine hoffnungsvolle

amt vom 20. 3. 1943, mit dem Six zur Wahrnehmung dieser Aufgabe vom Dienst in der Waffen-SS entbunden wurde. BDC/SS/Six, F. A.

19 Schreiben des Leiters der Zentralabt. II 1 im SHA an das SS-Hauptamt vom 15. 7. 1937.

20 »Geschäftsverteilungsplan des Hauptamtes Sicherheitspolizei« vom 31. 7. 1936, BArch Potsdam R 58/840 Bl. 77–98, hier Bl. 113–114.

21 »Lebenslauf« Ehrlingers vom 1. 4. 1935, BDC/SS/Ehrlinger, E. NSDAP-Mitglied seit 1. 6. 1931.

22 S. den von Six verfaßten »Personal-Bericht« vom 30. 9. 1936, ebd.

23 Angabe von Kielpinskis in einem »Fragebogen zur Erlangung der Verlobungsgenehmigung« vom 15. 2. 1936, BDC/SS/von Kielpinski, W. NSDAP-Mitglied erst ab 1. 5. 1937.

24 Ebd.

25 »Geschäftsverteilungsplan des Reichssicherheitshauptamtes« vom Oktober 1939, BArch Potsdam R 58/840 Bl. 168ff., hier Bl. 169.

26 Ebd., Bl. 170.

wissenschaftliche Karriere zugunsten einer Tätigkeit im SD-Hauptamt aufgegeben.[27] Parallel dazu arbeitete er noch als Gutachter für die PPK und den Reichsverband des Adreß- und Anzeigenbuchgewerbes.[28]

In Ohlendorfs neuem Amt leitete Wilhelm Spengler die Gruppe III A »Kulturelle Gebiete«. Für den Bereich Presse, Schrifttum und Rundfunk war Walter von Kielpinski zuständig. 1944 kam es zu einem grundlegenden Revirement. Von Kielpinski übernahm die Leitung der Abteilung III C 4 »Propaganda, Öffentliche Führungsmittel und Zentrallektorat«.[29] Die literaturpolitischen Referate waren nun allerdings alle in Leipzig-Markkleeberg-West untergebracht. Aufgabengebiet des Referats III C 4b waren »Schrifttum, Schriftsteller, Buchhandel, Buchdruck, Bibliotheken, Export- und Importfragen, Dokumentation«. Das Referat III C 4d bildete das Presse-, Referat III C 4e das Zeitschriften- und Referat III C 4f das Schrifttumszentrallektorat.

Zu einer systematischen Schrifttumsarbeit des SD war es erst nach dem Abschluß der Arbeiten Spenglers in der Deutschen Bücherei und dem Ausbau der »Hauptabteilung Presse und Schrifttum« im SD-Hauptamt gekommen. 1936 wurde beim SD-Hauptamt mit dem Aufbau einer »wissenschaftlichen Zentralbibliothek für das gesamte politisch unerwünschte Schrifttum« begonnen.[30] In diesem Zusammenhang erhielten die SD-Oberabschnitte den Auftrag, die von den Stapostellen und Politischen Polizeien der Länder beschlagnahmten »Bestände an Büchern, Broschüren und sonstigen Druckschriften« zu sichten und die ausgesonderten Materialien nach Berlin zu schicken.[31]

Ab 1937 wurden auf Anordnung von Six die Publikationen des als »Gegner« der NS-Ideologie erfaßten Personenkreises verstärkt in die Berichterstattung der Referenten des SD-

[27] Aronson, Reinhard Heydrich und die Frühgeschichte von Gestapo und SD, S. 210–211.

[28] Ebd., S. 211.

[29] »Geschäftsverteilungsplan« des Amtes III im RSHA vom 15. 9. 1944, BArch Potsdam R 58/792 hier Bl. 20.

[30] Rundschreiben des Gestapa (II 2 J) an alle Staatspolizeistellen vom 22. 1. 1936 betr. Erfassung des beschlagnahmten und unerwünschten Schrifttums in einer wissenschaftlichen Zentralbibliothek des SD, HStA Düsseldorf RW 36/30 Bl. 17.

[31] Ebd.

Hauptamtes einbezogen.[32] Für »Literaturzusammenstellungen, Buchbeschaffung und besonders dringende Buchberichte« konnte die »Verbindungsstelle« des SD in Leipzig herangezogen werden.[33] Neben der Deutschen Bücherei sollte die benötigte Literatur auch über die Staatsbibliothek Berlin ausgeliehen werden.[34] Besonders wichtige Schriften konnten hingegen von den Referenten zum Aufbau einer Handbibliothek über die Abteilung angeschafft werden.[35]

Als Orientierungshilfen wurden im März 1937 im Auftrag des Reichsführers-SS und Chefs des Sicherheits-Hauptamtes für den internen Dienstgebrauch drei *»Leithefte«* herausgegeben.[36] Das Leitheft *»Schrifttumswesen und Schrifttumspolitik«*[37] gab zunächst einen Überblick über die politische, ästhetische, rechtliche und ökonomische Entwicklung der deutschen Literatur vor 1933.[38] Damit sollten die »Krankheitsherde und gegnerischen Strömungen« aufgezeigt werden, »die heute noch nicht ganz überwunden sind«.[39] Im zweiten Teil wurden dann die Kompetenzen, das Personal und die Tätigkeit der nach der nationalsozialistischen Machtübernahme aufgebauten staatlichen und parteiamtlichen Schrifttumsstellen detailliert vorgestellt.[40] Das »Verbotswesen« wurde in einem »Anhang« noch einmal besonders erläutert.[41]

Als »Aufgaben und Möglichkeiten des Sicherheitsdienstes in der Schrifttumsüberwachung«[42] wurde zum einen die »unmittelbare *Schriftenbearbeitung*« genannt,[43] die mit Hilfe der Deutschen Bücherei als »Materialquelle« unmittelbar vom SD-

[32] Interne Anweisung von Six betr. Einbau des Schrifttums in die Berichterstattung (o. D., 1937), BArch Potsdam R 58/544 Bl. 63–64.

[33] Ebd., Bl. 64.

[34] Ebd., Bl. 63.

[35] Ebd.

[36] Die »Leithefte« trugen aufgrund ihres brisanten Inhalts, der aus grundlegenden Informationen zum Thema und Empfehlungen zum taktischen Vorgehen bestand, den Zusatz »Geheim!«.

[37] BArch Potsdam R 58/1106.

[38] Ebd., Bl. 8–32 (S. 7–31).

[39] Ebd., Bl. 7 (S. 6).

[40] Ebd., Bl. 35–75 (S. 34–73).

[41] Ebd., Bl. 76–81 (S. 1–6).

[42] Ebd., Bl. 66–74 (S. 64–72).

[43] Ebd., Bl. 66 (S. 64). Hervorhebung im Text.

Hauptamt geleistet werden konnte.[44] Die Auswertung der Literatur sollte dabei »politisch in Bezug auf den *Autor*«, »verlagspolitisch« und »sachpolitisch in Bezug auf die *großen politischen Zusammenhänge*« erfolgen.[45] Bei der zweiten Aufgabe, der »Erörterung über die *persönlichen Lebensumstände* der Autoren und [!] Schriftsteller«, über die »inneren politischen Verhältnisse in Verlagen« und über »sämtliche Organisationen, Firmen des deutschen Buchwesens überhaupt«,[46] war das SD-Hauptamt auf die Zuarbeit aus den Oberabschnitten und Außenstellen angewiesen.

Der SD sollte allerdings nicht nur als Lieferant von Informationen für die Schrifttumsstellen von Staat und Partei dienen. Da die bisherige nationalsozialistische Schrifttumsorganisation »verzweigt und letztlich uneinheitlich« strukturiert sei, sah der SD seine Chance darin, »sich konsequent und geschlossen mit dem gesamten negativ zu wertenden Schrifttum« zu beschäftigen.[47] Als zukünftige Betätigungsfelder wurden die »*Reinigung der Großantiquariate* von staats- und volksschädlicher Literatur«, der »*Abschluß der Entjudung des Buchhandels und Verlagswesens*« sowie die »*Umgestaltung des deutschen Kommissionsbuchhandels*« angegeben.[48]

Im Leitheft »*Verlagswesen*«[49] wurden die SD-Mitarbeiter über die Entwicklung des Verlagsrechts vor und nach 1933,[50] die inhaltliche Ausrichtung von Verlagen[51] und die Entwicklung des deutschen Verlagswesens vom 18. Jahrhundert bis zur Gegenwart[52] informiert. Von den rund 5000 Verlagen sollten »nur« ca. 3–400 durch den SD überwacht werden.[53] Gegenstand der Beobachtung sollte zum einen die »Schrifttumsproduktion« sein, die über das »Börsenblatt für den Deutschen Buchhandel«, das »Tägliche Verzeichnis der Neuerscheinungen«, die Verlagskartei der Deutschen Bücherei und die dort geführten Biblio-

[44] S. ebd., Bl. 67–71 (S. 65–69).
[45] Ebd., Bl. 71 (S. 69). Hervorhebungen im Text.
[46] Ebd., Bl. 66 (S. 64). Hervorhebung im Text.
[47] Ebd., Bl. 71 (S. 69).
[48] Ebd., Bl. 73–74 (S. 71–72). Hervorhebungen im Text.
[49] BArch Potsdam R 58/1107.
[50] Ebd., Bl. 6–14 (S. 4–12).
[51] Ebd., Bl. 15–20 (S. 13–18).
[52] Ebd., Bl. 20–33 (S. 18–31).
[53] Ebd., Bl. 34 (S. 32). Zum folgenden s. ebd.

graphien ermittelt wurde. Zum anderen sollten Verbindungsmänner aus den Verlagen selbst, aus der NSDAP, der Gestapo, der DAF und der RSK die Beobachtung der »inneren Verlagsvorgänge« sicherstellen. Auf diese Weise sollte »ein einheitliches, der tatsächlichen Lage entsprechendes Urteil über einen Verlag« gewonnen werden, das der Exekutive »als brauchbare Grundlage« für ihre Schrifttumsarbeit dienen konnte.[54] Ziel der Ermittlungen sollte sein, »Pläne, soweit sie SD-mäßig wichtig sind, bereits *vor* ihrer Durchführung aufzudecken und zu vereiteln«.[55] Denn das »staatliche Einschreiten gegen bereits von den Verlagen vollzogene Veröffentlichungen oder sonstige volks- und staatsschädlich[e] Aktionen« habe sich »eher propagandistisch als nachteilig für diese Verlage ausgewirkt«.[56]

Das Leitheft *»Buchhandel«*[57] ging auf die berufsständische Organisation des Buchhandels,[58] die Buchwirtschaft,[59] den Aufbau der Buchlager,[60] das Bestellwesen im Buchhandel,[61] die bibliographischen Hilfsmittel,[62] den Antiquariatsbuchhandel,[63] die Organisation des Buchhandels im Ausland[64] und die politische Bedeutung des Buchhandels[65] ein. In diesem Bereich sollte der SD »unerwünschte Elemente« ermitteln und deren Entfernung aus dem Berufsstand bei der RSK und dem Propagandaministerium anregen.[66] Daneben hielt der SD die laufende Überwachung der Buchhandlungen und Antiquariate im Hinblick auf »schädliches und unerwünschtes Schrifttum« für unbedingt erforderlich, nachdem eine »Durchsuchungsaktion« im Herbst 1936 Verbotsliteratur in großem Umfang zutage gefördert hatte.[67] Da die »Liste des schädlichen und unerwünschten Schrifttums« für Buchhändler nicht zugänglich war, der Anti-

[54] Ebd., Bl. 35 (S. 33).
[55] Ebd. Hervorhebung im Text.
[56] Ebd.
[57] BArch Potsdam R 58/1108.
[58] Ebd., Bl. 2a-3 (S. 1–2).
[59] Ebd., Bl. 3–4 (S. 2–3).
[60] Ebd., Bl. 4–5 (S. 3–4).
[61] Ebd., Bl. 5–13 (S. 4–12).
[62] Ebd., Bl. 14–18 (S. 13–17).
[63] Ebd., Bl. 18–19 (S. 17–18).
[64] Ebd., Bl. 20–29 (S. 19–28).
[65] Ebd., Bl. 30–32 (S. 29–31).
[66] Ebd., Bl. 30 (S. 29).
[67] Hinweis ebd., Bl. 31 (S. 30).

quariatsbuchhandel »immer wieder mit großen Mengen verbotenen Schrifttums aus Privatbibliotheken überschwemmt« wurde und der Kommissionsbuchhandel aufgrund unzureichender Zollkontrollen von ausländischen Verlagen mit »volks- und staatsfeindlichem Schrifttum« beliefert werden konnte, erschien dem SD die regelmäßige Wiederholung solcher Durchsuchungsaktionen angebracht.[68]

Bereits im Juni 1936 war ein erster, 79 Seiten umfassender »Sonderbericht« über die »Zersetzung der nationalsozialistischen Grundwerte im deutschsprachigen Schrifttum seit 1933« erschienen.[69] Er stellte eine Zusammenfassung der Erkenntnisse dar, die Wilhelm Spengler seit 1934 bei der Durchsicht der in- und ausländischen Neuerscheinungen in der Deutschen Bücherei gesammelt hatte.[70] Ab 1937 fand die von Six angeordnete regelmäßige Berichterstattung zur aktuellen Situation im Schrifttumswesen ihren Niederschlag in den vom SD-Inland für den Reichsführer-SS, die Führung des Staates und der NSDAP herausgegebenen »Berichten zur innenpolitischen Lage« (ab 8. 12. 1939: »Meldungen aus dem Reich«; Juni 1943–Juni 1944: »SD-Berichte zu Inlandsfragen«).

Bei der Durchsicht dieser Berichte fällt auf, wie detailliert der SD etwa über die Entwicklung im Buchhandel und Verlagswesen informiert war.[71] Das hing zunächst damit zusammen, daß die Oberabschnitte, Abschnitte und die rund 30000 V-Leute des SD im ganzen Reich verteilt waren und daher ganz präzise

[68] Ebd.

[69] Ein Exemplar des vom RF-SS und Chef des Sicherheitshauptamtes herausgegebenen Berichts findet sich in BArch Potsdam R 58/234.

[70] Hinweis in der »Einführung«, ebd. Bl. 2 (S. 1): »Durch eine zweijährige Beobachtung des neuerscheinenden deutschsprachigen Schrifttums des In- und Auslandes konnten auf dem Gebiet der weltanschaulichen Auseinandersetzung von verschiedenen Personengruppen mit dem Nationalsozialismus im Schrifttum Feststellungen gemacht werden, die es rechtfertigen, in größerem Zusammenhang vorgetragen zu werden«.

[71] S. u.a. den Abschnitt »Presse und Schrifttum« im »Jahreslagebericht 1938«, ebd., Bd. 2: S. 150–156; den Abschnitt »Presse und Schrifttum« im »1. Vierteljahresbericht 1939«, ebd.: S. 287–291; die »Meldungen aus dem Reich« Nr. 30 vom 18. 12. 1939, hier »Zur Entwicklung im deutschen Schrifttum seit Kriegsbeginn«, ebd., Bd. 3: S. 582–584; Nr. 72 vom 3. 4. 1940, ebd., Bd. 4: S. 949–950; Nr. 84 vom 3. 5. 1940, ebd.: S. 1092; Nr. 117 vom 22. 8. 1940, ebd., Bd. 5: S. 1492–1493; Nr. 124 vom 16. 9. 1940, ebd.: S. 1576; Nr. 125, ebd.: S. 1585–1587; Nr. 136, ebd.: S. 1713.

Angaben zu den jeweiligen Betrieben in der Region machen konnten. Daneben war es dem SD aber auch seit 1936 gelungen, eine Reihe von Mitarbeitern der RSK für eine Zusammenarbeit zu gewinnen.

So unterhielt Hanns Johst, der am 1. 11. 1935 in die SS eingetreten war,[72] enge persönliche Kontakte zu Himmler.[73] Bis 1942 stieg der Partei-Schriftsteller und Kammer-Präsident zum SS-Gruppenführer, der dritthöchsten Position in der Ordens-Hierarchie, auf.[74] Nicht ohne Grund. Denn Johst versorgte seinen »Freund Heini Himmler«[75] stets mit literaturpolitischen Interna aus der Kammer und dem Propagandaministerium. Auch die Durchsetzung des Kammer-Apparates mit SS-Angehörigen war auf diese Verbindung zurückzuführen.[76]

Am 1. 4. 1936 wurde Herbert Menz, seit September 1934 für den SD-Oberabschnitt Südost tätig[77] und von Heydrich ursprünglich als Geschäftsführer für die Reichsschrifttumsstelle

[72] BDC/SS/Johst, H.

[73] Vermutlich kam der Kontakt in München zustande, wo sich Himmler bis 1933 vorwiegend aufhielt und wo Johst seit 1929 die Arbeit von Rosenbergs Kampfbund für deutsche Kultur unterstützte. Zumindest kannten sich beide Männer 1934 bereits so gut, daß Himmler ein Schreiben vom 12. 1. jenes Jahres mit »Mein lieber guter Herr Johst!« einleiten konnte. Am 25. 2. 1938 schrieb Himmler in einem für Martin Bormann bestimmten Gutachten über den Präsidenten der RSK: »Ich verbürge mich für Hanns Johst als einem Menschen mit lauterem Charakter und aus tiefem innerem Herzen zuverlässigen und treuen Nationalsozialisten persönlich«. Beide Vorgänge finden sich in BDC/SS/Johst, H.

[74] BDC/SS/Johst, H.: 9. 11. 1935 SS-Oberführer, 30. 1. 1938 SS-Brigadeführer, 30. 1. 1942 SS-Gruppenführer.

[75] So die Anrede in einem Schreiben Johsts vom 16. 11. 1942, BDC/SS/Johst, H.

[76] In einem Schreiben vom 9. 11. 1938 hatte Johst Himmler gestanden: »Meine Religion heißt Deutschland, meine Konfession ihre SS!«. Das Schreiben liegt nicht im Original, sondern in einer Dokumentation der Berliner Zeitung am Abend vom 28. 7./1. 8. 1949 zum »Spruchkammerverfahren« gegen den ehemaligen RSK-Präsidenten vor. BArch Potsdam R 56 V/156.

[77] Schreiben von Menz an den SS-Sturm 2 R 16 in Breslau vom 21. 12. 1934, BDC/SS/Menz. H. Menz, Jahrgang 1905, gehörte seit 1932 der NSDAP, seit Juni 1933 der SS an. Am 19. 11. 1934 hatte er vom RF-SS »als Anerkennung für treue Pflichterfüllung während der Aktion vom 30. 6. 1934« den SS-Dolch mit persönlicher Widmung Himmlers erhalten.

im Propagandaministerium vorgesehen,[78] nach einem Eignungsgespräch beim Reichsführer-SS als »rechte Hand« Johsts in die RSK übernommen.[79] In dieser Funktion hielt er seinen meist am Starnberger See residierenden Vorgesetzten über alle wesentlichen Personalien und Sachentscheidungen auf dem laufenden.[80] Als Referent für die »Überwachung des Buchmarktes und der Büchereien auf unerwünschte Literatur«, worunter die »Bearbeitung von Buchverbotsanträgen«, die »Unterdrückung unerwünschter Literatur im Bereich der Kammer« sowie die »Führung und Ergänzung der Liste 1 des schädlichen und unerwünschten Schrifttums« fielen,[81] konnte Menz aber auch den SD bis zu seinem Ausscheiden aus der Kammer im Herbst 1938 mit Informationen versorgen.[82]

Das Beispiel Walter Best belegt, daß der SD nicht nur bei der RSK-Verwaltung in Berlin Vertrauensleute einschleuste, sondern auch auf regionaler Ebene. Der 1905 geborene Best, der in Frankfurt am Main Germanistik studiert und sich dann als Dramaturg, Spielleiter und Schriftsteller einen Namen gemacht hatte, war Landesleiter der RSK für den Gau Kurhessen.[83] Seit seinem Eintritt in die SS im Jahre 1936 arbeitete er gleichzeitig für das SD-Hauptamt.[84] Zusammen mit Edwin Erich Dwinger, Kurt Eggers, Werner Jansen, Günther Mönnich zählte er zur Garde der jungen Literaten, die von der SS besonders gefördert

[78] Schreiben Heydrichs (als Chef des SD-HA) an die Chefadjutantur des RF-SS vom 11. 1. 1936, BDC/SS/Menz, H.

[79] »Aktenvermerk« über den Empfang von Menz bei Himmler am 5. 2. 1936, BDC/SS/Menz, H.

[80] S. dazu die umfangreiche Korrespondenz zwischen Menz und Johst in BArch Potsdam R 56 V/27.

[81] Geschäftsverteilungsplan der RSK vom 1. 7. 1937, BArch Potsdam R 56 V/35 hier Bl. 74/Rs. Am 1. 4. 1938 ging das von Menz bearbeitete Aufgabengebiet allerdings weitgehend auf die Schrifttumsabteilung des Propagandaministeriums über.

[82] Am 1. 2. 1936 war Menz »zur besonderen Verwendung« zum SD-Hauptamt versetzt worden. Mitteilung des SHA-Chefs I 112 an die Zentralabteilung I 4 vom 13. 2. 1936, BDC/SS/Menz, H. Nach seinem Ausscheiden aus der RSK wurde Menz zunächst Werbeleiter der SS-Porzellanmanufaktur Allach-München GmbH., dann Abteilungsleiter beim Deutschlandsender.

[83] BDC/SS/Best, W.

[84] Ebd. 1936 SS-Untersturmführer, 1938 SS-Obersturmführer, 1940 SS-Hauptsturmführer, 1944 SS-Sturmbannführer.

und während des Krieges zur Berichterstattung für die Waffen-SS herangezogen wurden.[85]

Zuarbeiter des SD-Hauptamtes war auch Karl Thulke. Zu ihm merkte ein interner Personalbericht des SD-Hauptamtes aus dem Jahre 1938 an,[86] daß er »durch seine Stellung entscheidend zur Säuberung und nationalsozialistischen Ausrichtung des deutschen Buchhandels beigetragen« habe. Über den Geschäftsführer der Gruppe Buchhandel in Leipzig sei »eine laufende Unterrichtung über die Planungen und Verordnungen auf dem Gebiet des Buchhandels« erfolgt. »Bei seinen Aufenthalten in Berlin war es auch möglich, jeweils Einzelfälle zu besprechen und zu klären«. Ebenso zufriedenstellend hieß es im Personalbericht des Jahres 1940,[87] daß sich durch Thulkes Tätigkeit in Leipzig »im Laufe des letzten Jahres eine ganze Reihe von wichtigen Anordnungen [hätte] durchsetzen lassen, die der weiteren Bekämpfung des Gegners im Gebiet des Schrifttums dienen«. Thulke fasse seine Tätigkeit so auf, daß er »nationalsozialistische und SS-mäßige Grundsätze und Gesichtspunkte in seinem Tätigkeitsbereich kompromißlos durchsetzt. Seine Arbeit ist für die Schrifttumsbearbeitung im Reichssicherheitshauptamt von besonderem Wert«. Nachzutragen ist in diesem Zusammenhang noch, daß Thulkes Tätigkeit für den SD mit Kenntnis und Unterstützung seines unmittelbaren Vorgesetzten Wilhelm Baur erfolgen konnte. Der RSK-Vizepräsident und Vorsteher des Börsenvereins gehörte nämlich seit 1938 ebenfalls der SS an.[88]

In der »Gruppe Schriftsteller« fungierte zunächst Hugo Linhard, der Ende 1931 der SS beigetreten war und schon seit

[85] Zu Dwinger, der 1941 auch mit der Abfassung eines Filmdrehbuchs über die Aktivitäten der Waffen-SS in der Sowjetunion beauftragt wurde (Aktennotiz für Reichsführer-SS vom 6. 9. 1941), und Eggers s. die SS-Personalakten im BDC. Zu Jansen s. den Nachruf in: Das Schwarze Korps, Jg. 5/Folge 52 vom 28. 12. 1939, S. 11; zu Mönnich den Nachruf »Dichter und Soldat«, ebd., Jg. 10/Folge 2 vom 13. 1. 1944, S. 4.

[86] BDC/SS/Thulke, K. Thulke gehörte seit September 1933 der SS an und war am 21. 2. 1936 zum SD versetzt worden. 1938 SS-Untersturmführer, 1940 SS-Obersturmführer, 1941 Hauptsturmführer.

[87] Ebd.

[88] BDC/SS/Baur, W. Baur war 1922–1923 und 1928–1930 SA-Mitglied gewesen. Nach seiner Aufnahme in die SS am 1. 6. 1938 avancierte er sogleich zum SS-Standartenführer und 1945 zum SS-Oberführer.

Januar 1933 für den SD arbeitete,[89] als Verbindungsmann zum SD-Hauptamt. Linhard verfügte aufgrund seiner Tätigkeit als Geschäftsführer des RDS seit Juli 1933 über genaue Kenntnisse der deutschen Schriftstellerschaft.[90] Im Oktober 1935 zählte er zu den wenigen Mitarbeitern der RDS-Verwaltung, die in die Kammer übernommen wurden. Hier bearbeitete er die Aufnahmeanträge, die Ausschlußverfahren, die »Nichtarierfrage« und die Schriftstellerkartei.

Nach seinem Ausscheiden im März 1938 versiegte diese Nachrichtenquelle allerdings. Denn Linhards erster Nachfolger, der SA-Dichter Gerhard Schumann, lehnte, wenn man seinen Memoiren glauben darf, die Kammer-Praxis der Einholung von politischen Gutachten zu Schriftstellern bei SD und Parteidienststellen entschieden ab.[91] Die Schumann nachfolgenden Abteilungsleiter Kurt Metzner und Alfred Richard Meyer waren alles andere als altgediente oder linientreue Parteileute.

[89] BDC/SS/Linhard, H.

[90] Linhard war am 15. 7. 1933 Generalsekretär des RDS geworden. Vom 15. 11. 1933 bis 30. 9. 1935 war er Geschäftsführer des in die RSK eingegliederten RDS, danach Sachbearbeiter der Kammer-Abteilung II. Anfang Juni 1938 trat Linhard aus der SS aus und ging zur Reichswehr. BDC/SS/Linhard, H.

[91] G. Schumann, Besinnung. Von Kunst und Leben, Bodmann/Bodensee 1974, S. 152–153. Die Memoiren Schumanns sind zwar eine bisweilen unerträgliche Apologie auf seine offizielle Rolle im »Dritten Reich«. Für die Glaubwürdigkeit seiner ablehnenden Haltung einer politischen Überwachung von Schriftstellern durch den SD und Parteidienststellen spricht jedoch sein Schreiben an Johst vom 15. 11. 1939, mit dem er seinen Weggang aus der Kammer begründete. BDC/RSK/Schumann, G.

C. Die parteiamtlichen Schrifttumsstellen

1. Die Reichsstelle zur Förderung des deutschen Schrifttums/Hauptstelle (Amt/Hauptamt) Schrifttumspflege beim Beauftragten des Führers für die Überwachung der gesamten geistigen und weltanschaulichen Schulung und Erziehung der NSDAP

1.1. Gründung und institutionelle Entwicklung

Im Februar 1933 erhielt Hans Hagemeyer, Stadtrat in Nürnberg und Landesleiter des Kampfbundes für deutsche Kultur Nordbayern-Franken, von Alfred Rosenberg den Auftrag zum Aufbau einer »Buchberatungsstelle«.[1] Am 16. 6. 1933 avancierte die zunächst fachlich und regional begrenzte Schrifttumsstelle zu einer »Reichsstelle zur Förderung des deutschen Schrifttums« mit Sitz in Leipzig.[2] Zu den Gründungsmitgliedern zählten langjährige Mitarbeiter des Rosenbergschen Kampfbundes: Alfred Baeumler, Hans Hagemeyer, Hanns Johst, Hellmuth Langenbucher, Rainer Schlösser und Gotthard Urban.[3] In die Liste der Vereinsmitglieder wurde aber auch Heinz Wismann als Verbindungsmann des Propagandaministeriums eingetragen. Da der Kampfbund notorisch unter Geldmangel litt, war

[1] Angabe Hagemeyers in seinem »Lebenslauf« (o.D., ca. 1934), S. 2, BArch Potsdam NS 15/5. Johann Gerhard (Hans) Hagemeyer (1899–?): vom Beginn der zwanziger Jahre bis 1931 Prokurist in der väterlichen Firma in Bremen; NSDAP-Mitglied seit 1. 1. 1931; ab Sommer 1931 Mitarbeiter von Otto Wagener in der Wirtschaftspolitischen Abteilung der NS-Reichsleitung; 1932 zunächst Leiter des Nachrichtenamtes in der KfdK-Ortsgruppe Nürnberg, ab Mai Landesleiter des KfdK Nordbayern-Franken; daneben Gauwirtschaftsreferent von Julius Streicher; im April 1933 in den Nürnberger Stadtrat nachgerückt (Dezernate Theater, Verwaltungsrat Handelshochschule, Verkehrsverein).

[2] B. Payr, Das Amt Schrifttumspflege. Seine Entstehungsgeschichte und seine Organisation, Berlin 1941, S. 9–10.

[3] Dazu die in der DB in Leipzig (Sign. 1933 B 3809) überlieferte Druckschrift »Reichsstelle zur Förderung des deutschen Schrifttums«, Leipzig 1933 (o.Vf.).

die Gründung der Reichsstelle nämlich nur durch finanzielle Zuschüsse aus dem Goebbelsschen Ministerium sowie aus dem Reichsinnenministerium, dem Börsenverein der Deutschen Buchhändler und dem Langen-Müller Verlag möglich gewesen.[4]

Die zunächst in Leipzig, ab 1. 8. 1933 dann in Berlin ansässige Geschäftsstelle bestand in der Anfangsphase nur aus vier Abteilungen.[5] Das »Hauptbüro« wurde von dem Diplom-Kaufmann und SA-Truppführer Oskar Schmeller geleitet. Im Januar 1934 wurde Bernhard Payr als »Archivleiter« übernommen.[6] In dieser Funktion sollte er bibliographische Auskünfte erteilen, Sonderlisten zusammenstellen und für das Lektorat der Reichsstelle als »Sachverständiger in heiklen literarischen Fragen« fungieren.[7] Eine dritte Abteilung war für die Pressearbeit der Reichsstelle zuständig. Mit dem »Vorlektorat« war Dr. Elisabeth Waldmann betraut. Ihre Hauptaufgabe bestand im Aufbau eines nach Fachgebieten gegliederten Lektorenstabes, der die Durchsicht von Manuskripten und Neuerscheinungen vorneh-

[4] In einem Schreiben an Goebbels vom 5. 3. 1934, BArch Potsdam NS 8/171 Bl. 236–242, hier Bl. 240, machte Rosenberg bezüglich der Zuschüsse für die »Reichsstelle zur Förderung des deutschen Schrifttums« folgende Angaben: Propagandaministerium 16000 RM, Reichsinnenministerium 5000 RM, Langen-Müller Verlag 1000 RM; weitere 4000 RM wurden vom Kampfbund zugeschossen, wobei es sich dabei lediglich um die Umbuchung von Zahlungen des Börsenvereins an den Kampfbund in Höhe von 5000 RM handelte. Bis zur Einstellung der Zahlungen am 1. 4. 1934 schoß das Propagandaministerium insgesamt 25000 RM zu. S. den Kassen-Prüfungsbericht des Ministeriums vom 2. 7. 1934, BArch Potsdam R 55/322 Bl. 5.

[5] Zum folgenden das Schreiben Hagemeyers an Rosenberg vom 26. 3. 1934, BArch Potsdam NS 8/153 Bl. 133–135, hier Bl. 134.

[6] Bernhard Payr (1903–?): 1923–1927 Studium der Deutschen Literatur, Kunstgeschichte und Philosophie in Leipzig, Marburg, München; Promotion über »E. T. A. Hoffmann und Théophile Gautier« (1927); anschließend buchhändlerische Fachausbildung in Leipzig, Berlin, London und Paris; 1930–1933 Geschäftsführer der Gesellschaft der Freunde der Deutschen Bücherei e. V.; seit Herbst 1933 ehrenamtlicher Lektor, dann stellvertretender Landesreferent der Reichsstelle zur Förderung des deutschen Schrifttums für Sachsen. S. den »Lebenslauf« Payrs vom 12. 1. 1938 in BDC/RSK/Payr, B.

[7] »Monatsbericht [Januar 1934] über die Tätigkeit innerhalb des Bucharchivs der Reichsstelle zur Förderung des deutschen Schrifttums«, BArch Potsdam NS 8/153 Bl. 165–166.

men sollte.[8] Die in den Gutachten enthaltenen Informationen wurden dann zum einen in die Autoren- und Verlagskartothek eingearbeitet;[9] zum anderen dienten sie als Grundlage für die Buchberatungszeitschrift »Nimm und lies!«, die im August 1933 vom Börsenverein übernommen und von Hellmuth Langenbucher im Auftrag der Reichsstelle unter dem Titel »Buch und Volk« herausgegeben wurde.[10] Langenbucher, eine Art »Literaturpapst« im »Dritten Reich«,[11] übernahm auch die Funktion eines Cheflektors und von November 1933 bis 1935 die Stellvertretung Hagemeyers in der Führung der Reichsstelle.[12]

Bis zum Herbst 1933 gelang es, in ganz Deutschland ehrenamtlich tätige Referenten auf Landes- und Ortsgruppenebene

[8] »Arbeitsbericht [Januar 1934] des Vorlektorats der Reichsstelle zur Förderung des deutschen Schrifttums«, BArch Potsdam NS 8/153 Bl. 158–164.

[9] Vgl. M. Mohr, »Deutsches Schrifttum! Unsere starke Waffe!«. Wie das neue Deutschland dem deutschen Schrifttum helfen will. Ein Interview mit Hans Hagemeyer, in: BBZ Nr. 199 vom 25. 8. 1933 (Unterhaltungsbeilage »Kunst-Welt-Wissen«); sowie die am 8. 1. 1934 von Hagemeyer an Rosenberg weitergeleitete Denkschrift »Bedeutung und Aufgaben der Reichsstelle zur Förderung des deutschen Schrifttums«, BArch Potsdam NS 8/153 Bl. 150–154, hier Bl. 150.

[10] Mitteilung über die »Neuordnung« der Zeitschrift »Nimm und lies!« in Bbl. 100. Jg., Redaktioneller Teil, Nr. 198 vom 26. 8. 1933, S. 644. Der Titel der Zeitschrift wechselte ab H. 5/Jg. 10 (1933), wobei »Buch und Volk« die Jahreszählung von »Nimm und lies!« übernahm.

[11] Hellmuth Langenbucher (1905–?): Studium der Germanistik, Geschichte und Philologie in Tübingen, Heidelberg, Berlin; Dr. phil. (Heidelberg 1929); 1929/30 Schuldienst; danach zunächst in der Hanseatischen Verlagsanstalt in Hamburg, 1932/33 im Langen-Müller Verlag in München tätig; im Herbst 1933 vom Börsenverein als Schriftleiter des Börsenblatts übernommen; NSDAP-Mitglied seit 1. 10. 1929. BDC/RSK/Langenbucher, H. Neben zahllosen Rezensionen in Zeitungen und Zeitschriften publizierte Langenbucher immer wieder Monographien, die im »Dritten Reich« als literaturwissenschaftliche Standardwerke galten: u. a. »Volkhafte Dichtung der Zeit«, Berlin 1933; »Nationalsozialistische Dichtung. Einführung und Übersicht«, Berlin 1935.

[12] »Schwarzes Brett der Reichsstelle zur Förderung des deutschen Schrifttums«, in: Buch und Volk 10 (1933), H. 6, S. 48. Der Hinweis auf das Ausscheiden Langenbuchers aus der Reichsstelle findet sich in Bbl. 102. Jg., Redaktioneller Teil, Nr. 28 vom 2. 2. 1935, S. 91.

einzusetzen,[13] so daß die Reichsstelle über einen regionalen Unterbau verfügte. Im Oktober 1933 wurde zudem ein »Amt für öffentliche Buchwerbung« gegründet, das die vom Propagandaministerium geplante Aktion »10 Tage deutsche Buchmesse« vorbereiten und den Buchhandel bei der Durchführung von Werbemaßnahmen beraten sollte.[14] Am 1. 11. 1933 trat Walter Hofmann – wohl um sich von politischen Repressalien frei machen zu können – mit seinem »Institut für Leser- und Schrifttumskunde« der Reichsstelle »korporativ« bei.[15] Damit konnte die Reichsstelle die langjährigen Erfahrungen des Leipziger Instituts in der Volksbüchereiarbeit, dessen umfangreiches Katalogwesen und dessen Bibliographieeditionen für sich nutzbar machen.[16] Eine Reihe weiterer Kooperationsabsprachen mit Ministerien und parteiamtlichen Dienststellen folgten.[17]

Obwohl der gelernte Kaufmann und ehemalige Prokurist Hagemeyer mit großem Aufwand den Ausbau der Reichsstelle zur Förderung des deutschen Schrifttums betrieb, hatte seine Organisation doch einen entscheidenden Schwachpunkt. Hagemeyer selbst definierte die Reichsstelle in einem Schreiben an die Reichsleitung des NS-Lehrerbundes vom 1. 11. 1933 zwar als »*Behörde*, da wir eine inoffizielle Abteilung des Reichsministeriums für Volksaufklärung und Propaganda sind, mit dem

[13] S. den von Hagemeyer verfaßten »Arbeitsbericht – Oktober 1933« (3. 11. 1933), BArch Potsdam NS 8/153 Bl. 141–143, hier Bl. 141. Eine Liste mit den Namen von 23 Landesreferenten findet sich ebd., Bl. 139–140.

[14] »Arbeitsbericht – Oktober 1933«, hier Bl. 143. Das »Amt für öffentliche Buchwerbung« wurde zunächst von Gunther Haupt, ab 1934 von dem Berliner Buchhändler Hans Höynck geleitet.

[15] »Schwarzes Brett der Reichsstelle [...]«. S. dazu auch Boese, Das Öffentliche Bibliothekswesen im Dritten Reich, S. 48–51.

[16] In ihrem Arbeitsbericht für Januar 1934 hielt Elisabeth Waldmann, die Leiterin des »Vorlektorats« der Reichsstelle, fest, daß die Gutachten der Reichsstelle bei der Katalogarbeit des Instituts für Leser- und Schrifttumskunde berücksichtigt werden sollten. Sie nannte gleichzeitig auch Katalogprojekte, an deren Vorbereitung die Reichsstelle beteiligt wurde. BArch Potsdam NS 8/153 hier Bl. 160.

[17] S. die Bekanntmachung vom 10. 11. 1933, veröffentlicht in der Rubrik »Schwarzes Brett«, Buch und Volk 10 (1933), S. 48. Darin werden neben den Staats- und Kultusministerien einiger Länder die DAF, die Gemeinschaft deutscher Vortragskünstler, die Reichsleitung des NS-Lehrerbunds, das Bundesamt für Schrifttum im Bund deutscher Osten und die Dichterakademie erwähnt.

Reichsinnenministerium in Arbeitsgemeinschaft stehen und mit vielen anderen Ministerien bestimmte Abmachungen getroffen haben«.[18] Doch noch im März 1934 war die »Reichsstelle« de facto weder als privatrechtlicher Verein registriert[19] noch als parteiamtliche oder staatliche Einrichtung anerkannt. Auch war sie ohne die Subventionen von außen überhaupt nicht lebensfähig.

Existentiell wurde dieses Grundproblem, als das Propagandaministerium Ende Januar 1934 den Versuch unternahm, die Reichsstelle für sich zu vereinnahmen. Rosenberg setzte sich zwar beim Stellvertreter des Führers gegen dieses »Prinzip [,] mit Hilfe amtlicher Machtmittel einen Überfall zu inszenieren«,[20] erfolgreich zur Wehr. Doch nachdem das Propagandaministerium den Geldhahn zugedreht hatte, mußte ihn Hagemeyer am 17. 3. 1934 mit der Tatsache konfrontieren, daß, »wenn ich nicht bis Ende des Monats Klarheit über den Etat habe, ich die Liquidation der Reichsstelle beantragen muß«.[21]

In dieser heiklen Situation erwies sich ein Auftrag, den Rosenberg am 24. 1. 1934 von Hitler erhalten hatte, als Ausweg. Im Dezember 1933 hatte Ley in seiner Funktion als Stabsleiter der Politischen Organisation gegenüber Rosenberg die »vielfache Zerrissenheit in der Behandlung weltanschaulicher Fragen« innerhalb der NSDAP beklagt und den Chefideologen um Abhilfe gebeten.[22] Das Einverständnis Rosenbergs war an die Bedingung geknüpft, hierfür einen »amtlichen« Auftrag zu erhalten.[23] Mit der von Ley kurzerhand entworfenen und von Hitler abgezeichneten »Verfügung« wurde Rosenberg dann »mit der gesamten geistigen und weltanschaulichen Schulung und Erziehung der Partei und aller gleichgeschalteter Verbände sowie des

[18] Das Schreiben findet sich in BArch Potsdam NS 12/77.

[19] Mitteilung Hagemeyers an Rosenberg vom 26. 3. 1934, BArch Potsdam NS 8/153 Bl. 133–135, hier Bl. 135.

[20] So Rosenberg in einem Schreiben an Heß vom 15. 3. 1934, BArch Potsdam NS 8/177 Bl. 225–229, hier Bl. 227.

[21] Das Schreiben an Rosenberg in BArch Potsdam NS 8/153 Bl. 138.

[22] So die Darstellung Rosenbergs in einem Schreiben an Ley vom 6. 11. 1935, BArch Potsdam NS 8/192 Bl. 179–183, hier Bl. 179. S. auch das Schreiben Rosenbergs an Ley vom 15. 12. 1933, in dem der Stand der Verhandlungen wiedergegeben wird, BArch Potsdam NS 8/192 Bl. 251. Vgl. dazu die kritische Aufarbeitung der Entstehungsgeschichte des Führer-Auftrags bei Bollmus, Das Amt Rosenberg, S. 54–60.

[23] Rosenberg an Ley vom 6. 11. 1935, BArch Potsdam NS 8/192 Bl. 179.

Werks ›Kraft durch Freude‹« beauftragt.[24] Am 1. 12. 1933 hatte Rosenberg noch vergeblich Hitler um eine parteiamtliche Anerkennung und finanzielle Förderung seines Kampfbundes für deutsche Kultur gebeten.[25] Nun sah er die Chance, seine vom Zerfall bedrohte Kulturorganisation samt der Reichsstelle zur Förderung des deutschen Schrifttums in sein neues, von Ley finanziertes Parteiamt hinüberzuretten. Am 15. 3. 1934 ließ Rosenberg Heß wissen, daß er die »Reichsstelle unbedingt brauche als das erste jetzt arbeitende Filter für die Überprüfung des Schrifttums, damit dieses dann auf Grund seines weltanschaulichen und geistigen Gehalts der Schulung und überhaupt der ganzen Bewegung empfohlen werden kann bezw. kann ich die NSDAP dann warnen, bestimmte Werke innerhalb der Partei zu propagieren«.[26]

Obwohl dies mit den ursprünglich der Reichsstelle zur Förderung des deutschen Schrifttums zugedachten Aufgaben nicht mehr viel zu tun hatte,[27] wurde sie zum 1. 4. 1934 aus dem Propagandaministerium ausgegliedert und der Führung Rosenbergs unmittelbar unterstellt.[28] Als am 6. 6. 1934 das Amt des »Beauftragten des Führers für die gesamte geistige und weltanschauliche Erziehung der NSDAP« gegründet wurde, mußte Rosenberg zwar dem Zusammenschluß von Kampfbund für deutsche Kultur und »Deutscher Bühne« zur »NS-Kulturgemeinde« und deren korporativem Beitritt zur »NS-Gemeinschaft ›Kraft durch Freude‹« zustimmen.[29] Doch gelang es ihm, seine langjährigen Mitarbeiter Gotthard Urban als Stabsleiter, Walter Stang als Leiter des Amtes »Kunstpflege« und Hans Reinerth als Leiter der Abteilung »Vor- und Frühgeschichte«

[24] Der Text wird zitiert nach Das Archiv. Nachtragsband III, S. 1171.

[25] Das Schreiben in BArch Potsdam NS 8/175 Bl. 178–187.

[26] Rosenberg an Heß vom 15. 3. 1934, BArch Potsdam NS 8/177 Bl. 225–229, hier Bl. 228.

[27] In der 1933 erschienenen Druckschrift zur Reichsstelle hieß es, daß es Aufgabe der Reichsstelle sei, »*den* Volksgenossen als Leser zu erfassen, dem die [nationalsozialistische] Revolution ein Erlebnis bedeutete und ihn vertraut zu machen mit dem echten Gute des deutschen Schrifttums« ([Teil I] S. 3).

[28] Schreiben Rosenbergs an Bouhler vom 24. 3. 1934, BArch Potsdam NS 8/208 Bl. 186 sowie »Rückfragen und Anordnungen der Reichsstelle zur Förderung des deutschen Schrifttums«/Rundschreiben Nr. 20 vom 10. 4. 1934, BArch Potsdam NS 12/77.

[29] S. das Schreiben Rosenbergs an Ley vom 13. 2. 1934, BArch Potsdam NS 8/192 Bl. 246–248, hier Bl. 246.

zu übernehmen.[30] Hans Hagemeyer leitete nun die »Hauptstelle ›Schrifttumspflege‹«,[31] die zunächst mit der Organisation der Reichsstelle zur Förderung des deutschen Schrifttums völlig identisch war.[32]

Damit waren für Rosenberg die Probleme jedoch noch keineswegs ausgestanden. Zunächst blieb das Finanzierungsproblem akut. Denn seit 1935 ließ Ley seine Zuschüsse spärlicher fließen und stellte sie 1936 dann völlig ein.[33] Erst zu Beginn des Jahres 1937 konnte Rosenberg nach einer Aussprache mit Ley in Anwesenheit Hitlers und von Schirachs eine Übernahme der Kosten seiner von ihm selbst als »Reichsüberwachungsamt«[34] deklarierten Dienststelle auf den Etat des Reichsschatzmeisters der NSDAP erreichen.[35] Ley erklärte sich bereit, weiterhin die

30 »Vorläufiger Aufbau der Dienststelle des Beauftragten des Führers für die gesamte geistige und weltanschauliche Erziehung der N.S.D.A.P.« (o.D., 1934), BArch Potsdam NS 8/128 Bl. 23–24. S. dazu auch »Vorläufiges Arbeitsprogramm des Amtes zur Überwachung der geistigen und weltanschaulichen Erziehung der nationalsozialistischen Bewegung« (o. Vf., o.D.), BArch Potsdam NS 8/37 Bl. 151–156.

31 »Vorläufiger Aufbau der Dienststelle [...]«.

32 Hagemeyer blieb in Personalunion Leiter der Reichsstelle. Rosenberg bemühte sich bei Heß wiederholt um deren parteiamtliche Anerkennung (s. etwa sein Schreiben vom 22. 5. 1935, BArch Potsdam NS 8/177 Bl. 40). Obwohl er damit nie Erfolg hatte, wurde die Reichsstelle noch bis zum Beginn des Krieges in fast allen Publikationen des Amtes Schrifttumspflege als Mitherausgeber aufgeführt. Auch die 1937 erwogene Unterstellung der Reichsstelle unter die Reichsschrifttumskammer wurde nie realisiert. Dazu die Schreiben Hagemeyers an Rosenberg vom 11. 5. 1937, BArch Potsdam NS 8/246 Bl. 85–86, und 12. 11. 1937, ebd. Bl. 125–126.

33 S. den Klagebrief Rosenbergs an Reichsschatzmeister Schwarz vom 18. 5. 1936, BArch Potsdam NS 8/203 Bl. 149–151, insbes. Bl. 150–151. Mit Schreiben vom 6. 5. 1936 hatte Ley die Einstellung sämtlicher Zahlungen angekündigt, BArch Potsdam NS 8/192 Bl. 158–159. Vgl. dazu auch Bollmus, Das Amt Rosenberg, S. 85–103, der das Verhalten Leys als eine »Politik des fortgesetzten Vertrags- und Vertrauensbruchs« charakterisiert (S. 89).

34 Diese Bezeichnung hielt der Stellvertreter des Führers zwar »für nicht angängig« (Schreiben Bormanns an Rosenberg vom 19. 6. 1934, BArch Potsdam NS 8/177 Bl. 196). Sie wurde jedoch von Rosenberg weiterhin eingesetzt, um nicht immer den aufwendigen Titel seiner Dienststelle anführen zu müssen. So zumindest die Begründung Rosenbergs in einem Schreiben an Ley vom 6. 11. 1935, BArch Potsdam NS 8/192 Bl. 179.

35 Mit Schreiben vom 25. 2. 1937 bat Rosenberg Schwarz um die Übernahme der Kosten für das »Reichsüberwachungsamt« auf seinen Etat, BArch Potsdam NS 8/203 Bl. 139–140. Am 14. 12. 1937 beantragte er beim

Kosten für den kulturellen Tätigkeitsbereich Rosenbergs und damit auch für die Reichsstelle zur Förderung des deutschen Schrifttums sowie das Amt Schrifttumspflege zu tragen.[36] Die Folge dieser Absprachen war ein hypertrophes Wachstum des Amtsapparats, das sich besonders prägnant an der Schrifttumsstelle verdeutlichen läßt.

Die »Hauptstelle ›Schrifttumspflege‹« wurde am 1.4. 1936 zum »Amt«[37] und Ende 1941 schließlich zum »Hauptamt« erhoben.[38] 1940 verfügte sie über vier eigene »Hauptstellen«, die noch einmal in 21 »Stellen« untergliedert waren:[39] Die Hauptstelle »Zentrallektorat« (I) mit den Stellen »Gutachten-Redaktion« (1), »Zeitschriften-Lektorat« (2), »Schul- und Fachbuch« (3), »Sonderlektorat« (4), »Bücherkunde« (5), »Lektorenbetreuung« (6), »Lektoratsbüro« (7); die Hauptstelle »Auswertung« (II) mit den Stellen »Bücherei der Dienststelle« (1), »Auskunft« (2), »Katalogzusammenstellung« (3), »Zeitschriften- und Buchbesprechungsarchiv« (4), »Verbotsliteratur« (5); die Hauptstelle »Einsatz« (III) mit den Stellen »Schrifttumsbetreuung« (1), »Mitarbeiterkartei und Auswertung« (2), »Büchereiwesen« (3), »Schrifttumsförderung« (4), »Ausstellungen und Veranstaltungen« (5), »Einsatzplanung« (6), »Statistik und Registratur« (7); sowie die Hauptstelle »Schrifttumsforschung« (IV) mit den Stellen »Geschichte des Schrifttums« (1) und »Schrifttumslehre« (2).

Die Dienststelle Hagemeyers verfügte zu diesem Zeitpunkt über insgesamt 27 Mitarbeiter.[40] Die Mehrzahl von ihnen gehörte seit 1930/31 der NSDAP an, hatte eine akademische Ausbildung hinter sich und war bereits für die Partei tätig gewesen,

Reichsschatzmeister für 1938 77000 RM an Personal- und Sachmitteln sowie weitere 10000 RM für einen Dispositionsfonds, ebd. Bl. 112.

36 Mitteilung Rosenbergs an Schwarz vom 8. 6. 1937, BArch Potsdam NS 8/203 Bl. 135–136.

37 Personalangaben zu Hagemeyer in BArch Potsdam NS 8/137 Bl. 87. Der 1936 gültige Organisations- und Geschäftsverteilungsplan des Amtes Schrifttumspflege (10 S.) findet sich in BArch Potsdam NS 15/188 .

38 Organisations- und Geschäftsverteilungsplan des »Hauptamtes Schrifttumspflege« vom 22. 12. 1941, BArch Potsdam NS 8/228 Bl. 79–83.

39 Zum folgenden der Organisationsplan der Dienststelle Rosenberg aus dem Jahre 1940, BArch Potsdam NS 8/228 Bl. 7–74, hier Bl. 29–40 »Amt Schrifttumspflege«.

40 Zahlenangabe im Organisationsplan der Dienststelle Hagemeyers vom 1. 6. 1940, BArch Potsdam NS 8/228 Bl. 75–78, hier Bl. 77.

bevor sie ab 1938 in das »Reichsüberwachungsamt« übernommen wurde.[41] Zu den hauptamtlich Angestellten gesellte sich noch ein ganzes Heer ehrenamtlich tätiger Mitarbeiter. Im Herbst 1934 wurden in den Gauleitungen »Gauschrifttumsbeauftragte« und in den Kreisleitungen »Kreisschrifttumsbeauftragte« eingesetzt.[42] Die Zahl der Hauptlektoren stieg zwischen 1934 und 1941 von 20 auf 50,[43] die der Lektoren von rund 400 auf 1400.[44]

Um dieses weitverzweigte Mitarbeiternetz auf eine einheitliche Linie bringen zu können, wurden seit Herbst 1935 jährlich

[41] Diese Angabe stützt sich auf die Auswertung von Unterlagen des BDC/Masterfile/Partei-Kanzlei-Correspondence sowie der »Personalfragebogen für Besoldungsempfänger (1937–1945)« in BArch Potsdam NS 15/1–18 zu folgenden Personen: Siegwalt Benatzky (*1912, NSDAP 1933); Herbert Clausberg (*1904, NSDAP 1930), Leiter der Stelle »Schrifttumsförderung«; Hans-Wolfgang Ebeling (*1905, NSDAP 1933), Leiter der Stelle »Büchereiwesen«; Lothar Freund (*1900, NSDAP 1930); Walter Grothe (*1895, NSDAP 1931), Leiter der Zentralbibliothek; Leonhard Werner Gummert (*1911, NSDAP 1937), Leiter der Stelle »Einsatzplanung«; Hans Hagemeyer (*1899, NSDAP 1931), Leiter des Amtes; Wolfgang Koegel (*1899, NSDAP 1940), Leiter der Stelle »Sonderlektorat«; Hans Maier (*1897, NSDAP 1937), Leiter der Stelle »Zeitschriften-Archiv«; Joachim Menzel (*1907, NSDAP 1937); Hans-Georg Otto (*1903, NSDAP 1929), Leiter der Hauptstelle »Auswertung«; Bernhard Payr (*1903, NSDAP 1932), Leiter der Hauptstelle »Zentrallektorat«; Hildebert Reinhardt (*1904, NSDAP 1931); Wilhelm Stölting (*1903, NSDAP 1930), Leiter der Stelle »Zeitschriften-Lektorat«, ab 1943 der Hauptstelle »Schrifttumsplanung«; Günther Stöve (*1908, NSDAP 1931), ab 1937 Chefredakteur der »Bücherkunde«; Gerhard Utikal (*1912, NSDAP 1931), Leiter der Hauptstelle »Einsatz«; Konrad Vogel (*1884, NSDAP 1932), Leiter der Hauptstelle »Auskunft«; Peter von Werder (*1908, NSDAP 1940), ab 1. 2. 1943 als Nachfolger Payrs Leiter der Hauptstelle »Zentrallektorat«; Gottfried Westenburger (*1905, NSDAP 1939), Planstelle »Schriftenreihe der NSDAP« in der Hauptstelle »Schrifttumsplanung«; Heinrich Wiechemann (*1906, NSDAP 1937).

[42] Payr, Amt Schrifttumspflege, S. 13.

[43] Vgl. »Rückfragen und Anordnungen der Reichsstelle zur Förderung des deutschen Schrifttums«/Rundschreiben Nr. 24 vom 20. 6. 1934, BArch Potsdam NS 12/77, mit Payr, Amt Schrifttumspflege (1941), S. 11. Während die Hauptlektoren jeweils in der »Bücherkunde« namhaft gemacht wurden, blieben die Lektoren hinter einer Chiffre versteckt.

[44] Vgl. B. Payr, Kulturarbeit im Stillen: Wie arbeitet die Reichsstelle zur Förderung des deutschen Schrifttums, in: Kasseler Neueste Nachrichten vom 14./15. 7. 1934, mit Payr, Amt Schrifttumspflege (1941), S. 11.

eine »Reichsarbeitstagung« in Berlin und seit Frühjahr 1936 »Reichsschulungslehrgänge« auf regionaler Ebene veranstaltet.[45] Auf ihnen hielten Rosenberg und seine Schrifttumsfunktionäre, teilweise auch Schriftsteller und Verleger Vorträge über kultur- und literaturpolitische Themen.[46] Seit 1936 mußten die Gauschrifttumsbeauftragten regelmäßig »Tätigkeitsberichte« vorlegen, die in Berlin ausgewertet und in zusammenfassenden Auszügen wieder an sämtliche Gauschrifttumsbeauftragten versandt wurden.[47] Ab 1938 wurde zudem ein vertraulicher »Lektorenbrief« herausgegeben, der über die Arbeitsweise des (Haupt-)Amtes Schrifttumspflege informierte, auf die Ablehnung einzelner Schriftsteller und Verlage durch das »Reichsüberwachungsamt« hinwies, Kriterien für die Abfassung der Gutachten und sonstige Dienstanweisungen enthielt.[48]

Die Vermutung, daß dieser aufgeblähte Apparat lediglich auf dem Papier bestanden haben dürfte, geht fehl. Nicht nur die umfangreichen Aktenüberlieferungen zur Berliner Dienststelle,[49] sondern auch Einzelüberlieferungen zum Gauschrifttumsbeauftragten und zu den Kreisschrifttumsbeauftragten im Gau Baden[50] sowie zur »Kreisstelle zur Förderung des deutschen

[45] Im einzelnen Payr, Amt Schrifttumspflege, S. 32–35.

[46] S. neben den Berichten in der »Bücherkunde«, 2 (1935) ff., und im »Lektoren-Brief«, 1 (1938) ff., den Band »Einsamkeit und Gemeinschaft. Zehn Vorträge der 5. Arbeitstagung des Amtes Schrifttumspflege beim Beauftragten des Führers für die gesamte geistige und weltanschauliche Erziehung der NSDAP«, hg. von H. Hagemeyer, Stuttgart 1939.

[47] S. die umfangreiche Überlieferung zum Gauschrifttumsbeauftragten Baden für die Jahre 1936–1941, GLA Karlsruhe/465d, Bd. 157. Eine Auswertung dieses Bestandes – allerdings auf der Grundlage der Mikrofilme in den National Archives in Washington – bei Rothfeder, Amt Schrifttumspflege, in: GSR 4 (1981), hier S. 74–77. Eine Liste sämtlicher Gauschrifttumsbeauftragten (o. D., ca. 1935) findet sich in BArch Potsdam NS 15/144.

[48] S. im einzelnen die – leider unvollständige – Überlieferung in BArch Potsdam NSD 16/59 1 (1938) –7 (1944). Aus den Jahren 1934 bis 1936 sind auch noch einzelne hektographierte Lektoren-Rundschreiben der Reichsstelle zur Förderung des deutschen Schrifttums erhalten in BArch Potsdam NS 12/77.

[49] In BArch Potsdam NS 8 »Kanzlei Rosenberg« und NS 15 »Der Beauftragte des Führers für die Überwachung der gesamten geistigen und weltanschaulichen Schulung und Erziehung der NSDAP«.

[50] In GLA Karlsruhe 465d »Gauleitung Baden der NSDAP«, hier »Gauschulungsamt«.

Schrifttums« in Düsseldorf[51] belegen eine intensive Einmischung in die nationalsozialistische Literaturpolitik. Allerdings war die Arbeit Hagemeyers innerhalb des Amtes Rosenberg keineswegs unumstritten. So führte Hagemeyers Organisationsfanatismus wiederholt zu Meinungsverschiedenheiten mit dem Amt »Kunstpflege«.[52] Auf Anordnung Rosenbergs wurde Hagemeyer schließlich am 1. 2. 1943 durch den inzwischen zum Leiter des Zentrallektorats avancierten Payr abgelöst.[53]

Schwerwiegender als die internen Querelen war hingegen die Konkurrenz zu der am 16. 4. 1934 gegründeten Parteiamtlichen Prüfungskommission zum Schutz des NS-Schrifttums. Sie verfügte im Gegensatz zur Schrifttumsstelle Rosenbergs nicht nur über einen klaren Parteiauftrag des Stellvertreters des Führers, sondern auch über eine staatlich anerkannte Weisungsbefugnis. Da die von Bouhler geleitete Prüfungskommission mit großem Geschick ihren Aufgabenbereich sukzessive sowohl auf Parteiebene als auch gegenüber dem Staat zu erweitern verstand, wurde der Konflikt mit dem auf eine eigene Monopolstellung in der parteiamtlichen Literaturpolitik drängenden Rosenberg zum Dauerbrenner, der das »Dritte Reich« bis in seine letzten Tage begleitete.

Schon Ende März 1934 hatte Rosenberg versucht, Bouhlers

[51] Stadtarchiv Düsseldorf/NL Dr. Oskar Mücke, Kreisdienststelle Düsseldorf zur Förderung des Deutschen Schrifttums 1935–1937. Anläßlich einer Lehrlingsprüfung der Buchhändler in Düsseldorf am 21. 2. 1937 mußte der Kreisschrifttumsbeauftragte allerdings die Feststellung machen, daß die Existenz der Reichsstelle zur Förderung des deutschen Schrifttums noch völlig unbekannt war. S. den Bericht Mückes, ebd. Bl. 459–460. Eine Liste mit den Kreisschrifttumsbeauftragten für den Gau Sachsen findet sich in BArch Potsdam NS 8/247 Bl. 50.

[52] Schreiben Stangs an Rosenberg vom 17. 10. 1935, BArch Potsdam NS 8/253 Bl. 104–105, und an Urban vom 16. 11. 1935, ebd. Bl. 97–99.

[53] Payr war, nachdem Hellmuth Langenbucher bereits am 1. 1. 1935 wegen Arbeitsüberlastung seine Mitarbeit bei der Reichsstelle eingestellt hatte, zum 1. 1. 1936 die Leitung des »Zentrallektorats« übertragen worden, BArch Potsdam NS 8/138 Bl. 178. Zum Wechsel Hagemeyer-Payr s. »An unsere Mitarbeiter!«, in: Lektoren-Brief 6, H. 1 (1943), S. 1. Die Ablösung Hagemeyers war am 18. 6. 1942 von Rosenberg angeordnet worden, konnte jedoch erst nach der Rückkehr Payrs von der Wehrmacht realisiert werden, s. BArch Potsdam NS 8/128 Bl. 115. Hagemeyer hatte von April 1942 bis zu seinem Ausscheiden im November 1944 noch die Leitung des Hauptamtes »Überstaatliche Mächte« inne. Dazu BArch Potsdam NS 8/138 Bl. 107 und Bl. 174.

Prüfungskommission als eine Art Vorlektorat in sein projektiertes »Reichsüberwachungsamt« einzugliedern.[54] Im Mai 1934 wurde Reichsstellenleiter Hagemeyer zum »Sachbearbeiter« für das Gebiet »Weltanschauliche Fragen« in der PPK berufen.[55] Als Bouhler jedoch nach der Errichtung seiner neuen Dienststelle rasch einen eigenständigen literaturpolitischen Kurs zu steuern begann, versuchte es Rosenberg mit förmlichen Vereinbarungen. Mit einer »Bekanntmachung« vom 8. 4. 1935 sollte die PPK auf ihren ursprünglichen Auftrag, nämlich die Prüfung des Schrifttums, das sich »in Wort und Bild und im Inhalt auf den Nationalsozialismus bezieht«, begrenzt werden.[56] Demgegenüber wurde für die Hagemeyersche »Hauptstelle für Schrifttumspflege« die Aufgabe reserviert, »das *gesamte* deutsche Schrifttum soweit es eine weltanschauliche, politische, kulturelle oder erzieherische Ausrichtung hat, zum Zwecke der Förderung zu prüfen«.[57] »Zur Sicherung einer einheitlichen Bewertung, Stellungnahme und Förderung« sollte die Reichsstelle zur Förderung des deutschen Schrifttums sowohl innerhalb der NSDAP als auch gegenüber dem Staat als Koordinationsstelle fungieren.[58]

Doch auch diese Absprache blieb Papier. Rosenberg mußte sich weiterhin darüber beklagen, daß die Bouhler-Kommission ihren Aufgabenkreis – »wie es das Leben mit sich bringt« – ständig erweiterte und »buchstäblich alles das [!] unter ihre Wertung zieht, was in Deutschland überhaupt gedruckt wird«.[59] Als der stellvertretende PPK-Vorsitzende Hederich im August 1937 auch noch zum Leiter der Schrifttumsabteilung im

[54] Schreiben Rosenbergs an Bouhler vom 24. 3. 1934, BArch Potsdam NS 8/208 Bl. 186.

[55] »Rückfragen und Anordnungen der Reichsstelle zur Förderung des deutschen Schrifttums«/Rundschreiben Nr. 23 vom 29. 5. 1934, BArch Potsdam NS 12/77.

[56] Der Text der »Bekanntmachung« in BArch Potsdam NS 8/128 Bl. 11–13, hier Bl. 11. Eine ähnliche Aufgabenverteilung war bereits am 20. 6. 1934 vorgenommen worden. Vgl. »Rückfragen und Anordnungen der Reichsstelle zur Förderung des deutschen Schrifttums«/Rundschreiben Nr. 24, BArch Potsdam NS 12/77.

[57] »Bekanntmachung« vom 8. 4. 1935, BArch Potsdam NS 8/128 Bl. 12. Hervorhebung im Text.

[58] Ebd., Bl. 12–13.

[59] So Rosenberg in einem Schreiben an Bouhler vom 6. 3. 1936, BArch Potsdam NS 8/208 Bl. 117–123, hier Bl. 122. Rosenberg warf Bouhler

Propagandaministerium avancierte und Hederich ebenso wie Bouhler die PPK anläßlich der Buchwoche öffentlich zur Schaltstelle in der Literaturpolitik erklärten,[60] spitzte sich der Konflikt zu. Nachdem sein Antrag auf eine vollständige Auflösung der PPK von Heß abgelehnt worden war,[61] begann Rosenberg mit Unterstützung Amanns ein Kesseltreiben gegen »den« Hederich,[62] eine in seinen Augen »mit Exekutive ausgestattete hochgekommene Subalternität«.[63]

Allerdings änderte die schließlich im Oktober 1938 von Goebbels verfügte Entlassung Hederichs als Leiter der Schrifttumsabteilung an dem von Rosenberg bekämpften »Dualismus«[64] zwischen seiner Dienststelle und der PPK nicht viel. Offenbar war Heß nämlich weiterhin nicht bereit, die Arbeit Bouhlers zu beschneiden. Ein darauf abzielender neuer Verfügungs-Entwurf Rosenbergs vom 30. 6. 1939 wanderte unbearbeitet zu den Akten.[65] Faktisch sanktionierte der Stellvertreter des Führers damit auch die von Rosenberg jeweils sorgsam registrierte »Sucht«[66] der PPK, sich immer wieder neue Kompetenzen zuzulegen, die weit über ihren ursprünglichen Auftrag hinausgingen. Rosenberg, der sich seinerseits nicht auf die Rolle eines nur den »Rotstift« führenden »chinesischen Mandarin«

hiermit eine Taktik vor, die er selbst – allerdings mit geringerem Erfolg – schon seit 1934 praktizierte.

60 S. dazu den »Bericht über den Presseempfang zur Woche des deutschen Buches im Kaiserhof am 26. Oktober 1937«, den der Mitarbeiter des Amtes Schrifttumspflege Utikal am 27. 10. 1937 vorlegte, BArch Potsdam NS 8/178 Bl. 53–54, sowie die diesbezüglichen Schreiben Rosenbergs an Heß vom 4. 11. 1937, ebd. Bl. 49–52, und vom 2. 12. 1937, ebd. Bl. 34–36.

61 »Entscheidung« des Stellvertreters des Führers vom 15. 8. 1937, BArch Potsdam NS 8/208 Bl. 104–105.

62 »Der Hederich« war noch bis 1944 die gängige Bezeichnung Rosenbergs für seinen Rivalen in der PPK.

63 So Rosenberg in einem Schreiben an Heß vom 16. 7. 1938, BArch Potsdam NS 8/179 Bl. 44–49a, hier Bl. 49.

64 So Rosenberg wörtlich in einem Schreiben an Heß vom 15. 9. 1938, BArch Potsdam NS 8/180 Bl. 136–138, hier Bl. 138.

65 Entwurf zu einer »Entscheidung des Stellvertreters des Führers« vom 30. 6. 1939 in BArch Potsdam NS 8/181 Bl. 2–3.

66 So Rosenberg in einem Schreiben an Heß vom 11. 11. 1939, BArch Potsdam NS 8/182 Bl. 65–69, hier Bl. 67.

beschränken lassen wollte,[67] blieb hartnäckig. Nur wenige Tage nach dem England-Flug von Heß und der Errichtung der »Partei-Kanzlei der NSDAP« wurde er nun bei Bormann vorstellig. Die Versuche Bouhlers, so Rosenberg am 28. 5. 1941, »einen mir gewordenen Führerauftrag und zwar jetzt mit der Autorität des Führers zu durchlöchern, müßten bei der jetzigen Klarstellung [!] auch endgültig aufhören«.[68]

Daß Bormann schließlich zu Beginn des Jahres 1943 in diesem heiklen Bereich aktiv wurde, hing aber weniger mit dem Insistieren Rosenbergs als mit der angespannten Kriegslage zusammen. Auf die Aufforderung des Leiters der Partei-Kanzlei, sämtliche Parteidienststellen im Hinblick auf eine mögliche Zusammenfassung und Personaleinsparung zu überprüfen,[69] reagierte Bouhler mit dem Vorschlag, den langjährigen Wünschen Rosenbergs nun endlich entgegenzukommen.[70] Am 28. 1. 1943 wurde von beiden Reichsleitern bereits der »Entwurf zu einer Vereinbarung« abgezeichnet, mit der die Tätigkeit der PPK dem »Reichsüberwachungsamt« unterstellt werden sollte.[71] Doch Anfang März 1943 machte Bouhler wieder einen Rückzieher. In einem ausführlichen Schreiben an Rosenberg wurden von ihm so viele Bedingungen und Ausnahmeregelungen bezüglich der Vereinigung beider Schrifttumsstellen formuliert,[72]

[67] So die treffende Selbstcharakterisierung Rosenbergs in einem Schreiben an Heß vom 17. 9. 1940, BArch Potsdam NS 8/184 Bl. 120–129, hier Bl. 122.

[68] Das Schreiben Rosenbergs an Bormann in BArch Potsdam NS 8/185 Bl. 43–48, hier Bl. 46.

[69] Fernschreiben Bormanns an Rosenberg vom 26. 1. 1943 mit Bezugnahme auf den Erlaß Hitlers vom 13. 1. 1943 betr. totale Mobilisierung der Heimat und ihren restlosen Einsatz für kriegsentscheidende Aufgaben, in dem eine Absprache über die Zusammenlegung der kriegsnotwendigen Schrifttumsarbeiten zwischen dem Hauptamt Schrifttumspflege, der PPK und der Schrifttumsabteilung des Propagandaministeriums angeregt wurde. BArch Potsdam NS 8/188 Bl. 176.

[70] So die Darstellung Bouhlers in einem Schreiben an Rosenberg vom 8. 3. 1943, BArch Potsdam NS 8/209 Bl. 33–36, hier Bl. 33.

[71] BArch Potsdam NS 8/189 Bl. 49. Ergänzend dazu die »Vereinbarung über allgemeine Richtlinien zum Aufbau des ›Schrifttumsamtes der NSDAP‹«, BArch Potsdam NS 8/129 Bl. 44, sowie die von Bouhler abgezeichnete »Festlegung über den organisatorischen Aufbau des Zusammenschlusses« der PPK und des Hauptamts Schrifttumspflege, ebd. Bl. 45–47.

[72] S. im einzelnen das Schreiben Bouhlers an Rosenberg vom 8. 3. 1943, BArch Potsdam NS 8/209 Bl. 33–36.

daß eine Ablehnung Rosenbergs sicher war. Der Chefideologe, der sich kurz vor dem Ziel wähnte, versuchte nun, den Sinneswandel Bouhlers zu ignorieren[73] und auf der Grundlage der Vereinbarung vom Januar 1943 eine Verfügung Hitlers über das projektierte zentrale »Schrifttumsamt der NSDAP« herbeizuführen.[74]

Hitler entschied jedoch im Juni 1943, daß Bouhler das neue Amt zugesprochen werden und Rosenberg sich ganz auf seinen »großen Auftrag in den besetzten Ostgebieten, der eine Lebensaufgabe für sich darstelle«, konzentrieren solle.[75] Anscheinend hat sich dann aber niemand um die Realisierung dieser Führer-Entscheidung gekümmert.[76] Denn sowohl Bouhler als auch Rosenberg ließen ihre Schrifttumsapparate einfach weiterarbeiten. War die Zusammenlegung beider Schrifttumsstellen zunächst durch das Festhalten Bouhlers an seinem Mitarbeiter Hederich gescheitert,[77] so weigerte sich nun Rosenberg, seinen Haupt-

[73] Dazu das Schreiben Rosenbergs an Bormann vom 12. 4. 1943, BArch Potsdam NS 8/188 Bl. 66–70. Darin hieß es mit Bezugnahme auf das Schreibens Bouhlers vom 8. 3. 1943: »[...] zu mir zu kommen, seine Unterstellung anzubieten, dann sich zum Reichsleiter des neuen Schrifttums-Dienstbereichs zu erheben, mir das Hauptamt Schrifttum in die Parteiamtliche Prüfungskommission praktisch hinüber zu nehmen, sich freie Hand beim eventuellen Hinauswurf meiner Mitarbeiter vorzubehalten, das ist wahrhaftig ein starkes Stück« (Bl. 66).

[74] »Entwurf« zu einer Verfügung des Führers über die Zusammenlegung der Schrifttumsstellen der NSDAP, BArch Potsdam NS 8/188 Bl. 89, der am 25. 3. 1943 von Hellmuth Friedrichs, dem Mitarbeiter Bormanns in der Partei-Kanzlei, an Rosenbergs Stabsleiter Stellrecht weitergeleitet wurde, ebd. Bl. 88.

[75] So Bormann in seiner Mitteilung an Rosenberg vom 29. 6. 1943, BArch Potsdam NS 8/188 Bl. 2.

[76] Hitler hatte dieser Entwicklung allerdings selbst Vorschub geleistet. Denn er erneuerte im Juli 1943 zwar seine Entscheidung, ließ Rosenberg am 12. 7. 1943 jedoch durch Bormann wissen, daß er selbstverständlich »keine Einwände [habe], wenn Sie beschleunigt noch einmal Verhandlungen mit Herrn Reichsleiter Bouhler aufnähmen, um mit ihm zu einem Übereinkommen zu gelangen«. Das Schreiben Bormanns an Rosenberg in BArch Potsdam NS 8/189 Bl. 143.

[77] Schreiben Rosenbergs an Bormann vom 26. 5. 1943, BArch Potsdam NS 8/188 Bl. 24–28 sowie »Aktennotiz« Payrs vom 13. 7. 1943 für die bevorstehende Rücksprache Rosenbergs beim Führer im Hauptquartier betr. HA Schrifttum und PPK, BArch Potsdam NS 8/189 Bl. 47.

amtsleiter Payr der PPK zu unterstellen.[78] Bormann, der wiederholt auf Personaleinsparungen bei der Dienststelle Rosenberg gedrungen hatte, mußte noch am 1. 9. 1944 – mit Bezug auf die Goebbelsschen Stillegungs-Anordnungen im Schrifttumsbereich – die endgültige Schließung des »Hauptamtes Schrifttum« verfügen.[79] Doch selbst da versuchte Rosenberg, der sich durch die militärische Entwicklung schon um den Zuständigkeitsbereich seines Ostministeriums gebracht sah, noch zäh an den Überresten seiner Schrifttumsstelle festzuhalten.[80]

1.2. Die Aktivitäten im Literaturbereich

Die Reichsstelle zur Förderung des deutschen Schrifttums war im Juni 1933 mit einer doppelten Zielsetzung angetreten: durch die systematische Auswertung und den gezielten Einsatz der deutschen Literatur als »Waffe«[81] sollten die Leser als »Teil der Volksgemeinschaft« zum einen »frei« gemacht werden vom »Gedankengut« der Weimarer Republik, das »immer noch in allen Köpfen herumspukt«, und zum anderen »gesund« gemacht werden »durch ein Schrifttum, das uns zum Dritten Reich führt«.[82]

[78] Schreiben Rosenbergs an Bormann vom 31. 8. 1944, BArch Potsdam NS 15/20.

[79] Schreiben Bormanns an Rosenberg vom 1. 9. 1944, BArch Potsdam NS 8/191 Bl. 149–152, hier Bl. 151–152.

[80] Schreiben Bormanns an Rosenberg vom 16. 9. 1944, BArch Potsdam NS 8/191 Bl. 118, mit dem sich der Leiter der Partei-Kanzlei über das obstruktive Verhalten Rosenbergs beschwerte, sowie die »Aktennotiz« Rosenbergs vom 28. 9. 1944 über seine Unterredung mit Oberbefehlsleiter Friedrichs von der Partei-Kanzlei, ebd. Bl. 79–88, hier Bl. 83–84. Die von Rosenberg erwogene Reduzierung seiner Dienststelle auf einen »kleinen Arbeitsstab« mit insgesamt 28 Sachbearbeitern (u. a. mit Payr als Sachbearbeiter für Schrifttum) wurde von Rosenbergs Stabsleiter Stellrecht mit der Empfehlung abgelehnt, darüber erst noch einmal mit der Partei-Kanzlei zu verhandeln. Dazu das Schreiben des Rosenberg-Adjutanten Koeppen an Stellrecht vom 19. 9. 1944, BArch Potsdam NS 8/227 Bl. 180–181, sowie das Antwortschreiben Stellrechts an Koeppen vom 20. 9. 1944, ebd. Bl. 182–183.

[81] Diese später vom Propagandaministerium aufgegriffene Metapher taucht erstmals 1933 in der Druckschrift »Reichsstelle zur Förderung des deutschen Schrifttums« [Teil I], S. 7, auf.

[82] Ebd., Nachwort [zu Teil II], S. 14.

Obwohl der »Führer-Auftrag« vom Januar 1934 die Tätigkeit Rosenbergs zunächst auf den Parteibereich beschränkte, hielten sowohl die Reichsstelle als auch die Abteilung Schrifttumspflege im »Reichsüberwachungsamt« an der Aufgabenstellung fest, »systematisch das *gesamte* deutsche Schrifttum, soweit es irgendeine bildnerische oder erzieherische Bedeutung für das deutsche Volk hat«, zu überprüfen.[83] So nahm der ständig erweiterte Stab von Hauptlektoren und Lektoren bis 1945 die wohl umfassendste Sichtung und Bewertung der in Deutschland verbreiteten in- und ausländischen Literatur vor.

Das jahrelang gesammelte Informationsmaterial wurde dabei nicht nur für den internen Geschäftsverkehr oder die Versorgung staatlicher, parteiamtlicher und polizeilicher Dienststellen eingesetzt. Mit zahlreichen Publikationen wurden die literaturästhetischen und -politischen Bewertungskriterien des Amtes Rosenberg seit 1934 auch in der Öffentlichkeit verbreitet.[84] Während der »Dienst am deutschen Schrifttum«[85] vor allem die Zeitungs- und Zeitschriftenpresse in der Provinz mit Nachrichten und Aufsätzen der Reichsstelle zur Förderung des deutschen Schrifttums versorgen sollte, wandte sich die im Verlag des Börsenvereins erscheinende Zeitschrift »Buch und Volk« mit ihren Aufsätzen und Buchrezensionen unmittelbar an die Leserschaft. Im Auftrag der Reichsstelle gab das Institut für Leser- und Schrifttumskunde in Leipzig die bisherige »Deutsche Volksbibliographie« unter dem Titel »Der Berater« sowie den »Zeitgeschichtlichen Informationsdienst« heraus. Die thematisch gebundenen Bücherverzeichnisse beziehungsweise Kurzkataloge sollten insbesondere Einfluß auf den Neuaufbau der Volksbüchereibestände nehmen. Für die nationalsozialistischen Büchereien wurden von der Reichsstelle im Zentralverlag der

[83] »Rückfragen und Anordnungen der Reichsstelle zur Förderung des deutschen Schrifttums«/Rundschreiben Nr. 24 vom 20. 6. 1934, S. 1, BArch Potsdam NS 12/77. Hervorhebung von mir.

[84] S. zum folgenden die Übersicht über die Veröffentlichungen der Reichsstelle zur Förderung des deutschen Schrifttums (Stand: September 1934) in BArch Potsdam NS 15/144.

[85] Ein Exemplar der ersten Nummer vom 5. 6. 1934 ist überliefert in BArch Potsdam NSD 16/56.

NSDAP noch einmal gesonderte Auswahlverzeichnisse publiziert.[86]

Aus zunächst bescheidenen Anfängen entwickelte sich die seit 1934 im Gauverlag Bayerische Ostmark herausgegebene »Bücherkunde« zum zentralen Organ der Rosenbergschen Schrifttumsstelle(n).[87] Ihre Auflage betrug noch 1944 8000 Exemplare.[88] Hier erschienen die grundlegenden literaturpolitischen Aufsätze zu Autoren, Verlagen und Trends des Buchmarktes, das Institut für Leser- und Schrifttumskunde informierte über die Entwicklung im Volksbüchereiwesen, die Gutachten der Lektoren wurden in Auszügen vorgestellt, über interne Veranstaltungen und Schulungslehrgänge sowie über die großen öffentlichen Ausstellungen des Amtes Schrifttumspflege wurde berichtet. Adressaten der Zeitschrift sollten »alle indirekten und direkten Mittler des deutschen Schrifttums, sowie sonstige literarisch Interessierte« sein.[89] Ein Ziel, das Hagemeyer seit 1935 durch intensive Werbemaßnahmen zu erreichen versuchte und

[86] Ab 1934 gab die Reichsstelle zur Förderung des deutschen Schrifttums das Auswahlverzeichnis »Die hundert ersten Bücher für nationalsozialistische Büchereien« heraus, später zusammengefaßt vom Amt Schrifttumspflege unter dem Titel »Vierhundert Bücher für nationalsozialistische Büchereien«, Eher Verlag, München o.J. (BArch Potsdam NSD 16/25). 1939 erschien noch eine »Grundliste I des Hauptschulungsamtes für nationalsozialistische Büchereien«, zusammengestellt vom Amt Schrifttumspflege, herausgegeben vom Hauptschulungsamt in der Reichsorganisationsleitung der NSDAP (BArch Potsdam NSD 9/70).

[87] »Bücherkunde der Reichsstelle zur Förderung des deutschen Schrifttums«, 1 (1934), ab Jg. 4 (1937) unter dem Titel: »Bücherkunde. Amtliches Organ der Dienststelle des Beauftragten des Führers für die gesamte geistige und weltanschauliche Erziehung der NSDAP und der Reichsstelle zur Förderung des deutschen Schrifttums«; ab Jg. 7 (1940) wurde der Hinweis auf die Reichsstelle gestrichen. Ziel Hagemeyers war es, die »Bücherkunde« zum »verpflichtendste[n] kritische[n] Organ allmählich heranzubilden, das Deutschland seit Lessing gehabt hat«. So im Vorwort zur zweiten Auflage der Nrn. 1–4 des ersten Jahrgangsbandes der Bücherkunde (1934).

[88] »Veröffentlichungen der Dienststelle Rosenberg« (Stand: ca. 1944), BArch Potsdam NS 8/191 Bl. 205–206.

[89] »Rundschreiben« der »Bücherkunde« an alle Lektoren der Reichsstelle zur Förderung des deutschen Schrifttums vom 17. 10. 1935, BArch Potsdam NS 12/77. Der Artikel »Wem dient die ›Bücherkunde‹?«, in: Die Bücherkunde 2 (1935), S. 306–308 (I) und 338–341 (II), nannte als Zielgruppen Bibliothekare an wissenschaftlichen und volkstümlichen Büchereien, den Gesamtbuchhandel, Schriftleiter, Schriftsteller und Wissenschaftler.

auf das er insbesondere die Gau- und Kreisschrifttumsbeauftragten verpflichtete.[90]

Ab Ausgabe 11 (November) des zweiten Jahrgangs 1935 wurde der wöchentlich vom Zentrallektorat herausgegebene »Gutachtenanzeiger« im Anhang einer »Ausgabe B« der »Bücherkunde« veröffentlicht. Auf weißem Papier wurden darin Bücher und Manuskripte »angezeigt«, die »positiv«, auf rotem Papier solche, die negativ bewertet wurden, wobei noch einmal zwischen »empfohlen«, »bedingt empfohlen«, »nicht zu empfehlen« und »mit Einschränkung nicht zu empfehlen« unterschieden wurde.[91] Da die Bewertungen »nur für den internen Dienstgebrauch« bestimmt waren, konnte diese Ausgabe der Zeitschrift allerdings nur auf einen begründeten Antrag hin bezogen werden. »Streng vertraulich!« war auch der »Jahresgutachtenanzeiger«, der erstmals im Juni 1937 herausgegeben wurde. Für 1936 waren in ihm 2914 Gutachten zu 42 Sachgebieten, für 1937 2892 Gutachten zu 47 Sachgebieten, für 1938 3120 Gutachten zu 48 Sachgebieten, für 1939 4256 Gutachten und für 1940 3581 Gutachten zu jeweils 46 Sachgebieten enthalten.[92]

So imponierend sich diese Arbeitsleistung auf dem Papier ausnimmt – in der politischen Praxis blieb sie nur bedingt relevant. Denn in der »Bücherkunde« wurden mit Adolf Bartels, Hans Friedrich Blunck, Bruno Brehm, Hans Carossa, Edwin Erich Dwinger, Paul Ernst, Walter Flex, Friedrich Griese, Robert Hohlbaum, Hanns Johst, Kurt Kluge, Hermann Löns, Wilhelm Schäfer, Emil Strauß, Josef Weinheber oder August Winnig im Grunde die gleichen Autoren positiv herausgestellt, deren Werke ohnehin schon ausreichende Förderung von staat-

[90] In den Formularen der »Tätigkeitsberichte« der Gauschrifttumsbeauftragten war in der Rubrik »Ständig laufende Werbungen« auch die Frage zu beantworten: »Was haben Sie im vergangenen Monat für die Verbreitung der ›Bücherkunde‹ veranlaßt, und welche Erfolge haben Sie damit erzielt? (Möglichst Zahlenangabe)«. »Tätigkeitsberichte« des Gauschrifttumsbeauftragten Baden im GLA Karlsruhe 465 d/157. S. auch die »Dienstanweisung für die Kreisdienststellenleiter der Reichsstelle zur Förderung des deutschen Schrifttums« vom 22. 3. 1937, hier S. 5, in Stadtarchiv Düsseldorf/ Nachlaß Dr. Oskar Mücke.

[91] Dazu auch die – allerdings unvollständige – Loseblattsammlung der positiven und negativen Gutachtenanzeiger für die Jahre 1935–1938 in BArch Potsdam NSD 16/32–35.

[92] S. im einzelnen die Jahres-Gutachtenanzeiger der Jahre 1937 bis 1940 in BArch Potsdam NSD 16/27.

licher Seite erhielten. Bezüglich der Durchsetzung ihrer Verbotsanträge war die Rosenbergsche Schrifttumsstelle völlig auf die Exekutivgewalt der Goebbelsschen Schrifttumsbürokratie angewiesen. Und Fälle wie Hans Fallada,[93] Walter von Molo,[94] Frank Thiess[95] oder Ernst Wiechert,[96] deren Werke von Hagemeyer und seinen Mitarbeitern entschieden abgelehnt wurden, belegen, daß sich das Propagandaministerium nicht ohne weiteres in den Kurs seiner Literaturpolitik hineinreden ließ. Auch mit der Kritik an Autoren wie Stefan Andres, Werner Bergengruen, Waldemar Bonsels, Horst Lange, Edzard Schaper oder Wolfgang Weyrauch, die im Jahresbericht des Hauptlektorats »Schöngeistiges Schrifttum« für 1940 einem »geistigen und literarischen Zwischenreich« zugeordnet wurden,[97] fand das Amt Schrifttumspflege selbst in der NS-Presse wenig Resonanz.[98]

[93] Mit dem Werk Falladas setzte sich die »Bücherkunde« wiederholt kritisch auseinander: Hans Fallada (»Bauern, Bonzen, Bomben«, 1931; »Kleiner Mann was nun?«, 1934; »Wer einmal aus dem Blechnapf frißt«, 1934; »Wir hatten mal ein Kind«, 1934), in: Bücherkunde 1 (1934), S. 153–156; »Die Rumpelkammer« (zu »Wolf unter Wölfen«), in: Bücherkunde 5 (1938), S. 47–49; Eberhard Ter-Nedden, Ein Wort über Fallada, in: Bücherkunde 8 (1941), S. 326–331.

[94] »Walter von Molo schrieb ein neues Buch... Wir blättern in der Gutachtenmappe«, in: Lektoren-Brief 2, H. 1 (1939), S. 1–3.

[95] S. die Besprechungen zu den Thiess-Romanen »Die Verdammten«, in: Bücherkunde 1 (1934), S. 7, sowie »Johanna und Esther«, in: ebd. 2 (1935), S. 167–168 (»Romanliteratur wie wir sie nicht wünschen«). Vgl. auch die Auskunft des »Kulturpolitischen Archivs« der Dienststelle Rosenberg an das Amt Deutsches Volksbildungswerk vom 15. 9. 1938 betr. Frank Thiess, BArch Potsdam NS 8/27 Bl. 218.

[96] Zur Ablehnung Wiecherts s. »Wichtige Hinweise« im Lektoren-Brief 1, H. 1 (1938), S. 5; »Über Ernst Wiechert«, ebd. 2, H. 3 (1939), S. 7–8; sowie das »Mustergutachten« zu Ernst Wiecherts Roman »Das einfache Leben«, München (Langen-Müller Verlag) 1939, in: ebd. 2, H. 6 (1939), S. 8–10.

[97] »Jahresbericht 1940 des Hauptlektorats ›Schöngeistiges Schrifttum‹«, in: Lektoren-Brief 4, H. 5/6 (1941), S. 4–8, BArch Potsdam NSD 16/59.

[98] Dazu hieß es in dem »Jahresbericht 1940 [...]«, ebd., S. 8: »Für bedenklich muß das Wirken dieser Zwischenreichautoren, die sich gerade während des Berichtsjahres zum Teil recht breit gemacht haben, vor allem auch deshalb gehalten werden, weil anscheinend der weitaus größte Teil unserer Buchbesprecher nicht in der Lage ist, über die Werke dieser Autoren zuverlässige Urteile zu fällen. Es ist geradezu erstaunlich, wie kritiklos die Werke dieser Autoren von den meisten Buchbesprechern hingenommen werden und was man an Lob und Anerkennung über sie leider auch in

Dennoch sollte der literaturpolitische Einfluß des Amtes Rosenberg nicht ganz unterschätzt werden. War der politische, »rassische« oder ästhetische Minimalkonsens der Nationalsozialisten betroffen, zogen die staatlichen und parteiamtlichen Schrifttumsfunktionäre durchaus an einem Strang. So wurden hoffnungsvolle Nachwuchsautoren wie Irmgard Keun,[99] Friedo Lampe,[100] Elisabeth Langgässer[101] oder Joachim Maass[102] durch negative Gutachten der Reichsstelle zur Förderung des deutschen Schrifttums in ihrer Entwicklung beeinträchtigt. Auch in einer Reihe anderer Fälle drang die Reichsstelle mit ihren Verbotsanträgen durch.[103] Seit 1936 wurde in der Hauptstelle »Bü-

nationalsozialistischen Zeitungen zu lesen bekommt. Mit Bezug auf diese Erscheinungen kann geradezu von einer Krisis des Buchbesprechungswesens gesprochen werden«.

[99] S. das Schreiben der Reichsstelle zur Förderung des deutschen Schrifttums an die Gestapo Berlin vom 19. 9. 1934, in dem auf die weitere Ausleihe des verbotenen Romans von Irmgard Keun, »Gilgi, eine von uns«, durch eine Berliner Leihbibliothek aufmerksam gemacht wird, BArch Potsdam R 58/914 Bl. 39. Ein Verbot der Schrift wurde von der RSK (i. A. Haupt) am 1. 10. 1934 gegenüber dem Gestapa abgelehnt, ebd. Bl. 41. Dennoch meldete die Stapostelle für den Regierungsbezirk Oppeln am 12. 12. 1934 an das Gestapa die Beschlagnahme des Buches in einer Kreuzburger Leihbücherei »wegen staatsfeindlicher Tendenz«, ebd. Bl. 45.

[100] Lampes Roman »Am Rande der Nacht« war 1933 im Rowohlt Verlag erschienen. Auf die ablehnende Haltung Hagemeyers gegenüber diesem Verlag und seiner Publikationen, die in NS-Kreisen allgemein geteilt wurde, wies Lampe am 30. 9. 1933 in einem Schreiben an Wolfgang Herrmann hin. BDC/RSK/Lampe, F. Zu jenem Zeitpunkt stand eine Indizierung des Romans auf den vom Kampfbund für deutsche Kultur erstellten »Schwarzen Listen« zur Diskussion. Das Werk wurde dann tatsächlich auf die »Liste 1 des schädlichen und unerwünschten Schrifttums« (Stand vom Oktober 1935), Berlin o.J. (1935), S. 71, gesetzt.

[101] S. die ablehnende Besprechung zu Elisabeth Langgässers Roman »Der Gang durch das Ried« (Leipzig 1936), in: Bücherkunde 3 (1936), S. 282–283. Elisabeth Langgässer wurde 1936 aus der RSK ausgeschlossen.

[102] S. das negative Gutachten der Reichsstelle zur Förderung des deutschen Schrifttums« zu Maass' Roman »Bohème ohne Mimi», Berlin (S. Fischer Verlag), BArch Potsdam R 58/918 Bl. 153. Der Verbotsantrag der Reichsstelle (Payr) bei der Gestapo Berlin vom 24. 9. 1935 sowie die Mitteilung der RSK an das Gestapa vom 28. 10. 1935 über die Einreihung in die »Liste 1 des schädlichen und unerwünschten Schrifttums« finden sich ebd., Bl. 148 bzw. 152.

[103] S. die Verbotsanträge gegen Hermann Gerstmayer, 1935 (BArch Potsdam R 58/904 Bl. 246); Walter von Hollander, 1937 (R 58/910 Bl. 138);

cherei und Katalogwesen« des Amtes Schrifttumspflege ein »Verzeichnis jüdischer Autoren« bearbeitet.[104] Der »nur für den Dienstgebrauch« bestimmte Index umfaßte rund 11 000 Personen.[105] Er diente den Mitarbeitern der Schrifttumsstelle als Grundlage für die Ablehnung jüdischer oder »jüdisch versippter« Autoren, für Interventionen beim Propagandaministerium gegen die von ihm erteilten »Sondergenehmigungen« sowie zur Überprüfung der Verlagsproduktion und des Buchhandels im Hinblick auf Verbotsliteratur.

Ein weiterer Bereich, auf den die Dienststelle Rosenberg Einfluß nahm, waren die Autorenlesungen. Die von Walter Stang aufgebaute NS-Kulturgemeinde, Abteilung Schrifttum, bot seit 1933/34 selbst ein ambitioniertes Vortragsprogramm an.[106] Sie mußte sich jedoch zunehmend der Konkurrenz durch das Deutsche Volksbildungswerk in der DAF erwehren[107] und wurde im Juni 1937 von Rosenberg an Ley preisgegeben.[108] In

Georg Richter (R 58/933 Bl. 279); René Schickele, 1935 (R 58/964 Bl. 209); Walter Schönstedt, 1935 (R 58/965 Bl. 344); Wilhelm von Schramm, 1935 (ebd. Bl. 351); Paul Sudhoff, 1937 (R 58/966 Bl. 209); Lothar Steinbrech, 1935 (R 58/968 Bl. 138).

104 »Verzeichnis jüdischer Autoren. Vorläufige Zusammenstellung der Reichsstelle zur Förderung des deutschen Schrifttums (ab T. 3: des Amtes Schrifttumspflege bei dem Beauftragten des Führers für die gesamte geistige und weltanschauliche Erziehung der NSDAP und der Reichsstelle zur Förderung des deutschen Schrifttums)«, Sachbearbeiter: Joachim Menzel, T. 1–7 (A–Z), Berlin 1938–1939. Ein vollständiges Exemplar des Verzeichnisses findet sich in der DB (Sign. 1939 B 2706).

105 Zahlenangabe im Lebenslauf des für das Verzeichnis zuständigen Sachbearbeiters Joachim Menzel vom 9. 2. 1942, BDC/SS/Menzel, J. Menzel, einer der wenigen SS-Angehörigen der Dienststelle Rosenberg, war 1936 im Amt Schrifttumspflege eingestellt worden.

106 Dazu H. Riecke, Die Schrifttumsarbeit der NS-Kulturgemeinde. Die Bedeutung der Dichterlesungen für Volk und Buch, in: Bbl. 103. Jg., Redaktioneller Teil, Nr. 17 vom 21. 1. 1936, S. 68–69; »Aufstellung der bisher durchgeführten [Berliner] Dichterwochen« (1934–1937), die »Richtlinien zur Durchführung von Dichterlesungen im Winterhalbjahr 1935/36«, »Die Dichterlesungen der NS.-Kulturgemeinde im Winter 1935/36« sowie die »Anregungen für die Dichterlesungen des Winters 1937/38«, BArch Potsdam NS 15/85. S. auch Kapitel III, Abschnitt A 3.1. dieser Arbeit.

107 S. das resignative Schreiben Stangs an Rosenberg vom 30. 3. 1936, BArch Potsdam NS 8/253 Bl. 56–65.

108 S. die Vereinbarung zwischen Rosenberg und Ley vom 12. 6. 1937, mit der die NS-Kulturgemeinde »mit sofortiger Wirkung« der Reichsorga-

dem von Stang geleiteten »Amt für Kunstpflege« verblieb aber noch die Hauptstelle »Kulturpolitisches Archiv«. Dahinter verbarg sich eine weitere Kartothek des Amtes Rosenberg, in der Informationen zu Schriftstellern, Verlegern, Wissenschaftlern und sonstigen kulturell tätigen Personen gesammelt wurden.[109] »Die Materialsammlung erfolgte«, wie Rosenberg am 14. 9. 1944 Bormann mitteilte, »ausdrücklich im Hinblick auf die nationalsozialistische Haltung und die kulturpolitische Zuverlässigkeit der Betreffenden«.[110] Auf diese riesige »Datenbank« griff neben der Gestapo insbesondere das Deutsche Volksbildungswerk zu.[111] Es kann davon ausgegangen werden, daß die Auskunft des Kulturpolitischen Archivs maßgeblich für den Einsatz oder die Ablehnung eines Schriftstellers im Rahmen parteiamtlicher Lesungen war.

Wesentlich für die Literaturpolitik in den Ländern und Kommunen war auch die Tätigkeit der Gau- und Kreisschrifttumsbeauftragten. Aufgrund eines Arbeitsabkommens des Amtes Schrifttumspflege mit dem Hauptschulungsamt der NSDAP vom 6. 12. 1937 führten sie in Personalunion die »Hauptstelle Büchereiwesen« in den Gau- und Kreisleitungen.[112] In der Praxis bedeutete dies erst die parteiamtliche Anerkennung und fe-

nisationsleitung der NSDAP unterstellt und eine Personalunion in der Leitung von NSKG, Amt Feierabend und Amt Volksbildungswerk hergestellt wurde. BArch Potsdam NS 15/155.

109 S. den Dienststellenplan der Hauptstelle »Kulturpolitisches Archiv« (Stand: ca. 1936/37), BArch Potsdam NS 15/188. Zu jenem Zeitpunkt gliederte sich diese Hauptstelle noch einmal in drei »Stellen«: »Kulturpolitische Beurteilung«, »Vortragswesen« und »Registratur«. Aufgebaut wurde das »Kulturpolitische Archiv« im wesentlichen von Dr. Anneliese Bretschneider, die am 1. 7. 1934 von der NS-Kulturgemeinde eingestellt wurde. S. den Lebenslauf aus dem Jahre 1936 in BDC/RSK/Bretschneider, A. (*1898). Nach ihrem Ausscheiden übernahm am 1. 1. 1939 Dr. Hermann Killer (*1902) die Leitung der Hauptstelle. Lebenslauf Killers vom 23. 3. 1939 in BArch Potsdam NS 15/6.

110 Schreiben Rosenbergs an Bormann vom 14. 9. 1944, BArch Potsdam NS 8/191 Bl. 120–121, hier Bl. 121.

111 Dazu die Sammlung von Gutachten für das Deutsche Volksbildungswerk (1937–1944) in BArch Potsdam NS 15/27–34, 154 und 253 sowie für das (Reichs-)Sicherheitshauptamt (1934–1944) in BArch Potsdam NS 15/35 und 69. Rosenberg gibt in seinem Schreiben an Bormann vom 14. 9. 1944, BArch Potsdam NS 8/191 Bl. 121, »etwa 60000 bearbeitete Vorgänge« an.

112 Mitteilung über die »Anordnung 23/38« des Reichsorganisationsleiters der NSDAP vom 25. 3. 1938 im Lektoren-Brief 1, H. 3 (1938), S. 4–5.

ste Etatisierung der 1934 eingesetzten Gau- und Kreisschrifttumsbeauftragten.[113] Nach den Anweisungen des Amtes Schrifttumspflege sollten sie sich aber nicht nur auf den Aufbau des regionalen Büchereiwesens der NSDAP beschränken, sondern die gesamte Schrifttumsarbeit in den Gauen und Kreisen beobachten, koordinieren und maßgeblich beeinflussen.[114] Natürlich blieb diese einheitliche Schrifttumsführung stets nur ein Wunschtraum. Doch belegen die überlieferten Berichte der Gauschrifttumsbeauftragten aus dem Jahre 1939, daß die Kompetenzkonflikte der Berliner Schrifttumsbürokratien nicht unbedingt die Zusammenarbeit auf regionaler Ebene behindern mußten.[115]

Der Verbreitung nationalsozialistischer Ideologie ebenso wie der Profilierung gegenüber den staatlichen und parteiamtlichen Schrifttumsstellen dienten Buchausstellungen, die seit 1934 zunächst von der Reichsstelle zur Förderung des deutschen Schrifttums und ab 1936 vom Amt Schrifttumspflege veranstaltet wurden.[116] »Ewiges Deutschland. Deutsches Schrifttum aus 15 Jahrhunderten« (1934), »Das wehrhafte Deutschland« (1935), »Das politische Deutschland« (1936), »Nürnberg, die deutsche Stadt. Von der Stadt der Reichstage zur Stadt der Reichsparteitage« (1937) waren geschickt inszenierte und an

[113] Hinweis ebd.

[114] G. Utikal, Politische Schrifttumsmittler. Eine Würdigung der Arbeit der Gau- und Kreisschrifttumsbeauftragten, in: Bücherkunde 6 (1939), S. 18–19.

[115] »Gesamt-Arbeitsbericht der Gauschrifttumsbeauftragten aller 40 Reichsgaue für das 1. Vierteljahr 1939 (Monate Januar–März)« und »Gesamt-Arbeitsbericht der Gauschrifttumsbeauftragten aller 40 Reichsgaue für das II. Vierteljahr 1939 (Monate April–Juni)«, GLA Karlsruhe 465 d/157. S. auch die zunächst monatlich, dann vierteljährlich vorgelegten Arbeitsberichte des Gauschrifttumsbeauftragten von Baden für die Jahre 1936–1939, ebd. Darin wird in der Regel eine einvernehmliche Zusammenarbeit mit den Landesleitern der RSK, mit der Gestapo und parteiamtlichen Dienststellen in allen Schrifttumsfragen vermerkt.

[116] B. Payr, Zeugnisse der Geschichte. Das Ausstellungswesen des Amtes Schrifttumspflege, in: Bücherkunde 5 (1938), S. 449–450; ders., Amt Schrifttumspflege, S. 35–40. S. auch den Bericht Hagemeyers an Rosenberg über die Ausstellungstätigkeit des Amtes Schrifttumspflege vom 13. 5. 1938, BArch Potsdam NS 8/246 Bl. 214–215, sowie die Überlieferung zu den – in Konkurrenz zum Propagandaministerium betriebenen – Auslandsaktivitäten des verselbständigten »Amt[s] Ausstellungen« in den Jahren 1942–1944, BArch Potsdam NS 8/233.

den jeweiligen Zeitereignissen orientierte Propagandaveranstaltungen, die beim Publikum auf große Resonanz stießen.[117] 1938 gehörte die Ausstellung »Europas Schicksalskampf im Osten« zum offiziellen Rahmenprogramm des Nürnberger Reichsparteitags. Es folgten noch Ausstellungen zum Thema »Frau und Mutter – Lebensquell des Volkes« (1939) und »Deutsche Größe« (1940).

Mit Beginn des Krieges erfand das Amt Schrifttumspflege ein neues Aufgabengebiet. Seit Oktober 1939 wurde im Herbst eines jeden Jahres die »Büchersammlung der NSDAP für die Deutsche Wehrmacht« durchgeführt.[118] Während die Sammlung bei den Haushalten von den Block- und Zellenleitern sowie von den Mitarbeitern des Winterhilfswerks vorgenommen wurde, übernahmen die Gauschulungsleiter und Gauschrifttumsbeauftragten die Sichtung der eingegangenen Bücher und deren Zusammenstellung zu Truppenbüchereien mit jeweils 60–100 Bänden.[119] Allerdings ging es nicht allein um die Versorgung der Wehrmacht mit Lesestoff. Daneben, so teilte Rosenberg seinem »Führer« am Ende der ersten Sammlung des Jahres 1939 stolz mit, »wurden die Privathaushalte durch die Sammelaktion von unerwünschtem Schrifttum gesäubert, an das bisher keine Polizei oder sonstige Staatsstellen herankommen konnten«.[120] Zudem könne die Partei »aus den gesammelten Buchspenden Rückschlüsse auf den Geist und die weltanschauliche Einstellung der Spender ziehen«. Die scheint jedoch nicht so gewesen zu sein, wie Rosenberg und Hitler sich das gewünscht hätten. Denn der Eher Verlag mußte nationalsozialistisches Schrifttum im Werte von 100000 RM »spenden«, da sich unter »den von der Bevölkerung gestifteten Büchern wenig

[117] Für die bis 1937 veranstalteten Ausstellungen wurden insgesamt 686000 Besucher gezählt, zudem noch 18000 Kataloge verkauft. »Europas Schicksalskampf im Osten« sahen 772000 Besucher (58000 verkaufte Kataloge), »Frau und Mutter – Lebensquell des Volkes« 594000 Besucher (169000 verkaufte Kataloge) und »Deutsche Größe« 767000 Besucher (133200 verkaufte Kataloge). Zahlenangaben in einem Schreiben Rosenbergs an Bormann vom 31. 8. 1944, S. 4, BArch Potsdam NS 15/20.

[118] »Bücher für unsere Soldaten. Ein Aufruf Alfred Rosenbergs«, in: Bücherkunde 6 (1939), S. 536.

[119] »Meldung an den Führer über die Bücherspende der NSDAP für die Deutsche Wehrmacht« (o.D., 1939), BArch Potsdam NS 8/176 Bl. 95–99, hier Bl. 95–96.

[120] Ebd., Bl. 98. Die folgenden Zitate ebd.

unmittelbar nationalsozialistisches Schrifttum« befand. Ein Umstand, den der für die Durchführung der »Büchersammlung« zuständige Sachbearbeiter im Amt Schrifttumspflege spitzfindig mit dem Argument zu erklären versuchte, daß sich das deutsche Volk »naturgemäß« von dem »ausgesprochen nationalsozialistischen Schrifttum nur schwer zu trennen pflegt«.[121]

Die mit großem propagandistischem und organisatorischem Aufwand betriebene Büchersammlung für die Wehrmacht ist aber im Grunde ein Indiz für die zunehmende Schwierigkeit der Rosenbergschen Dienststelle, sich substantiell in die nationalsozialistische Literaturpolitik einbringen zu können. Das (Haupt-)Amt Schrifttumspflege war während des Krieges zwar in dem Ausschuß des Propagandaministeriums zur Vergabe der Papierkontingente vertreten.[122] Ab 1943 wurde Payr als Leiter des Hauptamtes zudem an den Beratungen über die Schließung von Verlagen im Rahmen der »totalen Kriegsführung« beteiligt.[123] Doch weder die Reichsstelle zur Förderung des deutschen Schrifttums noch die Abteilung Schrifttumspflege im »Reichsüberwachungsamt« besaßen jemals eine Weisungsbefugnis, um auf die Berufszulassung, das Zensurwesen, die Steuerung des Buchhandels und Verlagswesens, die Buchpropaganda im In- und Ausland oder die Volksbüchereien zwingend einwirken zu können. Ein Manko, das im eigenen Hause wiederholt mit Bedauern registriert wurde.[124]

[121] G. Utikal, Die Buchspende für die Deutsche Wehrmacht, in: Bücherkunde 7 (1940), S. 29–31, hier S. 30.

[122] B. Payr, Das schöngeistige Schrifttum im dritten Kriegsjahr, in: Bücherkunde 8 (1941), S. 369–373, hier S. 370. Zur Einführung und Arbeitsweise des Ausschusses s. Hövel, Wirtschaftsstelle des deutschen Buchhandels, B 13–14.

[123] S. den von Payr am 31. 3. 1943 verfaßten »Bericht über eine Sitzung im Reichsministerium für Volksaufklärung und Propaganda, Abt. Schrifttum vom 30. März 1943«, BArch Potsdam NS 8/248 Bl. 80–83.

[124] Dazu das Schreiben Rosenbergs an Bormann vom 31. 1. 1936, BArch Potsdam NS 8/178 Bl. 293–297, hier Bl. 197, in dem eine »Übereinstimmung« der von der RSK ausgesprochenen Buchverbote mit denjenigen des Amtes Schrifttumspflege gefordert wird; sowie die von Rosenberg für Hitler verfaßte Denkschrift »Der Stand der Schulungsarbeit der Partei und die Überwachung der weltanschaulichen Erziehung der Bewegung« (16. 5. 1938), BArch Potsdam NS 8/50 Bl. 37–62, in der eine »Vollmacht« erbeten wird, »um unter Umständen auch ein Erscheinen nicht tragbarer Schriften

Selbst in dem von Rosenberg für seinen Dienstbereich reservierten Aufgabengebiet konnte sich die Schrifttumsstelle Hagemeyers nicht durchsetzen. Die Befugnisse der Parteiamtlichen Prüfungskommission bezüglich der nationalsozialistischen Literatur bestanden bis zum Ende der NS-Herrschaft uneingeschränkt fort. Seit 1938 gelang es Bouhler, neben der wissenschaftlichen auch die Schul- und Unterrichtsliteratur in seinen Zuständigkeitsbereich zu ziehen. Eine Domäne, die sich 1934 noch die Reichsstelle zur Förderung des deutschen Schrifttums durch ein »Übereinkommen« mit der Reichsleitung des NS-Lehrerbundes zu sichern versucht hatte.[125] Über die »Begutachtung« der Jugendliteratur hatte sich die Reichsstelle bereits im November 1933 mit den Schrifttumsstellen des NS-Lehrerbunds und der Reichsjugendführung einigen können.[126] Auf diese Weise wurde die Reichsstelle seit 1934 an der Herausgabe des Auswahlverzeichnisses »Das Buch der Jugend« beteiligt. Doch die Querelen zwischen Hagemeyer und der PPK, die sich 1937 als Mitherausgeber aufgedrängt hatte, führten 1938 dazu, daß der NSLB und die Reichsjugendführung ihre Mitarbeit aufkündigten und ein neues Verzeichnis herauszugeben begannen.[127]

Angesichts nicht vorhandener oder verlorener Kompetenzen

durch staatliche Exekutive zu verhindern durch das Recht unmittelbarer Anordnung an die Polizei« (Bl. 48). Auch in den »Richtlinien für die zweckmäßige Behandlung des Gedenkens des zehnjährigen Bestehens der Dienststelle« (1944), BArch Potsdam NS 15/189, hieß es, daß »hervorgehoben« werden müßte, »daß der Führer-Auftrag [vom 24. 1. 1934] auch im Sinne einer dauernden Inspekteur- und Zensorenstellung hätte ausgelegt werden können« (S. 1).

125 »Übereinkommen über die Zusammenarbeit auf dem Gebiete des Begutachtungswesens zwischen Reichsamtsleitung des NSLB und Reichsstelle zur Förderung des deutschen Schrifttums« (o. D., 1934), BArch Potsdam NS 12/77. Aufgrund dieser Absprache wurde dem Leiter der Hauptstelle Schrifttum im Hauptamt für Erzieher das »Hauptlektorat für das pädagogische Schrifttum« bei der Reichsstelle übertragen. Zu den Hintergründen der – vom Hauptamt für Erzieher durchaus kritisch beurteilten – Vereinbarung s. die interne Aktennotiz betr. »Zusammenarbeit mit der Reichsstelle zur Förderung des deutschen Schrifttums« (o. Vf., o. D.), BArch Potsdam NS 12/49.

126 S. Kapitel II, Abschnitt C 3.5. und 3.6. dieser Arbeit.

127 Schreiben des Jugendführers des Deutschen Reiches (v. Schirach) an Rosenberg vom 24. 11. 1939, BArch Potsdam NS 8/212 Bl. 94–95.

bemühte sich Rosenberg um einen neuen »Führer-Auftrag«. Am 1. 3. 1942 erteilte ihm Hitler für die besetzten Gebiete das Recht, »Bibliotheken, Archive, Logen und sonstige weltanschauliche und kulturelle Einrichtungen aller Art nach entsprechendem Material zu durchforschen und diese für die weltanschaulichen Aufgaben der NSDAP. und die späteren wissenschaftlichen Forschungsarbeiten der Hohen Schule beschlagnahmen zu lassen«.[128] In den auf dieser Grundlage gebildeten »Einsatzstab Reichsleiter Rosenberg«[129] wechselten eine Reihe von Mitarbeitern des Hauptamtes Schrifttumspflege.[130] Die Schrifttumsstelle selbst wurde durch die Sichtung, Bearbeitung und Weiterleitung des beschlagnahmten Buchmaterials an der Tätigkeit des »Einsatzstabes« beteiligt.[131] Wie so oft in der Entwicklung des »Dritten Reichs« wurde der Funktionsverlust einer Dienststelle mit der Erfüllung eines von Hitler erteilten kriminellen Auftrags kompensiert.

[128] Der Auftrag Hitlers wird zitiert in einem Überblick über die Arbeitsgebiete des Hauptamtes Schrifttumspflege, den Rosenberg am 16. 7. 1943 im Zusammenhang mit den Beratungen über die Errichtung eines zentralen »Schrifttumsamtes der NSDAP« an Bormann sandte. BArch Potsdam NS 8/189 Bl. 127–132, hier Bl. 130. S. dazu auch Rebentisch, Führerstaat und Verwaltung im Zweiten Weltkrieg, S. 381–382.

[129] Zu dessen Tätigkeit im einzelnen Brenner, Die Kunstpolitik des Nationalsozialismus, S. 147–148; sowie Bollmus, Das Amt Rosenberg, S. 145–152.

[130] Von den bei Brenner, Die Kunstpolitik des Nationalsozialismus, S. 240, aufgeführten Mitarbeitern der »Hauptarbeitsgruppe Frankreich« kamen der Leiter Gerhard Utikal und der Inspekteur Hans Hagemeyer aus dem Hauptamt Schrifttumspflege. Der zweite Leiter, Gerhard Wunder, war zuvor Gauschrifttumsbeauftragter in Düsseldorf gewesen. Des weiteren wurden Herbert Clausberg und Hans-Wolfgang Ebeling zum »Einsatzstab« abkommandiert. S. die Personalangaben zu Clausberg in BArch Potsdam NS 15/3 sowie das Schreiben Rosenbergs an Bormann vom 30. 5. 1941, BDC/Partei-Kanzlei Correspondence/Ebeling, H.-W.

[131] Hinweis in der Zusammenstellung Rosenbergs vom 16. 7. 1943, BArch Potsdam NS 8/189 hier Bl. 130.

2. Die Parteiamtliche Prüfungskommission zum Schutze des nationalsozialistischen Schrifttums

2.1. Gründung und institutionelle Entwicklung

Am 15. 3. 1934 erließ der Stellvertreter des Führers eine »Verfügung«, mit der die Einsetzung einer »Parteiamtlichen Prüfungskommission zum Schutze des nationalsozialistischen Schrifttums« bekanntgegeben wurde.[1] Zur Legitimation der neuen Dienststelle hieß es darin: »In letzter Zeit sind in steigendem Maße von verschiedenen Verlagen Bücher und Schriften herausgegeben worden, die sich in der Behandlung politischer, wirtschaftlicher, kultureller und allgemein weltanschaulicher Probleme, sowie in historischen, insbesondere biographischen Darstellungen führender Persönlichkeiten der NSDAP mit dem Wesen und den Zielen der nationalsozialistischen Bewegung befassen. Obwohl diese Bücher zu einem nicht unwesentlichen Teil ohne die erforderliche Sachkenntnis geschrieben sind und die Probleme und Stoffe unvollständig und unzulänglich oder auch aus nichtnationalsozialistischen Gedankengängen heraus entstellt behandeln, werden sie auf Grund ihres Titels und ihrer Aufmachung in der Öffentlichkeit unterschiedslos als ernsthafte Beiträge zur nationalsozialistischen Literatur gewertet. Sie sind damit geeignet, ein gänzlich falsches Bild von der Entwicklung und Zielsetzung der Bewegung dem Volke zu vermitteln. Die NSDAP hat das souveräne Recht und die Pflicht, darüber zu wachen, daß das nationalsozialistische Ideengut nicht von Unberufenen verfälscht und in einer die breite Öffentlichkeit irreführenden Weise geschäftlich ausgewertet wird.«[2] Daher mußten zukünftig alle Bücher, die »im Titel, in der Aufmachung, in Verlagsanzeigen oder auch in der Darstellung selbst

[1] Die »Verfügung« wurde am 15. 3. 1934 von Heß unterzeichnet, nachträglich auf den 16. 4. 1934 datiert und erst am 21. 4. 1934 im Bbl. (Nr. 92, S. 367) veröffentlicht. Zu Datierung und Text s. die Verleger-Mitteilungen der Parteiamtlichen Prüfungskommission. Rundschreiben 3, Berlin (7. 12.) 1938. Als Manuskript gedruckt. Verwendung nur für den internen Verkehr der Verlage mit der parteiamtlichen Prüfungskommission, hier A 1, S. 3–4. BArch Potsdam NSD 2/14.

[2] Ebd., S. 3.

als nationalsozialistisch ausgegeben werden«,[3] der PPK zur Prüfung und Erteilung des »Unbedenklichkeitsvermerks« vorgelegt werden.

Zum Vorsitzenden der PPK wurde Philipp Bouhler ernannt, der am 15. 1. 1934 bereits mit der »Bearbeitung kulturpolitischer Fragen« im Stab des Stellvertreters des Führers betraut worden war.[4] Daß Bouhler sich nun auf kultur- und literaturpolitische Aufgabenstellungen spezialisierte, hatte einen einfachen Grund. Der Aktionsradius des im Februar 1925 eingesetzten Reichsgeschäftsführers der NSDAP war im Laufe der Jahre zunehmend durch das straffe Regiment von Reichsschatzmeister Franz Xaver Schwarz eingeengt worden.[5] Bouhler hatte Heß daher gebeten, ihm »eine andere Arbeit zuzuweisen«.[6] Dieser Hinweis, den Rosenberg 1936 seinem aufstrebenden Konkurrenten unter die Nase hielt, enthüllt jedoch nur einen der ganz persönlichen Hintergründe, die zur Errichtung der PPK führten. Ein ebenso wesentlicher Aspekt war das politische und ökonomische Interesse Max Amanns, ein Monopol für die Publikation des gesamten »nationalsozialistischen« Schrifttums zu erhalten. Aus diesem Grunde hatte er wohl zu Beginn des Jahres 1934 zunächst beim Propagandaministerium »einen Gesetzentwurf zur Sicherung des nationalsozialistischen Schrifttums vor unberufenen Händen« eingereicht.[7] Damit sollte zum einen vermieden werden, daß »Konjunkturliteratur unter nationalsozialistischer Flagge erscheint und zwar herausgegeben von Buchverlegern, die während der Zeit des Kampfes der Bewegung um die Macht in unglaublichster Weise Schrifttum *gegen* unsere Bewegung verlegt hatten«.[8] Zum anderen sollte dem Zentralparteiverlag ein »Recht auf Erstangebot wirk-

[3] Ebd.

[4] Verordnungsblatt der Reichsleitung der NSDAP, 2. Jg./Folge 63 vom 15. 1. 1934, S. 137. BArch Potsdam NSD 13/1.

[5] So die sicherlich zutreffende Schilderung Rosenbergs in einem Schreiben an Bouhler vom 6. 3. 1936, BArch Potsdam NS 8/208 Bl. 117–123, hier Bl. 119.

[6] Rosenberg an Bouhler vom 6. 3. 1936, ebd.

[7] So Amann in einem Schreiben an Bouhler vom 10. 12. 1938, S. 2, BArch Potsdam NS 11/9.

[8] Ebd. Hervorhebung im Text. Amann führte in diesem Zusammenhang das Beispiel des Rowohlt Verlags an, der 1933 mit nationalsozialistischen Titeln auf den Buchmarkt ging.

licher nationalsozialistischer Manuskripte« gesichert werden.[9] Nachdem diese Gesetzesinitiative beim Propagandaministerium auf Bedenken gestoßen war, wurde die Angelegenheit an den Stellvertreter des Führers zur Entscheidung weitergegeben.[10] Die »Verfügung« von Heß entsprach dann den Wünschen Amanns, indem mit ihr nicht nur eine Prüfungspflicht für die bereits erschienene Literatur festgelegt, sondern auch die Erwartung ausgesprochen wurde, daß »Manuskripte, die nationalsozialistische Probleme und Stoffe zum Gegenstand haben, in erster Linie dem Zentralparteiverlag, der Eigentum der NSDAP. ist, zum Verlage angeboten werden«.[11]

Während Amann die PPK also als eine Art Vorlektorat für den Parteiverlag benutzen wollte, versuchte Rosenberg das gleiche für sein in Vorbereitung befindliches »Reichsüberwachungsamt«. Am 24. 3. 1934, also noch vor der Einsetzung der PPK, die erst am 16. 4. 1934 öffentlich bekanntgegeben wurde, hielt Rosenberg das Ergebnis eines Gesprächs mit Bouhler fest.[12] Darin war vereinbart worden, daß die von der Prüfungskommission als »unbedenklich oder empfehlenswert« bewerteten Schriften »mir als dem Beauftragten für die Überwachung der Schulung und Erziehung der NSDAP zugeleitet« werden.[13] Von hier aus sollten dann die Parteidienststellen durch Rundschreiben über die förderungswürdige Literatur informiert werden. Daß diese Arbeitsvereinbarung in der Folge ebensowenig wie die Rechnung Amanns aufging, hing mit dem persönlichen Ehrgeiz Bouhlers zur Profilierung auf dem ihm neu zugewiesenen Arbeitsgebiet zusammen. Dabei kam Bouhler entgegen, daß er am 17. 11. 1934 von Hitler zum Leiter der »Kanzlei des Führers der NSDAP« ernannt wurde,[14] was ihm – im Gegensatz etwa zu Rosenberg – einen ständigen Zugang zum »Führer« ermöglichte.

In der Anfangsphase war Bouhler allerdings noch auf die

[9] Ebd., S. 2.

[10] So Amann gegenüber Bouhler, ebd. S. 2–3.

[11] »Verfügung« vom 15. 3./16. 4. 1934, in: Verleger-Mitteilungen, S. 4.

[12] Schreiben Rosenbergs an Bouhler vom 24. 3. 1934, BArch Potsdam NS 8/208 Bl. 186.

[13] Ebd.

[14] Dazu J. Noakes, Philipp Bouhler und die Kanzlei des Führers der NSDAP. Beispiel einer Sonderverwaltung im Dritten Reich, in: Verwaltung contra Menschenführung, S. 208–236.

Zusammenarbeit mit Rosenberg und Amann angewiesen. Das Lektorat der PPK war zunächst mit dem des Parteiverlags identisch.[15] Erst aufgrund einer »Anordnung« des Stellvertreters des Führers vom 6. 1. 1936 konnte die PPK selbständig »Parteidienststellen oder einzelne Parteigenossen« mit »bestimmten Aufgaben betrauen«.[16] Die Ausführung der von der PPK vergebenen Aufträge galt von nun an als »wichtiger Parteidienst« und war daher »in allen Fällen schnell und sorgfältig zu erledigen«.[17] Die Bouhler-Kommission griff nun vor allem auf den riesigen Lektorenstab des Rosenbergschen Amtes Schrifttumspflege zurück.[18] Von Amann erhielt die PPK nur noch finanzielle Zuschüsse zu der ab 1936 herausgegebenen »Nationalsozialistischen Bibliographie«.[19]

Der Verwaltungsapparat der im November 1934 von München nach Berlin verlegten Dienststelle war zunächst außerordentlich bescheiden. Als Geschäftsführer, ab 1936 dann als Stellvertreter des Vorsitzenden fungierte Karl Heinz Hederich. Der gelernte Schlosser, der 1931 an der Technischen Hochschule in München seinen Diplom-Ingenieur gemacht hatte,[20] war zwar alles andere als in Schrifttumsfragen fachkundig. Er erwies

[15] Mitteilung Amanns an Rosenberg vom 9. 7. 1934, BArch Potsdam NS 8/109 Bl. 72.

[16] »Anordnung des Stellvertreters des Führers über den parteidienstlichen Charakter der Arbeiten für die Parteiamtliche Prüfungskommission« vom 6. 1. 1936, abgedruckt in: »Verleger-Mitteilungen«, S. 21 (A 14).

[17] Ebd.

[18] Angabe Leys in einem Schreiben an Heß vom 25. 8. 1939, S. 4, BArch Potsdam Slg. Schumacher/212. Ley merkte dazu noch an: »Es soll vorkommen, daß den Lektoren von beiden Dienststellen das gleiche Buch zur Begutachtung zugeschickt wird. Die Lektoren helfen sich in solchen Fällen in der Weise, daß sie der einen Dienststelle das Original ihres Gutachtens, der anderen Dienststelle einen Durchschlag desselben zuleiten. Dieses Nebeneinander ist nicht [nur] unrentabel, sondern gleichzeitig wird dadurch das Ansehen der Partei belastet«.

[19] »Aufstellung der Einnahmen und Ausgaben der PPK auf Grund des Durchschnittes der letzten sechs Monate (1. 5. 36–30. 10. 36)«, BArch Potsdam NS 11/8.

[20] S. den »Lebenslauf« Hederichs aus dem Jahre 1937, BDC/Reichsmin. f. Volksaufkl. u. Prop./Hederich, K. H. (1902–?). Nach eigenen Angaben war Hederich 1922 erstmals der NSDAP beigetreten und hatte am 9. 11. 1923 am Hitler-Putsch in München teilgenommen. Ab 1930 war er Mitglied im NSDStB. Am 1. 3. 1932 wurde er erneut in die NSDAP aufgenommen (BDC/Masterfile).

sich jedoch als geschickter Organisator, an dem Bouhler über alle Krisen hinweg bis zum Ende festhielt. Seine Dienststelle war 1936 in die Abteilungen »Verwaltung«, »Prüfung« und »Auswertung« gegliedert.[21] Daneben bestand seit Februar 1935 eine »Bibliographische Auskunftsstelle« der PPK in der Deutschen Bücherei in Leipzig.[22] Von ihr wurde – in Zusammenarbeit mit Bibliothekaren der Deutschen Bücherei – das Material zu der von 1936 bis 1944 herausgegebenen »Nationalsozialistischen Bibliographie« gesammelt.[23] Darüber hinaus diente diese erste PPK-Außenstelle der Kontrolle sämtlicher deutschen Verlagspublikationen im Hinblick auf den der Bouhler-Kommission zugewiesenen Zensurauftrag.[24]

Daß die Dienststelle anfangs nur über einen kleinen Mitarbeiterstab verfügen konnte, hing mit der dürftigen finanziellen Ausstattung zusammen. Noch im Oktober 1936 mußte Hederich gegenüber Bouhler beklagen, daß bezüglich der PPK »weder von einem klaren Etat gesprochen werden [kann], der ihr

21 Schreiben Hederichs an Bouhler vom 13. 10. 1936, hier S. 33–34, mit dem der PPK-Geschäftsführer auf 44 Seiten eine Stellungnahme zu einem Bericht von Revisoren des Reichsschatzamtes der NSDAP vom 27. 8. 1936 abgab. BArch Potsdam NS 11/8.

22 »Verfügung« Bouhlers vom 26. 2. 1935 über die Errichtung einer »Auskunftsstelle der PPK in der Deutschen Bücherei«, in: Bbl. 102. Jg., Redaktioneller Teil, Nr. 50 vom 28. 2. 1935, S. 158–159. Leiter dieser Stelle war von September 1935 bis zum 1. 7. 1936 Karl Helmut Patutschnik. S. BDC/Partei-kanzlei Correspondence/Patutschnik, K. H. (1911–?): NSDAP-Mitglied seit 1930; ab 16. 8. 1934 in der PPK beschäftigt; ab 1939 Geschäftsführer beim Hauptamt für Kommunalpolitik in der Reichsleitung der NSDAP. Patutschnik wurde nach seinen eigenen Angaben mit einer Arbeit über »Die Parteiamtliche Prüfungskommission zum Schutze des nationalsozialistischen Schrifttums« an der Juristischen Fakultät der Universität Heidelberg promoviert. Die Dissertation wurde allerdings – laut Auskunft der Universitätsbibliothek Heidelberg und der Deutschen Bücherei in Leipzig an den Verfasser – niemals abgegeben. Auch eine im Stubenrauch Verlag, Berlin, vorgesehene Publikation ist nie erschienen.

23 So die von Dr. Werner Rust, dem stellvertretenden Direktor der Deutschen Bücherei, am 7. 4. 1936 angefertigte »Niederschrift« über eine Besprechung zwischen ihm, Generaldirektor Dr. Heinrich Uhlendahl und dem PPK-Mitarbeiter Patutschnik vom 1. 4. 1936, S. 1. DB-Archiv Nr. 611–613.

24 Entsprechend lautete auch die Arbeitsanweisung für die Leipziger Dienststelle im »A-Fall«. »Organisation und Aufgabenbereich der PPK« (»Geheim!«), [o. D., ca. 1937], hier Pkt. 2a., BArch Potsdam NS 11/5.

zugebilligt worden ist, noch aber von einem abgeschlossenen Ausbau«.[25] Die Folge war, daß die vor allem aus den Prüfungsgebühren bestehenden Einnahmen die Verwaltungs- und Personalkosten nicht zu decken vermochten.[26] Das muß sich im Laufe der Jahre 1937 und 1938 grundlegend geändert haben. Denn in einem Schreiben vom 10. 12. 1938 warf Amann Bouhler vor, die PPK sei zu einem »Wasserkopf angewachsen, der nicht weniger als über 120 Angestellte zählt«.[27] Nach eigenen Angaben Bouhlers waren bis September 1939 genau 127 Angestellte in der PPK beschäftigt, wobei 50 von ihnen als Abteilungsleiter, Sachbearbeiter und Hilfssachbearbeiter fungierten.[28] Die Vermutung liegt nahe, daß dieser immense Apparat nun ebenfalls aus der Kasse von Reichsschatzmeister Schwarz finanziert wurde.

Die personelle Aufstockung entsprach dem Ausbau der PPK zu einem »Hauptamt« innerhalb der NS-Reichsleitung.[29] Hederich verfügte nun sogar über ein eigenes »Stabsamt«. Vom »Zentralamt« wurden sämtliche Personal- und Verwaltungsangelegenheiten der Dienststelle bearbeitet, die Bibliothek geführt und die Prüfungsgebühren eingezogen. Die Sacharbeit lief über folgende Abteilungen: »Schrifttumserfassung und Anforderung«, »Gutachtenerstattung und Prüfung«, »Gutachtenauswertung und Entscheidung«, »NS-Bibliographie (NSB)«, »NSB-Redaktion«, »NSB-Sonderhefte«, »Periodisches Schrifttum« (Kalender, Zeitschriften, Zeitungen), »Wissenschaftliche Schrifttumsarbeiten«, »Führerreden« und »Geschichte der Bewegung«. An Außenstellen der PPK kamen zusätzlich zu Leip-

25 Hederich an Bouhler vom 13. 10. 1936, hier S. 1. Schon am 19. 8. 1936 hatte sich Hederich bei Reichsoberrevisor Ried, einem Mitarbeiter von Schwarz, darüber beklagt, wie schwer es sei, »eine Dienststelle gewissermaßen aus allergeringsten Anfängen heraus und von der Schreibmaschine und einem Block Papier her zur Entwicklung zu bringen« (S. 3). BArch Potsdam NS 11/8.

26 In der »Aufstellung« für die Monate Mai bis Oktober 1936 standen den durchschnittlichen monatlichen Einnahmen von 6116 RM Ausgaben in Höhe von 15433 RM gegenüber.

27 NS 11/9, S. 5.

28 »Die Parteiamtliche Prüfungskommission zum Schutze des NS-Schrifttums. Aufgaben und Aufbau«, BArch Potsdam R 43 II/585 hier Bl. 44.

29 S. zum folgenden die Übersicht über die »Stellenbesetzung« der PPK (o. D., ca. 1937/38), BArch Potsdam NS 11/5.

zig (Deutsche Bücherei) 1938 noch Wien[30] und 1940 Prag (mit Zuständigkeit für das »Protektorat Böhmen und Mähren« und für das »Generalgouvernement«)[31] hinzu.

Bouhler mußte es als eine besondere Aufwertung seiner Dienststelle ansehen, daß ihm Goebbels im Juli 1937 den Vorschlag machte, Hederich, den stellvertretenden Vorsitzenden der PPK, zum Leiter der Schrifttumsabteilung des Propagandaministeriums zu ernennen. Während der Propagandaminister in dem Glauben war, auf diese Weise geschickt eines seiner Personalprobleme gelöst zu haben, gingen die Pläne Bouhlers und Hederichs in eine ganze andere Richtung. Schon zur Buchwoche im Herbst 1937 verkündeten sie bei öffentlichen Auftritten in Weimar und Essen die Koordinierungsrolle der PPK in der Schrifttumsarbeit der NSDAP.[32] Langfristig sollten jedoch

[30] S. den Vorgang Dr. Lothar Kühne in BArch Potsdam R 55/2. Kühne war zunächst im Auftrag der Schrifttumsabteilung des Propagandaministeriums in Wien tätig geworden. Im Oktober 1938 wurde er in dieser Funktion von dem Referenten Heinrich Gruber abgelöst, da Kühne seine Position einseitig zum Aufbau einer Zweigstelle der PPK genutzt hatte.

[31] Schreiben Bouhlers an Rosenberg vom 7. 5. 1940, BArch Potsdam NS 8/209 Bl. 89–90. Darin begründete Bouhler die Errichtung einer Außenstelle in Prag mit der Notwendigkeit zur »besondere[n] Beachtung« des tschechischen Erziehungs- und Unterhaltungsschrifttums sowie zur »Ausschaltung der durch das Benesch-System großgezüchteten politischen Vorstellungswelt« (Bl. 90).

[32] In seiner Rede auf der Abschlußkundgebung zur »Woche des deutschen Buches« in Essen, abgedruckt in: Bbl. 104. Jg., Redaktioneller Teil, Nr. 260 vom 9. 11. 1937, S. 889–897, hatte Hederich verkündet: »Die Gemeinschaftsarbeit der Partei, die sich in der Auslese und Wertung am Buch verwirklicht, wird in der Parteiamtlichen Prüfungskommission zum Schutze des Nationalsozialistischen Schrifttums zusammengefaßt. Derjenige, der vom Führer den Auftrag hat, eine politische Aufgabe zu lösen, trägt auch die Verantwortung für das Schrifttum, das mit seiner politischen Aufgabe verbunden ist. So fügen sich die großen organischen Schrifttumsbereiche der Bewegung zwanglos in den Rahmen der Parteiamtlichen Prüfungskommission im Stabe des Stellvertreters des Führers ein und können von dort aus gesammelt und einheitlich in ihrer Willenstendenz und ihren politischen Absichten auf die staatlichen Stellen übersetzt werden. Über die Parteiamtliche Prüfungskommission fließt die Arbeit am deutschen Schrifttum, die die Bewegung leistet, in die staatlichen Bereiche« (S. 895). Die Rede Bouhlers anläßlich der Eröffnungsveranstaltung zur Buchwoche in Weimar am 31. 10. 1937, »Die schrifttumspolitische Arbeit der Parteiamtlichen Prüfungskommission zum Schutze des NS.-Schrifttums. Einheit von Partei

nicht nur die parteiamtlichen Schrifttumsstellen zusammengefaßt, sondern ein zentrales Schrifttumsamt von Staat und Partei errichtet werden, was Hederich im November 1937 Goebbels auch explizit wissen ließ.[33] Wovon er den Propagandaminister allerdings nicht in Kenntnis setzte, war sein Ziel, der PPK in diesem Prozeß die Führung in der nationalsozialistischen Literaturpolitik zu verschaffen.[34] Dies geht aus Plänen Hederichs hervor, die 1937 und 1938 im Zusammenhang mit den Vorbereitungen sämtlicher Dienststellen der NSDAP auf den »A-Fall«, also den Krieg, entstanden.[35] Darin war vorgesehen, das Lektorat in der Berliner Dienststelle auszubauen und in eine »straffe Zensurstelle« umzuwandeln. Während die Einhaltung dieser »Nachzensur« über die Leipziger Abteilung kontrolliert werden sollte, wollte man mit der Einrichtung einer Abteilung »Schrifttums- und Verlagsplanung« bestimmenden Einfluß auf die Produktion von Büchern, Zeitungen und Zeitschriften in inhaltlicher und technischer Hinsicht nehmen. Zu diesem Zweck sollten der Börsenverein und die Reichsschrifttumskammer der PPK unterstellt werden. Damit hätte die Bouhler-Kommission auch die Verfügungsgewalt über die »Präventivzensur« erlangt. Ergänzend sollte eine Abteilung »Schrifttumseinsatz« noch die Lieferungen für den Frontbuchhandel koordinieren und die Kontrolle des gesamten Bibliothekswesens, einschließlich der Leih- und Werkbüchereien, übernehmen.

Doch schon die Durchsetzung einer einheitlichen Führung der Literaturpolitik für den Bereich der NSDAP war zum Scheitern verurteilt. Rosenberg und Amann leisteten massiven Widerstand. Sie forderten – schließlich auch noch unterstützt

und Staat auf dem Gebiete des Schrifttums«, ist wiedergegeben in Bbl. 104. Jg., Redaktioneller Teil, Nr. 258 vom 6. 11. 1937, S. 881–883.

33 »Etatbemerkungen zur Reichsschrifttumsstelle« vom 20. 11. 1937, BArch Potsdam R 55/166 hier Bl. 340.

34 Eine ganz ähnliche Tendenz zur Zentralisierung verfolgte Bouhler auch mit seiner »Kanzlei des Führers der NSDAP«. Hinweis bei Noakes, Philipp Bouhler und die Kanzlei des Führers der NSDAP, S. 230. Diese Bestrebungen scheiterten jedoch vor allem am »Machtinstinkt« Bormanns, der nach seiner Berufung zum Leiter der »Partei-Kanzlei der NSDAP« Bouhler sukzessive auszuschalten begann.

35 Zum folgenden »Organisation und Aufgabenbereich der PPK« (o.D., ca. 1937), BArch Potsdam NS 11/5 Bl. 4–5. Zum Kontext s. ebd., Bl. 12ff., die Hinweise auf Gespräche und Korrespondenzen der PPK mit Fritz Todt (Stab StdF) aus der zweiten Jahreshälfte 1937.

von Reichsorganisationsleiter Ley – beim Stellvertreter des Führers wiederholt die Auflösung der PPK und die Betrauung des Amtes Schrifttumspflege mit sämtlichen Schrifttumsarbeiten der Partei.[36] Da Hitler und Heß alle diesbezüglichen Anträge abgelehnt hatten, konnten nicht nur Bouhler und Rosenberg, sondern auch Ley, von Schirach, Hans Frank, Fritz Wächtler und eine Reihe anderer Amtsträger der NSDAP ihre Schrifttumsstellen weiterbetreiben, ohne daß deren Politik in irgendeiner Weise aufeinander abgestimmt wurde. Nach der Entlassung Hederichs als Leiter der Schrifttumsabteilung des Propagandaministeriums verlor die PPK zunächst auch ihren Einfluß auf die Gestaltung der staatlichen Literaturpolitik.

Während des Krieges wurde der Apparat der PPK auf 60 Mitarbeiter verkleinert.[37] Sie verfügte jedoch auch dann noch über mehr als 500 Außenlektoren für die Erstellung von Gutachten.[38] Daß die Bouhler-Kommission den Anfeindungen parteiamtlicher und staatlicher Dienststellen zum Trotz institutionell überleben konnte, hing vor allem damit zusammen, daß Hitler dem Chef seiner Privatkanzlei immer wieder den Rücken stärkte. Dabei dürfte der »Bonus«, den sich Bouhler durch die Übernahme der Ausführung des Euthanasiebefehls vom Oktober 1939 erworben hatte,[39] eine entscheidende Rolle gespielt haben. Die Protektion Hitlers kam Bouhler im Oktober 1940 zugute, als er den Auftrag erhielt, die Lehr- und Lernbücher der Schulen im nationalsozialistischen Sinne umzugestalten.[40] Auf dieser Grundlage konnte Bouhler eine »Reichsstelle für das

[36] S. dazu neben den bereits zitierten Schreiben Rosenbergs an Heß das Schreiben Amanns an Bouhler vom 10. 12. 1938, BArch Potsdam NS 11/9, und an Bormann vom 13. 6. 1939, BArch Potsdam NS 8/181 Bl. 38–39; sowie das Schreiben Leys an Heß vom 25. 8. 1939, BArch Potsdam Slg. Schumacher/212.

[37] »Die Parteiamtliche Prüfungskommission zum Schutze des NS-Schrifttums. Aufgaben und Aufbau«, BArch Potsdam R 43 II/585 hier Bl. 44: 25 männliche und 35 weibliche Angestellte (Stand: Mai 1942).

[38] »Kurzer Arbeitsbericht«, BArch Potsdam R 43 II/585 Bl. 47: 692 Außenlektoren, von denen sich im Mai 1942 165 im Wehrdienst befanden.

[39] Im einzelnen Noakes, Philipp Bouhler und die Kanzlei des Führers der NSDAP, S. 225–230.

[40] Abschrift eines Schreibens des Reichsministers und Chefs der Reichskanzlei an den Chef der Kanzlei des Führers der NSDAP vom 2. 10. 1940, BArch Potsdam NS 15/107.

Schul- und Unterrichtsschrifttum« errichten,[41] die sich im wesentlichen auf den Apparat der PPK sowie auf die schon seit längerem praktizierte Zusammenarbeit mit der Schrifttumsstelle des NS-Lehrerbundes und deren Gaustellen stützte. Nach dem wissenschaftlichen Schrifttum begann die PPK damit ein zweites wesentliches Sachgebiet der Literaturpolitik aus dem Reichserziehungsministerium herauszulösen. Die von Hitler unterstützten Kompetenzerweiterungen gingen jedoch nicht nur zu Lasten des amtsschwachen Rust. Im März 1941 entschied Hitler nach einem persönlichen Vortrag Bouhlers, daß die PPK ebenso wie das Goebbelssche Propagandaministerium unmittelbar bei der Gestapo Anträge auf die Beschlagnahmung bereits erschienener Bücher stellen dürfe.[42] Bei Büchern, die noch im Druck befindlich oder gerade erst neu erschienen waren, sollten die Anträge der Prüfungskommission auf Einziehung dann als genehmigt gelten, wenn das Propagandaministerium nicht innerhalb von drei Wochen Einspruch gegen den Antrag erhoben hatte.[43] 1943 erhielt Bouhler schließlich noch den Zuschlag Hitlers für das geplante »Hauptschrifttumsamt der NSDAP«.[44] Dessen Realisierung scheiterte zwar am beharrlichen Eigensinn Rosenbergs. Doch konnte Bouhler auf diese Weise zumindest seine Prüfungskommission, die er Ende Mai 1941 als »Amt VI« in die Kanzlei des Führers der NSDAP eingegliedert hatte,[45] bis zum Ende des Krieges aufrechterhalten. Mit Unterstützung Bormanns, der – wie man in der Dienststelle Rosenberg im Juli 1943 wohl ganz richtig vermutete – »größtes Interesse« daran

[41] Rundschreiben Nr. 1 des »Reichsbeauftragten für das Schul- und Unterrichtsschrifttum« an die Mitglieder des »Reichsausschusses für das Schul- und Unterrichtsschrifttum« vom April 1941, BArch Potsdam NS 8/209 Bl. 59–80, hier Bl. 61.

[42] Schreiben Bormanns an Lammers vom 10. 3. 1941, BArch Potsdam NS 11/17, sowie die Weiterleitung dieser Information von Lammers an Goebbels vom 2. 4. 1941, ebd.

[43] Ebd.

[44] Mitteilung Bormanns an Rosenberg vom 29. 6. 1943, BArch Potsdam NS 8/188 Bl. 2.

[45] Mitteilung Bouhlers an Ley vom 29. 5. 1941, BArch Potsdam NS 11/9. Diese organisatorische Veränderung stand in unmittelbarem Zusammenhang mit der Aufwertung des bisherigen Stabes StdF zur Partei-Kanzlei der NSDAP. S. dazu auch die Zusammenstellung über die »Zuständigkeiten des Amtes VI der Kanzlei des Führers« (gez. Dr. Rehm), BArch Potsdam NS 11/12.

hatte, Bouhler »mit der Schrifttumsarbeit abzufinden, da er selbst ihm die Kanzlei des Führers abgenommen hat«.[46]

2.2. Die literaturpolitischen Kompetenzen

Zusammen mit der »Verfügung« von Heß über die Errichtung der PPK wurden am 16. 4. 1934 von Bouhler erste »Ausführungsbestimmungen« veröffentlicht.[47] Darin wurden die Verleger zur Vorlage von Manuskripten und Publikationen verpflichtet, die in irgendeiner Weise Bezug auf den Nationalsozialismus hatten. Für die Prüfung wurde eine Gebühr erhoben, »die das Sechsfache des vom Verleger für bereits erschienene Bücher festgesetzten, für Manuskripte kalkulierten und der Prüfungskommission bei Einsendung mitzuteilenden Ladenpreises«[48] betrug. Die Begutachtung sollte innerhalb von drei Wochen erfolgen.[49] Sie verzögerte sich in der Regel aufgrund der starken Beanspruchung der überwiegend nebenamtlich tätigen Lektoren.[50] Nach Fertigstellung des Gutachtens erteilte die PPK entweder einen »Unbedenklichkeitsvermerk« [»Gegen die Herausgabe dieser Schrift werden seitens der NSDAP keine

[46] Schreiben des Rosenberg-Adjutanten Werner Koeppen an den Mitarbeiter des Hauptamtes Schrifttumspflege Gerhard Utikal vom 17. 7. 1943, BArch Potsdam NS 8/229 Bl. 109–110, hier Bl. 109. Die schleichende Entmachtung Bouhlers als Chef der Privat-Kanzlei Hitlers wurde auch von Karl Baur, in dessen Callwey Verlag 1942 Bouhlers Napoleon-Biographie erschienen war, registriert. S. Baurs Memoiren »Wenn ich so zurückdenke...«, S. 265–268.

[47] Zum folgenden die »Ausführungsbestimmungen des Vorsitzenden der Parteiamtlichen Prüfungskommission zum Schutze des NS.-Schrifttums [...]«, in: »Verleger-Mitteilungen«, S. 5–6.

[48] Ebd., S. 5.

[49] Angabe in einem »Rundschreiben« der PPK, das dem Reichserziehungsministerium am 26. 2. 1938 zusammen mit einem Prüfungsexemplar (Herbert Grabert, Die völkische Aufgabe der Religionswissenschaft) zugestellt wurde. BArch Potsdam 49.01/464 Bl. 106.

[50] S. dazu etwa die Beschwerde des Autors Ernst Große bei der Reichskanzlei vom 28. 10. 1937 über die Verzögerung der Begutachtung seines Manuskripts »Ostasiatische Erinnerungen«. In dem Antwortschreiben der Reichskanzlei vom 10. 11. 1937 wurde eine Intervention bei der Prüfungskommission mit dem Hinweis, daß die »außerordentliche Geschäftsbelastung« der PPK »bekannt« sei, abgelehnt. Der Vorgang in BArch Potsdam 07.01/4102 Bl. 122–123.

Bedenken erhoben«].[51] Der Titel wurde dann in die NS-Bibliographie aufgenommen, zur Anschaffung für die Parteibüchereien sowie zum Einsatz bei Schulungen empfohlen. Wurde der »Unbedenklichkeitsvermerk« verweigert, waren verschiedene Folgen möglich.[52] Eine Schrift konnte (weiter-)erscheinen, erhielt jedoch keine parteiamtliche Förderung. Die Veröffentlichung eines Manuskripts, das Weitererscheinen oder die Neuauflage eines Buches konnten aber auch von der Abänderung kritisierter Passagen abhängig gemacht werden. Im Extremfall wurde die Publikation ganz verboten. Von der Reichsschrifttumskammer wurde diese Zensurvollmacht durch eine »Anordnung« vom 16. 4. 1935 bestätigt, in der dem Buchhandel die weitere Verbreitung der von der PPK beanstandeten Literatur untersagt wurde.[53]

In der Anfangsphase ihrer Tätigkeit kam die Prüfungskommission durchaus den Erwartungen Amanns nach. Einerseits wurde versucht, die Konjunktur des »nationalsozialistischen« Schrifttums auf dem Buchmarkt einzudämmen. So wurde am 12. 10. 1934 von Bouhler bekanntgegeben, daß »Bücher, die sich in erzählender oder schildernder Form meist durch *lose aneinandergereihte Abhandlungen und Aufsätze* mit der nationalsozialistischen Revolution und den sie begleitenden Ereignissen beschäftigen«, generell keine parteiamtliche Förderung, sondern nur noch den Vermerk erhalten sollten, daß »dem Ver-

[51] S. die für den Chef der Reichskanzlei, Lammers, angefertigte Zusammenstellung über die Aufgaben und Arbeitsweise der PPK, der Reichsstelle zur Förderung des deutschen Schrifttums und der Reichsschrifttumsstelle, BArch Potsdam R 43 F 4222/Fiche 3, Bl. 58–64, hier Bl. 63. S. auch die »Bekanntmachung des Vorsitzenden der Parteiamtlichen Prüfungskommission vom 11. 4. 1935 über Art und Umfang der Arbeit der Parteiamtlichen Prüfungskommission zum Schutze des NS.-Schrifttums«, in: »Verleger-Mitteilungen«, S. 15.

[52] »Vermerk« für den Chef der Reichskanzlei, BArch Potsdam R 43 F 4222/Fiche 3, Bl. 63.

[53] »Anordnung betr. Verbreitungsverbot der von der Parteiamtlichen Prüfungskommission beanstandeten Schriften« vom 16. 4. 1935, in: Schrieber (Hg.), Das Recht der Reichskulturkammer, Bd. II, S. 90–91. In seiner »Bekanntmachung vom 11. 4. 1935«, in »Verleger-Mitteilungen«, S. 15, wies Bouhler darauf hin, daß Verbote »nur in Ausnahmefällen erlassen [werden würden], wenn Art und Umstände ein solches Eingreifen unbedingt notwendig machen«.

kauf von seiten der Partei nichts im Wege steht«.[54] Neben solchen Einschränkungen dürfte vor allem das aufwendige und kostspielige Genehmigungsverfahren der Prüfungskommission in der Folge viele Verleger dazu bewogen haben, von sich aus auf das zunächst so lukrative Geschäft mit nationalsozialistischer Literatur zu verzichten.

Auf der anderen Seite bemühte sich die PPK mit einer Reihe von Anordnungen darum, dem Zentralparteiverlag ein Exklusivrecht für die Publikation der die NSDAP betreffenden Literatur zu verschaffen. Im Oktober 1934 wurde klargestellt, daß für die »Veröffentlichung von Darstellungen und Berichten über Veranstaltungen der NSDAP.« der Parteiverlag »allein zuständig« sei.[55] Ausnahmen wurden nur »nach vorheriger Genehmigung« durch den Vorsitzenden der PPK gemacht.[56] Die Regelung wurde im Juli 1935 noch dahingehend verschärft, daß die gesamte »Parteitag-Literatur« nur noch »im Einvernehmen« mit der PPK erscheinen durfte.[57] Aufgrund einer »Bekanntmachung« Bouhlers vom 20. 10. 1934 wurden die Parteidienststellen und ihre Gliederungen dazu verpflichtet, »sämtliche Verordnungen und Veröffentlichungen, soweit sie für den Vertrieb durch den deutschen Buchhandel bestimmt sind, im Parteiverlag erscheinen zu lassen«.[58] Am 24. 9. 1935 gab Bouhler im Auftrag des Eher Verlags bekannt, daß außer dem Zentralverlag der NSDAP keinem anderen deutschen Verlag mehr das Recht zustünde, die Reden und Schriften Hitlers »ganz oder auszugsweise zu veröffentlichen«.[59] Die Überwachung dieser außerordentlich gewinnträchtigen Rechte oblag

[54] »Bekanntmachung des Vorsitzenden der Parteiamtlichen Prüfungskommission zum Schutze des NS.-Schrifttums vom 12. 10. 1934«, in: »Verleger-Mitteilungen«, S. 11–12, hier S. 11. Hervorhebungen im Text.

[55] Ebd., S. 11.

[56] Ebd., S. 12.

[57] »Bekanntmachung des Vorsitzenden der Parteiamtlichen Prüfungskommission zum Schutze des NS.-Schrifttums vom 11. 7. 1935«, in: »Verleger-Mitteilungen«, S. 17.

[58] »Bekanntmachung des Vorsitzenden der Parteiamtlichen Prüfungskommission zum Schutze des NS.-Schrifttums vom 20. 10. 1935«, in: »Verleger-Mitteilungen«, S. 13.

[59] »Bekanntmachung des Vorsitzenden der Parteiamtlichen Prüfungskommission zum Schutze des NS.-Schrifttums über Veröffentlichung von Reden und Schriften des Führers vom 24. 9. 1935«, in: »Verleger-Mitteilungen«, S. 19.

nun der PPK. Für die Wahrnehmung dieses umfangreichen Zensur- und Editionsauftrages war ab dem 1. 11. 1935 Karl-Heinrich Köpke zuständig.[60] Seit Juli 1936 mußten sogar auch diejenigen Schriften, in denen Zitate aus Hitler-Reden enthalten waren, zur Prüfung vorgelegt werden.[61] Mit dem Erscheinen der »Nationalsozialistischen Bibliographie« ab April 1936 wurde schließlich noch die Herausgabe sämtlicher Verzeichnisse mit NS-Literatur auf den Eher Verlag beschränkt.[62]

Nachdem Amann infolge des Konflikts mit Hederich die Kooperation mit der PPK einstellte, ließ sich Bouhler am 3. 11. 1937 seine Zuständigkeit für die Überwachung der Wiedergabe der »Führerreden« noch einmal von Hitler selbst bestätigen.[63] Aufgrund einer »Ausführungsbestimmung« vom 1. 6. 1938 mußten die Verleger nun alle Bücher (einschließlich Dissertationen) und Zeitschriftenaufsätze, die Auszüge aus den Reden oder aus »Mein Kampf« enthielten, der PPK im Manuskript vorlegen.[64] Bei einem geplanten Nachdruck mußte dem Prüfungsantrag die Genehmigung des Parteiverlags beigefügt wer-

[60] K.-H. Köpke (1912–?): von 1931 bis 1933 Studium der Theologie in Greifswald; seit August 1930 Mitglied der NSDAP, hatte er sich im April/Mai 1933 als stellvertretender Führer der Greifswalder Studentenschaft aktiv an der »Aktion wider den undeutschen Geist« beteiligt; von Ende 1933 bis Herbst 1935 im Stab der Obersten SA-Führung tätig; ab Sommer 1936 zwecks Wiederaufnahme seines Studiums in Geschichte, Deutsche Philologie und Theologie vom Dienst beurlaubt; 1939 Dissertation an der Universität Greifswald zum Thema »Die Auseinandersetzung des Führers mit seinen Gegnern in den Wahlkämpfen zur Reichspräsidenten-Wahl 1932«. Angaben aus der Promotionsakte Köpkes im Archiv der Universität Greifswald. Eine Fotokopie der Unterlagen wurde mir von Herrn Tobias Franke-Landwers zur Verfügung gestellt.

[61] »Bekanntmachung des Vorsitzenden der Parteiamtlichen Prüfungskommission zum Schutze des NS.-Schrifttums über Prüfungspflicht von Führerzitaten vom 20. 7. 1936«, in: »Verleger-Mitteilungen«, S. 25. S. dazu auch den Aufsatz des PPK-Mitarbeiters K. H. Köpke, Die Verwendung von Führerworten im Schrifttum, in: NSB 2, H. 3 (1937), S. I–VIII.

[62] »Bekanntmachung des Vorsitzenden der Parteiamtlichen Prüfungskommission zum Schutze des NS.-Schrifttums über Sonderzusammenstellungen von nationalsozialistischer Literatur außerhalb der NSB. vom 30. 4. 1936«, in: »Verleger-Mitteilungen«, S. 23.

[63] »Verfügung des Führers über die Wiedergabe seiner Reden vom 3. 11. 1937«, in: »Verleger-Mitteilungen«, S. 33.

[64] »Ausführungsbestimmung zur Verfügung des Führers vom 3. 11. 1937«, in: »Verleger-Mitteilungen«, S. 37.

den. 1939 erschien zunächst eine Bibliographie sämtlicher Hitler-Reden für die Zeit von 1933 bis zum 1. 4. 1939 (mit Quellenangabe und einem Kernsatz).[65] Während des Krieges gab Bouhler selbst die Kriegs- und die Kulturreden Hitlers auf der Grundlage von Schallplattenaufnahmen im Zentralparteiverlag heraus.[66] Neben der Betreuung seiner Reden schob Hitler dem Chef seiner Privatkanzlei am 3. 12. 1937 noch einen zweiten Auftrag zu.[67] Um sicherzustellen, daß die Parteigeschichte »einwandfrei, einheitlich und aus der Kenntnis des Kampfes der Bewegung heraus« geschrieben werden könne,[68] wurde Bouhler mit den Vorarbeiten zu einer »Geschichte der Bewegung« betraut.[69]

Die PPK beschränkte sich aber längst nicht mehr auf den ihr von Heß ursprünglich nur im Rahmen der Partei zugewiesenen Aufgabenbereich. Die Ausweitung der Prüfungsmaßnahmen auf nahezu sämtliche Publikationen wurde von Amtsleiter Hederich in einer kleinen Broschüre zur Tätigkeit der Kommission aus dem Jahre 1937 damit gerechtfertigt, daß »es ja kaum ein Fragengebiet in Deutschland heute noch gibt, das an der Neugestaltung und Neuschöpfung unseres volklichen Lebens vorübergeht, ohne dazu [d.h. zum Nationalsozialismus] in dem

65 Die Reden des Führers nach der Machtübernahme [1933–1.4.1939]. Eine Bibliographie, Berlin 1939 (= NSB, Beiheft 2). Ein Exemplar findet sich in BArch Potsdam NSD 2/11.

66 »Kurzer Arbeitsbericht« (1. 9. 1939–April 1942), BArch Potsdam R 43 II/585 hier Bl. 48.

67 »Verfügung des Führers zur Bearbeitung der Geschichte der Bewegung vom 3. 12. 1937«, in: »Verleger-Mitteilungen«, S. 35.

68 Ebd.

69 Bereits am 23. 2. 1937 hatte die PPK unter Hinweis auf einen entsprechenden Führer-Auftrag zur Bearbeitung der »Geschichte der Bewegung« bei der Gestapo Berlin 23 Tagebuchbände Philipp Scheidemanns zurückgefordert, die 1936 leihweise dem Reichsinstitut für die Geschichte des neuen Deutschland überlassen worden waren. Der Vorgang ist überliefert in BArch Potsdam NS 11/30. Aufgrund der Querelen mit Amann mußte der erste Band der »Schriften zur Geschichte der nationalsozialistischen Bewegung« (A. Ciller, Deutscher Sozialismus in den Sudetenländern und der Ostmark) 1939 in der Hanseatischen Verlagsanstalt erscheinen. S. das Schreiben Rosenbergs an Heß vom 15. 1. 1940, BArch Potsdam NS 8/183 Bl. 156–157, hier Bl. 157.

einen oder anderen Zusammenhang Stellung zu nehmen«.[70] Da der PPK aber für eine solch umfassende Kontrolle die Rechtsgrundlagen fehlten, versuchten Bouhler und Hederich ihren Einflußbereich durch sogenannte »Arbeitsvereinbarungen« systematisch auszudehnen.

Schon am 15. 5. 1934 hatte Hans Frank, der Leiter des Reichsrechtsamtes der NSDAP, die PPK autorisiert, das *Rechtsschrifttum*, das »im Titel, in der Aufmachung, in Verlagsanzeigen oder auch in der Darstellung selbst als nationalsozialistisch ausgegeben« wurde, zu zensieren.[71] 1939 erschien dazu eine von der PPK und dem Amt für Rechtsschrifttum gemeinsam erarbeitete Auswahlbibliographie, in der die seit 1933 erschienene Literatur zur »deutschen Rechtserneuerung« verzeichnet und »gewürdigt« wurde.[72] Eine Sonderregelung wurde mit Himmler bezüglich der *Kommentare und Abhandlungen zum Polizeirecht* sowie zum *Schrifttum der SS* getroffen.[73] Aufgrund einer Reihe von Absprachen mit der Wehrmachtsführung aus dem Jahre 1935 konnte das *Wehrschrifttum* bis zum Kriegsbeginn von der Bouhler-Kommission mitbegutachtet werden.[74] 1936 wurden die wichtigsten Staats- und Partei-Dienststellen in den »Arbeitskreis der NS-Bibliographie« einbezogen.[75] Das Gremium sollte der Vorbereitung und Auswer-

[70] K. H. Hederich, Die Parteiamtliche Prüfungskommission zum Schutze des NS-Schrifttums, ihre Aufgabe und ihre Stellung in Partei und Staat, Breslau 1937, S. 5–6.

[71] »Anordnung des Reichsleiters der Rechtsabteilung der Reichsleitung der NSDAP.«, in: »Verleger-Mitteilungen«, S. 7.

[72] »Deutsche Rechtserneuerung«. Eine Bibliographie. Erstellt vom Amt für Rechtsschrifttum im Reichsrechtsamt der NSDAP. in Zusammenarbeit mit der Parteiamtlichen Prüfungskommission zum Schutze des NS.-Schrifttums, Berlin 1939 (= NSB, Beiheft 3), BArch Potsdam NSD 2/12.

[73] »Zusammenfassung über die Zuständigkeit der Parteiamtlichen Prüfungskommission« vom 9. 5. 1942, BArch Potsdam R 43 II/585 Bl. 55–59, hier Bl. 59.

[74] Ebd., Bl. 57.

[75] Ende 1938 gehörten diesem unter Vorsitz Bouhlers stehenden Arbeitskreis Vertreter folgender Dienststellen an: der Beauftragte des Führers für die Überwachung der gesamten geistigen und weltanschaulichen Schulung und Erziehung der NSDAP, der Beauftragte des Führers für den Vierjahresplan, das Hauptschulungsamt der NSDAP, der NS-Lehrerbund, das Reichsamt für Agrarpolitik, der Reichsführer-SS, der Reichsjugendführer, das Reichsrechtsamt der NSDAP, der Stabschef der SA, das Reichsministerium für Wissenschaft, Erziehung und Volksbildung, das Reichswirt-

tung der monatlich von der PPK herausgegebenen »*Nationalsozialistischen Bibliographie*« dienen, in der die Prüfungsergebnisse des Lektorats verzeichnet wurden und bis 1939 grundlegende literaturpolitische Aufsätze erschienen.[76] »Aus Gründen der Vollständigkeit«, aber auch wegen seiner Massenverbreitung und politischen Wirksamkeit wurde das *schöngeistige Schrifttum* bei der Prüfungstätigkeit berücksichtigt.[77] Obwohl sich – wie Hederich 1937 selbst zugeben mußte – »bereits eine Reihe von Stellen mit diesem Schrifttum beschäftigt«.[78] Nach einer Vereinbarung mit Göring in seiner Funktion als »Beauftragter für den Vierjahresplan« vom 12. 2. 1937 hatten die Verleger sämtliche Manuskripte und Publikationen, die »Probleme des Vierjahresplanes betreffen bzw. zur Darstellung bringen« (*Vierjahresplan-Schrifttum*), der PPK zur Prüfung einzureichen.[79]

Am 14. 7. 1937 unterzeichneten Bouhler und Rust ein »Arbeitsabkommen«.[80] Darin wurde ein weiterer »Arbeitskreis« –

schaftsministerium. Vgl. »Die Nationalsozialistische Bibliographie«, in: »Verleger-Mitteilungen«, S. 51–57, hier S. 52–53.

[76] NSB 1 (1936) – 9 (1944). Die monatliche Erscheinungsweise wurde ab Jg. 5 (1940) auf eine zweimonatige, ab Jg. 8 (1943) schließlich auf eine vierteljährliche umgestellt. Seit Kriegsbeginn wurde die Publikation von Aufsätzen eingestellt. Die Zahl der Bezieher lag 1942 bei rund 5000 (Zahlenangabe in »Kurzer Arbeitsbericht« [1. 9. 1939-April 1942], BArch Potsdam R 43 II/585 hier Bl. 49). Zur Arbeitsweise und Zielsetzung der NSB s. die Einführung Bouhlers zu Jg. 1, H. 1 (1936), S. I–IV. An der Sachsystematik der NSB ist die sukzessive Erweiterung der von der PPK erfaßten Literatur deutlich ablesbar. Dazu die Einführung von K. H. Hederich zum Jg. 4 (1939), S. 6–15, hier S. 9–11: A. Volk, B. Volksordnung, C. Reich, D. Die politischen Arbeitsbereiche, E. Deutschlands Außenbeziehungen.

[77] K. H. Hederich, Zwei Jahre NS-Bibliographie, in: NSB 3, H. 1 (1938), S. I–XII, hier S. V-VI.

[78] Ebd., S. 6.

[79] »Zusammenfassung über die Zuständigkeit der Parteiamtlichen Prüfungskommission« vom 9. 5. 1942, BArch Potsdam R 43 II/585 Bl. 58. S. dazu auch die »Bekanntmachung des Vorsitzenden der Parteiamtlichen Prüfungskommission« vom 25. 3. 1937, mitgeteilt durch den Leiter der Fachschaft Verlag in der RSK, betr. Prüfung des Schrifttums aus dem Arbeitsbereich des Generalfeldmarschalls Göring, insbesondere aus dem Bereich des Arbeitsgebietes des Vierjahresplanes, in: »Verleger-Mitteilungen«, S. 49.

[80] S. die »Bekanntmachung des zwischen Reichsminister Rust und Reichsleiter Bouhler getroffenen Arbeitsabkommens vom 14. 10. [7.!]

unter Vorsitz Hederichs und in paritätischer Besetzung – eingerichtet, der sich mit dem gesamten *wissenschaftlichen*, *erzieherischen* und *volksbildnerischen Schrifttum* befassen sollte. Die Kooperation zwischen PPK und Reichserziehungsministerium wurde 1939 noch dahingehend erweitert, daß *Dissertationen* und auch *Habilitationen* zu Fragestellungen des Nationalsozialismus vor der Drucklegung vom Lektorat der Bouhler-Kommission begutachtet werden sollten.[81] Ein Verfahren, das Rosenberg und Göring als Einführung einer »Vorzensur« brandmarkten, gegen die sie – sinnigerweise unter Hinweis auf die notwendige »Freiheit der Forschung« – Protest erhoben.[82] Den Interventionen zum Trotz legte Hederich 1942 ein kommentiertes »[Auswahl-]Verzeichnis von Dissertationen und Habilitationsschriften« vor, die bis Ende 1941 von der PPK überprüft worden waren.[83] In einer »Vereinbarung« vom 13. 10. 1939 verpflichtete sich Reichsaußenminister von Ribbentrop, die Bouhler-Kommission bei der Vorbereitung von *Ausstellungen mit nationalsozialistischem Schrifttum im Ausland* zu beteiligen.[84] Noch im gleichen Jahr wurde ihr vom Auswärtigen Amt die Erstellung der »Bibliothek zum Studium des Nationalsozialismus« übertragen,[85] deren Schenkung an die faschistische Partei Italiens im deutsch-italienischen Kulturabkommen vom 23. 11.

1937«, in: »Verleger-Mitteilungen«, S. 31. Die »Bekanntmachung« trägt den Zusatz, daß Rosenberg »im Rahmen des obigen Arbeitsabkommens seinem Auftrag entsprechend beteiligt« sei.

81 Abschrift des Rustschen »Erlasses« vom 20. 10. 1939 betr. die Beteiligung der Parteiamtlichen Prüfungskommission zum Schutze des NS-Schrifttums bei Dissertationen, in BArch Potsdam NS 11/10 Bl. 23–24.

82 Rosenberg an Rust vom 13. 11. 1939, BArch Potsdam NS 8/170 Bl. 30–34, hier Bl. 31. Schreiben Görings an Rust vom 16. 11. 1939, BArch Potsdam NS 11/10 Bl. 36. S. auch ebd. Bl. 37 das Antwortschreiben Rusts an Göring vom 5. 1. 1940.

83 »Hochschulschrifttum. Verzeichnis von Dissertationen und Habilitationsschriften«, Berlin 1942 (= NSB, Beiheft 4), BArch Potsdam NSD 2/13. Dazu auch K. H. Patutschnik, Über den Wert der in den letzten Jahren erschienenen Doktordissertationen, in: NSB 1, H. 1 (1936), S. XVII–XXXII.

84 Das Original der von Bouhler und von Ribbentrop unterzeichneten »Vereinbarung« ist überliefert in PA/Referat Partei, Bd. 1 NS-Schrifttum.

85 Schreiben der PPK (G. Krüger) an das AA vom 17. 1. 1941, in dem Details über die Ausstattung der Bibliothek mitgeteilt wurden. PA/Referat Partei, Bd. 1 NS-Schrifttum.

1938 zugesagt worden war. Unter Bezugnahme auf die Arbeitsvereinbarung Bouhlers mit von Ribbentrop versuchte Hederich auch die Verbreitung der NS-Bibliographie über die Auslandsmissionen und damit die Propaganda für NS-Schrifttum zu forcieren.[86]

Mit der Begründung, eine zunehmende »Gewinnsucht und Verflachung« sowie einen Mißbrauch durch »konfessionell-politische Gruppen« zu verhindern, zog die PPK ab 1935 die Überwachung des *Kalenderschrifttums* an sich.[87] 1936 wurde dieses Arbeitsgebiet noch um *Almanache* und *Jahrbücher* aller Art sowie um *Adreß- und Anzeigenbücher* erweitert.[88] Die Prüfung dieser Publikationen sicherte der PPK beträchtliche Gebühreneinnahmen, mit deren Hilfe der Ausbau der Dienststelle betrieben werden konnte. Zudem boten die besonders auflagenstarken Volks- und Heimatkalender die Möglichkeit zu propagandistischer Einflußnahme. So wurden die Kalenderverleger ab 1936 zur »Hereinnahme eines weltanschaulichen, kulturpolitischen oder allgemein-politischen Beitrags« gezwungen, der die »Leistungen des Nationalsozialismus« auf dem Spezialgebiet des jeweiligen Kalenders beschreiben sollte.[89] Obwohl ihre Zahl mit Einführung der Papierkontingentierung drastisch reduziert wurde, durchliefen während des Krieges jährlich noch bis zu

86 Schreiben des Vorsitzenden der PPK (i. V. Hederich) an das AA vom 14. 5. 1941, PA/Referat Partei, Bd. 1 NS-Schrifttum. Ergänzend dazu die »Aufzeichnung« Hederichs vom 12. 11. 1941 über eine Besprechung mit Unterstaatssekretär Luther vom AA am 30. 10. 1941, BArch Potsdam NS 11/12.

87 S. die Bemerkungen zur »Bekanntmachung des Vorsitzenden der Parteiamtlichen Prüfungskommission vom 11. 7. 1935«, in: »Verleger-Mitteilungen«, S. 41/Fn. 1. Vgl. auch den Aufsatz des PPK-Mitarbeiters H. Finke, Die Kalenderliteratur im Rahmen des deutschen Schrifttums, in: NSB 2, H. 4 (1937), S. I–IV.

88 »Bekanntmachung der Parteiamtlichen Prüfungskommission zum Schutze des NS.-Schrifttums für die Prüfung der Adreßbuch- und Kalenderliteratur und die Zusammenarbeit mit der beim Reichsverband des Adreß- und Anzeigenbuchverlags-Gewerbes eingerichteten Beratungsstelle für das Anzeigenbuchwesen vom 12. 3. 1936«, in: »Verleger-Mitteilungen«, S. 43–44. Die Prüfung dieser Schrifttumsgruppen erfolgte bis zum 1. 4. 1938 noch in Zusammenarbeit mit der Reichsschrifttumskammer.

89 Die zusammenfassenden Angaben zur Kalenderprüfung in den »Verleger-Mitteilungen«, S. 47–48, hier S. 48.

700 Kalender das Lektorat der Prüfungskommission.[90] So deutlich wie keine andere Schrifttumsstelle griff die PPK in die inhaltliche Gestaltung von Publikationen ein. Zum einen bei Manuskripten, Büchern und Zeitschriftenaufsätzen. Das Lektorat machte entweder Vorschläge zur Abänderung einer beanstandeten Schrift oder nahm nach Absprache mit dem Verleger und Autor selbständig Änderungen vor.[91] Für diese Mitwirkung, die das (Weiter-)Erscheinen oder die Neuauflage einer Schrift sicherte, ließ sich die PPK von den Verlegern »Bearbeitungsgebühren« bezahlen.[92] Zum anderen gewann die Prüfungskommission entscheidenden Einfluß auf die wichtigsten deutschen *Lexika*. So war Bouhler noch in seiner Funktion als Reichsgeschäftsführer der NSDAP nach der Machtübernahme von der Redaktion des Brockhaus-Lexikons die »Bearbeitung eines größeren Beitrages« angeboten worden.[93] Da die Neugestaltung der politischen und gesellschaftlichen Verhältnisse rasch immer weitere Kreise zog und der Verlag bei der Neuauflage des »Großen Brockhaus« offenbar politische Schwierigkeiten oder aufwendige Abänderungen vermeiden wollte, wurde der PPK die Überprüfung und Überarbeitung von mehr als 100 Stichworten übertragen; wobei der »allergrößte Teil dieser Stichworte«, wie Amtsleiter Hederich selbst zugeben mußte, »gar keine prüfungspflichtigen Themen« behandelte. Das gleiche Verfahren wurde beim »Allbuch-Brockhaus« und beim »Taschenbrockhaus zum Zeitgeschehen« praktiziert.[94] Die achte Auflage von »Meyers Konversations-Lexikon« wurde sogar im wesentlichen von den Mitarbeitern der Bouhler-Kommission geleistet. Sie prüften nicht nur jedes Stichwort, sondern steuerten auch sämtliche politisch relevanten Artikel bei.[95] Der

[90] Zahlenangabe in »Kurzer Arbeitsbericht« (1. 9. 1939–April 1942), BArch Potsdam R 43 II/585 hier Bl. 48.

[91] S. das Schreiben Hederichs an Bouhler vom 13. 10. 1936, hier S. 10, BArch Potsdam NS 11/8.

[92] Ebd.

[93] So Hederich ebd., S. 6. Die folgenden Zitate ebd.

[94] »Kurzer Arbeitsbericht« (1. 9. 1939–April 1942), BArch Potsdam R 43 II/585 hier Bl. 51.

[95] Hederich an Bouhler vom 13. 10. 1936, S. 8 und S. 13, BArch Potsdam NS 11/8. Die Auslandswirkung des mit der NS-Ideologie durchsetzten Lexikons war dann allerdings so verheerend, daß der Verlag Bibliographisches Institut bei der Schrifttumsabteilung des Propagandaministeriums für

Kröner Verlag beteiligte die PPK an der Neufassung seines »Pädagogischen Wörterbuchs« und seines »Philosophischen Wörterbuchs«.[96] Auch im Erziehungsbereich ging die PPK von der anfänglichen Überprüfung zur inhaltlichen Neubearbeitung der Literatur über. 1938 empfahl sie sich mit der Edition einer vom NS-Lehrerbund und vom Rassenpolitischen Amt der NSDAP zusammengestellten Auswahlbibliographie zum »*Schrifttum über Familie, Volk und Rasse* für die Hand des Lehrers und Schülers«.[97] Im gleichen Jahr gab Bouhler unter dem Titel »Kampf um Deutschland« ein »Lesebuch« heraus, dessen Anschaffung den Schülern der Volksschule ab dem achten Schuljahr, denjenigen der Mittel- und höheren Schulen ab der fünften Klasse durch einen »Erlaß« von Rust zur Pflicht gemacht wurde.[98] Durch den bereits erwähnten Führer-Auftrag vom Oktober 1940 erhielt Bouhler systematische Zugriffsmöglichkeiten auf das *Schul- und Unterrichtsschrifttum*. Die für diesen Zweck eingerichtete »Reichsstelle« begann nun, die Lehrerhandbücher, die Lern- und Lesebücher der Schüler sowie die allgemeinpädagogische Literatur zu sichten und in einem »Generalkatalog« zu erfassen.[99] Den Schulbuchverlagen wurde die

die neunte Auflage von »Meyers Lexikon« um die Entbindung von der Zusammenarbeit mit der PPK bat. S. den »Bericht« des Rosenberg-Mitarbeiters Payr über eine Sitzung in der Schrifttumsabteilung des Promi am 5. 7. 1944 betr. »Meyers Lexikon«, BArch Potsdam NS 8/249 Bl. 58–61.

96 »Kurzer Arbeitsbericht« (1. 9. 1939–April 1942), BArch Potsdam R 43 II/585 hier Bl. 51.

97 »Schrifttum über Familie, Volk und Rasse für die Hand des Lehrers und Schülers«, zusammengestellt und begutachtet vom NS.-Lehrerbund, Reichsfachgebiet Rassenfrage, und vom Rassenpolitischen Amt der NSDAP. Reichsleitung, Berlin 1938 (= NSB, Beiheft 1), BArch Potsdam NSD 2/10.

98 »Erlaß« Rusts vom 20. 6. 1938, in: Deutsche Wissenschaft, Erziehung und Volksbildung 4 (1938), S. 309. Das »Lesebuch für die Deutsche Jugend« war »auf Veranlassung des Führers« zusammengestellt worden und im Zentralverlag der NSDAP, Berlin 1938, erschienen. S. in diesem Kontext auch G. Krüger, Das Schulbuch ein politisches Erziehungsmittel, in: NSB 3, H. 6 (1938), S. I–VIII.

99 »Kurzer Arbeitsbericht« (1. 9. 1939–April 1942), B. Reichsstelle für das Schul- und Unterrichtsschrifttum, BArch Potsdam R 43 II/585 Bl. 53–54, hier Bl. 53. S. auch die von Bouhler aufgesetzten »Stichworte zur Abgrenzung des Zuständigkeits- und Interessenbereiches der Reichsstelle für das Schul- und Unterrichtsschrifttum« (o. D., ca. 1941/42), BArch Potsdam NS 11/12.

Abänderung beanstandeter Passagen zur Auflage gemacht. Gleichzeitig bemühte sich die »Reichsstelle für das Schul- und Unterrichtsschrifttum« eigenständig um die Erarbeitung eines neuen Atlas, eines neuen Geschichts-, Lebenskunde- und Erdkundebuchs für die Volksschulen, neuer Lernbücher für die Hauptschule, einer neuen Reichskunde für Berufs- und Fachschulen sowie neuer Schulbücher für das »Protektorat Böhmen und Mähren«.[100] 1941 führte die Reichsstelle schließlich noch in Zusammenarbeit mit dem NS-Lehrerbund eine »Säuberungsaktion« bei sämtlichen Schüler- und Lehrerbüchereien durch.[101] In diesem Zusammenhang wurde am 31. 12. 1942 von der Reichsstelle eine »Liste jüdischer und emigrierter Autoren« herausgegeben.[102] Der »nur für den Dienstgebrauch!« bestimmte Index sollte einen Überblick über die Literatur geben, die »vornehmlich in den Schüler- und Lehrerbüchereien vor der Machtübernahme eingestellt« worden war.[103]

Entscheidend für den stetig wachsenden Einfluß der PPK auf die nationalsozialistische Literaturpolitik war neben der »Führer-Nähe« Bouhlers und dem Organisationsgeschick Hederichs die Zensurvollmacht. Sie beinhaltete – als »Nachzensur« – das Verbot bereits erschienener Schriften, dem die Gestapo mit Beschlagnahmung und Einziehung der Buchbestände zu entsprechen hatte. Die »Präventivzensur« konnte auf mehreren Wegen durchgesetzt werden. Zunächst waren die Verleger dazu verpflichtet, die Manuskripte von Büchern und Aufsätzen, die sich mit Fragen des Nationalsozialismus beschäftigten, bei der PPK zur Prüfung einzureichen. Wie das Beispiel der Lexika zeigt, gingen viele Verleger von sich aus dazu über, in politisch heiklen Fällen auch nicht-prüfungspflichtige Literatur der PPK vorzulegen, um auf diese Weise einem Verbot vorzubeugen. Zudem erhielt die Bouhler-Kommission ein Stimmrecht in dem

100 »Kurzer Arbeitsbericht«, Bl. 53.

101 Ebd., Bl. 54. Ergänzend dazu K. I. Flessau, Schule der Diktatur. Lehrpläne und Schulbücher des Nationalsozialismus, Frankfurt a. M. 1979 (Originalausgabe München 1977), Dritter Teil: Nationalsozialistische Schulbücher, S. 133–228, sowie das »Verzeichnis der Schulbücher aus der Zeit des Nationalsozialismus«, ebd. S. 279–283.

102 Ein Exemplar der Liste findet sich in HStA Weimar Thür. Min. f. Volksbildung/C 619 Bl. 350–352.

103 So die Vorbemerkung zur Liste. Die Liste erhob allerdings »keinen Anspruch auf Vollständigkeit«.

1941 vom Propagandaministerium eingesetzten Ausschuß zur Vergabe der Papierkontingente.[104] Damit konnte sie über die Publikationsprojekte sämtlicher Verlage mitentscheiden, was angesichts der Verknappung von Papier- und Einbandstoffen ab 1942 immer bedeutsamer wurde.

Die Diskussion über die praktische Handhabung der Zensur spielte innerhalb der PPK eine wichtige Rolle. Interessanterweise legte der Leiter der Abteilung »Führerreden«, Jürgen Soenke, 1940 an der Philosophischen Fakultät der Universität Greifswald eine Dissertation mit dem Titel »Studien über zeitgenössische Zensursysteme« vor.[105] Darin stellte er einen Vergleich zwischen der »Zensur der katholischen Kirche«, der »Zensur in der Sowjetunion«, der »Zensur in Deutschland vor 1933« und der von der PPK praktizierten Zensur an. Die Auffassung Soenkes, daß die traditionelle Verbotszensur im »Dritten Reich« durch eine positive »Erziehungsarbeit« des Nationalsozialismus überflüssig gemacht werden könne,[106] traf allerdings nur einen Aspekt der informellen Arbeitspraxis der PPK. Zwar verwarf Hederich das von Amann favorisierte sowjetische System eines zentralen Staatsverlags (»Glawlit«), von dem sämtliche Publikationen begutachtet und herausgegeben werden, unter Hinweis auf die begrenzte wirtschaftliche Kapazität des Eher Verlags und auf innen- wie außenpolitische Komplikationen.[107] Doch

[104] »Zusammenfassung über die Zuständigkeit der Parteiamtlichen Prüfungskommission« vom 9. 5. 1942, BArch Potsdam R 43 II/585 hier Bl. 59: »6.) Arbeitsvereinbarung mit dem Reichsministerium für Volksaufklärung und Propaganda«. Zur Mitwirkung der Bouhler-Kommission in dem Ausschuß s. die Erinnerungen des Vorsitzenden Hövel, Wirtschaftsstelle des deutschen Buchhandels, hier B 14.

[105] Studien über zeitgenössische Zensursysteme. Frankfurt a.M. 1941. Jürgen Soenke (1907–1983): Studium von Germanistik, Russisch, Geschichte, Kunst- und Kirchengeschichte in Wien, Kiel und Greifswald; NSDAP-Mitglied seit 1929, SA-Mitglied seit 1931; 1931 Hochschulgruppenführer und Referent für Hochschulfragen in der Gauleitung Pommern der NSDAP; ab 1. 7. 1935 in der PPK; 1938 »Referat ›Reden des Führers‹«; seit Juni 1940 Leiter der Außenstelle Prag der PPK; ab Ende 1941 bei der Wehrmacht. BDC/Partei-Kanzlei-Correspondence/Soenke, J.

[106] J. Soenke, Zur Geschichte der Zensur, in: NSB 4, H. 8 (1939), S. 57–67, hier S. 65.

[107] So die Argumentation Hederichs in seinem Entwurf zu einer »Stellungnahme zu dem Schreiben des Reichsorganisationsleiters Pg. Dr. Ley vom 25. 8. 39 an den Stellvertreter des Führers«, S. 3, BArch Potsdam NS

verließ sich die PPK – wie dargestellt – keineswegs nur auf die positive Beeinflussung der Verlegerpolitik und des Leserverhaltens.[108] Die Zensur fand nur auf sehr subtile Weise unter der Oberfläche statt. Dabei war die Prüfungskommission sogar bereit, die vom Nationalsozialismus bekämpfte katholische Kirche als Lehrmeisterin zu akzeptieren. In einem Schreiben vom Dezember 1938 wies Bouhler gegenüber Heß darauf hin, daß sich hinsichtlich der »autoritären Schrifttumserfassung« »aus der Reihe jahrhundertealter Erfahrungen der Kirche zweifellos eine Anzahl wichtiger Dinge übernehmen [lassen], wenngleich eine einfache Übernahme des Systems ausgeschlossen ist und den nationalsozialistischen Grundprinzipien widerspricht«.[109]

11/9. S. dazu auch den Aufsatz von J. Soenke, Glawlit. Marxistische »Schrifttumspolitik«, in: NSB 3, H. 10 (1938), S. XII–XVI.

108 Dazu merkte Hederich in einem vermutlich 1939 entstandenen 16seitigen Exposé an: »Wenn der Gedanke, aus der Parteiamtlichen Prüfungskommission keine Zensurbehörde zu machen, bei den Arbeiten des Aufbaus so in den Vordergrund gestellt worden ist, dann muß zugleich ergänzend hinzugefügt werden, daß selbstverständlich von allem Anfang an auch eine gewisse Zensurarbeit sich als unabänderlich und notwendig erwiesen hat. Aber es darf festgestellt werden, daß diese Zensurarbeiten sich fast ausschließlich gegen den offenen und getarnten Gegner der Bewegung richteten, der in einer Reihe von katholischen oder andersartig orthodox-konfessionellen und liberalen bzw. reaktionären Verlagen seine Position besitzt. Diese Gruppen können auch heute noch nur durch einen entsprechend harten Zugriff vom Mißbrauch der im Verlagsgewerbe usw. liegenden Möglichkeiten abgehalten werden« (S. 8–9). »Gesichtspunkte, die bei der Auseinandersetzung um die Parteimatliche Prüfungskommission zum Schutze des NS-Schrifttums, ihren Aufgabenkreis und ihre Zuständigkeiten beachtet werden müssen« (o. D.), BArch Potsdam NS 11/6.

109 Das Schreiben Bouhlers an Heß vom [?] Dezember 1938 findet sich in der ursprünglichen Fassung (mit dem Vermerk »geändert«), hier S. 2, in BArch Potsdam NS 11/9.

3. Weitere mit Fragen der Literaturpolitik befaßte Dienststellen innerhalb der NSDAP-Reichsleitung

3.1. Der Stab Stellvertreter des Führers (ab 1941: Partei-Kanzlei der NSDAP)

Am 21. 4. 1933 wurde der bisherige Leiter der »Politischen Zentralkommission« in der NS-Reichsleitung, Rudolf Heß, zum »Stellvertreter des Führers« ernannt.[1] Das war zunächst nicht viel mehr als ein schöner Titel. Politisches Gewicht erhielt das neue Amt erst dadurch, daß Hitler ihm in den darauffolgenden zwei Jahren eine Reihe wichtiger Kompetenzen übertrug.[2]

Im Oktober 1933 wurde zunächst Martin Bormann, der auf seinen Wunsch nach »anderweitiger Verwendung«[3] hin Anfang Juli vom Verwalter der Hilfskasse der NSDAP zum Stabsleiter von Heß avanciert war, durch seine Ernennung zum »Reichsleiter« aufgewertet.[4] Am 2. 12. 1933 wurde Heß als »Reichsminister ohne Geschäftsbereich« ins Reichskabinett aufgenommen. Nach einem »Führer-Erlaß« vom 27. 7. 1934 hatten die Reichsressorts Heß an sämtlichen Gesetzentwürfen zu beteiligen. Eine Regelung, die am 6. 4. 1935 noch dahingehend ausgeweitet wurde, daß auch die im Reichgesetzblatt zu veröffentlichenden Ausführungsbestimmungen und Durchführungsverordnungen zu Reichsgesetzen mit dem »Stellvertreter des Führers« abgestimmt werden mußten. Und nach dem 24. 9. 1935 wurde den Reichsministerien schließlich noch die Beteiligung des »Stellvertreters des Führers« bei der Ernennung und Beförderung höherer Beamter zur Auflage gemacht.

---

[1] Zur Gliederung der »Politischen Zentralkommission« s. NSJ 8 (1934), S. 134–135.

[2] Zum folgenden insbesondere Diehl-Thiele, Partei und Staat im Dritten Reich, S. 201–257; sowie Rebentisch, Führerstaat und Verwaltung im Zweiten Weltkrieg, S. 68–91.

[3] So Bormann in seinem Schreiben an Heß vom 27. 5. 1933, BArch Potsdam NS 6/87.

[4] Zu Bormanns Tätigkeit als Verwalter der »Hilfskasse der NSDAP« und zu seinem Wechsel in die Stabsleitung von Heß s. J. v. Lang, Der Sekretär. Martin Bormann: Der Mann, der Hitler beherrschte, Stuttgart 1977, S. 52–96.

Das »Ministerium der Partei«[5] sollte jedoch nicht nur Einfluß auf die Sach- und Personalpolitik der Reichsministerien nehmen. Heß sollte auch die Arbeit der unterschiedlichen Dienststellen in der Reichsleitung der NSDAP koordinieren und deren Interessen gegenüber der staatlichen Bürokratie zur Geltung bringen.

Um dieser umfangreichen Aufgabenstellung gerecht werden zu können, wurden in dem von Bormann verwalteten Stabsamt eine Fülle von Sachreferaten aufgebaut.[6] Am 15. 1. 1934 wurde Reichsgeschäftsführer Philipp Bouhler zum »Beauftragten für Kulturfragen (Kunst, Schrifttum, Musik)« bestellt.[7] Im Mai des gleichen Jahres kam Ernst Schulte-Strathaus, der erst am 1. 1. 1934 auf Wunsch von Heß trotz Mitgliedersperre in die NSDAP aufgenommen worden war,[8] als »Sachbearbeiter« Bouhlers für Schrifttumsfragen ins Braune Haus.[9] Damit ergab sich die merkwürdige Konstruktion, daß der »Stellvertreter des Führers« nun über zwei Schrifttumsstellen verfügen konnte: Bouhlers Parteiamtliche Prüfungskommission war institutionell dem Stab Heß eingegliedert,[10] obwohl beide Dienststellen seit August 1934 auch räumlich voneinander getrennt waren; Schulte-Strathaus bearbeitete im Münchner Stabsamt das Sachgebiet »Wissenschaft und Schrifttum« zunächst als Hauptstellenleiter, ab 1935 dann als Amtsleiter für »Kunst- und Kulturfragen« in der Nachfolge Bouhlers.[11]

Das Engagement von Schulte-Strathaus in der Literaturpolitik ist aufgrund der während des Krieges verlorengegangenen Überlieferung zur Tätigkeit des Stabes Heß im einzelnen nicht

[5] So die – auch bei Zeitgenossen gebräuchliche – Bezeichnung von Diehl-Thiele, Partei und Staat im Dritten Reich, S. 201.

[6] Dazu im einzelnen NSJ 9 (1935), S. 132–135.

[7] »Bekanntgabe« von Rudolf Heß vom 15. 1. 1934, in: Verordnungsblatt der Reichsleitung der NSDAP, 2. Jg./Folge 63 vom 15. 1. 1934, S. 137. BArch Potsdam NSD 13/1.

[8] Schreiben der NSDAP-Aufnahmeabteilung an die Gauleitung München-Oberbayern der NSDAP vom 29. 5. 1934, BDC/Partei-Kanzlei-Correspondence/Schulte-Strathaus, E.

[9] »Bekanntgabe« von Reichsschatzmeister Schwarz vom 23. 5. 1934, in: Verordnungsblatt der Reichsleitung der NSDAP, 2. Jg./Folge 72 von Ende Mai 1934, S. 163. BArch Potsdam NSD 13/1.

[10] So die Angabe in NSJ 11 (1937), S. 150.

[11] NSJ 10 (1936), S. 134. Schulte-Strathaus wurde am 24. 12. 1935 zum Amtsleiter befördert, BDC/Masterfile/Schulte-Strathaus, E.

mehr rekonstruierbar.[12] Immerhin verfügte er als Schwiegersohn der Bestsellerautorin Ina Seidel über zahlreiche Kontakte zu Schriftstellern und über gute Informationen zum Verlagswesen der Zeit. Dies war wohl auch der tiefere Grund, weshalb sich Schulte-Strathaus 1936/37 in den »Fall Gustav Pezold« einschaltete.[13]

Der Leiter des 1933 an die DAF übergegangenen Langen-Müller Verlags geriet 1936 in das Kreuzfeuer parteiamtlicher Interessen. Während Ley den bislang noch weitgehend autonom arbeitenden Verlagsleiter Pezold stärker an die DAF binden wollte, witterten Amann und sein Adlatus Wilhelm Baur die Chance zur Vereinnahmung des erfolgreichen Buch- und Theaterverlags. Pezold versuchte sich beiden Bestrebungen durch die Mobilisierung seiner Autoren sowie durch die Einschaltung parteiamtlicher und staatlicher Dienststellen zu widersetzen. Auf diese Weise gewann er neben Hans Grimm auch das Interesse von Schulte-Strathaus.[14]

Dieser legte Heß Ende 1936 eine »Denkschrift« über den Langen-Müller Verlag vor.[15] Darin sprach er sich – vor allem im Hinblick auf die propagandistischen Wirkungsmöglichkeiten des Verlags im In- und Ausland – für die Position Pezolds und damit gegen eine Vereinnahmung des Verlags durch das Verlags-

[12] Dies gilt – im Hinblick auf die Literaturpolitik – auch für den Rekonstruktionsversuch des IfZ »Akten der Partei-Kanzlei der NSDAP«, Mikrofiche-Edition Teil I, Regesten Teil I/Bde. 1 + 2, Register Teil I/Bd. 1/2. Dort sind nur die über den Stellvertreter des Führers bzw. die Partei-Kanzlei ausgetragenen Kontroversen zwischen Bouhler und Rosenberg ausführlich dokumentiert.

[13] Zum folgenden DLA Marbach/NL H. Grimm: Korrespondenz mit dem Langen-Müller Verlag: 15. 2. 1935–30. 5. 1937, Mappe 1–3; 1. 6. 1937–1938, Mappe 1–3; und 1938–1945. Eine erste Auswertung dieses Quellenbestands zum »Fall Pezold« findet sich bei Meyer, Die Verlagsfusion Langen-Müller, S. 216–219.

[14] Pezold war bereits seit 1933 mit Heß und Schulte-Strathaus bekannt. Im Dezember 1933 hatten sich beide für Pezold eingesetzt, nachdem im »Angriff« in einer Reihe von Artikeln scharfe Kritik am Langen-Müller Verlag geübt worden war. S. Pezolds »Antwort auf die 49 Fragen laut Schreiben des Stellvertreters des Führers vom 2. II. 1938«, hier S. 15–16, DLA Marbach/NL H. Grimm: Korrespondenz mit dem Langen-Müller Verlag 1. 6. 1937–15. 8. 1938, Mappe 2.

[15] Mitteilung Pezolds an Grimm vom 13. 1. 1937, hier S. 1, DLA Marbach/NL H. Grimm: Korrespondenz mit dem Langen-Müller Verlag 15. 2. 1935–30. 5. 1937, Mappe 3.

imperium der DAF oder durch den Zentralparteiverlag aus.[16] Pezold wies in einem Schreiben an Grimm vom 26. 2. 1937 zudem darauf hin, daß Schulte-Strathaus Heß in diesem Zusammenhang für das Gebiet der Literaturpolitik verstärkt zu interessieren beabsichtige.[17]

Der »Stellvertreter des Führers« scheint sich darauf aber nicht weiter eingelassen zu haben. Ein durch Vermittlung des Verlegers Hugo Bruckmann zustandegekommenes Gespräch von Pezold mit Heß im März 1937 verlief ergebnislos.[18] Der ohnehin etwas phlegmatische Heß war offenbar nicht bereit, sich in den Machtkampf der nationalsozialistischen Reichsleiter Ley und Amann gegen den parteilosen Pezold einzumischen.[19] Als der erfolgreiche Verlagsleiter allen Interventionen zum Trotz im Januar 1938 von Ley abgesetzt wurde, blieb dies schließlich auch im Stab Heß unwidersprochen.[20]

Abgesehen von diesem überlieferten Einzelfall ist insgesamt zu vermuten, daß Schulte-Strathaus nicht allzu viel Spielraum für eine Einflußnahme auf die nationalsozialistische Literaturpolitik besaß. Um die Ausfüllung dieses Arbeitsgebiets mußten ja schon Bouhler und Rosenberg erbitterte »Zuständigkeitskriege« führen.[21] Daß Schulte-Strathaus überhaupt in seiner Posi-

[16] So Pezold in einem Schreiben an Grimm vom 21. 1. 1937, ebd.

[17] Die Mitteilung Pezolds an Grimm vom 26. 2. 1937 über ein Telefonat mit Schulte-Strathaus ebd. Pezold wies in diesem Zusammenhang auf einen Empfang bei Heß für die Dichter der Auslandsdeutschen Dichterwoche hin.

[18] Schreiben Pezolds an Grimm vom 25. 3. 1937, ebd. In seinem Antwortschreiben vom 27. 3. 1937, ebd., zeigte sich Grimm über den Gesprächsverlauf zwar enttäuscht, jedoch nicht überrascht: »Ich bin aber in allen diesen Dingen durch die Erfahrung der letzten 4 Jahre so skeptisch geworden, daß ich von niemand etwas erwarte. Ihr starkes Vertrauen hat mich stets von neuem gewundert.«

[19] Schon am 2. 2. 1937 hatte Grimm Pezold prophezeit: »An den guten Willen von Schulte-Strathaus und Heß glaube ich durchaus, an ihr Vermögen glaube ich sehr wenig«. Das Schreiben ebd.

[20] Schreiben von Schulte-Strathaus an Grimm vom 25. 3. 1938, DLA Marbach/NL H. Grimm: Briefwechsel mit Regierungsstellen, NS-Parteistellen und Einzelpersönlichkeiten der NSDAP, Mappe 4.

[21] Der Ausdruck »Zuständigkeitskriege« findet sich in einer als »Geheime Reichssache« eingestuften »Zusammenfassung über den Aufgabenkreis der Parteiamtlichen Prüfungskommission, der für sie gemäß der augenblicklich geltenden Arbeitsgrundlagen und Richtlinien in Betracht kommt«, hier S. 2, vom 15. 9. 1939, BArch Potsdam NS 11/6.

tion gehalten wurde, verdankte er wohl vor allem der Protektion von Heß, dessen Vorliebe für die Astrologie von Schulte-Strathaus geteilt und verstärkt worden sein soll. Als Martin Bormann am 12. 5. 1941 zum »Leiter der Partei-Kanzlei der NSDAP« ernannt worden war, wurde Schulte-Strathaus als eine Art »Sündenbock« noch am gleichen Tage seines Amtes enthoben und auf Anweisung Hitlers aus der NSDAP ausgeschlossen.[22]

Bormann, dem durch einen Erlaß Hitlers vom 29. 5. 1941 sämtliche Kompetenzen von Heß übertragen wurden,[23] ordnete den bisherigen Arbeitsbereich von Schulte-Strathaus nun in die Abteilung II »Innere Parteiangelegenheiten« ein. Die schon seit 1934 von Hellmuth Friedrichs geleitete Abteilung sollte nicht nur den »Auf- und Ausbau der Partei, ihrer Gliederungen und angeschlossenen Verbände« koordinieren, sondern auch die »innenpolitische Entwicklung und ihre Auswirkung auf Partei und Staat« überwachen.[24] Dem »Geschäftsverteilungsplan« der Abteilung vom 26. 3. 1942 ist zu entnehmen, daß im Rahmen des Hauptamtes II B das »Amt II B 3« unter Leitung von Dr. Fritz Hammerbacher für »Kulturelle Fragen, Feiergestaltung, Volkskulturelle Verbände und Schrifttumsfragen« zuständig war.[25]

Vergleichbar zu anderen Gebieten des politischen und gesellschaftlichen Lebens profilierte sich die »Dienststelle des Führers«[26] in der Folge auch auf literaturpolitischem Gebiet zunehmend als Entscheidungsfaktor. In einer »Verordnung zur

[22] Mitteilung von Oberbereichsleiter Schneider an den Leiter der Ortsgruppe Braunes Haus vom 28. 4. 1943, BDC/Partei-Kanzlei-Correspondence/Schulte-Strathaus, E.

[23] S. die »nur für die interne Parteiarbeit« bestimmte Sammlung der »Verfügungen/Anordnungen/Bekanntgaben«, hg. von der Partei-Kanzlei, München 1942–1944, BArch Potsdam NSD 3/12–18, hier NSD 3/12: Bd. I, S. 4–5.

[24] S. im einzelnen den Geschäftsverteilungsplan der Abteilung II, den Friedrichs am 28. 2. 1938 an Hauptdienstleiter Saupert sandte, BArch Potsdam NS 6/451. Zu Hellmuth Friedrichs s. die biographischen Angaben bei Rebentisch, Führerstaat und Verwaltung im Zweiten Weltkrieg, S. 89–90.

[25] Geschäftsverteilungsplan der Abteilung II, hier S. 2, BArch Potsdam NS 6/451.

[26] So die Definition der »Partei-Kanzlei« durch Bormann in einem »Aktenvermerk« für den Leiter seiner Abteilung II Hellmuth Friedrichs vom 4. 6. 1941, BArch Potsdam NS 6/126 Bl. 7.

Durchführung des Erlasses des Führers über die Stellung des Leiters der Partei-Kanzlei« hatte Bormann am 16. 1. 1942 die Mitwirkung in »grundsätzlichen und politischen Fragen, besonders solchen, die der Vorbereitung, Abänderung oder Durchführung von Gesetzen, Erlassen und Verordnungen dienen«, festgeschrieben.[27] Dieses bereits von Heß wahrgenommene Mitwirkungsrecht wurde nun auch auf die RKK und ihre Einzelkammern ausgedehnt. Aufgrund einer Absprache mit der Hauptgeschäftsführung der RKK vom 5. 2. 1942 sollten der Partei-Kanzlei alle »irgendwie bedeutsamen Anordnungen« zur Stellungnahme, alle »Anordnungen rein technischer und formeller Art« im Entwurf zur Kenntnisnahme übersandt werden.[28]

Damit erhielt die Partei-Kanzlei auch unmittelbaren Einblick in die Arbeit der Reichsschrifttumskammer. Doch nicht nur mit deren Anordnungen, sondern auch mit deren Mitgliedern begannen sich nun die Mitarbeiter Bormanns zu beschäftigen.[29] Dabei kam es wiederholt zu Kontroversen, bei denen die Partei-Kanzlei jeweils den Standpunkt einer Gau- oder einer Kreisleitung der NSDAP unterstützte, daß den umstrittenen Schriftstellern wegen ihrer »politischen Unzuverlässigkeit« die Mitwirkung im Rahmen der Reichsschrifttumskammer als einer »nationalsozialistischen Einrichtung«[30] verwehrt werden müsse. Dies galt auch dann, wenn gegenüber den politischen Bedenken von der Kammer und der Goebbelsschen Schrifttumsabtei-

[27] Die Verordnung ist wiedergegeben in der von der Partei-Kanzlei hg. Sammlung, hier Bd. I (NSD 3/12), S. 5–6.

[28] Schreiben der Partei-Kanzlei an das Propagandaministerium/Abteilung Reichskulturkammer vom 5. 2. 1942, hier S. 1, BArch Potsdam R 56 I/16. Darin wird auf eine entsprechende Vereinbarung zwischen dem Leiter des Amtes III D 5, Dr. Landwehr, und dem Leiter der Abteilung Organisation in der Hauptgeschäftsführung der Reichskulturkammer, Heinz Tackmann, vom 9. 1. 1942 Bezug genommen.

[29] S. die Fälle Thomas Karl Ring, Marie Wilhelmine Oelfken, Heinrich Pudor, Otto Wendler, in BArch Potsdam NS 18/307; Dr. Sigfried Knapitsch, in BArch Potsdam NS 18/3007; Josef August Lux, in BArch Potsdam NS 18/3009; Johann Zangerle und Alfred Zacharias, in BArch Potsdam NS 18/3017.

[30] So die Auffassung der Partei-Kanzlei in einer Stellungnahme vom 29. 9. 1942 an Tießler betr. die Beschwerde des Schriftstellers Johann Zangerle gegen die Ablehnung seiner Aufnahme in die RSK, BArch Potsdam NS 18/3017.

lung die literarischen Qualitäten eines Schriftstellers geltend gemacht wurden.[31]

Besonders deutlich sind Eingriffe der Partei-Kanzlei im Bereich der konfessionellen Literatur feststellbar. Schon als Stabsleiter von Heß hatte Bormann eine Reihe von »Anordnungen« zur Eindämmung des konfessionellen Verlagswesens und Buchvertriebs lanciert.[32] Mit einem Rundschreiben vom 2. 8. 1942 teilte er den staatlichen und parteiamtlichen Dienststellen mit, daß zukünftig die »Bearbeitung politisch-konfessioneller Angelegenheiten« zentral über die Partei-Kanzlei erfolgen sollte.[33] Zuständig für diesen Arbeitsbereich war die von Staatssekretär Gerhard Klopfer geleitete Abteilung III »Parteirecht, Wirtschaft, Kirche«.[34] Hier sollte das »Amt III D 5« unter Leitung von Dr. Hermann Landwehr die »konfessionelle Propagandaarbeit« einschränken und die »Entkonfessionalisierung der politischen und kulturellen Führungsmittel (Schrifttum, Presse, Musikwesen, Film, Bildende Kunst)« betreiben.[35] Dabei kooperierte die Partei-Kanzlei zum einen eng mit dem Reichssicherheitshauptamt, das sich – wie die »Meldungen aus dem Reich« belegen[36] – selbst intensiv mit dem konfessionellen Verlags- und Büchereiwesen befaßte.[37] Zum anderen wurde Bormann durch

[31] Dazu im einzelnen Kapitel III, Abschnitt A 1.2. dieser Arbeit.

[32] Vgl. Kapitel III, Abschnitt B 2.3. dieser Arbeit.

[33] Rundschreiben 119/42 vom 2. 8. 1942, wiedergegeben in der von der Partei-Kanzlei hg. Sammlung, hier Bd. I, S. 9–10 (NSD 3/12).

[34] Zum Geschäftsverteilungsplan der Abteilung III (Stand: 1. 5. 1944) s. BDC/Partei-Kanzlei-Correspondence/Klopfer, G. Zum Werdegang Klopfers die Angaben bei Rebentisch, Führerstaat und Verwaltung im Zweiten Weltkrieg, S. 88–89.

[35] Geschäfsverteilungsplan der Abteilung III vom 1. 5. 1944 S. 12.

[36] »Meldungen aus dem Reich 1938–1945«, Bd. 6: Nr. 156 vom 23. 1. 1941, S. 1929; Bd. 7: Nr. 200 vom 7. 7. 1941, S. 2491–2495; Bd. 8: Nr. 231 vom 23. 10. 1941, S. 2909–2910; Bd. 10: Nr. 301 vom 20. 7. 1942, hier S. 3971; Bd. 11: Nr. 304 vom 30. 7. 1942, S. 4021–4026; Bd. 13: Nr. 374 vom 8. 4. 1943, S. 5090–5091.

[37] So ersuchte Dr. Hammerbacher im Oktober 1942 Walter von Kielpinski, den für Schrifttumsfragen zuständigen Referenten im Amt III des RSHA, um die Erstellung einer »Liste der konfessionellen Sortimentsbuchhandlungen«. »Aktennotiz« von Wilhelm Baur über ein diesbezügliches Gespräch mit von Kielpinski vom 20. 11. 1942, BDC/SS/von Kielpinski, W. Allerdings war man sich in der Partei-Kanzlei offenbar noch nicht ganz im klaren darüber, welche Strategie zur Eindämmung dieser Buchhandlungen eingeschlagen werden sollte.

Rosenberg über die von den Kreisschrifttumsbeauftragten im Rahmen der »Büchersammlung der NSDAP für die deutsche Wehrmacht« aus den Borromäus-Büchereien ausgesonderte Literatur informiert.[38]

In den literaturpolitischen Zuständigkeitsbereich von Goebbels mischte sich Bormann zunächst nur in Einzelfällen ein. So protestierte die Partei-Kanzlei etwa gegen die Herausgabe einer neuen achtzehnbändigen Gesamtausgabe der Werke Gerhart Hauptmanns, die 1942 zum 80. Geburtstag des Dichters vom S. Fischer Verlag geplant und vom Propagandaministerium genehmigt worden war.[39] Dagegen machte sich Bormann im Februar 1943 persönlich für eine von der Schrifttumsabteilung des Propagandaministeriums verwehrte Papierzuteilung für eine Neuauflage des von Karl Cerff herausgegebenen Buchs »Ich kämpfe« stark, da es den Jugendlichen bei der Aufnahme in die HJ und den BDM überreicht werden sollte.[40] In einem Schreiben vom 21. 2. 1943 hielt er Goebbels vor, daß in der Buchproduktion »bedauerlicherweise entgegen den von der Partei geäußerten Bedenken nicht immer die gleichen strengen Maßstäbe der Kriegswichtigkeit angelegt worden« seien.[41] Ansonsten bestünde für seine Schrifttumsabteilung »jetzt wohl kaum die unangenehme Situation, selbst der Partei die Papiermenge für ein unbestreitbar kriegswichtiges Buch abschlagen zu müssen«.[42]

Es war nicht das erste Mal, daß der Leiter der Partei-Kanzlei und der Propagandaminister in der Frage der Prioritäten bei der Papierzuteilung aneinandergerieten. Schon im Dezember 1941 hatte sich Bormann bei Goebbels um die Genehmigung von Papier für den Druck von 60000 Exemplaren der antikonfessionellen Schrift »Scheiterhaufen« von Kurt Eggers bemüht. Obwohl das Buch gerade von Hitler sehr positiv beurteilt worden war, lehnte Goebbels diesen Antrag unter Hinweis auf das zu

[38] In diesem Zusammenhang das Schreiben Bormanns an Rosenberg vom 6. 5. 1944 betr. Büchereien des Borromäus-Vereins, BArch Potsdam NS 8/190 Bl. 74.

[39] »Notiz« Hammerbachers für Tießler vom 23. 9. 1942, BArch Potsdam NS 18/3005.

[40] Schreiben Bormanns an Goebbels vom 21. 2. 1943, S. 1, BArch Potsdam NS 18/452.

[41] Ebd., S. 2.

[42] Ebd.

geringe Echo derartiger Bücher im Volk ab.[43] Wohl als Folge dieser Meinungsverschiedenheiten ging Bormann dazu über, den Dienststellen der NSDAP die von ihm als kriegswichtig bewerteten Bücher durch Rundschreiben selbst zu empfehlen.[44] Zudem wurde über die von der Partei-Kanzlei getragene Deutsche Verlags- und Kunstanstalt, deren Leiter zugleich Inhaber des Volkschaftsverlags war,[45] die Publikation völkischer Literatur gezielt gefördert.

Die Unzufriedenheit mit der staatlichen Literaturpolitik war das eine Motiv für das seit 1943 feststellbare verstärkte Engagement Bormanns in der nationalsozialistischen Literaturpolitik. Das andere war die Uneinheitlichkeit der parteiamtlichen Schrifttumsstellen. Es muß dem stets um die Effizienz der Verwaltung bemühten Bormann ein besonderer Dorn im Auge gewesen sein, daß sich gleich mehrere Reichsleiter umfangreiche Schrifttumsämter leisteten und die Partei-Kanzlei mit ihren ständigen Kompetenzquerelen behelligten. Die Möglichkeit zum Vorgehen gegen diesen Mißstand bot sich Bormann jedoch erst im Zuge der von Goebbels verkündeten »totalen Kriegsführung«.

Am 18. 2. 1943 wurde als erstes die Schrifttumsabteilung in dem von Fritz Wächtler geführten Hauptamt für Erzieher stillgelegt.[46] Danach ging Bormann daran, die literaturpolitischen

[43] »Vorlage« Tießlers für Reichsleiter Bormann vom 8. 12. 1941 mit handschriftlichen Bemerkungen Bormanns sowie die »Vorlage« vom 14. 12. 1941, BArch Potsdam NS 18/30.

[44] Rundschreiben Nr. 61/43 vom 7. 4. 1943 betr. A. E. Johann »Das Land ohne Herz, eine Reise ins unbekannte Amerika«, das Bormann empfahl, weil es den »Amerikanismus als den Todfeind echten Menschentums und wahrer Kultur« entlarve; Rundschreiben Nr. 46/43 vom 11. 3. 1943 betr. Karl Götz »Brüder über dem Meer, Schicksale und Begegnungen«, dessen Schilderung der Lebensläufe deutscher Auswanderer und ihrer Nachkommen in Übersee nach Auffassung Bormanns den »Sinn unseres Kampfes« verständlich machen konnte. Beide Rundschreiben in BArch Potsdam NS 18/54.

[45] Auf diese Besitzverhältnisse weist Payr in seinem am 16. 10. 1944 verfaßten »Aktenvermerk für Bereichsleiter Koeppen« hin, in dem die Ergebnisse eines Gesprächs mit Mitarbeitern der Abteilung III der Partei-Kanzlei vom 12. 10. zusammengefaßt wurden. BArch Potsdam NS 8/249 Bl. 87.

[46] »Anordnung A 10/43« vom 18. 2. 1943, in: Reichsverfügungsblatt der NSDAP. Ausgabe A Jg. 1943, BArch Potsdam NSD 3/3.

Arbeitsbereiche Bouhlers und Rosenbergs zu vereinigen. Doch scheiterten diese Vereinheitlichungsbestrebungen auch dann noch, als Hitler im Juni 1943 die Entscheidung für das geplante »Hauptschrifttumsamt der NSDAP« zugunsten Bouhlers gefällt hatte. Erst nach der »Führer-Verfügung« vom 20. 7. 1944, durch die der Leiter der Partei-Kanzlei das Recht erhielt, sämtliche zur Herbeiführung des totalen Kriegseinsatzes notwendigen Anordnungen treffen zu dürfen,[47] konnte Bormann schließlich die Stillegung von Rosenbergs Hauptamt Schrifttumspflege anordnen.

Dort wurde aber Anfang Oktober 1944 noch sorgsam registriert, daß am 30. 9. 1944 von der Berliner Dienststelle der Partei-Kanzlei eine Tagung mit völkischen Schriftstellern veranstaltet worden war.[48] Bei dieser Gelegenheit hatten Autoren scharfe Kritik an der Schrifttumsabteilung des Propagandaministeriums und deren einseitiger Bevorzugung der Unterhaltungsliteratur geäußert.[49] Eine Kritik, die von den Mitarbeitern der Partei-Kanzlei voll und ganz geteilt wurde.[50] Aus seinen Informationen über den Tagungsverlauf gewann der Rosenberg-Mitarbeiter Payr den Eindruck, daß »die schrifttumspolitische Arbeit der Vertreter der Partei-Kanzlei ausschließlich unter dem Leitgedanken steht: Wer tritt als Dichter oder Schriftsteller in *direkter Weise* für die *völkische* Weltanschauung und für eine uns gemäße Auffassung in Glaubensfragen ein«.[51] Hingegen würden »Autoren, die nicht hundertprozentig auf diese Linie zu bringen sind, die aber dichterisch dennoch Bedeutendes geleistet haben, [...] dort nur am Rande« interessieren.[52] Dadurch müsse »notwendigerweise im Blickpunkt der Partei-

47 »Führer-Verfügung 10/44« vom 20. 7. 1944, in: Reichsverfügungsblatt der NSDAP. Ausgabe A Jg. 1944, BArch Potsdam NSD 3/4–5.

48 »Vertrauliche Aktennotiz für Oberbereichsleiter Dr. Payr« vom 4. 10. 1944 (gez. H. Reinhardt), BArch Potsdam NS 8/249 Bl. 85.

49 Hinweis ebd. Zur Schärfe der Kritik hieß es ebd., »daß diese Äußerungen in einem anderen Kreise ausgesprochen, einen in das KZ geführt hätten«.

50 S. ebd.: »Nach heftigen Debatten konnte die Partei-Kanzlei diesen Äußerungen nur zustimmen, mit dem Hinweis, daß auch hier einmal für Abhilfe gesorgt werden würde.«

51 »Aktenvermerk für Bereichsleiter Koeppen« vom 16. 10. 1944, BArch Potsdam NS 8/249 hier Bl. 87/Rs. Hervorhebungen im Text.

52 Ebd.

Kanzlei dem Schrifttum gegenüber eine starke *Verengung* eintreten«.[53]

Was Payr nicht wußte, war, daß die Haltung der Partei-Kanzlei genau den Wünschen Hitlers entsprach. Der hatte nämlich, wie sich der stets aufmerksame Bormann notierte, in einem seiner Monologe in der Nacht vom 27. auf den 28. 1. 1944 gefordert, die »Dichter und Schriftsteller unserer Zeit« schon jetzt im Hinblick auf die Lösung des Problems der »volklichen Zukunft« »auszurichten«.[54] Daß es weder zu dieser einseitigen Funktionalisierung der Literatur noch zu der von Payr befürchteten »Gründung einer neuen Schrifttumsstelle in der Partei-Kanzlei«[55] kam, hing letztlich nur mit dem »vorzeitigen« Ende des NS-Regimes zusammen.

3.2. Die Reichsorganisationsleitung der NSDAP und die Deutsche Arbeitsfront

Aufgrund seiner Doppelstellung als Reichsorganisationsleiter der NSDAP und als Führer der Deutschen Arbeitsfront konnte Ley auf vielfältige Weise in die nationalsozialistische Literaturpolitik eingreifen. Öffentlich wahrnehmbar wurde sein Engagement zunächst im Bereich der Dichterlesungen.

Seit 1934 bestand im DAF-Amt »NS-Gemeinschaft ›Kraft durch Freude‹« ein eigenes »Kulturamt«.[56] Seine Gründung ging auf die Absprachen zwischen Rosenberg und Ley im Zusammenhang mit der Errichtung des »Reichsüberwachungsamtes« zurück, für das Ley anfangs die Finanzen zur Verfügung stellte, während Rosenberg im Gegenzug seinen Kampfbund für deutsche Kultur der DAF »korporativ eingliederte«. Leiter des KdF-Kulturamtes wurde Walter Stang, der damit seine Erfahrungen und Kontakte in der Vortragsarbeit der NS-Kultur-

[53] Ebd. Hervorhebung im Text.

[54] S. den mit dem Zusatz »Geheim!« versehenen Vermerk Bormanns für Friedrichs und Klopfer vom 29. 1. 1944, BArch Potsdam NS 6/518 Bl. 2–10, hier Bl. 5 (Punkt 15 der Aufzeichnung Bormanns über das Gespräch im Führerhauptquartier).

[55] So die Vermutung Payrs in einem »Aktenvermerk« für Koeppen vom 5. 10. 1944, BArch Potsdam NS 8/249 Bl. 84.

[56] S. die Übersicht über die Gliederung der Deutschen Arbeitsfront in NSJ 9 (1935), S. 165–168, hier S. 167.

gemeinde einbringen konnte. Die »Abteilung Schrifttum« im KdF-Kulturamt sollte zudem – in Abstimmung mit dem Börsenverein – den Buchabsatz und den Ausbau des Werkbüchereiwesens der DAF stimulieren.[57]

Ley, der sich selbst an die Spitze der populären KdF-Organisation gestellt hatte, entwickelte aber rasch eigenen Ehrgeiz auf diesem Gebiet. 1935 errichtete er im Rahmen von KdF ein »Amt Feierabend« und eine »Abteilung Schulung und Volksbildung«.[58] Während Rosenberg sukzessive die Gelder für seine Kulturarbeit entzogen wurden,[59] bot das »Amt Feierabend« nun eigene Veranstaltungen an und widmete sich im Rahmen einer Abteilung IV »Brauchtum, Volkstum« auch dem »volkskulturellen Schrifttum«.[60] Stand diese Betätigung bereits in eindeutiger Konkurrenz zur Arbeit der NS-Kulturgemeinde, so begann die Abteilung »Schulung und Volksbildung«, 1936 zum »Amt Deutsches Volksbildungswerk« erhoben,[61] mit der Durchführung von Vortragsreihen und Volksbildungskursen den Aktionsradius Stangs noch zusätzlich einzugrenzen.[62] Rosenberg kapitulierte schließlich im Juni 1937, als er seine NS-Kulturgemeinde an Ley abtrat.[63] Da das von Fritz Leutloff geleitete Deutsche Volksbildungswerk über beträchtliche finanzielle Mittel, über ein weitverzweigtes Netz von Volksbildungsstätten und über enge Verbindungen zu den Gauleitungen der NSDAP verfügte, konnte es binnen kurzem zum zentralen parteiamtlichen Organisator von Autorenlesungen avancieren.

57 »Mitwirkung der Deutschen Arbeitsfront. Grundzüge über die Zusammenarbeit des deutschen Buchhandels mit der Deutschen Arbeitsfront zur Lösung der kulturellen Aufgaben«, in: Bbl. 101. Jg., Redaktioneller Teil, Nr. 168 vom 21. 7. 1934, S. 654.

58 NSJ 10 (1936), S. 161.

59 Schreiben Rosenbergs an Reichsschatzmeister Schwarz vom 18. 5. 1936, BArch Potsdam NS 8/203 Bl. 149–152.

60 Organisationsbuch der NSDAP, hg. vom Reichsorganisationsleiter der NSDAP, München, 3. Auflage 1937, S. 207. Für die Abteilung III »Kunst und Unterhaltung« wurden folgende Arbeitsbereiche angegeben: Theater, Konzerte, Film, Kunsttanz, bildende Kunst, Unterhaltung, Vertragskontrolle.

61 Ebd. S. 208.

62 Schreiben Stangs an Rosenberg vom 30. 3. 1936, BArch Potsdam NS 8/253 Bl. 56–65.

63 Vereinbarung zwischen Rosenberg und Ley vom 12. 6. 1937, BArch Potsdam NS 15/155.

Im Gegensatz zur Vortragstätigkeit war der zweite Bereich, in dem Ley Einfluß auf die nationalsozialistische Literaturpolitik nehmen konnte, der Öffentlichkeit weitgehend verborgen. Als Erbe gewerkschaftlicher Unternehmungen verfügte die DAF über ein beachtliches Verlagswesen. Mit der »Gleichschaltung« des Deutschen Handlungsgehilfen-Verbandes waren 1933 die Hanseatische Verlagsanstalt in Hamburg, der eine Buchgemeinschaft, eine Reisebuchhandlung und eine Druckerei angegliedert waren, und der Langen-Müller Buch- und Theaterverlag in München, dem zusätzlich noch der Avenarius Verlag in Leipzig gehörte, in DAF-Besitz übergegangen.[64] Der »Verlag der Deutschen Arbeitsfront« mit Sitz in Berlin gab Zeitschriften und Fachbücher heraus, unterhielt eine Druckerei, eine eigene Buchhandlung und die bis zu ihrer Enteignung von der SPD geführte Büchergilde Gutenberg. Ein weiterer Drukkereibetrieb befand sich in Leipzig.

Ley scheint sich allerdings in der Anfangsphase für die Arbeit dieser Druck-, Verlags- und Vertriebsunternehmen nicht weiter interessiert zu haben. Erst 1936 kamen Pläne zu einer umfassenden Neustrukturierung auf. Die treibende Kraft war dabei Eberhard Heffe, der im August 1935 von Ley als Beauftragter für das gesamte Verlagswesen der DAF eingesetzt worden war.[65] In einer von Heffe verfaßten Denkschrift vom 23. 11. 1936 wurden drei Gründe für die dringende Notwendigkeit der Neuordnung angeführt.[66] Die bislang selbständige Tätigkeit der

[64] Hierzu und zum folgenden die Übersicht über das Verlagsimperium der DAF in einer Denkschrift betr. »Ordnung der Verhältnisse bei den Verlags-Gesellschaften und Druckereien der DAF« vom 23. 11. 1936, hier S. 1–2, DLA Marbach/NL H. Grimm: Korrespondenz mit dem Langen-Müller Verlag 1. 6. 1937-15. 8. 1938, Mappe II 1938.

[65] Eberhard Heffe (1899–?): 1919 Freikorps Hülsen; zu Beginn der zwanziger Jahre Militär-Kriminalbeamter in der Eisernen Division in Kowno (Litauen); nach seiner Entlassung aus dem Heeresdienst Sachbearbeiter für Personalangelegenheiten im Magistrat Berlin; seit 1924 im Verlagswesen tätig (August Scherl GmbH, Julius Springer u. a.); 1930 – August 1935 Geschäftsführer eines Landwirtschaftlichen Verlages in Berlin; NSDAP-Mitglied 1921–1923, Wiedereintritt 1930. S. den Lebenslauf Heffes vom 8. 8. 1938 in BDC/RSK.

[66] »Ordnung der Verhältnisse bei den Verlags-Gesellschaften und Drukkereien der DAF«. In einem Schreiben an Johst vom 19. 12. 1936, DLA Marbach/Archiv Langen-Müller Verlag: Schreiben des Verlags an Hanns Johst, hier Mappe II 1934–1939, nannte Pezold den Schatzmeister der DAF

Verlagsleiter und -lektorate sollte zugunsten einer einheitlichen *politischen Ausrichtung* beseitigt werden.[67] Die zentral gesteuerte Verteilung der Arbeiten im Herstellungs- und Vertriebsbereich sollte höhere *ökonomische Gewinne* einbringen.[68] Die *verwaltungstechnische Vereinfachung* zielte vor allem auf Einsparungen bei der Umsatzsteuer.[69] Heffe empfahl daher die Gründung einer »Muttergesellschaft« für sämtliche Verlagsgesellschaften und Druckereien der DAF, die Errichtung eines »Zentral-Lektorats« und einer »Zentral-Auftragsverteilungsstelle«.[70] Dem Zentrallektorat sollte dabei die Funktion einer Zensurstelle zukommen. Und zwar in der Weise, wie Heffe ausführte, »daß nur mit nationalsozialistischer Anschauung zu vereinbarende Werke und Schriften verlegt werden dürfen und nicht also liberalistische Fußstapfen weiter ausgetreten werden«.[71] Den »besonderen Maßnahmen der Regierung« sei »jeweils besondere Beachtung beizumessen und die Produktion entsprechend auszurichten«.[72]

Unmittelbare Folge dieser Überlegungen war die Kampagne gegen Gustav Pezold. Der Leiter des Langen-Müller Verlags war 1936 erstmals politisch ins Gerede gekommen. Im Oktober hatte das SS-Organ »Das Schwarze Korps« in scharfer Form einen in der Verlagszeitschrift »Das Innere Reich« publizierten Artikel von Rudolf Thiel zum 150. Todestag Friedrichs des Großen angegriffen.[73] Das vom Propagandaministerium am

Paul A. Brinckmann, dessen Stellvertreter Halder sowie Eberhard Heffe, die gemeinsam auch den Aufsichtsrat des Langen-Müller Verlags bildeten, als Urheber des Neustrukturierungsplanes.

67 »Ordnung der Verhältnisse bei den Verlags-Gesellschaften und Druckereien der DAF«, S. 2–3.

68 Ebd., S. 3.

69 Ebd., S. 9.

70 S. den Plan der Organisationsgliederung ebd., S. 5.

71 Ebd., S. 7.

72 Ebd.

73 Der anonyme Artikel »Und das nennt sich das ›Innere Reich‹!« erschien am 8. 10. 1936 im Schwarzen Korps Jg. 2/Folge 41, S. 17. Kommentierend zu diesem Vorgang M. Mallmann, »Das Innere Reich«. Analyse einer konservativen Kulturzeitschrift im Dritten Reich, Bonn 1978, S. 138–151. Der SD interessierte sich in der Folge weiterhin für den Langen-Müller Verlag. So wurde im SD-Bericht zum »Verlagswesen« vom März 1937, BArch Potsdam R 58/1107, auf die Bestrebungen der DAF hingewiesen, ihre Verlagsunternehmen »in einwandfrei nationalsozialistisches Fahrwas-

11. 10. 1936 verhängte Verbot der Zeitschrift konnte dann zwar durch die Fürsprache von Heß rasch wieder aufgehoben werden. Doch die DAF-Führung versuchte sich nun ihres unbequemen Mitarbeiters zu entledigen. Zunächst unter Zuhilfenahme der RSK, die im Auftrag Wilhelm Baurs am 25. 1. 1937 drei Revisionsbeamte in den Langen-Müller Verlag schickte, um den Vorwurf der Steuerhinterziehung überprüfen zu lassen.[74]

Nachdem diese Strategie letztlich nicht zum Erfolg führte, setzte man Pezold einen zweiten Geschäftsführer vor. Da sich Pezold, dem in seinem 1930 auf zehn Jahre abgeschlossenen Arbeitsvertrag »völlige Selbständigkeit« in der Verlagsführung zugesichert worden war, diese Entmachtung nicht gefallen ließ,[75] wurde er im Januar 1938 auf Beschluß des Aufsichtsrats

ser zu bringen« (Bl. 33). Im gleichzeitig erschienenen SD-Bericht zum Schrifttum, BArch Potsdam R 58/1106, wurde der »Kreis um ›Das Innere Reich‹« als Objekt der »Schrifttumsüberwachung« des SD aufgeführt (Bl. 5).

[74] Schreiben Pezolds an Grimm vom gleichen Tage, DLA Marbach/NL H. Grimm: Korrespondenz mit dem Langen-Müller Verlag 15. 2. 1935–30. 5. 1937, Mappe II. Den am 15. 1. 1937 an die Cura-Revisions- und Treuhand GmbH erteilten Auftrag zur Revision des Langen-Müller Verlags hatte Wilhelm Baur im Namen des Präsidenten der RSK unterzeichnet. Darin hieß es: »Es ist mir bei der Revision besonders darum zu tun, den gesamten Geschäftsbetrieb des Verlages Albert Langen/Georg Müller zu erfassen und insbesondere zu erfahren, welche Geschäftstaktik im Verkehr mit den Autoren des Verlages und dem Buchhandel angewandt wird.« Die Revision sollte »genaue Unterlagen erbringen, wobei Sie versuchen wollen [!], auch in die bisherigen vielleicht von anderer Seite vorgenommenen Revisionsberichte Einblick zu nehmen«. Eine Abschrift des Auftrags findet sich in DLA Marbach/NL H. Grimm: Korrespondenz mit dem Langen-Müller Verlag 15. 2. 1935–30. 5. 1937, Mappe II.

[75] S. dazu den von Grimm verfaßten 7seitigen »Bericht über den Langen-Müller Verlag. Sein Aufbau. Seine Leistung. Seine Gefährdung durch die fristlose Entlassung des bisherigen Verlagsleiters Gustav Pezold« (o. D., 1938), DLA Marbach/NL H. Grimm: Korrespondenz mit dem Langen-Müller Verlag 1. 6. 1937–15. 8. 1938, Mappe II. Pezold war 1930 – durch Vermittlung Erwin Guido Kolbenheyers – an die Spitze des Albert Langen Verlags getreten, hatte 1931 den Ankauf des Georg Müller Verlags angeregt und – begünstigt durch die politische Entwicklung – die anfangs finanziell maroden Unternehmen im Laufe der dreißiger Jahre zu einem der umsatzstärksten Verlage für schöngeistige Literatur gemacht.

des Langen-Müller Verlags von seinem Posten abgesetzt.[76] Bei einem Gespräch am 23. 2. 1938 in Berlin wurde ihm zudem noch die Veröffentlichung »klerikaler« Gedichte von Paul Ernst und Josef Weinheber zum Vorwurf gemacht.[77] Der Widerspruch zu den im Mai 1936 gegründeten Ordensburgen, in denen die neue nationalsozialistische »Elite« im »Geist des Nationalsozialismus« erzogen werden sollte, versetzte Ley – wie Pezold an Grimm berichtete – regelrecht in Rage.[78]

Doch diese weltanschaulichen Differenzen, die aus einer völlig unterschiedlichen Bewertung von Literatur resultierten, waren letztlich nur Vorwand. Im Hintergrund standen massive ökonomische Interessen. Pezold stand nämlich nicht nur den Plänen der DAF-Leitung im Wege, ein »riesiges, kapitalistisches, steuerentlastetes Verlagsunternehmen« aufzubauen, wie es Hans Grimm in einem Schreiben an den Verleger Hugo Bruckmann treffend formulierte.[79] Auch Wilhelm Baur, der in seinen Funktionen als Mitgeschäftsführer der DAF-Verlagsgesellschaften und RSK-Vizepräsident die Absetzung Pezolds gezielt vorangetrieben hatte,[80] suchte den ungestörten Zugriff auf die profitablen DAF-Unternehmen.

In diesem Zusammenhang muß berücksichtigt werden, daß durch die Verlage der DAF im Rahmen eines bewußten »Buch-

[76] Schreiben des DAF-Zentralbüros/Der Reichssachwalter – Der Beauftragte für die Verlagsgesellschaften der DAF (Heffe) an Pezold vom 16. 1. 1938, DLA Marbach/NL H. Grimm: Korrespondenz mit dem Langen-Müller Verlag 1. 6. 1937–15. 8. 1938, Mappe II 1938.

[77] S. die 24seitige Aufzeichnung Pezolds über die »2. Besprechung« mit Ley, in Anwesenheit von Stabsleiter Heinrich Simon und Wilhelm Baur, in München am 23. 2. 1938, DLA Marbach/NL H. Grimm: Korrespondenz mit dem Langen-Müller Verlag 1. 6. 1937–15. 8. 1938, Mappe III.

[78] Ebd., S. 16. S. auch das Schreiben Pezolds an Grimm vom 23. 2. 1938, ebd.

[79] Schreiben Grimms an Bruckmann vom 20. 2. 1937, DLA Marbach/NL H. Grimm: Korrespondenz mit Regierungsstellen, NS-Parteistellen und Einzelpersönlichkeiten der NSDAP, Mappe II.

[80] Schreiben Pezolds an Grimm vom 25. 1. 1937, DLA Marbach/NL H. Grimm: Korrespondenz mit dem Langen-Müller Verlag 15. 2. 1935–30. 5. 1937, Mappe II; Schreiben Pezolds an Grimm vom 3. 2. 1938, ebd. Auch der Verlauf des Gesprächs zwischen Pezold und Ley am 23. 2. 1938 war von Wilhelm Baur durch Vorwürfe und Unterstellungen in entscheidendem Maße beeinflußt worden. S. die Aufzeichnung Pezolds über die »2. Besprechung« mit Ley.

marketings« riesige Käuferschichten angesprochen wurden.[81] Die Buchveröffentlichungen kamen ja nicht allein über den »freien« Buchhandel auf den Markt. Die Büchergilde Gutenberg (Berlin) und die Bücherborn GmbH (Hamburg) stellten als Buchgemeinschaften einen festen und stetig wachsenden Abnehmerkreis zur Verfügung. Allein die Büchergilde Gutenberg verfügte 1938 bereits über mehr als 100000 Mitglieder.[82] Während in den Betrieben »Vertrauensmänner« für den Beitritt zur Büchergilde und deren preisgünstige Bücher warben,[83] spannte Geschäftsführer Heffe die Gauleitungen der NSDAP für die Propagierung des Programms der Buchgemeinschaft innerhalb der Partei ein.[84] Unter dem Titel »›Kraft durch Freude‹-Buch« wurden von den DAF-Unternehmen Reise- und Abenteuerromane in Millionenauflage lektoriert, gedruckt, verkauft und verliehen.[85] Bei der Errichtung der Werkbüchereien, um die sich das Deutsche Volksbildungswerk seit 1936 verstärkt bemühte, konnten die Bücher der DAF-eigenen Verlage besonders berücksichtigt werden.[86]

[81] Vgl. Lokatis, Hanseatische Verlagsanstalt, insbesondere S. 75–89 und S. 111–125.

[82] Bericht eines Mitarbeiters der Fachgruppe Buchgemeinschaften der Gruppe Buchhandel in der RSK über die Büchergilde Gutenberg vom 24. 6. 1938, BDC/RSK/Heffe, E.

[83] Ebd.

[84] Schreiben Heffes an Gauleiter Robert Wagner in Karlsruhe vom 16. 6. 1937, in dem die regelmäßige Übersendung von Neuerscheinungen der DAF-Verlage angekündigt und die Bitte geäußert wurde, in einen »Gedankenaustausch über das Gesamtgebiet der Ihnen demnächst zugehenden Werke« einzutreten; Schreiben Heffes an den Gauschulungsleiter der NSDAP im Gau Baden, Wilhelm Hartlieb, vom 8. 7. 1937, dem 15 Bücher aus dem Angebot der »Büchergilde Gutenberg« beigefügt waren. GLA Karlsruhe 465 d/143.

[85] W. Heudtlaß, Das Buch bei »Kraft durch Freude«, in: Buch und Volk 15 (1938), S. 5; ders., Das gute Buch auf dem KdF-Schiff. Die erste Gästebücherei an Bord der »Wilhelm-Gustloff«, in: Bbl. 105. Jg., Redaktioneller Teil, Nr. 80 vom 5. 4. 1938, S. 282–283.

[86] Heudtlaß, Das Buch bei »Kraft durch Freude«; W. Kindt, Die Bucharbeit der »NS.-Gemeinschaft Kraft durch Freude«, in: Bbl. 105. Jg., Redaktioneller Teil, Nr. 275 vom 26. 11. 1938, S. 924–925. In den Werkbüchereien sollte neben Fach- und Parteiliteratur auch Unterhaltungsliteratur eingestellt werden. Von der Abteilung »Buch- und Büchereiwesen« im DVW wurden daher regelmäßig Buchbesprechungen über die wichtigsten Neuerscheinungen herausgegeben.

Auch im Bereich des Fachbuchs, das mit der Einführung des »Vierjahresplans« in den Blickpunkt der literaturpolitischen Förderungsmaßnahmen geriet, war die DAF dominant. Seit 1934 bestand im »Amt für Berufserziehung und Betriebsführung« ein »Sonderlektorat Berufsausbildung«, das für die Rosenbergsche Schrifttumsstelle die Fachbuchbegutachtung übernahm.[87] Aufgrund einer Vereinbarung zwischen der Schrifttumsabteilung des Propagandaministeriums, dem Amt Schrifttumspflege, der Reichspropagandaleitung und dem Amt für Berufserziehung und Betriebsführung in der DAF wurde am 20. 4. 1940 ein »Fachbuch-Zentrallektorat« eingerichtet.[88] Die Geschäftsführung und Verwaltung übernahm die DAF. Aufgabe des Zentrallektorats sollte zum einen die einheitliche Begutachtung der Fachbuchliteratur nach sachlichen und weltanschaulich-politischen Kriterien sein. Den Begriff »Zensur« versuchte man in diesem Zusammenhang aber bewußt zu vermeiden.[89] Zum anderen sollten Empfehlungen zur möglichen Verwertung der positiv bewerteten Fachbücher für die Wirtschaft oder im Rahmen der Werkbüchereien gegeben und auf Desiderate hingewiesen werden.

Die DAF dürfte mit ihrem weitverzweigten Produktions- und Vertriebsnetz Millionen-Umsätze auf dem deutschen Buchmarkt erzielt haben. Während des Krieges wurden – im Auftrag Leys und in Absprache mit dem AA – in Amsterdam, Brüssel, Budapest, Bukarest, Kopenhagen, Oslo, Paris, Prag, Preßburg und Rom Filialen des DAF-Verlags errichtet, um auch den Auslandsmarkt für den Buchabsatz nutzen zu können.[90] Der sogenannte »Frontbuchhandel«, der von staatlichen

[87] »Arbeitsrichtlinien für den Fachbuch-Lektor«, hg. vom Fachbuch-Zentrallektorat des Reichsministeriums für Volksaufklärung und Propaganda und der Deutschen Arbeitsfront, Berlin o.J. (1941), S. 6.

[88] Ebd., S. 5.

[89] S. ebd., S. 14: »Vom Verleger her gesehen soll das Fachbuch-Zentrallektorat nicht etwa die Stellung eines Überwachungs- und Polizeiorgans der genannten Stellen einnehmen. Es soll grundsätzlich auch nicht die Stellung einer Fachbuchzensur oder -vorzensur haben«.

[90] Schreiben Heffes (Betriebsführer des Verlages der DAF und der Büchergilde Gutenberg) an Wilhelm Baur vom 8. 12. 1941, BDC/RSK/Heffe, E. Die Expansion der Verlags- und Buchhandelsunternehmen der DAF wurde von Wilhelm Baur, dem Vizepräsidenten der RSK, der ja gleichzeitig Leiter des an einer Ausweitung seines Auslandsabsatzes interessierten Eher-Buchverlags war, ebenso argwöhnisch beobachtet wie in der Schrifttumsabteilung

ebenso wie von parteiamtlichen Dienststellen subventioniert wurde, war ein weiteres lukratives Geschäft, an dem sich die DAF beteiligte.[91] Es ist allerdings fraglich, ob der für seinen Mangel an Organisationstalent bekannte Ley selbst jemals den Überblick über sein weitverzweigtes Verlagsimperium besaß. 1942 gehörten ihm mehr als zwanzig Verlage, sieben Druckereien, zwei Buchgemeinschaften und eine Papierfabrik an.[92] Aufgrund der dürftigen Quellenlage sind selbst für den Historiker die organisatorischen Zusammenhänge der DAF-Verlagsunternehmen relativ undurchschaubar.[93] Finanzielles Mißmanagement war jedenfalls auch in diesem Zweig der DAF unverkennbar.[94] Zu einem einheitlichen Verlagskonzept, wie es in der erwähnten Denkschrift aus dem Jahre 1936 skizziert worden war, ist es nie gekommen.

Während des Krieges begann sich die DAF sogar wieder weitgehend aus dem Verlagsgeschäft zurückzuziehen. Im Februar 1943 übernahm Alfred Salat von der Firma Knorr & Hirth, hinter der niemand anderes als der Zentralparteiverlag stand, die Geschäftsführung im Langen-Müller Verlag.[95] Als die DAF im gleichen Jahr die Hanseatische Verlagsanstalt privati-

des Propagandaministeriums. Dazu das Schreiben Hövels (RMVP/Abt. S) an den Präsidenten der RSK vom 15. 8. 1941, BDC/RSK/Heffe, E. Vgl. auch Lokatis, Hanseatische Verlagsanstalt, S. 142–146.

[91] Dazu im einzelnen Lokatis, Hanseatische Verlagsanstalt, S. 143–146.

[92] Zahlenangaben bei Lokatis, Hanseatische Verlagsanstalt, S. 143.

[93] Eine zusammenhängende Darstellung des DAF-Verlagskonzerns fehlt bis heute.

[94] So vermutete Pezold, daß mit den beträchtlichen Gewinnen des Langen-Müller Verlags, die aus den Bestsellern Grimms, Kolbenheyers und Wiecherts resultierten, die beträchtlichen Defizite etwa der Büchergilde Gutenberg gedeckt werden sollten. S. seinen Bericht über die Unterredung mit Ley am 23. 2. 1938, S. 15. Wie Pezold von Reichsoberrevisor Ried vom Reichsschatzamt der NSDAP erfuhr, mußte der Leiter des DAF-Schatzamtes Brinckmann, der zugleich Aufsichtsratsvorsitzender des Langen-Müller Verlags war, wegen finanzieller Inkorrektheiten im April 1938 seine Ämter niederlegen. S. die Aufzeichnung Pezolds zu einer Reihe von Besprechungen in Berlin vom 27. bis 29. 4. 1938, hier S. 3, DLA Marbach/NL H. Grimm: Korrespondenz mit dem Langen-Müller Verlag 1. 6. 1937–15. 8. 1938, Mappe III.

[95] Mitteilung Salats an Grimm vom 23. 2. 1943, DLA Marbach/NL H. Grimm: Korrespondenz mit dem Langen-Müller Verlag (1941–1943), Mappe III.

sierte,[96] wobei die DAF noch die Hanseatische Druckanstalt behielt, während der Buchverlag an den bisherigen Geschäftsführer Benno Ziegler und der Buchvertrieb an den Eher Verlag verkauft wurde, kam Wilhelm Baur in den Aufsichtsrat der Deutschen Hausbücherei AG.[97] Damit war schließlich doch noch das Kalkül des Amann-Vertrauten aus dem Jahre 1937 aufgegangen.

3.3. Der Reichsleiter für die Presse der NSDAP

Am Ende des ersten Jahres nationalsozialistischer Herrschaft schickte Hitler seinem langjährigen Weggefährten Max Amann ein bemerkenswertes Dankschreiben. »Der Sieg der nationalsozialistischen Idee«, hieß es darin, »war entscheidend abhängig von der Möglichkeit, das Gedankengut unserer Bewegung durch ein zentral geleitetes Schrifttum einer großen Zahl von Parteigenossen zu vermitteln.«[98] Der Aufbau des »gewaltigen Zentralverlages« sei Amanns großes Verdienst. »Sie haben mir damit«, so Hitler weiter, »die Voraussetzung geschaffen für die Durchführung einer Schriftpropaganda, die eine ausschlaggebende Bedeutung erhielt, nicht nur in der Zeit des Angriffs unserer Bewegung, sondern [auch] heute nach dem errungenen Siege.«

Das Lob Hitlers war nur allzu berechtigt. Amann hatte den 1920 von der NSDAP erworbenen Franz Eher Verlag aus bescheidenen Anfängen zu einem der politisch und wirtschaftlich wichtigsten Unternehmen des Deutschen Reiches gemacht. Der »Völkische Beobachter«, Hitlers »Mein Kampf« und Rosenbergs »Mythus des zwanzigsten Jahrhunderts« waren die großen Geschäfte. Daneben gab es eine Vielzahl weiterer auflagenstarker Zeitungen und Zeitschriften, politischer Broschüren und »schöngeistiger« Bücher, mit denen der Eher Verlag für die

[96] Dazu im einzelnen Lokatis, Hanseatische Verlagsanstalt, S. 146–152.

[97] S. die am 2. 7. 1943 in der DAZ veröffentlichte Nachricht »Hanseatische Verlagsanstalt in drei Teilen«, StA Leipzig BV/F 3591 (Hanseatische Verlagsanstalt AG).

[98] Eine Abschrift des Schreibens von Hitler an Amann vom 30. 12. 1933 in BArch Potsdam NS 11/9. Die folgenden Zitate ebd.

Ziele der NSDAP warb.[99] Amann selbst nahm Hitler in der Folge ganz beim Wort. Für ihn war mit der nationalsozialistischen Machtübernahme am 30. 1. 1933 erst der Grundstein für den Aufbau eines gigantischen Verlagsimperiums gelegt worden. In den Jahren 1933 und 1934 betrieb er zunächst die »Gleichschaltung« der parteieigenen Presseorgane.[100] Dabei war ihm eine Blankovollmacht Hitlers behilflich.

In der »Verordnung« über die »Befugnisse des Reichsleiters für die Presse der NSDAP« vom 19. 1. 1934 wurde dem Direktor des Zentralverlags der NSDAP praktisch die Verfügungsgewalt über sämtliche periodischen Druckschriften der Partei zugesprochen.[101] Die »Entscheidung über die Gründung und das Erscheinen von periodischen Druckschriften, die von Parteigenossen verlegt werden«, lag von nun an bei Amann. Ihm stand das Recht zum »Erlaß allgemeiner Anordnungen für das ganze Verlagswesen an die gesamte von Parteigenossen verlegte Presse« zu, ferner die »Entscheidung über alle Verlagsfragen von grundsätzlicher, über den einzelnen Verlag hinausgehender Bedeutung«. Zudem sollte Amann jederzeit »Einblick in alle parteiamtlichen Verlage und deren gesamte wirtschaftliche Organisation und Leitung sowie das Recht und Befugnis jeder Einflußnahme« erhalten. Alle Verleger und Verlagsleiter parteiamtlicher Druckschriften wurden ihm unterstellt. Die Berufung eines verantwortlichen Verlagsleiters konnte nur mehr »im Einvernehmen« mit dem Reichsleiter für die Presse der NSDAP erfolgen. Einem Antrag auf Entlassung des Verlagsleiters war »gegebenenfalls in der Form der sofortigen Beurlaubung stattzugeben«.

Die Unterstellung der gesamten NS-Presse ging Amann aber noch nicht weit genug. Nachdem die Presseunternehmen von KPD und SPD bereits durch das »Gesetz über die Einziehung kommunistischen Vermögens« vom 26. 5. 1933 und das »Ge-

[99] »Aus der Geschichte des Zentralverlages der NSDAP«, in: Buch und Schwert. Ein Sinnbild unserer Zeit, S. 41–46, hier S. 43–46.

[100] Dazu im einzelnen O. J. Hale, Presse in der Zwangsjacke 1933–1945. Aus dem Amerikanischen von W. und M. Pferdekamp, Düsseldorf 1965, S. 101–128.

[101] S. zum folgenden den Text der »Verordnung« Hitlers vom 19. 1. 1934, in: Verordnungsblatt der Reichsleitung der NSDAP 2. Jg./Folge 64 vom 31. 1. 1934, S. 140. BArch Potsdam NSD 13/1.

setz über die Einziehung volks- und staatsfeindlichen Vermögens« vom 14. 7. 1933 zerschlagen worden waren,[102] ging er 1935 daran, die noch verbliebenen »bürgerlichen« Presseorgane zu vereinnahmen. In seiner Funktion als Präsident der Reichspressekammer war er gemäß § 25 der ersten Durchführungsverordnung zum »Erlaß« grundlegender Anordnungen zum Betrieb, zur Eröffnung und zur Schließung von Unternehmen seines Zuständigkeitsbereichs berechtigt. Am 24. 2. 1935 erließ Amann gleich drei Anordnungen,[103] mit denen er eine »Welle von Schließungen, Zusammenschlüssen und Notverkäufen großer und kleiner Zeitungsverlage« in Gang setzte.[104]

Parallel zum Pressewesen versuchte Amann auch auf dem Buchmarkt stärker ins Geschäft zu kommen. Die Einsetzung Bouhlers als Vorsitzender der Parteiamtlichen Prüfungskommission zum Schutze des NS-Schrifttums verfolgte das Ziel, nicht nur die von Parteidienststellen und Parteigrößen vorgelegten Publikationen, sondern sämtliche Bücher zum Thema »Nationalsozialismus« nur noch im Zentralparteiverlag herauszugeben. Auch wenn diese Rechnung – wie dargestellt – nicht so glatt aufging, war das Monopol Amanns auf die Herausgabe der in hohen Auflagen und mit großem Werbeaufwand vertriebenen Parteiliteratur stets unbestritten.

Die Kontrolle über die nicht-nationalsozialistischen Buchverlage sicherte hingegen Amanns Zögling Wilhelm Baur. Er war 1920 als Volontär in den Eher Verlag eingetreten und bis 1935 zum Direktor des Berliner Buchverlags avanciert.[105] Im »Dritten Reich« machte Wilhelm Baur eine beachtliche Funktionärskarriere. 1933 zunächst in die Spitze der Bayerischen Buchhändlervereinigung protegiert, wurde er im September 1934 vom Gesamtvorstand des Börsenvereins zum Vorsteher ernannt. In Personalunion leitete er den neu gegründeten Bund Reichsdeutscher Buchhändler, nach dessen Auflösung die »Gruppe Buchhandel« in der RSK. Im April 1935 wurde er

102 Hale, Presse in der Zwangsjacke, S. 68–82.

103 Im einzelnen Hale, Presse in der Zwangsjacke, S. 153–169.

104 Ebd., S. 157. Hale gibt die Zahl von 500–600 Zeitungen an, die infolge der Amann-Anordnungen vom 24. 4. 1935 eingestellt werden mußten oder mit Presseorganen des Eher Verlags zwangsvereinigt wurden.

105 Das Archiv 1 (1934/35), S. 1008.

Präsidialrat der Kammer,[106] im August 1937 einer ihrer zwei Vizepräsidenten,[107] von April 1938 bis 1945 alleiniger Stellvertreter Johsts in der Kammer-Führung. Daneben saß Wilhelm Baur noch in den Aufsichtsräten diverser Verlagsunternehmen, vertrat den »Reichsverband der deutschen Zeitungsverleger« im Gau Berlin,[108] war Landesobmann der Reichspressekammer beim Landeskulturwalter Berlin.[109] Dem »Amt für die Presse der NSDAP« gehörte Wilhelm Baur seit 1934 als Hauptabteilungsleiter an.[110] Nach dem Zerwürfnis Amanns mit seinem langjährigen Stabsleiter Rolf Rienhardt im November 1943 wurde er schließlich auch noch dessen Nachfolger.[111]

Am 12. 12. 1934, also wenige Wochen nach Wilhelm Baurs Einsetzung als Vorsteher des Börsenvereins, erließ Amann in seiner Funktion als Reichsleiter für die Presse der NSDAP eine »Verfügung«, die nicht nur im »Verordnungsblatt der Reichsleitung der NSDAP«, sondern auch im Börsenblatt für den Deutschen Buchhandel veröffentlicht wurde. Darin war zu lesen: »Es besteht Veranlassung, darauf hinzuweisen, daß für alle Fragen, die den deutschen Buchhandel betreffen, mein Arbeitsbereich zuständig ist, und daß ich mit der Erledigung derselben Hauptamtsleiter Wilhelm Baur, München, beauftragt habe. Alle Gliederungen der Partei ersuche ich, vor Erlaß etwaiger Anordnungen oder Verfügungen, die sich mit Fragen des Buchhandels befassen, sich mit mir bzw. mit meinem Beauftragten in Verbindung zu setzen«.[112]

Aufgrund der Doppelstellung Wilhelm Baurs blieb dieser Auftrag allerdings nie auf den Parteibereich beschränkt. Ebenso wie Amann in der Reichspressekammer nutzte auch Wilhelm Baur seine Tätigkeit im Rahmen der RSK und des Börsenvereins der Deutschen Buchhändler rücksichtslos zur Durchsetzung der Interessen des Zentralparteiverlags. Der »Reichsleiter für die Presse der NSDAP« – einer von vielen euphemistischen

[106] Das Archiv 2 (1935/36), S. 140.
[107] Das Archiv 4 (1937/38), S. 593.
[108] Hinkel (Hg.), Handbuch der Reichskulturkammer, S. 212.
[109] Ebd., S. 235.
[110] NSJ 8 (1934), S. 138.
[111] Hale, Presse in der Zwangsjacke, S. 297–298.
[112] Verordnungsblatt der Reichsleitung der NSDAP 5. Jg./Folge 88 Mitte Januar 1935, S. 230 (BArch Potsdam NSD 13/1); Bbl. 101. Jg., Redaktioneller Teil, Nr. 292 vom 15. 12. 1934, S. 1095.

Parteititeln – regierte auf diese Weise wiederholt in die Verlags- und Buchhandelspolitik des Propagandaministeriums hinein.[113]

3.4. Die Reichspropagandaleitung der NSDAP

Seinen Anspruch auf die Führung in der Kulturpolitik des »Dritten Reiches« versuchte Goebbels nicht nur über das Propagandaministerium, sondern auch über die Reichspropagandaleitung der NSDAP durchzusetzen. Im Oktober 1935 wurde hier ein eigenes »Kulturamt« geschaffen.[114] Dessen Leitung übertrug Goebbels Franz Moraller, einem der drei Geschäftsführer der Reichskulturkammer. Nach außen trat das Kulturamt im Laufe der dreißiger Jahre allerdings recht wenig in Erscheinung. Dazu waren wohl auch die Entfaltungsmöglichkeiten auf dem Gebiet der bereits von zahlreichen anderen staatlichen und parteiamtlichen Dienststellen betreuten Kultur zu gering. Der weitgehend funktionslos gewordene Moraller wechselte 1939 aus seinem Parteiamt in die Geschäftsführung des vom Deutschen Verlag übernommenen Rowohlt Verlags in Stuttgart.[115]

Erst 1941 ging man in der Reichspropagandaleitung der NSDAP daran, sich konkretere Gedanken über die »praktische Weiterentwicklung der Kulturarbeit« zu machen. In einer Denkschrift vom 1. 5. 1941 stellte Hannes Kremer, Chefredakteur der »Parole der Woche« und des Parteiarchivs für nationalsozialistische Feier- und Freizeitgestaltung »Die neue Gemeinschaft«, fest, daß die »breite Masse der Partei, politischen Leiter, Gliederungen [. . .] trotz manigfacher [!] doktrinärer Kulturmanifeste im großen und ganzen bei den aus der Kampfzeit hergebrachten politischen Lebensgewohnheiten stehengeblie-

[113] S. dazu Kapitel III, Abschnitt B 6. dieser Arbeit.

[114] NSJ 10 (1936), S. 142. Der Plan von Goebbels zur Gründung eines Kulturamtes in seiner Reichspropagandaleitung ging bereits auf das Jahr 1934 zurück. S. das Schreiben Rosenbergs an Heß vom 15. 3. 1934, in dem gegen eine entsprechende Verfügung von Goebbels Protest eingelegt wird. BArch Potsdam NS 8/177 Bl. 225–229. Die Verfügung wurde daraufhin von Goebbels noch einmal zurückgezogen.

[115] Mitteilung der Geschäftsstelle des Börsenvereins (Dr. Heß) an den Pudor Verlag vom 8. 2. 1940, StA Leipzig/BV F 7815 (Ernst Rowohlt Verlag). Der Deutsche Verlag (ehemals Ullstein) befand sich seit 1934 im Besitz des Zentralparteiverlags.

ben« seien.[116] Daher herrsche immer noch »eine gewisse Verständnislosigkeit gegenüber dem Wert kultureller Mittel für eine großzügige Volksführung und Volkserziehung im Parteileben« vor.[117] Kremer empfahl daher eine verstärkte Aktivierung der Kulturarbeit. Auf dem Schrifttumsgebiet sollte man sich zwar eine gewisse Zurückhaltung auferlegen, »weil *dieses Gebiet von mehreren Parteistellen bereits beansprucht* wird und daher jeder Vorstoß Auseinandersetzungen mit sich bringt«.[118] Doch sah Kremer für die Reichspropagandaleitung durchaus Profilierungsmöglichkeiten im Rahmen der jährlichen »Woche des deutschen Buches«, anläßlich von Feierstunden, auf denen »mit geeigneten Dichtern *die erforderlichen Höhepunkte*« gesetzt werden sollten, und bei der *»Heranführung der Massen an das wertvolle deutsche Schrifttum«*.[119] Mit einer bloßen »Indexpolitik« dürfe sich die Partei jedenfalls nicht begnügen.[120]

Den Empfehlungen Kremers entsprechend wurde im Juli 1941 das »Hauptamt Kultur« in der Reichspropagandaleitung errichtet und ab Oktober 1941 ein »Kulturpolitisches Mitteilungsblatt« für den Dienstgebrauch der Parteidienststellen herausgegeben. Zum Leiter des neuen Hauptamtes wurde Karl Cerff ernannt, der von 1933 bis 1939 bereits im Kultur- und im Rundfunkamt der Reichsjugendführung tätig gewesen war.[121] In der Dienststelle Rosenberg stieß die Berufung von Cerff auf den bissigen Kommentar: »Seine aus früheren Jahren bekannte, weltanschaulich außerordentlich konfuse Betriebsamkeit wird sicher unsere Arbeit vor neue, sehr ärgerliche Schwierigkeiten

116 »Plan für die praktische Weiterentwicklung der Kulturarbeit der Reichspropagandaleitung«, S. 2, BArch Potsdam NS 18/308.

117 Ebd.

118 Ebd., S. 8. Hervorhebungen im Text.

119 Ebd. Hervorhebungen im Text.

120 Ebd.

121 BDC/SS/Cerff, K. (1907–?): nach Schulabbruch Banklehre; bis 1929 in der Rheinischen Kreditbank und in der Deutschen Bank tätig; nach seiner Entlassung »wegen politischer Tätigkeit« Leitung einer »völkischen Buchhandlung« und der NSDAP-Ortsgruppe in Heidelberg; 1932 in die Gauführung der Hitlerjugend in Karlsruhe, im Mai 1933 in die Reichsjugendführung berufen; NSDAP-Mitglied seit 1926, SS-Angehöriger seit 1939.

stellen, zumal sein Geltungsbedürfnis den Prestigestandpunkt stark zu betonen beliebt.«[122]

Stang, der Verfasser dieser Zeilen, vermutete zu Recht, daß es das Ziel von Goebbels war, die kreative Kulturarbeit der NSDAP ganz für seine Propagandaleitung zu reservieren, während Rosenberg auf die bloße weltanschauliche Erforschung der Kultur beschränkt werden sollte.[123] Der Widerstand Rosenbergs gegen das Bestreben, »aus der *Propaganda* eine substantiell arbeitende Kulturabteilung zu machen«,[124] fand jedoch beim Leiter der Partei-Kanzlei keine Unterstützung. »Der Einsatz kultureller Mittel für die Volksführungsaufgaben der Partei«, so beschied Bormann den monierenden Reichsleiter am 9. 8. 1941, »erscheint mir so wichtig, daß auf das Kulturhauptamt der Reichspropagandaleitung überhaupt nicht verzichtet werden kann.«[125]

Auch einen zweiten Grundsatzstreit entschied Bormann zugunsten von Goebbels. Am 6. 7. 1941 war von der Partei-Kanzlei die »Anordnung« erlassen worden, daß sämtliche von Parteidienststellen herausgegebenen »Schriften und Broschüren, die Propagandazwecken dienen, vor Herausgabe dem Reichspropagandaleiter der NSDAP. im Manuskript zur Genehmigung einzureichen« waren.[126] Dagegen hatte Bouhler mit dem Hinweis auf seine Zuständigkeit für das gesamte den Nationalsozialismus betreffende Schrifttum protestiert.[127] In seiner Entgegnung vom 9. 8. 1941 interpretierte Bormann die Kompetenzen der PPK jedoch nur dahingehend, daß sie »jenes Schrifttum [...], das sich mit der Propaganda und ihren Methoden befaßt«, zu begutachten habe, während »Schriften und Broschüren, die

122 »Bemerkungen [Stangs] zum Brief Dr. Goebbels vom 17. Juli 1941 an Reichsleiter Rosenberg«, BArch Potsdam NS 8/172 Bl. 141–142, hier Bl. 141. Eine Abschrift des Schreibens von Goebbels an Rosenberg findet sich ebd., Bl. 143–144.

123 Ebd., Bl. 142.

124 So Rosenberg in seinem Schreiben an Bormann vom 12. 8. 1941, BArch Potsdam NS 8/186 Bl. 146–147, hier Bl. 146.

125 Schreiben Bormanns an Rosenberg vom 9. 8. 1941, BArch Potsdam NS 8/186 Bl. 149–150, hier Bl. 150.

126 Der Text der »Anordnung A 29/41« ist wiedergegeben im Reichsverfügungsblatt der NSDAP. Ausgabe A Jg. 1941, S. 81, BArch Potsdam NSD 3/2.

127 Schreiben des Chefs der Kanzlei des Führers der NSDAP an Reichsleiter Bormann vom 29. 7. 1941, BArch Potsdam NS 18/279.

selbst Propaganda sind«, vom Reichspropagandaleiter geprüft werden sollten.[128]

Beiden Vorgängen kommt als Beleg für die neue Rolle Bormanns prinzipielle Bedeutung zu. Der Leiter der Partei-Kanzlei avancierte binnen kurzem nicht nur zur entscheidenden Scharnierstelle zwischen Hitler und den staatlichen oder parteiamtlichen Dienststellen. Seine Autorität reichte 1941 offenbar bereits aus, auch Kompetenzstreitigkeiten unter den Reichsleitern der NSDAP eigenständig zu regulieren. Goebbels reagierte rasch auf diese sich abzeichnende Machtverschiebung. Schon im April 1941 hatte er Walter Tießler, seit 1936 Leiter des »Reichsrings für nationalsozialistische Volksaufklärung und Propaganda« in der Reichspropagandaleitung,[129] größere Vollmachten zugestanden.[130] Tießler war in der Folge nicht mehr nur für die »propagandistische Ausrichtung und Betreuung« sämtlicher Dienststellen, Gliederungen und angeschlossenen Verbände der NSDAP zuständig.[131] Er fungierte auch als »Verbindungsmann« von Goebbels zur Münchner Partei-Zentrale. Über seinen Tisch liefen daher alle zwischen dem Reichspropagandaministerium oder der Reichspropagandaleitung und der Partei-Kanzlei strittigen Fragen.

Während das Hauptkulturamt, in dem Wilhelm Haegert von der Goebbelsschen Schrifttumsabteilung das »Amt Schrifttum« leitete,[132] nun verstärkt bei öffentlichen Propagandakundgebungen – wie der »Woche des deutschen Buches« – hervortrat,[133] setzte sich Tießlers »Reichsring«, der in den Gaupropagandaleitungen der NSDAP mit eigenen Hauptstellen vertreten

[128] BArch Potsdam NS 18/279. Bormann folgte damit der Interpretation seines Mitarbeiters Witt, die dieser in einer »Vorlage« vom 6. 8. 1941, ebd., formuliert hatte.

[129] Zur Biographie Tießlers s. die Angaben bei Boelcke (Hg.), Kriegspropaganda 1939–1941, S. 98–99.

[130] Tagebucheintrag vom 20. 4. 1941, Goebbels-Tagebücher, Teil 1, Bd. 4, S. 598.

[131] So die Funktionsbestimmung des »Reichsrings« in einem Schreiben der Reichspropagandaleitung an den Kohlhammer Verlag vom 2. 4. 1942, BArch Potsdam NS 18/404.

[132] Haegerts hauptamtlicher Stellvertreter war Edgar Diehl, der frühere Geschäftsführer der Reichsschrifttumsstelle, den Goebbels von der DAF abgeworben hatte. BDC/Partei-Kanzlei Correspondence/Diehl, E.

[133] Vgl. »Buchwoche 1941«, in: Kulturpolitisches Mitteilungsblatt der Reichspropagandaleitung der NSDAP/Hauptamt Kultur Folge 1 vom

war, seit 1936 für den Vertrieb von Büchern und Broschüren ein.[134] Darunter fiel nicht nur Propagandaliteratur im engeren Sinne, sondern auch Militär- und Unterhaltungsliteratur. Eifrige Propaganda wurde zudem für die von Goebbels selbst verfaßten Bücher gemacht.[135] Während des Krieges wurde der Reichsring in die »Truppenbetreuung« eingeschaltet.

Die Reichspropagandaleitung ergänzte für den Parteibereich die literaturpolitische Betätigung der Schrifttumsabteilung des Propagandaministeriums und der RSK. Allerdings begann Goebbels dieses Instrument erst während des Krieges zu nutzen. Mit der Reaktivierung seines bis dahin weitgehend ungenutzten Parteiapparats ab 1941 reagierte er auf den wachsenden Einfluß der NSDAP auf das politische und gesellschaftliche Leben. Die enge Verzahnung mit der staatlichen Propagandabürokratie und die räumliche Nähe zur Partei-Kanzlei hatte dann zwangsläufig die von Rosenberg prophezeite Folge, daß sich die Reichspropagandaleitung nicht mehr auf ihre ursprüngliche Aufgabenstellung beschränkte, sondern in begrenztem Umfang auch gestaltend in die Kultur- und Literaturpolitik eingriff.

3.5. Das Hauptamt für Erzieher/Der Nationalsozialistische Lehrerbund

Am 19. 5. 1933 wurde die Reichsleitung des NS-Lehrerbunds in Bayreuth von Severin Rüttgers, einem der führenden Vertreter der völkischen Jugendschriftenbewegung in der Weimarer Republik, darauf aufmerksam gemacht, daß die »Gleichschaltung« der »Vereinigten Deutschen Prüfungsausschüsse für Jugendschriften« noch ausstehe.[136] Die dem Deutschen Lehrerverein

20. 10. 1941, S. 2. Weitere literaturpolitische Aufsätze und Nachrichten ebd., S. 3–6.

[134] S. das Schreiben des Gaupropagandaamtes Berlin/Hauptstelle »Gauring« an Tießler vom 26. 8. 1941, in dem genaue Auskünfte über den Buch- und Broschürenvertrieb in den Jahren 1936 bis 1941 gegeben werden. BArch Potsdam NS 18/34.

[135] So übernahm die Reichspropagandaleitung etwa die Versendung von Besprechungsexemplaren der 1941 im Eher Verlag unter dem Titel »Die Zeit ohne Beispiel« erschienenen Sammlung der Goebbelsschen Reden und Aufsätze aus den Jahren 1939 bis 1941. BArch Potsdam NS 18/54.

[136] Das Schreiben findet sich in BArch Potsdam NS 12/70.

angegliederte Fachorganisation verfügte zu jenem Zeitpunkt noch über einen Vorort in Hamburg und über rund 300 Ortsausschüsse in 12 Landesverbänden.[137] Ihre Tätigkeit bestand – wie Rüttgers den NS-Lehrerbund wissen ließ – in der Herausgabe von Auswahlverzeichnissen mit Jugend- und pädagogischer Literatur, in der Einrichtung und Verwaltung von Schüler- und Lehrerbüchereien, in der Begutachtung und Zusammenstellung von Lese- und Lehrbüchern sowie in der Durchführung von Werbemaßnahmen für das gute Jugendbuch.[138] Während Rüttgers die ost- und süddeutschen Landesverbände »in gewissen Grenzen als völkisch und vaterländisch gerichtet« gelten ließ, hielt er dem Vorort Hamburg sowie den Landesverbandsführungen in Bremen, Stettin, Dortmund, Dresden und Frankfurt am Main vor, daß sie mit ihrem Individualismus und Pazifismus die »Augen starr geschlossen« hätten »vor den Zeichen des völkischen und staatspolitischen Aufbruchs«.[139]

Die Voraussetzung für die von Rüttgers empfohlene »Gleichschaltung« der »Vereinigten Deutschen Prüfungsausschüsse für Jugendschriften« wurde dann auf dem Deutschen Erziehertag in Magdeburg geschaffen. Am 7. 6. 1933 erklärte der Deutsche Lehrerverein seinen korporativen Beitritt zum NSLB.[140] Der gleichzeitig gefaßte Beschluß zur Gründung einer »Reichsstelle für das Jugendschrifttum« am Sitz der Reichsleitung des NSLB in Bayreuth bedeutete das Ende der traditions- und einflußreichen Prüfungsausschüsse.[141] Die Regionalgliederung der neuen Reichsstelle wurde an die Gau- und Kreiseinteilung des NSLB angepaßt.

Im September 1933 bat Eduard Rothemund, der Leiter der Reichsstelle, die 38 Gauleitungen um die Benennung eines »Gauobmanns«, der »im Sinne einer wirklichen deutschen, d.h.

[137] Dazu P. Aley, Jugendliteratur im Dritten Reich. Dokumente und Kommentare, Hamburg 1967, S. 6–7.

[138] Schreiben von Rüttgers an die Reichsleitung des NSLB vom 19. 5. 1933, BArch Potsdam NS 12/70.

[139] Ebd.

[140] Aley, Jugendliteratur im Dritten Reich, S. 9. Zur »Gleichschaltung« der alten Lehrerverbände s. auch W. Feiten, Der nationalsozialistische Lehrerbund. Entwicklung und Organisation. Ein Beitrag zum Aufbau und zur Organisationsstruktur des nationalsozialistischen Herrschaftssystems, Weinheim, Basel 1981, S. 55–66.

[141] S. zu dieser Entwicklung im einzelnen Aley, Jugendliteratur im Dritten Reich, S. 9–25.

nationalsozialistischen Weltanschauung zuverlässig« sein und ein »literarisch-künstlerisches Urteil besitzen« sollte, »um Bücher sowohl nach der inhaltlichen wie sprachlichen Seite zuverlässig prüfen zu können«.[142] Rothemund wies darauf hin, daß bei den Ernennungen »unbelastete« Mitarbeiter der alten Jugendschriftenausschüsse berücksichtigt werden konnten – »wie es ja auch schon in den verschiedenen Gauen getan worden ist«.[143]

Die »Reichsstelle (ab 1934: Begutachtungsstelle) für das Jugendschrifttum« war der Ausgangspunkt der Schrifttumsarbeit des NS-Lehrerbundes. Im November 1934 wurde zusätzlich eine »Begutachtungsstelle für das gesamte pädagogische Schrifttum« errichtet.[144] Die der »Abteilung Erziehung und Unterricht« im Hauptamt für Erzieher zugeordnete Stelle sollte Schulbücher, Lehr- und Lernmittel »auf ihre Verwendbarkeit in der Schule des nationalsozialistischen Staates« hin überprüfen, gutes Schrifttum fördern und »minderwertige Erzeugnisse als solche klar [...] kennzeichnen«.[145] Zu diesem Zweck hatten die Verlage dem NSLB sechs Exemplare eines Lehr- oder Lernmittels kostenlos zur Verfügung zu stellen. Davon sollten vier an Gutachter versandt werden, während die beiden anderen Exemplare zum Aufbau des Archivs der Begutachtungsstelle und der Bücherei des NS-Lehrerbundes dienten.[146]

Anfang 1936 wurden beide »Begutachtungsstellen« in einer »Hauptstelle Schrifttum« unter Leitung von Paul Georg Herrmann (ab 1942: Walter Arnold) zusammengefaßt.[147] Die Hauptstelle, ab September 1937 Hauptabteilung, war in vier

142 Rundschreiben der Reichsleitung des NSLB (i. A. Rothemund) an alle Gauobleute des NSLB, BArch Potsdam NS 12/73.

143 Ebd.

144 Das Archiv 1 (1934/35), S. 1170 (4. 11. 1934).

145 »Die Auswertung pädagogischen Schrifttums«, in: Bbl. 102. Jg., Redaktioneller Teil, Nr. 74 vom 28. 3. 1935, S. 254–255, hier S. 255.

146 Ebd.

147 Feiten, Der nationalsozialistische Lehrerbund, S. 124, datiert die Errichtung der »Hauptstelle Schrifttum« bereits auf Januar 1935. Die monatlichen Arbeitsberichte der Schrifttumsabteilung des NSLB, gesammelt in BArch Potsdam NS 12/49, setzen jedoch erst im Januar 1936 ein. Im Bericht für den Oktober 1936 wird vermerkt: »4. Die Durchorganisation der Hauptstelle Schrifttum mit den Stellen für Jugendschrifttum, Bücherei und Zeitschriften wurde im Oktober ziemlich vollendet«.

Unterabteilungen gegliedert.[148] Während die Unterabteilungen »Begutachtung der Lehr- und Lernmittel« und »Jugendschrifttum« ihre bisherige Tätigkeit fortsetzten, sollte sich die Unterabteilung »Zeitschriften« um die Auswertung pädagogischer Zeitschriften sowie um die Förderung der vom NSLB herausgegebenen Schülerzeitschriften »Hilf mit!« und »Deutsche Jugendburg« bemühen. Die Unterabteilung »Bücherei« fungierte als Sammelstelle für die vom NS-Lehrerbund begutachtete Literatur. Die im »Haus der Erziehung« in Bayreuth untergebrachte Schrifttumsabteilung verfügte nur über einen kleinen hauptamtlichen Mitarbeiterstab.[149] Die Hauptlast der Begutachtungs- und Überprüfungstätigkeit wurde hingegen von dem Heer der ehrenamtlichen Lektoren in den NSLB-Gauen und -Kreisen getragen.[150] Deren weltanschauliche und literaturpolitische »Ausrichtung« erfolgte auf »Reichstagungen« und »Schulungswochen«.[151]

148 Die von mir angegebene Gliederung der »Hauptstelle/Hauptabteilung Schrifttum« stützt sich auf die Angaben im NSJ 12 (1938), S. 226. Feiten, Der nationalsozialistische Lehrerbund, S. 124, übernimmt hingegen die nicht ganz zutreffenden Angaben von E. Rothemund, Das Jugendbuch in der deutschen Schule, in: Das deutsche Jugendbuch. 4 Vorträge gehalten auf einer Jugendbuch-Arbeitswoche, veranstaltet vom Hauptamt Schrifttumspflege [...] in Verbindung mit dem Hauptamt für Erzieher und der Reichsjugendführung in Bayreuth vom 30. Mai bis 5. Juni 1939, S. 45–87, hier S. 85. Dort werden die Unterabteilungen Begutachtung, Jugendschriften, Schülerzeitschriften, Zeitschriften und Bücherei aufgeführt.

149 »Liste der in der Abteilung Schrifttum tätigen Mitarbeiter und Mitarbeiterinnen« sowie die »Liste der einberufenen Mitarbeiter und Mitarbeiterinnen der Abteilung Schrifttum« (o.D., ca. 1942), BArch Potsdam NS 12/49.

150 S. dazu den Schriftwechsel der »Unterabteilung Jugendschrifttum« mit den Gaustellen des NSLB, BArch Potsdam NS 12/70–76, sowie die Angaben zu Lektoren der »Unterabteilung Begutachtung« in den Gauen Schleswig-Holstein, Schwaben, Steiermark, Thüringen und Wartheland für die Jahre 1934–1941, BArch Potsdam NS 12/108.

151 S. dazu u.a. E. Rothemund, Die Jugendschriftenarbeit im NSLB, in: Bbl. 102. Jg., Redaktioneller Teil, Nr. 250 vom 26. 10. 1935, S. 900–901; den »Bericht über die Arbeitstagung der Kreissachbearbeiter für Jugendschriften des Gaues Sachsen am 2. u. 3. November 1935 in Ostrau« sowie den Bericht der Gaustelle für das Jugendschrifttum in Braunschweig vom 15. 10. 1935 betr. Schulungswoche der Leiter der Gaustellen für das Jugendschrifttum im NSLB (5. bis 10. 9. 1935 im Lager Jungborn bei Nürtingen), BArch Potsdam NS 12/74.

Den Anspruch auf die »Betreuung« des Jugendschrifttums mußte der NSLB, der zwar 1933 zur alleinigen Berufsvertretung der Lehrerschaft geworden war, aber erst durch die Errichtung des »Hauptamtes für Erzieher« im September 1934 in die Reichsleitung der NSDAP eingebunden wurde,[152] gegen eine Reihe parteiamtlicher Konkurrenten durchsetzen. So hatten sich die Reichsstelle zur Förderung des deutschen Schrifttums und die Reichsjugendführung im September 1933 auf ein gemeinsames »Referat für Jugendschrifttum« geeinigt.[153] Mit dessen Leitung wurde Dr. Hans Peter des Coudres, Mitarbeiter der Deutschen Bücherei und Mitglied der Oberprüfstelle zur Bewahrung der Jugend vor Schund- und Schmutzschriften in Leipzig, betraut. Sein Referat erhielt noch im Herbst des gleichen Jahres vom Propagandaministerium den Auftrag, ein Auswahlverzeichnis mit Büchern zu erarbeiten, die »ausnahmslos vom neuen kämpferischen Geist getragen« sein sollten.[154]

Es war allerdings der NSLB, der im November 1933 mit einem ersten Auswahlverzeichnis an die Öffentlichkeit trat. »Das Jugendbuch im Dritten Reich«, in einer Auflage von 150000 Exemplaren herausgebracht, wandte sich sowohl an Kinder im Vorschulalter als auch an Jugendliche bis zum 18. Lebensjahr.[155] Es wies – rechtzeitig zum Weihnachtsgeschäft – auf scheinbar unpolitische Märchen-, Sagen-, Fabel- und Abenteuerliteratur hin, enthielt aber auch schon Titel zu den Themen »Volk – Rasse – Wehr«.

Für zukünftige Auswahlverzeichnisse wurde dann am 27.11. 1933 eine Vereinbarung zwischen der Reichsleitung des NSLB, der Reichsstelle zur Förderung des deutschen Schrifttums und der Reichsjugendführung getroffen.[156] Der NSLB sollte die Kataloge für die 3–14jährigen, die Reichsjugendführung diejenigen für die 10–18jährigen herausgeben. Die Literatur für die

[152] S. zu diesem komplizierten Verhältnis im einzelnen Feiten, Der nationalsozialistische Lehrerbund, S. 141–147.

[153] Mitteilung des Referatsleiters Dr. des Coudres an die Reichsleitung des NSLB vom 13. 9. 1933, BArch Potsdam NS 12/77.

[154] Schreiben der Reichsstelle zur Förderung des deutschen Schrifttums (Dr. des Coudres) an den NSLB/Reichsleitung vom 10. 10. 1933, BArch Potsdam NS 12/77.

[155] Ein Exemplar findet sich in BArch Potsdam NS 12/69.

[156] Mitteilung der Reichsstelle zur Förderung des deutschen Schrifttums betr. Prüfung der Jugendschriften, in: Bbl. 100. Jg., Redaktioneller Teil, Nr. 280 vom 2. 12. 1933, S. 929.

10–14jährigen sollte noch einmal »gemeinsam bearbeitet« werden.[157] Die Anforderung der vier Prüfungsexemplare sollte zentral über die Reichsstelle zur Förderung des deutschen Schrifttums erfolgen. Ein Umstand, gegen den die Verlegerschaft unter Hinweis auf ihre wirtschaftliche Notlage heftig protestierte.[158] Zumal die Verleger zusätzlich zu den Kosten für die Prüfungsexemplare auch noch eine Aufnahme- und Prüfungsgebühr in Höhe von 5 RM für jeden eingereichten Titel zahlen sollten.[159]

Als Ergebnis der Absprache vom November 1933 erschien »Das Buch der Jugend 1934/35«. Doch hierbei zeigte sich schon die Ineffizienz der vereinbarten Kooperation.[160] Um den »Proporz« zu wahren, mußten NSLB und Reichsjugendführung, nachdem sie sich über die inhaltliche Auswahl geeinigt hatten, das Manuskript des Katalogs zunächst an die Reichsstelle zur Förderung des deutschen Schrifttums senden. Diese segnete den Inhalt nach der weltanschaulichen Seite hin ab. Bevor es schließlich in Druck gehen konnte, mußte es dann aber noch einmal bei der PPK zur Erteilung des »Unbedenklichkeitsvermerks« vorgelegt werden.

Bis 1937 waren an dem Auswahlverzeichnis also vier parteiamtliche Dienststellen beteiligt. Da die Querelen zwischen Bouhler und Rosenberg die Zusammenarbeit immer stärker belastete, kündigten Reichsjugendführung und NSLB 1938 ihre Herausgeberschaft am »Buch der Jugend« auf.[161] Ab diesem Zeitpunkt erschien im Zentralverlag der NSDAP ein neues jährliches Auswahlverzeichnis unter dem Titel »Das Jugend-

157 Ebd.

158 Schreiben des Deutschen Verlegervereins an die Reichsleitung des NSLB vom 31. 8. 1934 betr. Anforderung von Prüfungsstücken, BArch Potsdam NS 12/45.

159 Schreiben der Reichsjugendführung/Hauptreferat IV (Fritz Helke) an den Verlag Karl Thienemann vom 30. 7. 1935, BArch Potsdam NS 12/87. Anfangs hatte die »Prüfungsgebühr« sogar 8 RM betragen.

160 S. dazu den umfangreichen Schriftwechsel zwischen Reichsjugendführung, NSLB und Reichsstelle zur Förderung des deutschen Schrifttums in BArch Potsdam NS 12/84. Auf die Schwierigkeit, »soviele verschiedene Stellen zu einigen«, wies die Reichsjugendführung in einem Artikel zum »Buch der Jugend 1935« im Bbl. 101. Jg., Redaktioneller Teil, Nr. 271 vom 20. 11. 1934, S. 1018–1019, hier S. 1018, offen hin.

161 Mitteilung von Schirachs an Rosenberg vom 24. 11. 1939, BArch Potsdam NS 8/212 Bl. 94–95.

buch«.[162] Dabei wurde – wie aus einem Vergleich von Peter Aley für die Jahrgänge 1939/40 und 1942 hervorgeht – der Anteil der ideologisch besetzten Titel erheblich ausgeweitet, während der Anteil der Sachbücher und der »klassischen« Jugendliteratur zurückgedrängt wurde.[163]

Ein weiteres literaturpolitisches Führungsmittel war die »Jugendschriften-Warte«. Die 1893 vom Deutschen Lehrerverein gegründete Zeitschrift war am 1. 1. 1935 vom NSLB übernommen, die Schriftleitung am 1. 4. 1935 von Hamburg nach Bayreuth verlegt und der Leiter der »Unterabteilung Jugendschrifttum«, Eduard Rothemund, mit der Herausgabe betraut worden.[164] In den monatlichen Ausgaben erschienen neben einigen Aufsätzen bis zu 32 Buchbesprechungen, die die Literatur nach den Kategorien »empfohlen«, »bedingt geeignet« oder »abgelehnt« bewerteten. Adressaten der von verschiedenen Partei- und Staatsdienststellen erstellten Gutachten waren insbesondere die Bibliothekare an Volks-, Lehrer- und Schülerbüchereien. Sie konnten die auf heraustrennbaren Karteikarten gedruckten Besprechungen für ihre Anschaffungs- und Aussonderungspolitik nutzen.[165]

Die Schrifttumsabteilung des NSLB bemühte sich jedoch nicht nur um die Verbreitung und Rezeption der vorhandenen Jugendliteratur, die sich im Einklang mit den ideologischen Vorgaben des Nationalsozialismus befand. Sie versuchte auch, die Produktion neuer Jugendbücher zu stimulieren. Insbesondere galt dies für die Literatur der zwei- bis 14jährigen, bei der man die gewünschte »literarische und weltanschauliche Güte

[162] Das neue Auswahlverzeichnis wurde 1938 und 1939 von der Reichsjugendführung und dem NSLB, 1940 von der Reichsjugendführung unter Mitarbeit des Propagandaministeriums und von 1941 bis 1942 wieder zusammen mit dem NSLB herausgegeben.

[163] Aley, Jugendliteratur im Dritten Reich, S. 77–78.

[164] G. Schönfelder, Jugendschriftenkritik, in: Bbl. 102. Jg., Redaktioneller Teil, Nr. 176 vom 1. 8. 1935, S. 626.

[165] Eine Sammlung von rund 1000 Besprechungen aus der »Jugendschriften-Warte« befindet sich im Besitz des Instituts für Jugendbuchforschung in Frankfurt am Main. Angabe von Aley, Jugendliteratur im Dritten Reich, S. 85/Fn. 4. Eine umfangreiche Sammlung der von der »Unterabteilung Jugendschrifttum« erstellten Gutachten über Jugendbücher und Jugendzeitschriften aus den Jahren 1935 bis 1937 ist in BArch Potsdam NS 12/1287–1296 überliefert.

und Zuverlässigkeit« vermißte.[166] Diesem Mißstand wollte man ab 1937 durch die jährliche Ausschreibung des »Hans-Schemm-Preis[es] für deutsches Jugendschrifttum« abhelfen.[167] Vom gleichen Jahr an verlieh die Schülerzeitschrift »Hilf mit!« einen Preis für die besten Jugenderzählungen und -Gedichte.[168]

Trotz der mit Preisen bis zu 2000 RM geschaffenen Anreize mußte Eduard Rothemund anläßlich einer »Jugendbuch-Arbeitswoche«, die 1939 von Rosenbergs Amt Schrifttumspflege in Verbindung mit dem Hauptamt für Erzieher und der Reichsjugendführung in Bayreuth veranstaltet wurde, immer noch erhebliche Defizite feststellen.[169] Rothemund übte deutliche Kritik an der inhaltlichen und ästhetischen Ausgestaltung der Mehrzahl der Bilderbücher und forderte eine größere Gegenwartsbezogenheit der Jugendliteratur. Zu den Desideraten zählte er dabei vor allem Bücher zu Fragen des Sports, der Wehrerziehung, der Erweiterung der Fachkenntnisse und zu den Problemen des Grenz- und Auslandsdeutschtums.

Bei der pädagogischen Literatur lavierte das Hauptamt für Erzieher geschickt zwischen den für die Literaturpolitik zuständigen Dienststellen. Die »Begutachtungsstelle« arbeitete einerseits eng mit der Parteiamtlichen Prüfungskommission zusammen. In deren Auftrag wurden regelmäßig in größerem Umfang Manuskripte, Bücher und Zeitschriftenaufsätze zum Erziehungs- und Unterrichtswesen lektoriert.[170] Andererseits ließ man sich im Hauptamt für Erzieher auf das Angebot Hagemeyers ein, in der Abteilung Schrifttumspflege des »Reichs-

[166] So die Begründung für die Stiftung des »Hans-Schemm-Preises für deutsches Jugendschrifttum« (o.D., 1936/37), BArch Potsdam NS 12/87.

[167] Eine Liste der Preisträger für die Jahre 1936/37 bis 1941/42 hat Aley, Jugendliteratur im Dritten Reich, S. 70, zusammengestellt. Darunter befand sich mit Alfred Zacharias (2. Preis 1937/38) ein Schriftsteller, der 1942 von der Partei-Kanzlei der NSDAP aus politischen Gründen abgelehnt wurde. Vgl. dazu BArch Potsdam NS 18/3017.

[168] Zu Ausschreibungsmodalitäten und Preisträgern Aley, Jugendliteratur im Dritten Reich, S. 71–75.

[169] Rothemund, Das Jugendbuch in der deutschen Schule, S. 146.

[170] S. dazu die monatlichen Arbeitsberichte der »Hauptstelle (Hauptabteilung) Schrifttum« für die Zeit von Januar 1936 bis Januar 1943, BArch Potsdam NS 12/49, in denen die genauen Arbeitsleistungen für die PPK vermerkt sind. Die Feststellung von Feiten, Der nationalsozialistische Lehrerbund, S. 130, es habe sich dabei um einen »aufoktroyierten Arbeitsmodus« gehandelt, ist aus den Quellen nicht ersichtlich.

überwachungsamtes« das »Hauptlektorat für das gesamte pädagogische Schrifttum« zu übernehmen.[171] Dabei wollte man sich von der Rosenbergschen Schrifttumsstelle keineswegs »in den Sack stecken lassen«.[172] Aber man fürchtete, daß für den Fall der Ablehnung des »Hauptlektorats« das Reichserziehungsministerium mit dieser Aufgabe betraut werden würde.[173]

Die Kompetenzängste waren jedoch völlig unbegründet. Denn das Reichserziehungsministerium stützte sich bei seinen Empfehlungen zu Lehr- und Lernmitteln sowie zum Neuaufbau der Lehrer- und Schülerbüchereien selbst im wesentlichen auf die ihm vom NSLB zur Verfügung gestellten Gutachten.[174] Auch die Erarbeitung eines neuen, für sämtliche Volksschulen einheitlichen »Reichslesebuches« wurde 1935 an den NSLB delegiert. Im gleichen Jahr begann die »Abteilung Erziehung und Unterricht«, das Reihenauswahlverzeichnis »Deutsches Wesen und Schicksal« herauszugeben.[175] Zusammengestellt waren darin preiswerte Buchausgaben zu den Sachgebieten »Aus dem Wesensurgrund unseres Volkes«, »Vom Werden unserer Rasse, unseres Volkes und Reiches« sowie »Von deutschem Volks- und Menschentum«, die im Deutsch- und Geschichtsunterricht der allgemeinbildenden Schulen, aber auch bei den Schulungsabenden der HJ und des BDM eingesetzt werden sollten.

[171] »Übereinkommen zwischen dem Hauptamt für Erzieher und der Abteilung Schrifttumspflege beim Beauftragten des Führers für die gesamte geistige und weltanschauliche Erziehung der NSDAP.« (o.D., ca. 1935), BArch Potsdam NS 12/49.

[172] So die Überlegungen zur »Zusammenarbeit mit der Reichsstelle zur Förderung des deutschen Schrifttums« (o.D., ca. 1935), BArch Potsdam NS 12/49.

[173] Ebd.

[174] S. die Monatsberichte der Abteilung Schrifttum (Januar 1936–Januar 1943), BArch Potsdam NS 12/49, wo die Gutachtertätigkeit für das Reichserziehungsministerium genau belegt wird. Die vom Abteilungsleiter abgezeichneten »Endgutachten« zum pädagogischen Schrifttum und zu Lehrmitteln, die als Grundlage für die Veröffentlichung der Auswahlverzeichnisse für Lehrer- und Schülerbüchereien im Amtsblatt des Reichserziehungsministeriums, Deutsche Wissenschaft, Erziehung und Volksbildung 1 (1935) – 10 (1944) dienten, sind gesammelt in BArch Potsdam NS 12/231–251. Das letzte Gutachten vom 15. 2. 1943 trägt die Nr. 10792.

[175] »Das Reihenauswahlverzeichnis ›Deutsches Wesen und Schicksal im billigen Schrifttum für junge Deutsche‹ des NSLB«, in: Bbl. 102. Jg., Redaktioneller Teil, Nr. 34 vom 9. 2. 1935, S. 111–112. Dort sind auch die ersten Auswahlbände angegeben.

Nachdem die literaturpolitischen Kompetenzen dem Reichserziehungsministerium im Schulbereich durch die bereits erwähnte »Führer-Entscheidung« vom Oktober 1940 entzogen worden waren, verlagerte sich die Kooperation zugunsten der Bouhler-Kommission. Die Schrifttumsabteilung des NSLB wurde von der Reichsstelle für das Schul- und Unterrichtsschrifttum sowohl bei der nun forcierten Abfassung neuer Schulbücher als auch bei der intensivierten »Säuberung« der Lehrer- und Schülerbüchereien von »unerwünschten« Schriften herangezogen.[176] 1941 legte der NSLB die »parteiamtliche Bücherliste« für Lehrer- und NSLB-Kreisbüchereien vor.[177] Das von der Schrifttumsabteilung in Zusammenarbeit mit der PPK zusammengestellte Verzeichnis enthielt die als grundlegend bezeichnete Weltanschauungs-, Erziehungs- und Unterrichtsliteratur.[178]

Mit der von der Partei-Kanzlei am 18. 2. 1943 verordneten Stillegung des Hauptamtes für Erzieher endete auch die Arbeit der »Hauptabteilung Schrifttum«. Sie hatte bis zu diesem Zeitpunkt einen beachtlichen Einfluß auf die Entwicklung eines herrschaftspolitisch besonders relevanten Bereichs nehmen können. Die Funktionalisierung der Literatur als Mittel der Erziehung zum Nationalsozialismus – das große Ziel sämtlicher Schrifttumsstellen im »Dritten Reich« – war vom NSLB auf den Bereich der Kinder- und Jugendliteratur, der schulischen Lesestoffe, Lehr- und Lernbücher übertragen worden.

3.6. Die Reichsjugendführung

Am Beginn einer eigenständigen Schrifttumsarbeit der Reichsjugendführung stand eine Schenkung. Im Oktober 1933 konnte Baldur von Schirach die rund 12000 Bände umfassende Sammlung von Karl Hobrecker übernehmen und mit diesem wertvol-

176 S. im einzelnen die monatlichen Arbeitsberichte von Januar 1941 bis Januar 1943, BArch Potsdam NS 12/49.

177 »Die parteiamtliche Bücherliste für Lehrerbüchereien«, hg. vom Nationalsozialistischen Lehrerbund, Reichswaltung, Bayreuth o.J. [1941].

178 Die 16 Seiten umfassende Liste war in insgesamt 18 verschiedene Themenbereiche unterteilt, darunter Weltanschauung, Rassenkunde, Vorgeschichte, Deutschkunde, Lebenskunde, Volkskunde, Wehrerziehung, Leibeserziehung.

len Grundstock eine »Reichsjugendbücherei« in Berlin errichten.[179] Um die neu erscheinende Literatur im Hinblick auf die Erweiterung der Sammlung sichten zu können, wurde in der Bücherei ein »Jugendschriftenlektorat« eingerichtet. Dessen Tätigkeit erfolgte zunächst in enger Abstimmung mit der Reichsstelle zur Förderung des deutschen Schrifttums und dem NS-Lehrerbund. Aufgrund der Vereinbarung vom 27. 11. 1933 gab man gemeinsam das Auswahlverzeichnis »Das Buch der Jugend 1934/35« heraus.

Im Laufe des Jahres 1935 begann sich die Reichsjugendführung allerdings kulturpolitisch zu emanzipieren. Anfang September wurde ein »Kulturamt« gegründet, dessen Leitung von Schirach persönlich übernahm.[180] Unter den sechs Hauptreferaten befand sich auch eines für »Schrifttum«. Leiter dieses Hauptreferates wurde der Lyriker Wolfram Brockmeier, der sich seit 1933 im RDS engagiert hatte.[181]

Zu Beginn des Jahres 1935 war bereits im »Amt für weltanschauliche Schulung« ein »Jugendschriftenlektorat« errichtet worden.[182] Im März 1936 wurde dieses Lektorat in ein Referat »Schrifttums-Überwachung« umgewandelt und mit einem Referat »Büchereiwesen« zu einem zweiten »Hauptreferat Schrifttum« in der Reichsjugendführung vereinigt.[183] Aufgabe dieses

179 H. Cordes, Eröffnung der Reichsjugendbücherei [am 25. 10. 1933], in: Bbl. 100. Jg., Redaktioneller Teil, Nr. 267 vom 16. 11. 1933, S. 877; M. Mahn, Die Reichsjugendbücherei und Karl Hobrecker, in: Bibliotheken während des Nationalsozialismus, Teil I, S. 401–410.

180 Das Archiv 2 (1935/36), S. 767. S. auch H. Roth, Junge Kulturarbeit, in: Bbl. 102. Jg., Redaktioneller Teil, Nr. 226 vom 28. 9. 1935, S. 804–805.

181 BDC/RSK/Brockmeier, W. (1903–?): 1923–1926 Hilfslehrer in verschiedenen Dörfern Sachsens; 1926–1932 Studium von Sprach- und Literaturgeschichte, Kunstgeschichte, Kultur- und politischer Geschichte, vergleichender Religionswissenschaft und Philosophie an der Universität Leipzig; danach »freier Schriftsteller«; 1934 Dichterpreis der Stadt Leipzig; 1935 Fachberater für Lyrik im RDS; Lektor für Lyrik bei der Reichsstelle zur Förderung des deutschen Schrifttums; 1935–1937 im Auftrag des Propagandaministeriums Vorträge über kulturpolitische Themen im Ausland; 1941–1944 Schrifttumsbeauftragter des Propagandaministeriums beim Chef der Zivilverwaltung Luxemburg; NSDAP-Mitglied seit 1. 11. 1939.

182 F. Helke, HJ-Arbeit am Schrifttum, in: Der Deutsche Schriftsteller 1 (1936), S. 8–9, hier S. 8.

183 »Das Buch in der Erziehungsarbeit der HJ«, Bbl. 103. Jg., Redaktioneller Teil, Nr. 65 vom 17. 3. 1936, S. 250.

Hauptreferats sollte die kritische Durchsicht und Beeinflussung der Jugendbuchproduktion, die Herausgabe von Buchverzeichnissen für die HJ und die Öffentlichkeit sowie die Organisation von Jugendbuchausstellungen sein.[184] Fritz Helke, der Leiter des Hauptreferats, avancierte rasch zu einer der wichtigsten Persönlichkeiten in der Jugendliteraturpolitik des »Dritten Reiches«. Nach dem Ausscheiden Brockmeiers übernahm er zum 1. 4. 1937 zusätzlich noch die Leitung des »Hauptreferats Schrifttum« im Kulturamt, von dem ab diesem Zeitpunkt »alle Schrifttumsfragen der Hitler-Jugend zentral bearbeitet werden« sollten.[185]

Helke, der selbst Verfasser von Jugenderzählungen war, sicherte der Reichsjugendführung einen entscheidenden Einfluß auf die Auswahlverzeichnisse zur Jugendliteratur. Er war nicht nur am jährlich herausgegebenen »Buch der Jugend« beteiligt, sondern erhielt von Rothemund die jeweiligen Ausgaben der »Jugendschriften-Warte« im Manuskript zur Prüfung[186] und wirkte auch am »Buchanzeiger der Reichsjugendführung« mit, in dem den Volks- und HJ-Büchereien die für Jugendliche geeigneten Schriften empfohlen wurden.[187]

Neben seinen umfangreichen Lektorierungsarbeiten wandte sich Helke regelmäßig mit literaturpolitischen Aufsätzen an die Öffentlichkeit. Die Notwendigkeit einer Prüfungs- und Wertungstätigkeit der Reichsjugendführung rechtfertigte er dabei mit der Tatsache, daß sich »unter rund tausend Jugendschriften bei sorgfältiger und kritischer Auswahl kaum hundert finden, die den von der Hitler-Jugend zu stellenden Forderungen restlos entsprechen«.[188] Erwartet wurde von ihm das »neue Jugendbuch«, das als wesentlicher »Faktor völkischer Erziehung« wirken sollte.[189] Doch im Börsenblatt für den Deutschen Buchhandel vom 30. 10. 1936 mußte er als Ergebnis einer Auswertung

184 Ebd.

185 Mitteilung im Bbl. 104. Jg., Redaktioneller Teil, Nr. 101 vom 5. 5. 1937, S. 398.

186 Schreiben Helkes (RJF/Amt für weltanschauliche Schulung/Hauptreferat Schrifttum) an die Jugendschriftenstelle des NSLB vom 21. 12. 1935, BArch Potsdam NS 12/82.

187 Aley, Jugendliteratur im Dritten Reich, S. 30.

188 So Helke in seinem Aufsatz »Das neue Jugendbuch«, in: Bbl. 102. Jg., Redaktioneller Teil, Nr. 206 vom 5. 9. 1935, S. 721–722, hier S. 721.

189 Ebd.

der Herbstproduktion an Jugendbüchern feststellen: »Von ganz wenigen Ausnahmen abgesehen, scheint durchaus alles beim Alten geblieben zu sein«.[190]

Jugendbuchautoren und -verleger waren offenbar nicht ohne weiteres bereit, gewohnte Bahnen zu verlassen und die kommerzielle Nutzung des Jugendbuchgeschäfts zugunsten einer rücksichtslosen weltanschaulichen Ausrichtung aufzugeben. Die Reichsjugendführung reagierte auf diese Verweigerungshaltung des Buchmarktes auf sehr vielfältige Weise. Neben den Auswahlverzeichnissen wurde die »Woche des deutschen Buches« intensiv zur Werbung für das »neue Jugendbuch« genutzt. Ab 1935 schaltete sich das Kulturamt im ganzen Reich mit eigenen Veranstaltungen in das Programm der Buchwoche ein.[191]

Mit dem zu Beginn des Jahres 1938 geschaffenen »Jugendbuchring« versuchte das »Hauptreferat Schrifttum«, den Erwerb weltanschaulich erwünschter Jugendbücher direkt zu fördern.[192] Den gleichen Zweck verfolgten Buchausstellungen. Anläßlich der 700-Jahrfeier Berlins konnte die HJ 1937 eine Ausstellung zum Thema »Jugendliteratur in Berlin« präsentieren.[193] Im Rahmen einer »Leistungsschau junger Kulturarbeit«, die 1938 beim »Kulturpolitischen Arbeitslager« der Reichsjugendführung in Weimar zu sehen war, wurde auch »Junge Prosa, Lyrik und Dramatik« vorgestellt.[194] Am 10. 12. 1939 wurde in Kattowitz eine erste »Feierstunde ›Jugend und Buch‹« mit

190 F. Helke, Neue Wege zum Jugendbuch, in: Bbl. 103. Jg., Redaktioneller Teil, Nr. 254 vom 30. 10. 1936, S. 950–951, hier S. 950. S. dazu auch die Stellungnahmen von H. Beck, Forderung und Wirklichkeit im Jugendbuchverlag, und von H. Elwitz, Offener Brief an Fritz Helke, sowie die Entgegnungen Helkes, in: Bbl. 103. Jg., Redaktioneller Teil, Nr. 283 vom 5. 12. 1936, S. 1063–1065.

191 S. dazu das »Referat« von F. Helke auf der Arbeitstagung der Reichsarbeitsgemeinschaft für Deutsche Buchwerbung zur Vorbereitung der »Woche des deutschen Buches« am 28. 9. 1935, Stadtarchiv Düsseldorf/NL Dr. O. Mücke Bl. 642–645; »Die HJ bei der Woche des Deutschen Buches 1935«, in: Bbl. 102. Jg., Redaktioneller Teil, Nr. 262 vom 24. 9. 1935, S. 787; sowie »HJ. in der Buchwoche 1936«, in: Bbl. 103. Jg., Redaktioneller Teil, Nr. 225 vom 26. 9. 1936, S. 839–840.

192 Aley, Jugendliteratur im Dritten Reich, S. 27.

193 S. den Bericht über die Ausstellung in BArch Potsdam NS 15/65.

194 Weimar. Bekenntnis und Tat. Kulturpolitisches Arbeitslager der Reichsjugendführung 1938, Berlin 1938, hier S. 127–131.

einer repräsentativen Eröffnungsveranstaltung, einer Buchausstellung und einer Reihe von Dichterlesungen inszeniert.[195] Die Folgeveranstaltungen fanden 1940 in Frankfurt am Main[196] und 1941 in Wien[197] statt. Im Juni 1942 verlieh Baldur von Schirach auf der »Kulturkundgebung der europäischen Jugend« in Weimar den ersten »Jugendbuchpreis« der Reichsjugendführung.[198]

1941 wurde die bis dahin in verschiedenen Abteilungen der Reichsjugendführung betriebene Schrifttumsarbeit in einer »Reichsschrifttumsstelle« zusammengefaßt.[199] Ihr Leiter, Fritz Helke, erhielt von Arthur Axmann den Auftrag, »die Forderungen der Hitler-Jugend an ein gutes Jugendschrifttum mit größerem Nachdruck und schärfer als bisher herauszustellen«.[200] Die neue Dienststelle unter alter Führung sollte sich nicht mehr auf die für die Jugendorganisation der Partei geeignete weltanschauliche Literatur beschränken, sondern die gesamte Jugendliteratur überprüfen und politisch bewerten.[201] Seit Juli 1941 mußten daher sowohl Buchveröffentlichungen, die sich »in sachlicher und schöngeistiger Form« mit der HJ, ihren Einrichtungen und Aufgaben beschäftigten, als auch diesbezügliche Buchmanuskripte von Angehörigen der Jugendorganisation dem Lektorat der »Reichsschrifttumsstelle« vorgelegt werden.[202]

195 S. W. Haegert, Feierstunde »Jugend und Buch«. Dichter sprechen zur deutschen Jugend, in: Bbl. 106. Jg., Redaktioneller Teil, Nr. 281 vom 2. 12. 1939, S. 741, sowie den Bericht über die »Feierstunde«, ebd. Nr. 293 vom 16. 12. 1939, S. 761–762.

196 E. Langenbucher, »Die Jugend steht zum Buch«, in: Bbl. 107. Jg., Redaktioneller Teil, Nr. 249 vom 24. 10. 1940, S. 385–386; Bericht über die »Feierstunde« im Frankfurter Römer von O. Henning, Jugend und Dichter, ebd. Nr. 257 vom 2. 11. 1940, S. 409–410.

197 »Bericht über die Reichstagung ›Jugend und Buch‹ in Wien« (30.10.–4. 11. 1941), HStA Düsseldorf RW 23/244 Bd. I Bl. 192–200.

198 Aley, Jugendliteratur im Dritten Reich, S. 74–75. Der Jugendbuchpreis wurde für die Gruppen »Bilder- und Kinderbücher«, »Jungen- und Mädelbücher«, »Erlebnisbücher und Bücher über das Zeitgeschehen« verliehen.

199 Mitteilung Axmanns an Rosenberg vom 23. 5. 1941, BArch Potsdam NS 8/212 Bl. 54–55.

200 Ebd., Bl. 54.

201 So Axmann ebd., Bl. 55.

202 S. das Rundschreiben der NSDAP/Reichsjugendführung Folge 26/41 vom 15. 9. 1941 – Hauptamt III – Reichsschrifttumsstelle, HStA Düsseldorf RW 23/244 Bd. I, Bl. 214.

Wie aus einem vertraulichen Bericht der Schrifttumsabteilung des NSLB hervorgeht, standen die mit der Errichtung der »Reichsschrifttumsstelle« von Axmann und Helke verfolgten machtpolitischen Ambitionen jedoch in keinerlei Relation zur Leistungsfähigkeit der Dienststelle.[203] Ein Mitarbeiter Helkes beklagte sich darüber, daß man weder über eine ausreichende Anzahl von Mitarbeitern noch über geeignete Räumlichkeiten verfüge. Von den 400 auf dem Papier stehenden Lektoren würden de facto keine 20 arbeiten.[204]

Dennoch gelang es der Reichsjugendführung in den folgenden Jahren, sich weiterhin auf literaturpolitischem Gebiet zu profilieren. Besonderes Augenmerk legte man dabei auf die Gestaltung eines ansprechenden Programms an Dichterlesungen. Möglich war dies vor allem durch die Unterstützung der HJ-Gebietsführungen und durch die Kooperation mit dem Werbe- und Beratungsamt für das deutsche Schrifttum. Während die Regionalstellen der HJ die Zusammenstellung der Programme und die Durchführung der Lesungen übernahmen, regelte das Vortragsamt des Propagandaministeriums die Vermittlung und Bezahlung der lesenden Schriftsteller.[205]

Seit 1941 bemühte sich die »Reichsschrifttumsstelle« auch um einen verstärkten Ausbau der HJ-Büchereien.[206] Die von den Schrifttumsbeauftragten der Gebiete und Obergebiete betreuten Büchereien, die über politisch-weltanschauliche, allgemeinbildende und schöngeistige Literatur verfügten, dienten zu Schulungszwecken und für die Buchausleihe an die HJ-Angehörigen. Aufgrund einer Vereinbarung zwischen dem Jugendführer des Deutschen Reiches und der RSK vom 30. 6. 1941 konnten Jungbuchhändler und Jungbuchhändlerinnen zur eh-

203 »Bericht« eines Mitarbeiters der Jugendschriftenabteilung des NSLB über eine Besprechung im Reichserziehungsministerium am 3. 9. 1942, S. 3., BArch Potsdam NS 12/49.

204 Ebd.

205 S. dazu die umfangreichen Überlieferungen zu den vom HJ-Gebiet Köln-Aachen veranstalteten Dichterlesungen in den Jahren 1942 und 1943, HStA Düsseldorf RW 23/247 und 248.

206 Aufgrund einer Anweisung im Rundschreiben der RJF vom 15. 9. 1941 hatten die Schrifttumsbeauftragten der HJ-Gebiete und -Obergebiete der Reichsschrifttumsstelle bis zum 1. 11. 1941 einen Bericht über den »Stand der Hitler-Jugend-Büchereien« vorzulegen. Die Berichte aus den Bannen des HJ-Gebiets Köln-Aachen sind überliefert im HStA Düsseldorf RW 23/244 Bd. I–II und RW 23/262 Bd. II.

renamtlichen Mitarbeit in der HJ herangezogen werden.[207] Die »fachlich und haltungsmäßig« geeigneten Personen sollten von der Reichsschule des deutschen Buchhandels in Leipzig vorgeschlagen und vom Reichsjugendführer den Bannen/Untergebieten der HJ als ehrenamtliche »Schrifttumssachbearbeiter« zugeteilt werden.

Die literaturpolitischen Aktivitäten des Bundes Deutscher Mädel, die zunächst im Rahmen des Kulturamtes der Reichsjugendführung betrieben wurden, gingen 1941 auf die »Reichsschrifttumsstelle« über. Soweit sich aus den nur spärlichen Quellenüberlieferungen ergibt, wurden in den HJ/BDM-Gebieten eigene »Mädel-Büchereien« eingerichtet, die insbesondere im Hinblick auf eine Nutzung bei Schulungsabenden und »kulturellen Arbeitslagern« konzipiert waren.[208] Die Leiterin der »Abteilung Büchereiwesen« in der Reichsschrifttumsstelle vermittelte seit 1942 an BDM-Angehörige Praktikantinnen-, Ausbildungs- und Bibliothekarinnenstellen für Volksbüchereien und die im Aufbau befindlichen Büchereien der Adolf-Hitler-Schulen.[209]

[207] Die Vereinbarung ist veröffentlicht im Bbl. 108. Jg., Redaktioneller Teil, Nr. 202 vom 30. 8. 1941, S. 302.

[208] S. dazu das Schreiben der »Mädelabteilung Weltanschauung und Kultur« im HJ-Gebiet Köln-Aachen vom 8. 1. 1942, HStA Düsseldorf RW 23/262 Bd. II, Bl. 119–120; sowie die Korrespondenz der »Mädel-Ringführerin« in der Reichsjugendführung mit den »Mädelabteilungen Weltanschauung und Kultur« in den HJ-Gebieten Köln-Aachen und Westfalen, HStA Düsseldorf RW 23/251.

[209] S. die diesbezüglichen Anschreiben an die »Mädelabteilung Weltanschauung und Kultur« im Gebiet Köln-Aachen, HStA Düsseldorf RW 23/262 Bd. II, Bl. 51, 54 und 75.

Kapitel III
Die Betätigungsfelder der Literaturpolitik im »Dritten Reich«

A. Die Literaturpolitik gegenüber den Schriftstellern

1. Die politische Kontrolle der Schriftstellerschaft

1.1. Das Instrument der Berufszulassung durch die Reichsschrifttumskammer

Die Erste Verordnung zur Durchführung des RKK-Gesetzes vom 1. 11. 1933 hatte den Verwaltungen der sieben Einzelkammern weitreichende Vollmachten hinsichtlich der Berufszulassung und -ausübung des von ihnen »betreuten« Personenkreises erteilt. In dem 1934 erschienenen Kommentar zum Kulturkammerrecht machte der Berliner Rechtsanwalt und Kulturkammer-Referent Karl-Friedrich Schrieber deutlich, daß aus kulturpolitischen Erwägungen die Mitgliedschaft in der RKK »obligatorisch« sei.[1] Daraus ergab sich zunächst die Pflicht für jeden »Kulturschaffenden«, bei einer der für ihn zuständigen Einzelkammern die Mitgliedschaft zu beantragen. Wer dies nicht tue, so Schrieber, »stellt sich außerhalb seiner berufsständischen Vertretung und verliert damit die Voraussetzung zur weiteren Berufsausübung«. Das »Recht zur weiteren Berufsausübung« ging aber auch dann verloren, wenn die beantragte Mitgliedschaft abgelehnt oder eine »Kündigung der Mitgliedschaft« ausgesprochen wurde. Schrieber wies in diesem Zusammenhang mit Nachdruck darauf hin, daß die Entscheidungen der Kammer-Präsidenten über die Ablehnung der Aufnahme oder den Ausschluß wegen mangelnder »Zuverlässigkeit und Eignung« nur »von Fall zu Fall« und »unter Berücksichtigung der beson-

[1] K.-F. Schrieber, Die Reichskulturkammer. Organisation und Ziele der deutschen Kulturpolitik, Berlin 1934, hier S. 24. Die folgenden Zitate ebd.

deren Umstände« getroffen werden durften.[2] Eine weitere Folge der »Zwangsmitgliedschaft« war, daß eine »Arbeitsvermittlung« nur an Kammer-Mitglieder erfolgen durfte.[3]

Allerdings blieb zunächst noch offen, wie diese rechtlichen Vorgaben in der Praxis zur Erreichung politischer Ziele angewendet werden sollten. Das zeigte sich gleich auf der ersten Sitzung der neu konstituierten RSK am 15. 11. 1933. Da aus außenpolitischen und wirtschaftlichen Erwägungen in das Kulturkammerrecht kein dem Schriftleitergesetz vom 4. 10. 1933 vergleichbarer expliziter »Arierparagraph« aufgenommen worden war,[4] herrschte weitgehende Unklarheit über die Behandlung der »nichtarischen« Schriftsteller.[5]

Aus einem Schreiben von Hans Grimm, Mitglied des RSK-Präsidialrats, an Kammer-Präsident Blunck vom 18. 11. 1933 geht hervor, daß Vizepräsident Wismann offenbar gewillt war, einen harten Kurs zu steuern.[6] Grimm war zwar auch der Meinung, daß »*der* Jude in Zukunft und jedenfalls eine Weile ganz ausgeschaltet sein soll, der *neu* herandrängt«.[7] Im Gegensatz zu Wismann plädierte er aber dafür, daß »die Juden, die geschrieben haben und ordentlich waren«, in die Kammer aufgenommen werden bzw. in ihr verbleiben sollten.[8] Auch Blunck wollte, wie er Grimm am 20. 11. 1933 mitteilte, »unter allen Umständen vermeiden, die jüdischen Mitbürger, die sich im Krieg ausgezeichnet haben, die fest zu unserem Staat gestanden haben und sich nicht an der Propaganda der Dekadenz beteiligt haben, unbillig zu behandeln, sondern lieber versuchen, [...] den über das Verhältnis andrängenden Nachwuchs auszuschalten«.[9] Ergänzend ließ der Kammer-Präsident Grimm vier Tage später

[2] Ebd., 28.

[3] Ebd., S. 24.

[4] Zu den Hintergründen s. V. Dahm, Kulturelles und geistiges Leben, in: Die Juden in Deutschland 1933–1945. Leben unter nationalsozialistischer Herrschaft, hg. von W. Benz, München 1988, S. 79–82.

[5] Schreiben von Hans Grimm an Hans Friedrich Blunck vom 18. 11. 1933, DLA Marbach/NL H. Grimm: Konv. Reichsschrifttumskammer, Mappe I 1933/1934.

[6] Ebd., S. 1.

[7] Ebd., S. 2. Hervorhebung im Text.

[8] Ebd.

[9] Schreiben Bluncks vom 20. Neblung (= November) 1933, hier S. 1, DLA Marbach/NL H. Grimm: Konv. Reichsschrifttumskammer, Mappe I 1933/1934.

wissen, daß »nach der Interpretation des [RKK-]Gesetzes und der Durchführungsbestimmungen durch den Geschäftsführer der Reichskulturkammer [Schmidt-Leonhardt] *keine* Maßnahmen gegen die nichtarischen deutschen Staatsbürger zu erwarten« seien.[10] Falls dennoch die Absicht bestehe, einen »Arierparagraphen« einzuführen, so müßte dies über ein »besonderes Gesetz« erfolgen.[11]

Die Frage der weiteren Berufszulassung stellte sich aber nicht nur hinsichtlich der »nichtarischen« Schriftsteller. Anfang Dezember 1933 legte der RDS der Kammer eine erste umfangreichere Liste mit Schriftstellern vor, deren Anträge auf Aufnahme abgelehnt werden sollten.[12] Durch einen Umlauf setzte Blunck die Mitglieder des RSK-Präsidialrates von dieser »schwierigen Angelegenheit« in Kenntnis und bat um Stellungnahme zu »jedem einzelnen Fall«.[13] Die Konsequenzen, die sich aus der Ablehnung einer Aufnahme ergeben konnten, führte er Grimm in einem Schreiben vom 6. 12. 1933 deutlich vor Augen: »Die Ablehnung bedeutet Zwang zur Auswanderung oder aber wirtschaftliche und moralische Verfemung, in den meisten Fällen die Vernichtung der bürgerlichen Existenz«.[14] Die Antragsteller seien Autoren, die vom RDS »wegen früherer nihilistischer oder aber rein destruktiver Tätigkeit abgelehnt werden, die aber im März dieses Jahres nicht dem Zug der Emigranten gefolgt sind[,] sondern im Reich blieben und heute bereit sind, ein Bekenntnis zum neuen Staat abzulegen, wie es die Aufnahmeerklärung verlangt«. Diesen »Gründen zu milder Beurteilung« stellte Blunck aber die »Verantwortlichkeit für Reinerhaltung unseres Ansehens und Erziehung zu den höchsten Pflichten gegen das Allgemeinwohl« gegenüber, die der RSK durch das RKK-Gesetz auferlegt worden seien.

Über die 57 vom RDS vorgelegten »Fälle« wurde auf der Sitzung des Präsidialrats am 16. 1. 1934 entschieden. Dabei machte Grimm den Vorschlag, die Autoren, die »in der Vergan-

[10] Blunck an Grimm vom 24. Neblung (= November) 1933, DLA Marbach/NL H. Grimm: Konv. Reichsschrifttumskammer, Mappe I 1933/1934. Hervorhebung im Text.

[11] So Blunck ebd.

[12] Mitteilung Bluncks an Grimm vom 6. 12. 1933, DLA Marbach/NL H. Grimm: Konv. Reichsschrifttumskammer, Mappe I 1933/1934.

[13] Ebd., S. 1.

[14] Ebd., S. 2. Die beiden folgenden Zitate ebd.

genheit eine nicht nationale und für das Ansehen des deutschen Schrifttums wenig erfreuliche Haltung eingenommen haben, nur vorläufig in eine Liste aufzunehmen und die endgültige Aufnahme in den RDS von dem weiteren Verhalten im Verlaufe eines Jahres abhängig zu machen«.[15] Diese Regelung wurde dann gleich auf 32 Schriftsteller angewandt.[16] Selbst Erich Kästner wurde die Möglichkeit zur »Bewährung« gegeben.[17] Unter seinem Pseudonym Berthold Bürger sollte er »probeweise« für ein Jahr schreiben dürfen. Gleiches galt für die Rowohlt-Autorin Mascha Kaléko und eine Reihe anderer »nichtarischer« Schriftsteller. Demgegenüber sprach sich der Präsidialrat einstimmig gegen die Aufnahme von Alfred Döblin aus, da er die in der Aufnahmeerklärung enthaltene Verpflichtung, sich »jederzeit für das deutsche Schrifttum im Sinne der nationalen Bewegung einzusetzen«, nicht unterschreiben wollte.[18] Elf Anträge wurden ohne nähere Begründung abgelehnt und vierzehn Schriftsteller aufgenommen. Für die Zukunft wurde vereinbart, daß die von der Kammer zu entscheidenden Antragsablehnungen des RDS den Präsidialratsmitgliedern jeweils mit der Bitte um Stellungnahme mitgeteilt werden sollten.[19] Die Entscheidung über die »endgültige Maßnahme« wollte sich Blunck dann aber selbst vorbehalten.[20]

Nur drei Wochen nach dieser Sitzung erhielten die Präsidenten und Präsidialräte der Einzelkammern der RKK auf einer gemeinsamen Tagung im Propagandaministerium von Goebbels grundlegende Weisungen zur Handhabung der »Nichtarierfrage«.[21] Der Präsident der RKK hatte »mit Befremden« feststellen müssen, »daß die aus anderen Berufen nach und nach hinausgedrängten Juden mangels eines Arierparagraphen im

[15] »Protokoll der Präsidialratssitzung« am 16. 1. 1934, hier S. 15, DLA Marbach/NL H. Grimm: Konv. Reichsschrifttumskammer, Mappe III.

[16] Die zu den einzelnen Autorinnen und Autoren getroffenen Entscheidungen sind ebd., S. 15–17 vermerkt.

[17] Zur Entscheidungsfindung im »Fall Kästner« s. ebd., S. 15/16.

[18] Ebd., S. 16.

[19] Ebd., S. 17.

[20] Ebd.

[21] Die Rede von Goebbels über den »ständischen Aufbau der Kulturberufe« ist wiedergegeben in der Ersten Früh-Ausgabe des Deutschen Nachrichtenbüros 1. Jg., Nr. 288 vom 8. 2. 1934, BArch Potsdam R 43 II/1241 Bl. 18–19.

Kulturleben eine neue Betätigungsmöglichkeit suchen«.[22] Goebbels sah zwar auch »keine unmittelbare gesetzliche Möglichkeit, einen Arierparagraphen in der RKK und den angeschlossenen Verbänden einzuführen«.[23] Doch wies er den versammelten Kammerspitzen den Ausweg, den der § 10 der Ersten Verordnung zur Durchführung des RKK-Gesetzes anbot. »Wenn jemand aus bestimmten Gründen als unzuverlässig oder ungeeignet angesehen werden muß, kann man ihm die Mitgliedschaft in den Verbänden verweigern, und nach meiner Ansicht und Erfahrung ist ein jüdischer Zeitgenosse im allgemeinen ungeeignet, Deutschlands Kulturgut zu verwalten!«.[24]

Diese Neuinterpretation des Kulturkammerrechts, die der bislang gültigen Auslegung widersprach[25] und sich auch nicht mit der noch Ende 1933 von der Geschäftsführung der RKK erlassenen Anweisung vereinbaren ließ, die Frage nach der »rassischen Zugehörigkeit« aus den Antragsformularen der Fachverbände ganz zu streichen,[26] leitete einen verschärften Selektionsprozeß ein. Auf der Sitzung des Verwaltungsbeirats der RSK vom 7. 3. 1934 stellte sich Blunck auf den Standpunkt, daß er von vorneherein eine »jüdische Überfremdung des RDS be-

[22] Ebd., Bl. 19 (Pkt. 4.).

[23] Ebd.

[24] Ebd. Dieser Goebbelsschen Interpretation folgte bereits der 1934 erschienene Kommentar Schriebers, Die Reichskulturkammer, hier S. 29: »Nichtarier sind also ebenso wie Ausländer von der Zugehörigkeit zur Reichskulturkammer nicht ausgeschlossen. Bei Fremdstämmigen liegt es aber im Sinne des Gesetzes, wenn an Zuverlässigkeit und Eignung besonders strenge Anforderungen gestellt werden, denn sie sind allgemein [!] nicht als geeignete Träger und Verwalter deutschen Kulturgutes zu betrachten. Der Nichtarier wird deshalb Zuverlässigkeit und Eignung besonders nachweisen müssen. Die Ausnahmevorschriften der Beamtengesetzgebung (Frontkämpfereigenschaft) können sinngemäß auch hier herangezogen werden«.

[25] Noch zu Beginn des Jahres 1934 hatte der Geschäftsführer der RKK, Schmidt-Leonhardt, gegenüber Wismann erklärt, daß der in den RDS-Satzungen enthaltene »Arierparagraph« mit dem Wortlaut des RKK-Gesetzes nicht in Einklang stehe und daß auch einschränkende Bestimmungen für die Aufnahme von »Nichtariern«, wie sie in der Satzung des Reichsverbands der Deutschen Presse festgeschrieben seien, nicht aus dem RKK-Gesetz abgeleitet werden könnten. Mitteilungen Wismanns an Hinkel vom 22. 6. 1935, BArch Potsdam R 56 V/194 Bl. 9–12, hier Bl. 9.

[26] Hinweis in einem Bericht Wismanns für Goebbels vom 27. 5. 1935, BArch Potsdam R 56 V/194 Bl. 1–8, hier Bl. 1 (Pkt. 2).

fürchtet« und deshalb beabsichtigt habe, »Juden höchstens bis zu einem Satz von höchstens 5% der gesamten Mitgliedschaft in den RDS aufzunehmen«.[27] Nach der Rede des Präsidenten der RKK sei nun aber »streng darauf zu achten, zumindesten [!] in Bezug auf die Schaffenden selbst einen größeren Zuzug [!] von Nichtariern von den Kammern fern zu halten und gegebenenfalls nur aktive Kriegsteilnehmer oder besonders verdiente Männer aufzunehmen«.[28] Die daraufhin zur »Lösung der Nichtarier-Frage« von der Kammer-Verwaltung ausgearbeiteten neuen Richtlinien sahen vor, daß nur noch solche Juden in den RDS aufgenommen werden durften, die ihre »Eigenschaft als Frontkämpfer oder bei weiblichen Personen als Kriegswitwen nachweisen« konnten.[29] Ausnahmen sollten auch für ältere Personen gelten, die keinen neuen Beruf mehr erlernen konnten. Voraussetzung war allerdings, daß sie sich »in der Vergangenheit keine antinationale Betätigung haben zu Schulden kommen lassen«.[30] Auf diese Weise konnten insgesamt rund 1600 Aufnahmeanträge abgelehnt werden.[31]

Immerhin wurden 1934 aber noch 428 »nichtarische« Schriftsteller in der RSK geführt.[32] Ab der zweiten Hälfte des Jahres 1934 forcierte die Kammer die Ausschaltung dieser Mitglieder.[33] Die Teilnahme als »Frontkämpfer« im Ersten Weltkrieg mußte nun durch »amtlich beglaubigte Bescheinigungen« nachgewiesen werden.[34] 1935 nutzte aber auch die »Frontkämpferzugehörigkeit« nichts mehr. Die Ausschlüsse wurden nun ohne jede Rücksicht auf nationale Verdienste, auf literarische Qualität oder soziale Härten verhängt.

Dem Schriftsteller Dr. Paul Landau etwa, für den sich Hans

[27] »Protokoll der Sitzung des Verwaltungsbeirates« am 7. 3. 1934, hier S. 4, DLA Marbach/NL H. Grimm: Konv. Reichsschrifttumskammer, Mappe III.

[28] Ebd.

[29] Zwischenbericht der Reichsschrifttumskammer über die Arbeiten vom 1. April–30. Juni 1934, S. 2, DLA Marbach/NL H. Grimm: Konv. Reichsschrifttumskammer, Mappe III.

[30] Ebd., S. 2.

[31] Mitteilung Wismanns an Goebbels vom 27. 5. 1935, BArch Potsdam R 56 V/194 Bl. 2.

[32] Zahlenangabe ebd.

[33] Darauf weist Wismann ebd., Bl. 8, hin.

[34] Der Schriftsteller Alfred Mombert erhielt eine solche Aufforderung am 16. 10. 1934, BDC/RSK/Mombert, A.

Grimm aufgrund »seiner guten deutschen Vergangenheit« bei RDS-Präsidiumsmitglied Will Vesper und Kammer-Präsident Blunck nachdrücklich eingesetzt hatte,[35] wurde am 7. 3. 1935 von der Kammer mitgeteilt: »Bei der hohen Bedeutung geistiger und kulturschöpferischer Arbeit für Leben und Zukunftsentwicklung des deutschen Volkes sind zweifellos nur *die* Persönlichkeiten geeignet, eine solche Tätigkeit in Deutschland auszuüben, die dem deutschen Volke nicht nur als Staatsbürger, sondern auch durch die tiefe Verbundenheit der Art und des Blutes angehören. Nur wer sich aus der rassischen Gemeinschaft heraus seinem Volke verbunden und verpflichtet fühlt, darf es unternehmen, mit einer so tiefgreifenden und folgenschweren Arbeit, wie sie das geistige und kulturelle Schaffen darstellt, einen Einfluß auf das innere Leben der Nation auszuüben. Durch Ihre Eigenschaft [!] als Nichtarier sind Sie außerstande, eine solche Verpflichtung zu empfinden und anzuerkennen«.[36]

Im gleichen Monat folgten die Ausschlüsse von Martin Buber, Max Tau und einer Vielzahl anderer renommierter jüdischer Schriftsteller.[37] Alfred Mombert, der bis 1933 der Sektion für Dichtung in der Preußischen Akademie der Künste angehört und bei seiner Aufnahme in den RDS noch Kammer-Präsident Blunck als einen seiner »Bürgen« angegeben hatte,[38] wurde als einer der letzten am 18. 10. 1935 ausgeschlossen.[39]

Ende Mai 1935 konnte Wismann an Goebbels berichten, daß die Zahl der »nichtarischen« Schriftsteller in der RSK auf fünf reduziert worden war.[40] Für den Präsidenten der RKK war damit allerdings das Problem, die Mitgliederzusammensetzung der Einzelkammern mit der öffentlich propagierten nationalso-

[35] Schreiben Grimms an Will Vesper vom 9. 1. 1935, DLA Marbach/NL H. Grimm: Korrespondenz mit W. Vesper, sowie an Blunck vom 24. 1. 1935, DLA Marbach/NL H. Grimm: Konv. Reichsschrifttumskammer, Mappe II 1935/1936.

[36] Das Schreiben des Präsidenten der RSK (gez. Suchenwirth) ist abschriftlich überliefert in DLA Marbach/NL H. Grimm: Konv. Reichsschrifttumskammer, Mappe II 1935/1936.

[37] S. dazu im einzelnen die Liste der aus der RSK ausgeschlossenen Mitglieder und der abgelehnten Mitgliedschaftsanträge (Stand 1939 mit Aktualisierungen bis 1944), BArch Potsdam R 56 V/79.

[38] RDS-Fragebogen vom 29. 12. 1933, BDC/RSK/Mombert, A.

[39] Ausgeschlossene Mitglieder, BArch Potsdam R 56 V/79.

[40] Wismann an Goebbels vom 27. 5. 1935, BArch Potsdam R 56 V/194 Bl. 3.

zialistischen Judenpolitik in Einklang zu bringen, noch keineswegs ausgestanden. Nicht nur, daß zu jenem Zeitpunkt noch 619 »Nichtarier« im deutschen Buchhandel tätig waren.[41] Aufgrund des »Reichsbürgergesetzes« vom 15. 9. 1935 und der dazu am 14. 11. 1935 erlassenen »Ersten Durchführungsverordnung« mußte die Frage der Mitgliedschaft von »Nichtariern« in den Einzelkammern der RKK noch einmal neu aufgerollt werden. In einem Rundschreiben vom 29. 4. 1936 teilte Hans Hinkel, der seit August 1935 als »Sonderbeauftragter« des Propagandaministers die »Entjudung« des deutschen Kulturlebens voranbringen sollte,[42] den Kammerverwaltungen die neuen Richtlinien mit.[43] Danach waren bis zum 15. 5. 1936 »alle Volljuden, Dreivierteljuden, Halbjuden, Vierteljuden, mit Voll- und Dreivierteljuden Verheirateten, mit Halb- und Vierteljuden Verheirateten« aus allen Einzelkammern der RKK auszuschließen.[44]

In der Praxis zeigte sich dann aber, daß sich der von Hinkel angegebene Zeitplan nicht ganz durchhalten ließ.[45] Die Rigidität der Vorschrift wurde von Goebbels selbst in den am 3. 1. 1939 erlassenen »Arbeitsrichtlinien für die Reichskulturkammer« teilweise abgeschwächt.[46] Während »Juden im Sinne der Nürnberger Gesetze« weiterhin generell ausgeschlossen werden mußten, konnten »Halbjuden« oder mit »Volljuden« Verheiratete in Einzelfällen aufgrund einer ausdrücklichen Genehmigung des Präsidenten der RKK noch Mitglied in den Kammern bleiben.[47] »Vierteljuden« oder mit »Halbjuden« Verheiratete mußten nur dann ausgeschlossen werden, wenn sie sich »gegen den Staat oder gegen den Nationalsozialismus vergangen haben oder sonst [!] beweisen, daß sie dem Judentum zuneigen«.[48]

[41] Ebd., Bl. 5.

[42] Dazu im einzelnen Dahm, Das jüdische Buch im Dritten Reich, Erster Teil, Sp. 72–99.

[43] Das Rundschreiben findet sich in BArch Potsdam R 56 V/102 Bl. 154–156.

[44] Ebd., Bl. 154.

[45] Vgl. Dahm, Das jüdische Buch im Dritten Reich, Erster Teil, Sp. 33–80.

[46] »Arbeitsrichtlinien für die Reichskulturkammer« vom 3. 1. 1939, hier Pkt. II »Entjudung der Kammern«, BArch Potsdam R 56 V/54 Bl. 344.

[47] Ebd.

[48] Ebd.

Daß diese »flexiblere« Handhabung in bezug auf die Berufszulassung »jüdisch versippter« Schriftsteller schon vor dem Erlaß der Goebbelsschen »Arbeitsrichtlinien« bürokratischer Usus war, wird durch eine Reihe von Einzelfällen belegt. Stefan Andres, der mit einer »Halbjüdin« verheiratet war, erhielt – offenbar ohne jegliche Komplikationen – 1937 vom Propagandaministerium eine solche »Sondergenehmigung«.[49] Werner Bergengruen, der mit einer »Dreivierteljüdin« verheiratet war, konnte mit einer »Dauersondergenehmigung« weiterarbeiten.[50] Für ihn hatte sich der Leiter der Goebbelsschen Schrifttumsabteilung »aufgrund des literarischen Wertes« seiner Veröffentlichungen persönlich eingesetzt.[51] Jochen Klepper, der seit 1931 mit einer »Volljüdin« verheiratet war, bewahrte der große Erfolg seines Romans »Der Vater« vor dem Berufsverbot.[52] Der am 25. 3. 1937 verhängte Kammerausschluß wurde nach einer Beschwerde des Autors am 16. 8. 1937 durch die Erteilung einer »Sondergenehmigung« aufgehoben.[53] Im Gegensatz zu Andres und Bergengruen war für Klepper die weitere schriftstellerische Betätigung allerdings an die Pflicht zur Vorlage der Manuskripte zunächst bei der RSK,[54] ab April 1938 dann bei der

[49] BDC/RSK/Andres, St. Die »Sondergenehmigung« von Andres wurde am 18. 11. 1940 nur deshalb »gelöscht«, weil sich der Schriftsteller bereits seit Ende 1937 in Positano (Italien) aufhielt und die Mitgliedschaft von im Ausland lebenden Personen nach den Vorschriften der Kulturkammergesetzgebung unzulässig war. BArch Potsdam R 56 V/80 Bl. 206.

[50] Handschriftlicher Vermerk von RSK-Geschäftsführer Ihde auf einer Anfrage Johsts vom 17. 8. 1937, BDC/RSK/Bergengruen, W.

[51] S. die von der Kammer-Verwaltung angelegte Karteikarte zu Bergengruen, ebd.

[52] BDC/RSK/Klepper, J. und DLA Marbach/NL J. Klepper. Die darin enthaltenen Dokumente sind zum Teil wiedergegeben bei E. G. Riemschneider, Der Fall Klepper. Eine Dokumentation, Stuttgart 1975. S. auch J. Klepper, Unter dem Schatten deiner Flügel. Aus den Tagebüchern der Jahre 1932–1942, hg. von H. Klepper, Stuttgart 1956.

[53] Das Ausschlußschreiben vom 25. 3. 1937, die Beschwerde Kleppers vom 24. 4. 1937 sowie die Erteilung der »jederzeit widerrufliche[n] Sondergenehmigung« in BDC/RSK/Klepper, J.

[54] S. die Begutachtung der von Klepper vorgelegten Manuskripte durch den Kammer-Referenten A. R. Meyer vom 18. 11. 1937, BDC/RSK/Klepper, J. Da sich die Durchsicht der Manuskripte in der Kammer offenbar stets lange hinzog, bat Klepper den Propagandaminister in einer Eingabe vom 12. 12. 1937 um eine »zügigere Bearbeitung«.

Schrifttumsabteilung des Propagandaministeriums[55] gebunden. Otto Suhrs »Sondergenehmigung«, die zunächst bis zum 31. 12. 1939 befristet war, wurde Anfang 1940 »bis auf weiteres« verlängert, da seine »volljüdische« Ehefrau spätestens im Sommer dieses Jahres emigrieren wollte.[56] Hätte man Suhr ausgeschlossen, so die explizit geäußerte Befürchtung der Kammer, wäre ihm nach der Emigration seiner Ehefrau die Möglichkeit zur Klage beim Propagandaminister eröffnet worden.[57] Im November 1941 gab es nach Auskunft Hinkels, zum damaligen Zeitpunkt Leiter der Abteilung »Besondere Kulturangelegenheiten« im Propagandaministerium, in sämtlichen Einzelkammern der RKK insgesamt 23 solcher »Sondergenehmigungen« für Künstler, die mit Juden verheiratet waren.[58]

Diese Ausnahmen dürfen jedoch nicht über die prinzipiell antisemitische Instrumentalisierung der Berufszulassung durch die RSK hinwegtäuschen. Fehlte die öffentliche Reputation oder die Protektion einflußreicher Persönlichkeiten, wurden auch die »jüdisch versippten« Schriftsteller aus der Kammer verstoßen. Zudem belegt der tragische Ausgang des »Falles Klepper«, daß mit der Erteilung einer »Sondergenehmigung« allein die bedrückenden Lebens- und Arbeitsbedingungen des von der nationalsozialistischen Judenpolitik betroffenen Personenkreises keineswegs aufgehoben wurden.[59] Der Freitod Kleppers und seiner Familie am 10. 12. 1942 wurde von der Kammer-Verwaltung mit dem lapidaren Vermerk kommentiert: »Sondergenehmigung löschen«, »Erledigt«.[60] Bei »Volljuden«

[55] S. die Tagebücher Kleppers, Unter dem Schatten deiner Flügel, in denen ab dem 4. 4. 1938 wiederholt das Entgegenkommen des für den Schriftsteller zuständigen Referenten Dr. Hugo Koch festgehalten wird.

[56] Karteikarte der RKK [o. D.] mit Hinweis auf die Verlängerung der »Sondergenehmigung« zunächst bis zum 31. 12. 1939, am 5. 1. 1940 dann »bis auf weiteres«, BDC/RSK/Suhr, O.

[57] Hinweis ebd.

[58] Fernschreiben Hinkels an Pg. Friedrichs von der Partei-Kanzlei vom 11. 11. 1941, BArch Potsdam NS 18/3003 (unpaginiert). Anlaß der Hinkelschen Auskunft war der Freitod des Filmschauspielers Joachim Gottschalk und seiner jüdischen Ehefrau.

[59] S. dazu neben den Tagebüchern Kleppers, Unter dem Schatten deiner Flügel, passim, die umfangreiche Korrespondenz mit Reinhold Schneider in DLA Marbach/NL J. Klepper.

[60] »Vermerk« des Kammer-Referenten Meyer vom 18. 12. 1942 BDC/RSK/Klepper, J.

waren die Grenzen des Entgegenkommens noch schneller erreicht. Als sich Rudolf Pannwitz im Februar 1941 bei Kammer-Präsident Johst und Altpräsident Blunck für den seit 1940 im französischen Internierungslager Gurs festgehaltenen 69jährigen Alfred Mombert einsetzte, schrieb Geschäftsführer Ihde an den Rand eines hierüber angefertigten Aktenvermerks: »Für Juden tun wir grundsätzlich nichts. Die zweite Phase dieses Krieges (s. England + USA) ist ein *Juden*krieg!«.[61]

Gegenüber den Autoren, die von der nationalsozialistischen Staats- und Parteiführung aus politischen oder aus literaturästhetischen Erwägungen abgelehnt wurden, wurde das Instrument der Berufszulassung weitaus differenzierter eingesetzt. Auf Anweisung der Geschäftsführung der RKK hatte der RDS seit Beginn des Jahres 1934 auf seinen Anmeldeformularen die Frage nach der früheren politischen Zugehörigkeit des Antragstellers zu streichen. Das geschah jedoch aus einem eindeutigen außenpolitischen Kalkül. Denn damit sollte, wie Reichskulturwalter Hans Schmidt-Leonhardt den Vizepräsidenten der RSK wissen ließ, der »Eindruck im Ausland vermieden werden, daß die politische Gesinnung Andersdenkender im Dritten Reich durch die Verweigerung der Aufnahme in die Kammer gleichsam unter Strafe gestellt werde«.[62] Das änderte nichts daran, daß eine »Gesinnungsprüfung« am Anfang jeder Aufnahme in die Kammer stand und ebenso über den weiteren Verbleib eines Mitglieds in der Kammer entschied.

Ein Mann wie Erich Kästner wurde nach Ablauf der einjährigen Bewährungsfrist gerade wegen seiner politischen Haltung während der Weimarer Republik nicht in die Kammer aufgenommen. 1935 wurden sämtliche Schriften von ihm in die »Liste 1 des schädlichen und unerwünschten Schrifttums« aufgenommen[63] und 1936 auch der Vertrieb seiner im Ausland er-

[61] Das Schreiben von Pannwitz an Johst und Blunck vom 15. 2. 1941 und der »Aktenvermerk« mit den handschriftlichen Anmerkungen Ihdes in BDC/RSK/Mombert, A. Hervorhebung im Text.

[62] Angabe Wismanns im Bericht an Hinkel vom 22. 6. 1935 betr. die Mitgliederzusammensetzung des RDS, BArch Potsdam R 56 V/194 hier Bl. 11.

[63] Liste 1 des schädlichen und unerwünschten Schrifttums. Gemäß § 1 der Anordnung des Präsidenten der Reichsschrifttumskammer vom 25. April 1935 bearbeitet und herausgegeben von der Reichsschrifttumskammer. Stand vom Oktober 1935, Berlin o.J. [1935], hier S. 60.

schienenen Bücher in Deutschland unterdrückt.[64] Dennoch konnte Kästner seine nach 1933 entstandenen Romane, Gedichte und Kinderbücher wenigstens noch im Ausland veröffentlichen,[65] obwohl die Kammer auch diese Publikationen teilweise mit großem Argwohn beobachtete.[66] Als Kästner im Januar 1939 bei der Kammer einen Aufnahmeantrag stellte, wurde dieser wegen mangelnder politischer »Zuverlässigkeit« abgelehnt.[67] Das hinderte das Propagandaministerium aber nicht daran, dem verfemten Autor im Juli 1942 eine »Sondergenehmigung« zu erteilen, um das Drehbuch zu »Münchhausen«, dem Jubiläumsfilm der Ufa, verfassen zu können.[68] Das endgültige Berufsverbot kam dann allerdings im Dezember 1942, als Hitler persönlich jede weitere Betätigung Kästners, insbesondere als Drehbuchautor für die Ufa, untersagte.[69]

Nicht viel anders war es im Fall von Albert Daudistel. Eine Aufnahme des Schriftstellers in den RDS wurde im Januar 1934 mit dem Hinweis abgelehnt, daß Daudistel während des Krieges »wegen tätlichen Angriffs auf eine Wirtschaftspatrouille« zu zehn Jahren Festungshaft verurteilt worden war und er sich 1918/19 für die bayerische Räterepublik unter Kurt Eisner en-

[64] S. die Mitteilung der RSK an das Gestapa vom 4. 3. 1936, mit dem eine vom Rascher Verlag beantragte Importgenehmigung des 1934 erschienenen Romans »Drei Männer im Schnee« abgelehnt wurde. BArch Potsdam R 58/913 Bl. 29. Der an die Stapostelle Hamburg gerichtete Einspruch des Züricher Verlags gegen die Beschlagnahme des Romans vom 12. 3. 1936 findet sich ebd., Bl. 26.

[65] Dazu D. Mank, Erich Kästner im nationalsozialistischen Deutschland 1933–1945: Zeit ohne Werk?, Frankfurt a. M., Bern 1981, S. 57–136.

[66] Gutachten des Kammer-Referenten Alfred Richard Meyer zu dem im Atrium Verlag (Basel, Wien, Mährisch-Ostrau) erschienenen Band «Lyrische Hausapotheke» vom 21. 6. 1937, BDC/RSK/Kästner, E. In einem Aktenvermerk vom gleichen Tage, ebd., empfahl Meyer, Kästner zu einer »prinzipiellen Besprechung« in die Kammer zu bestellen.

[67] Eintragung in der Liste der ausgeschlossenen Mitglieder und abgelehnten Mitgliedschaftsanträge, BArch Potsdam R 56 V/79.

[68] Mitteilung des Reichsfilmintendanten an den Präsidenten der RSK vom 31. 7. 1942, BDC/RSK/Kästner, E.

[69] Die Grundsatzentscheidung Hitlers über die Berufsverbote in den Fällen Kästner, Glaeser und Bronnen geht aus einem Schreiben der Schrifttumsabteilung des RMVP an den Präsidenten der RSK vom 21. 12. 1942 hervor, BDC/RSK/Glaeser, E.

gagiert hatte.[70] Für einen »Freikorpskämpfer« wie den RDS-Führer Stoffregen kam daher eine Zulassung Daudistels nicht in Frage.[71] RSK-Präsident Blunck hingegen wollte dem Schriftsteller noch eine Chance geben, da er der grundsätzlichen Auffassung war, »daß wir in der ständischen Front die politische Überzeugung vor der [nationalsozialistischen] Revolution nicht in den Vordergrund rücken wollen, wenn ein ehrliches Bekenntnis zum neuen Staat erfolgt«.[72] Da im Fall Daudistel »die Sache allerdings schwieriger« lag, plädierte Blunck ähnlich wie bei Kästner für eine einjährige Bewährungszeit. Obwohl Daudistel aufgrund der Ablehnung seiner Manuskripte durch Buchverlage, Zeitschriften und Zeitungen in seiner wirtschaftlichen Existenz gefährdet war und durch den Übertritt zur Union nationaler Schriftsteller seine politische Anpassungsbereitschaft signalisiert hatte,[73] lehnte der RDS seine Aufnahme weiterhin strikt ab.[74] Mit Unterstützung des in seiner Eigenschaft als Staatskommissar im Preußischen Kultusministerium in den Fall involvierten Hinkel scheint Blunck dann aber doch die »Bewährungsfrist« für Daudistel durchgesetzt zu haben. Der Autor konnte jedenfalls im Frühjahr 1935 Hinkel ein Exemplar seines neuen Romans »Der Bananenkreuzer« zusenden.[75] Es war allerdings die letzte Veröffentlichung Daudistels im nationalsozialistischen Deutschland. Denn noch im gleichen Jahr emigrierte er zunächst in die Tschechoslowakei, 1936 nach Kopenhagen und 1938 schließlich nach Island.

Andere Autoren, die bis 1933 ebenfalls zur politischen Linken zu rechnen waren, kamen im Gegensatz zu Kästner und Daudistel glimpflicher davon. Karl Bröger, seit 1921 Mitglied der SPD, war von Ende Juni bis Anfang September 1933 im KZ

[70] Das ablehnende Schreiben des RDS wird zitiert in einem persönlichen Brief von RSK-Präsident Blunck an Staatskommissar Hinkel vom 3. 2. 1934, hier S. 1, BDC/RSK/Daudistel, A. Vgl. zum »Fall Daudistel« auch G. R. Cuomo, Hanns Johst und die Reichsschrifttumskammer. Ihr Einfluß auf die Situation des Schriftstellers im Dritten Reich, in: Leid der Worte, S. 108–132, hier S. 110–111.

[71] So die Formulierung im Schreiben des RDS, BDC/RSK/Daudistel, A.

[72] Ebd.

[73] Dazu das Schreiben des RDS an Blunck vom 24. 1. 1934 sowie die Schreiben Daudistels an Blunck vom 28. 2. 1934 und 29. 3. 1934, ebd.

[74] Mitteilung des RDS an die RSK vom 17. 3. 1934, ebd.

[75] S. das Dankschreiben des Büros Hinkel an Daudistel vom 9. 6. 1935, ebd.

Dachau interniert.[76] Dennoch konnte der Schriftsteller ohne Schwierigkeiten Mitglied der RSK werden.[77] Aber nicht nur das – Bröger wurde bis zu seinem Tod im Jahr 1944 von den staatlichen ebenso wie von den parteiamtlichen Schrifttumsstellen immer wieder bei offiziellen Veranstaltungen herausgestellt.[78] Allerdings geschah dies in der bewußten Absicht, den Ruf Brögers als »Arbeiterdichter« für den Nationalsozialismus nutzbar zu machen und die »großzügige« Behandlung ehemaliger politischer Gegner durch den nationalsozialistischen Staat unter Beweis zu stellen.[79] Axel Eggebrecht, der als ehemaliges KPD-Mitglied und Mitarbeiter der »Weltbühne« 1933 noch im Konzentrationslager Hainewalde interniert worden war, konnte bis 1945 unbehindert als Drehbuchautor beim Film arbeiten.[80] Auch Erich Ebermayer, dessen Schriften 1934 von der Bayerischen Politischen Polizei verboten worden waren und von dem immerhin noch sechs Schriften in die »Liste 1 des schädlichen und unerwünschten Schrifttums« aufgenommen wurden,[81] zählte zu den erfolgreichsten Drehbuchautoren im »Dritten

[76] Hinweis im Schreiben der Chefs des SHA (II A2, Ohlendorf) an das Gestapa vom 25. 10. 1937, BArch Potsdam R 58/896 Bl. 66.

[77] S. die RSK-Personalakte im BDC.

[78] S. dazu das Schreiben des Leiters der Auslands-Organisation der NSDAP an den RF-SS und Chef der Deutschen Polizei vom 21. 12. 1937, BArch Potsdam R 58/896 Bl. 71, wo auf die Herausstellung Brögers durch das RMVP und den Einsatz des Schriftstellers im Rahmen von Kulturveranstaltungen der AO im Ausland explizit hingewiesen wird. In den seit 1937 von der Reichsschrifttumsstelle beim RMVP herausgegebenen »Vorschlagslisten« für Dichterlesungen ist Bröger regelmäßig aufgeführt. Zu seinen Lesungen im Rahmen von Parteiveranstaltungen s. die Übersicht der NSKG-Amtsleitung über die Dichterlesungen im Winter 1936/37, hier S. 2, wo Bröger mit 5 Lesungen vertreten ist, BArch Potsdam NS 15/85.

[79] Diese Hintergründe lassen sich dem Schreiben des RSK-Justitiars Gentz an das Gestapa vom 15. 9. 1937, BArch Potsdam R 58/896 Bl. 55, entnehmen.

[80] BDC/RSK/Eggebrecht, A. und A. Eggebrecht, Der halbe Weg. Zwischenbilanz einer Epoche, Reinbek bei Hamburg 1975, hier S. 306–320. Eggebrecht schrieb u. a. die Drehbücher zu »Maria, die Magd« (1936, Regie Veit Harlan), »Alles für Veronika« (1936, Regie Veit Harlan), »Bel ami« (1939), »Operette« (1942), »Wiener Blut« (1942), »Anuschka« (1942).

[81] S. das »Verzeichnis der polizeilich beschlagnahmten und eingezogenen, sowie der für Leihbüchereien verbotenen Druckschriften«, S. 50; sowie die »Liste 1 des schädlichen und unerwünschten Schrifttums« mit Stand vom Oktober 1935, S. 30.

Reich«.[82] Obwohl die Stapostelle Darmstadt der Auffassung war, daß Kasimir Edschmid »nie als Mitarbeiter im nationalsozialistischen Staate in Betracht« käme,[83] konnte sich der ehemals expressionistische Autor bis zum Ende des »Dritten Reiches« mit unpolitischen Reisebüchern finanziell durchbringen.[84] Alfred Andersch, der 1933 noch als KPD-Jugendfunktionär ins KZ Dachau gekommen war, erhielt im Februar 1943 von der RSK ohne weiteres einen »Befreiungsschein« für seine ersten schriftstellerischen Arbeiten.[85]

Gegen Herbert Eulenberg wurde im Februar 1936 von der Landesstelle Düsseldorf des Propagandaministeriums beim Präsidenten der RSK der Antrag auf Ausschluß aus der Kammer gestellt.[86] Anlaß waren Berichte in der Presse gewesen, in denen an die republikfreundliche und militärfeindliche Einstellung des in Düsseldorf-Kaiserswerth lebenden Autors während der Weimarer Republik erinnert wurde. Auch das Gestapa in Berlin wertete den ehemaligen freien Mitarbeiter der »Weltbühne« als

82 Ebermayer war u.a. Drehbuchautor folgender Filme: »Traumulus« (1935 mit dem Staatspreis ausgezeichnet), »Seine Tochter ist der Peter« (1936), »Madame Bovary« (1937), »Ein Volksfeind« (1937), »Wie konntest Du, Veronika« (1940), »Wir machen Musik« (1941). S. BDC/RSK/Ebermayer, E. sowie Ebermayers Tagebuchaufzeichnungen »Denn heute gehört uns Deutschland...«. Persönliches und politisches Tagebuch. Von der Machtergreifung bis zum 31. Dezember 1935, Hamburg, Wien 1959, insbesondere S. 571–641 (zur Entstehung des »Traumulus«). Ebermayer dürften vor allem zwei persönliche Verbindungen geholfen haben: sein 1934 verstorbener Vater war Oberreichsanwalt am Reichsgericht und sein Vetter Philipp Bouhler Vorsitzender der PPK.

83 Auskunft der Stapostelle Darmstadt (II P) für den Präsidenten der RSK vom 4. 8. 1938, S. 2, BDC/RSK/Schmid, E.

84 S. dazu ebd. den »Vermerk« des Kammer-Referenten Meyer für Abteilung III Z vom 18. 7. 1941, mit dem eine Italienreise des Schriftstellers befürwortet wurde. Zur Begründung hieß es, daß Edschmid seit der Machtübernahme »nicht mehr politisch in Erscheinung getreten« sei und seine Reisebücher als »geistig gut fundiert« zu bewerten seien.

85 BDC/RSK/Andersch, A. S. dazu auch H. Peitsch, Ästhetische Introversion und Nationalsozialismus. Die Erzähler Martin Raschke, Ernst Schnabel und Alfred Andersch, in: Leid der Worte, S. 321–347.

86 Das Schreiben vom 3. 2. 1936 in BDC/RSK/Eulenberg, H. Vgl. ebd. auch die entsprechende »Denunziation« des Völkischen Verlags, Düsseldorf, bei Johst vom 31. 1. 1936.

»Gegner jeglichen nationalen Gedankens«.[87] Im Gegensatz dazu plädierte RSK-Präsident Johst »für restlose Milde diesem alten Dichter gegenüber, zumal er loyal sein Irren bekennt!«.[88] Johst hielt damit Eulenberg die politische Abstinenz zugute, die sich der Autor schon seit 1930 und auch nach der nationalsozialistischen Machtübernahme selbst verordnet hatte.[89] Wesentlich nüchterner im Hinblick auf die grundsätzliche Bedeutung des »Falles« war die Argumentation der ministeriellen Schrifttumsabteilung: »Wollte man die Tätigkeit der deutschen Autorenschaft insbesondere in den Jahren 1918 bis 25 genau unter die Lupe nehmen, und jede taktlose und politisch instinktlose Äußerung auf ihr Konto setzen, so müßte man für eine große Reihe von Fällen gleiche Konsequenzen ziehen, wie sie die Landesstelle für den vorliegenden Fall vorschlägt«.[90] In zynischem Ton fügte Schrifttumsreferent Erckmann hinzu, daß »für Autoren, die heute als erledigt anzusehen sind, und über deren Werk wir im ganzen zur Tagesordnung übergehen können, [...] die Bemühungen um Feststellung einzelner Entgleisungen in zurückliegender Zeit« wenig lohnend seien. Dem Geschäftsführer der RKK Hans Hinkel wurde daher die Empfehlung gegeben, »Eulenberg laufend in seiner Haltung, die sich wahrscheinlich nicht ändern wird, zu beobachten und im übrigen nichts zu veranlassen«. Dieser pragmatischen Linie schloß sich Hinkel an,[91] so daß Eulenberg Mitglied der Kammer bleiben konnte.

Während die Aufnahme von Günther Weisenborn in den RDS im Juli 1933 ohne nennenswerte Komplikationen möglich gewesen war,[92] stieß seine Übernahme in die RSK im Dezember 1933 bei der »Zentralstelle für geistigen Aktivismus« auf Un-

[87] Stellungnahme des Gestapa (II 2D) gegenüber dem Präsidenten der RSK vom 13. 6. 1936, ebd.

[88] Vermerk auf der Abschrift eines undatierten Schreibens von Eulenberg an Johst vom April 1936, ebd.

[89] Darauf weist Eulenberg in seinem Schreiben vom April 1936 an Johst selbst hin, ebd.

[90] Abschrift einer Stellungnahme der Abt. VIII (Dr. Erckmann) vom 6. 3. 1936 gegenüber Reichskulturwalter Hinkel, ebd. Die beiden folgenden Zitate ebd.

[91] Das Einverständnis Hinkels mit dieser Verfahrensweise findet sich auf dem Schreiben der Schrifttumsabteilung vom 6. 3. 1936, ebd.

[92] S. den RDS-Fragebogen für Mitglieder vom 24. 7. 1933, BDC/RSK/Weisenborn, G. In der Aufnahme-Erklärung vom 25. 7. 1933, ebd., hatte sich Weisenborn – wie alle übrigen RDS-Mitglieder – »vorbehaltlos« bereit-

verständnis. Die kurzzeitig im Propagandaministerium eingerichtete studentische Aktionszelle denunzierte den Schriftsteller bei der Kammer mit dem Hinweis, daß er in den Jahren 1931/32 »als einer der übelsten kommunistischen Hetzer an den deutschen Hochschulen bekannt geworden« sei.[93] Dennoch konnte Weisenborn völlig unbehindert für Theater, Film und Rundfunk arbeiten.[94] Selbst als er 1942 wegen des Verdachts der Zusammenarbeit mit der Widerstandsgruppe »Die rote Kapelle« in Schutzhaft kam, erhielt er noch die Möglichkeit zu schriftstellerischer Betätigung.[95] Erst nachdem Weisenborn vom Reichskriegsgericht zu drei Jahren Zuchthaus verurteilt worden war, wurde er am 28. 3. 1944 wegen mangelnder »Zuverlässigkeit« aus der RSK ausgeschlossen.[96] Da der Ausschluß den anderen Einzelkammern der RKK allerdings erst am 1. 11. 1944 mitgeteilt wurde,[97] blieb der mittlerweile im Zuchthaus Luckau einsitzende Weisenborn als Dramaturg noch bis zum 16. 12. 1944 Mitglied der Reichstheaterkammer.[98]

Im Fall Gerhart Pohl bemühte sich die RSK zwar bereits 1936 um einen Ausschluß, da zunächst »sämtliche Schriften« des Autors verboten worden waren[99] und die Kammer Pohl eine »tiefe Verwurzelung [...] im politischen Marxismus und in der marxi-

erklärt, »jederzeit für das deutsche Schrifttum im Sinne der nationalen Regierung einzutreten«.

93 Schreiben vom 5. 12. 1933, BDC/RSK/Weisenborn, G.

94 S. dazu den von Weisenborn ausgefüllten RSK-Fragebogen für Mitglieder vom 15. 8. 1936, ebd.

95 S. das vertrauliche Schreiben des Chefs der Sipo und des SD (IV A) an den Reichsminister für Volksaufklärung und Propaganda, z.Hd. des persönlichen Referenten von Staatssekretär Gutterer vom 25. 1. 1943, BArch Potsdam 50.01/210 Bl. 578. In der Anlage, ebd. Bl. 579–583, finden sich Exposés von Weisenborn zu zwei Theaterstücken.

96 Das Ausschlußschreiben findet sich in BDC/RSK/Weisenborn, G. Die Kammer entsprach damit der Empfehlung des Chefs der Sipo und des SD (III C 4, gez. von Kielpinski) vom 22. 3. 1944, ebd., der die weitere Mitgliedschaft Weisenborns in der RSK für »untragbar« hielt. Der Schriftsteller wurde aber dennoch von der Kammer darauf hingewiesen, daß er gegen die Ausschlußentscheidung binnen vier Wochen Einspruch erheben könne.

97 Rundmitteilung vom 1. 11. 1944, ebd.

98 Mitteilung der Reichstheaterkammer an die RSK vom 5. 3. 1945, ebd.

99 S. dazu den Vermerk des RSK-Referenten Pogge für seinen Kollegen Linhard vom 23. 6. 1936, in dem der Ausschluß Pohls aufgrund der Totalindizierung seiner Werke nahegelegt wurde. BDC/RSK/Pohl, G.

stisch-philosophischen Ideenwelt« attestierte.[100] Doch obwohl der Leiter der Schrifttumsabteilung am 15. 2. 1937 den Ausschluß Pohls angeordnet und die RSK den Ausschluß-Entscheid bereits ausgefertigt hatte,[101] führte der präventive Einspruch von Pohls Rechtsanwalt Dr. Wolfgang Reichstein zur Aussetzung des Verfahrens.[102] Und dies, obwohl Kammer-Referent Metzner dem Anwalt bei einem Gespräch im September 1937 deutlich machte, daß »die ganze Schrifttumspolitik keinen Sinn haben könnte, wenn Personen, die ihre Unzuverlässigkeit auf ihrem Gebiete nachdrücklich unter Beweis gestellt haben, der deutschen Volksgemeinschaft heute genau so vorgesetzt werden dürfen, wie die im Kampf erprobten«.[103] Demgegenüber hielt RSK-Geschäftsführer Ihde nach einer nochmaligen eingehenden Erörterung des Falles im Februar 1938 den Ausschluß Pohls für »bedenklich«.[104] Der Schriftsteller habe sich fünf Jahre lang »im Sinne unserer Kulturkammergesetze nicht gegen den Staat vergangen«.[105] Zudem habe er mit seinem Buch »Die Brüder Wagemann« einen Erfolg erzielt, der sogar von der NS-Presse anerkannt werde.[106] Die Pohl 1936 von der Kammer gewährte »Bewährungsfrist« sei damit positiv verlaufen.[107] Offenbar insistierte die Schrifttumsabteilung jedoch auf ihrer Entscheidung.[108] Denn am 21. 3. 1938 wurde Pohl vom Präsidenten

100 So der »Aktenvermerk« des RSK-Geschäftsführers Ihde vom 5. 2. 1938, S. 3, BDC/RSK/Pohl, G. Vgl. hierzu auch Cuomo, Hanns Johst und die Reichsschrifttumskammer, in: Leid der Worte, S. 118–119.

101 »Aktenvermerk« Ihdes vom 5. 2. 1938, BDC/RSK/Pohl, G.

102 Reichstein erhob am 8. 6. 1937 bei der Schrifttumsabteilung des RMVP Einspruch gegen die Entscheidung, Pohl aus der Kammer auszuschließen. Zu jenem Zeitpunkt war der Ausschluß aber noch gar nicht von der Kammer vollzogen worden. S. den »Aktenvermerk« Ihdes vom 5. 2. 1938, hier S. 2, BDC/RSK/Pohl, G. Erwähnenswert ist in diesem Zusammenhang noch, daß Reichstein, Rechtsanwalt am Berliner Landgericht, eine gemeinsame Anwaltspraxis mit dem Kulturkammer-Referenten Karl-Friedrich Schrieber hatte.

103 »Aktenvermerk« Metzners vom 17. 9. 1937, BDC/RSK/Pohl, G.

104 »Aktenvermerk« Ihdes vom 5. 2. 1938, S. 4, BDC/RSK/Pohl, G.

105 Ebd.

106 Ebd. Der Roman war in einzelnen NS-Zeitungen positiv besprochen worden.

107 Ebd.

108 Der »Fall Pohl« war von Ihde am 7. 2. 1938 über den Präsidenten der RKK beim Propagandaministerium zur Entscheidung vorgelegt worden, BDC/RSK/Pohl, G.

der RSK mit der Begründung ausgeschlossen, daß er ihm aufgrund seiner »politischen und weltanschaulichen Haltung vor dem Jahre 1933« die für ein Mitglied der Kammer erforderliche Zuverlässigkeit nicht zusprechen könne.[109] Die Kammerakte Pohl konnte damit aber immer noch nicht geschlossen werden. Denn der Schriftsteller machte im Frühjahr 1939 von seinem Recht Gebrauch, einen neuen Antrag auf Aufnahme in die RSK zu stellen.[110] Nachdem sich der zuständige Landesleiter »in sehr fürsprechender Weise« für Pohl eingesetzt hatte, stimmte nun auch die Schrifttumsabteilung seiner Wiederaufnahme in die Kammer ausdrücklich zu.[111]

Ernst Glaeser hatte sich in der Weimarer Republik bei der politischen Rechten durch seine pazifistische Autobiographie »Jahrgang 1902« und durch sein Engagement für die KPD verhaßt gemacht.[112] Im »Dritten Reich« waren von ihm sämtliche Schriften verboten, die vor 1933 erschienen waren.[113] Dennoch erhielt er nach seiner Rückkehr aus dem Schweizer Exil im Mai 1939 von der Schrifttumsabteilung des Propagandaministeriums die Genehmigung, literarische Arbeiten in der Presse zu veröffentlichen.[114] Allerdings war diese Genehmigung an die Bedingungen geknüpft, die Arbeiten unter dem Pseudonym »Ernst Töpfer« zu publizieren und vor der Veröffentlichung der Schrifttumsabteilung vorzulegen. Hinter dieser von Goebbels persönlich getroffenen Entscheidung steckte allerdings ein propagandistisches Kalkül. Der Minister war nämlich an der Veröffentlichung einer vom Autor geplanten Romantrilogie mit dem Titel »Heimkehr« interessiert, die, wie die Schrifttumsabteilung hoffte, »ein Bekenntnis zum deutschen Volk und ein Angriff

109 Das Schreiben wurde über Rechtsanwalt Reichstein an Pohl abgesandt, BDC/RSK/Pohl, G.

110 S. ebd. das Schreiben Pohls an die RSK vom 19. 5. 1939, mit dem er sich für die Zusendung der Aufnahmeformulare durch den Landesleiter der RSK in Schlesien bedankte.

111 Mitteilung der RSK-Geschäftsführung an Vizepräsident Wilhelm Baur vom 23. 2. 1943, BDC/RSK/Bonsels, W.

112 Dazu das politische Gutachten des Chefs der Sipo und des SD (III A 5) für die RSK (über SS-Oberführer Hinkel) vom 17. 5. 1940, BDC/RSK/Glaeser, Ernst.

113 Liste 1 des schädlichen und unerwünschten Schrifttums. Stand vom Oktober 1935, S. 44.

114 Schreiben des RMVP/Abteilung S an Glaeser vom 16. 5. 1939, BDC/RSK/Glaeser, E.

gegen die Emigration werden könnte«.[115] Dagegen war »vorläufig« nicht daran gedacht, Glaeser wieder förmlich in die Kammer aufnehmen zu lassen.[116] Obwohl der Heidelberger Verleger Glaesers die Kammer im Februar 1941 darüber informierte, daß der Autor von dem Exil-Roman »überhaupt noch nichts geschrieben« hatte,[117] wurde zu Beginn des Jahres 1942 die »endgültige Klärung des Falles« bis Kriegsende »zurückgestellt«.[118] Entgegen dieser Anweisung mußte die Schrifttumsabteilung dem Präsidenten der RSK noch im Dezember des gleichen Jahres mitteilen, daß Hitler »jede weitere Betätigung« Glaesers verboten habe.[119] Am 27. 1. 1943 setzte die Kammer daraufhin den Autor davon in Kenntnis, daß sie aus »besonderen Gründen« den erteilten »Zwischenbescheid« zurückziehen müsse.[120] Das damit ausgesprochene Berufsverbot sollte sowohl für inländische als auch für ausländische Publikationsorte gelten.[121]

Ein weiterer markanter Fall ist Arnolt Bronnen. Der einstige Weggefährte Bertolt Brechts hatte zu Beginn der dreißiger Jahre die politischen Fronten gewechselt und sich aktiv für den Nationalsozialismus engagiert.[122] Dennoch wurde das literarische Gesamtschaffen Bronnens 1934 von der Bayerischen Politischen Polizei verboten.[123] Auch wenn dann in der »Liste 1 des

[115] Mitteilung der Schrifttumsabteilung an den Präsidenten der RSK vom 23. 8. 1939, BDC/RSK/Glaeser, E.

[116] Ebd.

[117] »Aktenvermerk« von Kommerstädts über den Besuch des Verlegers bei der »Gruppe Buchhandel« am 11. 2. 1941 in Leipzig, hier S. 2, BDC/RSK/Glaeser, E.

[118] Mitteilung der Schrifttumsabteilung an den Präsidenten der RSK vom 2. 1. 1941, BDC/RSK/Glaeser, E.

[119] Die Entscheidung Hitlers wurde der RSK am 21. 12. 1942 von der Schrifttumsabteilung mitgeteilt, BDC/RSK/Glaeser, E.

[120] BDC/RSK/Glaeser, E.

[121] Diese Anweisung der Schrifttumsabteilung vom 21. 12. 1942 wurde Glaeser am 27. 1. 1943 von der RSK mitgeteilt. Tags zuvor hatte die Kammer das Ministerium davon in Kenntnis gesetzt, daß sie den Chef der Sipo und des SD gebeten habe, »Maßnahmen zur Überwachung der Auslandsverbindungen zu veranlassen«. BDC/RSK/Glaeser, E.

[122] Vgl. H. Kaas, Der faschistische Piccolo: Arnolt Bronnen, in: Intellektuelle im Bann des Nationalsozialismus, hg. von K. Corino, Hamburg 1980, S. 136–149.

[123] Verzeichnis der polizeilich beschlagnahmten und eingezogenen, sowie der für Leihbüchereien verbotenen Druckschriften, S. 33.

schädlichen und unerwünschten Schrifttums« nur noch drei seiner Schriften indiziert wurden,[124] stieß der Schriftsteller auch bei der staatlichen Schrifttumsbürokratie auf Ablehnung. 1939 wurde er aufgrund seiner Einstufung als »Halbjude« aus der RSK ausgeschlossen.[125] Bronnen konnte jedoch über einen Rechtsstreit vor dem Landgericht Berlin seine »arische Abstammung« nachweisen, so daß der Kammer-Ausschluß im Juni 1941 wieder aufgehoben wurde.[126] Mit Befürwortung von Goebbels erhielt der Schriftsteller von der Auslandsabteilung des Propagandaministeriums nun sogar den Auftrag, »in einer nur für die Auslandswerbung bestimmten Schrift prägnante Porträts deutscher Dichter im Sinne ihrer Bedeutung für das werdende Europa zu zeichnen«.[127] Ende 1942 ereilte ihn dann aber das gleiche Schicksal wie Erich Kästner und Ernst Glaeser. Auf Anweisung Hitlers hatte eine weitere schriftstellerische Betätigung Bronnens zu unterbleiben.[128] Der Autor wurde zwar noch als Mitglied in der Kammer belassen, doch wurde über ihn ein »stillschweigendes Arbeitsverbot« verhängt.[129]

Die angeführten Beispiele vermitteln ein diffuses Bild von der Handhabung des Instruments der Berufszulassung gegenüber den aus politischen oder ästhetischen Gründen abgelehnten Schriftstellern. Bei ihnen wurde – in deutlichem Gegensatz zu den »nicht-arischen« Schriftstellern, die ab 1934/35 systematisch und ohne Unterschiede aus der RSK herausgedrängt wurden, – in jedem Fall einzeln entschieden.[130] Dabei führte die Tatsache, daß ein Autor vor 1933 als Gegner des Nationalsozialismus aufgetreten war, keineswegs zwangsläufig zum Berufsverbot im »Dritten Reich«. Die Bestimmungen des Kulturkammerrechts, die die Verweigerung der Aufnahme oder den Aus-

124 Liste 1 des schädlichen und unerwünschten Schrifttums. Stand vom Oktober 1935, S. 21.

125 Karteikarte der Hinkelschen Abteilung »Besondere Kulturangelegenheiten« (BeKA) im RMVP, BDC/RSK/Bronnen, A.

126 Ebd.

127 So Bronnen in einem Schreiben an RSK-Präsident Johst vom 14. 4. 1942, BDC/RSK/Bronnen, A.

128 Mitteilung der Schrifttumsabteilung des RMVP an den Präsidenten der RSK vom 21. 12. 1942, BDC/RSK/Glaeser, E.

129 Karteikarte der Abteilung BeKA, BDC/RSK/Bronnen, A.

130 Die Kammer folgte damit in der Praxis der Auslegung des § 10 der Ersten Durchführungsverordnung zum RKK-Gesetz bei Schrieber, Die Reichskulturkammer, S. 28.

schluß eines Kammer-Mitglieds vom Nachweis mangelnder »Zuverlässigkeit und Eignung« abhängig machten und den Betroffenen die Möglichkeit zur Beschwerde offenließen, erwiesen sich in der Praxis durchaus als wirksame Schutzvorrichtung.

Selbst ablehnende Gutachten der Polizeibehörden und Parteidienststellen wurden, wie noch näher zu zeigen sein wird, von der staatlichen Schrifttumsbürokratie nicht unbedingt als ausschlaggebendes Kriterium für die Entscheidung über die Berufszulassung angesehen. Gleichermaßen Berücksichtigung fanden literarische Qualitäten, propagandistische Verwendbarkeit, Einsatz bei der Wehrmacht, politische Protektion oder die aus einem Berufsverbot für den Autor resultierenden sozialen Folgen. Im Oktober 1940 wurden die Präsidenten der Einzelkammern vom Propagandaministerium »mit Rücksicht auf die Kriegsverhältnisse« sogar ausdrücklich aufgefordert, Zurückhaltung hinsichtlich der Erteilung von Berufsverboten zu üben. Bei allen Entscheidungen sei zu prüfen, »ob Härten im Interesse der Hochhaltung der allgemeinen Stimmung im Einzelfalle vermieden werden können«.[131]

All dies galt jedoch nur unter der Voraussetzung, daß der umstrittene Autor sich im Sinne des Nationalsozialismus engagierte oder zumindest ein politisch unauffälliges Dasein führte. Aber selbst dann traf es nicht auf jeden und nicht für alle Zeit zu, wie die Beispiele Arnolt Bronnen, Ernst Glaeser und Erich Kästner belegen.

1.2. Die Überwachung durch Gestapo, SD und Parteidienststellen

Seit dem 1. 4. 1938 gehörte die Anfrage bei der zuständigen NSDAP-Gauleitung nach dem »politischen Führungszeugnis« eines Schriftstellers zum festen Bestandteil der Aufnahmeformalitäten der RSK.[132] Vor diesem Zeitpunkt waren die Gauleitungen nur dann einbezogen worden, wenn sich aus dem von

131 Anweisung des RMVP an die RKK-Präsidenten vom 4. 10. 1940, BArch Potsdam R 56 V/12 Bl. 30.

132 Mitteilung der RSK an den Reichsminister für Volksaufklärung und Propaganda betr. »Beteiligung der Partei bei der Prüfung der Zuverlässigkeit von Mitgliedern« vom 4. 6. 1938, BArch Potsdam R 56 V/51 Bl. 110–111, hier Bl. 110.

jedem Schriftsteller vor der Aufnahme auszufüllenden Fragebogen »Zweifel an der politischen Zuverlässigkeit« ergeben hatten.[133] Gutachten der Gestapo wurden grundsätzlich dann eingeholt, wenn ein Partei-Gutachten zu einem negativen Urteil gekommen war, eine »Sondergenehmigung« erteilt werden sollte oder ein Ausschluß beabsichtigt war.

Die eingeschalteten Stellen wurden von der Kammer angehalten, bei Verneinung der politischen Zuverlässigkeit die »Gründe (*Tatsachen* mit Zeit und Beweismittel)« genau anzugeben.[134] Damit sollte die Kammer in die Lage versetzt werden, »dem Beschuldigten die Gründe vorzuhalten und im Falle des Bestreitens nachzuweisen, sowie die Gründe in die etwa ergehende Ausschlußentscheidung aufzunehmen«.[135] Diese Vorschrift sollte eine leichtfertige Begutachtung verhindern und das Urteil der Kammer gegen Revisionsanträge beim Präsidenten der RKK absichern. In der Praxis ermöglichte und förderte sie jedoch, daß Gestapo und SD nun den gesamten schriftstellerisch tätigen Personenkreis in ihren Überwachungsauftrag einbezogen und daß auch Gauleitungen, Kreisleitungen und Ortsgruppen der NSDAP Erkundigungen über das Verhalten der in ihrem Zuständigkeitsbereich lebenden Schriftsteller anstellten.

Die Ergebnisse gerade der parteiamtlichen Recherchen nach dem äußerlichen Verhalten einzelner Schriftsteller deckten sich aber nicht immer mit deren überlieferter innerer Einstellung zum NS-Regime. Während die Bayerische Politische Polizei im Januar 1936 sämtliche Polizeibehörden über die noch kurz vor der nationalsozialistischen Machtübernahme in der Zeitschrift »Der Brenner« veröffentlichten »staatsfeindlichen Ausführungen« Theodor Haeckers und über seinen Redeauftritt bei einer Veranstaltung des katholischen Akademikerverbandes informierte,[136] war der NSDAP-Ortsgruppe Bogenhausen 1938

[133] Ebd.

[134] S. die Anfrage der RSK-Abteilung II bei der Gauleitung Baden der NSDAP vom 1. 4. 1941 betr. Ausschlußantrag gegen Friedrich Schnack, BDC/RSK/Schnack, F. Hervorhebung im Text. Für die Anfrage lag ein eigenes Formblatt der Kammer vor.

[135] Ebd.

[136] Rundverfügung der Bayerischen Politischen Polizei an alle Polizeidirektionen, Staatspolizeiämter etc. vom 15. 1. 1936 betr. Redeverbot gegen Professor Theodor Haecker, BDC/Research/Haecker, T.

»Nachteiliges über ihn nicht bekannt«.[137] Der Ortsgruppenleiter wußte lediglich zu berichten, daß Haeckers Verhalten bei Sammlungen der NSV »einwandfrei« sei, daß er an Festtagen zwar nicht flaggen, daß er aber den »deutschen Gruß« anwenden würde. An politischen Vorgängen sei er »nicht interessiert«, er lebe »in ruhiger Abgeschlossenheit«. Die entschiedene Ablehnung des Nationalsozialismus vertraute Haecker von 1939 bis 1945 nur seinen »Tag- und Nachtbücher[n]« an.[138] Als der RSK-Präsident dem Autor im Juni 1944 zu seinem 65. Geburtstag mit einem Formschreiben gratulierte, notierte Haecker scharfsinnig: »Hat Herr Johst überhaupt eine Ahnung von mir? Dann hat er sicherlich keine Ahnung von diesem Brief. Weiß er aber von diesem Brief, dann weiß er sicherlich nichts von mir. Es besteht der begründete Verdacht, daß der Brief ein automatisches Produkt einer gutgeordneten Kartothek ist, in der hinter der Nummer 8814 – das ist meine Nummer – der Name Theodor Haecker, mein Geburtstag und meine Adresse steht«.[139]

Zu Stefan Andres erteilte die NSDAP-Gauleitung München-Oberbayern der RSK die schematische Auskunft, daß über ihn »weder in polizeilicher, krimineller noch politischer Hinsicht Nachteiliges bekannt geworden« sei.[140] Gänzlich unbekannt scheint auch die negative Einstellung Reinhold Schneiders zum NS-Staat gewesen zu sein.[141] Sowohl die NSDAP-Gauleitung als auch die Stapoleitstelle Berlin teilten der RSK im Sommer 1940 mit, daß über den Schriftsteller »in politischer Hinsicht

[137] Mitteilung der Ortsgruppe an die Gauleitung München-Oberbayern der NSDAP vom 28. 10. 1938, BDC/RSK/Haecker, T. Die folgenden Zitate ebd.

[138] T. Haecker, Tag- und Nachtbücher 1939–1945, 3. Aufl. München 1959 (Erstausgabe München 1947).

[139] Ebd., S. 328.

[140] Mitteilung vom 6. 8. 1937, BDC/RSK/Andres, St. Vgl. dazu St. Andres, Jahrgang 1906. Ein Junge vom Lande, in: Stefan Andres. Ein Reader zu Person und Werk, hg. von W. Große, Trier 1980, S. 13–47, insbesondere S. 36–43; sowie K. O. Nordstrand, Stefan Andres und die »innere Emigration«, in: Moderna Språk 63 (1969), S. 247–264.

[141] S. dazu R. Schneider, Verhüllter Tag, 3. Aufl. Freiburg 1961; sowie P. Meinhold, Reinhold Schneider – ein Mann des Widerstandes, in: Saeculum 30 (1979), S. 264–279. Der Widerstandsbegriff Meinholds ist allerdings sehr unpräzise.

Nachteiliges nicht bekannt geworden« sei.[142] Die Auslandsreisen Schneiders nach Italien, Frankreich und Portugal wurden von der staatlichen Schrifttumsbürokratie ebenso befürwortend unterstützt wie die Papieranträge seiner Verleger während des Krieges.[143]

Bei einer Reihe von anderen, ebenso entschieden konfessionell geprägten Autoren trafen die Gutachten die politische Grundhaltung sehr viel genauer. Zu Peter Dörfler, der 1934 immerhin noch von Rust zum Mitglied der Deutschen Akademie für Dichtung ernannt worden war, lag 1936 beim SD-Hauptamt bereits umfangreiches »belastendes« Material über seine kirchlichen Aktivitäten vor.[144] Im Juni 1940 wurde der katholische Geistliche von der NSDAP-Ortsgruppe Gern (bei München) als ausgesprochener »Gegner der Bewegung« beurteilt.[145] Bei den Volksabstimmungen und Reichstagswahlen habe er immer mit »nein« gestimmt.[146] Gegenüber der Schrifttumsabteilung des Propagandaministeriums sprach die Gauleitung München-Oberbayern Dörfler daher die »politische Zuverlässigkeit« ab.[147] Das gleiche Urteil traf Werner Bergengruen. Die NSDAP-Ortsgruppe München-Solln hielt dem Schriftsteller im Juni 1940 zwar zugute, daß er zu gegebenem Anlaß »an seinem Fenster die Hakenkreuzfahne zeigt, oder bei

142 Das Schreiben der Stapoleitstelle Berlin vom 27. 6. 1940 und der NSDAP-Gauleitung Berlin vom 23. 8. 1940 finden sich in BDC/RSK/Schneider, R.

143 S. ebd. die Befürwortung der Ausreisegenehmigung für Portugal (RMVP/Abt. S an den Präsidenten der RSK vom 28. 5. 1940) und für Italien (RMVP/Abt. S an die Deutsche Akademie/Abteilung für Kulturaustausch vom 1. 3. 1941); sowie die Papierverbrauchsmeldung des Insel Verlags vom 4. 5. 1940 für die zweite Auflage von Schneiders Sonetten-Band. Zu den Aufenthalten des Schriftstellers in Rom und Paris liegt eine umfangreichere Korrespondenz mit Jochen Klepper im DLA Marbach/NL J. Klepper: Mappe II 1937 und Mappe III 1938 vor.

144 Der »Bericht« wurde der RSK am 6. 10. 1936 vom RF-SS und Chef des SHA/Zentralabteilung I3 (gez. Six) zugesandt, BDC/RSK/Dörfler, P.

145 Mitteilung der Ortsgruppe Gern der NSDAP an die NSDAP-Gauleitung München-Oberbayern vom 13. 6. 1940, ebd.

146 Ebd.

147 Antwortschreiben der NSDAP-Gauleitung München-Oberbayern vom 25. 6. 1940 auf eine Anfrage der Schrifttumsabteilung vom 2. 6. 1940, ebd.

Sammlungen immer und gerne gibt«.[148] Bergengruen und seine Familie würden jedoch keiner Gliederung der NSDAP angehören, den »deutschen Gruß« nicht anwenden, keine NS-Zeitung beziehen und in jüdischen Kreisen verkehren.[149] Zudem sei der Schriftsteller »konfessionell stark gebunden«.[150]

Dietrich Bonhoeffer muß im Herbst 1940 bei der RSK einen Antrag auf Mitgliedschaft oder Erteilung eines »Befreiungsscheines« gestellt haben. Die daraufhin von der Kammer eingeleiteten Überprüfungen ergaben, daß der Berliner Pfarrer ein »offener Anhänger« der Bekenntnis-Front war.[151] »Wegen seiner volkszersetzenden Tätigkeit« hatte ihm das Reichsministerium für kirchliche Angelegenheiten bereits am 22. 8. 1940 ein Redeverbot erteilt.[152] Das Ministerium bat die Kammer mit Schreiben vom 25. 2. 1941, den Antrag Bonhoeffers abzulehnen, »weil ihm als führendem Mitglied einer vom Staat nicht anerkannten, illegalen Organisation die erforderliche Zuverlässigkeit abgesprochen werden muß«.[153] Die RSK entsprach dieser Bitte mit Schreiben vom 19. 3. 1941,[154] so daß Bonhoeffer nun auch ein Publikationsverbot auferlegt war.

Als »politisch absolut unzuverlässig« wurde auch Friedrich G. von der NSDAP-Ortsgruppe Essen-Katernberg eingestuft.[155] Der »freie katholische Schriftsteller« hatte bis 1933 der Zentrumspartei angehört und nach der Machtübernahme keinen Hehl aus seiner Ablehnung des Nationalsozialismus gemacht. G. blieb auf katholische Kirchenblätter abonniert, trat keiner Gliederung der NSDAP bei, untersagte seinen sieben Kindern den Beitritt zu HJ oder BDM, lehnte jede Beflaggung ab und äußerte sich zusammen mit seiner Ehefrau »oft in gehässiger Weise und in versteckter über bestehende Ein-

148 »Ausführliches Gesamturteil« der NSDAP-Ortsgruppe für die Gauleitung München-Oberbayern vom 14. 6. 1940, BDC/RSK/Bergengruen, W. Vgl. dazu W. Bergengruen, Schreibtischerinnerungen, Zürich 1961, S. 198–210.

149 »Ausführliches Gesamturteil« vom 14. 6. 1940.

150 Ebd.

151 So der undatierte Vermerk der Abteilung »Besondere Kulturangelegenheiten« in der RKK-Zentrale [ca. 1941], BDC/RSK/Bonhoeffer, D.

152 Hinweis ebd.

153 So ebd.

154 BArch Potsdam R 56 V/80 Bl. 146.

155 Gutachten der Ortsgruppe für die Kreisleitung Essen der NSDAP vom 8. 4. 1940 (Abschrift), HStA Düsseldorf RW 58/25667 Bl. 16.

richtungen des Staates und der Partei«.[156] Nicht nur seine Aufsätze für katholische Zeitungen und Zeitschriften, sondern auch seine Post wurden von der Gestapo systematisch überwacht.[157] Im August 1936 stellte der Schriftsetzer Josef R. aus Düsseldorf einen Antrag auf Aufnahme in die RSK,[158] um, wie der SD-Führer des Oberabschnitts West vermutete, im Dienst des »Stromkreises« schriftstellerisch tätig sein zu können.[159] Da die Publikationen dieses interkonfessionellen Jugendverbands aus weltanschaulichen Gründen abgelehnt wurden, riet der SD-Führer dringend davon ab, dem »Ersuchen R [...], seine schriftstellerischen Arbeiten unter den Schutz der Reichsschrifttumskammer zu bekommen«, stattzugeben.[160] Erst nachdem die Überwachung durch einen V-Mann ergeben hatte, daß der Schriftsteller inzwischen »eine durchaus positive Haltung zum Nationalsozialismus« entwikkelt habe, wurden die Bedenken gegen R. im Jahre 1939 zurückgestellt.[161]

Neben der Gruppe der konfessionellen Schriftsteller interessierten sich Gestapo, SD und Parteidienststellen besonders für den aus parteipolitischen, ästhetischen oder »ethischen« Gründen vom Nationalsozialismus verfemten Autorenkreis. Kasimir Edschmid wurde von der Stapostelle Darmstadt zum »Kreis jener Schriftsteller« gezählt, »deren Werke im expressionistisch-mondänen Stil geschrieben waren und deren jüdisch zersetzende Art vergiftend auf die deutsche Literatur der Nachkriegszeit wirkte«.[162] Für den Chef der Sipo und des SD war Erich Ebermayer noch im November 1942 »eine der dekaden-

[156] Angaben ebd.

[157] S. den undatierten Personalbogen der Stapoleitstelle Düsseldorf, ebd., Bl. 1–2, sowie den Personalbogen vom 15. 4. 1940 in HStA Düsseldorf RW 58/58653 Bl. 6.

[158] Angabe im Personalbogen der Stapostelle Düsseldorf vom 12. 2. 1937, HStA Düsseldorf RW 58/45549 Bl. 1–2.

[159] Mitteilung des SD-Führers an die Stapostelle Düsseldorf vom 27. 5. 1937, ebd. Bl. 9–10.

[160] Ebd., Bl. 10.

[161] S. die »Berichte« des V-Mannes vom 29. 9., 26. 10. und 20. 11. 1939 ebd., Bl. 38–41.

[162] Mitteilung der Stapostelle Darmstadt (II P) an den Präsidenten der RSK vom 4. 8. 1938, hier S. 1, BDC/RSK/Schmid, Eduard (= Edschmid, Kasimir).

ten Erscheinungen der Systemzeit«.[163] Dem Schriftsteller wurde insbesondere sein Engagement für eine Liberalisierung des § 175 StGB übelgenommen.[164] Aufgrund des Verdachts der Homosexualität stand Ebermayer selbst unter ständiger Überwachung durch Gestapo und SD.[165]

Vom »Amt Schrifttumspflege« wurde Hans Fallada 1938 als »eine typische Erscheinung der Zersetzung der vergangenen Jahre« eingestuft, dessen Gesamtschaffen die verheerende Wirkung der Bücher einzelner Emigranten sogar noch übertraf.[166] Aus diesem Grund war es für das Schrifttumsamt Rosenbergs völlig unverständlich, warum man dem Autor »noch heute die Erlaubnis erteilt, Bücher zu schreiben«.[167] Als Fallada während des Krieges im Rahmen der »Truppenbetreuung« vom Propagandaministerium eingesetzt werden sollte, stieß dies beim SD auf Ablehnung. Man war zwar auch hier prinzipiell der Auffassung, daß dem Schriftsteller »Gelegenheit geboten« werden sollte, »seinen Einsatzwillen für den Nationalsozialismus unter Beweis zu stellen«, hielt jedoch die vorgesehene Verwendung Falladas wegen »seiner Vergangenheit und seiner zweifelhaften Einstellung zum Nationalsozialismus« für »nicht tunlich«.[168]

Rudolf Thiel, der schon seit 1930 mit konfessionellen Schriften hervorgetreten und 1936 auf Antrag von Reichskirchenminister Kerrl zur Abfassung kirchenhistorischer Arbeiten von seinem Lehramt freigestellt worden war,[169] wurde im Januar 1941 wegen seiner »jüdischen Versippung« vom Obersten Par-

163 Mitteilung an den Personalbeauftragten des Reichsfilmintendanten vom 6. 11. 1942, BDC/RSK/Ebermayer, E.

164 Ebd., S. 1.

165 Hinweis ebd., S. 2.

166 Mitteilung des Amts Schrifttumspflege an die Kanzlei des Reichsleiters Alfred Rosenberg vom 25. 8. 1938, BArch Potsdam NS 8/246 Bl. 243. Das Schreiben war eine Reaktion auf Pläne des RMVP, Fallada als Drehbuchautor einzusetzen.

167 Ebd.

168 S. die Auskunft des SD vom 21. 7. 1943 auf der Karteikarte der RKK-Hauptgeschäftsführung zu Rudolf Ditzen (= Hans Fallada), BDC/RSK/Ditzen, R. Zu Falladas Verhältnis zum Propagandaministerium J. Manthey, Hans Fallada in Selbstzeugnissen und Bilddokumenten, Reinbek bei Hamburg 1963, hier S. 136–137.

169 Angaben Thiels in seinem »Antrag zur Bearbeitung der Aufnahme als Mitglied der Reichsschrifttumskammer, Gruppe Schriftsteller« vom 1. 9. 1940, BDC/RSK/Thiel, R.

teigericht aus der NSDAP ausgeschlossen.[170] Die NSDAP-Gauleitung Berlin setzte sich daher im Februar 1941 bei der RSK für ein Berufsverbot ein.[171] Auch der SD-Leitabschnitt Berlin machte Bedenken gegen Thiel geltend, da er »in seiner schriftstellerischen Tätigkeit Auffassungen vertreten [habe], die mit nationalsozialistischer Haltung unvereinbar sind«.[172] Noch 1944 teilte der Landesleiter der RSK im Gau Westmark der Kammerzentrale in Berlin mit, daß die zuständige NSDAP-Kreisleitung Thiel »für politisch vollständig unzuverlässig und deshalb die Ausstellung eines Befreiungsscheines für seine schriftstellerischen Arbeiten für untunlich und untragbar« hielt.[173]

Bemerkenswert ist, daß für die meisten der hier angeführten Autoren die negativen Gutachten der Polizeibehörden und Parteidienststellen weitgehend folgenlos blieben.[174] Das war jedoch keineswegs die Regel. Nach Errichtung der Partei-Kanzlei der NSDAP kam es wiederholt zu Kontroversen mit dem Propagandaministerium über die schriftstellerische Betätigung ehemaliger Gegner des Nationalsozialismus. Otto Bernhard Wendler, seit 1927 Rektor einer Volksschule und Stadtverordneter der SPD in Brandenburg, war nebenberuflich als Schriftsteller tätig gewesen.[175] 1933 wurde er aus dem Schuldienst entlassen und seine Schriften mit drei Ausnahmen verboten. Wendler versuchte danach, sich mit Unterstützung des Reichsverbands Deutscher Schriftsteller eine neue Existenz als Autor

170 Mitteilung der NSDAP-Gauleitung Berlin an den Präsidenten der RSK vom 14. 2. 1941, BDC/RSK/Thiel, R. Thiels Frau hatte zwei jüdische Kinder in die Ehe eingebracht.

171 Schreiben der NSDAP-Gauleitung Berlin an den Präsidenten der RSK vom 2. 5. 1941, ebd.

172 Schreiben des SD-Leitabschnitts Berlin an die RSK vom 11. 9. 1940, hier S. 1, ebd. Die Beurteilung stützte sich auf »Charakterstudien« Thiels zu Friedrich dem Großen, die 1936 in der Zeitschrift »Das Innere Reich« (H. 5/1936) erschienen und im »Schwarzen Korps« auf heftige Kritik gestoßen waren. S. den Artikel »Und das nennt sich ›Inneres Reich‹!«, in: Das Schwarze Korps 2, Folge 41 vom 8. 10. 1936, S. 17.

173 BDC/RSK/Thiel, R.

174 Die Aussage stützt sich auf eine Auswertung der Personalakten der erwähnten Schriftsteller im BDC.

175 Zum folgenden der »Lebenslauf« Wendlers vom 4. 2. 1935, in BDC/RSK/Wendler, O. B.

von Jugendliteratur aufzubauen.[176] Nachdem er auch mit Drehbüchern für den Film hervorgetreten war, setzte sich die zuständige NSDAP-Kreisleitung im Oktober 1939 bei der Gauleitung Mark-Brandenburg mit Nachdruck dafür ein, den Schriftsteller »von weiterer öffentlicher Mitarbeit auszuschalten«.[177] Demgegenüber wurde Wendler von der Schrifttumsabteilung als eine »Begabung« gelobt, der man die Gelegenheit geben solle, »sich durch positive Arbeitsleistung zu rehabilitieren«.[178] Als Wendler 1942 an »Jungens«, einem Propagandafilm der Ufa, beteiligt werden sollte, brachte die Partei-Kanzlei erneut die ablehnende Stellungnahme der Gauleitung ins Spiel.[179] Rosenbergs Hauptamt Schrifttumspflege stellte sogar bei der RSK den Antrag, »nachzuprüfen, ob die weitere Mitgliedschaft Wendlers bei der Reichsschrifttumskammer gerechtfertigt erscheint«.[180] Dazu merkte RSK-Referent Meyer an, daß das Hauptamt Schrifttumspflege offenbar »Zensur ausüben« wolle.[181] Da die Jugendbücher Wendlers und seine politische Einstellung nach 1933 jedoch keinerlei Anlaß zur Beanstandung gegeben hätten, empfahl er, »die Angelegenheit auf sich beruhen zu lassen«.[182] Die Produktionschefs sämtlicher Filmfirmen erhielten allerdings von der Filmabteilung des Propagandaministeriums die Anweisung, daß Wendler »bei politischen Filmen in Zukunft nicht mehr zugezogen werden soll«.[183] Dagegen sollte er weiterhin Drehbücher für Unterhaltungsfilme schreiben dürfen.

Dem Jugendbuchautor Alfred Zacharias erteilte der Kreislei-

[176] Mitteilung des Präsidenten der RSK an das RMVP vom 29. 7. 1939, BArch Potsdam NS 18/307. Dort wird eine Übersicht über die seit 1934 veröffentlichten Arbeiten Wendlers gegeben.

[177] So die Abschrift aus dem Schreiben der Kreisleitung Brandenburg-Zauch-Belzig der NSDAP an die Gauleitung Mark Brandenburg vom 6. 10. 1939, ebd. Wendler hatte die Drehbücher zu den Filmen »Daphne und der Diplomat« (Ufa, 1936) und »Petermann ist dagegen« (Terra, 1937) verfaßt.

[178] Mitteilung der Abt. S an den Leiter F(ilmabteilung) vom 3. 8. 1939, BArch Potsdam NS 18/307. In gleichem Sinne hatte sich die RSK in ihrem Schreiben an das RMVP vom 29. 7. 1939, ebd., geäußert.

[179] »Notiz für Pg. Tießler« vom 9. 1. 1942 (Witt, II G), ebd.

[180] Schreiben vom 18. 8. 1942, BDC/RSK/Wendler, O. B.

[181] »Aktenvermerk für Herrn Loth« vom 24. 8. 1942, ebd.

[182] Ebd.

[183] Mitteilung von Reichmeisters (RMVP/Abt. F) an Tießler vom 18. 2. 1942, BArch Potsdam NS 18/307.

ter der NSDAP in Starnberg/Obb. zu Beginn des Jahres 1942 ein »Schreibverbot«.[184] Zur Begründung wurde angegeben, daß Zacharias kein Parteigenosse sei, sich auch nicht für die Belange der NSDAP interessiere und insgesamt als »politisch unzuverlässig« einzustufen sei.[185] Zacharias wandte sich daraufhin hilfesuchend an die Schrifttumsabteilung. Die hielt das vom Kreisleiter verhängte Schreibverbot für »völlig untragbar, zumal für ein solches die Partei nicht zuständig« sei.[186] Die Partei-Kanzlei wurde um »Klärung der Angelegenheit und um Weisung an den Kreisleiter gebeten, Zacharias wieder an seine schriftstellerische Arbeit gehen zu lassen«.[187] Schwerwiegender als die Einschätzung der ministeriellen Fachabteilung, die Zacharias für »einen der befähigtsten deutschen Jugendschriftsteller« hielt,[188] war für die Parteizentrale jedoch die politische Ablehnung durch einen »der ältesten Kämpfer des Gaues München-Oberbayern«.[189] Der Auffassung des Kreisleiters, wonach es unmöglich sei, »daß ein Volksgenosse Bücher für die Jugend schreibt, der in einem weltfremden Raum zu leben scheint und auch nicht das geringste Verständnis für die politische Arbeit in der Ortsgruppe – besonders im Kriege – zeigt«,[190] wurde voll und ganz beigepflichtet. Die weitere schriftstellerische Betätigung von Zacharias müsse daher von der Übernahme einer ehrenamtlichen Arbeit in der zuständigen NSDAP-Ortsgruppe abhängig gemacht werden.[191] Eine Voraussetzung, die der eingeschüchterte Schriftsteller bereits von sich aus durch seine Anmeldung zur NSV zu erfüllen bereit war.[192]

Die Goebbelssche Literaturpolitik geriet aber nicht nur durch die Partei-Kanzlei unter Druck. Die Unzufriedenheit des SD

[184] Zacharias an RMVP/Abt. S vom 2. 2. 1942, hier S. 1, BArch Potsdam NS 18/3017.

[185] So die Wiedergabe der Begründung des Kreisleiters durch Zacharias, ebd., S. 1–2.

[186] So der Leiter S (Haegert) an Reichsamtsleiter Thießler [!] im Hause vom 11. 2. 1942, ebd.

[187] »Vorlage« Tießlers für Reichsleiter Bormann vom 16. 2. 1942, ebd.

[188] Haegert an Tießler vom 11. 2. 1942, ebd.

[189] »Vermerk für Pg. Tießler« vom 25. 4. 1942 (Ritterbusch, II B3), S. 1, ebd.

[190] Ebd., S. 2.

[191] Ebd.

[192] S. die Eingabe von Zacharias an die Schrifttumsabteilung vom 2. 2. 1942, S. 2, ebd.

mit der Kammerpolitik entlud sich in einem ausführlichen Bericht »zur Frage der Mitgliedschaft in der Reichsschrifttumskammer«, der in den »Meldungen aus dem Reich« vom 2. 4. 1942 enthalten war.[193] Dort hieß es, daß von den rund 800 Anträgen auf Mitgliedschaft in der Kammer, die 1941 gestellt worden waren, »nach gesundem Empfinden« rund die Hälfte »nur als Zumutung« hätte empfunden werden können,[194] und dies nicht nur aus Gründen mangelnder fachlicher »Eignung« der Antragsteller. Denn 16 Personen seien »Judenstämmlinge bzw. jüdisch versippt« gewesen.[195] Bei 48 habe es sich um »ehemalige Marxisten und andere Staatsfeinde« gehandelt, »bei denen das bisherige Verhalten in der Volksgemeinschaft nicht die Gewähr für einen positiven Einsatz im Sinne der nationalsozialistischen Kulturführung gab«. Bei rund 150 Personen gäbe die »konfessionelle Bindung« Anlaß zur Sorge, daß »auch eine kulturelle Tätigkeit von dieser Bindung bestimmt« werde. 18 Personen seien Mitglieder »christlicher Sekten und okkulter Gruppen«. Neben 47 »vorbestraften und zum Teil kriminell erheblich belasteten Personen« hätten auch noch 29 Personen Aufnahmeanträge gestellt, die »in geistiger Hinsicht nicht als normal angesehen« oder als »Trinker, arbeitsscheue Elemente u. ä.« bezeichnet werden müßten.

In seiner Entgegnung vom 27. 5. 1942 wies RSK-Geschäftsführer Ihde nach, daß die Aufnahme neuer Mitglieder oder die Erteilung von »Befreiungsscheinen« stets nach den Vorschriften des Kulturkammergesetzes erfolgt war.[196] Die Erfassung der Schriftsteller ohne Rücksicht auf deren geistige oder literarische Eignung sei »nicht nur richtig, sondern in hohem Grade erwünscht, damit die Staatsführung jederzeit einen Überblick über die schriftstellerisch tätigen Personen hat«.[197] Geschickt machte Ihde in diesem Zusammenhang darauf aufmerksam, daß »auch dem SD« diese Kontrollmöglichkeit »angenehm« sein dürfte. Während die Aufnahme von »Halbjuden« »grundsätzlich« abgelehnt werden würde, könnten »Vierteljuden« auf An-

193 Meldungen aus dem Reich, Bd. 10, S. 3566–3595, hier S. 3570–3574.

194 Ebd., S. 3571.

195 Angabe ebd. Die folgenden Zitate ebd.

196 »Stellungnahme [Ihdes] zum Auszug eines SD-Berichtes[,] dessen vorliegende Seiten 9–14 sich mit der Reichsschrifttumskammer befassen«, BArch Potsdam R 56 V/154 Bl. 21–25.

197 Stellungnahme, Bl. 21/Rs. Die folgenden Zitate ebd.

weisung der RKK-Hauptgeschäftsführung und des Propagandaministeriums Mitglieder der Kammer werden, insofern nicht »besondere Umstände gegen sie sprechen«. Demgegenüber würden »Marxisten und Staatsfeinde« prinzipiell nicht aufgenommen werden, so daß der RSK-Geschäftsführer um Benennung der in dem SD-Bericht erwähnten 48 Fälle bat.[198] Unverständlich war Ihde auch, wie der SD auf 150 Schriftsteller mit politisch unerwünschten »konfessionellen Bindungen« kam. Die Kammer habe »– mit besonderer Schärfe seit Kriegsbeginn – Geistliche aller Konfessionen von der schriftstellerischen Betätigung ferngehalten, sofern sie auch nur die geringste Handhabe dazu hatte«.[199] Die Voraussetzung für Ablehnungen und Ausschlüsse sei jedoch stets, daß Tatsachen vorlägen, mit denen die mangelnde »Zuverlässigkeit und Eignung« begründet werden könnte.[200] Die bloße »Zugehörigkeit zur Bekenntnisfront« etwa sei gemäß Entscheidung der ministeriellen Rechtsabteilung und der RKK-Hauptgeschäftsführung kein hinreichender Ablehnungs- oder Ausschlußgrund.[201] Den Vorwurf, daß selbst aus asozialen Kreisen Aufnahmeanträge gestellt worden seien, wischte Ihde mit dem Argument vom Tisch, daß es sich ja nur um Anträge und nicht um Mitgliederaufnahmen gehandelt habe.[202] Die Kammer könne aber »in keiner Weise für Anträge solcher Elemente verantwortlich gemacht werden«.[203]

Die Ausführungen Ihdes, der zu jenem Zeitpunkt selbst immerhin SS-Sturmbannführer war,[204] machen noch einmal deutlich, daß die Entscheidungen der staatlichen Schrifttumsbürokratie nicht allein nach weltanschaulichen Gesichtspunkten gefällt wurden. Die von der Partei-Kanzlei und dem SD gleichermaßen angemahnte schärfere Selektion der Kammer-Mitglieder

198 Ebd., Bl. 21/Rs.-22.

199 Ebd., Bl. 22.

200 Ebd. Das Wort »Tatsachen« ist von Ihde hervorgehoben.

201 Hinweis ebd., Bl. 22–22/Rs.

202 Ebd., Bl. 22/Rs.

203 Ebd.

204 Hinweis ebd., Bl. 25. S. auch BDC/SS/Ihde, W.: ab 15. 9. 1933 SS-Anwärter, 20. 2. 1934 SS-Mann, 9. 11. 1935 SS-Untersturmführer, 9. 11. 1936 SS-Obersturmführer, 30. 1. 1939 SS-Hauptsturmführer. Aufgrund der »gute[n] sachliche[n] Zusammenarbeit« hatte das RSHA am 16. 1. 1941 der Beförderung Ihdes zum SS-Sturmbannführer zugestimmt. Am 4. 11. 1944 wurde der RSK-Geschäftsführer wegen Teilnahme an der Konfirmation einer Verwandten von Himmler aus der SS entlassen.

nach politischen Gesichtspunkten blieb auf die Dauer jedoch keineswegs wirkungslos. Seit 1942 ging die Hauptgeschäftsführung der RKK von sich aus dazu über, in politischen Zweifelsfällen die Stellungnahme der Partei-Kanzlei grundsätzlich einzuholen.[205] Und der SD erhielt nach einem persönlichen Gespräch zwischen Johst und Himmler im August 1942 von der Kammer das Zugeständnis, sich in allen strittigen Fragen regelmäßig mit dem Amt III des Reichssicherheitshauptamtes abzusprechen.[206]

1.3. Die Einschüchterung von Schriftstellern durch Gewaltandrohung

Die bisherigen Ausführungen haben gezeigt, daß die Schriftsteller durchaus nicht schutzlos den Schrifttumsstellen des nationalsozialistischen Staates ausgeliefert waren. Die Entscheidungen über die Berufszulassung wurden auf der Grundlage des geltenden Reichskulturkammerrechts getroffen. Hierbei ebenso wie bei Entscheidungen über die Berufsausübung setzten sich Kammer und Propagandaministerium häufig über die gravierenden Bedenken von Gestapo, SD oder Parteidienststellen hinweg. Allerdings dürfen die angeführten Beispiele nicht zu falschen Schlußfolgerungen verleiten. Die nationalsozialistische Literaturpolitik war zwar keineswegs einheitlich und ideologisch gefestigt. Auch gab es Nischen, in die sich Schriftsteller beruflich zurückziehen und in denen sie sich inhaltlich noch verwirklichen konnten. Doch sobald offene Kritik am nationalsozialistischen Staat oder an der NSDAP geübt wurde, scheute der Propagandaminister auch vor physischer Gewaltandrohung nicht zurück. Dafür gibt es zwei besonders markante Beispiele.

205 S. die Einschaltung der Partei-Kanzlei in die Fälle Sigfried Knapitsch (1942), BArch Potsdam NS 18/3007, Johann Zangerle (1942), BArch Potsdam NS 18/3017, Marie Wilhelmine Oelfken, Heinrich Pudor und Thomas Ring (1943), BArch Potsdam NS 18/307, Josef August Lux (1943), BArch Potsdam NS 18/3009, und Lola Constanze Wachter (1943), BArch Potsdam NS 18/3015. In all diesen Fällen ging es um die Bestätigung von Aufnahmeverweigerungen bzw. Ausschlußentscheidungen der RSK.

206 Mitteilung Ihdes an den Präsidenten der RKK vom 11. 9. 1942, BArch Potsdam R 56 V/154 Bl. 31. Über das Gespräch zwischen Johst und Himmler hatte Ihde den Präsidenten der RKK am 31. 8. 1942 informiert, ebd. Bl. 29.

Als Gegner der Weimarer Republik und Vertreter völkischer Ideale zählte Ernst Wiechert bis 1936 zu den von nationalsozialistischer Seite umworbenen Autoren.[207] Seine vom Langen-Müller Verlag in hohen Auflagen vermarkteten Erzählungen und Romane[208] wurden von der Rosenbergschen »Bücherkunde« positiv rezensiert und zählten zu den für die Anschaffung durch Volksbüchereien besonders empfohlenen Büchern.[209] Von der NS-Kulturgemeinde wurde Wiechert wiederholt zu Lesungen und Vortragsveranstaltungen eingeladen.[210] Auch der Vortrag, den Wiechert am 16. 4. 1935 im Auditorium Maximum der Universität München hielt und der den existentiellen Konflikt des Schriftstellers mit den Machthabern im »Dritten Reich« einleitete, lief als offizielle Veranstaltung der Rosenbergschen Kulturorganisation.[211] »Der Dichter und die Zeit« war eine deutliche Absage an die Kulturpolitik im »Dritten Reich« und an alle Versuche, den Bestsellerautor Wiechert als Aushängeschild für den Nationalsozialismus zu vereinnahmen.[212] Die Rede wurde daher nie gedruckt, kursierte aber in

[207] S. dazu die sorgfältige Analyse von H. Chatellier, Ernst Wiechert im Urteil der deutschen Zeitschriftenpresse 1933–1945. Ein Beitrag zur nationalsozialistischen Literatur- und Pressepolitik, in: Recherches Germaniques 3 (1973), S. 153–195, hier S. 156–159. In einem Schreiben an Heinz Steguweit vom 24. 10. 1934 gibt Gustav Pezold an, daß Wiechert sich 1931 »von der antijüdischen, antidemokratischen, antimarxistischen Haltung« des Langen-Müller Verlags so »angezogen« gefühlt habe, daß er Pezold fragte, »ob er nicht Autor dieses Verlags werden könne«. Das Schreiben findet sich in DLA Marbach/NL G. Pezold.

[208] In einem Schreiben an Grimm vom 23. 3. 1938 bezifferte Pezold die Umsätze der Wiechertschen Bücher bis Ende 1937 auf ca. 800–900 000 RM. Der Verlag erzielte damit einen Reingewinn von mehr als 120 000 RM. DLA Marbach/NL H. Grimm: Korrespondenz Grimm-Langen-Müller Verlag, Mappe III.

[209] Im einzelnen Chatellier, Ernst Wiechert im Urteil der deutschen Zeitschriftenpresse, S. 169–176.

[210] Angabe im Bericht der NSKG-Amtsleitung, Abteilung Buchpflege über »Die Dichterlesungen der NS.-Kulturgemeinde im Winter 1935/36«, hier S. 4, BArch Potsdam NS 15/85.

[211] Hinweis auf dem in BDC/RSK/Wiechert, E. überlieferten Vortragstext.

[212] S. den Text der Rede in E. Wiechert, An die deutsche Jugend. Vier Reden, München 1951, S. 65–86. Vgl. auch G. Reiner (Bearb.), Ernst Wiechert im Dritten Reich. Eine Dokumentation, Paris 1974, hier insbes. S. 62–67; sowie J. Hattwig, Das Dritte Reich im Werk Ernst Wiecherts. Ge-

zahlreichen Abschriften[213] und fand auch im Ausland starke Beachtung.[214]

Die Folge war, daß Wiecherts Lesungen in Deutschland von der Gestapo überwacht wurden[215] und die RSK ihm eine Lesereise ins Ausland untersagte.[216] In engem Zusammenhang mit diesen Vorgängen stand auch die Ablehnung des Langen-Müller Verlags, Wiecherts 1937 entstandene Legende »Der weiße Büffel oder Von der großen Gerechtigkeit«, in der es um den unnachgiebigen Widerstand eines Bauernsohns gegen einen Despoten geht, zu veröffentlichen.[217] Den Schriftsteller ließ das alles nicht nur unbeeindruckt, er ging nun sogar zur offenen

schichtsdenken, Selbstverständnis und literarische Praxis, Frankfurt a.M. u.a. 1984.

213 Mitteilung der Gestapo-Außendienststelle Oberhausen-Mühlheim a.d. Ruhr an die Stapostelle für den Regierungsbezirk Düsseldorf vom 22. 2. 1937, HStA Düsseldorf RW 58/3487 Bl. 17. Dort hieß es, daß die Rede in Schreibmaschinenvervielfältigungen in »Bekenntnisfrontkreisen in Umlauf gesetzt worden« sei. In der Folge nahm die Gestapo Vernehmungen einzelner Personen vor, bei denen ein Exemplar der Rede vorgefunden worden war. S. ebd. Bl. 24–30 und Bl. 46. Im November 1936 war bereits ein Buchhändler in Bielefeld von der Gestapo verhört worden, weil er die von Wiechert am 6. 7. 1933 vor der Münchner Studentenschaft gehaltene Rede zum Thema »Der Dichter und die Jugend« verbreitet hatte. Ebd. Bl. 13–16.

214 Mitteilung der NSDAP-Gauleitung Essen/Der Gauschulungsleiter, Abt. Buchwesen und Schrifttum an die Gestapo Essen vom 30. 11. 1937, HStA Düsseldorf RW 58/52359 Bl. 12.

215 »Überwachungsbericht« der Gestapo-Außenstelle Essen vom 19. 11. 1937 (mit dem Nachtrag vom 22. 11.) über eine Lesung Wiecherts im Haus der Technik in Essen am 17. 11. 1937, HStA Düsseldorf RW 58/52359 Bl. 3–4.

216 Mitteilung Wiecherts an Grimm vom 18. 3. 1938, hier S. 2, DLA Marbach/NL H. Grimm: Korrespondenz Grimm-Wiechert. Wiechert wollte in Italien, der Schweiz und in Österreich aus seinen Werken lesen.

217 Der Hinweis auf die im Dezember 1937 erfolgte Ablehnung des Manuskripts findet sich ebd., S. 1. Herbert Göpfert, ehemaliger Lektor des Verlags Langen-Müller, hat bei einer Zeitzeugenbefragung im Rahmen eines IfZ-Kolloquiums am 8. und 9. 11. 1989 in Tutzing angegeben, daß mit dieser Entscheidung Wiechert vor noch größeren Schwierigkeiten bewahrt werden sollte. Zu beachten ist in diesem Zusammenhang aber auch, daß sich Ende 1937 der Konflikt Gustav Pezolds mit der DAF-Führung zuspitzte und der angegriffene Verlagsleiter kein Interesse daran gehabt haben dürfte, seine Position durch die Veröffentlichung von Wiecherts politisch brisanter Novelle zusätzlich zu schwächen.

Opposition über. Wiechert trug seine unpublizierte »Legende« in Köln und anderen Städten öffentlich vor. Dabei wurde seine Botschaft, wie die »Deutschland-Berichte der Sopade« mit Befriedigung feststellen konnten, sowohl vom Publikum als auch von der Presse eindeutig verstanden.[218] Der NSV verweigerte er die Aufnahme von Kindern, die zu einem Erholungsaufenthalt in seinem Haus untergebracht werden sollten.[219]

Doch damit nicht genug. Nach der Verhaftung Martin Niemöllers im Juli 1937 teilte Wiechert der NSV in seinem Heimatort Wolfratshausen mit, daß er seine Beiträge zum Winterhilfswerk für die Dauer von Niemöllers KZ-Haft an dessen Ehefrau und ihre Kinder überweisen würde.[220] Die daraufhin erfolgte »Vorladung« durch den Kreisleiter lehnte Wiechert mit dem Zusatz ab, daß es ihm ja freistünde, »falls es sich mit der gültigen Rechtsauffassung vereinbaren läßt, mich polizeilich vorführen zu lassen«.[221] Offenbar vertraute der Schriftsteller darauf, daß man aufgrund seines nationalen und internationalen Ansehens vor dieser Maßnahme zurückschrecken würde.[222] Als Wiechert aber auch noch bei der »Volksabstimmung« über den »Anschluß« Österreichs mit Nein stimmte, wurde er am 6. 5. 1938 von der Gestapo »wegen betont staatsfeindlicher Gesinnung und Erregung öffentlicher Unruhe gegen Partei und Staat« verhaftet.[223] Der Schriftsteller mußte zunächst einen zweimonatigen Aufenthalt im Zuchthaus mit einer Reihe mehrstündiger Verhöre über sich

[218] Deutschland-Berichte der Sozialdemokratischen Partei Deutschlands (Sopade) 1934–1940, Vierter Jahrgang 1937, S. 1651. Dort wird die Lesung Wiecherts am 18. 11. 1937 in Köln und der dazu am 21. 11. in der Kölnischen Zeitung erschienene Bericht kommentiert als ein »kleiner, aber typischer Ausschnitt aus dem verschleierten und vernebelten geistigen Ringen im Dritten Reich«.

[219] Mitteilung der Stapoleitstelle München an die Stapostelle Düsseldorf vom 18. 7. 1938, HStA Düsseldorf RW 58/3487 Bl. 49.

[220] Angabe ebd.

[221] So die Wiedergabe der Wiechertschen Äußerungen ebd.

[222] Darauf weist Wiechert selbst in seinem 1939 entstandenen, aber erst nach dem Kriege veröffentlichten autobiographischen Bericht »Der Totenwald«, München o.J., S. 10, hin.

[223] Stapoleitstelle München an Stapostelle Düsseldorf vom 18. 7. 1938, HStA Düsseldorf RW 58/3487 Bl. 49. Der Text des Haftbefehls ist zitiert bei Wiechert, Der Totenwald, S. 33.

ergehen lassen. Anschließend wurde er von Anfang Juli bis September 1938 im Konzentrationslager Buchenwald interniert.[224]

Daß diese Behandlung Wiecherts nicht nur als Strafaktion gegenüber einem renitenten Autor kalkuliert war, sondern als Abschreckung für die gesamte deutsche Schriftstellerschaft dienen sollte, geht aus dem Goebbelsschen Tagebuch hervor.[225] Der Minister hatte die ihm vorgelegten Protokolle der Vernehmungen Wiecherts durch die Gestapo mit einem menschenverachtenden Jargon kommentiert: »So ein Stück Dreck will sich gegen den Staat erheben«.[226] Nach dem auf drei Monate befristeten Konzentrationslageraufenthalt wollte er sich den »sogen. Dichter« noch einmal »persönlich kaufen«.[227] Über das Ende August 1938 geführte »Gespräch« mit Wiechert hielt Goebbels dann im gleichen zynischen Ton fest: »Ich lasse mir den Schriftsteller Wiechert aus dem K. Z. vorführen und halte ihm eine Philippika, die sich gewaschen hat. Ich dulde auf dem von mir betreuten Gebiet keine Bekenntnisfront [sic!]. Ich bin in bester Form und steche ihn geistig ab. Eine letzte Warnung! Darüber lasse ich auch keinen Zweifel. Der Delinquent ist am Schluß ganz klein und erklärt, seine Haft habe ihn zum Nachdenken und zur Erkenntnis gebracht. Das ist sehr gut so. Hinter einem neuen Vergehen steht nur die physische Vernichtung. Das wissen wir nun beide«.[228]

Nachdem Wiechert seine Bereitschaft bekundet hatte, auf weitere Kritik am Nationalsozialismus zu verzichten, wurde sein Kammer-Ausschluß »auf dem Gnadenwege gestundet«.[229] Auch auf ein Verbot seiner Bücher, das dem Schriftsteller wäh-

[224] S. dazu im einzelnen Wiechert, Der Totenwald, und ders., Häftling Nr. 7188. Tagebuchnotizen und Briefe, München 1966.

[225] Die von Chatellier, Ernst Wiechert im Urteil der deutschen Zeitschriftenpresse, S. 187, aufgeworfene Frage, »ob Wiechert am Ende nicht nur ›zufällig‹ von den Nazis verurteilt wurde«, ist auf dieser Grundlage eindeutig zu verneinen.

[226] Goebbels-Tagebücher, Teil 1, Bd. 3, S. 499 (4. 8. 1938).

[227] Ebd.

[228] Goebbels-Tagebücher, Teil 1, Bd. 3, S. 522 (30. 8. 1938).

[229] Mitteilung des Leiters der Schrifttumsabteilung Haegert an Staatssekretär Pfundtner im RMI vom 13. 1. 1940, BArch Potsdam R 18/5645 Bl. 97–101, hier Bl. 99. S. auch E. Wiechert, Jahre und Zeiten, in: ders., Es sprach eine Stimme, Wien u. a. 1959, S. 189–636, hier S. 529.

rend seiner KZ-Haft besondere Sorgen gemacht hatte,[230] wurde verzichtet.[231] Allerdings wurde ihm zur Auflage gemacht, der Schrifttumsabteilung zukünftig »jedes neue Werk vor Erscheinen zur Durchsicht vorzulegen«.[232] Dennoch konnte 1939 Wiecherts Roman »Das einfache Leben« im Langen-Müller Verlag erscheinen. Und dies, obwohl der Roman als »Absage an die Idee der Gemeinschaft« und als »Bekenntnis zur bewußten Vereinzelung«[233] vom Rosenbergschen Schrifttumsamt ebenso abgelehnt wurde wie von der Goebbelsschen Schrifttumsabteilung.[234]

Auf Anweisung des Propagandaministers blieb Wiechert in der Folge unter ständiger staatlicher Kontrolle, doch sollten ihm keine Schwierigkeiten gemacht werden, solange er sich politisch zurückhielt und der Pflicht zur Vorlage seiner Schriften entsprach.[235] So konnten die Werke Wiecherts – sogar trotz zunehmender Papierknappheit – noch bis Kriegsende in hohen Auflagen erscheinen.[236]

Hans Grimm war der zweite markante Fall, in dem das Mittel physischer Gewaltandrohung eingesetzt wurde. Vor 1933 war

[230] Am 27. 6. 1938 vertraute Wiechert seinem Tagebuch an: »Sorge, daß sie meine bisherigen Bücher verbieten und die wirtschaftliche Sorge dazukommt«. Wiechert, Häftling Nr. 7188, S. 92.

[231] Haegert an Pfundtner vom 13. 1. 1940, BArch Potsdam R 18/5645 Bl. 99.

[232] Ebd.

[233] So das »Mustergutachten« zu »Das einfache Leben« in: Lektoren-Brief 2. Jg., 6. Folge 1939, S. 8–10, hier S. 9, BArch Potsdam NSD 16/59. S. dazu bereits die ablehnende Gesamtbeurteilung Wiecherts durch das Amt Schrifttumspflege im Lektoren-Brief 2. Jg., 3. Folge 1939, S. 7–8 (»Über Ernst Wiechert«). Zur Deutung des Romans Thoenelt, Innere Emigration: Fiktion oder Wirklichkeit?, in: Leid der Worte, hier S. 303–305.

[234] In Anlehnung an das »Mustergutachten« des Rosenbergschen Schrifttumsamtes hieß es im Schreiben Haegerts an Pfundtner vom 13. 1. 1940, daß auch der Roman »Das einfache Leben« »in keiner Zeile Wiecherts Grundhaltung zu einem müden und im letzten Sinne egoistischen Leben« verleugne. BArch Potsdam R 18/5645 Bl. 101.

[235] Ebd. S. dazu auch die Angaben zur Behandlung des Wiechertschen Werks nach 1939 bei Chatellier, Ernst Wiechert im Urteil der deutschen Zeitschriftenpresse, S. 181–190.

[236] S. die detaillierten Tabellen zum Bücherverkauf in den Jahren 1937–1942 (I) sowie zur Auflagenhöhe und zu den Autorenhonoraren Wiecherts in den Jahren 1937–1945 (II) bei Reiner (Bearb.), Ernst Wiechert im Dritten Reich, S. 162–165 und S. 166–170.

der Autor des in hohen Auflagen verbreiteten konservativ-nationalistischen Kolonialromans »Volk ohne Raum« von den Nationalsozialisten stark umworben worden. Es war insbesondere Goebbels gewesen, der es seit 1927 geschickt verstand, den angesehenen Autor an den Nationalsozialismus zu binden.[237] Eine erste persönliche Begegnung Grimms mit Hitler im Jahre 1928 dürfte ebenso auf die Vermittlung des Leiters des NSDAP-Gaues Berlin-Brandenburg hin zustande gekommen sein[238] wie die Teilnahme des Schriftstellers an einem Treffen der Harzburger Front im Jahre 1931.[239]

Am 31. 3. 1932 konnte Goebbels im Zusammenhang mit den Reichspräsidentenwahlen schließlich erfreut in seinem Tagebuch notieren: »Der Dichter Hans Grimm bekennt sich offen zum Führer«.[240] Es überrascht daher nicht, daß der inzwischen zum Propagandaminister und Präsident der Reichskulturkammer avancierte Goebbels den Schriftsteller Mitte November 1933 in den fünfköpfigen Präsidialrat der RSK berief. Das war zum einen als Auszeichnung Grimms für seine Verdienste um die nationale Literatur und die nationalsozialistische Bewegung gedacht; zum anderen versuchte Goebbels wohl, den renommierten Autor als eine Gallionsfigur für die aus dem Boden gestampfte Reichskulturkammer zu benutzen. Diese Rechnung ging jedoch nicht auf. Ganz im Gegenteil, Grimm entwickelte sich seit 1934 zu einem der entschiedensten Kritiker der RSK.

Gegenüber Kammer-Präsident Blunck wies Grimm wiederholt auf die völlig ineffiziente und inkompetente Arbeitsweise der RDS-Bürokratie hin.[241] Auch gegenüber Goebbels nahm

[237] Schreiben von Goebbels an Grimm vom 17. 2. 1927 sowie deren weiterer Briefwechsel aus den Jahren vor 1933 im DLA Marbach/NL H. Grimm: Korrespondenz mit NS-Partei- und Regierungsstellen, Mappe III (F–G); ergänzend die Goebbels-Tagebücher, Teil 1, Bd. 2, wo sich wiederholt Eintragungen zu persönlichen Begegnungen mit Grimm finden (15. 2. 1931, S. 21–22; 12. 3. 1931, S. 32; 14. 3. 1931, S. 33; 21. 3. 1931, S. 37).

[238] S. dazu Grimms apologetische Memoiren »Warum – Woher – Aber wohin?«, Lippoldsberg 1954, S. 112–114.

[239] Schreiben Grimms an Goebbels vom 13. 10. 1931, DLA Marbach/NL H. Grimm: Korrespondenz mit NS-Partei- und Regierungsstellen, Mappe III.

[240] Goebbels-Tagebücher, Teil 1, Bd. 2, S. 149.

[241] S. dazu bereits das »vertrauliche« Schreiben Grimms an Blunck vom 29. 1. 1934 sowie die Schreiben Grimms an Blunck vom 31. 8., 22. 11. 1934, 23. 1. und 23. 4. 1935 DLA Marbach/NL H. Grimm: Konv. Reichsschrift-

Grimm kein Blatt vor den Mund. »Wenn die Dinge so weitergehen, wie sie laufen«, gab er dem Propagandaminister am 24. 4. 1935 zu bedenken, »wird der Stand immer mehr verspielt, die Kunst gehindert und das kulturelle Ansehen des dritten Reiches sinnlos überlastet«.[242] Die Kritik Grimms stieß durchaus nicht auf taube Ohren. Immerhin schrieb Staatssekretär Funk an den Rand der Grimmschen Eingabe: »Die Unzulänglichkeiten in den Kammern und Verbänden werden überall sichtbar!«.[243] Eine Folge dieser Einsicht war die noch im Oktober des gleichen Jahres verfügte Auflösung des RDS und die Verkleinerung des Verwaltungsapparats der Kammer. Dennoch versuchte Goebbels, sich des Kritikers in den eigenen Reihen zu entledigen. Im November 1935 entließ er Grimm als Mitglied des Präsidialrats der RSK,[244] was den hartnäckigen Schriftsteller aber keineswegs davon abhielt, die Entwicklung der Kammer weiterhin kritisch zu kommentieren.[245]

Grimm tat aber noch mehr. Seit 1934 lud er jährlich einen kleinen Kreis arrivierter Schriftsteller auf seinen Gutshof nach Lippoldsberg ein.[246] Was ursprünglich als rein literarisches

tumskammer, Mappe I 1933/1934 und Mappe II 1935/36; des weiteren die Ansprache Grimms auf der Sitzung des RSK-Präsidialrats vom 5. 6. 1935, BDC/RSK/Grimm, H.

242 So Grimm in seinem Schreiben an Goebbels vom 24. 4. 1935, DLA Marbach/NL H. Grimm: Konv. Reichsschrifttumskammer, Mappe II 1935/1936.

243 Die Randbemerkung Funks findet sich auf der Abschrift des Grimmschen Schreibens an Goebbels vom 24. 4. 1935, die in BDC/RSK/Grimm, H. überliefert ist.

244 Das Entlassungsschreiben vom 14. 11. 1935 findet sich in DLA Marbach/NL H. Grimm: Konv. Reichsschrifttumskammer, Mappe II 1935/1936.

245 Schreiben Grimms an die RSK-»Gruppe Schriftsteller« vom 25. 9. 1937, BDC/RSK/Grimm, H.

246 Die Teilnahme an den Lippoldsberger Dichtertagen erfolgte auf persönliche Einladung Grimms. Der anfänglich nur kleine Teilnehmerkreis wurde im Laufe der Jahre immer wieder erweitert und verändert. E. von Salomon nennt in seinen Memoiren »Der Fragebogen«, Hamburg 1951, Benno von Mechow, Paul Alverdes, Joachim von der Goltz, Werner Beumelburg, Bruno Brehm (S. 237), Rudolf G. Binding, Rudolf Alexander Schroeder sowie Börries von Münchhausen (S. 243) und erwähnt, daß Grimm auch »englische Kollegen« eingeladen habe (S. 244). H. Sarkowicz, Zwischen Sympathie und Apologie: Der Schriftsteller Hans Grimm und sein Verhältnis zum Nationalsozialismus, in: Intellektuelle im Bann des

Fachgespräch geplant war, entwickelte sich rasch zum Politikum. Zum einen deshalb, weil die »Lippoldsberger Dichtertage« als private Veranstaltung nicht unter staatlicher Kontrolle liefen und sich gerade deshalb wachsender Popularität unter den Schriftstellern erfreuten.[247] Zum anderen, weil es neben den Diskussionen über die gelesenen Texte auch zu einem regen Meinungsaustausch über die Mißstände in der nationalsozialistischen Literaturpolitik kam. Am 5. 8. 1938 notierte Goebbels dazu in seinem Tagebuch: »Der Dichter Hans Grimm macht Dichtertreffen mit etwas negativer Tendenz. Ich werde jetzt dieses Treffen etwas näher unter die Lupe nehmen. Ich dulde unter den Dichtern keine Bekenntnisfront. Ich werde diesen ewigen Stänkern [!] Beine machen«.[248]

Es dauerte allerdings noch bis zum 19. 11., als Goebbels Grimm um die Benennung eines Gesprächstermins wegen einer »dringenden Angelegenheit« bat.[249] Nachdem der Schriftsteller zunächst versucht hatte, sich der persönlichen Auseinandersetzung zu entziehen und aus »Gesundheits- und Arbeitsgründen« um eine schriftliche Erledigung der strittigen Fragen gebeten hatte,[250] wurde er durch ein Schreiben des Ministerbüros vom 22. 11. 1938 ultimativ auf den 2. 12., 12.30 Uhr ins Ministerium bestellt.[251]

Bei dem in Anwesenheit von Reichspressechef Dietrich geführten zweistündigen Gespräch hielt Goebbels Grimm »sein ganzes Sündenregister« vor.[252] Dabei spielte neben den »Lippoldsberger Dichtertagen« und der Weigerung Grimms, an offiziellen staatlichen Empfängen und Tagungen teilzunehmen, ein Schreiben des Schriftstellers an Reichsinnenminister Frick

Nationalsozialismus, S. 120–135, hier S. 129–130, führt zusätzlich Paul Fechter, Hans Carossa, Edwin Erich Dwinger und Moritz Jahn als Teilnehmer an.

247 Im einzelnen von Salomon, Der Fragebogen, S. 236–250.

248 Goebbels-Tagebücher, Teil 1, Bd. 3, S. 500. S. auch von Salomon, Der Fragebogen, der angibt, daß in Lippoldsberg der »finstere Geist der Verschwörung« gewaltet habe (S. 234).

249 DLA Marbach/NL H. Grimm: Korrespondenz mit NS-Partei- und Regierungsstellen, Mappe III.

250 Antwortschreiben Grimms an Goebbels vom 20. 11. 1938, ebd.

251 S. das Aufforderungsschreiben ebd.

252 So Goebbels in seinem Tagebuch vom 3. 12. 1938, Goebbels-Tagebücher, Teil 1, Bd. 3, S. 541.

vom 4. 4. 1936 eine besondere Rolle.[253] In ihm hatte sich Grimm im Zusammenhang mit der Volksabstimmung vom 29. 3. 1936 über den Einmarsch deutscher Truppen in das entmilitarisierte Rheinland für einen von Parteifunktionären mißhandelten »Neinsager« in Lippoldsberg eingesetzt und darauf hingewiesen, daß noch schwerer als dieses »Verbrechen an der Person« das »Verbrechen am Staate, am Nationalsozialismus und am Volksgewissen« wiege.[254] Goebbels störte aber anscheinend nicht nur die in seinen Augen völlig übertriebene Reaktion Grimms, sondern auch der Adressat seiner Kritik. »Der zuständige Minister für Sie bin ich, und nicht Herr Dr. Frick«, belehrte er Grimm.[255] Er ließ den Schriftsteller auch nicht im unklaren darüber, welche Konsequenzen sich aus einer fortgesetzten Mißachtung der Machtzuständigkeiten im deutschen Kulturleben und der politischen Kritik am Nationalsozialismus ergeben könnten. Unter Anspielung auf das Schicksal Ernst Wiecherts warnte Goebbels – wie er sich selbst ausdrückte – »loyal«, aber unmißverständlich: »Herr Dr. Grimm, ich schicke Leute vier Monate ins Konzentrationslager. Wenn ich sie ein zweites Mal hineinschicke, kommen sie nicht mehr hinaus«.[256]

Grimm, der sich dagegen verwahrte, »in einem Atem mit Wiechert« genannt zu werden, da er »keine Billigung« für dessen Handeln hätte und ihm inhaltlich »völlig fern« stände,[257] beharrte dennoch auf seiner eigenständigen Position. Er bat

[253] »Gedächtnisprotokoll über die Besprechung am 2. 12.«, das Grimm noch in der Nacht vom 2. auf den 3. 12. 1938 seinem Berliner Rechtsanwalt diktierte, hier S. 1–3, DLA Marbach/NL H. Grimm: Korrespondenz mit NS-Partei- und Regierungsstellen, Mappe III.

[254] Das Schreiben ist abgedruckt in H. Grimm, Der Schriftsteller und seine Zeit. Aufsätze, Zeitungsantworten, Politische Briefe, Lippoldsberg 1980, S. 199. Weitere Schreiben Grimms an Frick aus den Jahren 1934 bis 1936 sind überliefert in DLA Marbach/NL H. Grimm: Korrespondenz mit NS-Partei- und Regierungsstellen, Mappe II.

[255] »Gedächtnisprotokoll« Grimms, S. 3.

[256] Ebd., S. 1. Der Begriff der »loyalen Warnung«, den Goebbels dem »Gedächtnisprotokoll« Grimms zufolge wiederholt gebrauchte, macht die Sonderstellung des Schriftstellers im »Dritten Reich« deutlich.

[257] »Gedächtnisprotokoll« Grimms, S. 6. Am 10. 9. 1935 hatte sich Grimm bei Wiechert für die Übersendung seiner Rede »Der Dichter und die Zeit« bedankt, dazu aber kritisch angemerkt, daß er sich den Vortrag »noch aktiver gewünscht« hätte. Die Einladung Grimms zur Teilnahme an den »Lippoldsberger Dichtertreffen« wurde von Wiechert am 15. 2. 1936

Goebbels anzuerkennen, »daß ich ein Nationalsozialist außerhalb der Partei bin, und daß das, was ich tue, nützlich ist [...]«.[258] So wie Benedetto Croce von Mussolini zugestanden worden sei, »zu schreiben, was er will«, forderte Grimm von Goebbels, »daß Sie einen Weg finden, der mir das Nebenher erlaubt, daß niemals etwas gegen Sie ist«. Diese Verteidigungsstrategie scheint ihren Eindruck bei Goebbels nicht verfehlt zu haben. Zwar sprach der Propagandaminister dem Schriftsteller das Recht ab, eigene Vorschläge zur Lösung des Konflikts zu unterbreiten, und machte ihm abschließend unter Hinweis auf die Behandlung Furtwänglers noch einmal deutlich, daß er Grimm bei Fortsetzung seiner Kritik »zerbrechen« würde, »einerlei welches Geschrei es im Inland und Ausland gibt«.[259] Doch blieb Grimm bis zum Ende der nationalsozialistischen Herrschaft unbehelligt, obwohl er weiterhin heftige Kritik an der Veranlagung der Kammer-Beiträge nach dem Brutto-Einkommen der Schriftsteller übte[260] und sich standhaft weigerte, an den vom Propagandaministerium organisierten »Weimarer Dichtertreffen« teilzunehmen.[261]

Die Goebbelssche Einschüchterung blieb aber auch nicht wirkungslos. Denn Grimm hielt sich in der Folge mit öffentlichen Äußerungen gegen Mißstände im nationalsozialistischen Staat zurück, stellte seine »Lippoldsberger Dichtertage« nach 1939 ganz ein und arbeitete während des Krieges verstärkt an dem umfangreichen Romanprojekt »Heynade und England«,[262] dessen anti-englische Tendenz der staatlichen Schrifttumsbüro-

abgelehnt. S. die Korrespondenz Grimm-Wiechert in DLA Marbach/NL H. Grimm.

[258] »Gedächtnisprotokoll« Grimms, S. 4. Zum folgenden s. ebd.

[259] Ebd., S. 7.

[260] Schreiben der RSK-Abteilung II an Grimm vom 28. 11. 1939 und Schreiben Grimms an den Kammer-Referenten Metzner vom 5. 3. 1940, BDC/RSK/Grimm, H.

[261] Schreiben Grimms an Haegert vom 24. 9. 1940, mit dem er eine Einladung zum Dichtertreffen im Oktober 1940 ausschlug, und Schreiben Grimms an Haegert vom 17. 8. 1942, mit dem er die Teilnahme an der Eröffnungsveranstaltung zur Kriegsbuchwoche in Weimar absagte. DLA Marbach/NL H. Grimm: Korrespondenz mit NS-Partei- und Regierungsstellen, Mappe IV.

[262] S. zu diesem Fragment gebliebenen Romanprojekt K. von Delft, Kritische Apologie des Nationalsozialismus. Hans Grimms konservative Revolution?, in: Leid der Worte, S. 255–277, hier S. 270–273.

kratie sehr willkommen war. 1940 förderte die Goebbelssche Schrifttumsabteilung auch nachdrücklich eine amerikanische Übersetzung von »Volk ohne Raum«, um damit dem »Spuk der Emigrantenliteratur« in den USA etwas entgegensetzen zu können.[263] Es war dieses Interesse an seiner literarischen Produktion und seine Bereitschaft zum Engagement für die »Idee des Nationalsozialismus«, die Grimm vor dem Schicksal Wiecherts bewahrte.

2. Die Unterdrückung der Publikationen von Schriftstellern

Neben der Berufszulassung war die Zensur das zweite gewichtige Instrument, mit dem die staatliche Schrifttumsbürokratie eine politische Kontrolle über die deutsche Schriftstellerschaft ausüben konnte. In den seit 1933 kursierenden amtlichen und halbamtlichen »Schwarzen Listen« wurden bereits zahlreiche Autoren mit einzelnen Schriften oder mit ihrem Gesamtwerk erfaßt. Allerdings waren diese Buchverbote zumeist noch regional begrenzt,[1] oder sie fanden aufgrund ihres halbamtlichen Charakters nur eingeschränkte Beachtung.[2]

Erst die Einführung der »Liste 1 des schädlichen und unerwünschten Schrifttums« Ende 1935 und die allmähliche Zentralisierung der Buchverbotspolitik im Bereich der RSK beziehungsweise des Propagandaministeriums eröffnete der staatli-

[263] So Hövel (RMVP/Abteilung S) in einem Schreiben an Grimm vom 27. 8. 1940, DLA Marbach/NL H. Grimm: Korrespondenz mit NS-Partei- und Regierungsstellen, Mappe IV.

[1] Dies gilt etwa für die vom »Ausschuß zur Neuordnung der Berliner Stadt- und Volksbüchereien« ausgearbeiteten »Schwarzen Listen«, die im Mai 1933 vom Preußischen Kultusministerium für ganz Preußen verbindlich gemacht wurden; für die im August 1933 vom Thüringischen Volksbildungsministerium vorgelegten »Schwarzen Listen«; und für das von der Bayerischen Politischen Polizei 1934 herausgegebene »Verzeichnis der polizeilich beschlagnahmten und eingezogenen, sowie der für Leihbüchereien verbotenen Druckschriften«.

[2] So wurde den ab 1934 von der Reichsstelle zur Förderung des deutschen Schrifttums beantragten Buchverboten von der RSK oder dem Propagandaministerium nur in wenigen Einzelfällen entsprochen. S. dazu BArch Potsdam R 58/890–935 passim.

chen Schrifttumsbürokratie die Möglichkeit, nun auch einen gezielten Einfluß auf die Publikationen der Schriftsteller zu nehmen.[3] Für die Frage, wie das Zensurinstrument praktisch eingesetzt wurde, interessieren weniger die Autoren der deutschsprachigen Emigration, deren Schriften nahezu vollständig verboten wurden, oder die als »schädlich und unerwünscht« eingestuften ausländischen Autoren. Vielmehr geht es um diejenigen Schriftsteller, die zwischen 1933 und 1945 in Deutschland gelebt und gearbeitet haben.

Bei einer Auswertung der staatlichen Buchverbotslisten der Jahre 1935 bis 1943 unter diesem Gesichtspunkt fällt auf, daß die Indizierung der Werke eines Autors nicht unbedingt Konsequenzen für dessen Berufszulassung oder weitere Berufsausübung haben mußte. So erhielt der Düsseldorfer Schriftsteller und Maler Adolf Uzarski 1938 von der RSK einen »Befreiungsschein« für gelegentliche schriftstellerische Arbeiten, obwohl acht Bücher von ihm in die »Liste 1 des schädlichen und unerwünschten Schrifttums« mit Stand vom Oktober 1935 aufgenommen worden waren[4] und die zuständige NSDAP-Kreisleitung ebenso wie die Stapostelle Düsseldorf erhebliche politische Bedenken geltend gemacht hatte.[5] Ohne Einfluß auf die Berufsausübung blieben die Buchverbote auch für Max Barthel (mit 8 indizierten Buchtiteln),[6] Erich Ebermayer (6),[7] Erich Czech-Jochberg,[8] Kasimir Edschmid[9] und Edlef Koeppen[10] (mit je-

[3] S. dazu im einzelnen Kapitel III, Abschnitt B 2.1.1.

[4] »Liste 1«, S. 124.

[5] Gutachten der NSDAP-Kreisleitung Düsseldorf für die Stapostelle Düsseldorf vom 9. 8. 1938 und Vermerk der Stapostelle über die negative Beantwortung der »Leumundsfrage« gegenüber der RSK vom 27. 4. 1939, HStA Düsseldorf RW 58/5819 Bl. 1–3 und Bl. 5.

[6] »Liste 1« mit Stand vom Oktober 1935, S. 13. Die Angaben in der überarbeiteten Liste mit Stand vom 31. 12. 1938, hier S. 7, weichen in den Titeln und in der Anzahl der verbotenen Schriften Barthels von der 1935 herausgegebenen Liste ab.

[7] »Liste 1« mit Stand vom Oktober 1935, S. 30.

[8] »Liste 1« mit Stand vom 31. 12. 1938, S. 23. In der »Liste 1« vom Oktober 1935, hier S. 25, sind nur zwei Schriften indiziert.

[9] »Liste 1« mit Stand vom 31. 10. 1938, S. 29. In der »Liste 1« mit Stand vom Oktober 1935, hier S. 31, sind nur zwei Schriften erfaßt.

[10] »Liste 1« mit Stand vom 31. 12. 1938, S. 74.

weils 3), Otto Flake[11] und Klaus Mehnert[12] (mit jeweils 2), Fritz Otto Buch,[13] Friedo Lampe,[14] Alexander Lernet-Holenia,[15] Edgar von Schmidt-Pauli,[16] Friedrich Sieburg[17] und Günter Weisenborn[18] (mit je 1 indizierten Buchtitel). Selbst eine »Totalindizierung« hatte nicht zwangsläufig ein Berufsverbot zur Folge, wie die Fälle Walter Bauer, Ernst Glaeser und Gerhart Pohl belegen.[19] Der 1936 von einem Referenten der RSK vertretene Standpunkt, wonach bei Autoren, von denen sämtliche Schriften in die staatliche Verbotsliste eingereiht worden waren, »ein weiteres Verbleiben in der Kammer unmöglich« sei,[20] setzte sich nicht durch.

Möglich war auch, daß Buchverbote zurückgenommen wurden. So sind in der »Liste 1 des schädlichen und unerwünschten Schrifttums« mit Stand vom 31. 10. 1935 von Waldemar Bonsels sechs Bücher indiziert.[21] Demgegenüber fehlt der Autor in der überarbeiteten Liste mit Stand vom 31. 12. 1938 ganz. Der Grund für diese Tilgung war, daß sich die Goebbelssche Schrifttumsabteilung im »Hinblick auf die gute Auslandswirkung« von Bonsels Werk und aufgrund seiner politischen Anpassungsbereitschaft dazu entschloß, dem Schriftsteller »kei-

[11] »Liste 1« mit Stand vom Oktober 1935, S. 38, und »Jahresliste 1943«, S. 2.

[12] »Liste 1« mit Stand vom Oktober 1935, S. 81. Mehnert steht hier allerdings fälschlicherweise unter »Mehners«.

[13] »Liste 1« mit Stand vom Oktober 1935, S. 22.

[14] Ebd., S. 71.

[15] Ebd., S. 74.

[16] »Liste 1« mit Stand vom 31. 12. 1938, S. 129. In der »Liste 1« mit Stand vom Oktober 1935, hier S. 107, waren noch zwei Titel von Schmidt-Pauli indiziert worden.

[17] »Liste 1« mit Stand vom 31. 12. 1938, S. 136.

[18] Ebd., S. 159.

[19] Bauer und Pohl blieben trotz der Gesamtindizierungen in der »Liste 1« mit Stand vom Oktober 1935, hier S. 13 und S. 94, Mitglieder der RSK. S. die Personalakten der Kammer im BDC. Glaeser konnte sich, wie dargestellt, nach seiner Rückkehr aus dem Exil von 1939 bis Anfang 1943 mit einer »Sondergenehmigung« des Propagandaministers schriftstellerisch betätigen.

[20] »Vermerk« Pogges für seinen Kollegen Linhard vom 23. 6. 1936, BDC/RSK/Pohl, G.

[21] »Liste 1«, S. 18.

nerlei Schwierigkeiten« mehr zu bereiten.[22] Diese Grundsatzentscheidung wurde vom Schrifttumsamt Rosenbergs mitgetragen, obwohl die Dienststelle Bonsels immer noch mit einer »gewisse[n] Zurückhaltung« begegnete.[23]

Von Frank Thiess waren 1933 die Romane »Frauenraub« (1927) und »Die Verdammten« (1930) mit dem Vermerk »Sittlich verwirrend und zersetzend« in die »Liste der unerwünschten Literatur« des Kampfbundes für deutsche Kultur aufgenommen worden.[24] Als sich die Reichsstelle zur Förderung des deutschen Schrifttums 1934 darum bemühte, das Gesamtwerk von Thiess zu unterdrücken,[25] bat der Schriftsteller Hans Hinkel um Unterstützung.[26] Hinkel, der zu jenem Zeitpunkt noch das Amt eines »Staatskommissars« im preußischen Kultusministerium bekleidete, setzte sich daraufhin bei Rudolf Heß und beim Leiter des Goebbelsschen Ministerbüros Hanke für den Schriftsteller ein.[27] Die beiden 1933 verbotenen Romane wurden zwar in die »Liste 1 des schädlichen und unerwünschten Schrifttums« übernommen.[28] Zudem lehnte die staatliche Schrifttumsbürokratie eine Förderung von Thiess ab, »da seine Probleme, seine Darstellungen und seine Diktion so stark den Charakter des individualistischen liberalen Zeitalters tragen, daß er nicht als einer der

[22] So die Mitteilung von RSK-Geschäftsführer Ihde an Vizepräsident Wilhelm Baur vom 23. 2. 1943, hier S. 1, BDC/RSK/Bonsels, W. Zum politischen Verhalten Bonsels im »Dritten Reich« s. ebd. die Beurteilung des Kreisleiters Starnberg der NSDAP, die er am 28. 7. 1939 an die Gauleitung München-Oberbayern weiterleitete.

[23] Ihde an Baur vom 23. 2. 1943, S. 1, ebd.

[24] BArch Potsdam R 56 V/70 Bl. 72.

[25] Der Hinweis auf die Bemühungen der Reichsstelle um ein »Totalverbot« der Werke von Thiess findet sich in einer Mitteilung der Schrifttumsabteilung des RMVP an Staatskommissar Hinkel i. H. vom 5. 9. 1935, BDC/RSK/Thiess, F. Dazu merkte der Referent Erckmann an, daß dies »de facto ohne weitreichendere Wirkung [bliebe], da die Maßnahmen der Reichsstelle weder parteioffiziell, noch staatswirksam sind« (ebd., S. 1). S. auch die Beurteilung von Thiess, die das Kulturpolitische Archiv des Amtes Rosenberg am 15. 9. 1938 an das DVW weitergab, BArch Potsdam NS 15/27 Bl. 218.

[26] S. das Schreiben von Thiess an Hinkel vom 26. 10. 1934, BDC/RSK/Thiess, F.

[27] S. die Schreiben von Hinkel an Heß vom 1. 11. 1934 und an Hanke vom 11. 12. 1934, ebd.

[28] »Liste 1«, S. 121.

vorwärtsweisenden Autoren angesehen werden kann«.[29] Doch sollte auf Vorschlag des mittlerweile zum »Reichskulturwalter« avancierten Hinkel vom August 1935,[30] dem sich Goebbels im September anschloß, »zukünftig eine Prüfung der von Thieß [!] beabsichtigten neuen Veröffentlichungen und eine von deren Ergebnis abhängige Behandlung von Fall zu Fall eintreten«.[31] Zu weiteren Buchverboten ist es für den Repräsentanten der »inneren Emigration« bis Kriegsende nicht mehr gekommen.[32] Selbst sein regimekritischer Roman »Das Reich der Dämonen« passierte die Zensur und erschien 1941 im »arisierten« Paul Zsolnay Verlag, dessen Leitung am 1. 10. des gleichen Jahres der ehemalige Verbotsreferent der RSK Karl Heinrich Bischoff übernahm.[33]

Bei einer Reihe von Autoren wirkten sich die Indizierungen ihrer Werke aber faktisch als Berufsverbot aus. Das Verbot von Irmgard Keuns vielbeachteten Romanen »Gilgi, eine von uns« (1931) und »Das kunstseidene Mädchen« (1932) beendete die Entwicklung einer hoffnungsvollen Nachwuchsschriftstellerin.[34] Nach ihrer Rückkehr aus dem kurzzeitigen Exil in Belgien und Holland wurden im »Dritten Reich« keine ihrer literarischen Arbeiten mehr veröffentlicht. Nach dem Kriege konnte Keun nicht mehr an ihre Anfangserfolge anknüpfen.[35]

Ein negatives Gutachten der Reichsstelle zur Förderung des deutschen Schrifttums führte 1935 zum Verbot von Joachim Maass' 1930 im S. Fischer Verlag erschienenen Roman »Bohème ohne Mimi«.[36] Der Schriftsteller, den Hermann Hesse zu

[29] Mitteilung Erckmanns, RMVP/Abteilung VIII, an Hinkel vom 5. 9. 1935, BDC/RSK/Thiess, F.

[30] S. das handschriftliche Konzept der Ministervorlage Hinkels betr. Frank Thieß vom 15. 8. 1935, ebd.

[31] Erckmann an Hinkel vom 5. 9. 1935, ebd.

[32] Zur weiteren Entwicklung von Thiess im »Dritten Reich« s. die aufschlußreiche Studie von G. Renner, Frank Thiess: Ein »freier Schriftsteller« im Nationalsozialismus, in: Buchhandelsgeschichte 2/1990, B 41–50.

[33] Mitteilung Bischoffs an Ihde vom 3. 9. 1941, BDC/RSK/Bischoff, K. H.

[34] »Liste 1« mit Stand vom Oktober 1935, S. 64. Der Verbotsvorgang aus den Jahren 1934/35 ist in BArch Potsdam R 58/914 Bl. 36–57 überliefert.

[35] S. dazu J. Serke, Die verbrannten Dichter. Berichte, Texte, Bilder einer Zeit, Frankfurt a.M. 1980, S. 210–231.

[36] »Liste 1«, S. 78. Das Gutachten der Reichsstelle findet sich in BArch Potsdam R 58/918 Bl. 153, der Verbotsvorgang ebd. Bl. 148–152. Der am

den »begabtesten und erfreulichsten unter den jüngeren deutschen Romanciers« rechnete,[37] konnte 1939 zwar noch seinen politischen Kriminalroman »Ein Testament« im Hamburger Goverts Verlag unterbringen.[38] Doch im gleichen Jahr entschloß er sich zur Emigration in die USA, da er in Deutschland keine weiteren Möglichkeiten zur künstlerischen Entfaltung mehr gesehen haben dürfte.[39]

Die Entscheidung Georg Kaisers, 1938 ins Schweizer Exil zu gehen, hing eng mit der Unterdrückung seiner Werke zusammen.[40] In die »Liste 1 des schädlichen und unerwünschten Schrifttums« waren zunächst drei, 1938 dann vier Theaterstükke aus den zwanziger Jahren aufgenommen worden.[41] Die nach 1933 entstandenen Arbeiten des expressionistischen Bühnenautors wurden weder gedruckt noch aufgeführt.[42] Ein Roman und drei Schauspiele konnten erst 1940 in Exilverlagen erscheinen, ihre Verbreitung in Deutschland wurde sofort verboten.[43]

21. 11. 1935 bei der Gestapo Berlin eingelegte Protest Peter Suhrkamps gegen die Beschlagnahmung, ebd. Bl. 159, blieb wirkungslos.

[37] Das Urteil Hesses aus der Neuen Rundschau 46,2 (1935) wird zitiert bei D. Sevin, Joachim Maass. Exil ohne Ende, in: Colloquia Germanica 14 (1981), S. 1–25, hier S. 1.

[38] S. dazu die bemerkenswerte Interpretation von D. Sevin, Der implizite Leser als Formelement des Exilromans am Beispiel von Joachim Maass' »Ein Testament«, in: Schreiben im Exil. Zur Ästhetik der deutschen Exilliteratur 1933–1945, hg. von A. Stephan und H. Wagener, Bonn 1985, S. 212–223. Der Roman erschien allerdings nicht im Exil, sondern noch in Deutschland. Trotz der von Sevin nachgewiesenen politischen Implikationen taucht der Kriminalroman bis 1945 in keiner Buchverbotsliste auf.

[39] Zu den Hintergründen der Emigration das Schreiben von Maass an Thomas Mann vom 20. 6. 1940 sowie die Entgegnung Manns vom 24. 6. 1940, DLA Marbach/NL J. Maass.

[40] Daß Kaiser 1938 in die Schweiz emigriert war, scheint der RSK zunächst allerdings nicht zur Kenntnis gelangt zu sein. Denn am 3. 4. 1939 teilte die Kammer-Abteilung II A auf eine Anfrage der Stapostelle Potsdam mit, daß Kaiser kein Emigrant sei und weiterhin als Mitglied geführt würde. S. BDC/RSK/Kaiser, G.

[41] »Liste 1« mit Stand vom Oktober 1935, S. 61, mit Stand vom 31. 10. 1938, S. 68.

[42] Mitteilung des Gestapa (I/12) an den Präsidenten der RSK vom 5. 4. 1938, hier S. 2, BDC/RSK/Kaiser, G.

[43] S. die Indizierungen in der »Jahresliste 1940«, S. 10, und in der »Jahresliste 1941«, S. 8–9.

Von Herbert Eulenberg, dem engagierten pazifistischen Autor und einstigen Mitarbeiter der »Weltbühne«, waren zwar nur zwei Titel im staatlichen Buchverbotsindex vertreten.[44] Eulenbergs Bemühungen um neue Publikationen, um die Aufführung seiner Bühnenwerke sowie um Übersetzungen im Ausland wurden jedoch von Gestapo und SD massiv behindert.[45] Selbst eine Erholungs- und Studienreise wurde dem Schriftsteller und seiner Ehefrau 1940 verwehrt, da sie »nicht zu den weltanschaulich gefestigten Volksgenossen gerechnet« wurden.[46]

Von Hanns Heinz Ewers waren in der »Liste 1« mit Stand vom Oktober 1935 »Sämtliche Schriften« mit Ausnahme seines »Horst Wessel«-Buches und seines Romans »Reiter in deutscher Nacht« angezeigt worden.[47] Für Ewers bedeutete das praktisch die Vernichtung seiner materiellen Existenzgrundlagen. Denn zum einen verlor er sämtliche Einnahmen aus dem Vertrieb seiner von 1900 bis 1933 erschienenen Schriften.[48] Zum anderen war das Gesamtverbot zeitlich nicht begrenzt worden, so daß auch die nach der nationalsozialistischen Machtübernahme entstandenen Arbeiten von einer Veröffentlichung ausgeschlossen waren.[49] Im Juni 1940 protestierte der Schriftsteller gegen die »vollkommene Idiotie des Generalverbots« und forderte, daß »jede einzelne Zeile, die ich schrieb, freigegeben werden muß«.[50] Daraufhin wurde das Verbot zwar durch den Zusatz präzisiert »sämtliche Schriften vor 1933«,

[44] »Liste 1« mit Stand vom 31. 12. 1938, S. 34. In der »Liste 1« mit Stand vom Oktober 1935, S. 34, war nur eine Schrift indiziert.

[45] »Vermerk« der Stapostelle Düsseldorf vom 26. 4. 1939 betr. staatspolizeiliche Beanstandung von Eulenbergs Druckschrift »Selbstbildnis« (Bl. 19); sowie die ablehnende Stellungnahme der Stapoleitstelle zu einem Antrag Eulenbergs auf Einreise nach Prag vom 10. 5. 1940 (Bl. 27). HStA Düsseldorf RW 58/34125.

[46] Mitteilung der Stapoleitstelle Düsseldorf an das RSHA/Amt IV vom 27. 12. 1940, HStA Düsseldorf RW 58/34125 Bl. 29/Rs.

[47] »Liste 1«, S. 35.

[48] S. die Eingabe von Ewers bei der RSK vom 6. 6. 1941, hier S. 2, BDC/RSK/Ewers, H.

[49] Ebd.

[50] Schreiben von Ewers an Dr. Koch (RMVP/Abt. S) vom 10. 6. 1940, ebd.

nun mit Ausnahme von »Die toten Augen« und »Die Ameisen«.[51]

Als sich Ewers im Juni 1941 erneut wegen Freigabe seiner Bücher an die Kammer wandte,[52] beharrte man aber nach einer eingehenden Gesamtprüfung auf der grundsätzlichen Ablehnung der vor 1933 erschienenen Werke des Autors, da sie das »gesunde Empfinden des Volkes« verletzen würden.[53] Zudem verhinderte die Schrifttumsabteilung des Propagandaministeriums eine 1942 geplante Neuauflage von »Reiter in deutscher Nacht«, indem sie dem Cotta Verlag das beantragte Papier verweigerte.[54] Verarmt und verbittert starb Ewers im Juni 1943 in Berlin.

Obwohl Buchverbote nicht zwingend zur völligen Unterdrückung der Berufsausübung führten, beeinträchtigten sie doch in erheblichem Maße die schriftstellerische Betätigung. Die Zensurentscheidungen der staatlichen Behörden trugen zweifellos zu einem Klima der Verunsicherung bei, das durch Zensuranträge der parteiamtlichen Dienststellen und diverser Interessenverbände noch verstärkt wurde. So geriet 1941 die Novelle »Der Vergessene« von Kurt Ziesel ins Kreuzfeuer der Kritik. Ziesel, dem alles andere als eine weltanschauliche Gegnerschaft zum Nationalsozialismus vorgeworfen werden konnte, hatte das Schicksal eines Krüppels im Nachkriegs-Österreich geschildert, der sich als Leierkastenmann durchbringen mußte. Die schonungslose Realitätsnähe löste bei der NS-Kriegsopfer-

[51] Anweisung der Schrifttumsabteilung des RMVP vom 6. 8. 1940, ebd. S. dazu die »Berichtigungen zur ›Liste des schädlichen und unerwünschten Schrifttums‹« in der »Jahresliste 1940«, S. 21.

[52] Mitteilung der RSK-Abteilung III Z (Bischoff) an den Reichsminister für Volksaufklärung und Propaganda vom 12. 6. 1941, BDC/RSK/Ewers, H.

[53] So Bischoff in seinem Schreiben an Ewers vom 24. 7. 1941, BDC/RSK/Ewers, H. Die neun Seiten umfassende Gesamtbeurteilung der Werke von Ewers durch einen eigens beauftragten Lektor findet sich ebd. Die daraufhin erfolgte Eingabe von Ewers bei Hinkel wurde von der Kammer ebenfalls abgewiesen. S. das Schreiben der Abteilung III Z an die Hauptgeschäftsführung der RKK vom 24. 7. 1941, ebd.

[54] »Aktenvermerk« Meyers für RSK-Geschäftsführer Ihde vom 16. 3. 1942 sowie die von Februar bis April 1942 geführte Korrespondenz zwischen der RSK, der J. G. Cotta'schen Buchhandlung und Ewers, BDC/RSK/Ewers, H.

versorgung helle Empörung aus.[55] Goebbels ordnete daraufhin die Einziehung des Buches an. Da jedoch die erste Auflage bereits ausverkauft war, konnte vom »Reichsring für nationalsozialistische Propaganda und Volksaufklärung« – »im Einvernehmen mit der Partei-Kanzlei« – nur noch die Abänderung der beanstandeten Passagen für die Neuauflage angeregt werden.[56]

Im Juni 1937 wandte sich der Reichsbauernführer an den Präsidenten der RSK mit der Bitte, die weitere Verbreitung der Broschüre »Warum magenkrank?« von Dr. med. Erwin Silber im Buchhandel zu unterbinden.[57] Zur Begründung hieß es, daß der Abschnitt »Vom Gift in der Nahrung« angesichts der gegenwärtigen Ernährungslage »untragbar« sei.[58] Durch die darin enthaltenen »Irrtümer und Übertreibungen« werde die Arbeit des Reichsbauernführers »insbesondere im Rahmen der Erzeugungsschlacht, der Aktion ›Kampf dem Verderb‹ und zur Erfüllung wichtiger Aufgaben im Vierjahresplan [...] auf das Empfindlichste gestört«.[59]

Der Reichsverband der Automobilindustrie stellte am 23. 7. 1937 bei der Reichsschrifttumsstelle einen Verbotsantrag gegen die Schrift von Walter Allerhand »Der schwarze Schatten. Ein Auto fährt nach Afrika«.[60] Was dem – infolge des Autobahnbaus mächtig gewordenen – Interessenverband besonders mißfiel, war, daß der Autor »nur die Gepflegtheit der schweizerischen Straßen gelten läßt, auf denen er übrigens keinen deutschen Wagen gesehen haben will, obwohl die deutsche Automobil-Industrie den größten Anteil am schweizerischen Kraftwagenbestand stellt«.[61] Geradezu als »Unverschämtheit« sah es der

[55] Schreiben der NS-Kriegsopferversorgung/Reichsdienststelle/Abteilung Propaganda an die Reichspropagandaleitung vom 17. 11. 1941, BArch Potsdam NS 18/107.

[56] »Notiz« Tießlers für Haegert vom 19. 1. 1942, BArch Potsdam NS 18/107.

[57] Das Schreiben vom 8. 6. 1937 in BDC/Aktenordner »Schädliches und unerwünschtes Schrifttum«, VI. Zu einer Indizierung in der »Liste des schädlichen und unerwünschten Schrifttums« ist es bis 1945 jedoch nicht gekommen.

[58] Ebd., S. 1.

[59] Ebd.

[60] Das Schreiben in BDC/Aktenordner »Schädliches und unerwünschtes Schrifttum«, I. Ein Eintrag in der »Liste des schädlichen und unerwünschten Schrifttums« ist bis 1945 nicht nachweisbar.

[61] Ebd., S. 1.

Reichsverband an, daß Allerhand im Vergleich zu den schweizerischen sämtliche anderen europäischen Straßen als »Augiasstall« abwertete – und dies, »obwohl auf Seite 41 zu lesen ist, daß der Verfasser ein kurzes Stück über die deutschen Reichsautobahnen gefahren ist und sie dort als gut und breit bezeichnet«.[62]

Im November 1937 bat der Schriftsteller Eberhard Frowein den Präsidenten der RSK um persönlichen Beistand.[63] Die Bestände seines Romans »Zuerst die Ponys« waren von der Gestapo im Berliner Drei Masken Verlag beschlagnahmt worden. Die RSK, die erst durch die Anfrage des Autors auf den Verbotsvorgang aufmerksam geworden war, mußte sich vom Propagandaministerium erst einmal über die Hintergründe informieren lassen.[64] Froweins Bruder, der Direktor eines Großunternehmens der deutschen Kunstseidenindustrie war, hatte sich an den Beauftragten für den Vierjahresplan gewandt, da er durch das Erscheinen des Romans eine Beeinträchtigung seiner Geschäftsinteressen befürchtete.[65] Die Presseabteilung der Vierjahresplanbehörde hatte sich den Bedenken angeschlossen und beim Propagandaministerium einen Verbotsantrag gestellt. Die Kammer schloß sich jedoch der Argumentation ihres Mitglieds an, daß es sich bei dem Buch keineswegs um einen »Schlüsselroman« handele, über den familiäre Zwistigkeiten ausgetragen und dabei die Interessen der Textilwirtschaft geschädigt würden.[66] Aber selbst dann, wenn dies der Fall wäre, kam nach Auffassung der Kammer eine Einreihung in die »Liste des schädlichen und unerwünschten Schrifttums« nicht in Frage. Vielmehr bliebe dem beschwerdeführenden Unternehmen nur der Weg über ein ordentliches Gericht offen. Nach Verhandlungen des Autors und seines Verlegers mit der Vierjahresplanbehörde einigte man sich jedoch dahingehend, daß der Roman unter Weglassung der in der Werbung und auf dem Buchum-

[62] Ebd.

[63] Das Schreiben Froweins an Johst vom 26. 11. 1937 in BDC/RSK/Frowein, E.

[64] Auf den Umstand, daß die Kammer über den Beschlagnahmevorgang erst durch einen Telefonanruf Froweins informiert wurde, wies der Autor ebd., S. 2, hin.

[65] So die Darstellung Ihdes in seinem Schreiben an den Reichsminister für Volksaufklärung und Propaganda, Abteilung VIII, vom 24. 11. 1937, ebd., S. 1.

[66] Ebd.

schlag abgedruckten Besprechung des Inhalts ausgeliefert werden könne.[67]

Nachdem 1937 die umfangreiche Biographie von Theodor Heuss zu »Friedrich Naumann« erschienen war, wandte sich RSK-Vizepräsident Wilhelm Baur empört an Max Winkler, dessen Vera GmbH das Aktienkapital der DVA verwaltete.[68] Baur hielt allein schon die Herausgabe des Buches »aus politischen Gründen für höchst unnotwendig«. Daß aber die Biographie von einem »der bekanntesten Mitglieder der jüdisch-demokratischen Partei«, der zudem noch 1932 durch sein Buch »Hitlers Weg« negativ aufgefallen war, ausgerechnet bei der nationalsozialistisch »gleichgeschalteten« DVA erschienen war, fand Baur »wieder ein starkes Stück des Herrn Kilpper«. Als Erklärung gab es für Baur nur zwei Möglichkeiten: entweder der Generaldirektor der DVA sei »politisch so naiv« oder er halte »uns, die wir heute für die politische Ausrichtung des Buchhandels verantwortlich sind, für so dumm, daß er glaubt, sich eine derartige Sache leisten zu können«. »Wenn Herr Heuss nun glaubt«, so Baur in seinem Eifer weiter, »daß heute die Zeit gekommen sei, alten Demokraten auf 740 Seiten im Dritten Reich ein Denkmal setzen zu können, so wird er sich allerdings täuschen«. Für seine Biographie zu Hans Poelzig und seine weiteren Publikationen bis 1945 mußte sich Heuss einen neuen Verleger suchen (1939 beim Verlag E. Wasmuth).

Als die NSDAP-Gauleitung Franken den Roman einer schriftstellerisch tätigen Ärztin zu unterdrücken versuchte, weil in ihm die Rolle der Frau in der deutschen Gesellschaft angeblich zu positiv dargestellt war, wurde es selbst dem RSK-Geschäftsführer zu bunt. In einem Schreiben an Kammer-Präsident Johst vom 14. 4. 1943 beklagte sich Ihde in bemerkenswerter Einsichtigkeit: »Daß es überhaupt zu einer Beanstandung kommen konnte, gehört zu den betrüblichen Kapiteln der heutigen Literatur: was nicht Schablone ist, muß fallen. Die Fähigkeit des Nur-Lesen-Könnens scheint in der Auffassung mancher Leute der Fähigkeit zur Kritik gleichgesetzt zu werden. Diese Art von Kritik tut so, als ob die nationalsozialistische Idee ein so schwankes Rohr im Winde der Öffentlichkeit wäre,

[67] Schnellbrief des RMVP/Abt. VIII an Gestapa, in Abschrift an den Präsidenten der RSK, vom 15. 12. 1937, ebd.

[68] Das Schreiben vom 21. 12. 1937 in BDC/RSK/Heuss, Th. Die folgenden Zitate ebd.

das durch den geringfügigsten literarischen Irrtum tödlich geknickt werden kann. Man predigt in der Lautstärke germanischer Luren: lebt gefährlich! Tut's einer, so schlägt man ihn auf's Haupt. Da muß jede Muse, die noch einigermaßen etwas auf sich hält, ihr Haupt verhüllen«.[69]

3. Der propagandistische Einsatz von Schriftstellern

3.1. Die Vortragstätigkeit staatlicher und parteiamtlicher Schrifttumsstellen im Inland

In der »Bekanntmachung über die Gliederung der Reichsschrifttumskammer« vom 22. 12. 1933 waren sämtliche literarischen Gesellschaften und Veranstalter von Vorträgen, Dichterabenden oder Schulungswochen dazu verpflichtet worden, die Mitgliedschaft in einer von der Kammer eingerichteten »Arbeitsgemeinschaft« zu erwerben.[1] Dabei wurde den Gesellschaften und Vortragsveranstaltern zugesichert, daß die Aufnahme unter »voller Wahrung ihrer Selbständigkeit und Eigenart« erfolgen sollte.[2]

Durch die am 28. 5. 1934 von der RSK vorgelegte Satzung der Fachschaft »Arbeitsgemeinschaft der literarischen Gesellschaften und Vortragsveranstalter« wurde jedoch de facto die bisherige Autonomie beseitigt.[3] Bei ihrer Anmeldung hatten die Vereine den »Nachweis« zu führen, daß ihre Vorstandsmitglieder »arischer Abstammung« waren (§ 3). Zudem mußten sie der Arbeitsgemeinschaft ihre Satzung sowie die Vortragsprogramme der Jahre 1932 und 1933 vorlegen (ebd.). Die aufgenommenen Vereine und Einzelpersonen waren den Bestimmungen des

[69] Das Schreiben in BArch Potsdam R 56 V/26 Bl. 94. S. auch das Schreiben Ihdes an den stellvertretenden Gauleiter des NSDAP-Gaus Franken vom 31. 1. 1943, ebd. Bl. 95–97.

[1] Bbl. 100. Jg., Redaktioneller Teil, Nr. 298 vom 23. 12. 1933, S. 996 (Pkt. X).
[2] Ebd.
[3] S. zum folgenden das Exemplar der Satzung in BArch Potsdam R 56 V/116 Bl. 161–163.

Kulturkammerrechts und den Anordnungen der RSK unterworfen (§ 7). Der »direkte Verkehr« der Mitglieder mit Reichsbehörden, Landesregierungen und der Reichsleitung der NSDAP wurde untersagt (§ 9). »Wünsche und Vorschläge«, die »zur Förderung und Durchführung der eigenen Arbeiten für notwendig erachtet« wurden, durften nur der Arbeitsgemeinschaft vorgelegt werden, die sie »gegebenenfalls nach eigener Stellungnahme an die Reichsschrifttumskammer zur weiteren Veranlassung« richten wollte (ebd.). Jedes Mitglied war verpflichtet, die von ihm durchgeführten Vortragsveranstaltungen dem Leiter der Arbeitsgemeinschaft zusammen mit den Einladungen »laufend mitzuteilen« (§ 10). Der vom RSK-Präsidenten ernannte Leiter der Arbeitsgemeinschaft war sogar berechtigt, von den Mitgliedsvereinen Jahresabrechnungen und Haushaltsvoranschläge sowie einen »Vortragsplan für einen bestimmten Zeitabschnitt im Voraus« einzufordern (§ 14). Die Tätigkeit der Arbeitsgemeinschaft sollte aus Mitgliedsbeiträgen finanziert werden, die nach der Höhe der Mitgliederzahl des jeweiligen Vereins gestaffelt waren (§ 18).

Bereits Ende 1935 konnte Dr. Otto Henning, der ehrenamtliche Geschäftsführer der Arbeitsgemeinschaft,[4] befriedigt feststellen, daß diejenigen Vortragsvereine, »die sich nicht in ihrer Vereinsleitung oder kulturellen Zielgebung dem nationalsozialistischen Kulturwillen eindeutig und kompromißlos unterordnen konnten, [...] verschwunden oder zur Bedeutungslosigkeit herabgesunken« seien.[5] Dieser »Gesundungsprozeß«[6] ging Henning aber noch nicht weit genug. Er forderte die Errichtung eines Vortragsamtes, das von der Arbeitsgemeinschaft der literarischen Gesellschaften und Vortragsveranstalter zusammen mit der Reichsarbeitsgemeinschaft für Deutsche Buchwerbung

[4] Henning war seit 1929 Leiter der Abteilung Vortragswesen der »Gesellschaft für Volksbildung« gewesen. Im Herbst 1935 übernahm er zusammen mit der Geschäftsführung der Arbeitsgemeinschaft literarischer Vereine und Vortragsveranstalter auch die Programmleitung der Fichte-Gesellschaft in Berlin. S. den Lebenslauf Hennings vom 5. 6. 1942 in BDC/RSK/Henning, O.

[5] »Arbeits- und Organisationsplan. Für den Ausbau des literarischen Vortragswesens der Arbeitsgemeinschaft der Literarischen Gesellschaften und Vortragsveranstalter in der Reichsschrifttumskammer« vom 5. 12. 1935, BArch Potsdam R 56 V/116 Bl. 150–154, hier Bl. 150.

[6] So Henning ebd.

getragen werden sollte.[7] Zweck dieses neuen Amtes sollte zum einen die Verbesserung der politischen Kontrolle von Dichterlesungen, Rezitationsabenden und Vorträgen, zum anderen die reichseinheitliche Koordination und Planung der Vortragstätigkeit sein. In diesem Zusammenhang regte Henning u.a. die Herausgabe einer Liste empfohlener Autoren und Vortragsthemen, die Vermittlung von Vortragsfahrten, die Herausgabe von Anschlußtafeln sowie die Unterstützung der Werbe- und Pressearbeit der Vortragsveranstalter an.[8]

Da die Finanzierung eines neuen Amtes offenbar nicht zustande kam, konnte Henning am 1.4. 1936 zunächst nur die Leitung der bereits bestehenden Vortragsabteilung der Reichsarbeitsgemeinschaft für Deutsche Buchwerbung übernehmen.[9] Von ihr wurde im September des gleichen Jahres eine erste »Anschlußtafel« vorgelegt, in der – aufgeschlüsselt nach Gauen – die Namen der Autoren sowie die Orte und Termine ihrer Lesungen zusammengestellt waren.[10] Während den örtlichen Vortragsveranstaltern mit der Übersicht die »Zusammenstellung ihrer Vortragsprogramme sowie die Auswertung günstiger Anschlußgelegenheiten« erleichtert werden sollte, wollte sie den Vortragenden die Möglichkeit geben, ihre Vortragsfahrten »in Gemeinschaft mit der Vortragsabteilung« zu planen.[11]

Es versteht sich von selbst, daß sich hinter dieser scheinbar rein praktischen Hilfestellung handfeste literaturpolitische Absichten verbargen. Denn in der Anschlußtafel, die in der Folge regelmäßig ergänzt und jeweils im Börsenblatt veröffentlicht wurde,[12] waren natürlich stets nur solche Schriftsteller, Vortragskünstler und Redner enthalten, die von der staatlichen

[7] Ebd., Bl. 152.

[8] S. im einzelnen ebd., Bl. 152–153.

[9] »Rundschreiben« der Arbeitsgemeinschaft vom 25.1. 1936, BArch Potsdam R 56 V/116 Bl. 165–166.

[10] Bbl. 103. Jg., Redaktioneller Teil, Nr. 219 vom 19.9. 1936, S. 813ff.

[11] Ebd., S. 813.

[12] S. dazu u.a. die Anschlußtafel/Ausgabe B: Dichterlesungen und Vorträge, in: Bbl. 104. Jg., Redaktioneller Teil, Nr. 4 vom 7.1. 1937, S. 9ff.; die Anschlußtafel/Ausgabe Nr. 1/1937: Dichterlesungen, ebd. Nr. 172 vom 29.7. 1937, S. 621ff.; Anschlußtafel/Ausgabe Nr. 2/1937, ebd. Nr. 214 vom 16.9. 1937, S. 734–737; Anschlußtafel/Ausgabe Nr. 1, 1938/39 Dichterlesungen und Schriftstellervorträge, ebd. 105. Jg., Nr. 215 vom 15.9. 1938, S. 717–721; Anschlußtafel/Ausgabe Nr. 2, 1938/39, ebd. 106. Jg., Nr. 4 vom 5.1. 1939, S. 9–13.

Schrifttumsbürokratie als besonders förderungswürdig angesehen wurden.[13] Bei namhafteren Autoren wurden den Vortragsveranstaltern sogar noch kostenlose Vortrags- und Verlagsprospekte zur Verfügung gestellt,[14] um die Motivation für die Festsetzung eines Lesetermins zu erhöhen. Andererseits konnten die Vortragsveranstalter aus dem Fehlen eines Autors in der Anschlußtafel darauf schließen, daß seine Einladung zu einer Lesung »unerwünscht« oder zumindest nicht opportun war.[15]

Die gleichen Ziele wurden mit der im Juni 1937 erstmals herausgegebenen »Vorschlagsliste für Dichterlesungen 1937/38« verfolgt.[16] Sie war vom »Vortragsamt« der Reichsschrifttumsstelle erarbeitet worden, in dem am 1. 4. 1937 die bisherige Vortragsabteilung der Reichsarbeitsgemeinschaft für Deutsche

[13] In einem »Vermerk« betr. Reichswerk Buch und Volk vom 15. 4. 1940 wies der stellvertretende Leiter der Schrifttumsabteilung Schlecht darauf hin, man habe im »Zusammenwirken mit der Partei [...] dafür Sorge getragen, daß nur diejenigen Autoren in die Vorschlagsliste für Dichterlesungen aufgenommen wurden, die im Neuen Reich erwünscht sind‹. BArch Potsdam R 56 V/116 Bl. 29–35, hier Bl. 30.

[14] O. Henning, Ein Wegweiser für die Veranstaltung und Durchführung von Dichterlesungen, in: Bbl. 104. Jg., Redaktioneller Teil, Nr. 220 vom 23. 9. 1937, S. 753–754, hier S. 754.

[15] S. die exemplarische Studie von H. Schön, »Literarisches Leben in Göttingen im Spiegel von Autorenlesungen«, Schriftliche Hausarbeit im Rahmen der 1. Staatsprüfung für das Lehramt an Gymnasien, Universität Göttingen 1985. Dort wird, S. 92–103, der Nachweis geführt, daß Ernst Wiechert, Gertrud Bäumer, Rudolf Alexander Schröder und Manfred Hausmann zu den von dem Verlagsbuchhändler Helmut Ruprecht in der Deuerlichschen Buchhandlung in Göttingen organisierten Lesungen nicht oder nicht mehr eingeladen wurden, weil sie in der RSS auf Ablehnung stießen. Vgl. dazu auch die Angaben zu den lesenden Autoren ebd., S. 104–127 und S. 143–150.

[16] Vorschlagsliste für Dichterlesungen 1937/38. Hg. von der Reichsschrifttumsstelle beim Reichsministerium für Volksaufklärung und Propaganda/Vortragsamt, Berlin [Juni] 1937. Vgl. dazu auch O. Henning, Schrifttumspflege und Vortragswesen, in: Bbl. 104. Jg., Redaktioneller Teil, Nr. 150 vom 3. 7. 1937, S. 565–566. Vorbild für die Vorschlagsliste dürfte die vom VDE und SDS zusammengestellte »Liste von Schriftstellern und Schriftstellerinnen[,] die sich für den Tag des Buches 1931 zur Verfügung stellen« (= Sonderdruck aus dem Börsenblatt für den Deutschen Buchhandel Jahrgang 98, 1931, Nr. 42, 44, 48 und 54) gewesen sein.

Buchwerbung aufgegangen war.[17] Die »Vorschlagsliste«, die bis 1941 jährlich neu erschien, enthielt ab Ausgabe 1938/39 jeweils kurze Angaben zu Leben und Werk von mehr als zweihundert Schriftstellern völkisch-national-konservativer und nationalsozialistischer Provenienz. Ab 1939/40 war das Verzeichnis noch einmal nach den verschiedenen deutschen Landschaften sowie nach den im Krieg neu gewonnenen Gebieten aufgegliedert.[18] Für 1942 und 1943 erschienen nur noch hektographierte Zusammenstellungen, die an die in der RSK zusammengeschlossenen privaten Vortragsveranstalter sowie an ausgewählte parteiamtliche Dienststellen versandt wurden.[19]

Ende 1937 gab das Vortragsamt der Reichsschrifttumsstelle eine Vorschlagsliste unter dem Titel »Soldatischer Vortragsdienst« heraus.[20] Der Vortragsdienst selbst ging auf eine Initiative der Schrifttumsabteilung des Propagandaministeriums zurück, die »im engsten Einvernehmen« mit dem Reichskriegsministerium und dem Reichsluftfahrtministerium die Koordination und Förderung von Vortragsveranstaltungen der »Arbeitsgemeinschaft der Soldatenbünde«, der »›Mannschaft‹, Kameradschaft der Frontdichter«, des NS-Fliegerkorps und des Reichsarbeitsdienstes übernommen hatte.[21] Zum Auftakt organisierte die Schrifttumsabteilung am 1. 12. 1937 die Feierstunde »Soldat und Dichter« in der Berliner Krolloper.[22] Die nur einmal erschienene Vorschlagsliste, die Kurzbiographien von Schriftstellern, vor allem aus dem Kreis der »Mannschaft«, sowie Redner für Vorträ-

17 Angabe im »Lebenslauf« Hennings vom 5. 6. 1942, BDC/RSK/ Henning, O.

18 S. die jeweils vom Werbe- und Beratungsamt für das deutsche Schrifttum beim Reichsministerium für Volksaufklärung und Propaganda herausgegebenen Vorschlagslisten für Dichterlesungen 1939/40, Berlin [Mai] 1939, 1940/41, Berlin [Juli] 1940, und 1941/42, Berlin [August] 1941.

19 »Einsatzplan für Dichterlesungen 1942/43« des Werbe- und Beratungsamtes vom 1. 6. 1942, von dem ein Exemplar an die HJ im Gebiet Köln-Aachen ging. HStA Düsseldorf RW 23/247 Bl. 76–79.

20 Soldatischer Vortragsdienst. Vorschlagsliste für Dichterlesungen und Schriftstellervorträge 1938. Hg. von der Reichsschrifttumsstelle beim Reichsministerium für Volksaufklärung und Propaganda/Vortragsamt, Berlin 1937.

21 Vorwort »An die Verbände ehemaliger Soldaten der alten und neuen Wehrmacht«, ebd., S. 3.

22 Bericht im Bbl. 104. Jg., Redaktioneller Teil, Nr. 283 vom 7. 12. 1937, S. 986.

ge aus den Gebieten »Wehr und Waffen«, »Kolonialfragen«, Forschung, Reise und Erlebnis enthielt, sollte vor allem den örtlichen Buchhandel zu weiteren Veranstaltungen animieren.

Zu Beginn des Jahres 1938 wurde der Zugriff der staatlichen Schrifttumsbürokratie auf das Vortragswesen noch einmal verstärkt. Die »Arbeitsgemeinschaft der literarischen Gesellschaften und Vortragsveranstalter« wurde aufgelöst.[23] Ihre Mitglieder gehörten nun unmittelbar der »Gruppe literarische Vereine und Veranstalter« (ab August 1939 »›Reichswerk Buch und Volk‹«)[24] der RSK an. Während die Kammer für die Erfassung der mitgliedspflichtigen Vereinigungen, Gesellschaften oder juristischen Personen und für den Erlaß von Rahmenbestimmungen zur Ausübung des Vortragsgewerbes zuständig war, ging die »kulturpolitische Führung« der Vortragsveranstalter auf die Schrifttumsabteilung des Propagandaministeriums über. Sämtliche Vortragsveranstalter waren dazu verpflichtet, ihre beabsichtigten Lesungen und Vorträge jeweils beim zuständigen Reichspropagandaamt anzumelden. Kamen Bedenken gegen eine Veranstaltung auf, sollte die RSK eingeschaltet werden, die dann die Entscheidung des Propagandaministeriums einholte. Verbote sollten grundsätzlich nur noch aufgrund einer Entscheidung der Schrifttumsabteilung oder der Polizei »im Rahmen ihrer Zuständigkeit« möglich sein.[25] Damit war zunächst die politische Kontrolle des Propagandaministeriums über die literarischen Vortragsveranstaltungen sichergestellt und die Möglichkeit der Reichsschrifttumsstelle zur Einflußnahme auf die Programmgestaltung festgeschrieben. Gleichzeitig sollten die Vortragsveranstalter aber auch vor willkürlichen Übergriffen von seiten parteiamtlicher Dienststellen geschützt werden.[26]

[23] Zum folgenden die »Amtliche Bekanntmachung« der RSK Nr. 122 betr. Literarische Vereine und Vortragsveranstalter vom 5. 1. 1938, wiedergegeben bei Ihde (Hg.), Handbuch der Reichsschrifttumskammer, S. 265–266.

[24] Schaffung eines Reichswerkes Buch und Volk, in: Der deutsche Schriftsteller 4 (1939), S. 180–181. Die literarischen Vereine und Vortragsveranstalter wurden damit zu »Ortswerken« des RBV.

[25] So Georg von Kommerstädt in seinem Kommentar zur RSK-Bekanntmachung Nr. 122, »Die Gruppe literarische Vereine und Vortragsveranstalter in der Reichsschrifttumskammer«, in: Bbl. 105. Jg., Redaktioneller Teil, Nr. 221 vom 22. 9. 1938, S. 735.

[26] Das kommt implizit in dem ebd. gegebenen Hinweis Kommerstädts zum Ausdruck, daß die Mitglieder der RSK durch das nun gesetzlich eindeutig geregelte Verbotsverfahren einen »besonderen Schutz hinsichtlich

Notwendig geworden war diese Schutzmaßnahme durch die ehrgeizigen Pläne des Deutschen Volksbildungswerks, eine Art Monopol für die Ausrichtung des gesamten Vortragswesens in Deutschland zu errichten. Nach der Vereinnahmung der von Walter Stang aufgebauten NS-Kulturgemeinde durch die DAF im Juni 1937, die der DAF bereits ein umfangreiches und erfolgreiches Vortragswerk bescherte, wurde auch in den Volksbildungsstätten die Veranstaltung von Dichterlesungen und Vorträgen ausgebaut. In dem daraufhin einsetzenden Konkurrenzkampf mit dem Propagandaministerium versuchte man geschickt, die Verankerung des Volksbildungswerks im Rahmen einer Parteiorganisation gegen die staatlich erfaßten privaten Vortragsveranstalter auszuspielen. Die RKK ebenso wie das »Reichswerk ›Buch und Volk‹« würden, wie es in einer Denkschrift vom Dezember 1939 hieß, von den Vortragsvereinen nur dazu benutzt, sich »einer Kontrolle durch die Partei, durch Gauschulungsleiter und Kreisschulungsleiter also, zu entziehen«.[27] Erforderlich sei daher eine »Beseitigung des freien Vortragswesens der Vereine«.[28] Denn nur so könnten die Aufgabe der Partei zur »Menschenführung« erfüllt, die Funktion des Deutschen Volksbildungswerks als »alleiniger Träger der gesamten Erwachsenenbildungsarbeit« wahrgenommen und die »bedingungslose Durchsetzung des weltanschaulichen Überwachungsauftrages des Reichsleiters Alfred Rosenberg bzw. seiner Beauftragten (Gauschulungsleiter)« sichergestellt werden.[29] Zudem würde durch eine »Verschmelzung des gesamten öffentlichen Vortragswesens« der »Anspruch einer bestimmten Klasse des Bürgertums auf eine bevorrechtigte Teilnahme an den Gütern der Nation« beseitigt werden.[30]

Schon seit 1938 mußte die Schrifttumsabteilung des Propagandaministeriums registrieren, daß das Deutsche Volksbildungs-

ihrer Veranstaltungstätigkeit« genießen würden. S. auch den Bericht des Leiters der Schrifttumsabteilung über die »Entstehung des Reichswerkes Buch und Volk«, der am 11. 3. 1941 von Staatssekretär Gutterer an die RSK weitergeleitet wurde, BArch Potsdam R 56 V/16 Bl. 159–162. Aus dem Bericht geht der Zusammenhang zwischen der Gründung des RBV und den Kontroversen mit dem DVW eindeutig hervor (s. Bl. 159, Pkte. I und II).

27 »Bericht über das Vortragswesen im Reich erstattet vom Amt Deutsches Volksbildungswerk«, BArch Potsdam NS 8/197 Bl. 45–56, hier Bl. 54.

28 Ebd., Bl. 55.

29 Ebd.

30 Ebd., Bl. 56.

werk unter Bezugnahme auf die neu erlassenen »Richtlinien über die organisatorische Neugestaltung der Erwachsenenbildung«, in denen die Dichterlesungen als Aufgabengebiet des Volksbildungswerks festgeschrieben worden waren, die Vortragstätigkeit des »Reichswerks ›Buch und Volk‹« auszuschalten versuchte.[31] Wiederholt wurden Vereine – zum Teil mit Unterstützung von Gau- und Kreisleitungen – ganz aufgelöst oder den Volksbildungswarten der DAF unterstellt.[32]

Im März 1941 kam ein vom Leiter der Schrifttumsabteilung vorgelegter Bericht zu dem resignativen Schluß, daß die in der RSK erfaßten und vom Werbe- und Beratungsamt betreuten Vortragsvereine vom Volksbildungswerk »zur Bedeutungslosigkeit herabgedrückt« worden seien.[33] Haegert monierte aber auch, daß die Vereine »nicht den notwendigen propagandistischen Willen besitzen und sich nach wie vor mit ihren eng begrenzten Sonderthemen gelegentlich beschäftigen«. Zwei weitere Ursachen der Misere seien die häufigen Behinderungen der Vortragstätigkeit durch die jeweilige Gauleitung der NSDAP sowie die mangelnde finanzielle Unterstützung durch das Propagandaministerium. Falls dem Ministerium an einer »endlichen Belebung des RBV« gelegen sei, müsse, so Haegert, über die Reichspropagandaämter die »unerläßliche Verbindung zwischen Gauleitung und RBV« hergestellt werden. Darüber hinaus sollte den Gauleitungen klargemacht werden, daß das Arbeitsgebiet des »Reichswerks ›Buch und Volk‹« inhaltlich völlig verschieden von dem des Deutschen Volksbildungswerks und daher auch »der politischen Unterstützung der NSDAP würdig« sei. Um diesen Unterschied deutlicher machen zu können, empfahl der Abteilungsleiter eine Anhebung des literarischen Niveaus der Dichterlesungen und die Zusammenfassung einer Reihe von Veranstaltungen unter einem geschlossenen Thema, »das geeig-

[31] »Vermerk« Schlechts betr. Reichswerk Buch und Volk vom 15. 4. 1940, BArch Potsdam R 56 V/116 hier Bl. 33–35.

[32] S. ebd., Bl. 36–40, die von Schlecht zusammengestellten »Aktenvermerke, aus denen hervorgeht, daß auf Grund der Richtlinien für Erwachsenenbildung das Volksbildungswerk der DAF. und seine örtlichen Stellen bemüht sind, das kulturelle Dichterlesungswerk im Zuständigkeitsbereich des Reichsministeriums für Volksaufklärung und Propaganda und der Reichskulturkammer aufzulösen oder zu beeinträchtigen«.

[33] »Entstehung des Reichswerks Buch und Volk«, hier Bl. 160. Zum folgenden s. ebd.

net ist, das Interesse zu konzentrieren und also breite Massen in die Veranstaltungen zu führen«.[34] Nur so könnte auch die »*Lenkung* des Leserpublikums« erreicht werden.[35] Dabei sei anzustreben, daß »substanzlose – besonders nationalsozialistisch substanzlose – Schriftsteller allmählich vom Leserpublikum garnicht mehr verlangt« würden.[36]

Die Ausführungen Haegerts machen deutlich, daß es im Streit um das Vortragswesen nicht allein um Kompetenzen, sondern auch um grundsätzliche Methoden der Literaturpropaganda ging. Die Schrifttumsabteilung war ebenso wie das Deutsche Volksbildungswerk an einer politischen Kontrolle des Vortragswesens und an seiner Ausrichtung in nationalsozialistischem Sinne interessiert.[37] Der wesentliche Unterschied lag jedoch darin, daß die Schrifttumsabteilung dieses Ziel durch das Angebot von Veranstaltungen mit zeitgemäßen Themen[38] und durch den Einsatz professioneller Schriftsteller zu erreichen versuchte. Nur so konnten nach den Vorstellungen des Ministeriums die kulturellen Bedürfnisse der bürgerlichen Bildungsschichten befriedigt[39] und die Fähigkeit des Nationalsozialismus, auch noch während des Krieges ein blühendes Kulturleben aufrechtzuerhalten, unter Beweis gestellt werden.

Im Gegensatz dazu setzte das Deutsche Volksbildungswerk auf Veranstaltungen, mit denen zwar breite Massen angespro-

[34] Ebd., Bl. 160–161.

[35] Ebd., Bl. 162. Hervorhebung im Text.

[36] Ebd.

[37] »Gedanken über das Dichterlesungswerk der Abteilung Schrifttum im Reichsministerium für Volksaufklärung und Propaganda« aus dem Jahre 1940, BArch Potsdam NS 18/702. Auch wenn man sich dort von der Vorstellung distanzierte, daß »wir die Dichtung oder die Musik nur noch mit ausdrücklicher Genehmigung des örtlichen Hoheitsträgers genießen können«, wurde doch die Notwendigkeit einer »weltanschauliche[n] und politische[n] Überwachung des gesamten Dichterlesungswerkes in kulturpolitischer Hinsicht« betont (S. 5).

[38] S. dazu im einzelnen die Vorschläge Haegerts, BArch Potsdam R 56 V/16 Bl. 160–161.

[39] S. zu diesem soziologischen Aspekt die »Gedanken über das Dichterlesungswerk der Abteilung Schrifttum im Reichsministerium für Volksaufklärung und Propaganda«, insbesondere S. 1.

chen werden konnten,[40] deren Niveaulosigkeit jedoch wiederholt Anlaß zur Kritik bot.[41] Das hatte seinen Grund nicht zuletzt darin, daß im Rahmen des Volksbildungswerks nur politisch absolut linientreue Schriftsteller zum Einsatz gelangten. Ein Umstand, den die Goebbelssche Schrifttumsabteilung mit dem Hinweis kommentierte, daß »Intelligenz und politisches Können [...] nicht immer gleichbedeutend mit dem Interesse und Verständnis für künstlerische Dinge« seien.[42] Dagegen wurden zahlreiche Schriftsteller, die aufgrund ihrer literarischen Qualitäten von der staatlichen Schrifttumsbürokratie ohne Bedenken in die Vorschlagslisten und Anschlußtafeln aufgenommen worden waren, vom Volksbildungswerk abgelehnt, weil über sie belastendes Material in der Kartothek des Kulturpolitischen Archivs der Dienststelle Rosenberg vorlag.[43]

Die Folge des Konkurrenzkampfes zwischen Schrifttumsabteilung und Deutschem Volksbildungswerk war ein geradezu hypertrophes Wachstum der Vortragsveranstaltungen. Da jedoch im wesentlichen nur ein begrenzter Kreis von Autoren für Lesungen in Frage kam, setzte ein regelrechter Wettbewerb ein. So beklagte sich Bruno Brehm im Juli 1939 darüber, daß »fast täglich« bei ihm »Fragen, ja sogar schon Verträge über und von Vorlesungen« eingingen, die die »Fatalität« hatten, am gleichen

[40] »Meldungen aus dem Reich«: Nr. 43 vom 22. 1. 1940, Bd. 3, S. 669; Nr. 196 vom 23. 6. 1941, S. 2430–2433 (mit genauen Angaben zur sozialen Zusammensetzung der Besucherschaft von DVW-Veranstaltungen);

[41] »Meldungen aus dem Reich«: Nr. 43 vom 22. 1. 1940, Bd. 3, S. 669; die »Gedanken über das Dichterlesungswerk der Abteilung Schrifttum im Reichsministerium für Volksaufklärung und Propaganda«, hier S. 2; sowie der »Vermerk« Schlechts betr. Reichswerk Buch und Volk, hier Bl. 32–33.

[42] »Gedanken über das Dichterlesungswerk der Abteilung Schrifttum im Reichsministerium für Volksaufklärung und Propaganda«, hier S. 4.

[43] Dies gilt u.a. für die Autoren Hans Franck (ablehnendes Gutachten des KPA vom 20. 7. 1938, BArch Potsdam NS 15/27 Bl. 151), Walter von Molo (ablehnendes Gutachten des KPA vom 19. 1. 1939, BArch Potsdam NS 15/28 Bl. 29), Karl Benno von Mechow (ablehnendes Gutachten des KPA vom 26. 1. 1940, BArch Potsdam NS 15/30 Bl. 30), Rolf Italiaander (ablehnendes Gutachten des KPA vom 19. 2. 1940 und 12. 9. 1940, BArch Potsdam NS 15/30 Bl. 63 und Bl. 179), Eugen Roth (ablehnendes Gutachten des KPA vom 4. 9. 1940, BArch Potsdam NS 15/31 Bl. 170), Martin Luserke (ablehnendes Gutachten des KPA vom 29. 6. 1937, BArch Potsdam NS 15/69 Bl. 109).

Tage an verschiedenen Orten stattzufinden.[44] Der begehrte Schriftsteller forderte daher die zuständigen Sachbearbeiter im Volksbildungswerk ebenso wie im Werbe- und Beratungsamt auf, »setzt Euch einmal miteinander auseinander, wann und wie ich vortragen soll und welcher von Euch beiden zu verfügen hat«.[45] Andernfalls drohte er an, sich krank zu melden und zu Hause zu bleiben.

An dem von Brehm beklagten Dilemma änderte sich jedoch nichts, obwohl den staatlichen und parteiamtlichen Schrifttumsstellen die Folgen der völlig unkoordinierten Organisation von Dichterlesungen durchaus klar waren. So wandte sich der Leiter des Hauptkulturamtes in der Reichspropagandaleitung in einem Schreiben vom 1. 6. 1942 an das Deutsche Volksbildungswerk mit der Bitte, einen weiteren »Masseneinsatz« von Schriftstellern zu vermeiden.[46] Manche Autoren kämen nämlich »vor lauter Lesungen nicht mehr zu neuer schöpferischer Arbeit«, ein Zustand, der kulturpolitisch »unerwünscht« und auf Dauer auch für das Vortragswesen selbst schädlich sei.[47]

Diese Bedenken hinderten das ebenfalls dem Goebbelsschen Machtbereich unterstehende Werbe- und Beratungsamt aber keineswegs daran, immer wieder neue Leseaktionen zu initiieren. Nach Ablauf der »Herbstveranstaltungen des deutschen Schrifttums 1941/42« wurden die literarischen Vortragsstellen, der Buchhandel und die Schriftstellerschaft im Februar 1942 schon wieder dazu aufgefordert, durch ein verstärktes Angebot von Dichterlesungen »ein einmütiges und starkes Bekenntnis zur deutschen Kultur und zum deutschen Schrifttum« abzugeben.[48] Zur Stimulierung bot das Schrifttumsamt die Vermittlung der Autoren sowie die Übernahme ihrer Fahrtkosten und Honorare an, während die örtlichen Veranstalter nur noch die Kosten für Saalmiete und Werbung zu tragen hatten.[49] Am gleichen Tag, an

[44] Schreiben Brehms an Teichmann, den Organisator der Dichterlesungen des DVW, vom 26. 7. 1939 (Abschrift), BArch Potsdam NS 8/197 Bl. 101.

[45] Ebd.

[46] Das Schreiben Cerffs findet sich in BArch Potsdam NS 18/419.

[47] Ebd.

[48] »Rundschreiben« vom 19. 2. 1942, HStA Düsseldorf RW 23/247 Bl. 94. Dem Schreiben war auch gleich eine »Dichtereinsatzliste für März 1942« beigefügt, ebd. Bl. 95.

[49] Ebd., Bl. 94. Für den »Dichtereinsatz« in den Monaten Januar bis März 1943 stellte die Schrifttumsabteilung allein 14600 RM zur Verfügung.

dem das Volksbildungswerk zur Zurückhaltung auf dem Gebiet des Vortragswesens aufgefordert wurde, versandte das Werbe- und Beratungsamt einen »Einsatzplan«, mit dem mehr als hundert Autoren von Oktober 1942 bis April 1943 auf Lesetermine festgelegt werden sollten.[50] Als Kooperationspartner fungierten dabei nicht nur die literarischen Vereine und Vortragsveranstalter im »Reichswerk ›Buch und Volk‹«, sondern auch die HJ, die Reichsstudentenführung und die Reichsstelle für Volksbüchereiwesen.[51]

Das Deutsche Volksbildungswerk sah in diesen Aktivitäten nichts anderes als einen »Konkurrenzversuch zur nationalsozialistischen Volksbildungsarbeit«.[52] Man bestand weiterhin darauf, daß sich sämtliche im »Reichswerk ›Buch und Volk‹« organisierten Vortragsveranstalter »mit ihrer Planung *in die Arbeit des Deutschen Volksbildungswerks einzugliedern* haben«.[53] Nur auf diesem Wege sei die vom Hauptkulturamt der Reichspropagandaleitung geforderte Straffung der Dichterlesungen zu erreichen. Zu einer grundsätzlichen Regelung der Verhältnisse ist es jedoch nie gekommen. Propagandaministerium und DAF organisierten ihr Vortragswesen bis zuletzt ungehemmt gegeneinander, jeder in dem Glauben, einen wesentlichen Beitrag zur Festigung und zum Erhalt des Nationalsozialismus zu leisten.

3.2. Der Einsatz deutscher Schriftsteller im Ausland

Im Sommer 1934 erhielt Hanns Johst, damals noch 1. Vorsitzender der Deutschen Dichterakademie und Präsident der »Union nationaler Schriftsteller«, von der Reichsregierung den Auftrag

S. den Antrag auf Zuteilung der Finanzmittel 1943 vom 21. 12. 1942, BArch Potsdam R 55/705 Bl. 275.

50 »Einsatzplan für Dichterlesungen 1942/43« vom 1. 6. 1942, HStA Düsseldorf RW 23/247 Bl. 76–79.

51 Hinweis im Antrag der Schrifttumsabteilung vom 21. 12. 1942. S. dazu auch die zahlreichen Absprachen der HJ/Gebiet Köln-Aachen mit dem Werbe- und Beratungsamt aus den Jahren 1941 bis 1943 in HStA Düsseldorf RW 23/247.

52 So die von Teichmann am 8. 6. 1942 vorgelegte »Stellungnahme zum Schreiben des Hauptkulturamtes der Reichspropagandaleitung vom 1. 6. 1942 betreffend die Durchführung von Dichterlesungen«, S. 3. BArch Potsdam NS 18/419.

53 Ebd. Hervorhebung im Text.

zu einer großen Auslandsreise.[54] In der Schweiz, in Schweden, Finnland, Norwegen, Dänemark und Frankreich sollte der Parteidichter mit Vorträgen und Lesungen aus seinen Werken für das »neue Deutschland« unter nationalsozialistischer Führung werben. Die Eindrücke seiner Lesereise hielt Johst in dem Buch »Maske und Gesicht« fest, das 1935 mit dem bezeichnenden Untertitel »Reise eines Nationalsozialisten von Deutschland nach Deutschland« im Langen-Müller Verlag erschien.

Es ist allerdings zu bezweifeln, daß diese Reise, deren propagandistische Ausrichtung zu offenkundig gewesen war, im Ausland zu der erwünschten Resonanz geführt hat. Jedenfalls ist Johst, nachdem er am 1. 10. 1935 Präsident der RSK geworden war, nicht mehr im Ausland aufgetreten, zumal seine schriftstellerische Arbeit in den dreißiger und vierziger Jahren völlig stagnierte.[55] Dagegen bemühte sich Hans Friedrich Blunck als »Altpräsident« der Kammer verstärkt um die Auslandsbeziehungen. Blunck, der bereits vor 1933 zahlreiche Kontakte zu ausländischen Bildungsinstitutionen, zwischenstaatlichen Gesellschaften und Intellektuellenkreisen unterhalten hatte,[56] nutzte die Möglichkeit, mit kulturellen Werten Propaganda für das »Dritte Reich« zu betreiben, sehr bewußt und mit weitaus feineren Methoden als Johst.

Der Autor nationaler Epen stellte sich vor allem selbst immer wieder für Vorträge und Lesereisen in den von der nationalsozialistischen Außenpolitik umworbenen Ländern zur Verfügung. In seiner Ansprache zur Eröffnung der »Woche des deutschen Buches« in Großbritannien, die Blunck am 17. 10. 1935 in der Londoner Victoria Hall hielt, bemühte er sich geschickt, die weitverbreiteten Bedenken gegen das »neue Deutschland«, seine Führung, seine Literaturpolitik und seine Literatur zu zerstreuen.[57] Im Herbst 1936 beteiligte sich Blunck an den Veranstaltun-

[54] Aktenüberlieferungen zu Planung und Verlauf der Reise fehlen. Spärliche Angaben finden sich bei S. Caspar, Hanns Johst, München 1940, S. 58–61.

[55] Vgl. dazu Pfanner, Hanns Johst, S. 270–292.

[56] S. im einzelnen H. F. Blunck, Licht auf den Zügeln. Lebensbericht 1. Band, Mannheim 1953, Kapitel 8–12.

[57] Das Manuskript der Rede ist überliefert in BArch Potsdam R 56 V/191 Bl. 14–24. In einem Schreiben an Johst vom 29. 10. 1935, ebd., Bl. 33, wies Blunck darauf hin, daß der Inhalt seiner Rede den von der »Reichsarbeitsgemeinschaft für Deutsche Buchwerbung« ausgegebenen »Richtlinien« entsprochen habe.

gen zur »Woche des deutschen Buches« im Ausland mit Lesungen in Paris, Zürich und Genf.[58] 1937 begleitete er eine Reihe deutscher Buchausstellungen auf dem Balkan mit Vorträgen und Lesungen in Sofia, Istanbul, Ankara, Smyrna, Athen und Saloniki.[59] In Genua, Rom, Neapel, Palermo, Mailand, Venedig, Bologna und Florenz warb er 1940 im Rahmen einer dreiwöchigen, vom DAAD finanzierten Vortragsreise für eine stärkere Verbreitung der deutschen Literatur.[60]

Neben Blunck bemühte sich seit 1935 auch die zur Vorbereitung der »Woche des deutschen Buches« gebildete »Reichsarbeitsgemeinschaft für Deutsche Buchwerbung« unter Vorsitz des Leiters der Schrifttumsabteilung im Propagandaministerium um eine verstärkte Herausstellung der in Deutschland geförderten Literatur im Ausland.[61] Im Rahmen der Buchwoche vom Herbst 1935 traten erstmals Autoren, unter ihnen der HJ-Dichter Wolfram Brockmeier, mit Lesungen in Italien, Finnland, Schweden und Mexiko auf.[62] 1936 schickte die Reichsarbeitsgemeinschaft Eberhard Wolfgang Möller nach Mailand, Turin, Genua, Florenz und Rom, den siebenbürgischen Schriftsteller Adolf Menschendörffer nach Bukarest und Richard Euringer nach Den Haag, Amsterdam, Rotterdam sowie in eine Reihe anderer holländischer Städte.[63]

Die Finanzierung dieser Reisen war jeweils aus Mitteln der Kulturabteilung des Auswärtigen Amts möglich gewesen. Dort war man es aber offenbar leid, immer nur die literaturpolitische Arbeit des Propagandaministeriums zu finanzieren. Am 23. 1. 1937 legte Dr. Werner Gregor eine umfangreichere »Aufzeichnung« vor, in der er eine »planmäßige Organisation kultu-

58 S. die von der »Reichsarbeitsgemeinschaft für Deutsche Buchwerbung« am 16. 1. 1937 vorgelegte »Abrechnung über 6000,– RM, die durch das Auswärtige Amt für die Durchführung der Woche des Deutschen Buches im Ausland 1936 zur Verfügung gestellt wurden«, PA Kult Pol VI W Akten betr. Deutsche Buchpropaganda, Bd. 19.

59 S. Bluncks 6seitigen Bericht über seine Vortragsfahrt in BArch Potsdam R 56 V/191 Bl. 86–91.

60 S. Bluncks 9seitigen Bericht über die Vorlesungsreise ebd., Bl. 120–128.

61 Zu Gründung, Zusammensetzung und Tätigkeit der RADB s. Kapitel III, Abschnitt B 3.2.

62 Die Woche des Deutschen Buches bei den Auslandsdeutschen, in: Bbl. 102. Jg., Redaktioneller Teil, Nr. 259 vom 7. 11. 1935, S. 938.

63 »Abrechnung« der RADB vom 16. 1. 1937.

reller Vortragsveranstaltungen im Auslande« forderte.[64] Gregor empfahl die Errichtung eines Vortragsamtes, das »nach den Weisungen« der Kulturabteilung des AA, »im Einvernehmen mit anderen zuständigen Dienststellen« und »in Verbindung mit den deutschen Missionen« repräsentative Veranstaltungen im Ausland zentral planen sollte.[65] Als Ziel setzte Gregor an, »diejenigen Kreise des Auslandes, die für die Meinungsbildung ihres Landes von besonderer Wichtigkeit sind, zu der Veranstaltung heranzuziehen und sie von dem Wert der Ausführungen des Vortragenden [...] zu überzeugen«.[66] Auf diese Weise könnten die Vorträge und Lesungen zur »Kulturwerbung für das heutige Deutschland« und damit zur »Werbung für die Gedankenwelt des Nationalsozialismus« dienen.[67] Dem Beispiel der »Alliance française« folgend,[68] riet der Diplomat jedoch dringend davon ab, die Veranstaltungen als offenkundige politische Demonstration zu inszenieren. Vielmehr sollten Persönlichkeiten eingesetzt werden, die neben ihrer kulturpolitischen Zuverlässigkeit auch international anerkannte Leistungen aufzuweisen hätten und zu einer »würdigen Darstellung deutschen Kulturgutes in seiner allgemeinen, menschlich am besten verständlichen Form« beitragen könnten.[69]

Vermutlich aus Mangel an Etatmitteln ist es zur Realisierung dieser Initiative nicht gekommen.[70] Die Kulturabteilung des AA leistete zunächst weiterhin Zuschüsse zu den von der Reichsarbeitsgemeinschaft im Rahmen der Buchwochen organisierten Auslandsveranstaltungen.[71] Mit dem Ausbau des Vortragsamtes

[64] »Aufzeichnung betreffend Vortragsveranstaltungen im Auslande«, hier S. 1, PA Kult Gen Akten betr. Deutsche Kulturpolitik im Auslande allgemein, Bd. 1 1937.

[65] Ebd., S. 8.

[66] Ebd.

[67] Ebd., S. 9.

[68] S. dazu ebd., S. 5–7.

[69] Ebd., S. 9.

[70] »Notiz betr. finanzielle Mittel für die Arbeit der Kulturpolitischen Abteilung« vom 4. 5. 1938, PA Kult H – Geheime Verschlußsachen 15. Darin klagt der stellvertretende Abteilungsleiter Fritz von Twardowski über die Weigerung des RFM, den »offenen Fonds für die kulturpolitische Arbeit« um mindestens 500000 RM aufzustocken.

[71] Mit Schreiben vom 7. 6. 1937 bat der Leiter der Schrifttumsabteilung des RMVP und Vorsitzende der RADB Wismann die Kulturabteilung des AA sogar um eine Erhöhung der Zuschüsse für die Buchwoche im Herbst

der Reichsschrifttumsstelle (ab 1939 Werbe- und Beratungsamt für das deutsche Schrifttum) machte sich das Propagandaministerium dann selbst zum Motor der Literaturpropaganda im Ausland. Seit Beginn des Krieges wurden die für diesen Zweck bereitgestellten Finanzmittel beträchtlich aufgestockt[72] und nun auch der Einsatz deutscher Schriftsteller im Ausland nach einem festen Plan koordiniert.[73] Im Begleitprogramm einer ganzen Serie von Buchausstellungen, die zwischen 1940 und 1943 vom Propagandaministerium schwerpunktmäßig in Nord-, Süd- und Südosteuropa veranstaltet wurden,[74] liefen immer wieder auch Dichterlesungen. Daneben organisierte das Werbe- und Beratungsamt für das deutsche Schrifttum regelmäßig Vortragsreisen deutscher Schriftsteller.

Zum Einsatz gelangten dabei weniger die dezidierten Vertreter der nationalsozialistischen Literatur als vielmehr Autoren national-konservativer Provenienz, deren Namen im Ausland allerdings nur einen begrenzten Bekanntheitsgrad gehabt haben dürften. U.a. lasen: in Dänemark Friedrich Bischoff (1940), Felix Lützkendorf (1942) und Friedrich Schnack (1942); in Schweden Karl Benno von Mechow (1941), Joachim von der Goltz (1941), Friedrich Schnack (1942) und Heinrich Zillich (1942); in Norwegen Herybert Menzel (1941); in Finnland Ottfried Graf

1937, um damit zwölf Buchausstellungen und den Einsatz von etwa 15 bekannten deutschen Autoren im Ausland finanzieren zu können. In seiner Antwort vom 18. 6. 1937 erklärte sich Abteilungsleiter Stieve »grundsätzlich bereit, die Arbeitsgemeinschaft auch weiterhin finanziell zu unterstützen und wohlwollend zu prüfen, ob sich ein höherer Zuschuß als im Vorjahr aus hiesigen Mitteln zur Verfügung stellen läßt«. PA Kult Pol VI W Bd. 19 (1936/37).

72 Allein der Etat des Werbe- und Beratungsamtes stieg von 408150 RM im Haushaltsjahr 1940/41 und 526350 RM in 1941/42 auf 629000 RM für 1942/43. Angaben in der Haushalts-Aufstellung des WeBa für das Rechnungsjahr 1941/42, BArch Potsdam R 2/4927 Bl. 487–506, sowie in der Aufstellung über die Ausgabenentwicklung des RMVP im Bereich Schrifttum vom 6. 1. 1943, BArch Potsdam R 55/862 Bl. 16.

73 Schnellbrief des Schrifttumsreferenten Hövel an das AA vom 2. 8. 1939 betr. Buchausstellungen und Dichterreisen im Ausland, Winter 1939/40, PA Akten der Deutschen Botschaft Madrid betr. Buchausstellungen – Woche des deutschen Buches (1937–1940); sowie den Geschäftsverteilungsplan des WeBa aus dem Jahr 1942, BArch Potsdam R 55/30 hier Bl. 135: Referat Ausland: »Organisatorische Durchführung von Lesungen im Ausland« u.a.

74 S. dazu Kapitel III, Abschnitt B 4.3.

Finckenstein (1941), Asta Südhaus (1941), Friedrich Griese (1941), Franz Tumler (1941) und Felix Lützkendorf (1942); in der Slowakei Erwin Guido Kolbenheyer (1941), Karl Heinrich Waggerl (1941), Gerhard Schumann (1942), Colin Roß (1943) und Heinrich Zillich (1943); in Ungarn Franz Tumler (1941) und Karl Heinrich Waggerl (1941); in Kroatien Paul Alverdes (1941), Hans Friedrich Blunck (1941), Karl Heinrich Waggerl (1941) und Heinrich Zillich (1941 und 1943); in Rumänien Ottfried Graf Finckenstein (1941), Eugen Roth (1941), Franz Tumler (1941) und Johannes Linke (1943); in Bulgarien Herybert Menzel (1942), Asta Südhaus (1942) und Colin Roß (1943); in Frankreich Carl Rothe (1941), Edwin Erich Dwinger (1941 und 1942), Heinrich Zillich (1942), Georg Britting (1943) und Eugen Roth (1943); in Belgien sowie Holland Carl Rothe (1941), Joachim von der Goltz (1941), Erwin Wittstock (1942), Richard Ganzer (1943) und Ludwig Tügel (1943); in Italien Asta Südhaus (1941), Leonhard Blaß (1941) und Paul Alverdes (1943).[75]

3.3. Die »Weimarer Dichtertreffen« und die Gründung der »Europäischen Schriftstellervereinigung«

Am 27. 10. 1938 fand parallel zur Eröffnungsveranstaltung der »Woche des deutschen Buches« in Weimar erstmals ein von der Schrifttumsabteilung des Propagandaministeriums organisiertes Dichtertreffen statt. Die Vermutung liegt nahe, daß die Veranstaltung zunächst eine Reaktion auf die mittlerweile zur beliebten Institution gewordenen »Lippoldsberger Dichtertage« Hans Grimms war und dem von Goebbels befürchteten Aufbau einer »Bekenntnisfront« im deutschen Schrifttum entgegentreten sollte. Gleich in der Begrüßungsansprache machte Schrifttumsreferent Erckmann den nach Weimar eingeladenen Autoren denn auch deutlich, worum es ging: »Vor der Nation aber soll durch dieses Treffen die innere Einheit zwischen den Dichtern und der

[75] Die Angaben stützen sich auf die vom Werbe- und Beratungsamt für das deutsche Schrifttum zusammengestellte »Nachweisung über den Verbrauch der zugewiesenen Zuschüsse für Sonderaktionen«, BArch Potsdam R 55/688 Bl. 29–34 sowie die zugehörigen Einzelnachweise aus den Jahren 1941 bis 1943 in BArch Potsdam R 55/705 und 706. Zu Biographie und Werk der genannten Autoren s. die Vorschlagslisten für Dichterlesungen, sowie teilweise Loewy, Literatur unterm Hakenkreuz, S. 301–329.

Schrifttumsführung zum Ausdruck kommen«.[76] Um den Eindruck einer von staatlicher Seite reglementierten Veranstaltung zu verwischen, gab Erckmann vor, daß die Arbeitstagung »vom Schaffenden selbst bestimmt und sein Beitrag [...] zu der geistigen Auseinandersetzung unserer Tage« sein solle.[77]

Diese Autonomie der »Schaffenden« war jedoch bloße Fiktion. Das fing bereits damit an, daß der Kreis der in Weimar zugelassenen Autoren von der Schrifttumsabteilung genau festgelegt wurde. Dabei war es wichtig, nicht nur die linientreuen Parteidichter und völkischen Schriftsteller, sondern auch namhafte und im Ausland angesehene Vertreter der national-konservativen Literatur in Weimar präsentieren zu können.[78] So erhielt der gerade aus dem KZ Buchenwald entlassene Ernst Wiechert die Aufforderung zur Teilnahme am ersten »Großdeutschen Dichtertreffen«. Der Schriftsteller diente jedoch nur, wie er in seinen Memoiren »Jahre und Zeiten« treffend formuliert, als »Plakat, das man aushängen konnte, damit jedermann sehe, wie großmütig das Dritte Reich war«.[79] Zahlreiche seiner Kollegen werden den Gang nach Weimar ohne solche Skrupel angetreten haben, obwohl auch sie nicht viel mehr als ein propagandistisches Aushängeschild gegenüber dem In- und Ausland waren. Nur wenige besaßen den Mut und die Standfestigkeit Hans Grimms, sich den Einladungen durch die Schrifttumsabteilung konsequent zu entziehen.

Die lenkende Einflußnahme des Propagandaministeriums ist auch an den jeweiligen Leitthemen der »Weimarer Dichtertreffen« und an der Auswahl der Referenten ablesbar. Im Herbst 1938 stand die »Arbeitstagung« unter dem Motto »Die Dichtung und die Wirklichkeit des Volkes« ganz im Zeichen des »Anschlusses« Österreichs und der Eingliederung der sudetendeutschen Gebiete. Entsprechend ließ man Robert Hohlbaum und

[76] R. Erckmann, Der Dichter im Volk, in: Weimarer Reden des Großdeutschen Dichtertreffens 1938, Hamburg 1939, S. 9–16, hier S. 14.

[77] Ebd., S. 15.

[78] S. dazu etwa die Liste der deutschen Teilnehmer am Weimarer Dichtertreffen vom Herbst 1941, in: Bbl. 108. Jg., Redaktioneller Teil, Nr. 251/252 vom 28. 10. 1941, S. 366. Dort sind u.a. Autoren wie Paul Alverdes, Friedrich Bischoff, Waldemar Bonsels, Albrecht Goes, Walter von Molo, Wolf von Niebelschütz, Eugen Roth und Alfred Zacharias aufgeführt, die weder der nationalsozialistischen noch der völkisch-nationalen Literatur zuzurechnen sind.

[79] Wiechert, Jahre und Zeiten, S. 528.

Josef Weinheber als Vertreter der »Dichter der Ostmark« sowie Heinrich Zillich und Friedrich Bodenreuth als Vertreter der »Dichter des Sudetengaus« ein Bekenntnis zur Literatur aus dem Volk und für das Volk ablegen.[80] Während Weinheber den Schriftstellern noch die Vermittlung von zivilen Werten wie »Würde, Tapferkeit, Adel und Opfer« auftrug,[81] stellte Bodenreuth den Ideen der Aufklärung von »Gleichheit, Freiheit und Brüderlichkeit« die nationalsozialistischen Werte »Volksgebundenheit«, »All-Deutschland« und das »Gesetz der Rasse« gegenüber.[82] Seine Kollegen forderte der sudetendeutsche Aktivist dazu auf, sich »durch das Schwert erst die Leier zu verdienen«.[83]

Nicht weniger martialisch ging es beim zweiten Dichtertreffen im Jahr 1940 zu, das unter das Motto »Die Dichtung im Kampf des Reiches« gestellt worden war. An dem Treffen nahmen wiederum mehr als einhundert Schriftsteller, zahlreiche von ihnen in Wehrmachtsuniform, teil.[84] In der Eröffnungsveranstaltung, die am 26. 10. im Kreishaus der NSDAP in Weimar stattfand, verkündete Erckmann mit großem Stolz: »Schrifttum und Dichtung sind im Kriege als wirkender Faktor weit über das hinaus in Erscheinung getreten, was sie im Frieden waren. Die deutschen Bücher dienen dem deutschen Kampfe. Die Wirkungsmacht der deutschen Dichtung ist Tatsache in einem Kriege geworden, dessen Siege und dessen Endsieg die unerhörte seelische Jugendkraft eines auferstandenen Volkes verbürgt«.[85]

Auf der anschließenden »Arbeitstagung« ging Kurt Hesse auf den notwendigen Beitrag der Schriftsteller zum »totalen Krieg«

[80] R. Hohlbaum, Die deutsche Dichtung und die Welt der Geschichte I, in: Weimarer Reden des Großdeutschen Dichtertreffens 1938, S. 17–30; H. Zillich, Die deutsche Dichtung und die Welt der Geschichte II, ebd., S. 31–52; J. Weinheber, Die deutsche Dichtung und die Wirklichkeit des Volkes, ebd., S. 53–69; F. Bodenreuth, Die deutsche Dichtung und die Gegenwart, ebd., S. 71–80.

[81] Weinheber, Die deutsche Dichtung und die Wirklichkeit des Volkes, S. 64.

[82] Ebd., S. 74.

[83] Bodenreuth, Die deutsche Dichtung und die Gegenwart, S. 80.

[84] Buch und Schwert – Sinnbild unserer Zeit. Das »Großdeutsche Dichtertreffen 1940«, in: Bbl. 107. Jg., Redaktioneller Teil, Nr. 253 vom 29. 10. 1940, S. 393.

[85] R. Erckmann, Sinn und Aufgabe des Großdeutschen Dichtertreffens 1940, in: Die Dichtung im Kampf des Reiches. Weimarer Reden 1940, Hamburg 1941, S. 5–9, hier S. 7.

näher ein.[86] Unter Hinweis auf die Vorbilder der friderizianischen Kriegsdichtung und Literatur über den Ersten Weltkrieg forderte Hesse, daß die Gegenwartsliteratur der »geistigen und sittlichen Vorbereitung auf den Krieg, der Erfüllung des Soldaten für seine Aufgabe auf dem Schlachtfeld« zu dienen habe.[87] Den Soldaten müßte vermittelt werden, daß sie »einen guten und gerechten Kampf« führten – im Glauben »an den Führer und seinen Weg, an Deutschland und das deutsche Volk, an den Sieg und den gerechten Frieden«.[88] Für Carl Rothe lag die der deutschen Dichtung im Krieg gestellte Aufgabe in der »Überwindung westlerischen Geistes«.[89] Während in der französischen und angelsächsischen Literatur der Krieg nur als »ein Vergehen gegen die Menschlichkeit und gegen das Glück, gegen die Wohllebigkeit des Demos und gegen die Freiheit der Person« dargestellt werde,[90] sei er von der deutschen Literatur des 19. und 20. Jahrhunderts als großer »Wertemesser«, als gewaltiger »Erreger unseres Erdteils« und als gemeinschaftsstiftendes Erlebnis gerühmt worden.[91] Doch nicht nur das Werk französischer und angelsächsischer, sondern auch das Werk deutscher Schriftsteller, für die stellvertretend Thomas Mann stehen sollte, sei Ausdruck der »Ratlosigkeit«, »Müdigkeit« und »Verfettung« einer »abgetretene[n] Epoche« gewesen, die es nun endgültig zu beseitigen gelte.[92] Rothe hoffte, daß »Europa« die Stimme des neuen Deutschland vernehmen und daß die Sprache deutscher Dichtung »Gehalt und Kraft für den Auftrag« finden werde, »den dieser Krieg und dereinst der Frieden ihr geben«.[93]

Dem Verhältnis der deutschen Literatur zu Europa war auch der Vortrag Hermann Burtes anläßlich der »Festsitzung«, die am 27. 10. auf Einladung von Gauleiter Fritz Sauckel im Deutschen Nationaltheater stattfand, gewidmet.[94] Der »europäischen Gel-

[86] K. Hesse, Der Beitrag des deutschen Schrifttums zur soldatisch-kämpferischen Leistung unserer Zeit, ebd., S. 15–34.

[87] Ebd., S. 16.

[88] Ebd., S. 34.

[89] C. Rothe, Die Überwindung westlerischen Geistes durch die deutsche Dichtung, ebd., S. 77–97.

[90] Ebd., S. 81.

[91] S. ebd., S. 84–91.

[92] Ebd., S. 82–83.

[93] Ebd., S. 95.

[94] H. Burte, Die europäische Sendung der deutschen Dichtung, ebd., S. 53–75. S. auch den Bericht über die »Festsitzung des Großdeutschen

tung« der klassischen deutschen Literatur, für die die Namen Goethes, Schillers, Hölderlins, Nietzsches, Rilkes und Georges angeführt wurden,[95] stellte der badische Lyriker und Dramatiker Hitler und Houston Stewart Chamberlain zur Seite, deren Bedeutung »Schiffsladungen von Emigranten« aufwiege.[96] Ganz im Sinne der nationalsozialistischen Schrifttumsbürokratie hob Burte hervor, daß die »europäische Sendung der deutschen Dichtung [...] in ihrem tiefsten Wesen, im Kern und Stern ihres Daseins eins und gleich mit der europäischen Sendung des deutschen Volkes und seines Führers« sei.[97] Daß ein der klassischen Literatur vergleichbarer Reichtum von Geistesgrößen im nationalsozialistischen Deutschland bislang ausgeblieben war, kompensierte Burte mit der Zuversicht: »Hat uns das Schicksal den großen Führer geschenkt, wird es uns den großen Dichter nicht versagen!«[98] Die »kommende Klassik«, so die weitere Vision, »wird die Volksnähe der deutschen Volksbücher haben, die Einheit von Mensch und Erde, wie die Edda, die schottischen Balladen, die serbischen Lieder, das homerische Gedicht; wir stammeln nur davon, aber es wird da sein in Licht und Laut!«[99]

Rothe und Burte hatten mit ihren Vorträgen ein Thema angeschnitten, das in den kommenden zwei Jahren zu einem der Kernpunkte nicht nur der staatlichen Literaturpolitik werden sollte. Im Propagandaministerium ebenso wie im Auswärtigen Amt war man sich darüber im klaren, daß die militärisch errungene Hegemonie des Deutschen Reiches in Europa durch ein umfassendes Ordnungskonzept abgesichert werden mußte.[100] Seit Mitte 1940 setzten daher vielfältige Bemühungen der deutschen Regierungsstellen um zwischenstaatliche Absprachen, Verträge, Kundgebungen oder Gründungen gemeinsamer Institutionen auf politischem, wirtschaftlichem und kulturellem Ge-

Dichtertreffens 1940«, in: Bbl. 107. Jg., Redaktioneller Teil, Nr. 255 vom 31. 10. 1940, S. 405.

[95] Im einzelnen Burte, Die europäische Sendung der deutschen Dichtung, S. 56–62.

[96] Ebd., S. 69.

[97] Ebd., S. 71.

[98] Ebd., S. 72.

[99] Ebd.

[100] Vgl. P. Kluke, Nationalsozialistische Europaideologie, in: VfZG 3 (1955), S. 240–275.

biet ein.[101] Der deutschen Gegenwartsliteratur fiel in diesem Prozeß nach Auffassung des Schrifttumsreferenten Erckmann die Aufgabe zu, »Europa von der Geistesmacht des neuen Deutschland zu überzeugen und damit selber geistig ordnend einzugreifen in das weltgeschichtliche Geschehen, das sich nach dem Siege in erst zu ahnendem Ausmaß vollziehen muß«.[102]

Konsequenterweise wurde das Weimarer Dichtertreffen im Herbst 1941 unter das Leitmotiv »Die Dichtung im kommenden Europa« gestellt. Am 24. 10. konnte der Leiter der Schrifttumsabteilung des Propagandaministeriums in Weimar zusammen mit den deutschen Schriftstellern erstmals Gäste aus vierzehn europäischen Ländern begrüßen, darunter so renommierte Autoren wie Felix Timmermanns, Robert Brasillach, Pierre Drieu la Rochelle, John Knittel und Ernesto Giménez Caballero.[103] Zur Einstimmung auf die Tagung hatte das Werbe- und Beratungsamt in der Vorhalle des Kreishauses der NSDAP eine »Schau antibolschewistischen Schrifttums« aufgebaut, »damit andeutend, daß gerade auch in den Weimartagen der tiefe Sinn des Kampfes im Osten vor unser aller Augen stehen muß«.[104]

Die »Arbeitstagung« wurde mit einem einleitenden Grundsatzreferat Erckmanns[105] sowie mit referierenden Pflichtübungen von Hans Baumann zum Thema »Von den Bewährungen des

[101] S. in diesem Kontext u. a. die Präambeln zu den Kulturabkommen des Deutschen Reiches mit der Slowakei vom 1. 5. 1942, in: RGBL/Teil II Nr. 38 vom 30. 12. 1942, hier S. 406, und mit Rumänien vom 7. 11. 1942, in: RGBL/Teil II Nr. 26 vom 6. 7. 1943, hier S. 274. Eine detaillierte Zusammenstellung und Analyse der verschiedenartigen Aktivitäten des nationalsozialistischen Deutschland zur »Neuordnung Europas« steht bislang aus.

[102] R. Erckmann, Zur europäischen Aufgabe unseres schaffenden Schrifttums, in: Bbl. 108. Jg., Redaktioneller Teil, Nr. 107 vom 10. 5. 1941/Kantate-Beilage, S. 2. S. auch [G. von] KOM[merstädt], Wer denkt europäisch?, in: Der deutsche Schriftsteller 6 (1941), S. 49; H. H. Wilhelm, Deutschlands europäische Sendung, ebd., S. 50; H. Wanderscheck, Europa den europäischen Schriftstellern!, ebd. 7 (1942), S. 26–27.

[103] W. Haegert, Zum Dichtertreffen 1941, in: Die Dichtung im kommenden Europa. Weimarer Reden 1941, Hamburg 1942, S. 5–11, hier S. 6–7.

[104] Im Zeichen von Buch und Schwert. Die Veranstaltungen in Weimar zur Kriegsbuchwoche 1941/Das Dritte Deutsche Dichtertreffen, in: Bbl. 108. Jg., Redaktioneller Teil, Nr. 251/252 vom 28. 10. 1941, S. 365.

[105] R. Erckmann, Die Aufgabe des Deutschen Dichtertreffens 1941, in: Die Dichtung im kommenden Europa, S. 17–20.

Dichters«[106] und von Moritz Jahn zu den »Zukunftsaufgaben der europäischen Literaturen«[107] bestritten. Am 25. 10. berichtete Bruno Brehm im Deutschen Nationaltheater von seinen Erlebnissen bei einer Panzerkampftruppe an der Ostfront.[108]

Das dritte Weimarer Dichtertreffen war auch die Geburtsstunde der »Europäischen Schriftstellervereinigung«. Der »Zusammenschluß deutscher und ausländischer Dichter« ging angeblich auf eine Anregung des Norwegers Knut Hamsun, des Flamen Stijn Streuvels und der Finnin Maila Talvio zurück und soll als »spontaner Akt« zustandegekommen sein.[109] Tatsächlich war jedoch das Propagandaministerium die treibende Kraft. Die Schrifttumsabteilung hatte schon im Vorfeld des Weimarer Dichtertreffens eine dreiwöchige Deutschlandfahrt verschiedener Schriftsteller aus europäischen Staaten organisiert und finanziell unterstützt.[110] Um die Teilnahme der französischen Schriftsteller hatte sich Gerhard Heller, der für Schrifttumsfragen zuständige »Sonderführer« der »Propaganda-Staffel« beim deutschen Militärbefehlshaber in Paris, bemüht.[111] Hans Carossa, der bislang noch an keinem Treffen in Weimar teilgenommen hatte, kam erst auf die nachdrückliche Einladung der Schrifttumsabteilung nach Weimar.[112] Dort offerierte man dem überraschten Schriftsteller die Präsidentschaft der Vereinigung.[113]

106 Ebd., S. 17–20.

107 Ebd., S. 49–64.

108 B. Brehm, Unser Kampf im Osten, ebd., S. 35–48.

109 So die Darstellung des Schrifttumsreferenten W. Ruoff, Die Stunde des europäischen Geistes, in: Bbl. 108. Jg., Redaktioneller Teil, Nr. 258 vom 4. 11. 1941, S. 381–382.

110 Hinweis ebd., S. 382. Die Kosten der Deutschlandfahrt und einer an die Teilnehmer verschenkten »Erinnerungsgabe« beliefen sich auf insgesamt 52695 RM. S. den Nachweis über die verausgabten Mittel in BArch Potsdam R 55/705 Bl. 266.

111 G. Heller, In einem besetzten Land. NS-Kulturpolitik in Frankreich. Erinnerungen 1940–1944. Unter Mitarbeit von J. Grand, Köln 1982, S. 89–95 und S. 106–120.

112 In seinen Memoiren, Ungleiche Welten, Wiesbaden 1951, weist Carossa darauf hin, daß er von der RSK eine »sorgliche Mahnung« (S. 117) erhalten habe, an dem Treffen in Weimar teilzunehmen. Tatsächlich ging die Einladung zu den Weimarer Dichtertreffen jedoch von der Ministerialabteilung aus, die der Schriftsteller offenbar nicht von der Kammer unterscheiden konnte.

113 Carossa teilte Hans Grimm in einem Schreiben vom 14. 2. 1942 mit, daß er von dem Plan zur Vereinigung deutscher und europäischer Schrift-

Als Carossa zögerte, wurde er von den Schrifttumsreferenten des Propagandaministeriums solange bearbeitet, bis er seine Zusage gab.[114] Die hinter den Kulissen bereits beschlossene Sache wurde dann noch einmal zur Wahl gestellt, die, wie Carossa sich erinnert, »deutlich verriet, daß alles von langer Hand vorbereitet war«.[115] »Ein österreichischer Schriftsteller stellte den Antrag und weder ein Deutscher noch ein Ausländer schlug einen anderen Namen vor«.[116]

Die Wahl Carossas war ein außerordentlich geschickter Schachzug. Der Autor wurde in nationalsozialistischen Kreisen vor allem aufgrund seines »Rumänischen Tagebuchs« aus dem Ersten Weltkrieg geschätzt,[117] galt jedoch keineswegs als Parteidichter.[118] Als Träger so renommierter Auszeichnungen wie des Literaturpreises der Stadt München (1927), des Gottfried Keller-Preises der Stadt Zürich (1931), des Goethe-Preises der Stadt Frankfurt am Main (1938) und des Premio San Remo (1939)[119] genoß er vielmehr im In- und Ausland großes Ansehen.

Carossa gab jedoch nur seinen guten Namen. Die Aktivitäten des neuen Schriftstellerverbands wurden nicht von ihm, sondern von seinem »Generalsekretär« Dr. Carl Rothe koordiniert.[120]

steller »ein paar Stunden vor der Wahl noch gar nichts« gewußt habe. DLA Marbach/NL H. Grimm A 7.

114 S. im einzelnen Carossa, Ungleiche Welten, S. 118–122

115 Ebd., S. 122.

116 Ebd.

117 S. das Porträt »Hans Carossa, Arzt und Dichter«, in: Bücherkunde 2 (1935), S. 274–276, wo es abschließend hieß: »So vollbringt Carossa das Werk, die ernsten und gewaltigen Wirklichkeiten des Volkslebens darzustellen und zu deuten, und bereitet somit zugleich den Weg des nationalsozialistischen Deutschlands«. S. dazu auch den Vortrag Carossas auf der 5. Arbeitstagung des Amtes Schrifttumspflege zum Thema »Von der Beschaulichkeit des schöpferischen Schaffens«, in: »Einsamkeit und Gemeinschaft«, S. 46–51.

118 Carossa, der sich seiner Wahl durch den Vorschlag einiger der NSDAP angehörender Schriftsteller zu entziehen versucht hatte, erkannte erst im nachhhinein, daß »ich als unpolitischer Mann für den politischen Zweck, den man im Auge hatte, gerade der geeignetste war«. Carossa, Ungleiche Welten, S. 119.

119 Angaben im Schriftsteller-Verzeichnis, hg. von der Reichsschrifttumskammer [Berlin-Charlottenburg], Leipzig 1942, S. 34.

120 Hinweis bei Carossa, Ungleiche Welten, S. 127. Carossa ordnet Rothe fälschlicherweise als Referent der RSK zu. Carl Rothe (1900–?): 1919–1923 Studium der Neueren Geschichte und Staatswissenschaften an den Univer-

Der Schriftsteller hatte sich durch seine zahlreichen Auslandsaufenthalte in Großbritannien, Frankreich und anderen westeuropäischen Ländern (seit 1924)[121] sowie durch seinen Vortrag beim Weimarer Dichtertreffen des Jahres 1940 empfohlen. Seinem 1937 erschienenen ersten Roman »Die Zinnsoldaten« attestierte das Gestapa das Bemühen um eine »deutsch-französische Annäherung«.[122] Rothe wurde gleichzeitig als Referent in die Schrifttumsabteilung des Propagandaministeriums übernommen.[123] Hier war er hauptsächlich zuständig für das Aufgabengebiet »Betreuung und Lenkung der ausländischen Autoren: Förderung der Europäischen Schriftstellervereinigung, Autorentreffen«.[124] Sein Kollege Dr. Wilhelm Ruoff redigierte die im Deutschen Verlag herausgegebene Zeitschrift »Europäische Literatur«, mit der ab 1942 für die Ziele der Schriftstellervereinigung geworben wurde.[125] Trotz dieser offenkundigen personellen Verzahnung und der beträchtlichen Finanzmittel, die von der

sitäten Berlin, München und Bonn; 1923 kaufmännischer Angestellter bei den Lingner-Werken in Dresden; 1924–1931 Dezernent der Bildungsabteilung des DHV, Redakteur der »Politischen Wochenschrift«; 1930–1932 Mitglied der Konservativen Volkspartei; 1932 Studium in Oxford und London mit einem Stipendiat der Rockefeller-Foundation; 1933–1937 Abteilungsleiter im Volksbund für das Deutschtum im Ausland, Berlin; schriftstellerisch tätig seit 1927, seit Ende 1937 im Hauptberuf. »Lebenslauf« [o. D., 1938], BDC/RSK/Rothe, C.

[121] Angabe im »Lebenslauf« [1938], ebd.

[122] Streng vertrauliche »Leumundsauskunft« des Gestapa (II F3) für den Präsidenten der RSK vom 18. 10. 1937, ebd.

[123] Die für das Haushaltsjahr 1942 beantragte zusätzliche Referentenstelle im »Generalreferat Geistiges Europa«, »Geschäftsverteilungsplan der Abteilung S«, BArch Potsdam R 55/13 Bl. 102, wurde noch im gleichen Jahr bewilligt. Geschäftsverteilungsplan der Abteilung S vom 1. 11. 1942, BArch Potsdam R 55/1314 Bl. 43/Rs. Rothe wurde als Regierungs-Amtmann eingestellt.

[124] Geschäftsverteilungsplan des RMVP vom 1. 11. 1942 mit Änderungen zum 1. 11. 1943, BArch Potsdam R 55/893 hier Bl. 118.

[125] S. das Schreiben Ruoffs an Johst vom 26. 12. 1941, BDC/RMVP/Ruoff, W.; sowie die »Nachweisung über den Verbrauch der zugewiesenen Zuschüsse für Sonderaktionen« des Werbe- und Beratungsamtes für das deutsche Schrifttum für das Rechnungsjahr 1942, BArch Potsdam R 55/688 Bl. 29–34, hier Bl. 32. Dort sind Zuschüsse für die Zeitschrift in Höhe von 2563,59 RM angegeben.

Schrifttumsabteilung in das Projekt investiert wurden,[126] versuchte man nach außen weiterhin den Eindruck aufrechtzuerhalten, als handele es sich um eine von den Schriftstellern selbst getragene europäische Gemeinschaftsbewegung.[127]

In Weimar hatte Goebbels noch am 26. 10. 1941 Wilhelm Baur den Auftrag erteilt, sich im Buchhandel nachhaltig dafür einzusetzen, daß diejenigen Auslandsdichter, die der »Europäischen Schriftstellervereinigung« beigetreten waren, »in jeglicher Weise gefördert werden«.[128] Damit sollte nicht nur deren Bekenntnis für das »neue Europa unter der deutschen Führung« belohnt, sondern es sollten auch mögliche Boykottmaßnahmen des ausländischen Buchhandels kompensiert werden.[129] Der Vizepräsident der RSK veranlaßte daraufhin beim Börsenverein die Erstellung einer Liste, in der zum einen die Publikationen der ausländischen Verbandsmitglieder in ihrer Landessprache, zum anderen die bisher veröffentlichten deutschen Übersetzungen ihrer Werke enthalten sein sollten.[130] Ziel war es, den Vertrieb der in deutscher Sprache vorliegenden Bücher ausländischer Schriftsteller zu intensivieren und Verleger für neue Übersetzungen zu

[126] S. ebd., Bl. 29, 30 und 32, wo Kosten für eine »Vortragsreise« Rothes nach Frankreich und Belgien in Höhe von 1218,90 RM, für eine »Erinnerungsgabe a[n] d[ie] Teilnehmer d[er] Deutschlandfahrt ausl[ändischer] Aut[oren]« in Höhe von 2386,74 RM sowie 5667,68 RM zur »Betreuung ausländ[ischer] Schrift[steller] währ[end] d[es] Deutschl[and] Aufenthalts« nachgewiesen sind; sowie das Schreiben der Haushaltsabteilung des RMVP an das RFM vom 10. 1. 1942, BArch Potsdam R 2/4927 Bl. 429–430, in dem 35000 RM als Personal- und Sachausgaben für die »Europäische Schriftstellervereinigung« angegeben werden.

[127] S. die von Hövel verfaßte »1. Aufzeichnung« zum Etat und zu einem Stipendium der »Europäischen Schriftstellervereinigung« vom 15. 10. 1942, BArch Potsdam R 55/705 Bl. 254. Da nach Hövel »ein dringendes propagandistisches Interesse« daran bestand, »das Ministerium bei dieser wichtigen Vereinigung nicht in Erscheinung treten zu lassen« und da nach seiner Auffassung »zweifellos Rückschläge zu erwarten sind, wenn herauskäme, daß das Ministerium die gesamte Arbeit finanziert«, sollte die Finanzierung getarnt werden. Hövel schlug in diesem Zusammenhang vor, die Gelder über namhafte Schriftsteller in die Vereinigung fließen zu lassen, »so daß in den Büchern und Belegen deutsche Schriftsteller als Geldgeber erscheinen«.

[128] So Baur in einer Mitteilung an die RSK-Geschäftsführungen in Berlin und Leipzig sowie an den Börsenverein vom 31. 10. 1941, BArch Potsdam R 56 I/102 Bl. 39–40, hier Bl. 39.

[129] Ebd., Bl. 39.

[130] Ebd.

gewinnen. Demgegenüber sollte der Vertrieb von Werken derjenigen Autoren, die der Vereinigung noch nicht beigetreten waren, durch informelle Anweisungen in den »Vertraulichen Mitteilungen« der Fachschaften Verlag und Handel ganz unterbunden werden.[131] Zudem bat Wilhelm Baur die Geschäftsführung des Börsenvereins um Vorschläge, wie das Erscheinen im Ausland erschienener Bücher dieser Autorengruppe auf dem deutschen Buchmarkt völlig unterbunden werden könne.[132]

In der Folge ist die mit großem Aufwand ins Leben gerufene »Europäische Schriftstellervereinigung« gerade noch zweimal öffentlich in Erscheinung getreten. Im März 1942 sollten auf einer Tagung der Vertrauensleute der Vereinigung die »weiteren Grundlagen für den Aufbau in den einzelnen Ländern« gelegt werden.[133] Offenbar schwebte dem Propagandaministerium vor, nach dem Vorbild des PEN-Clubs Landes-Sektionen zu gründen. Dahinter ist unschwer die Absicht erkennbar, die internationale PEN-Organisation mit dem Zentrum London, die den Nationalsozialisten schon seit 1933 ein Dorn im Auge war, durch die von Berlin gesteuerte »Europäische Schriftstellervereinigung« zu ersetzen.[134] Doch ähnlich wie bei der 1934 gegründeten »Union nationaler Schriftsteller« kam auch dieses Projekt über das Anfangsstadium nicht hinaus.

Am Weimarer Dichtertreffen vom 8. bis 11. 10. 1942 nahmen zwar noch einmal Autoren aus sechzehn europäischen Staaten teil.[135] Carossa war jedoch gar nicht erst zu diesem »Kongreß

131 Ebd., Bl. 40.

132 Ebd.

133 So Hövel in seinem Schreiben an Grimm vom 16. 3. 1942, DLA Marbach/NL H. Grimm: Korrespondenz mit NS-Partei- und Regierungsstellen, Mappe IV.

134 Von Goebbels war ursprünglich der Plan zur Gründung einer »Europäischen Kulturkammer« erwogen worden. S. das Schreiben Ihdes an Blunck vom 11. 6. 1941, BArch Potsdam R 56 V/191 Bl. 139–140. Blunck hatte dagegen in seiner Antwort vom 14. 6. 1941 einer »beweglichere[n] inoffizielle[n] Sonderorganisation«, für die er den Namen »Freundschaftsclub des Schrifttums« vorschlug, den Vorzug gegeben. Ebd. Bl. 141–144, hier Bl. 142. Mit der Gründung der »Europäischen Schriftstellervereinigung« war man dann dieser Empfehlung gefolgt.

135 Die Herbstveranstaltungen des deutschen Schrifttums in Weimar. Tagung des Europäischen Schriftstellerverbandes – Das Deutsche Dichtertreffen – Der Staatsakt in der Weimarhalle, in: Bbl. 109. Jg., Redaktioneller Teil, Nr. 235 vom 17. 10. 1942, hier S. 217.

unfreier Schatten«[136] angereist, sondern ließ sich durch den Vizepräsidenten der Vereinigung, den finnischen Schriftsteller V. A. Koskenniemi, vertreten. Auch eine Reihe renommierter französischer Schriftsteller vermied eine Teilnahme.[137] Nach dieser ersten ordentlichen »Arbeitstagung«, bei der bezeichnenderweise kein Ausländer mit einem Vortrag zu Wort kam, verschwand die »Europäische Schriftstellervereinigung« dann wieder ganz in der Versenkung. Die für den Herbst 1943 geplante zweite »Arbeitstagung« wurde kurzfristig abgesagt.[138] Durch den militärischen Machtverlust waren die ehrgeizigen Neuordnungspläne der Nationalsozialisten in Europa rasch obsolet geworden, so daß auch das Interesse an einer Förderung der Schriftstellervereinigung erlosch.[139] Ohnehin hatte der Verband trotz der intensiven Bemühungen der Schrifttumsabteilung nur unwesentlich mehr als 30 ausländische Autoren für einen Beitritt gewinnen können.[140]

Gleichzeitig fanden auch die Weimarer Dichtertreffen ihr Ende. Unter dem Leitwort »Dichter und Krieger« wurden die deutschen Autoren 1942 zum letzten Mal mit einer Großveranstaltung auf ihre Funktion im nationalsozialistischen Staat eingeschworen. In einem ideologisch aufgeladenen und zutiefst menschenverachtenden Vortrag stellte Edwin Erich Dwinger den »Bolschewismus als Bedrohung der Weltkultur« dar.[141] Die sowjetische Bevölkerung, die Dwinger im Sommer 1941 im Auf-

136 Charakterisierung der Tagung der »Europäischen Schriftstellervereinigung« durch Carossa, Ungleiche Welten, S. 135.

137 Heller, In einem besetzten Land, S. 115, gibt an, daß Pierre Benoît, Paul Morand, Marcel Jouhandeau und Jean Giono sich durch ihr Fernbleiben von der Tagung bewußt von der »Europäischen Schriftstellervereinigung« distanzieren wollten.

138 Hinweis ebd., S. 144.

139 Carossa hat in diesem Zusammenhang treffend bemerkt, daß das ganze Projekt »nur eine jener Scheinbemühungen« gewesen sei, »die den Weg des Dritten Reiches vom Anfang bis zum bitteren Ende begleiteten und ihm so oft das Gepräge eines bösartigen Karnevals gaben«. Ungleiche Welten, S. 119.

140 Die Namen dieser Autoren, die bei der Gründung des Schriftstellerverbands in Weimar zugegen waren, teilte Hövel dem RSK-Präsidenten am 28. 1. 1942 mit, BArch Potsdam R 56 I/102 Bl. 28–29.

141 E. E. Dwinger, Der Bolschewismus als Bedrohung der Weltkultur, in: Dichter und Krieger. Weimarer Reden 1942, hg. von R. Erckmann, Hamburg 1943, S. 13–22.

trag Himmlers vor Ort »besichtigt« hatte,[142] wurde von ihm charakterisiert als »ein ausgemergeltes Volksgemisch, das man nur mit dem Worte ›mickrig‹ bezeichnen konnte«,[143] und, schlimmer noch, als ein »Haufen böser Termiten [...], die wie diese Tiere ihre Tätigkeit ohne jedes Gehirn taten, nur mehr aus einem dunkel unbewußten Trieb heraus«.[144] Die Ursache für diesen Abstieg sah der Schriftsteller in der Ideologie der »Gleichheit«, zu deren Verwirklichung sich »der primitive Russe und der Jude« anschickten.[145] Angesichts dieser Bedrohung war, so Dwinger, »uns europäischen Kulturmenschen nur mehr der Kampf auf Leben und Tod« geblieben.[146] Er machte jedoch deutlich, daß es sich dabei nicht nur um einen Kampf mit Waffen, sondern auch um einen »Entscheidungskampf in geistigen Welten« handelte.[147] Der militärische Sieg bliebe »Stückwerk«, wenn der sowjetischen Ideologie und dem »Amerikanismus«, die nach Auffassung Dwingers gleichermaßen zur Zerstörung der europäischen Kulturwerte beitrugen, nicht die »Kräfte des deutschen Idealismus« entgegengestellt würden.[148]

Die weiteren Referenten bemühten sich um eine Konkretisierung der Rolle des Schriftstellers im Krieg. Der in Wehrmachtsuniform angetretene Wilhelm Ehmer sah als »oberstes Gebot«, dem die Schriftsteller ebenso wie die Soldaten zu dienen hatten, »den Lebenswillen eines Volkes gegen alle Bedrohungen zu verteidigen und gegen alle Widerstände durchzusetzen«.[149] Für den greisen Wilhelm Schäfer waren die Schriftsteller »auch ohne Uniform Soldaten, weil wir wieder in Lehnspflicht stehen und zu dem Wahren, Schönen und Guten das Tapfere auf unsere Fahne geschrieben haben, das von der Humanität vergessen worden war«.[150] Gerhard Schumann forderte seine Kollegen dazu auf, den Krieg nicht nur als Thema in Berichten, Gedichten, Epen

[142] Schreiben Dwingers an Himmler vom 5. 10. 1941, BDC/SS/Dwinger, E. E. Darin berichtete der Schriftsteller über seine Reise nach Warschau, Janow Podlaska, Bialystok und Minsk.

[143] Dwinger, Der Bolschewismus als Bedrohung der Weltkultur, S. 13.

[144] Ebd., S. 14.

[145] Ebd., S. 15.

[146] Ebd., S. 15–16.

[147] Ebd., S. 21.

[148] Ebd.

[149] W. Ehmer, Schöpferische Wirkungen des Krieges, in: Dichter und Krieger, S. 23–44, hier S. 26.

[150] W. Schäfer, Krieg und Dichtung, ebd., S. 45–58, hier S. 51.

und Dramen zu behandeln, sondern auch als Soldat aktiv mitzuerleben.[151]

Als Höhepunkt der Veranstaltung wurde am 10. 10. die Rede von Goebbels in der Weimarhalle inszeniert.[152] Dabei nahm der Propagandaminister die Vertreter des Kultur- und Wissenschaftslebens gegen die Kritik der Öffentlichkeit – und wohl auch aus Kreisen der Partei – in Schutz, die der Kultur im Krieg ihre Daseinsberechtigung absprechen wollten. Während ein bestimmter »Typ von Intellektualismus«, der »zu viel weiß, um aus Instinkt, und zu wenig weiß, um aus Erkenntnis zu glauben«,[153] von nationalsozialistischer Seite entschieden abgelehnt werde, müsse der Beitrag der »nationalen Intelligenz« zum »Schicksalskampf« des deutschen Volkes gebührend beachtet werden. Den Wissenschaftlern seien »Höchstleistungen an Erfindungen, bahnbrechender wissenschaftlicher Pionierarbeit und konstruktiver Forschertätigkeit zu verdanken«.[154] Auch die Dichter hätten »Jahr für Jahr aus innerer Volksnähe und künstlerischer Verantwortung heraus zahlreiche wertvolle Werke geschaffen«, in denen das Volk sich wiederfände und »zu denen es in Stunden der Sammlung und Vertiefung immer wieder zurückkehrt«.[155] Defizite sah Goebbels allerdings in der zeitgenössischen Epik, die nur »zaghaft« Gegenwartsstoffe aufgreifen würde. Dies gelte insbesondere für das Kriegsgeschehen, für das Stadtleben und die Welt der Arbeiterschaft, die geradezu »stiefmütterlich« behandelt würden. Dringend benötigt würde auch ein »leichtes, fesselndens Schrifttum, das keinen großen seelischen Aufwand erfordert, sondern unaufdringlich vom Alltag hinwegführt«. Sprache und Inhalt hätten sich dabei der »breiten Masse unserer Volksgenossen und unserer Soldaten« anzupassen. Die Handlung solle »ohne langatmige Andeutungen und Betrachtungen [...] den Leser fesseln und ihn in den Bannkreis des Buches ziehen«.

Das war die unverhohlene Aufforderung zur Literatur als »Auftragskunst«. Goebbels hatte sich zum Schutzpatron der

151 G. Schumann, Krieg – Bericht und Dichtung, ebd., S. 59–78.

152 S. den Bericht im Bbl. 109. Jg., Redaktioneller Teil, Nr. 235 vom 17. 10. 1942, hier S. 220. Die Rede ist wiedergegeben ebd., S. 220–223.

153 Ebd., S. 221.

154 Ebd.

155 Ebd., S. 222. Zum folgenden s. ebd.

»nationalen Intelligenz« gemacht,[156] um sie nur noch stärker in den Dienst der nationalsozialistischen Führung und ihrer politischen Ziele stellen zu können. Nichts anderes war seit 1938 auch der Zweck der Weimarer Dichtertreffen gewesen. Es ging nicht um einen freien Meinungsaustausch, einen kulturpolitischen Neuaufbau in Europa oder die gegenseitige Inspiration der Einzelgänger, sondern um ideologische Indoktrination, um Propaganda gegenüber dem In- und Ausland, um eine gezielte Einflußnahme der staatlichen Schrifttumsbürokratie auf die literarische Produktion. Die Schriftsteller blieben, auch wenn sie Referate und Festvorträge beisteuerten, stets nur akklamatorische Kulisse, vergleichbar den Teilnehmern sonstiger Veranstaltungen des Staates und der Partei.

4. Die Versuche zur Steuerung der literarischen Produktion

Die Stimulierung einer Literatur, die unmittelbar auf die Herrschaftsinteressen der Nationalsozialisten zugeschnitten war, ist nicht erst durch die 1942 von Goebbels in Weimar gehaltene Rede zum Bestandteil der Literaturpolitik geworden. Schon seit den dreißiger Jahren versuchten die unterschiedlichsten staatlichen und parteiamtlichen Dienststellen, die Presse, Filmgesellschaften und der Rundfunk mit einer Vielzahl von Preisausschreiben, die Schriftsteller für die Bearbeitung gesellschaftspolitisch relevanter Themen zu gewinnen.

1936 wollte die NS-Kulturgemeinde – »im Einvernehmen mit den parteiamtlichen Schrifttumsstellen« – die Abfassung einer Schrift anregen, in der »die der nationalsozialistischen Weltanschauung innewohnenden Gedanken zu den Grundfragen des völkischen und nationalen Lebens der Jugend vom zehnten Le-

[156] Dieses Bemühen wurde von den aus Kreisen der Partei und der Bevölkerung angegriffenen »geistigen Arbeitern« außerordentlich positiv aufgenommen, offenbar ohne die Goebbelsschen Hintergedanken zu erkennen. S. die »Stimmen zum Staatsakt anläßlich des Weimarer Dichtertreffens«, in: Meldungen aus dem Reich, Bd. 11, Nr. 327 vom 19. 10. 1942, hier S. 4345–4346.

bensjahr an vermittelt werden«.[1] Die Schrift, die »im Weltanschaulichen absolut zuverlässig« zu sein hatte, sollte für die Schule und die Schulung innerhalb der Jugendverbände geeignet sein.[2]

Im gleichen Jahr forderte der Reichspressechef der NSDAP im Namen der gesamten NS-Presse die Schriftsteller dazu auf, »den deutschen Volksroman« zu schreiben.[3] Die Tobis Tonbild-Syndikat AG suchte den »Dichter, der blutvolle Menschen aus dem Schaffen des *heutigen* volksverbundenen Zeitungsberufes in dramatisch bewegter, spannender, frischer Filmhandlung gestaltet«.[4] Die »Verbindungsstelle Rundfunk des WHW« veranstaltete ein Preisausschreiben unter dem Titel »Wer schreibt die beste WHW-Hörszene?«.[5] Erwartet wurden »heitere Kurzhörszenen«, mit denen im Rundfunk Propaganda für »Eintopf, Pfundspende, Kleiderspende« sowie für die »Idee der Opfergemeinschaft, Hilfsbereitschaft[,] Kameradschaft, Solidarität, Selbsthilfe« betrieben werden konnte.[6]

Teilnehmer von KdF-Reisen wurden vom »Reichsamt für Reisen, Wandern und Urlaub in der NS.-Gemeinschaft ›Kraft durch Freude‹« aufgefordert, Novellen, Kurzgeschichten, Gedichte oder Anekdoten über ihre Reiseerlebnisse einzusenden.[7] Die preisgekrönten Arbeiten sollten dann in der gesamten NS-Presse und gegebenenfalls auch in Buchform veröffentlicht werden. Die RSK und der Reichsbund der Kinderreichen setzte die Schriftsteller auf die Abfassung von Gedichten und Kurzgeschichten an, die »Kinderreichtum, Geschwisterfreude und die erbgesunde Vollfamilie zum Gegenstand haben [...]«.[8] Aus Anlaß der »1. Sächsischen Gaukulturwoche« stiftete Reichsstatthalter Martin Mutschmann Preise für die Abfassung eines »Heimat-

[1] Preisausschreiben der NS-Kulturgemeinde der Jugend, in: Der deutsche Schriftsteller 1/H. 2 (1936), S. 40. Die vier ausgesetzten Preise lagen zwischen 150 und 600 RM.

[2] Ebd.

[3] Wir suchen den deutschen Volksroman, ebd. Der 1. Preisträger sollte immerhin 10000 RM erhalten, für den 2. bis 5. Preisträger wurden 5000 bis 1000 RM zur Verfügung gestellt.

[4] Preisausschreiben der Tobis, in: Der deutsche Schriftsteller 1/H. 5 (1936), S. 114. An Preisen waren 200 bis 5000 RM zu gewinnen.

[5] In: Der deutsche Schriftsteller 1/H. 11 (1936), S. 260.

[6] Ebd.

[7] Aus der Welt des KdF.-Reisens, ebd., S. 260–261.

[8] Das Wachstum erbgesunden Volkes, ebd., S. 261.

romans«, »der – in Sachsen spielend – die Wesensart der Lausitzer, der Erzgebirgischen oder der Vogtländischen Bevölkerung, die Dresdner oder die Leipziger Sonderheit« erfassen sollte, und eines »Lustspiels«, »das den echten Humor unseres Volkstums lebendig sichtbar« machen sollte.[9]

Aus dem Jahr 1937 ist das Preisausschreiben der Deutschen Hochschule für Politik in Berlin erwähnenswert. Die einst von linksliberalen Persönlichkeiten wie Theodor Heuss, Ernst Jäckh und Otto Suhr geprägte, seit 1933 aber dem Propagandaministerium unterstehende Weiterbildungseinrichtung regte wissenschaftliche Beiträge zu den Themen »Der Rassegedanke in der weltanschaulichen Auseinandersetzung unserer Zeit« und »Die Zersetzungsarbeit des Bolschewismus in Europa und in der Welt« an.[10] Die Teilnahme wurde explizit vom Nachweis der »arischen Abstammung« abhängig gemacht.[11] Im Zusammenhang mit dem »Vorwettbewerb für den Olympischen Kunstwettbewerb 1940« forderte die »Reichsführung des Deutschen Reichsbundes für Leibesübungen« die Schriftsteller Anfang 1938 dazu auf, lyrische, dramatische oder epische Werke zu verfassen, in denen »die olympische Idee und der Sport im allgemeinen« thematisiert sein sollten.[12] Die Sichtung der eingesandten Arbeiten erfolgte über das Lektorat der Reichsschrifttumsstelle.

Im Sommer 1939 wandte sich der Völkische Beobachter an die deutschen Schriftsteller mit der Aufforderung, »einem Schicksal aus unserer Zeit in einem großen Zeitroman Form und Gestalt« zu geben.[13] Die Auswahl der Preisträger sollte von einem »Arbeitsausschuß« vorgenommen werden, dem unter Vorsitz von Max Amann und Alfred Rosenberg der Chefredakteur des VB, Wilhelm Weiß, sowie die Schrifttumsfunktionäre Hanns Johst,

[9] »Reichsstatthalter Mutschmann verkündet anläßlich der 1. Sächsischen Gaukulturwoche 1936 eine Reihe großzügiger Preisausschreiben«, ebd., S. 259–260, hier S. 259.

[10] »Preisausschreiben der Deutschen Hochschule für Politik«, in: Der deutsche Schriftsteller 2/H. 5 (1937), S. 115. Die beiden ausgewählten Preisträger sollten jeweils 3000 RM erhalten.

[11] Ebd.

[12] »Aufruf zum Vorwettbewerb für den Olympischen Kunstwettbewerb 1940, Gebiet: Schrifttum«, in: Der deutsche Schriftsteller 3/H. 2 (1938), S. 42–43.

[13] Großes Preisausschreiben des »Völkischen Beobachter«, in: Der deutsche Schriftsteller 4/H. 7 (1939), S. 162–163, hier S. 162.

Wilhelm Baur und Hans Hagemeyer angehörten.[14] Die Stiftung der sechs Preise im Wert von insgesamt 50000 RM war allerdings keineswegs uneigennützig. Denn die Preisträger sollten das Recht zur Veröffentlichung ihrer Romane sowie sämtliche Verwertungsrechte an den Zentralparteiverlag abtreten. Für die nicht prämierten Arbeiten behielt sich der Verlag das »Vorkaufsrecht zur beliebigen Verwendung« vor.

Nach der Preisverleihung im Juni 1941, bei der vor allem Nachwuchsautorinnen und -autoren berücksichtigt worden waren,[15] schrieb der VB auf Anweisung Amanns einen zweiten Wettbewerb für 1943 und einen dritten für 1944 aus. Den Roman-Manuskripten wurde die Aufgabe gestellt, »die geschichtliche Größe unserer Zeit, deren revolutionäre Kraft wir in [!] gemeinsamen Kampf der erwachten Völker Europas erleben, im großen Zeitroman kommenden Geschlechtern zu überliefern«.[16]

1940 schrieben der Reichskolonialbund und die Ufa einen »Wettbewerb zur Erlangung eines Kolonialstoffes für Buch und Film« aus.[17] Der in der Gegenwart angesiedelte Inhalt hatte den »heute geltenden Anschauungen der deutschen Kolonialpolitik« Rechnung zu tragen.[18] Gesucht wurden keine Darstellungen aus dem militärischen oder wissenschaftlichen Bereich, sondern »ein Schicksal aus dem kolonialen Alltag, sei es das Leben und Kämpfen eines Pflanzungsleiters, Farmers, Kaufmanns, Technikers oder Ähnliches«. Der »Eingeborene« sollte besondere Berücksichtigung finden – und zwar »in seiner Rolle als Mitarbeiter und Schützling der Weißen im Rahmen seiner ihm angemessenen und eigenständigen Kulturstufe«. Als Ort der Handlung wurden Deutschland und Afrika bevorzugt. Die Teilnehmer mußten entweder Mitglieder der RSK sein oder den Nachweis über einen mindestens zweijährigen Aufenthalt in Afrika, »insbesondere in

[14] Ebd., S. 163. Zum folgenden s. ebd.

[15] S. den Bericht über die Preisverleihung, »Ein Schicksal in schicksalhafter Zeit«, in: Großdeutsches Leihbüchereiblatt 3 (1941), S. 201–202. Die Preise gingen an Ines Widmann für ihren Roman über ein Frauenschicksal in der »Ostmark«, an Annaliese Spriegel für einen Roman über den »Weltkrieg und die ersten Jahre des Verfalls« sowie an Max Dreyer, Willy Harms, Willi Güttling und Hans Janson für Romane aus dem ländlichen Milieu.

[16] 100000 RM für die besten Zeitromane, in: Der deutsche Schriftsteller 7 (1942), S. 13.

[17] In: Der deutsche Schriftsteller 5/H. 9 (1940), S. 102–103.

[18] Ebd., S. 102.

unserem kolonialen Eigentum«, führen können.[19] Die Preisjury unter dem »Ehrenvorsitz« Ritter von Epps setzte sich aus Vertretern des Reichskolonial-Bundes, des Kolonialpolitischen Amtes der NSDAP und der Ufa zusammen. Das mit dem ersten Preis ausgezeichnete Manuskript sollte nicht nur verfilmt und als Buch veröffentlicht werden, sondern auch als Zeitungsroman in der »eine halbe Million Auflage zählenden größten kolonialen Bilderzeitung Deutschlands ›Kolonie und Heimat‹« erscheinen.

Im Auftrag von Goebbels suchte das Werbe- und Beratungsamt für das deutsche Schrifttum seit Juli 1942 verstärkt nach Unterhaltungsliteratur, mit dem der trostlose Kriegsalltag der deutschen Bevölkerung aufgelockert und die Freizeit der Soldaten an der Front oder in den Lazaretten ausgefüllt werden konnten. Über ein Preisausschreiben, für das eine Gesamtsumme von 100000 RM ausgesetzt wurde, hoffte man, gut geschriebene Neuerscheinungen humoristischen Inhalts, von Abenteuer- und Erlebnisbüchern, von Kriminal-, Liebes- und Sportromanen fördern zu können.[20] In einem begleitenden Artikel für das Börsenblatt belehrte Schrifttumsreferent Schlecht die Autoren darüber, daß das Künstlertum eines wahren Meisters »nicht ausschließlich in der Problematik tiefsinniger Gedanken oder in der konzentrierten Auseinandersetzung um die höchsten Werte der Nation« erkennbar sei, sondern auch dort, »wo es der leichten Muse, dem besinnlichen Fabulieren und dem frohsinnigen Erzählen gewidmet ist«.[21] Trotz solch nachdrücklicher Ermunterung und der lukrativen Preise von 10000 bis 15000 RM scheint die Aktion nicht den gewünschten Erfolg gehabt zu haben. Denn die den Verlagen für die Einsendung der Manuskripte gesetzte Frist bis zum 1. 3. 1943 wurde zunächst bis zum 1. 7. und dann noch einmal bis zum 1. 11. 1943 verlängert.[22] Zu einer Verleihung ist es offenbar nie gekommen.

Preisausschreiben waren zwar die beliebteste Methode, Schriftsteller auf die Gestaltung »zeitnaher« Themen anzuset-

[19] Ebd., S. 103.

[20] Preisausschreiben für unterhaltendes Schrifttum 1942, in: Bbl. 109. Jg., Redaktioneller Teil, Nr. 163 vom 25. 7. 1942, S. 145.

[21] H. Schlecht, Wir brauchen unterhaltenden Lesestoff, in: Bbl. 109. Jg., Redaktioneller Teil, Nr. 214/215 vom 24. 9. 1942, S. 198.

[22] S. die Richtlinien zum Preisausschreiben für unterhaltendes Schrifttum 1942, in: Der deutsche Schriftsteller 8/H. 2 (1943), S. 22, sowie die Notiz zur Verlängerung des Einsendeschlusses ebd., H. 5 (1943), S. 60.

zen, jedoch keineswegs die einzige. Im Frühjahr 1939 organisierte und finanzierte die Schrifttumsabteilung des Propagandaministeriums erstmals eine »deutsche Dichterfahrt«. Die Route führte durch den »befreiten Sudetengau«, durch das »Protektorat mit seinen treuen deutschen Menschen«, zur »Iglauer Sprachinsel« in Mähren und zur »heimgekehrten Ostmark«.[23] Zweck der Reise war zum einen die erneute Demonstration der Einheit von Autorenschaft und Schrifttumsführung. Zum anderen war man bemüht, durch Informationen über die nationalsozialistische »Aufbauarbeit« in den neu gewonnenen Gebieten und durch die Vermittlung von Gesprächen mit den dort lebenden Menschen die stoffliche Grundlage für neue literarische Arbeiten zu schaffen.

Zu der im Herbst 1939 auf Anregung von Goebbels veranstalteten »Dichterfahrt nach Polen« merkte RSK-Präsident Johst unverhohlen an, daß der Staat durch diese »Gabe« die Teilnehmer dazu verpflichte, »innerlich und mit ganzer Schaukraft Besitz zu ergreifen von dem neuen Stück Deutschlands, das ihrer seelischen Betreuung von jetzt ab mit überantwortet wurde«.[24] In einer von Mitarbeitern der Schrifttumsabteilung herausgegebenen Sonderausgabe der Zeitschrift »Die Buchbesprechung« wurden Ende 1939 denn auch gleich Aufsätze der Teilnehmer über die Hintergründe des Krieges gegen Polen und über den Ablauf der Reise veröffentlicht. Die Beiträge von Hermann Aubin, Robert Hohlbaum, Franz Schauwecker und Hermann Stahl waren der Situation der Volksdeutschen in Polen gewidmet.[25] Erhard Wittek ließ sich über die »Rettung« der unterdrückten volksdeutschen Minderheit durch den Krieg aus,[26] und Kurt Hesse lobte den »Führerentschluß im polnischen Feldzug«.[27] Magnus Wehner berichtete über die »Dichter auf den polnischen

[23] So der an der Organisation der »Dichterfahrt« maßgeblich beteiligte H. Schlecht in seinem Rückblick »Ein Wort zur deutschen Dichterfahrt«, in: Die Buchbesprechung 3/H. 6 (1939), S. 149.

[24] H. Johst, Zur Dichterfahrt nach Polen, in: Dichter auf den Schlachtfeldern in Polen, hg. von H. Schlecht und H. Riecke, Sonderfolge der Zeitschrift »Die Buchbesprechung« 3 (1939), S. 5–7, hier S. 5.

[25] H. Aubin, Von der deutschen Kulturleistung im ehemaligen Polen, ebd., S. 77ff.; R. Hohlbaum, Der Volksdeutsche, S. 90ff.; F. Schauwecker, S. 62ff.; H. Stahl, Gesichter, vom Grauen geprägt, S. 70ff.

[26] Ebd., S. 56ff.

[27] Ebd., S. 7ff.

Schlachtfeldern«,[28] und Friedrich Bodenreuth gab seine Eindrücke »Während der Fahrt« wieder.[29]

Auch nach der Beendigung des Krieges im Westen führten die Schrifttumsabteilung des Propagandaministeriums und das Oberkommando der Wehrmacht vierzehn »namhafte« Schriftsteller ins »Kampfgebiet«.[30] Die »Dichterfahrt« führte von Baden-Baden aus über Kehl, Straßburg, entlang der Maginotlinie nach Metz, Douaumont, Verdun, Varennes, Château Thiéry nach Paris und Fontainebleau, von dort ging es bis nach Calais, Ypern, Langemarck, Gent, Brüssel und von dort wieder zurück nach Köln. An den einzelnen Haltepunkten wurden die Schriftsteller jeweils von Kollegen in Wehrmachtsuniform oder von Divisionskommandeuren mit Informationen über den Ablauf der Kämpfe versorgt.[31] In Paris wurde ein Empfang bei Generalfeldmarschall von Brauchitsch und in Brüssel ein Empfang bei General von Falckenhausen arrangiert.[32] Nach Angaben des Schrifttumsreferenten Otto Henning war das Ziel der aufwendigen Aktion, die Schriftsteller »unmittelbare Zeugen dieses einzigartigen Heldenkampfes unserer Truppen im Westen werden zu lassen, damit sie diesem größten Kriegsgeschehen aller Zeiten vielleicht später einmal in der einen oder anderen dichterischen Form unvergänglichen Ausdruck geben«.[33]

Zumindest diese Rechnung ging auf. Seit Herbst 1939 erschien eine Fülle von Büchern, die das Kriegsgeschehen in berichtender oder »literarischer« Art darstellten und, wie der SD ermitteln konnte, als einzige Sparte der politischen Literatur auf positive

[28] Ebd., S. 15ff.

[29] Ebd., S. 41ff.

[30] O. Henning, Dichterfahrt ins Kampfgebiet des Westens, in: Bbl. 107. Jg., Redaktioneller Teil, Nr. 191 vom 17. 8. 1940, S. 289–291. An der von Henning, Erckmann und dem Schriftsteller Siegmund Graff vom OKW betreuten Fahrt nahmen Hans Friedrich Blunck, Bruno Brehm, Karl Bröger, Hermann Burte, Hermann Eris Busse, Friedrich Griese, Fritz Helke, Hanns Johst, Kurt Kluge, Erwin Guido Kolbenheyer, Wilhelm Pleyer, Friedrich Schnack, Hans Watzlik und Erwin Wittstock teil. Angaben ebd., S. 289. Ironie des Schicksals war, daß Kurt Kluge während der Reise an einem Herzschlag starb.

[31] S. im einzelnen ebd.

[32] Ebd., S. 290–291.

[33] Ebd., S. 289.

Resonanz in der Bevölkerung stießen.[34] Auch über den Krieg gegen die Sowjetunion ließen sich zahlreiche Schriftsteller, die die Kämpfe zum Teil als Wehrmachtsangehörige unmittelbar miterlebten oder vom Propagandaministerium und anderen Dienststellen zu Erkundungsreisen an die Front geschickt wurden, in Gedichten, Prosastücken, Berichten und Vorträgen aus.[35]

Dagegen blieben die Bemühungen der staatlichen und parteiamtlichen Schrifttumsstellen um die Förderung neuer Literatur zu Themen wie Rasse und Volkstum, Leben auf dem Lande und in der Großstadt, Arbeitswelt, Geschichte der NS-Bewegung und ihrer »Leistung« im Deutschen Reich der Jahre 1933 bis 1945 weitgehend ohne Resonanz.[36] Gut geschriebene Zeitungsromane, Filmdrehbücher oder Hörspiele mit Gegenwartsbezug, für die in der Fachpresse immer wieder geworben wurde,[37] wa-

[34] S. die Meldungen aus dem Reich, Bd. 3, Nr. 30 vom 13. 12. 1939, hier S. 583; Bd. 4, Nr. 72 vom 3. 4. 1940, hier S. 950; Bd. 5, Nr. 140 vom 11. 11. 1940, hier S. 1753; Bd. 6, Nr. 156 vom 23. 1. 1941, hier S. 1928; Bd. 9, Nr. 262 vom 23. 2. 1942, S. 3353–3354; Bd. 10, Nr. 301 vom 20. 7. 1942, S. 3970–3971. Ergänzend W. Westecker, Der Marsch in den Sieg. Die deutsche Kriegslyrik 1939/40, in: Bücherkunde 7 (1940), S. 286 ff.

[35] Dies gilt u.a. für Hans Baumann, Friedrich Bethge, Werner Beumelburg, Herbert Böhme, Bruno Brehm, Edwin Erich Dwinger, Kurt Eggers, Wilhelm Ehmer, Hans Henning Freiherr Grote, Kurt Hesse, Friedrich Wilhelm Hymmen, Werner Jansen, Felix Lützkendorf, Herybert Menzel, Eberhard Wolfgang Möller, Wolf von Niebelschütz, Gerhard Schumann, Franz Tumler, Karl Heinrich Waggerl, Heinrich Zillich, Hans Zöberlein. S. die Angaben in der »Vorschlagsliste für Dichterlesungen 1941/42«.

[36] S. dazu bereits aus dem Jahre 1935 H. Langenbucher, Nationalsozialistische Dichtung; H. W. Hagen, Deutsche Dichtung in der Entscheidung der Gegenwart, Dortmund, Berlin o.J. [1938]; W. Hofmann, Volkhafte Dichtung der Zeit, in: Bücherkunde 3 (1936), S. 315–318; H. Langenbucher, Das schöngeistige Buch im Jahre 1938. Ergebnisse, Überlegungen, Wünsche, ebd. 6 (1939), S. 184–189; H. Franke-Heilbronn, Der Großstadtroman. Versuch zur Abgrenzung eines dichterischen Themas, ebd. 8 (1941), S. 135–141; [P. von] W[er]d[e]r., Großstadtroman?, ebd., S. 225–228; H. Dähnhardt, Großstadtroman!, ebd. S. 228–231; H. Langenbucher, Probleme und Erwartungen, ebd. 9 (1942), S. 226–228; H. H. Wilhelm, Auf dem Weg zum deutschen Volksepos, in: Der deutsche Schriftsteller 3 (1938), S. 52–54.

[37] Dazu u.a. G. Eckert, Zeitungsroman wenig verändert, in: Der deutsche Schriftsteller 1 (1936), S. 195–197; ders., Was wird aus dem Zeitungsroman?, ebd. 2 (1937), S. 74–77; ders., Der gute Roman in der Zeitung, ebd., S. 269–272; ders., Der Zeitschriftenroman im Kriege, ebd. 6 (1941),

ren ebenso rar wie literarisch wertvolles Unterhaltungsschrifttum, mit dem das primäre Lesebedürfnis der Bevölkerung hätte befriedigt und die massenhaft konsumierte Trivialliteratur ausgeschaltet werden können.[38] Während die Parteidichter nur Beiträge von literarisch erbärmlicher Qualität beisteuerten und die dem Nationalsozialismus nahestehenden renommierteren Autoren den Zenit ihres Schaffens meist längst überschritten hatten,[39] suchten die Vertreter der »inneren Emigration«, aber auch hoffnungsvolle Nachwuchsautoren ihr Heil in einem der Gegenwart entrückten »Zwischenreich«.[40]

5. Die Inflation der Literaturpreise

Literaturpreise erfüllen in der Regel drei Funktionen: erstens die soziale Funktion, die Schriftstellerschaft finanziell zu unterstützen; zweitens die kulturpolitische Funktion, das Werk bestimmter Autoren und mit ihnen eine ganze Literaturrichtung in der

S. 135–136; A. Hinrichs, Warum schreiben Dichter keine Filme?, ebd. 3 (1938), S. 100–102; W. Liebeneiner, Was der Filmregisseur vom Dichter erwartet, ebd. 5 (1940), S. 46–49; Th. W. Elbertzhagen, NSV.-Dichtung im Rundfunk?, ebd. 4 (1939), S. 81–83; H. Heydeck, Der Schriftsteller im neuen Rundfunkjahr, ebd., S. 176–177.

[38] Auf die starke Nachfrage der Bevölkerung nach schöngeistiger und insbesondere unterhaltsamer Literatur machten die »Meldungen aus dem Reich« wiederholt aufmerksam: Bd. 4, Nr. 72 vom 3. 4. 1940, hier S. 950; Bd. 5, Nr. 124 vom 16. 9. 1940, hier S. 1576; Nr. 140 vom 11. 11. 1940, hier S. 1752; Bd. 9, Nr. 262 vom 23. 2. 1942, hier S. 3352; Bd. 10, Nr. 301 vom 20. 7. 1942, hier S. 3970.

[39] Dazu vor allem die Analysen von Ketelsen, Völkisch-nationale und nationalsozialistische Literatur in Deutschland 1890–1945, S. 79–99, G. Hartung, Literatur und Ästhetik des deutschen Faschismus, Berlin (Ost) 1984, insbesondere S. 122–134 und S. 227–253; Loewy, Literatur unterm Hakenkreuz, S. 11–36, und A. von Bormann, Das nationalsozialistische Gemeinschaftslied, in: Die deutsche Literatur im Dritten Reich, S. 256–280.

[40] So die Feststellung im »Jahresbericht 1940 des Hauptlektorates ›Schöngeistiges Schrifttum‹« beim Amt Schrifttumspflege, in: Lektoren-Brief 4/H. 5/6 (1941), S. 4–8, hier S. 4. S. auch H. H. Wilhelm, Über den historischen Roman, in: Der deutsche Schriftsteller 4 (1939), S. 50–52; ders., Soll der Dichter aus der Zeit fliehen?, ebd. 5 (1940), S. 109–110.

Öffentlichkeit herauszustellen; und drittens die repräsentative Funktion einer Selbstdarstellung der verleihenden Institution. Da Literaturpreise als Bestandteil des kulturellen Lebens einer Gesellschaft stets von den politischen Grundkonstellationen mitgeprägt sind, bedeutete die nationalsozialistische Machtübernahme auch auf diesem Gebiet einen tiefen Einschnitt. Preise, die eng mit republikanischen Zielsetzungen und der nun »unerwünschten« Literatur der Moderne verbunden waren, wurden beseitigt und durch neu gestiftete Preise ersetzt, mit denen die nationalsozialistischen Staats- und Parteidienststellen für sich selbst und die von ihnen geförderte Literatur öffentlich warben.

Im Juli 1933 stiftete Propagandaminister Goebbels einen »Nationalpreis«, mit dem jährlich am 1. Mai das Buch und Filmwerk ausgezeichnet werden sollten, »in dem nach dem Urteil Berufener das aufrüttelnde Erlebnis unserer Tage den packendsten und künstlerisch reifsten Ausdruck gefunden hat«.[1] Die Träger des mit 12000 RM verbundenen »Nationalen Buchpreises« (mit dem zusätzlichen Titel »Stefan George-Preis«) waren 1934 Richard Euringer (für seine »Deutsche Passion«), 1935 Eberhard Wolfgang Möller (für seinen Lyrikband »Berufung der Zeit«), 1936 Gerhard Schumann (für seine Kantate »Heldische Feier«), 1937 Friedrich Bethge (für sein Drama »Marsch der Veteranen«), 1938 der von Baldur von Schirach herausgegebene Band »Das Lied der Getreuen. Verse ungenannter österreichischer Hitler-Jugend aus den Jahren der Verfolgung 1933–1937«, 1939 Bruno Brehm für seine Österreich-Trilogie »Apis und Este«, »Das war das Ende« und »Weder Kaiser noch König«.[2] Während des Krieges wurde der Preis nicht mehr verliehen.

Im gleichen Jahr wurden zwei renommierte Preise, mit denen der SDS begabte Nachwuchsautoren und Romanciers zu fördern versucht hatte, eingestellt: der seit 1911 verliehene »Kleist-Preis«

[1] Amtliche Bekanntmachung des RMVP zur Stiftung des Preises, veröffentlicht in der Fachzeitschrift »Der Autor«, H. 7 (1933), S. 4. Zitiert nach Wulf, Literatur und Dichtung im Dritten Reich, S. 292–293, hier S. 292.

[2] Angaben in einer Zusammenstellung über »Deutsche Literaturpreise«, in: Bbl. 105. Jg., Redaktioneller Teil, Nr. 40 vom 17. 2. 1938, S. 137–139, hier S. 138, sowie im Bericht über die Preisverleihung des Jahres 1939, »Kunst aus einem neuen Lebens- und Kulturgefühl«, in: Bbl. 106. Jg., Redaktioneller Teil, Nr. 102 vom 4. 5. 1939, S. 357–358.

und der 1913 ins Leben gerufene »Fontane-Preis«.[3] Das gleiche Schicksal widerfuhr dem traditionsreichen Schiller-Preis, mit dem seit 1859 alle sechs Jahre das Werk herausragender Dramatiker ausgezeichnet wurde. Nachdem sich die vom zuständigen preußischen Kultusminister Rust eingesetzte Preisverteilungskommission 1935 auf keinen Kandidaten festlegen konnte – ein Vorgang, den Alfred Rosenberg bissig als staatlich beglaubigtes »Armutszeugnis« für die deutsche Gegenwartsdramatik kritisierte –, gelangte der Preis bis zum Ende der nationalsozialistischen Herrschaft nicht mehr zur Verteilung.[4]

Der seit 1929 verliehene Lessing-Preis der Freien und Hansestadt Hamburg wurde zwar beibehalten, seit 1933 aber nur noch alle drei Jahre verliehen.[5] Um einen »Dietrich Eckart-Preis« zu Ehren von Schriftstellern oder Wissenschaftlern stiften zu können, »in deren Werken die Ideen des nationalsozialistischen Deutschlands Gestaltung gefunden haben«,[6] kürzte Reichsstatthalter Karl Kaufmann zudem die bisherige Preissumme von 15000 RM auf 5000 RM. Beim Goethe-Preis der Stadt Frankfurt am Main waren im Januar 1933 noch Persönlichkeiten wie Edmund Husserl, Wilhelm Schäfer, Hermann Hesse, Rudolf G. Binding und Martin Buber in die engere Wahl genommen worden.[7] Nachdem der Nationalsozialist Fritz Krebs Oberbürgermeister geworden und Rust an die Spitze des im Preiskuratorium

[3] Zu Stiftung und Konzeption dieser Preise Fischer, Der Schutzverband deutscher Schriftsteller, Sp. 117–121. Eine Zusammenstellung der von 1914 bis 1932 mit dem Kleist-Preis ausgezeichneten Autoren in BArch Potsdam R 56 V/94 Bl. 24. Ebd., Bl. 23, wird auf die Beseitigung des Preises und die 1935/36 erfolgte Auflösung der Kleist-Stiftung hingewiesen.

[4] S. dazu die Belege in dem Katalogband »Klassiker in finsteren Zeiten«. Eine Ausstellung des Deutschen Literaturarchivs im Schiller-Nationalmuseum Marbach am Neckar, Bd. I–II Marbach a.N. 1983, hier Bd. II, S. 136–138.

[5] Hinweis ebd., S. 136. S. auch das Ergebnis einer am 15. 1. 1935 gestarteten Umfrage des Deutschen Städte- und Gemeindetages bei Städten mit mehr als 50000 Einwohnern betr. »Stiftungen für Schriftsteller«, hier S. 2, BArch Potsdam R 36/2406. Die Befragung ging auf eine Initiative der RSK zurück.

[6] »Stiftungen für Schriftsteller«, ebd., S. 3.

[7] S. das von Alfons Paquet, dem Sekretär des Preis-Kuratoriums, verfaßte »Vertrauliche Pro Memoria über Kandidaturen und Anträge zum Goethepreis 1933« vom 17. 1. 1933, wiedergegeben in »Klassiker in finsteren Zeiten«, Bd. II, S. 142–143.

vertretenen preußischen Kultusministeriums getreten war, wurde der Preis für 1933 dem völkisch-national gesinnten Hermann Stehr zuerkannt.[8] Das nun nationalsozialistisch beherrschte Preiskuratorium, dem 1934 neben Goebbels auch noch der Frankfurter Dramatiker und Gaukulturwart der NSDAP Friedrich Bethge beitrat,[9] entschied sich bis 1945 noch viermal für eine Auszeichnung von Schriftstellern: Erwin Guido Kolbenheyer (1937), Hans Carossa (1938), Agnes Miegel (1940) und Wilhelm Schäfer (1941).[10]

Zum Aufbau einer systematischen staatlichen Kontrolle über das bislang frei organisierte Preisverteilungswesen kam es seit Dezember 1933. Auf der Grundlage des RKK-Gesetzes wurden sämtliche »Stiftungen und Verteiler literarischer Preise« dazu verpflichtet, sich bei der RSK anzumelden.[11] Dies hatte »unter Angabe ihrer Ziele, Satzungen, Zusammensetzung des Preisrichterkollegiums« zu erfolgen.[12] Für die Betreuung dieses Aufgabengebietes war zunächst der RDS, nach dessen Auflösung am 1. 10. 1935 die »Gruppe Schriftsteller« (Abteilung II) zuständig.[13] In der Anfangsphase war insbesondere Kammer-Präsident Blunck um die Stiftung neuer Literaturpreise bemüht, mit deren Hilfe der Kreis der nun zur staatlich anerkannten Literatur avancierten völkischen Autoren besonders gefördert werden sollte.

Durch Vermittlung Bluncks stellten ein in New York lebender deutscher Industrieller und sein in Hamburg lebender Bruder Ende 1935 insgesamt 1,25 Mio. RM zur Verfügung.[14] Mit diesem Betrag konnten eine »Johann Wolfgang Goethe-Stiftung« und eine »Hansische Stiftung« aufgebaut werden, von denen zunächst acht, später zehn Auszeichnungen im Werte von 5000 bis 10000 RM verliehen wurden: der »Herder-Preis« der Universität Königsberg für volksdeutsche Kultur in Ostpreußen, Danzig,

[8] S. im einzelnen ebd., S. 142–147.

[9] Angaben ebd., S. 147–148.

[10] Ebd., S. 141–142.

[11] Bekanntmachung über die Gliederung der RSK vom 22. 12. 1933, in: Bbl. 100. Jg., Redaktioneller Teil, Nr. 298 vom 23. 12. 1933, hier S. 996.

[12] Ebd.

[13] S. die Geschäftsverteilungspläne der RSK von Ende 1935, BArch Potsdam R 56 V/35 Bl. 69, und von 1937, ebd. Bl. 76.

[14] S. den an Wismann weitergeleiteten Bericht über die Verhandlungen Bluncks sowie die Angaben über die Stiftung vom 10. 12. 1935, BArch Potsdam R 56 V/91 Bl. 292–295 und Bl. 164. Ergänzend dazu Blunck, Unwegsame Zeiten, S. 274.

den baltischen Staaten und Rußland; der »Kopernicus-Preis« der Universität Breslau für volksdeutsche Kultur in Polen; der »Eichendorff-Preis« der Universität Prag für volksdeutsche Kultur in der Tschechoslowakei; der »Mozart-Preis« der Universität München (nach 1938 Graz und Innsbruck) für volksdeutsche Kultur in Österreich, Italien, Ungarn und auf dem Balkan; der »Prinz Eugen von Savoyen-Preis« der Universität Wien für volksdeutsche Kultur im Südosten; der »Erwin von Steinbach-Preis« der Universität Freiburg für volksdeutsche Kultur Baden, im Elsaß und in der Schweiz; der »Görres-Preis« der Universität Bonn für volksdeutsche Kultur in Lothringen, Luxemburg und Belgien; der »Rembrandt-Preis« der Universität Hamburg für die »niederdeutsche Sprachengemeinschaft«; der »Shakespeare-Preis« der Universitäten Hamburg, Göttingen und Köln für den angelsächsischen Sprachraum; sowie der »Hendrik von Steffens-Preis« der Universitäten Hamburg, Kiel, Rostock und Greifswald für die nordischen Länder.[15] Die sowohl in den Förderungsschwerpunkten als auch in der von der RSK bestimmten Zusammensetzung der Preisverleihungskollegien[16] erkennbare politische Ausrichtung dieser Preise wurde gegenüber der in- und ausländischen Öffentlichkeit dadurch zu tarnen versucht, daß akademische Einrichtungen die Preisverleihung übernahmen.

Doch nicht nur die staatliche Bürokratie initiierte neue Literatur- und Kunstpreise. Auch Parteidienststellen entdeckten Preisstiftungen und -verleihungen als Mittel der Förderung völkisch-nationalsozialistischer Literatur ebenso wie der Selbstdarstellung. 1935 und 1936 wurden auf der Kulturtagung des Reichsparteitags die »Preise der NSDAP für Kunst und Wissenschaft« verliehen. Träger des Kunstpreises waren Hanns Johst (1935), der für seine vom »Geist des Nationalsozialismus« inspirierten

[15] Vgl. die Aufstellung über die von der Goethe- und der Hansischen Stiftung verliehenen Preise (Stand 30. 11. 1935) in BArch Potsdam R 56 V/91 Bl. 214 mit dem von der Schrifttumsabteilung des RMVP zusammengestellten »Verzeichnis der deutschen Literaturpreise« (Stand 1. 3. 1939), BArch Potsdam R 55/122 Bl. 320–323.

[16] 1935 war die RSK in den Preis-Kuratorien der Goethe-Stiftung mit Hanns Johst (Eichendorff-Preis), Richard Suchenwirth (Mozart-Preis) und Heinz Wismann (Herder-Preis) vertreten. Heinz Steguweit vertrat die Parteiinteressen im Kuratorium des Görres-Preises, Gerhard Schumann beim Steinbach-Preis. Angaben in BArch Potsdam R 56 V/92 Bl. 178.

Dramen ausgezeichnet wurde,[17] und Heinrich Anacker für seine Kampflyrik (1936).[18] Nachdem Hitler als Reaktion auf die Verleihung des Friedensnobelpreises an Carl von Ossietzky am 30. 1. 1937 einen »Deutschen Nationalpreis für Kunst und Wissenschaft« in Höhe von 100000 RM gestiftet hatte,[19] ersetzte dieser Alternativ-Nobelpreis den bislang höchsten von der Partei verliehenen Kunstpreis. Allerdings kamen bei den Preisverleihungen auf dem Nürnberger Reichsparteitag von 1937 und 1938 keine Schriftsteller zum Zuge.[20] Obwohl RSK-Präsident Johst 1937 und 1938 von Himmler vorgeschlagen wurde und seine Nominierung auch die Unterstützung von Goebbels gefunden hatte,[21] ging er jeweils leer aus. Als sich der ehrgeizige Schrifttumsfunktionär 1939 noch einmal von Himmler nominieren ließ[22] und zusätzlich den Vizepräsidenten der Kammer, Wilhelm Baur, einspannte, um sich nicht selbst vorschlagen zu müssen,[23] hatte er erneut Pech: Bei Kriegsbeginn wurde mit den Reichsparteitagen der NSDAP auch die Verleihung des Deutschen Nationalpreises ausgesetzt.[24]

Nach diesem Zeitpunkt verlieh die NSDAP an wichtigen Lite-

[17] Das Archiv 2 (1935/36), S. 810.

[18] [E. Langenbuch]er, Verteilung des Preises der NSDAP. für Kunst und Wissenschaft, in: Bbl. 103. Jg., Redaktioneller Teil, Nr. vom 12. 9. 1936, S. 789–791.

[19] S. die »Anordnung« Hitlers und die diesbezüglichen Ausführungen Görings in der Reichstagssitzung vom 30. 1. 1937 in: Bbl. 104. Jg., Redaktioneller Teil, Nr. 26 vom 2. 2. 1937, S. 97.

[20] 1937 wurde der Kunstpreis an Alfred Rosenberg und posthum an Ludwig Troost verliehen, 1938 fanden nur Wissenschaftler und Techniker Berücksichtigung.

[21] Vertrauliche Mitteilung Johsts an Wilhelm Baur vom 10. 5. 1938, BArch Potsdam R 56 V/155 Bl. 22.

[22] Schreiben des RF-SS und Chefs der Deutschen Polizei im RMI an das RMVP vom 17. 5. 1939, BArch Potsdam R 55/1017 Bl. 42–45, hier Bl. 43–44.

[23] Vermerk Schumanns (RSK-Abt. II) für Geschäftsführer Ihde vom 30. 3. 1939 betr. Deutscher Nationalpreis 1939, BArch Potsdam R 56 V/155 Bl. 9, sowie das i.V. des Präsidenten der RSK verfaßte und mit einem Gutachten versehene Schreiben Wilhelm Baurs an das RMVP vom 29. 4. 1939, BArch Potsdam R 55/1017 Bl. 20–22.

[24] Dennoch zählte Johst zu den im »Dritten Reich« höchstdekorierten Schriftstellern: 1940 wurde ihm aus Anlaß seines 50. Geburtstags von Hitler die »Goethe-Medaille für Kunst und Wissenschaft« verliehen; 1941 erhielt er den neu gestifteten »Kantate-Dichterpreis der Reichsmessestadt Leip-

raturpreisen auf Reichsebene nur noch den »Hans Schemm-Preis für Jugendschrifttum« und den »Hilf mit!-Preis«, beide vom NS-Lehrerbund gestiftet, sowie den »SA-Kulturpreis für Dichtung und Schrifttum«. Auf Gau- und kommunaler Ebene war es dagegen seit 1933 zu einer wahren Flut von Auszeichnungen gekommen, mit denen Gauleiter, Reichsstatthalter, Ministerpräsidenten, Oberpräsidenten und Oberbürgermeister insbesondere das »landschaftlich gebundene Schrifttum« zu fördern versuchten.[25] Angesichts dieser inflationären und literaturpolitisch kaum mehr steuerbaren Entwicklung ordnete Goebbels in einem »Erlaß« an die Reichsstatthalter und Landesregierungen vom 24. 8. 1937 an, daß die Verleihung von Kunst-Preisen der öffentlichen Hand in Zukunft seiner Zustimmung bedürfe.[26] Die für eine Auszeichnung vorgesehenen Preisträger waren dem Propagandaminister »rechtzeitig vor einer Verleihung« mitzuteilen.[27]

Im Dezember 1937 faßte Schrifttumsreferent Erckmann in einer Denkschrift für den Leiter der Goebbelsschen Schrifttumsabteilung noch einmal die negativen Auswirkungen der bislang völlig unkontrollierten Entwicklung des Literaturpreiswesens zusammen.[28] Aufgrund von Recherchen bei den Landesstellen des Propagandaministeriums hatte Erckmann herausgefunden, daß im gesamten Reich rund 70 Literaturpreise der öffentlichen Hand vergeben wurden. Da diese Quantität in keinerlei Relation zur Qualität des Schrifttums stand, waren zahlreiche Schriftsteller mehrfach und Nachwuchsautoren gleich für ihre ersten Buchpublikationen ausgezeichnet worden.[29] Die Konsequenz

zig«. S. die Berichte im Bbl. 107. Jg., Redaktioneller Teil, Nr. 165 vom 18. 7. 1940, S. 265, und 108. Jg., Nr. 109 vom 13. 5. 1941, S. 185–186.

[25] S. im einzelnen das von der Schrifttumsabteilung des RMVP geführte »Verzeichnis der deutschen Literaturpreise« mit Stand von 1937, BArch Potsdam R 55/122 Bl. 142–145, von 1938, ebd. Bl. 300–308, und 1939, ebd. Bl. 320–323.

[26] BArch Potsdam R 55/122 Bl. 1.

[27] Ebd.

[28] Erckmann an Herrn Leiter VIII vom 13. 12. 1937 betr. Literaturpreise, BArch Potsdam R 55/122 Bl. 137–141.

[29] Ebd., Bl. 137. Aus der am 17. 2. 1938 im Börsenblatt veröffentlichten Übersicht über »Deutsche Literaturpreise«, hier S. 138, geht hervor, daß die »mittlere Generation« der nach 1880 geborenen Schriftsteller am stärksten mit Preisen bedacht wurde. Ihr Anteil belief sich auf ⅔ der rund 100 bis zu jenem Zeitpunkt vergebenen Preise. Von den Nachwuchsautoren waren

war nach Auffassung Erckmanns eine »Entwertung der Literaturpreise in der öffentlichen Meinung, die sich bis in die Spitzenpreise hinauf bemerkbar macht«.[30] Eine Abhilfe dieses Mißstands sei jedoch nicht über die von Goebbels angeordnete Vorabinformation über die Preisträger zu erreichen, da die Reichsstatthalter und Landesregierungen das Propagandaministerium in der Regel mit einem fait accompli konfrontierten.[31] Vielmehr müsse das Ministerium – etwa über die zuständigen Reichspropagandaamtsleiter – seinen Einfluß bereits bei den Beratungen der eingesetzten Verteilungskommissionen über die Preisträger geltend machen können.[32] Zudem hielt Erckmann eine grundlegende Reform des Literaturpreiswesens für erforderlich. Da eine Verminderung der Preise mit Rücksicht auf die schlechte wirtschaftliche Situation der Schriftsteller nicht in Frage käme, empfahl er die Umwandlung einer Reihe von Preisen in Stiftungen, die einmalige Förderbeträge auszahlen oder mehrmonatige Arbeitsstipendien finanzieren sollten.[33]

Die Vorschläge Erckmanns, die auch eine Kompetenzschmälerung der RSK beinhalteten,[34] fielen bei Goebbels auf fruchtbaren Boden. Der Propagandaminister verschaffte sich zunächst bei den Landesregierungen und Oberpräsidenten einen genauen Überblick über die Literaturpreise, ihre Zielsetzung, Höhe und die Zusammensetzung der Preisgerichte.[35] Nach Auswertung der Ergebnisse durch die Rechtsabteilung seines Hauses legte Goebbels dann am 26. 1. 1939 fest, daß die Verteilung sämtlicher Kunstpreise ab 2000 RM aufwärts nur noch mit seiner Zustim-

»etwa fünfzehn bis zwanzig« ausgezeichnet worden, von der »älteren Generation« genau zehn.

30 BArch Potsdam R 55/122 Bl. 137.

31 So Erckmann ebd. Bl. 138.

32 Ebd.

33 Ebd. Bl. 139.

34 Ebd. Bl. 141. Nachdem Goebbels mit dem Erlaß vom 24. 8. 1937 bereits die Zuständigkeit für die »Verteilung von Schrifttumspreisen« an sich gezogen hatte, wurde dieser Kompetenzbereich der Kammer endgültig im Zusammenhang mit dem großen Revirement vom 1. 4. 1938 entzogen. S. die »Zweite Bekanntmachung über die Gliederung der Reichsschrifttumskammer« vom 21. 5. 1938, wiedergegeben bei Ihde (Hg.), Handbuch der Reichsschrifttumskammer, hier S. 45.

35 Rundschreiben des RMVP (Abt. IB) an die Landesregierungen (außer Preußen) und Oberpräsidenten vom 26. 4. 1938, BArch Potsdam R 55/122 Bl. 9. Die Antworten sind ebd., Bl. 11 ff. gesammelt.

mung erfolgen könne.[36] Die Leiter der Reichspropagandaämter waren an den Preisausschüssen zu beteiligen und die ins Auge gefaßten Preisträger dem Ministerium mindestens vier Wochen vor der Verleihung mitzuteilen.[37] Die Reichspropagandaämter wies Goebbels Anfang März 1939 an, in ihren Gauen auf die Schaffung eines Gaupreises zu dringen, dem »im Rahmen der Förderung des landschaftlich wichtigen Schrifttums die entscheidende Rolle« zukommen sollte.[38] Literaturpreise der Städte sollten nur dann bestehenbleiben, wenn sie »auf eine Tradition zurückblicken können und auch von der kulturellen Leistung der Stadt her gerechtfertigt erscheinen«. Sonstige Preise von Städten, Gemeinden und Stiftungen sollten hingegen mit dem Gaupreis zusammengelegt werden, »ohne daß die Städte aus falschem Einzelehrgeiz heraus die bereitgestellten Beträge zurückziehen«.

In seiner Denkschrift vom Dezember 1937 hatte Erckmann allerdings bereits darauf aufmerksam gemacht, daß »eine unmittelbare reichsgesetzliche Grundlage für diese Eingriffe in das Literaturpreiswesen nicht vorhanden« sei.[39] Dies gelte insbesondere für die von den Gemeinden verliehenen Preise, da »das entsprechende Reichsgesetz den Eingriff anderer Verwaltungen« ausschließe.[40] Reichsinnenminister Frick hatte denn auch schon Bedenken gegen das Vorgehen des Propagandaministeriums erhoben und »im Interesse der kommunalen Selbstverwaltung« eine Delegierung der Entscheidungen über die Verleihung von Kunstpreisen an die Reichsstatthalter angeregt.[41] Der Stab Stellvertreter des Führers bemühte sich darum, die Gauleitungen der Partei von der Regelung auszunehmen. Am 3. 5. 1939 machte

36 »Erlaß« an die Reichsstatthalter, Landesregierungen (außer Preußen), Oberpräsidenten und Regierungspräsidenten vom 26. 1. 1939, BArch Potsdam R 55/122 Bl. 309–310.

37 Ebd.

38 »Runderlaß« an alle Reichspropagandaämter vom 1. 3. 1939, BArch Potsdam R 55/122 Bl. 316. Zum folgenden s. ebd.

39 BArch Potsdam R 55/122 Bl. 140.

40 Ebd.

41 Der Hinweis auf ein entsprechendes Schreiben des RMI vom 9. 12. 1937 findet sich in einem Vermerk der Rechtsabteilung für Goebbels vom 28. 2. 1938, BArch Potsdam R 55/122 Bl. 4–6. Die Anregung des Frickschen Ministeriums, die auf eine Stärkung der Kompetenz der Mittelinstanzen hinausgelaufen wäre, wurde vom RMVP entschieden abgelehnt. S. das Antwortschreiben ebd. Bl. 119–120.

Martin Bormann gegenüber Goebbels geltend, daß die Partei aufgrund ihrer »beschränkten Mittel« keine Kunstpreise über dem vom Propagandaministerium festgesetzten Betrag von 2000 RM verleihen würde.[42] Eine nachweislich falsche Behauptung,[43] mit der Bormann offenbar die Gauleiter für sich einzunehmen und die Einflußsphäre der Partei gegenüber den Zentralisierungsbestrebungen der staatlichen Kulturbürokratie abzuschirmen versuchte.

Die Folge war, daß sich Goebbels 1942 erneut mit der Problematik befassen mußte. Seit Kriegsbeginn hatte das Propagandaministerium nämlich die steigende »Tendenz jeder kleineren Gemeinde oder auch von Parteigliederungen und Parteiämtern« registriert, »sich durch Schaffung eines Kunstpreises in das kulturelle Leben einzuschalten«.[44] Goebbels legte daraufhin fest, daß keine Kunstpreise unter 5000 RM mehr gestiftet werden sollten.[45]

Um die immer noch diffuse Praxis der Preisverleihungen in den Griff zu bekommen, wurden im Juli 1942 die Kunstpreise in drei Kategorien eingeordnet: 1. reichswichtige Kunstpreise, 2. wichtige Kunstpreise von lokaler Bedeutung und 3. Kunstpreise von lokaler Bedeutung.[46] Vor der Verleihung von Preisen der ersten beiden Kategorien war grundsätzlich die Zustimmung von Goebbels einzuholen. Das gleiche galt für die Stiftung neuer Preise. Selbst die Berichterstattung über die Preisverleihungen wurde dahingehend reglementiert, daß über die Preise der ersten Kategorie nur in der Reichspresse, über die Preise der zweiten Kategorie nur in der Gau- und Lokalpresse und über die Preise der dritten Kategorie nur in der Lokalpresse berichtet werden durfte.[47] Die Goebbelsschen Anweisungen scheinen allerdings

42 BArch Potsdam R 55/122 Bl. 333.

43 In dem »Verzeichnis der deutschen Literaturpreise« vom 1. 3. 1939, ebd. Bl. 320–323, sind eine Reihe von »Gaukulturpreisen« erfaßt, deren Preissumme zwischen 2000 und 5000 RM lag.

44 So die Auffassung der Personalabteilung des RMVP in einer internen Mitteilung an die Rechtsabteilung vom 11. 2. 1942, BArch Potsdam R 55/ 122 Bl. 372.

45 Hinweis ebd.

46 Mitteilung der Rechtsabteilung an die Fachabteilungen Film, Schrifttum, Musik und Bildende Kunst im Hause, an die Hauptgeschäftsführung der RKK sowie an die Reichspropagandaämter vom 31. 7. 1942, BArch Potsdam R 55/122 Bl. 386.

47 Ebd.

erneut wenig gefruchtet zu haben. Denn am 8. 2. 1943 sah sich der Minister dazu genötigt, ein generelles Verbot der Stiftung neuer und der Erweiterung bestehender Kunstpreise zu verfügen.[48]

Zu jenem Zeitpunkt hatten die Literaturpreise eine zusätzliche Funktion erhalten. Neben der finanziellen Unterstützung der Schriftstellerschaft dienten die im »Dritten Reich« verliehenen Preise vor allem dazu, den Buchabsatz der literarischen Protagonisten des Nationalsozialismus zu fördern.[49] Insofern waren die Literaturpreise stets ein Teil der umfangreichen staatlichen Literaturpropaganda, die auf eine Verankerung der nationalsozialistischen Weltanschauung in der Bevölkerung abzielte. Während des Krieges kam als Novum hinzu, daß die Literaturpreise für die Kriegspropaganda vereinnahmt wurden. Seit 1942 wurde eine Reihe von Preisen an Autoren verliehen, die als Wehrmachtsangehörige an der Ostfront gefallen waren.[50] Diese posthumen Auszeichnungen waren nicht nur Ausdruck einer bereits im Zusammenhang der »Weimarer Dichtertreffen« festgestellten Militarisierung der deutschen Schriftstellerschaft, sondern sollten auch die Verbundenheit der »Heimat« mit der Front herstellen. Darüber hinaus sollten die zahlreichen Preisverleihungen der deutschen Bevölkerung ebenso wie dem Ausland den Eindruck eines auch mitten im Kriege noch intakten kulturellen

[48] S. den »Erlaß« in BArch Potsdam R 55/122 Bl. 398.

[49] E. Langenbucher, Dichterpreis und Buchabsatz, in: Bbl. 106. Jg., Redaktioneller Teil, Nr. 66 vom 18. 3. 1939, S. 222–225, und Nr. 74 vom 28. 3. 1939, S. 252–253; R. Erckmann, Deutsche Literaturpreise, in: Großdeutsches Leihbüchereiblatt 3 (1941), S. 58–59.

[50] Dies gilt etwa für Richard Ganzer (Kulturpreis der Stadt Passau für 1941), für Franz Graf Zedtwitz (Hans Schemm-Preis für 1943), Kleo Pleyer (Kant-Preis der Stadt Königsberg für 1944), Kurt Eggers (Oberschlesischer Schrifttumspreis für 1943, Kantate-Preis der Stadt Leipzig für 1944), Bernhard Schwarz (Oberschlesischer Schrifttumspreis für 1943). S. die Angaben zu den Deutschen Literaturpreisen im Bbl. 111. Jg., Redaktioneller Teil, Nr. 10 vom 5. 2. 1944, S. 17, Nr. 11 vom 9. 2. 1944, S. 21, Nr. 50 vom 28. 6. 1944, S. 107, Nr. 57 vom 22. 7. 1944, S. 129. Zur Verleihung des Kantate-Preises für 1944 an Kurt Eggers, die vom SD und von der Partei-Kanzlei der NSDAP lanciert wurde, s. die vertrauliche Mitteilung des Leipziger Oberbürgermeisters an die Beiräte des Kantate-Dichterpreises vom 21. 7. 1944, StA Leipzig BV/809.

Lebens vermitteln.[51] Eine angesichts der Auswirkungen des »totalen Krieges« immer offenkundigere Fiktion, die Goebbels am 16. 8. 1944 durch das generelle Verbot der Verleihung von Kunstpreisen selbst aufgab.[52]

6. Die »berufsständische Betreuung« der Schriftstellerschaft durch die Reichsschrifttumskammer

6.1. Rechtliche Maßnahmen zur Besserstellung der Autoren

6.1.1. Die Durchsetzung eines »Normal-Verlagsvertrages«
Schon der SDS hatte in der Weimarer Republik konsequent auf eine Verbesserung der rechtlichen Position der Autoren gegenüber ihren Verlegern hingearbeitet. Als Ergebnis dieser Bemühungen war im Oktober 1927 ein »Normalvertrag« herausgegeben worden, den der SDS seinen Mitgliedern zur Übernahme bei Vertragsabschlüssen mit den Verlagen empfahl.[1] Der Vertrag, der 1929 nochmals in einer überarbeiteten Fassung erschien, unterschied deutlich zwischen Urheber- und Verlagsrecht, regelte die Bedingungen des sogenannten »ausschließlichen Verlagsrechts«, legte die Gestaltung der Ausgaben und Höhe der Auflage fest und verpflichtete die Verleger zu einer angemessenen Werbung für die Publikation.[2] Der vom SDS ausgearbeitete »Normalvertrag« war jedoch nur eine begrenzte Verbesserung der bisherigen Situation, da seine Akzeptanz letztlich dem Ermessen der Verleger freigestellt blieb. Zudem verschlechterte sich die Ausgangsposition der Schriftstellerschaft infolge der durch die verheeren-

[51] Die seit 1942 im Börsenblatt veröffentlichten Zusammenstellungen der Preisträger wurden regelmäßig als »Beweis für die ungebrochene Kraft des deutschen Geisteslebens und der deutschen Kultur« interpretiert. »Deutsche Literaturpreise«, Bbl. 109. Jg., Redaktioneller Teil, Nr. 265 vom 21. 11. 1942, hier S. 242.

[52] Hinweis auf den »Erlaß« in: Die Reichskulturkammer 2, H. 8/9 (1944), S. 131.

[1] Fischer, Der Schutzverband deutscher Schriftsteller, Sp. 482–483.

[2] Ebd., Sp. 483.

de wirtschaftliche Entwicklung ausgelösten Krise des deutschen Buchhandels.

Es ist ein Indiz für die in der Anfangsphase der NS-Herrschaft wiederholt feststellbare Kontinuität auf dem Gebiet der Literaturpolitik, daß der im Juni 1933 gegründete RDS, in dem mit dem SDS und dem VDE zwei der wichtigsten Vertretungen der Schriftstellerschaft in der Weimarer Republik aufgegangen waren, die Bemühungen um einen verbindlichen »Normalvertrag« fortsetzte. Die Chancen zur Erreichung dieses Zieles hatten sich dabei insofern verbessert, als der RDS mit dem RKK-Gesetz vom 22. 9. 1933 zu einer »Körperschaft des öffentlichen Rechts« geworden war, von der ein entschiedenes Auftreten gegen die von Autorenseite immer wieder beklagte ablehnende »Einheitsfront der Verleger und Sortimenter« erwartet wurde.[3]

Ihre Machtposition stellte die neue Interessenvertretung der deutschen Schriftsteller 1934 auf eine erste Probe. Am 15. 10. ging RSK-Präsident Blunck der fünfseitige Entwurf eines »Verlagsvertrages für erzählende Werke« zu.[4] Der Entwurf war von einer Kommission der »Reichsfachschaft Erzähler« erarbeitet worden, der mit Dr. Carl Haensel und Hans Richter ehemalige Vorstandsmitglieder des SDS und des VDE angehörten.[5] Als »Mindesthonorar« der Autoren waren bei einer Beteiligung am Umsatz 17,5%, bei einer Beteiligung am Ladenpreis 10% des gebundenen beziehungsweise 15% des broschierten Buches vorgesehen (§ 5).[6] Überstieg der Absatz das 20. Tausend, sollten sich diese Sätze noch einmal um jeweils 2,5% erhöhen (ebd.). Dem Verlag sollte nach den Vorstellungen des RDS nur das Recht der Buchveröffentlichung zugestanden werden, während die übrigen Verwertungsrechte, selbst »alle bisher noch nicht bekannten«, dem Urheber verbleiben sollten (§ 6). Die Verleger sollten lediglich für einzelne Vermittlungsdienste entschädigt werden: für den Vorabdruck oder Nachdruck in Zeitungen und Zeitschriften (Verlegerprovision: 40% vom Erlös); für die Verfilmung, Dramatisierung, Vertonung und Umarbeitung zum Hörspiel (Verlegerprovision: 40%); für Übersetzungen (Verle-

[3] S. in diesem Sinne das Schreiben Otto Flakes an die RKK vom 6. 12. 1934, BArch Potsdam R 56 V/178 Bl. 121.

[4] BArch Potsdam R 56 V/178 Bl. 148.

[5] Hinweis ebd.

[6] S. hierzu und zum folgenden den »Entwurf eines Verlagsvertrags für erzählende Werke«, BArch Potsdam R 56 V/178 Bl. 151–155.

gerprovision: 40%); sowie für die Rundfunkausstrahlung (Festsetzung der Verteilung des Erlöses durch die »Gesellschaft für Senderechte«). Das Verlagsrecht sollte an die Autoren zurückfallen, wenn der Verleger zwei Monate nach Absinken der Auflagenhöhe eines Buches auf unter 100 Stück keine verbindliche Zusage für eine Neuauflage gegeben hatte (§ 8). Um die Einhaltung der Vertragsverpflichtungen sicherstellen zu können, beanspruchte der RDS für sich das Recht zur Einsichtnahme in die Buchungs- und Werbeunterlagen der Verleger (§ 10).

Angesichts solcher Forderungen überraschen die heftigen Reaktionen aus der Verlegerschaft nicht. Am 22. 11. 1934 warf Karl Baur, Inhaber des Callwey Verlags und Leiter der »Fachschaft Verlag« im gerade gegründeten Bund Reichsdeutscher Buchhändler, dem RDS vor, »das Huhn schlachten« zu wollen, »um zu dem vermeintlich goldenen Ei zu gelangen«.[7] Der Verband gehe »von der irrigen, längst durch die Verhältnisse überholten Einstellung aus, der Verleger sei heute noch in der Lage, sich auf Kosten des Schriftstellers zu bereichern. Er übersieht vollkommen oder will nicht sehen, daß der Verlag durch die Entwicklung der Wirtschaftslage und auch durch eigene Fehler ausgeblutet ist«.[8]

Für Gustav Pezold, den geschäftsführenden Leiter des Langen-Müller Verlags, war die Forderung des RDS nach einem einheitlichen Verlagsvertrag nichts anderes als »allerreinster Klassenegoismus, also Marxismus, nebenbei aber auch eine Mechanisierung und Entpersönlichung innerer menschlicher Beziehungen, also Bolschewismus«.[9] Pezold hielt es geradezu für »gefährlich, sich mit einer solchen Korporation überhaupt auf einen gemeinsamen Weg zu begeben«.[10] Denn da »im RDS alles vereinigt ist, Große, Kleine und ganz Kleine, und da der Journalist und Gelegenheitsschriftsteller genauso viel gilt wie der verdienstvollste Autor, und da die Gelegenheitsschreiber und die kleinen Formate vermutlich unter den Mitgliedern

[7] BArch Potsdam R 56 V/178 Bl. 106–107, hier Bl. 107.

[8] Ebd.

[9] So Pezold in einem Schreiben an Niels Diederichs, den Leiter der Fachgruppe »Schöngeistige und populärwissenschaftliche Verlage« im BRB, vom 14. 3. 1935 (Abschrift für Hans Grimm), hier S. 1, DLA Marbach/NL H. Grimm: Korrespondenz mit dem Langen-Müller Verlag, Mappe II 1935–1937.

[10] Ebd.

die Mehrheit sind und naturgemäß mit ganz anderen Verlegern zu tun haben, als sie uns vorschweben und vermutlich oft genug übel übers Ohr gehauen werden, so werden die es ja wohl durchsetzen, daß eine generelle Regelung geschaffen wird«.[11]

Im RDS war man sich, wie »Reichsverbandsführer« Stoffregen der RSK am 26. 11. 1934 mitteilte, durchaus »darüber klar, daß die eine oder andere in unserem Vertragsentwurf enthaltene Idealforderung in vollem Umfang vielleicht nicht durchzusetzen ist«.[12] Der Verband müsse aber »unter allen Umständen darauf dringen, daß die Verleger erst einmal an den Verhandlungstisch gezwungen werden«.[13] Dazu kam es Mitte Januar 1935, als sich Hans Richter und Hans Caspar von Zobeltitz als Vertreter des RDS sowie von Verlegerseite Gustav Kilpper, der in Urheberrechtsfragen kundige Generaldirektor der Deutschen Verlagsanstalt, erstmals gegenübersaßen.[14] Doch auch nach einem zweiten Gespräch Ende Februar 1935 lagen die Positionen der beiden Berufsgruppen noch in zwei entscheidenden Punkten auseinander.[15]

Während der RDS auf einer für alle Autoren gleichermaßen verbindlichen Vertragsregelung bestand, deren Einhaltung durch die RSK garantiert werden sollte, waren die Verleger allenfalls zum Abschluß eines »Mantelvertrags« bereit, der ihnen genügend Spielraum für individuell abgestufte Vereinbarungen ließ.[16] Zudem bestand der Leiter der »Fachgruppe Schöngeistige und populärwissenschaftliche Verlage« im BRB, Niels Diederichs, gegenüber der Kammer darauf, daß »die Honorarbestimmungen offen bleiben, denn diese hängen ganz von den wirtschaftlichen Gegebenheiten ab«.[17] Eine genaue Festlegung der Honorarsätze würde aber, so Diederichs, »einen un-

[11] Ebd., S. 2.

[12] BArch Potsdam R 56 V/178 Bl. 142.

[13] Ebd.

[14] S. das »Protokoll« über die in den Räumen der RSK abgehaltene Sitzung vom 16. 1. 1935 in BArch Potsdam R 56 V/178 Bl. 79–87.

[15] S. im einzelnen das »Protokoll« zur Sitzung vom 22. 2. 1935, ebd. Bl. 228–231.

[16] So Niels Diederichs in einem Schreiben an den Geschäftsführer der RSK, Suchenwirth, vom 25. 2. 1935, BArch Potsdam R 56 V/82 Bl. 207–208, hier Bl. 207.

[17] Ebd.

zulässigen Eingriff der Reichsschrifttumskammer bedeuten, ist diese doch keine Wirtschaftsbehörde«.[18]

Die schließlich am 3. 6. 1935 vom Präsidenten der RSK erlassene »Anordnung über einen Normal-Verlagsvertrag zwischen Schriftstellern und Verlegern«[19] kam den von Diederichs formulierten Bedenken und Interessen der Verleger in einer Reihe wichtiger Punkte entgegen. So wurde der »Normal-Verlagsvertrag« ausdrücklich als »Muster« bezeichnet, dessen Bestimmungen »nach den besonderen Umständen des Falles« abgeändert werden konnten.[20] Die Honorarfrage wurde in einem Katalog von »Pflichten und Rechten« behandelt, der *vor* dem Vertragsabschluß von beiden Parteien zu beachten war.[21] Darin wurde die Vergütung des Autors der »freien Vereinbarung« überlassen, eine Umstellung der Honorarabrechnungen auf die Beteiligung am Umsatz lediglich »empfohlen«. Die im RDS-Entwurf festgelegten Honorarsätze wurden von 17,5 auf 12,5% (bei Umsatzbeteiligung), von 10 auf 7,5% (bei Beteiligung am Ladenpreis des gebundenen Stücks) und von 15 auf 10% (bei Beteiligung am Ladenpreis des gehefteten Stücks) gekürzt. Die Berücksichtigung des Autors bei Umsatzsteigerungen infolge erhöhter Auflagenzahlen war nur mehr eine »Soll«-Bestimmung. Gleichermaßen entschärft waren die ursprünglichen RDS-Forderungen im eigentlichen »Verlagsvertrag«.[22] Der Autor mußte seinem Verleger das Recht des Nachdrucks in Zeitungen und Zeitschriften oder in Buchform überlassen (§ 3). Bei allen weiteren Verwertungsmöglichkeiten sollten sich Autor und Verleger den aus weiterführenden Verträgen erwachsenden Gewinn je zur Hälfte teilen (ebd.). Die alleinige Entscheidung des Verlegers über Buchgestaltung und -kalkulation, über Auflagenhöhe und Vertrieb wurde ausdrücklich bestätigt (§ 5). Dem Autor wurde die Einsichtnahme in die Buchhaltungsunterlagen verweigert und lediglich das Recht zugestanden, in Zweifelsfällen die Einhaltung der Vertragsverpflichtungen durch den Verleger über einen vereidigten Revisor oder einen Sachverständigen der Kammer überprüfen zu lassen (§ 9).

[18] Ebd, Bl. 208.

[19] Wiedergegeben bei Schrieber (Hg.), Das Recht der Reichskulturkammer, Bd. II, S. 93–97.

[20] Ebd., S. 94.

[21] S. zum folgenden ebd., S. 93–94.

[22] S. dazu ebd., S. 95–97.

Dennoch konnte der von der RSK autorisierte »Normal-Verlagsvertrag« als Erfolg des RDS gewertet werden, da mit ihm ein bislang weitgehend rechtloser Zustand beseitigt wurde. Die Festsetzung von Mindesthonoraren und die Festschreibung der Beteiligung der Autoren am Umsatz, die insbesondere den Nachwuchsautoren zugute kommen sollten, wurden in einem Kommentar von Günter Gentz, dem Justitiar der Kammer, zu Recht als große Errungenschaften herausgestellt.[23] Auf Drängen des RDS-Geschäftsführers Hugo Linhard war in die »Anordnung« sogar zusätzlich noch ein Passus aufgenommen worden, durch den der Abschluß von Verträgen mit »Druckkostenzuschußverlegern«, die Autoren für die Veröffentlichung ihrer eigenen Bücher zahlen ließen, von einer vorherigen Genehmigung der Kammer abhängig gemacht wurde.[24]

Der ursprünglich nur für schöngeistige Literatur geltende »Normal-Verlagsvertrag« wurde durch einen Entscheid von RSK-Präsident Johst vom 27. 7. 1937 in modifizierter Form auch auf das Gebiet der Jugendliteratur übertragen.[25] Die Mindesthonorare der Autoren wurden in vier Gruppen gestaffelt: bei Schriften bis zu 0,45 RM sollte der Autor 3% vom Ladenpreis erhalten, insofern die erste Auflage von 10000 Exemplaren im vorhinein vergütet worden war, vom 11.–20. Tausend sollten 3,5% und darüber hinaus 4% vom Ladenpreis gezahlt werden; bei Schriften bis zu 0,99 RM wurden 3,5% für die ersten 10000, für das 11. bis 20. Tausend 4%, für das 21. bis 40. Tausend 4,5% und darüber hinaus 5% vom Ladenpreis festgelegt; bis zu 2,50 RM galten 4% vom Ladenpreis (oder mindestens 8% vom Umsatz) unter der Bedingung, daß ab dem 5001. Stück mindestens 5% vom Ladenpreis (oder mindestens 10% vom Umsatz) vereinbart worden waren; bei Schriften über 2,50

[23] G. Gentz, Der Normal-Verlagsvertrag, in: Bbl. 102. Jg., Redaktioneller Teil, Nr. 158 vom 11. 7. 1935, S. 561–562, hier S. 562.

[24] Schreiben Linhards an den Präsidenten der RSK vom 5. 3. 1935, BArch Potsdam R 56 V/82 Bl. 180. Ergänzend K. H. B[ischoff]., Der Druckkostenzuschußverleger, in: Der deutsche Schriftsteller 1 (1936), S. 227–228. Mit der am 31. 3. 1939 vom Präsidenten der RSK erlassenen »Anordnung zum Schutz der verantwortlichen Persönlichkeit im Buchhandel« wurden der Druckkostenzuschuß- und der Selbstverlag dann ganz untersagt (§ 5, II). Ihde (Hg.), Handbuch der Reichsschrifttumskammer, S. 97–99, hier S. 98.

[25] Anwendung des Normal-Verlagsvertrages auf Jugendschrifttum, in: Bbl. 104. Jg., Redaktioneller Teil, Nr. 188 vom 17. 8. 1937, S. 657.

RM wurden 5,5% vom Ladenpreis (oder mindestens 11% vom Umsatz) als Ausgangspunkt genommen, ab dem 5001. Stück sollten dann die Bestimmungen des »Normal-Verlagsvertrags« für schöngeistige Literatur gelten. Die Regelung galt wiederum nur für neu abzuschließende Verträge. Doch wurde »erwartet«, daß bei den bereits erschienenen Schriften Honorare, die die festgesetzten Mindestsätze deutlich unterschritten, »spätestens bei einer neuen Auflage, sonst aber durch bevorzugte Behandlung des betreffenden Verfassers bei der Hereinnahme neuer Verlagswerke« ausgeglichen wurden.

Zur Schlichtung von Vertragsstreitigkeiten, aber auch für zivilrechtliche Klagen allgemeiner Art bot die RSK Schriftstellern und Verlegern ein »Schiedsgericht des Deutschen Schrifttums« mit Sitz in Berlin an.[26] Dessen Inanspruchnahme wurde zwar als »freiwillig« bezeichnet und die Entscheidungsbefugnis ordentlicher Gerichte nicht grundsätzlich aufgehoben.[27] Doch läßt die »Schiedsgerichtsordnung« vom 22. 11. 1935 deutlich die Tendenz erkennen, unter Berufung auf die Reichskulturkammer-Gesetzgebung die Regelung berufsrechtlicher Streitfragen nach Möglichkeit in den Bereich der Kammer zu verlagern. Genau darin wird man auch den tieferen Sinn des »Normal-Verlagsvertrags« sehen müssen. Denn die Einführung dieses Mantelvertrags unterwarf die Verleger ebenso wie die Autoren letztlich der Rechtsetzungskompetenz der neuen »Selbstverwaltungskörperschaft des deutschen Schrifttums«. Und die war, wie Kammer-Justitiar Gentz in seinem Kommentar zum »Normal-Verlagsvertrag« deutlich zu verstehen gab, jederzeit bereit, Verstöße gegen die vertraglich festgelegten »Rechte und Pflichten« mit einem »Ehrengerichtsverfahren« zu ahnden.[28] Um dem vorzubeugen, empfahl Gentz, sich bereits im Stadium der Verhandlungen »in Zweifelsfragen« bei der Kammer Auskunft einzuholen.[29]

[26] »Amtliche Bekanntmachung« der RSK vom 30. 1. 1936, wiedergegeben bei Schrieber (Hg.), Das Recht der Reichskulturkammer, Bd. III, S. 138–144.

[27] Ebd., S. 138 und S. 139 (§ 2).

[28] Gentz, Der Normal-Verlagsvertrag, S. 562.

[29] Ebd. Daß die Kammer tatsächlich zur entscheidenden Schlichtungsstelle für Streitigkeiten zwischen Schriftstellern und Verlegern wurde, läßt sich einer Reihe von Personalakten im BDC entnehmen. S. u. a. die Fälle Maria Zierer-Steinmüller contra J. G. Cotta'sche Buchhandlung Nachfolger

6.1.2. *Die Einführung eines »Normalvertrags über den Erwerb des Weltverfilmungsrechts an einem bereits erschienenen Werke des Schrifttums«*

Weitaus schwieriger als beim »Normal-Verlagsvertrag« für schöngeistige und Jugendliteratur gestalteten sich die Verhandlungen über einen »Verfilmungsvertrag«, mit dem die Rechtsposition der Urheber von Filmvorlagen und ihre Honorierung verbessert werden sollten. Auch hierbei gingen die Bestrebungen der RSK, den rechtlosen Zustand durch eine verbindliche Einheitsregelung zu ersetzen, auf die Verbandspolitik des SDS in den zwanziger Jahren zurück.[30] Was die Realisierung dieses Projekts jedoch so schwierig machte, war die staatliche Verankerung der deutschen Filmindustrie.

Bei den Verhandlungen über den »Normal-Verlagsvertrag« hatte der RDS noch sein ganzes Gewicht als staatlich autorisierter Interessenverband der deutschen Schriftsteller gegen die Verleger als Vertreter der Privatwirtschaft ausspielen können. Zudem fand die Auseinandersetzung sozusagen im eigenen Hause, nämlich unter dem Dach der RSK, statt, so daß die Vertreter beider Seiten vom Präsidenten der Kammer zu einer gemeinsamen Lösung angetrieben werden konnten. An den Verhandlungen über den »Verfilmungsvertrag« waren aber nicht nur die Reichsschrifttums-, die Reichstheater- und die Reichsfilmkammer sowie der fachlich interessierte Hauptgeschäftsführer der RKK, Hans Hinkel, beteiligt, sondern auch die Schrifttumsabteilung und die einflußreiche Filmabteilung im Propagandaministerium sowie Vertreter der Filmwirtschaft.

RSK-Geschäftsführer Ihde, der sich seit 1938/1939 eingehender mit der gesamten Materie befaßt hatte, setzte seinem Präsidenten die Komplexität des Problems auseinander. In einem »Aktenvermerk« für Johst vom 22. 1. 1943 bemerkte er im Hinblick auf die vom Propagandaministerium betriebene Filmpolitik scharfsinnig: »Die Zusammenfassung der Filmfirmen ist das Ergebnis des Willens der Staatsführung. Daß eine solche Konzentration notwendigerweise in der Geschäftsgebarung die

(1939), Hermann Hesse contra kommissarische Leitung des Bermann-Fischer-Verlags, Wien (1939), Herbert Eulenberg contra Verlag Rudolf Eichmann, Berlin (1942), Paul List Verlag contra Georg von der Vring (1942), Clara Kluge contra J. Engelhorn Nachf. Adolf Spemann Verlag wegen Nachlaß Kurt Kluge (1942).

[30] Vgl. Fischer, Der Schutzverband deutscher Schriftsteller, Sp. 470–479.

Form annimmt, die man wissenschaftlich als kapitalistisch bezeichnet, muß wohl hingenommen werden, aber es ist nicht Aufgabe der Kammer, mehr oder weniger öffentlich zu erklären, daß auch die Gesinnung der in diesen Staatsunternehmen beschäftigten Männer eine kapitalistische sei, wobei natürlich in solchen Fällen immer der Kapitalismus alten Stiles gemeint ist«.[31] Ihde empfahl, auf unrealistische Forderungen wie die Einführung einer »Tonfilmtantieme« zu verzichten und statt dessen den Akzent stärker auf die vertragliche Sicherung der Urheberrechte zu legen.[32]

Doch auch dies war nicht unproblematisch. Denn die von Autorenseite immer wieder beanstandeten Abänderungen ihrer literarischen Vorlagen oder Film-Drehbücher waren häufig vom Ministerium, in der Regel sogar von Goebbels persönlich, angeordnet worden. Damit wurde aber, wie Ihde treffend bemerkte, der »Kampf um das Verbot von Änderungen« zu einem »Kampf gegen den Geist des Ministeriums«.[33] Der Verwaltungsinsider riet jedoch dringend davon ab, sich auf einen Grundsatzstreit mit dem Ministerium einzulassen, da Goebbels »im Falle einer Ministervorlage [...] zu Gunsten der Filmproduktion urteilen wird«.[34] Ihde wirkte daher auf seinen Präsidenten ein, den der Reichsfilmkammer und den Vertretern der Filmwirtschaft in mühsamen Verhandlungen abgerungenen »Verfilmungsvertrag« durch den Erlaß einer »Anordnung« in Kraft zu setzen.[35]

Der am fernen Starnberger See verweilende Johst wollte je-

[31] BArch Potsdam R 56 V/26 Bl. 126–131, hier Bl. 128. Der »Aktenvermerk« faßte die Ergebnisse einer Besprechung vom 18. 1. 1943 zusammen, an der unter Leitung Hinkels Vertreter der RSK, der RFK, der Schrifttumsabteilung des RMVP und der Filmwirtschaft teilgenommen hatten. Gegenstand der Sitzung war die Regelung des Erwerbs von »Nebenrechten« der Filmautoren durch Filmfirmen gewesen. Zum Kontext: W. Becker, Film und Herrschaft. Organisationsprinzipien und Organisationsstrukturen der nationalsozialistischen Filmpropaganda, Berlin 1973; J. Spiker, Film und Kapital. Der Weg der deutschen Filmwirtschaft zum nationalsozialistischen Einheitskonzern, Berlin 1975, S. 194–239.

[32] So Ihde in seinem Schreiben an Johst vom 16. 9. 1943, BArch Potsdam R 56 V/26 Bl. 32–33.

[33] Ebd. Bl. 33.

[34] Feststellung Ihdes in seinem »Aktenvermerk« vom 22. 1. 1943, BArch Potsdam R 56 V/26 hier Bl. 127.

[35] Schreiben Ihdes an Johst vom 16. 9. 1943.

doch noch Ende September 1943 lieber weiterhin einen vertragslosen Zustand akzeptieren als einem in seinen Augen halbherzigen Kompromiß zustimmen.[36] Der RSK-Präsident, der zunächst sogar eine persönliche Entscheidung von Goebbels herbeizuführen bereit war, muß relativ rasch eines Besseren belehrt worden sein. Denn am 16. 11. 1943 setzte er dann doch seine Unterschrift unter den »Normalvertrag über den Erwerb des Weltverfilmungsrechts an einem bereits erschienenen Werke des Schrifttums«.[37] In einer Vorbemerkung zur Veröffentlichung des Vertrags brachte Johst allerdings seinen Widerwillen gegen den ausgehandelten Kompromiß noch einmal zum Ausdruck. Er erwarte, daß die Autoren »keine Änderungen der Vertragsmuster zu ihren Ungunsten unterschreiben«.[38] Der neue Normalvertrag bringe »noch keine Klärung aller zwischen Autor und Film schwebenden Fragen«.[39]

In der Tat war die Position der Autoren – gerade im Vergleich zu dem Ergebnis des »Normal-Verlagsvertrags« von 1935 – im »Verfilmungsvertrag« außerordentlich schwach.[40] Der Urheber hatte das »ausschließliche Recht zur filmischen Benutzung des Werkes (Weltverfilmungsrecht)« an die Filmfirma abzutreten (§ 2,1). Dabei sollte sich die Rechtsübertragung sowohl »auf alle jetzigen und zukünftigen Arten, Systeme und Verfahren der Kinematographie einschließlich der Wiedergabe des Films durch Rundfunk oder Television« (§ 2,1 c.) beziehen als auch auf die Rechte an der öffentlichen Filmwiedergabe des Werkes, »gleichviel, ob es sich dabei rechtlich um eine Aufführung, eine Verbreitung oder einen Vertrag handelt« (§ 2,1 f.). Eine Übertragung dieser Verwertungsmöglichkeiten auf Gesellschaften zur Verwertung von Urheberrechten war den Autoren ausdrücklich untersagt (ebd.). Die Filmfirmen durften das mit dem Vertragsabschluß erworbene Werk »nach eigenem Ermessen für die Herstellung eines Filmes« benutzen (§ 4,1). Eine Verpflichtung zur Verfilmung bestand jedoch nicht (§ 4,4).

[36] So Johst in seinem Schreiben an Ihde vom 27. 9. 1943, BArch Potsdam R 56 V/26 Bl. 26.

[37] Veröffentlicht in: Bbl. 110. Jg., Redaktioneller Teil, Nr. 181 vom 30. 12. 1943, S. 213–215.

[38] Ebd., S. 213.

[39] Ebd.

[40] S. zum folgenden die Wiedergabe des »Verfilmungsvertrags« ebd., S. 213–215.

Immerhin waren die Autoren den Filmfirmen aber auch nicht mehr ganz schutzlos ausgeliefert. Für den Fall, daß eine Verfilmung innerhalb von fünf Jahren nach Vertragsabschluß nicht zustande kam, fiel das Verfilmungsrecht an den Urheber zurück (§ 2,3). Der Drehbuchentwurf ebenso wie das Filmdrehbuch selbst sollten dem Urheber mindestens eine Woche »vor Einreichung bei den zuständigen Stellen« vorgelegt werden (§ 4,3 a.). Den Filmfirmen blieb zwar freigestellt, etwaige Bedenken des Urhebers zu beachten, doch konnte dieser im Falle von »Veränderungen des benutzten Werkes in seinem Grundcharakter« seine ihm gesetzlich zustehenden Rechte auf gerichtlichem Wege geltend machen (§ 4,3 b.) und die Nennung seines Namens im Vorspann des Films verhindern (§ 4,3 c.). Auch über Abänderungen des Drehbuchs durch die zuständigen amtlichen Stellen war der Urheber zu informieren (§ 4,3 d.). Der Name des Urhebers war im Vorspann des Films ebenso wie in der Werbung für den Film »gut sichtbar zu nennen« (§ 6,1). Für die Übertragung der Weltverfilmungs- und der sonstigen Verwertungsrechte war dem Urheber ein einmaliger Pauschalbetrag zu zahlen; für Auslandsaufführungen kam eine nach Ländern gestaffelte Prämie hinzu, wobei die besetzten Gebiete mit Ausnahme Frankreichs und Dänemarks sowie Aufführungen im Rahmen der Truppenbetreuung in Frankreich und Dänemark nicht als Auslandsaufführungen galten (§ 7,1). Die genaue Festsetzung der Höhe der Pauschal- und Prämienbeträge blieb allerdings den Vertragspartnern überlassen.[41]

Es ist zu bezweifeln, daß der Ende 1943 eingeführte »Verfilmungsvertrag« für die Arbeit der Schriftsteller noch praktische Bedeutung erlangt hat. Erfolgsautoren wie Alfred Braun, Thea von Harbou, Helmut Käutner, Felix Lützkendorf, Heinrich Spoerl oder Luis Trenker waren in gar keiner Weise auf den vertraglichen Schutz durch die berufsständischen Kammern angewiesen, da sie den händeringend nach guten Drehbüchern suchenden Filmfirmen mehr oder minder jeden Vertrag abhandeln konnten.[42] Selbst Außenseiter wie Erich Ebermayer, Axel

[41] Vgl. dazu die »Normativbestimmungen für Manuskriptverträge«, die einem Schreiben der Tobis Filmkunst GmbH an Jochen Klepper vom 8. 9. 1938 beigefügt waren, DLA Marbach/NL J. Klepper Nr. 77.4527/3.

[42] S. die RSK-Personalakten der genannten Autoren im BDC sowie die Angaben bei B. Drewniak, Der deutsche Film 1938–1945. Ein Gesamtüberblick, Düsseldorf 1987, S. 140–143.

Eggebrecht, Jochen Klepper, Alexander Lernet-Holenia oder Ernst von Salomon hatten beim Film schon längst günstige Arbeits- und Verdienstbedingungen gefunden.[43] Allerdings lagen die Einnahmen der Filmautoren, wie RSK-Geschäftsführer Ihde dem Leiter der Schrifttumsabteilung im Februar 1939 vorrechnete, immer noch weit hinter den Gagen der Regisseure und Hauptdarsteller.[44] Außerdem partizipierte an der wohl lukrativsten Branche des deutschen Kulturlebens im »Dritten Reich« nur eine relativ kleine Gruppe von Schriftstellern, der Nachwuchs so gut wie gar nicht.[45]

6.1.3. Die Bemühungen um die Reform des Urheber- und Verlagsrechtes

Daß sich die RSK Ende 1943 dazu durchrang, den Kompromiß über den »Verfilmungsvertrag« zu akzeptieren, hing eng mit den stagnierenden Verhandlungen über die Ausarbeitung eines neuen Urheber- und Verlagsrechts zusammen. Dieses ehrgeizige Projekt, das während der Weimarer Republik im Reichsjustizministerium vorbereitet und im Reichswirtschaftsrat sowie im Reichsrat zur Diskussion gestellt worden war,[46] hatte sich zu Beginn der nationalsozialistischen Ära die »Akademie für Deutsches Recht« in München zu eigen gemacht. Ende 1933 wurde ein Ausschuß gebildet, der unter Leitung von DVA-Generaldirektor Gustav Kilpper in enger Abstimmung mit dem Reichsjustizministerium sämtliche Fragen der geplanten Reform des Urheber- und Verlagsrechts bearbeiten sollte.[47] Auf

[43] S. die Angaben von Ebermayer, Eggebrecht und Lernet-Holenia über ihre Bruttoeinnahmen der Jahre 1940 bis 1943 in den RSK-Personalakten des BDC. Klepper hatte 1938 mit der Tobis einen lukrativen Vertrag über die Verfilmung seines Erfolgsromans »Der Vater« abschließen können. S. die hierüber geführte Korrespondenz in DLA Marbach/NL Klepper. Zu Salomons Tätigkeit für die Ufa und Bavaria s. seine Memoiren, Der Fragebogen, hier S. 351–361.

[44] Das Schreiben Ihdes an Berndt vom 11. 2. 1939 und die beigefügte Aufstellung über die »Honorarverteilung bei einigen willkürlich ausgewählten Filmen« in BArch Potsdam R 56 V/83 Bl. 47–48.

[45] S. dazu die Liste der vom RMVP »zugelassenen Film-Autoren« mit Stand von 1944 bei Drewniak, Der deutsche Film 1938–1945, S. 142–143. Die Liste enthält die Namen von 77 Autoren und 18 Autorinnen.

[46] Vgl. Fischer, Der Schutzverband deutscher Schriftsteller, Sp. 384–391.

[47] Mitteilung von Staatssekretär Funk (RMVP) an die RSK vom 12. 12. 1933, BArch Potsdam R 56 V/83 Bl. 305–306.

Wunsch des Propagandaministeriums wurden Vertreter der sieben Einzelkammern der RKK an den Beratungen des Ausschusses beteiligt.[48]

Als Vorleistung auf die neue umfassende Regelung wurde am 13. 12. 1934 das »Gesetz zur Verlängerung der Schutzfristen im Urheberrecht« erlassen.[49] Was 1930 noch am Widerstand des Reichsrats gescheitert war, der eine vom Reichswirtschaftsrat zugunsten der Urheber gefaßte Entschließung zu Fall brachte,[50] wurde nun rechtsgültig: Die in der Berner Übereinkunft festgesetzte Gültigkeitsdauer eines Urheberrechts wurde von 30 Jahren auf 50 Jahre ausgeweitet. Zu Beginn des Jahres 1939 legte der »Fachausschuß für Urheber- und Verlagsrecht der Deutschen Arbeitsgemeinschaft für gewerblichen Rechtsschutz und Urheberrecht in der Akademie für Deutsches Recht« dann einen Gesetz-Entwurf vor.[51] Dabei wurden aus dem bereits 1932 vom Reichsjustizministerium vorgelegten ersten Entwurf eine Reihe von Grundgedanken übernommen.[52]

Ziel der Novellierung war die Schaffung eines »einheitlichen Urheberrechts«, mit dem die bisher für das Gebiet der Literatur und Musik sowie der bildenden Künste und der Photographie bestehenden Einzelgesetze zusammengefaßt werden sollten. Die Novellierung zielte auf einen wirkungsvollen Schutz des Urhebers ab. Sie sollte eine »klare Abgrenzung des Urheberrechts gegenüber verwandten Rechten« bringen und den Schutz dieser verwandten Rechte im Urheberrechtsgesetz sicherstellen. Die technischen Innovationen zur Gestaltung und Wiedergabe von Kunstwerken waren in die neuen urheberrechtlichen Regelungen ebenso einzubeziehen wie die veränderten Bestimmungen des Verlagsrechts und die auf der Romkonferenz von 1928 beschlossene Revision der Berner Übereinkunft zum Schutz von Urheberrechten.

48 Ebd. Bei den Ausschußsitzungen ließ sich der RSK-Präsident dann in der Regel vom Geschäftsführer oder vom Justitiar der Kammer vertreten.

49 Hinweis bei Fischer, Der Schutzverband deutscher Schriftsteller, Sp. 388.

50 Ebd., Sp. 390–391.

51 Erschienen als Heft 11 der »Arbeitsberichte der Akademie für Deutsches Recht«, Berlin, München 1939. Meine folgenden Ausführungen stützen sich auf die Auslegungen von A. Elster, Der neue Urheberrechts-Gesetzentwurf, in: Bbl. 106. Jg., Redaktioneller Teil, Nr. 89 vom 18. 4. 1939, S. 301–304.

52 Elster, Der neue Urheberrechts-Gesetzentwurf, S. 301.

In dem mehr als 80 Paragraphen umfassenden Gesetz-Entwurf[53] wurde erstmals eine klare Trennung zwischen Urheber- und Werknutzungsrechten gezogen. Das Urheberrecht, als dessen Träger der Schöpfer eines Werkes zu gelten hatte (§ 5), sollte »unter Lebenden nicht mehr übertragbar« sein (§ 16). Das Verlagsrecht, das als eines der Werknutzungsrechte neu definiert wurde, hatte der gestärkten Rechtsposition des Urhebers Rechnung zu tragen. So stand dem Urheber das ausschließliche Recht der Abänderung seiner Werke (§ 21), das »Recht der Gesamtausgabe« nach Ablauf von zwanzig Jahren (§ 26) sowie das Recht der Entscheidung über die Weiterverwertung in Zeitungen und Zeitschriften (§ 27) zu. Wenn der vom Urheber bestimmte Werknutzungsberechtigte von seinem Recht binnen zwei Jahren keinen Gebrauch machte oder die Interessen des Urhebers verletzte, konnte dieser von seinem »Rückrufsrecht« Gebrauch machen (§ 28). Vertragliche Vereinbarungen über das Recht zur Nutzung künftiger Werke, die »überhaupt nicht näher oder nur der Gattung nach bestimmt« worden waren, sollten vier Jahre nach Abschluß kündbar sein (§ 24). Erstmals eindeutig festgelegt war auch die Pflicht zur Honorierung von Beiträgen in »Sammlungen für Schulen und Unterricht« (§ 36).

Der Abschnitt »angrenzende Rechtsgebiete«[54] brachte vor allem einen Schutz der »Werke von allgemeiner Bedeutung für die nationale Kultur«, die nach dem Tode ihrer Urheber nicht in der Weise bearbeitet oder verwertet werden durften, »daß dies offenbar ihr Ansehen oder ihren Wert beeinträchtigen würde« (§ 53). Die Aufsicht über die Einhaltung dieser Schutzbestimmung wurde dem Propagandaminister übertragen. Für die Herausgabe nachgelassener Schriften wurde eine urheberrechtliche Schutzfrist von zehn Jahren festgelegt. Die Veröffentlichung solcher Schriften sollte notfalls auch gegen den Widerstand der Erben und Rechtsnachfolger durchgesetzt werden können (§ 53 a).

Zum Abschluß des Entwurfs wurde die Fortentwicklung des Urheberrechts, insbesondere durch die Aushandlung von Normalverträgen, als »Aufgabe der Reichskulturkammer« zugeschrieben (§ 81 a).[55] Ihr wurde auch das Recht zugebilligt, »Sachverständigenausschüsse zur Abgabe sachverständiger

[53] S. zum folgenden ebd., S. 302–303.
[54] Ebd., S. 303–304.
[55] Ebd., S. 304.

Gutachten« einzusetzen und einen »Vertreter in die Verhandlung von Rechtsstreitigkeiten zu senden, der jederzeit gehört werden muß«. Das war ein weiteres Indiz für die Bestrebungen der nationalsozialistischen Kulturführung, die RKK und ihre Einzelkammern zum maßgeblichen Rechtssetzungs- und -entscheidungsorgan auf dem Gebiet des Berufsrechts zu machen.

In der RSK wurde der vom Fachausschuß vorgelegte Gesetz-Entwurf allerdings sehr reserviert aufgenommen. In einem Schreiben an den Leiter der Schrifttumsabteilung vom 3. 2. 1939 begrüßte Geschäftsführer Ihde zwar, daß »das Urheberrecht, das bisher insbesondere in seiner liberalistischen Ausprägung ein reines Individualrecht war, zu einem Sozialrecht umgestaltet werden soll, daß der Urheber nach nationalsozialistischer Auffassung ein Treuhänder der Volksgemeinschaft sein soll und daß ein Werk nicht als Ware behandelt werden darf, die nach Belieben ausgeschlachtet werden kann, sondern ein wertvolles Volksgut darstellt, dessen Verwaltung nach sozialen Gesichtspunkten im Sinne der Volksgemeinschaft zu erfolgen hat«.[56] Doch übte Ihde scharfe Kritik an der mangelnden rechtlichen Absicherung und finanziellen Beteiligung der Urheber literarischer Vorlagen beim Film (§ 6; 10a, 15a, 19a und b des Gesetz-Entwurfs).[57] Auch für die Urheber von Beiträgen zu nichtperiodischen Sammelwerken (§ 27) sollte nach seiner Auffassung ein Anspruch auf Honorierung festgeschrieben werden.[58] Bei den Bestimmungen über das Rückrufsrecht (§ 28) erschien ihm die Einbeziehung des Gesichtspunkts der »Aktualität« eines Werkes, die durch eine Nichtpublikation innerhalb von zwei Jahren beeinträchtigt werden konnte, »dringend erforderlich«.[59] Aufgrund dieser Defizite, insbesondere der unbefriedigenden Bestimmungen zu den Filmautoren, die nach Auffassung Ihdes »den grundsätzlich angestrebten sozialen Gehalt hinsichtlich des literarischen Urhebers völlig vermissen« ließen,[60] wurde der Gesetz-Entwurf von der RSK als Ganzes abgelehnt.

Es hätte allerdings überhaupt nicht dieses entschiedenen Einspruchs bedurft, um das ehrgeizige Projekt zu Fall zu bringen.

[56] BArch Potsdam R 56 V/83 Bl. 51–52, hier Bl. 51–51/Rs.
[57] Ebd. Bl. 51/Rs.-52.
[58] Ebd. Bl. 52.
[59] Ebd.
[60] Ebd., Bl. 51/Rs.

Wie so viele andere nationalsozialistische Gesetzesvorhaben wurde auch die Novellierung des Urheber- und Verlagsrechts mit Kriegsbeginn auf Eis gelegt. Auf einer Sitzung des Fachausschusses in der Akademie für Deutsches Recht am 16. 10. 1940 mahnte ein Ausschußmitglied zu einer beschleunigten Fortführung der Verhandlungen. Ansonsten bestehe die »Gefahr, daß die intensive Arbeit, die an dem Urheberrecht geleistet worden sei, allmählich im Aktenstaub versacke«.[61] Doch bis 1945 ist es weder zum Abschluß eines neuen deutschen Urheberrechtsgesetzes noch zu dem auf dem »Internationalen Verlegerkongreß« vom 19. bis 24. 6. 1938 angekündigten »Weltstatut für Urheberrecht«[62] gekommen und auch nicht zur Berücksichtigung von Fragen des Urheberrechts und des Urheberverlagsrechts im Rahmen von Friedensverhandlungen mit den nach 1939 besetzten Ländern.[63]

Immerhin versuchte die RSK aber noch auf eigene Faust, die Position von Autoren zu stärken, deren Werke in Anthologien aufgenommen worden waren. Im Juli 1943 erschienen im Börsenblatt »Anthologie-Richtlinien«.[64] Darin wurde den Verlegern »auferlegt«, die urheberrechtlich geschützten Beiträge zu Anthologien zu honorieren, obwohl das bislang gültige »Literarische Urheberrechts-Gesetz« dafür keine Handhabe bot (Ziffer 3, I–II). Nach Auffassung der RSK widersprach es nämlich der »nationalsozialistischen Rechtsanschauung«, die »Leistung von Papierlieferant, Buchbinder, Drucker, Anthologieverleger und Sortimenter« zu bezahlen, den »schöpferischen Menschen«

[61] Protokoll der Ausschußsitzung vom 16. 10. 1940, BArch Potsdam R 56 V/83 Bl. 7–34, hier Bl. 33.

[62] S. die »Entschließungen der XII. Tagung des Internationalen Verleger-Kongresses Berlin-Leipzig 1938, in: Congrès International des Editeurs. Compte rendu, Leipzig o. J., hier Abteilung A Urheber- und verlagsrechtliche Fragen, S. 316–317.

[63] Dieser Punkt hatte auf der Tagesordnung der Sitzung des Fachausschusses für Urheber- und Verlagsrechtsfragen in der Akademie für Deutsches Recht vom 16. 10. 1940 gestanden, BArch Potsdam R 56 V/83 hier Bl. 10–29.

[64] Bbl. 110. Jg., Redaktioneller Teil, Nr. 112 vom 3. 7. 1943, S. 117. Die Richtlinien waren eine Fortschreibung einer am 12. 9. 1941 von der RSK erlassenen »Anordnung«, mit der die Herausgabe von Kalendern, periodischem und Reihenschrifttum der Kammer-Aufsicht unterstellt wurde. S. Bbl. 108. Jg., Redaktioneller Teil, Nr. 228 vom 30. 9. 1941, S. 333.

dagegen leer ausgehen zu lassen.[65] Das Gesamthonorar hatte der Anthologie-Verleger »angemessen« zwischen den Autoren der Beiträge und dem Herausgeber zu teilen (Ziffer 4, I).[66] Für die Höhe des Honorars sollten die Bestimmungen des Normal-Verlagsvertrags gelten, wobei es allerdings den Verlegern freigestellt blieb, »kleinere Beträge nicht nach dem Umsatz, sondern mit einer Summe je Auflage zu vergüten« (ebd.). Für den unberechtigten Nachdruck sollte den Verlegern als »Strafhonorar« das »Vierfache des sonst üblichen Honorars« abverlangt werden können (Ziffer 5). Urheberrechtlich geschützte Beiträge zu Anthologien, die als Grundlesestoffe der allgemeinbildenden Schulen verwandt wurden, waren mit insgesamt 1% des Ladenpreises zu honorieren, wobei die »Durchführung dieser Urheberbeteiligung« nach einem von der RSK »festgesetzten Verfahren« erfolgen sollte (Ziffer 8, I).[67] Alle anderen Schulanthologien wurden dagegen hinsichtlich der Honorierung den sonstigen Verlagsanthologien der schöngeistigen Literatur gleichgestellt (Ziffer 8, II).

6.1.4. Sonderregelungen zum Vertragsrecht

Bei den Bemühungen der RSK um eine Verbesserung des Urheber- und Verwertungsrechtsschutzes der Schriftstellerschaft blieb eine bislang sehr bedeutungsvolle Gruppe ausgegrenzt. Die rechtliche Position jüdischer Autoren, die durch die antisemitische Ausrichtung der nationalsozialistischen Politik seit 1933 ohnehin in ihrer Existenz bedroht waren, wurde zunehmend ausgehöhlt. Mit dem bis Frühjahr 1935 vollzogenen Ausschluß der »nichtarischen« Mitglieder aus der RSK und der Verweigerung von Neuaufnahmen verloren jüdische Autoren das Recht, sich schriftstellerisch in der Öffentlichkeit betätigen zu dürfen. Die entscheidende Frage war jedoch, welche Rechte und Honoraransprüche diesen Autoren aus ihren vor 1933 abgeschlossenen Verlagsverträgen zustanden.

[65] Anmerkung 3 der »Anthologie-Richtlinien« (1943).

[66] Als Regelsatz für die Honoraranteile wurden für die Autoren 60–80%, für den Herausgeber 20–40% angegeben. Doch sollten »in besonderen Fällen Abweichungen von dieser Norm angemessen sein können«. Ebd., Anmerkung 4.

[67] S. dazu im einzelnen die Mitteilung des Leiters des deutschen Buchhandels an die »Fachgruppe Wissenschaftliche Verlage« in der RSK vom 17. 7. 1943 betr. Urheberbeteiligung bei Schulanthologien, BArch Potsdam R 56 V/88 Bl. 24.

Bereits im Februar 1935 hatte das Münchner Oberlandesgericht in einem Rechtsstreit entschieden, daß es einem Verleger »aus wirtschaftlichen Gründen infolge der völlig veränderten politischen Verhältnisse nicht zugemutet werden kann, das Werk eines nichtarischen Verfassers weiterhin zu verlegen«.[68] Allgemeine Rechtspraxis war das zunächst jedoch wohl noch nicht. Das läßt sich zumindest einem im August 1937 vom Börsenblatt veröffentlichten Artikel entnehmen, der sich mit der vertragsrechtlichen Situation auf dem Gebiet der Rechtsliteratur, einer traditionellen Domäne »nichtarischer« Autoren, befaßte.[69] Darin ging ein Berliner Gerichtsassessor von Gerichtsentscheidungen der Jahre 1934 und 1935 aus. Vor Erlaß der sogenannten »Nürnberger Gesetze« war die von den Verlagen reklamierte wirtschaftliche und politische »Unmöglichkeit«, die vor der nationalsozialistischen Machtübernahme mit jüdischen Autoren geschlossenen Verträge erfüllen zu können, in der Regel noch bestritten worden. Seit dem »Reichsbürgergesetz« herrschte für den Gerichtsassessor aber völlige Klarheit über die »objektive und absolute Unmöglichkeit alter Verlagsverträge mit jüdischen Autoren«. Diese Feststellung bezog sich nicht nur auf alle laufenden Verlagsverträge oder auf solche, über deren Aufhebung gerade gerichtlich verhandelt wurde. Der Gerichtsassessor ermunterte auch diejenigen Verlage, die vor dem Erlaß der »Nürnberger Gesetze« in einer Gerichtsverhandlung unterlegen waren, das Urteil unter den veränderten Rechtsbedingungen anzufechten. Die Gerichte forderte er auf, sich in Zweifelsfällen »stets« für die »Reinerhaltung des deutschen Geistes von jüdischem Einfluß« zu entscheiden. Böte das Gesetz noch »Auslegungsmöglichkeiten«, so seien diese »im Sinne der Ausschließlichkeit des deutschen Schrifttums für deutsche Zwecke und für deutsche Menschen zu behandeln«. Diese Empfehlung lief in der Praxis darauf hinaus, jüdische Autoren zu entrechten, sie der

[68] Die Entscheidung war wegen ihres grundsätzlichen Charakters im Bbl. Nr. 184 vom 10. 8. 1935 abgedruckt worden. Bei Ihde (Hg.), Handbuch der Reichsschrifttumskammer, wird auf die Entscheidung in Anmerkung 9 zum »Normal-Verlagsvertrag«, hier S. 70, hingewiesen.

[69] H. Bung, Verlagsverträge mit Juden, in: Bbl. 104. Jg., Redaktioneller Teil, Nr. 269 vom 20. 11. 1937, S. 927. Der Artikel war der »Juristischen Wochenschrift«, H. 42/1937, entnommen und wurde von der Börsenblatt-Redaktion leicht gekürzt wiedergegeben. Zum folgenden s. ebd.

Willkür von Verlagen und Gerichten und damit letztlich der völligen Unterdrückung auszuliefern.[70]

Eine andere strittige Frage betraf die Konsequenzen, die sich aus dem Verbot einer Schrift für die vertraglichen Vereinbarungen zwischen Autor und Verleger ergaben. Die Problematik wurde im Herbst 1938 zwar nur anhand der von der PPK erlassenen Zensurentscheide öffentlich im Börsenblatt diskutiert, hatte jedoch darüber hinaus auch Bedeutung für die von der staatlichen Schrifttumsbürokratie verhängten Buchverbote. Nach Auffassung eines Berliner Rechtsanwalts und Notars waren bei einem Vertrag, der »*vor* Mitteilung der Beanstandung« durch die PPK abgeschlossen worden war, die Ansprüche des Autors auf Druck, Verbreitung und Honorierung seines Werks ebenso hinfällig geworden wie die vom Verleger beanspruchte Ablieferung des Manuskripts.[71] Bereits an den Autor gezahlte Vorschüsse oder Teilzahlungsraten könnten vom Verleger unter Bezugnahme auf die »Vorschriften über die ungerechtfertigte Bereicherung« (§§ 813ff. BGB) zurückgefordert werden.

Während der Rechtsanwalt sein Urteil ausschließlich auf die Bestimmungen des noch aus republikanischer Zeit übernommenen BGB gründete, argumentierte der Justitiar der RSK Günter Gentz in seiner Entgegnung aus dem Kontext der nationalsozialistischen Kulturkammer-Gesetzgebung sowie dem von Börsenverein und RSK mitgestalteten Verlagsrecht.[72] Für Gentz stand fest, daß die »Verantwortung für den Inhalt eines Werkes nach Abschluß des Vertrages« eindeutig auf seiten des Verlegers lag.[73] Diese im Verlagsgesetz enthaltene Bestimmung sei auch aus dem Kulturkammerrecht ableitbar. Denn, so die bemer-

[70] Damit wird die These einer vor allem zu Lasten der jüdischen Bevölkerung gehenden allmählichen Aushöhlung des »Normenstaats«, die Ernst Fraenkel aufgrund seiner Erfahrungen als Rechtsanwalt im »Dritten Reich« bis 1938 gewonnen hatte, für das Gebiet des Buchwesens als Teilgebiet der bürgerlichen Zivilrechtsordnung bestätigt. E. Fraenkel, Der Doppelstaat. Recht und Justiz im »Dritten Reich«, Frankfurt a.M. 1984, insbesondere S. 183–202.

[71] H. G. Haase, Die Beanstandung eines Schriftwerks durch die Parteiamtliche Prüfungskommission und ihre Auswirkung auf das Verlagsverhältnis, in: Bbl. 105. Jg., Redaktioneller Teil, Nr. 249 vom 25. 10. 1938, S. 829–833, hier S. 832.

[72] G. Gentz, Verlagsvertrag und Parteiamtliche Prüfungskommission, ebd. Nr. 269 vom 19. 11. 1938, S. 897–898.

[73] Ebd., S. 898.

kenswerte Feststellung von Gentz, es gäbe »kein Gesetz, das dem Schriftsteller verbietet, politisch unerwünschte Bücher zu schreiben«.[74] Es gäbe allenfalls die Möglichkeit, im Rahmen eines Ausschlußverfahrens die »politische Zuverlässigkeit« derjenigen Autoren zu überprüfen, von denen wiederholt Werke in die »Liste des schädlichen und unerwünschten Schrifttums« aufgenommen worden waren.[75] Unmöglich sei auch eine »spezielle politische Erziehung« der Schriftsteller, da ein Großteil von ihnen hauptberuflich anderweitig tätig sei. Aus diesen Gründen habe die RSK den Verleger zum »Filter für das gemacht, was gedruckt werden soll«.[76] Damit liege die Gefahr einer politischen Beanstandung ausschließlich »in der Risikosphäre des Verlegers«.[77] Der Verleger habe sowohl die Konsequenzen, die sich aus dem Verbot einer Schrift ergeben, zu tragen als auch die dem Autor vertraglich zugesagten Leistungen in vollem Umfang zu erbringen. Gentz ließ jedoch noch ein Hintertürchen offen. Er riet den Verlagen nämlich dazu, in ihre Verträge einen Passus aufzunehmen, der den möglichen Fall einer Beanstandung durch die PPK regelte.

Das Problem der »Unmöglichkeit« des Verlegers, die einem Autor vertraglich zugesicherte Leistung des Drucks und der Verbreitung seiner Schriften zu erfüllen, stellte sich während des Krieges noch einmal neu. Infolge der mit Kriegsbeginn eingeführten und seit 1941 zunehmend verschärften Kontingentierung der Papier- und Einbandstoffe konnten zahlreiche Buchprojekte überhaupt nicht oder erst mit erheblichen Verzögerungen realisiert werden.[78] Während die Schrifttumsabteilung des Propagandaministeriums die Entscheidungen über die Bewilligung der von den Verlagen beantragten Papierkontingente in politischer Hinsicht traf, hatte die RSK die Konsequenzen gegenüber den betroffenen Berufsgruppen zu vertreten. Die Verknappungssituation führte nämlich zu einer erheblichen Beeinträchtigung des Verhältnisses zwischen Autoren und Verlegern.

[74] Ebd.

[75] Ebd. Vgl. dazu die Behandlung des Schriftstellers Gerhart Pohl u.ä. »Fälle« durch die RSK, dargestellt in Kapitel III, Abschnitt A 1.1. und 2. dieser Arbeit.

[76] So Gentz, Verlagsvertrag und Parteiamtliche Prüfungskommission, S. 898.

[77] Ebd.

[78] S. dazu Kapitel III, Abschnitt B 2.1.6. dieser Arbeit.

Viele Schriftsteller gingen davon aus, daß die Verlage die Papieranträge für ihre Werke bei den zuständigen Stellen nicht mit genügend Nachdruck vorbringen würden.[79] Die mit diesbezüglichen Klagen überhäufte Kammer hatte dann zu ermitteln, ob tatsächlich eine Vertragsverletzung vorlag oder ob die Verleger ihre eingegangenen Verpflichtungen nur aufgrund des Ablehnungsentscheids der Schrifttumsabteilung nicht zu erfüllen vermochten. Die Auswirkungen, die sich aus den Ablehnungen eines Papierantrags oder den langen Verzögerungen bei der Buchherstellung ergaben, hatte vor allem die Schriftstellerschaft zu tragen. Auch die seit 1943 forcierte Schließung von Buchverlagen ging zu Lasten der Autoren. Zum einen deshalb, weil dadurch die Publikationsmöglichkeiten weiter reduziert wurden. Zum anderen wurde Autoren, deren Verlage von der Kammer für die Kriegszeit geschlossen worden waren, unter Androhung einer völligen Papiersperre der Verlagswechsel ebenso wie der Abschluß von Options- oder Generalverträgen mit einem anderen Verlag untersagt.[80] Die Folge war, daß die ohnehin bescheidenen Einkommensverhältnisse der Autoren sich drastisch verschlechterten und nur noch durch vermehrte Sozialleistungen der Kammer auszugleichen waren.

6.2. Die Maßnahmen zur sozialen Absicherung

6.2.1. Die Unterstützung notleidender Autoren durch die deutsche Schillerstiftung

Die schlechte materielle Lage des Gros' der deutschen Schriftstellerschaft war keineswegs ein Problem, mit dem sich die staatliche Schrifttumsbürokratie erst seit Kriegsbeginn auseinanderzusetzen hatte. Bereits Anfang November 1936 leitete die

[79] S. u.a. die RSK-Personalakten des BDC zu Hanns Heinz Ewers (J. G. Cotta'sche Buchhandlung Nachfolger), Hanns Henny Jahn (A. H. Payne Verlagsbuchhandlung), Max Jungnickel (Sturmhut Verlag/Verlag Deutscher Wille); sowie die Korrespondenz von Hans Grimm und Will Vesper mit dem Langen-Müller Verlag, DLA Marbach/NL H. Grimm bzw. W. Vesper.

[80] »Erste Mitteilung der Reichsschrifttumskammer zur Anordnung Nr. 157«, in: Bbl. 110. Jg., Redaktioneller Teil, Nr. 84 vom 22. 4. 1943, S. 73, hier Absatz 1; und G. Gentz, Schließung von Buchverlagen, ebd. S. 74–76, hier S. 74 sowie S. 76. Zum Kontext s. Kapitel III, Abschnitt B 7.3. dieser Arbeit.

NSDAP-Kreisleitung Dachau-Aichach die Beschwerden einer Reihe ortsansässiger Schriftsteller an die Gauleitung in München weiter.[81] Einhelliger Tenor der Beschwerden war, daß die Einkommensverhältnisse der Autoren »seit der nationalsozialistischen Revolution eine Wendung zum Schlechteren erfahren hätte[n]«.[82] Beim Rundfunk und bei der Presse seien die Honorare für literarische Beiträge erheblich gesenkt worden. Die Buchverlage hätten ihr Programm weitgehend auf politische und schöngeistige Literatur umgestellt, zahlten schlecht oder erst mit langen Verzögerungen. Zudem sähen sich die professionellen Autoren der Konkurrenz der »Doppelverdiener« (Beamte u. a.) ausgesetzt, die ihre Arbeiten zum Teil kostenlos zur Verfügung stellten. Der Auslandsmarkt bliebe den Schriftstellern so gut wie ganz verschlossen, da sich die ausländischen Verlage einer Publikation von Arbeiten aus dem nationalsozialistischen Deutschland verweigerten.

Im März 1937 machte Heinrich Anacker RSK-Präsident Johst auf die Folgen unbedachter Anweisungen staatlicher Behörden aufmerksam.[83] So hatte die Aufforderung der Vierjahresplanbehörde, den Verbrauch von Druckpapier generell um 10% zu senken, Zeitungsredaktionen zu einer drastischen Kürzung der ohnehin schmalen Kulturbeilagen veranlaßt, wobei insbesondere literarische Beiträge eingespart wurden. Nachdem Goebbels die Anweisung gegeben hatte, daß der Rundfunk die von der Arbeit heimkehrenden »Volksgenossen« mit anregenden und spannenden Sendungen, nicht aber mit langatmigen Vorträgen unterhalten sollte, wurden abrupt die Vorträge, Lesungen und Streitgespräche von Schriftstellern gestrichen. Ende April berichtete Günter Eich der RSK-Fachschaft Rundfunk, daß auch Hörspiele von der Umstellung der Rundfunkprogramme betroffen seien.[84]

Aus der folgenden Übersicht, die auf den Schätzungen in den jährlich beim Reichsfinanzministerium vorgelegten Haushalts-

[81] Das Schreiben vom 4. 11. 1936 findet sich in BArch Potsdam R 56 V/81 Bl. 53–56.
[82] Ebd., Bl. 53.
[83] Anacker an Johst vom 11. 3. 1937, BArch Potsdam R 56 V/81 Bl. 12.
[84] Das Schreiben Eichs vom 25. 4. 1937 ebd., Bl. 9.

plänen der RSK basiert,[85] ist zu entnehmen, daß sich am geringen Bruttoverdienst der Schriftsteller bis 1939 wenig änderte.

Bruttoeinkommen p. a.	Mitglieder	Jahr
Gruppe 1: bis 2400 RM	2000	1937
Gruppe 2: ab 2400 RM	2635	
Gruppe 3: bis 4800 RM	1100	
Gruppe 4: bis 7200 RM	200	
Gruppe 5: über 7200 RM	65	
Gruppe 1: bis 1200 RM	6328	1938
Gruppe 2: bis 3600 RM	1424	
Gruppe 3: bis 6000 RM	467	
Gruppe 4: über 6000 RM	102	
Gruppe 1–4 wie oben	3551	1939
	1255	
	338	
	331	

Unmittelbar nach Kriegsbeginn wies die RSK die Schrifttumsabteilung im Propagandaministerium darauf hin, daß die Situation der freischaffenden Schriftsteller durch die »neue, unerläßlich gewordene Papiereinsparung noch erheblich schwieriger geworden« sei.[86] Der für die soziale Betreuung der »Gruppe Schriftsteller« zuständige Kammer-Referent Metzner hatte zwar die Vorstellung, daß »ein Teil der Schriftsteller in absehbarer Zeit wieder aus eigenen Kräften irgendwie eingesetzt werden kann«.[87] Doch bliebe »ein größerer Teil durchaus brauchbarer Leute übrig«, die sich ohne staatliche Aufträge und Unterstützungsbeihilfen »nicht mehr lange über Wasser halten können«, da die meisten »Absatzquellen, also Rundfunk, Verlag, Bühnen usw. ebenfalls zu einem erheblichen Teil im Augenblick nicht aufnahmefähig sind« und eine so lukrative Bran-

[85] BArch Potsdam R 2/4876 (1937) – 4878 (1939), hier die jeweiligen Zusammenstellungen über das »Beitragsaufkommen der Schriftsteller«, Kapitel I, Titel 10, Punkt 2 der Haushalts-Voranschläge.

[86] RSK/Abt. IV (Metzner) an RMVP vom 8. 9. 1939, BArch Potsdam R 56 V/75 Bl. 25.

[87] So Metzner in seinem Schreiben an das RMVP vom 18. 9. 1939, ebd. Bl. 27.

che wie der Film »zum Teil die Arbeit des Schriftstellers falsch einschätzt«.[88]

Während 1940 die Einkommensverhältnisse der Schriftsteller noch weitgehend auf dem Vorkriegsniveau gehalten werden konnten,[89] kam es 1941 und 1942 infolge der drastischen Produktions- und Vertriebsbeschränkungen im Buchhandel zu einem weiteren Absinken.[90] Die nach diesem Zeitpunkt feststellbare Vermehrung der besserverdienenden Autoren dürfte, falls die von der RSK aufgestellten Berechnungen der Realität entsprächen,[91] vor allem auf die erheblich vermehrten Aufträge staatlicher oder parteiamtlicher Dienststellen[92] sowie auf die Reduzierung der hauptberuflich tätigen Mitglieder der »Gruppe Schriftsteller« zurückzuführen sein.

Bruttoeinkommen p.a.	Mitglieder	Jahr
Gruppe 1: bis 1200 RM	3229	1941
Gruppe 2: bis 3600 RM	1092	
Gruppe 3: bis 6000 RM	335	
Gruppe 4: über 6000 RM	406	
Gruppe 1–4 wie oben	2100	1942
	1100	
	340	
	400	
Gruppe 1–4 wie oben	1860	1943
	1050	
	390	
	680	
Gruppe 1–4 wie oben	wie oben	1944

88 Ebd.

89 Haushalts-Voranschlag der RSK für das Rechnungsjahr 1940 in BArch Potsdam R 2/4879 hier Bl. 455.

90 BArch Potsdam R 2/4880 (1941), Bl. 533, und 4881 (1942), Bl. 264.

91 BArch Potsdam R 2/4883 (1943), S. 5, und 4884 (1944), S. 5.

92 Darunter fallen u.a. die vom Werbe- und Beratungsamt vermittelten Lesungen sowie die Buchausstellungen im In- und Ausland, die vom Propagandaministerium und anderen Behörden oder Parteidienststellen in Auftrag gegebenen Publikationen, die Vermittlung von Übersetzungen ins Ausland durch staatlich geförderte Übersetzungsagenturen.

Die staatliche Schrifttumsbürokratie begegnete der stetigen Verschlechterung der finanziellen Situation der berufsständisch erfaßten Schriftstellerschaft durch eine erhebliche Aufstockung der Unterstützungsmittel. Der Etat der »Deutschen Schillerstiftung« in Weimar, die seit ihrer Gründung im Jahre 1859 notleidenden Schriftstellern unter die Arme gegriffen hatte,[93] wurde von Goebbels anläßlich der »Woche des deutschen Buches« im Herbst 1936 verdreifacht.[94] Bis 1941 schoß vor allem das Propagandaministerium immer höhere Beträge in die Sozialeinrichtung, so daß eine Vielzahl von Schriftstellern mit Geld- und Sachzuwendungen oder mit Darlehen aus der Notstandskasse versorgt werden konnte.[95]

Viel mehr als der bekannte Tropfen auf den heißen Stein war das allerdings nicht. Selbst RSK-Geschäftsführer Ihde monierte im November 1941, daß die bisherigen Leistungen der Schiller-Stiftung »nur dem einen Zweck dienen sollen, den Bedachten lediglich vor dem Verhungern zu schützen«.[96] Man sei »dem guten deutschen Dichter« aber »mehr als nur den Lebensunterhalt schuldig, der ja auch, grob gesagt, den Strafgefangenen im Gefängnis gewährt wird«.[97]

Die folgende, aus den Jahresberichten der Stiftung zusammengestellte Übersicht dokumentiert in Auswahl die Entwick-

[93] S. dazu den von einem Mitarbeiter der RSK verfaßten historischen Überblick über die »Deutsche Schillerstiftung«, o.D. (ca. 1940), BArch Potsdam R 56 V/76 Bl. 2–5. Die Stiftung verfügte neben dem »Vorort« Weimar noch über Zweigstellen in Dresden, München, Stuttgart, Leipzig, Wien und Danzig.

[94] Mitteilung des RMVP an den Präsidenten der RSK vom 7. 11. 1936, BArch Potsdam R 56 V/41. Die monatlichen Zuweisungen stiegen ab 1. 11. 1936 von 2250 auf 4500 RM.

[95] Bis 1933 hatte das RMI den Hauptanteil an den Zuschüssen der öffentlichen Hand getragen. In nationalsozialistischer Zeit zählten das RMVP, das 1937 allein 200000 RM zuschoß, das Reichserziehungsministerium und das Thüringische Innen- und Volksbildungsministerium, vereinzelt auch andere Landesbehörden sowie eine Reihe unterschiedlicher Privatunternehmen und -personen zu den Geldgebern der Stiftung. S. den 78. Jahresbericht [1937] über den Stand und die Wirksamkeit der Deutschen Schillerstiftung, BArch Potsdam R 56 V/75; Bl. 58–59, hier Bl. 58.

[96] So Ihde in seinem Bericht über die vom 16.-22. 10. 1941 vorgenommene Prüfung der Geschäfte der Schillerstiftung, BArch Potsdam R 56 V/76 Bl. 185–188, hier Bl. 186.

[97] Ebd., Bl. 187.

lung der Jahre 1930 bis 1944.[98] Auf die Hintergründe der ab dem Haushaltsjahr 1941/42 rückläufigen Unterstützungszahlungen wird weiter unten noch näher einzugehen sein.

Einnahmen	Ausgaben (nur Unterstützungen)	Jahr
72568,26 RM	69549,56 RM	1930
63625,14 RM	44320,– RM	1934
233482,92 RM	152604,37 RM	1. 1. 1937–31. 3. 1938
324280,17 RM	262322,34 RM	1. 4. 1940–31. 3. 1941
299614,36 RM	219560,– RM	1. 4. 1941–31. 3. 1942
263815,95 RM	204892,– RM	1. 4. 1942–31. 3. 1943
240841,87 RM	187705,– RM	1. 4. 1943–31. 3. 1944

Gleichzeitig mit der Aufstockung der Mittel hatte Goebbels angekündigt, daß die »Deutsche Schiller-Stiftung« zur zentralen Institution für die soziale Unterstützung der Schriftsteller in der RSK ausgebaut werden sollte.[99] Zu diesem Zweck wurde 1938 die »Notgemeinschaft des Deutschen Schrifttums«, die seit 1929 bestehende »Zentralstelle der Wohlfahrtsarbeit für das Gesamtgebiet des deutschen Schrifttums«,[100] aufgelöst und ihre Mittel an die Schiller-Stiftung überwiesen.[101] 1940 kassierte die

[98] S. die Jahresberichte in BArch Potsdam R 56 V/75: Bl. 360–361 (71/1930), Bl. 227–228 (75/1934), Bl. 58–59 (78/1937–1938); sowie in BArch Potsdam R 56 V/76: Bl. 223–224 (81/1940–1941), Bl. 90–91 (82/1941–1942), Bl. 87–88 (83/1942–1943), Bl. 22–23 (84/1943–44).

[99] Das Archiv 3 (1936/37), S. 1115 (25. 10. 1936).

[100] Satzung der Notgemeinschaft des Deutschen Schrifttums e.V. vom 30. 4. 1929, hier § 4,1, BArch Potsdam R 55/687 Bl. 1–4. Der Notgemeinschaft gehörten die Deutsche Schillerstiftung, die Kleiststiftung, die Künstlerdank Klaus-Rochs-Stiftung, der Verband Deutscher Bühnenschriftsteller und Bühnenkomponisten, der SDS, der VDE, das Kartell lyrischer Autoren, der Verband Deutscher Filmautoren sowie die Gesellschaft für Senderechte an. Zu ihrer Tätigkeit s. Fischer, Der Schutzverband deutscher Schriftsteller, Sp. 500–504.

[101] Schreiben des am 1. 10. 1936 als Referent in die RSK übernommenen Geschäftsführers der Notgemeinschaft Alfred Richard Meyer an die letzten drei Vorstandsmitglieder Hans Richter, Walter Bloem und Werner Schendell vom 18. 7. 1938, BArch Potsdam R 55/687 Bl. 8–10, sowie das von Meyer auf einem Briefbogen der Notgemeinschaft verfaßte Schreiben an das Amtsgericht Berlin vom 16. 9. 1938, BArch Potsdam R 55/832 Bl. 100.

RSK auch den »Thomas Mann-Fonds« zur Unterstützung notleidender Schriftsteller ein.[102]

Die Aufwertung der »Deutschen Schiller-Stiftung« war allerdings mit einem hohen Preis verbunden. Denn die traditionsreiche Einrichtung sollte ihren Charakter als Selbstverwaltungseinrichtung verlieren und der RSK-Verwaltung in Berlin unterstellt werden.[103] Hinzu kam, daß Sozialhilfeleistungen zukünftig nicht mehr nur aufgrund von »Verdiensten um die Nationalliteratur«, sondern auch unter Berücksichtigung der »politischen Zuverlässigkeit«, der »rassischen Eignung« und »krimineller Vergehen« des Antragstellers gewährt werden sollten.[104]

Um diese Anforderungen in der Praxis sicherstellen zu können, empfahl der zuständige Kammer-Referent Metzner, in der neuen Stiftungs-Satzung »die Kompetenzen der Funktionäre so eindeutig wie nur möglich festzulegen«.[105] So leicht dieser Anspruch hingeschrieben war, so schwer war er allerdings in der Praxis durchzusetzen. Nicht allein, daß sich die seit 1920 von dem Generalsekretär Heinrich Lilienfein selbstbewußt geleitete Schiller-Stiftung dagegen sträubte, als bloße Verwaltungsstelle »in der Reichsschrifttumskammer« bezeichnet zu werden.[106] Zudem machten der Kammer gleich zwei Abteilungen des Propagandaministeriums das Aufsichtsrecht über die Schiller-Stiftung streitig.

Im Februar 1939 versuchte die Schrifttumsabteilung die RSK bei den Verhandlungen über den Entwurf der neuen Satzung der Schiller-Stiftung auszubooten. Die Referenten Erckmann

102 Aktenvermerk der RSK-Abt. IA vom 18. 6. 1940, BArch Potsdam R 56 V/76 Bl. 337.

103 So der anläßlich der Buchwoche von 1936 geäußerte Wunsch von Goebbels, Das Archiv 3 (1936/37), S. 1115.

104 Hinweis im historischen Überblick über die »Deutsche Schillerstiftung«, BArch Potsdam R 56 V/76 hier Bl. 4–5.

105 So Metzner in einer Stellungnahme zum Satzungs-Entwurf für das RMVP vom 3. 1. 1940, BArch Potsdam R 56 V/76 Bl. 417–419, hier Bl. 419.

106 S. dazu die »Niederschrift über die Prüfung der Deutschen Schiller-Stiftung in Weimar« vom 27. 10. 1938, BArch Potsdam R 55/832 Bl. 108–119, hier Bl. 118/Rs., wo auf die an der juristischen Selbständigkeit der Schiller-Stiftung festhaltende Auffassung Lilienfeins hingewiesen wird; die diesbezügliche »Äußerung« der Rechtsabteilung der RSK und der Bericht Meyers über die Zusammenarbeit der RSK mit der Schiller-Stiftung, ebd. Bl. 149–155 bzw. 156–160; sowie die am 11. 3. 1939 an das RMVP weitergeleitete Stellungnahme Ihdes zum Prüfungsbericht, ebd. Bl. 148.

und Bartholdy schlugen nämlich ihren Abteilungsleiter für den neu eingerichteten Posten des Stiftungs-Präsidenten vor.[107] Ein Ansinnen, gegen das der Kammer-Referent Schumann »energisch Einspruch« erhob, »da die Schillerstiftung das wesentliche Instrument des Präsidenten der Reichsschrifttumskammer für die Durchsetzung der ständischen Aufgaben darstellt und ein unabdingbares Interesse für den Präsidenten an der Leitung dieses Instrumentes besteht«.[108] Der Konflikt löste sich dadurch, daß die Beratungen über die Satzung während des Krieges eingestellt wurden und damit beide Amtsanwärter leer ausgingen.[109]

Mit sukzessivem Erfolg setzte dagegen die Abteilung »Besondere Kulturangelegenheiten« ihren Anspruch durch, maßgeblich an den Entscheidungen der Schiller-Stiftung über die Verteilung von Unterstützungsgeldern beteiligt zu werden. Zu Beginn des Jahres 1940 beauftragte Goebbels den Leiter der Abteilung »Besondere Kulturangelegenheiten«, Hans Hinkel, mit der Betreuung der »augenblicklich in Notlage befindlichen Kulturschaffenden«.[110] Die Einzelkammern wurden angewiesen, sich in allen diesbezüglichen Angelegenheiten mit Hinkel in Verbindung zu setzen, der »derartige Vorgänge gemeinsam mit der Verwaltung der ›Spende Künstlerdank‹ oder anderer zur Verfügung stehenden sozialen Einrichtungen« bearbeiten sollte.[111] Hinkel traf daraufhin Ende Februar 1940 mit der RSK die Vereinbarung, ihn mit einer monatlichen Liste über die vorgesehenen Empfänger von Geld- und Sachzuwendungen auf dem lau-

107 Hinweis in der am 1. 3. 1939 über die Besprechung vom 28. 2. angefertigte Aktennotiz des Kammer-Referenten Schumann, BArch Potsdam R 56 V/75 Bl. 24.

108 Ebd.

109 Mitteilung des RMVP an Johst vom 26. 8. 1940, BArch Potsdam R 56 V/76 Bl. 304, und Schreiben Metzners an Lilienfein vom 20. 11. 1941, ebd. Bl. 218.

110 Nachrichtenblatt des Reichsministeriums für Volksaufklärung und Propaganda, Bd. 8 1940, Nr. 8 vom 22. 4. 1940, S. 27. BArch Potsdam R 55/437.

111 Ebd. Zur Entstehung der »Spende Künstlerdank« s. die Niederschriften über die Sitzungen des Kuratoriums vom 5. 11. 1936 bis 29. 4. 1937 sowie den »Rechenschaftsbericht« für die Zeit vom 27. 10. 1937 bis 17. 10. 1938 in BArch Potsdam R 56 I/117.

fenden zu halten.[112] Als »Gegenleistung« bot Hinkel die Koordination der Unterstützungsmaßnahmen und die Erteilung von Auskünften über die Antragsteller an.[113]

Die Position Hinkels gegenüber den Einzelkammern wurde im April 1941 noch einmal entscheidend gestärkt. In der nun von ihm als »Generalsekretär« geleiteten »Hauptgeschäftsführung« der RKK übernahm Walter Owens als Leiter der Abteilung »Berufsständische Betreuung« die zentrale Verwaltung der »soziale[n] Angelegenheiten der Kulturberufe, Altersversorgung, Erholungsheime, Spende Künstlerdank, Dr. Goebbels-Stiftung für Bühnenschaffende, sonstige[n] soziale[n] Hilfsfonds für Kulturschaffende«.[114] Hinkel konnte gegen die RSK aber nicht nur seine neue Weisungsbefugnis als »Generalsekretär« der RKK ausspielen. Da die Ausgaben der Schiller-Stiftung zu 90% aus Mitteln der 1936 von Goebbels initiierten und vom Propagandaministerium finanzierten »Spende Künstlerdank« gedeckt wurden, bestand Hinkel in seiner Funktion als ehrenamtlicher Geschäftsführer der »Spende« gegenüber der Kammer auf seinem »Anrecht«, seinerseits ausführlich über die Antragsteller der Schiller-Stiftung informiert zu werden.[115]

Beim Bewilligungsverfahren rückten nun die politischen Gesichtspunkte eindeutig in den Vordergrund. Denn erst nachdem die Hauptgeschäftsführung der RKK die »Verdienste« des Antragstellers um »Partei und Staat« geprüft hatte, konnte die Schiller-Stiftung ihr Gutachten über die literarischen Leistungen vorlegen und den Antrag positiv entscheiden.[116] Der

[112] Schreiben Hinkels an den Präsidenten der RSK vom 4. 3. 1940 mit Bezugnahme auf eine Besprechung vom 29. 2. betr. »Soziale Betreuung der in augenblickliche Notlage oder durch den derzeitigen Kriegszustand unverschuldet in wirtschaftliche Bedrängnis geratenen Künstler«, BArch Potsdam R 56 V/76 Bl. 349.

[113] Ebd., Bl. 349/Rs. Hinkel wollte die Unterstützungsstellen insbesondere über die »Zuverlässigkeit, Eignung, arische Abstammung usw.« informieren.

[114] Geschäftsverteilungsplan der RKK-Hauptgeschäftsführung vom 30. 4. 1941, hier S. 1, BArch Potsdam R 56 I/39.

[115] Schreiben Hinkels an den Präsidenten der RSK vom 12. 12. 1941, BArch Potsdam R 56 V/76 Bl. 203.

[116] S. das Schreiben Hinkels (RKK/Der Geschäftsführer der »Spende Künstlerdank«) an die Deutsche Schiller-Stiftung vom 12. 12. 1941, BArch Potsdam R 56 V/76 Bl. 204–205, das Schreiben Ihdes an Hinkel vom 17. 12. 1941, ebd. Bl. 189; sowie das von Owens (»Spende Künstlerdank«) über die

Schlußstrich unter diesen Prozeß schrittweiser Aushöhlung der Kammer-Zuständigkeit für notleidende Schriftsteller wurde im Dezember 1944 gezogen. Walter Owens, mittlerweile zum Geschäftsführer der »Goebbels-Stiftung für Kulturschaffende« avanciert, in der ein halbes Jahr zuvor bereits die »Spende Künstlerdank« aufgegangen war,[117] übernahm nun auch den Vorsitz des Präsidialbeirates der »Deutschen Schiller-Stiftung«.[118]

Der RSK blieb nur mehr die undankbare Aufgabe, die Zahl der Antragsteller möglichst gering zu halten. Angesichts der rückläufigen Absatzmöglichkeiten literarischer Arbeiten hatte sich die Kammer bereits seit dem Frühjahr 1941 um anderweitige Beschäftigungsmöglichkeiten für Schriftsteller bemüht.[119] Auf diese Weise hätten rund 6–800 von sogenannten »minder bewerteten« Schriftstellern aus der Kammer-Mitgliedschaft entlassen werden können, womit ihr Anrecht auf Versorgung durch die Schiller-Stiftung erloschen wäre.[120] Das Vorhaben scheiterte jedoch zum einen daran, daß die Arbeitsbeschaffung und -vermittlung ausschließlich der »Reichsanstalt für Arbeitsvermittlung und Arbeitslosenversicherung« mit ihren regionalen Dienststellen vorbehalten war.[121] Ein Antrag von RSK-Geschäftsführer Ihde, diese wichtige berufsständische Kompetenz in den Bereich der Kammerverwaltung zu übergeben, verschwand in den Akten der »Hauptgeschäftsführung« der

RSK-Verwaltung an die Deutsche Schiller-Stiftung weitergeleitete Schreiben vom 29. 1. 1942, ebd. Bl. 159, in dem für die Vorlage der Listen mit Empfängern von Pensionen und Weihnachtsspenden eine Frist bis zum 15. 11. eines jeden Jahres gesetzt wurde.

117 »Bekanntmachung« in Die Reichskulturkammer 2/Nr. 6 (1944), S. 93.

118 Vorlage Hinkels für Goebbels vom 11. 12. 1944 betr. Eingliederung der Schiller-Stiftung in die Goebbels-Stiftung für Kulturschaffende, BDC/RSK/Lilienfein, H.

119 Aktenvermerke der RSK-Referenten Meyer und Loth vom 23. 5. 1941 betr. Arbeitsbeschaffung und Arbeitsvermittlung von schriftstellerisch tätigen Kammer-Mitgliedern, BArch Potsdam R 56 V/12 Bl. 16 und 17.

120 So Owens in einer Anfrage an den Präsidenten der RSK vom 17. 1. 1942 betr. Prüfung der Deutschen Schiller-Stiftung vom 16.–22. 10. 1941, BArch Potsdam R 56 V/76 Bl. 166, und Ihde in seiner Antwort vom 24. 1. 1942, ebd. Bl. 163.

121 Mitteilung der Rechtsabteilung der RSK an Ihde vom 4. 6. 1941, BArch Potsdam R 56 V/12 Bl. 12, unter Hinweis auf eine entsprechende »Verordnung« des RWM vom 10. 8. 1934.

RKK.[122] Zum anderen war das Propagandaministerium aber auch nicht bereit, für Umschulungsmaßnahmen, die von der Kammer »im Einvernehmen« mit den zuständigen Arbeitsämtern durchgeführt werden sollten, Finanzmittel bereitzustellen.[123]

Dennoch sanken seit 1941/42 die Mitgliederzahlen der »Gruppe Schriftsteller« in der RSK, so daß auch die Unterstützungsaufwendungen der Schiller-Stiftung reduziert werden konnten.[124] Hatten sich die Schriftsteller in der Anfangsphase des Krieges durch ihren Beitrag zur »geistige[n] Aufrüstung« der deutschen Bevölkerung zu legitimieren,[125] so blieb ihnen im Zuge der »totalen Kriegsführung« nur noch der Dienst in der Wehrmacht oder in kriegswichtigen Betrieben.[126] Davon ausgenommen war, wer in die vom Propagandaministerium geführte Liste mit Uk-Stellungen aufgenommen wurde,[127] wem die Bescheinigung eines Verlages über den Abschluß eines wichtigen Manuskripts auf Vorschlag der RSK vom Präsidenten der RKK

[122] Schreiben Ihdes an Hinkel vom 4. 6. 1941, BArch Potsdam R 56 V/12 Bl. 11.

[123] Mitteilung Ihdes an Owens vom 24. 1. 1942, BArch Potsdam R 56 V/76 Bl. 163.

[124] Die Entwicklung der Mitgliederzahlen der »Gruppe Schriftsteller« läßt sich den Haushaltsvoranschlägen der RSK für 1940 bis 1944, BArch Potsdam R 2/4879–4881, 4883–4884, hier jeweils Kapitel I, Titel 10 (Beitragsaufkommen), entnehmen: 1940: 5795; 1941: 5062; 1942: 3940; 1943: 3980; 1944: 3980.

[125] So RSK-Referent Metzner am 2. 2. 1940 in einem Schreiben an den Oberbürgermeister von Weimar, BArch Potsdam R 56 V/76 Bl. 406.

[126] S. dazu die zusammenfassende Übersicht über die zu Beginn des Jahres 1943 vom Reichswirtschafts- und vom Reichspropagandaministerium erlassenen Bestimmungen über die »Arbeitseinsatz- und Stillegungsaktion«, in: Die Reichskulturkammer 1/Nr. 3 (1943), S. 58–61; die Erläuterungen zu den Goebbelsschen Anordnungen betr. den »totale[n] Kriegseinsatz der Kulturschaffenden« vom August 1944, ebd. 2/Nr. 8/9 (1944), S. 121–127; den Aktenvermerk des kommissarischen RSK-Geschäftsführers Gentz vom 10. 8. 1944, BArch Potsdam R 56 V/152 Bl. 158, wonach sich alle Autoren, die noch nicht Soldaten und nach dem 1. 8. 1884 geboren waren, sowie alle nach dem 1. 8. 1894 geborenen Autorinnen zum Arbeitseinsatz zu melden hatten; die kurze Notiz »Dichter gehen in die Rüstung«, in: Bbl. 111. Jg., Redaktioneller Teil, Nr. 70 vom 9. 9. 1944, S. 169; sowie »Meldepflicht für Reichskulturkammer-Mitglieder«, ebd. Nr. 75 vom 14. 10. 1944, S. 186.

[127] S. die 22 Namen umfassende Liste der vom Arbeitseinsatz freizustellenden Schriftsteller/-innen in BArch Potsdam R 56 V/152 Bl. 132.

anerkannt wurde oder wer aus Altersgründen nicht mehr verwendungsfähig war.[128]

6.2.2. *Die Planungen für eine Altersversorgung*

Ende Januar 1934 legte der Generalsekretär des RDS, Hugo Linhard, dem Vizepräsidenten der RSK ein sechsseitiges »Exposé« vor, in dem zusammen mit Vorschlägen für eine verstärkte finanzielle Unterstützung notleidender Schriftsteller die Einführung einer Altersversorgung zum Aufgabengebiet der Kammer erklärt wurde.[129] Ähnlich wie die Maßnahmen zur rechtlichen Besserstellung der Schriftsteller ging auch diese Initiative auf ein langgehegtes Vorhaben des SDS zurück,[130] dessen staatlich autorisierte und geförderte Umsetzung in die Tat man nun von der neuen »Körperschaft des öffentlichen Rechts« als »unabdingbare Notwendigkeit« einforderte.[131] Die Autoren sollten nach Auffassung der RDS-Verbandsführung nicht länger »Almosenempfänger des Staates« sein, vielmehr sollte die Absicherung ihrer Existenz ein durch finanzielle und fachliche Leistungen »wohlerworbenes Recht« werden.[132]

In der RSK wurde die Frage der Altersversorgung erstmals auf der Sitzung des Verwaltungsbeirats vom 7. 3. 1934 eingehender diskutiert.[133] Hans Richter, der zweite Vorsitzende des RDS, schlug dabei die Schaffung eines »Fond[s] für eine geregelte Altersversorgung« vor.[134] Der finanzielle Grundstock sollte aus dem Leihbuchhandel kommen. Für jedes neu angeschaffte Buch sollten die Leihbibliotheken einen bestimmten Betrag (»etwa 10 Pfennig«) an den Fonds abführen. Diese bereits zu Zeiten des SDS favorisierte Leihbüchereiabgabe[135] fand

[128] Der totale Kriegseinsatz der Kulturschaffenden, S. 126.

[129] Linhard an Wismann vom 27. 1. 1934, BArch Potsdam R 56 V/181 Bl. 13 und Bl. 14–19 (Exposé).

[130] Fischer, Der Schutzverband deutscher Schriftsteller, Sp. 489–500.

[131] So das »Exposé« des RDS, BArch Potsdam R 56 V/181 Bl. 15.

[132] Ebd.

[133] Protokoll der Sitzung des Verwaltungsbeirates am 7. 3. 1934, hier S. 2–3, DLA Marbach/NL H. Grimm: Konv. Reichsschrifttumskammer, Mappe I 1933/1934.

[134] Ebd., S. 2.

[135] Am 6. 3. 1933 hatte der SDS noch ein Abkommen mit dem »Reichsverband deutscher Leihbüchereien e. V.« geschlossen, das zum 1.4. die Einführung einer Lizenzgebühr von monatlich 10 Pfennig pro zahlendes Mitglied vorsah. Aufgrund der politischen Veränderungen ist es jedoch zur

die Zustimmung aller Beteiligten. RSK-Präsident Blunck verwies auf entsprechende Vorbilder in einer Reihe nordischer Länder und regte an, »durch eine bestimmte Regelung innerhalb des RDS selbst noch Sparbeiträge einzuziehen«.[136] Der Vertreter der »Fachschaft Leihbüchereiwesen« bat um Einsetzung einer aus Mitgliedern seiner Fachschaft und des RDS zusammengesetzten »Kommission«, die über die »technische Durchführung des Planes« beraten sollte.[137]

Doch als der RDS zum 1. 10. 1935 aufgelöst wurde, war das ganze Projekt über den bloßen Aktenvorgang noch nicht hinausgekommen. Daran hätte sich vermutlich nichts geändert, wenn Goebbels seine Rede zur Eröffnungsveranstaltung der ersten »Großdeutschen Buchwoche« nicht mit einer großspurigen Geste aufzuwerten versucht hätte. »Ich habe angeordnet«, so der Propagandaminister am 30. 10. 1938 in Weimar, »daß die Frage der Altersversorgung über das hinaus, was wir bisher an sozialen Maßnahmen auf diesem Gebiete getroffen haben, beschleunigt in Angriff genommen wird. Ich verfolge dabei die Absicht, eine großzügige, umfassende und würdige Altersversorgung aufzubauen, die unseren Schriftstellern und Dichtern die Gewißheit eines sorgenfreien Alters und damit die nötige Bewegungsfreiheit für ihr geistiges Schaffen gibt«.[138]

Die Referenten der Schrifttumsabteilung, die von der Goebbelsschen Ankündigung ebenso überrascht worden sein dürften wie die RSK-Verwaltung, erarbeiteten zu Beginn des Jahres eine Ministervorlage zur »Altersversorgung der deutschen Autoren«.[139] Darin war der Aufbau einer speziellen »Pensionsanstalt« vorgesehen. Deren Finanzierung sollte zum einen über die Mitglieder der RSK erfolgen, die 1 bis 3% ihres kulturkammerpflichtigen Jahreseinkommens in die Altersversorgung einzuzahlen gehabt hätten; zum anderen sollte von jedem verkauften Buch 1% des Ladenpreises an die »Pensionsanstalt« abge-

Realisierung dieser Absprache offenbar nicht mehr gekommen. Vgl. Fischer, Der Schutzverband deutscher Schriftsteller, Sp. 435–437.

[136] Protokoll der Sitzung des Verwaltungsbeirats, S. 3.

[137] Ebd.

[138] Die Rede von Goebbels ist wiedergegeben in: Bbl. 105. Jg., Redaktioneller Teil, Nr. 255 vom 2. 11. 1938, S. 851–854, hier S. 853.

[139] »Aufzeichnung I« und »Aufzeichnung II« vom 7. 1. 1939, BArch Potsdam R 56 V/81 Bl. 87–89, Bl. 90–91.

führt werden.[140] Auf diese Weise hoffte man, rund 4,8 Millionen RM zusammenzubekommen. In verwaltungstechnischer Hinsicht war man sich in der Schrifttumsabteilung allerdings noch unschlüssig, ob die »Errichtung des Unternehmens auf der Plattform der Reichsschrifttumskammer« oder über die Beauftragung einer »großen, leistungsfähigen Versicherungsgesellschaft« erfolgen sollte.[141]

Offensichtlich entschied Goebbels dann zugunsten der RSK, denn über deren Geschäftsführung liefen in den nachfolgenden Monaten die Detailverhandlungen. Am 24. 6. 1939 legte der Geschäftsführer der Kammer dem »Reichskommissar für die Preisbildung« detaillierte Informationen über die geplante Altersversorgung vor.[142] Sie sollte mit dem 60. Lebensjahr einsetzen, jedoch ohne Rechtsanspruch gewährt werden. Ihde rechnete mit insgesamt 4630 Personen, die je nach Einkommen und Beitragsleistung monatliche Renten zwischen 50 und 300 RM beziehen sollten. Die Finanzierung des ganzen Unternehmens hing allerdings davon ab, ob der Preiskommissar einer Anhebung des Ladenpreises für Bücher um 1% (bis zu maximal 50 Pfennig pro Band), dem von Ihde reaktivierten Vorschlag zur Einführung eines »Buchpfennigs« in Leihbuchhandlungen und der Mehrbelastung der Kammer-Mitglieder mit monatlichen Beitragszahlungen von 1 bis 2 RM seine Zustimmung geben würde. Als dies im Dezember 1939 erfolgte,[143] schien das Ziel einer sozialen Absicherung der Schriftsteller im Alter schon in greifbare Nähe gerückt.

Doch am 15. 2. 1940 wurde DAF-Führer Ley von Hitler mit der »Durchführung einer umfassenden Altersversorgung des Deutschen Volkes« beauftragt.[144] Der Preiskommissar teilte daraufhin der RSK am 15. 4. mit, daß er es »für angebracht« hielt, »die Entscheidung über die spezielle Versorgung der Dichter und Schriftsteller solange zurückzustellen,

140 Aufzeichnung I, Bl. 87–88.

141 Ebd., Bl. 89.

142 BArch Potsdam R 56 V/81 Bl. 110–115.

143 S. das Schreiben des Reichskommissars für die Preisbildung an den Präsidenten der RSK vom 10. 12. 1939, BArch Potsdam R 56 V/81 Bl. 139–140.

144 Das Archiv 6 (1939/40), S. 1414. S. dazu auch M.-L. Recker, Nationalsozialistische Sozialpolitik im Zweiten Weltkrieg, München 1985, S. 98–109.

bis die gesamte Altersversorgung in ihren Grundzügen klargestellt ist«.[145] Goebbels war aber offensichtlich nicht bereit, bis zum deutschen »Endsieg« – dem von Ley in Aussicht gestellten Termin für die Realisierung seines »Sozialprogramms«[146] – zu warten. Im Mai 1942 beauftragte er jedenfalls die Hauptgeschäftsführung der RKK, die Vorbereitungen für eine Altersversorgung der Kulturschaffenden fortzusetzen.[147]

Die Abteilung »Berufsständische Betreuung« stellte nun in Zusammenarbeit mit den Einzelkammern umfangreiche Bedarfs- und Finanzierungsberechnungen für die Renten der Kammer-Mitglieder auf.[148] Substantiell knüpften diese Pläne im wesentlichen an die Ergebnisse des Jahres 1939 an, blieben jedoch aufgrund der unveränderten Kompetenzlage erneut reine Schreibtischübungen. Das gleiche galt für die Diskussionen um einen »Alters-Ehrensold«, der »nur an verdiente und würdige Kulturschaffende und nachschaffende Kultur-Vermittler gezahlt werden« sollte.[149] Was nach den jahrelangen Besprechungen in und mit den Einzelkammern, den Tagungen eines besonderen Arbeitsausschusses[150] und nach einer Sondersitzung mit den »Treuhändern der Arbeit« am 18. 5. 1944 für die Hauptgeschäftsführung der RKK feststand, war im Grunde nur eins: die immer noch »in Vorbereitung befindliche« Altersversorgung sollte den Namen von Goebbels tragen und deshalb in der

[145] BArch Potsdam R 56 V/81 Bl. 160.

[146] »Dr. Ley kündigt das große Sozialprogramm nach dem deutschen Endsieg an«, in: Das Archiv 7 (1940/41), S. 570 (12. 9. 1940).

[147] Protokoll der Kulturkammersitzung vom 12. 5. 1942, hier Pkt. 2, BArch Potsdam R 56 V/26 Bl. 178.

[148] Schreiben Ihdes an den Präsidenten der RKK vom 4. 11. 1943, in dem Rentenzahlungen bis in das Jahr 1954 vorausberechnet worden waren. BArch Potsdam R 56 V/81 Bl. 171–172.

[149] »Vermerk« des Leiters der Abteilung »Berufsständische Betreuung« in der RKK-Hauptgeschäftsführung (Owens) vom 12. 11. 1942 über eine Besprechung mit Vertretern der Einzelkammern betr. »Alters-Ehrensold bzw. Ehren-Alterssold für die Mitglieder der Reichskulturkammer«, BArch Potsdam R 56 V/81 Bl. 173.

[150] Der »Arbeitsausschuß« war auf Initiative von Owens gebildet worden. Ihm gehörten außer Owens selbst noch dessen Referent Köhler und RSK-Geschäftsführer Ihde an. Hinweis ebd.

»Goebbels-Stiftung für Kulturschaffende« verankert werden.[151] Zu konkreteren Ergebnissen ist es bis Kriegsende nicht mehr gekommen.

[151] Bericht von Owens über die »Sondersitzung mit den Herren Treuhändern« am 18. 5. 1944 im RMVP, BArch Potsdam R 56 I/117.

Abb. 1: Wilhelm Baur, Vorsteher des Börsenvereins von 1934–1945.

Abb. 2: Dr. Friedrich Oldenbourg.

Abb. 3: Heinz Wismann mit Joseph Goebbels, Hanns Johst und Rudolf Heß.

Abb. 4: von links nach rechts: Wilhelm Baur, Karl Heinz Hederich, Oberbürgermeister Dillgardt, Hanns Johst.

Abb. 5: Wilhelm Haegert, 2. von rechts, überreicht die Goethe-Medaille an Hanns Johst, Leiter der Schrifttumsabteilung des RMVP von 1939–1945.

Abb. 6: Hans Grimm im Jahre 1947.

Abb. 7: Joachim Maas, um 1932.

Abb. 8: Hans Carossa im Jahre 1942.

Abb. 9: Kantate-Treffen der Buchhändler in Leipzig 1937. Im Vordergrund: Martin Wülfing und Wilhelm Baur.

Abb. 10: Arnolt Bronnen als Spielleiter, 1939.

Abb. 11: Peter Suhrkamp.

Abb. 12: Blick in die Weimarhalle zur Eröffnung der »Woche des deutschen Buches 1938«.

Abb. 13: Gottfried Bermann-Fischer.

Abb. 14: »Buch und Schwert! Sinnbild unserer Zeit.« Woche des deutschen Buches 1940.

Abb. 15: »In jedes deutsche Haus eine Heimbücherei.«

Abb. 16: Empfang der Teilnehmer des Ersten Reichslehrgangs zur Förderung des buchhändlerischen Nachwuchses in der RSK, Berlin.

Abb. 17: Heinrich Uhlendahl im Jahre 1931.

B. Die Literaturpolitik auf dem Gebiet des Buchhandels

1. Das Instrument der Berufszulassung durch die Reichsschrifttumskammer

Da die staatliche Schrifttumsbürokratie zunächst nicht die Autoren, sondern die Verlage und Unternehmen des vertreibenden Buchhandels für die Verbreitung politisch »unerwünschter« Literatur zur Verantwortung zogen,[1] war die Kontrolle über die Zulassung des im Bereich der Buchwirtschaft tätigen Personenkreises von zentraler Bedeutung. Allerdings hatte der Börsenverein ebenso wie sein berufsständischer Nachfolger, der Bund Reichsdeutscher Buchhändler, in der Anfangsphase größte Schwierigkeiten, die Aufnahme der Mitglieder in die RSK überhaupt technisch zu bewältigen. Das hing zum einen mit der Disparität der Unternehmensstrukturen des deutschen Buchhandels zusammen, die erst einmal vereinheitlicht werden mußten, um eine berufsständische Erfassung zu ermöglichen. Zum anderen mußte sich der BRB erst noch einen funktionstüchtigen Apparat regionaler Stellen in den Gauen schaffen, um eine genaue Überprüfung der Unternehmen durchführen zu können.

Nachdem im März/April 1935 »Gauobmänner« und »Gaufachschaftsberater« des BRB eingesetzt worden waren,[2] wurden die Entscheidungen der Leipziger Geschäftsstelle über Aufnahmeanträge und Ausschlüsse auf regionaler bzw. örtlicher Ebene vorbereitet.[3] Im Gau Groß-Berlin, dem mitgliederstärksten

[1] Günter Gentz, Verlagsvertrag und Parteiamtliche Prüfungskommission, in: Bbl. 105. Jg., Redaktioneller Teil, Nr. 269 vom 19. 11. 1938, hier S. 898.

[2] S. das Verzeichnis der Obmänner der Ortsgruppen und örtlichen Arbeitsgemeinschaften im Bund Reichsdeutscher Buchhändler e.V., in: Bbl. 102. Jg., Redaktioneller Teil, Nr. 66 vom 19. 3. 1935, S. 226–228, Nr. 76 vom 30. 3. 1935, S. 257–259, und Nr. 92 vom 18. 4. 1935, S. 313–314.

[3] S. die Geschäftsordnung für die Ortsgruppen und für die örtlichen Arbeitsgemeinschaften im Bund Reichsdeutscher Buchhändler e.V., in: Bbl. 102. Jg., Redaktioneller Teil, Nr. 66 vom 19. 3. 1935, S. 225 und S. 226;

Landesverband der Kammer, zog der Gauobmann über seine Bezirksobleute und Fachschaftsberater genaue Informationen zu den Einzelhändlern und Verlegern ein. Einzelne aus dem Jahr 1936 überlieferte Berichte der Bezirksobleute zu ihren Besuchen bei Berliner Buchhandelsunternehmen geben Aufschluß über die Kriterien, nach denen Aufnahmeanträge entschieden wurden.[4]

Eine Reihe von Ablehnungen erfolgte aus wirtschaftlichen Gründen. Mit dem Argument, daß die Eröffnung eines neuen Betriebs oder die Erweiterung eines bereits bestehenden die Konkurrenz verstärken und damit die Existenzsorgen des durch die Wirtschaftskrise angeschlagenen Berliner Buchhandels noch verstärken würden.[5] Auch mangelnde buchhändlerische Professionalität oder der Vertrieb minderwertiger Literatur waren nach Auffassung einzelner Bezirksobmänner hinreichende Gründe für die Ablehnung eines Aufnahmeantrags.[6] Im engeren Sinne politisch motiviert war nur eine ablehnende Stellungnahme: der Inhaber einer Buchhandlung in Schöneberg saß im KZ, »weil er auf der einen Seite wissenschaftliche Literatur, nationalsozialistisches Schrifttum und auf der anderen Seite verbotenes und unerwünschtes Schrifttum vertrieben« hatte.[7]

Als fast ebenso verwerflich wie der Vertrieb von Verbotsliteratur galt eine zu starke Profitorientierung. Einen Buchhändler des Berliner Westens charakterisierte der zuständige Bezirksobmann als »Prototyp eines kaufmännischen Managers, der für den deutschen Buchhandel deshalb solche Gefahr bildet, weil er das Buch nur als Ware und nicht als geistiges Produkt betrach-

sowie das Schreiben des Gauobmanns im Gau Groß-Berlin des BRB, Gustav Langenscheidt, an den Geschäftsführer des BRB, Dr. Heß, vom 1. 4. 1935, LA Berlin Rep. 243, Acc. 1814/28.

[4] Die Berichte sind überliefert in LA Berlin Rep. 243, Acc. 1814/28.

[5] Ebd. die Berichte der zuständigen Fachberater des Gaues Groß-Berlin zu den Aufnahme-Anträgen des H. Heinecke Verlags vom 2. 6. 1936, des Verlegers Hellmut Reichel vom 22. 5. 1936, der Schöneberger Leihbücherei und Buchhandlung Wolf. G. Liebrecht vom 22. 5. 1936 sowie des Pflugschar Verlags vom 19. 5. 1936.

[6] Ebd. die Berichte zu den Aufnahme-Anträgen der Leihbücherei W. Schlawitz vom 28. 5. 1936, des Papier- und Schreibwarenhändlers Richard Schubert vom 22. 5. 1936 sowie des Antiquariats Artur Bonß vom 20. 5. 1936.

[7] Ebd. die Mitteilung des Gauobmanns an die Geschäftsstelle des BRB in Leipzig vom 27. 5. 1936.

tet«.[8] Dagegen wurde ein anderer Antragsteller aus dem Berliner Westen deshalb als ein »strebsamer junger Buchhändler« positiv bewertet, weil er ein ehemals jüdisches Geschäft »arisiert« hatte.[9] Der Antrag einer Buchhändlerin in Charlottenburg wurde – trotz gewisser Bedenken gegen ihre fachliche Eignung – mit der Begründung befürwortet, daß sie »dank ihrer ganzen Einstellung und vertrauenerweckenden Haltung in ihrem kleinen Bereich eher im Sinne der Buchpolitik des Dritten Reiches arbeitet«.[10]

Wie diese Empfehlungen in der Leipziger Zentrale des deutschen Buchhandels umgesetzt wurden, ist leider nicht mehr feststellbar. Rund 70000 Personalakten, die über Aufnahme- und Ausschlußentscheidungen des BRB bzw. der »Gruppe Buchhandel« in der RSK hätten Aufschluß geben können, sind im Dezember 1943 bei einem Luftangriff auf Leipzig verbrannt. Doch ist davon auszugehen, daß negative politische Gutachten ihre Wirkung bei Wilhelm Baur, dem »Leiter des deutschen Buchhandels«, nicht verfehlten. Im Fall des Gaus Groß-Berlin hatten mit Martin Wülfing (als Landesleiter, gleichzeitig Stellvertreter Wilhelm Baurs) und Gustav Langenscheidt (als Gau- bzw. Landesobmann) zwei linientreue Nationalsozialisten ein entscheidendes Mitspracherecht über die Berufszulassung von Verlegern und Buchhändlern.

Es war wohl auch auf den Einfluß Wilhelm Baurs zurückzuführen, daß die RSK im Frühjahr 1935 die antisemitische Vorschrift der Amannschen Pressekammer übernahm, die Antragsteller ebenso wie die bereits registrierten Kammer-Mitglieder »Abstammungsnachweise« bis zum Jahr 1800 führen zu lassen.[11] Damit wurde eine deutliche Verschärfung der Berufszulassung eingeleitet, deren Ziel die Ausschaltung sämtlicher im deutschen Buchhandel tätigen Juden war. Zu jenem Zeitpunkt zählte der BRB allerdings noch 619 jüdische Mitglieder, darun-

[8] Bericht des zuständigen Fachberaters in Sachen Hermann Sack vom 25. 5. 1936, ebd.

[9] Bericht zum Aufnahme-Antrag Max Perl vom 25. 5. 1936, ebd.

[10] Bericht des Gaues Groß-Berlin im BRB über die durchgeführte Eignungsprüfung von Frau Clara von Flemming vom 27. 5. 1936, ebd.

[11] Bericht über die Sitzung des Gauausschusses [des BRB] am 18. 5. 1935 in Leipzig, hier S. 13, LA Berlin Rep. 243, Acc. 1814/27.

ter allein 200 Verleger.[12] Deren Ausschluß wurde zwar von Goebbels prinzipiell gefordert. Doch sollten die Ausschlußverfahren so abgewickelt werden, daß »keine Vernichtung wirtschaftlicher Werte und keine Störungen der Auslandsbeziehungen entstehen«.[13] Diese Doppelstrategie war aber, wie Abteilungsleiter Wismann seinem Minister am 27. 5. 1935 klarmachte, »nur Schritt für Schritt« und in der Form realisierbar, daß »das nichtarische Kapital durch den Einsatz von arischem abgelöst wird«.[14]

Am 18. 5. 1935 hatte Wilhelm Baur auf der konstituierenden Sitzung des Gauausschusses des BRB bereits angekündigt, daß die »Aufforderung zum Geschäftsverkauf oder zur Liquidation in Kürze an die Nichtarier versandt« werden würde.[15] Eine Feststellung, die von den leitenden Herren des Börsenvereins und des BRB sowie von dessen Gauobleuten widerspruchslos aufgenommen wurde. Lediglich RSK-Geschäftsführer Haupt bemühte sich noch darum, den Bruch nicht allzu abrupt erfolgen zu lassen. Er regte an, vor Absendung eines Ausschlußschreibens die im Buchhandel tätigen »Nichtarier« durch informelle Gespräche der Gau- und Ortsgruppen-Obleute des BRB zu einer selbständigen Aufgabe ihrer Geschäfte zu bewegen.[16] In jedem Fall müßten – mit Hilfe der Parteidienststellen und Polizeibehörden – »Übergriffe unzuverlässiger Leute« vermieden werden.[17] Wilhelm Baur, der sich der politischen und wirtschaftlichen Brisanz der ganzen Angelegenheit durchaus bewußt war, räumte ein, daß »nicht in erpresserischer Weise vorgegangen werden« solle. Allerdings sollte den »Nichtariern« deutlich gemacht werden, daß sie »im Buchhandel nichts mehr zu suchen haben«.[18]

In der zweiten Hälfte des Jahres 1935 erhielten dann die ersten »nichtarischen« Mitglieder des BRB ihre Ausschlußbrie-

[12] Zahlenangaben bei Dahm, Das jüdische Buch im Dritten Reich, Erster Teil, Sp. 27, und in der Stellungnahme Wismanns für Goebbels vom 27. 5. 1935, BArch Potsdam R 56 V/194 Bl. 1–8, hier Punkt 2.

[13] So Wismann am 27. 5. 1935, BArch Potsdam R 56 V/194 hier Bl. 5.

[14] Ebd.

[15] Bericht über die Sitzung des Gauausschusses, hier S. 11–12, LA Berlin Rep. 243, Acc. 1814/27.

[16] Ebd., S. 13.

[17] Ebd.

[18] Ebd., S. 14.

fe.[19] Während die überwiegende Zahl der kleineren Angestellten offenbar ohne Rücksicht auf Verluste »geopfert« wurden,[20] hielt sich die RSK bei Inhabern, Geschäftsführern und leitenden Angestellten von Verlagen und Buchhandlungen noch zurück. Jedenfalls umfaßte zu Beginn des Jahres 1936 allein die Kartei der »nichtarischen« beziehungsweise »nichtarisch versippten« Mitglieder des BRB im Gau Berlin noch 162 Personen.[21] Auch das bereits erwähnte Rundschreiben Hinkels vom 29. 4. 1936, mit dem die Einzelkammern der RKK im Auftrag von Goebbels angewiesen wurden, sämtliche »Voll-, Dreiviertel-, Halb- und Vierteljuden« sowie die mit »Voll-, Dreiviertel-, Halb- und Vierteljuden« verheirateten Personen bis zum 15. 5. auszuschließen,[22] blieb für den Buchhandel zunächst weitgehend folgenlos. Dafür wird man neben der Position des Reichswirtschaftsministeriums, das an einer möglichst behutsamen »Arisierung« jüdischer Unternehmen der Kulturwirtschaft interessiert war,[23] vor allem die von der nationalsozialistischen Führung im Zusammenhang mit den Olympischen Winter- und

19 Hinweis in einem Schreiben Wilhelm Baurs an die Geschäftsstelle der »Gruppe Buchhandel« in der RSK vom 5. 12. 1936, hier S. 1, LA Berlin Rep. 243, Acc. 1814/32–34.

20 S. dazu den Einzelfall Jacob Picard in BDC/RSK/Goldmann, W. Der langjährige Buchvertreter des Goldmann Verlags hatte bereits im Sommer 1935 den Ausschlußbrief der RSK erhalten. Als er gegen diese Entscheidung Beschwerde einlegte, wurde er von Goldmann zum 30. 9. 1935 entlassen. S. ebd. das Schreiben Picards an die Fachschaft Buchvertreter im BRB vom 11. 7. 1935 sowie das Schreiben Goldmanns an den Leiter der Fachschaft Buchvertreter im BRB vom 20. 7. 1935. In den »Vertraulichen Mitteilungen der Fachschaft Verlag« Nr. 16 vom 10. 10. 1936 wurde aufgrund der in einzelnen Fällen nachgewiesenen Weiterbeschäftigung jüdischer Buchvertreter »nochmals« darauf hingewiesen, »daß den Verlegern die Beschäftigung nur solcher Vertreter gestattet ist, die Mitglied im Bund [Reichsdeutscher Buchhändler] sind«.

21 S. das 12seitige »Verzeichnis« mit Stand vom 16. 1. 1936 in LA Berlin Rep. 243, Acc. 1814/32–34.

22 BArch Potsdam R 56 V/102 Bl. 154–156.

23 S. dazu das mit dem Vermerk »Streng vertraulich!« versehene Schreiben der Reichsstelle zur Förderung des deutschen Schrifttums an den Gauamtsleiter des NSLB in Breslau vom 7. 5. 1936, BArch Potsdam NS 12/252. Darin wird im Zusammenhang mit der Auskunft über einen jüdischen Wissenschaftsverlag in Breslau auf die »Spannung zwischen Reichskulturkammer und Reichswirtschaftsministerium« bei der »Arisierung« des Buchhandels hingewiesen. Die von der RSK gesetzte Frist zur Schließung der jüdi-

Sommerspielen 1936 geübte Zurückhaltung in der Judenpolitik als Erklärung anführen können.[24]

Ende 1936 wurde der Druck auf die jüdischen Buchhandelsunternehmen noch einmal verstärkt. Nach einer Besprechung mit dem »Sonderbeauftragten« Hinkel und dessen Mitarbeiter Hellmuth von Loebell teilte Wilhelm Baur der Geschäftsstelle der »Gruppe Buchhandel« am 5.12. mit, daß denjenigen Firmen, die in einer »Liste A« erfaßt waren und Ende 1935 schon einmal einen Ausschlußentscheid erhalten hatten, zur Auflösung ihrer Geschäfte und zum Verkauf ihrer Bestände nun »eine letzte Frist bis zum 31. März 1937« eingeräumt wurde.[25] Die Anschreiben sollten »persönlich gehalten«, d.h. »nicht im Abzugsverfahren vervielfältigt werden«.[26] Für den Fall, daß Beschwerden gegen den Kammer-Ausschluß eingingen, hatte Baur mit Hinkel bereits vereinbart, daß diese vom Präsidenten der RKK abgelehnt werden würden.[27] Betrieben, die bis zum 1.4. 1937 nicht »arisiert« oder ganz aufgelöst worden waren, drohte die polizeiliche Schließung. Auch die reinen Judaica-Buchhandlungen wurden aus der Kammer ausgeschlossen, sollten jedoch ihre Geschäfte unter der Aufsicht Hinkels weiterführen können.[28] Die in den Listen B bis D geführten »nicht-

schen Unternehmen sei »von seiten des Wirtschaftsministeriums nicht erlaubt und in Verbindung mit allen Stellen verschoben« worden.

[24] Dieser von der bisherigen Forschung anerkannten Auffassung ist zwar A. Barkai, Vom Boykott zur »Entjudung«. Der wirtschaftliche Existenzkampf der Juden im Dritten Reich 1933–1943, Frankfurt a.M. 1988, hier S. 65–121, entschieden entgegengetreten. Doch läßt zumindest die bis 1936 weitgehend stagnierende »Ausschaltung« der Juden aus der Buchwirtschaft keine anderen Erklärungen zu. Dabei ist allerdings zu berücksichtigen, daß für diese »Zurückhaltung« außenpolitische und ökonomische Gesichtspunkte die zentrale Rolle spielten, also ein Kalkül, daß auf den Ausbau der NS-Herrschaft ausgerichtet war und – wie Barkai richtig feststellt – keinesfalls als eine entscheidende Veränderung im Gehalt der antisemitischen Politik des NS-Regimes zu bewerten ist.

[25] LA Berlin Rep. 243, Acc. 1814/32–34.

[26] Ebd., S. 1.

[27] Ebd., S. 2.

[28] Ebd. S. dazu das 1. Rundschreiben des Sonderreferats Hinkel an die zum jüdischen Buchhandel gehörenden Personen und Unternehmen vom 30. 7. 1937 betr. Bestimmungen über die Herstellung und den Vertrieb jüdischer Literatur im deutschen Reichsgebiet, DB-Archiv Nr. 507/5–509/1.

arischen« Firmen durften dagegen »vorläufig noch« in der Kammer bleiben.[29]

Um die Einhaltung der gesetzten Auflösungsfrist überwachen zu können, erhielten die Gauobmänner der »Gruppe Buchhandel« Mitte Februar 1937 von der Leipziger Geschäftsstelle Mitteilungen über die nun endgültig ausgeschlossenen »nichtarischen« Firmen.[30] Im Gau Berlin waren davon insgesamt 61 Firmeninhaber betroffen. Zwölf jüdische oder »jüdisch versippte« Berliner Firmen konnten zu jenem Zeitpunkt noch mit einer »Sondergenehmigung« der RKK oder RSK weiterarbeiten, drei weitere Firmen fielen als Oberschlesier unter das »Genfer deutsch-polnische Minderheitenschutzabkommen«.[31] Von einer »judenreinen« Kulturkammer, wie sie Goebbels in seiner Rede anläßlich der zweiten Jahrestagung der RKK am 15. 11. 1935 bereits proklamiert hatte,[32] konnte also noch Mitte 1937 keine Rede sein.

Die Bemühungen um eine beschleunigte Erreichung dieses Zieles wurden mit zwei personalpolitischen Entscheidungen eingeleitet. Zunächst trat im November 1937 Walther Funk die Nachfolge Hjalmar Schachts als Reichswirtschaftsminister an. Bezeichnenderweise blieb der bisherige Staatssekretär im Propagandaministerium nach der Übernahme seines neuen Amts Vizepräsident der RKK, was als Indiz für die enge Verbindung beider Arbeitsbereiche gewertet werden kann.[33] Für Goebbels entfielen von nun an jedenfalls die lästigen Bremsklötze, die ihm Schacht aufgrund seines vom RKK-Gesetz garantierten Mitwirkungsrechts bei Entscheidungen über Unternehmen der

[29] W. Baur an die Geschäftsstelle der »Gruppe Buchhandel« vom 5. 12. 1936, S. 2, LA Berlin Rep. 243, Acc. 1814/32–34.

[30] S. das »vertrauliche« Schreiben der RSK, Gruppe Buchhandel an den Gau Berlin in der RSK, Gruppe Buchhandel vom 15. 2. 1937, LA Berlin Rep. 243, Acc. 1814/32–34.

[31] S. ebd. den »Aktenvermerk« eines Referenten des Gaus Berlin der »Gruppe Buchhandel« vom 10. 2. 1937.

[32] Die Wiedergabe der Rede in Das Archiv 2 (1935/36), S. 1156.

[33] Bericht über die »Jahrestagung des Reichskultursenats« am 27. 11. 1937, in: Das Archiv 4 (1937/38), S. 1084: »Der Präsident der Reichskulturkammer, Reichspropagandaminister Dr. Goebbels, gab bekannt, daß Reichsminister Funk trotz seiner Ernennung zum Reichswirtschaftsminister [...] Vizepräsident der Reichskulturkammer bleibt und auch in Zukunft die wirtschaftliche Seite des deutschen Kulturlebens im Auftrag des Reichspropagandaministers weiter betreuen wird«.

Kulturwirtschaft in den Weg gelegt hatte.[34] In engem Zusammenhang mit diesem Revirement ebenso wie mit der politischen Entmachtung der RKK-Einzelkammern wird man die Einrichtung einer neuen Ministerialabteilung im Propagandaministerium sehen müssen.

Ab dem 1.4. 1938 war die vom bisherigen »Sonderbeauftragten« Hinkel geleitete »Abteilung IIA« für folgende Sachgebiete zuständig: (1) »Politische Beurteilung der im Bereich der Reichskulturkammer tätigen Personen; Überwachung der im jüdischen Kulturbereich tätigen Personen und Organisationen«; (2) »jüdisches Kulturleben und jüdische Kulturerzeugnisse«; (3) »Nichtarierfragen im Bereich der Reichskulturkammer«; (4) »Prüfung der Besitzverhältnisse sämtlicher kulturwirtschaftlichen Unternehmungen im Reichsgebiet auf jüdischen Einfluß jedweder Art und dessen Ausschaltung«.[35]

In der Abteilung saßen mit Walter Owens, Erich Kochanowski, Hellmuth von Loebell und Gerhard Noatzke Referenten, mit denen Hinkel schon seit seiner Tätigkeit als Landesleiter des KfdK in Berlin bekannt war und die er zuvor bereits teilweise in seinem Stab als »Sonderbeauftragter« untergebracht hatte. Alle vier waren ebenso wie ihr Chef nicht nur linientreue Parteigenossen, sondern auch SS-Angehörige.[36] Es verwundert daher nicht, daß Hinkel von Anbeginn eine enge Zusammenar-

[34] Zu den Implikationen dieses Revirements für die antisemitische Politik des NS-Regimes U. D. Adam, Judenpolitik im Dritten Reich, Düsseldorf 1979 (Originalausgabe 1972), S. 172–177.

[35] Abschrift des Geschäftsverteilungsplans der Abteilung IIA (Stand: Juli 1938) in BArch Potsdam R 58/984 Bl. 92–92/Rs. Die Abteilung führte ab 1939 die Bezeichnung »Besondere Kulturangelegenheiten«. Die im April 1941 eingeführte »Hauptgeschäftsführung« der RKK war sowohl in kompetenzmäßiger als auch in personeller Hinsicht mit dieser Abteilung identisch, so daß die Ministerialabteilung im August 1941 aufgelöst werden konnte. S. die Mitteilung im Nachrichtenblatt des Reichsministeriums für Volksaufklärung und Propaganda, Bd. 9, Nr. 27 vom 14. 10. 1941, S. 74, BArch Potsdam R 55/438.

[36] Owens: Februar 1932; Kochanowski: 15. 2. 1938; von Loebell: Juni 1932; Noatzke: 9. 11. 1937. S. die SS-Personalakten im BDC; sowie die biographischen Angaben bei Dahm, Das jüdische Buch im Dritten Reich, Erster Teil, hier Sp. 96–98, in dessen Aufzählung allerdings Noatzke fehlt.

beit mit dem SD-Hauptamt suchte und praktizierte.[37] Damit war der forcierten »Entjudung« des kulturellen Lebens in Deutschland Tür und Tor geöffnet.

Im Laufe des Jahres 1938 wurden die wenigen noch in der »Gruppe Buchhandel« verbliebenen »nichtarischen« oder »nichtarisch versippten« Verleger und Buchhändler aufgrund des § 10 der Ersten Durchführungsverordnung zum RKK-Gesetz endgültig aus der RSK ausgeschlossen.[38] Falls sie ihre Geschäfte nicht ganz einstellen mußten, stand jüdischen Verlegern und Buchhändlern von nun an nur noch die Betätigung im Rahmen eines von Hinkel seit 1937 aufgebauten »Ghettobuchhandels« offen.[39] In der am 31. 3. 1939 von der RSK erlassenen »Anordnung zum Schutz der verantwortlichen Persönlichkeit im Buchhandel« wurde noch einmal in gutem Amtsdeutsch festgeschrieben, daß Personen, »die für sich und den Ehegatten, mit dem sie zur Zeit des Inkrafttretens dieser Anordnung verheiratet sind oder mit dem sie später die Ehe eingehen, nicht den Nachweis der Abstammung von Vorfahren deutschen oder artverwandten Blutes bis zum Jahre 1800 zurück erbringen können«, von der Kammer keine Berufszulassung mehr erhielten.[40] Ausnahmen wurden nur noch bei den sogenannten »Vier-

[37] »Meldung« betr. Zusammenarbeit der Abteilung II 112 mit dem Büro Hinkel, o.D. (Mai 1938), BArch Potsdam R 58/984 Bl. 53, die »Aktennotiz« über die Besprechung des Referenten Hagen (II 112) mit Hinkel, Owens, Loebell und Kochanowski am 30. 7. 1938, ebd. Bl. 76–78, sowie Bericht über den Besuch Hinkels und seiner Mitarbeiter im SHA am 28. 9. 1938, ebd. Bl. 86–87.

[38] Vgl. Dahm, Das jüdische Buch im Dritten Reich, Erster Teil, Sp. 163–168, sowie den Einzelfall Walter Ashkenasij, HStA Düsseldorf RW 58/30.387. Der in Berlin tätige jüdische Verleger erhielt nach der Zustellung des Ausschluß-Entscheids von der RSK eine Frist zur Liquidation seiner Firma zunächst bis zum 31. 12. 1937, dann noch einmal bis zum 31. 10. 1938.

[39] S. dazu die »Regelung der Frage jüdischer Buchverkäufer und Buchverleger im Reichsgebiet« mit der nach Orten gegliederten Liste der im deutschen Reichsgebiet zugelassenen jüdischen Buchverleger und Buchvertriebe, in: Vertrauliche Mitteilungen der Fachschaft Handel, Fachgruppe Sortiment, Nr. 5 vom 10. 7. 1937. Die Liste war »nur für den internen Gebrauch bestimmt und vertraulich zu behandeln«. Eine Belieferung der aufgeführten Buchvertriebe mit »deutschem Schrifttum« war ab 1. 7. 1937 »in jedem Falle untersagt«.

[40] Die »Anordnung« ist wiedergegeben bei Ihde (Hg.), Handbuch der Reichsschrifttumskammer, S. 97–99, hier S. 97 (§ 1 d).

teljuden« sowie den mit »Halbjuden« verheirateten Buchhändlern gemacht.[41]

Aufgrund der weitgehend vernichteten Personalakten der »Gruppe Buchhandel« ist die Nutzung des Instruments der Berufszulassung gegenüber politisch »unerwünschten« nichtjüdischen Inhabern und Angestellten des deutschen Buchhandels nur in Umrissen zu fassen. Seit November 1936 wurden jedenfalls zusätzlich zur Anforderung eines »Abstammungsnachweises« und zu den Stellungnahmen der buchhändlerischen Gauvertretungen auch noch die Gutachten der zuständigen NSDAP-Gauleitungen eingeholt.[42] Zu jenem Zeitpunkt war das Gros der politisch linksstehenden Verlage und Buchvertriebsstellen der Weimarer Republik, einschließlich der SPD- und KPD-eigenen Unternehmen, sofern ihre Geschäftsleitungen nicht rechtzeitig ins Exil ausgewichen waren, schon längst enteignet und stillgelegt oder zu Unternehmen der NSDAP umfunktioniert.[43]

Immerhin wurden aber Verleger wie Ernst Rowohlt und Gustav Kiepenheuer, deren Produktion aus republikanischer Zeit gleich zu Beginn des »Dritten Reichs« nahezu vollständig verboten worden war, in die RSK aufgenommen. Doch war sowohl Kiepenheuers als auch Rowohlts verlegerischer Aktionsradius stark eingeschränkt. Nicht allein aufgrund der politischen Pressionen staatlicher oder parteiamtlicher Schrifttumsstellen und des Mißtrauens, das den beiden ehemals exponierten Verlagen der literarischen Moderne von dem nun mehrheitlich völkisch-nationalen Buchhandel entgegengebracht wurde. Beide Verleger hatten vor allem auch enorme wirtschaftliche Probleme, die unmittelbar mit der Ausschaltung ihrer bisherigen Bestseller zusammenhingen.

So konnte Kiepenheuer nur durch die Hereinnahme eines finanzkräftigen Teilhabers und durch eine völlige Umstellung

[41] S. das von der RSK auf Anfrage der RKK-Hauptgeschäftsführung vom 11. 12. 1942 angefertigte »Namentliche Verzeichnis der Vierteljuden und Deutschblütigen, deren Ehepartner Halbjuden bezw. Halbjüdinnen sind«, BArch Potsdam R 56 V/51 Bl. 149–159.

[42] Mitteilung der RSK, Gruppe Buchhandel, Leipzig, an die RSK, Berlin vom 3. 6. 1938, BArch Potsdam R 56 V/51 Bl. 116.

[43] S. das 1937 vom SD vorgelegte »Leitheft« zum Verlagswesen, BArch Potsdam R 58/1107 hier Bl. 27.

seiner Verlagsproduktion überleben.[44] Einen noch 1938 erwogenen Ausschluß stellte die RSK zurück, um Kiepenheuer »Gelegenheit« zu geben, »nun zu zeigen, wie er wirklich denkt«.[45] Der Verleger nutzte seine Chance und erhielt während des Krieges sogar Wehrmachtsaufträge, die nahezu die Hälfte seines Gesamtumsatzes ausmachten.[46] Rowohlt versuchte sich dagegen durch Hereinnahme nationalsozialistischer Buchtitel in sein Verlagsprogramm politisch anzubiedern.[47] 1937 trat er sogar der NSDAP bei.[48] Aufgrund seiner Finanzschwäche wurde Rowohlts Verlag allerdings rasch zum Spielball der Konzentrationspolitik im nationalsozialistischen Buchhandel. Im Oktober 1938 erwarb die Deutsche Verlags-Anstalt AG in Stuttgart, die zu jenem Zeitpunkt bereits über die Vera-Verlagsanstalt GmbH dem Eher-Konzern einverleibt worden war,[49] vom Deutschen Verlag die Geschäftsanteile der Rowohlt Verlags GmbH.[50] Während sich Ernst Rowohlt nach seinem erzwungenen Aus-

[44] Mitteilung des Börsenvereins, Zweigstelle Berlin, an den Leiter der Fachschaft Verlag, Karl Baur, vom 10. 3. 1938, BDC/RSK/Kiepenheuer, G.

[45] »Aktenvermerk« Bischoffs (RSK-Abt. III Z) für seinen Kollegen Metzner vom 14. 6. 1938, ebd.

[46] »Vertrauliche Meldung I für den Landesobmann des Buchhandels [Berlin] bestimmt« vom 29. 5. 1943, ebd.

[47] Eine allzu durchsichtige Taktik, die bei der NSDAP auf wenig Gegenliebe stieß. S. das SD-»Leitheft« zum Verlagswesen, BArch Potsdam R 58/ 1107 hier Bl. 28, sowie das Schreiben Amanns an Bouhler vom 10. 12. 1938, hier S. 2, BArch Potsdam NS 11/9.

[48] BDC/Masterfile/Rowohlt, E. Rowohlt stellte den Antrag am 2. 12. 1937 und wurde nachträglich ab 1.5. aufgenommen. Die 1940 erfolgte Streichung der Mitgliedschaft wurde am 17. 12. 1943 rückgängig gemacht, nachdem Rowohlt die Gründe für seine unterlassenen Beitragszahlungen angegeben und die Beträge nachgezahlt hatte. S. sein Schreiben an die NSDAP-Ortsgruppe Grünheide vom 25. 8. 1943, BDC/Partei-Kanzlei Correspondence/Rowohlt, E.

[49] Dazu das SD-Leitheft »Verlagswesen« (1937), BArch Potsdam R 58/ 1107 hier Bl. 32, wo auf die Übernahme der DVA durch die Vera-Verlagsanstalt GmbH hingewiesen wird. Zum Zusammenhang der Vera mit dem Eher-Konzern Hale, Presse in der Zwangsjacke, S. 194–197.

[50] Mitteilung der Rowohlt Verlags GmbH (H. M. Ledig) an die Autoren, Mitarbeiter und Freunde des Rowohlt Verlages vom 20. 12. 1938, StA Leipzig BV/F 7815 (Ernst Rowohlt Verlag). Laut Mitteilung der BV-Adreßbücher-Redaktion vom 12. 8. 1937, ebd., war die Rowohlt Verlags KG auf Aktien bereits am 31. 7. 1937 erloschen, ihre Bestände von der Rowohlt GmbH übernommen worden.

scheiden auf eine Schiffsreise nach Brasilien begab,[51] übernahmen Heinrich Maria Ledig-Rowohlt und für kurze Zeit auch der ehemalige Reichskulturwalter Franz Moraller die von Berlin nach Stuttgart verlegte Geschäftsleitung.[52]

In den beiden genannten Fällen und in einer Vielzahl anderer Fälle bedurfte es nicht erst des Berufsverbots, um die Inhaber von Unternehmen des Verlags-, des vertreibenden und des Leihbuchhandels auf die neue literaturpolitische Linie festzulegen. Vielmehr wurde, wie noch zu zeigen sein wird, ein differenziertes Instrumentarium informeller politischer Kontrollen erfunden und eingesetzt. Das hatte neben der gezielten Wirkung im Innern auch den Vorzug, die massiven Eingriffe der nationalsozialistischen Schrifttumsbürokratie in den deutschen Buchhandel gegenüber dem Ausland verborgen halten zu können. Wenn Ausschlußentscheidungen gefällt oder Aufnahmeanträge abgelehnt wurden, so betraf dies in der Regel Inhaber von wirtschaftlich unbedeutenden Kleinverlagen oder von Leihbuchhandlungen, Buchvertreter oder sonstige buchhändlerische Angestellte und Hilfskräfte.[53] Das läßt die Vermutung zu, daß für die Nutzung des Instruments der Berufszulassung durch die »Gruppe Buchhandel« nicht allein politische Motive, sondern auch die Berücksichtigung der fachlichen »Eignung« und der wirtschaftlichen Existenzfähigkeit des Buchgewerbes ausschlaggebend waren.

[51] Zum Ausschluß Rowohlts aus der RSK, Gruppe Buchhandel, s. den »Jahreslagebericht 1938 des Sicherheitshauptamtes«, in: Meldungen aus dem Reich, Bd. 2, hier S. 156.

[52] Mitteilung des Börsenvereins (Dr. Heß) an den Pudor Verlag vom 8. 2. 1940, StA Leipzig BV/F 7815 (Ernst Rowohlt Verlag). Moraller war von März 1939 bis August 1940 Geschäftsführer der Rowohlt GmbH. Am 1. 11. 1943 wurde die Rowohlt GmbH mit der DVA »verschmolzen und damit aufgelöst«. S. den Ausschnitt aus dem Bbl. Nr. 176 vom 30. 11. 1943, ebd.

[53] S. dazu im einzelnen die im Redaktionellen Teil des Börsenblatts für den Deutschen Buchhandel veröffentlichten Entscheidungen des RSK-Präsidenten über die Ablehnung von Aufnahmeanträgen und den Ausschluß von Mitgliedern des BRB bzw. der »Gruppe Buchhandel«, Jg. 101 (1934) – 112 (1945) passim.

2. Die politische Kontrolle des Buchmarktes

2.1. Die Instrumente der Zensur

2.1.1. Die Indizierung der »schädlichen und unerwünschten« Literatur

Am 6. 12. 1933 wurde das Propagandaministerium von dem Berliner Buchhändler Wilhelm Jaspert, Mitglied im Reichsverband Deutscher Schriftsteller, im Deutschen Verlegerverein, im Börsenverein der Deutschen Buchhändler und im Kampfbund für deutsche Kultur, auf einen akuten Mißstand aufmerksam gemacht.[1] Seit der »Machtübernahme durch den Führer« waren den Berechnungen Jasperts zufolge mehr als 1000 Druckschriften verboten und beschlagnahmt worden.[2] An diesen Vorgängen seien nicht weniger als 21 Stellen beteiligt gewesen.[3] Die bisherigen und die noch zu erwartenden Verbotsmaßnahmen hätten erhebliche »Unruhe [...] in das bücherkaufende Publikum, vor allem aber in das Sortiment und in den Verlag hineingetragen«.[4] Jaspert hielt es daher für »unbedingt an der Zeit, entweder mit den Verboten grundsätzlich aufzuhören, oder eine Zentralstelle zu schaffen, an die man sich entweder bei Drucklegung eines Manuskriptes oder vorher wenden kann, oder die nachträglich bereits erschienene Bücher als einzige offizielle Stelle verbieten kann«. Um seiner Anregung weiteren Nachdruck zu verleihen, wies der vielseitig engagierte Buchhändler schließlich auch noch auf die negative Resonanz in der ausländischen Presse hin. Daß das Ausland entsprechend reagieren könne, hinge damit zusammen, daß die ausgesprochenen Buchverbote nicht nur im »Deutschen Kriminal Polizeiblatt« oder im »Deutschen Reichsanzeiger«, sondern »im Feuilleton fast aller Zeitungen, auch der ganz großen führenden volkstümlichen Blätter«, publik gemacht würden.

[1] BArch Potsdam R 56 V/158 Bl. 4–5.

[2] Ebd., Bl. 4.

[3] Nachdem Jaspert zunächst dreizehn Stellen als ausführende Organe der Buchverbote aufgelistet hatte, wies er noch auf acht weitere Stellen hin, die auf dem Rechtsweg oder – wie der Börsenverein der Deutschen Buchhändler – durch »informelle« Anweisungen den Vertrieb bestimmter Werke unterbunden hatten.

[4] Ebd., Bl. 5. Zum folgenden s. ebd.

Die Mißstände im Buchverbotswesen, auf die Jaspert am 28. 2. 1934 noch einmal die »Zentralstelle für geistigen Aktivismus« nachdrücklich aufmerksam machte,[5] wurden auch andernorts erkannt. So konnte das Landesreferat Sachsen der Reichsstelle zur Förderung des deutschen Schrifttums gegenüber Hans Hagemeyer in einem Schreiben vom 2. 5. 1934 zwar auf die gute Kooperation mit dem Leipziger Polizeipräsidium bei der Schrifttumsüberprüfung verweisen.[6] Die daraus resultierenden Beschlagnahmungen blieben bislang jedoch »immer nur auf den jeweiligen polizeilichen Landbezirk« beschränkt. Daraus könne sich der merkwürdige Umstand ergeben, daß ein Buch in Leipzig verboten sei, während es in Halle »noch einige Zeit weiterverkauft wird, bis nämlich die preußische Polizei es ebenfalls geprüft hat und sich unabhängig vom Leipziger Urteil ebenfalls zu einem Verbot entschließt«. Der Anregung seines Landesreferatsleiters, »im Reichsinnenministerium den Antrag zu stellen, daß die Schrifttumsangelegenheiten von allen Landespolizeibehörden einheitlich bearbeitet werden«, entsprach Hagemeyer unverzüglich. Am 4.5. versuchte der Reichsstellenleiter das Reichsinnenministerium davon zu überzeugen, daß es »im Interesse der Beruhigung des Büchermarktes [läge], wenn in Zukunft nur eine Stelle autorisiert würde, das anrüchige Schrifttum auf Verbotsreife zu prüfen«.[7] Da die Reichsstelle »von verschiedenen Ländern bereits bei der Verbotsfrage fragwürdigen Schrifttums herangezogen« worden sei,[8] war für Hagemeyer an und für sich auch schon klar, wer als Anwärter für diese Zentralstelle am ehesten in Frage kam.

Die Lösung des Zensurproblems erwies sich jedoch als schwieriger als von Hagemeyer angenommen. Nicht nur, daß man von einer reichseinheitlichen Struktur der deutschen Polizei und damit auch von einer eindeutigen Weisungsbefugnis Fricks gegenüber den Politischen Polizeibehörden der Länder zu jenem Zeitpunkt noch weit entfernt war. Hinzu kam, daß

[5] Für das erste Jahr nationalsozialistischer Staatsführung zog Jaspert nun die Bilanz, daß ca. 4100 Druckschriften von rund 40 Stellen verboten worden waren. Zur Lösung des Problems empfahl er eine Zentralisierung der Buchverbotskompetenz im Rahmen der RKK. Das Schreiben vom 28. 2. 1934 findet sich in BArch Potsdam R 56 V/158 Bl. 6.

[6] BArch Potsdam R 58/971 Bl. 87. Die folgenden Zitate ebd.

[7] BArch Potsdam R 58/971 Bl. 86.

[8] Ebd.

das Reichsinnenministerium seine Kompetenzen im kulturellen Bereich durch den Führer-Erlaß vom 30. 6. 1933 nahezu völlig an das Propagandaministerium hatte abgeben müssen. Und Goebbels war natürlich keineswegs bereit, eine so wichtige Zuständigkeit wie die für das Buchverbotswesen aus den Händen zu geben.

Das hieß allerdings nicht, daß vom Propagandaministerium entschiedenere Schritte unternommen worden wären, um das offenkundige Durcheinander von Verboten und Beschlagnahmungen zu beseitigen. Die einzige nennenswerte Initiative blieb zunächst ein »Runderlaß« vom 7. 3. 1934, in dem das Propagandaministerium die Landesregierungen dazu aufforderte, »unaufschiebbare Buchverbote« von den Polizeibehörden nur noch in »vorläufiger Form« aussprechen zu lassen und »vor einer endgültigen Entschließung unter Übersendung eines Stückes des beanstandeten Werkes die Stellungnahme der Reichsschrifttumskammer [...] herbeizuführen«.[9]

In der Praxis trug diese Regelung jedoch kaum zu einer grundsätzlichen Lösung des Problems bei. So kam es zwischen Kammer und Polizeibehörden wiederholt zu divergierenden Bewertungen über das, was als Verbotsliteratur einzustufen war.[10]

Mitte Dezember 1934 mußte der Leiter der Schrifttumsabteilung des Propagandaministeriums seinem Minister gestehen, daß das Buchverbotswesen »noch völlig im Argen« läge.[11] Mehr als ein Jahr nach der Jaspertschen Eingabe mangelte es immer noch an einer »einheitlichen Zusammenfassung und folglich auch an einheitlichen Maßstäben und Richtlinien [...], nach denen im konkreten Fall ein Verbot ausgesprochen wird«. Wismann brachte nun den – wahrlich nicht mehr originellen – Vorschlag zur »Errichtung einer obersten Prüfungsinstanz« ein. Neu war allerdings seine Anregung, die Buchverbote nicht durch das Ministerium, sondern durch den Präsidenten der RSK aufgrund der §§ 10 und 25 der Ersten Verordnung zur

9 BArch Potsdam R 56 V/158 Bl. 9.

10 »Zwischenbericht der Reichsschrifttumskammer über die Arbeiten vom 1. April–30. Juni 1934«, hier S. 9, DLA Marbach/NL H. Grimm: Konv. Reichsschrifttumskammer, Mappe III.

11 Bericht Wismanns an Goebbels über Ministerbüro vom 17. 12. 1934 betr. Buchverbotswesen, BArch Potsdam R 56 V/158 Bl. 23–24, hier Bl. 23. Zum folgenden s. ebd.

Durchführung des RKK-Gesetzes vom 1. 11. 1933 aussprechen zu lassen.[12] Dieser Vorgang sollte »unter weitgehender, wenn möglich sogar vollständiger Ausschaltung der Polizei« erfolgen.[13] Am 23. 1. 1935 schob Wismann noch die Anregung nach, eine »Reichsliste der verbotenen und beschlagnahmten Literatur« zusammenzustellen.[14] Der Gestapo sollte die Übernahme dieses ersten reichseinheitlichen Verbotsindex mit dem Hinweis schmackhaft gemacht werden, daß mit ihm die Säuberungsmaßnahmen im Sortiments-, Leih- und Antiquariatsbuchhandel erleichtert werden könnten.[15]

Der von Wismann vorgezeichneten Linie folgte die von ihm selbst in seiner Funktion als RSK-Vizepräsident erlassene »Anordnung über schädliches und unerwünschtes Schrifttum« vom 25. 4. 1935.[16] Darin wurde die Kammer mit der Führung von zwei Verbotslisten betraut. Die erste sollte »Bücher und Schriften« enthalten, die das »nationalsozialistische Kulturwollen gefährden« und deshalb weder durch öffentliche Büchereien verliehen noch über den »Buchhandel in jeder Form (Verlag, Ladenbuchhandel, Versandbuchhandel, Reisebuchhandel, Leihbüchereien usw.)« vertrieben werden durften (§ 1).

In einer zweiten Liste sollten jugendgefährdende Schriften, die bislang über das am 10. 4. 1935 aufgehobene »Gesetz zur Bewahrung der Jugend vor Schund- und Schmutzschriften« unterdrückt worden waren, erfaßt werden (§ 2). Für die indizierten Werke waren die Präsentation in Schaufenstern und Bücherständen, der Vertrieb über Buchhändler ohne festen Verkaufsraum sowie die Aushändigung an Jugendliche unter 18 Jahren untersagt (§ 2, 1–3). Für Zuwiderhandlungen gegen diese Bestimmungen wurde der Ausschluß aus der RSK wegen mangelnder »Zuverlässigkeit und Eignung«, in »leichteren Fällen« die Verhängung einer Ordnungsstrafe angedroht (§ 3). Anträge auf Einreihung von Schriften in eine der beiden Listen konnten beim RSK-Präsidenten gestellt werden, der seine Entscheidung »im Einvernehmen« mit dem Reichspropagandami-

12 Ebd., Bl. 24.

13 Ebd.

14 Wismann an Goebbels über Staatssekretär Hanke vom 23. 1. 1935, BArch Potsdam R 56 V/158 Bl. 26–29.

15 Ebd.

16 Veröffentlicht in: Bbl. 102. Jg., Redaktioneller Teil, Nr. 99 vom 30. 4. 1935, S. 338.

nister fällte (§ 4). Bei rein wissenschaftlicher Literatur war eine Aufnahme in die Liste 1 nur dann möglich, wenn der Reichserziehungsminister selbst einen Verbotsantrag eingebracht oder seine Zustimmung zum Verbot gegeben hatte (§ 5). Sämtliche Verbote, die »nach den bisherigen Bestimmungen« ausgesprochen worden waren, sollten weiter gelten (§ 6).

Offenbar war das Reichs- und Preußische Ministerium des Innern jedoch nicht ohne weiteres bereit, diesen erneuten Einbruch des Propagandaministeriums in seinen Kompetenzbereich widerstandslos hinzunehmen. Denn ein Runderlaß vom 16. 5. 1935 setzte sämtliche Polizeibehörden davon in Kenntnis, daß die ihnen gemäß § 7 der »Verordnung zum Schutze des deutschen Volkes« vom 4. 2. 1933 übertragenen Aufgaben durch die RSK-Anordnung zum schädlichen und unerwünschten Schrifttum »nicht berührt« würden.[17] Für die Beschlagnahmung und Einziehung von Druckschriften gemäß § 7, Absatz 2 der Notverordnung gelte weiterhin die Zuständigkeit des Gestapa für ganz Preußen, der Stapostellen und der Außendienststellen sowie des »Polizei-Präsident[en] in Berlin als Landespolizeibehörde (mit Wirkung für das ganze Staatsgebiet), soweit durch Verletzung von Sitte und Anstand die öffentl[iche]. Sicherheit oder Ordnung gefährdet wird«.[18]

Damit war die angestrebte Vereinheitlichung des Buchverbotswesens, kaum daß sie in Kraft gesetzt worden war, schon wieder verwässert. Zwar wurden die Landesregierungen am 27. 9. 1935 durch einen vom Reichsinnenministerium mitgetragenen »Runderlaß« noch einmal an die Einhaltung des am 7. 3. 1934 vom Propagandaministerium angeordneten Verfahrens bei der Durchführung polizeilicher Buchverbote erinnert.[19] Doch zur Jahreswende 1935/36 mußte Wismann über »eine Reihe verfehlter Buchverbote« der Bayerischen Politischen Po-

[17] Ein Abdruck des »Runderlasses«, überliefert aus den Akten des Polizeipräsidiums Duisburg-Hamborn, findet sich in HStA Düsseldorf RW 36/30 Bl. 11.

[18] Ebd. Das Verbot »periodischer Druckschriften« gemäß § 9ff. der Notverordnung vom 4. 2. 1933 hatte – »wie bisher« – über die Oberpräsidenten, das Gestapa, den Polizeipräsidenten in Berlin und die Landespolizeibehörden zu erfolgen.

[19] Abschrift des gemeinsamen Runderlasses in BArch Potsdam R 43 II/1150 Bl. 17.

lizei und der Bayerischen Landespolizei-Zentralstelle berichten.[20]

Für den Leiter der ministeriellen Rechtsabteilung war dieser Fall nur »ein neues Glied in der langen Kette örtlicher Maßregeln, durch die in die Politik der Reichsregierung Unklarheit und Verwirrung getragen worden ist«. Den Kern des Problems sah Schmidt-Leonhardt darin, daß das Propagandaministerium »seit seinem Bestehen einen zähen Kampf um die einheitliche und sachlich richtige Regelung« von Angelegenheiten seines Zuständigkeitsbereichs ausgefochten habe. »Nur mit unverhältnismäßiger Mühe« sei man »hier und da zu vorläufigen Abkommen« gelangt, die sich aber in der Praxis nicht bewährt hätten. Der erfahrene Verwaltungsjurist empfahl daher seinem Minister, die Kompetenzen des Propagandaministeriums durch eine »Führer-Entscheidung« noch einmal präzise festschreiben zu lassen.[21]

Nachdem erneute Verhandlungen zwischen dem Propaganda- und dem Reichsinnenministerium über die Handhabung des Buch- und Presseverbotswesens ergebnislos verlaufen waren,[22] führte Staatssekretär Lammers schließlich die Entscheidung Hitlers herbei. Am 15. 4. 1936 erhielt Goebbels die gewünschte Bestätigung seiner Zuständigkeit in allen dem Propagandaministerium unterstehenden Sachgebieten »mit Einschluß der polizeilichen Aufgaben«.[23] Das bedeutete zwar, wie noch zu zeigen sein wird, immer noch nicht die völlige Zentralisierung des Buchverbotswesens im nationalsozialistischen Deutschland. Aber mit einem »Runderlaß« vom 7. 5. 1936 konnte Goebbels nun sämtlichen Landesregierungen, den Ober- und Regierungspräsidenten sowie dem Polizeipräsiden-

[20] Hinweis im Bericht von Ministerialrat Schmidt-Leonhardt an Goebbels vom 2. 1. 1936 betr. Buchverbote örtlicher bayerischer Behörden, BArch Potsdam R 43 II/1150 Bl. 9–12, hier Bl. 9. Die folgenden Ausführungen ebd.

[21] Ebd., Bl. 11–12.

[22] »Niederschrift« über die Besprechung von Vertretern des Reichspropaganda- und des Reichsinnenministeriums am 31. 1. 1936 in der Reichskanzlei, BArch Potsdam R 43 II/1150 Bl. 19–20, sowie Schreiben des Reichs- und Preußischen Ministeriums des Innern an die Reichskanzlei vom 26. 3. 1936, ebd. Bl. 22, in dem über die ergebnislos verlaufenen Gespräche zwischen den Staatssekretären Grauert und Funk berichtet wurde.

[23] »Amtliche Mitteilung des Führers« vom 15. 4. 1936, BArch Potsdam R 43 II/1150 Bl. 22/Rs.

ten in Berlin die zukünftige Handhabung des Buchverbotsverfahrens vorschreiben.[24]

Danach durften im deutschen Buchhandel erschienene Bücher nur noch dann beschlagnahmt und eingezogen werden, wenn sie in der von der RSK geführten »Liste der unerwünschten Schriften« erfaßt waren. Die Neuaufnahme von beanstandeten Schriften in die Liste mußte beim Präsidenten der RSK beantragt werden. In dringenden Fällen konnte ein Antrag auf sofortige Beschlagnahmung über den Leiter der Landesstelle des Propagandaministeriums bei Goebbels gestellt werden. Bis zur Entscheidung durch den Propagandaminister oder den RSK-Präsidenten über die Aufnahme einer Schrift in die Liste war »von weiteren Maßnahmen abzusehen«.[25] Bei Beanstandungen gegenüber Büchern, die im Ausland erschienen waren, behielt sich Goebbels generell die letzte Entscheidung vor. In dringenden Fällen durfte von den Polizeibehörden eine »vorläufige Beschlagnahme« vorgenommen werden, wobei allerdings der Propagandaminister unverzüglich über die Gründe zu informieren war.[26]

Die staatliche Schrifttumsbürokratie war nun im Besitz der formalen Machtmittel zur Durchsetzung der von ihr verfügten Buchverbote. Von der inhaltlichen Lösung des Problemkomplexes war sie aber noch weit entfernt. Die in der RSK-Anordnung vom 25. 4. 1935 angekündigte »Liste 1 des schädlichen und unerwünschten Schrifttums« wurde erst Ende 1935 (mit Stand vom Oktober 1935) fertiggestellt.[27] Die nach Einzelschriften, Sammelwerken und Zeitschriften aufgegliederte Liste war im wesentlichen eine Kompilationsarbeit aus den bereits vorliegenden Verbotsindices, wobei die Übernahmen aus dem im Herbst 1934 von der Bayerischen Politischen Polizei herausgegebenen umfangreichen »Verzeichnis der polizeilich beschlagnahmten und eingezogenen, sowie der für Leihbüchereien verbotenen Druckschriften« besonders auffällig sind.[28]

[24] BArch Potsdam R 2/4750. Die hier interessierenden Bestimmungen zur Handhabung der Buchverbote finden sich auf den Seiten 2 bis 3.

[25] Ebd., S. 2.

[26] Ebd., S. 3.

[27] Ein Exemplar der Liste findet sich in der Bibliothek des IfZ.

[28] Der Verbotsindex der Bayerischen Politischen Polizei war der Schrifttumsabteilung des RMVP am 27. 11. 1934 vom Gestapa zur Verfügung gestellt worden. S. das Anschreiben in BArch Potsdam R 56 V/72 Bl. 219.

An politischer Literatur waren die Schriften der frühen Arbeiterbewegung in Deutschland ebenso wie die ganze Bandbreite der Schriften führender Vertreter der SPD, die Literatur aus dem Umfeld der sowjetischen Revolution ebenso wie das der KPD indiziert, aber auch die Schriften national-konservativer Autoren, das Schrifttum der »Schwarzen Front« Otto Strassers, sämtliche Schriften von und über Ernst Röhm, sogenanntes »Konjunkturschrifttum« zu Nationalsozialismus und Rassenforschung, Bücher zum politischen System der Weimarer Republik sowie die gesamte Literatur der Pazifismusbewegung. Im Bereich der Belletristik war nahezu die gesamte Literatur der Moderne vertreten, nicht nur der deutschen, sondern auch der namhafteren ausländischen Autoren. »Unerwünscht und schädlich« waren auch die Literatur der Bekennenden Kirche, Schriften zur Anthroposophie, zur Frauenemanzipation, zum Schwangerschaftsabbruch, zur Nacktkörperkultur sowie Aufklärungsliteratur zum Thema Sexualität. Eingestreut finden sich Erotika und Trivialliteratur.

Die »Liste 1 des schädlichen und unerwünschten Schrifttums« trug ebenso wie ihre Nachfolgelisten den Vermerk »Streng vertraulich! Nur für den Dienstgebrauch!«.[29] Ur-

In einem Schreiben an Hederich vom 2. 7. 1936, ebd. Bl. 217, weist RSK-Geschäftsführer Heinl darauf hin, daß er das bayerische Verzeichnis »bei der Redaktion unserer Liste 1 sorgfältig durchgesehen und nur einen bestimmten Teil der hier verzeichneten Bücher mit übernommen [habe], vor allem diejenigen, die sich durch Vergleich auch in anderen Ländern bezw. im Reiche als verboten herausstellten«. Laut Aigner, Die Indizierung »schädlichen und unerwünschten Schrifttums« im Dritten Reich, Sp. 955, sind im bayerischen Index insgesamt 2293 Autoren mit 6834 Titeln erfaßt. S. auch den auszugsweisen Vergleich beider Indizierungslisten ebd., Sp. 1021–1022.

[29] Bei Aushändigung der Liste hatten die Mitarbeiter in Ministerium, Kammer und Landesleitungen folgende »eidesstattliche Erklärung« zu unterschreiben: »Das Buch ist ständig unter Verschluß zu halten und darf, wenn der Inhaber sich außerhalb seines Zimmers befindet, nicht offen herumliegen. Es darf ausschließlich zu Auskunftszwecken benützt und niemandem außer dem persönlichen Inhaber durch Einsichtnahme zugänglich gemacht werden. Es darf nicht aus den Diensträumen in andere Dienststellen oder in die Privatwohnung des Inhabers mitgenommen werden. Gemäß Anordnung des Reichsinnenministers Dr. Frick führt jede Verwendung des Buches über den Dienstgebrauch hinaus oder das Abhandenkommen des Buches zur fristlosen Entlassung des Betreffenden«. Eine solche Erklärung findet sich in BDC/RSK/Langenbucher, E.

sprünglich war geplant gewesen, die Aufnahme neuer Titel in die Liste »laufend« im Deutschen Kriminalpolizeiblatt und im Börsenblatt für den Deutschen Buchhandel zu veröffentlichen.[30] Daß der staatliche Verbotsindex dann aber doch geheimgehalten wurde, hatte zwei wesentliche Gründe. Zunächst wollte die staatliche Schrifttumsbürokratie dem Ausland keine weiteren Gelegenheiten zu Angriffen auf die nationalsozialistische Kulturpolitik geben.[31] Das war zum einen eine Konsequenz aus den 1933/34 gesammelten Erfahrungen. Zum anderen machten die negative Reaktion der ausländischen Presse sowie das »Aufsehen und Befremden im Elsaß«, die nach der bekanntgewordenen Indizierung der Werke René Schickeles zu Beginn des Jahres 1936 einsetzten,[32] noch einmal ganz deutlich, daß die Veröffentlichung der Buchverbote einen schädigenden Einfluß auf die Außengeltung des »Dritten Reiches« haben würde. Der deutsche Buchhandel, der über die Verbotsliteratur ebenfalls im unklaren gelassen wurde, sollte dagegen zur Kooperation mit seiner »berufsständischen Vertretung« und mit der Gestapo gezwungen werden. Dort konnten nämlich »in Zweifelsfällen« Auskünfte über die indizierten Schriften eingeholt werden.[33] Zudem erwartete man, daß die Buchhändlerschaft von sich aus das erforderliche »Gespür« für das »Unerwünschte und Schädliche« in der deutschen Literatur entwikkeln würde.

Die »Liste 1« wurde zunächst von der RSK laufend erweitert. Die Verbotsentscheidungen wurden, einer Anregung Wis-

[30] S. dazu die 1936 von Kammer-Justitiar Günter Gentz herausgegebene Sammlung »Das Recht der Reichsschrifttumskammer«, hier S. 68/Anm. 1.

[31] Diese Begründung gab der Leiter der Schrifttumsabteilung, Wismann, am 19. 3. 1937 in Leipzig auf einer Versammlung der »Fachschaft Zwischenhandel in der Gruppe Buchhandel«. S. den »Bericht« über die Versammlung, hier S. 2, in StA Leipzig Koehler & Volckmar/119.

[32] »René Schickele auf dem deutschen Index«, in: Neue Züricher Zeitung Nr. 32 vom 7. 1. 1936, BArch Potsdam R 58/964 Bl. 222. Beschlagnahme und Einziehung der Werke Schickeles waren von der RSK am 28. 10. 1935 beim Gestapa beantragt worden, ebd., Bl. 211.

[33] Darauf wies bereits die von Gentz herausgegebene Sammlung »Das Recht der Reichsschrifttumskammer«, S. 68/Anm. 1, hin. Die gleiche Empfehlung gab auch der Mitarbeiter der Goebbelsschen Schrifttumsabteilung H. Koch, Die Bekämpfung des schädlichen und unerwünschten Schrifttums, in: Jahrbuch des Großdeutschen Leihbuchhandels, hg. von E. Langenbucher, 1. Ausgabe Leipzig 1941, S. 138–150, hier S. 146–147.

manns folgend,[34] seit Juli 1936 auf regelmäßig stattfindenden Verbotskonferenzen getroffen, an denen unter Vorsitz des Leiters der Schrifttumsabteilung Vertreter der RSK, der PPK, des Gestapa, des SD-Hauptamts und des Reichserziehungsministeriums teilnahmen.[35] Vertreter des Auswärtigen Amts, des Reichskriegsministeriums und der Reichsstelle zur Förderung des deutschen Schrifttums wurden dagegen nur bei der Besprechung von Anträgen hinzugezogen, »für deren Erledigung die einzelnen Stellen bestimmtes Interesse« hatten.[36]

Die neuen Buchverbote wurden in unregelmäßigen Abständen noch einmal in gedruckten Verzeichnissen zusammengefaßt.[37] Es zeigte sich aber rasch, daß diese »Nachträge« ebenso wie die Grundliste bibliographisch schlecht recherchiert und damit auch für die literaturpolitische Arbeitspraxis ungenügend waren. Zum einen enthielt der staatliche Verbotsindex keinerlei Angaben zu Verlag, Verlagsort und Erscheinungsjahr der verbotenen Einzel- oder Sammelschriften. Zum anderen war er voller Fehler in der Schreibweise und Zuordnung von Autoren sowie in der Auflistung von Buchtiteln und -reihen,[38] was nicht

[34] Bericht Wismanns für Goebbels vom 30. 4. 1935, BArch Potsdam R 56 V/158 Bl. 11.

[35] Angabe im Leitheft »Schrifttumswesen und Schrifttumspolitik« des RF-SS und Chefs des SHA vom März 1937, BArch Potsdam R 58/1106 Bl. 80. Leider liegen über die Sitzungen dieses Gremiums keine Protokolle vor. Insofern ist auch unklar, ob diese »Verbotskonferenzen« noch bis Kriegsende abgehalten wurden.

[36] So ebd.

[37] Die in einem gedruckten Band des Gestapa Berlin zusammengefaßten »Nachträge I–III zur Liste 1 des schädlichen und unerwünschten Schrifttums« (BArch Potsdam R 56 V/71 Bl. 100–115) enthielten die Titel der zwischen Oktober 1935 und dem 10. 6. 1936 von der RSK verfügten Buchverbote. Hektographierte Zusammenstellungen des Gestapa liegen noch für die Zeit vom 10. 6.–14. 10. 1936 (BArch Potsdam R 56 V/71 Bl. 77–99), vom 15. 10. 1936–15. 2. 1937 (BArch Potsdam R 56 V/71 Bl. 128–153) und vom 1. 5.–31. 10. 1937 (BArch Potsdam R 56 V/71 Bl. 154–161) vor. Aigner, Die Indizierung »schädlichen und unerwünschten Schrifttums« im Dritten Reich, Sp. 978, gibt fälschlicherweise an, daß nach dem 10. 6. 1936 die »Herausgabe weiterer Nachtragslisten« unterblieben sei.

[38] Dazu bereits Aigner, Die Indizierung »schädlichen und unerwünschten Schrifttums« im Dritten Reich, Sp. 975–977 (mit Anm. 195). Das Reichserziehungsministerium teilte dem thüringischen Volksbildungsministerium am 9. 4. 1937 mit, daß man aufgrund der festgestellten »Mängel und Unrichtigkeiten in großer Zahl« von einer »weiteren Verteilung« der staatli-

nur auf die Eilfertigkeit bei der Zusammenstellung, sondern auch auf die sachliche Inkompetenz der am Verbotsvorgang beteiligten Dienststellen schließen läßt.

Die Konsequenzen aus diesem Mißstand wurden erst am 1. 4. 1938 gezogen. Im Zusammenhang mit dem großen Kompetenzrevirement zwischen den Einzelkammern der Reichskulturkammer und dem Propagandaministerium ging die Zuständigkeit für die Bearbeitung der Verbotsanträge auf die Schrifttumsabteilung über. Die RSK hatte nur noch die Eintragung des von der Ministerialbürokratie angeordneten Buchverbots in die »Liste des schädlichen und unerwünschten Schrifttums« vorzunehmen.[39] Diese Regelung wurde im Dezember 1938 noch einmal dahingehend abgeändert, daß sich Goebbels die Verbotsentscheidungen für den gesamten Geschäftsbereich seines Ministeriums ausnahmslos persönlich vorbehielt.[40]

Ende 1939 konnte eine grundlegend überarbeitete Neufassung der »Liste des schädlichen und unerwünschten Schrifttums« vorgelegt werden.[41] Diese Liste war im Auftrag des Propagandaministeriums von Mitarbeitern der Bibliographischen Abteilung der Deutschen Bücherei erstellt worden. Die Bibliothekare hatten die 1936 vorgelegte staatliche Verbotsliste zusammen mit den Nachträgen bibliographisch berichtigt und vervollständigt[42] und die bis zum 31. 12. 1938 neu verbotenen Titel in die Liste mitaufgenommen.

chen Verbotsliste an die Bibliotheken absehen wollte. Das Schreiben in HStA Weimar Thüring. Min. f. Volksbildung/C 619 Bl. 280.

39 »Zweite Bekanntmachung über die Gliederung der Reichsschrifttumskammer«, in: Ihde (Hg.), Handbuch der Reichsschrifttumskammer, S. 44.

40 Mitteilung im Nachrichtenblatt des Reichsministeriums für Volksaufklärung und Propaganda, Bd. 6, Nr. 18 vom 7. 12. 1939, S. 112.

41 Liste des schädlichen und unerwünschten Schrifttums. Stand vom 31. Dezember 1938, Leipzig o.J. (1939). Ein unveränderter Nachdruck dieser 181 Seiten umfassenden Liste sowie der Jahreslisten 1939–1941 liegt unter dem Gesamttitel »Liste des schädlichen und unerwünschten Schrifttums«, Vaduz/Liechtenstein 1979, vor. Zur Datierung der Neuausgabe s. die Übersicht der DB über die »Versendung der Hauptliste des schädlichen und unerwünschten Schrifttums«, DB-Archiv Nr. 580/0–3.

42 Das in der Deutschen Bücherei überlieferte Exemplar der »Nachträge I–III« [Oktober 1935–10. 6. 1936] enthält noch die Bleistiftmarkierungen der zahlreichen Fehler, die von einem Mitarbeiter der Bibliothek bei der Durchsicht für die überarbeitete Fassung der »Liste des schädlichen und unerwünschten Schrifttums« gefunden worden waren.

In einer »Vorbemerkung« wurde noch einmal ausdrücklich darauf hingewiesen, daß die in der Liste erfaßten Werke »in sämtlichen Auflagen« verboten waren, bei Werken, die in verschiedenen Verlagen erschienen waren, auch mit »sämtlichen Ausgaben«.[43] Das Verbot galt zudem für »sämtliche Übersetzungen, gleichgültig ob diese aufgeführt sind oder nicht«.[44] Insgesamt waren in der Liste 4175 Einzeltitel und 565 Verbote mit dem Vermerk »Sämtliche Schriften« enthalten.[45] Hinzu kamen noch die Verbote für Serien und Zeitschriften sowie die Indizierung bestimmter Verlage mit ihrer Gesamtproduktion.

Für die Zeit nach dem 1. 1. 1939 wurde ebenfalls von der Deutschen Bücherei im Auftrag des Propagandaministeriums monatlich eine »Liste der in der Deutschen Bücherei unter Verschluß gestellten Druckschriften« herausgegeben.[46] Darin waren zwei Gruppen enthalten. Mit dem Zusatz »verboten« wurden abgedruckt erstens sämtliche Schriften, die vom Propagandaministerium in die »Liste des schädlichen und unerwünschten Schrifttums« eingereiht worden waren,[47] zweitens die im Deutschen Kriminalpolizeiblatt als beschlagnahmt aufgeführten Schriften, insofern diese nicht bereits in der »Liste des schädlichen und unerwünschten Schrifttums« enthalten waren, und drittens sämtliche Neuerscheinungen von Verlagen oder Verfassern, deren Gesamtproduktion indiziert worden war.[48]

Den Zusatz »geheim« erhielten erstens sämtliche Schriften, die von vorneherein nicht für eine breitere Öffentlichkeit bestimmt waren (z.B. vertrauliche Mitteilungen parteiamtlicher oder staatlicher Behörden), zweitens Schriften, die »aus be-

[43] Liste des schädlichen und unerwünschten Schrifttums. Stand vom 31. Dezember 1938, »Vorbemerkung«.

[44] Ebd.

[45] Zahlenangabe bei Aigner, Die Indizierung »schädlichen und unerwünschten Schrifttums« im Dritten Reich, Sp. 984. Die Liste vom Oktober 1935 hatte demgegenüber 3601 Einzeltitel und 524 Gesamtverbote umfaßt.

[46] Schreiben der DB an Dr. Koch, den Leiter des Buchverbotsreferats in der Schrifttumsabteilung des RMVP, vom 12. 6. 1939, hier S. 1, DB-Archiv Nr. 580/0–3. Die Monatslisten wurden von der Bibliographischen Abteilung der DB aufgrund der von den staatlichen Schrifttumsstellen mitgeteilten Zensurentscheidungen zusammengestellt. Die Druckfahnen gingen dann jeweils der Schrifttumsabteilung zur Korrektur und Genehmigung zu.

[47] Diese Titel wurden der DB seit Anfang Juni 1939 regelmäßig von der Schrifttumsabteilung des RMVP mitgeteilt. Hinweis ebd.

[48] Schreiben der DB an Dr. Koch, S. 1.

stimmten Gründen vertraulich zu behandeln« waren (wie Richtlinien für den Luftschutz, militärwissenschaftliches Schrifttum, anthroposophische Schriften), und drittens Schriften, die der Deutschen Bücherei von der SS-Verbindungsstelle entweder als »inhaltlich harmlos, aber wegen der Persönlichkeit ihrer Verfasser als geheim zu behandeln« genannt wurden oder als »zwar inhaltlich nicht völlig einwandfrei, aber eines Verbotsantrags nicht wert« bezeichnet wurden.[49] Die letzte dieser Monatslisten legte die Deutsche Bücherei im Februar 1945 vor.[50] Von 1939 bis einschließlich 1943 wurde die monatliche »Liste der in der Deutschen Bücherei unter Verschluß gestellten Druckschriften« jeweils noch einmal zu einer »Jahresliste« zusammengefaßt.[51]

Die noch vorhandenen Lücken im Indizierungsverfahren wurden am 15. 4. 1940 durch eine vom Präsidenten der RSK erlassene Neufassung der »Anordnung betreffend Listen des schädlichen und unerwünschten Schrifttums« geschlossen.[52] Bei Schriften, »die den kulturellen und politischen Zielen des nationalsozialistischen Staates widersprechen«, waren nicht mehr nur Verlag, Verkauf, Verteilung, Verleih, Vermietung, Ausstellung, Anpreisung und Angebot, sondern nun auch das Vorrätighalten untersagt (§ 1). Damit wurden die Mitglieder der »Gruppe Buchhandel« praktisch dazu verpflichtet, ihre Buchläger, die bislang noch als Nischen für Verbotsliteratur genutzt

[49] Ebd., S. 2.

[50] Mit Schreiben vom 20. 2. 1945 sandte Uhlendahl die umbrochenen Druckfahnen der Monatsliste Januar/Februar 1945 an Hövel von der Schrifttumsabteilung des RMVP, DB-Archiv Nr. 580/0–3.

[51] Die »Jahreslisten« 1939–1941 sind in dem unveränderten Nachdruck der »Liste des schädlichen und unerwünschten Schrifttums« enthalten. Die »Jahreslisten« 1942 und 1943 sind in der Deutschen Bücherei überliefert. Die Angabe von Strothmann, Nationalsozialistische Literaturpolitik, S. 219, daß ab 1942 keine Indexkataloge mehr erschienen seien, ist unzutreffend. Die falsche Angabe wird von Aigner, Die Indizierung »schädlichen und unerwünschten Schrifttums« im Dritten Reich, Sp. 981, übernommen.

[52] Die Neufassung der RSK-Anordnung erschien – entgegen der sonst üblichen Verfahrensweise – nicht im Redaktionellen Teil des Börsenblatts, sondern nur in der Börsenblatt-»Ausgabe A«, Nr. 117 vom 23. 5. 1940, S. 2453. Sie ist wiedergegeben bei Ihde (Hg.), Handbuch der Reichsschrifttumskammer, S. 75–76.

werden konnten, selbst zu »reinigen«.[53] Ein zweiter wesentlicher Punkt betraf die »voll- und halbjüdischen« Autoren. Hatte für sie bis 1940 noch kein Totalverbot gegolten, wurde nun festgelegt, daß ihre sämtlichen Schriften auch dann als »schädlich und unerwünscht« zu gelten hatten, wenn sie nicht im Index aufgeführt waren (§ 4).

Für die fachwissenschaftliche Literatur mußten allerdings eine Reihe von Übergangsbestimmungen konzediert werden.[54] So war bei *Standardwerken der deutschen Wissenschaft und Geistesgeschichte* der Ausverkauf der vorrätigen Ausgaben möglich. Selbst Neuauflagen konnten gedruckt werden, wenn das Propagandaministerium eine »ausdrückliche Genehmigung« erteilt hatte. *Sammelwerke, Handbücher* und *wissenschaftliche Zeitschriften*, an denen »voll- oder halbjüdische« Autoren beteiligt gewesen waren, durften ebenfalls ausverkauft werden. Für Neuauflagen war das »vorherige Einverständnis« des Propagandaministeriums einzuholen. *Wissenschaftliche Sammelwerke und wissenschaftliche Handbücher*, die »zum größten Teil oder ausschließlich« von »voll- oder halbjüdischen« Autoren verfaßt oder herausgegeben worden waren, mußten bis zum 31. 12. 1940 beim Propagandaministerium angemeldet werden, das dann Einzelentscheidungen über den weiteren Vertrieb treffen wollte. *Wissenschaftliches Schrifttum* »voll- oder halbjüdischer« Autoren, das *vor 1850* verfaßt oder erschienen war, wurde vom Vertriebsverbot ausgenommen, insofern keine Einzelindizierung vorlag.

Die »Anordnung« vom 15. 4. 1940 enthielt auch den Hinweis auf eine von der RSK geführte »Liste solcher Bücher und Schriften, die ungeeignet sind, in die Hände Jugendlicher zu gelangen oder in Büchereien geführt zu werden« (§ 2). Der Verbotsindex für Jugendliche war zwar bereits 1935 als »Liste 2« angekündigt, bislang aber noch gar nicht geführt worden.[55] Erst

[53] S. dazu auch die in den »Vertraulichen Mitteilungen« der Fachschaft Verlag Nr. 55 vom 15. 9. 1944 veröffentlichten »Erläuterungen der Reichsschrifttumskammer zur Amtlichen Bekanntmachung Nr. 70 vom 15. 4. 1940«. Wiedergegeben bei Ihde (Hg.), Handbuch der Reichsschrifttumskammer, S. 76–79.

[54] Zum folgenden ebd., S. 78–79.

[55] Mitteilung der Schrifttumsabteilung des RMVP an den Leiter der Bibliographischen Abteilung der DB, Dr. Wilhelm Frels, vom 1. 8. 1940, DB-Archiv Nr. 580/0–3.

im Oktober 1940 gab die Schrifttumsabteilung des Propagandaministeriums eine Ausgabe der »Liste der für Jugendliche und Büchereien ungeeigneten Druckschriften« heraus,[56] die wiederum von der Bibliographischen Abteilung der Deutschen Bücherei erarbeitet worden war.[57] Im Gegensatz zur »Liste des schädlichen und unerwünschten Schrifttums« wurde diese »Liste 2« über den Verlag des Börsenvereins der Deutschen Buchhändler öffentlich verbreitet.

Die erste Ausgabe enthielt insgesamt 20 umfangreichere Serien und mehrere hundert Einzeltitel. Vertreten waren Kriminal- und Detektivromane, darunter allein 151 Titel von Edgar Wallace, Abenteuer- und Wildwestromane, Science-fiction- und Liebesromane. Der 1942 herausgegebenen Neuausgabe waren die seit 1940 erfolgten Nachträge beigefügt.[58] 1943 erschien schließlich noch eine zweite veränderte Auflage, in der die Einzel- und Serientitel von 1940 und 1942 mit den Neuzugängen zusammengefaßt waren.[59] Bei der Durchsicht dieser Indizierungsliste fällt auf, daß nicht mehr nur die Rezeption von »Trivialliteratur« unterbunden werden sollte. In Leihbuchhandlungen und öffentlichen Büchereien waren nun auch die Schriften so renommierter Autoren wie Martin Beheim-Schwarzbach und Rudolf Herzog »unter Verschluß« zu halten.[60]

Daß man seit 1940 verstärkt an die Indizierung der »für Jugendliche und Büchereien ungeeigneten Druckschriften« ging,

[56] Ein Exemplar dieser ersten, 77 Seiten umfassenden Liste findet sich in der DB in Leipzig. Auch die beiden nachfolgenden Ausgaben der Liste sind dort überliefert.

[57] Schreiben Uhlendahls an Dr. Heß, den Geschäftsführer des Börsenvereins, vom 4. 11. 1940, DB-Archiv Nr. 580/0–3. Ähnlich wie bei der »Liste des schädlichen und unerwünschten Schrifttums« wurde die DB von der Schrifttumsabteilung des RMVP auch laufend über die Neuaufnahmen in die »Liste der für Jugendliche und Büchereien ungeeigneten Druckschriften« informiert. S. die einzelnen Mitteilungen ebd.

[58] Die Seiten 5–77 dieser Ausgabe sind völlig identisch mit der ersten Ausgabe. Der »Nachtrag« folgt auf den Seiten 79–84.

[59] Der Ausgabe war erstmals ein ausführliches Stichwort-Register beigegeben worden.

[60] Von Beheim-Schwarzbach sind ebd., S. 12–13, insgesamt elf Titel indiziert. Zu Rudolf Herzogs Roman »Der Graf von Gleichen«, ebd., S. 34, findet sich die Anweisung: »Das genannte Werk soll in Leihbuchhandlungen nicht mehr ausgeliehen werden. Soweit noch alte Exemplare vorhanden sind, sind sie unter Verschluß zu nehmen.«

hatte eine Reihe von Gründen. Die »Zunahme des Schundlesens« war von seiten parteiamtlicher Schrifttumsstellen schon seit 1938 mit großem Argwohn registriert worden.[61] Mit Beginn des Krieges nahm die Beliebtheit der sogenannten »Trivialliteratur« noch weiter zu.[62] Die Gestapo wollte sogar einen Zusammenhang zwischen der Lektüre von Abenteuer- oder Kriminalromanen und der Neigung von Jugendlichen zu Straftaten erkennen.[63] Für die staatliche Schrifttumsbürokratie ging es zum einen darum, die Verbreitung der zumeist anglophilen Unterhaltungsliteratur einzudämmen, eine Aufgabe, die ihr Mitte Oktober 1939 von Goebbels gestellt worden war.[64] Zum anderen sollte durch das Verbot ganzer Serien von Trivialliteratur Papier für die politischen, schöngeistigen, wissenschaftlichen und fachlichen Verlagsproduktionen freigemacht werden.[65] Das

[61] S. dazu in BArch Potsdam NS 12/48 die Anweisung der Jugendschriftenabteilung des NSLB an die Gauabteilungen für Jugendschrifttum vom 7. 6. 1938, die »Zunahme des Schundlesens innerhalb der deutschen Jugend« verstärkt zu beobachten. Die daraufhin von der Gauabteilung Thüringen eingesandte Zusammenstellung von Berichten aus thüringischen Städten und Gemeinden ist überliefert in BArch Potsdam NS 12/1292.

[62] Schreiben des Leiters der Staatlichen Volksbüchereistelle Thüringen an den Thüringischen Minister für Volksbildung vom 11. 11. 1940, HStA Weimar Thüring. Min. f. Volksbildung/C 629 Bl. 277. Zum Kontext H. Geyer-Ryan, Trivialliteratur und Literaturpolitik im Dritten Reich, in: Sprache im technischen Zeitalter 19 (1978), S. 267–277.

[63] Rundschreiben des RSHA/Abt. III C 4 bei allen SD-(Leit)Abschnitten, Kriminalpolizei(leit)stellen, Stapo(leit)stellen und Inspekteuren der Sipo und des SD vom 21. 10. 1941 betr. »Auswirkung des minderwertigen Schrifttums«, HStA Düsseldorf RW 36/30 Bl. 70. Darin wurde die Empfehlung ausgesprochen, »bei bekanntgewordenen Mißständen, Straftaten usw., die auf Jugendliche zurückzuführen sind, Feststellungen dahingehend zu treffen, inwieweit die Ursache in der Lektüre bestimmter Schrifttumsgruppen zu sehen ist«.

[64] Hinweis ebd. S. dazu auch die »Meldungen aus dem Reich« Nr. 30 vom 18. 12. 1939, Bd. 3, S. 581–588, hier S. 583–584.

[65] In diesem Sinne äußerte sich Wilhelm Haegert, der Leiter der Schrifttumsabteilung des Propagandaministeriums, bereits anläßlich seiner Rede auf der Kantate-Versammlung des deutschen Buchhandels 1940 in Leipzig. S. die Wiedergabe der Rede zum Thema »Schrifttum und Buchhandel im Kriege« in: Bbl. 107. Jg., Redaktioneller Teil, Nr. 94 vom 23. 4. 1940, S. 148–152, hier S. 150. S. dazu auch die »Rundverfügung« der Stapoleitstelle Düsseldorf vom 29. 5. 1941 betr. Beschlagnahmung und Einziehung von vierzehn Schriftenreihen, deren weiterer Vertrieb »aus Gründen der Papier-

Dilemma bestand allerdings darin, daß der Buchhandel das gestiegene Zerstreuungsbedürfnis der Bevölkerung, insbesondere aber auch der Jugendlichen immer weniger mit »gehobener« Unterhaltungsliteratur befriedigen konnte, so daß ein »Ausweichen« auf die in Massenauflagen gedruckten Trivialromane kaum zu verhindern war.

2.1.2. Die Verbote des Reichsführers-SS und Chefs der deutschen Polizei im Reichsministerium des Innern

In der Ende 1939 erschienenen Neuausgabe der »Liste des schädlichen und unerwünschten Schrifttums« wurde erstmals darauf hingewiesen, daß der Reichsführer-SS und Chef der deutschen Polizei im Reichsministerium des Innern »gegen bestimmte Schriften zusätzlich ein allgemeines Verbot ausgesprochen« habe.[66] Als rechtliche Grundlage für das Verbreitungsverbot wurde die »Verordnung des Reichspräsidenten zum Schutze von Volk und Staat vom 28. Februar 1933« angegeben. Die betroffenen Schriften, die zuvor bereits im »Reichsanzeiger« veröffentlicht worden waren, wurden in der Indizierungsliste des Propagandaministeriums von 1938 ebenso wie in den bis 1943 erschienenen »Jahreslisten« mit einem Kreuz kenntlich gemacht.

Notwendig war dieses ergänzende Verbotsrecht deshalb, weil durch die »Anordnung« der RSK vom 25. 4. 1935 keine vollständige Ausschaltung der vom Nationalsozialismus abgelehnten Literatur garantiert wurde. So blieb die Bezeichnung »schädliches und unerwünschtes« Schrifttum hinter den Möglichkeiten zurück, die durch die Reichstagsbrandnotverordnung vom 28. 2. 1933 gegeben waren. Denn die dort verfügte Außerkraftsetzung des Grundrechts der freien Meinungsäußerung (§ 1) hatte der Politischen Polizei einen praktisch unbegrenzten Handlungsspielraum zur Bekämpfung politischer und weltanschaulicher Gegner verschafft.[67] Im Bereich des Buchverbotswesens änderte sich dies zwar insofern, als die Gestapo seit

ersparnis« vom Propagandaministerium am 25. 4. 1941 untersagt worden war. HStA Düsseldorf RW 18/31 Bl. 27.

[66] Liste des schädlichen und unerwünschten Schrifttums. Stand vom 31. Dezember 1938, »Zusätzliches Verbot des Reichsführers SS«.

[67] Auf diesen Umstand wies der Kölner Verwaltungsgerichtsrat Dr. Klüber in seiner Darstellung »Die Organisation der Schrifttumsüberwachung«, in: Bbl. 101. Jg., Redaktioneller Teil, Nr. 204 vom 1. 9. 1934, S. 769–771,

1936 definitiv auf die Rolle eines ausführenden Organs der RSK, ab 1938 des Propagandaministeriums zurückgeschnitten wurde und sich im wesentlichen auch an diese Regelung hielt.[68] Da jedoch die Hindenburgsche Notverordnung vom 28. 2. 1933 bis zum Ende des »Dritten Reiches« nicht außer Kraft gesetzt wurde, stand es Himmler in seiner 1936 errungenen Position als Chef der deutschen Polizei im Reichsministerium des Innern immer noch frei, zur Wahrung der »öffentlichen Sicherheit und Ordnung« die Unterdrückung bestimmter Schriften selbständig anzuordnen.[69]

Ein weiteres Defizit der erwähnten »Anordnung« war, daß sie nur für den Zuständigkeitsbereich der RSK galt. D.h. nur die Mitglieder der »Gruppe Buchhandel« waren dazu verpflichtet, das Verbreitungsverbot, ab 1940 auch das Verbot der Lagerhaltung einer indizierten Druckschrift zu beachten. Diese Begrenzung konnte nun im Bedarfsfall dadurch aufgehoben werden, daß der Reichsführer-SS und Chef der deutschen Polizei im Reichsministerium des Innern aufgrund eigener Initiative oder im Auftrag anderer Dienststellen von Staat und Partei »zusätzlich ein allgemeines Verbot« aussprach.[70] Da die Notverord-

Nr. 206 vom 4. 9. 1934, S. 778–779 und Nr. 210 vom 8. 9. 1934, S. 789–790, hier S. 789, explizit hin.

[68] Dieses Urteil stützt sich auf eine Auswertung der überlieferten Verbotsvorgänge in BArch Potsdam R 58/890–935 und 964–975. Auch die sechs Aktenordner zum »schädlichen und unerwünschten Schrifttum« im BDC bestätigen diese Einschätzung. Das bedeutet allerdings nicht, daß die Dienststellen des Reichsführers-SS stets mit der Buchverbotspolitik der RSK und des Propagandaministeriums einverstanden gewesen wären. Die in Einzelfällen feststellbaren deutlichen Kontroversen endeten jedoch in der Regel mit einem »Ressortsieg« der Goebbelsschen Schrifttumsbürokratie.

[69] Beispiele für eigenständige Buchverbote des RF-SS und Chefs der deutschen Polizei, die nach der Regelung der Buchverbotskompetenzen vom Mai 1936 erlassen wurden, sind das Verbot des Buches »Don Quichote von München« von Frateco, hg. von W. H. De Buisonjé, Amsterdam o. J., am 24. 11. 1939 (BDC/Aktenordner »Schädliches und unerwünschtes Schrifttum«, II) sowie das Verbot sämtlicher Werke Eve Curies durch den Chef der Sipo und des SD am 29. 3. 1941 (BDC/Aktenordner »Schädliches und unerwünschtes Schrifttum«, I).

[70] So wurde etwa das Verbreitungsverbot für sämtliche in den USA erscheinenden Zeitungen, Zeitschriften und Bücher am 22. 12. 1941 vom RF-SS und Chef der Deutschen Polizei aufgrund von § 1 der Reichstagsbrandnotverordnung »im Einvernehmen« mit dem Propagandaministerium erlassen (BDC/Aktenordner »Schädliches und unerwünschtes Schrifttum«, VI).

nung vom 28. 2. 1933 »Anordnungen von Haussuchungen und von Beschlagnahmen sowie Beschränkungen des Eigentums auch außerhalb der sonst hierfür bestimmten gesetzlichen Grenzen« für zulässig erklärt hatte, war damit auch der Zugriff auf die Bibliotheken privater Haushalte oder von der Kammer nicht kontrollierter Privateinrichtungen gewährleistet.[71]

Daß die aktive Mitwirkung Himmlers am Buchverbotswesen von der »Gruppe Buchhandel« der RSK durchaus wohlwollend unterstützt wurde, geht aus den »Vertraulichen Mitteilungen der Fachschaft Verlag« hervor. Dort wurden die Verleger im Juli 1940 »aus gegebenem Anlaß« noch einmal darauf aufmerksam gemacht, daß »dem Chef der Sicherheitspolizei und des SD. (Dienststelle des Reichsführers SS und Chefs der deutschen Polizei) ein Dienstexemplar von Verlagswerken auf Anforderung unentgeltlich postwendend zuzustellen« war.[72] 1943, als die Buchvorräte bereits erheblich verknappt waren, erhielten die Verleger die Anweisung, von jeder Neuerscheinung ein Exemplar »für eine evtl. eingehende Anforderung des Chefs der Sicherheitspolizei und des SD«

Im Zusammenhang mit der Einreihung sämtlicher Schriften des Stockholmer Bermann-Fischer Verlags in die »Liste des schädlichen und unerwünschten Schrifttums« beantragte Goebbels bei Himmler zusätzlich, »auf Grund der Anordnung des Herrn Reichspräsidenten vom 28. Februar 1933 die Schriften für das Reichsgebiet zu verbieten«. S. dazu das von Goebbels unterzeichnete Schreiben der Schrifttumsabteilung an den Präsidenten der RSK vom 1. 2. 1939 in BDC/RSK/Bermann-Fischer, G.

[71] S. dazu in BArch Potsdam R 58/769: das Schreiben der Stapostelle für den Regierungsbezirk Westpreußen an das Gestapa vom 14. 5. 1937, in dem die Beschlagnahmung der Privatbücherei eines früheren sozialdemokratischen Redakteurs gemeldet wird (Bl. 139); den Vorgang zur Beschlagnahmung von Büchern eines Münchner Bürgers, die für den Versand an seinen in den USA lebenden Sohn gedacht waren, durch das Grenzkommissariat Glatz (Bl. 150–170); das Schreiben der Stapostelle Oppeln an das Gestapa vom 19. 8. 1937, in dem über die Überwachung der Versteigerung von Büchern aus der Wohnung eines emigrierten Juden berichtet wird (Bl. 177, 184). S. auch im Gestapo-Bestand des StA Würzburg Nr. 1330, wo Unterlagen zur Durchsuchung der Privatwohnung einer Lehrerin aus Schweinfurt im Juli 1941 und zu den dabei beschlagnahmten anthroposophischen Schriften überliefert sind.

[72] »Vertrauliche Mitteilungen der Fachschaft Verlag« Nr. 54 vom 15. 7. 1940, wiedergegeben bei Ihde (Hg.), Handbuch der Reichsschrifttumskammer, S. 159.

bis zehn Wochen nach der Titelanzeige in der Deutschen Nationalbibliographie zurückzuhalten.[73]

2.1.3. Der »Schutz nationalsozialistischen Schrifttums«

Seit 1934 galt für sämtliche Schriften und Bücher, die in Titel, Aufmachung und Inhalt Bezug auf den Nationalsozialismus nahmen, der Parteiamtlichen Prüfungskommission zum Schutz des NS-Schrifttums vorgelegt werden mußten. Die Zensurvollmacht der Bouhler-Kommission, die ursprünglich auf der »Verfügung« des Stellvertreters des Führers vom 16. 4. 1934 beruhte, wurde vom Präsidenten der RSK mit einer »Anordnung« vom 16. 4. 1935 ausdrücklich anerkannt.[74] Darin wurde der Buchhandel noch einmal darauf hingewiesen, daß eine weitere Verbreitung der von der PPK »beanstandeten« Schriften und Bücher untersagt war. Für Verstöße wurden Ordnungsstrafen, in »schwerwiegenden Fällen« auch der Kammerausschluß angedroht.

Die Unterdrückung der von der PPK zensierten und abgelehnten Schriften erfolgte auf verschiedenen Wegen. Die Bouhler-Kommission konnte bei der Gestapo den Antrag auf Beschlagnahmung und Einziehung einer Publikation stellen.[75] Im Extremfall konnte einem Verlag die Berechtigung zur Veröffentlichung »nationalsozialistischer« Literatur generell abgesprochen werden.[76] Möglich war aber auch, daß mit den Verlegern Änderungen für die Neuausgabe bzw. Neuauflage einer Schrift oder für die Drucklegung eines Manuskripts vereinbart

[73] »Vertrauliche Mitteilungen der Fachschaft Verlag« Nr. 419 vom 1. 7. 1943, S. 2.

[74] »Anordnung betr. Verbreitungsverbot der von der Parteiamtlichen Prüfungskommission beanstandeten Schriften«, in: Schrieber (Hg.), Das Recht der Reichskulturkammer, Bd. II, S. 90–91.

[75] In den Verbotsakten in BArch Potsdam R 58/767, 890–935, 964–975 und 1023 sowie in BDC/Aktenordner »Schädliches und unerwünschtes Schrifttum« I–VI sind eine Vielzahl solcher Verbotsanträge der PPK bei der Gestapo überliefert.

[76] Beispiele dafür sind der Heinig Verlag in Wiesbaden, dem die PPK im August 1935 die »Berechtigung zum Verlag und Vertrieb nationalsozialistischen Schrifttums« absprach (BArch Potsdam R 58/906 Bl. 64–65); der Berliner Verlag »Die Runde«, den das gleiche Verbot im März 1936 traf (BArch Potsdam R 58/751 Bl. 32–33); der Verlag Friedrich Floeder in Düsseldorf (HStA Düsseldorf RW 58/3729).

wurden.[77] Ein Sonderfall der »Vorzensur« war die bereits erwähnte Abfassung von politisch heiklen Lexikonartikeln durch Bouhler selbst oder durch seine Mitarbeiter.[78]

Da die Berliner Dienststelle der PPK während des Krieges ausgebombt wurde, sind ihre umfangreiche Gutachtertätigkeit und insbesondere ihre »informellen Absprachen« mit den Verlegern nur noch vereinzelt dokumentiert. Immerhin wird aus den noch überlieferten Verbotsakten ersichtlich, wie vielfältig sich die Bouhler-Kommission in die nationalsozialistische Zensurpolitik einschaltete.

Das Gros der Verbote betraf Abhandlungen zum politischen System, zum Verfassungs- und Verwaltungsrecht, zu Gesellschaft und Wirtschaft im »Dritten Reich«, Darstellungen zur deutschen Geschichte und zur Entwicklung der NSDAP, Biographien zu führenden Repräsentanten von Partei und Staat.[79] In Einzelfällen wurden aber auch gegen belletristische und literaturgeschichtliche Bücher Anträge auf Beschlagnahme und Einziehung bei der Gestapo gestellt. Seit dem »Arbeitsabkommen« zwischen Bouhler und Rust vom Juli 1937 spielte die Kontrolle der Hochschulschriften, der erziehungswissenschaftlichen Literatur sowie der Lehr- und Lernbücher eine zunehmend bedeutendere Rolle.

Ein weiterer wichtiger Schwerpunkt im Rahmen der Verbotstätigkeit der PPK betraf die konfessionellen Literaturpublikationen. 1937 wurde z.B. die weitere Auslieferung der ersten sechs, noch vor der nationalsozialistischen Machtübernahme erschienenen Bände des konfessionell ausgerichteten Lexikons »Der große Herder« untersagt.[80] »Kirchenfreundliche Werturteile« und Kritik am Nationalsozialismus waren auch die Be-

[77] So hatte die PPK am 21. 10. 1935 bei der Gestapo zunächst die Beschlagnahmung von 15 Verlagstiteln der Neuen Berliner Buchvertriebs GmbH wegen falscher Darstellung des Nationalsozialismus angeordnet. Nachdem der Verlag gegen dieses Verbot Einspruch erhoben und sich zu einer Umarbeitung der beanstandeten Schriften bereiterklärt hatte, zog die Bouhler-Kommission schließlich ihre Anordnung zur Vernichtung der beschlagnahmten Bestände zurück. Der Vorgang findet sich in BArch Potsdam R 58/1023 Bl. 14–35.

[78] Vgl. Kapitel II C 2.2. dieser Arbeit.

[79] Im einzelnen BArch Potsdam R 58/890–935 und 964–975.

[80] Verbotsantrag der PPK beim Gestapa vom 5. 8. 1937, BArch Potsdam R 58/909 Bl. 112. Mit Schreiben vom 30. 6. 1938, ebd. Bl. 116, wurde dem Verlag von der PPK noch die Erfüllung eingegangener Lieferungsverpflich-

gründungen für den im gleichen Jahr verhängten Auslieferungsstop für das vom Verlag Kösel & Pustet herausgegebene »Handbuch der Erziehungswissenschaft«.[81]

Allerdings waren die Urteile über das, was als dem Nationalsozialismus entgegengesetzt zu gelten habe und daher verboten werden sollte, in den staatlichen und parteiamtlichen Schrifttumsstellen keineswegs einheitlich. So teilte die PPK der Gestapo am 4. 8. 1936 mit, daß die in der Deutschen Verlagsanstalt erschienene Auswahl von Gedichten Gottfried Benns aus den Jahren 1911 bis 1936 »zu schweren Bedenken Anlaß geben« müsse und »keinesfalls als ein irgendwie aufbauender Beitrag zum Schaffen der heutigen Zeit gewertet werden« könne.[82] Eine Reihe von Gedichten würden nicht nur den »Anhängern der Freud'schen Psychoanalyse alle Ehre machen«,[83] sondern stünden an »Zynismus und pathologischer Selbstbefleckung Arbeiten der inzwischen ausgebürgerten und emigrierten früheren Größen nicht nach«.[84] Hederich bat daher »zu erwägen, ob der Verleger nicht zur Rechenschaft gezogen werden soll, bezw. ob ihm mitgeteilt wird, daß eine weitere Auslieferung des Buches in der vorliegenden Form nicht in Betracht kommt [...]«.[85]

Diese Einschätzung deckte sich im Grunde mit der scharfen Ablehnung des Gedichtbandes, die bereits am 7. 5. 1936 unter dem Titel »Der Selbsterreger!« im »Schwarzen Korps« erschienen war.[86] Die von der Gestapo eingeschaltete RSK wollte aber anscheinend von all dem ebensowenig wissen wie das Propagandaministerium. Auf »Anordnung von Staatsrat Johst« sollte gegen Benn und seine Schriften nichts unternommen werden.[87] Als der expressionistische Autor 1937 durch Wolfgang Willrichs »Säuberung des Kunsttempels – eine kunstpolitische Kampfschrift zur Gesundung deutscher Kunst im Geiste nordi-

tungen im Inland sowie die Möglichkeit des Verkaufs der Restbestände ins Ausland gestattet.

81 Schreiben der PPK an die Gestapo Berlin vom 9. 8. 1937 und 21. 2. 1938, BArch Potsdam R 58/907 Bl. 49–50.

82 BArch Potsdam R 58/893 Bl. 28–29, hier Bl. 28.

83 Ebd.

84 Ebd., Bl. 29.

85 Ebd.

86 »Das Schwarze Korps« Jg. 2/Folge 19 vom 7. 5. 1936, S. 7.

87 »Vermerk« des Gestapa vom 21. 8. 1936, BArch Potsdam R 58/893 Bl. 32.

scher Art« erneut ins Kreuzfeuer der Kritik geriet, schaltete der RSK-Präsident sogar Himmler persönlich ein.[88] Der Reichsführer-SS konnte dann zwar für die SS ein weiteres Kesseltreiben gegen Benn unterbinden. Dennoch sah sich die Kammer aufgrund des parteiamtlichen Drucks letztlich gezwungen, den Schriftsteller am 18. 3. 1938 von der Mitgliedschaft auszuschließen.[89]

Im Oktober 1937 ordnete die PPK bei der Gestapo die Beschlagnahmung der von einem ehemaligen Bürgermeister verfaßten Abhandlung zum »Verwaltungsrecht« an.[90] Dagegen legte der Verfasser beim Propagandaministerium Beschwerde ein.[91] Nachdem ein Gutachten der Akademie für Deutsches Recht zu einem im wesentlichen positiven Urteil der Darstellung Dieckmanns gekommen war, gab die Schrifttumsabteilung des Ministeriums die beschlagnahmten Bestände im September 1939 wieder frei.[92] Der Verlag erhielt lediglich die Anweisung, vor Drucklegung einer Neuauflage das in Teilen überarbeitete Manuskript noch einmal zur Prüfung vorzulegen. Von der PPK wurde eine Neuauflage der Schrift aber kategorisch abgelehnt, da der Verfasser völliges Unverständnis gegenüber den nationalsozialistischen Grundgedanken und -forderungen bewiesen habe.[93] Trotz dieser massiven Bedenken weigerte sich das Propagandaministerium, die von der PPK beantragte Einreihung der Schrift in die »Liste des schädlichen und unerwünschten

[88] S. zur Entwicklung des »Falls Benn« die Dokumente bei Wulf, Literatur und Dichtung im Dritten Reich, S. 131–144; sowie die detaillierte Analyse von G. R. Cuomo, Purging an »Art-Bolshevist«: The Persecution of Gottfried Benn in the Years 1933–1938, in: GSR 9 (1986), S. 85–105.

[89] S. die Liste der ausgeschlossenen Mitglieder und abgelehnten Mitgliedschaftsanträge (Stand 1939, aktualisiert bis 1944) in BArch Potsdam R 56 V/79 hier Bl. 7. Über den »auf Veranlassung von Herrn Generalfeldmarschall Göring« durch Goebbels persönlich verfügten Ausschluß Benns setzte Johst Himmler am 29. 3. 1938 in Kenntnis, mit der Bitte um Unterstützung bei der »Revision« des Ausschlusses. In seinem Antwortschreiben vom 4. 4. 1938 merkte Himmler an: »Wegen Benn werde ich mal versuchen, was sich tun läßt«. Beide Schreiben sind überliefert in BDC/SS/Johst, H.

[90] Schreiben vom 19. 10. 1937, BArch Potsdam R 58/900 Bl. 8.

[91] Mitteilung der Schrifttumsabteilung des Propagandaministeriums an Gestapa vom 20. 9. 1939, BArch Potsdam R 58/900 Bl. 34.

[92] Hinweis ebd.

[93] PPK an Gestapo vom 10. 11. 1939, BArch Potsdam R 58/900 Bl. 45.

Schrifttums« vorzunehmen und damit das Weitererscheinen zu unterbinden.[94]

Daß solche Einzelfälle auf einen grundsätzlichen Dissens zwischen dem Propagandaministerium und der Bouhler-Kommission auf dem Gebiet der Zensurpolitik verweisen, wird durch eine im November 1939 ausgearbeitete Denkschrift von Johannes Schlecht belegt.[95] Darin wies der stellvertretende Leiter der Schrifttumsabteilung Goebbels nachdrücklich auf die »Tendenz« der PPK hin, »das gesamte deutsche Schrifttum für nationalsozialistisch zu erklären und zum Zwecke der Ausrichtung und nationalsozialistischen Umformung durch die Zensur der Partei zu pressen«.[96] Für Schlecht stand fest, daß der »Zusammenbruch der geisteswissenschaftlichen Forschung diesem Prozeß zuzuschreiben« war, da sich die Wissenschaftler von der Behandlung aller Themen abwenden würden, die für eine Vorlagepflicht bei der PPK in Frage kämen. »Eine derartige kulturschädigende Auswirkung«, prophezeite Schlecht seinem Minister, »wird in diesem Zusammenhang auch auf anderen Schaffensgebieten nicht ausbleiben«.

Die bewußt zugespitzten Formulierungen dürften ihre Wirkung auf Goebbels nicht verfehlt haben. Gerade während des Krieges wurden von ihm erneut Anstrengungen zur Zentralisierung des gesamten Buchverbotswesens im Propagandaministerium unternommen.[97] Doch gelang es Bouhler im März 1941, sich das Recht der PPK, Verbotsanträge gegen abgelehnte Schriften und Bücher direkt, d.h. ohne Einschaltung der RSK oder des Propagandaministeriums, bei der Gestapo zu stellen,

[94] Mitteilung ebd. Die Schrift taucht dann auch tatsächlich in keiner der von 1939 bis 1943 herausgegebenen »Jahreslisten des schädlichen und unerwünschten Schrifttums« auf.

[95] Die leider nur in Auszügen überlieferte »Denkschrift« findet sich in BArch Potsdam R 56 V/17 Bl. 34–37 (S. 5–8).

[96] Ebd., Bl. 34 (S. 5). Die folgenden Zitate ebd.

[97] Mitteilung von Staatssekretär Gutterer vom 22. 5. 1942, in: Nachrichtenblatt des Reichsministeriums für Volksaufklärung und Propaganda, Bd. 10, Nr. 16 vom 4. 6. 1941, S. 61 (BArch Potsdam R 55/440). Darin hieß es im Zusammenhang mit der Erteilung des Auftrags zur »Bearbeitung aller Fragen der Papierbewirtschaftung« an die Schrifttumsabteilung: »Die Vereinigung der Buchzensur im Arbeitsbereich der Abteilung Schrifttum stellt einen Erfolg für das Ministerium dar, da unser Anspruch gegen die Bemühungen aller Dienststellen erst durchgesetzt werden mußte«. S. auch Kapitel III B 2.1.6. dieser Arbeit.

noch einmal von Hitler persönlich bestätigen zu lassen.[98] Das Goebbelssche Ministerium konnte lediglich bei Verboten der PPK gegen Druckmanuskripte oder gegen Neuerscheinungen binnen drei Wochen Einspruch erheben.

2.1.4. Die »Führerentscheidung« als Sonderform der Buchzensur

Am 17. 5. 1935 teilte der Leiter der Schrifttumsabteilung im Propagandaministerium dem Gestapa die Entscheidung des »Führers und Reichskanzlers« mit, daß die 1935 im Gerhard Stalling Verlag erschienene Schrift »Kriegsgewinne und Wirtschaft« von Hauptmann Heinz Schmid zu beschlagnahmen sei.[99] Zur Begründung hieß es, daß »aus den völlig unzeitgemäßen und zum Teil unrichtigen Darstellungen schädliche Rückwirkungen auf die Wirtschafts- und Sozialpolitik des Reiches zu befürchten sind«.[100]

Wegen ihres »bevölkerungspolitisch völlig untragbaren« Inhalts wurde zu Beginn des Jahres 1941 die in einer Auflage von 900000 Exemplaren gedruckte Broschüre eines Franziskanerpaters zum Thema »Heiraten oder ins Kloster oder ledig in der Welt?« beschlagnahmt und eingezogen.[101] Das Verbot ging auf Hitler zurück, der nicht nur sämtliche Schriften des Franziskanerpaters indizieren, sondern auch dessen Verleger Franz Borgmeyer in Hildesheim mit der Betriebsschließung und Enteignung bestrafen ließ.[102] Bemerkenswert an diesem Vorgang ist, daß sich Hitler nicht an den vorgeschriebenen Instanzenzug hielt, sondern seine Weisung unmittelbar an das Reichssicherheitshauptamt erteilte, während das eigentlich zuständige Pro-

[98] Die diesbezügliche Mitteilung Bormanns an Lammers vom 10. 3. 1941 leitete der Chef der Reichskanzlei mit Schreiben vom 2. 4. 1941 an Goebbels weiter. BArch Potsdam NS 11/17.

[99] BArch Potsdam R 58/965 Bl. 34.

[100] Ebd.

[101] »Personalien des politisch in Erscheinung getretenen« T. O. vom 24. 1. 1941, HStA Düsseldorf RW 58/59.763.

[102] Mitteilung des RSHA (IV B 4a) an alle Stapoleit- und Stapostellen vom 15. 1. 1941, ebd. Die »Gesamtindizierung« der im Franz Borgmeyer Verlag erschienenen Schriften findet sich in der Jahresliste 1941 des schädlichen und unerwünschten Schrifttums, S. 22. Dazu auch die ausführliche Darstellung von H.-D. Graf, Die Verlags- und Sortimentsbuchhandlung Franz Borgmeyer in der Zeit des Nationalsozialismus, in: Gutenberg-Jahrbuch 1988, S. 206–243.

pagandaministerium ebenso wie die RSK erst nachträglich von der ganzen Aktion erfuhren.[103]

Das waren zunächst Einzelfälle, die aber immerhin belegen, daß sich Hitler auch in die Buchverbotspolitik einmischte und daß seine Entscheidungen – auch bei völliger Mißachtung des Instanzenzugs – widerspruchslos ausgeführt wurden. Da die Zensurakten der Jahre 1933 bis 1945 nur lückenhaft überliefert sind, läßt sich schwer sagen, wieviele Fälle solcher Art es tatsächlich gab. Es ist jedoch anzunehmen, daß die Zahl der »Führer-Entscheidungen«, die zu Buchverboten führten, nicht allzu groß war. Das hing sicherlich damit zusammen, daß Hitler faktisch nur in Extremfällen eingeschaltet wurde und vieles die »Augen des Führers« gar nicht erst erblickte.[104] Dies gilt zumindest bis 1941. Ab diesem Zeitpunkt können wiederholt zensurpolitische Entscheidungen Hitlers nachgewiesen werden.

So ordnete der »Führer« im November 1942 an, daß ihm »Bücher und sonstige Schriften von Reichsleitern, Gauleitern, Gliederungs- und Verbändeführern« sowie »anderer prominenter Parteigenossen« vor der Veröffentlichung vorzulegen waren.[105] Dies galt auch für Schriften, zu denen der genannte Personenkreis ein Vorwort oder einen Aufsatz beigesteuert hatte. Die Manuskriptvorlage hatte dabei über den Leiter der Partei-Kanzlei zu erfolgen. Ankündigungen des Werkes durften erst nach der Genehmigung des Manuskripts durch Hitler erfolgen. Das bedeutete nichts anderes als die Einführung einer Vorzensur für sämtliche Publikationen der Parteiführung auf

[103] Hinweis bei Graf, Die Verlags- und Sortimentsbuchhandlung Franz Borgmeyer, S. 225. Die Berliner Kammer-Zentrale erfuhr von dem ganzen Vorgang erst bei einem Besuch Borgmeyers am 24. 12. 1940. Anfang Januar 1941 setzte sie die »Gruppe Buchhandel« in Kenntnis, die dann am 19. 2. den Ausschluß von Franz und Ferdinand Borgmeyer sowie des leitenden Angestellten Georg Scholz verfügte.

[104] So wurde das 1938 im Zentralparteiverlag erschienene Weihnachtsbuch der deutschen Jugend mit dem Titel »Der Führer« von Eberhard Wolfgang Möller nach einer Intervention Rosenbergs im Einvernehmen zwischen Heß und Amann wieder vom Buchmarkt genommen, ohne daß die Hauptfigur des Buches überhaupt befragt wurde. Der Vorgang findet sich in BArch Potsdam NS 11/23 a.

[105] Die »Verfügung« Nr. 21/42 vom 21. 11. 1942 ist veröffentlicht im Reichsverfügungsblatt der NSDAP. Ausgabe A Jg. 1942, S. 137. BArch Potsdam NSD 3/3.

Reichs- und Gauebene. Zudem war es ein eklatanter Eingriff in die bisherige Domäne der Bouhler-Kommission.

Außer dieser grundsätzlichen Anordnung traf Hitler aber auch immer wieder in Einzelfällen Entscheidungen, die entweder von staatlichen und parteiamtlichen Dienststellen an ihn herangetragen oder von der Partei-Kanzlei zur Chefsache erklärt worden waren. So ließ das Propagandaministerium die kulturpolitisch brisante Frage, ob zu Gerhart Hauptmanns 80. Geburtstag vom Reichspropagandaamt Breslau eine Festschrift herausgebracht werden sollte, im Frühjahr 1942 vom »Führer« entscheiden.[106] Auch die gegen den ausdrücklichen Wunsch der Partei-Kanzlei von Goebbels erteilte Anweisung, daß trotz Papierknappheit eine neue Gesamtausgabe der Werke Hauptmanns gedruckt werden sollte, dürfte nicht ohne Zustimmung Hitlers erfolgt sein.[107]

Als der Propagandaminister im gleichen Jahr die Theaterstükke Arnolt Bronnens wieder auf deutschen Bühnen zulassen wollte und dem »Systemliterat[en]«[108] sogar den Auftrag zur Abfassung einer Propagandaschrift erteilte, legte sich die Partei-Kanzlei quer. Bormann trug die Angelegenheit Hitler vor, der es dann »für abstrus, für unmöglich« hielt, »daß solche Männer noch einmal im Druck erscheinen«.[109] Die endgültigen Publikationsverbote für Ernst Glaeser und Erich Kästner kamen auf

106 Hinweis in der Aktennotiz des Schrifttumsreferenten Erckmann (RMVP/Abt. S.) für Reichsamtsleiter Tießler (RPL) vom 15. 10. 1942 betr. 80. Geburtstag von Gerhart Hauptmann, hier S. 1 (Pkt. 3), BArch Potsdam NS 18/3005.

107 S. dazu ebd. die Anmerkung Erckmanns, daß bei »aller Kritik an Hauptmann im einzelnen [...] einer Persönlichkeit von dieser Wirkung das Recht zugestanden werden [müsse], ihr gesamtes Werk geschlossen am Ende des Lebens vorzulegen«. Die Gesamtausgabe war im Herbst 1941 in einer Auflage von 10000 Exemplaren in Holland gedruckt worden. Auch der Nachdruck von weiteren 2000 Exemplaren wurde über eine holländische Druckerei abgewickelt. Zu den Bedenken der Partei-Kanzlei s. die »Notiz« des Referenten Hammerbacher für Tießler vom 23. 9. 1942, BArch Potsdam NS 18/3005.

108 So die Charakterisierung Bronnens durch die Partei-Kanzlei, wiedergegeben in der »Vorlage« Tießlers für Goebbels vom 22. 1. 1943, BArch Potsdam NS 18/307.

109 Zitat einer Randbemerkung Bormanns auf einer »Notiz« Tießlers für den Leiter der Partei-Kanzlei, wiedergegeben ebd.

dem gleichen Wege zustande.[110] Das läßt den Schluß zu, daß die Meinungsverschiedenheiten zwischen der Partei-Kanzlei und dem Propagandaministerium auf dem Gebiet der Literaturpolitik zu einer vermehrten Anzahl von »Führerentscheidungen« in bezug auf Buchverbote führten.

Daß Ernst Jüngers »Marmorklippen« trotz ihrer unmißverständlichen Kritik an Führungspersönlichkeiten und an den politischen Zuständen im nationalsozialistischen Deutschland unbeanstandet erscheinen konnten, dazu noch in der zum DAF-Konzern gehörenden Hanseatischen Verlagsanstalt, gilt bis heute als Phänomen.[111] Mit großer Wahrscheinlichkeit war das – in diesem Fall unerwartete – Ausbleiben des Buchverbots auf Hitler zurückzuführen, der in Jünger den mit dem »Pour le Mérite« ausgezeichneten Frontkämpfer des Ersten Weltkriegs und Autor der »Stahlgewitter« schätzte.[112] Jedenfalls wurde das Verfahren, das wegen Jüngers denunzierter »defaitistischer Äußerungen« zunächst vom Reichskriegsgericht, nach Jüngers Ausscheiden aus dem Heeresdienst dann vom Volksgerichtshof vorbereitet wurde, im November 1944 auf direkte Weisung des »Führers« eingestellt.[113]

[110] Dazu Kapitel III, Abschnitt A 1.1. dieser Arbeit.

[111] Zur Interpretation der »Marmorklippen« P. de Mendelssohn, Der Geist in der Despotie. Versuche über die moralischen Möglichkeiten des Intellektuellen in der totalitären Gesellschaft, Frankfurt a. M. 1986 (Originalausgabe Berlin 1953), S. 173–235, hier S. 184–187; sowie E. Lämmert, Beherrschte Prosa. Poetische Lizenzen in Deutschland zwischen 1933 und 1945, in: Neue Rundschau 86 (1975), S. 404–421, hier S. 415–418.

[112] Schriftliche Mitteilung von Liselotte Jünger an den Verfasser vom 5. 2. 1987.

[113] Mitteilung des Präsidenten des Volksgerichtshofs (Freisler) an die Kanzlei des Führers [sic!] Reichsleiter Martin Bormann vom 1. 12. 1944. Das Schreiben war mit dem Stempel »Geheime Reichssache« versehen. In einem Nachsatz hielt Freisler fest: »In der Anlage übersende ich drei Aktenbände z. obg. Sache – der Führer wünscht sofortige Vorlage«. Handschriftlich hat Bormann am 4. 12. 1944 den Vermerk »Führer vorgelegt« angebracht. Eine Fotokopie des Schreibens wurde mir freundlicherweise von Ernst und Liselotte Jünger zur Verfügung gestellt.

2.1.5. *Die Überwachung der buchhändlerischen Ein- und Ausfuhr*

Die Verhinderung der Einfuhr ausländischer Druckschriften, die sich kritisch oder ablehnend mit dem nationalsozialistischen Herrschaftssystem auseinandersetzten, wurde bereits seit 1933 von Gestapo und SD als notwendiges literaturpolitisches Aufgabengebiet erkannt. Als rechtliche Grundlage für die Verbote dienten auch in diesem Fall zunächst die Hindenburgschen Notverordnungen vom 4. 2. und 28. 2. 1933. Allerdings blieb die von der Gestapo gehandhabte Praxis der Einfuhrüberwachung, die in der Regel erst nachträglich in Form von Durchsuchungsaktionen bei Verlagen und Unternehmen des Zwischen-, Sortiments-, Antiquariats- und Leihbuchhandels erfolgte, weitgehend von Zufällen und Denunziationen abhängig.[114] Zumal das Reichspostministerium sich anfangs aus arbeitstechnischen Gründen außerstande sah, der Forderung nach einer vollständigen Kontrolle der Eingänge auf diesem Gebiet zu entsprechen,[115] und Grenzkontrollen »vorwiegend in zollrechtlicher

[114] Ein prägnanter Beleg für diese Einschätzung ist ein Beschlagnahmevorgang, der im HStA Düsseldorf RW 58/71572 überliefert ist: Aufgrund einer Rezension in der Literaturbeilage der Frankfurter Zeitung hatte ein Kunde bei der Buchhandelsabteilung des Düsseldorfer Kaufhofs das im Londoner Verlag Hamish Hamilton erschienene Buch »Inside Europe« von John Gunther bestellt. Die Bestellung wurde über einen Leipziger Buchimporteur ausgeführt. Bei der Durchsicht des Buches mußte der Geschäftsführer der Buchhandlung feststellen, »daß es sich um ein ganz gehässiges und zersetzendes Machwerk handelt, welches den Führer und seine Mitarbeiter, überhaupt die gesamte nationalsozialistische Bewegung in gemeinster Weise beschmutzt«. Das hierüber am 25. 5. 1936 informierte Landesreferat der Reichsstelle zur Förderung des deutschen Schrifttums beantragte daraufhin noch am gleichen Tag bei der Stapoleitstelle in Düsseldorf die »sofortige Beschlagnahmung«, die dann aufgrund von § 7 der Notverordnung vom 4. 2. 1933 auch tatsächlich vollzogen wurde.

[115] Schreiben des Reichspostministers von Eltz-Rübenach an den Reichs- und Preußischen Minister des Innern vom 23. 12. 1935, BArch Potsdam R 22/1507 Bl. 1–5. Anlaß des Schreibens war die Aushändigung der verbotenen Zeitschrift »World Jewry« durch das Postamt Berlin-Schöneberg an Staatssekretär Grauert. In seiner Entgegnung bemerkte von Eltz-Rübenach, daß es »ausgeschlossen« sei, »daß die täglich weit in die Tausende gehenden allgemeinen und örtlichen Beschlagnahmeanordnungen, die für jede einzelne Postanstalt maßgebend sind, von meinem Personal durchgeführt werden können, das außerdem noch ein waches Auge auf alle sonstigen politisch verdächtigen Sendungen im Postbetriebe haben soll« (Bl. 2/Rs.).

Hinsicht erfolgt[en]«, wie das vom Chef des Sicherheitshauptamtes vorgelegte »Leitheft Buchhandel« noch im März 1937 monieren mußte.[116]

Lediglich in bezug auf die Ein- und Ausfuhr von Druckschriften aus der Sowjetunion wurden bereits im Frühjahr 1936 zwischen der Koehler & Volckmar AG, dem Gestapa und der RSK Vereinbarungen über eine systematische Kontrolle getroffen. Die Anregung zu dieser »Vereinbarung« war von der Geschäftsleitung des Koehler & Volckmar-Konzerns ausgegangen, der der Kammer am 24. 4. 1936 Vorschläge zur »Überwachung buchhändlerischer Importe aus [der] UdSSR« unterbreitet hatte.[117] Noch im April verständigte man sich darüber, daß die Gestapo bei Koehler & Volckmar in Leipzig eine mit zwei bis drei Beamten besetzte »Kontrollstelle« einrichten konnte, in der die Bestellungen und Warensendungen überprüft wurden.[118] Die Finanzierung dieser »Kontrollstelle« sollte über eine »amtliche Gebühr von 3% auf den Umsatz« der am Import- und Exportgeschäft beteiligten Buchhandelsfirmen erfolgen.[119]

In Kraft gesetzt wurde das Kontrollverfahren dann durch eine »Gemeinsame Anordnung der Präsidenten der Reichsschrifttumskammer und der Reichspressekammer« vom 22. 10. 1936.[120] Darin hieß es, daß in der letzten Zeit aufgetretene »technische Schwierigkeiten im Verkehr mit der Sowjetunion« eine Neuregelung des Import- und Exportverfahrens für Gegenstände des Buch- und Zeitschriftenhandels notwendig gemacht hätten.[121] Die neuen Richtlinien waren einem Merkblatt

[116] BArch Potsdam R 58/1108 Bl. 31 (S. 30).

[117] Schreiben der Geschäftsleitung, hier S. 11–13, in: StA Leipzig Koehler & Volckmar/120. Die Anregung war die Reaktion auf eine am 14. 3. 1936 von der Gestapo durchgeführte Durchsuchungsaktion bei den Barsortimenten des Koehler & Volckmar-Konzerns in Leipzig und Stuttgart. S. dazu Kapitel III, Abschnitt B 2.4.1. dieser Arbeit.

[118] Dazu im einzelnen die von Herbert Schott, dem Justitiar des Koehler & Volckmar-Konzerns am 30. 4. 1936 angefertigte »Aktennotiz über eine Verhandlung mit der Geheimen Staatspolizei Berlin und der Reichsschrifttumskammer am 28. 4. 1936«, StA Leipzig Koehler & Volckmar/114.

[119] Ebd.

[120] Die »Anordnung« ist wiedergegeben bei Schrieber (Hg.), Das Recht der Reichskulturkammer, Bd. 5, S. 83–84.

[121] Ebd., S. 84. Das war natürlich nur eine Umschreibung, mit der die tatsächlichen Hintergründe, nämlich der Wunsch nach Verhinderung der Ein- und Ausfuhr von Verbotsliteratur, kaschiert wurden.

zu entnehmen, das den beteiligten Verlegern bzw. Händlern von der Geschäftsstelle des Bundes Reichsdeutscher Buchhändler übersandt wurde.[122] Deren Kernpunkt war, daß die Import- und Exportgeschäfte mit der Sowjetunion nur noch über Koehler & Volckmar abgewickelt werden durften.[123]

Die Institutionalisierung einer generellen Einfuhrüberwachung wurde mit dem »Erlaß der Devisenstelle betr. Devisenanträge der der Reichspressekammer, Reichsschrifttumskammer, Reichsfilmkammer unterstehenden Gewerbezweige und Einzelpersonen« vom 2. 7. 1936 eingeleitet.[124] Danach waren von den »der Reichsschrifttumskammer unterstehenden Mitgliedern des Schrifttumsgewerbes« Anträge auf Devisenzuteilung bei der Kammer-Verwaltung in Berlin »zur Stellungnahme« zu übersenden. Konnte die Kammer eine »Devisenverwendungsgenehmigung« nicht erteilen, obwohl sie den Antrag prinzipiell befürwortet hatte, wurde der Antrag in eine »Devisenanforderungsliste« aufgenommen. Wenn auch dann keine Zuteilung erfolgte, konnte der Antrag in »kultur- oder nationalpolitisch besonders dringenden Fällen« unmittelbar dem Leiter der Reichsstelle für Devisenbewirtschaftung zur Beschlußfassung vorgelegt werden. Wurde der Antrag von der Kammer nicht befürwortet, bewilligte die Devisenstelle nur noch in begründeten Ausnahmefällen die Devisenzuteilung. Inländische Kommissionäre, die in Deutschland hergestellte Bücher ausländischer Verleger im In- und Ausland vertrieben, konnten von der Devisenstelle eine »Genehmigung zur Verrechnung der Erlöse aus dem Vertrieb der Bücher im Inland mit den Unkosten der Herstellung und des Vertriebs« erhalten.

Im April 1938 verlor die RSK ihr Mitspracherecht bei der Beantragung von Devisenzuteilungen an die Wirtschaftsstelle des deutschen Buchhandels.[125] Diese Dienststelle, die seit Sep-

122 Ankündigung ebd.

123 Ein Exemplar des »Merkblatts« konnte von mir zwar nicht ausfindig gemacht werden. Doch die Anweisung der Kammer zu einer Zentralisierung des Buchimport- und -exportgeschäfts mit der Sowjetunion war bereits im April 1936 zwischen der Geschäftsleitung von Koehler & Volckmar und dem Gestapa vereinbart worden. »Aktennotiz« Schotts vom 30. 4. 1936, StA Leipzig Koehler & Volckmar/114.

124 Der »Erlaß« ist wiedergegeben bei Schrieber (Hg.), Das Recht der Reichskulturkammer, Bd. V, S. 3–4. S. zum folgenden ebd.

125 »Niederschrift über das Ergebnis der am 16. 4. 1943 bei der Wirtschaftsstelle durchgeführten Prüfung« der Haushaltsabteilung des Propa-

tember 1935 schon den von ihr subventionierten Buchexport kontrolliert hatte, erhielt im März 1939 vom Propagandaministerium den offiziellen Auftrag, nun auch den Buchimport in kulturpolitischer Hinsicht zu überwachen.[126] Ab Mai 1939 waren die Buchhandelsfirmen dazu verpflichtet, für jeden ausländischen Buchtitel einen gesonderten Antrag auf Einfuhrgenehmigung zu stellen.[127] Der Antrag war als »Anlage zum Antrag auf Erteilung einer Devisenbescheinigung über die Einfuhr von Büchern« bei der Wirtschaftsstelle einzureichen. Die Auslieferung einer importierten Schrift durfte erst nach Erteilung der Genehmigung durch die Wirtschaftsstelle und der Erteilung einer »Devisenverwendungsgenehmigung« durch die »Reichsstelle für Papier« erfolgen.[128] Dies galt auch für diejenigen Werke, die bereits vor Inkrafttreten der Neuregelung nach Deutschland eingeführt worden waren. Wurde die Genehmigung verweigert oder nachträglich zurückgezogen, hatte die Auslieferung zu unterbleiben. Die bereits angelieferten Bestände waren dem ausländischen Verleger wieder zurückzusenden. Selbst Anzeigen ausländischer Bücher im Börsenblatt durften erst dann in Auftrag gegeben bzw. abgedruckt werden, wenn die Wirtschaftsstelle die Einfuhrgenehmigung erteilt hatte.[129] Von diesen Vorschriften waren auch diejenigen Bücher ausländischer Verlage betroffen, die im Deutschen Reich hergestellt worden waren.[130]

Mit Kriegsbeginn ging die Wirtschaftsstelle dazu über, die Buchimporte nicht mehr nur zu kontrollieren, sondern auch zu steuern. Anfang Oktober 1939 erhielten die Importfirmen des deutschen Buchhandels ein vertrauliches Rundschreiben, das den Bezug von Büchern aus England, Frankreich und den USA

gandaministeriums vom 21. 4. 1943, BArch Potsdam R 55/213 Bl. 31–33, hier Bl. 32/Rs. (S. 4).

[126] Vertrauliches Rundschreiben der Wirtschaftsstelle betr. Regelung der Einfuhr von Büchern vom 23. 5. 1939, BArch Potsdam R 55/828 Bl. 6–8, hier Bl. 6. Von der Neuregelung ausgenommen waren Zeitungen, Zeitschriften, Musikalien, graphische Lehrmittel und sonstige Gegenstände des Buchhandels.

[127] Ebd.

[128] Ebd., Bl. 7.

[129] Ebd.

[130] Ebd., Bl. 8.

regelte.[131] Da die für Auslandseinkäufe erforderlichen Bardevisen erheblich verknappt worden waren, durften Bücher aus den genannten Ländern nur noch dann eingeführt werden, wenn der Besteller seinem Importantrag eine rechtsverbindlich unterschriebene Erklärung vorgelegt hatte. Darin war der Wirtschaftsstelle mitzuteilen, daß die Einfuhr »aus staatspolitischen, militärischen oder wehrwirtschaftlichen Gründen« notwendig sei und daß das zu importierende Schrifttum »im Inland weder im Handel noch durch Entleihung bei einer Bibliothek zu beschaffen« war.[132] Allerdings war auch bei Vorlage dieser Erklärung keine Gewähr für eine Erteilung der beantragten Devisenbescheinigung gegeben.[133]

Im September 1943 wurde die Überwachung der Buchein- und -ausfuhr durch die staatlichen Schrifttumsstellen noch einmal verschärft. Mit einer – nur vertraulich bekannt gemachten – Anordnung der RSK wurde die bisher in der Fachschaft Handel bestehende »Fachgruppe Antiquariat und Export« aufgeteilt.[134] Neben einer »Fachgruppe Antiquariat« gab es nun noch eine »Fachgruppe Einfuhr« und eine »Fachgruppe Ausfuhr«. Wem von der RSK die Aufnahme in eine dieser Fachgruppen verweigert wurde, der durfte sich nicht mehr als selbständiger Import- oder Export-Buchhändler betätigen.[135] Für solche Firmen bestand lediglich noch die Möglichkeit, ihre Import- oder Exportgeschäfte über ein bestätigtes Fachgruppenmitglied abzuwickeln. Mit der Leitung beider »Fachgruppen« wurde Georg von Kommerstädt betraut, der nicht nur hauptamtlicher Referent der »Gruppe Buchhandel«, sondern auch Mitglied der SS

131 Rundschreiben vom 5. 10. 1939, in: BArch Potsdam R 55/828 Bl. 9–10, hier Bl. 9.

132 Ebd.

133 Hinweis ebd.

134 »Amtliche Bekanntmachung der Reichsschrifttumskammer Nr. 89a« betr. Ein- und Ausfuhr von Schrifttum vom 20. 9. 1943, wiedergegeben in: Die Reichskulturkammer 1 (1943), S. 42.

135 Mit einer »Bekanntmachung« vom 24. 1. 1945 wies die RSK noch einmal ausdrücklich darauf hin, daß Auslandssendungen derjenigen Firmen, die nicht in die »Fachgruppe Ausfuhr« aufgenommen worden waren, »an der Grenze angehalten und der Exportarbeitsgemeinschaft des deutschen Buch- und Zeitschriftenhandels übersandt« werden würden. Die »Bekanntmachung« ist veröffentlicht in: Die Reichskulturkammer 3 (1945), S. 28.

war,[136] so daß sich zwangsläufig eine enge Kooperation zu der in Leipzig eingerichteten Schrifttumsstelle des Reichssicherheitshauptamtes ergab.[137]

Die berufsständische Neustrukturierungsmaßnahme der Kammer zum Export- und Importbuchhandel war die unmittelbare Folge einer »Führerentscheidung«. Im April 1943 war Hitler nämlich bei einem Vortrag von Himmler auf den Mißstand hingewiesen worden, daß »deutsche Druckschriften aller Art ohne Rücksicht auf die Gefahr der Auswertung durch den Feind frei ausgeführt werden« könnten.[138] Hitler ordnete daraufhin an, daß eine Ausfuhr in all den Fällen unterbunden werden sollte, »in denen mit einer Auswertung gegen das Reich gerechnet werden müsse«.[139] Dabei war nicht nur an nachrichtendienstlich relevantes Material, sondern insbesondere auch an technisch-naturwissenschaftliche, außenpolitische und wirtschaftliche Schriften gedacht. Die Entscheidung über die Ausfuhr von Büchern dieser Art wurde in der Folge vom Propagandaministerium in Absprache mit dem AA, dem SD und dem Reichsforschungsamt gefällt.[140]

Ab November 1943 informierte die Schrifttumsabteilung die

[136] Kommerstädt hatte sich nach seinem Ausschluß aus der SA am 27. 4. 1935 um Aufnahme in die allgemeine SS beworben. S. das Schreiben der SA-Gruppe Sachsen an das Oberste SA-Gericht vom 18. 1. 1945, BDC/SA/Kommerstädt, G. von. Referent in der RSK-»Gruppe Buchhandel« war Kommerstädt seit dem 1. 4. 1937.

[137] Auf diesen Zusammenhang weist eine auf den 3. 5. 1945 datierte »Skizze« zur Lage des Buchhandels in den Jahren 1933–1945, hier S. 3, explizit hin. StA Leipzig BV/829. Der Verfasser der »Skizze« wird zwar nicht erwähnt. Doch muß es sich um einen Insider, vermutlich einen Mitarbeiter des Börsenvereins, gehandelt haben, da die Darstellung große Detailkenntnisse verrät.

[138] Die Ausführungen Himmlers sind wiedergegeben in einer »Vorlage« des Partei-Kanzlei-Referenten Kap für Bormann vom 7. 1. 1944, BArch Potsdam NS 6/440 Bl. 43–46, hier Bl. 43. Auf den Zusammenhang der RSK-»Anordnung« mit der »Führerentscheidung« wurde auch auf der gemeinsamen Sitzung der Gruppe Buchhandel und des Kleinen Rates des Börsenvereins am 5. 10. 1943 in Leipzig hingewiesen. S. den »Bericht« über die Sitzung, hier S. 2–3, StA Leipzig BV/737.

[139] So die Wiedergabe der Entscheidung Hitlers in der Vorlage Kaps vom 7. 1. 1944, BArch Potsdam NS 6/440 Bl. 43.

[140] Hinweis im »Bericht« über die gemeinsame Sitzung der Gruppe Buchhandel und des Kleinen Rates des Börsenvereins am 5. 10. 1943, S. 2, StA Leipzig BV/737.

Deutsche Bücherei in Leipzig regelmäßig über die für den Export gesperrten Schriften.[141] Die indizierten Bücher durften dann weder in der »Deutschen Nationalbibliographie« oder im Börsenblatt angezeigt noch rezensiert werden.[142] Die bibliographische Erfassung erfolgte lediglich in der »Liste der in der Deutschen Bücherei unter Verschluß gestellten Druckschriften«, damit die Bibliotheken über die Titel informiert wurden, die von einer Benutzung ausgeschlossen und zu denen Auskünfte zu verweigern waren.[143] Der Bezug der entsprechenden Publikationen durch Dienststellen, Organisationen und Firmen wurde an eine schriftlich begründete Bestellung geknüpft.[144] Einzelpersonen hatten einen »amtlichen Lichtbildausweis vorzulegen und den Empfang des Werkes unterschriftlich mit genauer Angabe des Namens und der Anschrift zu bestätigen«.[145]

Ergänzend zu dieser »Führerentscheidung« zum deutschen Buchexport regte Himmler zu Beginn des Jahres 1944 eine grundsätzliche Neuregelung auf dem Gebiet des Buchimports an.[146] Mit ihr sollte die Beschaffung kriegswichtiger Publikationen aus den sogenannten »Feindstaaten« vereinheitlicht und erleichtert werden. Vom Reichssicherheitshauptamt war zwar bei der Deutschen Gesellschaft für Dokumentation bereits ein »Zentralnachweis« der nach Deutschland importierten »wichti-

141 S. den Schnellbrief des RMVP/Abteilung S an den Generaldirektor der DB vom 1. 11. 1943, dem eine »Liste von Verlagswerken« beigegeben war, für die einschränkende Vertriebsbestimmungen galten, DB-Archiv Nr. 580/0–3.

142 Anweisung ebd. Diese Strategie war von seiten der DB bereits im September 1943 empfohlen worden, um eine Verbreitung der indizierten Literatur im In- und Ausland zu verhindern. S. dazu die Vorlage des DB-Mitarbeiters Ruppert für den Generaldirektor vom 14. 9. 1943 sowie die entsprechenden Empfehlungen Uhlendahls in seinem Schreiben an den Börsenvereins-Geschäftsführer Dr. Heß vom gleichen Tage, DB-Archiv Nr. 580/0–3.

143 »Aktennotiz« Uhlendahls vom 28. 9. 1943 über eine Besprechung mit Alfons Brugger, dem Leiter des Werbe- und Beratungsamtes, am 24. 9. 1943 in Berlin, DB-Archiv Nr. 580/0–3.

144 Hinweis im vertraulichen Einschreiben der Schrifttumsabteilung an den Generaldirektor der Deutschen Bücherei vom 17. 1. 1944 betr. Zensur des technisch-naturwissenschaftlichen Schrifttums, DB-Archiv Nr. 580/0–3.

145 Ebd.

146 »Vorlage« des Referenten Kap für Bormann vom 7. 1. 1944, BArch Potsdam NS 6/440 Bl. 43–46.

gen Auslandsdruckschriften« eingerichtet worden.[147] Doch mußte Himmler beklagen, daß der »Ressortegoismus« der amtlichen und halbamtlichen Dienststellen bezüglich der Meldung eingehender Bücher »so groß« sei, daß »hierdurch wertvollste Unterlagen der allgemeinen Auswertung verloren gehen«.[148]

Der Reichsführer-SS bat daher bei der Partei-Kanzlei um eine »ergänzende Führerentscheidung«, mit der alle obersten Reichsbehörden und alle Wehrmachtsteile angewiesen werden sollten, »ab sofort alle im Wege des Kaufes, des Tausches oder auf andere Weise beschafften ausländischen Druckschriften, die nach dem 1. 1. 1939 veröffentlicht wurden, an den Zentralnachweis bei der Deutschen Gesellschaft für Dokumentation zu melden«.[149] Verstöße gegen diese Vorschrift sollten als »Sabotage« gewertet und »unnachsichtlich bestraft« werden.[150] Die den Wünschen Himmlers entsprechende »Führerentscheidung« kam tatsächlich noch im Februar 1945 zustande,[151] so daß der Kreis der politischen Kontrolle des Buchimports und -exports praktisch erst kurz vor Ende des »Dritten Reiches« geschlossen werden konnte.

[147] Hinweis ebd., Bl. 44. Im Dezember 1943 hatte der bei der »Deutschen Gesellschaft für Dokumentation« eingerichtete »Ausschuß für Beschaffung ausländischer Literatur« ein erstes, 29 Seiten umfassendes »Verzeichnis« vorgelegt. S. BArch Potsdam NS 6/440 Bl. 58–76. Zu Gründung und Tätigkeit der DGD s. F. Prinzhorn, Erste Arbeitstagung des erweiterten Beirates der Deutschen Gesellschaft für Dokumentation in Salzburg vom 21. bis 24. September 1942, in: ZfB 59 (1942), S. 498–504; sowie P. S. Richards, German Libraries and scientific and technical Information in Nazi Germany, in: The Library Quarterly 55 (1985), S. 151–173, hier S. 167–169.

[148] So die Wiedergabe der Himmlerschen Äußerungen durch Kap, BArch Potsdam NS 6/440 Bl. 44.

[149] Ebd., Bl. 45.

[150] Ebd., Bl. 46.

[151] »Rundschreiben« Bormanns [Februar 1945], BArch Potsdam NS 6/440 Bl. 3–5. Die Meldepflicht sollte für Bücher, Zeitschriftenhefte, Zeitungen und Kartenmaterial gelten.

2.1.6. Die Papierkontingentierung während des Krieges

Eine Kontingentierung von Papier im Bereich der Buchproduktion war zwar schon in der zweiten Hälfte der dreißiger Jahre wiederholt diskutiert worden.[152] Doch erst mit Beginn des Krieges wurden konkrete Schritte zur Einführung einer Papierbewirtschaftung unternommen. Durch eine am 25. 11. 1939 erlassene »Anordnung über die Papierverbrauchsstatistik«[153] wurden Buch- und Kunstverleger dazu verpflichtet, ab dem 1. 1. 1940 für jede Neuerscheinung, Neuauflage oder Neuausgabe die »genaue und vollständige Auflagenhöhe« sowie die »Menge und Art des dafür verwandten Papiers« anzugeben (§ 1). Die Angaben waren auf einem vom Börsenverein anzufordernden Vordruck zu machen (§ 2), der zusammen mit dem Pflichtablieferungsexemplar bei der Deutschen Bücherei einzusenden war (§ 3,1). Bei Fortsetzungswerken, schrifttumskammerpflichtigen Zeitschriften und Werken, die unter einem Gesamttitel erschienen, waren die Meldungen jeweils nur in halbjährlichen Abständen vorzulegen (§ 3,2).

Die Auswertung des Materials durch den Börsenverein und die RSK erfolgte zum Teil bereits unter politischen Gesichtspunkten.[154] Da die Papierverbrauchsmeldungen aber erst nach Erscheinen einer Schrift eingingen, konnte von der Nutzung der Papierkontingentierung im Sinne einer »Vorzensur« noch keine Rede sein. Das änderte sich zunächst dadurch, daß Goebbels im Februar 1940 den Verlagen vorschrieb, »Bücher und

[152] »Aktenvermerk« für den Leiter der RSK-Abteilung II vom 17. 5. 1939 betr. Arbeitstagung der Fachschaft Verlag am 6. 5. 1939, BArch Potsdam R 56 V/43 Bl. 126–127. Die Einführung einer Papierkontingentierung wurde auf der Arbeitstagung aus zwei Gründen abgelehnt: Zum einen, weil der Papierverbrauch des Buchhandels nur 2% des Gesamtpapierverbrauchs ausmache, zum anderen, weil die geplante Kontingentierung vor allem die Verleger von Unterhaltungsliteratur und damit die Arbeitgeber kleinerer Schriftsteller treffen würde.

[153] Wiedergegeben in Ihde (Hg.), Handbuch der Reichsschrifttumskammer, S. 146–147.

[154] Einem »Aktenvermerk« von RSK-Geschäftsführer Ihde vom 15. 11. 1940 zufolge sollte die Durchsicht der Papierverbrauchsmeldungen insbesondere im Hinblick auf vermutete »Verstöße« konfessioneller Verlage gegen die RKK-Gesetzgebung erfolgen. Allerdings mußte Ihde in diesem Zusammenhang eingestehen, daß die Kammer-Verwaltung aufgrund der Personalknappheit nicht in der Lage war, die täglich eingehenden Pakete mit Fragebögen zu bearbeiten. BArch Potsdam R 56 V/43 Bl. 225.

Broschüren, die sich mit politischen, insbesondere außenpolitischen, wirtschaftlichen und militärischen Fragen befassen, zweckmäßigerweise den jeweils zuständigen Dienststellen rechtzeitig zur Prüfung vorzulegen«.[155]

Von der Schrifttumsabteilung des Propagandaministeriums wurde die Goebbelssche Anordnung am 1. 4. 1940 dahingehend präzisiert, daß Verlagsplanungen auf dem Gebiet des Wehrschrifttums, des politischen und schöngeistigen Schrifttums, »soweit es die Interessen der Wehrmacht berührt oder im Titel auf diese Bezug nimmt«, sowie auf dem Gebiet des außenpolitischen und historischen Schrifttums, »soweit es in Beziehung zum jetzigen Krieg steht«, anmeldepflichtig wurden.[156] Dabei mußten der Schrifttumsabteilung »möglichst genaue« Informationen zu Verfasser, vorläufigem Titel, Inhalt, Aufbau, Umfang, Auflage und voraussichtlichem Ladenpreis der einzelnen Werke gegeben werden. »Erwünscht« war auch die »Angabe der Gründe, die den Verlag zur Herausgabe gerade dieses Werkes während des Krieges veranlassen«.[157] Die Prüfungspflicht bezog sich nicht nur auf Verlagsvorhaben, für die noch keine druckfertigen Manuskripte vorlagen, sondern auch auf Neuauflagen, Neu- und Nachdrucke.[158] Angenommene oder bereits in Druckfahnen vorliegende Manuskripte mußten der Schrifttumsabteilung in zwei Exemplaren zur Prüfung vorgelegt werden.[159]

Neben den »planungsanmeldepflichtigen« Werken wurde auch die übrige Produktion der deutschen Verlage einer Kontrolle unterworfen. Die Verlage mußten nämlich bei der Wirtschaftsstelle des deutschen Buchhandels, die seit dem 10. 10. 1939 im Auftrag des Propagandaministeriums die Papierbewirt-

155 Die »streng vertrauliche« Anweisung von Goebbels wurde veröffentlicht in den »Vertraulichen Mitteilungen der Fachschaft Verlag« Nr. 46 vom 1. 2. 1940 und ist wiedergegeben bei Ihde (Hg.), Handbuch der Reichsschrifttumskammer, S. 137.

156 Bekanntgabe in den »Vertraulichen Mitteilungen der Fachschaft Verlag« Nr. 49 vom 27. 3. 1940, wiedergegeben bei Ihde (Hg.), Handbuch der Reichsschrifttumskammer, S. 137.

157 Ebd.

158 Rundschreiben der Schrifttumsabteilung des RMVP an die deutschen Verlage vom 26. 4. 1940, wiedergegeben bei Ihde (Hg.), Handbuch der Reichsschrifttumskammer, S. 138–139, hier S. 138.

159 Ebd.

schaftung der Buchverlage übernommen hatte[160] und als »Bedarfsträger« der Reichsstelle für Papier- und Verpackungswesen das Druckpapier für die Herstellung von Büchern, Musikalien, Gesang-, Gebet- und Bilderbüchern verwaltete,[161] für jeden Buchtitel Anträge auf Zuteilung von Papier- und Einbandstoffen stellen. Die Begutachtung wurde dann von Mitarbeitern der Wirtschaftsstelle in enger Abstimmung mit den Schrifttumsstellen des Propagandaministeriums vorgenommen.

Voll zum Tragen kam dieses Instrument der »Vorzensur« aber erst, als nach dem Überfall auf die Sowjetunion eine allgemeine Rohstoffrationierung einsetzte.[162] Noch in der zweiten Hälfte des Jahres 1941 wurde auf Anweisung von Goebbels bei der Wirtschaftsstelle eine »Kommission« eingerichtet, die unter dem Vorsitz von Hövel über jeden Produktionsantrag der Verlage einzeln entschied.[163] Leider liegen über die Sitzungen und die Beschlußfassungen dieser »Kommission«, in der Referenten des Reichspropaganda-, des Reichserziehungs- und des Reichswirtschaftsministeriums, der RSK, des OKW, der PPK und des Hauptamtes Schrifttumspflege sowie vermutlich auch der Partei-Kanzlei der NSDAP und des Reichssicherheitshauptamtes vertreten waren,[164] keine Protokolle mehr vor. Doch weist Hövel in seinem 1984 veröffentlichten »Augenzeugenbericht«

160 Rundschreiben der Wirtschaftsstelle an die Mitglieder der Fachschaft Verlag vom 26. 10. 1939, BArch Potsdam R 55/828 Bl. 23. Darin wurden die Verlage über die neue Aufgabe der Wirtschaftsstelle informiert, die durch einen Goebbelsschen Erlaß vom 10. 10. 1939 geregelt worden war. Von der Papierkontingentierung erfaßt werden sollten alle Veröffentlichungen, die in die Zuständigkeit der Fachschaft Verlag fielen und in der Deutschen Nationalbibliographie/Reihe A veröffentlicht wurden.

161 Hinweis im Prüfungsbericht der Haushaltsabteilung des Propagandaministeriums vom 21. 4. 1943, BArch Potsdam R 55/213 Bl. 32.

162 In einem vertraulichen Rundschreiben an die Mitglieder der Fachschaft Verlag vom 2. 8. 1941 mußte Wirtschaftsstellenleiter Hövel eine verschärfte Rationierung im Bereich der Papier- und Einbandstoffe ankündigen. BArch Potsdam R 56 V/43 Bl. 53–56.

163 Hövel, Wirtschaftsstelle des deutschen Buchhandels, B13.

164 Diese Zusammensetzung ergibt sich zum einen aus der literaturpolitischen Kompetenzlage. Zum anderen läßt sie sich teilweise aus einem »Bericht« erschließen, den der Leiter des Rosenbergschen Schrifttumsamtes über eine am 5. 7. 1944 in der Schrifttumsabteilung des Propagandaministeriums abgehaltene Sitzung zum Thema »Meyers Lexikon« angefertigt hat und in dem die Vertreter der beteiligten Dienststellen namentlich erwähnt sind. BArch Potsdam NS 8/249 hier Bl. 58.

selbst darauf hin, daß die sukzessive Verknappung der Papierzuweisungen an die Wirtschaftsstelle politisch motivierten Entscheidungen zugunsten oder zuungunsten einzelner Autoren ebenso wie gegenüber der Produktion ganzer Verlage zunehmend freieren Lauf ließ.[165]

Besonders prägnant wird dies am Beispiel der Produktion konfessioneller Verlage. Die Einführung der Papierkontingentierung auch für Bücher wurde bereits 1940 explizit mit der Eindämmung der konfessionellen Literatur motiviert.[166] Als die Klagen über die Engpässe in der Buchversorgung der Bevölkerung zunahmen, ordnete Goebbels auf der geheimen Ministerkonferenz vom 21. 9. 1940 an, daß »in weit größerem Maße als bisher Papier beschlagnahmt wird, das sonst für den Druck von Traktätchen usw. oder überhaupt Erzeugnissen katholisch kirchlicher Verlage verwandt werden würde«.[167] Die Beschlagnahme sollte »immer damit begründet werden, daß aus diesen Papiermengen Bücher für die Truppe im Felde, für die Narvik-Kämpfer gedruckt werden müßten, damit selbst die katholisch denkenden Kreise die Maßnahme nur begrüßen können«.[168]

Im Laufe des Jahres 1941 intensivierte das Propagandaministerium in Zusammenarbeit mit der RSK und dem Reichssicherheitshauptamt seine Bemühungen um eine Einschränkung der »konfessionellen Schriftenpropaganda«.[169] Das vereinbarte Maßnahmenpaket umfaßte dabei Verbote auf der Grundlage des Pressegesetzes von 1874,[170] die Kontrolle des Buchmarktes auf konfessionelle Schriften, die ohne Papiergenehmigung der Wirtschaftsstelle erschienen waren,[171] sowie die Verweigerung

165 Hövel, Wirtschaftsstelle des deutschen Buchhandels, B 14.

166 Protokoll der geheimen Ministerkonferenz vom 7. 5. 1940, in: Boelcke (Hg.), Kriegspropaganda 1939–1941, S. 342 (hier Pkt. 4).

167 Boelcke (Hg.), Kriegspropaganda 1939–1941, S. 519–520 (hier Pkt. 9).

168 Ebd., S. 520.

169 Rundverfügung der Stapoleitstelle Düsseldorf an die Außendienststellen und Grenzkommissariate, die Landräte des Bezirks sowie die Oberbürgermeister von Neuß und Viersen vom 26. 3. 1942 betr. »Zurückdrängung der konfessionellen Zeitschriften und Schriftpropaganda«, HStA Düsseldorf RW 36/30 Bl. 73–74.

170 Ebd., Bl. 74.

171 Ebd. S. ergänzend dazu das Schreiben des RSHA (IV B 1) an die Stapostelle Nürnberg vom 20. 7. 1942 betr. »Sicherstellung von Schriften, die ohne Papiergenehmigung gedruckt wurden«, StA Würzburg Gestapostelle Würzburg/17984.

von Papierzuteilungen für Neuerscheinungen und Neuauflagen.[172]

Um die sich zuspitzenden Verteilungskämpfe bis zu einem gewissen Grade rational steuern und nach außen vertretbar machen zu können, wurde im Herbst 1941 Referent Erckmann von der Schrifttumsabteilung des Propagandaministeriums mit der Erarbeitung eines Rasters für die »planmäßige Verteilung des Papiers nach volksverantwortlichen Grundsätzen« beauftragt.[173] Als kriegswichtige Schrifttumsgebiete waren danach »das politische und das Wehrschrifttum der Zeit, das Schrifttum der Forschung aller wesentlichen wissenschaftlichen Gebiete, die Dichtung der Vergangenheit und der Gegenwart, unterhaltende und entspannende Literatur aller Sparten, das deutsche Schulbuch der entscheidenden Gruppen, das Fachschrifttum der kriegswichtigen Berufsgruppen, das Kinder- und Jugendschrifttum« eingestuft.[174] Die Papierbewilligung war letztlich jedoch davon abhängig, daß die in diese Sparten fallenden Bücher »auf den Lebenskampf unseres Volkes von förderlichem Einfluß« waren. Die Bewertung der Qualität einer Schrift erfolgte nicht mehr nach rein sachlichen Gesichtspunkten, sondern »nach der Gesamtmenge des verfügbaren Papiers«. Da auch im Krieg die ungeminderte Produktionsfähigkeit des deutschen Verlagswesens unter Beweis gestellt werden sollte, erhielten kriegswichtige Neuerscheinungen den Vorzug gegenüber Neuauflagen. Um den »in der Welt einzigartigen Reichtum und die Vielgestaltigkeit der deutschen Buchproduktion« erhalten zu können, wurden einheitlich begrenzte Auflagen als Normauflagen festgelegt, die öfters zu wiederholen waren.[175] Die »paritätische Berücksichtigung aller wirklich bedeutenden Kräfte« hatte zur Konsequenz, daß Autoren bei der Zuweisung

172 Als Wirtschaftsstellenleiter Hövel es Ende 1942 wagte, sich auf einer Sitzung des Papiervergabeausschusses für einen Antrag des Herder Verlags und gegen einen Antrag des Zentralparteiverlags einzusetzen, wurde er auf Druck Bouhlers und Wilhelm Baurs seiner Geschäfte enthoben und an die Front versetzt. Hövel, Wirtschaftsstelle des deutschen Buchhandels, B14.

173 R. Erckmann, Grundsätzliches zur Papierfrage, in: Der Buchhändler im neuen Reich 7 (1942), S. 171–175, hier S. 174. Das Zitat findet sich ebd., S. 172.

174 Ebd., S. 173. Zum folgenden s. ebd.

175 Als Beispiele führte Erckmann zum einen Romane an, bei denen die Normauflage 5000 Exemplare betrug, und Schriften von weniger als 6 Bogen, die in 10000 Exemplaren gedruckt werden sollten.

mit gewissen Einschränkungen »zugunsten aller Gleichrangigen« rechnen mußten. Der »laufende Ausgleich der Bewilligungen innerhalb der großen Schaffensgebiete« sollte dadurch sichergestellt werden, daß über die Einzelanträge der Verlage gebündelt entschieden werden sollte.

So schön sich diese Grundsätze auf dem Papier ausnahmen, die literaturpolitische Praxis sah anders aus. Im Februar 1942 klagte Wirtschaftsstellenleiter Hövel offen über den Mißstand, daß »unglaubliche Papiermengen beansprucht werden für politisches Propagandamaterial und daß die Männer, die das Papier bewilligen, sich im vorhinein darüber klar sind, daß – abgesehen vom Ausland – kein Mensch in Deutschland diese Druckschriften überhaupt in die Hand nimmt, geschweige denn lesen werde«.[176] Demgegenüber käme die Belletristik bei der Papiervergabe zu kurz, hätte aber auch aus anderen Gründen das Nachsehen. »Die ewigen Einreden in die geistige Werkstatt des Dichters«, so Hövel, nähmen »seinem Werk die innere Polarität, jedes Spannungsmoment ist schon von Anfang an ausgeschaltet«.[177]

Ein weiteres Problem waren die aus dem aufwendigen Papiergenehmigungsverfahren zwangsläufig entstehenden erheblichen Verzögerungen im Produktionsablauf der Verlage. Zwischen der Annahme eines Manuskriptes, der Beantragung des Papiers, dessen Bewilligung sowie Zuteilung und dem Druck bzw. Erscheinen eines Buches vergingen durchschnittlich 1½ Jahre.[178] Hinzu kam schließlich noch, daß sich die Rohstoffsituation rasch verschlechterte. So war die Wirtschaftsstelle des deutschen Buchhandels seit Beginn des Jahres 1943 wiederholt dazu gezwungen, kurzfristige »Papierantrags-Sperren« zu verhängen.[179] Nachdem der Verbrauch von holzfreiem und holzhaltigem Papier schon seit 1940 von der Wirtschaftsstelle kontrol-

[176] Die Äußerung Hövels ist wiedergegeben in einem Schreiben des an der Sitzung beteiligten RSK-Geschäftsführers Ihde an Johst vom 20. 2. 1942, BArch Potsdam R 56 V/26 Bl. 189–190, hier Bl. 189/Rs.

[177] Sinngemäße Wiedergabe der Ausführungen Hövels ebd.

[178] »Skizze« zur Lage des deutschen Buchhandels 1933–1945, S. 2. StA Leipzig BV/829.

[179] Mitteilungen der Wirtschaftsstelle vom 15. 2. 1943, in: Bbl. 110. Jg., Redaktioneller Teil, Nr. 43 vom 20. 2. 1943, S. 33; vom 29. 3. 1943, ebd. Nr. 77 vom 3. 4. 1943, S. 58; vom 4. 9. 1943, ebd. Nr. 139 vom 4. 9. 1943, S. 156; und vom 27. 12. 1943, ebd., 111. Jg., Redaktioneller Teil, Nr. 3 vom 12. 1. 1944, S. 3.

liert worden war,[180] mußte nun auch die Einbandgestaltung von ihr immer stärker reglementiert werden.[181]

Um eine beschleunigte Herstellung und damit auch Auslieferung der genehmigten Buchproduktion sicherstellen zu können, wurden ab 1. 4. 1944 vom Leiter des Produktionsausschusses Druck drei Dringlichkeitsstufen für Druckaufträge eingeführt.[182] Parallel dazu ging die Schrifttumsabteilung vom bisherigen »Bewilligungsverfahren« zur »Kernproduktion« über.[183] Die Verlage mußten ihre Anträge nun nicht mehr für jeden Buchtitel einzeln stellen, sondern erhielten die Papierzuteilungen für ein vom Propagandaministerium geprüftes Programm. Wie die zugeteilten Papier- und Einbandkontingente dann eingesetzt wurden, blieb der Entscheidung der Verleger überlassen. Allerdings hielt die Schrifttumsabteilung an einer Prioritätenliste fest. Bevorzugt werden sollten vor allem »Standardwerke (vom Typ Eher-Verlag)«, während die »Flut des sog. ›politischen‹ Werkes gedrosselt werden« mußte.[184] Wissenschaftliches und Fachschrifttum wurden ebenso in der Dringlichkeitsliste belassen wie das gehobene Unterhaltungsschrifttum, dem Hitler auf Anfrage von Goebbels bereits im Herbst 1943 eine besondere Kriegswichtigkeit zuerkannt hatte.[185]

Ein letzter Versuch zur Effizienzsteigerung wurde zu Beginn des Jahres 1944 unternommen. Mit Zustimmung von Goebbels

180 Rundschreiben der Wirtschaftsstelle an die Mitglieder der Fachschaft Verlag vom 6. 6. 1940, BArch Potsdam R 55/828 Bl. 30–32.

181 Ergänzung 1 zur Anweisung Nr. 1 der Wirtschaftsstelle des deutschen Buchhandels vom 15. Juni 1942, in: Bbl. 109. Jg., Redaktioneller Teil, Nr. 163 vom 25. 7. 1942, S. 148; die Ergänzung 4, ebd. 110. Jg., Nr. 98 vom 1. 6. 1943, S. 99–100; sowie die Anweisung der Wirtschaftsstelle des deutschen Buchhandels vom 13. 12. 1943, daß Schrifttum ab sofort nicht mehr gebunden hergestellt werden durfte, ebd. Nr. 180 vom 27. 12. 1943, S. 212.

182 Mitteilung in Bbl. 111. Jg., Redaktioneller Teil, Nr. 22 vom 18. 3. 1944, S. 43.

183 S. zum folgenden die Erläuterungen Erckmanns auf einer Besprechung von Mitarbeitern der Schrifttumsabteilung des Propagandaministeriums mit Vertretern der Fachschaft Verlag am 9. 3. 1944 im Verlag der DAF in Berlin, wiedergegeben in der »Aktennotiz« eines Börsenvereins-Mitarbeiters vom 10. 3. 1944, hier S. 2–3. StA Leipzig BV/733.

184 So die ebd. sinngemäß wiedergegebenen Ausführungen Haegerts.

185 Mitteilung des Börsenvereins-Vorstehers auf einer gemeinsamen Sitzung des Rates der Gruppe Buchhandel und des Kleinen Rates des Börsenvereins am 5. 10. 1943 in Leipzig, »Bericht«, S. 1, StA Leipzig BV/737.

wurde Wilhelm Haegert, der Leiter der Schrifttumsabteilung, zum »Sonderbeauftragten« von Reichsminister Speer für den »Lenkungsbereich Buch, Propaganda und Druck« bestellt.[186] Die neue Planungsbehörde, vom Propagandaministerium mit einer halben Million RM finanziert,[187] verfügte sowohl über eine Sach- als auch über eine Gebietsgliederung. Es gab Produktionsausschüsse für die Sparten »Technik und Rohstoffe«, »Vordrucke«, »Wissenschaftliches Buch, Fachbuch und Landkarte«, »Bücher und Broschüren«, »Bedarfsnachweise« sowie »Verlags- und Druckerei-Buchbindereien«.[188] Auf regionaler Ebene standen Haegert sieben Länderbeauftragte, acht Gebietsbeauftragte und 22 Produktionsbeauftragte in den Bezirken zur Verfügung.[189]

Der »Produktionsausschuß Verlags- und Druckerei-Buchbinderei«, dem auch Vertreter des Buchhandels angehörten,[190] sollte die Produktion regulieren, den Betrieben Herstellungsanweisungen geben, Maßnahmen auf dem Gebiet des Arbeitseinsatzes treffen und Betriebsprüfungen durchführen können.[191]

186 Mitteilung der Haushaltsabteilung des RMVP für die Personalabteilung vom 15. 2. 1944, BArch Potsdam R 55/10 Bl. 2.

187 Angabe im Haushaltsplan der Abt. H vom 15. 2. 1944, ebd. Bl. 8–11, hier Bl. 8.

188 Ebd., Bl. 10.

189 Ebd., Bl. 9–10. Länderbeauftragte wurden für das Protektorat Böhmen und Mähren (1), für Frankreich (2), Italien (3), Norwegen (4), Holland, Belgien, Nordfrankreich (5), für die Ostgebiete (6) und das Generalgouvernement (7) bestellt. Gebietsbeauftragte gab es für Berlin-Brandenburg, Pommern, Nieder- und Oberschlesien (1), die Nordmark, Niedersachsen, Bremen (2); Danzig, Westpreußen, Ostpreußen, Wartheland (3), Sachsen, Thüringen, Mittelelbe, Sudetenland (5), Köln, Westfalen, Hessen (6), Bayern, Württemberg-Hohenzollern (7), Oberrhein, Westmark, Donau-Alpenland (8).

190 »Bericht« über die gemeinsame Sitzung des Kleinen Rates des Börsenvereins und des Rates der Gruppe Buchhandel am 12. und 13. 5. 1944 in Rathen a.d. Elbe, hier S. 4, StA Leipzig BV/737; Schreiben des »Produktionsbeauftragten für Druck des Reichsministers für Rüstung und Kriegsproduktion und Leiter des Produktionshauptausschusses« an den »Leiter des deutschen Buchhandels« vom 23. 8. 1944, in dem auf die enge Zusammenarbeit mit der Schrifttumsabteilung des RMVP verwiesen wird, StA Leipzig BV/812.

191 Mitteilung über die Errichtung des gemeinsamen Produktionsausschusses in Bbl. 111. Jg., Redaktioneller Teil, Nr. 76 vom 21. 10. 1944, S. 190.

Diese Ermächtigung galt für sämtliche Betriebe und Betriebsabteilungen der industriellen und handwerklichen Verlags- und Druckerei-Buchbinderei unter Einschluß öffentlicher und privater »Regiebetriebe«.

Trotz solch umfassender Reglementierungsvollmachten war allerdings den Engpässen auf dem Buchmarkt immer weniger beizukommen. Am 8. 3. 1945 gab Schrifttumsreferent Erckmann denn auch auf einer Buchhändler-Sitzung in Leipzig die Devise aus, daß »es heute mehr denn je für jeden einzelnen gelte zu improvisieren«.[192] Mit »Zentralisation, d. h. mit unbedingtem Festhalten an den von oben gegebenen Bestimmungen [sei] jetzt nicht durchzukommen«.[193]

2.1.7. Die Behandlung der Literatur sogenannter »Feindstaaten«

Bereits in den Friedensjahren des »Dritten Reiches« war ein Teil der ausländischen Literatur aus politischen oder ästhetischen Gründen unterdrückt worden. In den seit 1933 kursierenden Indizierungslisten finden sich neben einer Vielzahl sowjetischer Autoren auch Namen wie John Dos Passos, Ernest Hemingway, Aldous Huxley, Sinclair Lewis, Jack London, André Malraux, Ignazio Silone, Upton Sinclair, Walt Whitman, H. G. Wells oder Thomas Wolfe. Selbst Werke von Balzac, Boccaccio, Diderot, Maupassant und Zola wurden als »schädlich und unerwünscht« eingestuft.

Seit Juli 1935 bestand für die Verleger die Pflicht, vor dem Abschluß von Verträgen über »die Drucklegung und das Erscheinen ausländischer Werke in Deutschland« beim Präsidenten der RSK eine Genehmigung einzuholen.[194] Der traditionell großen Zahl von Übersetzungen auf dem deutschen Buchmarkt wurde von staatlichen und parteiamtlichen Dienststellen mit kritischen Kommentaren in der Fachpresse gegenzusteuern ver-

192 Die Äußerung Erckmanns auf einer von der Gruppe Buchhandel einberufenen Besprechung über die Versorgung der aus den Ostgebieten geflüchteten Buchhändler am 8. 3. 1945 ist wiedergegeben in einer »Aktennotiz« über eine Besprechung von Vertretern des Börsenvereins mit den Leipziger Kommissionären am 9. 3. 1945, S. 3. StA Leipzig BV/733.

193 So die sinngemäße Wiedergabe der Ausführungen Erckmanns gegenüber Börsenvereins-Geschäftsführer Heß, ebd.

194 S. die von der RSK erlassene »Bekanntmachung betr. Anzeigepflicht bei dem Erwerb ausländischer Verlagsrechte« vom 25. 7. 1935, wiedergegeben bei Schrieber (Hg.), Das Recht der Reichskulturkammer, Bd. III, S. 126.

sucht.[195] Der Krieg gab der staatlichen Schrifttumsbürokratie nun freie Hand, die Literatur ganzer Länder systematisch zu unterdrücken.

Seit September 1939 wurden die Buchhandlungen und Leihbüchereien von einigen Landesleitungen der RSK dazu angehalten, deutsche Übersetzungen zeitgenössischer Autoren aus Großbritannien und Frankreich »aus den Schaufenstern und von Ladentischen zu entfernen«.[196] Nach dem Ausverkauf noch vorhandener Exemplare in den Lagerbeständen sollten keine Neubestellungen mehr vorgenommen werden. Die Einhaltung dieser Vorschrift wurde von der Gestapo überwacht.[197]

Am 15. 12. 1939 wurden sämtliche deutschen Verleger und Sortimenter in den »Vertraulichen Mitteilungen« ihrer Fachschaften offiziell darüber informiert, daß für die Dauer des Krieges mit England und Frankreich die weitere Auslieferung und der Vertrieb von Übersetzungen schöngeistiger, populärwissenschaftlicher und biographischer Werke aus dem Englischen und Französischen als »unerwünscht« galt, insofern sie noch urheberrechtlich geschützt waren.[198] Mit dieser Vorschrift sollte insbesondere verhindert werden, daß »aus dem weiteren

[195] Dazu u.a. B. Payr, Überflüssige oder begrüßenswerte Übersetzungen?, in: Bücherkunde 4 (1937), S. 87–89; »Schrifttumsschau Dezember 1938–Januar 1939«, in: Lektoren-Brief 2 (1939), H. 2, S. 1, wo eine »wahre Sturmflut von höchst ungleichwertigen Übersetzungen aus dem Bereich der modernen anglo-amerikanischen Romanliteratur« in Deutschland beklagt wird; »Jahreslagebericht 1938 des Sicherheitshauptamtes«, Bd. 2 Kulturelles Leben: Schrifttum, S. 153–156, hier S. 155 (»[...] erschreckend hohe Zahl von Übersetzungen aus anderen Sprachen [...]«); P. Hövel, Das Übersetzungsschrifttum – politisch gesehen, in: Der Buchhändler im neuen Reich 4 (1939), S. 286–293.

[196] Meldung der Gestapo-Außendienststelle Duisburg an die Stapoleitstelle Düsseldorf vom 25. 11. 1939, in der auf eine diesbezügliche Anweisung des Landesleiters der RSK für den Gau Essen hingewiesen wird. HStA Düsseldorf RW 36/30 Bl. 59/Rs.

[197] Anweisung der Stapoleitstelle Düsseldorf an die Außendienststellen, die Landräte des Bezirks sowie die Polizeiverwaltungen in Neuß und Viersen vom 16. 11. 1939, HStA Düsseldorf RW 36/30 Bl. 59.

[198] Der »vertraulich« zu behandelnde Hinweis auf die »Behandlung von englischem und französischem Schrifttum« ist wiedergegeben bei Ihde (Hg.), Handbuch der Reichsschrifttumskammer, S. 199–200, hier S. 199. Vom Urheberrechtsschutz befreit waren laut Berner Übereinkunft nur die Werke von Autoren, die vor 1904 verstorben waren. Zum folgenden s. ebd.

Vertrieb dieser Übersetzungen Devisenforderungen zugunsten von Ländern anwachsen, die mit allen Methoden des Wirtschaftskrieges versuchen, das deutsche Volk auszuhungern«. Von der Regelung ausgenommen waren allerdings »einwandfrei wissenschaftliche Werke, die der wissenschaftlichen Forschung oder Lehre dienen«, sowie Übersetzungen von Autoren irischer oder amerikanischer Staatsangehörigkeit. Die Auslieferung und der Vertrieb konnten auch dann fortgesetzt werden, wenn dies vom Propagandaministerium »besonders gewünscht« wurde. Prinzipiell möglich war der Verkauf der Übersetzungswerke ins Ausland, konnte auf diesem Wege doch mit dem Eingang der von Deutschland dringend benötigten Devisen gerechnet werden. Die Verleger und Sortimenter wurden ausdrücklich darauf hingewiesen, daß es sich bei den »einstweilen zurückgestellten Werken« nicht um Verbotsliteratur handele. Die Lagerhaltung war daher zugelassen, eine Verwertung der Bestände »nach Beendigung des Kriegszustandes« wurde in Aussicht gestellt.

Den gleichen Richtlinien wurde im Oktober 1940 die »Behandlung des polnischen Übersetzungsschrifttums« unterstellt.[199] Deutsche Übersetzungen von Büchern polnischer Autoren durften danach »bis zum Ende des Krieges« weder verkauft oder ausgeliehen noch in Werbeanzeigen vorgestellt werden. Die Einfuhr und Verbreitung polnischer Literatur war bereits seit November 1939 auf Anweisung von Goebbels überwacht worden.[200]

Anträge auf Einfuhr französischsprachiger Literatur wurden noch im März 1941 »grundsätzlich abschlägig« beschieden, »da mit Frankreich noch kein Friedenszustand besteht und andererseits ein Bedürfnis, derartiges Schrifttum im Inlande zu verbreiten, nicht anerkannt werden kann«.[201] Die Grenzpolizeikommissariate hatten sogar den Auftrag, französische Druckschriften, die von Reisenden bei der Einreise nach Deutschland mit-

[199] Anweisung in den »Vertraulichen Mitteilungen der Fachschaft Verlag« Nr. 56 vom 14. 10. 1940, wiedergegeben bei Ihde (Hg.), Handbuch der Reichsschrifttumskammer, S. 202.

[200] Protokoll der geheimen Ministerkonferenz vom 7. 11. 1939 (hier Pkt. 2), bei Boelcke (Hg.), Kriegspropaganda 1939–1941, S. 220.

[201] Rundverfügung der Stapoleitstelle Düsseldorf vom 11. 3. 1941, HStA Düsseldorf RW 18/31 Bl. 23.

geführt wurden, »zu beschlagnahmen und einzuziehen«.[202] Nur amtliche Dienststellen durften »erforderlichenfalls« Bücher und Zeitschriften aus Frankreich über die Auslandszeitungshandel GmbH in Köln einführen lassen.[203]

Im Juli 1941 wurde den Mitgliedern der »Gruppe Buchhandel« der weitere Vertrieb sämtlicher Werke »russischer Autoren« untersagt.[204] Das Verbot, das zunächst »sowohl für die gegenwärtige wie auch für die russische Literatur früherer Zeiten« galt,[205] wurde Anfang Oktober 1941 dahingehend gelokkert, daß das »klassische russische Schrifttum bis zum Erscheinungsjahr 1914« verkauft werden durfte, wenn die Schrifttumsabteilung ihre Zustimmung gegeben hatte.[206] Das gleiche galt für Schriften, bei denen der weitere Vertrieb aus »propagandistische[n] Notwendigkeiten« erwünscht war.[207] Ergänzend ordnete das Ministerium noch ein Aufführungsverbot für »Werke russischer Autoren wie Komponisten, Schriftsteller, Theaterdichter usw. ohne jede Ausnahme« an.[208] Seit Oktober 1941 mußten auch alle Übersetzungen deutscher Werke ins Russische mit dem »Übersetzungsreferat« der Schrifttumsabteilung abgestimmt werden.[209] Dagegen wurde die Sperre »antibolschewistischen Schrifttums«, die im Zusammenhang mit

202 Ebd.

203 Ebd. Zu Gründung und Aufgabe der Auslandszeitungshandel GmbH Boelcke (Hg.), Kriegspropaganda 1939–1941, S. 220.

204 Die am 11. 7. 1941 von der Schrifttumsabteilung »im Einvernehmen mit dem Leiter des Deutschen Buchhandels« erlassene Anweisung wurde in den »Vertraulichen Mitteilungen der Fachschaft Verlag« Nr. 93–97 vom 15. 7. 1941 veröffentlicht. Sie ist wiedergegeben bei Ihde (Hg.), Handbuch der Reichsschrifttumskammer, S. 202–203.

205 Ebd., S. 202.

206 Hinweis in den »Vertraulichen Mitteilungen der Fachschaft Verlag« Nr. 116–162 vom 1. 10. 1941, wiedergegeben bei Ihde (Hg.), Handbuch der Reichsschrifttumskammer, S. 203.

207 Anweisung der Schrifttumsabteilung vom 11. 7. 1941, bei Ihde (Hg.), Handbuch der Reichsschrifttumskammer, S. 202–203.

208 Runderlaß des RSHA vom 14. 8. 1941, wiedergegeben in einer Rundverfügung der Stapoleitstelle Düsseldorf vom 5. 9. 1941, HStA Düsseldorf RW 18/30 Bl. 51.

209 Anweisung in den »Vertraulichen Mitteilungen der Fachschaft Verlag« Nr. 116–162 vom 1. 10. 1942, wiedergegeben bei Ihde (Hg.), Handbuch der Reichsschrifttumskammer, S. 203.

Hitler-Stalin-Pakt vom 23. 8. 1939 eingeführt worden zwar,[210] wieder aufgehoben.[211]

Nach dem Kriegseintritt der USA verhängte der Reichsführer-SS und Chef der deutschen Polizei am 22. 12. 1941 »im Einvernehmen« mit dem Propagandaministerium aufgrund des § 1 der Notverordnung vom 28. 2. 1933 ein Verbreitungsverbot für sämtliche amerikanischen Zeitungen, Zeitschriften und Bücher.[212] Die Stapo(leit)stellen, Ortspolizeibehörden und Landräte wurden im Februar 1942 beauftragt, den Buch- und Zeitungshandel sowie die Leihbüchereien auf noch vorhandene Bestände hin zu durchsuchen.[213] Um die Bemühungen zur »Säuberung« des Buchmarktes ebenso wie der Volks-, Werk- und Leihbüchereien von anglo-amerikanischer Literatur zu unterstützen, gab die Schrifttumsabteilung noch im gleichen Jahr ein »Verzeichnis englischer und nordamerikanischer Schriftsteller« heraus.[214]

Der im Verlag des Börsenvereins erschienene Index war mit Hilfe der Deutschen Bücherei auf der Grundlage der »in den letzten 40 Jahren nachweisbaren Übersetzungen« zusammengestellt worden.[215] Nicht erfaßt wurden dabei rein wissenschaftliche Werke, da sie »generell weiter zugelassen« blieben. Englische Verfasser, die bereits vor 1904 verstorben waren, wurden

[210] Protokolle der geheimen Ministerkonferenzen im Propagandaministerium vom 28. 12. 1939 (hier Pkt. 3) und vom 9. 1. 1940 (hier Pkt. 5), bei Boelcke (Hg.), Kriegspropaganda 1939–1941, S. 252 und S. 260.

[211] Anweisung der Schrifttumsabteilung vom 11. 7. 1941, bei Ihde (Hg.), Handbuch der Reichsschrifttumskammer, S. 202–203.

[212] Abschrift der von Heydrich i. A. unterzeichneten »Bekanntmachung« in BDC/Aktenordner »Schädliches und unerwünschtes Schrifttum«, VI. Dazu auch die Anweisung zur »Behandlung des nordamerikanischen und britischen Übersetzungsschrifttums« in den »Vertraulichen Mitteilungen der Fachschaft Verlag« Nr. 187–195 vom 5. 1. 1942, wiedergegeben bei Ihde (Hg.), Handbuch der Reichsschrifttumskammer, S. 204.

[213] S. als Beispiel die Rundverfügung der Stapostelle Köln an die Außendienststelle Bonn, die Landräte, an den Polizeipräsidenten in Köln und den Oberbürgermeister von Bonn vom 5. 2. 1942, HStA Düsseldorf RW 18/9 Bl. 111.

[214] Verzeichnis englischer und nordamerikanischer Schriftsteller. Hg. vom Reichsministerium für Volksaufklärung und Propaganda, Abteilung Schrifttum, Leipzig 1942. Ein Exemplar dieses Verzeichnisses findet sich in der Deutschen Bücherei in Leipzig.

[215] Ebd., »Einleitung«. Die beiden folgenden Zitate ebd.

zwar mitverzeichnet; ihre urheberrechtlich »frei« gewordenen Werke blieben jedoch vom Verbreitungsverbot ausgenommen. Bei einigen der englischen Autoren lag eine »Sondergenehmigung« für den weiteren Verkauf oder Verleih von Einzeltiteln vor. Die nicht explizit aufgeführten Werke waren hingegen »gesperrt«. In das Verzeichnis aufgenommen waren nun auch eine Reihe irischer Autoren und »solche anderer Nationalität, soweit sie auf Grund ihres englisch klingenden Namens erfahrungsgemäß oft irrtümlich als Engländer angesehen werden«. Wies diese Formulierung bereits auf den absurden Perfektionismus der Schrifttumsbürokratie hin, so erst recht der Zusatz, ob es sich bei einem verbotenen Autor definitiv um einen Juden oder »Halbjuden« handelte oder ob nur ein »starker Verdacht jüdischer Abstammung« vorlag.[216] Vermerkt war schließlich auch noch, ob ein Schriftsteller »unabhängig von der Staatsangehörigkeit unerwünscht« war. Da die Schrifttumsabteilung angesichts des großen Umfangs deutscher Übersetzungen aus dem Englischen und Amerikanischen keine Vollständigkeit garantieren konnte, wurden die Benutzer um Hinweise auf Lücken gebeten.[217] Die Nachträge zum »Verzeichnis« sollten dann in den Fachzeitschriften des Buchhandels sowie der Leih-, Volks- und Werkbüchereien erscheinen.[218]

2.2. Die literaturpolitischen Maßnahmen gegenüber den Verlagen

Mit der Berufszulassung durch die RSK und den Instrumenten zur Unterdrückung »schädlichen und unerwünschten« Schrifttums des In- und Auslands auf dem deutschen Buchmarkt ist bereits ein Teil der Maßnahmen beschrieben, mit denen die staatliche Schrifttumsbürokratie die Tätigkeit der Verlage zu kontrollieren versuchte. Die weiteren literaturpolitischen Eingriffe betrafen zunächst erneut die Verlagsproduktion, dann

216 S. die »Erklärung der Abkürzungen« ebd.

217 Ebd., »Einleitung«.

218 S. dazu die Berichtigungen und Nachträge zum Verzeichnis in: Bbl. 109. Jg., Redaktioneller Teil, Nr. 289 vom 19. 12. 1942, S. 259; sowie den Hinweis auf die Freigabe von Ausleihe und Verkauf einer Reihe von Werken Joseph Conrads aus dem Suhrkamp Verlag, ebd. 110. Jg., Nr. 94 vom 22. 5. 1943, S. 91.

aber auch konkrete Fragen der verlegerischen Arbeitspraxis, den Komplex der »Arisierung« jüdischer Verlage und das konfessionelle Verlagswesen.

Um sich einen Überblick über die Produktion bestimmter Verlagsgruppen verschaffen und diese nach Möglichkeit auch präventiv in »erwünschte« Bahnen lenken zu können, wurden von der RSK zwischen 1934 und 1937 eine Reihe sogenannter »Beobachtungs-« oder »Beratungsstellen« aufgebaut. Den Anfang machte im April 1934 eine »Beobachtungsstelle (ab 16. 10. 1936: Beratungsstelle) für den Reisebuchhandel« mit Sitz in Leipzig.[219] Ihrem leitenden Ausschuß gehörten unter dem Vorsitz eines Kammerreferenten je ein Vertreter der Vereinigung am Reisebuchhandel interessierter Verleger, des Vereins der Reise- und Versandbuchhandlungen e. V. sowie der Arbeitsgemeinschaft Deutscher Buchvertreter an. Der »Beobachtungsstelle« war jedes Werk, das über den Reisebuchhandel vertrieben wurde, »ohne besondere Aufforderung« zu melden.[220] Dies galt auch für Neuauflagen, Neuausgaben und Preisänderungen von bereits gemeldeten Werken. Die Meldung, der das jeweilige Prospektmaterial beigefügt werden mußte, hatte entweder über die Verleger des betreffenden Werkes zu erfolgen oder über eine Reisebuchhandlung, insofern diese die Gesamt- oder Restauflage eines Werkes übernommen oder ein Werk im Selbstverlag herausgebracht hatte.[221] Die von der »Beobachtungsstelle« angeforderten Prüfungsexemplare waren unentgeltlich zur Verfügung zu stellen, die für die Prüfung entstehenden »baren Auslagen« von den Verlagen oder Reisebuchhandlungen zu erstatten.[222] Auf Verlangen waren der »Beobachtungsstelle« die zur Prüfung der Werke benötigten Auskünfte »wahrheitsgemäß« mitzuteilen.[223]

Unter dem euphemistischen Titel »Anordnung zur Förde-

219 »Anordnung über die Einrichtung einer Beobachtungsstelle für den Reisebuchhandel« vom 15. 4. 1934, wiedergegeben bei Schrieber (Hg.), Das Recht der Reichskulturkammer, Bd. I, S. 213, sowie die dazu am 12. 6. 1934 erlassenen »Durchführungsbestimmungen«, ebd., S. 220–221. Zur Änderung des Namens s. die »Anordnung betr. Beratungsstelle für den Reisebuchhandel« vom 16. 10. 1936, ebd., Bd. V, S. 81–82.

220 »Durchführungsbestimmungen« (Pkt. 1), S. 220.

221 Ebd. (Pkt. 2).

222 »Anordnung«, S. 213.

223 »Durchführungsbestimmungen« (Pkt. 6), S. 220.

rung guter Unterhaltungsliteratur« wurde im Juli 1935 die Einrichtung einer weiteren »Beratungsstelle« bekanntgegeben.[224] Die »Anordnung« wandte sich an »Verleger ausgesprochener Unterhaltungsliteratur«, insbesondere an die Mitglieder der »Vereinigung der am Leihbüchereiwesen interessierten Verleger« und der »Arbeitsgemeinschaft der Verleger für Volksliteratur«. Die betroffenen Verleger sollten dazu aufgefordert werden »können«, ihre »Neuerscheinungen vor Drucklegung« der in Berlin eingerichteten »Beratungsstelle« vorzulegen.[225] Daß es sich dabei jedoch keineswegs um eine Kann-Vorschrift handelte, sondern letztlich um eine Vorlagepflicht, mit der eine Buchzensur ausgeübt werden sollte, läßt sich am Beispiel des Wilhelm Goldmann Verlags belegen.

Goldmann, der seinen Verlag in den zwanziger Jahren vor allem mit erfolgreichen Kriminalromanen aufgebaut hatte, mußte der RSK bereits im Herbst 1934 47 Bücher zur Prüfung einreichen.[226] Anfang Juli 1935 bat er die Kammer um eine Nachricht, »ob irgendwelche Beanstandungen bei den Werken in Betracht kommen, damit wir in der Lage sind, bei der Entscheidung über zukünftige Veröffentlichungen das eine oder andere zu berücksichtigen«.[227] Als Antwort erhielt der Leipziger Verleger am 12. 8. 1935 vom Präsidenten der RSK die Aufforderung, die in seinem Verlag erscheinenden Neuausgaben von Unterhaltungsliteratur der zuständigen Berliner »Beratungsstelle« regelmäßig vorzulegen.[228] Anträge des Verlegers, die Übersetzungsrechte für englische und amerikanische Kriminalromane zu erwerben, wurden von der RSK »aus grundsätzlichen Erwägungen« abschlägig beschieden.[229] Im März 1937 wurde Goldmann von der Kammer zudem angewiesen, seinen Verlag in die »Arbeitsgemeinschaft der Verleger für Volksliteratur

[224] »Anordnung zur Förderung guter Unterhaltungsliteratur« vom 24. 7. 1935, wiedergegeben bei Schrieber (Hg.), Das Recht der Reichskulturkammer, Bd. III, S. 125–126.

[225] So die noch zurückhaltenden Formulierungen ebd. S. 126.

[226] Schreiben Goldmanns an den Präsidenten der RSK vom 5. 7. 1935, BDC/RSK/Goldmann, W.

[227] Ebd.

[228] Mitteilung der RSK/Beratungsstelle Verlag, Abt. Unterhaltungsschrifttum an die RSK-Abt. III vom 21. 6. 1937, BDC/RSK/Goldmann, W.

[229] Schreiben Goldmanns an die RSK vom 28. 10. 1936, ebd.

tur« einzugliedern.[230] Ein Reglementierungsversuch, dem sich Goldmann mit der Begründung entzog, daß er die früher erschienene Unterhaltungsliteratur ausverkaufen und sein Verlagsprogramm auf Belletristrik und Wissenschaftsliteratur umstellen wolle.[231]

Tatsächlich stieß Goldmann jedoch zunächst nur Buchtitel ab, deren Verfasser Juden waren, von denen also kaum noch eine lukrative Verwertung zu erwarten war.[232] Die Kammer konnte dem Verleger noch im Sommer 1937 nachweisen, daß er nach wie vor Unterhaltungsliteratur in Neuausgaben oder in Neuauflagen herausbrachte.[233] Sie beharrte daher auf der Vorlagepflicht und drohte dem Verleger für den »Übertretungsfall« den Kammer-Ausschluß an.[234] Nach einer Rücksprache mit dem Justitiar der »Gruppe Buchhandel« sandte Goldmann schließlich im August 1937 die geforderte Aufstellung über sämtliche Buchtitel ein, die unter die »Anordnung zur Förderung guter Unterhaltungsliteratur« vom 12. 8. 1935 fielen.[235] Ende 1937 legte er der »Beratungsstelle« auch die geplanten Titel der Neuauflagen von Edgar Wallace-Romanen zur Genehmigung vor.[236] Dem politischen Druck der staatlichen Schrifttumsbürokratie, der nicht ohne Folgen auf die wirtschaftliche Existenzfähigkeit des Verlags blieb, konnte sich Goldmann letztlich nur durch die gewünschte Umstellung seiner Verlagsproduktion entziehen.[237]

230 »Stellungnahme [der ›Gruppe Buchhandel‹] zur Vorlagepflicht des Wilhelm Goldmann Verlags, Leipzig« vom 22. 6. 1937, ebd.

231 Schreiben Goldmanns an die RSK, Gruppe Buchhandel vom 25. 8. 1937, ebd.

232 Abschrift eines Schreibens der Stapostelle Leipzig an das Gestapa vom 8. 2. 1937, eines Schreibens der Stapoleitstelle Dresden an das Gestapa vom 2. 3. 1937 sowie das Schreiben der RSK an das Gestapa vom 7. 4. 1937, BDC/RSK/Goldmann, W.

233 Stellungnahme der RSK-Abt. III vom 22. 6. 1937, ebd.

234 RSK/Beratungsstelle Verlag, Abt. Unterhaltungsschrifttum an RSK-Abt. III vom 21. 6. 1937, ebd.

235 Goldmann an RSK, Gruppe Buchhandel, vom 25. 8. 1937, ebd.

236 Schreiben Goldmanns an die Beratungsstelle Verlag/Sachgebiet Unterhaltungsschrifttum vom 15. 12. 1937, BArch Potsdam 50.05/Filmsign. 53436 Bl. 19.

237 Als Kammer-Präsident Johst den Verleger während des Krieges um die Zusendung spannender Kriminal- und heiterer Romane als private »Entspannungskost« bat, erhielt er von Goldmann die Mitteilung, daß der

Mit einer RSK-Anordnung vom 3. 2. 1936 wurde die »Beratungsstelle für astrologisches und verwandtes Schrifttum« errichtet.[238] Verleger von »Schriften astrologischen, graphologischen, chirologischen sowie okkulten Inhalts« waren von nun an »verpflichtet«, auf Anforderung ihre gesamte Verlagsproduktion – Neuausgaben oder Neuauflagen »vor dem Erscheinen« – der »Beratungsstelle« zur Prüfung vorzulegen. Ende April 1936 folgte eine »Beratungsstelle für Fachverleger in der Reichsschrifttumskammer«.[239] Ihre Aufgaben sollten vor allem darin bestehen, die seit 1935 staatlich geförderte Fachbuchwerbung zu intensivieren, »unerwünschtes« Fachschrifttum vom Buchmarkt zu entfernen und Einfluß auf die Verlagsplanungen im Sinne der Bedürfnisse der Wirtschaft zu nehmen.

Im Oktober 1936 kam es schließlich noch zur Gründung einer »Beratungsstelle für das Adreß- und Anzeigenbuchverlags-Gewerbe«.[240] Sie war vor allem für die »Überwachung der Preisgestaltung und Vertriebsart« zuständig, sollte aber auch »Richtlinien über das Brauchtum« im Adreß- und Anzeigenbuchverlags-Gewerbe erlassen können. Die Mitglieder der RSK wurden »verpflichtet«, der »Beratungsstelle« auf Anfragen hin Auskünfte zu erteilen und die durch die anfallenden Prüfungsarbeiten entstehenden Kosten zu erstatten.

Die fünf »Beratungsstellen«, die alle in enger Verbindung mit der RSK aufgezogen worden waren, wurden im Frühjahr 1937 unter Hinzunahme einer Abteilung für »Volksheilkunde« in

Schwerpunkt seines Programms nicht mehr die Unterhaltungsliteratur, sondern Weltpolitik, Weltwirtschaft, Geschichte, Kunst und in geringem Umfang schöngeistige Literatur seien. S. das Schreiben Johsts an Goldmann vom 9. 12. 1942, BArch Potsdam R 56 V/20 Bl. 135, sowie das Antwortschreiben Goldmanns vom 12. 12. 1942, dem ein Verzeichnis der zu Weihnachten 1942 lieferbaren Titel beigefügt war, ebd. Bl. 133–134. S. zur Umstellung seiner Produktion in den Jahren 1933 bis 1945 auch »Wilhelm Goldmann Verlag 1922–1962«, München 1962, hier S. 28–31 sowie die Verlags-Bibliographie S. 162–207. Goldmanns Selbstdarstellung seiner Verhaltensweise als Verleger im »Dritten Reich« ist allerdings arg geschönt.

238 Wiedergegeben bei Schrieber (Hg.), Das Recht der Reichskulturkammer, Bd. IV, S. 92.

239 Mitteilung der Reichsschrifttumskammer, in: Bbl. 103. Jg., Redaktioneller Teil, Nr. 98 vom 28. 4. 1936, S. 383.

240 »Anordnung über die ›Beratungsstelle für das Adreß- und Anzeigenbuchverlags-Gewerbe‹« vom 21. 10. 1936, wiedergegeben bei Schrieber (Hg.), Das Recht der Reichskulturkammer, Bd. V, S. 82–83.

der »Beratungsstelle Verlag« zusammengefaßt.[241] Ihre bisherigen Funktionen wurden zunächst beibehalten. Zum 1. 4. 1938 ging jedoch die Zuständigkeit für die Überwachung des Buchmarktes und damit auch für die »Beratungsstelle Verlag« von der Kammer auf die Schrifttumsabteilung des Propagandaministeriums über.[242] Der Geschäftsführer der »Beratungsstelle«, Dr. Ludwig Warmuth, wechselte in die Reichsschrifttumsstelle.[243] Über diese Dienststelle beziehungsweise ab Juli 1939 über das Werbe- und Beratungsamt für das deutsche Schrifttum lief dann die Sichtung, Wertung und Steuerung der Produktion nicht mehr nur der genannten Verlagsgruppen, sondern sämtlicher Verlage des deutschen Buchhandels.[244]

Die ersten Eingriffe der RSK in die Autonomie der verlegerischen Geschäftsführung verfolgten das Ziel, die rechtliche Position der Autoren gegenüber den Verlegern zu verbessern. Mit einer »Amtlichen Bekanntmachung« vom 9. 2. 1934 wurde angeordnet, daß »Manuskripte, die zur Prüfung eingereicht werden, nicht länger als vier Wochen einbehalten werden dürfen, ohne daß dem Einsender ein Zwischenbescheid oder ein endgültiger Entscheid zugeht«.[245] Sollte ein Verlag außerstande sein, die gesetzte Frist einzuhalten, war er »verpflichtet, das Manuskript umgehend zurückzusenden oder sich vom Einsender die Zustimmung geben zu lassen, das Manuskript für eine größere Zeitdauer einzubehalten«.[246]

Auch die »Anordnung über einen Normal-Verlagsvertrag zwischen Schriftstellern und Verlegern« vom 3. 6. 1935 war ein deutlicher Eingriff in die Verlagsautonomie zugunsten der Autoren gewesen.[247] Nach dem Vorbild dieses »Mustervertrags«

241 »Amtliche Bekanntmachung [des Präsidenten der RSK] Nr. 118« vom 25. 3. 1937, wiedergegeben bei Schrieber/Metten/Collatz (Hg.), Das Recht der Reichskulturkammer, hier RSK I, 52, S. 74.

242 Zweite Bekanntmachung über die Gliederung der Reichsschrifttumskammer, wiedergegeben bei Ihde (Hg.), Handbuch der Reichsschrifttumskammer, hier S. 44.

243 Zeugnis der RSK für Warmuth vom 26. 3. 1938, BDC/RSK/Warmuth, L.

244 S. den Geschäftsverteilungsplan des WeBa von 1942, BArch Potsdam R 55/30 hier Bl. 134–140.

245 Zitiert nach Schrieber (Hg.), Das Recht der Reichskulturkammer, Bd. I, S. 209.

246 Ebd.

247 Vgl. Kapitel III, Abschnitt A 6.1.1.

führte die Kammer noch im gleichen Jahr einen »Normalvertrag für Einzelvertreter des Reisebuchhandels« ein.[248] Die Verwendung des Vertrags wurde zwar als »freiwillig« bezeichnet; gleichzeitig sprach die RSK jedoch die Erwartung aus, »daß nach Möglichkeit alle neuen einschlägigen Verträge unter Zugrundelegung des Normalvertrags abgeschlossen werden«.[249] Inhaltlich wurden in dem Vertrag die Rechte und Pflichten der beiden Vertragspartner (§§ 1–4, 11), die Provisionsansprüche des Verlagsvertreters (§§ 5–10, 12) sowie die Schlichtung von Streitigkeiten (§ 13) geregelt.

Ergänzend führte die RSK am 27. 2. 1937 auch noch einen »Normalvertrag zwischen Verlagsbuchhandlungen und Verlagsvertretern« ein.[250] Er war im wesentlichen an den Bestimmungen des bereits vorliegenden Normalvertrags für den Reisebuchhandel orientiert, legte jedoch noch einmal explizit fest, daß die Buchvertreter nur von solchen Firmen Aufträge entgegennehmen durften, die von der RSK als Buchverkaufsstellen zugelassen waren (§ 2). Auch die Betätigung als Buchvertreter war nur dann zulässig, wenn eine Mitgliedschaft in der »Fachschaft Buchvertreter« der RSK-»Gruppe Buchhandel« nachgewiesen werden konnte.[251]

Die Entscheidungsbefugnis der RSK über die Zulassung und Betätigung der leitenden Angestellten und Lektoren im Verlagswesen ebenso wie über die Verlagsleiter war natürlich eines der zentralen Kontroll- und Steuerungsinstrumente, mit denen die staatliche Schrifttumsbürokratie in die Verlagspolitik eingreifen konnte. Mit der Ausschaltung kulturpolitisch »unerwünschter« Verleger war jedoch noch keineswegs die nationalsozialistische Ausrichtung des gesamten Berufsstands erreicht.

248 »Bekanntmachung betr. Buchvertreter-Normalvertrag« vom 13. 9. 1935, wiedergegeben bei Schrieber (Hg.), Das Recht der Reichskulturkammer, Bd. III, S. 128–129. Der »Normalvertrag« folgt ebd. auf den S. 129–133.

249 Ebd., S. 129.

250 Wiedergegeben bei Ihde (Hg.), Handbuch der Reichsschrifttumskammer, S. 245–248.

251 Darauf wurde – aus gegebenem Anlaß – in den Vertraulichen Mitteilungen der Fachschaft Verlag Nr. 71–92 vom 10. 7. 1941, wiedergegeben bei Ihde (Hg.), Handbuch der Reichsschrifttumskammer, S. 248, noch einmal mit Nachdruck hingewiesen. S. in diesem Zusammenhang den Fall eines Handelsvertreters aus Dülken, der 1941 konfessionelles Schrifttum vertrieben hatte, ohne Mitglied der RSK zu sein. HStA Düsseldorf RW 58/44.318.

Bei einem »Großteil der Verlage«, so war im »Jahreslagebericht 1938 des Sicherheitshauptamtes« zu lesen, würden nach wie vor »wirtschaftliche Gesichtspunkte das kulturpolitische Gesamtinteresse« überwiegen.[252] Die »Gruppe Buchhandel« nutzte daher neben den formalrechtlichen Möglichkeiten, die durch das Reichskulturkammerrecht legitimiert wurden, auch »informelle« Wege. In den von 1935 bis 1945 herausgegebenen »Vertraulichen Mitteilungen der Fachschaft Verlag« wurde den Verlegern neben technischen eine Fülle politischer Anweisungen erteilt, mit denen die Verlagsarbeit in nationalsozialistische Bahnen gelenkt werden sollte.[253] Allerdings zeigt sich auch hier, daß nicht alles, was von der Kammer dekretiert oder als »besonders erwünscht« bezeichnet worden war, auch tatsächlich realisiert wurde.[254]

Von großer Auswirkung auf die Struktur des deutschen Buchhandels war die »Arisierung« der jüdischen Verlagsunternehmen. Daß dieser Ablösungsprozeß so lange Zeit in Anspruch nahm, hing nicht allein mit allgemeinen Rücksichtnahmen auf Eigentumsverhältnisse, Ressortkompetenzen oder außenpolitische Implikationen zusammen. Angesichts der trostlosen Lage der deutschen Buchwirtschaft mußte die staatliche Schrifttumsbürokratie auch ein starkes Interesse daran haben, daß bei einer »Arisierung« der jüdischen Buchverlage deren kulturpolitische Ausstrahlungskraft ebenso erhalten blieb wie deren wirtschaftliche und arbeitsmarktpolitische Bedeutung.

Dieses »Konzept« war im Propagandaministerium jedoch erst seit 1935 entwickelt worden.[255] 1934 hatte sich der Zentralparteiverlag noch mit geradezu erpresserischen Methoden den Ullstein Verlag, das größte jüdische Presse- und Buchverlagsunternehmen, einverleibt.[256] Für das eigentlich zuständige Propagandaministerium, das Amann durch eine Intervention bei Hitler ausgeschaltet hatte, war das eine Lektion. Als es um

252 Meldungen aus dem Reich, Bd. 2, hier S. 156.

253 S. dazu im einzelnen die Auswertung von J. Thunecke, NS-Schrifttumspolitik am Beispiel der Vertraulichen Mitteilungen der Fachschaft Verlag (1935–1945), in: Leid der Worte, S. 153–176. Die Angaben und Schlußfolgerungen Thuneckes sind allerdings nicht immer zutreffend.

254 Ebd., S. 143–144.

255 Vorlage Wismanns für Goebbels vom 27. 5. 1935, BArch Potsdam R 56 V/194 Bl. 5–8.

256 Dazu im einzelnen Kapitel III, Abschnitt B 6.

die »Arisierung« des S. Fischer Verlags ging, zog das Ministerium die Angelegenheit an sich.

Interesse am Erwerb dieses bedeutendsten Verlags für schöngeistige Literatur hatte zunächst Hugo Bruckmann geäußert. Bruckmann erfuhr im Mai 1935 von Hans Hinkel, der seit seinem Ausscheiden aus dem preußischen Kultusministerium bei dem Münchner Verleger unter Vertrag stand,[257] daß sämtliche Juden aus dem deutschen Kulturleben entfernt werden sollten.[258] Am 21. 10. 1935 wandte er sich an Hinkel, der mittlerweile zum Goebbelsschen »Sonderbeauftragten zur Überwachung der geistig und kulturell tätigen Juden im deutschen Reichsgebiet« avanciert war, mit der Bitte um Informationen, ob eine »Umstellung« des S. Fischer- und des Cassirer-Verlags beabsichtigt sei.[259]

Der damals noch wenig einflußreiche Hinkel konnte die Entwicklung allerdings nicht zugunsten seines Auftraggebers steuern. Obwohl Hugo Bruckmann sich aufgrund seiner engen Kontakte zu Hitler und anderen Größen der NS-Hierarchie eigentlich als neuer Verlagschef angeboten hätte und bei zwei Besuchen im Berliner Verlagshaus auch schon die Absicht zur Übernahme des Verlags mit Nachdruck bekundete,[260] kam ein ganz anderer zum Zuge.

257 S. den Vertrag zwischen dem F. Bruckmann Verlag und Hinkel über die Einrichtung eines Berliner Büros des Verlags sowie das Schreiben Hinkels vom 23. 11. 1934, mit dem er den unterschriebenen Vertrag an Bruckmann zurücksandte, BDC/RSK/Bruckmann, H. Die Aufgaben Hinkels sollten den Aufbau des Büros »nach besten Kräften und in dem vollen Umfange [...] unterstützen, wie es durch seine guten Beziehungen zu den Preußischen und Reichs-Ministerien und ihren Stäben gegeben ist«. Des weiteren sollte er die Direktoren des Verlags bei den »maßgeblichen Persönlichkeiten« Berlins einführen und die Verlagsleitung über »alle ihm zur Kenntnis gelangenden Pläne und Absichten der Regierung zur Herausgabe von Verlagswerken oder Propagandaschriften und dergl. sofort [...] unterrichten«.

258 Vertrauliches Schreiben Hinkels an Hugo Bruckmann vom 24. 5. 1935, BDC/RSK/Bruckmann, H.

259 Das Schreiben findet sich ebd.

260 Bruckmann hatte bei einem ersten Besuch Vorschläge unterbreitet, die nach Darstellung Bermann Fischers »der Situation ganz angepaßt« und völlig »indiskutabel« waren. Bei seinem zweiten Besuch malte er »mit bewegenden Worten aus, was geschehen würde, wenn sich einer der Aufkäufer Hitlers, von deren rücksichtsloser Tätigkeit ich schon wußte, statt seiner, dessen Bemühungen von wahrer Hochachtung für den S. Fischer Verlag bestimmt seien, einschalten würde. Es war eine klare Drohung«. G. Ber-

Die Verhandlungsfäden zog wieder einmal der Leiter der Schrifttumsabteilung und Vizepräsident der RSK, Heinz Wismann. Bereits im März 1935 hatte sich Gottfried Bermann Fischer, der wohl durch die ungestümen Kaufabsichten Bruckmanns aufgeschreckt worden war, persönlich »in die Höhle des Löwen« begeben, um über eine »Arisierung« des Verlags zu verhandeln.[261] Bei seinem Gesprächstermin im Propagandaministerium erhielt er von Wismann »freie« Hand für die Verhandlungen. Sehr zum Erstaunen Bermann Fischers war der Leiter der Schrifttumsabteilung völlig damit einverstanden, daß Peter Suhrkamp, der die Detailverhandlungen im wesentlichen führte, mit der Leitung des S. Fischer Verlags betraut wurde.[262] Auch die Verträge, mit denen der Besitzwechsel vollzogen wurde, fanden Wismanns Zustimmung und wurden vor Vertragsabschluß von ihm sogar auf ihre Verträglichkeit mit dem Kulturkammerrecht hin überprüft.[263]

Nachdem am 15. 4. 1936 Gottfried Bermann Fischer aus dem Verlag ausgeschieden war, übernahm Suhrkamp zunächst die Geschäftsführung.[264] Zuvor hatte Hedwig Fischer, die alleinige Aktionärin der S. Fischer Verlags AG, das Stimmrecht ihrer Aktien auf den Vorsitzenden des Aufsichtsrates, den Berliner Rechtsanwalt Dr. Friedrich Carl Sarre, und auf Suhrkamp in seiner Funktion als Mitglied des Vorstands übertragen.[265] Und zwar »mit der ausdrücklichen Anweisung, das Verlagsunternehmen unter evtl. Auflösung der Aktiengesellschaft und Um-

mann Fischer, Bedroht – bewahrt. Der Weg eines Verlegers, Frankfurt a. M. 1971 (Originalausgabe ebd. 1967), S. 97.

261 So Bermann Fischer, ebd., S. 95.

262 Einem Schreiben Suhrkamps an die RSK vom 11. 11. 1937, in dem er Beschwerde über die Beeinträchtigung der Tätigkeit des Fischer Verlags führte, ist zu entnehmen, daß Suhrkamp zur Übernahme der Verlagsleitung von Wismann sogar förmlich »gedrängt« wurde. Das Schreiben in BDC/RSK/Bermann-Fischer, G.

263 Schreiben Wismanns (Der stellvertretende Präsident) an den Leiter der Verwaltungsabteilung der RSK vom 12. 12. 1936, BDC/RSK/Bermann-Fischer, G. In der Anlage übersandte Wismann die Durchschläge der Verkaufsverträge mit der Bitte, die ganze Angelegenheit »vertraulich zu behandeln«.

264 Abschrift einer für das Börsenblatt bestimmten Nachricht über »Veränderungen in der S. Fischer Verlag A. G., Berlin« vom 25. 4. 1936, ebd.

265 Ebd.

wandlung in eine Einzelfirma bestmöglich zu veräußern«.[266] Zur Vorbereitung dieser Transaktion wurde am 15. 12. 1936 eine »Kommanditgesellschaft in Firma S. Fischer Verlag« gegründet, an der neben Suhrkamp als persönlich haftendem Gesellschafter der Bonner Rechtsanwalt Klemens Abs, Christof Ratjen sowie der Hamburger Fabrikant Philipp F. Reemtsma als Kommanditisten beteiligt waren.[267] Als Zweck der mit einem Stammkapital von 325 000 RM ausgestatteten Kommanditgesellschaft wurde der Erwerb der Fischer Verlags AG angegeben.[268] Hierüber konnte dann am 18. 12. 1936 zwischen Sarre, Suhrkamp und Hedwig Fischer ein Vertrag abgeschlossen werden.[269] Der wohl wichtigste Punkt in diesem Vertrag war, daß die Fischer KG die »Rechte aus den Verlags- und Bühnenvertriebsverträgen der Verlag A.-G. einschließlich der zugehörigen urheberrechtlichen Befugnisse und die Materialien« übernehmen konnte.[270]

Die Schrifttumsabteilung des Propagandaministeriums hatte damit zwei wesentliche Ziele erreicht. Zum einen war der Fischer Verlag in ein »arisches« Unternehmen umgewandelt und damit dem Gebot der nationalsozialistischen Rassendoktrin entsprochen worden. Zum anderen waren jedoch der gute Name und die Substanz des alten Verlags erhalten geblieben, so daß im In- und Ausland weiterhin mit den renommierten Autoren Samuel Fischers geworben werden konnte. Das brachte sowohl in kultur- wie in devisenpolitischer Hinsicht weitaus mehr Vorteile, als es bei der Übernahme durch ein bekanntes nationalsozialistisches Unternehmen der Fall gewesen wäre. Dafür war man sogar bereit, die bisherige Inhaberin des Verlags noch

266 So die Formulierung in § 2 des Vertrags zwischen Hedwig Fischer, geb. Landshoff, einerseits und Johann Heinrich Suhrkamp sowie Dr. Friedrich Carl Sarre andererseits vom 4. 4. 1936. Die Abschrift des Vertrags findet sich ebd.

267 S. ebd. die Abschrift des »Gesellschaftsvertrags« zwischen Suhrkamp, Klemens Abs, Ratjen und Reemtsma. Mit der Ausübung der Rechte der Kommanditisten gegenüber dem persönlich haftenden Gesellschafter wurde Hermann J. Abs vom Bankhaus Delbrück-Schickler betraut (§ 7).

268 »Gesellschaftsvertrag«, § 1, ebd.

269 Abschrift des Kaufvertrags zwischen der S. Fischer A. G. und der Kommanditgesellschaft in Firma S. Fischer Verlag, ebd.

270 Kaufvertrag, § 3 e), ebd.

relativ angemessen zu entschädigen[271] und Gottfried Bermann Fischer den Aufbau eines neuen Verlags in Wien zu ermöglichen. Ihm wurde nicht nur die Mitnahme der bei der Berliner Dependance der Basler Handelsbank deponierten Wertpapiere der Verlags-AG gestattet,[272] sondern auch die Mitnahme bestimmter Autorenverträge sowie die Transferierung der in Deutschland verbotenen Bücher der Fischer Verlags-AG nach Wien.[273]

Dieses fast generös zu nennende Verhalten der Schrifttumsbürokratie gegenüber einem jüdischen Verlagsunternehmen war alles andere als typisch für die nationalsozialistische Arisierungspraxis. Doch bestanden bis Ende 1936 offenbar noch Spielräume, die nach diesem Zeitpunkt immer mehr eingeengt wurden. Das läßt sich am Beispiel des Schocken Verlags[274] und einer Vielzahl anderer jüdischer Buchverlage und -vertriebe nachweisen, die im Laufe der Jahre 1937 und 1938 in ein »Buchhandelsghetto« abgeschoben wurden.[275] Die weitaus schärfere

271 Hedwig Fischer erhielt zunächst 200000 RM. Dieser Kaufpreis sollte sich um 6% des Mehrbetrags erhöhen, falls der Jahresumsatz der S. Fischer KG zwischen 500000 und 600000 RM lag, bis zu einem Jahresumsatz von 700000 RM um 15%, darüber hinaus um 20%. Der Anspruch auf Nachzahlung wurde bis zum 31. 12. 1946 gewährt. S. im Kaufvertrag § 9b). Bermann Fischer, Bedroht – bewahrt, S. 99, gibt zwar an, daß der Betrag, den seine Schwiegermutter für ca. 60% des Verlags erhalten habe, »erschütternd niedrig« gewesen sei. Doch war der Ullstein-Konzern zu weitaus ungünstigeren Konditionen an den Zentralparteiverlag verkauft worden.

272 Schreiben der Reichsstelle für Devisenbewirtschaftung an die Devisenstelle Berlin vom 8. 4. 1936 und an Gottfried Bermann Fischer vom gleichen Tage sowie Schreiben Wismanns (Der Präsident der RSK) an den Präsidenten des Landesfinanzamtes Berlin, Devisenbewirtschaftungsstelle, vom 12. 12. 1936, BDC/RSK/Bermann Fischer, G.

273 S. ebd. das Schreiben des Fischer Verlags (Suhrkamp) an die RSK vom 17. 3. 1937 sowie das Schreiben der RSK an den Präsidenten des Landesfinanzamtes Leipzig, Devisenstelle, vom 21. 4. 1937. Zum Aufbau seines Verlags in Wien s. im einzelnen Bermann Fischer, Bedroht – bewahrt, S. 107–120.

274 Dahm, Das jüdische Buch im Dritten Reich, Zweiter Teil Salman Schocken und sein Verlag.

275 Dazu u. a. B. Abele, 1933–1938: Der Verlag Bruno Cassirer im Nationalsozialismus, in: Buchhandelsgeschichte 1990/1, B1–B18, hier B9–B11; In den Katakomben. Jüdische Verlage in Deutschland 1933 bis 1938, bearbeitet von I. Belke. Kabinett-Ausstellung des Deutschen Literaturarchivs Marbach in der Staatsbibliothek Preußischer Kulturbesitz, Berlin in Verbin-

Gangart der »Entjudungspolitik« mußte aber auch Bermann Fischer noch am eigenen Leibe erfahren.

Nach dem »Anschluß« Österreichs stand nämlich sein gerade zwei Jahre alter Verlag in Wien schon wieder zur Disposition. Diesmal beschlagnahmte die Gestapo den Verlag,[276] und das Propagandaministerium sorgte dafür, daß weder Sachwerte noch Autorenrechte des Bermann-Fischer-Verlags nach Stockholm transferiert werden konnten.[277] Allerdings herrschte nach diesen ersten Zwangsmaßnahmen in den Berliner Amtsstuben völlige Konfusion darüber, was aus dem Verlag eigentlich werden solle.[278] Trotz zahlreicher Planspiele, die u.a. eine Zusammenlegung mit dem ebenfalls auf der Arisierungsliste stehenden Herbert Reichner Verlag in Wien vorsahen,[279] ist es jedenfalls zu einer konstruktiven Lösung, wie sie 1936 noch möglich gewesen war, nicht mehr gekommen.

Ähnlichen Pressionen der Schrifttumsstellen waren im »Dritten Reich« nur noch die konfessionellen Verlagsunternehmen ausgesetzt. Bereits im Laufe der dreißiger Jahre wurden wiederholt im Auftrag der RSK oder der PPK konfessionelle Verlage,

dung mit dem Leo Baeck Institut, New York, Marbach a.N., Zweite, durchgesehene Auflage 1985 (= Marbacher Magazin 25/1983).

276 »Aktenvermerk« des RSK-Sonderreferats III Z betr. Bermann-Fischer-Verlag, Wien o.D. [1938/39], BDC/RSK/Bermann-Fischer, G.

277 Anweisung der Schrifttumsabteilung des RMVP (gez. Dr. Hövel) an den Präsidenten der RSK vom 5. 12. 1938, ebd. Ministerium und Kammer waren insbesondere daran interessiert, daß Bermann Fischer nicht die lukrativen Autorenrechte der Werke Hugo von Hofmannsthals in das neue Verlagsunternehmen in Stockholm einbringen konnte. S. ebd. die Schreiben des RSK-Sonderreferats III Z an das RMVP vom 29. 6. und 18. 10. 1938.

278 Mit der Angelegenheit waren in den Jahren 1938 bis 1940 nicht weniger als sieben Verwaltungsstellen befaßt: die Schrifttumsabteilung und die Abteilung II A des Propagandaministeriums, die RSK-Zentrale in Berlin, die »Gruppe Buchhandel« in Leipzig, die RSK-Landesleitung Österreich in Wien, das Gestapa, das SHA sowie die Stapoleitstelle Wien. Schreiben der Abteilung II A an den Präsidenten der RSK vom 31. 10. 1938, Schreiben der RSK-Landesleitung Österreich an die RSK Berlin vom 3. 3. 1939, die Klageschreiben Bischoffs (III Z) an Wilhelm Baur vom 7. 2. und 21. 2. 1939 sowie an RR Schlecht (RMVP/Abt. VIII) vom 22. 3. 1939, ebd.

279 Schreiben Ihdes an den Reichsminister für Volksaufklärung und Propaganda vom 5. 1. 1939, ebd. Dieser Plan war an der entschiedenen Ablehnung Wilhelm Baurs gescheitert, der für eine völlige Beseitigung der jüdischen Literatur in deutscher Sprache eintrat. Dazu sein Schreiben an das Sonderreferat III Z vom 2. 9. 1938, ebd.

Druckereien und Büchereien von den Polizeibehörden auf »schädliches und unerwünschtes Schrifttum« hin durchsucht.[280] Im Zusammenhang mit der Verbreitung der päpstlichen Enzyklika »Mit brennender Sorge« vom 14. 3. 1937 wurden im Laufe des Jahres 1937 insgesamt zwölf Druckereien von der Gestapo geschlossen und ihre Besitzer enteignet.[281]

Ergänzend zu solchen Einzelmaßnahmen begann der SD, die Tätigkeit dieser wirtschaftlich starken und politisch einflußreichen Gruppe von Verlagen einer systematischen Überwachung zu unterziehen. In dem 1937 für den internen Dienstgebrauch herausgegebenen »Leitheft Verlagswesen« erhielten die SD-Mitarbeiter einen detaillierten Überblick über die katholisch und evangelisch ausgerichteten Verlage.[282] Seit 1938 gingen dann die von den einzelnen SD-Abschnitten recherchierten »Meldungen aus dem Reich« des öfteren auf die Inhalte und Wirkungen der Publikationen konfessioneller Verlage ein.

So wurde im »Jahreslagebericht 1938 des Sicherheitshauptamtes« festgestellt, daß bei den Neuerscheinungen die konfessionelle Literatur an zweiter Stelle stehen würde, wobei aus der zahlenmäßig stärksten Gruppe der schöngeistigen Literatur noch eine große Anzahl konfessionell geprägter Bücher hinzugerechnet werden müßten.[283] Weiter wußte der SD zu berichten, daß das »auf Massenwirkung berechnete Kampfschrifttum

[280] S. u.a. den Vorgang aus dem Dezember 1935/Januar 1936 zu Dr. Richard Wirtz, Das Moselland. Ein Heimatbuch, Paulinusdruckerei Trier, BArch Potsdam R 58/974 Bl. 156–189; die hausinterne Meldung des Gestapa-Referats II 2 C 102 an II 2 B vom 29. 2. 1936 betr. Schriften des Borromäus-Vereins, BArch Potsdam R 58/769 Bl. 75; das von der PPK erlassene Verbot für die ersten sechs Bände des Lexikons »Der große Herder« vom 5. 8. 1937, BArch Potsdam R 58/909 Bl. 112; den von der PPK am 9. 8. 1937 verfügten Auslieferungsstop für das im Verlag Kösel & Pustet erschienene »Handbuch der Erziehungswissenschaften«, BArch Potsdam R 58/907 Bl. 50. Diese auf dem »ordentlichen« Instanzenweg zustandegekommenen Buchverbote geben allerdings das Ausmaß der Unterdrückungsmaßnahmen nur unvollständig wieder. Die Fülle der verbotenen konfessionellen Kleinschriften wurde nämlich überhaupt nicht in die »Listen des schädlichen und unerwünschten Schrifttums« aufgenommen.

[281] Dazu H.-D. Graf, Der Trierer Buchdrucker Josef Herzig und das Schicksal seiner Druckerei im Dritten Reich, in: Gutenberg-Jahrbuch 1989, S. 249–288, insbes. S. 276–288.

[282] BArch Potsdam R 58/1107 Bl. 25 und Bl. 30–31.

[283] Meldungen aus dem Reich, Bd. 2, hier S. 155.

des politischen Katholizismus (Broschüren) dem anspruchsvolleren Buch Platz machte, das der Unterhaltung, der Erbauung und Vertiefung des christlichen Gedanken- und Glaubensgutes dienen soll«.[284]

Im Dezember 1939 registrierten die »Meldungen aus dem Reich« beim Vergleich mit der Vorjahresproduktion einen Anstieg des Anteils der konfessionellen Literatur am Gesamtschrifttum von 9,5 auf 10,5%.[285] Die Papierkontingentierung, die vom Propagandaministerium mit dem Ziel einer Eindämmung des konfessionellen Schrifttums eingeführt worden war, wirkte sich in der Praxis kaum aus. Die Produktion der konfessionellen Verlage fiel zwar im ersten Vierteljahr 1940 um rund 17%.[286] Das war jedoch weniger als der Rückgang der Gesamtproduktion im deutschen Buchhandel, der sich auf durchschnittlich 21% belief.[287] Einige katholische Verlage konnten sogar, wie der SD Anfang Juli 1941 nachwies, während des Krieges ihre Produktion noch einmal kräftig steigern.[288]

Zusätzliches Kopfzerbrechen bereitete dem SD, daß der Buchmarkt mit rund 7000 »Kleinschriften« überschwemmt wurde, die als »konfessionelle Propaganda« gegen die nationalsozialistische Ideologie genutzt werden konnten.[289] Angesichts der Fülle solcher Publikationen sei eine lückenlose Zensur dieses Schrifttums kaum möglich.[290] Die hohen Auflagen, mit denen noch Mitte 1942 einzelne konfessionell ausgerichtete Bücher auf den Markt gebracht wurden, ließen den SD vermuten, daß die konfessionellen Verlage »offenbar noch immer über größere Papierbestände« verfügten.[291] Zudem könnten die kon-

[284] Ebd.

[285] »Meldungen aus dem Reich«, Bd. 3, Nr. 30 vom 18. 12. 1939, hier S. 582.

[286] »Meldungen aus dem Reich«, Bd. 4, Nr. 84 vom 3. 5. 1940, hier S. 1092.

[287] Zahlenangabe ebd.

[288] S. die Angaben zur Umsatzsteigerung des Ferdinand Schöningh Verlags (Paderborn), der Bonifatiusdruckerei (Paderborn) und des Verlags Butzon & Bercker (Kevelaer) in den Jahren 1938 bis 1940, in: »Meldungen aus dem Reich«, Bd. 7, Nr. 200 vom 7. 7. 1941, hier S. 2492.

[289] Hinweis ebd., S. 2491. Zum Beleg werden Zitate aus einer Reihe von Kleinschriften gegeben, ebd. S. 2493–2495.

[290] So die resignative Feststellung ebd., S. 2492.

[291] »Meldungen aus dem Reich«, Bd. 10, Nr. 301 vom 20. 7. 1942, hier S. 3971.

fessionellen Verlage im Gegensatz zum übrigen Buchhandel auf umfangreichere Rücklagen an Büchern aus Friedenszeiten zurückgreifen.[292]

Als die im Laufe des Jahres 1942 verschärfte Papierkontingentierung zu vermehrten Produktionspausen zwang, setzten nach den Ermittlungen des SD in den katholischen Verlagen bereits die Planungen für die Zeit nach dem Kriege ein.[293] Für die Verleger stand dabei schon fest, daß die infolge des Krieges zunehmende Hinwendung breiter Bevölkerungskreise zur Kirche »große Einsatz- und Wirkungsmöglichkeiten« schaffe.[294] Sie sollten nach Wiederherstellung der »materiell-technischen Voraussetzungen« mit einer Produktion genutzt werden, in der neben religionswissenschaftlichen und -pädagogischen Schriften sowie Vorbild- und Traktatschriften auch schöngeistige Literatur und religiöse Kunstbücher vertreten waren.[295]

Die staatliche Schrifttumsbürokratie bemühte sich, durch eine Reihe von Maßnahmen das resistente Verhalten der konfessionellen Verlage und ihren ungebrochenen Einfluß auf die Bevölkerung einzudämmen. In der bereits erwähnten »Anordnung zum Schutz der verantwortlichen Persönlichkeit im Buchhandel« wurde festgelegt, daß »Unternehmen, die sich in der Hauptsache in den Dienst einer bestimmten, nicht Gedankengut der Gesamtheit des deutschen Volkes bildenden Weltanschauung, eines religiösen Bekenntnisses oder einer ihren Zwecken dienenden Einrichtung stellen, [...] diese Zielsetzung in ihrer Firma eindeutig und für jeden klar erkennbar zum Ausdruck bringen« müssen.[296]

In einer dazu am 3. 5. 1939 erlassenen »zweiten Durchführungsverordnung« wurde noch einmal unmißverständlich erklärt, daß sich ein Verleger bereits dann »in den Dienst eines religiösen Bekenntnisses stellt«, wenn er auch nur ein einziges schöngeistiges, populär-wissenschaftliches oder wissenschaft-

[292] Hinweis ebd.

[293] »Meldungen aus dem Reich«, Bd. 12, Nr. 337 vom 23. 11. 1942, S. 4495–4497. Der Bericht ist ein guter Beleg dafür, daß es dem SD gelungen war, auch in die konfessionellen Verlagsunternehmen eine Vielzahl von Spitzeln einzuschleusen.

[294] So die Wiedergabe der Verlegermeinung ebd., S. 4496.

[295] S. im einzelnen ebd., S. 4496–4497.

[296] Ihde (Hg.), Handbuch der Reichsschrifttumskammer, hier S. 98–99 (§ 6).

lich-theologisches Werk herausbrachte.[297] Damit wurde eine Entwicklung eingeleitet, die man zugespitzt als »Ghettoisierung« des konfessionellen Verlagsbuchhandels bezeichnen könnte. Denn Verlagsunternehmen wie Herder, Kösel & Pustet, Ferdinand Schöningh, Bertelsmann oder Vandenhoeck & Ruprecht, die bislang noch mit einer »gemischten« Produktion gearbeitet hatten, mußten sich nun binnen eines Jahres entscheiden, ob sie auf ihre konfessionellen Publikationen ganz verzichten oder ob sie sich als ausschließlich konfessionelle Verlage zu erkennen geben wollten.[298]

Allerdings machte man im Propagandaministerium und in der RSK die Erfahrung, daß die Verleger und Verfasser konfessioneller Schriften häufig genug tätig wurden, ohne überhaupt die Kammer-Mitgliedschaft erworben zu haben.[299] Um diese Lükke im Kontrollsystem auszuschalten, ließ Goebbels am 17. 7. 1940 vom »Ministerrat für die Reichsverteidigung« eine »Verordnung über den Nachweis der Zugehörigkeit zur Reichsschrifttumskammer« erlassen.[300] Darin wurde festgelegt, daß sich jeder Drucker einer für die Öffentlichkeit bestimmten Schrift vor Annahme eines Druckauftrags »vergewissern« mußte, daß »ihr Verleger oder, wenn ein solcher nicht vorhanden ist, ihr Verfasser der Reichsschrifttumskammer gegenüber seine Ordnungspflicht erfüllt hat« (§ 1, Abs. 1). Die Überprüfung sollte anhand des Mitgliedsausweises oder eines Befreiungsscheins des Auftraggebers erfolgen (§ 1, Abs. 2). Ergänzend dazu ordnete Goebbels zum einen an, daß allen Geistlichen, die von der zuständigen NSDAP-Gauleitung oder von der Gestapo

[297] Wiedergegeben als Anm. 6). ebd., S. 100–105, hier S. 104.

[298] In diesem Sinne der Kommentar von G. Gentz, Neue Bekanntmachungen der Reichsschrifttumskammer, in: Bbl. 106. Jg., Redaktioneller Teil, Nr. 87 vom 15. 4. 1939, S. 293–295, hier S. 293: »Für den Verlag ist diese Bestimmung eindeutig, ebenso für den Reise- und Versandbuchhandel: man spezialisiert sich entweder in der Hauptsache auf das konfessionelle Schrifttum oder gibt diese Sparte ganz auf«. S. dazu auch den »1. Vierteljahreslagebericht 1939 des Sicherheitshauptamtes«, in: »Meldungen aus dem Reich«, Bd. 2, hier S. 290.

[299] So Ihde in einem Aktenvermerk vom 15. 11. 1940 betr. Bearbeitung der Papierverbrauchsstatistik-Fragebogen; BArch Potsdam R 56 V/43 Bl. 225, sowie Goebbels in einem Schreiben an Bormann vom 27. 7. 1941, BArch Potsdam NS 8/186 Bl. 105–107, hier Bl. 106.

[300] Wiedergegeben bei Ihde (Hg.), Handbuch der Reichsschrifttumskammer, S. 60–61.

und vom SD abgelehnt wurden, die Aufnahme in die RSK verweigert werden sollte.[301] Zum anderen wurde im August 1940 die bisherige Vertriebsfreiheit von Literatur unter der Preisgrenze von 0,50 RM aufgehoben, eine Maßnahme, die die massenhaft verbreiteten konfessionellen Broschüren ebenso wie die Kriminal- und Abenteuerliteratur kontrollierbar machen sollte.[302]

Goebbels griff nun aber auch unmittelbar in die Produktion konfessioneller Verlage ein. Auf der geheimen Ministerkonferenz vom 12. 8. 1940 erteilte er den Auftrag, die Broschüre des katholischen Schriftstellers Guido Hegele mit dem Titel »Vollkommene Reue, ein goldener Himmelsschlüssel«, die 1939 im Salvator Verlag Berlin in zweiter Auflage (71 000 Exemplare) erschienen und an die Wehrmachtssoldaten versandt worden war, einzuziehen.[303] Der gerade zum Direktor sämtlicher Fachabteilungen ernannte Gutterer sollte die Druckerei »versiegeln und möglichst für die Partei beschlagnahmen lassen«.[304]

Im September 1940 wurde ein bereits 1938 vom Altöttinger Drittordensverlag gedrucktes und während des Krieges mit Feldpostsendungen verbreitetes Traktat eines katholischen Priesters über den englischen Märtyrer Eduard Oldcorne wegen seines angeblich pro-englischen Inhalts verboten.[305] Gutterer erhielt von Goebbels in diesem Zusammenhang »alle Vollmachten in Zukunft jede Druckerei zu schließen und Papier usw. zu beschlagnahmen, in der derartiger skandalöser Unfug hergestellt wird«.[306]

Zusätzlich zu solchen Schließungsanordnungen versuchte Goebbels, den Druck auf die konfessionellen Verlage noch durch eine Reihe indirekter Maßnahmen zu forcieren. Durch eine »verschärfte Auskämmung bzw. Schließung konfessioneller Druckereien« zugunsten der Wehrmacht sollte die Produk-

[301] Schreiben von Goebbels an Bormann vom 27. 7. 1941, BArch Potsdam NS 8/186 hier Bl. 105 (Pkt. 2).

[302] Ebd. (Pkt. 3). S. dazu die von der RSK am 26. 10. 1940 erlassene »Anordnung über den Vertrieb von Schrifttum«, wiedergegeben bei Ihde (Hg.), Handbuch der Reichsschrifttumskammer, S. 208.

[303] Boelcke (Hg.), Kriegspropaganda 1939–1941, S. 456.

[304] Ebd.

[305] Ministerkonferenz vom 3. 9. 1940 (Pkt. 7), mit Erläuterungen wiedergegeben bei Boelcke (Hg.), Kriegspropaganda 1939–1941, S. 486–487.

[306] Ebd., S. 487.

tion der Verlage verlangsamt oder völlig zum Erliegen gebracht werden.[307] Dem gleichen Ziel diente die Verweigerung von Papierzuteilungen, wodurch allein von Juni bis Juli 1941 das Erscheinen von rund 1,6 Millionen Exemplaren konfessioneller Verlage verhindert werden konnte.[308] Dennoch mußte Goebbels gegenüber Martin Bormann Ende Juli 1941 einräumen, daß die Kirchen durch eine »planmäßige Sabotage unter Ausnutzung aller Möglichkeiten [...] eine abschließende Lösung des Problems« unterlaufen hätten.[309]

Zu dieser Lösung wollte der fanatisch antiklerikal eingestellte Leiter der Partei-Kanzlei der NSDAP gerne beitragen. Bormann hatte schon als Stabsleiter von Heß wiederholt politische Entscheidungen gegen konfessionelle Verlage ventiliert. Am 30. 7. 1936 wurde der Verkauf konfessioneller Schriften durch die Partei verboten.[310] Mit zwei vertraulichen Rundschreiben informierte Bormann 1938 sämtliche Dienststellen und Gliederungen der NSDAP darüber, daß die Publikation oder der Bezug von Schriften aus dem Joseph Bercker Verlag in Kevelaer/ Rheinland und dem St. Georg Verlag in Frankfurt am Main »unerwünscht« sei, da beide Verlage enge Verbindungen zur katholischen Aktion unterhielten.[311] Im Februar 1941 untersagte der Stellvertreter des Führers allen »Unterführern der Bewegung«, »konfessionelle Schriften abzufassen oder zu fördern«.[312] Den übrigen Parteigenossen, Angehörigen der Gliederungen und angeschlossenen Verbände wurde, »wenn sie eine konfessionelle Schrift zu verfassen für richtig halten«, auferlegt, im Zusammenhang mit ihrer Namensnennung und bei der

[307] Goebbels an Bormann vom 27. 7. 1941, BArch Potsdam NS 8/186 Bl. 105 (Pkt. 6).

[308] Ebd (Pkt. 7).

[309] Ebd., Bl. 106.

[310] Die »Anordnung A 96/36« vom 30. 7. 1936 ist wiedergegeben in der von der Partei-Kanzlei hg. Sammlung der von ihr erlassenen Verfügungen, Anordnungen und Bekanntgaben, Bd. I, S. 476. BArch Potsdam NSD 3/12.

[311] S. das vertrauliche Rundschreiben Nr. 42/38 vom 12. 4. 1938 betr. Verlag Joseph Bercker, Kevelaer/Rh., und Wehrverlag Joseph Bercker, Berlin, BArch Potsdam NS 6/179, Bl. 136; sowie das vertrauliche Rundschreiben Nr. 108/38 vom 22. 11. 1938 betr. Laienspiele und Volkskundebücher des St. Georg Verlages, Frankfurt a. M., ebd. Bl. 250.

[312] Vertrauliche »Anordnung A 5/41« vom 11. 2. 1941, abgedruckt im Reichsverfügungsblatt der NSDAP. Ausgabe A, Jg. 1941, Nr. 7 vom 20. 2. 1941, S. 15. BArch Potsdam NSD 3/2.

Buchwerbung jede Bezugnahme auf die Partei zu unterlassen.[313]

Nachdem sich Bormann mit Genehmigung Hitlers Anfang August 1942 die »Bearbeitung politisch-konfessioneller Angelegenheiten« unterstellen konnte,[314] hätte man von der Partei-Kanzlei nun eigentlich eine systematischere und schroffere Literaturpolitik auf diesem Gebiet erwartet. Doch weder hinsichtlich des konfessionellen Verlagswesens noch hinsichtlich des Sortimentsbuchhandels konnten sich die beiden zuständigen Sachreferate in der Münchner Partei-Zentrale zu einem einheitlichen Vorgehen entschließen.[315] Mit der Folge, daß auch im Reichssicherheitshauptamt und in der »Gruppe Buchhandel« in Leipzig die »Entkonfessionalisierung« der deutschen Literatur nur fallweise betrieben und eine generelle Lösung aufgeschoben wurde.[316]

Auch im Propagandaministerium setzte man weiterhin auf die schleichende Ausschaltung der konfessionellen Verlage durch Verweigerung der Papierzuteilung, durch Teilindizierungen oder durch das Gesamtverbot der Schriften einzelner Verlage[317] sowie durch den Entzug von Arbeitskräften in Verlags- und Druckbetrieben. Doch selbst die 1943 und 1944 vom Propagandaministerium forcierten »Auskämmaktionen« führten zu keinem entscheidenden Substanzverlust. Weder Großverlage

[313] Ebd.

[314] Rundschreiben des Leiters der Partei-Kanzlei der NSDAP 119/42 vom 2. 8. 1942, wiedergegeben in der Sammlung mit Verfügungen, Anordnungen und Bekanntgaben, hier Bd. I, S. 9–10, BArch Potsdam NSD 3/12.

[315] Hinweis in der »Aktennotiz« Wilhelm Baurs über ein Telefonat mit dem Schrifttumsreferenten des RSHA, Walter von Kielpinski, vom 20. 11. 1942, BDC/SS/von Kielpinski, P. W.

[316] Ebd.

[317] So Goebbels in seinem Schreiben an Bormann vom 27. 7. 1941, BArch Potsdam NS 8/186 Bl. 105 (Pkt. 5). Von einem Gesamtverbot betroffen waren u. a. der Jugendhaus Düsseldorf e. V. und der Zwingli Verlag, Zürich (Jahresliste 1939 des schädlichen und unerwünschten Schrifttums, S. 12), die Verbandsverlag weiblicher Vereine GmbH, Düsseldorf (Jahresliste 1940 des schädlichen und unerwünschten Schrifttums, S. 21), der Franz Borgmeyer Verlag und die Watch Tower Bible and Tract Society, Schweiz (Jahresliste 1941 des schädlichen und unerwünschten Schrifttums, S. 22), die Bibelschule, Beatenburg, sämtliche Verlage der Christian Science und der Verlag der Christengemeinschaft Stuttgart (Jahresliste 1942 des schädlichen und unerwünschten Schrifttums, S. 9).

wie Bertelsmann (Gütersloh), Herder (Freiburg), Ferdinand Schöningh, Kösel & Pustet (München) oder Josef Bercker (Kevelaer) noch mittlere Unternehmen wie Vandenhoeck & Ruprecht (Göttingen) oder der Bachem Verlag (Köln) wurden ganz geschlossen.[318] Von den Zwangsmaßnahmen der staatlichen Schrifttumsbürokratie, der Polizeibehörden und der NSDAP-Dienststellen betroffen waren vor allem kleinere Familienbetriebe,[319] an denen stellvertretend ein Exempel statuiert wurde – zur Warnung und im Vorgriff auf das, was nach dem »Endsieg« der gesamte konfessionelle Buchhandel zu erwarten gehabt hätte.

2.3. Die literaturpolitischen Maßnahmen gegenüber dem vertreibenden Buchhandel

2.3.1. Die Reglementierung und Überwachung des Zwischenbuchhandels

Die scheinbar so gut kalkulierte Entscheidung der staatlichen Schrifttumsbürokratie, die im Oktober 1935 abgeschlossene »Liste 1 des schädlichen und unerwünschten Schrifttums« vor der Öffentlichkeit geheimzuhalten, führte in der Praxis zu enormen Problemen. Das erwies sich zunächst an einer so entscheidenden Stelle wie dem Zwischenbuchhandel.

Da auch dem größten deutschen Kommissionsunternehmen, der Koehler & Volckmar AG & Co., die Einsichtnahme in den ersten reichseinheitlichen Buchverbotsindex verweigert wurde, gelangten in den von ihm herausgegebenen Barsortiments-Lagerkatalog für das Jahr 1935/36 eine Fülle indizierter Buch- und Zeitschriftentitel. Für den Sortimentsbuchhandel, der sich an

[318] Liste der zu sichernden Verlage (Stand: Mitte 1943), BArch Potsdam R 56 V/182 Bl. 358–367. Der Bertelsmann Verlag, der ursprünglich auf der »Liste der stillzulegenden Verlage«, ebd. Bl. 378–414, hier Bl. 388, stand, wurde nachträglich in die Sicherungsliste (Bl. 370/Rs.) eingefügt. Vandenhoeck & Ruprecht wurde auf Anweisung der Schrifttumsabteilung des RMVP am 12. 6. 1943 in die Sicherungsliste übernommen, ebd. Bl. 215. Das gleiche gilt für Kösel & Pustet. Mitteilung der RSK an das Landeswirtschaftsamt München 23 vom 28. 6. 1943, BArch Potsdam R 56 V/109 Bl. 44.

[319] S. dazu vor allem die Fallstudien von Graf, Die Verlags- und Sortimentsbuchhandlung Franz Borgmeyer in der Zeit des Nationalsozialismus, und ders., Der Trierer Buchdrucker Josef Herzig und das Schicksal seiner Druckerei im Dritten Reich.

diesem wichtigsten Leitfaden für die Erscheinungen des deutschen Buchhandels orientierte, war damit im Prinzip weiterhin die Möglichkeit zur Bestellung von »schädlichem und unerwünschtem Schrifttum« gegeben.

Auf Anweisung der RSK wurden daher am 14. 3. 1936 die Barsortimente von Koehler & Volckmar in Leipzig und von Koch, Neff & Oetinger in Stuttgart von der Gestapo durchsucht.[320] Dabei wurden 62 Exemplare des Barsortiments-Lagerkatalogs 1935/36 »vorläufig« beschlagnahmt.[321] Erst nach zähen Verhandlungen konnte das Unternehmen wenigstens die Freigabe derjenigen Exemplare erreichen, für die bereits Bestellungen des Sortiments vorlagen.[322] Allerdings waren in diesen Exemplaren »sämtliche Titel unerwünschter Bücher zu überschwärzen«.[323] Während die ebenfalls von der Gestapo beschlagnahmte Verbotsliteratur deutscher Verlage eingezogen und vernichtet wurde, gestattete die Kammer aus außenpolitischen und volkswirtschaftlichen Gründen den Export ausländischer Verlagsproduktionen oder deren Rückgabe an die Verleger.[324]

Um die Wiederholung einer solchen Durchsuchungs- und Beschlagnahmeaktion zu vermeiden, unterbreitete die Geschäftsleitung des Koehler & Volckmar-Konzerns der RSK am 24. 4. 1936 detaillierte »Vorschläge zur Verhinderung der Ver-

320 Originalunterlagen der RSK, des Gestapa oder der Stapostelle Leipzig zu diesem Vorgang liegen nicht mehr vor. Der Hinweis auf die »Polizeiaktion« findet sich in einem Schreiben der Geschäftsleitung der Koehler & Volckmar AG & Co. an den Präsidenten der RSK, z.Hd. Herrn Ministerialrat Dr. Heinz Wismann vom 24. 4. 1936, hier S. 1, StA Leipzig Koehler & Volckmar/120.

321 Hinweis ebd., S. 6.

322 Schreiben des Präsidenten der RSK (gez. Dr. Heinl) an die Firma Koehler & Volckmar AG & Co. vom 1. 7. 1936, StA Leipzig Koehler & Volckmar/120.

323 Ebd.

324 S. dazu die »Aktennotizen« des Konzern-Justitiars Herbert Schott vom 29. 4. 1936 über ein Telefonat mit RSK-Referent Karl-Heinrich Bischoff, vom 30. 4. 1936 über ein Gespräch mit Ministerialrat Wismann und über ein weiteres Gespräch mit Bischoff vom 9. 5. 1936 sowie das Schreiben Schotts an das Polizei-Präsidium Leipzig vom 8. 7. 1936, StA Leipzig Koehler & Volckmar/ 114.

breitung unerwünschten Schrifttums«.[325] Deren Grundgedanke bestand darin, daß die Last der Verantwortung vom Zwischenbuchhandel auf den Verlag übertragen werden sollte. Angesichts der »ungeheuren Zahl der täglich bei den [Leipziger] Kommissionären einlaufenden für die Verleger und ihre Auslieferungsstellen bestimmten Bestellungen und bei der Schnelligkeit, mit der diese im Leipziger Clearing weitergegeben und ausgetauscht werden müssen« sei nämlich eine Kontrolle der Bestellzettel auf Verbotstitel unmöglich.[326] Die Kommissionäre müßten also ebenso wie die Barsortimente von den Verlagen unverzüglich über diejenigen Titel informiert werden, für die von staatlicher Seite eine weitere Auslieferung untersagt worden sei.[327] Für den Fall, daß ein Verleger seiner Informationspflicht gegenüber dem Zwischenbuchhandel nicht nachkäme oder sogar durch Nachlieferungen den Vertrieb von Verbotsliteratur weiterbetreiben würde, bedürfe es »nur einer vertrauensvollen Fühlungnahme zwischen Reichsschrifttumskammer und Fachschaft Zwischenhandel, um solche Fälle bald aufzudecken und dem Verleger gegenüber zu ahnden«.[328]

Unabhängig davon plädierte die Geschäftsleitung von Koehler & Volckmar aber dafür, daß »die wichtigsten universell arbeitenden Betriebe des Zwischenhandels, insbesondere also die Barsortimente, je ein Exemplar der geheimen Listen der Reichsschrifttumskammer betr. unerwünschtes Schrifttum, sowie fortlaufend alle etwa erforderlichen Nachträge bzw. Berichtigungen zu diesen Listen erhalten [...]«, um auf diese Weise die von den Verlegern gemachten Angaben selbst überprüfen zu können. In diesem Zusammenhang wurde auch empfohlen, die in den bisherigen Indizierungslisten ausgesparten Verleger und Verlagsorte mit aufzunehmen.

Hinsichtlich des Barsortiments-Lagerkatalogs für 1936/37 bot die Geschäftsleitung von sich aus an, der Kammer die Fahnenabzüge zur Verfügung zu stellen, »sofern es der Reichsschrifttumskammer möglich ist, die Fahnen jeweils innerhalb von zwei Tagen zu prüfen und mit einem Unbedenklichkeits-

[325] Schreiben an den Präsidenten der RSK, z.Hd. Herrn Ministerialrat Dr. Heinz Wismann, StA Leipzig Koehler & Volckmar/120.
[326] Ebd., S. 3.
[327] Ebd., S. 2 und S. 3.
[328] Ebd., S. 4. Zum folgenden s. ebd.

vermerk versehen wieder zurückzusenden«.[329] Um Verzögerungen bei der Erstellung des Katalogs zu vermeiden und eine Auslieferung des Katalogs »rechtzeitig vor dem Weihnachtsgeschäft« sicherzustellen, war man sogar bereit, »für die Unkosten aufzukommen, die erforderlich wären, um die Anwesenheit eines mit den erforderlichen Vollmachten ausgestatteten Beamten der Reichsschrifttumskammer in Leipzig während der wichtigsten Herstellungsperioden des Katalogs zu ermöglichen«.[330]

Von der RSK wurden die Vorschläge des Koehler & Volckmar-Konzerns zurückhaltend aufgenommen. Die Kammer war weder bereit, die Verantwortlichkeit für die Entfernung »unerwünschter« Literatur vom Buchmarkt allein den Verlegern zu überlassen, noch den Barsortimentern die »Liste des schädlichen und unerwünschten Schrifttums« zugänglich zu machen.[331] Daher mußte die Abteilung Barsortiment von Koehler & Volckmar mit einem Rundschreiben vom 14. 7. 1936 zunächst einmal die »Geschäftsfreunde vom Verlag« um Mithilfe bei der Erstellung des Barsortiments-Lagerkatalogs 1936/37 bitten.[332]

Die Verleger sollten mitteilen, ob in den Barsortimenten in Leipzig und Stuttgart »noch Artikel Ihres geschätzten Verlages« geführt werden, die »a) bei Ihnen oder an dritter Stelle beschlagnahmt sind, oder Ihnen oder einer dritten Stelle gegenüber als für den Vertrieb in Deutschland ›unerwünscht‹ bezeichnet und damit für den weiteren Vertrieb verboten wurden, b) oder die Sie aus irgendwelchen (z. B. inhaltlichen oder in der Person des Autors, eines Mitarbeiters, Mitherausgebers etc. liegenden) Gründen in Ihren eigenen Vertriebsmitteln nicht mehr nennen bzw. künftig nicht mehr nennen werden, oder etwa selbst nicht mehr oder nicht mehr innerhalb Deutschlands ausliefern lassen«.[333] Nach Möglichkeit sollten nicht nur die Titel

329 Ebd., S. 5.

330 Ebd., S. 6.

331 S. die »Aktennotiz« Schotts vom 29. 4. 1936, hier S. 2, wo auf die ablehnende Haltung Wismanns in der Frage der Überlassung eines Exemplars der Indizierungsliste verwiesen wird. StA Leipzig Koehler & Volckmar/114.

332 Ein Exemplar des Rundschreibens findet sich in StA Leipzig Koehler & Volckmar/114.

333 Ebd., S. 1.

angegeben, sondern auch die Gründe benannt werden, die zu Beschlagnahme und Verbot oder zur Einstellung der weiteren Auslieferung durch den Verlag geführt hatten.[334] Die Abteilungen Einkauf und Vertriebsmittel seien »mangels eingehender Kenntnis des Inhaltes, der Autoren, Mitarbeiter etc.« auf diese Informationen und auf eine fortlaufende Unterrichtung über »unerwünschtes Schrifttum« angewiesen.[335] Die Kooperation liege aber auch im Interesse der Verlage, damit der Barsortiments-Lagerkatalog »nicht etwa versehentlich bzw. mangels Ihrer Benachrichtigung Artikel nennt, die zu irgendwelchen Beanstandungen und Weiterungen Anlaß geben könnten, zumal ja der Verleger die volle Verantwortung für die von ihm vorgelegten Werke trägt«.[336]

Auf das Angebot von Koehler & Volckmar, die Fahnenabzüge des Barsortiments-Lagerkatalogs 1936/37 auf Verbotsliteratur hin zu überprüfen, ging die Kammer erst am 21. 8. 1936 ein.[337] Allerdings bestand Vizepräsident Wismann darauf, daß die Überprüfung in Berlin stattfinden müsse. Technisch sollte sie so vonstatten gehen, daß ab dem 7. 9. 1936 täglich 4 Korrekturbogen à 64 Seiten von Leipzig an einen Referenten im SD-Hauptamt geschickt werden sollten.[338] Die Überprüfung sollte umgehend abgeschlossen und die korrigierten Druckfahnen tags darauf wieder nach Leipzig zurückgesandt werden. Für diesen Arbeitsvorgang wurden von Wismann drei Mitarbeiter einkalkuliert, die von Koehler & Volckmar für jede bearbeitete Seite eine Entschädigung von 0,50 RM erhalten sollten.[339]

Obwohl die Geschäftsleitung der Koehler & Volckmar AG & Co. eine Übernahme der Kosten eigentlich nur für den Fall

334 Ebd.

335 Ebd., S. 1–2.

336 Ebd., S. 2.

337 Das i.V. des Präsidenten der RSK von Wismann unterzeichnete Schreiben an die Koehler & Volckmar AG & Co. in StA Leipzig Koehler & Volckmar/114.

338 Wismann gab in seinem Schreiben vom 21. 8. 1936, S. 1, folgende Adresse an: »Herrn Herbert Pfeiffer, Berlin SW 68, Wilhelmstr. 102«. Im »Geschäftsverteilungsplan des Hauptamtes Sicherheitspolizei« vom 31. 7. 1936, BArch Potsdam R 58/840 hier Bl. 113, wird jener SS-Oberscharführer Pfeiffer als Referent in der von Franz-Alfred Six geleiteten »Zentralabteilung I 3« geführt.

339 Wismann an Koehler & Volckmar vom 21. 8. 1936, hier S. 1–2. StA Leipzig Koehler & Volckmar/114.

angeboten hatte, daß die Prüfung des Barsortiments-Lagerkatalogs direkt in Leipzig stattfinden würde, erklärte sie sich »versuchsweise und ohne uns damit für kommende Jahre zu präjudizieren« mit diesem Punkt des Wismannschen »Vorschlags« einverstanden.[340] Die kritischen Anmerkungen zu einigen Punkten trug dem Unternehmen eine geharnischte Reaktion des RSK-Vizepräsidenten ein. In seinem Antwortschreiben vom 28. 8. 1936 reagierte Wismann besonders empört auf die Anregung, die Prüfung des Katalogmanuskripts in Gegenwart eines Vertreters von Koehler & Volckmar vornehmen zu lassen.[341] Das hätte nach den Vorstellungen des Unternehmens den Vorzug gehabt, über die Streichung eines Titels sofort unterrichtet zu sein und damit die Einstellung der weiteren Auslieferung verfügen oder Gründe gegen das Verbot geltend machen zu können. Eine solche »Belehrung und Beratung« lehnte Wismann aber mit dem Argument ab, daß die Geschäftsleitung von Koehler & Volckmar »durch die Zusammenstellung des vorjährigen Kataloges, für die Sie allein verantwortlich zeichnen, öffentlich zu erkennen gegeben haben, daß Sie nicht in der Lage sind, die Bearbeitung nach den dafür allein maßgeblichen Gesichtspunkten vorzunehmen«.[342]

Ohne sich auf weitere Diskussionen über die praktische Durchführbarkeit des von ihm vorgeschlagenen Verfahrens einzulassen, dekretierte Wismann, »daß Ihre erste Korrektursendung am 1. September an der bezeichneten Adresse eintrifft«.[343] Zudem untersagte er Koehler & Volckmar – »aus naheliegenden und Ihnen wohl bekannten Gründen« – den Hinweis im Barsortiments-Lagerkatalog, daß die vorgenommenen Streichungen auf Anordnung der RSK erfolgt seien. Er müsse »auch diesen Versuch vollkommen unnötiger Verantwortungsabwälzung« mit starkem Befremden zur Kenntnis nehmen.

In diesen Ausführungen Wismanns kommt das Mißtrauen gegenüber der Koehler & Volckmar AG und ihren Tochterunternehmen unverhohlen zum Ausdruck. Dabei war die Angelegenheit »Barsortiments-Lagerkatalog« nur die Einleitung einer

340 Antwortschreiben an Wismann vom 25. 8. 1936, StA Leipzig Koehler & Volckmar/114.

341 Das Schreiben Wismanns mit dem Briefkopf »Der Präsident der Reichsschrifttumskammer« in StA Leipzig Koehler & Volckmar/114.

342 Ebd., S. 1–2.

343 Ebd., S. 2. Zum folgenden s. ebd.

Strategie, mit der das größte und bedeutendste Unternehmen des deutschen Zwischenbuchhandels einer verschärften politischen Kontrolle durch die staatliche Schrifttumsbürokratie unterworfen werden sollte.

Daß die Einschüchterungstaktik der Kammer durchaus ihre Wirkungen zeitigte, wird am »Fall Thomas Mann« sichtbar. Die Schriften des Nobelpreisträgers konnten – im Gegensatz zu denen seines Bruders Heinrich und seiner Kinder Erika und Klaus – zunächst noch ungehindert in Deutschland erscheinen.[344] Nur die Bayerische Politische Polizei hatte bereits 1934 die Romane »Der Zauberberg« und »Königliche Hoheit« sowie eine Reihe seiner Reden und Essays verboten.[345] Dagegen ordnete die RSK erst zwei Tage nach der am 2. 12. 1936 erfolgten Ausbürgerung Thomas Manns beim Gestapa die »Einziehung und Sicherstellung sämtlicher im Reichsgebiet vorkommender Exemplare« seiner Schriften an.[346]

Am Vormittag des gleichen Tages hatte sich bereits ein Mitarbeiter von Koehler & Volckmar bei der RSK erkundigt, wie im Fall Thomas Mann und des ebenfalls ausgebürgerten Schriftstellers Dietrich von Hildebrand zu verfahren sei.[347] Präventiv habe man »selbstverständlich sofort die Auslieferung für Leipzig und Stuttgart gesperrt«.[348] Allerdings seien die Bücher der beiden ausgebürgerten Autoren noch im Barsortimentskatalog 1936/37 enthalten. Koehler & Volckmar erhielt daraufhin die Anweisung, die Bezieher der Kataloge im Inland mit einem Rundschreiben darüber zu informieren, daß die Werke Thomas Manns und von Hildebrands »nicht mehr ausgeliefert wer-

[344] Hinweis im Schreiben der RSK (Heinl) an das Polizeipräsidium Dresden/Politische Abteilung vom 23. 8. 1935, BDC/RSK/Mann, T.

[345] Verzeichnis der polizeilich beschlagnahmten und eingezogenen, sowie der für Leihbüchereien verbotenen Druckschriften, S. 154. S. dazu die sorgfältige Studie von P. E. Hübinger, Thomas Mann, die Universität Bonn und die Zeitgeschichte. Drei Kapitel deutscher Vergangenheit aus dem Leben des Dichters 1905–1955, München, Wien 1974, S. 131–135.

[346] RSK (Heinl) an Gestapa vom 4. 12. 1936, BDC/RSK/Mann, T. Zu den Hintergründen der Ausbürgerung des Schriftstellers Hübinger, Thomas Mann, die Universität Bonn und die Zeitgeschichte, S. 101–185.

[347] Der Telefonanruf von Dr. Sickel (Koehler & Volckmar) wurde in einem »Aktenvermerk« des Kammer-Referenten Menz vom 4. 12. 1936 festgehalten. BDC/RSK/Mann, T.

[348] So die Wiedergabe der Äußerungen Sickels durch Menz, ebd.

den«.[349] Ein entsprechender Hinweis sollte auch im Börsenblatt veröffentlicht werden.[350] Den ausländischen Bestellern war die Einstellung der Auslieferung »ohne Angabe von Gründen« mitzuteilen.[351]

Der RSK ging dieses Unterwerfungsverhältnis aber immer noch nicht weit genug. Zu Beginn des Jahres 1937 holte sie zum vermeintlich entscheidenden Schlag gegen Koehler & Volckmar aus. Mit Einschreiben vom 23. 1. wurde der Direktor des Konzerns, Theodor Volckmar-Frentzel, wegen mangelnder politischer Zuverlässigkeit gemäß § 10 der ersten Durchführungsverordnung zum RKK-Gesetz aus der Kammer ausgeschlossen.[352] Zur Begründung wurden fünf Punkte angeführt, in denen sich nach Auffassung der Kammer die »politische Unzuverlässigkeit« Volckmar-Frentzels erwiesen hatte: 1933 habe er das Erscheinen einer von Alfred Rosenberg protegierten antikonfessionellen Enthüllungsschrift im Koehler-Verlag verhindert;[353] der von Koehler & Volckmar herausgegebene »Barsortiments-Lagerkatalog 1935/36« hätte eine sehr große Anzahl von Büchern enthalten, die »bereits seit längerer Zeit« in die »Liste des schädlichen und unerwünschten Schrifttums« aufgenommen worden waren;[354] bis 1935 habe er eine »zeitgemäße Beflaggung« des Koehler-Hauses in Leipzig abgelehnt;[355] den Mitarbeitern des Konzerns sei von ihm die Annahme von Ehrenämtern in der »berufsständischen Vertretung« des deutschen Buchhandels verboten worden;[356] die Beteiligung des Koehler & Volckmar-Konzerns an der »Adolf-Hitler-Spende der deut-

349 Ebd. Diese Anweisung, die Menz nach Rücksprache mit RSK-Geschäftsführer Heinl erteilte, ging auf einen der drei Vorschläge zurück, die Koehler & Volckmar von sich aus zur Lösung des »Problems« unterbreitet hatte. S. ebd. Pkt. 2).

350 Ebd. Auch dieser Punkt war bereits in der Vorschlagsliste von Koehler & Volckmar enthalten. Ebd. Pkt. 3).

351 Handschriftlicher Vermerk von Menz, ebd.

352 Das Original der von Johst unterzeichneten Ausschlußmitteilung ist überliefert in StA Leipzig Koehler & Volckmar/122.

353 S. ebd., S. 2–5.

354 Ebd., S. 5–7. Das Zitat S. 5. Auf S. 6 werden zum Beleg 16 Druckschriften aufgeführt, die, obwohl sie in der »Liste 1« mit Stand vom Oktober 1935 enthalten waren, noch über das Barsortiment von Koehler & Volckmar bzw. Koch, Neff & Oetinger weitervertrieben wurden.

355 Ebd., S. 7–8.

356 Ebd., S. 8–10.

schen Wirtschaft« und am »Winterhilfswerk des deutschen Volkes« sei in Relation zum Kapital und zu den Gewinnen des Unternehmens völlig unzureichend gewesen.[357] Noch am gleichen Tag wurde auch Hans Volckmar aufgrund seiner »jüdischen Versippung« die weitere Tätigkeit als Aufsichtsratsvorsitzender des Konzerns vom Präsidenten der RSK untersagt.[358]

Mit der Ausschaltung der Konzernspitze sollte der Lebensnerv des Unternehmens getroffen werden. Als Felix Gartmann, der Leiter der »Fachschaft Zwischenbuchhandel« in der RSK, am 27. 1. 1937 beim »Leiter des deutschen Buchhandels« Erkundigungen über die weitere Handhabung der Fälle Theodor Volckmar-Frentzel und Hans Volckmar einholen wollte, erhielt er von ihm den Ratschlag, die beiden Herren sollten sich schleunigst um den Verkauf ihrer Aktienanteile bemühen.[359] Die Entgegnung Gartmanns, daß eine solche Aufforderung zum Verkauf rechtlich nicht zu begründen sei, kommentierte Wilhelm Baur mit dem Hinweis, »eine gesetzliche Grundlage könne leicht geschaffen werden«.[360]

Der Amann-Vertraute beabsichtige, wie Gartmann der Geschäftsführung von Koehler & Volckmar mitteilte, daß »die derzeitige Gesetzgebung der Reichspressekammer, wonach auch das Kapital in rein arischen Händen sein muß, von der RSK übernommen würde, und darüber hinaus, daß in Zukunft Inhaber buchhändlerischer Unternehmungen nur Buchhändler sein dürfen, die den Anforderungen des Reichskulturkammer-Gesetzes entsprechen«. Falls sein Ratschlag zum raschen Verkauf der Aktienanteile von den beiden Herren nicht befolgt werden würde, kämen, wie Wilhelm Baur durchblicken ließ, »doch noch andere Mittel« in Frage. Eine Veröffentlichung der Ausschlußverfügung des RSK-Präsidenten etwa, was einer

[357] Ebd., S. 10–13. Die Spenden werden dort detailliert angegeben.

[358] Eine Abschrift des Einschreibens vom 23. 1. 1937 findet sich in StA Leipzig Koehler & Volckmar/121. Auf das Ausscheiden Hans Volckmars aus der Konzernführung hatte Wilhelm Baur bereits bei seinem Gespräch mit Felix Gartmann am 21. 12. 1936 nachdrücklich gedrängt. S. den »Aktenvermerk« Gartmanns vom 22. 12. 1936, hier S. 2, StA Leipzig Koehler & Volckmar/115.

[359] Von dieser Empfehlung setzte Gartmann noch am gleichen Tage die Konzernleitung von Koehler & Volckmar in Kenntnis. S. den »Aktenvermerk« vom 27. 1. 1937 in StA Leipzig Koehler & Volckmar/ 121.

[360] Sinngemäße Wiedergabe der Ausführungen Wilhelm Baurs durch Gartmann, ebd. Zum folgenden s. ebd.

Ächtung durch den Buchhandel gleichkäme, oder die Einsetzung eines Kommissars. Zum Schluß machte Wilhelm Baur Gartmann noch darauf aufmerksam, daß der Leiter der Verlage Koehler & Amelang und K. F. Koehler in Leipzig, Dr. Hermann von Hase, den die RSK als Kronzeugen gegen Theodor Volckmar-Frentzel eingesetzt hatte, »unter dem Schutz des Reichsführers-SS stehe«.

Trotz dieser massiven Einschüchterungsversuche legte zumindest Theodor Volckmar-Frentzel am 17. 2. 1937 beim Präsidenten der Reichskulturkammer Beschwerde gegen den Kammer-Ausschluß ein.[361] Die Entgegnungen Volckmar-Frentzels ebenso wie die seines Anwalts Karl Friedrich Schrieber vom 29. 4. 1937[362] machten nicht nur die Unvereinbarkeit der Entscheidung des RSK-Präsidenten mit der Kulturkammer-Gesetzgebung deutlich. Sie offenbarten auch die Unzulänglichkeiten der bisherigen Handhabung der Buchverbotspolitik.

So war es ein leichtes nachzuweisen, daß die »Liste des schädlichen und unerwünschten Schrifttums« vom Präsidenten der RSK zwar im April 1935 angekündigt, tatsächlich jedoch erst viel später herausgegeben worden sei und daher bei der Zusammenstellung des »Barsortiments-Lagerkatalogs 1935/36« überhaupt nicht berücksichtigt werden konnte.[363] Selbst der Börsenverein habe nach mehrfachen Anfragen erst im Sommer 1936 ein Exemplar der Buchverbotsliste erhalten.[364] Zudem hätten eine Reihe von Verlagen zahlreiche der in der Liste erfaßten Druckschriften nach wie vor ausgeliefert.[365] Schrieber kam am Ende seiner detaillierten und gut belegten Beschwerdebegründung zu dem sicherlich zutreffenden Schluß, daß die Entscheidung des RSK-Präsidenten gegen Theodor Volckmar-Frentzel »wegen einer ganz allgemeinen Ablehnung seiner Person aus

361 S. den Durchschlag des Schreibens in StA Leipzig Koehler & Volckmar/120.

362 Die ergänzenden Ausführungen Schriebers zur »Beschwerde Volckmar-Frentzels« an den Präsidenten der RKK finden sich in StA Leipzig Koehler & Volckmar/120. Schrieber war ein durch mehrere Publikationen ausgewiesener Kenner des Reichskulturkammerrechts. In den dreißiger Jahren wurde er wiederholt von Mitgliedern der RSK als Rechtsanwalt bei Beschwerdeverfahren gegen Kammerentscheidungen eingeschaltet, u. a. von den Schriftstellern Frank Thiess und Gerhart Pohl.

363 S. die Ausführungen Schriebers ebd., S. 7–8.

364 Hinweis ebd., S. 8.

365 Beispiele werden ebd., S. 9–15, genannt.

politischen bezw. weltanschaulichen Gründen« ergangen sei.[366] Diese Gründe seien aber der Entscheidung vom 23. 1. 1937 nicht zugrunde gelegt worden und müßten, solange dies nicht geschieht, »nach allen Rechtsgrundsätzen, die für jedes Verfahren gelten, außer Betracht bleiben«.[367] Abgesehen von diesem formalen Aspekt seien die Vorhaltungen aber auch sachlich haltlos.[368]

Wismann ließ sich jedoch keineswegs von seinem Plan zur kulturpolitischen Unterwerfung des Zwischenbuchhandels abbringen. Am 2. 3. 1937 teilte er Felix Gartmann in seiner Funktion als Leiter der »Fachschaft Zwischenhandel« und einem Vertreter der Koehler & Volckmar AG den »Wunsch der Kammer« mit, »eine über die kulturpolitischen Ziele der Kammer besonders gut unterrichtete Persönlichkeit solle sich mit den besonderen Verhältnissen des Zwischenbuchhandels vertraut machen und feststellen, inwieweit es möglich sei, den Zwischenbuchhandel zur Erfüllung der kulturellen Aufgaben des Gesamtbuchhandels enger heranzuziehen«.[369] Nachdem Gartmann seine Zustimmung gegeben und auch die Unterstützung durch die »Betriebsführer« des Zwischenbuchhandels in Aussicht gestellt hatte,[370] konnte Wismann am 6. 3. 1937 seinem Vertrauten Gunther Haupt einen bis zum 31. 3. 1938 befristeten »Sonderauftrag des Präsidenten der Reichsschrifttumskammer« erteilen.[371]

Der ehemalige Geschäftsführer der Kammer erhielt folgende Instruktion: »Es gilt, Vorgänge, wie sie sich bei der Zusammenstellung des Barsortimentskatalogs, bei der Aus- und Einfuhr

366 Ebd., S. 17. Diesen Eindruck konnte Schrieber einem Gespräch entnehmen, das Theodor Volckmar-Frentzel in Gegenwart seines Rechtsanwalts am 13. 4. 1937 mit Wismann führte. S. den hierüber am 16. 4. 1937 angefertigten »Aktenvermerk« Schriebers, hier S. 4, in StA Leipzig Koehler & Volckmar/119.

367 Beschwerde Schriebers vom 29. 4. 1937, S. 18.

368 Ebd. S. dazu auch den militärisch-politischen Lebenslauf von Theodor Volckmar-Frentzel, den Schrieber seiner ergänzenden Beschwerdebegründung vom 29. 4. 1937 beifügte, StA Leipzig Koehler & Volckmar/120.

369 So Gartmann in seinem Schreiben an Wismann vom 3. 3. 1937, mit dem er den Inhalt des tags zuvor in Leipzig geführten Gesprächs wiedergab, StA Leipzig Koehler & Volckmar/119.

370 Ebd.

371 Schreiben Wismanns (Briefkopf: »Der Präsident der Reichsschrifttumskammer«) an Haupt vom 6. 3. 1937 in BDC/RSK/Haupt, G.

unerwünschter Bücher, bei der rücksichtslos kapitalistischen Behandlung auslandsdeutscher Persönlichkeiten und Unternehmungen, bei der nur zu oft noch rein geschäftlich orientierten Werbung der Zwischenbuchhandelsfirmen immer wieder abgespielt haben, für alle Zukunft unmöglich zu machen«.[372]

Als Ergebnis seiner detaillierten Recherchen legte Haupt monatliche Tätigkeitsberichte[373] und im Juni 1937 eine umfangreiche »Denkschrift über eine mögliche Neuorganisation der Barsortimente Koehler & Volckmar, Leipzig und Koch, Neff & Oetinger, Stuttgart« vor.[374] Darin wurde noch einmal auf die politische Unzuverlässigkeit der Barsortimente bei der angeordneten »Säuberung« des Buchmarktes von »schädlichem und unerwünschtem Schrifttum« hingewiesen,[375] die aus einer geschickten Konzentrations- und Verflechtungspolitik resultierende »Monopolstellung« beider Unternehmen »im Rahmen einer rein privatkapitalistischen Interessenwirtschaft« kritisiert[376] und in den Geschäftspraktiken beider Firmen eine generelle Gefährdung, teilweise sogar eine bewußte Opposition gegen »Sinn und Maßnahmen der amtlichen und halbamtlichen Buchförderungspolitik« gesehen.[377]

Als Konsequenzen empfahl Haupt, »daß einerseits der Staat durch die mit der Wahrnehmung seiner Ansprüche beauftragte Reichsschrifttumskammer, andererseits die Gesamtheit des auf ein in jeder Beziehung zuverlässiges Barsortiment angewiesenen Buchhandels unmittelbar Träger der Verantwortung werden«.[378] Das Barsortiment müsse »ein aus einem Guß arbeitendes, ausgezeichnetes Instrument der nationalsozialistischen

372 Ebd. In der Gesprächsaufzeichnung Gartmanns hieß es demgegenüber weitaus nüchterner, daß der Beauftragte des Kammer-Präsidenten bei den Kommissionsgeschäften, Barsortimenten und Großbuchhandlungen des Leipziger Platzes »Fragen der Verhinderung der Verbreitung unerwünschten Schrifttums und im Zusammenhang damit Fragen der Auslieferung ausländischer Verlage, der Einfuhr ausländischen Schrifttums, des Paketverkehrs über Leipzig, sowie Fragen der Werbetätigkeit der Grossisten, einschließlich der Katalogarbeiten prüfen solle«.

373 Die Tätigkeitsberichte für März und April 1937 in BDC/RSK/Haupt, G.

374 Die »Denkschrift« findet sich ebd.

375 Ebd., Bl. 4 et passim.

376 S. dazu in der »Denkschrift« Bl. 8–11. Das Zitat findet sich auf Bl. 11.

377 Ebd., Bl. 5–8.

378 Ebd., Bl. 15. Die beiden folgenden Zitate ebd.

Kulturpolitik und des deutschen Buchhandels werden, ein Betrieb, der sowohl kulturpolitisch als auch in seiner Finanzgebarung durchsichtig und lauter nicht den Interessen einer ehrgeizigen Besitzergruppe, sondern ausschließlich dem Buch und damit der Nation dient«. Den Schlüssel zur Realisierung seiner Grundforderung erblickte Haupt in der Gründung einer Genossenschaft, die als »geschäftlicher Träger« für die Barsortimente des Koehler & Volckmar-Konzerns fungieren und an der »jeder deutsche Buchhändler« teilhaben sollte. Der »geschäftsführende Leiter« der Genossenschaft wäre dann »als Betriebsführer der Barsortimentsbetriebe dem Präsidenten der Reichsschrifttumskammer für die kulturpolitische Seite, der Genossenschaft für die geschäftliche und organisatorische Seite der Arbeit der Barsortimente verantwortlich« gewesen.[379]

Daß dieses Modell einer buchhändlerischen Selbstverwaltungseinrichtung unter staatlicher Kontrolle, das 1934 schon einmal zur Lösung des Buchexportproblems offeriert worden war, schließlich doch nicht in die Realität umgesetzt wurde, hing mit einer unerwarteten personalpolitischen Entwicklung zusammen. Ende Juni 1937, also noch in dem Monat, in dem Haupt seine »Denkschrift« vorlegte, wurde Wismann zunächst von seiner Funktion als Vizepräsident der RSK entbunden. Mit dem im Juli besiegelten Sturz des bislang souverän herrschenden Leiters der Schrifttumsabteilung im Propagandaministerium verlor Haupt seine entscheidende Stütze. Da sich der »Sonderbeauftragte« des RSK-Präsidenten zudem noch durch sein forsches und zum Teil unseriöses Auftreten die Sympathien der Firmen des Zwischenbuchhandels verscherzt hatte,[380] wurde seine Mission zum 1. 8. 1937 eingestellt.[381]

Die Bemühungen der RSK, den Koehler & Volckmar-Konzern politisch neu zu formieren, waren damit aber noch keineswegs beendet. Da nach Einschätzung des Leiters der Rechtsab-

379 Ebd., Bl. 15–16.

380 S. dazu die 6seitige »Übersicht über die Tätigkeit des Herrn Dr. Haupt«, die der Justitiar des Koehler & Volckmar-Konzerns Schott am 21. 5. 1937 anlegte, StA Leipzig Koehler & Volckmar/119; den »Aktenvermerk« der RSK-Abteilung III vom 21. 7. 1937 betr. die Tätigkeit Haupts bei der Firma Carl Fr. Fleischer in Leipzig, sowie die Mitteilungen von Geschäftsführer Ihde an den Präsidenten der RKK betr. Personalangelegenheit Dr. Gunther Haupt vom 14. 9. 1937 in BDC/RSK/Haupt, G.

381 Schreiben Ihdes an Haupt vom 30. 7. 1937, ebd.

teilung im Propagandaministerium, Schmidt-Leonhardt, der Ausschluß von Theodor Volckmar-Frentzel aus der RSK wenig Aussicht auf eine Bestätigung durch den Präsidenten der Reichskulturkammer hatte,[382] bat Johst am 2. 11. 1937 Amann um Unterstützung. Vom Persönlichen Stab des Reichsführers-SS, Abteilung Wirtschaftliche Hilfe, hatte der RSK-Präsident erfahren, daß Volckmar-Frentzel angeblich die »Anordnung« der Reichspressekammer zur Umwandlung der anonymen Kapitalgesellschaften in solche mit persönlich haftenden Gesellschaftern »sabotiert« habe. Amann solle nun, so der Vorschlag Johsts, Volckmar-Frentzel aus der Reichspressekammer ausschließen. Zur Begründung solle aber nicht die Weigerung zur Befolgung von Kammer-Anordnungen, sondern die grundsätzlich anti-nationalsozialistische Haltung des Konzernchefs angeführt werden, die »ihn veranlaßte, auch eine Anordnung der Reichspressekammer unbeachtet zu lassen«.[383] Amann sollte also die Begründung nachliefern, deren Fehlen der Anwalt Volckmar-Frentzels als entscheidendes Manko der Ausschlußverfügung Johsts vom 23. 1. 1937 ausgemacht hatte. Darüber hinaus dürfte sich der RSK-Präsident aufgrund des politischen Gewichts von Amann eine nachhaltige Wirkung bei Goebbels in bezug auf seine Entscheidung über den Ausschluß Volckmar-Frentzels aus der RSK versprochen haben.

Nachdem aber auch diese Intrige nicht zum gewünschten Ergebnis führte, erließ die RSK am 31. 3. 1939 die bereits erwähnte »Anordnung« mit dem euphemistischen Titel »zum Schutz der verantwortlichen Persönlichkeit im Buchhandel«.[384] Darin wurde u. a. geregelt, daß Aktiengesellschaften, Kommanditgesellschaften auf Aktien, Gesellschaften mit beschränkter Haftung, Genossenschaften, Stiftungen und Vereine keine Mitgliedschaft in der RSK erwerben konnten.[385] Auch wenn von dieser Bestimmung zahlreiche Verlagsunternehmen und Firmen des vertreibenden Buchhandels betroffen waren, fällt doch der enge Zusammenhang mit der Konzernstruktur von Koehler &

[382] Diese Information gab Johst in seinem Schreiben vom 2. 11. 1937 an Amann weiter, hier S. 1, StA Leipzig Koehler & Volckmar/123. Zum folgenden s. ebd.

[383] Ebd., S. 2.

[384] Wiedergegeben bei Ihde (Hg.), Handbuch der Reichsschrifttumskammer, S. 97–99.

[385] Ebd., S. 97 (§ 1, Abs. I b)

Volckmar auf. Denn unter dem Dach dieser *Aktiengesellschaft* waren eine Reihe von *Kommanditgesellschaften* vereinigt.[386]

Leider liegen keine Aktenüberlieferungen zur weiteren Entwicklung der Auseinandersetzung zwischen RSK und Koehler & Volckmar vor. Doch ist davon auszugehen, daß der Konzern die Ausschaltungsstrategie der Kammer durch Umgründungen seiner Firmen auffangen konnte. Jedenfalls blieb Koehler & Volckmar bis 1945 das bedeutendste Unternehmen des deutschen Zwischenbuchhandels. Daran änderten auch die Bemühungen Amanns und Wilhelm Baurs nichts, mit der Firma Lühe & Co. in Leipzig einen Konkurrenten im Kommissionsgeschäft zu etablieren.[387]

Natürlich war das Überleben des Koehler & Volckmar-Konzerns mit politischen Konzessionen erkauft. Es hing aber auch mit dem Umstand zusammen, daß die von Wismann angestrebte Beseitigung »privatkapitalistischer« Arbeitsweisen im Buchhandel nie zum verbindlichen Maßstab nationalsozialistischer Literaturpolitik erhoben wurde. Walther Funk hatte als Staatssekretär im Propagandaministerium die Versuche von Einzelkammern der Reichskulturkammer, stärkeren Einfluß auf die Betriebsführung ihrer Mitglieder zu nehmen, sogar ausdrücklich unterbunden.[388] Eine Auffassung, die er ab November 1937 als Reichswirtschaftsminister, der am Erhalt leistungsfähiger Unternehmen interessiert sein mußte, wohl kaum revidiert haben dürfte.

Die Eingriffe der RSK in den Koehler & Volckmar-Konzern waren zwar besonders spektakulär. Sie waren jedoch nicht der einzige Versuch zur Reglementierung des Zwischenbuchhandels. Der Ausschluß Theodor Volckmar-Frentzels zielte bewußt auf eine Einschüchterung des gesamten vertreibenden Buchhandels ab.[389] Am 15. 5. 1937 forderte die »Fachschaft

[386] Zu den geschäftlichen Zusammenhängen des Koehler & Volckmar-Konzerns s. im einzelnen die Mitteilung des Leiters der »Fachschaft Zwischenhandel« Felix Gartmann an den Verleger Willi Bischoff vom 13. 6. 1938, StA Leipzig Koehler & Volckmar/123.

[387] K. Baur, »Wenn ich so zurückdenke...«, S. 204.

[388] Hinweis im Schreiben von Rechtsanwalt Schrieber an Theodor Volckmar-Frentzel vom 12. 5. 1937, S. 1, StA Leipzig Koehler & Volckmar/119.

[389] Auf diese Absicht Wismanns und Johsts weist Schrieber in seiner Beschwerdebegründung vom 29. 4. 1937, S. 17, explizit hin, StA Leipzig Koehler & Volckmar/120.

Zwischenhandel« mit einem vertraulichen Rundschreiben die Mitglieder der »Fachgruppe Kommissions- und Grossobuchhandel« auf, ihre Lagerbestände bis zum 30. 6. 1937 von »unerwünschtem Schrifttum« zu »reinigen«.[390] Zur Durchführung dieser Maßnahme empfahl Fachschaftsleiter Gartmann die Einschaltung der Verlage, allerdings nur der reichsdeutschen. Dem Rundschreiben war auch gleich der Entwurf eines – ebenfalls als »vertraulich« eingestuften – Schreibens beigefügt, mit dem die Kommissionäre und Grossisten die Verleger um Informationen bitten sollten, »ob, bezw. welche Werke Ihres Verlags als unerwünscht oder als verboten anzusehen und daher zurückzuziehen sind«.[391]

Dennoch mußte die »Gruppe Buchhandel« im Frühjahr 1938 der Kammer-Zentrale in Berlin mitteilen, daß die Lagerverzeichnisse des Schlesischen Vereins-Sortiments für 1938 und des Kommissionshauses deutscher Buch- und Zeitschriftenhändler GmbH für 1937/38 noch immer zahlreiche Titel anboten, die von der Kammer als »unerwünschtes Schrifttum« klassifiziert worden waren.[392] Abteilungsleiter Thulke zog daraus den Schluß, »daß, abgesehen von der Firma Koehler & Volckmar, die anderen Barsortimente und Grossisten über viele Entscheidungen der Kammer nicht unterrichtet sind [...]«.[393]

Um diesen »unerfreulichen Zustand« zu beenden, forderte Thulke eine »gleichmäßige Reinigung der Kataloge«. Diese Aufgabe sollte von einer neu einzurichtenden oder von einer bereits bestehenden Kammer-Abteilung wahrgenommen werden. Allerdings scheute Thulke – wohl aus arbeitstechnischen Gründen – vor einer generellen »Vorprüfung der Katalog-Manuskripte« durch die Kammer zurück. Er hielt es vielmehr für ausreichend, »wenn man den Grossisten usw. die Anregung gibt, sich in Zweifelsfällen an die Auskunftsstelle zu wenden«.

390 Ein Exemplar dieses Rundschreibens findet sich in BDC/RSK/Haupt, G.

391 Ebd. Dieses Schreiben sollte, worauf Gartmann ausdrücklich hinwies, nicht an die ausländischen Verleger versandt werden.

392 Mitteilung vom 4. 3. 1938, BArch Potsdam R 56 V/71 Bl. 29. In den Anlagen, ebd. Bl. 30–38, befindet sich eine genaue Auflistung der im »Barsortiments-Lagerkatalog 1937/38 des Kommissionshauses deutscher Buch- und Zeitschriftenhändler e. G. m. b. H., Leipzig« enthaltenen »unerwünschten« Druckschriften.

393 Ebd., Bl. 29. Zum folgenden s. ebd.

Es war dann das »Referat III Z« in der Berliner Kammer-Zentrale, das mit Unterstützung der »Fachschaft Zwischenhandel« in Leipzig die »informelle« Kontrolle der Barsortimentskataloge sicherstellen sollte.

Da die Akten der »Gruppe Buchhandel« und ihrer Fachschaften durch Kriegseinwirkung weitgehend verlorengegangen sind, ist schwer einzuschätzen, ob die von der Kammer angestrebte »Säuberung« der Barsortimente jemals vollständig gelang. Aufgrund der zahlreichen Anweisungen zum »schädlichen und unerwünschten Schrifttum« ist dies jedoch eher zu bezweifeln.

2.3.2. Die Reglementierung und Überwachung des Sortiments-, des Reise- und Versandbuchhandels, der Antiquariate und der Buchgemeinschaften

Im Gegensatz zum Zwischenbuchhandel, dessen Struktur durch einen Großkonzern und eine überschaubare Anzahl kleinerer Unternehmen geprägt war, wies der übrige vertreibende Buchhandel ein außerordentlich diffuses Erscheinungsbild auf. Die große Zahl und die Verschiedenartigkeit der am Buchvertrieb beteiligten Unternehmen, die bereits bei der berufsständischen Erfassung der Buchhandelsbetriebe im Börsenverein zu Komplikationen geführt hatten, erschwerten den gezielten Zugriff der staatlichen Schrifttumsbürokratie. Deren Politik mußte daher zunächst darin bestehen, die Neuzulassung von Betrieben zu reglementieren und Mechanismen zur Kontrolle des Buchvertriebs aufzubauen.

Neben dem Leihbuchhandel stieß vor allem der Reise- und Versandbuchhandel, dessen Verkauf nicht in Ladengeschäften, sondern über Vertreter oder über Prospekt- und Anzeigenwerbung erfolgte, auf den besonderen Argwohn der RSK. Mit der bereits erwähnten Errichtung der »Beratungsstelle für den Reisebuchhandel«, die ja nicht nur Verlage, sondern auch deren Vertriebsstellen betraf, konnte sich die RSK schon früh einen genauen Einblick in deren Geschäftspraktiken verschaffen. Ergänzend dazu wurde am 22. 10. 1936 von der Kammer eine »Gründungssperre für Reise- und Versandbuchhandlungen« erlassen,[394] die zunächst bis 1939 befristet, dann aber bis 1946

[394] Die »Anordnung« ist wiedergegeben bei Schrieber (Hg.), Das Recht der Reichskulturkammer, Bd. V, S. 83.

verlängert wurde,[395] so daß nun auch die Zahl der in dieser Buchhandelsbranche tätigen Unternehmen überschaubar gehalten wurde.

Ein weiterer aus der Sicht der RSK problematischer Geschäftszweig des vertreibenden Buchhandels waren die sogenannten »buchhändlerischen Neben- und Kleinbetriebe«. Im Februar 1934 hatte man zunächst die Inhaber solcher Firmen, deren Umsätze aus Buchgeschäften 50% des jährlichen Gesamtumsatzes, jedoch nicht mehr als 10000 RM ausmachten, »unmittelbar« in die Kammer aufgenommen.[396] Demgegenüber waren diejenigen Firmen, deren Umsätze unter diesem Limit lagen, in einer »Arbeitsgemeinschaft« zusammengefaßt worden, die der RSK über den Börsenverein als »körperschaftliches Mitglied« angehörte.[397] Nach der Ausgliederung des Börsenvereins aus der RSK richtete der Bund Reichsdeutscher Buchhändler eine »Stammrolle der Neben- und Kleinbetriebe« (später: »Stammrolle der Inhaber von Buchverkaufsstellen«) ein.[398]

In einer dazu am 9. 6. 1936 erlassenen präzisierenden Kammer-Anordnung wurde die Zulassung zur »Verbreitung von Schrifttum im Nebenbetrieb« noch einmal ausdrücklich von der Aufnahme in diese »Stammrolle« abhängig gemacht.[399] Die Pflicht, beim Bund Reichsdeutscher Buchhändler (ab 1. 10. 1936 bei der »Gruppe Buchhandel«) den Antrag auf Eintragung in die »Stammrolle« zu stellen, galt für sämtliche »Buchverkaufsstellen«, die als unselbständiger Teil eines Einzelhandelsunternehmens geführt wurden, dessen Umsätze aus dem Schrifttumsverkauf mindestens 10% des Gesamtumsatzes betragen mußten.[400] Die Zulassung wurde an die Bedingung geknüpft, daß der Inhaber »die für die verantwortungsbewußte

[395] Zur Verlängerung der Geltungsdauer s. Ihde (Hg.), Handbuch der Reichsschrifttumskammer, S. 106 (bis 30. 9. 1941), sowie Die Reichskulturkammer 1 (1943), S. 6 (bis 30. 9. 1944) und 2 (1944), S. 148 (bis 30. 9. 1946).

[396] »Bekanntmachung über die Mitgliedschaft in der Reichsschrifttumskammer« vom 20. 2. 1934, veröffentlicht in: Bbl. 101. Jg., Redaktioneller Teil, Nr. 194 vom 17. 3. 1934, S. 241–242.

[397] Ebd.

[398] S. dazu die »Anordnung zum Schutze der Bezeichnung ›Buchhandlung‹ und ›Buchhändler‹« vom 6. 2. 1935, wiedergegeben bei Schrieber (Hg.), Das Recht der Reichskulturkammer, Bd. II, S. 88.

[399] Die »Anordnung« ist wiedergegeben bei Schrieber (Hg.), Das Recht der Reichskulturkammer, Bd. V, S. 77–79.

[400] Ebd., S. 78 (§ 1).

Führung einer solchen Verkaufsstelle kulturpolitisch und beruflich notwendige Gewähr bietet und der Charakter des Gesamtunternehmens dem Buchvertrieb innerlich entspricht«.[401]

Der Buchvertrieb über die von der NSDAP bekämpften Warenhäuser wurde zwar nie generell unterbunden, jedoch durch Einzelanordnungen eingeschränkt. So gab die RSK im Juni 1934 bekannt, daß der von Martin Bormann als »unstatthaft« bezeichnete Vertrieb von »Symbolen der nationalsozialistischen Bewegung« durch Warenhäuser, warenhausähnliche Betriebe und »ganz allgemein jüdische« Firmen auch für »Bücher und sonstige Druckschriften nationalsozialistischen Inhalts« zu gelten habe.[402] Den Verlegern und Zwischenbuchhändlern wurde von der Kammer dringend nahegelegt, die weitere Belieferung des bezeichneten Firmenkreises zu unterlassen. Dies gelte für sämtliche Bücher und Druckschriften, die »Fragen der nationalsozialistischen Weltanschauung oder Stoffe aus der Geschichte der Bewegung behandeln, sowie [für] solche, die durch Titel oder Ausstattung als nationalsozialistisch ausgegeben werden«.[403] Das bedeutete angesichts der Flut von Publikationen, die unter diese Bestimmung fielen, einen schweren Geschäftseinbruch. Eine beträchtliche Zahl von Buchkunden dürfte den Warenhäusern, Kaufhäusern und Einheitspreisgeschäften auch durch die im März 1935 von der Kammer untersagte Führung von Leihbüchereien verlorengegangen sein.[404]

Durch all diese Reglementierungsmaßnahmen war aber noch keineswegs sichergestellt, daß sich die Unternehmen des vertreibenden Buchhandels tatsächlich an die von der RSK erlassenen Anordnungen zum Betrieb ihrer Geschäfte hielten. Sollte sich die Kammer dazu noch nicht ihre eigenen Gedanken gemacht haben, so wurde sie im April 1936 vom »Schwarzen

401 Ebd. (§ 3).

402 »Bekanntmachung über den Vertrieb nationalsozialistischen Schrifttums durch Warenhäuser und jüdische Firmen« vom 18. 6. 1934, wiedergegeben bei Schrieber (Hg.), Das Recht der Reichskulturkammer, Bd. I, S. 222.

403 Ebd.

404 »Anordnung über den Betrieb von Leihbüchereien in Warenhäusern« vom 25. 3. 1935, wiedergegeben bei Schrieber (Hg.), Das Recht der Reichskulturkammer, Bd. II, S. 90. Diese Maßnahme hing zwar in erster Linie mit der seit 1934 betriebenen Neuordnung des Leihbüchereiwesens zusammen. Mittelbar diente sie aber auch der Reglementierung des Buchvertriebs über die Warenhäuser.

Korps« auf sehr unsanfte Weise mit dem Umstand konfrontiert, daß zwischen ihren literaturpolitischen Vorgaben und der Realität noch eine große Lücke zu schließen war.

Unter der Überschrift »Reaktionärer Buchhandel« kritisierte das Kampfblatt der SS, daß eine »Böswilligkeit heute noch in weiten Kreisen des deutschen Gesamtbuchhandels zu finden ist, beim Sortimenter und Leihbuchhändler dabei noch weit mehr als beim Verleger«.[405] Aus »Gewohnheit und Bequemlichkeit« stünden weiterhin die »rein kaufmännischen Interessen« im Vordergrund.[406] Die in den Schaufenstern von Buchhandlungen aufgestellten Standardwerke Hitlers und Rosenbergs seien »oft nur die *politischen Feigenblätter*, mit denen die Herren Buchhändler ihre splitternackte reaktionäre Einstellung zu bedecken versuchen«.[407] Denn hinter diesen wenigen Schriften führender politischer Persönlichkeiten türmten sich »leider nur allzuhäufig die Erzeugnisse eines liberalistischen oder einseitig konfessionellen Denkens, zu deren Veröffentlichung sich immer noch deutsche Verleger hergeben«. Indirekt regte der Artikel an, die Buchhandlungen des Berliner Westens und der Buchhändlerstadt Leipzig, insbesondere deren Antiquariate, einmal daraufhin zu überprüfen, wie viele der von der RSK indizierten »schädlichen und unerwünschten« Schriften dort tatsächlich noch gekauft werden könnten. Mit warnendem Unterton wurde dem Buchhandel schließlich die Alternative deutlich gemacht, daß er entweder »den Weg der ernsthaften geistigen Erneuerung oder den der bewußten Sabotage« zu gehen habe. Bislang habe man seinem Zögern noch »abwartend« zugesehen. Nun aber sei »die Zeit, die zu seiner Selbstbesinnung nötig war, [...] endgültig verstrichen [...], und darum reden wir jetzt und hoffen, daß man uns verstanden hat!«.

Ähnlich wie im »Fall Benn« blieb auch dieser denunziatorische Artikel des »Schwarzen Korps« nicht folgenlos. Im Herbst 1936 wurden – wohl auf Anweisung der RSK – Sortimentsbuchhandlungen, Leihbüchereien und Antiquariate systematisch nach »schädlichem und unerwünschtem Schrifttum«

[405] »Reaktionärer Buchhandel«, in: Das Schwarze Korps 2 (1936), Folge 17 vom 23. 4. 1936, S. 2.

[406] Ebd.

[407] Ebd. Hervorhebung im Text. Die folgenden Zitate ebd.

durchsucht.[408] Im Regierungsbezirk Düsseldorf führte die Stapostelle Düsseldorf in Zusammenarbeit mit dem SD-Oberabschnitt West vom 8. 9. bis 14. 11. 1936 insgesamt 38 Aktionen durch.[409] Bei den 898 betroffenen Unternehmen wurden nicht weniger als 37040 Bände beschlagnahmt, die zum Teil an das SD-Hauptamt weitergeleitet, größtenteils jedoch eingestampft werden sollten.[410]

In seinem Abschlußbericht an das Gestapa vom 15. 2. 1937 konnte der Leiter der Stapostelle Düsseldorf melden, daß die Buchhändler im großen und ganzen »befriedigt« darüber gewesen seien, daß »aus ihren Lagern und Läden diese Art Literatur entfernt wurde«.[411] Allerdings sei von vielen Buchhändlern »bedauert« worden, daß sie »nicht in den Besitz der Liste [des schädlichen und unerwünschten Schrifttums] gelangen können, um so gleich bei Bestellungen aus dem Publikum darüber Bescheid zu wissen, ob die betreffenden Bücher überhaupt beschafft werden können«.[412] Die fehlenden Informationen über die Liste seien auch immer wieder als Entschuldigungsgrund für die verhältnismäßig große Anzahl der in den Buchhandlungen vorgefundenen Verbotsliteratur angeführt worden.[413]

Im Regierungsbezirk Koblenz wurden vom 27. bis 30. 10. 1936 insgesamt 61 Buchhandlungen und Leihbüchereien von Beauftragten des SD-Unterabschnitts Koblenz und Angehörigen der Stapostelle »planmäßig und schlagartig« durchsucht.[414] Auch hier mußte in beträchtlichem Umfang verbotenes und unerwünschtes Schrifttum sichergestellt werden. Die Übersichten über die bei den Buchhandelsfirmen im Regierungsbezirk Düsseldorf und Koblenz vorgefundene Verbotsliteratur wurden jeweils vom Gestapa an die RSK weitergeleitet »mit der

[408] Hinweis im Leitheft des RF-SS und Chefs des SHA zum Thema »Buchhandel« vom März 1937, BArch Potsdam R 58/1108 hier Bl. 31 (S. 30).

[409] S. dazu das Schreiben der Stapostelle Düsseldorf an das Gestapa vom 15. 2. 1937, hier S. 3, in BDC/RSK/Aktenordner 158 B: »Unerwünschtes Schrifttum« – Gestapo/Regierungsbezirke Düsseldorf, Koblenz.

[410] Zahlenangabe ebd.

[411] Ebd., S. 1.

[412] Ebd.

[413] Ebd., S. 1–2.

[414] Bericht der Stapostelle für den Regierungsbezirk Koblenz (II 2) an Gestapa vom 1. 12. 1936, BDC/RSK/Aktenordner 158 B: »Unerwünschtes Schrifttum« – Gestapo/Regierungsbezirke Düsseldorf, Koblenz.

Bitte, das nach dortiger Ansicht Erforderliche veranlassen zu wollen«.[415] Aus dem überlieferten Aktenmaterial geht hervor, daß die Kammer daraufhin zahlreichen Buchhändlern und Leihbüchereiinhabern des Regierungsbezirks Koblenz »Verwarnungen« und »Ordnungsstrafen« erteilte.[416]

Das SD-Hauptamt gab sich nun aber noch keineswegs zufrieden. Im Leitheft »Buchhandel« vom März 1937 wurde zwar die Auffassung geäußert, daß die Durchsuchungsaktion vom Herbst 1936 »das schädliche und unerwünschte Schrifttum zum größten Teil aus dem Buchhandel entfernt« habe.[417] »Zeitweilige Durchsuchungsaktionen« seien jedoch weiterhin »notwendig, da der Buchhandel, in erster Linie der Antiquariatsbuchhandel, immer wieder mit großen Mengen verbotenen Schrifttums aus *Privatbibliotheken* überschwemmt« werde.[418] Die regelmäßige Überwachung des Buchmarktes müsse aber auch deshalb fortgesetzt werden, weil die staatliche Indizierungsliste »aus außenpolitischen Gründen« nur Bibliotheken und Behörden zugänglich gemacht werden würde, während »eine laufende Unterrichtung des Buchhandels über verbotene Bücher nicht möglich« sei.[419]

Durch die Neufassung der RSK-Anordnung zum »schädlichen und unerwünschten Schrifttum« vom 15. 4. 1940, mit der nun auch die Lagerhaltung der indizierten Literatur verboten wurde, erhielten Gestapo und SD eine weitere Legitimation zum Vorgehen gegen den Buchhandel. »Aus gegebenem Anlaß« wies die Kammer im Januar 1941 ihre Mitglieder in den »Vertraulichen Mitteilungen für die Fachschaft Handel« auf die »Pflicht« hin, »verbotene und schädliche Bücher der Gestapo zur Verfügung zu stellen bzw. diese durch Zerreißen unbrauchbar zu machen und in einem gesonderten Raume auf-

[415] Schreiben des Gestapa (II 2 B) an den Präsidenten der RSK vom 12. 12. 1936 und vom 13. 3. bzw. 28. 7. 1937, BDC/RSK/Aktenordner 158 B: »Unerwünschtes Schrifttum« – Gestapo/Regierungsbezirke Düsseldorf, Koblenz. Die Aufstellungen zu Firmen und beschlagnahmten Schriften finden sich ebd.

[416] S. ebd. die im März/April 1937 verschickten Schreiben der RSK. Für den Regierungsbezirk Düsseldorf sind solche »Verwarnungen« und »Ordnungsstrafen« nicht überliefert.

[417] BArch Potsdam R 58/1108 hier Bl. 31 (S. 30).

[418] Ebd. Hervorhebung im Text.

[419] Ebd. Bl. 31–32 (S. 30–31).

zubewahren, bis sie zur Makulierung gegeben werden können«.[420]

Trotz detaillierter Anweisungen, »aufklärender« Artikel in den buchhändlerischen Fachzeitschriften[421] und politischer Schulung bekam die staatliche Schrifttumsbürokratie den Buchmarkt nie so in den Griff, daß der Vertrieb von Verbotsliteratur vollständig unterbunden werden konnte. Das hing vor allem mit der seit 1941 spürbaren Diskrepanz zwischen einer erhöhten Nachfrage und einem verminderten Angebot zusammen. Anfang Mai 1942 mußte der Präsident der RSK erstmals im Börsenblatt monieren, daß der »kriegsbedingte Mangel an neuem Lesestoff« Buchhändler dazu verführt habe, »zur Befriedigung der Käuferwünsche hin und wieder auf bisher unverkäufliche, veraltete und teilweise minderwertige Buchbestände« zurückzugreifen.[422] An die Adresse vornehmlich der Sortimenter und Antiquare gerichtet, warnte Johst: »Wer die Kriegskonjunktur ausnützt, um wertlose Ladenhüter oder politisch unerwünschte Bücher zu verbreiten, verstößt gegen seine Berufspflicht und wird zur Rechenschaft gezogen werden«.[423]

Allerdings scheinen diese markigen Worte wenig beachtet worden zu sein. Denn noch in den »Vertraulichen Mitteilungen für die Fachschaft Verlag« vom 20. 6. 1944 wurde unter Bezugnahme auf die »zahlreich vorliegenden« Berichte der Mißstand kritisiert, daß von Sortimentsbuchhandlungen und insbesondere von Antiquariaten »in zunehmendem Maße veraltetes, längst überholtes, politisch und weltanschaulich bedenkliches Schrifttum angeboten wird«.[424] Die Kammer vermutete, daß diese Bestände »aus irgendwelchen Lagern« stammten. »Weitere Beobachtungen« würden darauf hindeuten, daß »schädliches und unerwünschtes Schrifttum« auch von Verlagen, Kommissions- und Großbuchhandlungen nach wie vor ausgeliefert werde.

420 »Vertrauliche Mitteilungen für die Fachschaft Handel« Nr. 7 vom 25. 1. 1941, S. 2.

421 S. dazu insbesondere die seit Oktober 1936 von der »Gruppe Buchhandel« in Leipzig herausgegebene Zeitschrift »Der Buchhändler im neuen Reich«, wo immer wieder Aufsätze und kleine Meldungen zur Behandlung des »schädlichen und unerwünschten Schrifttums« veröffentlicht wurden.

422 H. Johst, Aufruf, in: Bbl. 109. Jg., Redaktioneller Teil, Nr. 93/94 vom 5. 5. 1942, S. 89.

423 Ebd.

424 »Vertrauliche Mitteilungen für die Fachschaft Verlag« Nr. 500–511 vom 20. 6. 1944, hier Nr. 502. Zum folgenden s. ebd.

Angesichts dieser offenkundigen Renitenz drohte die Kammer »im Interesse des Ansehens des deutschen Buchhandels« den Verantwortlichen für die Zukunft »unnachsichtlich« den Ausschluß wegen »mangelnder Zuverlässigkeit und Eignung« an.

Die Buchgemeinschaften rückten relativ spät ins Blickfeld der literaturpolitischen Institutionen. Erst im September 1940 erließ die RSK eine »Anordnung«, in der die Fragen des Betriebs von Buchgemeinschaften geregelt wurden.[425] Danach wurde die Gründung neuer Buchgemeinschaften oder deren Angliederung an einen bereits bestehenden Buchhandelsbetrieb von der Zustimmung des RSK-Präsidenten abhängig gemacht (§ 1). Als Buchgemeinschaften definiert waren »Verlagsunternehmen, die ihre Bücher in regelmäßigen Abständen an feste Bezieherkreise (›Mitglieder‹) gegen feste ›Mitgliedsbeiträge‹ durch Versand, durch Buchhandlungen oder durch eigene Ausgabestellen liefern« (ebd.). Wurde eine eigene Ausgabestelle unterhalten, so mußte diese mit einem »buchhändlerischen Nebengeschäft« verbunden sein, das »organisatorisch streng getrennt« zu führen war (ebd.).

Buchgemeinschaften durften ihre Schriften nur zu festen Reihenpreisen an ihre Mitglieder abgeben (§ 3). Ausnahmen von dieser Regel waren an die Zustimmung des Reichskommissars für die Preisbildung gebunden. Lizenzausgaben durften über die Buchgemeinschaften erst ein Jahr nach dem Erscheinen der Originalausgabe vertrieben werden (§ 4). Das »gleichzeitige Erscheinen eines Werkes« in einem Verlag und in einer Buchgemeinschaft war zulässig, doch hatten sich in diesem Fall die von den Buchgemeinschaften angebotenen Bücher in der Einbandgestaltung von den Originalausgaben zu unterscheiden (ebd.).

Aufgrund der rasch zunehmenden Produktions- und Lieferungsschwierigkeiten war die »Gruppe Buchhandel« in den Folgejahren wiederholt gezwungen, die Tätigkeit der Buchgemeinschaften einzuschränken. Am 1. 8. 1941 wurde eine sofortige Mitgliedersperre verhängt.[426] Während die Inlandswerbung völlig untersagt wurde, legte die »Gruppe Buchhandel« den Betreibern von Buchgemeinschaften aus propagandistischen

[425] »Anordnung über den Betrieb von Buchgemeinschaften« vom 30.9. 1940, in der Fassung vom 27. 2. 1941 wiedergegeben bei Ihde (Hg.), Handbuch der Reichsschrifttumskammer, S. 166–167.

[426] »Direkte Anweisung des Leiters des Deutschen Buchhandels an die Buchgemeinschaften« vom 1. 8. 1941, wiedergegeben ebd., S. 167–168.

Gründen eine Intensivierung der Werbung gegenüber dem Ausland nahe.[427] Ab 1. 1. 1942 durften Buchgemeinschaften ihren Mitgliedern nur noch 50% der Bücher liefern, die vertraglich als »Regelleistung« vereinbart worden waren.[428] Die Auslieferung von Zusatzbänden war ganz einzustellen. Eine Umstellung von billigeren auf teurere Buchreihen wurde untersagt. Von diesen Einschränkungen ausgenommen waren lediglich die Auslandsmitglieder.[429]

2.4. Die Reglementierung und Überwachung der Leihbüchereien

Das Verhältnis der nationalsozialistischen Schrifttumsbürokratie zu den Leihbüchereien war stets ambivalent. Es war einerseits bestimmt von dem Wissen, daß der sogenannte »moderne« Leihbuchhandel größere und vielfältigere Leserschichten ansprechen konnte als der Sortimentsbuchhandel. In der Wirtschaftskrise hatte sich diese Konkurrenz sogar noch verschärft, da die schwindende Kaufkraft der Bevölkerung zu einem wahren Boom von Neugründungen im Leihbüchereigewerbe führte und immer mehr Menschen der preiswerten Ausleihe von Büchern den Vorzug gaben. Die seit 1933 etablierte Schrifttumsbürokratie wollte sich diesen Umstand zunutze machen.

Leihbüchereien sollten, wie es auf der Tagung der Fachschaft Leihbücherei in der RSK im Sommer 1934 hieß, als »Instrumente der nationalsozialistischen Kulturpolitik« fungieren, indem sie an der Erziehung der Bevölkerung im Geiste des Nationalsozialismus mitwirkten.[430] Andererseits war man sich durchaus darüber im klaren, daß der Leihbuchhandel von der Befähigung zur Wahrnehmung dieser Aufgabe noch weit entfernt

[427] Ebd.

[428] »Zur Anordnung über den Betrieb von Buchgemeinschaften« vom 1. 10. 1941, wiedergegeben ebd., S. 168.

[429] »Zweite Mitteilung des Präsidenten der Reichsschrifttumskammer zur Anordnung über den Betrieb von Buchgemeinschaften vom 27. Februar 1941«, wiedergegeben ebd.

[430] L. Hürter, Kulturpolitik in und durch die Leihbüchereien, in: Das Kulturprogramm und die Gliederung der deutschen Leihbücherei. Überblick. Reden zur Fachschaftstagung 1934, hg. im Auftrag der Fachschaft Leihbücherei von L. Hürter, September 1934, S. 14–22, hier S. 19.

war. Dabei saß das Mißtrauen tief, wie sich den Reden von Vertretern des Propagandaministeriums und der RSK zur Fachschaftstagung ebenfalls entnehmen läßt.[431] Es betraf sowohl das fachliche Können der Leihbüchereiinhaber und die wirtschaftliche Existenzfähigkeit ihrer Unternehmen als auch die Zusammenstellung der Buchbestände.

Das Konzept, mit dem die auch von Fachleuten anerkannten Mißstände im Leihbüchereigewerbe beseitigt werden sollten, hieß berufsständische Erfassung und Reglementierung. Zu Beginn des Jahres 1934 verhängte die RSK eine Sperrung der Neugründung und Wiedereröffnung von Leihbüchereien, die zunächst bis 30. 6. befristet war,[432] danach jedoch immer wieder verlängert wurde und praktisch bis Kriegsende aufrechterhalten blieb.[433] Der Erlaß dieser Anordnung kam zum einen dem Börsenverein entgegen, der in seinem »Sofortprogramm« vom 12. 4. 1933 »Maßnahmen gegen die ungesunde und volksschädigende Ausbreitung« der Leihbüchereien und die Verweigerung neuer Konzessionserteilungen nachdrücklich gefordert hatte.[434] Zum anderen erleichterte sie aber auch der Kammer die ohnehin außerordentlich schwierige Erfassung des leihbuchhändlerischen Berufsstandes, indem sie der weiteren Inflation von Geschäftsgründungen einen Riegel vorschob.

Die Reglementierungsmaßnahmen wurden am 7. 2. 1934 fortgesetzt, als die Kammer »Rahmenbestimmungen für die Ausübung des Leihbüchereigewerbes« erließ.[435] Danach durften Leihbüchereien »in der Regel« nur noch als Einzelgewerbe betrieben werden (§ 1). Der Betrieb von Leihbüchereien im Ne-

[431] S. ebd. J. Mau, Die Entwicklung und der gegenwärtige Stand der Leihbüchereibewegung, S. 8–13; von Heuduck, Die Organisation der Fachschaft, S. 23–26; und E. Hasper, Über die notwendigen Maßnahmen auf dem Gebiete des Leihbüchereigewerbes, S. 27–32.

[432] »Amtliche Bekanntmachung« der RSK vom 4. 1. 1934, in: Bbl. 101. Jg., Redaktioneller Teil, Nr. 5 vom 6. 1. 1934, S. 13.

[433] Schrieber (Hg.), Das Recht der Reichskulturkammer, Bd. I, S. 215, Bd. II, S. 89, Bd. III, S. 124, Bd. IV, S. 95; bei Ihde (Hg.), Handbuch der Reichsschrifttumskammer, S. 224–225; Die Reichskulturkammer 2 (1944), S. 148.

[434] Punkt 9 des »Sofortprogramms«, in: Bbl. 100. Jg., Redaktioneller Teil, Nr. 101 vom 3. 5. 1933, hier S. 322.

[435] Die »Rahmenbestimmungen« sind wiedergegeben bei Schrieber (Hg.), Das Recht der Reichskulturkammer, Bd. I, S. 207–208. Die folgenden Ausführungen stützen sich auf diese Textedition.

bengewerbe, ein zum damaligen Zeitpunkt häufiger Fall, war nur mehr solchen Firmen gestattet, deren Inhaber durch ihr Hauptgewerbe von einem Fachverband innerhalb der RKK erfaßt worden waren (§ 2). Die Inhaber von Leihbüchereien mußten ebenso wie ihre Angestellten Mitglied in der RSK sein (§ 5). Die Leihbüchereibesitzer wurden zusätzlich verpflichtet, »sich über die für das Leihbüchereigewerbe geltenden Bestimmungen und über weitere Anordnungen aus einer Fachzeitschrift zu unterrichten« (§ 6). Die Ausübung des Leihbüchereigewerbes sollte nur noch »in Läden oder geschlossenen, dazu geeigneten Räumen« erfolgen, »nicht aber in Hausfluren, Gängen, Straßen, Wegen usw. oder an offenen Ständen« (§ 4). Die für die Ausleihe bestimmten Bücher hatten in »hygienisch einwandfreiem Zustand« zu sein (§ 7) und einen deutlich sichtbaren Eigentumsvermerk zu tragen (§ 8). Selbst die Bezugsmodalitäten wurden dahingehend reglementiert, daß Neuanschaffungen ausschließlich über die Verlage oder über den in der Vereinigung der Großbuchhändler Deutschlands und im Verband der Kommissions- und Großbuchhändler Deutschlands zusammengeschlossenen Zwischenbuchhandel zu tätigen waren (§ 9). Alle anderen Lieferverträge waren zu kündigen. Die Beachtung der Rahmenbestimmungen sowie aller weiteren Anordnungen zum Leihbüchereigewerbe wurden für jeden Leihbüchereiinhaber verbindlich erklärt (§ 10). Eine Überwachung ihrer Durchführung wurde angekündigt, und für Verstöße wurden Ordnungsstrafen angedroht (ebd.). Leihbüchereien, denen die weitere Berufsausübung untersagt wurde, hatten ihre Geschäfte bis zum 1. 5. 1934 aufzulösen (§ 11).

Im Mai 1934 konnte die Fachschaft Leihbüchereien die Ausarbeitung einer Mitgliederliste ankündigen.[436] Sie sollte die Namen und Anschriften der Firmen enthalten, die für die weitere Ausübung des Leihbüchereigewerbes zugelassen waren. Diejenigen Firmen, die nicht in dieses Verzeichnis oder in das Adreßbuch des Deutschen Buchhandels aufgenommen worden waren, durften von Verlagen, Großbuchhandlungen, Barsortimenten oder Kommissionären nicht mehr mit neuen Büchern beliefert werden. Um die Einhaltung dieser Vorschrift überprüfen zu können, hatten die zur Belieferung des Leihbuchhandels berechtigten Firmen eine Liste ihrer Kunden an die Fachschaft Leihbüchereien in der RSK zu übersenden.

[436] Bbl. 101. Jg., Redaktioneller Teil, Nr. 109 vom 12. 5. 1934, S. 425.

Noch im gleichen Monat erließ die RSK eine »Anordnung«, mit der die von den Vertretern der Leihbüchereien und den Obleuten der Fachschaft Leihbücherei vereinbarten Mindestleihgebühren im Leihbüchereigewerbe für jeden Leihbüchereibesitzer verbindlich gemacht wurden.[437] Erklärtes Ziel der Kammer war es, mit dieser Anordnung eine einheitliche Preisgestaltung herbeizuführen, die zur wirtschaftlichen Konsolidierung des Gewerbes beitragen sollte.[438] Darüber hinaus sollten die Preise und Ausleihbedingungen für die Kunden übersichtlicher gemacht und durch die Einführung von Staffelpreisen die Anschaffung wertvollerer Bücher gefördert werden.[439]

Nachdem die berufsständische Erfassung der Inhaber und Angestellten weitgehend abgeschlossen und die ersten grundlegenden Anordnungen zur Reglementierung der Geschäftsbedingungen des Leihbüchereigewerbes erlassen worden waren, ging die staatliche Schrifttumsbürokratie zur Kontrolle der Buchbestände über. Mitte September 1934 schlug Wismann noch in seiner Funktion als Schrifttumsreferent in der Propagandaabteilung des Goebbelsschen Ministeriums seinem Minister eine umfassende »Reinigung des Leihbüchereigewerbes« vor.[440]

In die »Säuberungsaktion« sollten nach den Vorstellungen Wismanns drei Literaturgruppen einbezogen werden: erstens die im Leihbuchhandel »noch vorhandenen verbotenen und beschlagnahmten Bücher«; zweitens Bücher, die »nicht verboten und beschlagnahmt, jedoch als unerwünscht zu bezeichnen sind und daher unter Zugrundelegung der Liste, die ich dem Herrn Minister vor einiger Zeit unterbreitete, aus dem Buchhandel ohne Mitwirkung der Polizei bereits verdrängt worden sind«; und drittens die große Zahl von »litera-

437 »Anordnung zum Schutz der Mindestleihgebühren im Leihbüchereigewerbe«, wiedergegeben bei Ihde (Hg.), Handbuch der Reichsschrifttumskammer, S. 225. Die Leihgebührenordnung findet sich ebd., S. 226.

438 Erläuterungen betreffend »Anordnung zum Schutz von Mindestleihgebühren im Leihbüchereigewerbe« in den »Vertraulichen Mitteilungen der Fachschaft Leihbücherei« Nr. 1–14 vom 16. 6. 1941, wiedergegeben bei Ihde (Hg.), Handbuch der Reichsschrifttumskammer, S. 227.

439 Die Leihgebührenordnung bei Ihde (Hg.), Handbuch der Reichsschrifttumskammer, S. 226.

440 Vorlage Wismanns für den Minister über das Ministerbüro und den Leiter der Abteilung II vom 15. 9. 1934, BArch Potsdam R 55/682 Bl. 59–60, hier Bl. 59.

rischen Machwerke[n], die weder verboten oder beschlagnahmt sind, noch auf der Liste der unerwünschten Literatur stehen, ihrem Inhalt nach [...] aber so seicht und wertlos sind, daß auch sie aus dem Leihbüchereigewerbe verdrängt werden müssen«.[441]

Bezüglich der ersten beiden Gruppen waren von Wismann auch bereits vorbereitende Maßnahmen eingeleitet worden. Anfang August 1934 hatte das »Reichsbuchamt der Fachschaft Leihbücherei« von der RSK den Auftrag zur Durchführung der »Säuberungsaktion« erhalten.[442] Nachdem Goebbels seine Zustimmung zu den von Wismann am 15. 9. unterbreiteten Vorschlägen gegeben hatte,[443] konnte eine neu errichtete »Überwachungsstelle für das Leihbüchereiwesen« ihre Arbeit aufnehmen. Sie forderte zunächst sämtliche Leihbüchereien zur Übersendung ihrer Buchbestandslisten auf, wobei durch eine eidesstattliche Erklärung die Vollständigkeit der Liste zu bestätigen war.[444]

Im Oktober 1934 begannen sechs Lektoren mit der Durchsicht dieser Listen.[445] Nach Abschluß der Prüfung erhielten die Leihbibliothekare eine Mitteilung über diejenigen Bücher, die »sofort« aus dem Bestand auszusondern und bis zu einem genau festgesetzten Termin bei den von den Arbeitsgemeinschaften der Fachschaft Leihbücherei eingerichteten Ablieferungsstellen vorzulegen waren.[446] Zu Beginn des Jahres 1935 hatten von den rund 5000 Leihbüchereien 3875 ihre Bücherverzeichnisse bei der Überwachungsstelle eingereicht, von denen 3290

441 Ebd.

442 S. den von Fachschaftsleiter Johannes Mau verfaßten »Bericht« des Reichsbuchamts der Fachschaft Leihbücherei vom 29. 10. 1934, BArch Potsdam R 55/682 Bl. 56–58, hier Bl. 56.

443 In seinem Antrag zur finanziellen Unterstützung der »Säuberungsaktion«, den Wismann am 15. 12. 1934 bei der Haushaltsabteilung des Propagandaministeriums einreichte, wies der neue Leiter der Schrifttumsabteilung auf das »persönliche Interesse« von Goebbels an der Durchführung der Maßnahme hin, BArch Potsdam R 55/682 Bl. 62.

444 »Bericht« des Reichsbuchamts der Fachschaft Leihbücherei vom 29. 10. 1934, BArch Potsdam R 55/682 hier Bl. 56–57 (Pkt. I und III).

445 Ebd., Bl. 57.

446 Ebd. Ein Vordruck des Rundschreibens, mit dem die Überwachungsstelle die Leihbuchhändler zur Aussonderung der beanstandeten Bücher aufforderte, findet sich in BArch Potsdam R 55/682 Bl. 91.

auch schon bearbeitet waren.[447] Allein im Bezirk Berlin, wo insgesamt 994 Unternehmen des Leihbuchhandels in die Aktion einbezogen wurden, waren zu jenem Zeitpunkt bei 950 Firmen rund 28000 »unerwünschte« Buchtitel registriert und davon 23170 bei den Ablieferungsstellen abgegeben worden.[448]

Die von Wismann initiierte »Säuberungsaktion« wurde von den Vertretern des Leihbuchhandels keineswegs kritiklos hingenommen. In einer zehnseitigen Denkschrift vom 1. 12. 1934 hatte der Berliner Kreisobmann des Fachvereins »Die deutschen Leihbüchereien e. V.« in der Fachschaft Leihbüchereien, von Heuduck, eine Reihe schwerwiegender Bedenken geäußert.[449] Sie betrafen zunächst die Zusammenstellung der Listen mit »unerwünschter« Literatur. So sei die Indizierung der Schriften von Waldemar Bonsels, Bruno Frank, Georg Herrmann, Alexander Lernet-Holenia, Jakob Wassermann, Romain Rolland u. a. »von allen Leihbüchereien ausnahmslos nicht verstanden worden«.[450] Bei den Büchern dieser Autoren handle es sich nämlich zum Teil um »Weltliteratur, die nach Stil und Inhalt dem heutigen Staat in keiner Weise zu schaden vermögen, keinen Kitsch darstellen und innerhalb des deutschen Reichsgebietes nicht verboten sind«. Auch seien diese Bücher »zu Tausenden von Exemplaren« in Privatbibliotheken vorhanden und könnten »nach wie vor« in Buchhandlungen und Antiquariaten gekauft oder in Volksbüchereien ausgeliehen werden. Daraus zog von Heuduck den Schluß, daß es sich bei der »Säuberungsaktion« um eine »gesetzlich ungerechtfertigte, das selbständige Leihbüchereigewerbe herabsetzende und in eine entwürdigende Sonderstellung hineindrängende Maßnahme« handele. Einen weiteren kritikwürdigen Punkt sah der Kreisobmann in der Pflicht zur Ablieferung der beanstandeten Bücher. Diese Anordnung werde einhellig »als ein ungesetzlicher Eingriff in das Privateigentum und als Rechtsbruch empfunden«.[451] Er treffe ein Gewerbe, »dessen Mitglieder wirtschaftlich auf das

[447] S. den von RSK-Referent Heinl verfaßten »Bericht über den Stand der Säuberungsaktion der Leihbüchereien am 8. Januar 1935«, BArch Potsdam R 55/682 Bl. 32.

[448] Ebd.

[449] Die »Denkschrift« ist in BArch Potsdam R 55/682 Bl. 85–89 überliefert.

[450] Ebd., Bl. 86. Zum folgenden s. ebd.

[451] Ebd., Bl. 87/Rs.

schwerste zu kämpfen haben und durchweg die für ihre Büchereien notwendigen Buchanschaffungen mit den größten persönlichen Opfern bewerkstelligt haben«.[452]

Die staatliche Schrifttumsbürokratie setzte sich aber über diese beachtlichen Bedenken ebenso hinweg wie über die Anregung von Heuducks, die Leihbüchereiinhaber für ihre Verluste zu entschädigen.[453] Der Auftrag der »Überwachungsstelle« zur Reinigung der Leihbüchereien von »unerwünschtem Schrifttum« und ihre Kompetenz, »amtliche Ersuchen an die Inhaber von Leihbüchereien richten« zu dürfen, insbesondere solche um Ablieferung beanstandeter Bücher, wurden von der RSK mit einer »Anordnung« vom 6. 4. 1935 sogar noch einmal ausdrücklich bestätigt.[454] Zudem bewahrheitete sich der von von Heuduck in seiner Denkschrift wiedergegebene Eindruck vieler Leihbuchhändler, »daß es bei dieser *einen* Maßnahme nicht sein Bewenden haben wird, sondern daß jederzeit ähnliche weitere Maßnahmen getroffen werden können«.[455]

Von der bereits erwähnten Durchsuchungsaktion der Stapostellen und SD-Oberabschnitte im Herbst 1936 war der Leihbuchhandel erneut betroffen. Aus den für den Regierungsbezirk Düsseldorf überlieferten Beschlagnahmelisten ist leider nicht ersichtlich, wie groß der Anteil der Leihbüchereien im einzelnen war.[456] Im Abschlußbericht vom 15. 2. 1937 ist nur davon die Rede, daß die Aktionen in den Leihbüchereien »vollständig reibungslos« verlaufen seien.[457] Für den Regierungsbezirk Koblenz lassen sich dagegen genauere Angaben machen. Aus der Gesamtübersicht geht hervor, daß 18 Leihbüchereien

452 Ebd.

453 Ebd., Bl. 89–89/Rs. Dort hatte von Heuduck vorgeschlagen, den Wert der abgelieferten Bücher mit 30% des Ladenverkaufspreises zu vergüten oder Gutscheine für die Anschaffung neuer Bücher auszustellen.

454 Wiedergegeben bei Schrieber (Hg.), Das Recht der Reichskulturkammer, Bd. III, S. 122–123.

455 »Denkschrift«, BArch Potsdam R 55/682 Bl. 87/Rs. Hervorhebung im Text.

456 S. die Einzelaufstellungen zu den Buchhandlungen der 85 Orte, in denen die Durchsuchungsaktion durchgeführt wurde, in BDC/RSK/Aktenordner 158 B: »Unerwünschtes Schrifttum« – Gestapo/Regierungsbezirke Düsseldorf, Koblenz.

457 Schreiben der Stapostelle Düsseldorf an das Gestapa vom 15. 2. 1937, S. 1, ebd.

durchsucht wurden.[458] Zum Verlust eines Teils ihrer Bestände kamen für viele Leihbuchhändler aber noch »Ordnungsstrafen« der Kammer hinzu, die sich auf Beträge zwischen 25 und 250 RM beliefen.[459]

Ein delikates Detail war, daß selbst der Gaufachschaftsberater, der in Koblenz eine »Neue Moderne Leih-Bücherei« unterhielt, eine »Verwarnung« der Kammer wegen der Ausleihe »schädlichen und unerwünschten Schrifttums« hinnehmen mußte.[460] Auf seinen Einwand, daß den Leihbüchereiinhabern ja »keine offizielle Liste aller verbotenen Bücher zur Einsichtnahme« vorliege und das Verbot daher »erst durch die Beschlagnahmung bekannt werden« könne,[461] wurde ihm von der Kammer einfach entgegengehalten, daß dies »kein Entschuldigungsgrund« sei.[462] Vielmehr hätte ihm gerade in seiner Eigenschaft als Gaufachschaftsberater die Unerwünschtheit der bei ihm beschlagnahmten Bücher bekannt sein müssen.

Da die »Liste des schädlichen und unerwünschten Schrifttums« weiterhin geheimgehalten wurde, ergab sich auch hinsichtlich des Leihbuchhandels die Notwendigkeit einer permanenten Überwachung durch Polizeibehörden und Schrifttumsbürokratie. Im Juni 1940 wurden die Leihbuchhändler vom Werbe- und Beratungsamt für das deutsche Schrifttum über die »Vertraulichen Mitteilungen für die Fachschaft Leihbücherei« noch einmal an die »Pflicht« zur Prüfung ihrer Buchbestandslisten auf »verbotenes und unerwünschtes Schrifttum« erinnert.[463] In Zweifelsfällen und in Fällen, wo eine Prüfung der Liste »vor längerer Zeit« stattgefunden hat-

458 Die Übersicht findet sich als Anlage zum Schreiben des Gestapa (II 2 B) an den Präsidenten der RSK vom 12. 12. 1936, ebd.

459 Durchschläge der Schreiben, mit denen die Kammer die Verwarnungen und Ordnungsstrafen aussprach, sind im Anschluß an die Einzelübersichten zu den durchsuchten Buchhandlungen und Leihbüchereien beigeheftet, ebd.

460 Schreiben des Präsidenten der RSK an die Neue Moderne Leih-Bücherei J. Willeke vom 8. 3. 1937, ebd.

461 So Willeke in seinem Protestschreiben an den Präsidenten der RSK vom 12. 3. 1937, ebd.

462 Schreiben der RSK vom 30. 4. 1937, ebd.

463 Der in den »Vertraulichen Mitteilungen der Fachschaft Leihbücherei« Nr. 1 vom Juni 1940 veröffentlichte Hinweis ist wiedergegeben bei Ihde (Hg.), Handbuch der Reichsschrifttumskammer, S. 232.

te, wurde »empfohlen«, ein Exemplar der Buchbestandslisten an das Werbe- und Beratungsamt zur Überprüfung einzusenden.[464]

Ein Jahr später wurden die Leihbuchhändler »vertraulich« instruiert, daß auch die in der »Liste der für Jugendliche und Büchereien ungeeigneten Druckschriften« indizierten Bücher der Gestapo auszuliefern oder selbständig zu makulieren waren.[465] Solange dies nicht geschehen war, durften die Bücher nur in einem gesonderten, dem Publikum nicht zugänglichen Raum aufbewahrt werden. Den zum Buchverkauf zugelassenen Leihbüchereifirmen wurde aber zumindest noch die Möglichkeit zum Verkauf dieser Druckschriften oder ihrer Lagerhaltung außerhalb der Geschäftsräume gelassen.[466]

Bereits 1935 hatte Wismann angeregt, die »Säuberungsmaßnahmen durch eine qualitative Verbesserung des Buchbestandes in den Leihbüchereien« positiv zu ergänzen.[467] 1940 erschien nun unter dem Titel »Das Buch ein Schwert des Geistes« eine von der Schrifttumsabteilung des Propagandaministeriums herausgegebene »Erste Grundliste für den Deutschen Leihbuchhandel«,[468] der bis 1943 zwei weitere »Grundlisten« folgten.[469] Ihr Ziel war es, den Leihbuchhändler »zum besten deutschen Buch im nationalsozialistischen Sinne heranzuführen«.[470] Die

464 Ebd.

465 »Verkauf der auf die ›Liste der für Jugendliche und Büchereien ungeeigneten Druckschriften‹ gesetzten Bücher«, wiedergegeben bei Ihde (Hg.), Handbuch der Reichsschrifttumskammer, S. 233–234, hier S. 233.

466 Ebd.

467 Vorlage Wismanns für den Minister vom 15. 9. 1934, BArch Potsdam R 55/682 hier Bl. 59. Darin findet sich auch der Hinweis auf eine von der Reichsschrifttumsstelle zusammengestellte »Grundliste« mit empfehlenswerter Literatur, die von den Leihbuchhändlern bei Neuanschaffungen bevorzugt berücksichtigt werden sollte.

468 »Das Buch ein Schwert des Geistes«. Erste Grundliste für den Deutschen Leihbuchhandel, hg. vom Reichsministerium für Volksaufklärung und Propaganda, Abteilung Schrifttum, Leipzig 1940.

469 »Das Buch ein Schwert des Geistes«. Grundliste für den Deutschen Leihbuchhandel, hg. vom Reichsministerium für Volksaufklärung und Propaganda, Abteilung Schrifttum, 2. Folge, Leipzig 1941; »Das Buch ein Schwert des Geistes«. Grundliste für das deutsche Leih- und Werkbüchereiwesen, hg. vom Reichsministerium für Volksaufklärung und Propaganda, Abteilung Schrifttum, 3. Folge, Leipzig 1943.

470 So die Einführung zur »Erste[n] Grundliste für den Deutschen Leihbuchhandel« von 1940.

Auswahllisten sollten »Vorbild« für die Ergänzung des Buchbestandes und »Prüfstein« bei der Beurteilung des literaturpolitischen Zustandes der Bücherei sein.[471] Auch in dem seit 1939 von der RSK-»Gruppe Buchhandel« betreuten »Großdeutschen Leihbüchereiblatt« wurden immer wieder Anregungen zur »Aufbesserung« der Bestände,[472] zur Schaufenstergestaltung und zur Kundenberatung gegeben.[473] Darüber hinaus bemühten sich eine Reihe von Mitarbeitern der Schrifttumsabteilung in ihren Beiträgen darum, die Inhaber und Angestellten des Leihbuchhandels zu einer politischen Berufsauffassung zu erziehen.[474]

In der Praxis scheinen die vielfältigen Bemühungen der staatlichen Schrifttumsbürokratie um Einflußnahme auf den Leih-

[471] Ebd.

[472] Neben Vorschlagslisten für Neueinstellungen wurden grundlegende Aufsätze zur Anschaffungspolitik der Leihbüchereien veröffentlicht: u. a. S. Benatzky, »Volks-Literatur«? (Das Ergebnis einer Untersuchung), in: Großdeutsches Leihbüchereiblatt 1 (1939), S. 61–63; S. Losch, Eine Handvoll Wahrheiten, in: ebd., S. 81–82; H. Gruber, Das Gesicht deutscher Verlage. 1. Zentral-Verlag der NSDAP., Franz Eher Nachf., München-Berlin, in: ebd., S. 92–93; S. Losch, Klare Haltung!, in: ebd., S. 209–210; ders., Unterhaltungsschrifttum der Leihbüchereien – so oder so?! Ein Rechenschaftsbericht, in: ebd., S. 41–42; A. M. Luckdorf, Die Auswahl des unterhaltenden Schrifttums in Leihbüchereien, in: ebd. 2 (1940), S. 121–122; Haben Sie schon eingestellt...? Bücher für Frauen, in: ebd. 3 (1941), S. 63.

[473] S. u.a. S. Losch, Die Leserschaft wünscht zuverlässige Beratung, in: Großdeutsches Leihbüchereiblatt 1 (1939), S. 18–19; J. Hild, Die Leihbücherei als Schrifttumsmittlerin, in: ebd., S. 84–87; W. Bartholdy, Die Leihbücherei – ein Instrument praktischer Kulturarbeit? Erfahrungen und Schlußfolgerungen aus einem Gau, in: ebd., S. 113–115; E. Schröter, Über Leserberatung und Leserführung in Leihbüchereien, in: ebd. 3 (1941), S. 69–70; Schaufenster-Wettbewerb der Leihbüchereien 1942. Aufruf des Fachschaftsleiters, in: ebd. 4 (1942), S. 261.

[474] Dazu u.a. R. Erckmann, Positive Leihbüchereiarbeit als Menschenführung: in: Großdeutsches Leihbüchereiblatt 1 (1939), S. 8–10; H. Schlecht, Leihbuchhändler – ein kulturpolitischer Beruf, in: ebd., S. 59–60; S. Losch, Bereitschaft und Wachsamkeit, in: ebd., S. 193; H. Schlecht, Parole 1940, in: ebd. 2 (1940), S. 1; E. Langenbucher, Schrifttumsarbeit im Krieg. Auch der Leihbuchhändler hilft mit, in: ebd., S. 25; R. Erckmann, Staatliche Schrifttumspolitik, Werbung, Förderung, Aufgabe und Verantwortung des Leihbuchhändlers, in: ebd., S. 114–115; F. Steinitzer, Gedanken zur politisch aufgefaßten Arbeit des Leihbuchhändlers, in: ebd. 4 (1942), S. 81–82.

buchhandel allerdings nicht recht gefruchtet zu haben. So merkte der Leiter der Staatlichen Volksbüchereistelle Thüringen im November 1940 zu einem Bericht des Volksbildungsministeriums über den »Verkehr Jugendlicher in den Leihbüchereien« an, daß die Kontrolle der Leihbüchereien »nicht zu dem notwendigen Erfolg« führen würde.[475] Es bestehe »offenbar keine Möglichkeit das Übel bei der Wurzel zu packen und die Produktion minderwertiger Jugendbücher, das heißt die Produktion der Verlage, die die privaten Leihbüchereien serienweise versorgen, zu verbieten«.[476] Die gesetzlichen Unterlagen würden nur die Entfernung und Vernichtung verbotener Bücher zulassen. Von dieser Maßnahme sei jedoch nur ein kleiner Teil der »ungeeigneten Bestände« betroffen.[477] Hinzu käme, daß »Besitzer oder Personal der Leihbüchereien ohne jede Kenntnisse guten Schrifttums sind und ihre Leihbüchereien so betreiben wie sie ihre Eisbuden oder ihre Tabakverkaufsstellen führen«. Aber selbst wenn eine vollständige Entfernung der schädlichen und unerwünschten Schriften gelingen würde, mangle es immer noch an der Grundvoraussetzung einer positiven Arbeit, »an Menschen nämlich[,] die wirklich wissen, was ein gutes und was ein schlechtes Buch ist [...]«. Der Volksbüchereistellenleiter kam daher zu dem resignativen Schluß, daß »eine Reform der Leihbücherei [...] weder von ihren Beständen noch von der Seite des Personals her möglich« sei. Das »Existenzprinzip« der Leihbüchereien sei »die Vertreibung von Kitsch und Schund«.

Diese Bewertung war keineswegs vereinzelt. Im »Großdeutschen Leihbüchereiblatt« vom November 1942 mußte dessen Chefredakteur Erich Langenbucher beklagen, daß die mit dem »Verzeichnis englischer und nordamerikanischer Schriftsteller« indizierte Literatur erwiesenermaßen weiter ausgeliehen werden würde.[478] Das gleiche gelte für die »Liste der für Jugendliche und Büchereien ungeeigneten Druckschriften«. Daß die Re-

475 Schreiben der Staatlichen Volksbüchereistelle Thüringen an den Thüringischen Minister für Volksbildung vom 11. 11. 1940, HStA Weimar Thür. Min. f. Volksbildung/C 629 Bl. 277–278, hier Bl. 278 (S. 2).

476 Ebd. (S. 2–2/Rs.).

477 Ebd. (S. 2/Rs.). Die folgenden Zitate ebd.

478 E. Langenbucher, Von der inneren und äußeren Sauberkeit unseres Standes, in: Großdeutsches Leihbüchereiblatt 4 (1942), S. 301–304, hier S. 302. Zum folgenden s. ebd.

gale der Leihbüchereien noch voller Verbotsliteratur seien, hinge damit zusammen, daß von den Leihbuchhandlungen zumeist keine Verfasserkarteien geführt würden und damit die wiederholt angemahnte Überprüfung der Buchbestandslisten auf »schädliches und unerwünschtes Schrifttum« unmöglich sei. Zwangsläufig könnten dann aber auch »die Werke längst emigrierter Juden und Judengenossen im Schaufenster auftauchen« oder Bücher ausgestellt werden, »die auf den Umschlagklappen Lobpreisungen jüdischer Bücher und ebensolcher Autoren enthalten«. Auf die Kritik Langenbuchers stieß auch der Umstand, daß zahlreiche Leihbuchhandlungen nicht einmal eine Fachzeitschrift hielten.

Gingen damit die vielen »guten« Ratschläge des »Großdeutschen Leihbüchereiblatts« ins Leere, so wurden auch die Anordnungen der RSK vom leihbuchhändlerischen Berufsstand nur unzureichend oder gar nicht zur Kenntnis genommen, wie Langenbucher offen monieren mußte.[479] Deutlicher konnte die Diskrepanz zwischen literaturpolitischem Anspruch und buchhändlerischer Arbeitspraxis kaum zum Ausdruck gebracht werden.

3. Die öffentliche Buchpropaganda im Inland

3.1. »Zehn Tage Deutsche Buchmesse« (27. 11.–6. 12. 1933)

Am 21. 9. 1933 gab Friedrich Oldenbourg im Börsenblatt für den deutschen Buchhandel bekannt, daß die »unter Führung des Reichsministeriums für Volksaufklärung und Propaganda« in Berlin geführten Besprechungen über die »Vorbereitung von Weihnachtsausstellungen bzw. Buchmessen« zum Abschluß gekommen seien.[1] Als Erfolg konnte der Vorsteher des Börsenvereins mitteilen, daß die Verlags- und Sortimentsausstellungen für die Verleger und Sortimenter des Buch-, Kunst- und Musikalienhandels »mit Unterstützung des Reichsministeriums, des Kampfbundes für deutsche Kultur, der Reichsstelle zur Förde-

[479] Ebd., S. 303.

[1] Bbl. 100. Jg., Redaktioneller Teil, Nr. 220 vom 21. 9. 1933, S. 711.

rung des deutschen Schrifttums und der politischen Organisationen« in allen größeren Städten durchgeführt werden sollten.[2]

Damit schien ein seit langem gehegter Wunsch des Börsenvereins eingelöst. Denn schon seit Mitte der zwanziger Jahre hatte man sich in der Werbeabteilung der Buchhändlervertretung Gedanken darüber gemacht, wie dem Buch in Deutschland neue Käuferschichten gewonnen werden könnten. So war in einer 1925, dem Jubiläumsjahr des Börsenvereins, erschienenen Schrift eine vermehrte Werbung in Form von Buchtagen und Buchwochen angeregt worden.[3] Sie sollten vom deutschen Buchhandel in enger Zusammenarbeit mit den öffentlichen Einrichtungen des Staates, der Länder und Gemeinden vorbereitet, mit Ausstellungen, Dichterlesungen sowie Schaufensterwettbewerben durchgeführt und ausführlich von Presse und Rundfunk begleitet werden.[4] Im Gegensatz zu anderen europäischen Staaten, die die Chancen einer nationalen Buchpropaganda bereits für sich entdeckt hatten, blieb es in Deutschland zunächst allerdings nur bei regionalen Veranstaltungen.[5] Erst ab 1929 kam es – jeweils am Todestag Goethes (22. 3.) – zu einem nationalen »Tag des Buches«, der jeweils unter dem Patronat des Reichsinnenministers stand und seit 1930 von einem »Arbeitsamt des Deutschen Schrifttums« vorbereitet wurde.[6] Motto war 1930 »Jugend und Buch«, 1931 »Frau und Buch«, 1932 »Goethe«, 1933 »Volk und Buch«.[7]

Im Zeichen der von der Weltwirtschaftskrise schwer in Mitleidenschaft gezogenen Buchbranche gewann das Instrument der Buchwerbung natürlich eine noch größere Bedeutung. Doch die vom Börsenverein für November/Dezember 1933 geplanten Ausstellungen waren keine reinen Wirtschaftsmaßnah-

[2] Ebd.

[3] F. Schnabel, Büchertage und Buchwochen, Leipzig 1925.

[4] Vgl. ebd., S. 11–17.

[5] W. M. Schulz, Zum Tag des Buches. Kurze Vorgeschichte, in: Bbl. 100. Jg., Redaktioneller Teil, Nr. 47 vom 24. 2. 1933, S. 130.

[6] Dem Arbeitsamt gehörten u.a. Vertreter der Schriftstellerorganisationen, des Börsenvereins der Deutschen Buchhändler, der Bibliotheks-, Presse- und Jugendverbände an. S. im einzelnen die Unterlagen zum »Tag des Buches 1930« in HStA Weimar Thür. Min. f. Volksbildung/C 624 Bl. 7ff., hier Bl. 14–14/Rs.

[7] Schulz, Zum Tag des Buches. Dazu auch Krämer-Prein, Der Buchhandel war immer deutsch, in: Walberer (Hg.), 10. Mai 1933. Bücherverbrennung in Deutschland und die Folgen, S. 291.

men mehr. Das kam unverhohlen in den am 26. 9. 1933 im Börsenblatt veröffentlichten »Richtlinien« für die Durchführung der »Aktion« zum Ausdruck.[8] Dr. Gunther Haupt, der mit der organisatorischen Vorbereitung betraute Geschäftsführer der »Fichte-Gesellschaft e. V. im Reichsbund Volkstum und Heimat«, gab zwar als Ziel an, »in der entscheidenden Zeit des Weihnachtsverkaufes die Aufmerksamkeit der gesamten deutschen Öffentlichkeit auf das Buch zu konzentrieren« und dem Buchhandel »neue zusätzliche Kaufmassen« zu erschließen.[9] Erreicht werden sollte dies durch den Einsatz der »gesamten Einfluß- und Einsatzmöglichkeiten des Reichsministeriums für Volksaufklärung und Propaganda«, durch »das Zusammenwirken der großen Verbände und der Presse« und durch »alle nur möglichen Mittel moderner Werbebeeinflussung«. Damit würde die »große und entscheidende Hilfe für den deutschen Buchhandel« geleistet werden, »auf die er seit Jahren, seit Jahrzehnten gewartet« habe.

Diese Argumentation war aber nur der »Türöffner« für die beabsichtigten politischen Aussonderungs- und Propagandaabsichten. Es sei nämlich »selbstverständlich«, so Haupt, daß »zu der Ausstellung nur deutsche Firmen, deutsche Autoren, deutsche Bücher zugelassen sind, die auf dem Boden der nationalsozialistischen Revolution stehen und mit ihrem Geiste zu vereinbaren sind«. »Zweifelsfälle« sollten vom Propagandaministerium entschieden werden. Vollmundig ließ Haupt zum Abschluß seines Artikels noch wissen, daß es »eine Ehrenpflicht des deutschen Buchhandels und aller Beteiligten« sei, »durch diese Ausstellung dem Volkskanzler Adolf Hitler zu zeigen, wie auch hier alle Kräfte vereint sind, um am Neubau der Nation mitzuarbeiten«.[10]

Die Auffassungen Haupts, denen nach seiner Einsetzung als Leiter des in der Reichsstelle zur Förderung des deutschen Schrifttums neu errichteten »Amts für öffentliche Buchwerbung« im Oktober und als Geschäftsführer der Reichsschrifttumskammer im November 1933 amtliche Autorität zukam, wurden von der Börsenvereinsspitze bereitwillig übernommen. Max Albert Heß, der Leiter der Geschäftsstelle des Börsenver-

[8] G. Haupt, 10 Tage Deutsche Buchmesse – Berlin 1933, in: Bbl. 100. Jg., Redaktioneller Teil, Nr. 224 vom 26. 9. 1933, S. 727–728.

[9] Ebd., S. 727. Die folgenden Zitate ebd.

[10] Ebd., S. 728.

eins, versuchte den Verlegern und Buchhändlern deutlich zu machen, daß es bei der »Aktion« nicht mehr um die »bekannten gut bürgerlichen Buchausstellungen für Bücherliebhaber«, sondern um »Verkaufsmessen« ginge, durch die »alle Schichten des Volkes« angesprochen werden sollten.[11] Wichtiger als die Verkaufserfolge sei aber noch die Vermittlung des großen Werbegedankens, daß sich »Regierung, Bünde und Organisationen zum Buche bekennen und mit dem Buchhandel zusammenwirken«.[12]

Noch deutlicher wurde Herbert Hoffmann. Die Buchausstellungen sollten, wie der Verleger im Auftrag des Gesamtvorstands des Börsenvereins über das Börsenblatt mitteilte, eine nationalpädagogische Funktion erfüllen.[13] Mit ihnen sollte das Volk eingeführt werden »in die großen Fragen der Zeit und ihren Niederschlag im deutschen Schrifttum, in den neuen Staat, das Erlebnis der Dichtung, das Verständnis der Geschichte, das Wesen deutscher Kunst, in die Forderung nach gesundem Volkstum, genutztem Arbeitstag und gestaltetem Feierabend«.[14]

Die »Zehn Tage Deutsche Buchmesse« fanden dann unter der Schirmherrschaft des Propagandaministeriums vom 27. 11. bis 6. 12. 1933 nicht nur – wie ursprünglich geplant – in Berlin, sondern auch in Hamburg, Königsberg, München und Stuttgart statt. Die Präsentation der aktuellen Erzeugnisse »deutscher« Verlage wurde von Beginn an in ein politisches Umfeld gestellt.

So hieß es in einem zur Eröffnung der Buchausstellungen erlassenen »Aufruf« der Reichsschrifttumskammer: »Das Schrifttum einer Nation kennzeichnet ihre innere Kraft, ihre Leistungsfähigkeit und ihren Zukunftswillen. Im deutschen Buch liegen Ehre und Würde, Ansehen und Wirksamkeit des deutschen Volkes begründet. Nichts kann eindeutiger und bestimmter den Geist des neuen Deutschland, die Aufrichtigkeit seiner Gesinnung und die Richtung seiner inneren Entwicklung

[11] S. die von Heß im Auftrag des Aktions-Ausschusses veröffentlichte Bekanntmachung »Zehn Deutsche Buchmessen vom 26. November bis 3. Dezember«, in: Bbl. 100. Jg., Redaktioneller Teil, Nr. 228 vom 30. 9. 1933, S. 743.

[12] Ebd.

[13] »Zehn Tage Deutsche Buchmesse 1933«, in: Bbl. 100. Jg., Redaktioneller Teil, Nr. 274 vom 25. 11. 1933, S. 903.

[14] Ebd.

erweisen als das Verhältnis des ganzen Volkes zu seinem Schrifttum, insbesondere zum Buch des Revolutionsjahres 1933«.[15] Das waren Worte, die deutlich an die Adresse des aufgrund der Bücherverbrennungen, der Exilierung zahlloser namhafter Intellektueller und des Austritts Deutschlands aus dem Völkerbund mißtrauisch gewordenen Auslands gesprochen waren. Im Innern wollte man insbesondere »die ganze werktätige Bevölkerung« und die Jugend für das »deutsche Buch« (wieder-) gewinnen.[16]

Am 26. 11. 1933 hielten der Kampfbund für deutsche Kultur und die Reichsstelle zur Förderung des deutschen Schrifttums im ehemaligen preußischen Herrenhaus in Berlin eine »Kundgebung für das deutsche Buch« ab.[17] In einer Reihe von Reden wurde einerseits die Verbundenheit der neuen Staatsführung mit der deutschen Buchkultur betont, andererseits aber auch den Buchhändlern und dem deutschen Schrifttum die Aufgabe der Mitwirkung im »Kampf bis zur endgültigen Vollendung des Dritten Reiches« zugewiesen.[18] Tags darauf wurde dann – umrahmt von Fanfarenstößen des SA-Musikzuges Schöneberg und einem »Siegheil auf den Führer und auf die nationalsozialistische Bewegung« – die Buchausstellung im Europahaus am Anhalter Bahnhof eröffnet.[19] Die von rund 130 Verlagen ausgestellten Bücher und Zeitschriften gaben jedoch nicht viel mehr als eine attraktive Kulisse ab. Die Rundgänge von Rudolf Heß, Rust und Goebbels wurden vor allem zu geschickt inszenierten Werbekundgebungen für die neue Staatsführung.[20]

15 »Die Reichsschrifttumskammer zur ›Deutschen Buchmesse‹«, in: Bbl. 100. Jg., Redaktioneller Teil, Nr. 278 vom 30. 11. 1933, S. 922.

16 Ebd.

17 S. dazu den Bericht im Bbl. 100. Jg., Redaktioneller Teil, Nr. 278 vom 30. 11. 1933, S. 919–920.

18 S. ebd., S. 919, die Zusammenfassung der Rede von Reichsstellenleiter Hans Hagemeyer.

19 E. Langenbucher, Eröffnung der »Zehn Tage Deutsche Buchmesse« Berlin am Montag, dem 27. November 1933, in: Bbl. 100. Jg., Redaktioneller Teil, Nr. 278 vom 30. 11. 1933, S. 920–922.

20 Dazu der devote Bericht »Dr. Goebbels auf der Buchmesse in Berlin«, in: Bbl. 100. Jg., Redaktioneller Teil, Nr. 290 vom 14. 12. 1933, S. 968–969.

3.2. Die »Woche des deutschen Buches«

Am 22. 3. 1933 fand der letzte »Tag des Buches« statt. Er war am 9. 2. 1933 im Börsenblatt noch von Reichskunstwart Edwin Redslob, dem vorgesehenen Schirmherrn der Veranstaltung, angekündigt worden.[21] Wie in den Vorjahren hatte das »Arbeitsamt des Deutschen Schrifttums« Anregungen zur Programmgestaltung gegeben: Vorträge und Lesungen von Schriftstellern, Buchausstellungen, Schaufensterwettbewerbe, Preisausschreiben, Haussammlungen von Büchern für Erwerbslose, Bekämpfung von Schund und Schmutz durch Vergleichslesen u. a. m.[22] Nach der Entlassung Redslobs und der Auflösung des von ihm seit 1920 geführten Amtes zog dann aber Reichsinnenminister Frick Anfang März das Patronat des Buchtages an sich.[23] Das noch von Redslob ausgegebene Motto »Volk und Buch« wurde hingegen beibehalten. Paßte es doch gut in eine politische Landschaft, in der die gerade in ihrem Amt bestätigte Regierung Hitler in der Bevölkerung um Sympathien für den Nationalsozialismus warb.

Der »Tag des Buches« wurde am 22. 3. 1933 letztmals vom Reichsinnenministerium betreut. Im Zusammenhang mit dem großen Kompetenzrevirement vom 30. 6. 1933 mußte Frick sämtliche literaturpolitischen Zuständigkeiten an Goebbels abtreten. Bei der nun »verstaatlichten« Buchwerbung trat zunächst jedoch nicht das Propagandaministerium selbst, sondern die RSK als berufsständische Vertretung der Verleger und Buchhändler in Aktion. Für die Zeit vom 15. bis 21. 4. 1934 wurde eine »Woche des deutschen Buches« angesetzt.[24] Leitworte sollten »Arbeitsbeschaffung – Volksgesundheit – Bauerntum« sein. Ziel der Veranstaltung war, »der Gesamtheit des deutschen Volkes die Bedeutung des Buches im Aufbau der

[21] »Der Tag des Buches«, in: Bbl. 100. Jg., Redaktioneller Teil, Nr. 34 vom 9. 2. 1933, S. 97.

[22] »Aufgaben zum Buchtag (22. März) 1933«, in: Bbl. 100. Jg., Redaktioneller Teil, Nr. 34 vom 9. 2. 1933, S. 98.

[23] Mitteilung im Bbl. 100 Jg., Redaktioneller Teil, Nr. 56 vom 7. 3. 1933, S. 159. Vgl. auch Redslob, Von Weimar nach Europa, S. 291–292.

[24] »Aufruf« im Bbl. 101. Jg., Redaktioneller Teil, Nr. 71 vom 24. 3. 1934, S. 265. Der Aufruf war vom Geschäftsführer der RSK, Dr. Gunther Haupt, im Auftrag des Arbeitsausschusses zur Vorbereitung der Deutschen Buchwoche unterzeichnet worden.

Nation zu Beginn des zweiten Arbeitsjahres des nationalsozialistischen Reiches wiederum eindringlich vor Augen zu führen«.[25] Allerdings wollte die Kammer, wie der Börsenverein das Volksbildungsministerium in Weimar Ende März 1934 wissen ließ, bewußt davon absehen, »besondere Veranstaltungen planmäßig vorzuschreiben«.[26] Vielmehr sollte den ihr angehörenden Berufsverbänden »völlig freie Hand« gelassen werden, »das zu planen und durchzuführen, was ihnen für einen durchschlagenden Erfolg wirksam zu sein scheint«.[27]

Dieses ursprüngliche Konzept wurde dann völlig über den Haufen geworfen. Der mit Bezug auf das »Winterhilfswerk« und Hitlers Geburtstag am 20.4. eigentlich sehr geschickt gewählte Termin[28] wurde abgesetzt. Die nun auf den Herbst verschobene Buchwoche sollte auch nicht mehr von der »Abteilung für buchhändlerische Gemeinschaftsarbeit« des Börsenvereins, sondern von einem »Arbeitsausschuß« vorbereitet werden.[29] Die Abhängigkeit dieses neuen Ausschusses von RSK-Vizepräsident Wismann wurde bereits daran erkennbar, daß die Geschäftsstelle im gleichen Hause untergebracht wurde wie die von Wismann geleitete Reichsschrifttumsstelle. Auch der Geschäftsführer des Ausschusses, der Buchhändler Nikolaus A. Reinhart, verdankte seine Einsetzung Wismann. Von einer selbständigen Gestaltung der Buchwoche war nun nicht mehr die Rede. Die Reglementierung der Organisation kam darin zum Ausdruck, daß Kurt Vowinckel, der von der RSK neu eingesetzte Vorsteher des Börsenvereins, bei jedem Orts- und Kreisverein einen »Obmann« einsetzen ließ, der »möglichst Parteigenosse« sein sollte und die Anweisungen des Leiters des »Ar-

25 Ebd.

26 Schreiben des Börsenvereins/Kulturpolitische Abteilung an das Thüringische Volksbildungsministerium, Abt. A, vom 27. 3. 1934, HStA Weimar Thür. Min. f. Volksbildung/C 624 Bl. 116.

27 Ebd.

28 Zu diesem Zusammenhang die Bekanntmachung der Geschäftsstelle des Börsenvereins zur »Woche des deutschen Buches«, in: Bbl. 101. Jg., Redaktioneller Teil, Nr. 71 vom 24. 3. 1934, S. 266.

29 Mitteilung Haupts zur »Woche des deutschen Buches« 1934, in: Bbl. 101. Jg., Redaktioneller Teil, Nr. 172 vom 26. 7. 1934, S. 670. Da Strothmann, Nationalsozialistische Literaturpolitik, diese Änderungs-Mitteilung nicht zur Kenntnis genommen hat, datiert er die erste Buchwoche fälschlicherweise auf den ursprünglich im April 1934 vorgesehenen Termin (S. 163).

beitsausschusses für die Woche des deutschen Buches« auszuführen hatte.[30]

Für die dann vom 4. bis 11. 11. 1934 veranstaltete erste »Woche des deutschen Buches« wurde als »Parole« ausgegeben »Haltet zum deutschen Buch!«. Mit der Aufforderung zur Schenkung von Büchern an »Verwandte, Freunde und Bekannte im Reich« und zur Versendung von Büchern ins Ausland sollte der Buchabsatz gefördert werden.[31] Die »Parole« war jedoch nicht nur wirtschaftlich motiviert. Ihre politische Bedeutung machte der Propagandaminister persönlich mit einer Rede im Sportpalast anläßlich der Eröffnung der Buchwoche deutlich.[32]

Den rund 15 000 Zuhörern erläuterte Goebbels auf sehr subtile Weise, worin er den Ausweg aus der Buchkrise sah. Das Buch müsse wieder »ins Volk hinein« und werde dann auch »das Volk wieder erobern können«.[33] Es müsse »sich der Probleme der Zeit bemächtigen, damit das Volk sein eigenes Sein und Dasein, sein Leben und seine Sorge, seine Not, seine Freude, seine Begeisterung im Buche auch wiederfindet«.[34] Das war zum einen die klare Absage an die bis 1933 vorherrschende Literatur der Moderne, die von Goebbels als »blasse[r] Ästhetizismus« abgetan wurde.[35] Zum anderen wurde damit implizit die Förderung der völkischen Literatur verordnet, die bislang schon als schöngeistiges Sprachrohr für die ideologischen Prinzipien der Nationalsozialisten fungiert hatte und die diese Funktion nun verstärkt wahrnehmen sollte. Sobald sich die »volksnahe« Literatur etabliert habe, so schloß Goebbels optimistisch, würden Buchwochen zur Gewinnung neuer Käufer- und Leserschichten überflüssig werden, »weil das

30 Die Anordnung Vowinckels ebd. Eine Liste der vom RDS gestellten Vertrauensleute zur Vorbereitung der Woche des deutschen Buches findet sich im Bbl. 101. Jg., Redaktioneller Teil, Nr. 248 vom 23. 10. 1934, S. 930–931.

31 »Auftakt zur Woche des Deutschen Buches 4. bis 11. November 1934«, in: Bbl. 101. Jg., Redaktioneller Teil, Nr. 248 vom 23. 10. 1934, S. 927–930, hier S. 930.

32 Die Rede ist wiedergegeben bei Heiber (Hg.), Goebbels Reden, Bd. 1, S. 168–173.

33 Ebd., S. 170–171.

34 Ebd., S. 171.

35 Ebd., S. 170.

Volk dann seinerseits das Verhältnis zum Buch wiederherstellen wird«.[36]

Entgegen der Zukunftsprognose von Goebbels wurde die »Woche des deutschen Buches« seit 1934 zu einer festen Institution der nationalsozialistischen Literaturpolitik, auf die das Propagandaministerium auch nach der wirtschaftlichen Konsolidierung des Buchhandels keineswegs verzichten wollte. Um die Vorbereitung und Durchführung der Buchwoche auf eine breitere organisatorische Grundlage stellen zu können, wurde im März 1935 eine »Reichsarbeitsgemeinschaft für Deutsche Buchwerbung« gegründet.[37] Ihr gehörten neben der RSK und der Reichsschrifttumsstelle des Propagandaministeriums die Reichsstelle zur Förderung des deutschen Schrifttums, der Werberat der deutschen Wirtschaft, der Reichsausschuß für volkswirtschaftliche Aufklärung, der Börsenverein der Deutschen Buchhändler, der Bund Reichsdeutscher Buchhändler, der Reichsverband Deutscher Schriftsteller und die Reichsfachschaft deutscher Werbefachleute an.

An die Spitze des Vereins trat Dr. Heinz Wismann in seiner Funktion als Vizepräsident der RSK. Der Sitz der Geschäftsstelle ebenso wie der Geschäftsführer wurden vom bisherigen »Arbeitsausschuß zur Vorbereitung der Woche des deutschen Buches« übernommen. Während die Geschäftsstelle der Reichsarbeitsgemeinschaft die allgemeinen Richtlinien für die Durchführung der Buchwoche vorgab, sollte deren Umsetzung an den einzelnen Veranstaltungsorten im Reich von »örtlichen Werbegemeinschaften« sichergestellt werden.[38] In ihnen wurden staatliche Behörden und parteiamtliche Dienststellen, der Reichsarbeitsdienst, die Wehrmacht, die Industrie- und Handwerkskammern, der Reichsnährstand sowie Vertreter des Buchhandels, der Presse und des Rundfunks zur Zusammenarbeit verpflichtet.

[36] Ebd., S. 172.

[37] Mitteilung im Bbl. 102. Jg., Redaktioneller Teil, Nr. 70 vom 23. 3. 1935, S. 237.

[38] »Grundzüge und Aufgaben der Buchwerbung. Zur Errichtung der Reichsarbeitsgemeinschaft für Deutsche Buchwerbung«, in: Bbl. 102. Jg., Redaktioneller Teil, Nr. 70 vom 23. 3. 1935, S. 238; »Aufbau und Aufgaben der ›Örtlichen Werbegemeinschaften‹ im Rahmen der Reichsarbeitsgemeinschaft für Deutsche Buchwerbung e. V.«, in: Bbl. 102. Jg., Redaktioneller Teil, Nr. 112 vom 16. 5. 1935, S. 393.

Auf der ersten Sitzung der Reichsarbeitsgemeinschaft am 27. 3. 1935 in Berlin wurde noch einmal das zentrale Motiv für das neuartige literaturpolitische Engagement auf den Punkt gebracht.[39] »Soweit das Buch eine rein geistige und mithin *das Volk in seinem Meinen und Fühlen beeinflussende Leistung* ist«, so Wismanns Statement, »hat die Öffentlichkeit und haben die der Öffentlichkeit verantwortlichen Dienststellen und Organisationen ein Interesse nicht nur an dem Buche selbst, sondern zugleich auch an der Werbung«.[40]

Ab August wurde die für die Zeit vom 27. 10. bis 3. 11. 1935 geplante zweite Buchwoche von der Reichsarbeitsgemeinschaft mit großem Aufwand vorbereitet. Anfang September 1935 erschien im Börsenblatt ein »Arbeitsplan«, mit dem die örtlichen Werbegemeinschaften über die durchzuführenden Veranstaltungen informiert wurden.[41] Nach einer Großkundgebung in Weimar sollte die Buchwoche im ganzen Reich durch örtliche Großveranstaltungen eröffnet werden. Für die gesamte Woche waren Vorträge, Lesungen und Bücherstunden vorgesehen. Das Plakat mit dem Motto »Das Buch – ein Schwert des Geistes« sollte nicht nur im Buchhandel, sondern auch in Behörden, Schulen und Betrieben für die Veranstaltungen werben. Die Zeitschrift »Buch und Volk« veranstaltete ein Preisausschreiben zu den Fragen »Wie kam ich zum Buch?« und »Warum bringt mich das Buch im Leben vorwärts?«.[42]

Für den Einzelhandel sowie für den Sortimentsbuchhandel und die Leihbüchereien wurde ein Schaufensterwettbewerb ausgeschrieben.[43] Dabei sollte nicht nur für das Buch geworben werden, sondern auch der »Gedanke der Gemeinschaft an der Buchherstellung zwischen den geistigen Trägern des Schrifttums, den technischen Herstellern und den Betriebsorganisationen klar zum Ausdruck kommen«.[44] In Kinos, im Begleitpro-

[39] E. Langenbucher, Gemeinschaftliche Buchwerbung, in: Bbl. 102. Jg., Redaktioneller Teil, Nr. 78 vom 2. 4. 1935, S. 265.

[40] Ebd.

[41] Bbl. 102. Jg., Redaktioneller Teil, Nr. 208 vom 7. 9. 1935.

[42] Die Ausschreibung ebd., S. 733.

[43] Ebd., S. 728–729 und 730–731.

[44] So die »Richtlinien für die Zusammenarbeit der Dienststellen der Reichsbetriebsgemeinschaft Druck und der örtlichen Beauftragten der Verbände und Organisationen mit den örtlichen Werbegemeinschaften der Reichsarbeitsgemeinschaft für Deutsche Buchwerbung«, in: Bbl. 102. Jg., Redaktioneller Teil, Nr. 216 vom 17. 9. 1935, S. 761–762, hier S. 762 (Pkt. 6).

gramm zu Buchausstellungen und in Schulen wurden erstmals Kulturfilme zum deutschen Buch eingesetzt.[45] Presse und Rundfunk waren zu ausführlicher Berichterstattung angehalten.[46] Die Buchwoche wurde als modernes Medienspektakel inszeniert, das neben kulturpropagandistischen auch sozialpolitische Wirkungen zeitigen sollte.

Der Ort der Eröffnungsveranstaltung zur Buchwoche des Jahres 1935 war geschickt gewählt. Das auch in den Folgejahren beibehaltene Weimarer Szenarium sollte eine Traditionslinie zwischen dem Nationalsozialismus und der Geistestradition Goethes und Schillers suggerieren. Goebbels nutzte seinen Auftritt am 27. 11. 1935 dazu, Kränze an den Särgen der beiden »Dichterfürsten« niederzulegen.[47] In seiner Rede in der Weimarer Festhalle wies er auf den Symbolgehalt dieser Handlung hin, um dann die in der RSK zusammengeschlossenen Berufsverbände zu ermahnen, »durch unablässige Schulung und Erziehung ihrer Angehörigen das nationale Verantwortungsgefühl wach zu halten«.[48] Die »Woche des deutschen Buches« sollte aber auch ihre Wirkung nach außen nicht verfehlen. Mit dem »Bekenntnis zum nationalen Geistesgut« wollte der Propagandaminister den »von den Federhelden des Liberalismus«, d.h. den Emigranten, formulierten Vorwurf der Geistfeindlichkeit und Barbarei widerlegen und damit die Repräsentanz des »wahren Deutschland« für den Nationalsozialismus reklamieren.[49]

Die Kooperation im Rahmen der Buchwoche zwischen der Reichsbetriebsgemeinschaft Druck in der DAF mit ihren rund 18000 angeschlossenen Betrieben und der Reichsarbeitsgemeinschaft für Deutsche Buchwerbung war am 12. 9. 1935 vereinbart worden. S. ebd., S. 761.

[45] Hinweis auf die Aufführung des Films »Die Entwicklung des Buches« im Ufa-Palast am Berliner Zoo, in: Bbl. 102. Jg., Redaktioneller Teil, Nr. 232 vom 5. 10. 1935, S. 828; sowie auf die im Auftrag der Reichsarbeitsgemeinschaft hergestellten Kulturfilme »Das Buch – ein Freund für's Leben« und »Das Buch – wie es wurde«, in: Bbl. 102. Jg., Redaktioneller Teil, Nr. 278 vom 30. 11. 1935, S. 1022.

[46] Programmübersicht über »Die Sendungen des Rundfunks in der Woche des Buches«, in: Bbl. 102. Jg., Redaktioneller Teil, Nr. 248 vom 24. 10. 1935, S. 890–892.

[47] E. Langenbucher »Festtage in Weimar«, in: Bbl. 102. Jg., Redaktioneller Teil, Nr. 252 vom 29. 10. 1935, S. 905–909, hier S. 908.

[48] Die Rede von Goebbels wird in Auszügen wiedergegeben ebd., S. 908–909, hier S. 908.

[49] So Goebbels ebd., S. 909.

In der offiziellen Bilanz der Buchwoche 1935 wurde darauf hingewiesen, daß die Kundgebungen, Buchausstellungen, Dichterlesungen und Festumzüge in Deutschland ebenso wie die erstmals in den deutschen Kolonien des Auslands angebotenen Veranstaltungen auf eine überaus positive Resonanz gestoßen seien.[50] Der Leiter der Kreisdienststelle Düsseldorf der Reichsstelle zur Förderung des deutschen Schrifttums vermochte diese Bewertung hingegen nicht ganz zu teilen.[51] So war die von der NS-Gemeinschaft »Kraft durch Freude« geplante Großkundgebung in einem Düsseldorfer Betrieb, zu der der »Arbeiterdichter« Heinrich Lersch aus seinen Werken lesen sollte, gar nicht erst zustande gekommen.[52] Aus den mageren Ergebnissen des Schaufensterwettbewerbs für den Buchhandel gewann der Kreisdienststellenleiter den Eindruck, »als ob eine Opposition gegen eine Vorschrift hierbei zutage getreten wäre«. Viele Buchhandlungen hätten die zehn Bücher zum ausgeschriebenen Wettbewerbsthema »Mensch und Arbeit« »kaum erkennbar herausgestellt«. Stattdessen sei »eine unübersehbare Menge von Büchern ausgelegt [worden], die in keinem Zusammenhang zum Thema standen, obgleich dieses gefordert worden war«. Zu den Mitgliedern der Ortsgruppe Düsseldorf des Bundes Reichsdeutscher Buchhändler merkte der Kreisdienststellenleiter allgemein an, daß man hier »eine Gruppe von Menschen« vor sich habe, »die vielfach noch nicht dem Anruf [!] der nationalsozialistischen Revolution genügen, sondern in ihrem alten liberalistischen Schlendrian sich auch weiterhin wohlfühlen«.[53] Von den Leitern der Ortsgruppen sei ständig versucht worden, »einen Keil zwischen die Dienststelle der Reichsstelle zur Förderung des deutschen Schrifttums und dem [!] Gaupropagandaamt zu treiben«.[54]

Getreu dem Hitlerschen Grundsatz, daß sich die Propaganda

[50] W. Baur, Die Woche des deutschen Buches 1935, in: Bbl. 102. Jg., Redaktioneller Teil, Nr. 261 vom 9. 11. 1935, S. 945; sowie Schreiben der Reichsarbeitsgemeinschaft für Deutsche Buchwerbung an die Kulturabteilung des AA vom 19. 12. 1935, PA Kult Pol VI W Akten betr. Deutsche Buchpropaganda, Bd. 14.

[51] »Bericht über die Buchwoche in Düsseldorf« vom 8. 11. 1935, Stadtarchiv Düsseldorf/NL Dr. O. Mücke, Bl. 502–504 (S. 1–3).

[52] Ebd., Bl. 502 (S. 1). Zum folgenden s. ebd.

[53] Ebd., Bl. 503 (S. 2).

[54] Ebd.

»auf wenig zu beschränken und dieses ewig zu wiederholen« habe,[55] wurde in den Folgejahren das amtliche Strickmuster für die Durchführung der Buchwochen weitgehend unverändert beibehalten. Für die Buchwoche des Jahres 1936 gab Goebbels als Motto »Das Volk lebt im Buch« aus.[56] Neben der propagandistischen Wirkung im Innern war diese Buchwoche besonders auf die Wirkung im Ausland abgestellt.[57]

In einer am 23. 10. von der berufsständischen Führung des Buchhandels in Weimar verfaßten Resolution »Der deutsche Buchhandel für den Frieden der Welt« wurde ein Herstellungs- und Verbreitungsverbot für Bücher gefordert, »die unter böswilliger Verzerrung der historischen Wahrheit das Staatsoberhaupt eines Landes oder ein Volk beleidigen oder die Einrichtungen und Überlieferungen, die einem Volk heilig sind, verächtlich machen«.[58] Über dieses Vorhaben wollten die »Vertreter des deutschen Buchhandels« mit ausländischen Verlegern und Buchhändlern, »die vom gleichen Geiste der Verantwortung getragen sind, in einen Meinungsaustausch über eine internationale Vereinbarung treten«.[59] Ausdrücklich ausgenommen wurde nur die Sowjetunion. Die Absicht war klar: nach der staatlich kontrollierten »Säuberung« des deutschen Buchmarktes hoffte man auf diese Weise nun auch die gesamte deutschlandkritische Literatur des Auslands ausschalten zu können.

Schärfere Töne wurden auch in den Reden zur Eröffnung der

55 Hitler, Mein Kampf, S. 202.

56 S. den »Aufruf« im Bbl. 103. Jg., Redaktioneller Teil, Nr. 243 vom 17. 10. 1936, S. 901.

57 Dazu der Antrag der RADB bei der Kulturabteilung des AA vom 19. 12. 1935, ihr einen erhöhten Zuschuß für die Ausrichtung der Buchwoche des Jahres 1936 im Ausland zu bewilligen, PA Kult Pol VI W Akten betr. Deutsche Buchpropaganda, Bd. 14; sowie die 5seitige Übersicht über »Laufende Pläne der Auslandswerbung der Reichsarbeitsgemeinschaft für Deutsche Buchwerbung e. V.« vom 14. 1. 1936, ebd.

58 Bbl. 103. Jg., Redaktioneller Teil, Nr. 250 vom 26. 10. 1936. Die Resolution war von Wilhelm Baur in seiner Funktion als Leiter des Bundes Reichsdeutscher Buchhändler, von Karl Baur, dem Leiter der Fachschaft Verlag, H. L. Sippel, dem Leiter der Fachschaft Handel, und von Felix Gartmann, dem Leiter der Fachschaft Zwischenhandel, unterzeichnet worden.

59 Ebd.

Buchwoche am 25. 10. 1936 in Weimar angeschlagen.[60] RSK-Präsident Johst stellte lapidar fest, daß Deutschland nationalsozialistisch sei und daher nur nationalsozialistische Literatur ins Volk gehöre.[61] Mit einem Vergleich zwischen Feder, Schwert und Pflug brachte Goebbels sein Verständnis einer autoritären Literaturpolitik auf den Punkt: »Wie es dem Soldaten nicht erlaubt sein kann zu schlagen und zu schießen, wann und wie er will, [...] wie man es dem Bauern nicht gestatten darf, zu säen und zu ernten, was und wo er will, so hat auch der schreibende Mensch nicht das Recht, die Grenzen des Volkswohls zu sprengen, um sein individuelles Eigenleben auszuleben«.[62] Das »Bekenntnis von Staat und Partei zum Buch« müsse durch das »Bekenntnis des Buches zum Nationalsozialismus als dem Schutz jeder Kultur« erwidert werden.[63]

Während die politischen Erwartungen an Schriftsteller, Verleger und Buchhändler damit sehr konkret formuliert waren, hatte der Propagandaminister wenig zur Lösung von deren anhaltenden wirtschaftlichen Problemen anzubieten. Goebbels empfahl vor allem »Vertrauen auf die eigene Kraft« sowie »Vertrauen auf die Kraft des Volkes und seiner Führung«. Zudem forderte er den Buchhandel auf, die verstärkte öffentliche Buchwerbung durch eine Senkung der Buchpreise zu ergänzen.

In das bisherige Programm neu aufgenommen wurde 1936 lediglich eine »Jahresschau des deutschen Schrifttums«, die in mehr als 60 Städten zu sehen war.[64] In der nun regelmäßig von der Reichsschrifttumsstelle (ab 1939 vom Werbe- und Beratungsamt für das deutsche Schrifttum) zusammengestellten Ausstellung wurden jeweils rund 350 Bücher aus den Themengruppen »Politik und Weltanschauung«, »Dichtung und Erzählung« sowie »Kultur und Natur« gezeigt. Zusätzlich zum Aus-

[60] E. Langenbucher »Festliches Weimar«, in: Bbl. 103. Jg., Redaktioneller Teil, Nr. 251 vom 27. 10. 1936, S. 933–936.

[61] Ebd., S. 935.

[62] Ebd.

[63] Ebd., S. 936. Zum weiteren s. ebd.

[64] Hinweis auf die Buchschau zur »Woche des deutschen Buches«, in: Bbl. 103. Jg., Redaktioneller Teil, Nr. 237 vom 10. 10. 1936, S. 877–888; Mitteilung für die Gauobmänner und Vertrauensmänner der Reichsarbeitsgemeinschaft für Deutsche Buchwerbung über die Vorbereitung und Durchführung der Ausstellung, ebd. Nr. 245 vom 20. 10. 1936, S. 912.

stellungsführer[65] erschienen 1936 noch spezielle Auswahlverzeichnisse zu »Arbeiter und Buch«, »Jugend und Buch«, »Bauer und Buch«, »Beamter und Buch«, »Soldat und Buch«, »Frau und Buch«, die in Millionenauflagen über den Buchhandel verteilt wurden.[66]

Die »Woche des deutschen Buches« 1937, die von der aus der Reichsarbeitsgemeinschaft für Deutsche Buchwerbung hervorgegangenen Abteilung IV der RSK organisiert wurde,[67] stand unter dem Leitmotiv »Die Zeit lebt im Buch«.[68] Zur Eröffnung der Buchwoche am 31. 10. 1937 wurde ein »offener Brief des deutschen Buchhandels an den Buchhandel der Welt« verbreitet.[69] Da die 1936 gefaßte Resolution offenbar nicht auf die erhoffte breite Zustimmung des Auslands gestoßen war, machte Wilhelm Baur nun den Vorschlag zu einer »Weimarer Konvention«, mit der sich »alle Kulturnationen« zur Ächtung des »völkerzersetzenden Schrifttums« bereit erklären sollten.[70]

In scheinbarem Gegensatz zu dieser »Friedensinitiative« stand das Vokabular, das die Buchwoche bestimmte. »Die nationale Politik eines Volkes«, so argumentierte Goebbels in seiner Weimarer Eröffnungsrede, »findet ihren beredtesten Ausdruck, ihr Symbol, im Buch und Schwert«.[71] Während das Buch

65 »Das Volk lebt im Buch«. Ein Führer durch die Schau der »Woche des deutschen Buches« – bearbeitet von der Reichsschrifttumsstelle, Potsdam 1936.

66 S. den Überblick über die einzelnen Verzeichnisse in Bbl. 103. Jg., Redaktioneller Teil, Nr. 247 vom 22. 10. 1936, S. 920–921.

67 Dazu der Aufruf von RSK-Geschäftsführer Wilhelm Ihde vom 23. 8. 1937 an alle Landesleitungen der Reichsschrifttumskammer und Leiter der örtlichen Werbegemeinschaften, in: Bbl. 104. Jg., Redaktioneller Teil, Nr. 196 vom 28. 8. 1937, S. 679.

68 S. dazu auch den unter gleichem Titel veröffentlichten »Führer durch die ›Jahresschau des deutschen Schrifttums‹ anläßlich der Woche des Deutschen Buches, bearbeitet von der Reichsschrifttumsstelle beim Reichsministerium für Volksaufklärung und Propaganda«, Berlin 1937. Zur Konzeptionierung der Buchausstellungen in den 31 Gaustädten der RSK s. den Bericht »Leistungsschau ›Deutsches Schrifttum‹«, in: Bbl. 104. Jg., Redaktioneller Teil, Nr. 234 vom 9. 10. 1937, S. 797.

69 Veröffentlicht in Bbl. 104. Jg., Redaktioneller Teil, Nr. 252 vom 30. 10. 1937.

70 Ebd.

71 Die Rede von Goebbels ist auszugsweise wiedergegeben in Bbl. 104. Jg., Redaktioneller Teil, Nr. 252 vom 3. 11. 1937, S. 867–870, hier S. 867. S. zum folgenden ebd.

»die Waffe des friedlichen Aufbaugeistes« sei, sei das Schwert »die Waffe der Sicherung der nationalen Lebensgüter«. Beide seien »keine Gegensätze, sie bedingen sich einander«. Um diese vom Propagandaminister gewünschte und geförderte Symbiose zu unterstreichen, wurde die am 7. 11. 1937 erstmals veranstaltete Abschlußkundgebung der Buchwoche nach Essen gelegt. So wie Weimar »als die Stadt der deutschen Dichtung, die Bewahrerin einer großen Tradition und Hüterin des Erbes« für das »Buch«, sollte Essen »als die neuerstandene Waffenschmiede eines stolzen Volkes« für das »Schwert« stehen.[72] Mit solcher Symbolik bereitete die Propagandaveranstaltung »Woche des deutschen Buches« – allen Friedensbekundungen zum Trotz – die Bevölkerung auf die ins Auge gefaßte militärische Expansion vor.

Nach dem »Anschluß« Österreichs und der Einverleibung der sudetendeutschen Gebiete wurde im Herbst 1938 von der RSK die erste »Großdeutsche Buchwoche« inszeniert. Auf der Eröffnungskundgebung in Weimar erklärte Goebbels die Steigerung der Produktions- und Absatzziffern bei den wissenschaftlichen und schöngeistigen Verlagen zu Erfolgen »unsere[r] warmherzige[n] Fürsorge für das deutsche Buch«.[73] Mit seiner Parole »In jedes Haus eine Heimbücherei« warb er für einen noch intensiveren Buchkauf.

Im Rahmen der in der Falkengalerie des Weimarer Schlosses präsentierten »Jahresschau des deutschen Schrifttums« war erstmals auch eine »Kinderbuchschau« zu sehen, die die Schrifttumsstelle des NS-Lehrerbundes zusammengestellt hatte.[74] Eine große Buchausstellung in Wien sollte »ein lebendiges Bild von der Weite und Größe des kulturellen Lebens im deutschen Südostraum« vermitteln.[75] Die Abschlußkundgebung in München stellte die sudetendeutsche Dichtung in den Mittelpunkt.

[72] S. den unter der Überschrift »Weimar und Blücher« veröffentlichten Bericht über die Abschlußkundgebung im Bbl. 104. Jg., Redaktioneller Teil, Nr. 260 vom 9. 11. 1937, S. 889–910, hier S. 889.

[73] Die Rede von Goebbels ist wiedergegeben in Bbl. 105. Jg., Redaktioneller Teil, Nr. 255 vom 2. 11. 1938, S. 851–854, hier S. 852.

[74] E. W.L[angenbucher]., Die Jahresschau des deutschen Schrifttums in Weimar, in: Bbl. 105. Jg., Redaktioneller Teil, Nr. 260 vom 8. 11. 1938, S. 870–871.

[75] So Goebbels in seiner Rede auf der Eröffnungsveranstaltung zur Buchwoche in Weimar, S. 853.

Nachdem 1939 die Buchwoche wegen des Krieges mit Polen ausgesetzt worden war, organisierte das Werbe- und Beratungsamt für das deutsche Schrifttum noch von 1940 bis 1942 sogenannte »Herbstveranstaltungen für das deutsche Schrifttum«. Dabei wurde die bereits 1937 von Goebbels verkündete Symbiose von »Buch und Schwert« jährlich als Motto wiederholt. Während 1940 noch einmal für den Gedanken »Wohnen mit Büchern« geworben wurde,[76] trat mit der zunehmenden Verknappung der Ressourcen ab 1941 die Aufforderung zu Bescheidenheit, Sparsamkeit und Opferbereitschaft in den Vordergrund.

Die »Büchersammlung der NSDAP für die Wehrmacht« und die »Aktion ›Buchfeldpostsendungen‹«, die von der Dienststelle Rosenberg beziehungsweise vom Werbe- und Beratungsamt für das deutsche Schrifttum seit 1940 während der Buchwoche gestartet wurden,[77] zielten auf die Solidarisierung der Bevölkerung mit der Front ab. Dem gleichen Zweck diente ein »Auswahlverzeichnis von Werken im Felde stehender Autoren«.[78] Neben der »Jahresschau des deutschen Schrifttums«, die mit gesteigertem Umfang die Produktionsvielfalt der deutschen Verlage auch während des Krieges demonstrieren sollte,[79] nutzte das Werbe- und Beratungsamt für das deutsche Schrifttum zahlreiche weitere Buchausstellungen für die Propagandaarbeit.

[76] K. Felchner, Wohnen mit Büchern, in: Nachrichtendienst – »Herbstveranstaltungen für das deutsche Schrifttum 1940«, hg. vom Werbe- und Beratungsamt für das deutsche Schrifttum beim Reichsministerium für Volksaufklärung und Propaganda, Berlin 1940, S. 6–7. Zu Beginn des Jahres 1940 hatte das WeBa bereits eine Broschüre »Wohnen mit Büchern« herausgegeben, in der die Ergebnisse eines Heimbücherei-Wettbewerbs deutscher Innenarchitekten zusammengefaßt wurden. S. die »Bekanntmachung« von W. Haegert, dem Leiter der Schrifttumsabteilung im RMVP, in: Bbl. 107. Jg., Redaktioneller Teil, Nr. 43 vom 20. 2. 1940, S. 57.

[77] »Aufrufe« von Goebbels und Rosenberg zur »Kriegsbuchwoche 1941«, in: Bbl. 108. Jg., Redaktioneller Teil, Nr. 245/246 vom 21. 10. 1941, S. 357.

[78] Ankündigung Haegerts zu den »Herbstveranstaltungen für das deutsche Schrifttum vom 27. Oktober bis 3. November 1940«, in: Bbl. 107. Jg., Redaktioneller Teil, Nr. 162 vom 21. 9. 1940, S. 333–335, hier S. 334 (»Buchverzeichnisse«); Rezension »Vom Schreibtisch zur Front/Der Almanach ›Dichter unter Waffen‹«, in: Bbl. 108. Jg., Redaktioneller Teil, Nr. 69 vom 22. 3. 1941, S. 106–107.

[79] Bericht von E. Langenbucher zur »Jahresschau des deutschen Schrifttums 1940«, in: Bbl. 107. Jg., Redaktioneller Teil, Nr. 237 vom 10. 10. 1940, S. 362–363; K. Felchner, »Buch und Schwert. Die Jahresschau des deut-

1940 wurden in Posen, Krakau, Prag und Wien Ausstellungen zum »Schrifttum des deutschen Ostens«, in Frankfurt am Main zum »Westschrifttum« und in Stuttgart zum »Kolonialschrifttum« präsentiert.[80] 1941 folgten »Buch- und Dokumentenausstellungen« zu den Themen »Reich und Reichsfeinde« (Münster), »Kampf im Osten« (Krakau), »Kampf gegen die Plutokratie« (Hamburg), »Soldatisches Volk« (Potsdam), »Der Rhein – Deutschlands ewiger Strom« (Köln), »Deutscher Schicksalskampf« (München), »Bolschewismus, Judentum und Freimaurerei als Zerstörer der Kultur« (Wien) sowie »Auf dem Wege zum neuen Europa« (Prag).[81]

Zusätzlich zu diesen politischen Buchausstellungen, die den »kämpferischen Anteil« des deutschen Schrifttums »an den großen Entscheidungen der deutschen Geschichte« verdeutlichen sollten,[82] hatten die Hochschulen, wissenschaftlichen Institute und Bibliotheken auf Anweisung des Reichserziehungsministeriums Sonderausstellungen anzubieten. Anhand von Themen wie »Gold oder Arbeit«, »Weltanschauung oder Geldanschauung«, »Recht und Volk«, »Wissenschaft bricht Monopole« sollte dabei der »Anteil des wissenschaftlichen Schrifttums im Kampf des deutschen Volkes um Lebensrecht und Lebensraum« aufgezeigt werden.[83] Die Volksbüchereien sollten neben der Jugend- und Frauenliteratur noch Sonderschauen zum Thema »Landvolk und Bauerntum« durchführen, um auf diese Weise einen Beitrag im »Kampf gegen die Landflucht« zu leisten.[84]

Mit seiner Feststellung, daß die »Werbung für das Buch zur wirksamsten Propaganda für die Volksgemeinschaft« werde, hatte der Leiter der Schrifttumsabteilung des Propagandaministeriums Wismann 1936 die Zielsetzung der von ihm mitinitiierten »Woche des deutschen Buches« treffend zum Ausdruck

schen Schrifttums 1941«, in: Bbl. 108. Jg., Redaktioneller Teil, Nr. 251/252 vom 28. 10. 1941, S. 371–372.

[80] E. Langenbucher, Buchausstellungen als politische Aufgabe, in: Bbl. 107. Jg., Redaktioneller Teil, Nr. 241 vom 15. 10. 1940, S. 369–370.

[81] »Arbeitsplan zur Kriegsbuchwoche 1941«, in: Bbl. 108. Jg., Redaktioneller Teil, Nr. 214 vom 13. 9. 1941, S. 313–314, hier S. 313.

[82] So die Zielsetzung ebd., S. 313.

[83] Ebd.

[84] Ebd., S. 314.

gebracht.[85] Die Buchwoche war eines der vielen propagandistischen Instrumentarien, mit denen der Buchhandel ebenso wie die gesamte Bevölkerung für den Nationalsozialismus gewonnen werden sollten. Während des Krieges leistete sie einen wichtigen Beitrag zur Festigung der »Heimatfront«, zur Solidarisierung mit der »kämpfenden Truppe« und zum Aufbau einer kulturellen Hegemonie des Deutschen Reiches über Europa.[86] Um die Ökonomie ging es dabei für die staatlichen Schrifttumsfunktionäre allenfalls mittelbar.[87]

Dennoch verstand es die »öffentliche Buchwerbung« im Herbst eines jeden Jahres, mit ihrem ambitionierten Veranstaltungsprogramm und den in Millionenauflage gedruckten Auswahlverzeichnissen die schöngeistige und politische Literatur eine Woche lang in den Mittelpunkt des gesellschaftlichen Interesses zu rücken. Damit leistete sie – in Ergänzung zur traditionellen Leipziger Frühjahrs- und Herbstmesse[88] – einen wich-

[85] Die Äußerung Wismanns findet sich in einem »Das Buch als Brücke« überschriebenen Bericht über den Presseempfang der RSK im Berliner Hotel Kaiserhof aus Anlaß der Buchwoche 1936, in: Bbl. 103. Jg., Redaktioneller Teil, Nr. 245 vom 20. 10. 1036, S. 909–911, hier S. 911.

[86] Zur Neukonzeptionierung der Buchwoche während des Krieges E. Langenbucher, Schrifttumsarbeit im Krieg. Vom Einsatz öffentlicher Buchwerbung, in: Bbl. 107. Jg., Redaktioneller Teil, Nr. 43 vom 20. 2. 1940, S. 57–58; H. Riecke, Der politische Sinn der diesjährigen Buchwoche, in: Bbl. 107. Jg., Redaktioneller Teil, Nr. 227 vom 28. 9. 1940, S. 341–342. Darin hieß es: »Wo früher Feinde und Gegner standen, erwarten uns heute Aufgaben. Große Räume mit vielfältigen geschichtlichen, kulturellen und wirtschaftlichen Verbindungen und Kraftlinien sind geistig zu erobern. Diese Aufgabe überläßt das Schwert dem Buch« (S. 341).

[87] Dazu die Äußerungen Wismanns auf dem Presseempfang der RSK zur Buchwoche 1936, hier S. 911: »Wir waren von Anfang an der festen Überzeugung, daß nur eine Buchwerbung, die sich ausschließlich nach kulturellen Zielen ausrichtet, auch wirtschaftlich zum Erfolg führen könne [...]«.

[88] Die Feststellung von Strothmann, Nationalsozialistische Literaturpolitik, S. 169, die »Buchpropagandawellen des Staates und der Parteiorganisationen« hätten die privatwirtschaftlichen Werbemaßnahmen des Buchhandels »aus dem Bewußtsein der Käufer- und Leserschaft« verdrängt, trifft nicht zu. Die Leipziger Frühjahrs- und Herbstmesse, auf der sich traditionellerweise die Verlags- und Sortimentsunternehmen präsentierten, blieb auch im »Dritten Reich« ein wichtiges Barometer für die Entwicklung der deutschen Buchwirtschaft. S. dazu u.a. die Berichte »Buch und Zeitschrift auf der Leipziger Herbstmesse«, in: Bbl. 104. Jg., Redaktioneller Teil, Nr. 202 vom 2. 9. 1937, S. 693–694; »Optimistische Leipziger Frühjahrs-

tigen Beitrag zur Verbesserung des Investitionsklimas in der deutschen Buchwirtschaft, auch wenn deren seit Mitte der dreißiger Jahre feststellbarer Aufwärtstrend vor allem auf die Massenbeschäftigung und die Wiederaufnahme der Investitionen der öffentlichen Hand zurückzuführen war.

3.3. Die Fachbuchwerbung

Im Dezember 1935 war anläßlich einer Arbeitstagung der Reichsarbeitsgemeinschaft für Deutsche Buchwerbung in Berlin der Plan zur Einführung einer speziellen Fachbuchwerbung vorgestellt worden.[89] Ergänzend zur »Woche des deutschen Buches« im Herbst eines jeden Jahres sollte ab 1936 jeweils im Frühjahr auf das Fachbuch und das wissenschaftliche Schrifttum aufmerksam gemacht werden.

Doch nicht nur die Förderung dieser Buchsparten, denen im Zuge der Vorbereitung des Vierjahresplanes erhöhte Bedeutung zukam, war erklärtes Ziel der Aktion. Auf der Arbeitstagung wies Wismann darauf hin, daß von einer »Sonderkommission« erst einmal eine Sichtung der Fachbuchliteratur unter sachlichen und politischen Gesichtspunkten erfolgen müsse, bevor die eigentliche Werbung einsetzen könne.[90] Die Ergebnisse der Auswertung sollten in einem »Gesamtkatalog« zusammengefaßt werden, der wiederum als Grundlage für die Erstellung spezieller Werbelisten diente. Die Propagandaveranstaltungen für das Fachbuch wurden zeitlich mit den »Gauausscheidungen im Reichsberufswettkampf« (Februar-April) verknüpft.[91] »Leitgedanke« der Fachbuchwerbung sollte nach den Vorstellungen der Reichsarbeitsgemeinschaft sein, daß jeder Betriebsführer und Meister den ausscheidenden Lehrlingen und dem

messe«, in: ebd. 105. Jg., Nr. 32 vom 8. 2. 1938, S. 109–110; »Buch und Zeitschrift auf der Leipziger Frühjahrsmesse«, in: ebd. 105. Jg., Nr. 56 vom 8. 3. 1938, S. 192–193; »Leipziger Herbstmesse«, in: ebd. 105. Jg., Nr. 203 vom 1. 9. 1938, S. 678.

[89] E. Langenbucher, »Die Werbung für das deutsche Fachbuch. Arbeitstagung der Reichsarbeitsgemeinschaft für Deutsche Buchwerbung«, in: Bbl. 102. Jg., Redaktioneller Teil, Nr. 299 vom 28. 12. 1935, S. 1115–1116.

[90] Ebd., S. 1115.

[91] Ebd., S. 1116.

auszubildenden Jungarbeiter ein Fachbuch »als Geschenk mit auf den weiteren Lebensweg« gab.[92]

Wie die »Woche des deutschen Buches« wurde auch die dreimonatige Fachbuchwerbung organisatorisch von »örtlichen Werbegemeinschaften« getragen. Ihnen gehörten neben den Vertretern staatlicher und parteiamtlicher Dienststellen die jeweiligen Ortswalter der DAF sowie die Beauftragten der 18 Reichsbetriebsgemeinschaften der DAF an.[93] Aufgabe der »örtlichen Werbegemeinschaften« war es, die Lokalpresse mit Nachrichtenmaterial zu versorgen, die Betriebe durch Plakate, Rundschreiben und Appelle in die Fachbuchwerbung einzubeziehen sowie die von der Reichsarbeitsgemeinschaft für deutsche Buchwerbung zusammengestellten Fachbuchlisten zu verteilen. Die angeregte Fachbuchschenkung versuchte man mit Hilfe von »künstlerischen Formblättern« sicherzustellen, die über den Buchhandel, die Berufsschulen und die Reichsbetriebsgemeinschaften an sämtliche ausscheidenden Lehrlinge und Jungarbeiter gelangen sollten. Ein darauf befindlicher Kontrollabschnitt war, versehen mit der genauen Adresse von Meister, Lehrling oder Jungarbeiter, beim Buchkauf abzugeben. Um einen Anreiz für die Abgabe dieser Kontrollabschnitte zu schaffen, wurde sogar eine Verlosung angesetzt.

In einem »Aufruf« zur Fachbuchwerbung 1936, der am dritten Jahrestag der nationalsozialistischen Machtübernahme im Börsenblatt für den Deutschen Buchhandel veröffentlicht wurde, machte Wilhelm Baur deutlich, worum es den Schrifttumsfunktionären bei dieser neuen Form der »öffentlichen Buchwerbung« vor allem ging.[94] Jeder müsse »im heutigen Staat einen Teil dazu beitragen, um nach besten Kräften mitzuarbeiten«. Es sei daher notwendig, »daß auch jeder Deutsche auf seinem Arbeitsplatz seinen Mann steht und dazu wird er ständig auf das wertvolle deutsche Lehr- und Fachbuch zurückgreifen müssen, das ihm neue Wege und Formen, neue Gedanken und Ideen in seinem Beruf vermittelt«. Wer diese Aufforderung ignoriere, »schädigt nicht nur sich selbst, sondern sein Volk«.

[92] Ebd., S. 1115.

[93] S. dazu im einzelnen den »Arbeitsplan für die örtlichen Werbegemeinschaften zur Werbung für das Fachbuch im Frühjahr 1936«, in: Bbl. 103. Jg., Redaktioneller Teil, Nr. 25 vom 30. 1. 1936.

[94] S. zum folgenden Bbl. 103. Jg., Redaktioneller Teil, Nr. 25 vom 30. 1. 1936, S. 93.

»Die deutsche Nation«, schloß Baur, brauche »nicht nur politische Kämpfer, sondern auch tüchtige Soldaten der Arbeit«.

Hatten die Veranstaltungen des Jahres 1936 bereits das »Prinzip der Leistungssteigerung« durch eine verstärkte Werbung für das deutsche Fachbuch in der Öffentlichkeit zu etablieren versucht,[95] so erhielt dieser Gesichtspunkt im Frühjahr 1937 aufgrund des von Hitler im September 1936 auf dem Reichsparteitag der NSDAP verkündeten »Vierjahresplans« erhöhte Bedeutung.[96] »Fachbuch und Leistungssteigerung«, so war in dem von der Reichsarbeitsgemeinschaft für Deutsche Buchwerbung herausgegebenen »Arbeitsplan« zu lesen, »sind so untrennbare Begriffe, daß es zur Erreichung des großen im Vierjahresplan gesteckten Zieles gelingen *muß*, jedem Schaffenden das Fachbuch seines Berufes in die Hand zu geben«.[97] Dieses Ziel sollte durch eine Reihe von Werbemaßnahmen erreicht werden.[98]

An den Beginn der Fachbuchwerbung, die unter dem Motto »Wir schaffen es mit dem Fachbuch« stand, wurde nun ebenfalls eine über den Reichsrundfunk verbreitete Eröffnungskundgebung gestellt. Auf ihr sprach DAF-Führer Ley über das Thema »Der Schaffende und sein Buch«. Für Betriebe, Arbeitsschulen der DAF, Fach- und Berufsschulen, Lehrwerkstätten und Schulungskurse waren Buchausstellungen vorgesehen. Größere Fachbuchausstellungen fanden in Saarbrücken und Köln statt.[99] Die bereits 1936 erfolgreich eingesetzten Fach-

[95] E. Langenbucher, Der zweite Schritt: Die Große Fachbuchwerbung, in: Bbl. 103. Jg., Redaktioneller Teil, Nr. 25 vom 30. 1. 1936, S. 98–99, hier S. 98.

[96] Dazu die Aufrufe von Hanns Johst und Wilhelm Baur, »Die Fachbuchwerbung im Zeichen des Vierjahresplanes«, in: Bbl. 104. Jg., Redaktioneller Teil, Nr. 2 vom 5. 1. 1937, S. 1; sowie die »Aufrufe zur Fachbuchwerbung 1937« von Göring, Goebbels, Ley und von Schirach in Bbl. 104. Jg., Redaktioneller Teil, Nr. 36 vom 13. 2. 1937, S. 129–130. Ergänzend R. Habedank, Fachbuch und Vierjahresplan, in: Das deutsche Fachbuch. Beiträge zur Fachbuchwerbung 1938, hg. von der Reichsschrifttumskammer/Landesleitung Hamburg, Hamburg 1938.

[97] Der »Arbeitsplan« ist veröffentlicht in Bbl. 104. Jg., Redaktioneller Teil, Nr. 2 vom 5. 1. 1937. Hervorhebung im Text. Dazu die Erläuterungen von E. Langenbucher, Die Pflicht jedes Einzelnen: Leistungssteigerung, ebd., S. 2–3.

[98] Zum folgenden der »Arbeitsplan«, ebd.

[99] »Die Fachbuchwerbung 1937 auf dem Höhepunkt«, in: Bbl. 104. Jg., Redaktioneller Teil, Nr. 105 vom 11. 5. 1937, S. 413–414.

buchlisten wurden erneut in hoher Auflage über den Buchhandel verteilt. Zur Erarbeitung dieser nach 19 Sachgebieten untergliederten Auswahlverzeichnisse wurde im Januar 1937 im Rahmen der Reichsschrifttumskammer ein »Kuratorium für das deutsche Fachbuch« gegründet.[100]

Ein für die Woche vom 5. bis 10. 4. 1937 ausgeschriebener Schaufensterwettbewerb sollte folgende Grundgedanken umsetzen: »Der Führer fordert hochwertige Facharbeiter. Wenn Du es noch nicht bist, so werde es! Lies, was Dein Vordermann schrieb. Er tat es für Dich! Der berufliche Erfolg ist kein Geheimnis: *In den Fachbüchern steht alles!* [...] Der Nationalsozialismus ist kein Feind hoher Gehälter. Außerordentliche Leistungen sollen auch außerordentlich vergolten werden. Wenn Du mit Deinen Einkünften unzufrieden bist, so prüfe ernsthaft, was deine jetzige Leistung wert ist. Steigere sie nach Deinen Anlagen. Der Lohn wird nicht ausbleiben. Der Weg: *Fachbücher!*«.[101] Am Ende der dreimonatigen Werbeaktion sollte dann wieder die Fachbuchschenkung an Lehrlinge und Jungarbeiter erfolgen.[102]

Die Fachbuchwerbungen der Jahre 1938 und 1939 erhielten das Motto »Das Fachbuch – ein Weg zu Leistung und Erfolg«. Die Eröffnungsveranstaltungen – 1938 in Hamburg und 1939

[100] E. Langenbucher, Das Fachbuch als Grundlage deutscher Wertarbeit. Das »Kuratorium für das deutsche Fachbuch«, in: Bbl. 104. Jg., Redaktioneller Teil, Nr. 20 vom 26. 1. 1937, S. 74–75. Auf der ersten Arbeitssitzung dieser Arbeitsgemeinschaft verschiedener staatlicher Behörden und parteiamtlicher Dienststellen wurde eine strenge Sichtung des Fachschrifttums nach sachlichen und weltanschaulichen Kriterien angekündigt. Der Geschäftsführer des Kuratoriums, Dr. Ludwig Warmuth, mußte allerdings im nachhinein zugeben, daß in die Auswahlverzeichnisse aufgrund fehlender Alternativen auch Fachbücher aufgenommen worden waren, die die »letzten Erkenntnisse und Erfahrungen nicht vermitteln». L. Warmuth, Die Bedeutung des Fachbuches im Rahmen nationalsozialistischer Schrifttumspolitik, in: Kantate-Ausgabe des Bbl. 104. Jg., Redaktioneller Teil, Nr. 93 vom 24. 4. 1937, S. 34–36, hier S. 35.

[101] »Wir schaffen es mit dem Fachbuch!«. Großer Schaufensterwettbewerb des Reichsdeutschen Buchhandels zur Fachbuchwerbung 1937, in: Bbl. 104. Jg., Redaktioneller Teil, Nr. 56 vom 9. 3. 1937, S. 210. Hervorhebungen im Text.

[102] »Die Bedeutung der Geschenkurkunde für die Werbearbeit im Rahmen der Fachbuchwerbung 1937«, in: Bbl. 104. Jg., Redaktioneller Teil, Nr. 77 vom 6. 4. 1937, S. 298.

im Hochhaus der IG Farben in Frankfurt am Main – bestanden jeweils aus den obligatorischen Reden von Schrifttumsfunktionären und der Einweihung einer großen Fachbuchausstellung.[103] In einer Reihe von Großstädten wurden weitere öffentliche Kundgebungen und Buchausstellungen inszeniert.[104]

Da in den Vorjahren offenbar noch für veraltete oder vom Markt bereits verschwundene Fachbücher geworben worden war, wurden die Verlage 1939 zur Mitarbeit an den Fachbuchlisten herangezogen.[105] Die Fachbuchverlage hatten danach nicht nur die bibliographische Stimmigkeit der vom Kuratorium für das deutsche Fachschrifttum ausgewählten Publikationen zu bestätigen, sondern auch die »arische Abstammung« von deren Verfassern. Zudem war für jeden aufgenommenen Titel eine »Umlage« von 4 RM zu zahlen. Neben den nun auf 26 Sachgebiete ausgedehnten Fachbuchlisten und der Fachbuchschenkung an den Berufsnachwuchs wurde 1939 auch für die Anschaffung eines »Kernbestand[s] der wichtigsten buchhändlerischen Fachbücher« in den Betrieben geworben.[106]

Auf der ersten »Reichstagung« des Kuratoriums für das deutsche Fachschrifttum am 27. und 28. 3. 1939 in Berlin wurden eine Reduzierung der Anzahl der Fachbücher bei gleichzeitiger Erhöhung der Auflagen und Senkung der Preise, die Herausgabe von billigen Fachtaschenbuchausgaben, eine Normung der Fachbuchformate, die »Ausmerzung aller alten und oft dadurch gefährlichen Fachbücher aus allen Büchereien«, die Einrichtung spezieller Fachbuchlesesäle in den Volksbüchereien sowie eine »Vereinfachung des Inhalts und der Darstellung in den Fachbü-

[103] G. v. Kommerstädt, »Das Fachbuch – ein Weg zu Leistung und Erfolg. Feierliche Eröffnung der Fachbuchwerbung – Großkundgebung in Hamburg«, in: Bbl. 105. Jg., Redaktioneller Teil, Nr. 56 vom 8. 3. 1938, S. 189–191; »Das Fachbuch – ein Weg zu Leistung und Erfolg. Eröffnung der Fachbuchwerbung 1939 im I. G. Hochhaus zu Frankfurt a. Main«, in: Bbl. 106. Jg., Redaktioneller Teil, Nr. 56 vom 7. 3. 1939, S. 185–188.

[104] S. dazu die Arbeitspläne zur Fachbuchwerbung im Bbl. 105. Jg., Redaktioneller Teil, Nr. 32 vom 8. 2. 1938; sowie im Bbl. 106. Jg., Redaktioneller Teil, Nr. 26 vom 31. 1. 1939.

[105] Mitteilung von K. Baur, Leiter der Fachschaft Verlag, und K.v. Wissel, Leiter der Fachgruppe Fachbuchverlag, »Fachbuch-Auswahllisten 1939«, in: Bbl. 106. Jg., Redaktioneller Teil, Nr. 28 vom 2. 2. 1939, S. 93.

[106] [W.] Baur, Das buchhändlerische Fachbuch in die Betriebe!, in: Bbl. 106. Jg., Redaktioneller Teil, Nr. 62 vom 14. 3. 1939, S. 205.

chern« angekündigt.[107] Entgegen diesen großspurigen Plänen wurde Ende Mai 1940 im Börsenblatt eine ungewöhnlich selbstkritische Bilanz der bisherigen fünf Fachbuchwerbungen aufgemacht. Die Werbefeldzüge hätten »– im Großen gesehen – noch nicht den entscheidenden Erfolg gehabt, den wir von [ihnen] erwarten, weder bei den für das Fachbuch zu gewinnenden Werktätigen, noch beim Sortiment«.[108] Dennoch wollte man an der Fachbuchwerbung festhalten, da dem Fachschrifttum eine herausragende Funktion in der »Waffenschmiede für die Front« zukäme.[109]

Das Motto blieb während des Krieges »Das Fachbuch – ein Weg zu Leistung und Erfolg«. Bei den Buchausstellungen und in den Fachbuchlisten rückten nun aber »Werke für Rüstungsbetriebe und für den Rüstungsarbeiter, für Fragen der Rohstoffbewirtschaftung und die Verwaltungsarbeit im Kriege, Bücher zum Thema der kurzfristigen Einarbeitung, der Umschulung, der Erzeugungsschlacht, die Haushaltsführung im Kriege und die Gesundheitsführung des deutschen Volkes« in den Vordergrund.[110]

Wie die »Woche des deutschen Buches«, so war auch die Fachbuchwerbung primär eine Propagandaveranstaltung, mit der die Leistungsfähigkeit des nationalsozialistischen Regimes unter Beweis gestellt werden sollte. In einer Rede zur Auftaktveranstaltung der Fachbuchpropaganda des Jahres 1938 in Leipzig gab Karl Heinz Hederich, zu jenem Zeitpunkt Leiter der Schrifttumsabteilung des Propagandaministeriums, unverhohlen zu erkennen, »daß es nicht wirtschaftliche Interessen sind, die für den Einsatz, den wir für das Fachbuch geben, ausschlaggebend sind, sondern daß es die innere politische Bedeutung des

107 Diese Ankündigungen des Leiters der Schrifttumsabteilung im Propagandaministerium und Kuratoriums-Präsidenten, Alfred-Ingemar Berndt, sind wiedergegeben in dem Bericht »Erste Reichstagung des Kuratoriums für das deutsche Fachschrifttum«, in: Bbl. 104. Jg., Redaktioneller Teil, Nr. 162 vom 1. 4. 1939, S. 264–265, hier S. 264.

108 A. M. Kreuser, Fachbuch und Krieg, in: Bbl. 107. Jg., Redaktioneller Teil, Nr. 121 vom 28. 5. 1940, S. 201–202, hier S. 201.

109 Ebd., S. 201.

110 So der stellvertretende Leiter der Schrifttumsabteilung im Propagandaministerium, Hein Schlecht, in seiner Rede auf der Abschlußkundgebung zur Fachbuchwerbung 1941 in Litzmannstadt, »Zehn Millionen Fachbücher im Dienste der Kriegswirtschaft«, in: Bbl. 108. Jg., Redaktioneller Teil, Nr. 103 vom 6. 5. 1941, S. 178–179, hier S. 179.

gediegenen deutschen Fachbuches ist, der wir zum Durchbruch verhelfen wollen, damit sie sich dienend in das Werk des Gesamtaufbaues unseres Volkes einfügen kann«.[111]

Die »Säuberung« des Fachschrifttums unter politischen Gesichtspunkten erwies sich in der Praxis jedoch als ebenso schwierig wie die immer wieder angekündigte umfassende Neugestaltung der Fachbücher. Ob mit dem immensen öffentlichen Werbeaufwand tatsächlich die Verbreitung des Fachbuches gesteigert werden konnte, ist eher fraglich. Weder die Facharbeiterschaft noch der Buchhandel scheinen großes Interesse am Fachbuch gewonnen zu haben. Dies geht zumindest aus der im Mai 1940 im Börsenblatt veröffentlichten Bilanz hervor.[112] Die dort gegebene Empfehlung, Fachbücher auch an die »im Felde stehenden Betriebsangehörigen« zu schicken,[113] zeigt, wie wenig die öffentliche Buchpropaganda im Grunde auf die realen Lesebedürfnisse der Bevölkerung einzugehen fähig war.

4. Die Buchpropaganda gegenüber dem Ausland

4.1. Die staatlich subventionierte Förderung des Buchexports

Aufgrund der weltweiten Rezession war seit 1929 der Auslandsabsatz des deutschen Buches drastisch zurückgegangen.[1] Die Krise machte sich insbesondere bei der wissenschaftlichen Literatur, einem traditionellen Aktivposten der deutschen

[111] Die Rede Hederichs wird auszugsweise wiedergegeben in dem Bericht »Das Fachbuch im Reichsberufswettkampf. Kundgebung der Gaubetriebsgemeinschaft Druck und Papier in Leipzig«, in: Bbl. 105. Jg., Redaktioneller Teil, Nr. 31 vom 7. 2. 1938, S. 545–546, hier S. 545.

[112] Kreuser, Fachbuch und Krieg, S. 201.

[113] Ebd., S. 202.

[1] Zahlenangaben in der Denkschrift »Die Gefährdung des deutschen Buchexports«, die die Hamburg-Bremer Buch-Export-Genossenschaft m.b.H. am 11. 7. 1934 vorlegte. PA Kult Pol VI W, Bd. 10. Die Denkschrift muß allerdings aufgrund ihrer politischen Tendenz – etwa in der Bewertung des »Emigrantenschrifttums« – äußerst kritisch gelesen werden.

Buchwirtschaft, bemerkbar.[2] Aufgrund ihrer hohen Preise drohten Wissenschaftsbücher und -zeitschriften infolge der drastischen Kürzung der staatlichen Kulturetats aus den ausländischen Bibliotheken verdrängt zu werden. Um dieser Gefahr entgegenzutreten, wurden – als Zugeständnis an den bedeutendsten Absatzmarkt – im Oktober 1933 auf der Jahrestagung der American Library Association in Chicago von den deutschen Delegierten, den Verlegern Ferdinand Springer und Hermann Degener, deutliche Preissenkungen für das Jahr 1934 in Aussicht gestellt.[3]

Im Februar 1934 mußte Börsenvereins-Vorsteher Friedrich Oldenbourg jedoch der Notgemeinschaft der Deutschen Wissenschaft mitteilen, daß den Wissenschaftsverlagen angesichts der sinkenden Absatzzahlen auf dem Auslands- wie auf dem Inlandsmarkt keine weitere Schmälerung ihrer wirtschaftlichen Grundlagen mehr zugemutet werden könne.[4] Statt der zugesagten Preissenkungen empfahl er daher, »mit den in Frage kommenden Reichsstellen darauf hinzustreben, daß in Fällen, wo der deutsche Einfluß nur durch Geldopfer aufrecht erhalten werden kann, diese aus öffentlichen Mitteln entnommen werden«.[5] Dabei sollte nicht vergessen werden, so führte Oldenbourg als Legitimation für seinen Appell an, daß »die deutsche wissenschaftliche Literatur in vielen Fällen der Bahnbrecher für industrielle Exportgeschäfte oft großen Umfangs ist«.[6]

Die vom Börsenverein und der Notgemeinschaft mobilisier-

[2] S. dazu die in der Kulturabteilung ausgewerteten Berichte der deutschen Auslandsmissionen an das AA aus den Jahren 1933 bis 1935, PA Kult Pol VI W, Bd. 10 – Bd. 13. Ergänzend dazu die im Auftrag der Arbeitsgemeinschaft Wissenschaftlicher Verleger verfaßte Denkschrift des Tübinger Verlegers Oskar Siebeck, »Die Aussichten des wissenschaftlichen Verlages in Deutschland« (30. 6. 1933), die auch auf die Krise der Wissenschaftsliteratur auf dem deutschen Buchmarkt eingeht. HStA Weimar Thür. Min. f. Volksbildung/C 626 Bl. 107–110.

[3] »Bericht« von Dr. Hugo Andres Krüß, dem Generaldirektor der Preußischen Staatsbibliothek, vom 8. 11. 1933 über seine Reise nach New York, Chicago und Washington zur Teilnahme an der Jahresversammlung der American Library Association, BArch Potsdam 15.01/26835, Bd. 2 Bl. 43–57, hier Bl. 47–50 (S. 5–8).

[4] Abschrift des Schreibens von Oldenbourg an die Notgemeinschaft der Deutschen Wissenschaft vom 21. 2. 1934 in PA Kult Pol VI W, Bd. 10.

[5] Ebd., S. 2.

[6] Ebd.

ten »Reichsstellen«, das Reichsministerium des Innern und das Auswärtige Amt, kamen allerdings zu keiner Lösung des Exportproblems. Daher regte die Kulturabteilung des AA Anfang Juli 1934 beim Reichsministerium für Volksaufklärung und Propaganda an, »zur Wahrung der kulturpolitischen Interessen auf die Preisbemessung der Bücher und Zeitschriften Einfluß« zu nehmen.[7] Im Propagandaministerium und in der RSK hatte man sich aber schon längst eigene Gedanken über den Buchexport gemacht. Die dort seit der Jahreswende 1933/34 entwikkelten Pläne liefen allerdings völlig den Bemühungen von Börsenvereins-Vorsteher Oldenbourg um eine privatwirtschaftliche Lösung des Exportproblems zuwider.

Sowohl die 1934 gegründeten Verleger- und Sortimenter-Genossenschaften als auch die nach zähen Verhandlungen mit dem Reichsfinanz- und dem Reichswirtschaftsministerium schließlich im August 1935 eingerichtete »Wirtschaftsstelle des deutschen Buchhandels« waren eindeutig staatlich kontrollierte Einrichtungen. Für sie war die wirtschaftliche Zielsetzung, durch staatliche Subventionen den festgefahrenen deutschen Exportbuchhandel wieder flottzumachen und damit einen Beitrag zur Konsolidierung der deutschen Volkswirtschaft zu leisten, nur die Voraussetzung für die politische Absicht, mit Hilfe des Buches im Ausland »Kulturpropaganda« für das nationalsozialistische Deutschland betreiben zu können.[8]

Das Ausland erhielt von den Hintergründen des Buchexport-Ausgleichsverfahrens keinerlei Kenntnis. Die zum 9. 9. 1935 vorgenommene Senkung der Preise deutscher Bücher, graphischer Lehrmittel, Zeitschriften und Musikalien um 25% sollte als rein privatwirtschaftliche Maßnahme der deutschen Verleger erscheinen, mit der eine seit langem im Ausland erhobene

[7] Der Durchdruck des Schreibens der Kulturabteilung des AA an das Propagandaministerium vom 4. 7. 1934 in PA Kult Pol VI W, Bd. 10, hier S. 2.

[8] Zum Beleg für diese These s. u. a. das Schreiben der Schrifttumsabteilung des Propagandaministeriums an das Reichsfinanzministerium vom 12. 6. 1935, BArch Potsdam R 2/4926 Bl. 143–146, hier Bl. 143/Rs; sowie das Schreiben des Propagandaministeriums (i. V. des Staatssekretärs gez. Dr. Greiner) an den Reichsfinanzminister vom 23. 8. 1940, BArch Potsdam R 2/4927 Bl. 523–535, hier Bl. 530 (S. 8).

Forderung eingelöst wurde.[9] Außer der Preissenkung selbst durfte daher von den am Export beteiligten Buchhandelsfirmen »von dem Vorhandensein des Verfahrens an Dritte weder im Inland noch im Ausland etwas berichtet werden«.[10] Für Verstöße gegen diese Schweigepflicht wurden Ordnungsstrafen der Reichsschrifttums-, der Reichspressekammer oder der Reichsmusikkammer sowie von ordentlichen Gerichten auf der Grundlage der Devisengesetzgebung angedroht.[11]

Das Verfahren selbst bestand darin, daß die Wirtschaftsstelle des deutschen Buchhandels auf Antrag der Exportfirmen sowohl die Lagerverluste, die dem deutschen Auslandsbuchhandel durch die angeordnete Preissenkung am 9. 9. 1935 entstanden waren,[12] als auch den 25%igen Preisnachlaß – abzüglich einer Bearbeitungsgebühr von 2% – für jeden nach diesem Zeitpunkt exportierten Gegenstand erstattete.[13] Voraussetzung für die Ausgleichsberechtigung war, daß die exportierten Gegenstände einen vom Börsenverein »geschützten Ladenpreis« hatten und »vollständig im Deutschen Reich« hergestellt worden waren.[14]

Ausdrücklich ausgenommen wurden u.a. »Liturgische Bü-

[9] Über diese Hintergründe informierte der Leiter der Schrifttumsabteilung des RMVP, Wismann, das AA in einem Schreiben vom 26. 8. 1935, hier S. 2. Das Schreiben in PA Kult Pol VI W, Bd. 12.

[10] So das »Merkblatt (3. Ausgabe) zur Durchführung des Buchexport-Ausgleichsverfahrens«, hg. von der Wirtschaftsstelle des deutschen Buchhandels, Berlin 27. 8. 1935/1. 9. 1939, BArch Potsdam R 2/4927 Bl. 537–563, hier Bl. 539 (Pkt. 13). Das Merkblatt trug die Zusätze: »Streng vertraulich! Nur für den Empfänger bestimmt! Sorgfältig aufbewahren!«.

[11] Ebd., Bl. 539–540 (Pkt. 16).

[12] Vertrauliches Rundschreiben der Geschäftsstelle des Börsenvereins vom 4. 9. 1935 betr. Vergütung des Lagerverlustes, BArch Potsdam NS 12/86. Die Erstattung betraf »alle am 9. 9. 1935 bei ihnen auf Lager befindlichen, in der Zeit vom 1. März bis 8. September 1935 fest bezogenen, der neuen Ausfuhrregelung unterworfenen Gegenstände des reichsdeutschen Buchhandels«. Diese Exportgegenstände mußten von den Auslandsbuchhandlungen in einer Liste zusammengestellt werden. Die Liste gelangte über die reichsdeutschen Lieferanten (Verleger oder Zwischenbuchhändler) an die Wirtschaftsstelle, die dann nach einer Prüfung die Erstattung der 25% des Inlandsladenpreises vornahm.

[13] Dazu Abschnitt 5 »Ausgleichgewährung« im »Merkblatt« der Wirtschaftsstelle des deutschen Buchhandels, BArch Potsdam R 2/4927 Bl. 543.

[14] »Merkblatt«, Abschnitt 4 »Erfaßte und nichterfaßte Gegenstände«, BArch Potsdam R 2/4927 Bl. 542.

cher«, »Zollpflichtige Gegenstände des Buch-, Zeitschriften- und Lehrmittelhandels bei Lieferung nach den Vereinigten Staaten von Nordamerika«, »Bücher, Zeitschriften, Musikalien und graphische Lehrmittel, die antiquarisch oder verramscht sind, deren Ladenpreise aufgehoben oder bei Lieferung nicht eingehalten wurden«, »Tageszeitungen, illustrierte Zeitungen und Wochenzeitungen«, »Kunstkalender« aus dem Bereich der Reichskammer der bildenden Künste, »sämtliche Veröffentlichungen von Firmen, die nicht der Reichsschrifttums-, der Reichspresse- oder der Reichsmusikkammer« angehörten, die in einer Liste des Börsenvereins erfaßten »Gegenstände des Buch- und Musikalienhandels, die von der Ausfuhrregelung ausgenommen sind«.[15]

Um die Einhaltung der Bestimmungen zu gewährleisten, wurde der Wirtschaftsstelle das Recht eingeräumt, »Einsicht in die Geschäftsunterlagen des Exporteurs« nehmen zu dürfen.[16] Die Anerkennung der von den Exportfirmen eingereichten Fakturen erfolgte daher nur »unter ausdrücklichem Vorbehalt einer nochmaligen späteren Prüfung«.[17] Beim Nachweis fehlerhafter oder falscher Angaben konnten Ordnungsstrafen oder der Kammerausschluß gemäß § 10 der ersten Durchführungsverordnung zum Reichskulturkammergesetz verfügt werden.[18]

Während Palästina ab dem 24. 10. 1935 aus der Liste der exportbegünstigten Länder gestrichen wurde,[19] wurden die Schweiz und Liechtenstein zum 20. 10. 1936 in das Buchexport-Ausgleichsverfahren einbezogen.[20] Mit der Expansion des nationalsozialistischen Deutschland schieden nach Übergangsfristen Österreich, die »sudetendeutschen Gebiete«, das »Protektorat Böhmen und Mähren«, Polen, Danzig und das Memelgebiet als Geltungsgebiete für das Verfahren aus. Hingegen sollte zu Beginn des Krieges – auf Anweisung der Wirtschaftsstelle

[15] Ebd., Bl. 543.

[16] »Merkblatt«, BArch Potsdam R 2/4927 Bl. 540 (Pkt. 14).

[17] Ebd. (Pkt. 16).

[18] Ebd.

[19] Rundschreiben Nr. 1 zum Merkblatt zur Durchführung des Buchexport-Ausgleich-Verfahrens, hg. von der RSK, Abt. Wirtschaftsstelle des deutschen Buchhandels vom 21. 10. 1935, hier S. 3, PA Kult Pol VI W, Bd. 13.

[20] S. die von der Wirtschaftsstelle am 15. 10. 1936 erlassene »Bekanntmachung betr. Änderung der Ausfuhrregelung«, wiedergegeben bei Schrieber (Hg.), Das Recht der Reichskulturkammer, Bd. V, S. 81.

des deutschen Buchhandels – die »Ausfuhr von Gegenständen des Buchhandels« nach dem neutralen Ausland »unbedingt gehalten« werden.[21] Falls sich Gelegenheiten zur Abwicklung der Geschäfte über dritte Staaten ergeben sollten, bestanden sogar gegen Lieferungen ins feindliche Ausland »keine Bedenken«.[22]

Auch wenn das Buchexport-Ausgleichsverfahren während des Krieges zunehmend an Bedeutung verlor und am 1. 4. 1943 vorläufig eingestellt wurde,[23] zählt es insgesamt doch zu den erfolgreichsten Innovationen der nationalsozialistischen Literaturpolitik. Aus einer um die Jahreswende 1935/36 vom Börsenverein durchgeführten »vertraulichen« Umfrage bei den 34 größten deutschen Verlagen geht hervor, daß sich deren Exportumsätze bereits nach drei Monaten – zum Teil beträchtlich – gesteigert hatten.[24] Auch die deutschen Auslandsmissionen berichteten nahezu einhellig von den positiven Auswirkungen des Preisnachlasses auf die Verbreitung des deutschen Buches.[25]

[21] »Rundschreiben Nr. 1/39« der Wirtschaftsstelle des deutschen Buchhandels vom 21. 9. 1939, BArch Potsdam R 2/4927 Bl. 565. An Ländern, in die der deutsche Export »unbedingt gehalten« werden sollte, wurden in dem Rundschreiben die Niederlande, Ungarn, die UdSSR, Norwegen, Litauen, Luxemburg, Schweden, die Schweiz, die Slowakei, Estland, Jugoslawien, Finnland, Belgien, Rumänien, Italien, Lettland, Dänemark und Bulgarien angegeben.

[22] Ebd.

[23] »Gemeinsame Anordnung über die Aufhebung der Ausfuhrregelung« der Präsidenten der RSK, der RPK und der RMK vom 30. 3. 1943, in: Bbl. 110. Jg., Redaktioneller Teil, Nr. 77 vom 3. 4. 1943, S. 57. Mit einer »Anordnung« vom 15. 2. 1944 ermächtigte Goebbels erneut die Präsidenten der Reichsmusik-, der Reichsschrifttums- und der Reichspressekammer, »ein Exportausgleichsverfahren für die Ausfuhr bestimmter Gattungen von Verlagswerken oder nach bestimmten Ländern anzuordnen«. Doch dürfte diese modifizierte Neuauflage des Buchexport-Ausgleichsverfahrens in der Praxis kaum noch von Relevanz gewesen sein, da zum einen die Engpässe in der deutschen Buchproduktion immer drastischer wurden und zum anderen die militärische Entwicklung den Exportraum für deutsche Waren immer weiter einengte. Die Goebbelssche »Anordnung« in: Die Reichskulturkammer 2 (1943/44), S. 46.

[24] Abschrift eines Schreibens von Dr. Paul Hövel, RMVP/Abt. VIII, an den Reichs- und Preußischen Wirtschaftsminister vom 31. 1. 1936, PA Kult Pol VI W, Bd. 15.

[25] Berichte der deutschen Auslandsmissionen an das AA aus den Jahren 1935 bis 1937, PA Kult Pol VI W, Bd. 13–19. Die Berichte gingen auch dem Leiter der Wirtschaftsstelle des deutschen Buchhandels, Paul Hövel, zu und

Nach Angaben des Propagandaministeriums konnten im ersten Jahr insgesamt rund 4000 Firmen in das Verfahren einbezogen und der Auslandsabsatz deutscher Bücher um 40% angehoben werden.[26]

Hauptnutznießer des Buchexport-Ausgleichsverfahrens waren die Verleger und Exporteure wissenschaftlicher Literatur. Deren Anteil an der geförderten Ausfuhr stieg zwischen 1938 und 1939 bei Büchern von 21 auf 27,4%, bei Zeitschriften von 16,6 auf 19,7%.[27] Demgegenüber war im gleichen Zeitraum ein Absinken des Anteils schöngeistiger und politischer Literatur von 24,6 auf 18,4%, der Fachbücher von 2,9 auf 2,7%, der Jugend- und Bilderbücher von 0,9 auf 0,7% zu verzeichnen.[28] Die Reduzierung des Anteils katholischer Schriften von 3,2 auf 2,4% war durch den Ausschluß liturgischer Bücher im Mai 1937 aus politischen Gründen bewußt einkalkuliert worden.[29]

Die bis August 1940 bereitgestellte Subventionssumme von insgesamt 52216386,41 RM,[30] die vor allem vom Reichswirtschaftsministerium über die Ausfuhrumlage der gewerblichen Wirtschaft finanziert worden war, machte sich in mehrfacher Hinsicht bezahlt. Sie leistete zunächst einen wichtigen Beitrag zur Konsolidierung der deutschen Buchwirtschaft. Deren Exportumsätze stiegen bis 1940 im Jahresdurchschnitt auf rund 60

wurden von ihm als Unterlagen für die jährlichen Verhandlungen mit dem Reichsfinanz- und dem Reichswirtschaftsministerium über die Fortführung des Buchexport-Ausgleichsverfahrens zusammengestellt: »Die Auswirkungen des Buchexport-Ausgleichsverfahrens«, BArch Potsdam R 2/4926 Bl. 319–357 [Berichte von Oktober 1935 bis Mai 1936]; BArch Potsdam R 2/4927 Bl. 83–107 [Berichte von Januar/Februar 1938].

[26] Schreiben von Staatssekretär Funk (RMVP) an Reichsfinanzminister Graf Schwerin von Krosigk vom 14. 11. 1936, BArch Potsdam R 2/4926 Bl. 379–381, hier Bl. 381.

[27] Diese Zahlenangaben finden sich in einer Übersicht über den »Anteil der Fachgruppen des Schrifttums an der geförderten Ausfuhr im Jahre 1938 und 1939«, die das RMVP dem Reichsfinanzminister in einem Schreiben vom 23. 8. 1940 mitteilte. BArch Potsdam R 2/4927 Bl. 523–535, hier Bl. 532 (S. 10).

[28] Angaben ebd.

[29] Schreiben der Schrifttumsabteilung des RMVP an den Reichs- und Preußischen Wirtschaftsminister vom 31. 3. 1938, BArch Potsdam R 2/4927 Bl. 109–114, hier Bl. 113.

[30] Zahlenangabe im Schreiben des RMVP an den RFM vom 23. 8. 1940, BArch Potsdam R 2/4927 hier Bl. 526 (S. 4).

Millionen RM an.[31] Das war ein nicht zu vernachlässigender volkswirtschaftlicher und devisenpolitischer Faktor, insbesondere wenn man den bis zum Kriegsbeginn angestiegenen Export wissenschaftlicher Bücher und Zeitschriften in die USA und nach Japan berücksichtigt.[32]

Daß die Wissenschaftsliteratur aus Deutschland im Laufe der dreißiger Jahre ihre Weltgeltung zurückgewinnen konnte, war zudem ein entscheidender kulturpolitischer Erfolg. Denn auf diese Weise konnte dem von den deutschen Emigranten im Ausland immer wieder erhobenen Vorwurf der Kulturfeindlichkeit des Nationalsozialismus wirkungsvoll begegnet, der in einigen Ländern praktizierte Boykott gegen deutsche Waren unterlaufen und das Verhältnis der »geistigen Eliten« des befreundeten Auslands zum »Dritten Reich« positiv beeinflußt werden.[33] Dafür war die nationalsozialistische Schrifttumsbürokratie offenbar sogar bereit, die leichten Exporteinbußen bei der im Ausland wenig gefragten politischen Weltanschauungs- und schöngeistigen Literatur in Kauf zu nehmen.

4.2. Die Kulturabkommen als Instrumente zur Förderung des »deutschen Buches« und zur Verdrängung der »Emigrantenliteratur«

Während sich das Auswärtige Amt in der Weimarer Republik noch gegen den Abschluß von Verträgen über die geistige und

[31] Zahlenangabe ebd., Bl. 527 (S. 5).

[32] Hinweis bei Hövel, Wirtschaftsstelle des deutschen Buchhandels, B12.

[33] Auf diese Aspekte wies das RMVP (gez. Dr. Greiner) in einem Schreiben an den Reichswirtschaftsminister vom 28. 7. 1938, BArch Potsdam R 2/4927 Bl. 129–131, hier Bl. 131, sowie in seinem Schreiben an den Reichsfinanzminister vom 23. 8. 1940, BArch Potsdam R 2/4927 hier Bl. 530–532, nachdrücklich hin. S. zum Kontext P. S. Richards, Der Einfluß des Nationalsozialismus auf Deutschlands wissenschaftliche Beziehungen zum Ausland, in: Von Göschen bis Rowohlt. Beiträge zur Geschichte des deutschen Verlagswesens. Festschrift für Heinz Sarkowski zum 65. Geburtstag, hg. von M. Estermann und M. Knoche, Wiesbaden 1990, S. 233–259. Die Wirkung der Buchexport-Subventionierung wird von Richards allerdings nicht hinreichend erfaßt. Zu den gravierenden Konsequenzen der Senkung der reichsdeutschen Buchpreise für den Vertrieb der deutschen Exilliteratur s. Landshoff, Querido Verlag, S. 83–86.

kulturelle Zusammenarbeit ausgesprochen hatte,[34] wurde dieses Instrument in nationalsozialistischer Zeit extensiv für die Kulturpropaganda gegenüber dem Ausland genutzt. Zwischen 1936 und 1942 wurden insgesamt sieben bilaterale Kulturabkommen abgeschlossen, die vom Auswärtigen Amt unter Mitwirkung des Reichserziehungsministeriums und des Reichspropagandaministeriums ausgehandelt worden waren: mit Ungarn (28. 5. 1936), Italien (23. 11. 1938), Japan (25. 11. 1938), Spanien (24. 1. 1939), Bulgarien (19. 6. 1940), der Slowakei (1. 4. 1942) und Rumänien (7. 11. 1942). Sowohl bei diesen Verträgen als auch bei den von 1936 bis Anfang 1938 mit Österreich geführten Kulturverhandlungen spielten die Förderung des »deutschen Buches« und die Verdrängung der »Emigrantenliteratur« jeweils eine wichtige Rolle.[35]

Bereits in dem ersten Kulturvertrag einer deutschen Reichsregierung wurde mit Ungarn der Austausch von Listen wissenschaftlicher und literarischer Werke vereinbart, »deren Übersetzung in die andere Sprache oder deren Verbreitung in dem anderen Lande« für »besonders erwünscht« gehalten wurden (Artikel XIV).[36] Darüber hinaus sollten wissenschaftliche und literarische Neuerscheinungen beider Länder »in den wissenschaftlich führenden Fachzeitschriften durch geeignete Fachgelehrte« vorgestellt werden. Für Universitäten, Hochschulen, wissenschaftliche Akademien und Forschungsinstitute war ein Austausch amtlicher und wissenschaftlicher Publikationen vor-

[34] »Aufzeichnung« von Dr. Hermann Terdenge, Leiter des Referats »Kult W(issenschaftsbeziehungen)« in der Kulturabteilung des AA, vom 17. 10. 1929, PA Kult W Akten betr. Verträge über kulturelle Beziehungen. Allgemein (1928–1936), sowie die »Aktennotiz« des Kulturabteilungs-Referenten Ewald Krümmer vom 1. 2. 1932, ebd.

[35] H. U. Granow, Die Buchfragen in den deutsch-ausländischen Kulturabkommen, in: Bbl. 108. Jg., Redaktioneller Teil/Kantate-Ausgabe, Nr. 107 vom 10. 5. 1941, S. 13–15. In dieser knappen Überblicksdarstellung eines AA-Mitarbeiters sind allerdings die erst 1942 abgeschlossenen Kulturverträge mit der Slowakei und Rumänien noch nicht berücksichtigt. Vgl. zum Kontext J. P. Barbian: »Kulturwerte im Zeitkampf«. Die Kulturabkommen des »Dritten Reiches« als Instrumente nationalsozialistischer Außenpolitik. In: AKG 74, 2 (1992), S. 415–459.

[36] Hierzu und zum folgenden der Text zum »Abkommen zwischen dem Deutschen Reich und dem Königreich Ungarn über die geistige und kulturelle Zusammenarbeit«, in: RGBL/Teil II Nr. 17 vom 27. 4. 1937, S. 132–138.

gesehen (Artikel XV). In den Bibliotheken sollte der jeweilige Bestand an Werken des anderen Landes ausgebaut werden (Artikel XVI). Die Förderung deutscher und ungarischer Schriftsteller war an das Kriterium gebunden, daß deren Werke »die Kultur ihres Volkes zum Ausdruck und zur Anschauung zu bringen« hatten. Der deutsch-ungarische Kulturvertrag enthielt zunächst noch keine besondere Bestimmung zu der von der nationalsozialistischen Regierung bekämpften Literatur der deutschsprachigen Emigration.

Erst 1939 wurde – in Anlehnung an die von der deutschen Buchhändlerschaft 1936 und 1937 in Weimar angeregte internationale Konvention – mit der ungarischen Regierung ein Übersetzungs- und Verbreitungsverbot für Werke vereinbart, »die sich unter Verfälschung der geschichtlichen Wahrheit gegen das andere Land, gegen seine Staatsform oder Staatsführung richten«.[37] Allerdings mußte die deutsche Delegation auf der Sitzung des deutsch-ungarischen Kulturausschusses am 11. und 12. 3. 1940 in Budapest beanstanden, daß in den ungarischen Bibliotheken und Hochschulinstituten die »in Deutschland verbotene Emigrantenliteratur noch für das Studium zur Verfügung steht«.[38] Sie sollte daher – analog zur Regelung des Reichserziehungsministeriums im Deutschen Reich – »unter Verschluß« genommen und nur in begründeten Einzelfällen zu Forschungszwecken freigegeben werden.[39]

Die Aufhebung bestehender Buchverbote war einer der zentralen Punkte der im Anschluß an ein vertrauliches »Gentlemen's Agreement« vom 11. 7. 1936 geführten Verhandlungen über die kulturellen Beziehungen zu Österreich.[40] Das deutsche

[37] Hinweis in der »Niederschrift« über die Sitzung des deutsch-ungarischen Kulturausschusses am 9. 1. 1939 in Berlin, hier S. 7. PA Kult Gen Akten betr. Deutsch-Ungarischer Kulturausschuß, Bd. 1 1938–1939.

[38] »Niederschrift« über die Sitzung des deutsch-ungarischen Kulturausschusses am 11. und 12. 3. 1940 in Budapest, BArch Potsdam R 21/208 Bl. 199–206, hier Bl. 205.

[39] Ebd.

[40] Der Text des am 11. 7. 1936 in Wien unterzeichneten »Gentlemen's Agreement« ist abgedruckt in ADAP 1918–1945, Serie D 1937–1945, Bd. I, Baden-Baden 1950, S. 231–233. Bezüglich der kulturellen Beziehungen hieß es dort in Punkt II, daß sie auf dem »Gedanken der Zugehörigkeit beider Staaten zum deutschen Kulturkreis« beruhen sollten. Zur Herstellung normaler und freundschaftlicher Beziehungen wurde »ein schrittweiser Abbau der gegenwärtig bestehenden Behinderungen im Austauschverkehr [...] auf

Verhandlungsziel war dabei, das »nationalsozialistische Schrifttum von der Diffamierung als staatsfeindliche Literatur zu befreien«,[41] um es dann – zusammen mit anderen »Kulturwerten« – als Propagandamittel im Kampf gegen das Autonomiestreben Österreichs nutzen zu können.[42]

Zur Behandlung der Buchfragen wurde im April 1937 ein Unterausschuß des deutsch-österreichischen Kulturausschusses eingesetzt. Allerdings zeigte sich die österreichische Delegation bei den Sitzungen dieses Unterausschusses wenig konzessionsbereit.[43] Von den auf einer reichsdeutschen »Wunschliste« enthaltenen rund 600 Titeln wurden lediglich 54 Bücher und 8 Kalender für Österreich freigegeben.[44] Als besonderer Prestige-

Grund vollkommener Reziprozität in Aussicht genommen« (S. 231). Eine weitere, am 21. 11. 1936 zwischen Reichsaußenminister von Neurath und dem Staatssekretär für auswärtige Angelegenheiten, Guido Schmidt, in Berlin getroffene Vereinbarung regelte bereits spezielle Fragen der Kultur- und Wirtschaftsbeziehungen. Zudem wurde ein »Ausschuß für kulturelle Angelegenheiten zwischen Deutschland und Österreich« ins Leben gerufen, der die Realisierung der bisherigen Vereinbarungen überwachen sollte. Das hierüber angefertigte »vertrauliche Protokoll« findet sich in PA Kult Gen Akten betr. Deutsch-Österreichisches Kulturabkommen, hier Kult Gen 5 adh. IV, Bd. 1 1935–1937.

[41] So die bei einer Besprechung im AA am 9. 3. 1937 festgelegte deutsche Verhandlungsstrategie. Die »Niederschrift« der Besprechung, an der Vertreter des AA, des REM, des RMVP, des Preußischen Staatsministeriums sowie je ein Vertreter der AO, der NSDAP und des Stabs StdF teilnahmen, ist überliefert in PA Kult Gen Akten betr. Deutsch-Österreichisches Kulturabkommen, hier Kult Gen 5 adh. I, Bd. 1 1936–1937.

[42] Diese Empfehlung gab der Referent der Kulturabteilung des AA, LS Werner Gregor in einer »Aufzeichnung über die kulturellen Beziehungen zwischen Deutschland und Österreich und die Möglichkeiten ihrer Förderung« [Dezember 1936], S. 4, PA Kult Gen Akten betr. Deutsch-Österreichisches Kulturabkommen, hier Kult Gen 5 adh. I, Bd. 1 1936–1937.

[43] »Verhandlungsprotokoll« über die Sitzung des deutsch-österreichischen Kulturausschusses am 23. 4. 1937 in Berlin, PA Kult Gen Akten betr. Deutsch-Österreichisches Kulturabkommen, hier Kult Gen 5 adh. I, Bd. 1 1936–1937; »Bericht über die Sitzung des Unterausschusses für die kulturellen Beziehungen zwischen Österreich und Deutschland vom 21.–24. Juli 1937 in Wien«, PA Kult Gen Akten betr. Deutsch-Österreichisches Kulturabkommen, hier Kult Gen 5 adh. VI, Bd. 1 1936–1937.

[44] Mitteilung des Unterausschußvorsitzenden Megerle an das Gestapa in Berlin vom 2. 9. 1937, PA Kult Gen Akten betr. Deutsch-Österreichisches Kulturabkommen, hier Kult Gen 5 adh. VI, Bd. 1 1936–1937. Als Gegenleistung für die Aufhebung des Verbots reichsdeutscher Bücher »von hohem

erfolg konnte allerdings die Aufhebung des Verbots von Hitlers »Mein Kampf« verbucht werden.[45] Sie wurde im Juli 1937 vom österreichischen Bundeskanzleramt nach dem Einlenken der Reichsregierung in der Frage der Beteiligung reichsdeutscher Künstler an den Salzburger Festspielen zugestanden.[46] Trotz Werbeverbots fand das nationalsozialistische Standardwerk nun vor allem in den österreichischen Großstädten weite Verbreitung.

Dagegen gelang es der deutschen Verhandlungsführung bis zum »Anschluß« nicht, die Verbreitung der Emigrantenliteratur in Österreich zu unterbinden. Die Exilverlage und deren Publikationen blieben weitgehend unbehelligt. Offenbar nutzte die österreichische Regierung sogar die Publikationen von Emigranten für ihre Gegenpropaganda. Denn im Dezember 1937 protestierte die Deutsche Gesandtschaft in Wien gegen den österreichischen »Heimatdienst«, der in seiner Leihbibliothek Konrad Heidens Hitler-Biographie, zwei Werke von Otto Strasser »sowie andere gegen das Dritte Reich und seine Führung gerichtete Tendenzschriften« in zahlreichen Exemplaren zur Ausleihe bereithielt.[47]

propagandistischem Wert« bat Megerle das Gestapa um die sofortige Freigabe von drei im katholisch-konfessionellen Pustet Verlag herausgegebenen Büchern. Exemplare der Verbotslisten und der für die Freigabe vorgesehenen Wunschlisten finden sich in PA Kult Gen Akten betr. Deutsch-Österreichisches Kulturabkommen, hier Kult Gen 5 adh. VI, Bd. 1 1936–1937 und Kult Gen 5 adh. III, Bd. 2 1937.

45 Die Freigabe von Hitlers »Mein Kampf« war gleich zu Beginn der Verhandlungen von deutscher Seite zur »Ehrensache« erklärt worden. S. die »Niederschrift« über die Besprechung der beteiligten Regierungsressorts und der Partei im AA am 30. 11. 1936 betr. Aufnahme kulturpolitischer Verhandlungen mit Österreich, hier S. 3, PA Kult Gen Akten betr. Deutsch-Österreichisches Kulturabkommen, hier Kult Gen 5 adh. I, Bd. 1 1936–1937.

46 Bericht der Deutschen Gesandtschaft Wien an das AA vom 5. 11. 1937, PA Kult Gen Akten betr. Deutsch-Österreichisches Kulturabkommen, hier Kult Gen 5 adh. VI, Bd. 2 1937.

47 »Verbalnote« der Deutschen Gesandtschaft Wien an das Österreichische Bundeskanzleramt, Auswärtige Angelegenheiten, vom 9. 12. 1937, PA Kult Gen Akten betr. Deutsch-Österreichisches Kulturabkommen, hier Kult Gen 5 adh. VI, Bd. 2 1937. Eine »Liste antideutscher Hetzliteratur«, auf der sich u. a. auch die vom Heimatdienst empfohlenen Bücher befanden, war der österreichischen Delegation auf der Sitzung des Unterausschusses für Buchfragen in Wien (21.–24. 7. 1937) mit dem Wunsch überreicht wor-

Im Kulturvertrag mit Italien wurde neben der Förderung des Buchaustauschs und der Übersetzungen (Artikel XXIII–XXV) erstmals die Ächtung von »entstellenden Werken (Tendenz-Literatur) politischer Emigranten« explizit festgeschrieben (Artikel XXVI).[48] Ähnlich wie gegenüber Ungarn diente auch im Falle Italiens der paritätisch besetzte Kulturausschuß als Plattform zur Durchsetzung der deutschen Interessen auf diesem Gebiet. So wurde 1939 von deutscher Seite moniert, daß »im vergangenen Jahr noch besonders viele Werke von deutschsprachigen Autoren, die nach 1933 wegen ihrer Abstammung oder politischen Haltung ins Ausland gingen, in die italienische Sprache übersetzt worden« seien.[49] Die italienische Delegation sagte daraufhin zu, diese Werke vom Markt zu entfernen und neue italienische Übersetzungen von »besonders repräsentativen deutschen Dichtungen der Gegenwart« vorzubereiten.[50] 1940 empfahl der Ausschuß den zuständigen Regierungsstellen die »Ausmerzung von Werken der deutschen und italienischen politischen Emigranten aus dem Buchhandel«.[51]

Allerdings scheinen diese Absichtserklärungen weitgehend Papier geblieben zu sein. Denn um das offenbar nicht gerade übermäßige privatwirtschaftliche Interesse an Übersetzungen zu stimulieren, wurden ab 1941 halbjährlich amtliche Listen mit empfehlenswerter Übersetzungsliteratur ausgetauscht.[52] Im Herbst 1941 mußte die Schrifttumsabteilung des Propagandaministeriums feststellen, daß in den italienischen Verlagskatalogen immer noch »Namen von aus Deutschland emigrierten

den, »für diese Werke ein Verbreitungsverbot in Östereich zu erlassen«. Der Bericht und die Liste (als Anlage 4) finden sich in PA Kult Gen Akten betr. Deutsch-Österreichisches Kulturabkommen, hier Kult Gen 5 adh. VI, Bd. 1 1936–1937.

48 Der Text des Abkommens ist veröffentlicht in RGBL/Teil II Nr. 21 vom 20. 5. 1939, S. 756–765, hier S. 763–764. Vgl. zum Kontext J. Petersen, Vorspiel zu »Stahlpakt« und Kriegsallianz: Das deutsch-italienische Kulturabkommen vom 23. November 1938, in: VfZG 36 (1988), S. 41–77.

49 »Übersicht über die zu den einzelnen Artikeln des deutsch-italienischen Kulturabkommens vom 23. November 1938 auf den Tagungen des deutsch-italienischen Kulturausschusses 1939–1942 angenommenen Entschließungen«, Berlin 1942, hier S. 23, PA Kult Pol V. O. (Liste 229), Paket 1/1.

50 Ebd.

51 Ebd., S. 24.

52 Ebd.

Schriftstellern« zu finden waren.[53] Zudem tauchten in den Auslagen italienischer Buchhandlungen Übersetzungen in Deutschland indizierter englischer und nordamerikanischer Werke auf, darunter auch Übersetzungen von Büchern jüdischer Emigranten.[54] Auf der Kulturausschußsitzung vom 4. bis 8. 5. 1942 in Rom gestand die italienische Delegation ein, daß die von deutscher Seite angemahnte Entfernung der Emigrantenliteratur aus den Leihbüchereien Italiens nicht ohne weiteres realisierbar war.[55]

Obwohl in dem Rahmenabkommen über die kulturelle Zusammenarbeit zwischen Deutschland und Japan nur eine sehr allgemeine Förderung der Beziehungen auf dem Gebiet der Literatur vereinbart worden war (Artikel II),[56] arbeitete die deutsche Seite von Anbeginn in den Kulturausschüssen in Berlin und Tokio auf die »Ausschaltung unerwünschter Literatur aus den Schulen und öffentlichen Bibliotheken« hin.[57] Bezüglich der Übersetzungen versuchte man die japanische Delegation darauf festzulegen, »außer der offensichtlich deutschfeindlichen Literatur auch das gesamte Schrifttum der aus Deutschland ausgewanderten Emigranten« zu unterbinden.[58] Denn selbst die »völlig unpolitischen« Bücher seien der »wirkliche[n] Zielsetzung deutscher Ideen völlig fremd« und daher geeignet, »in Japan ein falsches Bild von Deutschland herbeizuführen«.[59] Eine Begründung, die insbesondere auf die Publikationen von emigrierten deutschen Hochschullehrern und Lektoren abzielte. Da man auf deren Mitarbeit im Wissenschaftsbetrieb Japans

[53] »Bericht über die Besprechung über Schrifttumsfragen im Reichsministerium für Volksaufklärung und Propaganda am 4. September 1941«, hier S. 2, PA Deutsche Botschaft Rom (Qu.) Kult 11 Nr. 8c, Paket 1407/3.

[54] Ebd.

[55] »Übersicht über die zu den einzelnen Artikeln des deutsch-italienischen Kulturabkommens vom 23. November 1938 auf den Tagungen des deutsch-italienischen Kulturausschusses 1939–1942 angenommenen Entschließungen«, hier S. 26.

[56] RGBL/Teil II Nr. 22 vom 26. 5. 1939, S. 787–788, hier S. 787.

[57] »Niederschrift« über die Sitzung des deutsch-japanischen Kulturausschusses vom 4.–5. 4. 1940 in Berlin, hier S. 2, PA Kult Pol V. O. (Liste 229), Paket 1/3.

[58] »Niederschrift« über die Sitzung des deutsch-japanischen Kulturausschusses am 25. 2. 1942 in Berlin, hier S. 4, PA Kult Pol V. O. (Liste 229), Paket 1/3.

[59] Ebd.

aber nicht zu verzichten bereit war, erklärte sich die japanische Delegation lediglich dazu bereit,[60] ihrer Regierung die Einführung einer der deutschen Gesetzgebung vergleichbaren Regelung zur Einziehung »unerwünschter Literatur« zu empfehlen.[61]

Die Kulturverträge mit Spanien (Artikel 15),[62] Bulgarien (Artikel 23),[63] der Slowakei (Artikel 11)[64] und Rumänien (Artikel 11)[65] enthielten wiederum jeweils besondere Bestimmungen, mit denen die Verbreitung politisch mißliebiger Schriften im allgemeinen und der Literatur von Emigranten im besonderen unterbunden werden sollte. Da das Abkommen mit Spanien vom Franco-Regime nie ratifiziert wurde und zu den Tagungen der mit der Realisierung der übrigen Verträge betrauten Kulturausschüsse keine Protokolle vorliegen, sind die praktischen Auswirkungen dieser Vereinbarungen schwer zu beurteilen.

Insgesamt läßt sich jedoch sagen, daß die Kulturabkommen dazu benutzt wurden, die amtlicherseits anerkannte Literatur verstärkt in den für das nationalsozialistische Deutschland besonders interessanten Einflußsphären propagieren zu können. Dies galt vor allem für Südosteuropa. Hier gelang es der nationalsozialistischen Kulturpropaganda, den traditionellen Einfluß des französischen Buches zurückzudrängen, die Position der deutschen Minderheit zu stärken und die Verbreitung der von deutscher Seite als »schädlich und unerwünscht« deklarierten Literatur zu unterbinden. Diese Erfolge waren allerdings durch die wirtschaftliche und militärische Abhängigkeit der südosteu-

[60] Auf der Sitzung des deutsch-japanischen Kulturausschusses am 10. 7. 1940 in Berlin hatte der japanische Botschaftssekretär Koda der deutschen Delegation erklärt, »daß die japanische Auffassung der Rassenfrage, insbesondere der Judenfrage, von der deutschen abweiche, indem in Japan der wissenschaftliche Wert einer Lehre und nicht die Sprache, in der sie vorgetragen wird, bezw. die Person, von der sie vorgetragen wird, entscheidend seien«. S. die »Niederschrift« über die Sitzung, hier S. 4, in PA Kult Pol V. O. (Liste 229), Paket 1/3.

[61] »Niederschrift« über die Sitzung des deutsch-japanischen Kulturausschusses am 25. 2. 1942 in Berlin.

[62] Der Text des Deutsch-Spanischen Kulturabkommens ist abgedruckt in ADAP 1918–1945, Serie D 1937–1945, Bd. III, Baden-Baden 1951, S. 697–704, hier S. 702.

[63] RGBL/Teil II Nr. 2 vom 14. 1. 1941, S. 6–17, hier S. 13.

[64] RGBL/Teil II Nr. 38 vom 30. 12. 1942, S. 406–416, hier S. 409.

[65] RGBL/Teil II Nr. 26 vom 6. 7. 1943, S. 274–284, hier S. 278.

ropäischen Staaten vom Deutschen Reich entscheidend begünstigt.

Schwerer tat man sich hingegen bei den engsten politischen Verbündeten. Italien, Spanien und Japan ließen sich nicht ohne weiteres auf eine verstärkte Einfuhr und Verbreitung von Literatur aus dem nationalsozialistischen Deutschland ein. Der italienische Achsenpartner trat sogar in Südosteuropa als Konkurrent auf kulturellem Gebiet auf.[66] Selbst das Engagement italienischer Verleger und Schriftsteller in Deutschland wurde von deutschen Regierungsstellen und dem SD mit großem Argwohn beobachtet.[67] Die in den Kulturabkommen zugesicherten Restriktionen gegen die Emigrantenliteratur blieben in Italien und Japan aus praktischen und ideologischen Gründen lückenhaft. Dennoch gelang es nach zähen Verhandlungen auch hier, die »Rassezugehörigkeit« und die politische Vereinbarkeit mit dem Nationalsozialismus als Kriterien für Buchverbote durchzusetzen.

4.3. Die Buchausstellungen im Ausland

Seit 1936 bemühte sich die Reichsarbeitsgemeinschaft für Deutsche Buchwerbung in Verbindung mit der Auslandsorganisation der NSDAP verstärkt um eine Einbeziehung des Auslands in die »Woche des deutschen Buches«.[68] Dabei sollten Dichter-

[66] S. etwa die Berichte der Deutschen Gesandtschaft Preßburg an das AA vom 26. und 27. 2. 1942 über das italienische Kulturengagement in der Slowakei, PA Kult Gen Akten betr. Geheime Verschlußsachen des Referats Kult Gen, Bd. 5 1942.

[67] Schreiben des Chefs der Sipo und des SD (Amt IIIC3, gez. Ohlendorf) an Reichsleiter Bouhler vom 8. 10. 1942, BArch Potsdam NS 11/36 Bl. 2–4. Dem Schreiben waren als Anlage »Ergänzende Textstellen« (Bl. 5–25) beigefügt, in denen das Grundverständnis der italienischen »Kulturpropaganda« dargelegt und die kulturpolitischen Aktivitäten Italiens im Deutschen Reich mit Beispielen belegt wurden.

[68] S. dazu den Antrag der RADB auf einen Zuschuß von 6000 RM zur »Woche des deutschen Buches« im Ausland bei der Kulturabteilung des AA vom 19. 12. 1935, PA Kult Pol VI W, Bd. 14; die »Anweisung [der RADB] für die Kundgebung anläßlich der Woche des Deutschen Buches im Ausland« vom 25. 9. 1935, ebd.; sowie den »Erlaß« des AA (Kult W) an sämtliche deutschen Auslandsvertretungen vom 11. 8. 1936, PA Kult Pol VI W, Bd. 19. Mit einem vertraulichen Erlaß vom 28. 9. 1936 ordnete die Kultur-

lesungen und Buchausstellungen die Kenntnis und Verbreitung des »deutschen Buches« fördern. Mit finanzieller Unterstützung der Kulturabteilung des Auswärtigen Amtes konnten zur Buchwoche im Herbst 1936 erstmals Ausstellungen in verschiedenen Haupt- und Großstädten Europas, Südafrikas, Südamerikas, Chinas sowie in Alexandrien, Tokio und in Bombay veranstaltet werden.[69]

1937 wurde zur Vorbereitung der Buchwochen im Ausland von der Reichsarbeitsgemeinschaft ein »Interner Beirat für die Auslandsbuchwerbung« neu eingerichtet.[70] Dem Gremium gehörten neben Mitarbeitern des Propagandaministeriums und der RSK je ein Vertreter des Auswärtigen Amts, des Kulturamts der NSDAP-Auslandsorganisation sowie der Auslandsabteilung des Börsenvereins an. Für die Buchwoche im Herbst 1937 waren insgesamt 12 Ausstellungen im Umfang von je 3000–4000 Büchern geplant.[71] Schwerpunkte bildeten Kowno in Litauen, Brüssel, Belgrad, Zagreb, Shanghai und eine Wanderausstellung für Südamerika.[72] Auch in einer Reihe polnischer Städte wurde mit Ausstellungen für das »neue deutsche Buchschaffen« und die Kulturarbeit der Auslandsdeutschen geworben.[73]

abteilung des AA ihrerseits bei den deutschen Botschaften, Gesandtschaften und Generalkonsulaten eine Intensivierung der Buchpropaganda im Ausland an. Ein Exemplar des Erlasses findet sich in PA Deutsche Botschaft Rom (Qu.), Propaganda – Verbreitung politischer, wirtschaftlicher und wissenschaftlicher Literatur pp. im Ausland und sonstige politische Propaganda (Pol 19a2, 831b). S. auch R. Erckmann, Die Buchausstellung als Mittel nationalsozialistischer Schrifttumspropaganda, in: NSB 2, H. 10 (1937), S. I–XII. In Auszügen nachgedruckt in: Bbl. 104. Jg., Redaktioneller Teil, Nr. 162 vom 10. 2. 1938, S. 114–115.

[69] Verwendungsnachweis vom 16. 1. 1937 betr. die vom AA für die RADB zur Verfügung gestellten 6000 RM für Veranstaltungen im Rahmen der Woche des deutschen Buches, PA Kult Pol VI W, Bd. 19.

[70] Mitteilung des Präsidenten der RSK (i. V. Wismann) an das AA vom 19. 5. 1937, PA Kult Pol VI W, Bd. 19.

[71] »Protokoll« über die erste Sitzung des Auslandsbeirates der RADB am 5. 7. 1937, PA Kult Pol VI W, Bd. 19. S. auch den von der AO der NSDAP/Kulturamt und der RADB unterzeichneten »Arbeitsplan für die Veranstaltungen im Ausland anläßlich der ›Woche des deutschen Buches‹ im November 1937«, ebd.

[72] »Protokoll« über die erste Sitzung des Auslandsbeirates der RADB am 5. 7. 1937, S. 2.

[73] »Buchwoche und deutsche Buchausstellung in Polen«, in: Bbl. 104. Jg., Redaktioneller Teil, Nr. 291 vom 16. 12. 1937, S. 1002–1003.

Zu den Ausstellungen erschienen jeweils Buchverzeichnisse mit rund 160 Titeln der wesentlichen älteren Literatur und rund 200 Titeln der aktuellen Jahresproduktion.[74]

Unabhängig von der Buchwoche organisierte die Auslandsabteilung des Börsenvereins auf Anregung der Deutsch-Bulgarischen Gesellschaft im Frühjahr 1937 eine deutsche Buchschau in Sofia.[75] Die in der Universitätsbibliothek präsentierten rund 2000 Titel stellten insbesondere die wissenschaftliche und politische Literatur des neuen Deutschland vor. Die im September 1937 von der Nordischen Gesellschaft durchgeführte Ausstellung »Das deutsche Buch« in Kopenhagen rückte dagegen die schöngeistige Literatur in den Vordergrund.[76]

Zu einem großen propagandistischen Erfolg wurde die Präsentation deutscher Bücher auf der Weltausstellung in Paris. Mit der Zusammenstellung der im Deutschen Pavillon gezeigten Buchausstellung hatte das Propagandaministerium den Leiter der Abteilung »Künstlerische Drucke« der Deutschen Bücherei betraut.[77] Eingebunden in die Embleme der nationalsozialistischen Herrschaft wurde in sechs Gruppen überwiegend unpolitisches deutsches Kunstschaffen demonstriert: der künstlerische Einband, monumentale Reproduktionswerke, Bibliophile und Privat-Drucke, Arbeiten der großen Schriftkünstler, das illustrierte Buch sowie das gute Gebrauchsbuch und das Kinderbuch.[78] War die Teilnahme an der Weltausstellung schon an sich eine ausgezeichnete Möglichkeit zur Propaganda für das neue Deutschland, so konnte das Propagandaministerium auch noch mit Stolz auf zahlreiche hohe Auszeichnungen für deut-

[74] »Protokoll« über die erste Sitzung des Auslandsbeirates der RADB am 5. 7. 1937, S. 2.

[75] »Deutsche Buchausstellung in Sofia«, in: Bbl. 104. Jg., Redaktioneller Teil, Nr. 136 vom 17. 6. 1937, S. 521.

[76] K. Baur, Die Deutsche Buchausstellung in Kopenhagen. Ein Reisebericht, in: Bbl. 104. Jg., Redaktioneller Teil, Nr. 222 vom 25. 9. 1937, S. 758–760; H. Schirmer, Deutsche Buchausstellung in Kopenhagen, in: NSB 2, H. 9 (1937), S. I–VIII.

[77] H. Cordes, Das deutsche Buch auf der Weltausstellung in Paris, in: Bbl. 104. Jg., Redaktioneller Teil, Nr. 144 vom 26. 6. 1937, S. 545–546, hier S. 545.

[78] S. im einzelnen ebd.

sche Buch- und Druckfirmen verweisen.[79] Einer der Großen Preise ging sogar an den Eher Verlag, und zwar »für die Leistung, die er durch ein ausgestelltes Exemplar von Adolf Hitlers ›Mein Kampf‹ belegt hatte«.[80]

Als Bestandteil des in den Kulturabkommen mit Italien und Spanien vereinbarten Austauschprogramms wurden im Mai 1939 in Rom und in San Sebastián mit großem propagandistischem Aufwand deutsche Buchausstellungen aufgezogen. Die vom 3. bis 18. 5. 1939, also kurze Zeit vor der Unterzeichnung des deutsch-italienischen »Stahlpaktes«, im Mercato di Traiano in Rom gezeigte Ausstellung sollte die Verbundenheit des faschistischen Italien mit dem nationalsozialistischen Deutschland demonstrieren.[81] Die rund 2500 ausgestellten Bände waren so geschickt zusammengestellt worden, daß nicht nur für politisches Schrifttum, sondern auch für deutsche Übersetzungen italienischer Werke, für die geistes- und naturwissenschaftliche sowie für die technische Literatur geworben werden konnte.[82] Von der Schrifttumsabteilung des Propagandaministeriums wurde zudem ein Verzeichnis herausgegeben, das auf italienische Übersetzungen der Werke deutscher Gegenwartsschriftsteller aufmerksam machte.[83] Sehr bewußt bediente man sich bei der Ausstattung der Ausstellungsräume auch vi-

[79] »Internationale Anerkennung der deutschen Buch- und Druckerzeugung auf der Pariser Weltausstellung 1937«, in: Bbl. 104. Jg., Redaktioneller Teil, Nr. 287 vom 11. 12. 1937, S. 993.

[80] Ebd.

[81] Bericht des Deutschen Botschafters von Mackensen an das AA vom 31. 5. 1939 betr. die Vorbereitung, den Aufbau und den Verlauf der Buchausstellung sowie den Text der Eröffnungsrede Mackensens, PA Deutsche Botschaft Rom (Qu.), Politik: Deutschland – Propaganda (Pol 19 a 1), Sonderband: Buchausstellung (831 a).

[82] Bericht von Mackensens an das AA vom 31. 5. 1939, S. 2–4. Die Wissenschaftsliteratur war erst nachträglich in die Ausstellungskonzeption einbezogen worden, »da das Fehlen gerade dieser Literatur auf einer Auslandsausstellung der deutschfeindlichen Propaganda über den angeblichen Rückgang der Wissenschaft in Deutschland Stoff liefern könnte«. S. den Erlaß des AA an die Deutsche Botschaft Rom vom 15. 3. 1939, PA Deutsche Botschaft Rom (Qu.), Politik: Deutschland – Propaganda (Pol 19 a 1), Sonderband: Buchausstellung (831 a); sowie das Schreiben der Schrifttumsabteilung des Propagandaministeriums an die Deutsche Botschaft in Rom vom 30. 3. 1939 betr. Erweiterung der Buchausstellung Rom, ebd.

[83] W. Ruoff, Die deutsche Buchausstellung in Rom, in: Bbl. 104. Jg., Redaktioneller Teil, Nr. 162 vom 11. 5. 1939, S. 402–403, hier S. 403.

sueller Werbemöglichkeiten. Während das am Eingang aufgehängte großformatige Plakat mit Goethe und Schiller an die Tradition der deutschen Klassik erinnern sollte,[84] machten die oberhalb der Buchreihen angebrachten Photographien die Ausstellungsbesucher mit führenden Persönlichkeiten des politischen und gesellschaftlichen Lebens aus Deutschland bekannt.[85]

Die von der Landesgruppe Spanien der NSDAP-Auslandsorganisation geleitete Ausstellung in San Sebastián umfaßte insgesamt rund 4000 Bände.[86] Zu der Ausstellung hatte die Reichsarbeitsgemeinschaft für Deutsche Buchwerbung Schriften über den Nationalsozialismus und zur neueren deutschen Literatur zur Verfügung gestellt. Mit Rücksichtnahme auf die spanischen Interessen steuerten die deutschen Buchhandlungen in Barcelona und in Madrid zusätzlich noch einen umfangreichen Bestand an medizinischer, chemischer und technischer Literatur bei.[87]

Anfang August 1939 entwickelte Dr. Paul Hövel von der Schrifttumsabteilung des Propagandaministeriums gegenüber dem Auswärtigen Amt und der Auslandsorganisation der NSDAP einen Plan zur Aktivierung der Buchausstellungen des Reiches im Ausland.[88] Um die »Vorstellung einer festen politischen Propagandaveranstaltung« zu vermeiden, sollte die »Woche des deutschen Buches« im Ausland zukünftig »in eine Reihe von Einzelveranstaltungen aufgelöst« werden.[89] »Mit Rücksicht auf die Voreingenommenheit und die Widerstände, die der Wirkung des deutschen Buches im Ausland entgegenstehen«, sollten auch die Buchausstellungen »auf einzelne Unternehmungen ausgerichtet« werden, die »jeweils einem ganz

[84] Bericht von Mackensens an das AA vom 31. 5. 1939, S. 3.

[85] Ebd., S. 4.

[86] Bericht des Deutschen Botschafters von Stohrer an das AA vom 22. 5. 1939 betr. Deutsche Buchausstellung in San Sebastián, PA Akten der Deutschen Botschaft Madrid betr. Buchausstellungen – Woche des deutschen Buches (1937–1940).

[87] Hinweis ebd.

[88] Eine Abschrift des Schreibens der Schrifttumsabteilung im Propagandaministerium an die Kulturabteilung des AA vom 2. 8. 1939 findet sich in den Akten der Deutschen Botschaft Madrid betr. Buchausstellungen – Woche des deutschen Buches (1937–1940).

[89] Ebd., S. 1.

bestimmten Lande und dessen Beziehungen zu Deutschland gelten«.[90]

Die amtlichen deutschen Stellen sollten dabei zwar weiterhin die »Gesamtverantwortung« in konzeptioneller, organisatorischer und finanzieller Hinsicht übernehmen.[91] Nach außen müßten aber bei der Vorbereitung und Durchführung der Buchausstellungen »in stärkerem Maße die zwischenstaatlichen Vereinigungen, Schrifttumsorganisationen, Hochschulen und andere Körperschaften« in Erscheinung treten.[92] Für den Winter 1939/40 wurden Großausstellungen in Madrid und Barcelona, Belgrad und Zagreb, Bukarest, Sofia und Stockholm angekündigt.[93] Kleinere Ausstellungen, die »weniger der betonten kulturpolitischen Repräsentation als der laufenden Orientierung über das deutsche Schrifttum« dienen sollten, waren für Preßburg, Kowno, Mitau, Den Haag, Kopenhagen, Jugoslawien und Siebenbürgen geplant.[94]

Trotz des Kriegsausbruchs konnte die Schrifttumsabteilung in Verbindung mit dem Werbe- und Beratungsamt für das deutsche Schrifttum und dem Deutsch-Ausländischen Buchtausch ihre weitreichenden Ausstellungspläne im Laufe der kommenden Jahre im wesentlichen realisieren. Am 9. 12. 1939 wurde in Belgrad – »in Anwesenheit des Prinzregenten Paul von Jugoslawien und des jugoslawischen Kabinetts« – eine repräsentative deutsche Buchausstellung eröffnet.[95] Bei der rund 4000 Bände umfassenden Buchauswahl war – »auf jugoslawischen Wunsch« – besonderer Wert auf Literatur-, Kunst- und Musikgeschichte, Philosophie, Weltanschauung und Erziehung gelegt worden.[96] 1940 folgten in dem für die nationalsozialistische Außenpolitik besonders wichtigen südosteuropäischen Raum noch Ausstel-

[90] Ebd., S. 1.
[91] Ebd., S. 2.
[92] Ebd.
[93] S. im einzelnen ebd., S. 3–4.
[94] Ebd., S. 4–5. Zitat S. 4.
[95] W. Ruoff, Prinzregent Paul auf der Belgrader Deutschen Buchausstellung, in: Bbl. 106. Jg., Redaktioneller Teil, Nr. 294/295 vom 19. 12. 1939, S. 765–766.
[96] Hinweis ebd., S. 765.

lungen in Sofia,[97] Budapest[98] und Bukarest.[99] Deren Hauptakzent lag entsprechend den primär ökonomischen Interessen der Gastländer jeweils auf der technischen, naturwissenschaftlichen und medizinischen Literatur.

Dagegen wollte die im Dezember 1940 in Madrid und im Februar 1941 in Barcelona gezeigte Buchausstellung sowohl mit politischer und militärischer als auch mit schöngeistiger und wissenschaftlicher Literatur für den Nationalsozialismus werben.[100] Als Geste der Verbundenheit, die 1939 bereits gegenüber dem faschistischen Italien eingesetzt worden war, wurden die rund 6000 Bände nach Abschluß der Ausstellung dem frankistischen Nationalspanien geschenkt.

Vom 8. bis 19. 11. 1940 wurde im Kopenhagener Schloß Charlottenborg eine dreitausend Bände umfassende Buchschau gezeigt. Die Ausstellung verfolgte das Ziel, »zur Beschäftigung mit dem Geistesgut des nationalsozialistischen Deutschland« aufzufordern.[101] Bei der Zusammenstellung der Bücher hatten sich die Schrifttumsabteilung des Propagandaministeriums und die Reichstauschstelle daher um ein möglichst breites Themenspektrum bemüht: Es reichte von »Nationalsozialismus«, »Geschichte und Weltpolitik«, »Wirtschaft und Arbeit« sowie »Recht« über »Gegenwartsdichtung«, »Kunst«, »Erziehung und Philosophie« bis zu den Fachgruppen »Medizin«, »Land- und Forstwirtschaft« sowie »Schrifttum über das Handwerk«. Als Sonderbeigabe im Gutenbergjahr war noch eine »Abteilung neuzeitlichen Buchschaffens« einbezogen worden. Das Ausstellungskonzept zielte – wie in Rom – auf eine wirkungsvolle

[97] W. Ruoff, Das deutsche Buch im Südosten. Minister Wassileff eröffnete die Buchausstellung in Sofia, in: Bbl. 107. Jg., Redaktioneller Teil, Nr. 41 vom 17. 2. 1940, S. 55.

[98] K. Baur, Deutsche Buchausstellung in Budapest, in: Bbl. 107. Jg., Redaktioneller Teil, Nr. 115 vom 21. 5. 1940, S. 193–195.

[99] W. Ruoff, Das deutsche Buch im Südosten. Unterrichtsminister Braileanu eröffnete die Deutsche Buchausstellung in Bukarest, in: Bbl. 107. Jg., Redaktioneller Teil, Nr. 237 vom 10. 10. 1940, S. 361–362.

[100] W. Ruoff, Das deutsche Buch in Spanien. Madrider deutsche Buchausstellung als Buchstiftung für Spanien, in: Bbl. 107. Jg., Redaktioneller Teil, Nr. 289 vom 10. 12. 1940, S. 457–458; K. Baur, Deutsche Buchausstellung in Barcelona vom 7. bis 23. Februar 1941, in: Bbl. 108. Jg., Redaktioneller Teil, Nr. 51 vom 1. 3. 1941, S. 73–75.

[101] So W. Ruoff, Das deutsche Buch im Norden, in: Bbl. 107. Jg., Redaktioneller Teil, Nr. 269 vom 16. 11. 1940, S. 429.

»Einheit von Büchern, Bildreproduktionen, Kunstgewerbe und repräsentativer Raumgestaltung«.[102]

Vom 15. 1. bis 3. 2. 1941 folgte eine Buch- und Graphikausstellung im Stockholmer Nationalmuseum.[103] Im Mittelpunkt dieser Ausstellung, die im Rahmen einer repräsentativen Veranstaltung vom schwedischen Kronprinzen eröffnet wurde, standen die schöngeistige Literatur, Übersetzungen schwedischer Bücher ins Deutsche, das Kinder- und Jugendbuch, auf besonderen Wunsch der Gastgeber die »Billigen Sammlungen und Reihen« sowie Wissenschafts- und Fachliteratur. Die Literatur zum Nationalsozialismus hatte man demgegenüber mehr im Hintergrund belassen, ohne damit jedoch ihre Wirkung aus dem Auge zu verlieren.[104] Die vom 4. bis 24. 5. 1941 in der Staatlichen Kunsthalle in Helsinki zu sehende deutsche Buchausstellung stand unter dem Leitthema »Staatsmänner, Denker, Dichter formen das Volk (Bücher machen Geschichte)«.[105] Die Ausstellung war im Auftrag der Nordischen Gesellschaft vom Amt Schrifttumspflege zusammengestellt worden.

Während die Buchausstellungen in Süd-, Südost- und Nordeuropa, die stets als Beiträge zur kulturellen Neugestaltung Europas verkauft wurden, eher indirekt für das »Dritte Reich« werben sollten,[106] brachten sie in den von deutschen Truppen besetzten Gebieten den nationalsozialistischen Hegemonieanspruch unverhohlen zum Ausdruck. Im »Protektorat Böhmen und Mähren«, im »Generalgouvernement«, in »Elsaß-Lothringen«, in Frankreich, den Beneluxstaaten und in Norwegen ging es nicht mehr um geistigen Austausch, sondern nur noch um die einseitige Propaganda für das deutsche Buch.

Prag und Krakau dienten seit 1940 als Veranstaltungsorte für die im Rahmen der Buchwoche gezeigten Sonderausstellungen

[102] Hinweis ebd.

[103] W. Ruoff, Das deutsche Buch im Norden. Kronprinz Gustav Adolf bei der Eröffnung der Deutschen Buch- und Grafikausstellung in Stockholm, in: Bbl. 108. Jg., Redaktioneller Teil, Nr. 27 vom 1. 2. 1941, S. 34–35.

[104] W. Ruoff, Zur Nachwirkung der deutschen Buchausstellung in Stockholm. Bedeutsame Äußerungen der schwedischen Presse, in: Bbl. 108. Jg., Redaktioneller Teil, Nr. 71 vom 25. 3. 1941, S. 110.

[105] H. G. Otto, Buchausstellung in Helsinki, in: Bbl. 108. Jg., Redaktioneller Teil, Nr. 128 vom 5. 6. 1941, S. 231–232.

[106] P. Hövel, Das deutsche Buch im Neuaufbau Europas, in: Bbl. 108. Jg., Redaktioneller Teil/Kantate-Ausgabe, Nr. 107 vom 10. 5. 1941, S. 3–5; W. Ruoff, Deutsche Buchausstellungen in Europa, in: ebd., S. 18–20.

und die »Jahresschau des deutschen Schrifttums«.[107] In Straßburg und in Oslo waren 1941 große deutsche Fachbuchausstellungen zu sehen.[108] Den Haag hatte im November 1941 zusammen mit schöngeistiger und künstlerischer Literatur politisches Schrifttum des Nationalsozialismus auszustellen, die Amsterdamer Universitätsbibliothek wissenschaftliches Schrifttum aus Deutschland.[109] 1942 wurde in allen Großstädten Flanderns mit einer umfangreichen Präsentation von Übersetzungen aus Literatur, Politik und Kunst für die flämisch-deutsche Symbiose geworben.[110]

5. Die »berufsständische Betreuung« der Buchhändlerschaft durch die Reichsschrifttumskammer

5.1. Die Maßnahmen zur fachlichen Ausbildung des Nachwuchses

Am 1. 5. 1934 erließ RSK-Präsident Blunck eine »Anordnung« über die Gründung einer »Schule des deutschen Buchhandels

[107] E. Langenbucher, Buchausstellungen als politische Aufgabe, in: Bbl. 107. Jg., Redaktioneller Teil, Nr. 241 vom 15. 10. 1940, S. 369–370; ders., »Schrifttum des deutschen Ostens«, in: Nachrichtendienst – »Herbstveranstaltungen für das deutsche Schrifttum 1940«, S. 4–5; R. Urban, Eröffnung der Deutschen Buchausstellung in Prag, in: Bbl. 107. Jg., Redaktioneller Teil, Nr. 261 vom 7. 11. 1940, S. 417; S. Losch, Deutscher Kampf im Osten. Zur Buchausstellung in der Hauptstadt des Generalgouvernements, in: Bbl. 108. Jg., Redaktioneller Teil, Nr. 258 vom 4. 11. 1941, S. 382–383.

[108] »Arbeit am Rüstzeug des werktätigen Volkes«. Fachbuchausstellung in Straßburg, in: Bbl. 108. Jg., Redaktioneller Teil, Nr. 83 vom 8. 4. 1941, S. 130–131.

[109] W. Ruoff, Das deutsche Buch in Holland, in: Bbl. 108. Jg., Redaktioneller Teil, Nr. 288 vom 9. 12. 1941, S. 419–420.

[110] W. Langenbucher, Flämisch-Deutsche Buchausstellung, in: Bbl. 109. Jg., Redaktioneller Teil, Nr. 55/56 vom 17. 3. 1942, S. 58; W. Ruoff, Deutsche Buchausstellung in Brüssel, in: ebd., Nr. 61/62 vom 24. 3. 1942, S. 61; W. Langenbucher, Eindrücke von der Deutschen Buchausstellung in Brüssel, in: ebd., Nr. 80/81, S. 78–79; W. Ruoff, Deutsche Buchausstellung in Antwerpen, in: ebd., Nr. 176/177 vom 11. 8. 1942, S. 159.

zu Leipzig«.[1] Ab dem 1. 10. 1934 galt die Ausbildung zum Buchhändler »nur dann als ordnungsgemäß abgeschlossen, wenn sie durch die vom Buchhandel eingerichtete Gehilfenprüfung beendet wird«.[2] Damit erfüllte die Kammer den Punkt 5 des »Sofortprogramms des deutschen Buchhandels« vom 12. 4. 1933, in dem der Gesamtvorstand des Börsenvereins für die »Schaffung einer pflichtmäßigen staatlichen Gehilfenprüfung« eingetreten war.[3]

Das Zeugnis über die bestandene Gehilfenprüfung sollte jedoch nur »eine der Voraussetzungen für die zur buchhändlerischen Berufsbetätigung nötige Eignung« sein, wie sie im § 10 der ersten Durchführungsverordnung zum RKK-Gesetz für die kulturvermittelnden Berufe gefordert worden war.[4] Die »Anordnung« verpflichtete die Lehrlinge nämlich auch dazu, im letzten Ausbildungsjahr und noch vor der Ablegung der Gehilfenprüfung einen vierwöchigen Kursus in der neu errichteten Buchhandelsschule zu absolvieren.[5] Die Lehrherren hatten ihre Lehrlinge für den vierwöchigen Kurs freizustellen, wobei der Lohn weitergezahlt werden mußte und der Schulaufenthalt nicht auf den Urlaubsanspruch angerechnet werden durfte.[6] Als Schulgeld sowie zur Deckung der Kosten für Unterbringung und Verpflegung wurden 100 RM erhoben, die mit Beginn der Lehrzeit von den Lehrlingen über monatliche Einzahlungen auf das »Sparkonto Reichsschule« vorfinanziert werden sollten.[7]

Die »Reichsschule des Deutschen Buchhandels« wurde am

[1] Die »Anordnung des Präsidenten der Reichsschrifttumskammer« vom 1. 5. 1934 ist veröffentlicht in: Bbl. 101. Jg., Redaktioneller Teil, Nr. 113 vom 17. 5. 1934, S. 441.

[2] Ebd. (§ 1).

[3] Bbl. 100. Jg., Redaktioneller Teil, Nr. 101 vom 3. 5. 1933, hier S. 322.

[4] »Anordnung des Präsidenten der Reichsschrifttumskammer« vom 1. 5. 1934 (§ 2).

[5] Ebd. (§ 3).

[6] »Bestimmungen über die Errichtung der ›Verwaltungsstelle Reichsschule des deutschen Buchhandels‹« vom 17. 8. 1934, in: Bbl. 101. Jg., Redaktioneller Teil, Nr. 194 vom 21. 8. 1934, S. 738 (Pkt. 3).

[7] Ebd. (Pkt. 3–5); sowie die »Bekanntmachung über die Reichsschule des deutschen Buchhandels« vom 10. 12. 1934, in: Bbl. 101. Jg., Redaktioneller Teil, Nr. 294 vom 18. 12. 1934, S. 1101 (Pkt. 8).

1. 4. 1935 eröffnet.[8] Da ein ursprünglich vorgesehener Neubau für die Verwaltungs-, Seminar- und Internatsräume nie realisiert wurde,[9] blieb es bei der provisorischen Unterbringung der Schule im Leipziger Buchhändlerhaus. Für den Lehrbetrieb, der offiziell im Mai 1935 aufgenommen wurde, standen vier hauptamtliche Lehrkräfte zur Verfügung.[10] Die Zahl der Schüler lag im ersten Schuljahr 1935/36 bei 492 und stieg bis 1938/39 auf 812 an.[11] Die Lehrlinge, von denen ⅗ über 20 Jahre alt waren, besaßen überwiegend Mittelschulreife oder Abitur und kamen mehrheitlich aus dem Sortiment.[12] Der Anteil von Männern und Frauen hielt sich bis 1939 in etwa die Waage.[13] Während des Krieges sanken die Schülerzahlen aufgrund der zahlreichen Einberufungen zur Wehrmacht.[14] Nach-

[8] Mitteilung des Börsenvereins betr. »Die Reichsschule des deutschen Buchhandels« vom 10. 3. 1935, in: Bbl. 101. Jg., Redaktioneller Teil, Nr. 62 vom 14. 3. 1935, S. 205.

[9] Das »Modell« des Neubaus, in dem neben der Reichsschule auch das Buchgewerbemuseum sowie die Bibliotheken des Börsenvereins und des Buchgewerbevereins untergebracht werden sollten, wurde Goebbels am 14. 10. 1936 vorgeführt. S. den Bericht im Bbl. 102. Jg., Redaktioneller Teil, Nr. 247 vom 22. 10. 1936, S. 919. Doch obwohl der Propagandaminister dem Projekt grundsätzlich seine Förderung zugesagt hatte und im Etat der RSK bereits ein Sonderposten zur Finanzierung der »Reichsschule des deutschen Buchhandels« eingerichtet worden war, scheiterte die Ausführung vermutlich an den mit Kriegsbeginn veränderten Präferenzen der staatlichen Literaturpolitik.

[10] Dazu im einzelnen der von Schulleiter Dr. Walter Hoyer am 22. 6. 1936 vorgelegte »Bericht der Reichsschule des Deutschen Buchhandels zu Leipzig für das Schuljahr 1935/36«, S. 3.

[11] Vgl. die Zahlenangabe ebd., S. 5, mit dem für das Schuljahr 1938/39 erstatteten »Bericht der Reichsschule des Deutschen Buchhandels«, in: Bbl. 106. Jg., Redaktioneller Teil, Nr. 93 vom 22. 4. 1939, S. 319.

[12] »Bericht der Reichsschule des Deutschen Buchhandels zu Leipzig für das Schuljahr 1935/36«, S. 5–6. Diese statistischen Angaben decken sich im wesentlichen mit denjenigen, die bis 1941 in den jeweils zur Kantate-Versammlung des Börsenvereins im Börsenblatt veröffentlichten Jahresberichten der Reichsschule nachzulesen waren.

[13] Ebd. Im Schuljahr 1940/41 war erstmals ein krasses Mißverhältnis festzustellen: 329 weiblichen Lehrlingen standen nur mehr 171 männliche Lehrlinge gegenüber.

[14] Im Schuljahr 1939/40 wurde die Reichsschule noch von 659 Lehrlingen besucht, 1940/41 waren es nur mehr 500. S. die Jahresberichte der Reichsschule im Bbl. 107. Jg., Redaktioneller Teil, Nr. 80 vom 6. 4. 1940, S. 116–

dem die Lehrgänge zu Beginn des Jahres 1940 bereits auf drei Wochen verkürzt worden waren,[15] wurden sie im Januar 1942 dann ganz »ausgesetzt«.[16] Allerdings bemühte sich die Kammer, mit der Herausgabe eines Fernunterrichtswerks unter dem Titel »Briefe zur Berufsförderung« die fachliche und ideologische Schulung des buchhändlerischen Nachwuchses fortzusetzen.[17]

Zu Beginn seiner Amtszeit als Direktor der Reichsschule hatte Dr. Walter Hoyer in einem Vortrag sein Grundverständnis der »Berufserziehung junger Buchhändler« klar zum Ausdruck gebracht.[18] »Wir gehen dabei von der entscheidenden nationalsozialistischen Erkenntnis aus, daß kein Stand und kein Beruf in der Nation für sich allein steht, sondern in der Gemeinschaft, ohne welche er selbst nichts wäre, und daß jeder Berufsstand erst dann seinen Sinn erfüllt, wenn er seinen Ort und seine Pflichten im Gesamtwerden des Volkes richtig erkennt, wenn er die Wirkungen seines Handelns abzuschätzen vermag und wenn er aus innerer Überzeugung der Gemeinschaft dient«.[19] Während man im Börsenverein zunächst nur an einer staatlich geschützten Lehrlingsausbildung und an einer Hebung des Ausbildungsniveaus interessiert gewesen war, verfolgte die Kammer von Anbeginn das offen artikulierte Ziel, den buchhändlerischen Nachwuchs zu einer »verantwortungsbewußten

117, bzw. im Bbl. 108. Jg., Redaktioneller Teil, Nr. 96 vom 26. 4. 1941, S. 161.

[15] »Jahresbericht 1939–1940 der Reichsschule des Deutschen Buchhandels«, in: Bbl. 107. Jg., Redaktioneller Teil, Nr. 80 vom 6. 4. 1940, hier S. 116.

[16] Mitteilung der Reichsschrifttumskammer, Abt. III Gruppe Buchhandel vom 7. 1. 1942, in: Bbl. 109. Jg., Redaktioneller Teil, Nr. 6 vom 10. 1. 1942, S. 5.

[17] »Der deutsche Buchhandel. Briefe zur Berufsförderung«, hg. von der Reichsschrifttumskammer, Gruppe Buchhandel (Schriftwaltung Gerhard Schönfelder), Leipzig 1942. Das Fernunterrichtswerk war in 15 »Briefe« aufgeteilt, in denen die Dozenten der Reichsschule und der Deutschen Buchhändler-Lehranstalt die Buchhandelslehrlinge über die grundlegenden kulturpolitischen und berufsspezifischen Themengebiete informierten.

[18] »Die Grundlagen der Berufserziehung junger Buchhändler«, in: Bbl. 102. Jg., Redaktioneller Teil, Nr. 99 vom 30. 4. 1935, S. 338–340.

[19] Ebd., S. 338–339.

Berufsgesinnung im Geiste der nationalsozialistischen Weltanschauung« zu erziehen.[20]

Der »Schulungsplan« an der Reichsschule sah daher drei Unterrichtsschwerpunkte für den vierwöchigen Kursus vor. Die »kulturpolitische Berufskunde« (mit 24½ Stunden) sollte den Lehrlingen vor allem ein Grundverständnis von der politischen Ausrichtung des Buchhändlerberufs vermitteln, sie mit der Reichskulturkammergesetzgebung, den staatlichen und parteiamtlichen Schrifttumsstellen vertraut machen und eine Einführung in die Praxis der Literaturvermittlung geben.[21]

Die »Buchhandelskunde« (mit 48½ Stunden) diente der Erweiterung der Fachkenntnisse im Bereich der Buchwirtschaft und des Buchrechts.[22] Neben dem theoretischen Unterricht fanden Besichtigungen buchgewerblicher und buchhändlerischer Betriebe sowie von besonderen Buchhandelseinrichtungen Leipzigs (Deutsche Bücherei, Bestellanstalt, Paketaustauschstelle, Buchhändler-Abrechnungsgenossenschaft u.a.) statt.[23] Bei der »Bücher- und Wissenschaftskunde« wurde mit je 32 Stunden zum einen die »Historische und politische Literatur«, zum anderen die »Schöne Literatur und Literaturgeschichte« behandelt.[24] Die Auswahl der Themen und Beispiele erfolgte auch hier eindeutig unter politisch-weltanschaulichen Gesichtspunkten. Während in der ersten Gruppe die Standardwerke führender Nationalsozialisten und Schriften zu Grundfragen des Nationalsozialismus durchgenommen werden sollten, wurden die Lehrlinge in der zweiten Gruppe mit den Werken der völkisch-nationalen und nationalsozialistischen Literatur vertraut gemacht.

Um eine »sichere Einschätzung der Persönlichkeit und eine unmittelbare Beeinflussung« gewährleisten zu können,[25] wurde in den »Schulungsplan« auch die »Pflege der Kameradschaft«

[20] So die Aufgabenstellung im »Ausbildungsplan« der Reichsschule des Deutschen Buchhandels zu Leipzig, Leipzig [6. 2.] 1937, S. 2. Die gleiche Zielsetzung war bereits im Bericht Hoyers vom 22. 6. 1936 über das erste Schuljahr 1935/36, hier S. 7, enthalten.

[21] »Ausbildungsplan« der Reichsschule vom 6. 2. 1937, S. 3.

[22] Ebd., S. 3–4.

[23] Ebd., S. 4.

[24] Ebd., S. 4–6.

[25] So Hoyer in seinem Bericht vom 22. 6. 1936, S. 14.

(mit 25½ Stunden und zwei Tagesfahrten) aufgenommen.[26] Hinzu kamen schließlich noch »Begegnungen mit schöpferischen Menschen und Besuch von Stätten der Kultur und der Arbeit« (mit 17 1/2 Stunden und einer Tagesfahrt).[27]

Im Juni 1939 wurden die zwanzig besten Absolventen des Reichsschuljahres 1938/39 von der RSK zu einem besonderen »Reichslehrgang zur Förderung des buchhändlerischen Nachwuchses« nach Lauenstein (Erzgebirge) eingeladen. Auf dem Programm dieses einwöchigen Lehrgangs standen Vorträge von Mitarbeitern staatlicher und parteiamtlicher Schrifttumsstellen zum Thema »Volk, Reich und Kultur«, ein Empfang durch Reichsleiter Rosenberg im Schulungshaus des Außenpolitischen Amtes in Berlin-Dahlem sowie ein Besuch der RSK-Geschäftsstelle.[28]

Zweck des Reichslehrgangs, der im Börsenblatt als »Auszeichnung« der Lehrlinge, der Lehrfirmen und der Ausbilder gewertet wurde,[29] war es, einen Ansporn zur Verbesserung der Ausbildung des buchhändlerischen Nachwuchses zu geben. Gleichzeitig wurde den ausgezeichneten Lehrlingen aber auch noch einmal verstärkt deutlich gemacht, welche Anforderungen der nationalsozialistische Staat an die Nachwuchselite des deutschen Buchhandels stellte. Der Jungbuchhändler habe nämlich, so Wilhelm Baur in einer Ansprache, »Mitkämpfer bei der Durchsetzung des Nationalsozialismus und der politischen Ausrichtung unseres Volkes« zu sein.[30] Infolge des Krieges und

[26] »Ausbildungsplan« der Reichsschule vom 6. 2. 1937, S. 6–7.

[27] Ebd., S. 7. S. zur Illustration die Angaben Hoyers über Sonderveranstaltungen, Vorträge und Lesungen von Gästen an der Reichsschule in seinem Bericht vom 22. 6. 1936, S. 15–20.

[28] Dazu die Berichte »Der erste und zweite Tag des Reichslehrganges in Lauenstein«, in: Bbl. 106. Jg., Redaktioneller Teil, Nr. 136 vom 15. 6. 1939, S. 489–490; »Erster Reichslehrgang zur Förderung des buchhändlerischen Nachwuchses in Lauenstein«, in: ebd., Nr. 138 vom 17. 6. 1939, S. 493–494; sowie »Die letzten Tage des ersten Reichslehrgangs zur Förderung des buchhändlerischen Nachwuchses in Berlin«, in: ebd., Nr. 140 vom 20. 6. 1939, S. 501–504.

[29] K. H. Bischoff, Leistungsauszeichnung durch die Reichsschrifttumskammer, in: Bbl. 106. Jg., Redaktioneller Teil, Nr. 126 vom 3. 6. 1939, S. 453–454. In diesem Vorbericht sind die Teilnehmer des Reichslehrgangs und deren Ausbildungsfirmen aufgeführt.

[30] So Baur in einer kurzen Ansprache beim Empfang der Lehrgangsteilnehmer im Schulungshaus des Außenpolitischen Amtes durch Alfred Ro-

des eingeschränkten Lehrbetriebs an der Reichsschule mußte die RSK allerdings auf die Abhaltung weiterer Reichslehrgänge verzichten.

War die »Reichsschule des Deutschen Buchhandels« eine nationalsozialistische Neugründung, so konnte die »Deutsche Buchhändler-Lehranstalt« in Leipzig bereits auf eine lange Tradition verweisen. Die seit 1928 dem Börsenverein unterstehende Lehranstalt diente zum einen der »Pflichtfortbildung aller Leipziger Buchhandelslehrlinge in der Dreijährigen Lehrlings-Abteilung und in dem Einjährigen Lehrlings-Fachkurs«.[31] Zum anderen bot sie in einem fakultativen einjährigen Höheren Fachkurs eine »Berufsvorbereitung und Berufsweiterbildung für junge Buchhändler aus dem ganzen Reich und dem Ausland« an.[32] Voraussetzung für die Einschreibung war zumindest ein Mittelschulabschluß oder das Versetzungszeugnis nach Klasse Sieben einer allgemeinbildenden höheren Schule.[33]

Zum 1. 4. 1935 wurde die »Deutsche Buchhändler-Lehranstalt« mit der »Reichsschule des Deutschen Buchhandels« organisatorisch vereinigt.[34] Walter Hoyer wurde Direktor beider Einrichtungen, doch behielt die Buchhändler-Lehranstalt mit Dr. Friedrich Uhlig einen eigenen Leiter sowie einen umfangreichen Lehrkörper.[35] Allerdings wurde auch hier in zuneh-

senberg, zitiert nach dem Bericht über die letzten Tage des Reichslehrgangs, in: Bbl. 106. Jg., Redaktioneller Teil, Nr. 140 vom 20. 6. 1939, hier S. 502.

31 S. die Ausschreibung zum 86. Schuljahr der Deutschen Buchhändler-Lehranstalt zu Leipzig, in: Bbl. 105. Jg., Redaktioneller Teil, Nr. 40 vom 17. 2. 1938, S. 133.

32 Ebd.

33 Hinweis in dem zu Kantate 1941 vorgelegten »Bericht der Deutschen Buchhändler-Lehranstalt« über das Schuljahr 1940/41, in: Bbl. 108. Jg., Redaktioneller Teil, Nr. 96 vom 26. 4. 1941, S. 161.

34 Mitteilung des Börsenvereins betr. »Die Reichsschule des deutschen Buchhandels« vom 10. 3. 1935, in: Bbl. 102. Jg., Redaktioneller Teil, Nr. 62 vom 14. 3. 1935, S. 205.

35 Uhlig, der bereits seit 1927 an der Leipziger Lehranstalt tätig war, hatte 1935 zunächst nur als Stellvertreter Hoyers die Leitung der Abteilung Deutsche Buchhändler-Lehranstalt übernommen, wurde dann aber am 1. 11. 1938 als Oberstudiendirektor mit der selbständigen Leitung des Instituts betraut. S. dazu den »Bericht der Deutschen Buchhändler-Lehranstalt«, in: Bbl. 106. Jg., Redaktioneller Teil, Nr. 93 vom 22. 4. 1939, S. 319–322, hier S. 319. Zur Stellenbesetzung s. die detaillierte Übersicht im »Bericht der Deutschen Buchhändler-Lehranstalt«, in: Bbl. 107. Jg., Redaktioneller Teil, Nr. 80 vom 6. 4. 1940, S. 117.

mendem Maße die nationalsozialistische Schulung in den Unterricht einbezogen. Der in Pflicht- und Wahlfächer unterteilte Lehrplan für den Höheren Fachkurs blieb zwar überwiegend an der Berufspraxis orientiert. Vorlesungen und Seminare zur Geschichte des Buchhandels, der Literatur, der Kunst und Musik, zur Buchhandelsbetriebslehre, zu Bibliographie und Bibliothekskunde, zur Buchgewerbekunde und buchhändlerischen Rechtskunde, zum buchhändlerischen Schriftverkehr, zur Buchhaltung und zum Kaufmännischen Rechnen machten das Gros der Wochenstunden aus.[36]

Doch ab 1938 wurde zunächst eine »kulturpolitische Berufskunde« als Pflichtfach eingeführt,[37] das den Jungbuchhändlern ihre Rolle und Verantwortlichkeit als »Kulturvermittler im völkischen Staat« nahebringen sollte.[38] 1939 kam noch die »Staats- und Wirtschaftskunde« hinzu.[39] Zielsetzung dieses Pflichtfaches war es, »Kenntnis vom Werden und Verständnis für das Wesen des neuen Staates mit seiner Kultur und Wirtschaft« zu vermitteln, »zur tätigen Mitarbeit an der inneren Ausgestaltung des Dritten Reiches« zu erziehen sowie einen »Einblick in das staatspolitische, wirtschaftswissenschaftliche und wirtschaftspolitische Schrifttum« zu geben.[40]

Die weltanschauliche Schulung der Buchhandelslehrlinge und -gehilfen beschränkte sich aber keineswegs auf diese beiden Lehrinstitute. Zur Jahreswende 1935/36 wurde in der RSK ein »Sonderreferat« eingerichtet, das sich offiziell mit »buchhändle-

[36] S. dazu etwa die Ausschreibung zum Besuch der Deutschen Buchhändler-Lehranstalt für das 83. Schuljahr, in: Bbl. 102. Jg., Redaktioneller Teil, Nr. 278 vom 30. 11. 1935, S. 1021.

[37] Das Fach taucht erstmals in der Ausschreibung zum 86. Schuljahr (1938/39) der Deutschen Buchhändler-Lehranstalt auf, in: Bbl. 105. Jg., Redaktioneller Teil, Nr. 40 vom 17. 2. 1938, S. 133.

[38] K. M. Schiller, Der neue Lehrplan der Deutschen Buchhändler-Lehranstalt, in: Bbl. 107. Jg., Redaktioneller Teil, Nr. 5 vom 6. 1. 1940, S. 5–6, hier S. 6. Schiller war als Aushilfslehrer an der Buchhändler-Lehranstalt beschäftigt.

[39] S. die Ausschreibung zum 87. Schuljahr (1939/40) der Deutschen Buchhändler-Lehranstalt, in: Bbl. 106. Jg., Redaktioneller Teil, Nr. 76 vom 30. 3. 1939, S. 257.

[40] So Schiller in seinem Kommentar zum neuen Lehrplan der Buchhändler-Lehranstalt, S. 6.

rischen Nachwuchsfragen« beschäftigen sollte.[41] Ab 1936 organisierte der Leiter dieses Sonderreferats, Karl Heinrich Bischoff, während der Sommermonate sogenannte »Berufskundliche Arbeitswochen«.[42] Schon die Leitthemen machen deutlich, daß es sich dabei nicht um reine »Fortbildungskurse«, sondern um eindeutige Schulungsveranstaltungen handelte, die an den jeweiligen politischen Opportunitäten orientiert waren.

So standen 1937 u.a. »Volksdeutsche Dichtung und volksdeutsches Schicksal«, »Völkischer Durchbruch«, »Dichter – Volk – Buchhändler« oder »Das Rheinland als Kultur- und Lebensraum«,[43] 1939 u.a. »Rasse und Volk«, »Das Fachbuch als Aufgabe und Möglichkeit im Vierjahresplan« oder »Wehrerziehung als Aufgabe des deutschen Buchhandels«[44] zur Auswahl.

Um die »Arbeitswochen« möglichst attraktiv zu gestalten, wurden Tagungsorte in landschaftlich reizvollen Gegenden ausgewählt, die Teilnahmekosten bewußt niedrig gehalten und die Freistellung der Jungbuchhändler ohne Anrechnung auf die Urlaubsansprüche durchgesetzt. Wer sich hierdurch noch nicht angesprochen fühlte, wurde mit besonderem Nachdruck auf seine Berufspflichten aufmerksam gemacht. Eine Ablehnung der Teilnahme müsse »künftig als eine Verletzung der Standesehre angesehen werden«, wie Karl Thulke, der Geschäftsführer der »Gruppe Buchhandel in der RSK«, im Rückblick auf das

41 »Mitteilung der Reichsschrifttumskammer« über die Einrichtung des Sonderreferats, in: Bbl. 102. Jg., Redaktioneller Teil, Nr. 299 vom 28. 12. 1935, S. 1114; in zum Teil veränderter Form wiedergegeben in: Bbl. 103. Jg., Redaktioneller Teil, Nr. 13 vom 16. 1. 1936, S. 49. Das »Sonderreferat III Z« erhielt darüber hinaus jedoch rasch zahlreiche andere Aufgaben zugewiesen, insbesondere die »Arisierung« des deutschen Buchhandels.

42 Hinweis auf die »Freizeiten 1936« im Bbl. 103. Jg., Redaktioneller Teil, Nr. 120 vom 26. 5. 1936, S. 469.

43 S. dazu im einzelnen die Angaben in dem von der RSK, Gruppe Buchhandel, herausgegebenen Fachorgan Der Buchhändler im neuen Reich 2 (1937), S. 315–317.

44 »Übersicht über die Arbeitswochen im Jahre 1939«, in: Der Buchhändler im neuen Reich 4 (1939), S. 194–196. Aufgrund des Kriegsbeginns dürften allerdings nicht alle geplanten »Arbeitswochen« auch tatsächlich stattgefunden haben. Zur »Berufskundlichen Arbeitswoche ›Rasse und Volk‹ in Nidden (Kurische Nehrung) vom 2. bis 9. Juli [1939]« s. den Bericht in Bbl. 106. Jg., Redaktioneller Teil, Nr. 186 vom 12. 8. 1939, S. 599–600.

erste Jahr der »berufskundlichen« Maßnahme hervorhob.[45] Daher hatten die in Ausbildung befindlichen Lehrlinge und Gehilfen im Alter bis zu 25 Jahren gegenüber der RSK den Besuch von mindestens zwei »Arbeitswochen« nachzuweisen, während die über 25jährigen Jungbuchhändler die zwei Arbeitswochen in ihren ersten drei Berufsjahren absolviert haben mußten.[46]

Eine Kontrollmöglichkeit über die tatsächliche Erfüllung dieser »Berufspflicht« wurde mit dem im April 1937 von der Kammer eingeführten »Lehrlingspaß« sichergestellt.[47] Der Paß mußte vom Lehrherrn bei Beginn der Ausbildung ausgestellt und zusammen mit dem Lehrvertrag bei der Kammer-Verwaltung in Leipzig eingereicht werden.[48] Nach der Registrierung erhielt der Lehrherr von der Kammer den Paß zurück mit der Maßgabe, in ihm die fachliche Ausbildung des Lehrlings, die Rezeption der Pflichtlektüre, den Besuch der »Reichsschule des Deutschen Buchhandels« und die Teilnahme an den »Berufskundlichen Arbeitswochen« genau zu dokumentieren.[49] Der Paß war dann von den Lehrlingen sowohl beim Besuch der Reichsschule als auch bei der Ablegung der Gehilfenprüfung vorzulegen.[50] 1941 informierte Wilhelm Baur die »Berufskamerad[en] vom Verlag und Sortiment« in einem »offenen Brief« über den Grundsatzentscheid des Reichsarbeitsgerichts, wonach »Ihr Lehrling Sie auf Schadensersatz verklagen kann, wenn er nach Ablauf seiner Lehrzeit bei Nichtbestehen der Gehilfenprüfung nachweisen kann, daß eine schuldhafte Ver-

[45] K. Thulke, Der Pflichtbesuch der Arbeitswochen. Eine Forderung des nationalsozialistischen Jungbuchhandels, in: Der Buchhändler im neuen Reich 2 (1937), S. 417–419, hier S. 417.

[46] Ebd., S. 418.

[47] Dazu die Mitteilung des Leiters der Gruppe Buchhandel über die Einführung des Lehrlingspasses vom 20. 4. 1937, wiedergegeben in: Bbl. 104. Jg., Redaktioneller Teil, Nr. 162 vom 29. 5. 1937, S. 465. Der Paß wurde für alle Lehrlinge eingeführt, deren Lehrzeit am 1. 4. 1937 begonnen hatte oder die zu diesem Zeitpunkt in ihr zweites Lehrjahr eingetreten waren.

[48] Ebd. (Pkt. 1).

[49] K. Thulke, Warum Lehrlingspaß?, in: Der Buchhändler im neuen Reich 2 (1937), S. 150–152, hier S. 151.

[50] Mitteilung des Leiters der Gruppe Buchhandel über die Einführung des Lehrlingspasses vom 20. 4. 1937 (Pkt. 1).

nachlässigung Ihrerseits in der Ausbildungszeit vorgelegen hat«.[51]

Die gesetzlich verbindliche Einführung der Gehilfenprüfung, der Pflichtbesuch der »Reichsschule des Deutschen Buchhandels«, die Fortbildungsmöglichkeiten in der »Deutschen Buchhändler-Lehranstalt« und bei den »Berufskundlichen Arbeitswochen«, der »Lehrlingspaß« ebenso wie der im August 1934 vom Börsenverein durchgesetzte einheitliche »Lehrvertrag des deutschen Buchhandels«[52] waren wichtige Schritte auf dem Wege zur Professionalisierung des Buchhändlerberufs. Insofern erfüllte das von der RSK etablierte Ausbildungssystem nicht nur die seit langem erhobene Forderung des Börsenvereins nach einem qualifizierten Nachwuchs,[53] sondern trug in Ansätzen auch zur Modernisierung des deutschen Buchhändlerstandes bei.

Dabei darf natürlich nicht übersehen werden, daß in die nun staatlich geschützte Fachausbildung eine weltanschaulich-politische Schulung eingebaut wurde, mit der der Buchhandel der Zukunft auf die nationalsozialistische Linie eingeschworen werden sollte. Ab April 1940 konnten Lehrverträge im Buchhandel nur noch dann abgeschlossen werden, wenn Nachweise über die Mitgliedschaft in einer »Gliederung der NSDAP« und die »deutschblütige Abstammung bis 1800« erbracht worden waren.[54] Bei den jeweils im Frühjahr von den Landesleitungen der RSK durchgeführten schriftlichen und mündlichen Gehil-

[51] Der »offene Brief« Baurs in: Der Buchhändler im neuen Reich 6 (1941), S. 55.

[52] S. die diesbezügliche »Bekanntmachung« von Börsenvereins-Vorsteher Vowinckel vom 17. 8. 1934, in: Bbl. 101. Jg., Redaktioneller Teil, Nr. 194 vom 21. 8. 1934, S. 738.

[53] In diesem Sinne äußerte sich Herbert Hoffmann, langjähriges Mitglied des Börsenverein-Gesamtvorstandes und Leiter des Bildungsausschusses, anläßlich der Einweisung von Dr. Walter Hoyer als Direktor der Deutschen Buchhändler-Schulen Leipzig. Der Bericht über die Veranstaltung in: Bbl. 102. Jg., Redaktioneller Teil, Nr. 99 vom 30. 4. 1935, S. 343. Zur Diskussion über die Ausbildung des buchhändlerischen Nachwuchses s. auch den Bericht über die »Arbeitstagung für die Leiter der buchhändlerischen Gehilfenprüfung«, in: Bbl. 103. Jg., Redaktioneller Teil, Nr. 277 vom 28. 11. 1936, S. 1039–1042, sowie ebd., Nr. 285 vom 8. 12. 1936, S. 1071.

[54] Vgl. das Stichwort »Lehrvertrag« im Taschenbuch für den großdeutschen Buchhandel 1941, hg. von L. Warmuth, Berlin, Wien, Leipzig 1941, S. 134.

fenprüfungen spielten politisch motivierte Fragen eine gewichtige Rolle.[55]

Allerdings mußte Wilhelm Baur noch im Mai 1944 monieren, daß bei der gerade abgeschlossenen buchhändlerischen Gehilfenprüfung »die Kenntnisse auf politischem Gebiet verhältnismäßig mangelhaft waren«.[56] Da Baur »besonderen Wert« darauf legte, »daß gerade unsere Jugend über die politischen Zusammenhänge unserer Zeit besonders unterrichtet ist«, wurde die Landesleitung angehalten, »mit besonderem Nachdruck darauf zu wirken, daß die buchhändlerischen Lehrlinge auch auf diesem Gebiet beschlagen sind«.[57]

Der »Leiter des deutschen Buchhandels« hielt an seiner politischen Option zu einem Zeitpunkt fest, als von einer ordnungsgemäßen Ausbildung keine Rede mehr sein konnte. So hatte die Berliner Landesleitung der RSK den neuen buchhändlerischen Lehrlingen und Hilfskräften in einem Rundschreiben von Ende Mai 1944 zwar noch die Pflichtlektüre für ihre drei Lehrjahre mitgeteilt.[58] Sinnigerweise hatte sie aber auch darauf hingewiesen, daß es »der Geschicklichkeit des ein-

[55] Dazu die Aktenüberlieferungen zu den von der RSK-Landesleitung im Gau Berlin durchgeführten Gehilfenprüfungen der Jahre 1940–1944, LA Berlin Rep. 243, Acc. 1814/54 und 55–58. Für die schriftliche Pflichtarbeit bei der Gehilfenprüfung des Jahres 1941 hatten sich die Verlagslehrlinge über »Die Notwendigkeit und Durchführung der Buchausfuhr« zu äußern, während den Sortimentslehrlingen das Thema »Kolonialschrifttum der letzten 10 Jahre systematisch geordnet und bibliographisch richtig gezeichnet« gestellt wurde. S. ebd., Nr. 54, die Mitteilung der RSK-Abteilung III L(andesleitung Berlin) an einen Prüfling vom 3. 2. 1941. In Nr. 55–58 findet sich auch ein Katalog von 108 Aufgaben für die schriftliche Gehilfenprüfung in den Gauen München-Oberbayern und Schwaben. Die Sortimentslehrlinge mußten dabei u. a. folgende Fragen beantworten: »Welche zehn im heutigen Abwehrkampf des deutschen Volkes besonders wichtigen völkischen Werke empfehlen Sie Ihren Kunden? Schildern Sie kurz den Inhalt und die Wichtigkeit jedes Buches« (S. 6); »Empfehlen Sie einer Werkbücherei die fünf wichtigsten Werke zur Judenfrage (mit Kennzeichnung jedes Werkes)« (S. 8). Die Beispiele solcher politisch motivierten Aufgabenstellungen ließen sich beliebig fortsetzen.

[56] Schreiben Wilhelm Baurs an Dr. Hellmann (Deutscher Schulverlag) vom 4. 5. 1944, LA Berlin Rep. 243, Acc. 1814/55–58.

[57] Ebd.

[58] Rundschreiben 3/44 der RSK-Abteilung III L(andesleitung Berlin) vom 31. 5. 1944 »An alle buchhändlerischen Lehrlinge und buchhändlerischen Hilfskräfte!«, LA Berlin Rep. 243, Acc. 1814/55–58.

zelnen überlassen [bleibt], wie er sich die aufgeführten Bücher verschafft«.[59]

5.2. Die politische Indoktrination des buchhändlerischen Berufsstandes

Parallel zur Gewinnung des buchhändlerischen Nachwuchses war die staatliche Schrifttumsbürokratie darum bemüht, den gesamten buchhändlerischen Berufsstand mit seinen »kulturpolitischen Aufgaben« im nationalsozialistischen Staat vertraut zu machen. Zu diesem Zweck wurden eine Fülle von Schulungsveranstaltungen organisiert, deren Besuch für jeden Berufsangehörigen mehr oder minder obligatorisch war.

Sehr bewußt machten »Schulungsabende« für die Mitglieder der »Fachschaft Leihbücherei« den Anfang. Denn trotz der im Laufe des Jahres 1934 abgeschlossenen berufsständischen Erfassung gehörten gerade die Leihbüchereibesitzer, die über beträchtliche Einflußnahmemöglichkeiten auf die Leserschaft verfügten, immer noch zu den für die Kammer unberechenbaren Größen. Ab Februar 1935 wurden die Fachschaftsmitglieder zunächst in Berlin, später auch in Leipzig einer regelmäßigen weltanschaulichen, literarischen und technischen Schulung unterzogen.[60] Auf diese Weise sollte nach den Vorstellungen der Kammer das »Verantwortungsbewußtsein« der Berufsangehörigen geschärft werden.[61] Damit war nicht nur ein äußerlich sauberes Geschäftsgebaren gemeint. Vielmehr sollten die Leihbuchhändler vor allem von der Notwendigkeit überzeugt werden, die als »unerwünscht« eingestufte Literatur selbständig aus ihren Beständen auszusondern und ihren Kunden statt der bislang marktgängigen Bücher die vom Nationalsozialismus geför-

[59] Ebd.

[60] »Eröffnung der Berliner Schulungsabende der Fachschaft Leihbücherei im Bund reichsdeutscher Buchhändler«, in: Bbl. 102. Jg., Redaktioneller Teil, Nr. 38 vom 14. 2. 1935, S. 123–124; »Auch Schulungsabende für Leihbuchhändler in Leipzig«, in: Bbl. 107. Jg., Redaktioneller Teil, Nr. 229 vom 1. 10. 1940, S. 347–348.

[61] So die Ankündigung zu den Leipziger Schulungsabenden, ebd., S. 347.

derte Literatur zu vermitteln.[62] Allerdings machen die 1936 von Gestapo und SD vorgenommenen Durchsuchungsaktionen in den Leihbüchereien der Regierungsbezirke Koblenz und Düsseldorf deutlich, daß sich die Kammer bei ihrer »Erziehung« des Berufsstandes nicht auf die »Schulungsabende« beschränkte.

Karl Baur, von 1934 bis 1941 Leiter der »Fachschaft Verlag« in der RSK, hat in seinen Memoiren mit Ironie darauf hingewiesen, daß im »Dritten Reich« zwar gerne von »Schulung« geredet wurde.[63] »Lud man aber Verleger oder Buchhändler ein, so nannte man es Tagung oder Arbeitswoche. Der Zweck schien getarnt.«[64] Zu einer dieser »Arbeitstagungen« versammelte die Reichsschrifttumsstelle im November 1935 die Verleger von Unterhaltungs- und Volksliteratur in Berlin.[65]

Dabei wurde an die Tagungsteilnehmer appelliert, den Kampf der staatlichen Schrifttumsbürokratie gegen »Schmutz und Schund« aktiv zu unterstützen. Als eine »wesentliche Forderung« brachte Kammer-Referent Heinl den Verlegern die »Abkehr von der Fremdenlegionärs- und Spionageliteratur« nahe.[66] Für Regierungsrat Dr. Klütz von der Justizpressestelle lag die Unterhaltungsliteratur hingegen an einem anderen Punkt besonders im argen. Im Namen der »Vertreter des deutschen Rechtes« erhob er die Forderung, daß »der Kriminalroman sowie der Kriminalfilm in Zukunft nicht mehr von reißerischen Spannungsmomenten getragen werden dürfen«.[67] Es ginge nicht, »daß der Privatdetektiv der Held der Handlung bleibe. Unlogik sei zu vermeiden, deshalb auch ein auf den Zufall sich aufbauendes happy-End«.[68]

Eine am 20. 1. 1937 von der »Fachgruppe Fachbuchverlag« veranstaltete »Arbeitstagung« war der Verbesserung der Gestaltung, Produktion und Verbreitung von Fachbüchern gewid-

[62] S. das grundlegende Referat des Leiters des Schulungsamtes der Fachschaft Leihbücherei, Ludwig Hürter, auf dem ersten Berliner Schulungsabend, hier S. 123.

[63] K. Baur, »Wenn ich so zurückdenke...«, S. 247.

[64] Ebd., S. 247–248.

[65] E. Langenbucher, Arbeitstagung der Reichsschrifttumsstelle für die Verleger von Unterhaltungs- und Volksliteraur am 22. und 23. November in Berlin, in: Bbl. 102. Jg., Redaktioneller Teil, Nr. 276 vom 28. 11. 1935, S. 1014–1015.

[66] Ebd., S. 1014.

[67] Ebd., S. 1015.

[68] Ebd.

met.[69] Während bei den Schulungsveranstaltungen ansonsten eine eher dröge Routine vorherrschte, wurde diese Tagung durch das Referat eines DAF-Mitarbeiters belebt. Darin hieß es, daß der Buchverlag der Arbeitsfront bestrebt sei, »den Mitgliedern der DAF beste fachliche Schulungsblätter an die Hand zu geben und sie mit möglichst billigen Fachkalendern zu versehen«.[70] Allerdings wolle der DAF-Verlag auf dem Gebiet des Fachschrifttums »*nur* als gleichberechtigter Verlag« auftreten.[71] Die mit diesem Anspruch tangierten Interessen der deutschen Verlegerschaft versuchte Karl Baur mit dem Argument zu wahren, er sehe »absolut keine Notwendigkeit [...], daß die DAF sich mit der Produktion von Fachbüchern beschäftigt, da diese Aufgabe der Fachbuchverlag bedeutend besser lösen könne«. Er warnte ausdrücklich davor, »Unruhe in die verlegerische Produktion zu bringen«.

Nachdem ab 1937 in Oberstdorf zunächst die »Gauobmänner des Buchhandels« mit »Schulungswochen« für eine Intensivierung ihrer Arbeit motiviert worden waren,[72] wurden seit 1938 auch die Leiter der »Fachgruppen und Arbeitsgemeinschaften« in der »Fachschaft Verlag« zu »Oberstdorfer Arbeitstagungen« einberufen. Allerdings unterschied sich diese bis 1941 jeweils im Vorfrühling von Karl Baur organisierte Veranstaltung, bei der neben den Referaten von Mitarbeitern staatlicher und parteiamtlicher Schrifttumsstellen das »Kameradschaftserleben« eine große Rolle spielte,[73] deutlich von allen anderen Schulungsmaßnahmen der Kammer.

69 »Die Bedeutung des Fachbuches im Rahmen der Berufserziehung«, in: Bbl. 104. Jg., Redaktioneller Teil, Nr. 30 vom 6. 2. 1937, S. 109–110.

70 Ebd., S. 110.

71 Ebd. Hervorhebung von mir. Zum folgenden s. ebd.

72 S. die Ankündigung zur »Schulungswoche für die Gauobmänner des Buchhandels«, in: Bbl. 104. Jg., Redaktioneller Teil, Nr. 12 vom 16. 1. 1937, S. 42. Nach den Vorstellungen Wilhelm Baurs, des Initiators dieser Schulungswochen, sollte in Oberstdorf »die nationalsozialistische Zelle unseres Berufsstandes gebildet und gestärkt werden, so daß sie als Stoßtrupp innerhalb der Untergliederungen wirken konnte«. Das Zitat findet sich in einem Schreiben Wilhelm Baurs an Karl Baur vom 9. 6. 1941, S. 3, BDC/RSK/Wülfing, M.

73 Dazu neben K. Baur, »Wenn ich so zurückdenke...«, S. 245–248, der Bericht von A. Spemann, »Arbeitswoche der Fachgruppen- und Arbeitsgemeinschaftsleiter der Fachschaft Verlag«, in: Bbl. 107. Jg., Redaktioneller Teil, Nr. 76 vom 2. 4. 1940, S. 101–102; sowie »Oberstdorfer Arbeitstagung

Gerade die in Oberstdorf entstehende Vertraulichkeit zwischen Verlegern und Vertretern der Schrifttumsabteilung des Propagandaministeriums stieß in der Leipziger Buchhandelszentrale zunehmend auf Argwohn. Um so mehr, als der Leiter der Fachschaft Verlag bei den zu Kriegsbeginn geführten Verhandlungen über die Einführung einer Papierkontingentierung die Zuweisung dieser Kompetenz an die dem Propagandaministerium unterstehende »Wirtschaftsstelle des deutschen Buchhandels« maßgeblich unterstützte.[74] Daß der Fachschaftsleiter in dieser Situation nicht den Standpunkt der RSK und damit des Parteiverlegers Wilhelm Baur vertrat, hing natürlich auch mit seinen Interessen als Privatverleger zusammen. Im wesentlichen war es aber eine Folge des in Oberstdorf zwischen Karl Baur und dem Ministerialbeamten Paul Hövel hergestellten engen persönlichen Kontakts.[75] Das alles waren Argumente, mit denen Wilhelm Baur im Juni 1941 die Abberufung seines Namensvetters begründete.[76] Karl Baurs Nachfolger Martin Wülfing, schon seit Ende 1934 stellvertretender Leiter des deutschen Buchhandels, war demgegenüber der Garant für die absolut linientreue Durchführung von »Arbeitstagungen«.[77]

Während sich die seit 1936 vom »Sonderreferat für buch-

der Fachschaft Verlag«, in: Bbl. 108. Jg., Redaktioneller Teil, Nr. 94 vom 24. 4. 1941, S. 155–156.

[74] Vgl. K. Baur, »Wenn ich so zurückdenke...«, S. 249–251.

[75] Darauf weisen K. Baur, ebd., S. 250, und Hövel, Wirtschaftsstelle des deutschen Buchhandels, B13, hin. S. auch die Aktennotiz Schlechts (RMVP/Abt. S) für den Direktor II i.H. vom 14. 5. 1941 sowie das daraufhin erfolgte Schreiben Schlechts an Johst vom 19. 5. 1941, mit dem der stellvertretende Leiter der Schrifttumsabteilung des RMVP beim RSK-Präsidenten die drohende Abberufung von Karl Baur als Leiter der »Fachschaft Verlag« zu verhindern versuchte. BDC/RSK/Baur, K.

[76] K. Baur, »Wenn ich so zurückdenke...«, S. 252–254. In dem Entlassungsschreiben Wilhelm Baurs an Karl Baur vom 9. 6. 1941, BDC/RSK/Wülfing, M., hieß es etwa zu den »Oberstdorfer Arbeitstagungen«: »Was mir aber keine Freude machte, war der Umstand, daß aus diesem Arbeitskreis mit kulturpolitischen Aufgaben ein zu geselliger Duzclub wurde. Ein solcher Umstand ist in dem Moment nicht mehr für das Ganze positiv wertvoll, wenn dadurch einzelne die Möglichkeit haben, für sich direkt oder indirekt Vorteile herausholen zu können« (S. 3). Der Vorwurf, die Papierkontingentierung an der RSK vorbei der »Wirtschaftsstelle« zugespielt zu haben, findet sich ebd., S. 4–5.

[77] »Bekanntmachung« über den neuen Leiter der Fachschaft Verlag im Bbl. 108. Jg., Redaktioneller Teil, Nr. 136 vom 14. 6. 1941, S. 237; Bericht

händlerische Nachwuchsfragen« organisierten »Buchhändlerischen Freizeiten« und »Berufskundlichen Arbeitswochen« primär an die »Jungbuchhändler« wandten, wurden im Sommer 1939 erstmals für alle Mitglieder der Fachschaften »Handel« und »Zwischenhandel« sogenannte »Sortimenterarbeitswochen« angeboten.[78] Die mit zahlreichen Referaten betriebene fachliche Fortbildung war auch hier eng mit politischen Indoktrinationsabsichten verbunden.

So erfuhren die Tagungsteilnehmer in der Gauschule Weihe bei Hamburg von Martin Wülfing, daß der deutsche Buchhändler »Beauftragter des Nationalsozialismus« sei.[79] Denjenigen, die diese Aufgabe »noch nicht erfaßt« hätten, empfahl er einen baldigen Berufswechsel. Neben der politischen »Berufshygiene« warb Wülfing auch für »geschäftliche Sauberkeit«. Darunter verstand er die Beseitigung von Ladenhütern »aus einer verflossenen Zeit, die heute gänzlich falsch liegen«, eine laufende Aktualisierung der Werbekataloge und die Gestaltung des Schaufensters als »Spiegelbild der politischen Haltung des Buchhändlers«. Themen weiterer Referate der beiden »Sortimenterarbeitswochen« waren »Die Abwehr volksfremder Kräfte«, »Der buchhändlerische Berufsstand in der Arbeit der Reichsschrifttumskammer und das Nachwuchsproblem«, »Vom völkischen Wert der Tragödie«, »Die Schrifttumsarbeit der Partei und der Buchhandel«, »Die Schrifttumsführung und Propaganda im nationalsozialistischen Staat«.

Die politische Ausrichtung des Berufsstandes wurde während des Krieges noch intensiviert. Eine im September 1939 von der RSK in Ilmenau veranstaltete »Buchhändlerische Arbeitswoche« legte den Hauptakzent auf die politische Literatur.[80] Die Buchhändler sollten zunächst erkennen, daß jedes Buch im

über die »Einführung des neuen Leiters der Fachschaft Verlag«, ebd., S. 236.

[78] K. H. Bischoff, Eine erste Sortimenterarbeitswoche im Großdeutschen Reich, in: Bbl. 106. Jg., Redaktioneller Teil, Nr. 68 vom 31. 3. 1939, S. 230; G. Prachner, Die Aufgaben des Sortiments. Bericht über die zweite Sortimenter-Arbeitswoche, in: ebd., S. 633.

[79] Die Ausführungen Wülfings sind wiedergegeben in dem Bericht von Bischoff über die erste Sortimenterarbeitswoche, in: Bbl. Nr. 68 vom 31. 3. 1939, S. 230. Zum folgenden s. ebd.

[80] E. Voigt, Der Einsatz für das politische Buch. Buchhändlerische Arbeitswoche in Ilmenau, in: Bbl. 106. Jg., Redaktioneller Teil, Nr. 219 vom 21. 9. 1939, S. 659–660.

Hinblick auf »seinen Wert für die Volksgemeinschaft hin zu prüfen und einzuordnen« sei.[81] In einem zweiten Lernabschnitt ging es dann um die Vermittlung von Strategien, »wie der Volksgenosse als Buchkäufer und Leser an das politisch wertvolle Buch heranzuführen ist«.[82]

Zwei von der Kammer als »bedeutungsvoll« angekündigte »Arbeitswochen« waren im September 1941 dem »Schrifttum im Kampf der Geister/Die schrifttumspolitischen Grundlagen des deutschen Buchhändlers« sowie dem Thema »Süd-Ost-Europa und das Reich« gewidmet.[83] Die erste »Arbeitswoche« fand in Aigen-Schlögl bei Linz, »Stifters Waldheimat«, statt. Von dort sollten die Buchhändler für ihre tägliche Arbeit das Bild des »großen Kraftfeldes der deutschen Seele« mitnehmen, das »in unserer Zeit den Kampf der politischen klaren europagültigen Entscheidung ebenso umfaßt wie Stifters Gesetz der sanften Gewalt«.[84] Die zweite »Arbeitswoche« machte die Buchhändler mit der politischen Geschichte, der Literatur und der Buchhandelsstruktur eines für die nationalsozialistische Außenpolitik zentralen Raumes vertraut.[85]

Die hier nur in einer kleinen Auswahl vorgestellten Schulungsveranstaltungen müssen in engem Zusammenhang mit den bereits dargestellten politischen Kontrollmechanismen gesehen werden.[86] Da es der nationalsozialistischen Schrifttumsbürokratie nur begrenzt gelang, die literarische Produktion durch

[81] Ebd., S. 659.

[82] Ebd.

[83] »Zwei bedeutungsvolle Arbeitswochen der Reichsschrifttumskammer«, in: Bbl. 108. Jg., Redaktioneller Teil, Nr. 190 vom 16. 8. 1941, S. 285.

[84] So der Programmhinweis ebd. S. auch den Bericht »Aus Stifters Waldheimat. Eine buchhändlerische Arbeitswoche in Aigen-Schlögl vom 6. bis 13. September 1941«, in: Bbl. 108. Jg., Redaktioneller Teil, Nr. 238 vom 11. 10. 1941, S. 346–347.

[85] H. Resch, Arbeitswoche »Südosteuropa und das Reich« vom 20. bis 27. September 1941 in Fleckl (Fichtelgebirge), in: Bbl. 108. Jg., Redaktioneller Teil, Nr. 245/246 vom 21. 10. 1941, S. 358–359.

[86] Vgl. dazu auch den Zeitzeugenbericht von C. Vinz, Die Aufgaben der Verlagsvertreter im Dritten Reich, in: Buchhandelsgeschichte 2/1993, B65–67. Darin schildert der ehemalige Vertreter des Eugen Diederichs Verlags den Ablauf einer von Karl Thulke geleiteten »Schulungswoche« der RSK für Mitglieder der Fachschaft Buchvertreter/Fachgruppe I (Vertreter im Verkehr mit Wiederverkäufern) in Herzogau bei Waldmünchen vom 5.–10. 6. 1939.

ein lückenloses System von Vor- und Nachzensur in den Griff zu bekommen, blieb sie stets auf die Kooperationsbereitschaft der Verleger und Buchhändler angewiesen. Auf der zweiten »Sortimenterarbeitswoche« in Weihe bei Hamburg wies Martin Wülfing die Tagungsteilnehmer sogar explizit auf diesen Umstand hin: »Der Verleger muß selbst beurteilen können, ob eine Erscheinung in unserem Staat tragbar ist, eine Vorzensur für ihn gibt es im nationalsozialistischen Staat nicht. Er trägt daher die volle Verantwortung für seine Produktion«.[87] Ziel der Schulungen war es, jedes Kammer-Mitglied so zu erziehen, daß es »aus einem inneren Müssen heraus die Aufgaben sieht und löst, die ihm unsere nationalsozialistische Gegenwart stellt«.[88] Natürlich verließen sich die Mitarbeiter in Kammer und Propagandaministerium keineswegs passiv auf das Gelingen dieses Lernprozesses. Doch konnte man hoffen, durch ständig wiederholte Schulungsmaßnahmen den kulturpolitisch wichtigen Buchhändlerstand mit den Forderungen und Wünschen der nationalsozialistischen Literaturpolitik in Einklang zu bringen.

5.3. Die Initiativen zur sozialen Absicherung notleidender und alter Buchhändler

Nachdem Goebbels anläßlich der »Woche des deutschen Buches« eine Zusammenlegung der bislang bestehenden Unterstützungsstellen unter dem Dach einer »Palm-Stiftung in der Reichsschrifttumskammer« angekündigt hatte,[89] wurden von der Kammer-Verwaltung Ende Oktober 1936 verstärkte Bemühungen um die Verbesserung der Sozial- und Altersversorgung für die Mitglieder des Buchhandels aufgenommen. Ausgangspunkt bildete dabei der zu Kantate 1836 von Berliner Buchhändlern in Leipzig gegründete »Unterstützungsverein Deutscher Buchhändler und Buchhandlungs-Gehülfen«.

In dessen neugefaßter Satzung vom 24. 6. 1937 blieben für

[87] Die Ausführungen Wülfings werden zitiert nach dem Bericht von Bischoff über die Arbeitswoche, in: Bbl. Nr. 68 vom 31. 3. 1939, S. 230.

[88] So die prägnante Formulierung in einem Bericht über »Eine Arbeitswoche ostmärkischer und sudetendeutscher Verleger im Heimatgau des Führers«, in: Bbl. 107. Jg., Redaktioneller Teil, Nr. 74 vom 30. 3. 1940, S. 99–100, hier S. 99.

[89] Das Archiv 3 (1936/37), S. 1115 (25. 10. 1936).

Buchhändler, buchhändlerische Angestellte und Lehrlinge sowie für deren Witwen, Waisen und Hinterbliebene Geldzuwendungen »im Falle der Bedürftigkeit und Würdigkeit« vorgesehen (§ 1).[90] Voraussetzungen waren die beitragspflichtige Vereinsmitgliedschaft (§ 3), die Befürwortung des Unterstützungsantrages durch den Vereinsvorsitzenden und der fortlaufende Nachweis der Bedürftigkeit (§ 6). Sobald eine Konsolidierung in den Lebensverhältnissen eingetreten war, mußten die Empfänger die gewährten Unterstützungsgelder wieder zurückzahlen (§ 7). Juden wurde die Mitgliedschaft verwehrt und damit die Möglichkeit zur Inanspruchnahme des Unterstützungsvereins in Notlagen genommen (§ 3).

Die Anpassung der Vereinssatzung an die veränderten politischen Verhältnisse blieb allerdings vorerst die einzige nennenswerte Folge der Goebbelsschen Initiative. Mit Schreiben vom 3. 3. 1938 monierte RSK-Geschäftsführer Ihde bei der Kulturkammer-Leitung, daß die »Palmstiftung« bis dato »nur auf dem Papier« existiere.[91] Es sei daher »notwendig, sich um die Rechtsfähigkeit dieser vom Minister selbst öffentlich angekündigten Stiftung zu bemühen«.[92] Von der RSK selbst wurde am 15. 10. 1938 ein »Entwurf« mit »Richtlinien« über die Unterstützungstätigkeit der »Palmstiftung des deutschen Buchhandels« vorgelegt.[93]

Darin wurden als Leistungen der Stiftung »Notstandshilfezuschüsse« (bei Arbeitslosigkeit, Krankheit, Invalidität, Todes- oder Notfällen), »Zuschüsse zu Erholungsaufenthalten in Buchhändler-Erholungsheimen«, »Darlehen und Zuschüsse zur Förderung des Nachwuchses« sowie »Heiratsbeihilfen für weibliche Angehörige des Berufsstandes« in Aussicht gestellt.[94] Die Zuwendungen sollten »ohne Rechtsanspruch« und »nach Maßgabe vorhandener Mittel« gewährt werden,[95] wobei die Spenden der Antragsteller bei der »Festsetzung der Höhe und Dauer der Unterstützungen« Berücksichtigung finden sollten.[96]

[90] Ein Exemplar der Satzung in BArch Potsdam R 56 V/81 Bl. 72–79. Die folgenden Ausführungen stützen sich auf diese Quelle.

[91] BArch Potsdam R 56 V/98 Bl. 179–180, hier Bl. 180/Rs.

[92] Ebd.

[93] BArch Potsdam R 56 V/99 Bl. 135ff.

[94] Ebd., Bl. 135.

[95] Ebd.

[96] Ebd., Bl. 136.

Betont wurde, daß die »Palmstiftung« ihre Leistungen nur zusätzlich und in beschränktem Umfang zu denen der »öffentlichen Versicherungsträger« anzubieten berechtigt war.[97]

Allerdings wurden sich dann RSK und Propagandaministerium nicht über die genauen Modalitäten der Stiftungs-Gründung einig. Noch Ende Juli 1939 bestand, wie Wilhelm Baur Kammer-Präsident Johst mitteilen mußte, »wenig Aussicht, die dazu notwendige Anordnung in Kürze unter Dach und Fach zu haben«.[98] Die ministerielle Rechtsabteilung sträubte sich nämlich kurioserweise gegen einen Vorschlag der Kammer, der durchaus mit der von Goebbels 1936 gewiesenen Linie vereinbar war: die Eingliederung von neun bislang zum Börsenverein der Deutschen Buchhändler gehörigen Unterstützungsvereinen in die »Palmstiftung«.[99] Dabei mag zum einen ein Mißtrauen gegenüber dem allzu mächtig gewordenen »Leiter des deutschen Buchhandels« eine Rolle gespielt haben. Zum anderen scheute das Ministerium aber wohl auch vor einem Konflikt mit DAF-Führer Ley zurück. Das Propagandaministerium weigerte sich jedenfalls, ein bereits am 16. 1. 1939 von Wilhelm Baur entworfenes Schreiben weiterzuleiten. Darin hatte der RSK-Vizepräsident beim Reichsinnen-, beim Reichsfinanzministerium und beim Reichsaufsichtsamt für Versicherungswesen für das Projekt der »Palmstiftung« mit dem Argument werben wollen, daß von ihr die »Lücke« geschlossen werden solle, die durch den Verlust der »sozialen Anwartschaften« der buchhändlerischen Angestellten an die DAF entstanden sei.[100]

Damit waren die Sozialbeiträge gemeint, die bis 1933 von den

[97] Ebd.

[98] Dieses Zitat aus einem Schreiben Wilhelm Baurs an RSK-Präsident Johst vom 31. 7. 1939 ist wiedergegeben in einem »Aktenvermerk« von Dr. Johannes Grewe (Abt. Ic der RSK) vom 16. 4. 1941, BArch Potsdam R 56 V/98 Bl. 3.

[99] S. das Schreiben Wilhelm Baurs an Ihde vom 20. 1. 1939 und den ablehnenden Entscheid der Verwaltungs-Abteilung des RMVP vom 21. 2. 1939 in BArch Potsdam R 56 V/98 Bl. 114–115. Die für eine Eingliederung vorgesehenen Stiftungen waren die »Brockhaus-Stiftung«, die »Kröner-Stiftung«, die »John-Henry-Schwerin-Stiftung«, die »Hermann-Hilger-Stiftung«, die »Max-Röder-Stiftung«, die »Jubiläums-Stiftung Rat der Stadt Leipzig«, die »Karl-W.-Hiersemann-Stiftung«, die »Peter-Urban-Stiftung« sowie die »Hayno-Fokken-Stiftung«. Dazu das Schreiben Thulkes an Ihde vom 2. 2. 1939, BArch Potsdam R 56 V/98 Bl. 102–104.

[100] BArch Potsdam R 56 V/98 Bl. 119–121.

Mitgliedern des Deutschnationalen Handlungsgehilfen-Verbands gezahlt worden waren. Während aber das Vermögen dieser größten Angestelltengewerkschaft der Weimarer Republik von der DAF vollständig vereinnahmt worden war, wurden die Angestellten aus Verlag und Buchhandel aufgrund der Ersten Verordnung zur Durchführung des Reichskulturkammergesetzes ab Dezember 1933 in die RSK übernommen. Die Geltendmachung dieser Sozialansprüche aus früheren Mitgliedschaftsleistungen gegenüber der DAF war bereits seit 1934 von der Fachschaft der Angestellten in Buchhandel und Verlag bei der RSK angemahnt worden.[101]

Die Kammer scheint aber erst im Zusammenhang mit dem von Goebbels 1936 angeregten Aufbau einer buchhändlerischen Zusatzversorgung an die DAF mit der Forderung nach Abtretung von 500000 RM aus dem ehemaligen DHV-Vermögen herangetreten zu sein.[102] Offenbar war Ley jedoch nicht bereit, seinen Besitzstand ohne weiteres reduzieren zu lassen. Erst nach langwierigen Verhandlungen wurden im Frühjahr 1939 schließlich 27900 RM an die Kammer überwiesen.[103] Ein Betrag, der nur noch einen Bruchteil der von den buchhändlerischen Angestellten im DHV angesparten Sozialbeiträge ausgemacht haben dürfte.

Hinsichtlich der Institutionalisierung der »Palmstiftung« gab es aber selbst innerhalb der RSK erhebliche Meinungsverschiedenheiten. Angesichts der ergebnislosen Beratungen mit dem Ministerium wurde in der Leipziger Geschäftsstelle von Wilhelm Baur und Karl Thulke im Januar 1939 bereits die Möglichkeit diskutiert, durch eine »juristische Verselbständigung« der Stiftung den hinderlichen Problemen aus dem Wege zu gehen.[104] Gegen diesen Lösungsvorschlag opponierte Wilhelm Ihde von Berlin aus. »Für die juristische Unselbständigkeit in der

[101] Schreiben der »Reichsfachschaft der Angestellten in Buchhandel und Verlag in der Reichsschrifttumskammer« an den Präsidenten der RSK vom 23. 11. 1934, BArch Potsdam R 56 V/52 Bl. 300–301.

[102] Schreiben Thulkes (RSK/Abt. III) an die RSK-Zentrale in Berlin vom 23. 6. 1939, BArch Potsdam R 56 V/52 Bl. 80–86.

[103] Mitteilung Thulkes ebd.

[104] Schreiben Ihdes an Wilhelm Baur vom 16. 1. 1939 betr. Stiftungsurkunde der Palmstiftung, in dem Ihde Bezug auf Thulkes Informationen zu den Verselbständigungsplänen nahm. BArch Potsdam R 56 V/98 Bl. 116–117.

vorgesehenen Form«, argumentierte der RSK-Geschäftsführer, »würde die Tatsache sprechen, daß die Reichsschrifttumskammer eine ihrer wichtigsten Aufgaben, in der die Zusammengehörigkeit des Berufsstandes am stärksten zum Ausdruck kommen kann, aus Prestige-Gründen nicht gut unter fremder Flagge segeln lassen kann«.[105]

Der »Leiter des deutschen Buchhandels« setzte sich allerdings über diese Bedenken rücksichtslos hinweg. Auf der ordentlichen Hauptversammlung des »Unterstützungsvereins Deutscher Buchhändler und Buchhandlungs-Gehülfen« am 11. 6. 1940 im Berliner Buchhändlerhaus wurde die Umbenennung in »Unterstützungsverein Deutscher Buchhändler ›Palm‹« vollzogen.[106] Gleichzeitig ließ sich Wilhelm Baur als neuer Vorsitzender des Unterstützungsvereins weitreichende Vollmachten erteilen. In der neuen Satzung wurde das »Führerprinzip« verankert, wodurch eine »Vereinshandhabung, die noch auf alten demokratischen Grundsätzen beruht habe, zum Verschwinden« kam, wie Wilhelm Baur befriedigt feststellen konnte.[107] Dem Vereinsvorsitzenden ging das aber noch nicht weit genug. Die Hauptversammlung mußte ihm zusätzlich noch das Recht einräumen, »Änderungen, die von Behörden und Parteistellen verlangt werden, allein vorzunehmen«.[108] Auch wurde Baur die Entscheidung überlassen, »den Zeitpunkt festzusetzen, zu dem als Sitz des Vereins Leipzig bestimmt werden soll«.[109]

Im April 1941 fand sich die RSK-Zentrale in Berlin schließlich mit den von Wilhelm Baur geschaffenen Tatsachen ab. Auf einer Besprechung von Mitarbeitern der »Gruppe Buchhandel« mit dem Justitiar der Kammer legte man sich darauf fest, dem »Unterstützungsverein« das ursprünglich für die »Palm-Stiftung in der RSK« vorgesehene Tätigkeitsfeld zu überlassen.[110] In der Praxis trat damit die Kammer, die von Goebbels als

105 Ebd., Bl. 117.

106 Bericht über die ordentliche Hauptversammlung des Unterstützungsvereins Deutscher Buchhändler und Buchhandlungs-Gehülfen, in: Bbl. 107. Jg., Redaktioneller Teil, Nr. 149 vom 29. 6. 1940, S. 241–243, hier S. 241.

107 Ebd., S. 242.

108 Ebd., S. 242–243.

109 Ebd., S. 243.

110 »Aktenvermerk« vom 16. 1. 1941 über die Besprechung der RSK-Mitarbeiter Grewe, Thulke, Stoffregen und Gentz vom 15. 4. 1941 betr. Entwürfe für Satzung »Palm-Unterstützungsverein«, BArch Potsdam R 56 V/98 Bl. 3–4.

Körperschaft des öffentlichen Rechts mit dem Ausbau der sozialen Absicherung des Buchhändlerstandes betraut worden war, ihre Kompetenz auf diesem Gebiet wieder an einen privaten Verein ab. Daran änderte auch der Umstand nichts, daß der Unterstützungsverein von der Leipziger Abteilung der RSK kontrolliert wurde. Denn die Unterstützungsmaßnahmen für notleidende und alte Berufsangehörige erfolgten wie bisher nur auf freiwilliger Basis.[111] Die Mitgliedschaft im Unterstützungsverein war keine Berufspflicht.

So mußte Martin Wülfing, der zu Beginn des Jahres 1941 den Vereins-Vorsitz von Wilhelm Baur übernommen hatte,[112] auf der ordentlichen Hauptversammlung zu Kantate 1941 kritisieren, daß von den rund 35000 in der »Gruppe Buchhandel« erfaßten Mitgliedern nur 1300 dem »Unterstützungs-Verein Deutscher Buchhändler ›Palm‹« angehörten.[113] Die Mehrzahl von ihnen waren »Betriebsführer« aus dem Verlagswesen. Wülfing gab daher als Ziel aus, die Sozialeinrichtungen »aus der bisherigen Sphäre des Chefsvereins hinauszuheben« und die buchhändlerischen Angestellten für eine verstärkte Mitarbeit zu gewinnen.[114]

[111] Die Ersetzung der sozialen Fürsorge der RSK durch das Prinzip der buchhändlerischen Selbsthilfe über einen privaten Verein wurde von Wilhelm Baur in seiner Ansprache auf der ordentlichen Hauptversammlung des Unterstützungs-Vereins am 11. 6. 1940 mit einer fadenscheinigen Argumentation zu rechtfertigen versucht: »Die Kammer sei nicht nur daran interessiert, daß ihre Mitglieder einwandfrei arbeiten, sondern sie wünscht auch, daß die Buchhändler in wirtschaftlicher Beziehung gesichert seien. Auch das Gesetz schreibe der Kammer vor, sich darum zu kümmern. Da der Staat jedoch nicht genügend Mittel für Unterstützungszwecke bereit habe, würde in solchen Fällen immer wieder auf die freiwilligen Zuwendungen von Berufskameraden zurückgegriffen werden müssen und im Unterstützungs-Verein habe die Kammer für den Buchhandel die entsprechende Einrichtung, die im staatlichen Sinne beeinflußt werden könne«. Bbl. 107. Jg., Redaktioneller Teil, Nr. 149 vom 29. 6. 1940, hier S. 242.

[112] Bericht von H. Hönyck über die außerordentliche Beirats-Sitzung des »Unterstützungs-Vereins Deutscher Buchhändler ›Palm‹«, in: Bbl. 108. Jg., Redaktioneller Teil, Nr. 11 vom 14. 1. 1941, S. 14.

[113] H. Hönyck, Unterstützungs-Verein Deutscher Buchhändler »Palm«. Bericht über die ordentliche Hauptversammlung »Kantate« 1941 im Deutschen Buchgewerbemuseum zu Leipzig, in: Bbl. 108. Jg., Redaktioneller Teil, Nr. 142 vom 21. 6. 1941, S. 241–243, hier S. 242.

[114] Ebd.

Die Erreichung dieses Zieles war schon allein deshalb geboten, weil die »Fachschaft Angestellte in der RSK« ihren Sozialfonds an den Unterstützungs-Verein abtreten sollte.[115] Darüber hinaus war auch für die vom Börsenverein und dem Verein »Erholungsheim für Deutsche Buchhändler« unterhaltenen Freizeit- und Erholungshäuser die Übernahme durch den Unterstützungs-Verein vorgesehen.[116] Das Buchhändler-Altersheim in Strausberg (Mark Brandenburg) gehörte bereits seit 1940 zur Erbmasse des alten »Unterstützungs-Vereins Deutscher Buchhändler und Buchhandlungs-Gehülfen«.[117] Zielten diese Maßnahmen auf eine Vereinheitlichung der Verwaltung von seit langem bestehenden Sozialeinrichtungen ab, so entsprach die zu Beginn des Jahres 1943 erfolgte Verlegung des Vereinssitzes von Berlin nach Leipzig dem Bestreben Wilhelm Baurs, die Verfügungsgewalt über sämtliche buchhändlerischen Angelegenheiten in der Buchhandelszentrale zusammenzuziehen.[118]

Vor dem damit verbundenen Substanz- und Prestigeverlust der RSK-Zentrale in Berlin hatte deren Geschäftsführer Ihde seinen Kollegen Thulke schon im April 1939 mit deutlichen Worten gewarnt: »Wir haben die große wirtschaftliche Organisation, den Börsenverein, außerhalb der Kammer, die andere wirtschaftlich wichtige Stellung, die Wirtschaftsstelle des deutschen Buchhandels, ebenfalls außerhalb der Kammer und nun soll auch noch die sozialwirtschaftliche Einrichtung außerhalb

[115] Hinweis Wülfings, ebd.

[116] Ankündigung Wülfings, ebd.

[117] S. zu dieser Einrichtung den Bericht über die Einweihung, »Den Veteranen des deutschen Buchhandels. Feierstunde in Strausberg«, in: Bbl. 106. Jg., Redaktioneller Teil, Nr. 261 vom 9. 11. 1939, S. 713–714; sowie H. Höynck, Das Buchhändler-Altersheim in Strausberg, in: ebd., S. 714–716.

[118] Dazu das Rundschreiben Wilhelm Baurs an die Landesobmänner des Buchhandels vom 11. 2. 1943, BArch Potsdam R 56 V/98 Bl. 1. Daß die Verlegung des Vereinssitzes von Berlin nach Leipzig offenbar nicht auf einhellige Zustimmung stieß, ist dem Bericht über die ordentliche Hauptversammlung des Unterstützungsvereins zu »Kantate« 1941 zu entnehmen. Dort wurde nämlich die erstmalige Abhaltung einer Hauptversammlung in Leipzig mit dem Hinweis zu legitimieren versucht, daß der Verein zwar von Berliner Buchhändlern gegründet worden sei, daß es sich aber »zu keiner Zeit« um einen »Ortsverein« gehandelt habe (S. 241).

der Kammer kommen. Also wird die Kammer immer mehr ein Polizeiinstitut als eine die Mitglieder fördernde Institution«.[119]

6. Die Konzentrationsbewegung im deutschen Verlagswesen: Der Zentralverlag der NSDAP als Ansatzpunkt zur Bildung eines Staatsmonopols

Gleich bei seinem ersten öffentlichen Auftreten auf der außerordentlichen Hauptversammlung des Börsenvereins der Deutschen Buchhändler am 11. 11. 1934 in Leipzig hatte Wilhelm Baur die Befürchtungen der Verlegerschaft zu zerstreuen versucht, er könne seine neue Position einseitig zugunsten des Zentralparteiverlags der NSDAP nutzen. Es bestünde nicht die Absicht, »einen Staatsverlag nach russischem Muster zu errichten«.[1] Den Beteuerungen zum Trotz hat Wilhelm Baur, der Ende 1920 mit 15 Jahren in den Eher Verlag eingetreten und bereits 1922 zum Abteilungsleiter avanciert war,[2] im Zusammenspiel mit Max Amann eine in der deutschen Verlagsgeschichte beispiellose Konzentrationspolitik betrieben.

Zu dem Zeitpunkt, als der gerade 29jährige Baur zum Vorsteher der traditionsreichen Buchhändlervertretung aufstieg, hatte der Eher Verlag bereits einen der bedeutendsten deutschen Verlage geschluckt. Der Ullstein Verlag verfügte über ein weitverzweigtes Netz von Tageszeitungen und Zeitschriften, über den Ullstein-Buchverlag, den Propyläen Verlag und den BZ-Karten-Verlag, über eine Verlagsdruckerei, eine Verlagsbuchbinderei sowie über ein Reisebüro.[3] Der Wert des Ullstein-Konzerns

[119] Das Schreiben Ihdes an Thulke vom 25. 4. 1939 in BArch Potsdam R 56 V/98 Bl. 89.

[1] »Protokoll über die Verhandlungen der außerordentlichen Hauptversammlung des Börsenvereins der Deutschen Buchhändler zu Leipzig« am 11. 11. 1934, in: Bbl. 101. Jg., Redaktioneller Teil, Nr. 265 vom 13. 11. 1934, S. 989–993, hier S. 990.

[2] Angaben Baurs in seinem »Lebenslauf« vom 25. 6. 1938, BDC/RSK/Baur, W.

[3] S. die Übersicht der zum »Deutschen Verlag« (vormals Ullstein Verlag) gehörenden Publikationen und Unternehmen (Stand: 1938), StA Leipzig/BV F 9426 (Ullstein AG).

lag 1933/34 bei rund 50–60 Mio. RM.[4] Angeboten wurden dem jüdischen Unternehmen allerdings nur 12 Mio. RM, wobei noch einmal 25% Kapitalausfuhrsteuer abgezogen wurden.[5]

Nachdem von nationalsozialistischer Seite zunächst versucht worden war, den Verlag durch politische Pressionsmaßnahmen auszuschalten, waren Goebbels und Amann im März 1934 übereingekommen, das lukrative Medienobjekt für die »Bewegung« nutzbar zu machen.[6] Den Auftrag zum Ankauf hatte Max Winkler erhalten. Der wendige Geschäftsführer und alleinige Gesellschafter der »Cautio Treuhand GmbH« war bislang als Treuhänder im Auftrag des Reichsfinanzministeriums und des Oberrechnungshofes sowie als Finanzberater für Alfred Hugenberg tätig gewesen. Den Kontakt zu nationalsozialistischen Partei- und Regierungskreisen hatte Walther Funk vermittelt. Der von Winkler am 30. 6. 1934 abgeschlossene Kaufvertrag sah vor, daß die Ullstein-Aktien bei der Deutschen Bank auf den Namen der »Cautio Treuhand GmbH« hinterlegt wurden. Mit einem Kredit der Bank der Deutschen Arbeit kaufte dann der Eher Verlag dieses Aktienpaket von der Cautio auf. Zuvor hatte Amann Hitler davon überzeugen können, daß der Ullstein-Konzern nicht vom Goebbelsschen Propagandaministerium übernommen werden dürfe, sondern als privatwirtschaftliches Unternehmen in den Händen der Partei weiterbestehen müsse.

Nach außen trat die Änderung der Besitzverhältnisse nicht in Erscheinung. Nicht nur der Name Ullstein blieb zunächst erhalten, sondern auch Dr. Ferdinand Bausback als Leiter des Aufsichtsrates und Max Wießner als Verlagsleiter. Erst im Laufe des Jahres 1937 wurde das Unternehmen in »Deutscher Verlag« umbenannt.[7] Aus der Aktiengesellschaft wurde zum 1. 1.

4 Angabe bei Hale, Presse in der Zwangsjacke, S. 138.

5 Ebd.

6 Zum Aufkauf des Ullstein Verlags durch den Zentralparteiverlag liegen keine Aktenüberlieferungen mehr vor. Die folgende Darstellung stützt sich im wesentlichen auf die Recherchen von Hale, Presse in der Zwangsjacke, S. 136–142. Da Hale über detaillierte Kenntnisse der nationalsozialistischen Pressepolitik verfügte und sowohl mit Amann als auch mit dessen langjährigem Stabsleiter Rolf Rienhardt ausführliche Gespräche geführt hat, konnte er die Hintergründe der Ullstein-Transaktion ziemlich präzise rekonstruieren.

7 Auf dem »Auskunftsbogen für die Aufnahme von Buchhandelsbetrieben in die Reichsschrifttumskammer, Gruppe Buchhandel« vom 15. 3. 1937

1938 eine Kommanditgesellschaft mit den persönlich haftenden Gesellschaftern Max Winkler und Ferdinand Bausback.[8] In das siebenköpfige Direktorium stieg 1940 auch Wilhelm Baur auf.[9]

Der Aufkauf des Ullstein Verlags, der mit seinen rund 8000 Beschäftigten[10] und einem Geschäftsumsatz von rund 50 Mio. RM[11] den Eher Verlag um ein Vielfaches übertraf, war nur der Beginn einer spektakulären Serie von Erwerbungen. Auf einer internen Liste vom April 1943 sind nicht weniger als 37 Verlage aufgeführt, die – so die offizielle Bezeichnung – »zum Bereich des Reichsleiters für die Presse der NSDAP.« gehörten.[12] Darunter finden sich neben einer Reihe von NS-Gauverlagen so angesehene Namen wie »Deutsche Verlags-Anstalt GmbH« (Stuttgart), »Frankfurter Societätsdruckerei GmbH« (Frankfurt a. M.),[13] »Knorr & Hirth KG« (München), »Albert Langen-Georg Müller Verlag GmbH« (München), »Rowohlt Verlag GmbH« (Stuttgart). Anfang September 1944 folgte schließlich noch der Kauf von Hugenbergs August Scherl GmbH.[14] Anders als im Fall des Ullstein-Konzerns ließ sich der gerissene Medienzar der Weimarer Republik mit 64106500 RM von

ist noch der alte Firmenname angegeben. Die Mitteilung über die Umwandlung der Aktiengesellschaft in eine Kommanditgesellschaft vom Januar 1938 bezog sich allerdings schon auf den »Deutschen Verlag«. Beide Vorgänge finden sich in StA Leipzig BV/F 9426.

[8] S. die von Winkler und Bausback unterzeichnete Mitteilung des Deutschen Verlags an den Börsenverein vom Januar 1938 über die Umwandlung, StA Leipzig BV/F 9426.

[9] Mitteilung des Zentralverlags der NSDAP/Abt. Buchverlag an den Verlag des Börsenvereins/Abt. Adreßbücher-Redaktion vom 7. 10. 1940, StA Leipzig BV/F 9426.

[10] Zahlenangabe im Auskunftsbogen für die RSK vom 15. 3. 1937, StA Leipzig BV/F 9426. Die Ullstein AG verfügte zu jenem Zeitpunkt über 65 Filialen in Berlin, 8 Filialen außerhalb Berlins sowie eine Auslieferungsstelle in Leipzig.

[11] Hale, Presse in der Zwangsjacke, S. 142, gibt für 1934 einen Geschäftsumsatz von 47730000 RM an.

[12] Die Liste findet sich als Anlage zu einem von Wilhelm Baur unterzeichneten Schreiben des Zentralverlags der NSDAP an Rosenberg vom 9. 4. 1943, BArch Potsdam NS 8/213 Bl. 255–255/Rs. Die Paraphrasierung der Besitzverhältnisse stammt von Baur, ebd. Bl. 254/Rs.

[13] S. zum Ankauf dieses Verlags, zu dem ein Buchverlag und die »Frankfurter Zeitung« gehörten, die Darstellung von G. Gillessen, Auf verlorenem Posten. Die Frankfurter Zeitung im Dritten Reich, Berlin 1986, S. 389–397.

[14] Dazu im einzelnen Hale, Presse in der Zwangsjacke, S. 306–310.

Amann allerdings den realen Wert für seinen Zeitungs-, Zeitschriften- und Buchverlag zahlen.[15]

Die tatsächliche Besitzstruktur des Zentralparteiverlags, die meist hinter den alten Firmennamen oder den Namen von Tochtergesellschaften verborgen blieb, ist mit diesen Angaben allerdings nur grob skizziert. Zumal die Entwicklung des Verlags in den nach 1939/40 von deutschen Truppen besetzten Gebieten Ost-, West- und Nordeuropas bis heute noch nicht näher aufgearbeitet worden ist. Der amerikanische Historiker Oron J. Hale, der aufgrund seiner Tätigkeit als Leiter der Foreign Press Section im War Department während des Krieges und seiner Recherchen im Nachkriegsdeutschland über die wohl besten Kenntnisse verfügte, vermutet, daß 1943 ca. 150 Verlagsunternehmen mit rund 35000 Beschäftigten zum Amann-Trust gehörten.[16] Schon 1939 war der Zentralparteiverlag zum größten Wirtschaftsunternehmen des Deutschen Reiches avanciert.[17] Die Reingewinne beziffert Hale für die besten Jahre auf mehr als 100 Mio. RM.[18] Die Jahresumsätze lagen vermutlich sogar noch über denen der I. G. Farben.[19] Allein der zu einem Spottpreis übernommene Ullstein Verlag erzielte 1940 aus dem Anzeigen- und Vertriebsgeschäft Einnahmen von 109705000 RM.[20]

Daß der Zentralparteiverlag eine Art Monopolstellung im deutschen Verlagswesen einnehmen konnte, lag in der Position Amanns begründet. Der Chef des Zentralparteiverlags durfte bei seinen Projekten stets auf die wohlwollende Unterstützung Hitlers rechnen. Als Reichsleiter für die Presse der NSDAP und als Präsident der Reichspressekammer verfügte er sowohl über einen parteiamtlichen als auch über einen staatlichen Exekutivbereich, mit dessen Hilfe er seine Interessen im Bereich der deutschen Presse durchzusetzen vermochte. Komplementär da-

[15] Hugenberg ließ sich die Kaufsumme nur zum Teil in bar auszahlen. Für 17118000 RM mußten für ihn Aktien der »Ilseder Hütte« und für 21270000 RM Aktien der »Vereinigten Stahlwerke« aufgekauft werden. Angaben bei Hale, Presse in der Zwangsjacke, S. 310.

[16] Hale, Presse in der Zwangsjacke, S. 25–26.

[17] Hale, Presse in der Zwangsjacke, S. 266.

[18] Hale, Presse in der Zwangsjacke, S. 26.

[19] Ebd.

[20] Zahlenangabe von Hale, Presse in der Zwangsjacke, S. 142. S. ebd. die Angaben zu den Einnahmen aus dem Vertrieb und den Anzeigen für die Jahre 1934 bis 1939.

zu konnte Amanns Zögling Wilhelm Baur als Vorsteher des Börsenvereins jede gewünschte Information über die ökonomische wie personelle Entwicklung von Firmen des deutschen Buchhandels beisteuern. Als Leiter der »Gruppe Buchhandel« in der RSK stand ihm seit November 1936 die »Entscheidung über alle Aufnahmeanträge und Ausschlußverfahren gegen buchhändlerische Mitglieder der Kammer« zu, konnte er Verweise und Verwarnungen erteilen sowie Ordnungsstrafen verhängen.[21]

Amann beschränkte sich bei seiner Verlagspolitik aber nicht auf seine eigenen Ämter. Wie bereits dargestellt, versuchte er, sich mit der Gründung der PPK ein Exklusivrecht für die Veröffentlichung des gesamten NS-Schrifttums zu sichern. Nach dem Zerwürfnis mit Bouhler kooperierte Amann verstärkt mit Rosenberg.[22] Die beiden Reichsleiter schlossen Ende Oktober 1938 eine Vereinbarung über die Nutzung des Hoheneichen Verlags.[23] Das im Besitz des Eher Verlags befindliche Unternehmen sollte insbesondere für die Herausgabe der wissenschaftlichen und kulturpolitischen Schriften der Dienststelle Rosenberg dienen. Im Hinterkopf hatte der geschäftstüchtige Amann aber auch schon den von Hitler an Rosenberg erteilten Auftrag zum Aufbau der »Hohen Schule der NSDAP«. Die von diesem Renommierinstitut in großem Umfang zu erwartenden Publikationen sollten ebenfalls im Hoheneichen Verlag erscheinen.

Als im April 1943 für sämtliche Buchverlage des Eher-Konzerns ein Zentrallektorat unter Leitung von Wilhelm Baur eingerichtet wurde, übernahm Dr. Bernhard Payr das Cheflekto-

[21] »Mitteilung an alle buchhändlerischen Mitglieder der Reichsschrifttumskammer« vom 21. 11. 1936, in: Bbl. 103. Jg., Redaktioneller Teil, Nr. 273 vom 24. 11. 1936, S. 1021. Mit Ausnahme der Exportregelung über die Wirtschaftsstelle des deutschen Buchhandels war die Leipziger Geschäftsstelle der RSK ab diesem Zeitpunkt für »alle buchhändlerischen Angelegenheiten« allein zuständig.

[22] Der »Beauftragte des Führers« stand als Herausgeber des Völkischen Beobachters und als Autor bereits seit den zwanziger Jahren mit dem Eher Verlag in einem engen Verhältnis. Hale, Presse in der Zwangsjacke, S. 313, gibt für 1945 als Guthaben Rosenbergs aus seinen Publikationen im Zentralparteiverlag 85673 RM an.

[23] Die »Vereinbarung« vom 31. 10. 1938 findet sich in BArch Potsdam NS 8/129 Bl. 19.

rat.[24] Allerdings bestand Rosenberg darauf, daß Payr Politischer Leiter in seiner Dienststelle bleiben und nur eine »wechselnde Aufwandsentschädigung« erhalten sollte, um beim Eher Verlag »nicht in finanzielle Abhängigkeit zu kommen«.[25] Die Durchsicht der bei den Verlagen eingehenden Manuskripte hatte »nach weltanschaulichen (politischen) wie auch künstlerischen (fachlichen) Gesichtspunkten« zu erfolgen.[26] Bei unbekannten Autoren waren Auskünfte bei den Parteidienststellen, beim SD und der RSK einzuholen.[27] Da diese Arbeiten vom Lektorenstab des Hauptamtes Schrifttum ausgeführt werden sollten, kamen die Lektoren der Dienststelle in den Genuß, »von nun an durch den Eher Verlag für ihre Vorzensur anständig bezahlt« zu werden, wie Rosenberg in einem Gespräch mit Payr befriedigt feststellen konnte.[28]

Nach der Anordnung Bormanns über die Stillegung des Hauptamtes Schrifttum vom 1. 9. 1944 mußte Rosenberg jedoch die Erfahrung machen, daß Amann den Geschäftsinteressen jede Loyalität rücksichtslos unterzuordnen bereit war. Zu jenem Zeitpunkt verhandelte der Verlagschef nämlich mit Karl Heinz Hederich.[29] Was den jahrelang heftig bekämpften stellvertretenden Leiter der PPK für Amann plötzlich so interessant machte, war der Plan zur Gründung eines zentralen Schulbuchverlages.[30] In ihm sollten die von der Bouhlerschen Reichsstelle für das Schul- und Unterrichtsschrifttum erarbeiteten neuen Lehr- und Lernmittel herausgebracht werden. Der Zentralpar-

[24] Schreiben des Zentralverlags der NSDAP an Rosenberg vom 9. 4. 1943, BArch Potsdam NS 8/213 Bl. 254–254/Rs.

[25] »Stichwort-Protokoll des Termins von Pg. Dr. Payr beim Reichsleiter am 8. 4. 1943« (Dr. Koeppen, 10. 4. 1943), BArch Potsdam NS 8/131 Bl. 83.

[26] Schreiben des Zentralverlags der NSDAP an Rosenberg vom 9. 4. 1943, BArch Potsdam NS 8/213 hier Bl. 254.

[27] Ebd.

[28] Gesprächsaufzeichnung Koeppens, BArch Potsdam NS 8/131 Bl. 83.

[29] Mitteilung Payrs an Rosenberg, wiedergegeben im »Stichwort-Protokoll« Koeppens über das am 20. 10. 1944 geführte Gespräch, BArch Potsdam NS 8/132 Bl. 122.

[30] Die »Frage eines eventuellen staatlichen Schulbuchmonopols« hatte Bouhler bereits 1941 im »Rundschreiben Nr. 1 des Reichsbeauftragten für das Schul- und Unterrichtsschrifttum« aufgeworfen, BArch Potsdam NS 8/209 hier Bl. 75. Aus den Verhandlungen Hederichs mit Amann ist zu schließen, daß die Frage 1944 zugunsten des Zentralparteiverlags entschieden werden sollte.

teiverlag hatte bislang zwar schon über den Deutschen Schulverlag in Berlin Einfluß auf diesen Zweig des Buchmarkts nehmen können. Nun hoffte Amann aber, mit Hilfe der Dienststelle Bouhlers das gewinnträchtige Schulbuchgeschäft ganz in seine Hände zu bekommen.

Der Geschäftsgeist Amanns und seiner Mitarbeiter richtete sich keineswegs nur gegen kommunistische, sozialdemokratische, bürgerliche oder konfessionelle Unternehmen. Schon vor und dann gezielt in den ersten Jahren nach der nationalsozialistischen Machtübernahme hatte Amann die Zentralisierung des Presseverlagswesens der NSDAP betrieben.[31] Bereits Mitte der dreißiger Jahre waren als ernst zu nehmende Konkurrenz in den eigenen Reihen nur noch die Verlagsunternehmen der DAF übriggeblieben. Beim Versuch, den Wettbewerb der beiden Parteikonzerne zu ihren Gunsten zu entscheiden, setzten Amann und Wilhelm Baur skrupellos Intrigen, falsche Behauptungen, Bespitzelungen, finanzielle und polizeiliche Druckmittel ein.[32]

Am Ende mußte sich das Gespann Amann-Baur allerdings mit partiellen Erfolgen zufriedengeben. Die DAF trat zwar 1943 den Langen-Müller Verlag und mit der Deutschen Hausbücherei AG auch einen Teil der Hanseatischen Verlagsanstalt

[31] Dazu im einzelnen Hale, Presse in der Zwangsjacke, S. 101–117.

[32] Diese Methoden wurden von Wilhelm Baur etwa gegenüber Gustav Pezold, dem Leiter des Langen-Müller Verlags, eingesetzt. S. meine Ausführungen in Kapitel II, Abschnitt C 3.1. und 3.2. dieser Arbeit. Nach der Übernahme des Langen-Müller Verlags durch den Zentralparteiverlag machte Amann dem Bormann-Mitarbeiter Friedrichs »an Hand von Beispielen« noch einmal klar, »welchen schweren Schaden einzelne Bücher dieses bisher im Besitz der ›DAF.‹ befindlichen Verlags unter Umständen angerichtet haben und noch hätten anrichten können«. Der Hinweis auf das in der Partei-Kanzlei geführte Gespräch mit Friedrichs ist enthalten in einem Schreiben Amanns an Rosenberg vom 10. 7. 1943, BArch Potsdam NS 8/215 Bl. 199. Die neu eröffnete Filiale der »Büchergilde Gutenberg« in der Berliner Kurfürstenstraße wurde 1937 im Auftrag der RSK-Gruppe Buchhandel vom Bezirksobmann für den Bezirk Tiergarten observiert. Dabei hatte der Bezirksobmann festzustellen, ob die Mitarbeiter ordnungsgemäß bei der RSK angemeldet waren, ob für den Laden eine Genehmigung aufgrund des Gesetzes zum Schutz des Einzelhandels vorlag und ob »Bücher fremder Verleger oder des eigenen Verlages über den Ladentisch verkauft werden«. Das Auftragsschreiben vom 30. 10. 1937 findet sich in BDC/RSK/Heffe, E.

an den Eher-Konzern ab. Der DAF-Verlag selbst, die Druckereien, die Sortimente und die Buchgemeinschaften, darunter die so erfolgreiche »Büchergilde Gutenberg«, blieben aber im Besitz der Leyschen Organisation. Seit 1940 erhielt der Geschäftsführer der Büchergilde, Eberhard Heffe, als »Leiter der Zentralstelle für die deutschen Frontbuchhandlungen« entscheidenden Einfluß auf einen weiteren wichtigen Vertriebssektor.[33] Zudem mußte Wilhelm Baur von der RSK aus während des Krieges mit großem Argwohn registrieren, daß sich Heffe in seiner Funktion als Leys »Beauftragter für das gesamte Verlagswesen der DAF« intensiv um den Aufbau von Filialen des DAF-Verlags und von deutschen Buchhandlungen in den besetzten Gebieten bemühte.[34]

Am Erfolg der Monopolisierungspolitik Amanns änderte diese fortbestehende Konkurrenz jedoch ebensowenig wie der verhaltene Widerstand der Schrifttumsabteilung des Propagandaministeriums. Goebbels, der beim Ankauf des Ullstein Verlags von Amann ausgebootet worden war,[35] dürfte zwar prinzipiell die Politik seiner Mitarbeiter gedeckt haben, mit Rücksicht auf die Lesebedürfnisse der Bevölkerung und die Außengeltung der schöngeistigen und wissenschaftlichen Literatur den deutschen Buchverlagen einen gewissen Freiheitsraum zu sichern. So blieb etwa der S. Fischer Verlag auf maßgebliches Betreiben der Schrifttumsabteilung sowohl 1936 nach dem Verkauf durch Gottfried Bermann Fischer als auch nach der Verhaftung des neuen Verlagsleiters Peter Suhrkamp im April 1944 als privatwirtschaftliches Unternehmen ohne Beteiligung der NSDAP erhalten.[36] Die Regelung der Exportförderung im Jahre 1935

[33] Mitteilung von W. Baur an den deutschen Buchhandel betr. die Gründung von Frontbuchhandlungen, in: Bbl. 106. Jg., Redaktioneller Teil, Nr. 242 vom 17. 10. 1939, S. 689.

[34] Schreiben der Schrifttumsabteilung des Propagandaministeriums an den Präsidenten der RSK vom 15. 8. 1941 sowie die Mitteilung Heffes an Wilhelm Baur über die Filialen der DAF-Verlags GmbH im Ausland vom 8. 12. 1941, BDC/RSK/Heffe, E.

[35] Hinweis bei Hale, Presse in der Zwangsjacke, S. 139.

[36] Dazu im einzelnen Kapitel III, Abschnitt B 2.3. und 7.3. dieser Arbeit. Nach der Verhaftung Suhrkamps übernahm Heinrich Gruber, bislang Referent für Verlagsfragen in der Schrifttumsabteilung des RMVP, die kommissarische Leitung des Verlags. Aufgrund dieser Konstellation überlebte der Verlag sogar die Schließungswelle vom Herbst 1944. S. das Schreiben des Landesleiters Berlin der RSK (Hellmann) an Gruber vom 3. 1. 1945, BDC/

und der Papierkontingentierung zu Beginn des Krieges lief sogar bewußt unter Umgehung der Interessen Amanns und Wilhelm Baurs.

Allerdings war der Propagandaminister als Autor von Erfolgsbüchern und gut dotierten Leitartikeln in der renommierten Wochenzeitung »Das Reich« selbst in die Interessen des Zentralparteiverlags involviert.[37] Der steuerte aufgrund seiner politischen und ökonomischen Macht dem sowjetischen Vorbild eines Staatskonzerns zu. Hatte der stellvertretende PPK-Vorsitzende Hederich 1938 gegenüber Bouhler die Auffassung geäußert, der Zentralparteiverlag könne dieses Ziel weder aus wirtschaftlichen noch aus fachlichen Gründen je erreichen,[38] so stand Amann – noch begünstigt durch die Verlagsschließungen im Bereich der Reichspresse- und der Reichsschrifttumskammer – am Ende des »Dritten Reiches« kurz vor der Realisierung seines Wunschtraums.[39] Den Berechnungen Hales zufolge be-

RMVP/Gruber, H., sowie das Antwortschreiben Grubers vom 9. 1. 1945, LA Berlin Rep. 243, Acc. 1814/66 Bl. 8.

[37] Das Verhältnis von Goebbels zu Amann war sehr ambivalent. In den Goebbels-Tagebüchern finden sich zahlreiche Stellen, in denen sich der Propagandaminister abfällig über die Geldgier oder das autoritäre Auftreten des Verlagschefs äußert. S. etwa seine Eintragung vom 29. 7. 1938: »Amann sieht nur sein Geld und sein Geschäft«, Goebbels-Tagebücher, Teil 1, Bd. 3, S. 494; und vom 15. 11. 1939: »Gestern Riesenkrach mit Amann, der sich richtiggehend in meinem Dienstzimmer austobt wegen ein paar Kleinigkeiten. Er ist dann ganz unberechenbar. [...] Ich habe lange zu tuen [!], ihn wieder in Facon zu bringen«, Goebbels-Tagebücher, Teil 1, Bd. 3, S. 642. Andererseits hielt Goebbels in seinem Tagebuch auch immer wieder stolz fest, welche Einnahmen ihm aus seinen Geschäften mit Amann erwuchsen. Die Angabe von Hale, Presse in der Zwangsjacke, S. 313, wonach der Propagandaminister 1945 beim Zentralparteiverlag über ein Guthaben von 135 164 RM verfügte, dürfte nur einen Teil der Zahlungen Amanns an einen seiner Erfolgsautoren ausmachen.

[38] »Stellungnahme« Hederichs zum Schreiben Leys vom 25. 8. 1939 an den StdF betr. Stellenplanung. Abgrenzung der Aufgaben und Zuständigkeiten auf dem Gebiete des Schrifttums, hier S. 3, NS 11/9. Das sowjetische Modell des Staatskonzerns »Glawlit« wurde von Hederich wiederholt entschieden abgelehnt. S. etwa »Grundsätzliche Fragen zur Beurteilung des Fragenkreises der Parteiamtlichen Prüfungskommission zum Schutze des Nationalsozialistischen Schrifttums« (o.D., ca. 1938), S. 3, NS 11/6.

[39] In einem Schreiben an den kommissarischen RSK-Geschäftsführer Gentz vom 8. 9. 1944 gab der Verleger Karl Heinrich Bischoff, bis 1941 Referent der Kammer, im Zusammenhang mit der vom Propagandaministe-

lief sich das bei der Reichsbank und einer Reihe weiterer Banken hinterlegte Guthaben des Zentralparteiverlags am 8. 5. 1945 auf 599095140 RM.[40]

7. Sonderaufgaben während des Krieges

7.1. Die Sicherstellung des Buchbedarfs der Bevölkerung

Der Leiter der Schrifttumsabteilung des Propagandaministeriums nutzte gleich seinen ersten Auftritt auf der Hauptversammlung des Börsenvereins am Kantate-Sonntag 1940, um die Rolle von Literatur und Buchhandel während des Krieges zu erläutern.[1] Das Buch sei, so Wilhelm Haegert, »wegen seiner leichten Handlichkeit als Gedankenträger auch heute noch nach der Entwicklung von Presse, Rundfunk und Film das wichtigste Mittel, um die geistige Haltung des deutschen Volkes in seiner Tiefe zu beeinflussen«.[2] Dies gelte sowohl für den Soldaten, der das Buch – im Gegensatz zu »anderen Kulturträgern« – »bis in die vorderste Linie und bis in das Gefecht hinein« mit sich tragen könne, als auch für die Zivilbevölkerung.[3] Da sich deren Leben während des Krieges »weit mehr als früher wieder im Rahmen ihres Heims« abspielen würde, habe man »mehr Zeit als früher, sich mit dem Buch zu beschäftigen«. Insofern leiste die Erzeugung und der Vertrieb von Literatur als Teilgebiet des Kulturlebens einen

rium verfügten Schließung von Verlagsunternehmen aus nicht ganz uneigennützigen Gründen zu bedenken: »Ich glaube zwar, daß sich gerade aus der jetzigen Politik der Kammer eine Art Verstaatlichung des Buchhandels immer stärker entwickelt. Wenn ich auch meine, daß diese Entwicklung nicht aufzuhalten ist, eben durch die Kammerpolitik, so meine ich auch, daß sie im Gegensatz zum ursprünglichen Nationalsozialismus steht«. BArch Potsdam R 56 V/152 Bl. 63. S. dazu auch Kapitel III, Abschnitt B 7.3. dieser Arbeit.

[40] Hale, Presse in der Zwangsjacke, S. 312.

[1] »Schrifttum und Buchhandel im Kriege«, in: Bbl. 107. Jg., Redaktioneller Teil, Nr. 94 vom 23. 4. 1940, S. 148–152.

[2] Ebd., S. 149–150.

[3] Ebd., S. 150. Die folgenden Zitate ebd.

wesentlichen Beitrag für die »Widerstands- und Angriffskraft unseres Volkes«.

In der Anfangsphase des Krieges fiel den Verlegern und Inhabern der Sortimentsunternehmen die Erfüllung des von Haegert im Namen der staatlichen Schrifttumsbürokratie verordneten Auftrages nicht schwer. Trotz der im Herbst 1939 eingeführten »Papierkontingentierung« lief die Buchproduktion in den ersten beiden Kriegsjahren noch auf Hochtouren. Bei der Vorstellung der Bücherproduktions-Statistik des Jahres 1941 konnte Börsenvereins-Geschäftsführer Heß sogar noch einmal auf eine Steigerung der Gesamtauflagenhöhe gegenüber 1940 verweisen.[4] Allerdings waren damit der immens gestiegene Buchkauf und Lesebedarf der Bevölkerung schon nicht mehr zu befriedigen. Bereits 1940 konnten die Bestellungen zunächst nur noch bis zu 40% erfüllt werden.[5] Eine Entspannung trat erst ein, nachdem mit Papierlieferungen aus dem besetzten Norwegen die Lücken deutscher Druckereien geschlossen werden konnten.[6] Danach gab es immer noch Schwierigkeiten mit der Erfüllung der Bindeaufträge,[7] was zu einer von den Kunden wiederholt monierten erheblichen Verschlechterung der Buchausstattung führte.[8] Ab 1941 wurden – mit Genehmigung der RSK und der Wirtschaftsstelle des deutschen Buchhandels – immer häufiger Druckaufträge nach Belgien, Holland, Frankreich, Schweden, ins »Protektorat Böhmen und Mähren« sowie in begrenztem Umfang auch in die Schweiz vergeben.[9]

Um die Produktionsengpässe nicht noch zu vermehren und die infolge der Hochkonjunktur feststellbare Zunahme von Verlagsneugründungen einzudämmen, ordnete die RSK am 26. 4. 1941 eine »Gründungssperre für Verlagsbuchhandlun-

[4] M. A. Heß, Das Buchschaffen im Kriegsjahr 1941, in: Bbl. 109. Jg., Redaktioneller Teil, Nr. 196/197 vom 3. 9. 1942, S. 177. Die von der Statistischen Abteilung des Börsenvereins erstellte »Bücherproduktions-Statistik 1941« findet sich ebd., S. 178–179.

[5] Angabe in den Meldungen aus dem Reich, Bd. 11, Nr. 117 vom 22. 8. 1940, S. 1492.

[6] Hinweis ebd., Bd. 11, Nr. 136 vom 28. 10. 1940, S. 1713.

[7] Ebd.

[8] Meldungen aus dem Reich, Bd. 6, Nr. 156 vom 23. 1. 1941, S. 1927 und 1929; Bericht des SD-Abschnitts Würzburg, hier »Kulturelle Gebiete«, o. D. [April 1941], StA Würzburg SD-Hauptaußenstelle Würzburg/33 hier Bl. 87.

[9] Die Einzelvorgänge in BArch Potsdam R 56 V/105.

gen« an.[10] Die zunächst bis 30. 9. 1942 befristete, danach aber bis Kriegsende verlängerte Sperre galt für die Gründung neuer Verlagszweige innerhalb bestehender Unternehmen, für die Errichtung neuer Verlagsunternehmen und für die Angliederung von Verlagsbuchhandlungen an buchhändlerische Betriebe. Ausnahmen waren nur mit der persönlichen Genehmigung des Propagandaministers möglich.[11]

In einem »Aufruf« vom September 1941 appellierten Wilhelm Haegert und Wilhelm Baur an die Buchhändler, ihre verknappten Bestände »in allererster Linie« dem »deutschen Soldaten«, dem »deutschen Rüstungsarbeiter« und den »deutschen werktätigen Frauen« zu öffnen, da sie »heute vor anderen einen Anspruch auf die Werte und Kräfte der deutschen Kultur erheben können«.[12] Solch fromme Forderungen gingen allerdings völlig an den Realitäten im Buchhandel vorbei. Denn dem Massenkauf von Büchern, Ausdruck einer »Flucht in die Sachwerte«, wie die SD-Meldungen richtig erkannten,[13] konnte sich der Sortimentsbuchhandel kaum entziehen. Die Folge waren enorme Gewinnsteigerungen, die jedoch mit leeren Ladenlokalen und Buchlagern bezahlt wurden.[14] Auch das Barsortiment und die Verlage waren der ungebremsten Nachfrage kaum noch gewachsen, so daß das gesamte Verteilungssystem auf dem deutschen Buchmarkt bereits Ende 1941 angegriffen war.[15]

Da 1942 die Einsparung von Papier- und Einbandstoffen ebenso wie der Abzug von Arbeitskräften zur Wehrmacht und in die Rüstungsindustrie noch einmal forciert wurden, stellten die offenkundigen Engpässe in Buchherstellung und -vertrieb

10 Die Anordnung ist abgedruckt bei Ihde (Hg.), Handbuch der Reichsschrifttumskammer, S. 135. Zum Hintergrund s. das Schreiben der Leipziger RSK-Abt. III A 1 (Thulke) an die RSK-Zentrale in Berlin vom 22. 2. 1941, BArch Potsdam R 56 V/107 Bl. 38–39.

11 Diese Vollmacht war ursprünglich dem RSK-Präsidenten vorbehalten gewesen. S. den Text der »Anordnung«, § 2. Die Änderung wurde der RSK am 13. 6. 1942 von der Schrifttumsabteilung mitgeteilt, BArch Potsdam R 56 V/107 Bl. 13. Vermutlich stand dahinter das Mißtrauen der Schrifttumsabteilung gegenüber den eigennützigen Entscheidungen des Leiters der »Gruppe Buchhandel«, Wilhelm Baur.

12 »An den deutschen Buchhandel«, in: Bbl. 108. Jg., Redaktioneller Teil, Nr. 226 vom 27. 9. 1941, S. 329.

13 Meldungen aus dem Reich, Bd. 9, Nr. 260 vom 16. 2. 1942, S. 3317.

14 Meldungen aus dem Reich, Bd. 8, Nr. 235 vom 6. 11. 1941, S. 2951.

15 Feststellung ebd., S. 2952–2953.

die staatliche Schrifttumsbürokratie vor eine Reihe ernster Probleme.[16] So hatte das reduzierte Angebot der Buchhandlungen nicht nur die positive Nebenwirkung, daß die von staatlicher Seite seit 1933 propagierte nationalsozialistische Belletristik und Weltanschauungsliteratur nun endlich ihre Abnehmer fand.[17] Wie bereits dargestellt, gelangte auch das längst unterdrückt geglaubte »schädliche und unerwünschte Schrifttum« wieder massenweise zum Verkauf. Eine weitere negative Begleiterscheinung des Mißverhältnisses zwischen Angebot und Nachfrage auf dem Buchmarkt war die Gefahr einer Inflation der Bücherpreise. Vom Börsenverein wurde daher in enger Kooperation mit dem »Reichskommissar für Preisbildung« die Einhaltung der Preisbindungs- und der Preisstoppverordnung streng überwacht.[18]

Bei der Lösung des Hauptproblems, wie nämlich die Bevölkerung trotz sinkender Produktion[19] mit der aus schulischen und fachlichen Gründen oder zur Freizeitgestaltung benötigten

[16] Den Hinweis auf das Jahr 1942 als Einschnitt in der Leistungskurve des deutschen Buchhandels gibt W. Baur, Zur Lage im Buchhandel, in: Bbl. 104. Jg., Redaktioneller Teil, Nr. 162 vom 17. 4. 1943, S. 69.

[17] Auf diesen Umstand macht die »Skizze« zur Lage des deutschen Buchhandels in den Jahren 1933 bis 1945, hier S. 4, aufmerksam. StA Leipzig BV/829.

[18] S. dazu u.a. den in Auszügen wiedergegebenen Vortrag von W. Schmidt, Abteilungsleiter beim Reichskommissar für die Preisbildung, auf der Buchhändler-Kantate 1941, zum Thema »Preis und Gewinn«, in: Bbl. 108. Jg., Redaktioneller Teil, Nr. 111 vom 15. 5. 1941, S. 195–198; den Bericht über die »Sitzung des Kleinen Rates des Börsenvereins« am 5. 2. 1943 in Leipzig, in: Bbl. 110. Jg., Redaktioneller Teil, Nr. 36/37 vom 13. 2. 1943, S. 30; sowie den Bericht über die gemeinsame Sitzung des Kleinen Rates des Börsenvereins und des Rates der Gruppe Buchhandel am 7. 5. 1943 in Leipzig, hier S. 3, StA Leipzig BV/737. Die Kompetenz, über Anträge auf Preiserhöhungen auch auf dem Gebiet des Buch-, Lehrmittel-, Kunstblatt- und Musikalienhandels entscheiden zu können, lag zunächst beim Reichskommissar für die Preisbildung. Durch einen »Rund-Erlaß« des Reichskommissars vom 20. 9. 1944 wurde sie auf den Börsenverein übertragen.

[19] 1942 ging die Gesamtauflagenhöhe um rund 100 Millionen auf 244 208 108 Stück gegenüber 341 889 138 in 1941 zurück. Der Papierverbrauch wurde von 61 432 196 kg auf 50 351 034 kg zurückgefahren. Die Zahlenangaben aus der »Bücherproduktions-Statistik 1942« finden sich in einem »Bericht« über eine gemeinsame Sitzung des Rates der Gruppe Buchhandel und des Kleinen Rates des Börsenvereins am 5. 10. 1943 in Leipzig, hier S. 3, StA Leipzig/BV 737.

Literatur versorgt werden sollte, experimentierte die Schrifttumsbürokratie mit unterschiedlichen Methoden. Auf einer »Dienstbesprechung« am 9. 5. 1942 in Leipzig wies Wilhelm Baur die Landesobmänner der »Gruppe Buchhandel« darauf hin, daß es nach einer Absprache zwischen dem Propagandaministerium, dem Reichswirtschaftsministerium und dem Reichsführer-SS und Chef der deutschen Polizei den Buchhändlern nun gestattet sei, »Lagerbestände durch die Abgabe einer beschränkten Anzahl von Exemplaren zu kontingentieren und den weiteren Verkauf nach Erschöpfung des Kontingents abzulehnen«.[20] Der Ausverkauf der Buchhandlungen sollte verhindert werden, damit in Verkaufsräumen und Schaufenstern noch die Illusion eines Angebots aufrechterhalten werden konnte.

Ein am 12. 12. 1942 im Börsenblatt veröffentlichter Aufruf Wilhelm Baurs und Wilhelm Haegerts gab dann aber eine genau entgegengesetzte Devise aus. Da zum bevorstehenden Weihnachtsfest »das deutsche Buch in erhöhtem Maß andere Geschenke vertreten« müsse, wurden die Verleger und Sortimenter nun angehalten, »unter Hintansetzung persönlicher Interessen ihre Buchlager im höchstmöglichen Ausmaße zum Verkauf [zu] bringen«.[21] Die Landesobmänner des Buchhandels wurden beauftragt, »allen Klagen einzelner Volksgenossen über die Zurückhaltung von Büchern nachzugehen«. Um die Einhaltung des Appells zu erleichtern, wurde den Buchhändlern von Baur und Haegert in Aussicht gestellt, daß mit den »umfangreichen laufenden Bewilligungen für Papier [...] auch für die Folgezeit die Gewähr« gegeben sei, daß »Bücher in größeren Mengen wieder zur Verfügung stehen«.

Von dieser Zusage wollte Wilhelm Baur im Frühjahr 1943 aber nichts mehr wissen. »Da der Teil der Buchproduktion, der bisher schon auf die Wehrmacht und hier besonders auf die Frontbuchhandlungen entfiel, nicht eingeschränkt werden« könne, ließ Baur im Börsenblatt vom 12. 3. 1943 wissen, werde sich die weitere Verknappung der zur Verteilung gelangenden Buchkontingente »im wesentlichen beim Sortimentsbuchhandel

[20] G. von Kommerstädt, Idealismus und Tatkraft. Dienstbesprechung des Leiters des Deutschen Buchhandels mit den Landesobmännern aus allen Gauen, in: Bbl. 109. Jg., Redaktioneller Teil, Nr. 104 vom 16. 5. 1942, S. 98–100, hier S. 99.

[21] »An den deutschen Buchhandel«, in: Bbl. 109. Jg., Redaktioneller Teil, Nr. 282/283 vom 12. 12. 1942, S. 253. Die folgenden Zitate ebd.

auswirken«.[22] In dieser Situation sei es notwendig, den Verkauf auf unbedingt notwendiges Schrifttum – wie Schul- und Fachbücher – zu beschränken. »Alle übrigen Werke, insbesondere die, die der politischen Ausrichtung und der Unterhaltung dienen, müssen in Zukunft 10-, 20- und wenn es geht, auch 30fach verliehen werden«.[23]

Der Forderung Baurs wurde durch eine »Anordnung« des RSK-Präsidenten vom 8. 3. 1943 Nachdruck verliehen, mit der den Sortimentsbuchhandlungen die Angliederung einer »Kriegsleihbücherei« zur Pflicht gemacht wurde.[24] Das hatte zwar den positiven Effekt, daß die Mangelware Buch nun breiter gestreut werden konnte. Doch ergaben sich aus dieser Improvisationsmaßnahme in der Praxis erhebliche Schwierigkeiten. Zum einen wurde die Konkurrenz zwischen Sortiment und gewerblichem Leihbuchhandel verschärft – nicht nur im Hinblick auf Kundenkreis und Umsätze, sondern auch hinsichtlich der Erlangung der Buchkontingente. Zum anderen mußten die Sortimenter erst einmal mit den Praktiken des Leihbuchhandels vertraut gemacht werden, ein Lernprozeß, der vom Aufbau eines Ausleihbestands, einer Buchausleih- und einer Kundenkartei bis zur Einhaltung des von der RSK eingeführten Gebührensystems und der Beachtung von Benutzungsbeschränkungen reichte.[25] Hinzu kam schließlich noch, daß die Kriegsleihbüchereien natürlich auch nur ein begrenztes Angebot an Büchern aufrechterhalten konnten, womit sich den Sortimentern dann doch wieder das Problem der gerechten Verteilung des Mangels stellte.[26]

[22] W. Baur, »Ist das Buch nur für einzelne da?«, in: Bbl. 110. Jg., Redaktioneller Teil, Nr. 60 vom 12. 3. 1943, S. 45.

[23] Ebd.

[24] Die »Amtliche Bekanntmachung Nr. 155« ist veröffentlicht in: Bbl. 110. Jg., Redaktioneller Teil, Nr. 64/65 vom 18. 3. 1943, S. 49.

[25] Dazu die Erläuterungen von G. Gentz, Jede Sortimentsbuchhandlung wird Kriegsleihbücherei, in: Bbl. 110. Jg., Redaktioneller Teil, Nr. 64/65 vom 18. 3. 1943, S. 50–52; K. Kretzschmar, Einrichtung von Kriegsleihbüchereien, ebd., Nr. 81 vom 15. 4. 1943, S. 66; W. Franke, Kriegsleihbüchereien des Sortiments – eine dringende Notwendigkeit, ebd., Nr. 103 vom 12. 6. 1943, S. 103–104.

[26] Dazu bereits die Meldungen aus dem Reich, Bd. 8, Nr. 235 vom 6. 11. 1941, hier S. 2953, sowie Bd. 12, Nr. 349 vom 11. 1. 1943, hier S. 4656–4657. Welchem psychologischen Druck die Buchhändler angesichts der zunehmenden Buchverknappung ausgesetzt waren, belegt ein Vorgang aus der

Ein weiterer Versuch zur Lösung der Produktions- und Verteilungskrise war die Einführung von »Großauflagen«. Schrifttumsreferent Erckmann distanzierte sich zwar im Juni 1943 in einem Aufsatz für das Börsenblatt von der amerikanischen Praxis des »bestsellers«, mit dem sich »Vorstellungen von Tagessensationen, Pressemache, Massensuggestion und standardisierter Literatur« verbänden.[27] Auch die »deutsche Schrifttumsentwicklung« sei nur »in dem Zeitalter, in dem sie von Juden bestimmt wurde, auf solche ihr wesensfremden Grundsätze ausgerichtet gewesen«. Trotz dieser Belastungsfaktoren sah der Schrifttumsfunktionär in der planmäßigen Steuerung von Großauflagen mit 50000 Exemplaren jedoch die einzige Chance, eine möglichst effiziente Produktionsweise zu garantieren und damit den »heutige[n] Buchhunger« zu stillen.

In dieses von der Ministerialbürokratie gesteuerte Verfahren sollten allerdings nur bestimmte Literaturgruppen einbezogen werden: »große zeitgenössische Dichtung«, »klassische Erzähler des 19. Jahrhunderts«, »unterhaltsame und belehrende Literatur«, »hervorragende Zeitbücher« sowie »Jugend- und Kinderbücher«.[28] Wie drastisch die Engpässe in diesen Produktionsbereichen geworden waren, wird daran deutlich, daß der Börsenvereins-Vorsteher bereits am 12. 4. 1943 eine Verkaufssperre für Kinder- und Jugendbücher verhängen mußte, »um der Gefahr vorzubeugen, daß zu Weihnachten ein empfindlicher Mangel [...] eintritt«.[29]

Landesleitung der RSK in Berlin. Dabei ging es um Beschwerden von Buchkäufern über eine Sortimentsbuchhandlung in Berlin-Tempelhof, die den Umtausch von Büchern verweigert und angeblich auch Bücher zurückgehalten hatte. Die Nachforschungen der Kammer ergaben dann aber, daß sich der Buchhändler jeweils völlig korrekt im Rahmen der geltenden Bestimmungen verhalten hatte. Der Vorgang aus den Jahren 1941 bis 1944 ist überliefert in LA Berlin Rep. 243 Acc. 1814/54.

[27] R. Erckmann, Zum Thema »Großauflagen«, in: Bbl. 110. Jg., Redaktioneller Teil, Nr. 103 vom 12. 6. 1943, S. 102–103, hier S. 103. Zum folgenden s. ebd.

[28] Ebd.

[29] Die »Bekanntmachung« Wilhelm Baurs vom 12. 4. 1943 ist abgedruckt im »Rundschreiben Nr. 1 der RSK-Abteilung III (Gruppe Buchhandel) an die zum nebenberuflichen Buchverkauf zugelassenen Firmen« [S. 7], DB-Sign.: ZB 47441/1943 Geheim. »Um berechtigte Versorgungswünsche auch während der Sperrzeit erfüllen zu können«, wurde das Verbot in den am 8. 6. 1943 von Baur erlassenen »Durchführungsbestimmungen« dahinge-

Bereits am 9. 10. 1942 hatte der Börsenverein begonnen, das bislang freie Vertriebssystem zwischen Sortiment und Verlag teilweise einzuschränken.[30] Neuerscheinungen und Neuauflagen auf dem Gebiet der politischen und schöngeistigen Literatur sowie des Jugend- und Bilderbuchs sollten von den Verlagen nicht mehr nur über das »Bestellverfahren«, sondern auch auf dem Wege der »Zuteilung« in den vertreibenden Buchhandel gelangen. Die Verlage mußten sich für eine dieser Vertriebsformen entscheiden. Die getroffene Wahl hatte dann für die gesamte Produktion in den erwähnten Verlagszweigen zu gelten (§ 1, Abschnitt 2). Um die Versorgung der Klein- und Mittelstädte sicherzustellen, wurde den Verlagen untersagt, die Gesamtauflage eines Buchs über Vertreter zu verkaufen (§ 2, Abschnitt 1). Andererseits war den Verlegern freigestellt, »Höchstgrenzen für die Bestellungen« festzusetzen (§ 2, Abschnitt 2). »Phantasiebestellungen« der Vertriebsfirmen waren »unerledigt und ohne besondere Benachrichtigung des Bestellers abzulegen« (ebd.). Beim »Zuteilungsverfahren« konnten die Verlage selbständig entscheiden, welche Firmen in ihre »Zuteilungsliste« aufgenommen wurden, wobei allerdings auch hier das »Kleinsortiment« gebührend zu berücksichtigen war (§ 3, Abschnitt 1).

Wissenschaftliche und fachbezogene Literatur sowie Schulbücher blieben von der Neuregelung zunächst noch ausgenommen. Den Verlagen wurde lediglich aufgetragen, den Bedarf der »großen wissenschaftlichen Bibliotheken« sicherzustellen. Zu diesem Zweck wurde empfohlen, einen bestimmten Teil der Neuerscheinungen und Neuauflagen im Lager zurückzuhalten (§ 5, Abschnitt 3). Bei Lagerbestellungen waren neben den wissenschaftlichen Bibliotheken auch die akademischen und Fachbuchhandlungen bevorzugt zu beliefern (§ 5, Abschnitt 5).

Nachdem auch auf dem Sektor der Schulbuchproduktion ein deutlicher Rückgang einsetzte, mußte das Reichserziehungsministerium »im Einvernehmen« mit der Reichsstelle für das Schul- und Unterrichtsschrifttum durch einen »Erlaß« vom 21. 4. 1943 ein einheitliches »Bestellverfahren« für alle allge-

hend gelockert, daß 25% der »Lagervorräte und der während der Sperrzeit erhaltenen Lieferungen« bis zum 30. 9. 1943 abgesetzt werden durften.

[30] »Bekanntmachung über den buchhändlerischen Bestell-, Liefer- und Zahlungsverkehr« vom 9. 10. 1942, in: Bbl. 109. Jg., Redaktioneller Teil, Nr. 232/233 vom 15. 10. 1942, S. 209–211.

meinbildenden Schulen einführen.[31] Danach hatten die zur Versetzung anstehenden Schüler auf einheitlichen »Bestellzetteln«, die den Schulleitungen vom Buchhandel zur Verfügung gestellt wurden, diejenigen Lernbücher zu notieren, die sie für das Schuljahr 1943/44 benötigten. Der von den Schülern ausgefüllte, von den Klassenlehrern überprüfte, von den Eltern unterschriebene und von der Schulleitung abgestempelte »Bestellzettel« war dann – »unbedingt vor Beginn der Sommerferien« – beim örtlichen Buchhandel oder den zum Schulbuchverkauf zugelassenen Buchverkaufsstellen abzugeben. Diese leiteten die Bestellungen an die Verlage und Grossisten weiter, wobei von den Sortimentern eine »Verpflichtungserklärung« beizufügen war, daß sie ihre noch am Lager befindlichen Schulbücher von der Bestellung abgezogen hatten.

Die außerordentlich aufwendige Prozedur wurde am 19. 4. 1944 von der RSK durch eine »Amtliche Bekanntmachung« ersetzt, die den Sortimentern, Buchverkaufsstellen und Verlagen jeglichen Verkauf von Schulbüchern an Privatpersonen untersagte.[32] Zukünftig sollten die Lieferungen nur noch an die jeweiligen »Unterhaltungsträger« allgemeinbildender Schulen erfolgen. Diese hatten eine »Leihbücherei für Lernbücher« einzurichten, aus der die Schüler die von ihnen benötigten Bücher »gegen Zahlung einer Leihgebühr für die Dauer eines Schuljahres entleihen« konnten.[33]

Um eine größere Effizienz zu gewährleisten, war in allen selbständigen Städten und in den Kreisstädten die Einsetzung von »Beauftragten der Reichsschrifttumskammer und des Bör-

[31] S. zum folgenden die im Bbl. 110. Jg., Redaktioneller Teil, Nr. 96 vom 27. 5. 1943, S. 93, veröffentlichte »Anordnung« W. Baurs zum »Vertrieb der Schulbücher für allgemeinbildende Schulen«, sowie den »Ministerialerlaß« Rusts. Dazu auch die Erläuterungen des Börsenvereins-Vorstehers, des Leiters der »Arbeitsgemeinschaft der am Schulbuchhandel interessierten Sortimenter« und des Leiters der »Fachgruppe Schule und Unterricht der Fachschaft Verlag« im »Rundschreiben Nr. 1 der RSK-Abteilung III (Gruppe Buchhandel) an die zum nebenberuflichen Buchverkauf zugelassenen Firmen«.

[32] »Amtliche Bekanntmachung der Reichsschrifttumskammer Nr. 162«, in: Bbl. 111. Jg., Redaktioneller Teil, Nr. 37 vom 13. 5. 1944, S. 73. S. auch die Erläuterungen von W. Hellmann, Die neue Regelung des Schulbuch-Vertriebes, ebd. Nr. 41 vom 27. 5. 1944, S. 86–87.

[33] Hellmann, Die neue Regelung des Schulbuch-Vertriebes, S. 86. Zum folgenden s. ebd.

senvereins« vorgesehen. An diese »Beauftragten«, die vom RSK-Präsidenten auf Vorschlag der Landesobmänner aus dem Kreis der Sortimenter ausgewählt werden sollten, waren die zur Weiterleitung an die einzelnen Schulen bestimmten Sammelsendungen zu adressieren. Die Versendung der Schulbuchkontingente übernahmen spezielle »Auslieferstellen«, die vom Deutschen Schulverlag dezentral in zwanzig Orten eingerichtet worden waren. Das zum Eher-Konzern gehörige Verlagsunternehmen[34] fungierte damit als Vertriebsstelle der im eigenen Hause hergestellten Bücher. Denn der Deutsche Schulverlag war von der Bouhlerschen Reichsstelle mit der Produktion der inzwischen für jedes Fach und für jede Schulart reichseinheitlichen Lernbücher betraut worden.[35]

Bei den akademischen Lehrbüchern ging der Börsenverein im September 1943 zur Reglementierung des Vertriebs über.[36] Die Verleger von medizinischen, naturwissenschaftlichen und technischen Hochschulschriften hatten von nun an »den größten Teil der Auflage« von Neuerscheinungen und Neuauflagen zur Sicherstellung des Bedarfs der Studierenden zurückzuhalten. Bei staats- und wirtschaftswissenschaftlichen Lehrbüchern blieb die Höhe des Reservefonds dem »Ermessen des Verlegers überlassen«.[37]

Ab dem Wintersemester 1943/44 konnten die Verlage zwar noch direkt an die wissenschaftlichen Buchhandlungen ausliefern, wobei die Kontingente an den Studentenzahlen in den jeweiligen Hochschulstädten orientiert sein sollten.[38] Doch durften die Studenten an ihren Hochschulorten generell für jedes Fach höchstens ein Lehrbuch, Anfänger nur noch Anfän-

[34] Der in Berlin ansässige Deutsche Schulverlag ist in der Liste der »zum Dienstbereich des Reichsleiters für die Presse der NSDAP« gehörigen Verlagsunternehmen, BArch Potsdam NS 8/213 Bl. 255, aufgeführt.

[35] Hinweis bei Hellmann, Die neue Regelung des Schulbuch-Vertriebes, S. 86 und S. 87.

[36] »Bekanntmachung« des Börsenvereins-Vorstehers vom 20. 9. 1943, in: Bbl. 110. Jg., Redaktioneller Teil, Nr. 147 vom 23. 9. 1943, S. 167.

[37] Ebd.

[38] H. F. Schulz, Über die Lehrbücherversorgung im Kriege, in: Bbl. 111. Jg., Redaktioneller Teil, Nr. 71 vom 16. 9. 1944, S. 173. An der Erarbeitung der von Schulz erläuterten Regelung waren nicht weniger als fünf Stellen beteiligt gewesen: das RMVP, dessen Schrifttumsabteilung für die Papierzuteilung maßgeblich war, die »Gruppe Buchhandel« in der RSK, das REM, die Reichsstudentenführung und das Reichsstudentenwerk.

gerlehrbücher, Examenskandidaten nur Examensliteratur erwerben.[39] Der Verkauf mußte vom Sortimenter im Studienbuch quittiert werden.[40] Aufgrund der viel zu geringen Produktionskapazitäten bestand allerdings keine Garantie mehr, daß sämtliche Lehrbücher vom Sortiment vorrätig gehalten werden konnten.[41] Da bei Vormerkungen für vergriffene Bücher »Kriegsversehrte« und »sonstige Kriegsteilnehmer« den Vortritt hatten, wurde dem Studierenden im Börsenblatt empfohlen, die »sich bietenden Gelegenheiten« abzuwarten.[42] Er möge »bescheiden sein und nicht mehr beanspruchen, als ihm zusteht und als er wirklich braucht«.[43]

Seit Herbst 1943 spitzte sich die Lage auf dem deutschen Buchmarkt nicht nur durch Rohstoffknappheit und die ersten Betriebsstillegungen weiter zu, sondern auch durch die Ausweitung des Luftkrieges über ganz Deutschland. Um den bombengeschädigten Sortimenten und Leihbüchereien einen raschen Neuaufbau zu ermöglichen, wurden die Verlage von der RSK dazu verpflichtet, 10% ihrer jeweiligen Produktion an Lühe & Co. in Leipzig abzugeben.[44] Die dem Eher-Konzern unterstehende Kommissionsfirma übernahm nun im Auftrag der Kammer die Zusammenstellung sogenannter »Grundstöcke« mit bis zu 1800 Bänden, die von Sortiments- und Leihbuchhandlungen »sofort nach Schadensfall« kostenlos abgerufen werden konnten.[45] Zusätzlich wurden aus dem gleichen Reservoir beträchtli-

[39] Ebd.

[40] Ebd. Dieses Verfahren war zunächst in einer Art »Modellversuch« an den Universitäten Freiburg i. Br. und Straßburg praktiziert worden. Vgl. H. F. Schulz, Erläuterungen zur Bekanntmachung über die Versorgung der Studierenden mit Hochschulbüchern, in: Bbl. 110. Jg., Redaktioneller Teil, Nr. 147 vom 23. 9. 1943, S. 167–170, hier S. 168.

[41] Die Schwierigkeiten mit der »Lenkung von Herstellung und Vertrieb der akademischen Lehrbücher« waren auf einer gemeinsamen Sitzung des Kleinen Rates des Börsenvereins und des Rates der Gruppe Buchhandel am 7. 5. 1943 in Leipzig ausführlich diskutiert worden. S. den »Bericht« über die Sitzung, hier Punkt 3, S. 5–6, in StA Leipzig BV/737.

[42] Schulz, Über die Lehrbücherversorgung im Kriege, S. 173.

[43] Ebd.

[44] »Bericht über die gemeinsame Sitzung des Kleinen Rates des Börsenvereins und des Rates der Gruppe Buchhandel in Rathen a. d. Elbe am 12./13. 5. 1944«, hier S. 3, StA Leipzig BV/737.

[45] Dazu der von Haegert und Wilhelm Baur erlassene »Aufruf an den deutschen Buchhandel«, in: Die Reichskulturkammer 1 (1943), S. 42–43;

che Sonderrationen an Büchern in die vom Luftkrieg zerstörten Buchhandelszentren und industriellen Ballungsgebiete geliefert.[46]

Im Frühjahr 1944 ging die RSK dazu über, die Privathaushalte zu mobilisieren. Mit einer »Altbuchaktion« wurden die bislang verschont gebliebenen »Volksgenossen« dazu aufgefordert, schöngeistige Literatur, Klassikerausgaben, Lexika, Nachschlagewerke, wissenschaftliches und Fachschrifttum, »soweit es nicht veraltet und unerwünscht ist«, aus ihren Bücherschränken zu räumen.[47] Die von Antiquariaten, Fachbuchhandlungen, Sortimenten und der Leihbüchereihaus GmbH angekauften Bestände sollten vor allem den »Luftkriegsgeschädigte[n], die die Bücher zur Fortführung ihrer Berufsarbeit benötigen«, sowie den zerstörten Leih-, Werk- und Volksbüchereien zugute kommen.[48] In »Ergänzung der vielerorts eingeleiteten Tauschaktion für Waren aller Art, bei der wir aus bestimmten Gründen das Buch ausnehmen mußten«, gestattete die Kammer nun auch die Weitergabe von Büchern an gewöhnliche Kunden – insofern diese »ein Mehrfaches an alten brauchbaren Büchern« abzugeben bereit waren.[49]

Was die »Aktion« neben der Solidarisierung in der Gesamtbevölkerung und natürlich der Beförderung des deutschen »Endsieges« einbringen sollte, rechnete RSK-Justitiar Gentz in einem Beitrag zum »Amtlichen Mitteilungsblatt der Reichskulturkammer« vom Juni 1944 vor: »Es ist nicht ausgeschlossen, daß die Altbuchaktion auch eine ganze Menge wertlos gewordenes Schrifttum ans Licht bringen wird. In diesen Fällen er-

sowie der »Bericht« über die gemeinsame Sitzung des Rates der Gruppe Buchhandel und des Kleinen Rates des Börsenvereins am 5. 10. 1943 in Leipzig, hier S. 2, StA Leipzig BV/737. Eine Übersicht über die noch im Februar/März 1945 von der Leipziger Kommissionsfirma verschickten Buchkontingente findet sich in StA Leipzig BV/F 5918 (Lühe & Co.).

[46] »Tätigkeitsbericht« des RSK-Referenten von Kommerstädt für die »Gruppe Buchhandel« vom 10. 5. 1944, BArch Potsdam R 56 V/35 Bl. 178–181, hier Bl. 179–180.

[47] S. die zur »Altbuchaktion« erlassene »Bekanntmachung der Reichsschrifttumskammer« vom 26. 2. 1944, in: Bbl. 111. Jg., Redaktioneller Teil, Nr. 22 vom 18. 3. 1944, S. 41.

[48] Ebd.

[49] G. Gentz, Zur Altbuchaktion der Reichsschrifttumskammer, in: Die Reichskulturkammer 2 (1944), S. 89–90, hier S. 90. Die folgenden Zitate ebd.

wartet die Reichsschrifttumskammer, daß das Publikum einsichtig genug sein wird und es der sofortigen Makulatur zuführt. Auch ein Buch von Tucholsky oder Ilja Ehrenburg hat noch seinen Wert, wenn man es als Rohstoff der deutschen Kriegswirtschaft zukommen läßt«. Der gleiche, fast schon pathologische Effizienzzwang kam in einem zweiten Argument zum Ausdruck, mit dem Gentz für das »Buchopfer« warb: »Wir werden damit, falls uns selbst auch einmal die Bücherei verbrennt, nebenbei auch noch den Staat und damit die Volksgemeinschaft vor manchen Schadensersatzansprüchen an das Kriegsschädenamt bewahren.«

Erstaunlich ist die Zähigkeit, mit der sich die nationalsozialistische Schrifttumsbürokratie auch noch in der Schlußphase des Krieges um die Sicherstellung von Buchproduktion und -vertrieb bemühte.[50] Die Motive hierfür lagen zum einen im herrschaftspolitischen Interesse, die Mängel in der Versorgungslage der Bevölkerung nicht so weit kommen zu lassen, daß daraus eine kritische Unzufriedenheit mit dem NS-Regime entstand. Zum anderen wollte man – und das kam auf einer gemeinsamen Sitzung des Kleinen Rates des Börsenvereins und des Rates der Gruppe Buchhandel am 12. und 13. 5. 1944 explizit zum Ausdruck – gerade dem Ausland gegenüber beweisen, »daß der deutsche Buchhandel auch heute noch etwas leisten kann«.[51]

Die am 9. 10. 1942 eingeführte Mischform aus Bestell- und Zuteilungsverfahren scheint sich allerdings in der Praxis nicht recht bewährt zu haben. Der Börsenverein mußte wiederholt präzisierende »Erläuterungen« veröffentlichen und Mißbräuche kritisieren.[52] Auch die gleichmäßige Verteilung der Buchbestän-

[50] Noch am 9. 3. 1945 wurden die Leipziger Kommissionäre vom Börsenverein zu einer Besprechung einberufen, bei der es um Möglichkeiten zur Lösung der Transportprobleme ging. S. die »Aktennotiz« über die Besprechung, hier S. 1–2, in StA Leipzig BV/733.

[51] »Bericht« über die Sitzung, hier S. 5, in StA Leipzig BV/737.

[52] S. neben der Einführung von M. A. Heß, Der buchhändlerische Verkehr im Kriege, in: Bbl. 109. Jg., Redaktioneller Teil, Nr. 232/233 vom 15. 10. 1942, S. 211–213, die »Erläuterungen zur Bekanntmachung des Buchhändler-Börsenvereins über den buchhändlerischen Bestell-, Liefer- und Zahlungsverkehr vom 9. Oktober 1942«, ebd., 109. Jg., Nr. 282/283 vom 12. 12. 1942, S. 254–255, die »Mitteilung der Geschäftsstelle des Börsenvereins Betr.: Zuteilungsverfahren«, ebd., 110. Jg., Nr. 73 vom 27. 3. 1943, S. 53, sowie die »Dritte Erläuterung [...]«, ebd., 110. Jg., Nr. 98 vom 1. 6. 1943, S. 97.

de in allen Regionen Deutschlands und die gebührende Berücksichtigung der »neu eingegliederten Gebiete« wurde mehrfach eingefordert.[53] Die Verleger klagten weiterhin über die »Phantasiebestellungen« des vertreibenden Buchhandels.[54]

Aus dem immer krasser werdenden Mißverhältnis zwischen Nachfrage und Angebot zog der Börsenverein schließlich am 10. 8. 1944 die Konsequenzen.[55] Von den in den Fachgruppen »Literatur und Kunst« sowie »Jugendbuch« zusammengeschlossenen Mitgliedern der »Fachschaft Verlag« wurde nun förmlich »erwartet«,[56] daß sie sich ab sofort dem Zuteilungsverfahren anschließen (§ I, 1). Die Zuteilung galt für sämtliche Neuerscheinungen und Neuauflagen, wobei nur noch maximal 10% der Gesamtauflage von den Verlagen für »Sonderfälle« (Ausfuhr, Lieferung an bombengeschädigte Firmen, Wehrmachtsaufträge u. ä.) zurückbehalten werden durften (§ I, 4). Dem inländischen Sortimentsbuchhandel wurden für die genannten Literaturgruppen »Bestellungen allgemeiner Art« untersagt (§ I, 5). Nur in Ausnahmefällen, die vom Sortimentsbuchhändler auf einem vom Börsenverein herausgegebenen »Revers« schriftlich zu begründen waren, durften noch Sonderbestellungen vorgenommen werden (ebd.). Vom Zuteilungsverfahren ausgeschlossen waren Sortimentsbuchhandlungen, die an den Hauptkommissionsplätzen über keinen Kommissionär verfügten (§ I, 7). Diejenigen Firmen, die von den Verlegern nicht in die Zuteilungsliste aufgenommen werden konnten,

53 Nochmalige Hinweise zur »Bekanntmachung des Börsenvereins vom 9. 10. 1942«, in: Bbl. 111. Jg., Redaktioneller Teil, Nr. 41 vom 27. 5. 1944, S. 86. Darin wurden die Verleger gebeten, den »Wünschen auf ausreichende Belieferung, die ihnen von den Provinz-Sortimenten zugehen, nach Möglichkeit Rechnung zu tragen und damit die Bemühungen um die Erhaltung eines leistungsfähigen Provinz-Sortiments zu unterstützen«.

54 »Bericht« über die gemeinsame Sitzung des Rates des Börsenvereins und des Rates der Gruppe Buchhandel in Rathen a. d. Elbe (12.-13. 5. 1944), hier S. 5, StA Leipzig BV/737; Bericht von Dr. Heß über die »Arbeitstagung« der Gruppe Buchhandel in Dresden (26.-28. 7. 1944), in: Bbl. 111. Jg., Redaktioneller Teil, Nr. 65 vom 19. 8. 1944, S. 150.

55 Zum folgenden die »Anordnung über das Zuteilungsverfahren«, in: Bbl. 111. Jg., Redaktioneller Teil, Nr. 66 vom 23. 8. 1944, S. 153.

56 In der »Anordnung« hieß es zwar eingangs: »Von einer zwangsweisen Einführung des Zuteilungsverfahrens wird zunächst abgesehen [...]«. Der Ausdruck »es wird aber erwartet« war jedoch nichts anderes als eine höfliche Umschreibung für diesen Zwang.

sollten über die Barsortimente und Grossisten beliefert werden (§ III, 2). Verstöße gegen diese Vorschriften sollten der RSK gemeldet werden, die sich für diese Fälle »weitere Maßnahmen (z. B. Streichung in den Zuteilungslisten, Bestrafung wegen standeswidrigen Verhaltens)« vorbehielt (§ IV).

Daß der staatlich verordnete »Durchhaltewille« vom Buchhandel bis zuletzt befolgt wurde, belegt auf eindrucksvolle Weise das Beispiel Dresdens. Aus der durch einen Luftangriff am 13. 2. 1945 zerstörten Stadt mußte der Obmann des Dresdner Buchhandels zwar die völlige Vernichtung des innerstädtischen Sortiments- und Verlagsbuchhandels melden.[57] Doch im Verlauf des März 1945 hatte eine Speditionsfirma bereits einen Kraftwagenverkehr mit Leipzig aufgenommen und damit eine rasche Belieferung des Dresdner Buchhandels aufrechtzuerhalten versucht.[58]

So konnte der Obmann dem Börsenverein am 30. 3. 1945 über ein bescheidenes und unkonventionelles Wiederaufleben des Buchverkehrs in den unzerstört gebliebenen Vorstädten Dresdens berichten: »Die Not ist so groß, daß die Buchinteressenten mit jeder Lösung einverstanden sind und die Buchhandlungen auch in irgendeiner Privatwohnung, überall dort, wo ein Verkauf eröffnet wird, aufsuchen. Die meisten der Dresdner Buchhandlungen wollen darum in dieser Woche sofort anfangen und haben es zum Teil auch schon getan. Sie streben natürlich an, mit der Zeit zu etwas besseren Verkaufslokalen zu kommen, aber für den Anfang genügt es so«.[59]

7.2. Die Buchversorgung der Wehrmacht

Es war die Dienststelle Rosenberg, die Mitte Oktober 1939 mit ihrem »Aufruf« zur »Bücherspende der NSDAP für die Wehrmacht« die Buchversorgung der Soldaten als Betätigungsfeld für

[57] Schreiben des Obmanns des Dresdner Buchhandels, Franz Schneekluth in Firma Wilhelm Heyne Verlag, an den Börsenverein vom 2. und 12. 3. 1945, StA Leipzig BV/733.

[58] Mitteilung Schneekluths an den Börsenverein vom 30. 3. 1945, ebd.

[59] Ebd.

die nationalsozialistische Literaturpolitik entdeckte.[60] Die im Rahmen des Kriegs-Winterhilfswerks 1939/40 durchgeführte erste Sammlung wandte sich noch vorwiegend an die Verlage und Sortimentsbuchhandlungen. Die Buchspenden sollten der kämpfenden Truppe ebenso wie den Soldaten in »Kriegslazaretten, Krankenhäusern der Heimat, Sammellagern und ähnlichen Einrichtungen« zugute kommen.[61] Erwünscht war weniger eine große Anzahl von Büchern als vielmehr »besonders gutes Schrifttum«, das vom Amt Schrifttumspflege auf einer Titelvorschlagsliste für Verleger und Buchhändler zusammengestellt worden war.[62]

Gleichfalls im Oktober 1939 wurde eine »Zentrale der Frontbuchhandlungen« gegründet, deren Leitung Eberhard Heffe, der »Beauftragte« Leys für die Verlagsunternehmen der DAF, übernahm.[63] Aufgabe dieser »Zentrale« war zum einen die Koordination der Bestellungen und Zuteilungen der Buchkontingente zwischen den Buchhandlungen im Frontgebiet beziehungsweise in den unter deutscher Besatzung stehenden Ländern und dem Buchhandel im Deutschen Reich.[64] Zum anderen sollte Heffe aber auch in Zusammenarbeit mit dem Oberkommando der Wehrmacht den Ausbau eines Netzes von Frontbuchhandlungen betreiben.[65] Zusätzlich zu diesen ortsfesten Einrichtungen, von denen 1942 allein in Frankreich fast 60 be-

60 »Ein Aufruf Alfred Rosenbergs: Spendet Bücher für unsere Soldaten!«, in: Bbl. 106. Jg., Redaktioneller Teil, Nr. 240 vom 14. 10. 1939, S. 685.

61 Ebd.

62 Mitteilung Hagemeyers »An die Verleger und Buchhändler Deutschlands«, in: Bbl. 106. Jg., Redaktioneller Teil, Nr. 255 vom 2. 11. 1939, S. 705.

63 Mitteilung von W. Baur an den deutschen Buchhandel betr. die Gründung von Frontbuchhandlungen, in: Bbl. 106. Jg., Redaktioneller Teil, Nr. 242 vom 17. 10. 1939, S. 689.

64 Ebd. Zu diesem Zweck wurde ein »Gremium« gebildet, in dem neben Heffe als Vertreter der DAF das OKW, das RMVP, die RSK und der Börsenverein vertreten waren.

65 Dazu der von Willy Max Schulz, dem Leiter der Auslandsabteilung des Börsenvereins, angefertigte »Bericht über Verhandlungen in Paris vom 28. Juli bis 3. August 1940«, StA Leipzig BV/F 9426 (Ullstein AG).

standen,[66] bemühten sich vielfach noch mobile »Bücherwagen« um die Versorgung der Soldaten mit Lesestoff.[67]

1940 startete das Werbe- und Beratungsamt für das deutsche Schrifttum die »Propaganda-Aktion ›Buch-Feldpostsendungen‹«.[68] Die »Volksgenossen in der Heimat« wurden dazu animiert, ihren an der Ost- und Westfront stationierten Angehörigen und Freunden Bücher zu senden.[69] Listen mit den zum Versand »geeigneten« Feldpostausgaben, die vom Werbe- und Beratungsamt »im Einvernehmen mit dem Amt Schrifttumspflege« herausgegeben worden waren, konnten kostenlos über den Buchhandel bezogen werden.[70] Die dritte, im Frühjahr 1941 erschienene »Buch-Feldpostliste« enthielt rund 350 Titel.[71] Sie bot eine geschickte Mischung aus politisch-weltanschaulichen Buchgruppen (»Im Kraftfeld von Politik und Wirtschaft«, »Deutsches Blut auf fremder Erde«), Kriegsschriften (»Unvergängliches Soldatentum«) sowie kurzweiliger und besinnlicher Belletristik (»Zur Unterhaltung und Besinnung«, »Weisheit für den Tornister«).[72] Bis Ende 1943 waren solche Feldpostausgaben in rund 75 Millionen Exemplaren verbreitet worden.[73]

Das Propagandaministerium und die Reichspropagandaleitung der NSDAP waren bei der Auswahl der Feldpostausgaben

[66] Zahlenangabe bei A. Martin, Nachschub für die Bücher-»Front«. Vom Bücherwagen zur ortsfesten Frontbuchhandlung, in: Bbl. 109. Jg., Redaktioneller Teil, Nr. 180/181 vom 15. 8. 1942, S. 163.

[67] Um den Aufbau dieser »fahrbaren Frontbuchhandlungen« hatte sich das RMVP gleich nach Kriegsbeginn bemüht. Vgl. Boelcke (Hg.), Kriegspropaganda 1939–1941, S. 244: Geheime Ministerkonferenz vom 14. 12. 1939 (Pkt. 5), wo auf die Inspektion einer fahrbaren Frontbuchhandlung durch Goebbels im Hof des Ministeriums hingewiesen wird.

[68] »Nachrichtendienst Buch-Feldpostausgaben« 1. und 2. Ausgabe, hg. vom Werbe- und Beratungsamt für das deutsche Schrifttum beim Reichsministerium für Volksaufklärung und Propaganda, o. O. [Berlin], o. J. [1940].

[69] Ebd., 1. Ausgabe, S. 1.

[70] Ebd.

[71] K. Felchner, »Sendet Bücher an die Front«. Ein Überblick über die Dritte Buch-Feldpostliste und die damit verbundene Werbeaktion, in: Bbl. 108. Jg., Redaktioneller Teil, Nr. 59 vom 11. 3. 1941, S. 88–90.

[72] Ebd., S. 89.

[73] Zahlenangabe bei G. Schönfelder, Buchhandel in der Entscheidung, in: Unseren Kameraden bei der Wehrmacht diese Mitteilungen der Reichsschrifttumskammer, November 1944, S. 1–4, hier S. 3.

ebenso wie bei den im Rahmen der »Truppenbetreuung« übernommenen Büchersendungen stets darum bemüht, möglichst gezielt auf die Literaturwünsche der Soldaten einzugehen. Einer um die Jahreswende 1941/42 durchgeführten Erhebung konnte Walter Tießler vom »Reichsring für nationalsozialistische Volksaufklärung und Propaganda« entnehmen, daß von den Soldaten vor allem leichte Bücher – wie Kriminalromane, die Romane Karl Mays oder sonstige Abenteuer-Geschichten, Liebesromane u.ä. – bevorzugt wurden.[74] In einer »Vorlage« für Goebbels vom 27. 2. 1942 empfahl er daher, die Frontsendungen zu 95% mit Unterhaltungsbüchern auszustatten.[75] Nur 5% der Bücher sollten weltanschaulicher Natur sein, wobei darauf zu achten war, daß »nicht schwere Kost verabreicht wird, sondern leicht faßliche«.[76]

Die Erarbeitung solcher Weltanschauungsliteratur »in interessanter Form, in spannender Schilderung oder Romanstil« hatte Tießler bereits in den Anfängen des Krieges angeregt.[77] Dem Vorbild der kirchlichen Heiligendarstellungen folgend, sollten die Schriftsteller, wie Tießler dem Propagandaministerium 1940 allen Ernstes vorschlug, dafür gewonnen werden, »das Leben von Parteigenossen, die sich z.B. im Krieg, aber auch im Alltagsleben besonders auszeichnen«, literarisch zu behandeln und besonders herauszustellen.[78]

Im Gegensatz zum zivilen Bereich scheint es bei der Wehrmacht bis in die Schlußphase des Krieges keine nennenswerten Engpässe in der Buchversorgung gegeben zu haben. Das hatte mehrere Gründe. So wurden die »Berufskameraden vom Verlag« bereits im November 1940 von Wilhelm Baur aufgefordert,

[74] Das »vertrauliche« Rundschreiben Tießlers an die Parteigenossen in der Wehrmacht vom 8. 1. 1942 sowie eine Sammlung der Antwortschreiben finden sich in BArch Potsdam NS 18/483.

[75] »Vorlage für den Herrn Minister über Staatssekretär Gutterer betr. Literatur für die Front«, BArch Potsdam NS 18/483. S. dazu auch R. Stoffregen, Was lesen unsere Soldaten im fünften Kriegsjahr?, in: Bbl. 110. Jg., Redaktioneller Teil, Nr. 177 vom 2. 12. 1943, S. 207–208; G. E. Ter-Nedden, Was wünscht der Soldat zu lesen?, in: Unseren Kameraden bei der Wehrmacht diese Mitteilungen der Reichsschrifttumskammer, Oktober 1944, S. 6–7.

[76] So Tießler in seiner Ministervorlage, BArch Potsdam NS 18/483.

[77] Schreiben Tießlers an Haegert vom 17. 4. 1940, hier S. 1, BArch Potsdam NS 18/89.

[78] Ebd., S. 2.

die Bestellungen der Zentrale der Frontbuchhandlungen bevorzugt zu berücksichtigen.[79] Auf diese Weise gelangte ein Gutteil der Produktion erst gar nicht auf den inländischen Buchmarkt. Ein Verfahren, an dem selbst dann noch festgehalten wurde, als sich die Lieferkapazitäten zunehmend verknappten und die Lücken in den Sortiments- und Leihbuchhandlungen immer offenkundiger wurden.[80]

Andererseits hatten Verlage oder Kommissions- und Großbuchhandlungen wie die Firma Lühe & Co. selbst großes Interesse daran, Wehrmachtsaufträge zu erhalten.[81] Denn solche Aufträge sicherten die ausreichende Zuteilung von Papierkontingenten und während der seit 1943 laufenden »Auskämmaktionen« im Rahmen der »totalen Mobilisierung« die Fortexistenz als kriegswichtige Produktionsstätte. Das Oberkommando der Wehrmacht konnte jedoch nicht nur auf die Kapazitäten der Zivilverlage zurückgreifen. Es verfügte in erheblichem Umfang über eigene Papierkontingente und vermochte daher eine eigene Literaturproduktion für den »Gebrauch innerhalb der Wehrmacht« aufzubauen.[82] Schließlich kamen bis zum Winter 1943/44 über die »Bücherspende Rosenberg« insgesamt mehr als 43 Millionen Bände in Frontbibliotheken, Wehrmachtslazarette und Krankenhäuser.[83] Da sich die Büchersammlung trotz

[79] W. Baur, An alle Berufskameraden vom Verlag!, in: Bbl. 107. Jg., Redaktioneller Teil, Nr. 281 vom 30. 11. 1940, S. 445.

[80] Hinweis in einem »Vorbericht« des Stellvertreters des Börsenvereins-Vorstehers, Martin Wülfing, zur Sitzung des Kleinen Rates des Börsenvereins am 12. und 13. 5. 1944 in Rathen, hier S. 2. StA Leipzig/BV 737.

[81] S. dazu die nach Wehrkreisen unterteilte Liste der »Buchverlage in wehrwirtschaftlicher Betreuung« (Stand: Frühjahr 1942) in BArch Potsdam R 55/689 Bl. 33–49. Die »Fachkräfte« dieser mehr als 100 Unternehmen waren aufgrund einer Vereinbarung zwischen dem RMVP und dem OKW uk-gestellt. Die Firma Lühe & Co. war u. a. mit der Belieferung der Zentrale der Frontbuchhandlungen und der Schaffung von Divisionsbüchereien für die NS-Führungsoffiziere betraut. S. die »Bescheinigung« der RSK-Gruppe Buchhandel vom 25. 1. 1945, StA Leipzig BV/F 5918 (Lühe & Co.).

[82] So gab das Oberkommando der Wehrmacht (Abteilung Inland) z. B. 1941 zum Geburtstag Hitlers die Tornisterschrift »Dem Führer. Worte deutscher Dichter« heraus. Vermutlich aufgrund der disparaten Quellenlage liegt bis heute keine Darstellung zu den Aktivitäten der Wehrmacht auf dem Gebiet der Literaturpolitik vor.

[83] Rosenberg gibt in einem Schreiben an Bormann vom 14. 8. 1944, BArch Potsdam NS 8/191 Bl. 211, als Ergebnis der fünf Sammlungen

der ohnehin knappen Versorgungslage vor allem an die Bevölkerung wandte, war es allerdings nicht verwunderlich, daß sich die Wehrmacht bereits 1942 bei der Partei-Kanzlei der NSDAP über den »oft beschämend dürftig[en]« Inhalt der zur Verfügung gestellten Bücher beklagen mußte.[84]

7.3. Die Maßnahmen zur »totalen Mobilmachung« des deutschen Buchhandels

Im Oktober 1941 appellierte die RSK erstmals an die Buchverlage, nur noch diejenigen Mitarbeiter zu beanspruchen, die »zur ordnungsgemäßen Herstellung der kriegsnotwendigen Produktion unter Anlegung härtester Maßstäbe erforderlich sind«.[85] Die mit bloßer »Füllarbeit« beschäftigten »Gefolgschaftsmitglieder« sollten hingegen den zuständigen Landesarbeitsämtern überstellt und in andere Produktionszweige der deutschen Wirtschaft vermittelt werden.[86]

Wurde zu diesem Zeitpunkt die »Freimachung von Arbeitskräften« noch der »persönlichen Verantwortung« der Verleger überlassen,[87] so ging die Schrifttumsabteilung im August 1942 dazu über, Verlagen, »für deren Buchproduktion im Kriege keine weiteren Papiermengen zur Verfügung gestellt werden können«, Arbeitskräfte zugunsten der Rüstungsindustrie zu entziehen.[88] Ende 1942 hatten sich die Engpässe im Rohstoffbereich und der Arbeitskräftebedarf der Kriegswirtschaft bereits so zugespitzt, daß im Propagandaministerium Pläne zu einer umfangreichen »Stillegungsaktion« diskutiert wurden.

43471018 Bände an, aus denen 200078 Büchereien zusammengestellt wurden.

84 Mitteilung der Partei-Kanzlei an Rosenberg vom 2. 10. 1942 betr. Rosenberg-Bücherspende, BArch Potsdam NS 8/187 Bl. 39.

85 »Bekanntmachung über die Freimachung von Arbeitskräften aus dem Buchverlag« vom 10. 10. 1941, abgedruckt in: Bbl. 108. Jg., Redaktioneller Teil, Nr. 258 vom 4. 11. 1941, S. 381.

86 Ebd.

87 Ebd.

88 Dazu das »streng vertrauliche« Schreiben der Schrifttumsabteilung des Propagandaministeriums an das Reichspropagandaamt Berlin vom 26. 8. 1942, LA Berlin Rep. 243, Acc. 1814/3. Dem Schreiben war eine fünf Seiten umfassende Liste mit Verlagen beigefügt, die von der Maßnahme betroffen sein sollten.

In einer Stellungnahme vom 5. 1. 1943 machte RSK-Geschäftsführer Ihde allerdings wesentliche Bedenken gegen das Projekt geltend.[89] Da die beabsichtigte Reduzierung der Verlage von bislang 2000 auf rund 500 vor allem die kleinen und mittleren Betriebe in Familienbesitz treffen würde, die personalstarken Großunternehmen hingegen aufgrund ihrer »kriegswichtigen« Aufträge weitgehend verschont blieben, rechnete er mit nicht mehr als 100 bis 200 »freigestellten« Personen.[90] Zumal die Gauleiter in den Luftkriegsgebieten dem Abzug von Arbeitskräften durch ihr Veto jederzeit einen Riegel vorschieben konnten. Darüber hinaus sei zu erwarten, daß die eximierten Verleger schon bald mit der Bitte um Zuweisung von Arbeitskräften zwecks Sicherstellung ihrer Produktion an die Kammer herantreten würden.[91]

Ihde störten aber auch die einschneidenden Strukturveränderungen, die ihm als Folge der in seinen Augen ineffizienten »Stillegungsaktion« unausbleiblich erschienen: die Bindung der Autoren an die wenigen noch erhaltenen Großverlage; die Konzentration des Verlagsgeschehens in Großstädten wie Berlin, Leipzig, München, Stuttgart oder Hamburg und damit eine »geistige Verödung des breiteren Deutschland«; die »selbstmörderische Dezimierung des Personalbestandes« durch die Abgabe buchhändlerischer Fach- und Nachwuchskräfte an lukrativere Wirtschaftsbranchen; der langfristige Verlust erheblicher ökonomischer Kapazitäten; sowie der Verzicht auf die »kulturschöpferische« Initiativkraft zahlreicher Verleger.[92]

Aus diesen Gründen empfahl der Kammer-Funktionär statt der geplanten Schließung von rund 1500 Verlagen, die Reichspropagandaämter erst einmal vor Ort Erkundigungen über die konkreten Möglichkeiten und Auswirkungen der Freistellung von Arbeitskräften einziehen zu lassen.[93] Hinsichtlich der Ver-

[89] Die Stellungnahme Ihdes in BArch Potsdam R 56 V/26 Bl. 135–138.

[90] Ebd., Bl. 135.

[91] Ebd.

[92] S. im einzelnen ebd., Bl. 136–137.

[93] Ebd., Bl. 137–138. Die Leiter der Reichspropagandaämter waren bereits am 18. 9. 1942 vom Propagandaministerium angehalten worden, sich für »alle Fragen der Produktionssicherung, soweit sie die Buchproduktion betreffen, nachdrücklich ein[zu]setzen«. Das von Staatssekretär Gutterer unterzeichnete Rundschreiben ist überliefert in LA Berlin Rep. 243, Acc. 1814/Nr. 3.

lage, »an deren Herstellungsprogramm kein kulturpolitisches Interesse besteht oder deren Programm sogar von der Staatsführung abgelehnt werden muß«, sah allerdings auch Ihde nun die »Gelegenheit« und »Pflicht« gegeben, »rücksichtslos zu schließen«.[94]

Im Propagandaministerium, dem am 29. 1. 1943 mit der »Verordnung zur Freimachung von Arbeitskräften für kriegswichtigen Einsatz« das Recht zugestanden wurde, in Abstimmung mit dem Generalbevollmächtigten für den Arbeitseinsatz »Anordnungen zur Stillegung oder Zusammenlegung von Betrieben und zur Unterlassung von bestimmten Tätigkeiten« zu erlassen,[95] hielt man trotz der beachtlichen Bedenken Ihdes an der Schließung von zumindest 1200 Verlagsbetrieben fest.[96] Wohl nicht zuletzt deshalb, weil Ressortchef Goebbels als entscheidender Motor des »totalen Kriegseinsatzes« seit seinen Sportpalast-Reden vom 30. 1. und 18. 2. 1943 im Wort stand.[97] Die Kammer konnte jedoch insofern ihre Ressortkompetenz wahren, als »Maßnahmen gegenüber Buchhandlungen [...] nur im Einvernehmen mit den zuständigen Landesleitungen für Schrifttum, [...] gegenüber Verlagen nur im Einvernehmen mit der Reichsschrifttumskammer (über die zuständigen Landesleiter)« erfolgen durften und von »Maßnahmen gegenüber Leihbüchereien« ganz abgesehen wurde.[98]

Die »Betriebe des vertreibenden Buchhandels« wurden mit einer »Amtlichen Bekanntmachung« der RSK vom 1. 4. 1943 über Fragen der praktischen Durchführung der Schließungsaktion informiert.[99] Dabei ging es vor allem darum, die nach der Betriebsschließung freiwerdenden Buchbestände für den weiteren Vertrieb zu sichern. Dem zuständigen Landeswirtschaftsamt war von den Betrieben binnen zwei Wochen nach Eingang

[94] Stellungnahme Ihdes vom 5. 1. 1943, hier Bl. 138.

[95] »Die Arbeitseinsatz- und Stillegungsaktion«, in: Die Reichskulturkammer 1 (1943), S. 58–61, hier S. 58.

[96] Mitteilung Ihdes an RSK-Präsident Johst vom 25. 2. 1943, BArch Potsdam R 56 V/26 Bl. 111.

[97] S. dazu Heiber (Hg.), Goebbels-Reden, Bd. 2 1939–1945, S. 158–208, sowie den Kommentar Heibers zur Rede des Propagandaministers vom 30. 1. 1943, ebd., S. 158/Fn. 1.

[98] »Die Arbeitseinsatz- und Stillegungsaktion«, in: Die Reichskulturkammer 1 (1943), hier S. 60.

[99] Veröffentlicht in: Bbl. 110. Jg., Redaktioneller Teil, Nr. 79 vom 10. 4. 1943, S. 61–62.

des Schließungsbescheides ein »Verzeichnis der vorhandenen Bestände an verlagsneuen Gegenständen des Buchhandels und an modernem Antiquariat« vorzulegen.[100] Der weitere Verkauf oder eine Entnahme der in diesem Verzeichnis erfaßten Bücher war vom Tag des Inkrafttretens des Schließungsbescheides an untersagt (§ 3). Die Übertragung der Bestände auf eine bestehenbleibende Buchhandlung sollte nach Weisungen der Landeswirtschaftsämter erfolgen (§ 4, 1). Die Inhaber oder verantwortlichen Leiter der von einer Schließungsanordnung betroffenen Unternehmen hatten allerdings noch die Möglichkeit, binnen zwei Wochen bei den Landeswirtschaftsämtern Vorschläge zur Verwertung ihrer Bestände »im Wege der freiwilligen Zusammenlegung mit einem bestehenbleibenden Betrieb« am gleichen Ort oder im gleichen Gau zu unterbreiten (§ 4, 2 und 4, 3).

Nach der am 2. 4. 1943 erlassenen »Anordnung zur Regelung von Fragen, die sich aus der Schließung von Buchverlagen ergeben«,[101] wurden die betroffenen Verlage dazu verpflichtet, eine Übersicht über ihre Buchlagerbestände sowie über die noch in Bearbeitung befindliche Produktion für die RSK zu erstellen und die Verwertung nach deren Anweisung vorzunehmen (§ 4). Die laufende Produktion, für die das Papier bereits bewilligt war, durfte noch fertiggestellt, aber keine neue Papierzuteilung mehr beantragt werden (§ 5).

Auch für die von der Schließung betroffenen Verlage bestand die Möglichkeit, bei der RSK die Fusion mit einem bestehenbleibenden Betrieb zu beantragen (§ 6,1). Über diesen konnten dann »Fortsetzungswerke und höchstens dreimal im Jahr erscheinende periodische Druckschriften bis zur Wiedereröffnung des geschlossenen Verlages« weiter erscheinen oder die Pflicht zur Vervielfältigung und Verbreitung von Werken, für die eine Papiergenehmigung vorlag, erfüllt werden (§ 6,1 a–b). Durch diese Vereinbarungen durften jedoch weder die Rechte der Autoren beeinträchtigt noch die Preisvereinbarungen, Lieferungs- und Zahlungsbedingungen verändert werden (§ 6,2).

Als »Schutzmaßnahme« für die geschlossenen Verlage wurde

[100] Ebd., S. 61 (§ 2,2). Das Verzeichnis war in die Gruppen schöngeistige Bücher, Schulbücher, Fachbücher, wissenschaftliche Bücher und politische Bücher zu unterteilen.

[101] Veröffentlicht in: Bbl. 110. Jg., Redaktioneller Teil, Nr. 84 vom 22. 4. 1943, S. 73.

Autoren der Abschluß von Options- oder Generalverträgen mit den bestehenbleibenden Verlagen untersagt (§ 7). Wer dennoch von seinem angestammten, aber geschlossenen Verlag absprang, hatte mit der Sperrung der Papiergenehmigung für seine Werke – »ohne Rücksicht« auf die Qualität der Leistung – zu rechnen.[102] Den Autoren war lediglich gestattet, einem bestehenbleibenden Verlag ein »auflagenmäßig begrenztes Verlagsrecht ohne Nebenrechte« zu übertragen.[103]

In der Praxis erwies sich die Umsetzung der im Propagandaministerium beschlossenen »Stillegungsaktion« als außerordentlich schwierig. So war im Sortimentsbuchhandel pauschal die Stillegung von 12 bis 15% der Firmen angenommen worden.[104] Da beim vertreibenden Buchhandel die Betriebsschließungen von den Landeswirtschaftsämtern vorgenommen werden sollten, kam es zu regional völlig unterschiedlichen Ergebnissen.

Auf einer gemeinsamen Sitzung des Kleinen Rates des Börsenvereins und des Rates der Gruppe Buchhandel am 7. 5. 1943 in Leipzig wies der Sortimentsbuchhändler Albert Diederich darauf hin, daß im Gau Süd-Hannover »sehr weitgehende Schließungen« vorgenommen worden seien, während in Sachsen nur rund 5% der Firmen betroffen gewesen seien.[105] In Hamburg war von Schließungen ganz abgesehen worden, da infolge der Luftangriffe keine Möglichkeit zu anderweitiger Verwendung der Arbeitskräfte bestand.[106] Im Gau Berlin war zwar die Schließung von rund 167 Sortimentsbuchhandlungen vorgesehen, denen noch 185 offene Firmen gegenüberstehen

[102] »Erste Mitteilung der Reichsschrifttumskammer zur Anordnung Nr. 157«, ebd., S. 55–56, hier S. 55 (Pkt. 1); sowie die Interpretation der Kammer-Anordnung durch G. Gentz, Schließung von Buchverlagen, in: Bbl. 110. Jg., Redaktioneller Teil, Nr. 84 vom 22. 4. 1943, S. 74–76, hier S. 74.

[103] So Gentz, ebd., S. 76.

[104] Angabe des RSK-Referenten von Kommerstädt auf der gemeinsamen Sitzung des Kleinen Rates des Börsenvereins und des Rates der Gruppe Buchhandel am 7. 5. 1943 in Leipzig, wiedergegeben im »Bericht« über die Sitzung, hier S. 4, StA Leipzig BV/737.

[105] Ebd., S. 3.

[106] Mitteilung von Kommerstädts, ebd., S. 4.

sollten.[107] Doch gab die RSK-Landesleitung den Ratschlag aus, »die Aktion langsam durchzuführen«, da der »Kräfteanfall« aus der Schließungsaktion »im Verhältnis denkbar gering« sei.[108] Rechnete man schon beim Sortiment mit nur bescheidenen Stillegungsmaßnahmen, so wollten Börsenverein und Gruppe Buchhandel den Zwischenbuchhandel mit Rücksicht auf den Weitervertrieb der Buchbestände geschlossener Verlage »soweit als möglich aufrechterhalten« wissen.[109] Lediglich beim Reisebuchhandel sollten »ziemlich beträchtliche Schließungen« vorgenommen werden.[110]

Auch für die Buchverlage hatte die Stillegungsaktion »keine wesentliche Bedeutung«, wie auf der Sitzung des Kleinen Rates des Börsenvereins und des Rates der Gruppe Buchhandel am 5. 10. 1943 in Leipzig festgestellt werden mußte.[111] Die Schrifttumsabteilung des Propagandaministeriums legte zwar zur Mitte des Jahres 1943 eine umfangreiche »Liste der stillzulegenden Verlage« vor.[112] Doch an eine rasche und effiziente Umsetzung war aufgrund der komplizierten administrativen Entscheidungsprozesse nicht zu denken. So wurden, wie von Ihde vorhergesagt, aufgrund von Einsprüchen der Firmenleitungen sowie aufgrund von Interventionen der Reichsverteidigungskommissare, Gauwirtschaftsberater oder Landeskulturwalter[113] zahlreiche Verlage wieder aus der Schließungsliste gestrichen und in die »Liste der zu sichernden Verlage« übernommen.[114]

[107] Aktennotiz der Geschäftsstelle der RSK-Landesleitung Berlin betr. Schließung von Sortiments-Buchhandlungen (gez. Buchhorn) vom 30. 3. 1943, LA Berlin Rep. 243, Acc. 1814/5–6.

[108] Ebd. Insofern dürfte die angestrebte Schließung von rund 50% der Sortimentsbuchhandlungen im Gau Berlin kaum realisiert worden sein, zumal erwartet wurde, daß sich die Zahl der von einer Stillegung verschonten Betriebe durch Bombengeschädigte noch vergrößern würde.

[109] So Wilhelm Baur laut »Bericht« über die gemeinsame Sitzung des Kleinen Rates des Börsenvereins und des Rates der Gruppe Buchhandel am 7. 5. 1943 in Leipzig, hier S. 1, StA Leipzig BV/737.

[110] Ebd.

[111] »Bericht« über die Sitzung, hier S. 2, in StA Leipzig BV/737. Zur Handhabung der Verlagsschließungen s. im einzelnen BArch Potsdam R 56 V/182, 108 und 109.

[112] BArch Potsdam R 56 V/182 Bl. 378–414.

[113] S. die Änderungsanträge und die Änderungsbescheide der Schrifttumsabteilung ebd. passim.

[114] Die Liste findet sich ebd., Bl. 358–367.

Es gelang offenbar noch nicht einmal, die erforderlichen Arbeitskräfteeinsparungen zur Ausschaltung politisch mißliebiger Firmen zu benutzen. So war der Verlag Peter Suhrkamp, dessen Produktion vom Reichssicherheitshauptamt und der Dienststelle Rosenberg »noch außerordentlich stark liberale Anflüge« attestiert wurden,[115] Anfang März 1943 auf die »Liste der zu schließenden Verlage« gesetzt worden.[116] Nach Interventionen namhafter Vertreter des deutschen Kulturlebens bei Goebbels wurde die Absicht zur Schließung des Suhrkamp Verlages jedoch wieder aufgegeben.[117] Das Oberkommando der Wehrmacht, das der Schließung ursprünglich zugestimmt hatte, gab ihr Votum nun plötzlich als »Irrtum der beteiligten Vertreter« aus.[118] Selbst die Partei-Kanzlei war bereit, ihre »Bedenken gegen Suhrkampf [sic!]« zurückzustellen, nachdem das Propagandaministerium versichert hatte, daß der Verlag »zukünftig in weltanschaulicher Hinsicht ordentlich arbeiten würde«.[119] Damit nicht genug: Am 30. 3. 1943 teilte Wilhelm Haegert auf einer Sitzung des mit der Ausarbeitung der Schließungsliste befaßten Ausschusses mit, daß Goebbels entschieden habe, die Verlagsschließungen »lediglich nach kriegswirtschaftlichen Gesichtspunkten, nicht aber nach kulturpolitischen zu entscheiden, wobei insbesondere der Fall Suhrkamp als Beispiel einer nicht vertretbaren Ausnutzung totaler Kriegsmaßnahmen angeführt wurde«.[120]

In der Folge wurden zwar wiederholt Aktionen zur »Auskämmung« der Unternehmen des deutschen Buchhandels ge-

[115] So die Angabe in einem »Aktenvermerk« des RSHA-Mitarbeiters von Kielpinski betr. Verlag Peter Suhrkamp, BArch Potsdam NS 8/249 Bl. 48 (S. 1). Diesen – vermutlich im Frühjahr 1943 angelegten – Aktenvermerk sandte von Kielpinski am 8. 6. 1944, also nach der Verhaftung Suhrkamps durch die Gestapo, an Dr. Bernhard Payr vom Hauptamt Schrifttumspflege, BArch Potsdam NS 8/249 Bl. 47. In dem Schreiben hieß es abschließend, daß der »Fall Suhrkamp« ebenso wie der »damals so stark diskutierte Fall Bertelsmann« die »Notwendigkeit eines gerade im Kriege sehr scharfen politischen, weltanschaulichen und charakterlichen Maßstabes unterstreicht«.

[116] »Aktenvermerk« Kielpinskis, BArch Potsdam NS 8/249 Bl. 48 (S. 1).

[117] Ebd. Für den Weiterbestand des Suhrkamp Verlags hatten sich u.a. auch Arno Breker, Hans Rehberg und Felix Lützkendorf eingesetzt.

[118] Ebd.

[119] Ebd. (S. 2).

[120] Ebd.

startet.[121] Zu umfassenderen Stillegungen kam es jedoch erst, nachdem Goebbels am 20. 7. 1944 von Hitler zum »Reichsbevollmächtigten für den totalen Kriegseinsatz« ernannt worden war.[122] Mit Schreiben vom 22. 8. 1944 wurden die Präsidenten der Einzelkammern von ihrem obersten Dienstherrn »ermächtigt«, die Mitglieder der RKK zur Verwendung in der Wehrmacht oder Rüstungsindustrie freizusetzen.[123]

Mit den daraufhin am 26. 8. 1944 erlassenen Neufassungen der Bestimmungen über die Schließung von Buchhandelsbetrieben wurden die Entscheidungsvollmachten der Kammer deutlich gestärkt.[124] Die Betriebe des vertreibenden Buchhandels hatten das Verzeichnis ihrer Lagerbestände nun nicht mehr an das örtliche Landeswirtschaftsamt, sondern an die Landesleitungen der Kammer zu senden.[125] Von dort ergingen auch die Weisungen hinsichtlich der Übertragung der »Bestände an verlagsneuen Gegenständen des Buchhandels und an modernem Antiquariat« auf bestehenbleibende Betriebe.[126]

Einem der Börsenblatt-Ausgabe vom 9. 9. 1944 beigefügten »Merkblatt zur totalen Mobilmachung des Buchhandels« war zu entnehmen, daß der vertreibende Buchhandel bis zum 30. 9. 1944 alle in Ganz- oder Halbleinen gebundenen verlagsneuen schöngeistigen, politischen und populärwissenschaftlichen Bücher an die Verleihbetriebe in ihrem jeweiligen Gau zu verkau-

[121] S. dazu etwa die im November 1943 von der Gauwirtschaftskammer Berlin/Abteilung Handel an die Betriebe des Berliner Einzelhandels versandten Rundschreiben, mit denen auch die Möglichkeit zur »Auskämmung« der Betriebe des vertreibenden Buchhandels abgefragt wurde. Die auf einem Formblatt auszufüllenden Anwortschreiben sind überliefert in LA Berlin/Rep. 243, Acc. 1814 Nr. 59. Ebd. finden sich Listen zu Sortimentsbuchhandlungen, Leihbüchereien und Verlagen aus dem Gau Groß-Berlin, deren Fortbestand bei einer erneuten »Stillegungsaktion« im April 1944 gesichert werden sollte.

[122] Zu den Hintergründen und den – beschränkten – praktischen Auswirkungen dieser neuen »Sonderbehörde« Rebentisch, Führerstaat und Verwaltung im Zweiten Weltkrieg, S. 512–523.

[123] »Der totale Kriegseinsatz der Kulturschaffenden«, in: Die Reichskulturkammer 2 (1944), S. 121–127, hier S. 122.

[124] »Amtliche Bekanntmachung« der RSK Nr. 156 und Nr. 157 in: Bbl. 111. Jg., Redaktioneller Teil, Nr. 69 vom 31. 8. 1944, S. 161–162 bzw. 162–163.

[125] »Amtliche Bekanntmachung« Nr. 156, ebd., S. 161 (§ 2,2).

[126] Ebd. (§ 4).

fen hatte.[127] Die Verlage wurden dazu verpflichtet, ihre in Ganz- oder Halbleinen gebundenen Bücher, die ohne eine Sondergenehmigung der Wirtschaftsstelle des deutschen Buchhandels hergestellt worden waren, an die von Leipzig ins Vogtland ausgelagerte Firma Lühe & Co. zu liefern.[128] Eine Übersicht über die noch vorrätigen Einbandstoffe war bei der Wirtschaftsstelle einzureichen.[129] Die von der Stillegung betroffenen Leihbüchereien hatten ihre Ausleihe sofort einzustellen und die laufenden Verleihgeschäfte binnen zwei Wochen abzuschließen.[130] Die Inhaber und Angestellten aller kammerpflichtigen Betriebe mußten sich bis zum 15. 9. 1944 »selbständig beim zuständigen Arbeitsamt zum Arbeitseinsatz für die Rüstungsindustrie« melden.[131] Ausgenommen waren nur Personen, die eine Freistellungsbescheinigung der RKK besaßen, und die Mitarbeiter »kriegswichtiger« Betriebe.[132]

Die Landesleitungen der RSK gingen nun forciert an die Durchführung der »Auskämm- und Stillegungsaktion«. Im Gau Berlin verschaffte sich die Landesleitung bereits im Laufe des August 1944 mit einer Erhebung bei sämtlichen Buchhandelsfirmen einen genauen Überblick über Mitarbeiter, technische Apparaturen (Schreibmaschinen, Telefone u. ä.), Auftragslage und Umsatzverhältnisse, um auf dieser Grundlage gezielte Schließungen vornehmen zu können.[133] Ende September 1944 waren in 29 Gauen 1902 Verlage, 5160 Sortimente und Buchverkaufsstellen, 955 Reise- und Versandbuchhandlungen, 113 Zwischenbuchhandlungen und 910 Leihbüchereien geschlos-

[127] »Merkblatt«, S. 1 (Pkt. I a.). Ausgenommen waren nur Kunstbücher und Bildbände.

[128] Ebd.

[129] Ebd. (Pkt. II a.).

[130] Ebd., S. 2 (Pkt. IX a.-b.).

[131] Ebd., S. 1 (Pkt. I d.). Im »Merkblatt« wurde allerdings fälschlicherweise darauf hingewiesen, daß Personen wegen ihres Alters von der Meldepflicht befreit seien. S. den korrigierenden Hinweis, daß sich Personen unabhängig von ihrem Alter bei den Arbeitsämtern zu melden hatten, im »Bericht« über die gemeinsame Sitzung des Kleinen Rates des Börsenvereins und des Rates der Gruppe Buchhandel am 27. 9. 1944 in Rathen, hier S. 4, StA Leipzig BV/583.

[132] »Merkblatt«, S. 1 (Pkt. Id.).

[133] S. die einzelnen Vorgänge in LA Berlin Rep. 243, Acc. 1814/66 Bl. 2–353.

sen.[134] In den 11 übrigen Gauen sollten die Schließungen bis Ende Oktober 1944 abgeschlossen sein, obwohl kaum Möglichkeiten bestanden, die freiwerdenden Arbeitskräfte in anderen Wirtschaftsbetrieben unterzubringen.[135]

Das Ende buchhändlerischer Aktivitäten im »Dritten Reich« war aber auch damit noch keineswegs erreicht. Bei denjenigen Verlagen, deren Produktion zusätzlich in den Kompetenzbereich anderer Einzelkammern der RKK fiel, konnte die RSK nur eine begrenzte Schließungsverfügung erlassen.[136] Eine Reihe von Verlagen wies kriegswichtige Aufträge für Verwaltung, Wirtschaft, Wehrmacht oder SS nach.[137] Das hatte zwangsläufig zur Folge, daß der Kommissions- und der Sortimentsbuchhandel in beschränktem Umfang aufrechterhalten werden mußten, um die Auslieferung der Verlagsproduktionen sicherstellen zu können.[138] Hinzu kam schließlich noch, daß man in der RSK ebenso wie im Börsenverein daran interessiert war, dem Buchhandel eine Zukunft für die Zeit nach dem Kriege zu erhalten.

Die Vertreter der nationalsozialistischen Unternehmen in der Leipziger Buchhandelszentrale verfolgten zwar weiterhin das Ziel, den Zwang zu Betriebszusammenlegungen politisch zu nutzen.[139] Doch wurde der Abzug von buchhändlerischen

[134] Die Zahlenangaben finden sich im »Bericht« über die Sitzung vom 27. 9. 1944 in Rathen, hier S. 4, StA Leipzig BV/583. Die Angaben weichen von denjenigen ab, die in einem Aktenvermerk der RSK (o. Vf.) vom 13. 11. 1944 gemacht werden, BArch Potsdam R 56 V/152 Bl. 20. Danach waren bis zu diesem Zeitpunkt insgesamt erst 1269 Verlage, 1410 Sortimentsbuchhandlungen, 555 Versandbuchhandlungen, 139 Zwischenbuchhandlungen, 4178 Buchverkaufsstellen, 1015 Leihbüchereien und 101 nebengewerbliche Leihbüchereien geschlossen. 3477 Mitarbeiter des Buchhandels waren vom Einsatz in der Rüstungsindustrie noch freigestellt.

[135] Hinweis im »Bericht« über die Sitzung vom 27. 9. 1944, hier S. 4.

[136] Auf diesen Umstand machte die RSK-Landesleitung Berlin das örtliche Arbeitsamt mit Schreiben vom 9. 1. 1945 aufmerksam, LA Berlin Rep. 243, Acc. 1814/66 Bl. 6.

[137] S. dazu in LA Berlin Rep. 243, Acc. 1814/66 u. a. die Vorgänge Adler Verlag (Bl. 9), A. W. Hayn's Erben (Bl. 253), F. A Herbig Verlagsbuchhandlung (Bl. 265–272).

[138] Auf diese Notwendigkeit wurde auf der Sitzung am 27. 9. 1944 in Rathen hingewiesen. S. den »Bericht«, hier S. 4, StA Leipzig BV/583.

[139] So hatte Dr. Witzmann, Prokurist der Firma Lühe & Co., auf der Sitzung des Kleinen Rates des Börsenvereins und des Rates der Gruppe Buchhandel am 7. 5. 1943 die Hoffnung geäußert, »daß die Möglichkeit besteht, Firmen, deren Verschwinden im kulturpolitischen Interesse liegt,

Fach- und Nachwuchskräften in andere Wirtschaftszweige allgemein mit großer Sorge betrachtet.[140] Auch wenn man sich noch bis zuletzt um eine möglichst verträgliche Durchführung der »Auskämmaktionen« bemühte,[141] stand am Ende nationalsozialistischer Literaturpolitik ein nicht mehr nur durch politische Reglementierungsmaßnahmen, sondern nun auch durch massive Eingriffe in die wirtschaftlichen Strukturen und Eigentumsverhältnisse erheblich entstellter Rumpfbuchhandel.

auch nach dem Krieg geschlossen zu halten«. Zudem gab Witzmann »vom nationalsozialistischen Gesichtspunkt« aus einem von der RSK gesteuerten »Zwang zur Zusammenlegung« von Unternehmen des vertreibenden Buchhandels den Vorzug gegenüber Betriebsschließungen. »Bericht« über die Sitzung, hier S. 4, in StA Leipzig BV/737.

140 S. dazu bereits den »Vorbericht« Wülfings zur Sitzung des Kleinen Rates des Börsenvereins am 12. und 13. 5. 1944 in Rathen, hier S. 4, StA Leipzig BV/737, sowie den »Bericht« über die Sitzung in Rathen am 27. 9. 1944, hier S. 8, StA Leipzig BV/583.

141 In Berlin berieten Sachverständige der RSK-Landesleitung, des Gau-Arbeitsamts und der Gauwirtschaftskammer noch zu Beginn des Jahres 1945 auf wöchentlichen Sitzungen über die Auskämm- und Stillegungsmaßnahmen. S. den »Aktenvermerk« der RSK-Landesleitung Berlin vom 12. 1. 1945, LA Berlin Rep. 243, Acc. 1814/66 Bl. 278.

C. Die Literaturpolitik auf dem Gebiet des Bibliothekswesens

1. Das Volksbüchereiwesen

1.1. Die »Säuberung« und der Neuaufbau der Bestände

Mit Erlaß vom 28. 12. 1933 hatte Rust noch in seiner Funktion als Preußischer Kultusminister die von ihm neu errichtete »Preußische Landesstelle für volkstümliches Büchereiwesen« in Berlin zur »Führerin der vorhandenen staatlichen Beratungsstellen« in Preußen erklärt.[1] Den Beratungsstellen wurde die Aufgabe übertragen, »dafür zu sorgen, daß alle Büchereien im Geiste des nationalsozialistischen Staates arbeiten«.[2] Um die Erfüllung dieser Zielsetzung sicherstellen zu können, wurden sämtliche volkstümlichen Büchereien aufgefordert, den für sie zuständigen Beratungsstellen bis zum 15. 1. 1934 eine vollständige Liste ihrer Bestände vorzulegen. Die Aussonderungen hatten dann – nach den Richtlinien der Preußischen Landesstelle und »im Einvernehmen« mit den Ober- beziehungsweise Regierungspräsidenten – auf Anweisung der Beratungsstellenleiter zu erfolgen.

Obwohl die Kultusverwaltungen zunächst in Hessen, Thüringen und Sachsen, 1936 dann auch in Baden und 1938 in Württemberg und Bayern dem preußischen Vorbild folgten und ebenfalls »Landesstellen für volkstümliches Büchereiwesen« errichteten,[3] war man von einer reichseinheitlichen Lösung

[1] Der Erlaß ist abgedruckt in: Die Bücherei 1 (1934), S. 11–13, hier S. 11.

[2] Ebd., S. 12.

[3] »Neuordnung des Büchereiwesens auch in Hessen«, in: Die Bücherei 1 (1934), S. 37; »Thüringische Landesstelle für volkstümliches Büchereiwesen«, ebd., S. 56–58; »Neuordnung des Volksbüchereiwesens in Sachsen«, ebd., S. 288–291. In Baden nahm die »Staatliche Landesstelle für volkstümliches Büchereiwesen« zum 1. 6. 1936 ihren Betrieb auf. Vgl. K. Heyde, Die Staatlichen Volksbüchereistellen am Beispiel Freiburg im Breisgau, in: Bibliotheken während des Nationalsozialismus, Teil I, S. 113–161. Die Errichtung einer Staatlichen Volksbüchereistelle für Württemberg erfolgte erst 1938, s. Die Bücherei 5 (1938), S. 234–235. Zur Neuordnung des Volks-

des Problems der »Bestandssäuberung« noch weit entfernt. Zwar gab es bei den »Richtlinien für die Bestandsprüfung«, die seit 1933/34 von den verschiedenen Landesstellen ausgegeben wurden, einen breiten Konsens hinsichtlich der auszusondernden politischen Literatur, der pazifistischen Schriften, der Literatur, die geeignet war, deutsches Wesen und deutsche Kultur zu verunglimpfen, der »liberalistisch-demokratischen Tendenz- und Gesinnungsliteratur«, der Schriften zur Sexualpädagogik und sexuellen Aufklärung, der Literatur der »Asphalt- und Zivilisationsliteraten« sowie der von jüdischen Autoren verfaßten Schriften. Doch gab es zwischen den einzelnen Ländern und auf kommunaler Ebene innerhalb der einzelnen Länder zahlreiche Abweichungen und Nuancierungen.

Während Frank Thiess etwa nach Auffassung des Leiters der thüringischen Landesstelle für das Volksbüchereiwesen völlig untragbar war,[4] fand der Autor im preußischen Kultusministerium persönliche Unterstützung durch Rust.[5] Auch das Werk Thomas Manns wurde in Thüringen und Bayern weitaus strenger beurteilt als in Preußen oder Sachsen.[6] Während in der thüringischen und bayerischen Verbotsliste sämtliche Schriften Kasimir Edschmids indiziert wurden, fehlte sein Name in der für

büchereiwesens in Bayern s. die Bekanntmachung des Staatsministeriums für Unterricht und Kultur vom 9. 6. 1938, in: Die Bücherei 5 (1938), S. 471–473.

[4] Schreiben von Kurd Schulz an das Thüringische Volksbildungsministerium vom 28. 6. 1935, HStA Weimar Thür. Min. f. Volksbildung/C 619 Bl. 226–227; sowie das vernichtende Gutachten von Schulz zu dem 1935 erschienenen Thiess-Roman »Johanna und Esther. Eine Chronik ländlicher Ereignisse«, in: Die Bücherei 2 (1935), S. 274–275.

[5] S. Kapitel III, Abschnitt A 2. dieser Arbeit.

[6] Vgl. dazu die am 28. 8. 1933 vom thüringischen Volksbildungsministerium herausgegebenen »Vorläufige[n] Richtlinien für die Auslese der Bestände der öffentlichen Büchereien nach völkischen Gesichtspunkten«, veröffentlicht im Amtsblatt des Ministeriums Nr. 15 vom 26. 9. 1933, hier S. 146, und das 1934 von der Bayerischen Politischen Polizei herausgegebene »Verzeichnis der polizeilich beschlagnahmten und eingezogenen, sowie der für Leihbüchereien verbotenen Druckschriften«, hier S. 154, mit der in der Berliner Stadtbibliothek erarbeiteten und für das preußische Volksbüchereiwesen übernommenen »Schwarzen Liste«, in: Bbl. 100. Jg., Redaktioneller Teil, Nr. 112 vom 16. 5. 1933, S. 357, sowie mit den »Richtlinien für die Bestandsprüfung in den Volksbüchereien Sachsens«, veröffentlicht in Die Bücherei 2 (1935), S. 279–280.

die preußischen Volksbüchereien verbindlichen Liste ganz.[7] Erst nach einer privaten Denunziation entschloß sich das Propagandaministerium, bei den Kultusministerien der Länder die Entfernung von Hans Falladas Roman »Kleiner Mann, was nun?« aus den Volksbüchereien zu empfehlen.[8]

Doch nicht nur hinsichtlich der Handhabung konkreter Einzelfälle, für die sich beliebig viele weitere Beispiele anführen ließen, sondern auch in einer Reihe von prinzipiellen Fragen bestand unter den für das Volksbüchereiwesen zuständigen Verwaltungsstellen ebenso wie unter den einzelnen Volksbüchereileitern völlige Unklarheit. Etwa über die Kriterien zur Behandlung der ausländischen und der ins Deutsche übersetzten Literatur oder über die genaue Festlegung dessen, was als »artfremde« und »zersetzende« Literatur anzusehen war.[9] Mangels einer amtlich wie sachlich verbindlichen Liste mit jüdischen Verfassernamen stand selbst die »Säuberung« der öffentlichen Bibliotheken nach »rassischen« Gesichtspunkten auf unsicherem Grund.[10] Wie dem Informationsanspruch der Bevölkerung angesichts der drastischen Reduzierung der Volksbücherei-Bestände überhaupt noch zu entsprechen war, blieb letztlich auch den Bibliotheksleitern vor Ort überlassen.

Mit einem im Frühjahr 1935 in der »Bücherei« unter der Überschrift »Säuberung nach der Säuberung« veröffentlichten Aufsatz sprach der Leiter der Volksbücherei Hagen, Rudolf

[7] S. zu Thüringen die »Vorläufige[n] Richtlinien«, S. 146, zu Bayern das »Verzeichnis«, S. 50.

[8] Schreiben Wismanns (RMVP/Abteilung II) an das Thüringische Staatsministerium vom 4. 10. 1934, HStA Weimar Thür. Min. f. Volksbildung/C 619 Bl. 206. Dem Schreiben war die Abschrift der Eingabe eines Kölner »Volksgenossen« an das Reichsinnenministerium beigefügt, ebd. Bl. 207–208, in der um ein Einschreiten des Staates gegen die »skrupellose, zersetzende, kulturschädigende Schriftstellerei« (Bl. 208) Falladas gebeten wurde. Die Aussonderung des Romans wurde im Thüringischen Amtsblatt vom 12. 10. 1934 angeordnet. Mitteilung des Volksbildungsministeriums an das RMVP vom 22. 11. 1934, ebd. Bl. 210.

[9] Hierzu die differenzierenden Darstellungen von E. Boese, Die Säuberung der Leipziger Bücherhallen 1933–1936, in: Buch und Bibliothek 35 (1983), S. 283–296; Die Bestandspolitik der Öffentlichen Büchereien im Dritten Reich, in: Bibliotheksdienst 17 (1983), S. 263–282; Das Öffentliche Bibliothekswesen im Dritten Reich, hier insbesondere S. 224–228.

[10] S. dazu Näheres in Kapitel III, Abschnitt C 4.2. dieser Arbeit.

Angermann, ein weiteres Problemfeld an.[11] Nach dem vorläufigen Abschluß der »Säuberung« der Volksbüchereibestände von politischer Literatur im weitesten Sinne forderte Angermann nun die »kulturelle Säuberung«.[12] Von dieser zweiten »Säuberungswelle« war ein breites Spektrum von Literatur erfaßt: von »sentimentalen Liebes- und ›Gesellschafts‹-Romane[n] älterer Zeit« über »Verlogene Bauerngeschichten, Salontirolergeschichten, Indianerschwarten für die Jungs; verflossene Tendenzromane, überholte Sozialprobleme, nicht eingetroffene Utopien; vor allem verlogene Abenteurererzählungen und die sogenannten Detektiv- und Kriminalgeschichten, die sich in bloßer intellektueller Spannung erschöpfen«, bis zu »läppischen ›Militärhumoresken und Wachtstubengeschichten‹ älteren Schlages [...] und ein gut Teil der Witzbücher«. Aber auch die »hurra-patriotischen Bücher älterer Zeit, viele grausam illustrierte ›Hohenzollern‹-Bücher«, die »Unmasse der Kriegsberichterstatter-Reportagen«, »Traktätchenhaftes, Salbungsvolles, aufdringlich Moraldurchtränktes«, »alles Sprachlich-Schludrige, Klischeehafte« sowie »alles Sachlich-Veraltete« sollte aus den Volksbüchereien entfernt werden.[13]

Bei der Aufforderung Angermanns handelte es sich nicht nur um eine Fortsetzung des seit zwei Jahrzehnten geführten Richtungsstreits über die konzeptionelle Gestaltung des Volksbüchereiwesens. Aufgrund der knappen Finanzausstattung der öffentlichen Bibliotheken und ihrer stiefmütterlichen Behandlung durch die meisten Kommunen – zwei Defizite, die sich während der Weltwirtschaftskrise noch verstärkt hatten – waren die Bestände zahlreicher öffentlicher Büchereien zur Mitte der dreißiger Jahre völlig überaltert und abgenutzt. »Säuberung« – das bedeutete, worauf Engelbrecht Boese zu Recht hingewiesen hat, eben auch die seit langem überfällige Modernisierung der Bestände.[14] Nur so war die angestrebte qualitative Verbesserung der Volksbüchereiarbeit zu erzielen, konnten die Bedürfnisse neuer Leserschichten befriedigt werden. Viel Hoffnung auf Besserung der Situation in dieser Richtung vermochte Angermann allerdings nicht zu verbreiten. Denn die Frage, was

[11] Die Bücherei 2 (1935), S. 281–283.

[12] Ebd., S. 281.

[13] Ebd., S. 282.

[14] Boese, Das Öffentliche Bibliothekswesen im Dritten Reich, S. 232–237.

mit der Aussonderung der »Altlasten« gewonnen werden würde, beantwortete er selbst mit der sarkastischen Feststellung: »Die *wirkliche Büchernot* wird offensichtlich, auch für die Herren Geldgeber, die nun der Augenschein, ›es sind doch genug Bücher da‹, nicht mehr täuscht; die seit langem vorhandenen, nur übertünchten *Lücken* werden sichtbar – und nun vielleicht auch fruchtbar«.[15]

Mit der im Dezember 1935 von der RSK herausgegebenen »Liste des schädlichen und unerwünschten Schrifttums« konnte zwar erstmals ein reichseinheitlicher Verbotsindex vorgelegt werden, der vom Reichserziehungsministerium für die ihm unterstehenden Volksbüchereien und wissenschaftlichen Bibliotheken übernommen wurde.[16] Die Listen trugen jedoch zu diesem Zeitpunkt in keiner Weise zur Beseitigung der unter den Bibliotheksdirektoren vorherrschenden Unklarheit hinsichtlich der auszusondernden Literatur bei. Da sich die als »geheim« eingestufte Liste auf die bloße Aufzählung von Autoren und Titeln beschränkte, machte sie die für eine »Säuberung« anzuwendenden Kriterien in keiner Weise transparent. In der Anzahl der indizierten Titel blieb die Reichsliste hinter den thüringischen und bayerischen Verbotslisten zurück. Sie konnte damit zwar – wie das Beispiel der Leipziger Bücherhallen und ihres Direktors Walter Hofmann zeigt – einerseits als Schutz gegenüber parteiamtlichen Dienststellen und der Gestapo genutzt werden.[17] Da deren Forderungen nach einer radikalen Sichtung und »Säuberung« der Bestände mit der RSK-Liste nur unzureichend Genüge getan worden war, blieben die Leiter der Volksbüchereien aber andererseits auch weiterhin den Pressionsmaßnahmen lokaler Partei- und Regierungsstellen ausgesetzt.

Schließlich mußte das Reichserziehungsministerium den Kultusverwaltungen der Länder bereits im April 1937 mitteilen, daß die Grundliste und ihre Nachträge »allgemein Mängel und Unrichtigkeiten in großer Zahl« enthielten, so daß von einer

[15] Angermann, Säuberung nach der Säuberung, in: Die Bücherei 2 (1935), hier S. 283. Hervorhebungen im Text.

[16] Runderlaß des REM (gez. Vahlen) vom 23. 3. 1936, HStA Weimar Thür. Min. f. Volksbildung/C 619 Bl. 239.

[17] Boese, Die Säuberung der Leipziger Bücherhallen 1933–1936, hier S. 290–291.

weiteren Verteilung abgesehen wurde.[18] Die Verantwortung für die Aussonderung der Verbotsliteratur wurde nun wieder den Bibliothekaren vor Ort überlassen; ebenso die Entscheidung darüber, welche Neuanschaffungen zu tätigen waren und welche Bücher ausgeliehen werden konnten. Der Leiter der Leihstellen, so die Empfehlung des Ministeriums, sollte daher »ein politisch interessierter Beamter« sein. Die »Zensur der Bibliothek« habe sich »letzten Endes auf den Benutzer, seine Zuverlässigkeit und den von ihm verfolgten Zweck zu erstrecken«. Das waren alles Anweisungen, die für die Alltagsarbeit in den Büchereien kaum zu gebrauchen waren, den Bibliothekaren völlig fachfremde Aufgaben und Verantwortlichkeiten aufdrückten.

Erst nachdem im Propagandaministerium eine Konsolidierung der Indizierungspolitik eingetreten war, wurde mit der Herausgabe der überarbeiteten »Liste des schädlichen und unerwünschten Schrifttums« im Dezember 1939 und der monatlichen Nachtragslisten ein verläßliches Fundament für die Bestandskontrolle in den Volksbüchereien geschaffen.[19] Allerdings hatten sich die Büchereien der Groß- und Mittelstädte während des Krieges dann auf ständig neue Anweisungen zur Behandlung ihrer Bestände an französischer, britischer, russischer und amerikanischer Literatur einzustellen.

Sorgte die präzise und reichseinheitlich verbindliche Fassung der Aussonderungskriterien bereits für erhebliche Probleme, so erst recht die praktische Durchführung der »Säuberungen«. Während die Einzelkontrolle der Bestände sämtlicher Volksbüchereien in Preußen bereits im September 1935 abgeschlossen war, mußte der Leiter der Thüringischen Landesstelle für volkstümliches Büchereiwesen, Josef Caspar Witsch, dem Volksbildungsministerium zur gleichen Zeit auf Anfrage gestehen, daß er von den mehr als 500 Volksbüchereien erst einen kleinen Teil hatte überprüfen können und mit dem Abschluß der Arbeiten erst »im Laufe der nächsten Monate« zu rechnen sei.[20] Als Zwischenergebnis hielt Witsch fest, daß »immer noch

[18] Runderlaß des REM (gez. Kummer) vom 9. 4. 1937, HStA Weimar Thür. Min. f. Volksbildung/C 619 Bl. 280. Die folgenden Zitate ebd.

[19] Runderlaß des REM (gez. Kummer) vom 30. 6. 1939, HStA Weimar Thür. Min. f. Volksbildung/C 619 Bl. 316.

[20] Das Schreiben vom 11. 9. 1935 in HStA Weimar Thür. Min. f. Volksbildung/C 619 Bl. 230.

vereinzelt unerwünschte Literatur vorhanden« sei;[21] und dies, obwohl sämtlichen Volksbüchereien schon seit September 1933 eine amtliche Liste mit auszusondernder Literatur vorlag. Den Mißstand führte der Landesstellenleiter vor allem auf die unzureichende Katalogisierung der Bestände der kleineren Büchereien zurück. Für Baden kam der zuständige Landesstellenleiter Philipp Harden-Rauch noch Ende 1937 zu ähnlichen Ergebnissen.[22]

Auch die Frage, was mit den als »schädlich und unerwünscht« ausgesonderten Büchern zu geschehen habe, beschäftigte die staatlichen Bibliotheksverwaltungen noch bis weit in die dreißiger Jahre. In »Runderlassen« vom 17. 9. 1934 und 3. 4. 1935 hatte das Reichserziehungsministerium sämtlichen Bibliotheken bereits grundsätzlich die »Sekretierung« der staatlicherseits verbotenen Literatur und ihre Sperrung für die allgemeine Benutzung zur Pflicht gemacht.[23] Während den wissenschaftlichen Bibliotheken jedoch die Bestände an »schädlichem und unerwünschtem Schrifttum« zu Forschungszwecken belassen wurden, ordnete das Reichserziehungsministerium im Mai 1937 die Einziehung dieser Literatur aus den öffentlichen Volksbüchereien an.[24] Die entsprechenden Bestände waren bis zum 1. 8. abzuliefern – und zwar in Preußen an die Preußische Staatsbibliothek, in Bayern an die Bayerische Staatsbibliothek und in den Ländern an die von den Kultusministerien angegebenen Landesbibliotheken. Mit der Überwachung des Aussonderungsvorgangs wurden die Landesstellen für volkstümliches Büchereiwesen betraut.

Eine vollständige und zuverlässige Bilanz, wie viele Bücher und welche Autoren im einzelnen von den verschiedenen »Säuberungswellen« der Jahre 1933 bis 1945 im deutschen Volksbüchereiwesen erfaßt wurden, kann bis heute nicht gezogen werden. Für die Leipziger Bücherhallen gibt Boese die Zahl der

21 Ebd.

22 Heyde, Die Staatlichen Volksbüchereistellen am Beispiel Freiburg im Breisgau, in: Bibliotheken während des Nationalsozialismus, Teil I, hier S. 137–138.

23 Hinweis im Runderlaß des REM vom 16. 12. 1936, HStA Weimar Thür. Min. f. Volksbildung/C 619 Bl. 246.

24 Runderlaß vom 10. 5. 1937 in: Deutsche Wissenschaft, Erziehung und Volksbildung 3 (1937), S. 274.

allein bis Ende 1935 zurückgezogenen Bände mit 12132 an.[25] Das entsprach 10,7% des Gesamtbestands. In Düsseldorf sank der Gesamtbestand der Volksbüchereien von 126387 Bänden im Haushaltsjahr 1932/33 auf 100869 in 1934/35, so daß insgesamt rund 20% der Bücher aus den Bereichen Jugendschriften, Unterhaltung und Sachbücher ausgeschieden wurden.[26] In den Volksbüchereien Berlins lag die Zahl der für die Benutzung gesperrten Bände 1936 zwischen 10 und 40% des bisherigen Gesamtbestands.[27] Für die Kölner Volksbüchereien gibt der städtische Verwaltungsbericht für 1933/34 die Reduzierung des Bestandes um rund 3500 Bände (= 3,5%) und für 1934/35 noch einmal um mehr als 11000 Bände (rund 10%) an.[28] In Baden waren von den 283000 Bänden, die sich 1934 in den öffentlichen Bibliotheken befunden hatten, 1936 nur noch 177392 Bände vorhanden.[29] Auch wenn bei diesen Angaben die Abschreibung und Aussonderung zerlesener oder veralteter Bücher in Rechnung gestellt werden muß,[30] vermitteln sie doch einen ausschnittartigen Eindruck davon, daß die nationalsozialistische Schrifttumsbürokratie auf Reichs- und Länderebene trotz aller Schwierigkeiten die Entfernung der von ihr abgelehnten Literatur aus den Volksbüchereien relativ rasch und in großem Umfang durchsetzte.

Die entscheidende Frage war jedoch, was an die Stelle der

[25] Boese, Die Säuberung der Leipziger Bücherhallen 1933–1936, hier S. 294–295.

[26] W. Rischer, Die nationalsozialistische Kulturpolitik in Düsseldorf 1933–1945, Düsseldorf 1972, S. 22.

[27] A. Anderhub, Zwischen Umbruch und Tradition – Die Berliner Volksbüchereien während der Zeit des Nationalsozialismus, in: Bibliotheken während des Nationalsozialismus, Teil I, S. 235–256, hier S. 244/Anm. 25.

[28] Zahlenangaben bei B. Robenek, Geschichte der Stadtbücherei Köln von den Anfängen im Jahre 1890 bis zum Ende des Zweiten Weltkrieges, Köln 1983, S. 67.

[29] Heyde, Die Staatlichen Volksbüchereistellen am Beispiel Freiburg im Breisgau, in: Bibliotheken während des Nationalsozialismus, Teil I, hier S. 139.

[30] S. den 1938 vorgelegten Bericht des Kulturdezernenten der Stadt Düsseldorf über »Ein halbes Jahrzehnt nationalsozialistischer Kulturarbeit in Düsseldorf«, Stadt-Archiv Düsseldorf/NL Ebel 142, hier S. 29, sowie die Angaben zur Freiburger Stadtbücherei und zur Potsdamer Büchereistelle bei Boese, Das Öffentliche Bibliothekswesen im Dritten Reich, S. 234–235.

durch die Säuberungsmaßnahmen gerissenen Lücken treten sollte, d.h. inwiefern es der staatlichen Schrifttumsbürokratie im Gegenzug gelang, die von ihr favorisierte Literatur in den Volksbüchereien einzustellen und die Bevölkerung für die Lektüre zu gewinnen. Eine zentrale Rolle fiel dabei den Leitern der Landesstellen für volkstümliches Büchereiwesen zu. In Preußen waren bereits durch den »Noch heute!«-Erlaß Rusts vom 28. 12. 1933 Neuanschaffungen prinzipiell an die vorherige Genehmigung der staatlichen Beratungsstellen gebunden worden, die sich ihrerseits an den von der Landesstelle in Berlin herausgegebenen Richtlinien zu orientieren hatten.[31]

Dieses Prinzip der Kontrolle und Beeinflussung wurde ab 1937 auf das gesamte Reich übertragen. Während die Reichsstelle für das Volksbüchereiwesen in Verbindung mit dem Reichserziehungsministerium zur zentralen Koordinationsstelle der Volksbüchereipolitik avancierte, fiel der Mittelinstanz in den Ländern insbesondere die Aufgabe zu, die Bestandspolitik der städtischen und dörflichen Volksbüchereien zu überwachen.[32] Allerdings wird man von der Schaffung eines flächendeckenden und funktionstüchtigen Netzes an Staatlichen Volksbüchereistellen im gesamten Reichsgebiet erst nach dem Erlaß der »Richtlinien für das Volksbüchereiwesen« vom 26. 10. 1937 sprechen können, so daß deren Einfluß auf die Neuanschaffungen frühestens in der zweiten Hälfte der dreißiger Jahre voll zum Tragen kam.

Ein weiteres Instrument zur Steuerung der Neuanschaffungen war im April 1934 mit der »Einkaufshaus für Büchereien GmbH.« geschaffen worden. Als Gesellschafter waren die Regierungen von Preußen und Sachsen, die RSK, der VDV und der Börsenverein beteiligt.[33] Vordergründig ging es bei der Er-

31 Die Bücherei 1 (1934), hier S. 12.

32 R. Kock, Die Neuordnung der Beratungsstellen, in: Die Bücherei 1 (1934), S. 18–28; W. Schuster, Der Stand des deutschen öffentlichen Büchereiwesens. Vortrag, gehalten auf der Schulungstagung des Reichserziehungsministeriums für die Leiter der Landes- und Beratungsstellen am 10. Mai 1935 in Berlin, in: Die Bücherei 2 (1935), S. 242–251, hier S. 245–247; F. Schriewer, Warum staatliche Stellen für das Volksbüchereiwesen, ebd. 3 (1936), S. 6–13, hier S. 8; sowie ders., Die staatlichen Volksbüchereistellen im Aufbau des deutschen Volksbüchereiwesens, hier S. 86–92.

33 Bekanntmachung des Aktionsausschusses des Börsenvereins der Deutschen Buchhändler betr. Lieferungen an Volksbüchereien, in: Bbl. 101. Jg., Redaktioneller Teil, Nr. 99 vom 30. 4. 1934, S. 394.

richtung des Einkaufshauses um die Regelung der seit Jahren strittigen Skontogewährung bei Lieferungen des Sortimentsbuchhandels an die Volksbüchereien in Orten von unter 10000 bis über 100000 Einwohnern.[34] Da die hierüber getroffene Vereinbarung zwischen dem Börsenverein und dem VDV vom 28. 4. 1934 ebenso wie die Neuregelung der Skontogewährung aus dem Jahre 1936[35] jedoch den Bezug der Neuanschaffungen über das Einkaufshaus begünstigte, konnte von dort aus entscheidender Einfluß auf die Gestaltung der Volksbüchereien vor allem in Klein- und Mittelstädten sowie auf den Dörfern genommen werden.

Die Lagerliste des Einkaufshauses umfaßte im Frühjahr 1935 insgesamt 1330 Titel.[36] Nach der Verkaufsstatistik vom 1. 12. 1935 wurden von den dörflichen und kleinstädtischen Volksbüchereien an erster Stelle »Kriegsbücher« (23 Titel mit 5150 ausgelieferten Bänden) und an zweiter Stelle »Politische Bücher und politische Romane« (26 Titel mit 4812 Bänden) bestellt.[37] An dritter bis siebter Stelle folgten »Bauern- und Landschaftsromane« (17 Titel/2592 Bände), »Geschichtliche Romane« (12 Titel/2075 Bände), die Gruppe »Ferne Länder, Reisen und Abenteuer« (14 Titel/1982 Bände), »Einzelschicksale im Roman« (6 Titel/736 Bände) sowie »Fliegerbücher« (2 Titel/218 Bände).[38]

Zum Jahresende 1936 hatte sich der Gesamtumsatz des Einkaufshauses bereits »nahezu verdreifacht«,[39] was zum einen auf die zahlreichen Neugründungen von Volksbüchereien zurückzuführen war, zum anderen aber auch auf die zunehmende Ak-

[34] S. dazu den zwischen dem Börsenverein und dem VDV geschlossenen Vertrag vom 28. 4. 1934 sowie die Lieferungsordnung des Einkaufshauses für Büchereien vom gleichen Tage, ebd. S. 395.

[35] Ministerialerlaß betr. »Vergünstigungen bei dem Bezug neuer deutscher Bücher« vom 11. 6. 1936, in: Deutsche Wissenschaft, Erziehung und Volksbildung 2 (1936), S. 319.

[36] F. Schinkel, Die Aufgaben und Arbeitsgrundsätze des Einkaufshauses für Büchereien G.m.b.H., in: Die Bücherei 2 (1935), S. 348–349, hier S. 348.

[37] G. Tschich, Was die deutsche Volksbücherei im letzten Jahr gefördert hat, in: Die Bücherei 3 (1936), S. 49–54, hier S. 51.

[38] Ebd.

[39] G. Tschich, Die hundert Bücher des Jahres. Zur Verkaufsstatistik des Einkaufshauses für Büchereien, in: Die Bücherei 4 (1937), S. 14–20, hier S. 15.

zeptanz des Leipziger Einkaufshauses als zentrale Beschaffungsstelle hinweist. Hinsichtlich der Zusammensetzung der Anschaffungen hatten sich einige markante Verschiebungen ergeben. »Kriegsbücher« sowie »Politische Bücher und politische Romane« lagen mit 28,5% (23 Titel/8621 Bände) beziehungsweise 25,8% (28 Titel/7813 Bände) zwar immer noch an der Spitze der Neuanschaffungen.[40] Im Bereich der Belletristik war der Anteil des vom Nationalsozialismus geförderten Bauernromans jedoch von 14,8% auf 9,7% (11 Titel/2928 Bände) gefallen, während die geschichtlichen Romane von 11,8% auf 15,6% (15 Titel/4,726 Bände) anstiegen.[41] Auch die Abteilung »Ferne Länder, Reisen und Abenteuer, Tier- und Jagdgeschichten« erfreute sich wachsender Beliebtheit (12,1 statt 11,3%, 14 Titel/3664 Bände).[42] Die »politische Grundhaltung« blieb prinzipiell »konstant«,[43] doch läßt sich aus dem Zuwachs der »unpolitischen« Abteilungen schließen, daß die Volksbüchereien bei ihrer Anschaffungspolitik den vielfältigeren Lesebedürfnissen der Bevölkerung Rechnung trugen.

Auch mit den 1936 erstmals von der Reichsstelle für volkstümliches Büchereiwesen im Auftrag des Reichserziehungsministeriums herausgegebenen reichseinheitlichen Anschaffungslisten für Dorfbüchereien und kleinere städtische Büchereien konnte der Bestandsaufbau in nationalsozialistischem Sinne gesteuert werden.[44] Hinzu kam schließlich noch, daß die Reichsstelle für volkstümliches Büchereiwesen in Absprache mit ihren Landesstellen den Ausbau des Volksbüchereiwesens auf dem Lande nach dem Vorbild des 1937 in Thüringen eingeführten

[40] Ebd., S. 17.

[41] Ebd., S. 18.

[42] Ebd.

[43] So die Feststellung ebd., S. 17.

[44] Reichsliste für Dorfbüchereien. Zusammengestellt im Auftrage des Reichs- und Preußischen Ministeriums für Wissenschaft, Erziehung und Volksbildung von der Reichsstelle für volkstümliches Büchereiwesen, Leipzig 1936 [2. Ausgabe Leipzig 1938]; Reichsliste für kleinere städtische Büchereien. Zusammengestellt im Auftrage des Reichs- und Preußischen Ministeriums für Wissenschaft, Erziehung und Volksbildung von der Reichsstelle für volkstümliches Büchereiwesen, Leipzig 1936 [2. Ausgabe Leipzig 1939]. Die Reichslisten waren zugleich eine Bestands- und Angebotsliste des Einkaufshauses für Büchereien GmbH.

»Blockaufbaus« forcierte.[45] Der Kernbestand der Büchereien wurde ab diesem Zeitpunkt auf der Grundlage der vorliegenden Reichslisten über das Einkaufshaus für Büchereien blockweise angeliefert. Ergänzend dazu sollten die Staatlichen Volksbüchereistellen jeweils noch einmal die Anschaffung regionalspezifischer Literatur vorschlagen.[46] Den einzelnen Büchereileitern blieb damit praktisch kaum noch die Möglichkeit zur Einflußnahme auf die Anschaffungspolitik.

Auf der Ebene der Kleinstädte und Dörfer hatte das Reichserziehungsministerium insofern leichtes Spiel, als es die Strukturen des Neuaufbaus noch weitgehend selbst bestimmen konnte. Tausende von Büchereien wurden dort überhaupt erst in nationalsozialistischer Zeit errichtet, so daß die Ministerialbürokratie in Berlin und die ihr unterstehenden Mittelinstanzen wenig Rücksicht auf die Kompetenzansprüche der Gemeinden oder auf Widerstände der Büchereileiter zu nehmen hatten. In den Mittel- und Großstädten war das anders. Hier fand das Reichserziehungsministerium über Jahrzehnte hinweg gewachsene Institutionen und ebenso sachkundige wie selbstbewußte Bibliotheksdirektoren vor. Daher war seit 1933 vielfach auch das bisherige Führungspersonal ausgewechselt und zum Teil durch altgediente Parteileute ersetzt worden.[47] Das wirkte sich als Katalysator für den Bestandswechsel aus.

Spätestens nach dem Erlaß der »Richtlinien für das Volksbüchereiwesen« arbeiteten dann aber die Reichsstelle für das Volksbüchereiwesen, die nun unmittelbar für die Büchereien in Orten mit mehr als 100 000 Einwohnern zuständig war, sowie die Leiter der Staatlichen Volksbüchereistellen auf einen systematischen Neuaufbau der Bestände auch in den öffentlichen Bibliotheken der Groß- und Mittelstädte hin. Um die offenkundigen Defizite in diesem Bereich beseitigen zu können, wurde zu Beginn des Jahres 1938 bei der Reichsstelle ein »Ausschuß für Großstadtbüchereien« gegründet, dessen Leitung der

[45] Zu Konzeption und Einführung des »Blockaufbaus« in Thüringen s. den »Bericht« des Leiters der Thüringischen Landesstelle für volkstümliches Büchereiwesen, Josef Witsch, o. D. [März 1937], HStA Weimar Thür. Min. f. Volksbildung/C 707 Bl. 11–12.

[46] »Vorbemerkung« zur »Reichsliste« für Dorfbüchereien und kleinere städtische Büchereien von 1936, S. 2.

[47] Dazu im einzelnen Boese, Das Öffentliche Bibliothekswesen im Dritten Reich, S. 205–214.

Dresdner Büchereidirektor Karl Taupitz übernahm.[48] Aufgabe des Ausschusses war die »Untersuchung und Darstellung des großstädtischen Büchereiwesens«,[49] wobei neben rein technischen Fragen sicher auch Fragen des inhaltlichen Bestandsaufbaus erörtert worden sein dürften.

Zusätzlich zu den beiden reichseinheitlichen Anschaffungslisten versuchte die Reichsstelle für volkstümliches Büchereiwesen, über die von ihr herausgegebene Fachzeitschrift »Die Bücherei« die Erweiterung und den Neuaufbau von Beständen zu steuern. Seit 1936 stellte Bernhard Payr, Cheflektor der Rosenbergschen Schrifttumsstelle, jeweils die »Fünfzig wesentlichen Bücher des Jahres« vor, die den Volksbüchereien nachdrücklich zur Anschaffung empfohlen wurden.[50] Im Januar 1938 wurde bei der Reichsstelle für das Volksbüchereiwesen ein besonderer »Arbeitsausschuß für Buchberichte und Besprechungswesen« unter Vorsitz des Leiters des Leipziger Instituts für Leser- und Schrifttumskunde errichtet.[51] Seine Aufgabe sollte die Durchsicht der Neuerscheinungen des Buchhandels unter dem Gesichtspunkt ihrer Einsatzmöglichkeit für die Volksbüchereien sein.[52] Die von den Mitarbeitern des Ausschusses verfaßten Besprechungen wurden in den Folgejahren regelmäßig in der »Bücherei« veröffentlicht.[53]

Das alles bedeutete jedoch nicht, daß in den Volksbüchereien nur noch völkisch-nationale und nationalsozialistische Literatur zu finden gewesen wäre. Hinsichtlich der Volksbücherei Neukölln kommt Andreas Anderhub zu dem Schluß, daß »selbst dort, wo ein überdurchschnittlich guter Umsatz [an Neuanschaffungen] erzielt wurde und der Bestand nicht als be-

[48] Hinweis bei H. Dähnhardt, Richtlinien für das Volksbüchereiwesen, in: Die Bücherei 5 (1938), S. 1–7, hier S. 4.

[49] Ebd.

[50] Die Bücherei 3 (1936), S. 55ff.; 4 (1937), S. 5ff.; 5 (1938), S. 12ff.; 6 (1939), S. 8ff.; 7 (1940), S. 77ff.

[51] Zur Neuordnung der Buchberichterstattung im deutschen Volksbüchereiwesen, in: Die Bücherei 5 (1938), S. 8.

[52] Satzung des Arbeitsausschusses für Buchberichte und Besprechungswesen, ebd., S. 8–9.

[53] W. Hoyer, Die Aufgaben des Besprechungsteiles in unserer Zeitschrift, in: Die Bücherei 5 (1938), S. 9–10. S. dazu die Auswertung von J. Jungmichl, Nationalsozialistische Literaturlenkung und bibliothekarische Buchbesprechung, aufgezeigt an der Zeitschrift »Die Bücherei«, 1934–1944, Köln 1974, hier S. 38–50.

sonders kritikwürdig galt, ein Buchangebot in den Regalen stand, an dem – sieht man von den gewiß einschneidenden Ausmerzungsaktionen der ersten Jahre einmal ab – sich faktisch nicht feststellen ließ, daß vor Jahren ein Machtwechsel stattgefunden hatte«.[54] Mit Ausnahme von Friedrichshain (Horst-Wessel-Stadt), wo im März 1935 mit der »Dietrich-Eckart-Bücherei« eine vom Reichserziehungsministerium geförderte nationalsozialistische Musterbücherei eröffnet wurde,[55] und Köpenick, wo HJ und NS-Frauenschaft in den Räumen der Volksbücherei jeweils eine eigene Schulungsbücherei unterhielten, läßt sich diese Aussage bis zum Kriegsbeginn mehr oder minder auch für andere Bezirke Berlins treffen.[56]

Das muß keineswegs ein nur auf die Reichshauptstadt beschränktes Phänomen gewesen sein. Als Ergebnis einer Analyse der »Reichsliste für Dorfbüchereien« hält Boese fest, daß sie einen »sowohl nach Niveau als auch nach politischer Aussagekraft abgestuften Bestand« angeboten hätte, »um dessen am massivsten im Kapitel über das nationalsozialistische Deutschland zusammengefaßten politischen Kern sich ein Grundstock von Büchern lagerte, der auch eine Tradition bibliothekarischer Wertsetzungen spiegelte, die sich nahezu unverändert ins Dritte Reich verlängert hatte«.[57]

Letzteres ist auch eine Aussage über die Affinitäten zahlreicher Volksbibliothekare zu einem völkisch geprägten Politik- und Kulturverständnis während der Weimarer Republik. Die überraschenden Aussagen Anderhubs und Boeses weisen aber vor allem auf die sachkundige Einsicht der verantwortlichen Ministerialbürokratie und ihrer Beratungsstellen hin, daß die Bevölkerung mit einem ausschließlich politisierten Bestand

[54] Anderhub, Zwischen Umbruch und Tradition, in: Die Bibliotheken während des Nationalsozialismus, Teil I, S. 248.

[55] Hierzu Schöningh, Zur Eröffnung der Dietrich-Eckart-Bücherei durch den Reichserziehungsminister Rust, in: Die Bücherei 2 (1935), S. 235–236; Anderhub, Zwischen Umbruch und Tradition, in: Die Bibliotheken während des Nationalsozialismus, Teil I, hier S. 252–255; Boese, Das Öffentliche Bibliothekswesen im Dritten Reich, S. 300–309.

[56] In diesem Sinne Anderhub, Zwischen Umbruch und Tradition, in: Die Bibliotheken während des Nationalsozialismus, Teil I, hier S. 254/Anm. 60.

[57] Boese, Das Öffentliche Bibliothekswesen im Dritten Reich, S. 264–265.

wohl kaum für die neuen Volksbüchereien zu gewinnen war.[58] Hinzu kam, daß in dem Maße, in dem die Erfordernisse der vorbereitenden Kriegswirtschaft in den Mittelpunkt des gesellschaftspolitischen Interesses rückten, der Informationsauftrag der öffentlichen Bibliotheken durch die Notwendigkeit zur Bereitstellung von »neutralem« Fachschrifttum wiederbelebt wurde.

Aber selbst die Mischung aus weltanschaulich geprägter Literatur, mehr oder minder unverfänglicher Unterhaltungs- und Jugendliteratur sowie Literatur zur beruflichen Weiterbildung konnte, wie bereits am Beispiel Thüringens aufgezeigt wurde, insbesondere während des Krieges die Abwanderung vieler Leser zu den mit »leichterer Kost« aufwartenden Leihbüchereien nicht verhindern.[59] Auf dem Hintergrund der massenweisen Rezeption von Trivialliteratur lebte im Laufe des Jahres 1944 in der Fachzeitschrift »Die Bücherei« eine Debatte über die »Wertfrage« wieder auf, die man eigentlich schon in der Anfangsphase der nationalsozialistischen Herrschaft beendet glaubte.[60] Mit dem Bestandsaufbau war eben nur ein Teil des Problems gelöst. Die Veränderung des Rezeptionsverhaltens war die entscheidende zweite Aufgabe,[61] deren Lösung – analog zu den Erfahrungen im Buchhandel – sowohl am Mangel fähiger NS-Autoren als auch an den traditionellen, gegenüber dem nationalsozialistischen Input resistenten Lesebedürfnissen weiter Bevölkerungskreise scheiterte.

[58] In diesem Sinne argumentiert etwa F. Schriewer, Das ländliche Volksbüchereiwesen. Einführung in Grundfragen und Praxis der Dorf- und Kleinstadtbüchereien, Jena 1937, hier S. 62–73 (Aufgabe und Inhalt des ländlichen Büchereiwesens).

[59] Schreiben der Staatlichen Volksbüchereistelle Thüringen an den Thüringischen Minister für Volksbildung vom 11. 11. 1940, HStA Weimar Thür. Min. f. Volksbildung/C 629 Bl. 277–278.

[60] E. Thier, Zur Entwicklung der Wertfrage in der bibliothekarischen Diskussion, in: Die Bücherei 11 (1944), S. 12–25; J. Witsch, Über die Relativität der Begriffe »Unterhaltung« und »Entspannung«, ebd., S. 25 ff.; K. Hecker, Zum Phänomen des »schlechten Geschmacks«, ebd. S. 301 ff.; sowie E. Thier, Von der »reinen Liebe« bei Hedwig Courths-Mahler und bei ihren Schwestern im Geist, ebd., S. 322–329.

[61] E. Thier, Leserkunde als Aufgabe, in: Die Bücherei 9 (1942), S. 269 ff., und H. J. Kuhn, Leserkundliche Probleme im Lichte der Schichttheorie, ebd. 11 (1944), S. 113–127.

1.2. Die Neuordnung der Ausbildung und die politische Schulung der Volksbibliothekare

Um die politische Ausrichtung des Volksbüchereiwesens auf lange Sicht auch durch geeignetes Personal abzusichern, mußte das Reichserziehungsministerium die bereits im Beruf stehenden Bibliothekare »umschulen« und einen neuen Typ von Bibliothekaren heranbilden. Seit Mai 1935 war bei der »Annahme von Anwärtern für die Ausbildung für den volksbibliothekarischen Dienst« neben der fachlichen Qualifikation die Voraussetzung »lebendiger Volksverbundenheit und politischer Einsatzbereitschaft« zu erfüllen.[62] Gab die Beurteilung eines Anwärters »zu sichtlichen Bedenken in dieser Hinsicht Anlaß«, so konnte dies auch durch den »Nachweis einer bereits abgeschlossenen Ausbildung oder besonderer Einzelkenntnis« nicht mehr ausgeglichen werden.[63]

Die Lehrpläne der Bibliotheksschulen in Leipzig, Köln und Berlin wurden im Laufe der dreißiger Jahre umgestaltet.[64] Stuttgart erhielt 1942 eine neue Ausbildungsstätte für Volksbibliothekare.[65] Das bedeutete einerseits eine Politisierung in nationalsozialistischem Sinne, die durch die Entlassung politisch andersdenkender Dozenten noch verstärkt wurde. Andererseits führte der staatliche Eingriff auch zu einer Angleichung der unterschiedlichen Lehrmethoden und -inhalte.[66] Als wichtiger Schritt zur Vereinheitlichung wurde dem Staatlichen Prüfungsamt für das Volksbüchereiwesen im September 1939 die Rege-

62 Erlaß des Reichs- und Preußischen Ministers für Wissenschaft, Erziehung und Volksbildung an den Vorsitzenden des Staatlichen Prüfungsausschusses für das Bibliothekswesen in Berlin vom 6. 5. 1935, veröffentlicht in: Deutsche Wissenschaft, Erziehung und Volksbildung 1 (1935), S. 205.

63 Ebd., S. 206.

64 S. zur »Reform« der Lehrpläne an den preußischen Schulen in Berlin und Köln W. Schuster, Der Stand des deutschen öffentlichen Büchereiwesens, in: Die Bücherei 2 (1935), S. 242–251, hier S. 248. Ergänzend dazu ders., Die Berliner Bibliotheksschule, ebd. 5 (1938), S. 511–522, E. Thier, Die Deutsche Volksbüchereischule zu Leipzig, ebd., S. 522–526, sowie M. Steinhoff, Die Westdeutsche Volksbüchereischule [Köln] 1928–1938, ebd., S. 526–529.

65 Boese, Das Öffentliche Bibliothekswesen im Dritten Reich, S. 326.

66 Auf diese Ambivalenz des Politisierungsprozesses im volksbibliothekarischen Ausbildungswesen weist Boese, Das Öffentliche Bibliothekswesen im Dritten Reich, S. 210–214, hin.

lung der Ausbildung und der Einsatz des volksbibliothekarischen Nachwuchses im gesamten Reichsgebiet übertragen.[67] Das – wie bisher – in der Preußischen Staatsbibliothek eingerichtete Prüfungsamt sollte die Bestimmungen für das Aufnahmeverfahren treffen, die Zuweisung der Anwärter/-innen an die Büchereischulen und die Ausbildungsbüchereien übernehmen, die Termine für die staatliche Abschlußprüfung festsetzen, deren Durchführung regeln und die Abschlußzeugnisse verteilen.

Die Volksbüchereien insbesondere der Kleinstädte und Dorfgemeinden wurden jedoch zumeist nicht von Absolventen der Bibliotheksschulen betreut, sondern von Personal, dem eine solide fachliche Ausbildung fehlte. Um diesen Mißstand zu beseitigen, bot das Reichserziehungsministerium dem betroffenen Personenkreis im Juni 1938 die Zulassung zu einer bibliothekarischen Ergänzungsprüfung an.[68] Erste Voraussetzung war, daß die Bewerber »ohne größere Unterbrechung am 1. Juli 1938 bereits mindestens vier Jahre in einer öffentlichen Volksbücherei im Angestelltenverhältnis beschäftigt und mit der Erledigung selbständiger fachbibliothekarischer Arbeiten beauftragt waren und daß die sie beschäftigende Verwaltung ihre Meldung zur Prüfung unterstützt«. Waren damit bereits Kautelen für die politische Zuverlässigkeit eingebaut, so wurde zusätzlich noch eine »Erklärung über die Zugehörigkeit zur NSDAP.« sowie eine »eidesstattliche Erklärung darüber, ob der Bewerber einer politischen Partei, einer Loge, einer logenähnlichen Organisation oder der Ersatzorganisation einer solchen angehört hat«, verlangt.

Allerdings konnte die Ausbildung des bibliothekarischen Nachwuchses mit der vom Reichserziehungsministerium geforderten und geförderten Zunahme der Volksbüchereien kaum Schritt halten.[69] Die Folge waren Nachwuchssorgen und ein Personalnotstand, die durch den Krieg noch drastisch ver-

[67] Erlaß des REM an das Staatliche Prüfungsamt für das Volksbüchereiwesen vom 28. 9. 1939, in: Deutsche Wissenschaft, Erziehung und Volksbildung 5 (1939), S. 525.

[68] Prüfung für den Dienst an volkstümlichen Büchereien, in: Deutsche Wissenschaft, Erziehung und Volksbildung 4 (1938), S. 332. Zum folgenden s. ebd.

[69] Boese, Das Öffentliche Bibliothekswesen im Dritten Reich, S. 212.

schärft wurden.[70] In dieser Situation blieb dem Reichserziehungsministerium nichts anderes übrig, als die Anforderungen an das Ausbildungsniveau zurückzuschrauben und sich mit Improvisationslösungen über Wasser zu halten.[71] Der angekündigte Erlaß einer reichseinheitlichen Ausbildungs- und Prüfungsordnung kam auf diese Weise ebensowenig zustande wie das in Aussicht gestellte Reichsbüchereigesetz.

Auf dem Würzburger Volksbüchereitag von 1936 hatte Gerd Wunder, der Leiter der Stadtbücherei Düsseldorf, in einem Grundsatzreferat die Forderung erhoben, daß »die fachliche Arbeit und die politische Haltung der Mitarbeiterschaft einer Volksbücherei einheitlich ausgerichtet werde und daß die Mitarbeiterschaft in sich eine lebendige Körperschaft bilde«.[72] »Grundsätzlich« sollten sämtliche Mitarbeiter der Volksbüchereien »in der Formation arbeiten« und keine Neueinstellungen vorgenommen werden, »ohne daß der Anwärter eine lebendige Beziehung zum Nationalsozialismus« nachweisen könne.[73] Aber selbst wenn diese Vorbedingungen für eine Volksbüchereiarbeit in nationalsozialistischem Geiste erfüllt seien, müsse man davon ausgehen, daß »der Grad der Erfassung verschiedenartig, die Schulung in den Verbänden ungleich« seien.[74] Es sei daher Pflicht der Büchereileiter, die fachliche und politische Schulung im Berufsalltag zu ergänzen.

Wunder, der seine Karriere ausschließlich dem frühen Engagement für die NSDAP verdankte und sich neben seinem Hauptberuf noch als Landesstellenleiter der Reichsstelle zur Förderung des deutschen Schrifttums engagierte, hatte mit seinen Ausführungen ein Programm entworfen, das sich weitgehend mit den Plänen des Reichserziehungsministeriums deckte

[70] E. Thier, Lenkung des Berufsnachwuchses, in: Die Bücherei 8 (1941), S. 273–276; H. Dähnhardt, Der Arbeitseinsatz der Volksbibliothekare im Jahre 1942, ebd. 9 (1942), S. 121–122.

[71] S. dazu bereits die Amtliche Bekanntmachung des REM vom 11. 5. 1938, mit der die Ausbildungszeit der Anwärterinnen und Anwärter für den Dienst an volkstümlichen Büchereien von drei Jahren auf zwei Jahre verkürzt wurde, in: Die Bücherei 5 (1938), S. 367–368; sowie H. Dähnhardt, Ergänzungsausbildung, in: Die Bücherei 7 (1940), S. 202–203.

[72] G. Wunder, Die fachliche und politische Weiterbildung der im Beruf stehenden Volksbibliothekare. Referat auf dem Würzburger Volksbüchereitag am 26. 9. 1936, in: Die Bücherei 4 (1937), S. 95–100, hier S. 96.

[73] Ebd., S. 96–97.

[74] Ebd., S. 97.

und in den kommenden Jahren sukzessive realisiert wurde. Bereits im Mai 1935 hatte das Ministerium die Leiter und Mitarbeiter der Staatlichen Landes-(Beratungs)stellen für volkstümliches Büchereiwesen zu einer Schulungstagung nach Berlin eingeladen, um sie mit den Grundsätzen und Institutionen der nationalsozialistischen Volksbüchereipolitik vertraut zu machen.[75] Ein Jahr später wurde die Veranstaltung im Reichserziehungsministerium in Berlin[76] und Anfang August 1937 in der Thüringischen Landesstelle für das Volksbüchereiwesen in Jena[77] wiederholt.

Mit den »Richtlinien für das Volksbüchereiwesen« vom Oktober 1937 erhielten die Leiter der Staatlichen Volksbüchereistellen den Auftrag, neben der fachlichen Betreuung auch die politische Schulung der haupt- und nebenamtlichen Büchereileiter ihres Zuständigkeitsbereichs zu übernehmen.[78] So sollten die Leiter der Dorfbüchereien mindestens einmal pro Jahr bezirks- oder kreisweise zu einem Lehrgang eingeladen werden. Für die Leiter der Kleinstadtbüchereien wurde die Abhaltung mehrerer Wochenendtagungen empfohlen. Die hauptamtlichen Mitarbeiter der Mittel- und Großstadtbüchereien sollten dagegen in Arbeitsgemeinschaften ihre fachliche Weiterbildung und politische Schulung erfahren.

Seit Juli 1938 hatten die Staatlichen Volksbüchereistellen in Preußen bei Neueinstellungen den Nachweis arischer Abstammung, gegebenenfalls auch für den Ehepartner, zu überprüfen und ein politisches Führungszeugnis beim zuständigen Hoheitsträger der NSDAP einzuholen.[79] Eine Praxis, die, falls sie nicht schon üblich gewesen sein sollte, alsbald auch in den übrigen Ländern eingeführt worden sein dürfte.

Wie häufig die Schulungsmaßnahmen in den unterschiedlichen Regionen durchgeführt wurden und wie intensiv sie die

[75] S. die Wiedergabe der Vorträge in Die Bücherei 2 (1935), S. 242–351.

[76] Boese, Das Öffentliche Bibliothekswesen im Dritten Reich, S. 213/Anm. 37.

[77] S. den Bericht über die am 6. und 7. 8. 1937 abgehaltene Amtliche Tagung in Die Bücherei 4 (1937), S. 402–403.

[78] Richtlinien für das Volksbüchereiwesen, in: Deutsche Wissenschaft, Erziehung und Volksbildung 3 (1937), hier Anlage 1, S. 478.

[79] Geschäftsführung der Staatlichen Volksbüchereistellen in Preußen vom 15. 7. 1938, in: Deutsche Wissenschaft, Erziehung und Volksbildung 4 (1938), S. 356–357, hier S. 356 (Pkte. 2 und 3).

bibliothekarische Alltagsarbeit beeinflußt haben, ist im einzelnen bislang kaum ermittelt worden.[80] Im wesentlichen dürfte dies von der – regional sehr unterschiedlichen – Leistungsfähigkeit der Staatlichen Volksbüchereistellen abhängig gewesen sein, die sich allerdings während des Krieges mit weitaus praktischeren Problemen auseinanderzusetzen hatten als mit der Durchführung von Lehrgängen. In jedem Fall förderten die Schulungsmaßnahmen ebenso wie die Neuordnung des Ausbildungswesens die Anpassung der Volksbibliothekare an die Vorgaben der nationalsozialistischen Herrschaftsträger, auch wenn der Grad der Politisierung des Berufsstandes insgesamt mit Sicherheit hinter den Erwartungen Wunders und anderer linientreuer Parteileute zurückblieb.[81]

1.3. Die »Richtlinien für das Volksbüchereiwesen« vom 26. 10. 1937 und die Entwicklung des Volksbüchereiwesens bis 1945

Parallel zu den »Säuberungen« und zum Neuaufbau der Volksbüchereibestände war das Reichserziehungsministerium stets um die Schaffung einer reichseinheitlichen Struktur und Konzeption des Volksbüchereiwesens bemüht. Ein erster Schritt auf dem Weg zur Erreichung dieses Zieles war der zum 1. 9. 1935 erfolgte Ausbau der preußischen Landesstelle zur Reichsstelle

[80] Schriewer, Warum staatliche Stellen für das Volksbüchereiwesen, in: Die Bücherei 3 (1936), hier S. 13, gibt allein für die Zeit vom 1. 10. 1934 bis 30. 9. 1935 78 Schulungstagungen mit 3200 Teilnehmern an. Kurze Informationen zur Durchführung von Schulungsmaßnahmen für Volksbibliothekare aus dem Elsaß finden sich bei Heyde, Die Staatlichen Volksbüchereistellen am Beispiel Freiburg im Breisgau, in: Bibliotheken während des Nationalsozialismus, Teil I, S. 145.

[81] S. die – allerdings nicht unproblematischen – Erinnerungen des Volksbibliothekars und ehemaligen Dozenten an der Büchereischule Berlin Adolf von Morzé, Verlust des Bildungsreiches. Volksbibliothekare und Nationalsozialismus, in: Buch und Bibliothek 39 (1987), S. 106–126. Kritischer W. Jütte, Volksbibliothekare im Nationalsozialismus. Einige Anmerkungen zum Beitrag von Adolf von Morzé, ebd., S. 345–348; sowie die fein beobachteten Tagebucheintragungen des Berliner Volksbibliothekars Hermann Stresau, Von Jahr zu Jahr, passim.

für das Volksbüchereiwesen gewesen.[82] Mit den »Richtlinien für das Volksbüchereiwesen« wurde die Entwicklung im Herbst 1937 fortgesetzt. Während jedoch von den Volksbibliothekaren ein umfassendes »Reichsbüchereigesetz« erwartet worden war,[83] beschränkten sich die »im Einvernehmen« mit Reichsinnenminister Frick erlassenen »Richtlinien« vor allem darauf, die politische Ausrichtung der Volksbüchereien festzuschreiben und den Anspruch des Reichserziehungsministeriums auf die Führung des Volksbüchereiwesens gegenüber den durch die Deutsche Gemeindeordnung vom 30. 1. 1935 in ihren Kompetenzen gestärkten Gemeindeverwaltungen zu regeln.[84]

Gemäß den »Richtlinien« waren als Volksbüchereien »alle, insbesondere aber die aus den Mitteln des Staates, der Gemeinden, Gemeindeverbände und öffentlich-rechtlichen Körperschaften unterhaltenen oder unterstützten Büchereien« anzusehen, »die, ohne gewerbliche Zwecke zu verfolgen, der allgemeinen öffentlichen Benutzung zugänglich sind, sofern sie nicht, wie die wissenschaftlichen Bibliotheken, Fachbüchereien und ähnliche, ausschließlich wissenschaftlichen oder fachlichen Zwecken dienen«.[85] Die Volksbüchereien wurden zwar prinzipiell als »wesentlicher Bestandteil der Kultur- und Bildungsaufgaben der Gemeinden« anerkannt.[86] Doch behielt sich das Reichserziehungsministerium das Recht vor, die Leitlinien des organisatorischen wie inhaltlichen Auf- und Ausbaus zu bestimmen.

Das fing damit an, daß den Volksbüchereien als Aufgabe vorgeschrieben wurde, »das Erbe der völkischen Überlieferung zu pflegen, das für die politische und weltanschauliche Schulung und die Berufsausbildung wichtige Schrifttum bereit zu halten, volkhaftes Unterhaltungsschrifttum und gutes Jugendschrifttum zu vermitteln«.[87] Die Gemeindeverwaltungen wurden auf-

[82] Der Erlaß vom 7. 8. 1935 in Deutsche Wissenschaft, Erziehung und Volksbildung 2 (1935), S. 356.

[83] S. dazu etwa F. Schriewer, Volksbücherei und Buchhandel, in: Bbl. 103. Jg., Redaktioneller Teil, Beilage zu Kantate 1936, S. 7–12, hier S. 11.

[84] Auf diesen Zusammenhang weist H. Dähnhardt, Richtlinien für das Volksbüchereiwesen, in: Die Bücherei 5 (1938), S. 1–7, hier S. 1–2, explizit hin.

[85] Richtlinien für das Volksbüchereiwesen, in: Deutsche Wissenschaft, Erziehung und Volksbildung 4 (1937), S. 473–477, hier S. 474 (I, 1).

[86] Ebd. (II, 1).

[87] Ebd., S. 473.

gefordert, dafür Sorge zu tragen, daß »in jeder Gemeinde, die 500 und mehr Einwohner hat, eine Standbücherei vorhanden ist«.[88] Sie sollte bei 500 Einwohnern mindestens 200 Bände, bei 1000 Einwohnern 500 Bände, bei 5000 Einwohnern 1500 Bände und bei 10000–20000 Einwohnern 2000–4000 Bände umfassen. In Gemeinden von 20000–100000 Einwohnern war die Einrichtung eines Lesesaals und einer besonderen Ausleihe für Jugendliche, der Ausbau von der Stand- zur Studienbücherei sowie die Gründung von Zweigstellen anzustreben. In den Grenzregionen kam als Sonderaufgabe noch die Förderung des Grenzbüchereiwesens hinzu,[89] mit dem die deutsche Volkstumspolitik insbesondere gegenüber Frankreich, Polen, Österreich und der Tschechoslowakei verstärkt werden sollte.

Die Geldmittel zur Durchführung dieser Maßnahmen, insbesondere im Hinblick auf die »Neuanschaffung nationalpolitischen Schrifttums«, sollten von den Gemeinden bereitgestellt werden.[90] Es war jedoch Aufgabe der Staatlichen Volksbüchereistellen, sicherzustellen, daß der Aufbau des öffentlichen Bibliothekswesens in ihrem Bezirk nach einem einheitlichen Strukturplan erfolgte. Er sah die Errichtung ortsfester Dorfbüchereien, den Ausbau einer Kleinstadtbücherei zur Stützpunktbücherei, die Ersetzung der Wander- durch Standbüchereien und den Ausbau einer größeren Stadtbücherei zur Zenralbücherei vor.[91] Auch die »fachliche Anleitung« bezüglich der Einrichtung der Volksbüchereien, des Aufbaus der Verwaltung, der Zusammenstellung der Bestände, der Auswahl der Neuanschaffungen und der Erstellung von Katalogen wurde den Staatlichen Volksbüchereistellen übertragen.[92] Darüber hinaus sollten sich die Volksbüchereistellenleiter noch um die Ausbildung und politische Schulung der nebenamtlichen Büchereileiter bemühen. Um dieses umfangreiche Arbeitsgebiet ausfüllen zu können, sollten die Volksbüchereistellen neben einem Leiter einen Stab bibliothekarischer und technischer Mitarbeiter erhalten, deren Anzahl sich »nach

[88] Hierzu und zum folgenden ebd., S. 474 (II, 2–3).

[89] Ebd., S. 476 (V).

[90] Ebd., S. 474 (II, 4).

[91] S. die den Richtlinien als Anlage 1 beigefügten Arbeitsrichtlinien für die Staatlichen Volksbüchereistellen, ebd. S. 477–478, hier S. 477 (I, 1–5).

[92] Ebd., S. 477 (II, 1).

dem Umfange des Arbeitsbezirkes, der Notwendigkeit etwaigen weiteren Ausbaues und den verfügbaren Mitteln richtet«.[93]

Das alles erweckte den Eindruck eines sachkundig und zielgerichtet konzipierten Verwaltungsaufbaus. Wie stark jedoch die Neuordnung des Volksbüchereiwesens im »Dritten Reich« von der Improvisation und von Rücksichtnahmen auf bestehende Kompetenzregelungen geprägt war, belegt die diffuse institutionelle Einbindung gerade der Staatlichen Volksbüchereistellen.[94] Als »ausgegliederte Dienststellen« unterstanden sie zunächst den Landesunterrichtsverwaltungen, in Preußen den an ihrem Einrichtungsort zuständigen Regierungspräsidenten. Da die Volksbüchereistellen »möglichst mit einer leistungsfähigen Volks- oder Stadtbücherei zusammenzulegen« waren und deren Leiter – »mit Einverständnis des Gemeindeleiters« – in Personalunion die Leitung der Volksbüchereistelle übernehmen sollte, wurden sie in eine Zwitterstellung zwischen Land und Gemeinde gebracht. Für die Errichtung neuer Volksbüchereistellen, die Neugliederung ihrer Bezirke und die Übertragung neuer Aufgaben war die vorherige Zustimmung des Reichserziehungsministers erforderlich. Schließlich wurde die Rust unmittelbar unterstehende Reichsstelle für das Volksbüchereiwesen als zentrale Beratungs- und Koordinierungsstelle eingesetzt, so daß also insgesamt vier Institutionen auf Reichs-, Landes- und Gemeindeebene in die Tätigkeit der Volksbüchereistellen hineinreden konnten.

In einem Kommentar zu den Richtlinien ließ der zuständige Ministeriumsreferent, Heinz Dähnhardt, keinen Zweifel, daß die »organisatorische Durchführung der Maßnahmen, die notwendig sind, um den in der Volksbüchereiarbeit verkörperten weltanschaulichen und politischen Auftrag im vollen Umfange praktisch zu verwirklichen«, unter den Primat des Staates zu fallen habe.[95] Die größtenteils von ihm finanzierten Volksbüchereistellen seien als »Mittelinstanzen« der staatlichen Verwaltung unterstellt. Ihre Leiter seien vom Reichserziehungsministerium zu ernennen. Dähnhardt war sich jedoch auch darüber im klaren, daß der von seinem Ministerium geplante großzügige Ausbau des Volksbüchereiwesens auf die Mitarbeit der Ge-

[93] Ebd., S. 475 (III, 9).

[94] S. zum folgenden ebd., S. 474–476 (III, 1–16).

[95] Dähnhardt, Richtlinien für das Volksbüchereiwesen, in: Die Bücherei 5 (1938), S. 130–136, hier S. 133.

meinden angewiesen war. Dies galt insbesondere im Hinblick auf die Finanzierung. Es war allerdings mehr eine Aufforderung als die Beschreibung einer Realität, wenn Dähnhardt darauf hinwies, daß »dem Volksbüchereiwesen in den Gemeindehaushalten in zunehmendem Maße Beachtung geschenkt« würde.[96] In der Praxis konnte die Mehrzahl der Dorfgemeinden und Kleinstädte aufgrund ihrer Finanzschwäche den Aufbau ihrer Volksbüchereien nur mit erheblichen Zuschüssen des Reichserziehungsministeriums und der Staatlichen Volksbüchereistellen betreiben.[97] Und von der euphorischen Feststellung Dähnhardts, daß die Volksbücherei nun »als gemeindliche Kultureinrichtung« anerkannt und damit nicht länger eine »Wohlfahrtseinrichtung« sei, »die mit Hilfe milder Gaben ihr Dasein fristen muß«,[98] war man auch im »Dritten Reich« noch weit entfernt.

Dennoch konnte das Reichserziehungsministerium mitten im Krieg eine beachtliche Bilanz ziehen. Laut einer 1935 vom Statistischen Reichsamt vorgelegten Erhebung wurden 1933/34 in den Ländern, Provinzen und Gemeinden des Deutschen Reichs insgesamt 9494 Volksbüchereien und weitere 5692 Ausleihstellen von 144 Wanderbüchereien unterhalten.[99] Von diesen waren nach Angaben des zuständigen Referenten im Reichserziehungsministerium jedoch de facto am 1. 4. 1933 nur 6231 arbeitsfähig, während 3263 Standbüchereien lediglich auf dem Papier standen.[100] Bis zum 30. 3. 1940 konnten von diesen 2085 Büchereien »durch völlige Um- und Neubearbeitung wiederhergestellt und neu eröffnet« werden.[101] Zusätzlich wurden bis

[96] Ebd., S. 131.

[97] S. dazu etwa Heyde, Die Staatlichen Volksbüchereistellen am Beispiel Freiburg im Breisgau, in: Bibliotheken während des Nationalsozialismus, Teil I, hier S. 143–144.

[98] Dähnhardt, Richtlinien für das Volksbüchereiwesen, in: Die Bücherei 5 (1938), hier S. 131.

[99] Die Angaben werden angeführt bei H. Dähnhardt, Zur Entwicklung des öffentlichen Büchereiwesens, in: Die Bücherei 8 (1941), S. 305–308, hier S. 305. S. dazu auch G. Menz, Die deutschen Volksbüchereien, in: Bbl. 102. Jg., Redaktioneller Teil, Nr. 182 vom 8. 8. 1935, S. 641–643, wo eine »Aufwandsstatistik für die einzelnen Reichsgebiete« sowie eine Übersicht über »Die Volksbüchereien in den deutschen Großstädten« gegeben werden.

[100] Dähnhardt, Zur Entwicklung des öffentlichen Büchereiwesens, S. 305–306.

[101] Ebd., S. 306.

zu jenem Zeitpunkt 5592 Büchereien neu geschaffen.[102] Nach der Übernahme der Volksbüchereien der sudetendeutschen Gebiete kamen weitere 2840 Büchereien hinzu, so daß sich der Gesamtbestand bis 1940 auf 16748 öffentliche Bibliotheken erhöht hatte.[103] Bis 1943 stieg deren Anzahl noch einmal auf mehr als 21000.[104]

In diesen Zahlen waren verschiedene andere Büchereitypen, um deren Auf- und Ausbau sich das Reichserziehungsministerium ebenfalls kümmerte, noch nicht einmal enthalten. Für die Büchereien der »Landjahrlager« wurden im Mai 1936 einheitliche Richtlinien herausgegeben, um auch dort das »Buch als Erziehungs- und Bildungsmittel« politisch einsetzen zu können.[105] Eine erste »Grundliste« enthielt Literatur, die vom Lagerführer »zum Vorlesen und zur gemeinsamen Arbeit« sowie zur Ausleihe an die Landjahrjugend genutzt werden sollte.[106] Eng verknüpft mit dem Volksbüchereiwesen war der Ausbau der Schülerbüchereien, der seit Beginn des Jahres 1937 forciert angegangen wurde.

Nachdem sich bislang ausschließlich die Kirchen um das Büchereiwesen in den Krankenhäusern bemüht hatten, entdeckte zu Beginn des Krieges nun plötzlich auch das Reichserziehungsministerium den Wert solcher Büchereien als »Hilfsmittel psychischer Einwirkung«.[107] In den am 14. 11. 1939 von der Reichsstelle für das Volksbüchereiwesen und der Deutschen Krankenhaus-Gesellschaft bekanntgegebenen »Richtlinien« wurde der Aufbau leistungsfähiger Krankenhausbüchereien zur »gesundheitliche[n], kulturelle[n] und staatspolitische[n] Notwendigkeit« erklärt.[108] Ziel war es, dem Kranken die Möglichkeit zu geben, »seine allgemeine und weltanschauliche Bildung

[102] Ebd.

[103] Zahlenangaben ebd.

[104] Zahlenangabe bei F. Heiligenstaedt, Zur Buchbeschaffung im Büchereiwesen, in: Bbl. 110. Jg., Redaktioneller Teil, Nr. 133 vom 21. 8. 1943, S. 146–147, hier S. 146.

[105] S. den »Erlaß« Rusts zu den »Büchereien in Landjahrlagern« vom 14. 5. 1936, in: Deutsche Wissenschaft, Erziehung und Volksbildung 2 (1936), S. 286–287, hier S. 286.

[106] S. ebd., S. 287–288.

[107] So die »Richtlinien für den Auf- und Ausbau der deutschen Krankenhausbüchereien« vom 14. 11. 1939, in: Deutsche Wissenschaft, Erziehung und Volksbildung 5 (1939), S. 583–584, hier S. 583.

[108] Ebd., S. 584.

und Erziehung zu ergänzen und ihn gleichzeitig mit dem guten deutschen Buch und seinen kulturellen Werten vertraut zu machen«.[109] Um die implizierten politischen Absichten in der Praxis durchsetzen zu können, wurde die Reichsstelle für Volksbüchereiwesen beauftragt, eine »Reichsliste für Krankenhausbüchereien« zu erarbeiten.[110] Der Büchereiaufbau sollte dann von den Anstaltsleitungen in Verbindung mit den Leitern der Staatlichen Volksbüchereistellen vorgenommen werden.[111]

Die imponierenden Zahlen zur Entwicklung der Volksbüchereien nach 1933, deren reale Aussagekraft sich allerdings nur durch Regionaluntersuchungen bestätigen ließe, dürfen jedoch ebensowenig wie die vielfältigen Aktivitäten des Reichserziehungsministeriums über die Tatsache hinwegtäuschen, daß das öffentliche Bibliothekswesen während des Krieges in eine ernsthafte Krise geriet. In einem Ministerialerlaß vom 12. 9. 1939 waren die Volksbüchereien zu »Stützpunkte[n] für den Einsatz von Büchern« erklärt worden, »die die heimische Wehrkraft stärken und über die Absichten unserer Gegner aufklären« sollten.[112] Diese verschärfte Politisierung, die für die Bestandspolitik nicht folgenlos bleiben konnte, dürfte den Publikumsgeschmack aber wohl kaum getroffen haben. Im März 1942 war in den »Meldungen aus dem Reich« zu lesen, daß die Breitenwirkung der Volksbüchereien nicht nur durch die größere Attraktivität der Leihbüchereien beeinträchtigt werden würde, sondern auch aufgrund ihres Rufs als »amtliche Institute«.[113] So sehe die »konfessionell gebundene Bevölkerung« insbesondere im Westen des Deutschen Reiches in den öffentlichen Bibliotheken »Vermittlungsstellen nationalsozialistischer Literatur, die ihre althergebrachten Pfaffbüchereien verdrängten«. »Im allgemeinen«, so die betrübte Feststellung der SD-Mitarbeiter, »wolle man sich nicht ›erziehen und schulen‹ lassen«.

[109] Ebd., S. 583.

[110] Die »Reichsliste für Krankenhausbüchereien« erschien 1940 und enthielt einen Grundbestand von 575 Bänden. S. das Vorwort in: Die Bücherei 7 (1940), S. 221 ff.

[111] S. im einzelnen die »Richtlinien für den Auf- und Ausbau der deutschen Krankenhausbüchereien«, S. 584.

[112] Gegenwärtige Aufgaben der öffentlichen Volksbüchereien, in: Deutsche Wissenschaft, Erziehung und Volksbildung 5 (1939), S. 507.

[113] Meldungen aus dem Reich, Bd. 9, Nr. 268 vom 16. 3. 1942, S. 3473–3475, hier S. 3474. Die beiden folgenden Zitate ebd.

Strukturell gravierender war, daß infolge des Krieges vor allem die kleineren Gemeinden ihre seit Mitte der dreißiger Jahre erhöhten Aufwendungen für die Büchereien schon wieder zurückfahren mußten und damit für Neuanschaffungen nur noch sehr beschränkte Geldmittel zur Verfügung standen.[114] Damit geriet die vom Reichserziehungsministerium mit großem Aufwand in Gang gesetzte Modernisierung des Volksbüchereiwesens ins Stocken. Hinzu kam, daß mit der zunehmenden Buchverknappung auch die Belieferung der Volksbüchereien immer problematischer wurde. Da sich offenbar weder das Ministerium selbst noch die ihm unterstehende Reichsstelle oder die Staatlichen Volksbüchereistellen Gedanken über ein System zur Verteilung der Neuerscheinungen gemacht hatten, gingen Volksbüchereien bei ihren unkoordinierten Bestellungen über den Sortimentsbuchhandel und die Verlage immer häufiger leer aus.[115] Besonders schöngeistige und klassische Literatur wurde zur absoluten Mangelware, während die von der Bevölkerung wenig geschätzten politischen Druckschriften immer noch in großen Auflagen den Buchmarkt überschwemmten.[116]

Allen Widrigkeiten zum Trotz hielt das Reichserziehungsministerium jedoch daran fest, die Volksbüchereien auch während des »totalen Krieges« offen zu halten.[117] Durch einen Runderlaß vom 15. 5. 1943 wurden die Reichsstatthalter, die Unterrichtsverwaltungen der Länder sowie die Ober- und Regierungspräsidenten sogar aufgefordert, die »Bedürfnisse der ganztätig Berufstätigen genügend [zu] berücksichtigen« und daher die Öffnungszeiten der Stadt- und Volksbüchereien bis in

[114] Zur Lage im Büchereiwesen, in: Meldungen aus dem Reich, Bd. 5, Nr. 126 vom 23. 9. 1940, S. 1597–1598. Dort wird auf eine Information aus Neustettin verwiesen, wonach die Städte ihre Geldmittel für Büchereien gegenüber dem Vorkriegsstand um rund ein Drittel gekürzt hätten.

[115] »Lücken in der Belieferung der öffentlichen Bibliotheken mit Büchern«, in: Meldungen aus dem Reich, Bd. 12, Nr. 336 vom 19. 11. 1942, S. 4486–4487; Schreiben des Beigeordneten Dr. Otto Benecke (DGT) an die DGT-Landesdienststelle Württemberg vom 22. 5. 1944, BArch Potsdam R 36/2355.

[116] So die Klage des Stuttgarter Stadtrats Dr. Könekamp in einem Schreiben an die DGT-Landesdienststelle Stuttgart vom 11. 4. 1944 betr. Sitzung des Gemeindekulturverbandes, ebd.

[117] H. Dähnhardt, Die öffentlichen Büchereien im totalen Kriege der Nation, in: Die Bücherei 10 (1943), S. 91–98, ders., Warum bleiben die Büchereien geöffnet?, in: Die Bücherei 11 (1944), S. 297–301.

die Abendstunden hinein zu verlängern.[118] Im Zusammenhang mit der Übersiedlung von Teilen der Bevölkerung aus den vom Luftkrieg besonders betroffenen Gebieten wurden die Verwaltungsstellen der Aufnahmegaue und -gemeinden angewiesen, die Bestände der ortsansässigen Volksbüchereien der verstärkten Nachfrage anzupassen.[119] Aber auch in den vom Luftkrieg betroffenen Groß- und Mittelstädten selbst sollte durch den Wiederaufbau zerstörter Büchereien oder die Schaffung behelfsmäßiger Ausleihstellen die Versorgung der Bevölkerung mit Lesestoff sichergestellt werden.[120]

Das alles waren Maßnahmen, mit denen der Durchhaltewille gestärkt und der Glaube an die ungebrochene Leistungsfähigkeit des Regimes unter Beweis gestellt werden sollten. Gleichzeitig reagierte das Reichserziehungsministerium aber auch auf eine reale Bedürfnisstruktur, die während des Krieges in erheblich gestiegenen Leserzahlen zum Ausdruck kam. Angesichts des immer dürftiger werdenden Angebots in den Sortiments- und Leihbuchhandlungen hatten die Volksbüchereien nämlich nun endlich die Chance, breite Bevölkerungsteile gewinnen zu können. Doch machten die zunehmende Diskrepanz zwischen Buchangebot und -nachfrage sowie die Zerstörung zahlreicher Bibliotheksgebäude[121] das seit 1933/34 mit dem Hintergedanken einer ideologischen Durchdringung des deutschen Volkes entwickelte Konzept eines flächendeckenden und mit einem ansprechenden Buchangebot ausgestatteten Volksbüchereiwesens schon bald völlig zunichte.

[118] Öffnungszeiten der öffentlichen (Stadt- und Volks-) Büchereien, in: Deutsche Wissenschaft, Erziehung und Volksbildung 9 (1943), S. 175.

[119] Rund-Erlaß des REM an die Reichsstatthalter in den Reichsgauen, die Unterrichtsverwaltungen der Länder und die Regierungspräsidenten in Preußen vom 17. 9. 1943 betr. Verstärkter Einsatz der öffentlichen (Stadt- und Volks-) Büchereien in den Aufnahmegauen für die aus den stark luftgefährdeten Gebieten umquartierte Bevölkerung und deren Einsatz in den luftgefährdeten Gebieten selbst, in: Deutsche Wissenschaft, Erziehung und Volksbildung 9 (1943), S. 333–334.

[120] Ebd., S. 334.

[121] S. dazu den 5seitigen Bericht Dähnhardts vom 1. 10. 1943 über seine Reise in verschiedene Großstädte in Westdeutschland am 25. 9. 1943, BArch Potsdam R 36/2355.

2. Die Schülerbüchereien

2.1. Die Neukonzeptionierung des Schülerbüchereiwesens

Erst im Zusammenhang mit der grundlegenden Neuordnung des öffentlichen Büchereiwesens gerieten in der zweiten Hälfte der dreißiger Jahre auch die Schülerbüchereien verstärkt in das Blickfeld der staatlichen Schrifttumsbürokratie. Das hatte zunächst einen pragmatischen Grund. Der angestrebte und in den »Richtlinien für das Volksbüchereiwesen« noch einmal deutlich festgeschriebene Aufbau eines »Büchereiorganismus«, der das Deutsche Reich von den ländlichen Regionen bis in die Großstädte durchdringen sollte, war auf funktionstüchtige Schülerbüchereien angewiesen.[1] Zum einen natürlich im Hinblick auf die Schüler. Sie sollten in der Bücherei ihrer Schule die im Unterricht erworbenen Kenntnisse vertiefen und erweitern. Darüber hinaus schwebte den Schrifttumsfunktionären vor, die Schüler als Leser für die städtischen Volksbüchereien und als Buchkäufer der Zukunft zu gewinnen.[2] Zum anderen sollte die Schülerbücherei aber auch den Erwachsenen, die in ihrer dörflichen Umgebung kaum mit Büchern in Kontakt kamen, als Ersatz einer noch fehlenden oder als Ergänzung einer bereits vorhandenen Dorfbücherei zugute kommen.[3]

Untrennbar verbunden mit dieser sachlichen Aufgabenstellung war die den Schülerbüchereien vorgeschriebene politische Funktion. Sie sollten als ein »allgemeines volkspolitisches Instrument« im Rahmen der Erziehung des deutschen Volkes zum Nationalsozialismus genutzt werden.[4] Zentrum jeder Schülerbücherei hatte daher die Literatur über »Rasse und

[1] F. Heiligenstaedt, Die Schülerbücherei im Rahmen nationalsozialistischer Erziehungsarbeit, in: Die Bücherei 5 (1938), S. 404–409; F. Schriewer, Das Schülerbüchereiwesen der Volksschulen in Leistungszahlen. Eine buchpolitische Untersuchung über seine Lage und Möglichkeit auf Grund von Ermittlungen im Regierungs-Bezirk Frankfurt (Oder) für das Jahr 1936/37, Leipzig 1938, hier S. 23–25; Die Schülerbücherei, hg. von der Reichswaltung des NSLB, Leipzig 1938, S. 12–18.

[2] Die Schülerbücherei, S. 9 und S. 85–86.

[3] Heiligenstaedt, Die Schülerbücherei im Rahmen nationalsozialistischer Erziehungsarbeit, in: Die Bücherei 5 (1938), S. 404.

[4] Schriewer, Das Schülerbüchereiwesen der Volksschulen in Leistungszahlen, S. 23.

Volkstum, ihre Geschichte und Lage in der Gegenwart« zu sein.[5] Die Vermittlung dieses Kerns der nationalsozialistischen Weltanschauung sollte über ein möglichst vielfältiges Buchangebot erfolgen. Es schloß politische Bücher und Rasseschrifttum ebenso ein wie Kinderreime, Sprüche, Regeln und Rätsel, Lieder und Gedichte, Märchen, Sagen, Schwänke, Volksbücher, Abenteuerbücher und Schicksalsbücher.[6]

Allerdings wollte man sich keineswegs nur auf die Bereitstellung von Büchern für die individuelle Lektüre im Privatbereich beschränken. In den Schülerbüchereien sollten auch »Dichtungen für das gemeinsame Lesen der Klassen«, »Dichtungen für das Gruppenlesen« sowie »Spiele und Sammlungen für die Gestaltungen der völkischen Feiern« eingestellt werden.[7] Lektüre wurde auf diese Weise zum organisierten Gemeinschaftserlebnis, durch das die Rezeption nationalsozialistischer Literatur stimuliert und gleichzeitig kontrolliert werden sollte.[8]

2.2. Die »Säuberung« und der Neuaufbau der Bestände

Um die Umsetzung der Theorien zur Schülerbüchereiarbeit in die schulische Alltagspraxis hatten sich ausgewiesene Fachleute wie etwa Franz Schriewer schon seit 1934 bemüht. Noch als Leiter einer Staatlichen Volksbüchereistelle hatte Schriewer in einer Art Modellprojekt die Schülerbüchereien der Volksschulen im Bezirk Frankfurt a.d. Oder nach einem einheitlichen

[5] Heiligenstaedt, Die Schülerbücherei im Rahmen nationalsozialistischer Erziehungsarbeit, in: Die Bücherei 5 (1938), S. 407.

[6] Die Schülerbücherei, S. 10–11.

[7] Ebd., S. 10.

[8] S. dazu Flessau, Schule der Diktatur, Zweiter Teil Richtlinien und Lehrpläne des Nationalsozialismus, S. 69–129; N. Hopster/U. Nassen, Literatur und Erziehung im Nationalsozialismus. Deutschunterricht als Körperkultur, Paderborn u.a. 1983, hier Kapitel V. »Erziehung zum Buch« als psycho-physische Abrichtung, S. 65–73; sowie N. Hopster, Ausbildung und politische Funktion der Deutschlehrer im Nationalsozialismus, in: Lundgreen (Hg.), Wissenschaft im Dritten Reich, S. 113–139. Die drei Studien sind allerdings sehr stark an den Soll-Vorgaben der nationalsozialistischen Unterrichtspädagogik orientiert, vernachlässigen daher die Überprüfung an der Lebens- und Schulrealität im »Dritten Reich«. Ergänzend dazu C. Kamenetsky, Children's literature in Hitler's Germany. The cultural policy of National Socialism, Athens/Ohio, London 1984, hier S. 284–305.

Plan zu strukturieren versucht.[9] Von 1935 bis 1937 hatte er dann als Leiter der Reichsstelle für das Volksbüchereiwesen die Möglichkeit, seine Vorstellungen auf Reichsebene durchzusetzen. Die am 29. 1. 1937 vom Reichserziehungsministerium erlassenen Bestimmungen über den »Aufbau des Schülerbüchereiwesens an Volksschulen«[10] dürften im wesentlichen auf die nachhaltigen Initiativen Schriewers zurückgehen.

In dem Erlaß mußte das Ministerium allerdings eingestehen, daß »Erhebungen über den gegenwärtigen Stand des Schülerbüchereiwesens im Bereich der Volksschulen [...] ein ungünstiges Bild von dem Inhalt, dem äußeren Zustand und der Wirksamkeit der Schülerbüchereien ergeben« hätten.[11] Das war nicht weiter verwunderlich. Denn über eine oberflächliche »Säuberung« der Bestände der Schülerbüchereien nach politischen Gesichtspunkten war man bislang kaum hinausgekommen.[12] Das Reichserziehungsministerium forderte nun die Unterrichtsverwaltungen der Länder sowie die Regierungspräsidenten in Preußen dazu auf, die Schülerbüchereien einer »gründlichen Durchsicht zu unterziehen«.[13] Dabei sollten zerlesene und »inhaltlich veraltete« Bücher ausgeschieden werden. Daß die Bestände angesichts der geringen Finanzmittel, die für die Schülerbüchereien zur Verfügung standen, stark abgenutzt und dringend erneuerungsbedürftig waren, dürfte jedem sofort eingeleuchtet haben. Was jedoch unter dem »inhaltlich Veralteten« zu verstehen war, das bedurfte noch der genaueren Klärung.

Darum bemühte sich die Jugendschriftenabteilung des NSLB. In einer 1938 erschienenen Schrift, in der die Ergebnisse eines im Herbst 1937 für die Mitarbeiter der Bayreuther Zentrale und der Gaue durchgeführten Reichslehrgangs zum Thema »Die Schülerbücherei in der nationalsozialistischen Schule« zusammengefaßt waren, wurde ein umfangreicher Katalog von Aus-

[9] S. im einzelnen Schriewer, Das Schülerbüchereiwesen der Volksschulen in Leistungszahlen.

[10] In: Deutsche Wissenschaft, Erziehung und Volksbildung 3 (1937), S. 48–49.

[11] Ebd., S. 48.

[12] In Bayern etwa waren nach einem Erlaß des Kultusministeriums vom 11. 4. 1933 »sämtliche Schriften bolschewistischen, marxistischen, international-pazifistischen und atheistischen Inhalts« sowie von Schriften, die »sich für die Zerstörung des Wehrgedankens einsetzten«, aus den Schülerbüchereien auszusondern. Die Schülerbücherei, S. 19.

[13] Aufbau des Schülerbüchereiwesens an Volksschulen, S. 48.

sonderungskriterien genannt.[14] Danach waren in die »Säuberung« der Altbestände einzubeziehen: Erstens »Werke, die nordisch-deutscher Grundhaltung widersprechen, indem sie in ihrer Idee statt zur Bejahung zur Verneinung des Lebenskampfes führen; in ihrem Inhalt die Anerkennung und Selbstachtung des deutschen Volkstums und des nordischen Menschen vermissen lassen; eine falsche Geschichtsauffassung vertreten; Technik und Zivilisation einseitig materialistisch betonen oder die natürlichen Bindungen des jungen Menschen in Familie, Schule, Berufsgemeinschaft usw. verneinen und lösen«; zweitens »Werke mit falscher Einstellung zur Juden- und Rassenfrage«; drittens »Werke, die eine undeutsche konfessionelle Haltung aufweisen«; viertens »Werke ›spezifischer Jugendschriftsteller‹, die moralisieren und deshalb künstlich zurechtgebogenes Leben darstellen; die der Forderung nach innerer Wahrhaftigkeit widersprechen; die infolge ihrer kraftlosen, verstandesnüchternen oder – bei belehrenden Werken – unanschaulichen und unschöpferischen Darstellung das Kind vom Buch abstoßen; die nur gefühlsselige Stimmungen erzeugen; deren Helden in langen Reden belehren, statt durch ihre Handlungen und die Knappheit ihrer Entschlüsse und Gedankengänge zur Tat zu erziehen«; fünftens nationaler Kitsch; sechstens »Bücher mit Inhalten, über die aus Gründen der nationalen Selbsterhaltung nicht geschrieben werden soll, so alle Werke über Fremdenlegion, über Spionage und erzählende Darstellungen des Zukunftskrieges«; siebtens »Bücher von Juden und Verfassern jüdischer Abstammung«; achtens »Bücher von Verfassern, die sich weltanschaulich und politisch gegen die deutsche Volksgemeinschaft gestellt haben«; neuntens »Schriften mit sachlich überholtem Inhalt«.

Das war ein außerordentlich ehrgeiziges »Säuberungsprogramm«, zumal es nicht nur für die Schülerbüchereien der Volksschulen, sondern für sämtliche Schularten konzipiert war. Für seine praktische Durchführung sollten die Gau- und Kreissachbearbeiter des NSLB sorgen.[15] Ihnen wurde aufgetragen, die Leiter der Schülerbüchereien sowie die gesamte Lehrerschaft in Aufsätzen und auf Tagungen über die auszusondernde Literatur zu instruieren. Jüdische Verfasser und die »unbedingt

[14] S. zum folgenden Die Schülerbücherei, S. 23–27. Die Aussonderungskriterien wurden jeweils noch einmal mit Beispielen konkretisiert.

[15] Zum folgenden ebd., S. 27–28.

auszusondernden Schriften« sollten durch die jeweilige Schulbehörde bekanntgegeben werden. Die bereinigten Bestandslisten konnten auf Wunsch der Schulbehörde noch einmal von den Kreis- oder Gausachbearbeitern überprüft werden.

Das Reichserziehungsministerium mußte allerdings in einem erneuten Runderlaß zum Schülerbüchereiwesen der Volksschulen vom August 1939 monieren, daß die »Säuberung der Bestände nicht überall mit der gebotenen Gründlichkeit durchgeführt worden ist«.[16] Die für das Unterrichtswesen zuständigen Behörden wurden daher noch einmal angewiesen, »alles dem nationalsozialistischen Ideengut entgegenstehende Schrifttum, insbesondere auch aus der konfessionellen Literatur, sowie alle zerlesenen und verschmutzten Bücher entfernen zu lassen«.[17] Das scheint jedoch wieder wenig gefruchtet zu haben. Jedenfalls machte die PPK, nachdem Bouhler im Oktober 1940 von Hitler den Auftrag erhalten hatte, beschleunigt für die Abfassung und Einführung neuer, nationalsozialistischer Schul- und Lehrbücher Sorge zu tragen, auch die »Säuberung« der Schülerbüchereien zu ihrer Aufgabe.

Auf Anweisung Bouhlers lief seit Herbst 1940 im gesamten Reichsgebiet eine von Mitarbeitern des NSLB durchgeführte »Überprüfungsaktion«.[18] Bis zum Februar 1941 waren von den Gaustellen des NSLB bereits insgesamt 158540 »unerwünschte«, veraltete und zerlesene Bücher aus den Schülerbüchereien entfernt worden.[19] Hinzu kamen noch 338108 Lese- und Lernbücher sowie 156357 Bände aus Lehrerbüchereien.[20] Das »unerwünschte Schrifttum« wurde von der Schrifttumsabteilung des NSLB in Bayreuth laufend in Listen erfaßt, die an die PPK zur Überprüfung weitergeleitet wurden.[21] Die aus diesen Materialien Ende 1942 von der Bouhlerschen Reichsstelle für das Schul- und Unterrichtsschrifttum zusammengestellte, mehr als 500 Namen enthaltende »Liste jüdischer und emigrierter Autoren« deutet den Umfang und die Qualität der Literatur an, die

16 Schülerbüchereien an Volksschulen, in: Deutsche Wissenschaft, Erziehung und Volksbildung 5 (1939), S. 478–479, hier S. 479.

17 Ebd.

18 Hinweis im Monatsbericht der Abteilung Schrifttum des NSLB für Januar 1941, BArch Potsdam NS 12/49.

19 Zahlenangabe im Monatsbericht für Februar 1941, ebd.

20 Ebd.

21 Monatsbericht für Mai 1941, ebd.

nun endgültig aus den Schülerbüchereien entfernt worden war.[22]

Um den Neuaufbau der Bestände zu steuern, legte das Reichserziehungsministerium seit 1935 regelmäßig im Ministerialblatt »Deutsche Wissenschaft, Erziehung und Volksbildung« Empfehlungslisten vor. Die zur Anschaffung für Schülerbüchereien »geeigneten Bücher und Schriften« waren zuvor jeweils vom Lektorat der Schrifttumsabteilung des NSLB begutachtet worden.[23] Zusätzlich wurden die Schulen vom Ministerium wiederholt dazu verpflichtet, besonders wichtige Einzelwerke in die Schülerbüchereien einzustellen. So entsprach Rust 1936 dem Wunsch Hitlers, daß die »Geschichte des Krieges« von Hermann Stegemann eine »möglichst weitgehende Verbreitung im deutschen Volk« erfahren möge.[24] Sämtliche Schulleitungen wurden angewiesen, das Werk für ihre Büchereien zu bestellen. Auch die Bildbände »Jugend um Hitler« (1936) und »Hitler in den Bergen« (1937) von Heinrich Hoffmann sowie die 1938 von Philipp Bouhler herausgegebene Anthologie »Kampf um Deutschland« sollten über Sammelbestellungen in jede Schulbibliothek gelangen.[25]

Mit dem erwähnten Runderlaß des Reichserziehungsministeriums vom 29. 1. 1937 wurde erstmals für die Volks- und Mittelschulen ein reichseinheitlich verbindlicher Aufbau des Büchereiwesens verordnet. Die dem Erlaß beigefügte »Grundliste für Schülerbüchereien der Volksschulen«[26] war in dreizehn Buchgruppen unterteilt und umfaßte insgesamt 120 Titel, die auf die Lesebedürfnisse der verschiedenen Altersstufen abgestimmt waren. Von einer ausgewogenen Zusammenstellung und ansprechenden Vielfalt konnte allerdings keine Rede sein. Der Schwerpunkt lag eindeutig im Bereich der politisch-weltanschaulichen Literatur, mit deren Hilfe den Schülern das Geschichtsbild und die »Erziehungswerte« des nationalsozialistischen Staates vermittelt werden sollten. Entsprechend den Reichslisten für Dorf- und Kleinstadtbüchereien war die Grundliste der Volksschulbüchereien noch einmal durch »hei-

[22] HStA Weimar Thür. Min. f. Volksbildung/C 619 Bl. 350–352.
[23] Die Gutachten sind gesammelt in BArch Potsdam NS 12/231–251.
[24] Deutsche Wissenschaft, Erziehung und Volksbildung 2 (1936), S. 160.
[25] S. ebd. 2 (1936), S. 278, 3 (1937), S. 225, und 4 (1938), S. 309.
[26] In: Deutsche Wissenschaft, Erziehung und Volksbildung 3 (1937), S. 49–53.

matgebundene Werke zu ergänzen, in denen die landschaftliche Eigenart und Besonderheit der einzelnen Gebiete zum Ausdruck kommt«.[27] Den Schulleitern und Direktoren sollte die Grundliste als »willkommenes Hilfsmittel und als Wegweiser durch die unübersehbare Flut der Neuerscheinungen auf dem Büchermarkt« dienen.[28] Der Bezug der in der Grundliste enthaltenen Bücher konnte in Orten bis zu 10000 Einwohnern über Sammelbestellungen der staatlichen Beratungsstellen für volkstümliches Büchereiwesen beim ortsansässigen Sortimentsbuchhandel abgewickelt werden.[29]

Im August 1939 legte das Reichserziehungsministerium eine »nach den bisherigen Erfahrungen« überarbeitete Fassung der »Grundliste« vor.[30] Titel, die »zu hohe Anforderungen an das durchschnittliche geistige Fassungsvermögen des Volksschülers stellen«, waren herausgenommen worden.[31] Dafür berücksichtigte die auf zwölf Buchgruppen reduzierte Liste nun auch verstärkt die Lesebedürfnisse der mittleren und unteren Altersstufe sowie der Mädchen der oberen Jahrgänge.[32] Die überarbeitete »Grundliste« sollte nun den verbindlichen Grundbestand jeder Volksschulbücherei ausmachen. Die für die einzelnen Landschaften zu erstellende »Heimatliste« bedurfte jeweils der Zustimmung des Reichserziehungsministeriums.[33] Die Grundliste sollte zukünftig durch »Ergänzungslisten« erweitert und aktualisiert werden.[34]

Für die Höheren Schulen kam eine reichseinheitliche Anschaffungsliste bis 1945 nicht zustande. Die Schulleitungen mußten sich daher an den Empfehlungen im Ministerialblatt »Deutsche Wissenschaft, Erziehung und Volksbildung«, an den

27 Aufbau des Schülerbüchereiwesens an Volksschulen, ebd., S. 48.

28 Aufbau des Schülerbüchereiwesens an Volksschulen, S. 48.

29 »Vereinbarung« zwischen dem Reichserziehungsministerium und dem Börsenverein vom 21. 12. 1936, in: Bbl. 104. Jg., Redaktioneller Teil, Nr. 52 vom 4. 3. 1937, S. 195.

30 In: Deutsche Wissenschaft, Erziehung und Volksbildung 5 (1939), S. 479–483.

31 Schülerbüchereien an Volksschulen, ebd., S. 479.

32 Ebd. Diese Erweiterung ging auf eine Anregung von Schriewer, Das Schülerbüchereiwesen der Volksschulen in Leistungszahlen, S. 15, zurück.

33 Schülerbüchereien an Volksschulen, S. 479.

34 »Ergänzungsliste zur Grundliste für Schülerbüchereien an Volksschulen« vom 7. 4. 1941, in: Deutsche Wissenschaft, Erziehung und Volksbildung 7 (1941), S. 165–170.

Buchbesprechungen der vom NSLB herausgegebenen »Jugendschriftenwarte« sowie an dem von der Reichsjugendführung in Zusammenarbeit mit dem Hauptamt für Erzieher betreuten Jahresverzeichnis »Das Buch der Jugend« orientieren. Nach den 1938 von der Schrifttumsabteilung des NSLB entwickelten Richtlinien sollte der Bestandsaufbau mit Büchern erfolgen, in denen die »Ein- und Unterordnung unter die völkische Weltanschauung, das Beseeltsein vom Geiste des neuen Deutschlands, die nationalsozialistische Eignung« dargestellt wurden.[35] Besonders herauszustellen waren Bücher, die Tugenden wie »Opfermut, männliche Haltung, Kameradschaftstreue, unbedingte Hingabe an Führer und Reich« predigten,[36] die Zeugnis von der »unverwüstlichen Schöpferkraft deutschen Wesens« ablegten, »sinnbildliche Gestaltungen der lebendigen Kräfte, die Deutschland aus Schmach, Schande und Schwäche emporgeführt haben zu nationaler Einheit, Macht und Größe«.[37] Nicht fehlen sollte aber auch ein »reichhaltiges Sachschrifttum«.[38]

Während für die Unterstufe der Höheren Schulen die weitgehende Übernahme der Grundliste für Schülerbüchereien der Volks- und Mittelschulen empfohlen wurde,[39] legte die Schrifttumsabteilung des NSLB für den Ausbau der Oberstufenbücherei eine gesonderte Empfehlungsliste vor.[40] Die mehr als 100 Buch- und Zeitschriftentitel umfassende Liste repräsentierte ein weitaus anspruchsvolleres Niveau. In ihr tauchen Werke von Paul Alverdes, Hans Friedrich Blunck, Rudolf G. Binding, Hans Carossa, Hans Grimm, Ernst Jünger, Wilhelm Schäfer, Jakob Schaffner und Ina Seidel auf, mit denen die Schüler der Volks- und Mittelschulen überhaupt nicht bekannt gemacht wurden. Geschickt eingearbeitet in diesen politisch nicht eindeutig dem Nationalsozialismus zuzurechnenden Autorenkreis waren die zentralen Schriften der NS-Führer sowie die völkische und dezidiert nationalsozialistische Literatur und Literaturgeschichtsschreibung.

In die Neuordnung des Schülerbüchereiwesens sollten nach den Vorstellungen des NSLB aber nicht nur die Volks-, Mittel-

[35] Die Schülerbücherei, S. 88.
[36] Ebd.
[37] Ebd., S. 92.
[38] Ebd., S. 92–93.
[39] Ebd., S. 93.
[40] Ebd., S. 94–97.

und Höheren Schulen, sondern auch die Berufsbildenden Schulen und selbst die Sonderschulen einbezogen werden. Die Bestände der Büchereien in den Berufsbildenden Schulen sollten dabei vor allem Fachliteratur sowie die »aus dem erzählenden Schrifttum und allen Wissensgebieten in das Weltbild des Berufsschülers passenden Werke« führen.[41] Um diesen sachbezogenen Kern herum durfte aber natürlich die Literatur, die für eine charakterliche und politische Erziehung in nationalsozialistischem Sinne erforderlich war, nicht fehlen. Die Notwendigkeit eigener Büchereien in Sonderschulen wurde mit dem von den Volksschulen übernommenen »Erziehungsziel« begründet, die Schüler »zur Arbeitsfähigkeit, zum Bewußtsein der Volkszugehörigkeit und zum Dienst für den nationalsozialistischen Staat zu erziehen«.[42] In diesem Zusammenhang käme der Hinführung der Sonderschüler zum Buch eine »politische, pädagogische und wirtschaftliche Bedeutung« zu.[43] Der von der Jugendschriftenabteilung des NSLB zusammengestellten Auswahlliste für die Schülerbüchereien der Sonderschulen[44] wurden die Buchgruppen »Neues Deutschland« (mit 7 Titeln) und »Weltkrieg« (8 Titel) vorangestellt. Die sechs weiteren Buchgruppen mit insgesamt 77 Titeln boten einen traditionellen Querschnitt durch die völkisch-nationale Kinder- und Jugendliteratur.

Ähnlich wie im Fall der Volksbüchereien ist allerdings auch hier zu fragen, inwieweit all diese ehrgeizigen Pläne in die Tat umgesetzt worden sind. Geht man von der Studie Schriewers aus, so konnte das Schülerbüchereiwesen an den Volksschulen im Regierungsbezirk Frankfurt a.d. Oder bis 1938 erfolgreich ausgebaut werden. Die Bestände wurden erneuert und beträchtlich erweitert. An der Spitze der Neuanschaffungen lagen die Buchgruppen »Dem Gedächtnis des Weltkrieges« (7147 Titel), »Volksgut, Sagen, Märchen, Schwänke« (6175 Titel), »Im Dämmer der Urzeit« (um 5946 Titel), »Deutsche Kämpfe« (4960 Titel) und »Jugend marschiert ins neue Deutschland« (4396 Ti-

41 Ebd., S. 101.
42 Ebd., S. 103.
43 Ebd., S. 105.
44 Ebd., S. 106–112. Die Liste umfaßte 92 Titel.

tel).[45] Die Zahlen verweisen zum einen auf die mit den Schulbibliotheken beabsichtigte Politisierung und Militarisierung der Schülerschaft. Zum anderen belegen sie, daß die Lesebedürfnisse von Schülern der unteren Klassenstufen und das Interesse an entspannender Literatur stärker berücksichtigt wurden.

Trotz seiner insgesamt positiven Bilanz wies Schriewer aber auch auf die Notwendigkeit hin, weitaus mehr finanzielle Mittel für den Neuaufbau der Bestände und den Ausbau eines flächendeckenden, das Volksbüchereiwesen ergänzenden Netzes von Schülerbüchereien zur Verfügung zu stellen.[46] Dem Runderlaß des Reichserziehungsministeriums vom 22. 8. 1939 war zu entnehmen, daß die Schulaufsichtsbehörden und die Schulleitungen verstärkte Anstrengungen in dieser Richtung unternommen hätten. Das Schülerbüchereiwesen der Volks- und Mittelschulen habe einen »den Erwartungen entsprechenden Aufschwung« genommen.[47] Die Bereitstellung der Finanzmittel wie auch die Steigerung der Ausleihzahlen machten deutlich, daß »das Jugendbuch einen bedeutsamen Platz in dem Erziehungsplan der Schule des Dritten Reiches eingenommen« habe.[48]

Zu einem ganz anderen Ergebnis kam der Leiter der Staatlichen Volksbüchereistelle in Jena. Witsch, der sich seit 1937 für eine bessere Etatisierung und eine einheitliche Organisation der Schülerbüchereien in Thüringen engagiert hatte,[49] beklagte im November 1940, daß das Büchereiwesen der Schulen aus Mangel an Geld immer »noch nicht in dem genügenden Umfang« ausgebaut worden sei.[50] Da auch die Volksbüchereien die Lesebedürfnisse der Jugendlichen nicht zu befriedigen vermochten,

[45] Schriewer, Das Schülerbüchereiwesen der Volksschulen in Leistungszahlen, hier »Übersicht über die Verteilung der Bestellungen für die Schülerbüchereien«, S. 37–43.

[46] Ebd., S. 23. Schriewer berechnete den jährlichen Gesamtbedarf für den Regierungsbezirk Frankfurt/Oder auf rund 110000 RM. Real wurden jedoch nur rund 50000 RM zur Verfügung gestellt.

[47] Schülerbüchereien an Volksschulen, S. 478.

[48] Ebd.

[49] S. etwa sein Schreiben an den Thüringischen Minister für Volksbildung vom 23. 2. 1937, HStA Weimar Thür. Min. f. Volksbildung/C 700 Bl. 81–88.

[50] Staatliche Volksbüchereistelle Thüringen an den Thüringischen Minister für Volksbildung vom 11. 11. 1940, HStA Weimar Thür. Min. f. Volksbildung/C 629 Bl. 277–278, hier Bl. 277/Rs.

habe ein Run auf die Leihbüchereien eingesetzt, die allerdings überwiegend nur minderwertige Literatur anzubieten hätten.

Anfang Februar 1941 sah das noch kein bißchen besser aus. Witsch präsentierte dem thüringischen Volksbildungsministerium die deprimierenden Ergebnisse einer »Rundfrage über Leistung und Aufkommen der Thüringischen Schülerbüchereien«.[51] Als Konsequenzen unterbreitete der Volksbüchereistellenleiter neue Vorschläge zur »Aktivierung des Schülerbüchereiwesens«.[52] Darüber hinaus sollte durch einen Ministerialerlaß den Schülern der Volks- und Höheren Schulen sowie der Berufsbildenden Schulen die Benutzung der Leihbüchereien untersagt werden.[53] Im Gegenzug wollte Witsch eine Erhöhung der Zuschüsse des Landes und der Aufwendungen der Gemeinden zum Ausbau der Schülerbüchereien durchsetzen.[54] Zudem sollten die Bürgermeister aller thüringischen Städte mit mehr als 10000 Einwohnern angewiesen werden, in ihren Volksbüchereien eine eigene Jugendabteilung einzurichten.[55] Nur auf diese Weise könne die »Gefahr einer moralischen Verwahrlosung der Jugendlichen«, die Witsch in der Lektüre von Trivialliteratur erblickte, verhindert werden.[56]

Inwieweit dieser kritische Zustandsbericht aus einer Region für das Schülerbüchereiwesen im gesamten Reichsgebiet repräsentativ war, bleibt fraglich. In jedem Fall entwickelten sich die Schülerbüchereien nicht in dem Maße, wie es vom Reichserziehungsministerium und den für die Jugenderziehung zuständigen Parteidienststellen erhofft worden war und bisweilen schon als real existierend angenommen wurde. Die Schülerbüchereien wurden weder zum Zentrum der ideologischen Schulung der Kinder und Jugendlichen, noch konnten sie in ländlichen Regionen die fehlenden Volksbüchereien ersetzen.

Das hatte mehrere Ursachen. Die Finanzausstattung stand –

[51] Staatliche Volksbüchereistelle Thüringen an den Thüringischen Minister für Volksbildung vom 4. 2. 1941, HStA Weimar Thür. Min. f. Volksbildung/C 629 Bl. 283.

[52] In den Anlagen zum Schreiben vom 4. 2. 1941, ebd.

[53] Der Entwurf des Erlasses findet sich in den Anlagen, ebd.

[54] Schreiben vom 4. 2. 1941, ebd.

[55] Ebd. Während Witsch an Staatszuschüssen für das Rechnungsjahr 1941/42 30000 RM ansetzte, sollten die Gemeinden noch einmal rund 50000 RM bereitstellen.

[56] Ebd., Bl. 283/Rs.

allen gutwilligen Beteuerungen zum Trotz – in keiner Relation zu dem ehrgeizigen Aufbauplan. Schon mit dem Ausbau der öffentlichen Bibliotheken waren die Länder und Gemeinden überfordert, so daß in den Haushalten kaum noch Spielraum für die Schülerbüchereien blieb. Der Politik zur Neuordnung des Schülerbüchereiwesens fehlte aber auch die einheitliche Handschrift, die die Entwicklung im Bereich der Volksbüchereien begünstigte. Das Reichserziehungsministerium, das die Schülerbüchereien erst relativ spät in seine Büchereipolitik einbezog, mußte sich mit den weiterhin intakten Unterrichtsverwaltungen der Länder und – noch unangenehmer – mit der Konkurrenz parteiamtlicher Dienststellen herumschlagen. Seit Herbst 1940 wurde das Rustsche Ministerium bei der Betreuung der Schulbücher und Schülerbüchereien von der PPK völlig ausgebootet.[57] Schließlich wartete man in Berlin und Bayreuth vergeblich auf die neue Jugendliteratur, mit der die »Erziehungswerte« des nationalsozialistischen Staates auf ansprechende Weise hätten vermittelt und die während des Krieges festzustellenden Zerstreuungsbedürfnisse der Jugendlichen hätten befriedigt werden können.[58]

[57] S. dazu die 4seitige Aufzeichnung zur Besprechung Hederichs mit Ministerialrat Krüger von der Partei-Kanzlei der NSDAP am 7. 4. 1941 in München, BArch Potsdam NS 11/18. Während Hederich die Auffassung vertrat, daß die NSDAP mit dem Aufbau der »Reichsstelle für Schul- und Unterrichtsschrifttum« bestimmenden Einfluß auf das Erziehungswesen erhalten würde, war der »Führer-Auftrag« für Krüger eine rein staatliche Angelegenheit. Von Hederich wurde dies dahingehend interpretiert, daß Bouhler als Nachfolger des Reichserziehungsministers aufgebaut werden sollte.

[58] Auf das Fehlen eines »eigentlich nationalsozialistische[n] Jugendschrifttum[s]« weist bereits die Schrift des NSLB zum Schülerbüchereiwesen aus dem Jahre 1938, S. 92, hin. S. dazu auch den 1939 vom Leiter der Jugendschriftenabteilung des NSLB aufgestellten Desideratenkatalog: Rothemund, Das Jugendbuch in der deutschen Schule, in: Das deutsche Jugendbuch, S. 45–87.

3. Das wissenschaftliche Bibliothekswesen

3.1. Die »Neuordnung« der Personal- und Bestandspolitik

Die nationalsozialistische Machtübernahme bedeutete auch für das wissenschaftliche Bibliothekswesen einen tiefen Einschnitt. Das sogenannte »Gesetz zur Wiederherstellung des Berufsbeamtentums« vom 7. 4. 1933 löste eine Welle von Entlassungen aus »rassischen« und politischen Gründen aus.[1] Am stärksten betroffen waren die Preußische Staatsbibliothek in Berlin, die bis 1935 acht verdiente jüdische Bibliothekare verlor, sowie die Stadt- und Universitätsbibliothek Frankfurt am Main, aus der sieben jüdische Bibliothekare ausscheiden mußten.[2] Infolge der Nürnberger Rassengesetze mußten dann nach 1935 auch eine Reihe »jüdisch versippter« Fachkollegen den Bibliotheksdienst verlassen.[3]

Hinsichtlich der Neubesetzung der Direktoren- und Bibliotheksratsstellen an den wissenschaftlichen Bibliotheken des Reichs, der Staats-, Universitäts- und Landesbibliotheken sicherte Reichserziehungsminister Rust sich durch einen Runderlaß vom 11. 10. 1934 ein entscheidendes Mitspracherecht.[4] Da die Personalpolitik im wissenschaftlichen Bibliothekswesen zukünftig »nach einheitlichen Richtlinien im Sinne der nationalsozialistischen Staatsauffassung« erfolgen sollte, wurden die Landesregierungen gebeten, dem Reichserziehungsministerium »jede freie oder freiwerdende planmäßige Direktor- oder Bibliotheksratsstelle [...] anzuzeigen«.[5] Die Berufung eines in Aussicht genommenen Kandidaten sollte erst nach Zustimmung des Ministeriums erfolgen, wobei Wert darauf gelegt wurde, daß

[1] Dazu im einzelnen Happel, Das wissenschaftliche Bibliothekswesen im Nationalsozialismus, S. 31–42; M. Komorowski, Die wissenschaftlichen Bibliotheken während des Nationalsozialismus, in: Bibliotheken während des Nationalsozialismus, Teil I, S. 1–23, hier S. 9–10; I. Toussaint, Die Universitätsbibliothek Freiburg im Dritten Reich, 2., verbesserte und erweiterte Auflage, München u. a. 1984, S. 54–68.

[2] Happel, Das wissenschaftliche Bibliothekswesen im Nationalsozialismus, S. 32.

[3] Komorowski, Die wissenschaftlichen Bibliotheken während des Nationalsozialismus, S. 10.

[4] Der Runderlaß findet sich in BArch Potsdam R 21/10628.

[5] Ebd., S. 1.

aus den eingereichten Unterlagen auch die »Beurteilungen, Stellungnahmen und Wünsche von Parteidienststellen« hervorgingen. Darüber hinaus erbat sich Rust von den Landesregierungen auch die Einholung seiner Zustimmung zu beabsichtigten Schließungen oder Neueröffnungen von wissenschaftlichen Bibliotheken sowie zu »jeder grundlegenden Abänderung bestehender Instruktionen, Prüfungsordnungen usw.«.[6]

Natürlich gab es Bibliothekare, die trotz solcher Eingriffe in die bisherige Autonomie des wissenschaftlichen Bibliothekswesens so zu tun versuchten, als hätte sich nicht viel verändert. Auf der Versammlung des Vereins Deutscher Bibliothekare Anfang Juni 1936 in Dresden erhoffte sich dessen Vorsitzender Georg Leyh sogar von dem »Sturmschritt des geschichtlichen Prozesses, in dem wir uns befinden, die raschere Lösung von Fragen, die eine allzu konservative Zeit mit dem Hinweis auf die Seite zu schieben pflegt, daß es immer so gewesen sei«.[7] Das war, wie die weiteren Ausführungen der Rede Leyhs belegen, durchaus kein Opportunismus, sondern der Versuch, die Aufmerksamkeit der für die Büchereipolitik zuständigen Stellen verstärkt auf die zahlreichen ungelösten bibliothekarischen Fachprobleme zu lenken. Dahinter stand aber die etwas naive Einschätzung, für die Leyh letztlich mit Rücktritt und Isolation bezahlen mußte,[8] die nationalsozialistische »Bewegung« wäre von der politischen Neuformierung der wissenschaftlichen Bibliotheken abzubringen.

Für die nationalsozialistischen Hardliner unter den Bibliothekaren gingen die fachlichen Reformen jedoch mit der politischen Umformung Hand in Hand. Im Januar 1935 hatte Dr. Rudolf Kummer noch als Staatsoberbibliothekar an der Bayerischen Staatsbibliothek dem Reichserziehungsministerium eine kleine Denkschrift vorgelegt, in der er eine schärfere Politisierung der wissenschaftlichen Bibliotheken und des bibliothekarischen Berufsstandes anregte.[9] Nach Auffassung Kummers wurden die wissenschaftlichen Bibliotheken bislang noch viel

[6] Ebd., S. 2.

[7] G. Leyh, Stellung und Aufgabe der wissenschaftlichen Bibliothek in der Zeit, in: ZfB 53 (1936), S. 473–482, hier S. 473.

[8] Komorowski, Die wissenschaftlichen Bibliotheken während des Nationalsozialismus, S. 8.

[9] Die 3seitige Denkschrift, auf einem Briefbogen der Reichsstelle zur Förderung des deutschen Schrifttums/Landesreferat Südbayern getippt,

zu wenig zur Beeinflussung des deutschen Volkes benützt.[10] Dabei könne über wissenschaftliche Bücher ein großer Leserkreis angesprochen und mit der nationalsozialistischen Ideologie vertraut gemacht werden. Auch der Tatsache, daß die Bibliothekare durch ihre Beratung die Leser in eine bestimmte Richtung lenken könnten, würde noch kaum Rechnung getragen werden. Notwendige Voraussetzung zur Erreichung dieser Ziele sei jedoch eine Reform des wissenschaftlichen Bibliothekswesens an »Haupt und Gliedern«.[11]

Ganz oben auf Kummers Prioritätenliste stand die Forderung nach Einrichtung eines »Reichsausschusses des Deutschen Bibliothekswesens«.[12] An die Spitze dieses Gremiums sollte ein »bewährter Nationalsozialist« gestellt werden, der »zugleich« über ausgewiesene Fachkenntnisse verfügen müsse. Auch die weiteren Mitglieder sollten »wenn irgend möglich Parteigenossen« sein. Als Aufgabengebiet des Reichsausschusses sah Kummer einen ganzen Katalog von Reformmaßnahmen vor: die reichseinheitliche Gestaltung des Ausbildungswesens für den höheren und mittleren Bibliotheksdienst; die Abänderung der bisherigen Prüfungsordnungen; die Ermöglichung eines Austauschs der Bibliotheksbeamten innerhalb des Reichsgebiets; die Einführung einer politischen Schulung der Bibliothekare in »nationalsozialistischer Weltanschauung und Staatspolitik«; die »Durchführung der nationalsozialistischen Grundsätze in [der] Verwaltung und vor allem in den Benutzungsordnungen«; die Schaffung des deutschen Gesamtkatalogs und einer reichseinheitlichen Katalogisierungsordnung; sowie die Koordination der »Spezialaufträge« für wissenschaftliche Bibliotheken. Zusätzlich wollte Kummer dem Leiter des Reichsausschusses weitreichende Vollmachten zur Kontrolle der Personalpolitik einräumen. So sollte die Einstellung des höheren und mittleren Personals nur nach vorheriger Zustimmung des Ausschuß-Leiters erfolgen dürfen, um »Eigenmächtigkeiten nicht-nationalsozialistischer Behördenvorstände unmöglich« zu machen.[13] Bei Beförderungen war das Einverständnis des Reichserziehungs-

wurde von Kummer am 22. 1. 1935 an Ministerialdirektor Vahlen im Reichserziehungsministerium geschickt. BDC/REM/Kummer, R.

[10] Ebd., S. 1.

[11] Ebd.

[12] S. zum folgenden ebd., S. 1–2.

[13] Ebd., S. 2.

ministeriums einzuholen. Besonderes Augenmerk sollte auf die »Volksverbundenheit« des Bibliothekars gelegt werden. Darunter verstand Kummer die Herstellung einer engen Zusammenarbeit sowohl mit den kulturellen Organisationen der NSDAP als auch mit den örtlichen Volksbüchereien.[14]

Mit der Ernennung Kummers zum Leiter des »Generalreferats für das Bibliothekswesen« am 4. 2. 1935 wurde seine »Denkschrift« zum Arbeitsprogramm des Reichserziehungsministeriums. Noch im gleichen Jahr konnte Kummer einen ersten Programmpunkt abhaken. Auf Anordnung von Rust wurde der seit 1933 herausgegebene »Preußische Gesamtkatalog« im August 1935 in einen »Deutschen Gesamtkatalog« umgewandelt.[15] Damit ging ein jahrzehntealter Wunschtraum der wissenschaftlichen Bibliothekare in Erfüllung. In der Praxis erwies sich das Prestigeprojekt, mit dem das Ministerium für seine Bibliothekspolitik warb,[16] dann allerdings aufgrund unzureichender Finanzen, Personalausstattung und technischer Hilfsmittel als völlig überdimensioniert.[17]

Weitaus effizienter war dagegen die zweite Innovation. Zum 1. 12. 1936 trat an die Stelle des seit 1907 bestehenden »Preußischen Beirats für Bibliotheksangelegenheiten« ein »Reichsbeirat«.[18] Dessen Vorsitz übernahm der Generaldirektor der Preußischen Staatsbibliothek, Hugo Andres Krüß, der zwar kein »bewährter Nationalsozialist« war, sich seit 1933 jedoch vorbehaltlos in den Dienst des »neuen« Staates gestellt hatte.[19] Aufgrund seiner anerkannten Fachkompetenz und seiner hervorragenden Auslandskontakte erfüllte Krüß auch die zweite von

[14] Ebd., S. 2–3.

[15] Hinweis auf den Erlaß des REM vom 28. 8. 1935 bei R. Kummer, Das wissenschaftliche Bibliothekswesen im nationalsozialistischen Deutschland, in: ZfB 53 (1938), S. 399–413, hier S. 403.

[16] S. ebd. sowie ders., Wissenschaftliche Bibliotheken und Buchhandel, in: Bbl. 103. Jg., Redaktioneller Teil, Kantate-Ausgabe 1936, S. 4–7, hier S. 6.

[17] Komorowski, Die wissenschaftlichen Bibliotheken während des Nationalsozialismus, S. 15–16.

[18] »Bekanntmachung« Rusts vom 7. 12. 1936, in: Deutsche Wissenschaft, Erziehung und Volksbildung 2 (1936), S. 532–533. BArch Potsdam RD 39/1–2.

[19] Happel, Das wissenschaftliche Bibliothekswesen im Nationalsozialismus, S. 56–60; Komorowski, Die wissenschaftlichen Bibliotheken während des Nationalsozialismus, S. 4–5.

Kummer erhobene Anforderung für das neue Amt. Da die fünf weiteren Mitglieder des Reichsbeirats von Rust persönlich unter dem Gesichtspunkt bibliothekarischer Fachkompetenz und politischer Zuverlässigkeit ausgewählt wurden, war die Gewähr für eine Tätigkeit in nationalsozialistischem Sinne gegeben.

Mit Hilfe des Reichsbeirats konnte Kummer im August 1938 die reichseinheitliche Neuordnung des Ausbildungs- und Prüfungswesens durchsetzen.[20] Bei den Anforderungen für die »Zulassung zum Vorbereitungsdienst« war nun auch der Nachweis über die Mitgliedschaft in der NSDAP oder einer ihrer Gliederungen festgeschrieben (§ 2, d). Doch konnte das Reichserziehungsministerium »im Einvernehmen mit dem Stellvertreter des Führers« in Einzelfällen von der Erfüllung dieser Anforderung absehen. Dem Zulassungsantrag mußte aber in jedem Fall der Nachweis arischer Abstammung – gegebenenfalls auch für den Ehepartner – sowie eine Erklärung über die Zugehörigkeit zu einer Loge, logenähnlichen Organisation oder Ersatzorganisation beigefügt werden (§ 3, b und d). Die Anträge waren über die Bibliotheksdirektoren beim Reichsbeirat einzusenden (§ 4). Die Entscheidung über die Zulassung wurde dann im Reichserziehungsministerium getroffen. Voraussetzung für die Aufnahme in den »Vorbereitungsdienst« war die Vorlage eines Gutachtens, in dem der zuständige Hoheitsträger der NSDAP bescheinigen mußte, daß »der Bewerber die Gewähr dafür bietet, daß er jederzeit rückhaltlos für den nationalsozialistischen Staat eintritt« (§ 6).

Die Referendare sollten im ersten Ausbildungsjahr an einer Universitätsbibliothek, an der Landesbibliothek in Stuttgart, an der Landesbibliothek Dresden oder an der Deutschen Bücherei in die bibliothekarische Arbeitspraxis eingeführt werden (§ 7). Zusätzlich mußte jeder Referendar auf Anweisung des Reichserziehungsministeriums an einem Lehrgang des »Reichslagers für Beamte« in Bad Tölz oder Tutzing teilnehmen (§ 8), also

[20] »Ausbildungs- und Prüfungsordnung für den wissenschaftlichen Bibliotheksdienst« vom 18. 8. 1938, veröffentlicht in: ZfB 55 (1938), S. 613–621. Die neuen Vorschriften, die das Ergebnis von Besprechungen zwischen dem Reichsbeirat und den zuständigen Reichs- und Landesministerien sowie mit dem Stab StdF waren, traten am 1. 10. 1938 in Kraft und ersetzten die bisherigen Ausbildungs- und Prüfungsordnungen der Länder. Vgl. Kummer, Das wissenschaftliche Bibliothekswesen im nationalsozialistischen Deutschland, hier S. 411–412.

eine politische Schulung durchlaufen. Im zweiten Jahr wurde die Ausbildung an der Preußischen oder an der Bayerischen Staatsbibliothek fortgesetzt (§ 7). Die Ausbildung endete mit einem einmonatigen Praktikum an der Deutschen Bücherei in Leipzig, bei dem die Referendare neben dem »Zentralarchiv des deutschsprachigen Schrifttums« auch die Einrichtungen des deutschen Buchhandels kennenlernen sollten (§ 8).

Obwohl in die theoretische Ausbildung nun auch Vorlesungen und Übungen zum »Nationalsozialistischen Schrifttum« einbezogen wurden, lag der Schwerpunkt doch wie bisher auf dem Erwerb möglichst breiter und solider Fachkenntnisse (§ 9). Darüber hinaus hatten die Bibliotheksreferendare an den Universitäten ihre Spezialkenntnisse in einem Wissenschaftsfach zu vertiefen und die Beherrschung der englischen und französischen Sprache nachzuweisen (§ 10). Kenntnisse in einer dritten Fremdsprache sollten sogar noch einmal besonders gewertet werden.

Um eine Kontrolle über den Ausbildungsverlauf zu erhalten, wurden die Ausbildungsleiter verpflichtet, in regelmäßigen Zeitabständen Gutachten abzugeben, die zu den Personalakten genommen wurden (§ 11). Die Gutachten sollten nicht nur Auskunft über die »Befähigung, die Leistungen und das Maß der erlangten Ausbildung« geben, sondern auch über das »dienstliche und außerdienstliche Verhalten« des Referendars. Traten »Mängel im Charakter[!], im Wissen oder in den Fähigkeiten« auf, konnte die Ausbildung verlängert, in schwerwiegenden Fällen auch die Entlassung aus dem Staatsdienst verfügt werden. Zu den Abschlußprüfungen war dann noch einmal ein Gesamturteil über die »Befähigung und die Persönlichkeit des Bibliotheksreferendars sowie über seine politische Einstellung und seine Eignung für den wissenschaftlichen Bibliotheksdienst« einzureichen.

Nachdem 1934 bereits der Zugriff auf die Besetzungen der leitenden Positionen bei den Staats-, Universitäts- und Landesbibliotheken erfolgt war, wurde mit der neuen Ausbildungs- und Prüfungsordnung nun auch der bibliothekarische Nachwuchs in nationalsozialistischem Sinne gelenkt. Damit war zwar die gewünschte Politisierung des Berufsstandes im Prinzip durchgesetzt. Doch im bibliothekarischen Alltag stellten sich bald ganz andere Probleme ein. Ähnlich wie bei den Volksbüchereien mußte man nämlich auch bei den wissenschaftlichen Bibliotheken während des Krieges über Nachwuchssorgen klagen.[21] Das hatte zum Teil damit zu tun, daß das deutsche Bibliothekswesen seit dem Ende der dreißiger Jahre expandierte, nicht mehr nur im »Altreich«, sondern auch in den besetzten Ländern. Gravierender waren aber die im Vergleich zu anderen Behörden schlechten Aufstiegsmöglichkeiten im mittleren gehobenen Dienst der Bibliotheken, die junge Menschen davon abhielten, ihre Zukunft als Bibliotheksbeamte zu suchen.[22] Hinzu kam das geringe Sozialprestige des nichtakademischen bibliothekarischen Mittelbaus gerade innerhalb des eigenen Berufsstandes.[23] Denn bei allem Gerede von der »Volksgemeinschaft« war das Führungspersonal der wissenschaftlichen Bibliotheken, auch wenn es sich um dezidierte Nationalsozialisten handelte, peinlich darauf bedacht, den Anspruch des mittleren gehobenen Dienstes, an der Gestaltung des Bibliothekswesens stärker als bisher beteiligt zu werden,[24] abzuwehren.[25]

Parallel zur politischen Formierung des Berufsstandes liefen die Bemühungen um eine grundlegende Reform der Bestandspolitik. Schon im Juni 1933 hatte Joachim Kirchner auf der

[21] S. dazu das Schreiben des Reichsbeirats für Bibliotheksangelegenheiten an das REM vom 7. 9. 1943, in dem auf den seit 1940 erheblich gestiegenen Bedarf an diplomgeprüften Bibliothekaren hingewiesen wird. BArch Potsdam R 21/10634 Bl. 56. In Absprache mit dem RMI und der Partei-Kanzlei bemühte sich das REM seit 1942 darum, die Personalprobleme im wissenschaftlichen und öffentlichen Büchereiwesen auch durch die Übernahme ehemaliger Geistlicher in den Staats- und Gemeindedienst zu lösen. S. dazu die Notiz Kummers für Dähnhardt vom 6. 2. 1942 in BArch Potsdam R 21/10633 Bl. 74 sowie die Behandlung einzelner Fälle ebd. Bl. 69–70, Bl. 107, Bl. 157, Bl. 168, Bl. 177 und Bl. 198–199.

[22] So R. Hoffmann, Die Nachwuchsfrage für den gehobenen Dienst an den Universitäts-Bibliotheken, in: ZfB 59 (1942), S. 268–269, hier S. 269.

[23] E. Hofmann, Nochmals das geistige Berufsanliegen des mittleren gehobenen Dienstes, in: ZfB 60 (1944), S. 65–69.

[24] In diesem Sinne H. Deckert, Das geistige Berufsanliegen des mittleren Dienstes, in: ZfB 59 (1942), S. 52–56, R. Hoffmann, Die Nachwuchsfrage für den gehobenen Dienst, und besonders dezidiert E. Hofmann, Nochmals das geistige Berufsanliegen.

[25] Exemplarisch dafür sind die Ausführungen des durch seine Parteiaktivitäten an die Spitze der Universitätsbibliothek München gekommenen J. Kirchner, Zu den Berufsanliegen des mittleren Dienstes, in: ZfB 59 (1942), S. 265–268. Etwas geschickter in der Argumentation, aber im Prinzip die gleiche Auffassung vertritt G. Leyh, Zu den Grenzfragen des wissenschaftlichen und des mittleren Dienstes, in: ZfB 60 (1944), S. 69–87.

VDV-Mitgliederversammlung in Darmstadt zur Neuorientierung in der Anschaffungspraxis aufgerufen, die auf eine stärkere Berücksichtigung der völkisch-nationalsozialistischen Literatur hinauslief.[26] Es ist davon auszugehen, daß dieser Appell in den Folgejahren von nahezu allen wissenschaftlichen Zentral- und Institutsbibliotheken befolgt wurde. Nach 1935 verwendete Kummer große Energien darauf, in die Lesesäle der Bibliotheken nationalsozialistische »Mustersammlungen« zu integrieren.[27] Die Auswahl der Bücher erfolgte in Absprache mit der PPK und sollte fortlaufend anhand der NS-Bibliographie ergänzt werden.

Die Neuanschaffungen der wissenschaftlichen Bibliotheken wurden vom Reichserziehungsministerium allerdings nicht so detailliert gelenkt, wie es beim Volks- und Schülerbüchereiwesen der Fall war. Im Gegensatz zu den Staatlichen Volksbüchereistellen übten der »Reichsbeirat für Bibliotheksangelegenheiten« und der »Deutsch-ausländische Buchtausch«, mit dessen Hilfe die Bibliotheksbestände kostensparend ergänzt werden konnten, nur einen begrenzten Einfluß aus. Die Bestände der Universitäts- und Landesbibliotheken waren daher mit Sicherheit regional sehr unterschiedlich zusammengesetzt. Dies schon allein deshalb, weil die wissenschaftlichen Bibliotheken einen themen- und fächerübergreifenden Archivauftrag zu erfüllen hatten, sich also nicht allein auf nationalsozialistische Literatur spezialisieren konnten.[28] Hinzu kam, daß die Universitätsbibliotheken auch in nationalsozialistischer Zeit Etateinbußen zwischen 20 und 50% hinnehmen mußten.[29] Die Bibliotheksleitungen mußten sich daher sehr genau überlegen, mit welchen

[26] Kirchner, Das Schrifttum und die wissenschaftlichen Bibliotheken im nationalsozialistischen Deutschland, hier S. 9. S. im einzelnen Kapitel I, Abschnitt B 3. dieser Arbeit.

[27] Kummer, Das wissenschaftliche Bibliothekswesen im nationalsozialistischen Deutschland, S. 406.

[28] Vgl. Happel, Das wissenschaftliche Bibliothekswesen im Nationalsozialismus, S. 101–103, wo auf die abwehrende Haltung einer Reihe von Bibliotheksleitungen gegenüber der Anschaffung von NS-Literatur hingewiesen wird.

[29] Zahlenangabe bei Komorowski, Die wissenschaftlichen Bibliotheken während des Nationalsozialismus, S. 19. S. dazu auch bei Toussaint, Die Universitätsbibliothek Freiburg im Dritten Reich, S. 220, die Entwicklung der »Ausgaben für Bestandsvermehrung« in den Jahren 1931/32 bis 1941/42.

Büchern und Zeitschriften sie ihre Bestände ergänzen und erweitern wollten.

3.2. Die Archivierung und »Sekretierung« des »schädlichen und unerwünschten Schrifttums«

Bei aller Sympathie für das Erneuerungswerk der »nationalsozialistischen Revolution« bestand in Bibliothekarskreisen doch von Anfang an ein weitgehender Konsens darüber, daß die nun als »schädlich und unerwünscht« abgelehnte Literatur nicht aus den wissenschaftlichen Bibliotheken verschwinden sollte.[30] Von den »Säuberungen«, die im Laufe des Jahres 1933 die Leih- und Volksbüchereien erfaßten, blieben die Staats-, Universitäts- und Landesbibliotheken daher weitestgehend verschont. Das Festhalten der Bibliothekare an ihren Beständen wurde dabei von amtlicher Seite gestützt. So hatte das Reichsinnenministerium darauf hingewiesen, daß es sich beim § 7 der Notverordnung des Reichspräsidenten vom 4. 2. 1933 um eine »Kannvorschrift« handelte.[31] Von der Beschlagnahmung und Einziehung einer Druckschrift, in deren Inhalt die Gefahr einer Störung der öffentlichen Sicherheit oder Ordnung begründet lag, könne abgesehen werden, »wenn die Persönlichkeit des Besitzers Gewähr dafür biete, daß die von ihm aufbewahrte kommunistische oder marxistische Literatur nur zu erlaubten Zwecken namentlich zu wissenschaftlichen Arbeiten Verwendung findet«.[32]

Hinter dieser Sonderbehandlung der wissenschaftlichen Bibliotheken stand ein klar definiertes politisches Motiv. So hieß es in einem Ministerialentschluß des bayerischen Staatsministeriums für Unterricht und Kultus vom 5. 4. 1933, daß eine Ent-

[30] Dazu u.a. Prinzhorn, Die Aufgaben der Bibliotheken im nationalsozialistischen Deutschland, S. 6–7; H. P. des Coudres, Das verbotene Schrifttum und die wissenschaftlichen Bibliotheken [Vortrag auf dem 31. Deutschen Bibliothekartag in Tübingen am 13. 6. 1935], in: ZfB 52 (1935), S. 459–471, hier S. 464; R. Buttmann, Nationalsozialistische Bibliothekspolitik, in: Bbl. 103. Jg., Redaktioneller Teil, Nr. 49 vom 27. 2. 1936, S. 181–183, hier S. 183; Kummer, Das wissenschaftliche Bibliothekswesen im nationalsozialistischen Deutschland, S. 404–405.

[31] Hinweis auf diese Interpretation bei des Coudres, Das verbotene Schrifttum und die wissenschaftlichen Bibliotheken, S. 460.

[32] So die sinngemäße Wiedergabe der Stellungnahme des Reichsinnenministeriums durch des Coudres, ebd.

fernung der verbotenen und »unerwünschten« Literatur aus den wissenschaftlichen Bibliotheken zu unterbleiben habe, »da eine erfolgreiche wissenschaftliche Bekämpfung des bolschewistischen, marxistischen und pazifistischen Giftes die Kenntnis des einschlägigen Schrifttums voraussetzt«.[33] In gleichem Sinne argumentierte das preußische Kultusministerium in einem Runderlaß vom 17. 9. 1934. Die wissenschaftlichen Bibliotheken hätten weiterhin die Pflicht, »das Schrifttum ihres Aufgabenkreises mit tunlichster Vollständigkeit zu sammeln«.[34] Dies gelte auch für die Verbotsliteratur – und zwar im Hinblick auf die Möglichkeit zur Nutzung für die wissenschaftliche Forschung ebenso wie für »behördliche Zwecke«.

Diese Anweisungen beließen den wissenschaftlichen Bibliotheken zwar ihre bisherige Archivfunktion und gaben ihnen Schutz vor Eingriffen nationalsozialistischer Aktivisten. Doch hinsichtlich der Behandlung der Verbotsliteratur in der bibliothekarischen Arbeitspraxis war noch nichts Konkretes geregelt. Das preußische Kultusministerium hatte am 17. 9. 1934 lediglich darauf aufmerksam gemacht, daß Druckschriften, die aus politischen Gründen verboten worden waren, also insbesondere kommunistische und »marxistische« Literatur, für die allgemeine Benutzung zu sperren waren. Erst durch einen Runderlaß des Reichserziehungsministeriums vom 3. 4. 1935 wurde sämtlichen wissenschaftlichen Bibliotheken im Reich die genaue Überprüfung ihrer Bestände und die »Sekretierung« des »schädlichen und unerwünschten Schrifttums« zur Pflicht gemacht.[35]

Was der verbotenen und »unerwünschten« Literatur im einzelnen alles zuzurechnen war, mußten sich die Bibliothekare aber selbst erst einmal mühsam erschließen.[36] Als einziges Hilfsmittel stand ihnen dabei anfangs nur das Börsenblatt für den Deutschen Buchhandel zur Verfügung, in dem seit 1933 die Verbotsentscheidungen aus dem Deutschen Reichsanzeiger, dem Deutschen Kriminalpolizeiblatt und dem Bayerischen Polizeiblatt zusammengestellt wurden. Ein lückenloser Überblick über die Verbotsentscheidungen war auf diese Weise nicht zu

[33] Die Passage aus dem Ministerialentschluß des bayerischen Staatsministers für Unterricht und Kultus wird wörtlich zitiert ebd., S. 461.

[34] So die Wiedergabe der Bestimmungen des Runderlasses ebd., S. 461.

[35] Ebd., S. 467.

[36] Auf diesen Mißstand wird ebd., S. 464, hingewiesen.

gewinnen, denn der Börsenverein stellte stets nur eine Auswahl der verbotenen Schriften vor. Dem Informationsdefizit wurde erst durch die Ende 1935 von der RSK herausgegebene »Liste 1 des schädlichen und unerwünschten Schrifttums« abgeholfen. Die Liste ging den Bibliotheken im März 1936 mit der Aufforderung zu, die Buchbestände einer »genauen Durchsicht« zu unterziehen und die dann zu sekretierende Literatur unter Verschluß zu halten.[37]

Damit waren die Probleme mit der Behandlung des »schädlichen und unerwünschten Schrifttums« in den wissenschaftlichen Bibliotheken aber noch keineswegs gelöst. Nicht nur, daß sich der erste amtliche Staatsindex rasch als unzulängliches, weil völlig fehler- und lückenhaftes Instrument erwies und daher schon im April 1937 wieder aus dem Verkehr gezogen wurde.[38] Als Ergebnis von Stichproben, die Kummer bei Besuchen in den Bibliotheken vorgenommen hatte, mußte das Reichserziehungsministerium im Dezember 1936 feststellen, daß die bereits im April 1935 angeordnete »Sekretierung« nicht überall befolgt worden war.[39] In einigen Instituts- und Seminarbibliotheken stand weiterhin sogar »marxistische und bolschewistische Literatur« in offenen Regalen, so daß »Werke von Lenin, Bucharin, Rosa Luxemburg, Karl Liebknecht, Kurt Eisner, Mühsam usw. für jedermann frei zugänglich« waren.[40] Offenbar bestand zu diesem Zeitpunkt bei den Bibliotheksleitungen immer noch keine einheitliche Vorstellung davon, wie die »Sekretierung« zu praktizieren war. Das Reichserziehungsministerium drängte daher nun mit Nachdruck darauf, die Bestände an »schädlichem und unerwünschtem Schrifttum« generell räumlich getrennt von den übrigen Beständen aufzustellen.

Blieben noch die Probleme der Katalogisierung und der Benutzung. Auch hierbei läßt sich feststellen, daß die Anweisungen des Reichserziehungsministeriums zu keiner reichseinheit-

[37] Vertrauliches Rundschreiben des REM (gez. Vahlen) an die Unterrichtsverwaltungen der Länder vom 23. 3. 1936, HStA Weimar Thür. Min. f. Volksbildung/C 619 Bl. 239.

[38] Mitteilung des REM (gez. Kummer) an den Thüringischen Minister für Volksbildung vom 9. 4. 1937, HStA Weimar Thür. Min. f. Volksbildung/C 619 Bl. 280.

[39] Runderlaß des REM vom 16. 12. 1936, HStA Weimar Thür. Min. f. Volksbildung/C 619 Bl. 246.

[40] Ebd.

lichen Praxis führten. So bildeten sich bei der Katalogisierung zwei unterschiedliche Verfahrensweisen aus.[41] Die Deutsche Bücherei etwa beließ die indizierten Titel in ihrem öffentlich zugänglichen Hauptkatalog und fügte nur einen Vermerk an, aus dem hervorging, daß die Bücher für die allgemeine Ausleihe gesperrt waren. In anderen Bibliotheken wurden die Titelaufnahmen aus den Gesamtkatalogen entnommen und nur noch in einem der Öffentlichkeit nicht mehr zugänglichen Dienst- oder Sonderkatalog erfaßt. Für die Benutzung verbotener oder »unerwünschter« Bücher und Zeitschriften war zwar generell der Nachweis erforderlich, daß die Einsichtnahme im Zusammenhang mit einer wissenschaftlichen Arbeit stand. Während einigen Bibliotheksleitungen jedoch schon die »Glaubhaftmachung« dieses Umstands genügte, forderten andere eine schriftliche Bescheinigung von Instituten oder Hochschullehrern.[42] Bei politischen Themen wurde meist auch die Befürwortung durch eine »höhere Parteidienststelle« oder eine staatliche Behörde verlangt.[43] Wie man sich vorstellen kann, trugen solche aufwendigen und bisweilen zeitraubenden Genehmigungsprozeduren nicht gerade zur Förderung der wissenschaftlichen Forschungstätigkeit bei.

Nun waren die verbotenen und »unerwünschten« Bücher und Zeitschriften aber immerhin noch in den wissenschaftlichen Bibliotheken vorhanden und einem begrenzten Benutzerkreis zugänglich. Insofern konnten die Bibliotheken ihre traditionelle Funktion als Sammel- und Archivzentren der nationalen wie internationalen Literatur aufrechterhalten. Spätestens seit Kriegsbeginn wurde jedoch diese Funktion zunehmend in Frage gestellt und damit der Lebensnerv der wissenschaftlichen Bibliotheken getroffen. Im Laufe der dreißiger Jahre hatten Devisenschwierigkeiten und politische Einzelentscheidungen bereits Lücken in die Bestände ausländischer Literatur gerissen.[44]

[41] Dazu des Coudres, Das verbotene Schrifttum und die wissenschaftlichen Bibliotheken, S. 466.

[42] So ebd., S. 467.

[43] Ebd. Vgl. dazu auch J.-F. Leonhard, Zensur und Vernichtung. Literatur unter der nationalsozialistischen Diktatur, Kaiserslautern 1985, S. 15–22, wo die Praxis der Benutzung »sekretierter« Literatur am Beispiel der Universitätsbibliothek Heidelberg illustriert wird.

[44] S. ebd., S. 18–19; Richards, German Libraries and scientific and technical information in Nazi Germany, in: The Library Quarterly 55 (1985), hier

Durch die im Herbst 1939 einsetzende Verschärfung der literaturpolitischen Zensur wurde die Anschaffung wissenschaftlicher Neuerscheinungen zunächst aus Frankreich und Großbritannien, dann auch aus der Sowjetunion, den USA und anderen »Feindstaaten« zunehmend eingeschränkt.[45] Es war daher nur konsequent, wenn Georg Leyh nach dem Krieg zu den Zerstörungen des deutschen Bibliothekswesens nicht nur die verbrannten Bibliotheksgebäude und Bestände rechnete, sondern auch die politisch verordnete Ignorierung der internationalen Literatur.[46]

3.3. Die Zuweisung von Sonderaufgaben

Die Konzentration auf die rein fachliche Arbeit, wie sie Georg Leyh in seiner programmatischen Eröffnungsrede auf der Mitgliederversammlung des VDB im Juni 1936 vertreten hatte,[47] war gewiß auch im »Dritten Reich« eine von vielen Bibliothekaren beachtete Maxime. Das Reichserziehungsministerium selbst ließ bei allen Forderungen nach politischer Zuverlässigkeit den Nachweis der Fachkompetenz nie außer acht. Zudem bemühte sich Kummer in Zusammenarbeit mit dem »Reichsbeirat für Bibliothekswesen« stets darum, die Bibliothekspolitik an den Bedürfnissen der Fachkreise zu orientieren. Beispiele dafür sind die Einführung des Deutschen Gesamtkatalogs, die Aufrechterhaltung der Kooperation mit den ausländischen Bibliotheken bis zum Kriegsausbruch, für die u. a. die erfolgreiche Mitarbeit in internationalen Gremien,[48] die Übernahme der In-

S. 158–163; Happel, Das wissenschaftliche Bibliothekswesen im Nationalsozialismus, S. 67–71; Komorowski, Die wissenschaftlichen Bibliotheken während des Nationalsozialismus, S. 19.

[45] S. Happel, Das wissenschaftliche Bibliothekswesen im Nationalsozialismus, S. 70–71; Toussaint, Die Universitätsbibliothek Freiburg im Dritten Reich, S. 105–107; und Richards, German Libraries and scientific and technical information in Nazi Germany, hier S. 163–169.

[46] G. Leyh, Die Lage der deutschen wissenschaftlichen Bibliotheken nach dem Kriege, in: ZfB 61 (1947), S. 19–32, hier S. 31.

[47] Leyh, Stellung und Aufgabe der wissenschaftlichen Bibliothek in der Zeit, in: ZfB 53 (1936), S. 473–482.

[48] S. dazu den Bericht über die Mitglieder-Versammlung des VDB am 6. 6. 1936 in Dresden, in: ZfB 53 (1936), hier S. 595.

ternationalen Leihverkehrsordnung im September 1937[49] sowie der Austausch deutscher und englischer wissenschaftlicher Bibliothekare[50] stehen, oder die Durchsetzung einer reichseinheitlichen Ausbildungs- und Prüfungsordnung für den bibliothekarischen Nachwuchs. Obwohl 1936 mit Rudolf Buttmann, dem Direktor der Bayerischen Staatsbibliothek, ein prononcierter Nationalsozialist in die Redaktion des »Zentralblatts für Bibliothekswesen« eingetreten war, blieben die Beiträge des traditionsreichen Fachorgans in ihrer überwiegenden Mehrzahl auf Fachthemen beschränkt.[51] Dennoch war es natürlich eine Illusion zu glauben, das wissenschaftliche Bibliothekswesen könne sich unbeschadet aus der Zeit herausstehlen.

Die »Sekretierung« bestimmter Literaturgruppen war, auch wenn sie weiterhin zu Forschungszwecken bereitgehalten wurde, ein eklatanter Einbruch in die praktische Bibliotheksarbeit. Dabei blieb es nicht. Seit der nationalsozialistischen Machtübernahme wurden immer wieder politisch motivierte Sonderaufgaben an die Bibliotheksleitungen herangetragen. Zunächst ging es darum, die Bevölkerung mit der nationalsozialistischen Literatur vertraut zu machen. Die wissenschaftlichen Bibliotheken wurden dabei als Orte publikumswirksamer Buchausstellungen benutzt. Aufgrund ihrer reichhaltigen Bestände rückte die Deutsche Bücherei in den Mittelpunkt. Hier waren 1933 Ausstellungen zum »Schrifttum der nationalen Bewegung«, zu Josef Ponten und Hermann Stehr zu sehen; 1934 wurden »Koloniales Schrifttum« und »Nationalsozialistisches Schrifttum« (im Rahmen der Berliner Ausstellung »Deutsches Volk – Deutsche Arbeit«) präsentiert; 1936 steuerte man zum Begleitprogramm der Sommer-Olympiade in Berlin eine Ausstellung über »Das deutsche Buch als Kulturträger« sowie im Rahmen einer »Rassenpolitischen Woche« der NSDAP-Kreisleitung Leipzig die Buchschau »Das Volk lebt im Buch« bei; 1937 wurde

[49] Kummer, Das wissenschaftliche Bibliothekswesen im nationalsozialistischen Deutschland, S. 409–410.

[50] Hinweis auf das vom REM und AA geförderte Projekt im Bericht des Vorsitzenden über die Mitglieder-Versammlung des VDB am 21. 5. 1937 in Köln, in: ZfB 54 (1937), hier S. 534.

[51] S. die quantitative Auswertung bei Happel, Das wissenschaftliche Bibliothekswesen im Nationalsozialismus, S. 61. Der Gesamtanteil der zwischen 1933 und 1943 veröffentlichten »Artikel mit politischen Tendenzen« wird dort mit 4,79% angegeben.

»Wehrwissenschaftliches Schrifttum« gezeigt.[52] Die Reichsstelle zur Förderung des deutschen Schrifttums ging mit ihren Ausstellungen »Ewiges Deutschland. Deutsches Schrifttum aus 15 Jahrhunderten« (1934), »Das wehrhafte Deutschland« (1935) und »Das politische Deutschland« (1936) jeweils zuerst nach Berlin in die Preußische Staatsbibliothek.[53] Auf Anweisung des Reichserziehungsministeriums hatten sich die wissenschaftlichen Bibliotheken im Herbst 1940 mit einer Serie von Buchausstellungen an der »Woche des deutschen Buches« zu beteiligen. Mit Themen wie »Gold oder Arbeit«, »Weltanschauung oder Geldanschauung«, »Recht und Volk«, »Wissenschaft bricht Monopole« sollte der »Anteil des wissenschaftlichen Schrifttums im Kampf des deutschen Volkes um Lebensrecht und Lebensraum« aufgezeigt werden.[54]

Nachdem die wissenschaftlichen Bibliotheken schon seit 1936 zur Anschaffung der NS-Bibliographie aufgefordert worden waren,[55] wurde ihnen im Mai 1938 durch einen Erlaß des Reichserziehungsministeriums auch noch die Mitarbeit an dem von der PPK betreuten Unternehmen zur Pflicht gemacht.[56] Zum Hintergrund des Erlasses gehört, daß sich einige Bibliotheken der vorherigen Bitte Bouhlers, bei der Erstellung einer Bibliographie des nationalsozialistischen Schrifttums aus der Zeit vor 1933 behilflich zu sein, unter Hinweis auf ihre starke Arbeitsbeanspruchung zu entziehen versucht hatten.[57] Nun wurden sie durch das Ministerium aufgefordert, unverzüglich eine Zusammenstellung des bei ihnen vorhandenen NS-Schrifttums anzufertigen und bis zum 1. 1. 1939 einen Bericht über den Stand dieser Arbeiten vorzulegen.

Auf dem Deutschen Bibliothekartag 1938 in Passau rechnete

[52] Angaben im 19.–25. Jahresbericht über die Verwaltung der Deutschen Bücherei (1. 4. 1931–31. 3. 1938), Leipzig 1938, hier S. 17–19. Ein Exemplar des Berichts findet sich in BDC/RMVP/Uhlendahl, H.

[53] B. Payr, Zeugnisse der Geschichte. Das Ausstellungswesen des Amtes Schrifttumspflege, in: Bücherkunde 5 (1938), S. 449–450.

[54] »Arbeitsplan zur Kriegsbuchwoche 1941«, in: Bbl. 108. Jg., Redaktioneller Teil, Nr. 214 vom 13. 9. 1941, hier S. 313.

[55] Runderlaß des Reichserziehungsministeriums vom 27. 2. 1936, in: Deutsche Wissenschaft, Erziehung und Volksbildung 2 (1936), S. 132.

[56] Der Erlaß ist veröffentlicht in: Deutsche Wissenschaft, Erziehung und Volksbildung 4 (1938), S. 275.

[57] Hinweis bei Komorowski, Die wissenschaftlichen Bibliotheken während des Nationalsozialismus, S. 16.

es Kummer seinem Berufsstand hoch an, daß einige Bibliothekare schon vor der nationalsozialistischen Machtübernahme damit begonnen hatten, »die Rassenzugehörigkeit der am deutschen Geistesleben beteiligten Persönlichkeiten systematisch zu überprüfen und katalogmäßig festzulegen«.[58] In Zusammenarbeit mit »Beauftragten der Partei« seien die Lebensläufe von Doktoranden, Kürschners Gelehrten-Kalender, der Gothaische Hofkalender, Jüdische Lexika und eine Reihe anderer Nachschlagewerke »durchgearbeitet und verzettelt« worden.[59] Im Zusammenhang mit der Radikalisierung der antisemitischen Politik kam der systematischen Fortsetzung dieser »Vorarbeiten« erhöhte Bedeutung zu. In einem 1940 im »Zentralblatt für Bibliothekswesen« veröffentlichten Aufsatz versuchte der Berliner Bibliothekar Volkmar Eichstädt, die wissenschaftlichen Bibliotheken für eine stärkere Beteiligung an der »Erforschung der Judenfrage« zu gewinnen.[60] Die Staatsbibliotheken in Berlin und München, die Nationalbibliothek in Wien, die Stadt- und Universitätsbibliothek in Frankfurt am Main sowie die neue Bibliothek des Reichsinstituts für Geschichte des neuen Deutschlands in München verfügten über riesige Buch- und Handschriftensammlungen von Judaica und Hebraica.[61] Notwendig sei jedoch die Neuordnung der Sachkataloge. Vorbild sollten dabei die Kataloge der Büchereien der NSDAP sein, in denen »die Judenfrage zumeist als Unterabschnitt der Rassenfrage untergeordnet oder in den Zusammenhang mit den weltanschaulichen Gegnern des Nationalsozialismus eingereiht« werde.[62] Darüber hinaus forderte Eichstädt die wissenschaftlichen Bibliotheken auf, an der Erfassung erstens sämtlicher jüdischer Autoren deutschsprachiger Bücher und aller jüdischen Verfasser von Dissertationen sowie zweitens an der Untersuchung aller »jüdisch-deutschen Mischehen in ihren Nachkommenverhältnissen und Verzweigungen« mitzuwirken.[63]

Man wird in solchen Appellen nicht nur die ideologischen

[58] Kummer, Das wissenschaftliche Bibliothekswesen im nationalsozialistischen Deutschland, S. 407.

[59] Angabe ebd.

[60] V. Eichstädt, Das Schrifttum zur Judenfrage in den deutschen Bibliotheken, in: ZfB 57 (1940), S. 60–73.

[61] S. im einzelnen ebd., S. 66–68.

[62] Ebd., S. 71.

[63] Ebd., S. 72.

Übereinstimmungen einer Reihe von Bibliothekaren mit der nationalsozialistischen Judenpolitik sehen dürfen. Die Übernahme politischer Sonderaufgaben in die alltägliche Arbeit der wissenschaftlichen Bibliotheken hatte auch einen legitimatorischen Grund. Selbst ein so dezidierter Nationalsozialist wie Rudolf Buttmann mußte 1936 eingestehen, daß »die wissenschaftlichen Bibliotheken [...] nicht immer das Ansehen im neuen Staat genießen, das man ihnen wünschen möchte«.[64] Von Anfang an habe gegen sie ebenso wie gegen die Universitäten im ganzen ein »oft durch gewisse Erscheinungen begründetes Mißtrauen« bestanden.[65] Die Bibliotheksleitungen mußten sich daher um eine Imageverbesserung bemühen, wollten sie nicht noch weiter ins Abseits geraten. Neben der personellen Neuformierung und der Umstellung der Bestände war die bedingungslose »Dienstleistung« für den nationalsozialistischen Staat eine weitere mögliche Antwort auf die Existenzbedrohung.

3.4. Die Maßnahmen zur Beseitigung der Kriegsschäden

»Luftschutz in Bibliotheken« war ein Vortrag überschrieben, den ein Stuttgarter Bibliothekar im Mai 1935 auf dem Bibliothekartag in Tübingen hielt.[66] Darin wurde eindringlich auf die Auswirkungen eines möglichen Luftkrieges für die Bibliotheken hingewiesen. Auch wenn der vortragende Bibliothekar der Hoffnung Ausdruck verlieh, daß »unsere Bibliotheken als völlig harmlose Institute in den vom feindlichen Generalstab bearbeiteten deutschen Stadtplänen nicht mit dem ominösen roten Punkt markiert sind, daß also Volltreffer schwerer Kaliber auf Bibliotheken jedenfalls nicht beabsichtigt sind«,[67] empfahl er doch dringend, eine Reihe von Vorkehrungsmaßnahmen zu treffen. Neben »luftschutzgerechten Bibliotheksbauten«[68] sollte vor allem die Auslagerung der Magazinbestände erwogen werden.[69] Allerdings erfordere dies eine langwierige und sorgfältige Sichtung der Bestände im Hinblick auf das besonders schüt-

[64] Buttmann, Nationalsozialistische Bibliothekspolitik, S. 183.
[65] Ebd.
[66] F. Hammer, Luftschutz in Bibliotheken, in: ZfB 52 (1935), S. 496–505.
[67] Ebd., S. 498.
[68] S. im einzelnen ebd., S. 499–501.
[69] Ebd., S. 502–504.

zenswerte Schriftenmaterial. Eine Aufgabe, der sich, wie der Bibliothekar fürchtete, die Bibliotheken angesichts der großen Arbeitsbelastung lieber entziehen würden. Dennoch müsse auch für die Bibliothekare die vom Reichsluftschutzbund ausgegebene Parole »Luftschutz tut not!« gelten. »Je eher etwas geschieht«, so der besorgte Bibliothekar, »desto besser«.[70]

Die guten Ratschläge des Stuttgarter Bibliothekars scheinen weder in Fachkreisen noch vom zuständigen Reichserziehungsministerium beachtet worden zu sein. Als im Laufe des Jahres 1942 der Luftkrieg über das Deutsche Reich hereinbrach, traf dieser die Bibliotheken weitgehend unvorbereitet. Als eine der ersten wurde am 3. 9. 1942 die Badische Landesbibliothek in Karlsruhe nahezu völlig vernichtet.[71] Bis Kriegsende folgten substantielle Zerstörungen bei den Staatsbibliotheken in Berlin, Hamburg und München, bei den Landesbibliotheken in Darmstadt, Dortmund, Dresden, Düsseldorf, Kassel, Kiel, Oldenburg und Stuttgart, bei den Universitätsbibliotheken in Bonn, Frankfurt am Main, Gießen, Göttingen, Jena, Leipzig, München, Münster, Rostock und Würzburg, bei den Bibliotheken der Technischen Hochschulen in Aachen, Berlin, Darmstadt, Dresden, Hannover, Karlsruhe, München und Stuttgart sowie bei den Stadtbibliotheken Aachen, Dortmund, Dresden, Erfurt, Essen, Frankfurt am Main, Leipzig, Mainz, Magdeburg, Mannheim und Nürnberg.[72] Mit den Gebäuden waren bis Ende August 1944 rund 7 Millionen Bände an wissenschaftlicher Literatur im Gesamtwert von etwa 120 Millionen RM verlorengegangen.[73]

Obwohl bereits 1935 als Präventivmaßnahme für einen Luftkrieg die Auslagerung der Bestände angeregt worden war, setzte diese erst nach den ersten Zerstörungen im September 1942

[70] Ebd., S. 505.

[71] Bericht über »Die Vernichtung der Badischen Landesbibliothek in Karlsruhe durch den Fliegerangriff vom 2./3. September 1942«, BArch Potsdam R 21/10648 Bl. 52.

[72] »Bericht über die Vernichtung der Stadt- und Landesbibliothek in Dortmund [am 5. und 24. 5. 1943]«, BArch Potsdam R 21/10648 Bl. 55, die Zusammenstellung über die Schäden der deutschen Universitäts- und Landesbibliotheken sowie der Bibliotheken der Technischen Hochschulen, ebd. Bl. 98–99, und Leyh, Die Lage der deutschen wissenschaftlichen Bibliotheken nach dem Kriege, hier S. 19–22.

[73] Mitteilung der Reichstauschstelle/Abt. III: Wiederaufbau von Bibliotheken an das REM vom 31. 8. 1944, BArch Potsdam R 21/10651 Bl. 147.

ein. So konnten die meisten Bibliotheken zumindest einen Teil ihrer Bestände retten.[74] Allerdings um den Preis, daß die noch existierenden Bibliotheken praktisch kaum mehr arbeitsfähig waren. Hinzu kam, daß die ausgelagerten Handschriften, Bücher und Zeitschriften über das gesamte Reich verteilt wurden, daher nach dem Kriege erst wieder mühsam aus den verschiedenen Besatzungszonen zusammengebracht werden mußten und zum Teil bis heute noch nicht an ihren ursprünglichen Heimatort zurückgelangt sind.

Für einen möglichst raschen Wiederaufbau der Bestände setzte sich der Leiter der »Reichstauschstelle« und des »Beschaffungsamtes der Deutschen Bibliotheken« in Berlin, Dr. Adolf Jürgens, ein. In einer umfangreichen Denkschrift vom 7. 9. 1942 schlug er dem Reichserziehungsministerium die Einsetzung einer »Zentralstelle« vor, mit deren Hilfe der Ankauf und die Verteilung der Bücher nach einem einheitlichen Plan koordiniert werden sollten.[75] Damit sollte vor allem auch vermieden werden, daß die geschädigten Bibliotheken beim Erwerb der Bücher untereinander in Konkurrenz traten und so eine Verteuerung der Buchpreise herbeiführten. Die Beschaffung der Bücher wollte Jürgens über eine Reihe von Kanälen laufen lassen.[76] Zunächst dachte er an die Nutzbarmachung der in den besetzten Gebieten, insbesondere im Elsaß, in Lothringen, Luxemburg und Posen, beschlagnahmten Buchbestände. Die von der Gestapo sichergestellten Bücher und Zeitschriften sollten ebenso herangezogen werden wie die vom Reichsfinanzministerium aufgrund von Steuerrückständen eingezogenen Druckschriften. Da den polnischen Universitäten ohnehin die Auflösung beschieden war, sollten die Bestände ihrer Bibliotheken für den Wiederaufbau in Deutschland ausgeschlachtet werden. Abgesehen vom Ankauf von Privatbibliotheken sah Jürgens angesichts der prekären Lage auf dem deutschen Buchmarkt kaum Möglichkeiten, im Inland größere Bestände zu beschaffen. Dagegen könnten die hohen Francs-Rücklagen der Deutschen Reichsbank dazu benutzt werden, in Frankreich Zeitschriftenreihen sämtlicher Wissenschaftsgebiete und die neueste französische Wissenschaftsliteratur zu erwerben. Schließlich sollten

[74] S. die genaue Übersicht bei Leyh, Die Lage der deutschen wissenschaftlichen Bibliotheken nach dem Kriege, S. 22–23.

[75] BArch Potsdam R 21/10651 Bl. 20–23, hier Bl. 20.

[76] Zum folgenden ebd., Bl. 20/Rs.–22/Rs.

noch die Dublettenbestände der Reichstauschstelle auf die Bibliotheken verteilt und die Dublettenbestände der Bibliotheken nach Bedarf untereinander ausgetauscht werden.

Aufgrund der Kompetenzlage, die Verhandlungen mit dem Reichsfinanz-, dem Reichsinnenministerium und dem Reichssicherheitshauptamt erforderlich machte,[77] konnte das Reichserziehungsministerium erst im August 1943 die Einsetzung einer »Abteilung Wiederaufbau von Bibliotheken« bei der Reichstauschstelle offiziell bekanntgeben.[78] Für die Arbeit der neuen Abteilung standen zwei Millionen RM für Ankäufe im Inland sowie eine weitere Million RM in französischen Francs zur Verfügung.[79] Auf diese Weise konnten im Laufe des Jahres 1944 auf dem deutschen Buchmarkt sowie in Frankreich, Belgien, Holland und Italien mehr als 700000 Bände neu erworben werden.[80] Nicht für alle Erwerbungen wurde bezahlt. In Potsdam etwa fiel eine 15000 Bände umfassende Privatbibliothek, die ein verstorbener Universitätsprofessor seiner jüdischen Ehefrau vermacht hatte, nach deren Deportation an den Staat.[81] Das war gewiß kein Einzelfall.

Von einem koordinierten Wiederaufbau konnte aber trotz Einsetzung der Reichstauschstelle als Zentrale keine Rede sein. So wußte der SD im Januar 1944 von der »Tendenz« zu berichten, »daß die Bibliotheksleiter auf eigene Faust je nach der Kraft

[77] Protokoll der Besprechung im REM vom 23. 3. 1943, BArch Potsdam R 21/10651 Bl. 16–19.

[78] Runderlaß betr. »Wiederaufbau beschädigter oder zerstörter wissenschaftlicher Bibliotheken« vom 13. 8. 1943, in: Deutsche Wissenschaft, Erziehung und Volksbildung 9 (1943), S. 266.

[79] Zahlenangabe im Schreiben der Reichstauschstelle/Abt. III: Wiederaufbau von Bibliotheken an das REM vom 31. 8. 1944, BArch Potsdam R 21/10651 Bl. 147.

[80] Ebd. S. dazu auch die Berichte von Jürgens über seine Dienstreisen nach Belgien vom 25. 1. 1944 und Oberitalien vom 30. 1. 1945, BArch Potsdam R 21/10651 Bl. 49 und 196, den Bericht Kummers vom 15. 2. 1944 über die Ankäufe in Frankreich, Belgien und Holland, ebd. Bl. 59, sowie den Bericht von Jürgens über weitere Ankäufe auf dem französischen Buchmarkt vom 14. 9. 1944, ebd. Bl. 150.

[81] Schreiben des Vorstehers des Finanzamtes Potsdam an den Reichserziehungsminister vom 13. 7. 1944, BArch Potsdam R 21/10651 Bl. 139. Ende Juli 1944 wurde Dr. Jürgens mit der Sichtung des Nachlasses betraut. S. ebd., Bl. 140, die Mitteilung des REM an den Vorsteher des Potsdamer Finanzamtes vom 31.7.

der Ellenbogen an die Arbeit gehen und im Interesse ihrer eigenen Bibliotheken die zur Verfügung stehenden Mittel und Wege voreinander geheim halten«.[82] Des weiteren sei festzustellen, daß die Verlagerung der Bestände ohne jede Absprache erfolge, so daß meist die gleiche Literatur gesichert werde. Der Austausch fehlender Bestände über den Leihverkehr sei damit praktisch kaum noch möglich. Um ein völliges Erliegen der gerade auch für die Kriegsführung notwendigen wissenschaftlichen Forschung zu vermeiden, sollten die Bestände nicht mehr, wie bisher geschehen, ohne jeden Plan und an weit entfernte Sicherungsorte verbracht werden.[83] Völlig unverständlich sei, daß man »im 5. Kriegsjahr in der Bibliotheksverwaltung noch so peinlich auf Länder und Bibliothekssparten« achte.[84] Schließlich blieben auch das für die Verlagerungsarbeiten zur Verfügung stehende Personal und die Transportmittel weit hinter den Erfordernissen zurück.[85]

Nicht einmal unter den für die Literaturpolitik zuständigen Regierungsstellen war man offenbar zu koordinierenden Absprachen fähig. Die »Altbuchaktion«, mit der die RSK im Frühjahr 1944 die Privathaushalte zur Abgabe von Büchern für den ausgedörrten Buchmarkt animieren wollte, sorgte bei der Reichstauschstelle für Verärgerung. Es sei zu vermuten, ließ Jürgens das Reichserziehungsministerium am 25. 3. wissen, daß »durch diese Maßnahme manche rein wissenschaftlichen Bibliotheken, die im Laufe der Zeit der Reichstauschstelle angeboten worden wären, in der allgemeinen Woge der Buchaktion untergehen und verzettelt werden, anstatt dem Wiederaufbau der zerstörten wissenschaftlichen Bibliotheken zugeführt zu werden«.[86] Die Einbeziehung der Reichstauschstelle in die »Altbuchaktion« würde, wie Jürgens vermutete, vom Propagandaministerium abgelehnt werden, da die Aufkäufe von Privatbibliotheken durch die Reichstauschstelle ohnehin schon als »unliebsame Konkurrenz« für den Antiquariatsbuchhandel betrachtet würden.[87] Um die Bemühungen der Reichstauschstelle

82 »SD-Berichte zu Inlandsfragen vom 17. Januar 1944«, in: Meldungen aus dem Reich, Bd. 16, S. 6254–6258, hier S. 6256.

83 Ebd., S. 6257.

84 Ebd.

85 Ebd., S. 6258.

86 BArch Potsdam R 21/10651 Bl. 204.

87 Ebd.

aber nicht im »Trubel der Altbuchaktion«[88] untergehen zu lassen, solle das Reichserziehungsministerium den geplanten »Aufruf« des Präsidenten der Akademie der Wissenschaften, wissenschaftliche Privatbibliotheken zuerst der Reichstauschstelle zum Kauf anzubieten, vorziehen und nachdrücklich unterstützen. Ein Vorschlag, der nicht nur das Chaos der staatlichen Literaturpolitik, sondern auch die völlige Ignoranz gegenüber den realen Existenzsorgen der Bibliotheken im »totalen Krieg« illustriert.

4. Die Deutsche Bücherei in Leipzig

4.1. Die institutionelle Entwicklung und fachbezogene Tätigkeit

Am Montag nach der denkwürdigen Kantate-Versammlung des Börsenvereins der Deutschen Buchhändler vom 14. 5. 1933 demonstrierte die Deutsche Bücherei, daß auch sie den am 30. 1. erfolgten und durch die Reichstagswahlen vom 5. 3. 1933 bestätigten Machtwechsel an der Spitze des Staates voll und ganz mitzutragen bereit war. Die Rede von Heinrich Uhlendahl, seit 1924 Direktor der Bibliothek, zur Eröffnung der Ausstellung »Das Schrifttum der nationalen Bewegung« geriet unversehens zur Ergebenheitsadresse an die nationalsozialistische Regierung.[1] Die »nationale Bewegung«, als deren »Hauptträger« Uhlendahl die Reichswehr, den Stahlhelm »und vor allem die Nationalsozialistische Deutsche Arbeiterpartei« benannte, weise »eine durch anderthalb Jahrzehnte sich hinziehende Kette von Mühen und Kämpfen, von Erfolgen und Rückschlägen auf, deren letztes Glied der elementare Durchbruch des gesamten deutschen Volkes« sei.[2] Aufgrund »ihres Charakters, ihres Aufgabenkreises und ihrer bisherigen Tätigkeit« wüßte sich die Deutsche Bücherei »völlig eins mit den auf das Volk gerichteten

[88] Ebd., Bl. 204/Rs.

[1] Die Ansprache Uhlendahls ist wiedergegeben in: Bbl. 100. Jg., Redaktioneller Teil, Nr. 116 vom 20. 5. 1933, S. 369–370.
[2] Ebd., S. 369.

Kulturbestrebungen unserer Regierung«, wie sie Goebbels am Abend zuvor »in so eindringlichen Worten« dargelegt habe.[3] Die Deutsche Bücherei diene »zugleich dem Volke und dem Staate«. Als oberstes Gebot übernahm Uhlendahl dabei für sich und seine Mitarbeiter die von Reichsinnenminister Frick, dem für sein Haus zuständigen staatlichen Dienstherrn, ausgegebene Devise »Deutschland, nichts als Deutschland!«.

Nimmt man zu dieser in hohen nationalen Tönen gestimmten Rede noch die Ausstellung selbst hinzu, in der der Bevölkerung Leipzigs zusammen mit dem Schrifttum des Stahlhelm und der Reichswehr erstmals die Bücher, Zeitungen und Zeitschriften nationalsozialistischer Verlage in breiter Front präsentiert wurden,[4] so könnte leicht der Eindruck entstehen, als habe sich der Übergang in den »neuen« Staat für die Deutsche Bücherei völlig reibungslos vollzogen. Das war jedoch nicht der Fall. Hinter der festlichen Fassade wurden nämlich eine Reihe schwerwiegender Konflikte über die Zukunft der Deutschen Bücherei in institutioneller, personeller und konzeptioneller Hinsicht ausgetragen.

Trotz seiner deutlich bekundeten Bereitschaft zur Mitarbeit am »Aufbauwerk« der neuen Reichsregierung wurde Uhlendahl wegen angeblicher »dunkler politischer Machenschaften«, wie es in der »Leipziger Tageszeitung« hieß, vom 17. bis 19. 6. 1933 von der Politischen Polizei in Leipzig inhaftiert.[5] Die Verhaftung ging vermutlich auf eine Denunziation zurück,[6] wobei Uhlendahl durch seine eher deutsch-nationale als nationalsozialistische Gesinnung und durch sein eigenständiges Verhalten als

[3] Ebd., S. 370. Die folgenden Zitate ebd.

[4] Zum Aufbau der Ausstellung s. im einzelnen die Erläuterungen des DB-Bibliothekars Dr. Hans Praesent, ebd., S. 370–372.

[5] S. zum folgenden J. Stummvoll, Dira necessitas. Der Fall Leyh–Uhlendahl mit Bemerkungen über Nationalbibliotheken und Nationalbibliographien, Wien 1968, S. 4–6. Dort hat Stummvoll seine Tagebuchaufzeichnungen aus der Zeit vom 17. 6. bis 24. 8. 1933 veröffentlicht, in denen er als Mitarbeiter der Deutschen Bücherei seine Beobachtungen und Bewertungen der Ereignisse um die Verhaftung Uhlendahls festhielt. Der Bericht der »Leipziger Tageszeitung« vom 20. 6. 1933 ist ebd., S. 5, zitiert. Vgl. auch A. Matthias, Das Wirken Heinrich Uhlendahls für die Deutsche Bücherei, in: Jahrbuch der Deutschen Bücherei 21 (1985), S. 51–100, hier S. 66–67.

[6] So Stummvoll, Dira necessitas, S. 5, und ders., IFLATION. Erinnerungen an die IFLA und an markante Bibliothekare seit 1929, in: Biblos 26 (1977), S. 257–272, hier S. 260.

Bibliotheksdirektor die Mißgunst örtlicher Parteidienststellen auf sich gezogen haben dürfte.[7] So hatte er sich etwa für seinen langjährigen Stellvertreter Dr. Otto Erich Ebert eingesetzt, der wegen seiner »nichtarischen« Herkunft aufgrund des sogenannten »Gesetzes zur Wiederherstellung des Berufsbeamtentums« aus dem Dienst der Deutschen Bücherei entlassen werden sollte.[8] Die Vorwürfe der NSDAP-Kreisleitung Leipzig gingen jedoch über diesen Einzelfall weit hinaus. Der von der Kreisleitung lancierte Bericht der »Leipziger Tageszeitung« vom 20. 6. über die Verhaftung Uhlendahls trug den parteiischen Titel »Einer der gefährlichsten Systembonzen gefaßt!«.[9] Ohne irgendwelche Beweise für die Anschuldigungen anzuführen, sprach die Parteidienststelle dem Bibliotheksdirektor auch nach seiner raschen Entlassung aus der »Schutzhaft«, jedoch noch während seiner Suspendierung vom Dienst, das Mißtrauen aus. So hieß es in einer am 4. 7. in den »Leipziger Nachrichten« veröffentlichten Erklärung der Kreisleitung: »Wir lehnen ihn [nämlich Uhlendahl] nach wie vor als im Sinne der nationalsozialistischen Revolution unzuverlässig ab und werden unentwegt darauf hinarbeiten, den in der Deutschen Bücherei niedergelegten Kulturschatz des deutschen Volkes einwandfrei ihrer alleinigen Obhut zu unterstellen«.[10] Doch obwohl bereits am 23. 6. mit Dr. Karl Oehler, dem Bücherwart der Leipziger NSDAP, ein

[7] Uhlendahl ist der NSDAP bis 1945 nicht beigetreten. Erst ab 1934 engagierte er sich in einer Reihe nationalsozialistischer Organisationen: NS-Kulturgemeinde (12. 10. 1934–1938); SA (1934–1938); NSV (seit April 1934); RDB (seit 1. 1. 1934); NS-Ringverband-Kameradschaft der Freikorpskämpfer (seit 1938). Seit 1919 war er – als Frontkämpfer des Ersten Weltkriegs (1915–1918) – Mitglied in der Offiziersvereinigung FA R 225, seit 1933 im Volksbund für Kriegsgräberfürsorge und seit 1938 in der Offizierswohlfahrtsgruppe Leipzig im Reichskriegerbund. S. das von Uhlendahl unterzeichnete »Personalblatt« vom 1. 3. 1938 in BDC/RMVP/Uhlendahl, H.

[8] H. Rötzsch/H.-M. Pleßke, Die Deutsche Bücherei in Leipzig. Ein Abriß der Geschichte des Gesamtarchivs des deutschsprachigen Schrifttums 1912–1987, Leipzig 1987, S. 48. In den Fall wurde im Juli 1933 auch Börsenvereins-Vorsteher Oldenbourg einbezogen. S. dazu StA Leipzig BV/798. Ebert wurde ebenso wie drei weitere jüdische Bibliothekare im Laufe des Jahres 1933 in den Ruhestand versetzt.

[9] Zitiert nach Stummvoll, Dira necessitas, S. 5.

[10] Zitiert nach Stummvoll, Dira necessitas, S. 6.

»Staatskommissar« in die Deutsche Bücherei eingerückt war,[11] konnte Uhlendahl mit Rückendeckung der Berliner Regierungsstellen am 1. 7. seine Tätigkeit wieder aufnehmen und bis 1954 fortsetzen.

Die Auseinandersetzungen um die Person Uhlendahls fielen in eine Zeit, in der über die Frage der reichsministeriellen Zuständigkeit für die Deutsche Bücherei noch kontrovers diskutiert wurde. Wie einer kleinen »Denkschrift« zu entnehmen ist, die am 29. 5. 1933 dem Leipziger Oberbürgermeister Carl Goerdeler zuging, hätte Uhlendahl seine Bibliothek lieber weiterhin unter dem Protektorat des Reichsinnenministeriums gesehen als die zu jenem Zeitpunkt diskutierte Unterstellung unter das Propagandaministerium.[12] Die Reichsregierung setzte sich jedoch über diese behutsam vorgetragenen Bedenken hinweg. Durch die Verordnung Hitlers vom 30. 6. 1933 wurde die Deutsche Bücherei dem Zuständigkeitsbereich von Goebbels zugeschlagen.[13] Eine politische Entscheidung mit weitreichenden Folgen, wie noch näher darzustellen sein wird.

Neben der Frage der Verantwortlichkeit gegenüber einem Reichsministerium stand aber noch ein zweites zentrales Problem zur Lösung an. Mit der Gründung der Deutschen Bücherei hatte der Börsenverein den Aufbau einer Nationalbibliothek intendiert, in der – beginnend mit dem Jahr 1913 – das im In- und Ausland erscheinende »deutsche Schrifttum« lückenlos gesammelt werden sollte.[14] Mit Hilfe der organisatorischen und finanziellen Unterstützung des Börsenvereins, der sächsischen Landesregierung, der Stadt Leipzig und seit 1923 auch der Reichsregierung war es im Laufe der zwanziger Jahre gelungen, eine größtmögliche Vollständigkeit zu erreichen.[15] Die Einrichtung einer bibliographischen Auskunftsstelle im Jahr 1925 und die Herausgabe der »Deutschen Nationalbibliographie« seit dem 3. 1. 1931 sowie fünfzehn weiterer Bibliographien, darun-

[11] Hinweis ebd., S. 5.

[12] Ein Exemplar der Denkschrift findet sich zusammen mit dem Anschreiben Uhlendahls an Goerdeler im DB-Archiv Nr. 152/1/2.

[13] »Verordnung über die Aufgaben des Reichsministeriums für Volksaufklärung und Propaganda« vom 30. 6. 1933, in: RGBL/Teil I Nr. 75 vom 5. 7. 1933, S. 449.

[14] Dazu im einzelnen Rötzsch/Pleßke, Die Deutsche Bücherei in Leipzig, S. 10–29.

[15] Ebd., S. 30–46.

ter das »Jahresverzeichnis der deutschen Hochschulschriften«, waren wichtige Schritte auf dem Weg der Deutschen Bücherei zur zentralen reichsdeutschen Bibliothek.[16]

Diese Entwicklung führte jedoch zwangsläufig zu einer Konkurrenz mit der Preußischen Staatsbibliothek, deren führende Stellung im deutschen Bibliothekswesen durch den Ausbau der Deutschen Bücherei zunehmend in Frage gestellt wurde.[17] Erst durch einen Erlaß von Reichserziehungsminister Rust vom 11. 12. 1935 kam es zu einer klaren Kompetenz- und Arbeitsaufteilung zwischen beiden Bibliotheken. Während die Deutsche Bücherei von nun an die »zentrale Katalogisierung der deutschsprachigen Schriften überlassen« wurde, sollte die Staatsbibliothek in Berlin für sämtliche deutschen wissenschaftlichen Bibliotheken die »Katalogisierung der fremdsprachigen Schriften« übernehmen.[18] Auf der Grundlage dieser Absprache begann die Deutsche Bücherei, ab dem 1. 1. 1937 sogenannte »Zetteldrucke« von den in der Deutschen Nationalbibliographie angezeigten Titeln zu erstellen, die über die Bibliotheken hinaus auch von wissenschaftlichen Anstalten, Industrie- und Handelsfirmen sowie sonstigen Interessenten bezogen werden konnten.[19]

Seit 1934 wurden die Bemühungen um Vollständigkeit und eine Vervollständigung der Bestände intensiviert. In der neuen Satzung des Börsenvereins vom 6. 11. 1934 und durch eine Anordnung des Bundes Reichsdeutscher Buchhändler vom 22. 12. wurden die Mitglieder aus dem Verlagswesen verpflichtet, stets ein Exemplar ihrer Veröffentlichungen der Deutschen Bücherei lückenlos und ohne Berechnung zur Verfügung zu stellen.[20] Im

[16] E. Rückert, Die Deutsche Bücherei als bibliographische Auskunftszentrale, in: Bbl. 100. Jg., Redaktioneller Teil, Nr. 110 vom 13. 5. 1933, Kantate-Beilage S. 7–8; ders., Die Deutsche Bücherei und ihre Auskunftsstelle, in: Jahrbuch des Großdeutschen Leihbuchhandels 1941, S. 212–218; H. Uhlendahl, Die Sonderstellung der Deutschen Bücherei unter den deutschen Bibliotheken, in: Bbl. 105. Jg., Redaktioneller Teil, Kantate-Beilage 1938, S. 7–12, hier S. 8.

[17] Vgl. Stummvoll, IFLATION, S. 258.

[18] Hinweis auf den Erlaß des REM bei W. Frels, Zwei Jahre deutsche Zetteldrucke, in: Bbl. 106. Jg., Redaktioneller Teil, Nr. 186 vom 12. 8. 1939, S. 597–598, hier S. 597.

[19] S. im einzelnen ebd.

[20] Satzung des Börsenvereins der Deutschen Buchhändler, § 4, Abs. 7, in: Bbl. 101. Jg., Redaktioneller Teil, Nr. 269 vom 17. 11. 1934, hier S. 1007.

Juli des gleichen Jahres wies auch die Reichsleitung der NSDAP sämtliche Parteidienststellen an, jeweils ein Exemplar ihrer Veröffentlichungen »unaufgefordert laufend und kostenlos« nach Leipzig zu senden.[21] Zu Beginn des Jahres 1935 forderte Börsenvereins-Vorsteher Wilhelm Baur die Sortimenter und Verleger auf, »bei den umfassenden Aufräumungsarbeiten, die jetzt vielfach vorgenommen werden, bei der ›Entrümpelung‹ der Lager und der Sichtung der Geschäfts- und Privatbibliotheken stets die Sammelaufgabe der Deutschen Bücherei im Auge zu behalten«.[22] Baur dachte dabei natürlich nicht nur an unverfängliche »Gelegenheitsschriften«, sondern gerade auch an »geheimzuhaltende und verbotene Schriften, wie Erotica, Politica, Freimaurerliteratur usw., die sowieso nicht für die Öffentlichkeit bestimmt sind und in der Geheimabteilung der Deutschen Bücherei, den sogenannten ›Giftschränken‹ am besten aufgehoben sind«.[23]

Eine erste reichseinheitliche Regelung der Ablieferung von Druckschriften an die Deutsche Bücherei wurde am 20. 9. 1935 von Goebbels erlassen.[24] Danach hatten sämtliche dem Zuständigkeitsbereich der Reichskulturkammer unterstehenden »Einzelpersonen, Verbände und sonstige Stellen«, soweit deren Verlagsunternehmen nicht bereits durch die erwähnten Anordnungen erfaßt worden waren, die Pflicht, »die von ihnen herausge-

[21] Mitteilungen aus der Deutschen Bücherei Nr. 56 (August 1934): Aufruf [des Beauftragten für Kulturfragen des Stellvertreters des Führers, Bouhler] zur Einsendung aller parteiamtlichen Schriften an die Deutsche Bücherei, BArch Potsdam NS 12/45.

[22] Aufruf an die Mitglieder des Börsenvereins zur Vervollständigung der Bestände der Deutschen Bücherei vom 2. 1. 1935, in: Bbl. 102. Jg., Redaktioneller Teil, Nr. 6 vom 8. 1. 1935, S. 17.

[23] Ebd.

[24] »Anordnung der Reichskulturkammer betr. Ablieferung von Druckschriften an die Deutsche Bücherei in Leipzig«, wiedergegeben bei Ihde (Hg.), Handbuch der Reichsschrifttumskammer, S. 158. Die Anordnung wurde am 10. 8. 1938 auf die Ostmark und am 1. 11. 1938 auf den Sudetengau ausgedehnt. Bericht der Deutschen Bücherei für das Rechnungsjahr 1938, in: Bbl. 106. Jg., Redaktioneller Teil, Nr. 93 vom 22. 4. 1939, S. 318. Ab 1. 5. 1939 galt die Pflichtablieferung auch für das Memelland, ab 30. 1. 1940 für die Reichsgaue Westpreußen und Posen sowie die Regierungsbezirke Kattowitz und Zichenau. Bericht der Deutschen Bücherei für das Rechnungsjahr 1939, in: Bbl. 107. Jg., Redaktioneller Teil, Nr. 80 vom 6. 4. 1940, S. 115.

brachten Druckschriften spätestens innerhalb einer Woche nach Erscheinen möglichst in einem gebundenen Exemplar porto- und kostenfrei an die Deutsche Bücherei abzugeben«. Für den Fall, daß eine Publikation der Geheimhaltung unterlag, war dies bei der Einsendung besonders zu vermerken. Von der Ablieferungspflicht betroffen waren Bücher und Zeitschriften ebenso wie Broschüren und kleinere Drucksachen, nicht jedoch Musikalien und Kunstblätter ohne begleitenden Text, erstaunlicherweise auch keine politischen Tageszeitungen – wohl aber deren literarische und heimatkundliche Beilagen –, Preislisten, Musterbücher und Kataloge ohne selbständigen literarischen oder künstlerischen Wert sowie einfache Vordrucke.

Aufgrund dieser Anordnungen konnte die Deutsche Bücherei ihre Bestände im Laufe der dreißiger Jahre komplettieren und beträchtlich erweitern.[25] Die Aktualität und Vielfalt der Bestände, die Verbesserung ihrer Erschließung durch einen Alphabetischen Katalog, eine Sachkartei und die 1936 neu eingerichtete Verlegerkartothek führten zu einer erheblichen Steigerung der Benutzung durch Privatpersonen und den Buchhandel,[26] ließen die aus dem gesamten Reichsgebiet eingehenden Anfragen bis 1943 auf 65000 (gegenüber 12000 im Jahre 1930) ansteigen,[27] machten das »Gesamtarchiv des deutschsprachigen Schrifttums« aber eben auch für die staatlichen und parteiamtlichen Schrifttumsstellen zunehmend attraktiver. Erst während des Krieges erlitt die Tätigkeit wieder einen kleinen Rückschlag. Als Folge der Produktionsschwierigkeiten registrierte die Deutsche Bücherei, daß eine große Anzahl von Neuerscheinungen erst mit erheblicher Verspätung oder überhaupt nicht abgelie-

[25] Der Gesamtbestand war bis zum Frühjahr 1938 auf 1,5 Mio. Bände angestiegen, der jährliche Zuwachs lag bei mehr als 80000 bibliographischen Einheiten. Zahlenangaben bei H. Uhlendahl, Die Sonderstellung der Deutschen Bücherei unter den deutschen Bibliotheken, in: Bbl. 105. Jg., Redaktioneller Teil, Kantate-Beilage, S. 7. S. dazu auch A. Paust, Wie erreicht die Deutsche Bücherei die Vollständigkeit ihrer Bestände?, ebd., S. 12–14.

[26] A. Franke, Die Verlegerkartothek der Deutschen Bücherei. Eine Einführung zum Nutzen des Gesamtbuchhandels, in: Bbl. 103. Jg., Redaktioneller Teil, Nr. 21 vom 25. 1. 1936, S. 81–82.

[27] Anlage 1 zum Haushaltsplan der DB für das Rechnungsjahr 1944, BArch Potsdam R 56 V/63 Bl. 9–10, hier Bl. 10 (IV.).

fert wurden.[28] Die RSK mußte daher die Verlage im Oktober 1941 noch einmal darauf festlegen, »jeweils das erste verfügbare Exemplar zur Anzeige in den Neuigkeitsverzeichnissen« bereitzustellen, und zwar notfalls nur in broschierter Form, in jedem Fall aber »noch vor der allgemeinen Auslieferung« an den Buchhandel.[29]

Die seit 1933 gewachsene Bedeutung der Deutschen Bücherei war im wesentlichen auf das verstärkte, natürlich keineswegs selbstlose Engagement des Propagandaministeriums zurückzuführen gewesen. Goebbels hatte dem Haus im März 1936 einen Besuch abgestattet,[30] die Feier zum 25jährigen Jubiläum war vom Propagandaministerium groß aufgezogen worden,[31] die Kooperation der Schrifttumsabteilung und der RSK mit den Bibliothekaren der Deutschen Bücherei wurde zu einem immer wichtigeren Faktor der staatlichen Zensurpolitik. Es war daher nur konsequent, daß die Deutsche Bücherei am 31. 3. 1940 in eine »Anstalt des öffentlichen Rechts« umgewandelt wurde.[32]

Die Aufsichtsfunktionen übernahm der Propagandaminister (§ 1,1). Die Kosten für den Unterhalt sollten wie bisher zu je zwei Fünfteln vom Reich und vom Land Sachsen, zu einem Fünftel von der Stadt Leipzig getragen werden (§ 1,2). Der Börsenverein übertrug sein bisheriges bewegliches und unbewegliches Eigentum an der Deutschen Bücherei unentgeltlich auf die neue Anstalt, behielt sich lediglich das Recht an der Herausgabe der Nationalbibliographie vor (§ 2,1). Der Propagandaminister war – »im Einvernehmen« mit dem Reichsstatthalter in Sachsen – unmittelbar für die Ernennung des Generaldirektors der Deutschen Bücherei zuständig.[33] Die fachliche Tätigkeit, die

[28] »Sofortige Einsendung der Neuerscheinungen und Neuauflagen an die Deutsche Bücherei«, in: Vertrauliche Mitteilungen der Fachschaft Verlag Nr. 116–162 vom 1. 10. 1941, wiedergegeben bei Ihde (Hg.), Handbuch der Reichsschrifttumskammer, S. 158–159.

[29] Ebd., S. 159.

[30] Besuch des Reichsministers Dr. Goebbels in der Deutschen Bücherei, in: Bbl. 103. Jg., Redaktioneller Teil, Nr. 55 vom 5. 3. 1936, S. 206.

[31] S. den Bericht mit der Wiedergabe der Reden auf der Kundgebung des deutschen Buchhandels im Neuen Theater in Leipzig, in: Bbl. 105. Jg., Redaktioneller Teil, Nr. 118 vom 17. 5. 1938, S. 395–397.

[32] Gesetz über die Deutsche Bücherei in Leipzig vom 18. 4. 1940, in RGBL/Teil I Nr. 71 vom 22. 4. 1940, S. 657–658.

[33] Satzung der Deutschen Bücherei vom 1. 8. 1940 (§ 2). Ein Exemplar findet sich in BArch Potsdam R 56 V/63 Bl. 31–32.

Haushaltsführung, der Abschluß von Verträgen sowie die allgemeine Verwaltungsführung unterlagen der Aufsicht eines Verwaltungsrates,[34] dem Vertreter des Propagandaministeriums, des Reichsfinanzministeriums, der NSDAP, des Landes Sachsen, der Stadt Leipzig, der RSK und des Börsenvereins (§ 3).

Die rechtliche Umwandlung hatte zunächst den praktischen Vorteil, daß die Bezahlung und die soziale Absicherung der Bibliothekare verbessert und die personelle Ausstattung insgesamt erweitert werden konnten.[35] Zudem wurde die Position des Hauses gegenüber Eingriffen von außen gestärkt. So entging die Deutsche Bücherei zukünftig der bislang zum Teil äußerst kleinkarierten Bevormundung durch den Börsenvereins-Vorsteher Wilhelm Baur.[36] Im November 1941 konnte Generaldirektor Uhlendahl, unterstützt von der ministeriellen Schrifttumsabteilung, sogar die von Reinhard Heydrich geforderten zusätzlichen Arbeitsräume für die SD-Verbindungsstelle in der Deutschen Bücherei abweisen.[37] Das alles darf jedoch nicht über den hohen politischen Preis hinwegtäuschen, den die Bibliothek zu zahlen hatte: die mit der Umwandlung in eine »Anstalt des öffentlichen Rechts« festgeschriebene Pflicht zur Dienstleistung für den nationalsozialistischen Staat.

4.2. Die Funktionalisierung für die nationalsozialistische Literaturpolitik

Die Vereinnahmung der Deutschen Bücherei für zensurpolitische Zwecke erfolgte anfangs eher beiläufig. Im Herbst 1933

[34] Ebd. (§ 3).

[35] A. Heß, Die Deutsche Bücherei – Anstalt des öffentlichen Rechts, in: Bbl. 107. Jg., Redaktioneller Teil, Nr. 96 vom 25. 4. 1940, S. 157–158, hier S. 157.

[36] S. dazu das Schreiben W. Baurs an Uhlendahl vom 3. 3. 1936, in der sich der Börsenvereins-Vorsteher über die unterlassene Benachrichtigung des Besuchs von Goebbels in der DB beschwerte, StA Leipzig BV/799, sowie Baurs Schreiben vom 1. und 22. 9. 1936 betr. Ausleihe von Verbotsliteratur in der DB, StA Leipzig BV/800.

[37] S. die Abschrift des Schreibens von Heydrich an Uhlendahl vom 25. 11. 1941, die Intervention Uhlendahls beim Leiter der Schrifttumsabteilung vom 1. 12. 1941 sowie die der Haushaltsabteilung des RMVP am 9. 12. 1941 vorgelegte ablehnende Stellungnahme Haegerts zum Anliegen des RSHA, BArch Potsdam R 55/642 Bl. 50–52.

entstand in der Bibliothek der Plan, eine »Gesamtbibliographie des nationalsozialistischen Schrifttums« zu erstellen.[38] Sie sollte für die Zeit von 1919 bis zum 30. 1. 1933 alle Monographien und Zeitschriftenaufsätze über den Nationalsozialismus erfassen.[39] Zur Durchführung der Arbeiten wurden arbeitslose Akademiker als Hilfskräfte eingestellt, die von der Wissenschaftlichen Akademikerhilfe der Notgemeinschaft der Deutschen Wissenschaft finanziert wurden.[40] Als Betreuer des Projekts setzte Uhlendahl drei Bibliothekare ein, die eine Mitgliedschaft in der NSDAP und/oder SA nachweisen konnten.[41]

Die bibliographischen Arbeiten waren gerade angelaufen, da erhielt die Bibliotheksleitung am 28. 6. 1934 ein Schreiben der PPK.[42] Darin teilte deren Geschäftsführer Hederich mit, daß die geplante Bibliographie nicht erscheinen könne. Zur Begründung hieß es, daß »über das, was nationalsozialistisches Schrifttum ist, die Partei allein verfügt und ihr nicht zugemutet werden kann, daß sie ohne weiteres Schriften als nationalsozialistisch anerkennt, die von anderer Seite als solche bezeichnet werden«. Aus diesen Formulierungen sprach nicht nur das Mißtrauen gegenüber der Leipziger Einrichtung, sondern vor allem das Profilierungsstreben der neuen parteiamtlichen Schrifttumsstelle.

Da die von der Deutschen Bücherei vorbereitete Bibliographie im Auftrag des Propagandaministeriums erscheinen sollte,[43] mußte sich die Bouhler-Kommission jedoch erst einmal mit dem Ministerium einig werden. Ergebnis der Gespräche zwischen Hederich und Wismann war, daß die Bibliographie im Eher Verlag erscheinen und von dort aus finanziert wer-

[38] Mitteilung Uhlendahls an August Friedrich Velmede (KfdK) vom 18. 9. 1933, DB-Archiv Nr. 611. Gleichzeitig wurde noch eine Hindenburg-Bibliographie vorbereitet.

[39] So Uhlendahl in einem Schreiben an Rudolf Kummer vom 6. 2. 1934, ebd.

[40] Der Hinweis auf den im November 1933 von der Deutschen Bücherei gestellten Antrag bei der Notgemeinschaft findet sich in der »Niederschrift über eine Besprechung«, die Uhlendahl und sein Stellvertreter Dr. Werner Rust am 1. 4. 1936 mit dem PPK-Mitarbeiter Karl-Helmut Patutschnik über die weitere Zusammenarbeit bei der NS-Bibliographie führten. DB-Archiv Nr. 611.

[41] Uhlendahl an Wismann vom 26. 2. 1934, ebd.

[42] DB-Archiv Nr. 611.

[43] So das Antwortschreiben der DB an die PPK vom 18. 7. 1934, ebd.

den sollte.[44] Als Herausgeber sollten dann die Reichsleitung der NSDAP und das Propagandaministerium fungieren, die Sacharbeit sollte von der Deutschen Bücherei geleistet werden.[45]

Während die von der Wissenschaftlichen Akademikerhilfe bezahlten Hilfskräfte die Durchsicht und Katalogisierung der einlaufenden Bücher und Zeitschriften vornahmen, bereiteten die Mitarbeiter der Ende Februar 1935 in der Deutschen Bücherei errichteten Abteilung der PPK die Publikation der Bibliographie vor.[46] Nach einer Absprache vom April 1936 wurden die Arbeiten der Bibliothek dann auf die Erstellung der ursprünglich geplanten Gesamtbibliographie für die Jahre 1919 bis 1933, die noch einmal durch eine Anschlußbibliographie für die Zeit bis Ende 1935 ergänzt werden sollte, abgedrängt.[47] Dennoch stellte die Deutsche Bücherei der PPK-Abteilung weiterhin vier Hilfskräfte zur Verfügung und informierte sie mit einer auf Zettelkarton geklebten Titelaufnahme über die laufenden Neuzugänge.[48]

Nach einer Erwähnung der Deutschen Bücherei in der dann ab Januar 1936 erschienenen NS-Bibliographie sucht man allerdings vergebens. Sie sollte, wie Hederich Uhlendahl am 8. 2. 1936 mitteilte, zum einen unterbleiben, um den »Charakter der Deutschen Bücherei als einer reinen Sammelstelle zu belassen«, zum anderen, weil mit dem im NSB-Arbeitskreis vertretenen Leiter der Schrifttumsabteilung des Propagandaministeriums die »politische Seite des Problems« abgedeckt sei.[49] Dennoch erklärte sich der Direktor der Bibliothek bereit, die Arbeit an der NS-Bibliographie weiterhin mit kritischen Anregungen zur

44 Mitteilung Werner Rusts an Uhlendahl vom 30. 8. 1934, ebd.

45 Ebd.

46 »Niederschrift« über die Besprechung vom 1. 4. 1936, S. 1.

47 Ebd., S. 2 (Pkt. 1).

48 Ebd. (Pkt. 2–3).

49 Das Schreiben in DB-Archiv Nr. 611. Ursprünglich war für den Titel folgende Fassung vorgesehen: »Nationalsozialistisches Schrifttum. Verzeichnis von Neuerscheinungen über den Nationalsozialismus. Hg. vom Reichsministerium für Volksaufklärung und Propaganda und von der Parteiamtlichen Prüfungskommission zum Schutz des NS.-Schrifttums. Bearbeitet von der Deutschen Bücherei«. S. den »Bericht über Aufbau und Stand der Bearbeitung der Nationalsozialistischen Bibliographie in der Deutschen Bücherei« vom 13. 9. 1934, ebd.

bibliographischen Erfassung der Titel, zur Gliederung und zum Layout zu unterstützen.[50]

Kehrseite dieser zunächst rein fachbezogenen Hilfestellung war, daß die Bouhler-Kommission über die Arbeit an der NS-Bibliographie die Kontrolle über sämtliche in Leipzig eingehenden Neuerscheinungen zum Nationalsozialismus erhielt. Das hatte entscheidende Konsequenzen für die Zensurpolitik der PPK.[51] Aufgrund einer vertraulichen Absprache zwischen Wilhelm Baur und Hederich vom März 1936 hatte der Mitarbeiter der Leipziger PPK-Abteilung, Karl Helmut Patutschnik, aber zusätzlich noch die Aufgabe, die Neuzugänge in der Deutschen Bücherei allgemein auf staatsfeindliche und »unerwünschte« Literatur hin durchzusehen.[52] Über seine Ergebnisse sollte Patutschnik regelmäßig an den Vorsteher des Börsenvereins berichten. Baur erhielt auf diese Weise nicht nur Informationen zur Verbotsliteratur selbst, sondern auch einen genauen Einblick in die Anschaffungs- und Ausleihpolitik der Deutschen Bücherei.[53]

Der Börsenvereins-Vorsteher hatte die Notwendigkeit zur Errichtung einer »eigene[n] Überwachungsstelle« damit begründet, daß eine solche zwar von der RSK geplant, jedoch noch nicht realisiert worden sei.[54] In der Tat hatte die Kammer die Möglichkeiten der Deutschen Bücherei als Instrument der

[50] S. den Hinweis auf die Absprache Uhlendahls mit Bouhler in seiner Rundfrage an die Abteilungsleiter der DB vom 27. 11. 1936 betr. »Was erscheint an der NS-Bibliographie vom Standpunkt des Bibliographen und vom Standpunkt des Benutzers in Anlage, Gliederung und äußerer Form verbesserungsfähig?«, DB-Archiv Nr. 611. Die Antworten sowie deren Übermittlung durch Uhlendahl an Hederich mit Schreiben vom 1. 2. 1937 ebd.

[51] S. dazu den von Hederich im Zusammenhang mit den Vorbereitungen für den A-Fall verfaßten Plan betr. »Organisation und Aufgabenbereich der PPK« (o.D., ca. 1937), BArch Potsdam NS 11/5 Bl. 4–5, hier Bl. 4 (Pkt. 2a.).

[52] Abschrift eines Schreibens von W. Baur an Hederich vom 12. 3. 1936, StA Leipzig BV/810.

[53] W. Baurs Schreiben an Uhlendahl vom 1. und 22. 9. 1936, in denen die Ausleihe von »verbotene[r] oder verbotsreife[r] Literatur« durch die DB und die darin zum Ausdruck kommende politische »Instinktlosigkeit« ihrer Mitarbeiter kritisiert wurden, dürften auf »Informationen« Patutschniks basiert haben. StA Leipzig BV/800.

[54] W. Baur an Hederich vom 12. 3. 1936, StA Leipzig BV/810.

staatlichen Zensurpolitik bislang noch nicht systematisch zu nutzen begonnen. Zu Beginn des Jahres 1935 hatte RSK-Geschäftsführer Gunther Haupt gegenüber Uhlendahl lediglich die Bitte geäußert, für einen »begrenzten Zeitraum« über den Eingang staatsfeindlicher Literatur und von »Schriften ausgesprochen minderwertiger Art« unterrichtet zu werden.[55] An dem eher informellen Kontakt zwischen Kammer und Bibliothek änderte sich auch nach der Herausgabe der »Liste 1 des schädlichen und unerwünschten Schrifttums« Ende 1935 wenig. Erst nachdem deren Fehlerhaftigkeit wie überhaupt die Unzulänglichkeiten des bisherigen Zensursystems im Laufe des Jahres 1937 offenkundig geworden waren, wurde die Deutsche Bücherei vom Propagandaministerium stärker in die Pflicht genommen. Die bibliographische Erarbeitung ebenso wie die Abwicklung des Drucks und die Auslieferung der Verbotslisten liefen seit 1938 nach den vom Ministerium vorgegebenen Richtlinien über Leipzig.[56]

Es ist in diesem Zusammenhang immer wieder auf das Verdienst Uhlendahls hingewiesen worden, mit großer Hartnäckigkeit auf der Erfüllung des Sammelauftrags der Deutschen Bücherei insistiert und dadurch die Vollständigkeit der Bestände an deutschsprachiger Literatur für die Jahre 1933 bis 1945 gesichert zu haben.[57] Auch die bibliographische Erfassung der Verbotsliteratur, die im Oktober 1936 vom Propagandaministerium untersagt worden war,[58] mit der seit Januar 1939 monatlich herausgegebenen »Liste der in der Deutschen Bücherei unter Verschluß gestellten Druckschriften« aber faktisch wieder

[55] S. das Schreiben Uhlendahls an Haupt vom 28. 3. 1935 sowie die »Beobachtungen an Veröffentlichungen der reichsdeutschen Verleger in der Zeit vom 9. 1. bis 1. 2. 1935«, DB-Archiv Nr. 841.

[56] S. dazu im einzelnen Kapitel III, Abschnitt B 2.1.1. dieser Arbeit.

[57] H. Halfmann, Das Schrifttum der Emigration in der Deutschen Bücherei, in: Deutsche Bücherei 1912–1962, S. 200; Rötzsch/Pleßke, Die Deutsche Bücherei in Leipzig, S. 49–50.

[58] Auf Anweisung der Schrifttumsabteilung vom 12. 10. 1936 durften »1. in Deutschland verbotene Bücher, 2. Bücher, die von Emigranten geschrieben sind, 3. Bücher deutschfeindlichen Inhaltes, 4. Bücher, in denen bolschewistische Theorien vorgetragen und vertreten werden«, nicht mehr in der Deutschen Nationalbibliographie sowie im Halb- und 5-Jahresverzeichnis aufgeführt werden. Das von Wismann unterzeichnete Schreiben ist vollständig wiedergegeben bei Halfmann, Das Schrifttum der Emigration in der Deutschen Bücherei, S. 209.

aufgenommen und 1949 der Öffentlichkeit zugänglich gemacht werden konnte,[59] sei ein den nationalsozialistischen Machthabern abgerungenes Zugeständnis und damit ein Erfolg des Hauses gewesen.

Das trifft allerdings nur einen Teil der Wahrheit. So schätzenswert die Verdienste Uhlendahls für die Zeit *nach* dem Zusammenbruch des nationalsozialistischen Herrschaftssystems waren[60] – *im* »Dritten Reich« kamen sie nicht den Benutzern, sondern ausschließlich den staatlichen und parteiamtlichen Schrifttumsstellen sowie der Gestapo und dem SD zugute. Diese erhielten nämlich durch die emsige Sammeltätigkeit der Deutschen Bücherei sehr genaue Kenntnisse über die Produktion der Verlage im Deutschen Reich ebenso wie in den Exilländern, was eine ständige Aktualisierung der Verbotspolitik begünstigte. 1940 hatte sich die Kooperation bereits dermaßen eingespielt, daß das Propagandaministerium der Bibliotheksleitung regelmäßig die Verbotsvorgänge mitteilte[61] und das Reichssicherheitshauptamt die Stapo(leit)stellen anwies, von jeder beschlagnahmten Druckschrift jeweils ein Exemplar an die Deutsche Bücherei zu schicken.[62]

Seit Beginn des Krieges wurde die Deutsche Bücherei immer häufiger mit fachfremden politischen Aufträgen eingedeckt. Die im September 1939 angelegte »Kriegssammlung« knüpfte zwar noch an eine Tradition aus dem Ersten Weltkrieg an.[63] Da mit ihr jedoch vor allem die deutschsprachigen Darstellungen zum Zweiten Weltkrieg gesammelt, bibliographisch erschlossen und

[59] Deutsche Nationalbibliographie. Ergänzung I: Verzeichnis der Schriften, die 1933 bis 1945 nicht angezeigt werden durften. Bearbeitet und herausgegeben von der Deutschen Bücherei in Leipzig, Leipzig 1949.

[60] S. dazu H. Uhlendahl, »Bücher der Emigration«. Ansprache zur Eröffnung der Ausstellung der Deutschen Bücherei [am 2. 3. 1947], in: ZfB 61 (1947), S. 32–36.

[61] Schreiben Uhlendahls an Dr. Koch von der Schrifttumsabteilung des RMVP vom 12. 6. 1939, DB-Archiv Nr. 580/0–3.

[62] Eine Abschrift der Anweisung des RSHA vom 7. 6. 1940 findet sich in HStA Düsseldorf RW 36/30 Bl. 61. Die Anweisung ging auf eine Bitte der Deutschen Bücherei zurück, ihre Bemühungen um die Beschaffung der verbotenen, insbesondere der fremdsprachigen Werke zu unterstützen. S. das von Dr. Wilhelm Frels unterzeichnete Schreiben an das Gestapa vom 26. 3. 1940, DB-Archiv Nr. 580/0–3.

[63] Bericht der Deutschen Bücherei für das Rechnungsjahr 1939, in: Bbl. 107. Jg., Redaktioneller Teil, Nr. 80 vom 6. 4. 1940, S. 115.

für die Ausleihe bereitgehalten wurden, diente man mit der Sammlung faktisch nur der nationalsozialistischen Kriegspropaganda. Die Überprüfung einer von der Kulturabteilung des Auswärtigen Amts vorgelegten »Liste mit deutschfeindlichen Autoren« lief 1940 ebenso über die Deutsche Bücherei wie die Durchsicht einer »Liste des deutschfeindlichen schädlichen und unerwünschten polnischen Schrifttums«, die von der Propagandaabteilung beim Generalgouverneur für die besetzten polnischen Gebiete zwecks »Säuberung« deutscher Archive und Büchereien von dieser Literatur zusammengestellt worden war.[64] Während die Erweiterungen des Sammelauftrags um die wichtigsten Zeitungen des Inlands und die wichtigsten deutschsprachigen Zeitungen des Auslands (1939), um deutsche Musikalien und Kunstblätter (1943) sachlich begründet waren, erfolgte die 1940 vom Propagandaministerium angeordnete Sammlung des tschechischen Schrifttums aus dem Protektorat Böhmen und Mähren ausschließlich unter zensurpolitischen Gesichtspunkten.[65]

Die Verschärfung der staatlichen Literaturpolitik sorgte für ständig neue Probleme bei der bibliographischen Verzeichnung und der Ausleihe. Die Übersetzungen deutscher Werke in fremde Sprachen und fremdsprachiger Werke über Deutschland wurde ab 1943 in den Sammelauftrag der Deutschen Bücherei neu einbezogen.[66] Die Behandlung dieser Literatur in den Bibliographien und in der Ausleihe war allerdings schon 1941 der Kriegslage angepaßt worden. Aufgrund einer Absprache zwischen der Schrifttumsabteilung des Propagandaministeriums und dem RSHA durften deutsche Übersetzungen aus dem Englischen und Französischen schon nicht mehr in der Deutschen Nationalbibliographie, sondern nur noch in den Vertraulichen Mitteilungen der Fachschaft angezeigt werden.[67] Die Regelung galt dann auch für sämtliche deutschen Übersetzungen von Werken aus den übrigen »Feindstaaten«.

[64] S. dazu im einzelnen DB-Archiv Nr. 580/0–3.

[65] S. im einzelnen die als Anlage 1 dem Haushaltsplan der DB für das Rechnungsjahr 1944 beigefügte Zusammenstellung über die Sammelaufgaben der DB, BArch Potsdam R 56 V/63 Bl. 9.

[66] S. den Hinweis auf eine entsprechende Entschließung des Verwaltungsrates der DB in BArch Potsdam R 56 V/63.

[67] Vermerk des DB-Mitarbeiters Erich Nitschke (o.D., 1941), DB-Archiv Nr. 580/0–3.

Die von jüdischen Verlagen herausgegebenen Bücher durften schon seit August 1937 nicht mehr im Täglichen Verzeichnis der Neuerscheinungen angezeigt werden.[68] In der Deutschen Nationalbibliographie tauchten die Titel aber zumindest noch in der Reihe B, also bei den Erscheinungen außerhalb des Buchhandels, auf.[69] In der Neufassung der RSK-Anordnung betreffend »Listen des schädlichen und unerwünschten Schrifttums« vom 15. 4. 1940 wurde erstmals das Verbot sämtlicher von Juden und »Halbjuden« verfaßten Schriften und damit auch das Verbot ihrer weiteren Erfassung in den von der Deutschen Bücherei geführten Bibliographien festgeschrieben. Da ein vollständiges und zuverlässiges Verzeichnis jüdischer und »halbjüdischer« Autoren fehlte, war jedoch noch unklar, welche Schriften im einzelnen von dieser Bestimmung betroffen waren.

Die Deutsche Bücherei erhielt daher im Juli 1941 von der Schrifttumsabteilung des Propagandaministeriums den Auftrag, für die Jahre 1901 bis 1940 eine »Bibliographie des jüdischen Schrifttums in deutscher Sprache« zu erstellen.[70] Zur Durchführung der Arbeiten wurden – auf Antrag der Bibliotheksleitung – ab 1941 jährlich Sondermittel für Personal-, Sach- und Reisekosten aus dem Schrifttumsetat des Propagandaministeriums zur Verfügung gestellt.[71] Ab 1. 8. 1941 liefen dann umfangreiche bibliographische und archivalische Recherchen an, die, teilweise in Zusammenarbeit mit dem Reichssippenamt und dem Reichsinstitut für Geschichte des neuen Deutschlands, noch bis zum März 1945 fortgesetzt wurden.[72] Obwohl die

[68] S. die Aufzeichnung von Werner Rust über einen Besuch des Hinkel-Mitarbeiters Kochanowski und des RSK-Referenten Bischoff in der DB am 27. 8. 1937, DB-Archiv Nr. 507/5–509/1.

[69] Anweisung Hinkels in einem Schreiben an den Direktor der DB vom 18. 9. 1937, ebd.

[70] Ministervorlage der Abt. S (gez. Schlecht) vom 24. 6. 1941 betr. Gesamtverzeichnis des jüdischen Schrifttums in deutscher Sprache, S. 1, sowie Bericht des DB-Bibliothekars Dr. Ruppert über den Fortgang der Arbeiten vom 4. 11. 1942, DB-Archiv Nr. 611.

[71] S. den Antrag betr. »Bibliographie des jüdischen Schrifttums in deutscher Sprache 1901–1940« vom April 1941 sowie die Verwendungsnachweise (bis 1944) über die vom RMVP bereitgestellten Finanzmittel ebd.

[72] »Bericht über eine Dienstreise nach Berlin in Sachen der Bibliographie des jüdischen Schrifttums am 19. und 20. Februar 1942« (Ruppert), »Bericht über meinen Aufenthalt beim Reichsinstitut für Geschichte des neuen Deutschlands, Forschungsabteilung Judenfrage, in München vom 11.–

Bibliographie bis Kriegsende nicht abgeschlossen wurde, konnte die angelegte Kartei bereits seit 1942 von staatlichen Behörden und parteiamtlichen Dienststellen als zentrale Informationsquelle genutzt werden.[73]

Seit Mitte September 1941 sollten auf Anweisung des Ministeriums theologische Schriften erst dann im »Täglichen Verzeichnis der Neuerscheinungen« angezeigt werden, wenn in Berlin das Vorliegen einer Papiergenehmigung für die Verlagspublikation überprüft worden war.[74] Das führte rasch zu einem Rückstau in der Katalogisierung, so daß weder der Buchhandel noch die Bibliotheken über die Neuerscheinungen informiert werden konnten. Da die Maßnahme bei den betroffenen Verlegern verständlicherweise für erhebliche »Unruhe« sorgte,[75] mußte die Schrifttumsabteilung schon bald wieder einlenken. Es sei, so ließ Abteilungsleiter Haegert den Generaldirektor der Deutschen Bücherei Anfang Dezember 1941 wissen, »propagandistisch wirksam, wenn alle Welt sähe, daß katholische wie protestantische Neuerscheinungen in Deutschland herauskämen und angezeigt würden«.[76]

Mit der im Juli 1943 vom Propagandaministerium verfügten Exportsperre für technische und naturwissenschaftliche Literatur sollte den »Feindstaaten« der Zugang zu Informationen über den Entwicklungsstand und die Defizite der deutschen Rüstung abgeschnitten werden. Das hatte aber, wie Generaldirektor Uhlendahl richtig erkannte, zwangsläufig zur Folge, daß der freie Vertrieb der entsprechenden Werke mit Rücksicht auf die Spionage auch für das Inland unterbunden werden mußte.[77] Die Deutsche Bücherei konnte daher diejenigen Neuerscheinungen auf technisch-naturwissenschaftlichem Gebiet, für die

14. November 1942« (Ruppert), Schreiben Uhlendahls an das RMVP vom 30. 11. 1942, »Bibliographie der jüdischen Autoren in deutscher Sprache 1901–1940 (nach dem Stand vom März 1944«) (gez. Ruppert) sowie zahlreiche andere Materialien in DB-Archiv Nr. 611.

73 So Uhlendahl in seinem Schreiben an das RMVP vom 30. 11. 1942, S. 2, ebd.

74 Bericht des Leiters der Bibliographischen Abteilung der DB, Dr. Frels, an Uhlendahl vom 13. 10. 1941, DB-Archiv Nr. 580/0–3.

75 Uhlendahl an Haegert vom 29. 1. 1941, ebd.

76 Aktennotiz Uhlendahls über ein Telephonat mit Haegert vom 10. 12. 1941, ebd.

77 Uhlendahl an Generaldirektor Dr. Heß (Börsenverein) vom 14. 9. 1943, S. 1, DB-Archiv Nr. 580/0–3.

die Schrifttumsabteilung eine Exportsperre verhängt hatte, im »Täglichen Verzeichnis« und in der Nationalbibliographie nicht mehr vollständig verzeichnen.[78] Zudem mußte sie ihre Bestände dieser Literatur für die allgemeine Benutzung sperren.

Das alles hatte mit der ursprünglichen Intention des Börsenvereins, eine vollständige Sammlung des deutschsprachigen Schrifttums anzulegen und sie für die Benutzung durch den Buchhandel, die wissenschaftlichen Bibliotheken und die Öffentlichkeit bereitzustellen, nichts mehr zu tun. Das auch im »Dritten Reich« unbestreitbare fachliche Potential der Deutschen Bücherei wurde zunehmend dazu mißbraucht, politische Vorgaben umzusetzen und damit zur Stabilisierung der nationalsozialistischen Herrschaft beizutragen. Aufgrund der institutionellen und finanziellen Abhängigkeit vom Staat war daran wenig zu ändern. Doch wird man auch sehen müssen, daß Uhlendahl und seine Mitarbeiter die Effizienz der Deutschen Bücherei unter Beweis stellen wollten und an ihrem Aufstieg zur zentralen nationalen Bibliothek Deutschlands interessiert waren. Das machte sie für eine Kooperation mit den nationalsozialistischen Machthabern anfällig.

5. Die Parteibüchereien

5.1. Die Anfänge eines eigenständigen Parteibüchereiwesens

Um den Aufbau eines eigenen Büchereiwesens der Partei hatte sich ab 1934 zunächst Alfred Rosenberg in seiner Funktion als »Beauftragter des Führers für die Überwachung der gesamten geistigen und weltanschaulichen Schulung der NSDAP« bemüht. Anfang März 1935 übertrug er Dr. Rudolf Kummer, dem für Bibliotheksangelegenheiten zuständigen Sachbearbeiter im Reichserziehungsministerium, die Leitung der »Abteilung Büchereiwesen« bei der Hauptstelle Schrifttumspflege.[1] Mit diesem Auftrag verbunden war die »Überwachung und Überprüfung der Bestände vorhandener Büchereien« sowie die »Bera-

[78] Hinweis ebd., S. 2.

[1] Lebenslauf Kummers, o. D. [ca. 1936/37], BDC/SS/Kummer, R.

tung bei Neubeschaffungen neuer Büchereien«.[2] Kummer machte gleich deutlich, daß er sich keineswegs nur auf die Büchereien der NSDAP, ihrer Gliederungen und angeschlossenen Verbände beschränken wollte. In weltanschaulichen Fragen reklamierte der ehrgeizige Bibliothekar die Zuständigkeit für das »gesamte deutsche Bibliothekswesen«.[3]

Allerdings kam die Tätigkeit der »Abteilung Büchereiwesen« in den kommenden Jahren über bescheidene Ansätze kaum hinaus. Mit der Herausgabe der ersten »Vierhundert Bücher für nationalsozialistische Büchereien« wurde ein Kernbestand zum Aufbau von Parteibüchereien benannt.[4] Die Empfehlungsliste umfaßte dreizehn Sachgruppen. Der Schwerpunkt lag bei Literatur zu »Nationalsozialismus und Weltanschauung«, »Wehrkunde und Kriegsgeschichte«, »Volks- und Rassenkunde«, »Judenfrage und Bolschewismus«, doch waren auch »Lebensbeschreibungen«, Schriften zur »Vor- und Frühgeschichte« sowie systemkonforme Bücher aus den Bereichen »Kunst und Wissenschaft« und »Dichtung« einbezogen worden.

Inwieweit diese Liste tatsächlich als Vorbild für den Aufbau von Büchereien herangezogen wurde, hing letztlich von den finanziellen Möglichkeiten und dem Interesse der Parteidienststellen ab. Beides war jedoch nur in sehr beschränktem Umfang vorhanden. Sofern überhaupt von den Gau-, Kreis- und Ortsgruppenleitungen der NSDAP Schulungs- und Handbüchereien aufgebaut worden waren, verfügten diese bis in die zweite Hälfte der dreißiger Jahre allenfalls über eine kleine Buchaus-

[2] So Kummer in seinem Referat auf der Schulungstagung des Reichserziehungsministeriums für die Leiter und Mitarbeiter der Staatlichen Landesstellen für volkstümliches Büchereiwesen im Mai 1935 zum Thema »Nationalsozialismus und Volksbüchereien«, in: Die Bücherei 2 (1935), S. 319–325, hier S. 321.

[3] Ebd.

[4] »Die 100 ersten Bücher für nationalsozialistische Büchereien« waren erstmals im September 1934 von der Reichsstelle zur Förderung des deutschen Schrifttums im Eher Verlag herausgegeben worden. Zum damaligen Zeitpunkt umfaßte die Auswahlliste erst fünf Sachgruppen. S. Die Bücherkunde 1/H. 6 (1934), S. 111. Eine Zusammenfassung der drei weiteren Listen erschien 1937 unter dem Titel »Vierhundert Bücher für nationalsozialistische Büchereien«. Zusammengestellt vom Amt Schrifttumspflege beim Beauftragten für die gesamte geistige und weltanschauliche Erziehung der NSDAP. BArch Potsdam NSD 16/25.

wahl.[5] Eine Bücherei wie die der Kreisleitung der NSDAP in Leipzig, die bereits seit 1931 bestand und bis 1938 mehr als 30000 Bände an nationalsozialistischer Literatur des In- und Auslands gesammelt hatte,[6] gehörte zu den Ausnahmen.

Etwas besser sah es im Bereich der Gliederungen und angeschlossenen Verbände der NSDAP aus. Über die Schenkung von Karl und Margarete Hobrecker gelangte die Reichsjugendführung im Oktober 1933 zu einer Sammlung, die mit ihren rund 12000 Bänden eine ebenso repräsentative wie wertvolle Auswahl an Kinderbuchliteratur aus fünf Jahrhunderten enthielt.[7] Die Liebhaber-Sammlung bildete den Grundstock für den Aufbau einer »Reichsjugendbücherei«, die im Laufe der dreißiger Jahre zur zentralen Schulungsbücherei der HJ und des BDM ausgebaut wurde.

Als Erbe der »gleichgeschalteten« Lehrervereine und der Vereinigten Deutschen Prüfungsausschüsse für Jugendschriften konnte der NSLB auf einem seit Jahrzehnten gewachsenen Büchereinetz aufbauen. Die »Deutsche Lehrerbücherei« in Berlin führte in ihrem Bestand neben pädagogischer Fachliteratur (rund 200000 Bände) ein wertvolles Archiv mit Inkunabeln, alten Drucken, Handschriften, Porträts sowie eine Münzsammlung.[8] Die »Hanseatische Lehrerbücherei« in Hamburg besaß einen Bestand von rund 30000 Bänden, die »Süddeutsche Lehrerbücherei« in München rund 79000 Bände. Hinzu kamen noch die »Hans-Schemm-Bücherei« in Leipzig mit rund 370000 Bänden sowie die Handbibliothek in der Bayreuther NSLB-Zentrale.

Nach Auflösung von KPD, SPD und Gewerkschaften waren deren Büchereien in den Besitz der DAF übergegangen. Die 1935 gegründete und 1936 in das Arbeitswissenschaftliche Institut überführte »Zentralbücherei der DAF« verfügte über eine riesige Literatursammlung zur Geschichte der Arbeiterbewegung, zur Ausbildung und Entwicklung der Gewerkschaften,

[5] J. Petzold, Das Büchereiwesen der NSDAP unter besonderer Berücksichtigung der wissenschaftlichen und Spezialbibliotheken, in: ZfB 55 (1938), S. 524–533, hier S. 525.

[6] Angaben ebd., S. 529.

[7] Mahn, Die Reichsjugendbücherei und Karl Hobrecker, in: Bibliotheken während des Nationalsozialismus, Teil I, S. 401–409.

[8] Petzold, Das Büchereiwesen der NSDAP, S. 530. Zum folgenden s. ebd.

zur Sozial- und Arbeitsmarktpolitik der Vergangenheit wie Gegenwart.[9]

Im Zusammenhang mit dem Aufbau des »Ahnenerbe e. V.« ab 1935 ließ Himmler auf der Wewelsburg in Westfalen eine umfangreiche Spezialbibliothek mit den Schwerpunkten Vor- und Frühgeschichte, Mythen- und Kulturgeschichte, Geschichte der indogermanischen Völker anlegen.[10] Bibliotheken mit Archivfunktion führten das Hauptarchiv der NSDAP in München, die Reichsstelle zur Förderung des deutschen Schrifttums (1938: mehr als 40000 Bände) und die PPK in Berlin.[11]

Größere Schulungsbüchereien existierten in der »Reichsschulungsburg« Erwitte (Westfalen) und im Hauptschulungsamt der NSDAP in München (1938: über 60000 Bände), in den »SS-Junkerschulen« in Bad Tölz und Braunschweig, in der »SA-Reichsführerschule« in München sowie in der »SA-Führerschule« in Dresden.[12] Eigentliches Herzstück des nationalsozialistischen Bibliothekswesens sollten nach den Vorstellungen von Reichsorganisationsleiter Ley jedoch die Büchereien in den Ordensburgen in Krössinsee (Pommern), Vogelsang (Eifel) und Sonthofen (Allgäu) werden.[13] Im Herbst 1937 hatten dort die ersten dreijährigen Schulungskurse für die künftige Partei-Elite begonnen. Für jede Ordensburg war die Einrichtung einer Hauptbücherei mit einem großen Lesesaal vorgesehen. Zusätzlich sollten noch besondere Institutsbibliotheken entstehen, für die eigene Bibliotheksgebäude geplant waren.

5.2. Der Ausbau der Parteibüchereien nach 1937

Trotz des zum Teil beachtlichen Umfangs und der Qualität der Bestände einzelner Büchereien fehlte der Entwicklung des Büchereiwesens der NSDAP im Gegensatz zur staatlichen Büchereipolitik bis Ende 1937 jede einheitliche Konzeption und Koordination. Angesichts dieses offenkundigen Mißstands schloß das Hauptschulungsamt der Reichsorganisationsleitung

[9] Ebd., S. 528–529.

[10] Hinweis ebd., S. 531. Zum Kontext Kater, Das »Ahnenerbe« der SS 1935–1945.

[11] Petzold, Das Büchereiwesen der NSDAP, S. 529.

[12] Ebd., S. 528 und S. 531.

[13] S. dazu ebd., S. 527–528.

am 6. 12. 1937 ein »Arbeitsabkommen« mit dem Rosenbergschen Amt Schrifttumspflege.[14] Gegenstand des Abkommens war die Errichtung einer »Hauptstelle Büchereiwesen« im Hauptschulungsamt. Auf Gau- und Kreisebene sollte die »Hauptstelle« in Personalunion von den Gau- und Kreisschrifttumsbeauftragten des Amtes Schrifttumspflege geleitet werden.[15] Während Rosenberg vor allem an der institutionellen und finanziellen Absicherung seiner Schrifttumsbeauftragten auf regionaler Ebene interessiert gewesen sein dürfte, schwebte dem umtriebigen Ley wohl vor, das bislang weitgehend vernachlässigte Büchereiwesen der Partei zu aktivieren.

Wie stets hatten sich Rosenberg und Ley wenig um mögliche Auswirkungen ihres Organisationstriebs gekümmert. Daß der Auf- und Ausbau der Parteibüchereien den Vertretern des Reichserziehungsministeriums wenig ins Konzept paßte, wird sie kaum gestört haben. Immerhin fühlte sich aber der neue Leiter der »Hauptstelle Büchereiwesen«, Dr. Joachim Petzold, verpflichtet, bei seinen ersten öffentlichen Auftritten die Aufgaben der Parteibüchereien von denen der Volksbüchereien und wissenschaftlichen Bibliotheken abzugrenzen.

Zunächst wies er im Januar 1938 die zu einer Tagung nach Sonthofen einberufenen Gau- und Kreisschulungsleiter darauf hin, daß nicht daran gedacht sei, »dem Volksbüchereiwesen auch nur das geringste Wasser abzugraben«.[16] Diese Beschränkung war allerdings keineswegs so selbstlos, wie es auf den ersten Blick scheinen mochte. Zum einen wollte Petzold nämlich die staatlichen Volksbüchereistellen als Instrumente benutzen, um das öffentliche Büchereiwesen im nationalsozialistischen Sinne umzugestalten.[17] Dabei dachte er nicht nur an eine Bestandserneuerung der vorhandenen Volksbüchereien, sondern auch an einen flächendeckenden Ausbau insbesondere der Klein- und Dorfbüchereien. Mit ihnen sollten dann die konkur-

[14] »Parteibüchereiwesen«, in: Die Bücherei 5 (1938), S. 189–190.

[15] Hinweis auf die Anordnung des Reichsorganisationsleiters vom 25. 3. 1938 in »Lektoren-Brief der Reichsstelle zur Förderung des deutschen Schrifttums«, 1. Jg./Folge 3 (1938), S. 3.

[16] Die Ausführungen Petzolds auf der Sonthofener Tagung sind wiedergegeben in dem Bericht »Parteibüchereiwesen«, S. 189.

[17] Ebd.

rierenden konfessionellen Büchereien ausgeschaltet werden.[18] Der Aufbau eines umfangreichen Büchereiwesens der Partei vor Erreichung dieser beiden Ziele hätte zu einer sinnlosen »Zersplitterung« der Kräfte geführt.[19] Zum anderen wußte Petzold aber auch, daß der NSDAP für einen solchen Aufbau sowohl das erforderliche Kapital als auch das fachkundige Personal fehlten.[20] Beschwichtigend versicherte Petzold im Juni 1938 auch den in Passau versammelten wissenschaftlichen Bibliothekaren, daß die NSDAP nicht beabsichtige, »ein großzügiges Netz von Büchereien im ganzen Reichsgebiet aufzuziehen oder einer Entwicklung in dieser Hinsicht auch nur irgendwie das Wort zu reden, um in eine Art Wettbewerb mit bestehenden Einrichtungen auf diesem Gebiet zu treten«.[21]

Solchen Beteuerungen zum Trotz betrieben die »Hauptstelle Büchereiwesen« ebenso wie die Gliederungen und angeschlossenen Verbände der NSDAP in den folgenden Jahren eine Büchereipolitik, die faktisch nicht nur auf eine Ergänzung, sondern auch auf eine Konkurrenz zu den öffentlichen und wissenschaftlichen Büchereien hinauslief. So wies die 1939 von der Reichsorganisationsleitung der NSDAP herausgegebene »Grundliste I des Hauptschulungsamtes für nationalsozialistische Büchereien«[22] einen Bestandsaufbau aus, der demjenigen der Volksbüchereien nachgebildet war, die politischen Abteilungen allerdings weitaus stärker akzentuierte.[23] Im gleichen Jahr stellte die PPK eine »NS-Systematik« vor, die von Parteibibliotheken und – mit geringfügigen Abänderungen – auch

[18] J. Petzold, Die Aufgaben des nationalsozialistischen Büchereiwesens, in: Die Bücherei 5 (1938), S. 212–216, hier S. 215.

[19] So Petzold ebd., S. 212.

[20] »Parteibüchereiwesen«, in: Die Bücherei 5 (1938), hier S. 189–190.

[21] Petzold, Das Büchereiwesen der NSDAP, S. 524.

[22] BArch Potsdam NSD 9/70.

[23] Der Führer und seine Mitarbeiter; Kampf und Weg der nationalsozialistischen Bewegung; Die Jugend und die politischen Soldaten Adolf Hitlers; Nationalsozialistische Weltanschauung und Wissenschaft; Rassenkunde und Volksgesundheit; Vorgeschichte und Geschichte; Staat, Verwaltung, Recht; Arbeit, Arbeitertum, Bauerntum, Wirtschaft; Volkstum, Kultur, Kunst; Volks- und Auslandsdeutschtum, Kolonien; Auslandskunde und Weltpolitik; Weltanschauliche Gegner; Dichtung; Verschiedenes; Zeitschriften.

von Volksbüchereien übernommen werden sollte.[24] Die Auswahlliste des Hauptschulungsamtes ebenso wie die von Hederich entworfene »NS-Systematik« zielten letztlich auf eine Angleichung der Volks- und Parteibüchereien ab.

Die Bibliotheken der Ordensburgen sollten zu modernen Dienstleistungsbetrieben ausgebaut werden, die nicht nur den Schülern und dem Lehrpersonal, sondern als Volks- und Werkbüchereien auch der Bevölkerung zugänglich waren.[25] Mit den »Adolf-Hitler-Schulen« konnten seit 1937 von der Reichsorganisationsleitung und der Reichsjugendführung nationalsozialistische Musterbibliotheken eingerichtet werden, hinter denen die vom Reichserziehungsministerium betreuten staatlichen Schülerbüchereien vorerst weit zurückblieben.[26] Zudem bauten HJ und BDM seit Beginn der vierziger Jahre in ihren Bann-Gebieten ein flächendeckendes Netz von Schulungsbüchereien auf.[27]

Die Spezialbibliotheken der DAF, des NSLB, der Reichsjugendführung und der SS, die teilweise in den öffentlichen Leihverkehr einbezogen wurden, verfügten über Bücher und Archivalien, die nicht einmal in den wissenschaftlichen Bibliotheken zu finden waren. In die »Bibliothek zur Erforschung der Judenfrage« in Frankfurt am Main wurden seit 1940 vom Einsatzstab Rosenberg wertvolle Judaica und Hebraica aus ganz Europa verschleppt.[28] Der Bibliothek waren die umfangreiche Judaica- und Hebraica-Sammlung der Frankfurter Stadtbibliothek und ein »Archiv zur Judenfrage« angeschlossen. Ziel war die Schaffung einer »europäischen Großbibliothek«, von der die »wissenschaftlichen Forschungen zur Judenfrage« angeregt und unterstützt werden sollten.[29]

[24] K. A. Sommer, Zur NS-Systematik, in: ZfB 56 (1939), S. 368–370. Der Hinweis auf die Möglichkeit zur Übernahme durch Volksbüchereien S. 369/70.

[25] Petzold, Das Büchereiwesen der NSDAP, S. 527.

[26] S. dazu Eilers, Die nationalsozialistische Schulpolitik, S. 46–49.

[27] S. die Überlieferungen zur Entwicklung in den HJ-Bannen des Gebiets Köln-Aachen in HStA Düsseldorf RW 23/244 Bd. I Bl. 219ff., RW 23/244 Bd. II Bl. 1ff., RW 23/262 Bd. II Bl. 119ff.

[28] Bis 1941 waren – überwiegend aus den besetzten westeuropäischen Ländern – rund 300000 Bände nach Frankfurt gebracht worden. Zahlenangabe bei W. Grau, Der Aufbau der Bibliothek zur Erforschung der Judenfrage in Frankfurt a.M., in: ZfB 59 (1942), S. 489–494, hier S. 490.

[29] Ebd., S. 491.

Natürlich waren die Parteibüchereien insgesamt weit davon entfernt, die Stelle der öffentlichen und wissenschaftlichen Bibliotheken einzunehmen.[30] Das war sicher auch nicht intendiert. Doch sollten die von der NSDAP, ihren Gliederungen und angeschlossenen Verbänden unterhaltenen Büchereien nicht ausschließlich innerparteilichen Schulungszwecken dienen. Vielmehr konnten sie mit ihren weltanschaulich »lupenreinen« Beständen als Leitbild für die staatlichen Bibliotheken dienen, deren Neuaufbau aus der Sicht der parteiamtlichen Hardliner nicht mit der erwünschten Radikalität betrieben wurde.[31] Darüber hinaus setzten einzelne Parteibüchereien politische Akzente, die gerade von den wissenschaftlichen Bibliotheken überhaupt nicht oder erst in Ansätzen angenommen worden waren.

6. Die Werkbüchereien

6.1. Die organisatorische Erfassung und Neukonzeptionierung

Mit der »Bekanntmachung über die Gliederung der Reichsschrifttumskammer« vom 22. 12. 1933 wurden die hauptberuflichen Angestellten ebenso wie die nebenberuflich tätigen Mitarbeiter der »staatlichen, städtischen oder privatwirtschaftlichen (Werks-)Bibliotheken« zur Mitgliedschaft in der Kammer verpflichtet.[1] Zur Erfassung und »berufsständischen Betreuung« dieses Personenkreises, der bislang weder über den Verband Deutscher Volksbibliothekare noch über den Verein Deutscher Bibliothekare organisiert war, wurde im Laufe des

[30] »Gesamt-Arbeitsbericht der Gauschrifttumsbeauftragten aller 40 Reichsgaue« für das I. und II. Vierteljahr 1939, hier IV. Büchereiwesen, S. 17–25 (I) und S. 13–19 (II). GLA Karlsruhe 465 d/157. Daraus geht hervor, daß die Entwicklung der Parteibüchereien in einigen NSDAP-Gauen (Westfalen-Nord, Württemberg-Hohenzollern, Thüringen, Mainfranken, Wien) immer noch sehr zu wünschen übrigließ.

[31] Besonders prägnant wird diese Position vertreten von W. Studentkowski, Partei und Volksbücherei, in: Die Bücherei 4 (1937), S. 285–291, insbesondere S. 290–291.

[1] Bbl. 100. Jg., Redaktioneller Teil, Nr. 298 vom 23. 12. 1933, S. 996.

Jahres 1934 eine »Reichsarbeitsgemeinschaft [der Betreuer] Deutscher Werkbüchereien« mit Sitz in Berlin gegründet.[2] Die Leitung der Reichsarbeitsgemeinschaft übertrug der RSK-Präsident dem Leiter der Bücherei der Siemens-Werke, Dr. Kurt Busse.[3] Für die »weltanschauliche Betreuung« war ein Mitarbeiter des Schulungsamtes der DAF zuständig.[4]

Ziel der Reichsarbeitsgemeinschaft war es, am »kulturellen Aufbau der deutschen Nation im Sinne des Führers und Reichskanzlers mitzuwirken, indem sie für die Verbreitung guten deutschen Schrifttums in der Betriebsgefolgschaft Sorge trägt«.[5] Zur Erreichung dieses Zieles sollten die Werkbüchereien zunächst einmal von »volksfeindlichem und unerwünschtem Schriftgut« gereinigt werden. Die vorhandenen Büchereien sollten dann »im Geiste des Dritten Reiches« erhalten und ausgebaut werden. Die Reichsarbeitsgemeinschaft wollte aber vor allem auch die Neugründung von Werkbüchereien fördern, wobei diese sich an den von der RSK und vom Propagandaministerium ausgegebenen »Richtlinien« zu orientieren hatten. Die Leiter und Mitarbeiter der Werkbüchereien sollten auf Tagungen fachlich geschult und über die wichtigsten Neuerscheinungen auf dem Buchmarkt informiert werden. Erwünscht waren ein regelmäßiger Erfahrungsaustausch auf der Ebene örtlicher Arbeitsgemeinschaften sowie eine enge Zusammenarbeit mit den privaten und parteiamtlichen Vortragsveranstaltern, um mit Dichterlesungen die »Betriebsgefolgschaft« auf die Literatur des nationalsozialistischen Deutschlands aufmerksam zu machen.

Um einen genauen Überblick zu erlangen, wurden diejenigen Leiter der Werk- und Vereinsbüchereien, die sich bislang noch nicht der Reichsarbeitsgemeinschaft angeschlossen hatten, Ende August 1935 von der RSK aufgefordert, detaillierte Auskünfte zu geben: über Namen und Adresse der Werke beziehungsweise Vereine, denen die Büchereien unterstanden; über das in den

[2] Aufgaben der Werkbüchereien, in: Bbl. 102. Jg., Redaktioneller Teil, Nr. 46 vom 23. 2. 1935, S. 146.

[3] W. Kindt, Die Betreuung der Werkbüchereien durch die Reichsschrifttumskammer, in: Bbl. 105. Jg., Redaktioneller Teil, Nr. 298/299 vom 24. 12. 1938, S. 993–995, hier S. 993.

[4] Ebd.

[5] So § 6 der Satzung der RDW, zitiert in dem Bericht über die Aufgaben der Werkbüchereien. Zum folgenden ebd.

Büchereien beschäftigte haupt- und nebenamtlich tätige Personal; über die Anzahl der ausleihbaren Bände; sowie über die Zahl der leseberechtigten Betriebs- beziehungsweise Vereinsangehörigen.[6] Zusammen mit den Anmeldeunterlagen hatten die Betriebe und Vereine bis zum 20. 9. 1935 eine genaue Bestandsliste sämtlicher von ihnen unterhaltenen Büchereien einzusenden.[7] Die Reichsarbeitsgemeinschaft wollte dann eine Überprüfung der Listen vornehmen und die aus den Beständen zu entfernenden Bücher mitteilen. Für diese Arbeiten war ein »Unkostenbeitrag« zu zahlen, dessen Höhe nach der Größe der Büchereien gestaffelt war. Die Aussonderung der als »schädlich und unerwünscht« eingestuften Literatur beschränkte sich dabei keineswegs auf die Vorgaben der Ende 1935 von der RSK herausgegebenen »Liste 1«. Die Reichsarbeitsgemeinschaft führte zusätzlich eine umfangreiche »Nebenliste«, in der für Werkbüchereien »ungeeignete« und »unerwünschte« Bücher erfaßt waren.[8]

In einem Rundschreiben vom 25. 1. 1936 erhielten die »deutschen Betriebsführer« vom Leiter der Reichsarbeitsgemeinschaft grundsätzliche Instruktionen über »Ziel, Arbeitsweise und Grenzen der Werkbüchereien«.[9] Dabei mußte Busse einräumen, daß in der Praxis die »Grenzen gegenüber der öffentlichen Bücherei noch fließend« seien. Dies gelte insbesondere für Gemeinden, Klein- und Mittelstädte. Da dort vielfach ein Großteil der Bevölkerung in den Betrieben beschäftigt sei, müsse in jedem Einzelfall entschieden werden, »ob es der beste Weg ist, die öffentliche Volksbücherei auch in den Dienst der Betrie-

[6] »Bekanntmachung des Präsidenten der Reichsschrifttumskammer über Meldepflicht der Werk- und Vereinsbüchereien« vom 27. 8. 1935, wiedergegeben bei Schrieber (Hg.), Das Recht der Reichskulturkammer, Bd. III, S. 127–128.

[7] Der Termin wurde durch eine erneute »Bekanntmachung über die Anmeldepflicht der Werk- und Vereinsbüchereien« vom 23. 9. 1935 bis zum 10. 10. 1935 verlängert. Schrieber (Hg.), Das Recht der Reichskulturkammer, Bd. III, S. 133–134.

[8] Mitteilung der RDW an die RSK vom 20. 5. 1936, BArch Potsdam R 56 V/72 Bl. 39. Die 62 Seiten umfassende »Nebenliste« findet sich ebd., Bl. 40–102. Eine weitere Liste mit Verbotstiteln ging der RSK am 26. 10. 1936 zu, ebd. Bl. 30–31.

[9] Das Rundschreiben ist vollständig wiedergegeben bei Ihde (Hg.), Handbuch der Reichsschrifttumskammer, S. 260–262, hier S. 261. Die folgenden Zitate ebd.

be zu stellen oder die Werkbüchereien der Gesamtheit der Bevölkerung dienstbar zu machen«. Die von der NSBO in den Betrieben aufgebauten politischen Schulungsbüchereien sollten, nach den Vorstellungen Busses, in die Werkbüchereien integriert werden. Doch war dies jeweils von der Zustimmung der DAF als Eigentümerin der »NSBO-Büchereien« abhängig. Eine »klare Abgrenzung« forderte Busse dagegen für die Fachbüchereien der Betriebe, da diese nicht auf die Lesebedürfnisse sämtlicher Betriebsangehörigen, sondern nur auf die Erweiterung und Vertiefung von Spezialkenntnissen ausgerichtet seien.

Die von Busse vorgenommenen Abgrenzungen machen die Zielsetzung der Werkbüchereien deutlich. Sie sollten sich im Gegensatz zu den Volksbüchereien auf eine ganz bestimmte Zielgruppe, nämlich die Belegschaft der Betriebe, konzentrieren. Anders als die Schulungs- oder Fachbüchereien sollten sie aber ein breites Buchangebot bereitstellen, um die unterschiedlichen Lesebedürfnisse abdecken und dadurch möglichst viele Leser gewinnen zu können. Es versteht sich aber von selbst, daß nach der »Säuberung« der Werkbüchereien von der politischen und schöngeistigen Literatur der Weimarer Republik der Neuaufbau der Bestände an der »vom Nationalsozialismus getragenen und ausgerichteten Kultur« orientiert war.[10] Busse ließ denn auch keinen Zweifel daran, daß bei der Förderung der Werkbüchereien die »kulturpolitischen Zielsetzungen des Staates« mit den »sozialpolitischen der Betriebe [...] Hand in Hand« zu gehen hatten.[11]

6.2. Der Ausbau des Werkbüchereiwesens

Im April 1938 konnte die Reichsarbeitsgemeinschaft eine erste »stolze Bilanz« ziehen.[12] Die Zahl der von ihr betreuten Werkbüchereien war auf über 5000 angestiegen. Die Bestände beliefen sich auf rund 3 Millionen Bücher, und die Zahl der Leser lag bei rund 8 Millionen. Diese Entwicklung sei »eine sozialistische Tat, die neben vielem anderen das schönste Zeugnis für die

[10] Ebd., S. 262.
[11] Ebd., S. 261.
[12] Eine stolze Bilanz: Acht Millionen Werkbüchereileser. Die Entwicklung des Werkbüchereigedankens, in: Bbl. 105. Jg., Redaktioneller Teil, Nr. 80 vom 5. 4. 1938, S. 280–281.

Fürsorge des nationalsozialistischen Staates für den schaffenden Deutschen« ablegen würde.[13] Den weiteren Ausbau der Werkbüchereien wollte die Reichsarbeitsgemeinschaft durch eine Reihe von Maßnahmen fördern.

In einer »Grundliste für Werkbüchereien« wurde den Leitern größerer Büchereien eine Auswahl von 350 Bänden, den Leitern kleinerer Büchereien eine Auswahl von 150 Bänden präsentiert, deren Anschaffung als unbedingt notwendig erachtet wurde.[14] Die Liste umfaßte acht Sachgruppen: Volksordnung – Volksart, Lebensbekenntnis und Weltanschauung; Dichtung – Bildende Kunst; Geschichte des deutschen Volkes; Weltkrieg; Deutsche Lande; Fremde Völker und Länder; Erzählgut; Fachliche Bücher. Ergänzend zur Grundliste wurden regelmäßig »Vorschlagslisten« herausgegeben, die eine vom Propagandaministerium, von der RSK und von parteiamtlichen Schrifttumsstellen getroffene Auswahl aus den Neuerscheinungen darstellten.[15]

Das Programm der Schulungstagungen für Büchereileiter sah Vorträge u.a. zu den Aufgaben des Jugendbuches, zur Geschichte des Büchereiwesens, zu den Aufgaben der Volksbüchereien, zum Werkbüchereiwesen, zur Buchbeschaffung, Büchereipolitik, Ausleihe und Verwaltung, zur Behandlung und Pflege des Buches, zur Behandlung und Beratung des Lesers, zur Zusammenarbeit der Werkbücherei mit der Betriebsleitung sowie die Besichtigung einer Bücherausgabe vor.[16] Neben dieser praktischen Fortbildung kam natürlich auch die politische und charakterliche Schulung nicht zu kurz. Da die Werkbücherei ein »Instrument geistiger und d.h. immer auch politischer Wirkung« zu sein hatte und dem »Betriebsführer« als »Mittel der Menschenführung und der lebendigen Formung der Betriebsgemeinschaft« dienen sollte, wurde vom Büchereileiter verlangt, daß er vor allem »Nationalsozialist und guter Kamerad« war.[17]

Bei der Reichsarbeitsgemeinschaft war man sich allerdings darüber im klaren, daß eine einseitige politische Ausrichtung

[13] Ebd., S. 280.

[14] Kindt, Die Betreuung der Werkbüchereien durch die Reichsschrifttumskammer, S. 994.

[15] Ebd.

[16] Eine stolze Bilanz, S. 281.

[17] Kindt, Die Betreuung der Werkbüchereien durch die Reichsschrifttumskammer, S. 994.

der Werkbüchereien der Erreichung des Hauptzieles, nämlich der Gewinnung des Großteils der Belegschaft als Leser, abträglich war.[18] Die Bestände müßten, so die auf einem Schulungslehrgang aufgestellte These, der »ganzen Breite des Lebensbedürfnisses« Rechnung tragen.[19] Neben dem »weisen Buch« solle das »launige, neben dem tiefen das leichte, neben dem gelehrten das erlebte, neben dem fachlichen das herzstärkende, neben dem erziehenden das weltfrohe Buch« stehen.[20] Die Dominanz der schöngeistigen Literatur, die nicht weniger als 75% der Entleihungen ausmachte,[21] könne nur mit Hilfe einer »guten, sachkundigen Beratung und menschlich-verstehenden Führung der Betriebsangehörigen durch den Büchereileiter« ausgeglichen werden.

Diese Auffassungen der Reichsarbeitsgemeinschaft stießen keineswegs auf ungeteilte Zustimmung. Für den Leiter der Abteilung Buchwesen im Schulungsamt der DAF etwa war die Forderung nach einer Orientierung der Büchereibestände an der Nachfrage der Leserschaft eine regelrechte Provokation. Folgerichtig müßten nämlich »bei wiederholter Nachfrage Karl Marx, Die heilige Schrift oder Magnus Hirschfeld angeschafft werden«.[22] Aufgrund einer Reihe weiterer Kritikpunkte lehnte der DAF-Abteilungsleiter jede weitere Zusammenarbeit mit der RDW ab.

Hinter diesem Manöver läßt sich unschwer das Bestreben der DAF erkennen, die RSK aus der Büchereiarbeit in den Betrieben zu verdrängen und dieses Aufgabengebiet als eigene Domäne zu etablieren. Anfang Juli 1937 war denn auch eine erst im

18 Die Richtigkeit dieser Auffassung wird durch einen SD-Bericht über das Werkbüchereiwesen, in: Meldungen aus dem Reich, Bd. 9, Nr. 268 vom 16. 3. 1942, hier S. 3475, bestätigt. Dort hieß es, daß die mangelhafte Benutzung und Wirkung der Werkbüchereien »auch auf die Art der Buchbestände zurückzuführen [seien], die als ›Ansammlung politisch und weltanschaulich einwandfreier Literatur‹ wenig Zugkraft auf die Angehörigen der Betriebe ausübten«.

19 Kindt, Die Betreuung der Werkbüchereien durch die Reichsschrifttumskammer, S. 994.

20 Ebd.

21 Zahlenangabe ebd.

22 DAF-Zentralbüro/Abtlg. Theoretische Schulung/Buchwesen an RSK vom 9. 7. 1937, BArch Potsdam R 56 V/167 Bl. 1–3, hier Bl. 3. Die Kritik bezog sich auf Ausführungen des Leiters der RDW, Dr. Busse, auf einer Arbeitstagung in Köln.

Juni nach zähen Verhandlungen zustandegekommene Vereinbarung zwischen der DAF und der RSK über die Abgrenzung der beiderseitigen Arbeit auf dem Gebiet des Werkbüchereiwesens schon wieder für »nicht rechtskräftig« erklärt worden.[23] Noch im gleichen Jahr hatte die DAF begonnen, über die Buchabteilung des Deutschen Volksbildungswerks eine mit der Reichsarbeitsgemeinschaft konkurrierende Organisation der Werkbüchereien aufzubauen.[24] Sie wuchs bis 1942 auf 14581 Büchereien an.[25] Auch wenn es sich dabei vornehmlich um Werkbüchereien kleinerer Betriebe handelte, verhinderte der Profilierungstrieb der DAF letztlich die einheitliche Erfassung und Ausrichtung der Werkbüchereien im »Dritten Reich«.

Die vom Deutschen Volksbildungswerk und von der Reichsarbeitsgemeinschaft betreuten Werkbüchereien machten sich aber nicht nur untereinander Konkurrenz. Auch die Volksbüchereien begannen zunehmend unter dem Ausbau des Werkbüchereiwesens zu leiden. Das hatte zum einen die Ursache darin, daß der von der Reichsarbeitsgemeinschaft aufgestellte Slogan »Jedem Betrieb seine eigene Werkbücherei«[26] sukzessive durchgesetzt werden konnte. Zum anderen erweiterten die Werkbüchereien ihre Bestände in einem beträchtlichen Umfang und hielten nun zum größten Teil das gleiche Literaturangebot wie die Volksbüchereien bereit. Beide Entwicklungen machten die Werkbüchereien immer attraktiver,[27] zumal die Volksbüchereien in vielen Regionen einen wahren »Dornröschenschlaf« führten, wie ein Werkbüchereileiter 1942 süffisant meinte.[28] Mit ihren Aktivitäten desavouierten die RDW und das DVW also

[23] Ebd., Bl. 2.

[24] Hinweis bei Kindt, Die Betreuung der Werkbüchereien durch die Reichsschrifttumskammer, S. 993.

[25] Zahlenangabe bei Boese, Das Öffentliche Bibliothekswesen im Dritten Reich, S. 178.

[26] Eine stolze Bilanz, S. 280.

[27] Die Zahl der Ausleihen belief sich 1937 auf mehr als 20 Millionen, so daß im Durchschnitt jeder zweite Betriebsangehörige ein Buch pro Jahr auslieh. Diese Zahlen dürften sich allerdings im wesentlichen auf die Büchereien der Großunternehmen beziehen. So war in der Statistik allein die Werkbücherei der Siemens-Werke mit 550000 Ausleihen vertreten. Eine stolze Bilanz, S. 280.

[28] Meldungen aus dem Reich, Bd. 9, Nr. 268 vom 16. 3. 1942, S. 3475.

im Grunde auch noch das vom Reichserziehungsministerium konzipierte reichseinheitliche Volksbüchereikonzept.[29]

7. Das konfessionelle Büchereiwesen

7.1. Die Koexistenz zwischen konfessionellen Büchereien und Volksbüchereien bis 1938

In dem richtungweisenden »Noch heute!«-Erlaß des preußischen Kultusministeriums vom 28. 12. 1933 wurden sämtliche öffentlichen Büchereien »in ihrer Arbeitsweise und ihrem Bücherbestand« den staatlichen Beratungsstellen unterstellt.[1] Das schloß die von der katholischen und evangelischen Kirche unterhaltenen Büchereien mit ein. Doch hieß es einschränkend, daß das »*kirchliche* Schrifttum der konfessionellen Büchereien« von der Regelung ausgenommen bleiben sollte.[2]

Die zunächst nur für Preußen geltende Unterstellung der konfessionellen Büchereien unter die staatlichen Beratungsstellen für volkstümliches Büchereiwesen wurde am 27. 7. 1935 durch einen Erlaß des Reichserziehungsministeriums auf das gesamte Reichsgebiet ausgedehnt.[3] Von nun an unterlagen die Bestände der vom »Reichsverband Evangelischer Büchereien«, vom katholischen Borromäus-Verein in Bonn sowie der in Bayern vom Sankt-Michaelsbund und vom katholischen Preßverein getragenen Einrichtungen an nicht-konfessioneller Literatur der Kontrolle durch die Landes(beratungs-)stellen für volkstümliches Büchereiwesen. Zudem wurden die Büchereien angewiesen, ihre kirchlich-konfessionelle Ausrichtung »in allen Ankündigungen und Firmierungen, wie in den zur Ausleihe kom-

[29] S. dazu im einzelnen die Ausführungen bei Boese, Das Öffentliche Bibliothekswesen im Dritten Reich, S. 178–180.

[1] Die Bücherei 1 (1934), S. 12.

[2] Ebd.

[3] Der Erlaß wird zitiert bei E. Hodick, Die willkommene Gelegenheit. Zerschlagung der katholischen Büchereiarbeit während des Nationalsozialismus, in: Bibliotheken während des Nationalsozialismus, Teil I, S. 485–500, hier S. 491.

menden Büchern« klar erkennbar zu machen und Namensbezeichnungen wie »Volksbücherei« oder dergleichen zu unterlassen.[4]

Auch den Einfluß der konfessionellen Büchereien auf die Schulen versuchte das Reichserziehungsministerium zu unterbinden. In einem Erlaß vom 9. 1. 1936 wurde den Unterrichtsverwaltungen der Länder mitgeteilt, daß die vom Ministerium gewünschte Kooperation zwischen Schule und Volksbüchereien sich nicht auf »Pfarr- und sonstige konfessionelle Büchereien« beziehe.[5] Deren Aufgabe läge ausschließlich in der Unterstützung der kirchlich-seelsorgerischen Arbeit durch »Vermittlung religiösen und kirchlichen Schrifttums«. Während die Tätigkeit der konfessionellen Büchereien auf das innerkirchliche Gebiet beschränkt wurde, wurde für die Volksbüchereien die alleinige Betreuung der »Volksgesamtheit« gemäß den vom Staat ausgegebenen Richtlinien reklamiert.

Obwohl damit erste Schritte zur Eingrenzung der Betätigung der konfessionellen Büchereien unternommen worden waren, bedrohten die vom Reichserziehungsministerium initiierten Maßnahmen noch nicht deren Substanz. Die Bestandskontrollen durch die staatlichen Landes(beratungs-)stellen sollten und konnten zwar in Verbindung mit den regelmäßig wiederkehrenden Fahndungen der Gestapo und des SD nach »schädlichem und unerwünschtem Schrifttum«[6] ein Klima der Verunsicherung unter den Mitarbeiterinnen und Mitarbeitern der Büchereien erzeugen. Sie vermochten jedoch weder den Ausbau

[4] S. dazu die Anweisung des Kreiskulturwarts der NSDAP-Kreisleitung Kleve an den Landrat in Kleve vom 18. 11. 1937, die Einhaltung des Erlasses in den katholischen und evangelischen Büchereien des Kreises Kleve sicherzustellen, HStA Düsseldorf RW 18/25 Bl. 21.

[5] In: Deutsche Wissenschaft, Erziehung und Volksbildung 2 (1936), S. 39.

[6] S. dazu den Bericht der Preußischen Gestapo (II 2C 102) an das Referat II 2 B im Gestapa vom 29. 2. 1936 betr. die auf der Grundlage des § 7 der NVO vom 4. 2. 1933 erfolgte Beschlagnahmung von Zentrumsschriften in den Borromäus-Büchereien in Essen, BArch Potsdam R 58/769 Bl. 75; die Anweisung der Stapostelle für den Regierungsbezirk Düsseldorf an die Landräte von Kleve und Goch vom 12. 2. 1937, die Büchereien des Borromäus-Vereins in Zusammenarbeit mit dem SD-Oberabschnitt West zu durchsuchen, HStA Düsseldorf RW 18/25 Bl. 46–47.

der Bestände der konfessionellen Büchereien noch deren Beliebtheit bei den Lesern einzudämmen.[7]

Die in den Anfangsjahren der nationalsozialistischen Herrschaft insgesamt eher zurückhaltende Politik gegenüber den konfessionellen Büchereien hatte ihre guten Gründe. Zum einen ließ das für die Stabilisierung der nationalsozialistischen Herrschaft wichtige Arrangement mit der katholischen ebenso wie mit der evangelischen Kirche willkürliche Eingriffe in die Büchereien nicht ohne weiteres zu. Die katholische Kirche konnte zudem die Artikel 1 und 31 des am 20. 7. 1933 zwischen dem Deutschen Reich und dem Vatikan geschlossenen Reichskonkordats als Schutzmantel für sein Büchereiwesen benutzen.[8] Zum anderen – und das war sicher das gewichtigere Motiv – hatte der »neue« Staat dem konfessionellen Büchereiwesen vorerst noch nichts Gleichwertiges entgegenzusetzen.

So gab es am 31. 3. 1934 in 4207 Orten evangelische Büchereien mit 1363000 Bänden und in 4880 Orten katholische Büchereien, die über mehr als 5 Millionen Bände verfügten und eine jährliche Ausleihe von rund 10,4 Millionen Bänden aufweisen konnten.[9] Dem standen erst 9494 öffentliche Bibliotheken gegenüber.[10] Daß die vom Nationalsozialismus geförderten Volksbüchereien der Entwicklung des konfessionellen Büchereiwesens hinterherlaufen mußten, wird anhand regionaler Zahlen noch deutlicher. Für Mitte 1935 gab der Leiter der Gau- und staatlichen Landesstelle für das Volksbüchereiwesen in Baden, Philipp Harden-Rauch, 47 öffentliche Volksbüchereien und 832

[7] Dazu die Angaben bei Hodick, Die willkommene Gelegenheit, S. 486 und S. 493–494.

[8] Der Text des Konkordats in RGBL/Teil I Nr. 38 vom 18. 9. 1933, S. 679–690, hier S. 680 und S. 687–688. Zur Auslegung des Konkordats im Hinblick auf das katholische Büchereiwesen s. Kock, Die Neuordnung der Beratungsstellen, in: Die Bücherei 1 (1934), hier S. 26. Kock vertrat die Auffassung, daß man den evangelischen Büchereien den »gleichen Schutz« »zugestehen« müsse, »wenn er auch noch nicht rechtlich ausgesprochen ist«.

[9] Angaben aus der 1934 vom Statistischen Reichsamt vorgelegten Statistik zum Volksbüchereiwesen bei Schuster, Der Stand des deutschen öffentlichen Büchereiwesens, in: Die Bücherei 2 (1935), S. 250.

[10] Zahlenangabe bei Dähnhardt, Zur Entwicklung des öffentlichen Büchereiwesens, in: Die Bücherei 8 (1941), S. 305.

konfessionelle Büchereien an.[11] Bis 1938 konnten zwar 226 Volksbüchereien neu eröffnet werden.[12] Doch lag deren Gesamtzahl immer noch sowohl hinter der Zahl der Borromäus-Büchereien (420) als auch der evangelischen Gemeindebüchereien (276).[13] Für besonders katholisch geprägte Regionen wie Westfalen, Bayern oder Schlesien und für evangelische Zentren wie Preußen, die Rheinprovinz, Württemberg oder die Provinz Hannover[14] wird man von ähnlichen Zahlenverhältnissen ausgehen können.

Hinter den Zahlen standen aber nicht nur die quantitativen Strukturdefizite des öffentlichen Büchereiwesens, sondern vor allem auch eine den nationalsozialistischen Intentionen entgegenstehende Bestandspolitik. So beklagte Harden-Rauch in seinem Bericht von 1935, daß die Borromäus-Büchereien die vom Nationalsozialismus geförderte Literatur nur zu einem verschwindend geringen Prozentsatz berücksichtigen würden.[15] Eine Feststellung, die mit Sicherheit nicht nur für Baden und nicht nur für die katholischen Büchereien Gültigkeit besaß. In einem 1938 in der Zeitschrift »Die Bücherei« veröffentlichten Aufsatz machte Joachim Petzold, Leiter der Hauptstelle Büchereiwesen im Hauptschulungsamt der NSDAP, den konfessionellen Büchereien ganz pauschal drei Vorwürfe: Erstens seien sie »völlig unpolitisch«, soweit man den Begriff des Politischen mit dem Nationalsozialismus in Verbindung bringt; zweitens enthielten sie »einen Höchstbestand an Kitsch, Schund und minderwertiger Lektüre aller Art«; und drittens sei es geradezu empörend zu sehen, »wie zahllosen Volksgenossen in zahllosen Gemeinden grundsätzlich und systematisch jegliches nationalsoziali-

[11] Das Volksbüchereiwesen im Gau Baden, Karlsruhe Juni 1935, S. 8, GLA Karlsruhe 357/31.491.

[12] Ph. Harden-Rauch, Die Zusammenarbeit der Staatlichen Volksbüchereistellen mit Partei und Staat. Ein Arbeitsbericht, in: Die Bücherei 6 (1939), S. 516–521, hier S. 520.

[13] Ebd.

[14] Die Zahlenangaben über das Evangelische Büchereiwesen bei C. Razum, Der Deutsche Verband Evangelischer Büchereien (DVEB), in: Bibliotheken während des Nationalsozialismus, Teil 1, S. 501–506, hier S. 505.

[15] Das Volksbüchereiwesen im Gau Baden, S. 10, GLA Karlsruhe 357/31.491.

stisches Schrifttum entzogen beziehungsweise vorenthalten« werde.[16]

Einmal davon abgesehen, daß der auch bei Harden-Rauch nachzulesende Vorwurf der massenhaften Verbreitung minderwertiger Literatur wohl kaum haltbar war, waren beide Stellungnahmen Ausdruck einer in nationalsozialistischen Bibliothekarskreisen weit verbreiteten Verärgerung über die Existenz und den Erfolg einer nonkonformen Nische im deutschen Büchereiwesen.[17] Harden-Rauch plädierte 1935 jedoch noch für die Koexistenz. Man erwarte von den konfessionellen Büchereien keine »kulturpolitische Arbeit im Sinne der Weltanschauung des Nationalsozialismus«.[18] Doch müsse man fordern, daß sie »dem reaktionären und die Volksgemeinschaft zerstörenden Geist keinen Vorschub leisten [...]«.[19]

Demgegenüber setzte Petzold 1938 bereits auf eine Strategie der verschärften Konkurrenz und Ausgrenzung. Das wirksamste Mittel zur »Bekämpfung dieses weltanschaulichen Gefahrenherdes« sah er in der »Gründung von Büchereien mit ausgesprochen nationalsozialistischer Haltung«.[20] Sie sollten »so gut und so schlagkräftig« ausgestattet werden, daß die Benutzung der konfessionellen Büchereien überflüssig würde. Denjenigen konfessionellen Büchereien, die nicht zur Einordnung in das Volksbüchereiwesen, also zur Aufgabe ihrer Bindung an die Kirchen, bereit seien, gab Petzold »im eigenen Interesse« den

[16] Petzold, Die Aufgaben des nationalsozialistischen Büchereiwesens, in: Die Bücherei 5 (1938), hier S. 214.

[17] Auf die Tatsache, daß die Animositäten zwischen Vertretern des öffentlichen und des konfessionellen Büchereiwesens noch in die Zeit vor 1933 zurückgehen, weist Hodick, Die willkommene Gelegenheit, S. 489, hin. Zu den Rivalitäten in den Anfangsjahren der nationalsozialistischen Herrschaft s. u.a. Kock, Die Neuordnung der Beratungsstellen, in: Die Bücherei 1 (1934), S. 26–28, wo eine »Eingliederung« der konfessionellen Büchereien in die »provinzielle Büchereifront« gefordert wird; H. Dähnhardt, Die Aufgabe der Volksbüchereien, in: Bbl. 103. Jg., Redaktioneller Teil, Nr. 73 vom 26. 3. 1936, S. 281–282, hier S. 282, der das Fehlen eines »einheitlichen Volksbüchereiwesens« auf die politischen Einflüsse des Katholizismus und des Marxismus zurückführt.

[18] Das Volksbüchereiwesen im Gau Baden, S. 10, GLA Karlsruhe 357/31.491.

[19] Ebd., S. 11.

[20] Petzold, Die Aufgaben des nationalsozialistischen Büchereiwesens, in: Die Bücherei 5 (1938), hier S. 215. Die folgenden Zitate ebd.

dringenden Rat, »sich an die staatlichen Bestimmungen zu halten und auf die rein religiöse und konfessionelle Erbauungsliteratur zu beschränken«.

7.2. Die »Ghettoisierung« der konfessionellen Büchereien und die Ausbeutung ihrer Bestände

Die Äußerungen Petzolds waren ein Indiz für den grundlegenden Wandel in der Politik gegenüber den konfessionellen Büchereien. Angesichts der Herrschaftsstabilisierung im Innern und der erfolgreichen Expansion nach außen begann der nationalsozialistische Staat, die bislang immer noch akzeptierte Betätigung der Kirchen im Büchereiwesen sukzessive auszuschalten. Den Anfang machte im Januar 1939 eine Durchsuchungsaktion der Gestapo und des SD in den konfessionell gebundenen Krankenhäusern und Privatkliniken.[21] Die Aktion sollte wieder einmal der Bekämpfung des »schädlichen und unerwünschten Schrifttums« dienen. Als Hauptgewinn dürfte man sich jedoch einen genauen Überblick über die Bestände und die Benutzung der konfessionellen Krankenhausbüchereien versprochen haben. Es war dann auch kein Zufall, daß das Reichserziehungsministerium noch im November des gleichen Jahres den Auf- und Ausbau des Krankenhausbüchereiwesens anordnete.[22] Damit sollte die erfolgreiche Betätigung der Kirchen in diesem Bereich eingedämmt und die Möglichkeit zur »Beeinflussung der Kranken und Genesenden« in nationalsozialistischem Sinne genutzt werden.[23]

Im April 1939 hob Börsenvereins-Vorsteher Wilhelm Baur »mit sofortiger Wirkung« die Vergünstigungen des Buchhandels für Bestellungen der katholischen Büchereien auf.[24] Die

[21] Verfügung der Stapostelle Düsseldorf an den Landrat in Kleve vom 31. 1. 1939 zur Durchsuchung von konfessionell gebundenen Büchereien der Krankenhäuser und Privatkliniken im Landkreis Kleve, HStA Düsseldorf RW 18/25 Bl. 360.

[22] »Richtlinien für den Auf- und Ausbau der deutschen Krankenhausbüchereien« vom 14. 11. 1939, in: Deutsche Wissenschaft, Erziehung und Volksbildung 5 (1939), S. 583–584.

[23] »Zur Beschaffenheit der Krankenhaus- und Anstaltsbüchereien«, in: Meldungen aus dem Reich, Bd. 9, Nr. 270 vom 23. 3. 1942, S. 3507–3509.

[24] »Bekanntmachung des Börsenvereins betr. Borromäusverein und Katholischer Preßverein« vom 25. 4. 1939, wiedergegeben bei Schrieber/Met-

Einkaufszentrale des Vereins vom Hl. Karl Borromäus in Bonn und die Borromäus-Büchereien sowie die Einkaufszentralen und Büchereien des in Bayern tätigen Katholischen Preßvereins sollten als »Publikum« im Sinne der Buchhändlerischen Verkaufsordnung behandelt und – im Gegensatz zu den Volksbüchereien – nur noch zum vollen Ladenpreis beliefert werden. Skonto durfte nur noch dann gewährt werden, wenn die Bestellungen über das staatlich kontrollierte Einkaufshaus für Büchereien in Leipzig abgewickelt wurden. Ein geschickter Schachzug, denn damit sollte der Bezug der vom Einkaufshaus bereitgehaltenen systemkonformen Literatur durch die katholischen Büchereien gefördert werden.

Nachdem im Juni 1939 auf interministerieller Ebene und unter Einbeziehung der Gestapo sowie des Deutschen Gemeindetags ein Programm zur »Ghettoisierung« der konfessionellen Büchereien vereinbart worden war,[25] holte das Reichserziehungsministerium im Sommer 1940 zum entscheidenden Schlag aus. In einem vertraulichen Runderlaß vom 14. 8. wurde – wohl als Ergebnis von Recherchen der Gestapo und des SD – die Führung nicht-konfessioneller Literatur in den Beständen der vom Borromäus-Verein unterhaltenen Büchereien »festgestellt«.[26] Die katholisch-konfessionellen Büchereien träten damit in einen »offensichtlich beabsichtigten Wettbewerb« mit den Stadt- und Volksbüchereien, der geeignet sei, »die öffentliche Ordnung zu gefährden«.[27] Was das Reichserziehungsministerium dann »im Einvernehmen mit dem Stellvertreter des Führers« als Maßnahmen zur Beseitigung dieses Konkurrenzverhältnisses anordnete, kam praktisch der Ausschaltung des katholischen Büchereiwesens gleich.

Bis zum 1. 1. 1941 waren aus den katholischen Pfarrbüchereien sämtliche Bücher aus der Ausleihe zurückzuziehen, die in der zweiten Ausgabe der »Reichsliste für kleinere Städtische Büchereien« aus dem Jahre 1939 enthalten waren. Gleiches galt

ten/Collatz (Hg.), Das Recht der Reichskulturkammer, Teil VI, Nr. 25, S. 67.

[25] Boese, Das Öffentliche Bibliothekswesen im Dritten Reich, S. 196. An den Beschlüssen waren das Reichserziehungs-, das Reichspropaganda-, das Reichsinnen- und das Reichskirchenministerium beteiligt.

[26] Abschrift des Erlasses vom 14. 8. 1940 in HStA Düsseldorf RW 18/24 Bl. 147 (S. 1–2).

[27] Ebd.

für alle »lediglich der Unterhaltung dienenden Bücher, Kriminalromane, Abenteuererzählungen und Jugendschriften«,[28] insofern in ihnen keine religiösen Themen behandelt wurden. Die Titel der Bücher beider Bestandsgruppen waren in den für die Öffentlichkeit bestimmten Katalogen zu streichen. Zukünftig wurden die katholischen Pfarrbüchereien in ihrer Ausleihe auf Schriften und Bücher beschränkt, die »katholisch-religiöse[n] oder erbaulichen, katholisch-kulturellen oder katholisch-charitativen Inhalts sind«, wobei unmaßgeblich war, ob es sich dabei um Belletristik oder Sachbücher handelte.[29]

Im Gegenzug sollten die Gemeinden sich um einen forcierten Ausbau der Volksbüchereien bemühen, und zwar in einem solchen Umfang, daß die Lesebedürfnisse der Bevölkerung befriedigt und ihr »mehr geboten« werden konnte, »als sie von den kirchlichen Einrichtungen bisher gewohnt war«. Genau dies war zwar schon 1938 von Petzold gefordert, aber offenbar noch nicht in die Praxis umgesetzt worden. So mußte das Reichserziehungsministerium monieren, daß in Bayern, in der Rheinprovinz, in der Provinz Westfalen sowie in Teilen der Provinzen Hannover und Hessen »noch unverhältnismäßig viele Gemeinden vorhanden [sind], die zwar eine Pfarrbücherei, aber noch keine Gemeindebücherei besitzen«. In manchen Städten sähe es nicht viel besser aus.

Durch den Erlaß vom 14. 8. 1940 wurden die katholischen Büchereien einer ständigen Überwachung durch die Polizeistellen und die SD-(Ober-)Abschnitte ausgeliefert.[30] Denn nur auf diesem Wege war ja die Einhaltung der vom Reichserziehungsministerium ausgegebenen Richtlinien vor Ort sicherzustellen. Da die in den Richtlinien enthaltenen Kriterien für die auszusondernde beziehungsweise weiterhin zugelassene Literatur außerordentlich unpräzise gehalten waren, blieb die Sperrung von Büchern für die Ausleihe letztlich dem Ermessen der Polizeibeamten und SD-Mitarbeiter überlassen. In der Praxis dürfte dies willkürliche Eingriffe zum Schaden der Büchereien begünstigt haben. Auch wenn die Inkompetenz der Beamten oder das geschickte Argumentieren von Büchereileitern bisweilen die wei-

[28] Ebd. (Pkt. 2).
[29] Ebd. (Pkt. 4). Zum folgenden s. ebd.
[30] S. dazu etwa die Verfügung der Stapoleitstelle Düsseldorf an die Landräte des Bezirks und die Polizeiverwaltungen in Neuß und Viersen vom 26. 10. 1940, HStA Düsseldorf RW 18/24 Bl. 153.

tere Ausleihe »unerwünschter« Bücher ermöglichte,[31] wurde durch den Erlaß das breite Angebot der konfessionellen Büchereien drastisch eingeschränkt und damit die letzten noch vorhandenen Nischen für nonkonforme Literatur beseitigt.

Doch damit nicht genug. Angesichts der allgemeinen Bücherknappheit gingen die Gauschrifttumsbeauftragten des Amtes Rosenberg seit 1941 dazu über, die katholischen Borromäus- und die Pfarrbüchereien verstärkt in die jährliche Aktion »Bücherspende der NSDAP für die Wehrmacht« einzubeziehen.[32] Damit konnten gleich zwei Ziele erreicht werden. Zum einen wurde den Büchereien schöngeistige und unterhaltende Literatur entzogen, die bei den Lesern der Büchereien ebenso beliebt war wie bei den Wehrmachtsangehörigen. Das Angebot wurde also weiter reduziert. Zum anderen konnte aber auch konfessionelle Literatur beseitigt werden. Zahlreiche Büchereileiter hatten nämlich versucht, durch ihre Spenden kirchliche Traktate und Broschüren sowie konfessionell geprägte Bücher in die Wehrmacht einzuschleusen.[33] Doch ging diese Taktik nicht auf, da die Bücherspenden stets von den Gau- und Kreisschrifttumsbeauftragten durchgesehen, verbotene oder unerwünschte Bücher ausgesondert und »staatspolizeilich sichergestellt« wurden.[34]

Die Büchereipolitik des Reichserziehungsministeriums zielte letztlich auf die völlige Zerschlagung des konfessionellen Büchereiwesens ab. Dabei griffen der Aufbau eines flächendeckenden Netzes an Volksbüchereien und die Maßnahmen zur Einschränkung der Bestände und damit auch der Benutzungsmöglichkeiten der konfessionellen Büchereien ineinander. In der

31 »Umgehungsversuche bei der Aussonderung nicht-religiösen Schrifttums aus den Pfarrbüchereien«, in: Meldungen aus dem Reich, Bd. 8, Nr. 231 vom 23. 10. 1941, S. 2909–2910; sowie Hodick, Die willkommene Gelegenheit, S. 494–496.

32 Meldungen zur Büchersammlung für die Wehrmacht, in: Meldungen aus dem Reich, Bd. 9, Nr. 266 vom 9. 3. 1942, S. 3440–3442, hier S. 3441–3442.

33 Ebd., S. 3442.

34 S. dazu das Schreiben Bormanns an Rosenberg vom 6. 5. 1944, BArch Potsdam NS 8/190 Bl. 74 sowie die Rund-Verfügung der Stapoleitstelle Düsseldorf an die Außendienststellen des Bezirks, die Landräte und Oberbürgermeister von Neuß und Viersen als Ortspolizeibehörden vom 8. 6. 1944, HStA Düsseldorf RW 18/43 Bl. 17.

Praxis war dieser »Vernichtungskampf«[35] jedoch ein sowohl regional wie auch nach Konfessionen höchst unterschiedlicher Prozeß, über dessen Verlauf und Ergebnisse im einzelnen bislang nur wenig bekannt ist.

[35] So Boese, Das Öffentliche Bibliothekswesen im Dritten Reich, S. 196.

Schlußbetrachtung

Literatur, Buchhandel und Bibliothekswesen als Teilgebiete des nationalsozialistischen Herrschafts- und Gesellschaftssystems

1. Das Problem der »Gleichschaltung«

Die gesamte Weimarer Republik hindurch lebte die nationalsozialistische »Bewegung« von Gegenbildern.[1] Diese waren in ihrer überwiegenden Zahl negativ besetzt. Die Republik galt als liberal und »marxistisch verseucht«, begünstigte angeblich pazifistische und internationale Bestrebungen, während sie die Erinnerung an den Heldenkampf des Ersten Weltkrieges verdrängte und die Wiedergewinnung nationaler Stärke unterließ. Wie zu zeigen versucht wurde, stimmte dieses Bild der Weimarer Republik mit den Realitäten im Literaturbereich nicht überein. Schriftsteller und Verleger hatten sich – genau wie andere kulturelle Berufsgruppen – von Anfang an mit Beschneidungen ihrer von der Verfassung garantierten Grund- und Freiheitsrechte auseinanderzusetzen.

Die Nationalsozialisten waren mit ihren Angriffen also keineswegs allein, verstärkten jedoch den Druck auf die Kultur der Republik. Das hatte zunächst nur regional begrenzte Folgen. Doch je gewichtiger die Rolle der NSDAP auf Reichsebene wurde, also spätestens ab dem Ende der zwanziger Jahre, um so wirkungsvoller konnte sie auch auf kulturpolitischem Gebiet agieren. Zu diesem Profilierungsprozeß gehört der Aufbau eines eigenen Verlagswesens, mit dem die ohnehin beträchtliche Produktion völkisch-nationaler Literatur erweitert werden konnte, ebenso wie die Gründung des Kampfbundes für deutsche Kultur. Auch in der Reichsleitung der NSDAP begann man nach dem Erfolg bei der Reichstagswahl vom September

[1] Dies ist das zentrale Ergebnis der anregenden Studie von Paul, Aufstand der Bilder, hier insbesondere S. 213–252.

1930, die Kultur als propagandistischen Werbeträger zu entdekken und einzusetzen. Zuvor hatte die Übernahme des thüringischen Innen- und Volksbildungsministeriums durch den Nationalsozialisten Wilhelm Frick am 23. 1. 1930 erstmals die Möglichkeit geboten, die Vorstellungen von einer völkisch-nationalen Kultur in die Praxis umzusetzen. Fricks vierzehnmonatige Amtszeit gab mit der Einsetzung von »Kulturkommissaren«, mit massiven Eingriffen in die Schul- und Universitätspolitik, mit der Verdrängung abgelehnter Kunstrichtungen und der Unterdrückung von Filmen einen kleinen Vorgeschmack auf das, was nach einer Machtübernahme der NSDAP auf Länder- und Reichsebene zu erwarten war.

Obwohl damit Umrisse einer nationalsozialistischen Kultur- und Literaturpolitik gezeichnet worden waren, deren gesellschaftliche Wirkungen im Prozeß der Aushöhlung der Republik nicht unterschätzt werden sollten, lag am 30. 1. 1933 kein einheitliches Konzept vor.[2] Das wurde deutlich, als es um die »Gleichschaltung« der schriftstellerischen Repräsentanz- und Interessenvertretungen ging. Die Sektion für Dichtung in der Preußischen Akademie der Künste, der PEN-Club und der SDS konnten zwar – unter tätiger Mithilfe aus den eigenen Reihen – bis März 1933 personell neu »formiert« und auf den nationalsozialistischen Staat festgelegt werden. Doch was aus den nun »gleichgeschalteten« Verbänden werden sollte, darüber herrschte völlige Unklarheit.

Die Sektion für Dichtung mußte als erste der renommierten Schriftstellervereinigungen der Weimarer Republik die Erfahrung machen, daß es dem »neuen« Staat nicht um eine geistige Revolution ging, sondern nur um die totalitäre Durchsetzung seiner politischen Macht. Nachdem das gelungen war, wurde

[2] R. Heberle hatte bereits in seinen Notizen »Zur Soziologie der Nationalsozialistischen Revolution« aus dem Jahre 1934, in: VfZG 13 (1965), S. 438–445, hier S. 443, festgestellt: »Da die Ideologie des Nationalsozialismus in der Zeit des Kampfes um die Macht weitgehend ad hoc ausgebildet worden ist und die Schöpfer dieser Ideologie zum Teil nur durch die gegenrevolutionäre Front verbunden waren, so mußten nach der Machtergreifung sich Diskrepanzen zwischen Ideologie und Handeln herausbilden, neben den Diskrepanzen zwischen den verschiedenen Willensrichtungen innerhalb der Bewegung, und natürlich Meinungsverschiedenheiten über den Sinn bestimmter Maximen der Ideologie«. In diesem Sinne auch W. Horn, Der Marsch zur Machtergreifung. Die NSDAP bis 1933, Düsseldorf 1980 (Originalausgabe Königstein/Ts. 1972), insbes. S. 421–434.

die Sektion wie ein gebrauchtes Spielzeug in die Ecke gestellt. Der völlige Bedeutungsverlust, den die Sektionsmitglieder binnen kurzer Zeit erfahren mußten, war vor allem die Folge eines Machtkampfes auf kulturpolitischem Gebiet. Der für die Akademie zuständige preußische Kultusminister Rust konnte sich dabei ebensowenig durchsetzen wie Alfred Rosenberg, der über seinen Kulturkampfbund die »Gleichschaltung« der Sektion für Dichtung forciert hatte.

Nicht viel anders erging es der deutschen Sektion des PEN-Clubs. Auch hier spielten bei der Neubesetzung des Vorstands und der Ausschaltung der aus politischen oder rassischen Gründen »unerwünschten« Mitglieder Vertreter des Rosenbergschen KfdK die entscheidende Rolle. Anfangs sah es noch so aus, als könne der PEN-Club für die Auslandspropaganda des nationalsozialistischen Deutschland benutzt werden. Doch nachdem dies am entschiedenen Widerstand des Londoner PEN-Zentrums gescheitert war, wurde auch die deutsche PEN-Sektion für die Staatsführung bedeutungslos. Die nationalsozialistische Gegengründung, die im Januar 1934 unter dem Namen »Union nationaler Schriftsteller« das Licht der Welt erblickte, erwies sich dann aber als Fehlschlag. Die deutsche Schriftstellerschaft war damit auf internationaler Ebene praktisch seit 1934 isoliert. Eine Tatsache, an der auch die intensiven Bemühungen des Propagandaministeriums um den Einsatz deutscher Dichter im Ausland und die 1941 ins Leben gerufene »Europäische Schriftstellervereinigung« wenig zu ändern vermochten.

Blieb noch der SDS. Die »Gleichschaltung« der wohl wichtigsten deutschen Schriftstellervereinigung wurde von einer Gruppe nationalsozialistischer Aktivisten betrieben, die in loser Verbindung zur Berliner Gauleitung der NSDAP standen. Goebbels, der sich aus den Vorgängen um die Sektion für Dichtung und das deutsche PEN-Zentrum ganz herausgehalten hatte, griff nach seiner Ernennung zum Propagandaminister dirigierend in die weitere Entwicklung ein. Anfang Juni 1933 wurde der SDS zusammen mit dem Verband deutscher Erzähler, dem Kartell lyrischer Autoren und dem Deutschen Schriftstellerverein zum »Reichsverband Deutscher Schriftsteller« zwangsvereinigt. Daß aus dem RDS dann die Keimzelle der späteren Reichsschrifttumskammer werden würde, war zu jenem Zeitpunkt aber noch überhaupt nicht absehbar.

Wohl erst Anfang Juli 1933 kam im Propagandaministerium der Plan zur Errichtung einer Reichskulturkammer auf. Damit sollten die Ansätze Leys unterlaufen werden, auch die Angestellten der Kulturberufe in die DAF zu integrieren. Geschickt nutzte Goebbels die Verstimmung in der NS-Führung gegenüber der allzu gewerkschaftlichen Orientierung der DAF aus, um bei Hitler die Realisierung seines »berufsständischen« Gegenmodells durchzusetzen. Mit der Ersten Verordnung zur Durchführung des RKK-Gesetzes vom 1. 11. 1933 wurde der RDS in eine Körperschaft des öffentlichen Rechts unter dem Namen Reichsschrifttumskammer umgewandelt. Gleichzeitig – und das unterstreicht die juristische Fragwürdigkeit der Goebbelsschen Improvisationsleistung – blieb der RDS als Fachverband innerhalb der Kammer erhalten. Seine Integration stellte die Kammer-Verwaltung ebenso wie die der übrigen an der Erzeugung und Verbreitung von Literatur beteiligten Fachverbände noch bis weit in die dreißiger Jahre hinein vor enorme Probleme.

Weitaus stärker als bei den Schriftstellervereinigungen erwies sich die »Gleichschaltung« beim Börsenverein der Deutschen Buchhändler als »Prozeß des ›Anempfindens‹ an die Macht«.[3] Die Leipziger Zentrale des deutschen Buchhandels, schon in der Republik von Vertretern der deutsch-nationalen Rechten beherrscht, blieb aufgrund der offen bekundeten Bereitschaft zur vorbehaltlosen Zusammenarbeit sowie aufgrund einiger personeller Konzessionen von der nationalsozialistischen Machtübernahme zunächst weitgehend unberührt. Erst die Opposition gegen die Pläne der staatlichen Schrifttumsbürokratie zur Lösung der Krise des deutschen Buchexports brachte den Börsenvereins-Vorsteher Friedrich Oldenbourg Ende Mai 1934 zu Fall. Nach einer Interimslösung trat im September 1934 der Amann-Vertraute Wilhelm Baur an die Spitze der traditionsreichen Buchhändlervereinigung. Während der Börsenverein nun wieder vorwiegend auf seine wirtschaftlichen Funktionen und die Pflege der Kontakte zum Auslandsbuchhandel beschränkt wurde, sollte die politische Kontrolle des Berufsstands und die Durchsetzung des Nationalsozialismus im deutschen Buchhandel über den neu gegründeten »Bund Reichsdeutscher Buchhändler« (ab 1. 10. 1936 »Gruppe Buchhandel«) laufen, dessen Leitung in Personalunion Wilhelm Baur übernahm.

[3] So die treffende Charakterisierung des Verlaufs der »Gleichschaltung« im kulturell-geistigen Bereich durch Bracher, Die Deutsche Diktatur, S. 272.

Auch beim Verband Deutscher Volksbibliothekare und beim Verein Deutscher Bibliothekare waren keine Eingriffe von außen erforderlich, um die Übereinstimmung mit dem NS-Regime herzustellen. Sofern in den Bibliothekarskreisen nicht ohnehin schon grundsätzliche Vorbehalte gegenüber der Republik bestanden, so verlor diese infolge der mit Beginn der Wirtschaftskrise einsetzenden massiven Etatkürzungen jeglichen Kredit. Neben der Erwartung einer besseren Finanzausstattung war es die Hoffnung auf eine soziale Aufwertung, die die Bibliothekare in die Arme der neuen nationalsozialistischen Regierung trieben. Dennoch verlief die »Gleichschaltung« auch hier nicht problemlos. Der VDV, der zunächst bereit gewesen war, sich in die DAF eingliedern zu lassen, wurde Ende 1933 in die RSK gezwängt. Die sachliche Zuständigkeit verblieb jedoch zunächst bei den Kultusministerien der Länder und ging ab Mai 1934 allmählich auf das neu gegründete Reichserziehungsministerium über. Beim VDB konnte sich Rust – mit Unterstützung seiner Länderkollegen und von Reichsinnenminister Frick – ebenfalls gegen den Kompetenzanspruch des Propagandaministeriums durchsetzen. Der Fachverband wurde im Juni 1935 wieder aus der RSK ausgegliedert, so daß Goebbels sämtliche Möglichkeiten zur Einflußnahme auf das wissenschaftliche Bibliothekswesen verlor.

Die »Gleichschaltung« der schriftstellerischen, buchhändlerischen und bibliothekarischen Fachverbände verlief also im einzelnen sehr verschieden ab und war keineswegs innerhalb weniger Monate abgeschlossen. Die Ursache lag im Fehlen eines einheitlichen Regieplans, an dem sich die Umformung und Neuausrichtung der Verbände hätte orientieren können. Die Folge war, daß sich auf literaturpolitischem Gebiet die unterschiedlichsten Institutionen und politischen Gruppierungen ohne jegliche Absprache tummelten. Die Berliner Landesleitung des KfdK agierte im Verbund mit Rust. Das Reichsinnenministerium ließ Druckschriften auf der Grundlage der Notverordnungen des Reichspräsidenten vom 4. und 28. 2. 1933 beschlagnahmen. Die Landesregierungen und die Berliner Stadtverwaltung brachten zusätzlich »Schwarze Listen« heraus. Schließlich mischten sich auch noch die Deutsche Studentenschaft und der Nationalsozialistische Deutsche Studentenbund mit der »Aktion wider den undeutschen Geist« in die Unterdrückung der aus politischen, rassischen oder ästhetischen Gründen abgelehnten Literatur ein. Goebbels begann für sein

Propagandaministerium kulturpolitische Kompetenzen zu arrondieren. Gleichzeitig wollte Ley einzelne kulturelle Verbände in seine DAF integrieren, während die Landesverwaltungen auf ihrer bisherigen Kulturhoheit bestanden. Dieses diffuse Maßnahmenkonglomerat hatte ohne Zweifel verheerende Auswirkungen auf die Substanz und Struktur der deutschen Schriftstellerschaft, des Buchhandels und der Bibliotheken. Aber von einer Literatur*politik* im doppelten Sinne einer durchdachten Einflußnahme auf die Entwicklung der Literatur und einer bewußten Nutzung von Literatur zu Herrschaftszwecken konnte damit noch keine Rede sein.

2. Die Herrschaft der Bürokratien und der Pluralismus literaturpolitischer »Konzeptionen«

Die weitere Entwicklung war gekennzeichnet durch die Institutionalisierung von Schrifttumsbürokratien auf staatlicher und parteiamtlicher Ebene. Die treibenden Kräfte in diesem Prozeß waren jedoch nicht sachliche Erwägungen, sondern persönliche Profilierungsbestrebungen und der Kampf um Macht. Die Literaturpolitik des Propagandaministeriums beschränkte sich anfangs auf ein kleines Hilfsreferat im Rahmen der Propaganda-Abteilung. Die eigentliche Arbeit lief jedoch außerhalb des Hauses: Zum einen über die Reichsstelle zur Förderung des deutschen Schrifttums, die im Juni 1933 auf Initiative des Leiters der KfdK-Landesleitung Franken gegründet worden war und – mit finanzieller Unterstützung des Propagandaministeriums – ein umfangreiches Lektorat zur Sichtung der Buch- und Zeitschriftenproduktion aufbaute; zum anderen über einen von der Reichsleitung des KfdK geführten »Arbeitsausschuß«, dessen »Schwarze Listen« vom Ministerium übernommen wurden und als Grundlage für eine vom Börsenverein um die Jahreswende 1933/34 durchgeführte »Säuberungsaktion« im deutschen Buchhandel dienten.

Erst nachdem im Januar 1934 der Versuch, die Reichsstelle zur Förderung des deutschen Schrifttums für das Ministerium zu vereinnahmen, am Widerstand Rosenbergs gescheitert war, begann der Aufbau einer für die Literaturpolitik zuständigen staatlichen Spezialverwaltung. Im Juni 1934 wurde die Reichsschrifttumsstelle (ab April 1939 Werbe- und Beratungsamt für das deutsche Schrifttum) als »nachgeordnete Behörde« des Propagandaministeriums gegründet, im Oktober 1934 folgte dann die Errichtung der Schrifttumsabteilung. Beide Stellen verfügten jedoch über eine – gemessen an ihrem Aufgabenkreis – zu geringe Personalausstattung, so daß viel vom persönlichen Engagement und Improvisationsvermögen der Mitarbeiter abhing. Die Folge war, daß zentrale literaturpolitische Aufgaben nicht über das Ministerium selbst abgewickelt wurden, sondern an die Verwaltung der RSK und eine Reihe halbamtlicher Stellen wie etwa die »Reichsarbeitsgemeinschaft für Deutsche Buchwerbung« delegiert werden mußten. Zusammengehalten wurden diese unterschiedlichen Arbeitsbereiche von Dr. Heinz Wismann, dessen Karriere eines der zahlreichen Beispiele für die extreme Personalisierung von Politik im NS-Staat liefert.

Der Sturz Wismanns im Juli 1937 und die nachfolgenden Probleme mit der Neuorganisation der Schrifttumsabteilung machen deutlich, daß vier Jahre nach der nationalsozialistischen Machtübernahme noch keine klaren Strukturen in der staatlichen Schrifttumsbürokratie geschaffen worden waren und daß Goebbels alles andere als ein fähiger Administrator war.[4] Erst zum 1. 4. 1938 wurde eine Aufteilung der Kompetenzen zwi-

[4] Die Behauptung von Heiber, Goebbels, S. 144, daß der Propagandaminister trotz des »Bruchs mit dem eingewurzelten Arbeitsstil und trotz der bürokratischen Wucherungen, die der Mammutapparat des erklärten Anti-Bürokraten zwangsläufig gebar, trotz der personalpolitischen Pannen und trotz der hemmenden Ressortkämpfe so erfolgreich gewesen« sei, sehe ich zumindest für den Bereich der Literaturpolitik als unhaltbar an. Sie wäre auch bei den anderen Tätigkeitsfeldern seines Ministeriums noch einmal eingehender zu überprüfen, und zwar im Hinblick auf die ministerielle Binnenstruktur, im Hinblick auf die nationalsozialistische Polykratie im Sinne Hüttenbergers sowie im Hinblick auf die realen Wirkungen der Ministeriums-Politik. Die jüngste Biographie von Reuth, Goebbels, leistet diese Arbeit leider nicht, da der Verfasser die im Bundesarchiv Potsdam überlieferten Verwaltungsakten des Ministeriums kaum ausgewertet hat. Ansatzpunkte für eine kritische Betrachtung der Regierungstätigkeit von Goebbels liefert H. Sündermann: Hier stehe ich... Deutsche Erinnerungen 1914/45. Aus dem Nachlaß hg. von G. Sudholt. Leoni/Starnberger See 1975, S. 298–302. Trotz zahlreicher Vorbehalte gegenüber dem Gesamtwerk und trotz offenkundiger Sympathie für den Goebbels-Konkurrenten Otto Dietrich ist die Darstellung des ehemaligen stellvertretenden Pressechefs der Reichsregierung in der Darstellung des Propagandaministers und einer Reihe weiterer »NS-Größen« erstaunlich differenziert.

schen der ministeriellen Schrifttumsabteilung, die nun für alle literaturpolitischen Aufgaben zuständig war, und der RSK, die auf die »berufsständische Betreuung« beschränkt wurde, vorgenommen. Während der Verwaltungsapparat der Kammer, der bislang außerordentlich ineffektiv gearbeitet hatte, verkleinert wurde, wurde das Personal der Schrifttumsabteilung deutlich erweitert.

Damit waren die Probleme von Goebbels jedoch noch keineswegs ausgeräumt. Seine Absicht, durch die Berufung des stellvertretenden PPK-Vorsitzenden Karl Heinz Hederich zum Nachfolger Wismanns die parteiamtliche Konkurrenz auszuschalten, verkehrte sich nämlich ins genaue Gegenteil. Der scheinbar so clevere Propagandaminister sah sich plötzlich einer Allianz von Rosenberg, Amann, Wilhelm Baur und Ley gegenüber, die den Machtzuwachs der Bouhler-Kommission nicht hinzunehmen bereit waren und unisono den Rücktritt Hederichs forderten. Hederich seinerseits war bemüht, den Aktionsradius der PPK mit Hilfe der ihm nun zur Verfügung stehenden staatlichen Machtmittel auszuweiten. Als Goebbels seinen Abteilungsleiter nach einer erneuten Auseinandersetzung mit Amann schließlich im Oktober 1938 entlassen mußte und Hederichs Nachfolger Alfred-Ingemar Berndt die Abteilung schon nach knapp einem Jahr wieder verließ, drohte die Schrifttumsabteilung ganz auseinanderzubrechen. Erst zu Beginn des Krieges gelang es, eine personelle Konsolidierung herbeizuführen und der Abteilung die Wahrnehmung zentraler literaturpolitischer Betätigungsfelder zu sichern.

Eine vollständige Zentralisierung der Kompetenzen und damit die Möglichkeit zur einheitlichen Ausrichtung der Literaturpolitik gelang dem Propagandaminister allerdings nie. So baute Wilhelm Baur in der Leipziger Buchhandelszentrale einen eigenständigen Machtbereich auf, der im wesentlichen den Interessen Amanns zuarbeitete. Das Reichserziehungsministerium betrieb seine Büchereipolitik ohne Rücksichtnahme auf das Propagandaministerium. Gestapo und SD sowie das Heer der parteiamtlichen Schrifttumsstellen kooperierten zwar mit der staatlichen Schrifttumsbürokratie, konterkarierten aber auch deren Tätigkeit in Teilbereichen.

Während die Gestapo ab 1936 in die Rolle eines ausführenden Organs bei der Durchführung der Buchverbote zurückgedrängt wurde, dehnte der SD seinen Überwachungsauftrag seit 1937 verstärkt auf die Schriftstellerschaft, den Buchhandel und das

Bibliothekswesen aus. Die PPK griff in die Zensurvollmacht des Propagandaministeriums ein und höhlte in Zusammenarbeit mit dem NSLB sukzessive die Zuständigkeit des Reichserziehungsministeriums für das Schul- und Unterrichtsschrifttum sowie die Hochschulschriften aus. Leys DAF machte sich unter Ausnutzung der Vorarbeiten Rosenbergs auf dem Gebiet der Dichterlesungen und der Werkbüchereien breit und versuchte damit, zwei Arbeitsgebiete des Propagandaministeriums und der RSK zu besetzen. Die Partei-Kanzlei entwickelte rasch Ambitionen, die letztlich auf eine Zentralisierung der parteiamtlichen Schrifttumsarbeit hinausliefen und dezidiert gegen die vom Propagandaministerium vertretene Literaturpolitik gerichtet waren. Der einzige, der viel arbeitete und unermüdlich organisierte, aber im Grunde wenig erreichte, war Rosenberg mit seinem (Haupt-)Amt Schrifttumspflege.

Ein ordnendes Konzept war hinter all dem nicht zu erkennen. Die Ausgrenzung der Juden und die Unterdrückung regimegegnerischer Abweichung blieben der kleinste gemeinsame Nenner, auf den man sich jederzeit einigen konnte. Darüber hinaus aber traten in der Alltagsarbeit quer durch alle Behörden und Dienststellen immer wieder deutliche, zum Teil prinzipielle Differenzen auf. Das hing zum einen damit zusammen, daß die staatlichen und parteiamtlichen Schrifttumsbürokratien mit Menschen besetzt waren, die ganz unterschiedliche Erfahrungen und Absichten in ihre Arbeit einbrachten. Zum anderen ließen sich Schriftsteller und Lektoren, Verleger und Buchhändler, Leihbüchereibesitzer und Bibliothekare nicht uniform auf eine nationalsozialistische Linie bringen. Natürlich gab es zahllose Aktivisten und Mitläufer, die sich bereitwillig in den Dienst des Regimes stellten. Aber die ständig wiederkehrenden Kontrollen machten ebenso wie die Zunahme der Schulungsveranstaltungen deutlich, daß die »Gleichschaltung« auf dem Gebiet der Literatur im Jahre 1933 keineswegs vollendet war.[5]

[5] 1935 war in den Deutschland-Berichten der Sopade über die »Stimmung unter den Künstlern« zu lesen: »Man stößt überall auf Enttäuschung, nicht etwa nur bei Schriftstellern, die früher der Linken nahestanden oder den ›unpolitischen‹ Kurs gesteuert hatten, sondern vor allem auch bei konservativ und nationalistisch gesinnten Leuten. Es erweist sich auf Schritt und Tritt, daß ihre ›Gleichschaltung‹ rein formellen Charakter trägt und nicht mehr bindende Kraft besitzt als ein erzwungener Fahneneid. ›Gleichschaltung‹ bedeutet überhaupt in den meisten Fällen mehr Verzicht auf die

Zugespitzt könnte man sagen, daß es nach dem Ende des demokratischen Pluralismus dennoch eine Vielzahl von Vorstellungen und Interessen gab, wie Literatur, Buchhandel und Bibliothekswesen als gesellschaftliche Teilbereiche konkret ausgestaltet werden sollten. Jedenfalls gelang es weder der staatlichen Bürokratie noch der SS, der NSDAP oder einer anderen Herrschaftsgruppierung, ein Monopol an literaturpolitischen Leitideen und Steuerungsfunktionen zu errichten, die eine einheitliche Entwicklung garantiert hätten.

3. Die Rolle Hitlers in der nationalsozialistischen Literaturpolitik

Angesichts der auch im Literaturbereich feststellbaren Polykratie der Behörden und Parteidienststellen drängt sich natürlich die Frage auf, welche Rolle Hitler gegenüber den beteiligten Institutionen und literaturpolitischen Sachentscheidungen einnahm. Zunächst fällt auf, daß im Grunde sämtliche Institutionen, die maßgeblich an der Literaturpolitik mitwirkten, ihre Existenz einer Entscheidung Hitlers verdankten. Goebbels profitierte im ersten Jahr der nationalsozialistischen Herrschaft gleich mehrfach von der Gunst des Reichskanzlers. Die Gründung des Propagandaministeriums, die Übertragung von kulturpolitischen Kompetenzen aus den übrigen Reichsministerien und die Durchsetzung des Primats des Propagandaministers gegenüber den Ländern wären ohne das Engagement Hitlers ebensowenig möglich gewesen wie die nachgeschobene Gründung der Reichskulturkammer. Damit war dann allerdings der Bonus erschöpft. Als Goebbels im Frühjahr 1934 seine Herrschaft auch noch auf das preußische Theaterwesen, das Volksbüchereiwesen sowie auf den Bereich der Schulen und Universitäten ausdehnen wollte, schob Hitler mit der Errichtung des Reichserziehungsministeriums einen Riegel vor. Noch mächtiger wollte der »Führer« seinen Chefpropagandisten offenbar nicht werden lassen.

Ein ganz ähnliches Bild ergibt sich bei den beiden wichtigsten

Äußerung einer eigenen Meinung als die innere Übernahme der nationalsozialistischen«. Deutschland-Berichte, Zweiter Jahrgang 1935, S. 226.

parteiamtlichen Schrifttumsstellen. Durch die von Ley vermittelte »Beauftragung« Rosenbergs, die weltanschauliche Schulung und Erziehung der NSDAP zu übernehmen, konnte die Reichsstelle zur Förderung des deutschen Schrifttums in das neue Amt hinübergerettet werden. In der Folge hat sich Hitler allerdings kaum noch um diese Schrifttumsstelle, die mit finanzieller Unterstützung Leys und von Reichsschatzmeister Schwarz immerhin zu einer riesigen Parteidienststelle auswuchs, gekümmert. Dagegen profitierte Philipp Bouhler immer wieder von »Führer-Entscheidungen«. Das gilt zunächst für die sukzessive Ausweitung der Kompetenzen der PPK, die den Ausbau der Dienststelle erst ermöglichten. Daß Bouhlers PPK zwischen 1937 und 1939 die Dauerangriffe von gleich drei Reichsleitern (Amann, Ley, Rosenberg) überstehen konnte, lag eindeutig darin begründet, daß Hitler immer wieder den Fortbestand der Schrifttumsstelle garantierte. Während des Krieges wurde die Position der PPK von Hitler wiederholt gestärkt: 1940 übertrug er Bouhler die Bearbeitung des Schul- und Unterrichtsschrifttums, für die bislang das Reichserziehungsministerium zuständig gewesen war; 1941 bestätigte er noch einmal ausdrücklich die Zensurvollmachten der PPK gegen den Alleinvertretungsanspruch des Propagandaministeriums; und 1943 gab er die Anweisung, daß Rosenberg sein Schrifttumsamt der PPK zu unterstellen habe.

Doch nicht nur beim institutionellen Aufbau und der Kompetenzverteilung auf literaturpolitischem Gebiet, sondern auch bei einer Reihe von Einzelentscheidungen ist eine unmittelbare Beteiligung Hitlers nachweisbar. Mit der »Entjudung« der gesamten Reichskulturkammer folgte Goebbels dem rassenpolitischen Dogma des Partei-Führers. Dagegen stieß der Propagandaminister in einigen markanten Fällen, in denen er politisch »belasteten« Schriftstellern die Weiterarbeit ermöglichen wollte, auf den Widerstand Hitlers, der jeweils die Anweisung zum Berufsverbot erteilte. Auch im Bereich der Zensurpolitik kam es wiederholt zu Eingriffen des »Führers«. So beim Verbot einzelner Buchtitel oder bei der Sperre der technisch-naturwissenschaftlichen Literatur für den Export und die allgemeine Benutzung in den Bibliotheken.

Das alles bestätigt den aus zahlreichen anderen Studien gewonnenen Eindruck, daß Hitler die unumstrittene Führungsgestalt der nationalsozialistischen Diktatur war, der seine Entscheidungen jederzeit durchzusetzen fähig war, insofern er dies wollte.[6] Gerade in der historischen Nachbetrachtung wird man jedoch die Stärke eines Diktators nicht nur an dem Maßstab messen dürfen, daß er potentiell alle Entscheidungen an sich ziehen und seine Herrschaft unumschränkt über den Rivalitäten der übrigen Machtträger ausüben kann. Die Anarchie der Kompetenzen im »Dritten Reich« war eben, auch wenn sie die persönliche Diktatur Hitlers begünstigte, ein Stück seines Versagens als Staatsmann.

Die Zerstörung der Einheitlichkeit der Verwaltung und als Folge davon die Herabsetzung ihrer Effizienz hatte nicht nur Auswirkungen auf diesen sozialen Subbereich, sondern auf die gesamte Gesellschaft. Deutschland habe, so der Zeitzeuge Alfred Andersch, »in den letzten Jahren der Diktatur den Anblick eines Förderturms [geboten], in dem alle Räder frei rotierten, ohne die Transmissionen zu treiben, mit denen der Diktator die Geschichte bewegen wollte«.[7] Der totalitäre Anspruch, den Hitler und das Heer der übrigen nationalsozialistischen Machtträger auf Kontrolle und Lenkung der Gesellschaft erhoben, wurde zwar mit unverminderter Härte aufrechterhalten. Doch waren Anspruch und soziale Realität eben nie völlig deckungsgleich, beide Pole drifteten im Verlauf des Krieges sogar immer stärker auseinander.[8] Diesen Mangel an Integrationsfähigkeit,

[6] A. Bullock, Hitler. Eine Studie über Tyrannei. Aus dem Englischen übertragen von W. und M. Pferdekamp, Unveränderte Taschenbuchausgabe, Düsseldorf 1977 (Englische Originalausgabe 1953/1964), S. 354–391; Bracher, Die Deutsche Diktatur, S. 370–381; J. C. Fest, Hitler. Eine Biographie, Frankfurt a. M. u. a., S. 17–25 und passim; K. Hildebrand, Monokratie oder Polykratie? Hitlers Herrschaft und das Dritte Reich, in: Der »Führerstaat«: Mythos und Realität. Studien zur Struktur und Politik des Dritten Reiches, hg. von G. Hirschfeld und L. Kettenacker, Stuttgart 1981, S. 73–97; ders., Das Dritte Reich (4. Aufl. 1991), S. 135–155; E. Jäckel, Hitlers Herrschaft. Vollzug einer Weltanschauung, Stuttgart 1986; Rebentisch, Führerstaat und Verwaltung im Zweiten Weltkrieg, S. 395–424; R. Zitelmann, Hitler. Selbstverständnis eines Revolutionärs, Hamburg u. a. 1987; M. Funke, Starker oder schwacher Diktator? Hitlers Herrschaft und die Deutschen. Ein Essay, Düsseldorf 1989, insbesondere S. 72–78.

[7] A. Andersch, Die Kirschen der Freiheit. Ein Bericht, Zürich 1971 (Erstausgabe 1952), S. 47.

[8] Dieser Eindruck läßt sich bereits aus der Lektüre der Deutschland-Berichte der Sopade aus den Jahren 1934 bis 1940 gewinnen. An Forschungsbeiträgen, die die historische Erfahrung des Auseinanderklaffens zwischen Ideologie und sozialer Realität aufarbeiten, s. Buchheim, Totalitäre Herrschaft, S. 43–64; Schoenbaum, Die braune Revolution, insbesondere

der sich auf der Herrschafts- ebenso wie auf der gesamtgesellschaftlichen Ebene zeigte und zu enormen Reibungsverlusten führte,[9] wird man als die große Schwäche Hitlers und seiner monokratischen Herrschaft ansehen müssen.[10]

4. Die Lebens- und Arbeitsbedingungen der Schriftstellerschaft

Der totalitäre Anspruch des NS-Regimes traf die Schriftstellerschaft als erstes und am nachhaltigsten. Der Exodus zahlloser Schriftsteller reduzierte die produktive Vielfalt der deutschen Literatur[11] und rückte die Bücher der völkisch-national-konser-

S. 336–351; H. Mommsen, Die innere Struktur des nationalsozialistischen Herrschaftssystems, in: Faschistische Diktatur in Deutschland. Historische Grundlagen – gesellschaftliche Voraussetzungen – politische Struktur, Stuttgart 1972, S. 37–52; Schäfer, Das gespaltene Bewußtsein. Über die Lebenswirklichkeit in Deutschland 1933–1945, in: ders., Das gespaltene Bewußtsein, S. 114–162; Thamer, Verführung und Gewalt, S. 494–521 und S. 711–726; Frei, Der Führerstaat, S. 109–120, S. 132–142 und S. 165–172.

[9] G. Schulz hat dazu treffend bemerkt: »Es gelang nie, eine gesicherte reale wie geistig-moralische Basis zu schaffen, gar eine soziokulturelle Atmosphäre entstehen zu lassen, die den Belastungen durch fortgesetzte organisatorische Modeleien wie durch gewaltige politische und wirtschaftliche Anforderungen auch nur entfernt gewachsen gewesen wäre.« Die Gleichschaltung des öffentlichen Lebens, in: Deutschland 1933. Machtzerfall der Demokratie und nationalsozialistische »Machtergreifung«. Eine Vortragsreihe, hg. von W. Treue und J. Schmädecke, Berlin 1984, S. 65–96, hier S. 95–96.

[10] Insofern stimme ich den Hitlers Machtfülle und Ausnahmestellung relativierenden Darstellungen zu: H. Mommsen, Nationalsozialismus oder Hitlerismus?, in: Persönlichkeit und Struktur in der Geschichte, hg. von M. Bosch, Düsseldorf 1977, S. 62–71; ders., Hitlers Stellung im nationalsozialistischen Herrschaftssystem, in: Der »Führerstaat«: Mythos und Realität, S. 43–72; Hüttenberger, Nationalsozialistische Polykratie, in: GG 2 (1976), hier S. 432–433; I. Kershaw, Hitler: ›Master in the Third Reich‹ or ›Weak Dictator‹?, in: ders., The Nazi Dictatorship. Problems and Perspectives of Interpretation, London, Baltimore/Maryland 1985, S. 61–81, hier insbesondere S. 81.

[11] S. dazu A. Stephan, Die deutsche Exilliteratur 1933–1945. Eine Einführung, München 1979 (= Beck'sche Elementarbücher); sowie H. Möller,

vativen und nationalsozialistischen Autoren in den Mittelpunkt. Die »Gleichschaltung« der Repräsentanzvertretungen und Fachverbände beseitigte die Autonomie schriftstellerischer Interessenpolitik. Die RSK entwickelte sich rasch zu einem Kontrollorgan, über das die Ausschaltung der »nichtarischen«, der »nichtarisch versippten« und der politisch mißliebigen Autoren betrieben wurde. Die laufende Anforderung von politischen Gutachten durch die RSK-Verwaltung in Berlin verstärkte die Tendenz der Gestapo, des SD sowie der Gau- und Kreisleitungen der NSDAP, auch die Schriftsteller einer ständigen Überwachung zu unterziehen. Die Internierung Ernst Wiecherts und die Isolierung Hans Grimms – beides gezielte Abschreckungsmaßnahmen von Goebbels zur Verhinderung einer »Bekenntnisfront« im Literaturbereich – machen deutlich, wie eng die Grenzen der Entfaltungsmöglichkeiten gezogen und wie stark die Schriftstellerschaft dem autoritären Willkürstaat unterworfen waren.

Parallel zur personenbezogenen Kontrolle lief die Unterdrückung der als »schädlich und unerwünscht« eingestuften Publikationen. Von ihr wurden nicht nur große Teile der Literatur der Weimarer Republik erfaßt, sondern auch zahlreiche Neuerscheinungen, die politischen oder ästhetischen Normen des NS-Staates widersprachen. Andererseits war man aber auch bemüht, das schriftstellerische Ideenpotential nutzbar zu machen. Die von der RSK und der Reichsschrifttumsstelle »betreute« Vortragstätigkeit von Autoren war Teil einer umfangreichen Schrifttumspropaganda, mit der im In- und Ausland für den NS-Staat geworben wurde. Für die NS-Kulturgemeinde und das Deutsche Volksbildungswerk gehörten Dichterlesungen zu dem von der Partei reklamierten Anspruch auf »Menschenführung«.[12]

Angesichts einer solch deutlichen Übermacht der staatlichen Behörden und parteiamtlichen Dienststellen ist es naheliegend, eine völlige Ohnmacht der Schriftstellerschaft im »Dritten Reich« anzunehmen. Das war jedoch nicht der Fall. Während

Exodus der Kultur. Schriftsteller, Wissenschaftler und Künstler in der Emigration, München 1984, S. 51–58.

[12] Zur Bedeutung dieses Begriffs für die nationalsozialistische Herrschaft s. die Einleitung zu Verwaltung contra Menschenführung im Staat Hitlers, hier S. 23–32; sowie Rebentisch, Führerstaat und Verwaltung im Zweiten Weltkrieg, S. 31 und passim.

die »voll-« und »halbjüdischen« Autoren bis zum Frühjahr 1935 rücksichtslos aus der RSK ausgeschlossen und für die weitere Aufnahme gesperrt wurden, konnten ihre »arischen« Kollegen die Bestimmungen des Reichskulturkammerrechts zu ihren Gunsten nutzen. Zahlreiche Schriftsteller, die in der Weimarer Republik der politischen Linken und der von ihr geförderten Literatur der Moderne zuzurechnen waren, kamen auf diese Weise in die RSK oder konnten erfolgreich gegen einen Kammer-Ausschluß angehen und damit auch im nationalsozialistischen Deutschland schriftstellerisch tätig sein. Das gleiche gilt für »jüdisch versippte« Autoren, die aufgrund ihrer Beschwerde gegen einen Kammer-Ausschluß mit einer »Sondergenehmigung« des Propagandaministers weiterarbeiten konnten. Die staatliche Schrifttumsbürokratie setzte sich in zahlreichen Fällen über die zum Teil massiven Bedenken hinweg, die von Gestapo, SD und Parteidienststellen gegenüber der »Zuverlässigkeit und Eignung« eines Kammer-Mitglieds geäußert wurden. Selbst Buchverbote konnten vereinzelt rückgängig gemacht oder abgeschwächt werden, führten jedenfalls – auch bei großer Zahl – nicht zwangsläufig zum Berufsverbot für den betroffenen Autor.

Ganz einheitlich war diese Wahrung »völkischer Rechtsstaatsnormen«[13] nicht. Zudem stand hinter den Entscheidungen

[13] Der Begriff »völkischer Rechtsstaat« wurde erstmals von Volker Dahm in einem Referat auf der Internen Arbeitstagung des IfZ 1989 in der Evangelischen Akademie Tutzing geprägt. Für die Anwendung dieses Begriffs im Zusammenhang mit der Entwicklung der RKK spricht eine Reihe von Gründen. Zunächst bildeten das RKK-Gesetz und seine Ausführungsverordnungen ebenso wie die im Laufe der Jahre für die sieben Einzelkammern erlassenen Anordnungen, Amtlichen Bekanntmachungen und sonstigen Verwaltungsvorschriften die normativen Rechtsgrundlagen, an denen sich die Entscheidungspraxis der staatlichen Kulturbürokratie und die tägliche Arbeitspraxis auf kulturellem Gebiet von 1933 bis 1945 orientierten. Damit vermochten die an der Formulierung und Interpretation des RKK-Rechts beteiligten Juristen – vor allem Hans Schmidt-Leonhardt und Karl Friedrich Schrieber – rechtspositivistische Positionen in die Gesetzgebung des »Dritten Reiches« einzubringen, die sich letztlich nicht nur als Maßgabe für eine effiziente Verwaltung, sondern in vielen Fällen auch als einklagbarer Schutz für »Kulturschaffende« gegenüber Angriffen von seiten der Partei oder des SS-Komplexes bewährten. Da die normative Verbindlichkeit der Gesetze und Verwaltungsakte allerdings nicht, wie gezeigt wurde, für die sogenannten »Nichtarier« galt, muß einschränkend von einem »völ-

häufig genug das Kalkül, die ehemaligen politischen Gegner in die »Volksgemeinschaft« zu integrieren, um sie dann als Beweis für die großzügige Kulturpolitik des NS-Staates benutzen zu können. Doch gingen solche Rechnungen nicht immer auf. Die begrenzte Zulassung von Nonkonformisten sorgte dafür, daß die Literaturszene der NS-Zeit kein einheitliches Bild abgab, vielmehr über Nischen und auch über innovative Kräfte verfügte.[14]

Es ist auch wichtig zu erkennen, daß die »Gleichschaltung« der Schriftstellerverbände noch nicht das Ende einer Politik bedeutete, die sich um die Verbesserung der rechtlichen, der materiellen und der sozialen Position der Schriftsteller bemühte. Als eines der ersten Projekte realisierte der RDS als Fachverband innerhalb der RSK den »Normal-Verlagsvertrag für schöngeistiges Schrifttum«, für dessen Durchsetzung der SDS in der Weimarer Republik vergeblich gekämpft hatte. 1937 wurde der »Normal-Verlagsvertrag« auf »Jugendschrifttum«

kisch« geprägten Rechtsstaatsgefüge ausgegangen werden. Zusätzlich zur nationalsozialistischen Rassenideologie als einem außernormativen Einflußfaktor verwässerte auch die zunehmend willkürliche Entscheidungspraxis Hitlers den insbesondere von führenden Vertretern des Reichsinnenministeriums wie Hans Pfundtner und Wilhelm Stuckart im Rahmen einer autoritären Herrschaft angestrebten Erhalt rechtsstaatlicher Normen. Die von Dieter Rebentisch, Führerstaat und Verwaltung im Zweiten Weltkrieg, überzeugend dargestellte Entmachtung des Reichsinnenministeriums als eines zentralen Verwaltungs- und Rechtsetzungszentrums verbietet es denn auch, das »Dritte Reich« insgesamt als einen »völkischen Rechtsstaat« zu deuten. Doch wird man konstatieren müssen, daß auf dem vom Propagandaministerium und den Einzelkammern der RKK kontrollierten Kultursektor ein außerordentlich hohes Maß an Gesetzesnormen formuliert und praktiziert wurde. Normen, die ohne Zweifel nicht demokratisch gebildet und eben nicht auf alle Personen in gleicher Weise angewandt wurden, die aber dennoch unter den Bedingungen der Diktatur wesentlichen Grundsätzen des Rechtsstaates durchaus entsprachen.

[14] Am 10. 9. 1934 notierte Hermann Stresau in seinem Tagebuch: »[...] es scheint ja, man kann schreiben, ohne der NS-Ideologie Zugeständnisse zu machen«. Von Jahr zu Jahr, S. 92. S. dazu vor allem Schäfer, Die nichtnationalsozialistische Literatur der jungen Generation im Dritten Reich, in: ders., Das gespaltene Bewußtsein, S. 7–54. Kritischer Lämmert, Beherrschte Prosa, in: Neue Rundschau 86 (1975), S. 404–421, M. H. Kater, Anti-Fascist Intellectuals in the Third Reich, in: Canadian Journal of History 16 (1981), S. 263–277, und ders., Die Sozialgeschichte und das Dritte Reich, S. 666–667.

ausgedehnt. Im Dezember 1943 folgte schließlich noch der »Verfilmungs-Normalvertrag«. Im Laufe der Zeit wurde die RSK überhaupt zu einer Art »Clearingstelle« für die unterschiedlichsten Streitigkeiten zwischen Autoren und Verlegern. So wandten sich Schriftsteller an die Kammer, wenn sie ihren bisherigen Verlag, an den sie durch einen Optionsvertrag gebunden waren, wechseln wollten, wenn sie mit der Präsentation und dem Vertrieb ihrer Werke durch einen Verlag unzufrieden waren, wenn sie sich bei der Umsatzbeteiligung durch ihren Verlag benachteiligt fühlten, wenn ihre Werke aufgrund abgelehnter Papierzuteilungen nicht erscheinen konnten, wenn es um die Zahlung von Ausfallhonoraren für ihre bei Luftangriffen vernichteten Manuskripte oder Drucksätze ging u. a. m.

Die Sanierung der Buchwirtschaft führte zu einer Steigerung der Buchproduktion, von der zahlreiche Schriftsteller profitierten. Die geradezu inflationäre Stiftung und Verleihung von Literaturpreisen sollte u. a. das Sozialprestige der Schriftstellerschaft anheben und ihre Einkommenssituation verbessern. Mit einer erheblichen Aufstockung der Mittel zur sozialen Unterstützung notleidender Autoren reagierten RSK und Propagandaministerium auf die verschlechterte Einkommenssituation, die infolge von Einsparungen bei Rundfunk und Tageszeitungen seit Mitte der dreißiger Jahre und infolge der Papierkontingentierung während des Krieges einen Großteil der Schriftsteller traf.

Das alles waren Aktivitäten, mit denen die staatliche Schrifttumsbürokratie auf Forderungen aus Schriftstellerkreisen reagierte und mit denen sie sich eine Legitimation für ihre Verwaltungsherrschaft zu verschaffen suchte. Der Elan, mit dem die Projekte zur rechtlichen Besserstellung und sozialen Absicherung anfangs vorangetrieben wurden, wich allerdings seit Mitte der dreißiger Jahre zunehmend einer bürokratischen Alltagsroutine. Eine Reihe positiver Ansätze scheiterte an den stets präsenten Kompetenzrivalitäten. Die im Herbst 1936 von Goebbels angekündigte Einführung einer Altersversorgung für Schriftsteller kam über das Planungsstadium nicht hinaus, weil Hitler im Februar 1940 Ley die Vorbereitung einer umfassenden »Altersversorgung des Deutschen Volkes« übertrug. Obwohl 1939 von der Akademie für Deutsches Recht der Entwurf zu einer grundsätzlichen Novellierung des Urheber- und Verlagsrechts vorgelegt werden konnte, verliefen die Beratungen während des Krieges im Sande. Beim »Verfilmungs-Normalvertrag« mußte sich die RSK weitgehend den Interessen der Filmwirtschafts-Lobby im Propagandaministerium und der Reichsfilmkammer unterordnen. Am Ende ging es der staatlichen Schrifttumsbürokratie dann nur noch darum, die Autoren wie alle übrigen »Volksgenossen« in der Wehrmacht und in der Rüstungsindustrie für den Erhalt des NS-Regimes einzusetzen.

5. Der Buchmarkt zwischen politischen Ordnungsvorstellungen und partiellen Nischen

Die komplexen Strukturen des deutschen Buchhandels und die Rücksichtnahme auf seine wirtschaftliche Leistungsfähigkeit machten den Aufbau eines differenzierten Kontrollinstrumentariums erforderlich. Das kostete Zeit und verlangte der staatlichen Schrifttumsbürokratie einen immensen Energieaufwand ab. Die von der SPD und KPD unterhaltenen Verlags- und Buchhandelsbetriebe wurden zwar bereits 1933 ins Exil getrieben, enteignet, zerschlagen oder als nationalsozialistische Unternehmen weitergeführt. Dennoch konnten einige progressive Verleger der Weimarer Republik – wie etwa Ernst Rowohlt und Gustav Kiepenheuer – überleben, auch wenn sie dafür den hohen Preis völliger politischer Anpassung zahlten. Der 1937 gescheiterte Versuch, Theodor Volckmar-Frentzel aus der RSK auszuschließen und den Koehler & Volckmar-Konzern, das seinerzeit größte Unternehmen des deutschen Zwischenbuchhandels, auf nationalsozialistischen Kurs zu zwingen, ist ein Beleg für die Grenzen literaturpolitischer Machtausübung, die aus der Wahrung des Privateigentums und der vom RKK-Recht gesetzten Normen resultierten. Selbst die Ausschaltung der jüdischen Verleger und Buchhändler war aufgrund der Vorgaben des Reichswirtschaftsministeriums nur über einen langwierigen Prozeß der »Arisierung« zu haben, der erst im Laufe der Jahre 1937 und 1938 zum Abschluß kam.

Die Verhältnisse auf dem Gebiet der Buchzensur konnten nach zähen Verhandlungen erst im Frühjahr 1936 vom Propagandaministerium geordnet werden. Bis dahin hatte ein wahres Chaos bestanden, an dem mehr als ein Dutzend verschiedener Stellen mitwirkten. Ganz befriedigend war die dann gefundene Lösung immer noch nicht. Zum einen verfügte das Goebbelssche Ministerium immer noch nicht über die alleinige Verbotsvollmacht: die Bouhler-Kommission blieb für den »Schutz nationalsozialistischen Schrifttums« zuständig, der Reichsführer-SS und Chef der deutschen Polizei im Reichsministerium des Innern besaß in der Notverordnung des Reichspräsidenten vom 28. 2. 1933 eine eigenständige Verbotsgrundlage, und Hitler entschied in Einzelfällen über Buchverbote, ohne dabei Rücksicht auf irgendwelche rechtlichen Bestimmungen oder Instanzenzüge der Verwaltung zu nehmen. Zum anderen bekam die RSK die Indizierung des »schädlichen und unerwünschten Schrifttums« nicht in den Griff. Das änderte sich erst, als im April 1938 die Bearbeitung der Zensurpolitik auf die ministerielle Schrifttumsabteilung überging und die Verbotsliste von Fachleuten in der Deutschen Bücherei erarbeitet wurde.

Damit war jedoch nur ein Teil des Problems der Kontrolle des Buchmarktes gelöst. Für die Überwachung der Ein- und Ausfuhr von Büchern wurden in der zweiten Hälfte der dreißiger Jahre immer feinere Verfahrensweisen entwickelt. Lückenlos funktionierte diese Kontrolle aber auch dann noch nicht. Die mit Beginn des Krieges eingeführte Papierkontingentierung kam als Instrument der Vorzensur in vollem Umfang erst ab 1941 zum Tragen, als die zur Verfügung stehenden Papier- und Einbandstoffe drastisch reduziert werden mußten. Im Laufe des Krieges verschwanden die Werke der meisten französischen, britischen, sowjetischen und amerikanischen Autoren vom deutschen Buchmarkt, so daß sich die Möglichkeiten zur Rezeption ausländischer Literatur auf eine eng begrenzte Auswahl reduzierten.

Zu diesen Instrumenten der Buchzensur kam noch eine Fülle amtlicher Anordnungen und informeller Anweisungen hinzu, mit denen die staatliche Schrifttumsbürokratie die Verlage, den vertreibenden Buchhandel und die Leihbüchereien zu steuern versuchte. Viele dieser Maßnahmen erfüllten langjährige Forderungen nach einer Reform der Buchhandelsstrukturen und der Ausbildung des buchhändlerischen Nachwuchses. Sie trugen damit zu einer Modernisierung und Effizienzsteigerung bei.[15] Daß aber die fachlichen und ökonomischen stets mit den

[15] Die Ansätze zu einer Modernisierung des Buchhandels waren ebensowenig wie die Bemühungen um eine rechtliche, materielle und soziale Besserstellung der Schriftstellerschaft oder die Innovationen auf dem Gebiet des Büchereiwesens bloße Täuschungsmanöver. Vielmehr waren es

herrschaftspolitischen Interessen Hand in Hand gingen, wird an der öffentlichen Buchpropaganda noch einmal ganz deutlich. Natürlich dienten die »Woche des deutschen Buches«, die Fachbuchwerbung, die Subventionierung des Buchexports und die zahlreichen Buchausstellungen im In- und Ausland auch der wirtschaftlichen Sanierung des Buchhandels. Primär sollte allerdings die Leistungsfähigkeit der NS-Herrschaft unter Beweis gestellt und Werbung für den »neuen« Staat betrieben werden.

Dennoch war auch die nationalsozialistische Buchhandelspolitik nie einheitlich. Zunächst baute Wilhelm Baur, gestützt auf seine Funktionen als »Leiter des deutschen Buchhandels« und als Mitarbeiter in Amanns Reichsleitungsamt für die Presse der NSDAP, in Leipzig ein Machtzentrum auf, das sich zunehmend verselbständigte. Mit rigiden Maßnahmen förderte Baur eine beispiellose Konzentrationspolitik, die letztlich auf die Errichtung eines Staatsmonopols für den Zentralparteiverlag hinauslief. Die Folge war, daß sich die Schrifttumsabteilung des Propagandaministeriums so zentrale Kompetenzen wie die Exportkontrolle, die Buchzensur oder die Papierkontingentierung gegen die Ansprüche der »Gruppe Buchhandel« in der RSK sicherte. Zudem wurden nonkonforme Verlage wie der von Peter Suhrkamp geleitete S. Fischer Verlag gestützt, um eine drohende Uniformierung des deutschen Buchmarktes zu verhindern. Auch bei den 1943 einsetzenden Verlagsschließungen war man bemüht, die Substanz und Vielfalt des deutschen Verlagswesens zu erhalten.

Da die Zensur aus personalpolitischen und arbeitstechnischen Gründen »keineswegs eine totale« war und stets »starke Lükken« aufwies, wie der Rosenberg-Mitarbeiter Payr noch im Mai

reale Bemühungen von Fachleuten in den Behörden, in den betroffenen Institutionen und Geschäftszweigen, die ihre Arbeitsbereiche möglichst effizient gestalten wollten. Daran ändert auch die Tatsache nichts, daß die Reformprojekte meist in Verbindung mit herrschaftspolitischen Absichten standen und vielfach an Kompetenzrivalitäten scheiterten. Die Auffassung von H. Mommsen, Nationalsozialismus als vorgetäuschte Modernisierung, jetzt in: ders., Der Nationalsozialismus und die Deutsche Gesellschaft, S. 405–427, trifft insofern nur einen Teil der gesellschaftlichen Wirklichkeit. S. im Sinne meiner These auch M. Prinz, Die soziale Funktion moderner Elemente in der Gesellschaftspolitik des Nationalsozialismus, in: Nationalsozialismus und Modernisierung, S. 297–327.

1943 feststellte,[16] konnten immer wieder Bücher auf den Markt gelangen, die verschlüsselte Kritik am System äußerten oder Gegenbilder zur nationalsozialistischen Gesellschaft boten. Dazu gehören u. a. Ernst Wiecherts Roman »Das einfache Leben« und Ernst Jüngers »Marmorklippen«, die beide in von der DAF unterhaltenen Verlagsunternehmen erschienen. »Das Reich der Dämonen« von Frank Thiess kam im Paul Zsolnay Verlag heraus, der nach der »Arisierung« von dem ehemaligen RSK-Referenten Karl Heinrich Bischoff übernommen wurde. Rosenbergs Amt Schrifttumspflege machte 1938 sogar eine ganze Gruppe von Autoren aus, die in einem unpolitischen »Zwischenreich« lebte und schrieb.

Möglich war das zum einen deshalb, weil es noch eine Reihe von Verlagen gab, die sich trotz aller Verluste und Einschränkungen für literarische Vielfalt und Qualität engagierten. Zum anderen – und darüber war man sich im Propagandaministerium wohl völlig im klaren – trafen weder die nationalsozialistische Belletristik noch die politische Propagandaliteratur den Publikumsgeschmack. Um aber die Lesebedürfnisse der Bevölkerung befriedigen zu können, mußte man eine Literatur zulassen, in der die ideologischen Inhalte des Nationalsozialismus und die vermeintlichen Errungenschaften des NS-Regimes kaum thematisiert wurden. Selbst die zumeist apolitische Trivialliteratur, auch sie im »Dritten Reich« massenhaft rezipiert, wurde zwar seit 1940 durch Zensurmaßnahmen einzuschränken versucht, doch niemals vollständig unterdrückt.

6. Die Bibliotheken zwischen herrschaftspolitischer Funktionalisierung und fachlicher Modernisierung

Im Gegensatz zu den in privatem Eigentum geführten Unternehmen der Buchwirtschaft waren die Bibliotheken als öffentli-

[16] Die Feststellung beruhte auf dem Ergebnis einer am 7. 5. 1943 im Propagandaministerium abgehaltenen Sitzung, bei der Vertreter von Ministerien und Parteidienststellen sowie eine Reihe namhafter Gelehrter über die »Führeranordnung« betreffend die Kontrolle des Buch- und Zeitschriftenexports diskutierten. S. den Bericht Payrs vom 8. 5. in BArch Potsdam NS 8/248 Bl. 80–83, hier Bl. 83.

che Einrichtungen, die mit kommunalen oder staatlichen Finanzmitteln unterhalten wurden, dem nationalsozialistischen Zugriff weitaus direkter ausgeliefert. Das machte sich zuerst bei den Volksbüchereien bemerkbar, deren Personal- und Bestandspolitik bis 1935 einer grundlegenden Neuordnung unterzogen wurden. Im Anschluß an die »Säuberungsmaßnahmen« trieb das Reichserziehungsministerium, gestützt auf die »Reichsstelle für das Volksbüchereiwesen« und die Staatlichen Volksbüchereistellen in den Ländern, mit großem Elan den Neuaufbau der Bestände und den flächendeckenden Ausbau der öffentlichen Bibliotheken voran.

Die Arbeiten, die im Oktober 1937 in die »Richtlinien für das Volksbüchereiwesen« mündeten, standen unter dem Primat eines herrschaftspolitischen Kalküls, das die Volksbüchereien als Instrumente für die ideologische Indoktrination der Bevölkerung benutzen wollte. Dennoch waren die öffentlichen Bibliotheken nicht »des Teufels Bücherei«.[17] Eine solche undifferenzierte Beurteilung übersieht, daß das Reichserziehungsministerium auf dem Weg zur Erreichung seines Zieles eine strukturelle Modernisierung und eine Professionalisierung des Bibliothekarsberufs bewirkte. Diese Entwicklung wurde vor allem dadurch gestärkt, daß eine Reihe von Fachleuten, die bereits in der Weimarer Republik die Theorie und Praxis des Volksbüchereiwesens geprägt hatten, die staatliche Büchereipolitik im »Dritten Reich« beeinflussen konnten.

Die Ministerialbürokratie in Berlin mußte allerdings bald erkennen, daß die Volksbüchereien die Lesebedürfnisse von Erwachsenen und Jugendlichen keineswegs restlos befriedigen konnten. Die Defizite in den Beständen und die Resistenz gegenüber den politischen Schulungsversuchen führten zu einer verstärkten Benutzung der konfessionellen Bibliotheken und der Leihbüchereien. Das Reichserziehungsministerium reagierte auf diese Entwicklung ab 1938 mit einem forcierten Ausbau der Volksbüchereien insbesondere in Kleinstädten und Dorfge-

[17] So in Anlehnung an eine Charakterisierung von W. Mevissen F. Andrae, Des Teufels Bücherei. Zum Standort der deutschen Volksbücherei im nationalsozialistischen Propagandaapparat, in: Bibliothek '76 International. Rückschau und Ausblick. Eine Freundesgabe für Werner Mevissen zu seinem 65. Geburtstag am 16. April 1976, Bremen 1976, S. 20–27. Andrae rechnet die öffentlichen Bibliotheken irrtümlicherweise dem Kompetenzbereich von Goebbels zu.

meinden. Parallel dazu wurden die konfessionellen Büchereien mit Durchsuchungsaktionen der Gestapo eingeschüchtert und ihre Tätigkeit immer mehr eingeschränkt, bis ab 1941 schließlich nur noch rein kirchliche Literatur ausgeliehen werden durfte. Die zunehmende Attraktivität der Leihbüchereien unter Jugendlichen versuchte man zum einen mit Indizierungslisten und Benutzungsrestriktionen einzudämmen. Zum anderen wurden ab 1937 die Bemühungen um einen Ausbau der Schülerbüchereien intensiviert. Beide Maßnahmen hatten, wie sich während des Krieges zeigte, nur sehr bedingten Erfolg. Doch wurden die Nischen, in denen sich nonkonforme Leserwünsche erfüllen ließen, immer geringer.

Ein weiteres Problem war die Konkurrenz, die den Volksbüchereien aus dem Ausbau des Werkbüchereiwesens erwuchs. Die Betreuung dieses Aufgabengebiets unterstand nicht dem Reichserziehungsministerium, sondern der »Reichsarbeitsgemeinschaft Deutscher Werkbüchereien« in der RSK und der DAF. Beide waren – anfangs miteinander, ab 1938 dann gegeneinander – darum bemüht, die Attraktivität der Werkbüchereien zu steigern und einen Großteil der Betriebsbelegschaften als Benutzer zu gewinnen. Ein Ziel, das nur über Bestandserweiterungen, ein möglichst vielfältiges Literaturangebot und die Neugestaltung der Bibliotheksräumlichkeiten zu erreichen war. Das mußte jedoch zwangsläufig dazu führen, daß sich die Werkbüchereien in ihrem Erscheinungsbild den öffentlichen Büchereien annäherten und die Bibliotheken größerer Unternehmen einen Teil der Leser absorbierten, die eigentlich als Klientel der Volksbüchereien gewonnen werden sollten. Daran wird deutlich, daß auch die nationalsozialistische Büchereipolitik nach keinem einheitlichen Organisations- und Konstruktionsmuster betrieben wurde.

Die wissenschaftlichen Bibliotheken blieben im Gegensatz zu den Volksbüchereien von der politischen »Säuberung« ihrer Bestände verschont. Auch die nationalsozialistischen Hardliner unter den Bibliothekaren hielten an dem Anspruch fest, die für die wissenschaftliche Forschung notwendige Literatur möglichst vollständig zu sammeln und zu archivieren. Die Bestände an »schädlichem und unerwünschtem Schrifttum« wurden allerdings »sekretiert« und durften nur noch mit Sondergenehmigungen benutzt werden. Über die Neuanschaffungen gelangte nun verstärkt die NS-Literatur in die Bestände. Zudem versuchte das Reichserziehungsministerium durch die in Zusammenarbeit mit der PPK vorgenommene Aufstellung nationalsozialistischer Musterbibliotheken in den Lesesälen die wissenschaftliche Beschäftigung mit den Grundlagen des Nationalsozialismus zu stimulieren. Nachdem sich Rust bereits im Oktober 1934 ein Mitspracherecht bei der Besetzung der leitenden Stellen in den wissenschaftlichen Bibliotheken gesichert hatte, wurde durch die im August 1938 erlassene reichseinheitliche Ausbildungs- und Prüfungsordnung auch der bibliothekarische Nachwuchs unter nationalsozialistische Kuratel gestellt.

Natürlich gelang es in Grenzen, die fachliche Arbeit voranzutreiben und die berufliche Professionalität zu wahren. Die Durchsetzung des »Deutschen Gesamtkatalogs«, die Einführung einer Internationalen Leihverkehrsordnung, die Aufrechterhaltung der Kontakte zu den ausländischen Bibliotheken und die Präsenz in den internationalen Bibliothekarsgremien bis zum Kriegsbeginn sind dafür Beispiele. Doch dürfen sie nicht darüber hinwegtäuschen, daß gerade die wissenschaftlichen Bibliotheken im NS-Staat in eine Außenseiterposition abrutschten. Zudem fand die Politisierung der Bestands- und Personalpolitik ihre Fortsetzung in der Zuweisung einer Reihe fachfremder politischer Sonderaufgaben durch das Reichserziehungsministerium. Deren Erfüllung erfolgte keineswegs nur unter politischem Zwang, sondern teilweise auch unter dem Gesichtspunkt der Profilierung der wissenschaftlichen Bibliotheken als Dienstleistungsbetriebe.

Eine Sonderstellung unter den Bibliotheken nahm die Deutsche Bücherei in Leipzig ein. Sie rückte während der NS-Zeit in die Position einer Nationalbibliothek auf mit dem Auftrag einer vollständigen Archivierung und bibliographischen Aufarbeitung des deutschsprachigen Schrifttums. 1940 wurde die Deutsche Bücherei aus der Trägerschaft des Börsenvereins entlassen und in eine Körperschaft des öffentlichen Rechts unter Aufsicht des Propagandaministeriums umgewandelt. Die institutionelle Aufwertung und der Ausbau der bibliothekarischen Sacharbeit wurden allerdings mit einem hohen politischen Preis bezahlt. Bereits im Juni 1934 beziehungsweise im Februar 1935 hatten der SD und die PPK »Verbindungsstellen« in der Deutschen Bücherei errichtet, um den Eingang der Neuerscheinungen überwachen und sich einen unmittelbaren Zugriff auf die bibliographischen Hilfsmittel sichern zu können. Ab 1938 begann auch die Schrifttumsabteilung des Propagandaministeriums, das »Gesamtarchiv des deutschsprachigen Schrifttums« und die fachliche Kompetenz seiner Mitarbeiter für herrschaftspolitische Zwecke zu funktionalisieren. Während die Buchverbotslisten nun immer lückenloser wurden und Mitte 1941 mit der Erarbeitung einer »Bibliographie des jüdischen Schrifttums in deutscher Sprache 1901–1940« begonnen wurde, die als Grundlage für die vollständige Entfernung dieser Literatur vom Buchmarkt dienen sollte, wurde das Vollständigkeitsprinzip der Deutschen Nationalbibliographie und des Täglichen Verzeichnisses der Neuerscheinungen zunehmend perforiert. Die Wahrung der fachlichen und auch der moralischen Integrität erwies sich letztlich als unvereinbar mit der politischen Abhängigkeit.

Das Bibliothekswesen der Partei blieb insgesamt unterentwickelt. Von wenigen Ausnahmen abgesehen, verfügten die Büchereien der NSDAP-Gau-, Kreis- und Ortsgruppenleitungen kaum über nennenswerte Bestände. Aus Mangel an Finanzmitteln und fachkundigem Personal mußte man sich im wesentlichen mit der Partizipation an den Volksbüchereien begnügen. Nur einzelnen Gliederungen und angeschlossenen Verbänden der NSDAP gelang es, zumeist aufbauend auf bereits vorhandenen Beständen aus vor-nationalsozialistischer Zeit, rasch ein eigenständiges Netz von Büchereien mit einem teilweise beachtlichen Fundus an Literatur und Archivalien auszubilden. Die Bemühungen um einen flächendeckenden Aufbau von Handbibliotheken in den Parteidienststellen wurden erst ab 1938 mit der Errichtung einer »Hauptstelle Büchereiwesen« im Hauptschulungsamt der NSDAP intensiviert.

Hauptfunktion der Parteibüchereien sollte die Bereitstellung von Materialien für die interne Schulung sein. Doch traten Prestigeobjekte wie die Bibliothek des »Ahnenerbe e. V.« auf der Wewelsburg in Westfalen, die Zentralbücherei der DAF in Berlin, die Bibliothek des Reichsinstituts für Geschichte des neuen Deutschland in München oder die Bibliothek zur Erforschung der Judenfrage in Frankfurt am Main in Konkurrenz zu den wissenschaftlichen Bibliotheken. Die Bibliotheken der drei Ordensburgen sollten zu modernen Dienstleistungsbetrieben ausgebaut werden, die auch als Volks- und Werkbüchereien nutzbar waren. Damit deuteten sich Umrisse eines neuen Bibliothekswesens an, das die trotz aller Politisierungsansätze am Fachprinzip festhaltenden traditionellen Institutionen ablösen und der nationalsozialistischen Gedankenwelt bedingungslos zum Durchbruch verhelfen wollte.

Verzeichnis der Abkürzungen

AA .... Auswärtiges Amt
ADAP .... Akten zur Deutschen Auswärtigen Politik
AGB .... Archiv für Geschichte des Buchwesens
AKG.......... Archiv für Kulturgeschichte
AO .... Auslandsorganisation der NSDAP
BArch .... Bundesarchiv (Koblenz, Potsdam)
Bbl............ Börsenblatt für den Deutschen Buchhandel
BBZ .... Berliner Börsen Zeitung
BDC.......... Berlin Document Center
BDM .... Bund Deutscher Mädel
BPRS .... Bund Proletarisch Revolutionärer Schriftsteller
BRB .... Bund Reichsdeutscher Buchhändler e. V.
BV .... Börsenverein der Deutschen Buchhändler
DAAD .... Deutscher Akademischer Austauschdienst
DAF .... Deutsche Arbeitsfront
DAZ .... Deutsche Allgemeine Zeitung
DB .... Deutsche Bücherei Leipzig
DBFÜ .... Der Beauftragte des Führers für die Überwachung der gesamten geistigen und weltanschaulichen Schulung und Erziehung der NSDAP
DDP.......... Deutsche Demokratische Partei
DGT.......... Deutscher Städte- und Gemeindetag
DHV .... Deutschnationaler Handlungsgehilfen Verband
DLA.......... Deutsches Literaturarchiv Marbach a. N.
DNB .... Deutsches Nachrichtenbüro
DSt .... Deutsche Studentenschaft
DVV.......... Deutscher Verleger Verein
DVW .... Deutsches Volksbildungswerk
Gestapa...... Geheimes Staatspolizeiamt (Berlin)
Gestapo ...... Geheime Staatspolizei
GG .... Geschichte und Gesellschaft
GLA.......... Generallandesarchiv Karlsruhe
GPÄ .... Gaupropagandaämter
GSR .... German Studies Review
HJ............. Hitler-Jugend
HStA .... Hauptstaatsarchiv
IfZ .... Institut für Zeitgeschichte (München)
KfdK .... Kampfbund für deutsche Kultur
LA .... Landesarchiv
NL .... Nachlaß
NSB .... Nationalsozialistische Bibliographie

NSBO	Nationalsozialistische Betriebszellen-Organisation
NSD	Nationalsozialistische Drucksachen
NSDStB	Nationalsozialistischer Deutscher Studentenbund
NSGKdF	Nationalsozialistische Gemeinschaft »Kraft durch Freude«
NSJ	Nationalsozialistisches Jahrbuch
NSKG	Nationalsozialistische Kulturgemeinde
NSLB	Nationalsozialistischer Lehrerbund
NSV	Nationalsozialistische Volkswohlfahrt
OPG	Oberstes Parteigericht der NSDAP
OKW	Oberkommando der Wehrmacht
PA	Politisches Archiv des Auswärtigen Amtes
PKzl.	Partei-Kanzlei der NSDAP
PPK	Parteiamtliche Prüfungskomission zum Schutze des nationalsozialistischen Schrifttums
RADB	Reichsarbeitsgemeinschaft für Deutsche Buchwerbung
RBV	Reichswerk »Buch und Volk«
RD	Reichsdrucksachen
RDS	Reichsverband Deutscher Schriftsteller
RDW	Reichsarbeitsgemeinschaft Deutscher Werkbüchereien in der Reichsschrifttumskammer
REM	Reichsministerium für Wissenschaft, Erziehung und Volksbildung
RFM	Reichsfinanzministerium
RF-SS	Reichsführer-SS
RGBL.	Reichsgesetzblatt
RJF	Reichsjugendführung
RKK	Reichskulturkammer
RKzl.	Reichskanzlei
RMI	Reichsministerium des Innern
RMVP	Reichsministerium für Volksaufklärung und Propaganda
RPÄ	Reichspropagandaämter
RPK	Reichspressekammer
RPL	Reichspropagandaleitung der NSDAP
RSF	Reichsstudentenführung
RSHA	Reichssicherheitshauptamt
RSK	Reichsschrifttumskammer
RSS	Reichsschrifttumsstelle beim Reichsministerium für Volksaufklärung und Propaganda
RWM	Reichswirtschaftsministerium
SD	Sicherheitsdienst
SDS	Schutzverband deutscher Schriftsteller
SHA	Sicherheits-Hauptamt
Sipo	Sicherheitspolizei
Sopade	Sozialdemokratische Partei Deutschlands
StA	Staatsarchiv

Stapo	Staatspolizei
StdF	Stellvertreter des Führers
StGB	Strafgesetzbuch
Ufa	Universum Film AG
VB	Völkischer Beobachter
VDB	Verein Deutscher Bibliothekare
VDE	Verband Deutscher Erzähler
VfZG	Vierteljahrshefte für Zeitgeschichte
VDV	Verband Deutscher Volksbibliothekare
WeBa	Werbe- und Beratungsamt für das deutsche Schrifttum beim Reichsministerium für Volksaufklärung und Propaganda
WHW	Winterhilfswerk
ZfB	Zentralblatt für Bibliothekswesen

Quellen- und Literaturverzeichnis

A. Aktenüberlieferungen der Jahre 1933 bis 1945 in Archiven der Bundesrepublik Deutschland und der ehemaligen Deutschen Demokratischen Republik

Bundesarchiv Potsdam (neu)/ab 1996: Bundesarchiv Berlin-Lichterfelde

Reichsfinanzministerium (R 2)
4750, 4873–4884, 4926–4927
Reichsministerium des Innern (R 18)
5645
Reichsministerium für Wissenschaft, Erziehung und Volksbildung (R 21)
1–2, 203, 206, 208–209, 10628, 10632–10634, 10642, 10647–10649, 10651
Reichsministerium der Justiz (R 22)
1507–1508
Reichskunstwart (R 32)
93–94, 318, 339
Deutscher Städte- und Gemeindetag (R 36)
2355, 2406
Reichskanzlei (R 43 II)
585, 1149–1150, 1241, F 4222
Reichsministerium für Volksaufklärung und Propaganda (R 55)
2, 10–11, 13–14, 30, 96, 122, 163, 166, 170, 213, 299, 302, 309–310, 312, 322, 405, 406–407, 431–441, 642–643, 682, 684, 686–689, 698, 701, 705–706, 828, 831–833, 862, 886, 889, 893, 1008, 1017, 1314, 1317, 1336, 1347, 1402, 1484
Reichskulturkammer-Zentrale (R 56 I)
5, 16, 39, 44–45, 66–68, 79–81, 89, 99, 102, 107, 117, 132, 137
Reichsschrifttumskammer (R 56 V)
1–20, 26–27, 31, 34–39, 41, 43–45, 48, 51–57, 63, 65, 69–70, 70a, 71–73, 75–77, 79–83, 88, 91–94, 97–98, 102, 104–105, 107, 107a, 108–110, 112, 116, 137–138, 140–141, 143, 145, 152, 154–156, 158–159, 162, 166–168, 170, 176, 178, 180–182, 186–187, 189, 191–194, 196
Reichssicherheitshauptamt (R 58)
234, 236, 544, 736, 751, 766, 769, 792, 839–840, 890–935, 964–975, 984, 996, 1022–1023, 1106–1108, 1118
Partei-Kanzlei der NSDAP (NS 6)
78, 87, 126, 159, 171–183, 328, 355, 440, 448, 451, 483–484, 518, 771, 775, 789, 797, 808

Kanzlei Rosenberg (NS 8)
37, 50, 101, 109, 112, 122–127, 128–129, 131–132, 136–141, 144, 153, 160, 165, 168–169, 171–172, 175–194, 197, 203, 208–209, 212–215, 220, 227–229, 231, 246–249, 253, 263
Parteiamtliche Prüfungskommission zum Schutze des nationalsozialistischen Schrifttums (NS 11)
5–6, 8–12, 17–19, 21, 21 a, 22, 23, 23 a, 26–27
Hauptamt für Erzieher/Reichswaltung des nationalsozialistischen Lehrerbundes (NS 12)
44–45, 48–49, 69–79, 82–84, 86–87, 102–104, 106, 108, 200–205, 231–254, 904–918, 1287–1302, 1428–1429
Der Beauftragte des Führers für die Überwachung der gesamten geistigen und weltanschaulichen Schulung und Erziehung der NSDAP (NS 15)
1–20, 27–35, 38, 42, 50, 60, 62, 64–65, 69, 73–74, 81 a, 82–83, 85–88, 90–92, 95–97, 107, 115, 137, 144, 154, 170, 173, 175, 188–189, 191–214, 253, 256–258, 314
Reichspropagandaleitung der NSDAP (NS 18)
28, 30, 32, 34, 49, 54, 89, 107, 125, 233, 279, 285, 293–294, 296, 299, 301, 307–308, 367, 384, 404, 419, 452, 483, 530, 542, 545, 676, 702, 789, 3001–3017
Sammlung Schumacher
115–116, 124–125, 211–212, 219–220, 227, 239 I, 494
Drucksachen
RD 39/1–1 bis 1–10: Deutsche Wissenschaft, Erziehung und Volksbildung. Amtsblatt des Reichsministeriums für Wissenschaft, Erziehung und Volksbildung und der Unterrichtsverwaltungen der Länder, Berlin 1/1935–10/1944
NSD 2/9–14: Parteiamtliche Prüfungskommission zum Schutz des NS-Schrifttums
NSD 3/1–5, 12–18: Partei-Kanzlei der NSDAP
NSD 9/70: Reichsorganisationsleitung der NSDAP
NSD 13/1–5: Reichsleitung der NSDAP
NSD 16/25, 27, 32–35, 56, 59: Der Beauftragte des Führers für die Überwachung der gesamten geistigen und weltanschaulichen Schulung und Erziehung der NSDAP
NSD 124/1: Das Schwarze Korps. Zeitung der Schutzstaffeln der NSDAP. Organ der Reichsführung SS, Berlin 1/1935–11/1945

Bundesarchiv Potsdam (ehemaliges Zentrales Staatsarchiv der DDR)/ab 1996: Bundesarchiv Berlin-Lichterfelde

Reichskanzlei (07.01)
4102–4103
Reichsministerium des Innern (15.01)
26759, 26835/Bd. 2, 26838/1

Reichsministerium für Wissenschaft, Erziehung und Volksbildung (49.01)
278–279, 463–464, 3228/7, 11934
Reichsministerium für Volksaufklärung und Propaganda (50.01)
162, 166–172, 176–180, 182, 191, 200, 210–212, 220
Reichskulturkammer (50.05)
Filmsign. 53436

Bundesarchiv, Abteilung III Berlin-Zehlendorf (ehemaliges Berlin Document Center)

Personalakten der Provenienzen

Reichskulturkammer/Reichsschrifttumskammer; Reichsministerium für Volksaufklärung und Propaganda; Reichsministerium für Wissenschaft, Erziehung und Volksbildung; »Masterfile« (NSDAP-Mitgliedskartei); »Partei-Kanzlei-Correspondence« (diverse parteiamtliche Vorgänge); SS; SA; »Research« (diverse Angelegenheiten aus dem Wissenschaftsbereich, insbesondere Personalakten des Reichsministeriums für Wissenschaft, Erziehung und Volksbildung)
Aktenordner I–VI »Unerwünschtes Schrifttum« (A–Z)
Aktenordner »Unerwünschtes Schrifttum«; Überprüfung von Leihbüchereien im Bereich der Stapostellen Koblenz und Düsseldorf

Politisches Archiv des Auswärtigen Amtes, Bonn

Kulturabteilung
Kult W Akten betr. Verträge über kulturelle Beziehungen. Allgemein (1928–1936)
Kult Gen Akten betr. Deutsche Kulturpolitik im Ausland allgemein, Bd. 1 1937
Kult Gen Akten betr. Deutsch-Österreichisches Kulturabkommen, adh. I – adh. VI
Kult Gen Akten betr. Deutsch-Ungarischer Kulturausschuß, Bd. 1 1938–1939
Kult Gen Akten betr. Geheime Verschlußsachen des Referats Kult Gen, Bd. 5 1942
Kult Pol VI W Akten betr.: Deutsche Buchpropaganda (Bücher und Zeitschriften), Bd. 10 (1934) – Bd. 19 (1936/37)
Kult Pol V. O. Deutsch-Italienischer Kulturausschuß (1939–1942)
Kult Pol V. O. Deutsch-Japanischer Kulturausschuß (1940–1942)
Kult H Geheime Verschlußsachen 15
Referat Partei
Akten betr. NS-Schrifttum (1940–1941)
Deutsche Botschaft Rom (Qu.)
Politik: Italien – Propaganda; Sonderband: Italienische Buchausstellung in Berlin (Pol 19 b1, Bd. 1, 1939)

Propaganda – Verbreitung politischer, wirtschaftlicher und wissenschaftlicher Literatur pp. im Ausland und sonstige politische Propaganda (Pol 19a 2, 8316)
Broschüren und Buchpropaganda. Sozialpolitische Propaganda in Italien. Schrifttum und Propaganda, Bd. 1 März 1940–August 1942 (R 6 B IV 4b, Paket 1312)
Deutsche Botschaft Madrid
Akten der deutschen Botschaft Madrid betr. Buchausstellungen – Woche des Deutschen Buches (1937–1940)

Landesarchiv Berlin

Rep. 243, Acc. 1814
2–6, 25–39, 53–62, 66

Nordrhein-Westfälisches Hauptstaatsarchiv Düsseldorf

Außendienststellen der Stapoleitstelle Düsseldorf (RW 18)
9–10, 24–25, 30–31, 43
NS-Stellen (RW 23)
1, 31–32, 58, 67, 93 (I–II), 99 (I–II), 101 (I–III), 102–103, 244 (I–II), 247–248, 251–252, 257, 260, 261 (I–II), 262 (I–II)
Stapostelle Köln und nachgeordnete Dienststellen (RW 34)
9–10
Stapostelle Aachen und nachgeordnete Dienststellen (RW 35)
1, 6
Stapo(leit)stelle Düsseldorf (RW 36)
3, 30
Akten der Gestapo/Stapo(leit)stelle Düsseldorf (RW 58)
837, 1539, 1790, 2976, 3487, 3729, 5819, 10342, 19924, 25446, 25667, 26716, 27315, 30387, 31711, 31780, 32595, 33194, 34125, 34269, 35944, 42787, 42856, 43390, 44318, 45549, 50085, 50821, 52359, 58235, 58238, 58282, 58653, 59763, 61576, 63941, 65087, 65584, 65601, 66692, 67347, 67787, 68099, 68248, 71222, 71572

Stadtarchiv Düsseldorf

Nachlaß Dr. Oskar Mücke: Kreisdienststelle Düsseldorf der Reichsstelle zur Förderung des deutschen Schrifttums
Nachlaß Ebel
142

Generallandesarchiv Karlsruhe

Badische Bezirksämter (357)
Karlsruhe: 13112, 13491
NSDAP Gau Baden (465d)
27, 35, 38, 60, 69–74, 109, 141–143, 147, 157–165

Sächsisches Staatsarchiv Leipzig

Börsenverein der Deutschen Buchhändler (BV)
581–583, 585–587, 599–600, 643–644, 694–695, 733, 734–738, 740, 784–796, 798–805, 807, 809–814, 828–836, 867, 869–870; F 718–719, F 1137, F 1218, F 1477, F 1788, F 1906, F 1988, F 2309, F 2584, F 3190, F 3245, F 3591, F 3629, F 4692, F 4930, F 5052, F 5053, F 5790, F 5918, F 6884, 6885, F 7349, F 7476, F 7815–7816, F 8063, F 8506, F 8839, F 9426, F 9658, F 9692, F 9873, F 10354, F 10361, F 12657, F 13988, F 14169

Breitkopf & Härtel
977

Koehler & Volckmar
113–117, 119–123

Archiv der Deutschen Bücherei, Leipzig

152/1–2: Geschäftsführung, Erlasse und Anweisungen der Aufsichtsbehörden. Erlasse des Reichsministeriums für Volksaufklärung und Propaganda

507/5–509/1: Bibliographische Tätigkeit. Sammeltätigkeit. Sammlung der Verlagswerke

580/0–3: Bibliographische Tätigkeit. Listen des schädlichen und unerwünschten Schrifttums. Liste der in der Deutschen Bücherei unter Verschluß gestellten Druckschriften. Liste der für Jugendliche ungeeigneten Schriften (1941–1945)

611–613: Bibliographische Tätigkeit. Bibliographie des nationalsozialistischen Schrifttums. Bibliographie des jüdischen Schrifttums in deutscher Sprache. Bibliographie der wichtigsten vom 1. 9. 1939–30. 6. 1942 erschienenen reichsdeutschen Bücher

Deutsches Literaturarchiv Marbach a. N.

Nachlässe: Gottfried Benn; Hans Grimm; Anton Kippenberg; Jochen Klepper; Langen-Müller Verlag; Gertrud von Le Fort; Wilhelm Lehmann; Joachim Maass; Agnes Miegel; Gustav Pezold; Kurt Pinthus; Ina Seidel; Ludwig Tügel; Will Vesper

Thüringisches Hauptstaatsarchiv Weimar

Thüringisches Ministerium des Innern
Abteilung A: 5, 21, 23; Abteilung G: 637–638; Abteilung P: 3–6, 115, 126, 163, 168

Thüringisches Ministerium für Volksbildung
Abteilung C: 15, 47, 112–113, 120, 184, 619, 624, 626, 628–630, 685, 695–696, 698–699, 700, 702–703, 706–709, 790–791, 799, 801, 902, 934–935, 946, 957; Personalakten: Dr. Ernst Gerlach, Dr. Ernst Ortloff, Carl Schnobel, Friedrich Stier, Dr. Hans Severus Ziegler

Drucksachen

Staatshandbuch für Thüringen. Hg. vom Thüringischen Staatsministerium

Weimar 1931

Amtsblatt des Thüringischen Ministeriums für Volksbildung

9. Jg. 1930–11. Jg. 1932

Stenographische Berichte über die Sitzungen des Fünften Landtages von Thüringen, Bde. I–II

Beschlüsse des Fünften Landtages von Thüringen 1930/32

Stenographische Berichte über die Sitzungen des Sechsten Landtages von Thüringen

Staatsarchiv Würzburg

Akten der Gestapostelle Würzburg

761, 1330, 2085, 3969, 5401, 5566, 5839, 5990, 8087, 8133, 8430, 10133, 10153, 11377, 12077, 14163, 17936, 17984

SD-Hauptaußenstelle Würzburg

33

NSDAP Gau Mainfranken (Beständegruppe III 8.01)

2, 136, 227–228, 231–232

Reichsstudentenführung (RSF)

I*21 C 14/1–4; II 71, 258, 261, 266, 268, 270; IV*1–60/1–4

B. Gedruckte Quellen

Akten der Partei-Kanzlei der NSDAP. Rekonstruktion eines verlorengegangenen Bestandes. Sammlung der in anderen Provenienzen überlieferten Korrespondenzen, Niederschriften von Besprechungen usw. mit dem Stellvertreter des Führers und seinem Stab bzw. der Partei-Kanzlei, ihren Ämtern, Referaten und Unterabteilungen sowie mit Heß und Bormann persönlich, hg. vom Institut für Zeitgeschichte

Teil I: Regesten, Band 1/Band 2, bearbeitet von Helmut Heiber, München 1983; Register Band 1/2, bearbeitet von Helmut Heiber, München 1983; Microfiche-Edition Bd. 1/2

Akten zur Deutschen Auswärtigen Politik 1918–1945. Serie D 1937–1945

Bd. I, Baden-Baden 1950

Bd. III, Baden-Baden 1951

Deutschland-Berichte der Sozialdemokratischen Partei Deutschlands (Sopade) 1 (1934) – 7 (1940)

Nach dem Exemplar im »Archiv der sozialen Demokratie« der Friedrich-Ebert-Stiftung neu herausgegeben und mit einem Register versehen von Klaus Behnken

Frankfurt a. M. 1980

Dienstaltersliste der Schutzstaffel der NSDAP, bearbeitet von der SS-Personalkanzlei (Stand: 1. 12. 1938)
Berlin 1938

Domarus, Max, Hitler. Reden und Proklamationen 1932–1945. Kommentiert von einem Zeitzeugen
Bd. I,1/I,2–II,1/II,2 Wiesbaden 1973

Goebbels-Reden, hg. von Helmut Heiber
Bd. 1 1932–1939; Bd. 2 1939–1945
Düsseldorf 1971, 1972

Kriegspropaganda 1939–1941. Geheime Ministerkonferenzen im Reichspropagandaministerium, hg. und eingeleitet von Willi A. Boelcke
Stuttgart 1966

Liste 1 des schädlichen und unerwünschten Schrifttums. Gemäß § 1 der Anordnung des Präsidenten der Reichsschrifttumskammer vom 25. April 1935 bearbeitet und herausgegeben von der Reichsschrifttumskammer. Stand vom Oktober 1935 (»Streng vertraulich! Nur für den Dienstgebrauch«)
Berlin o.J. (1935)

Nachträge I–III zur Liste 1 des schädlichen und unerwünschten Schrifttums. Stand vom 10. Juni 1936 (»Streng vertraulich! Nur für den Dienstgebrauch«)
Gestapa Berlin o.J. (1936)

Liste des schädlichen und unerwünschten Schrifttums. Stand vom 31. Dezember 1938 und Jahreslisten 1939–1941
Unveränderter Neudruck der Ausgaben Leipzig 1938–1941, Vaduz/Liechtenstein 1979

Jahresliste 1942 des schädlichen und unerwünschten Schrifttums
Leipzig o.J. (1942)

Jahresliste 1943 des schädlichen und unerwünschten Schrifttums
Leipzig o.J. (1943)

Liste der für Jugendliche und Büchereien ungeeigneten Druckschriften, hg. vom Reichsministerium für Volksaufklärung und Propaganda, Abteilung Schrifttum
1. Ausgabe, Stand vom Oktober 1940, Leipzig 1940
Einseitig bedruckte Ausgabe Leipzig 1942
2., veränderte Aufl. Leipzig 1943

Meldungen aus dem Reich 1938–1945. Die geheimen Lageberichte des Sicherheitsdienstes der SS, hg. und eingeleitet von Heinz Boberach
17 Bde., Herrsching 1984

Deutsche Nationalbibliographie
Ergänzung I: Verzeichnis der Schriften, die 1933–1945 nicht angezeigt werden durften. Bearbeitet und herausgegeben von der Deutschen Bücherei in Leipzig;
Ergänzung II: Verzeichnis der Schriften, die infolge von Kriegseinwirkungen vor dem 8. Mai 1945 nicht angezeigt werden konnten. Bearbeitet und herausgegeben von der Deutschen Bücherei in Leipzig
Leipzig 1949

Organisationsbuch der NSDAP, hg. vom Reichsorganisationsleiter der NSDAP
München 1936; München 1937; München 1938; München 1940; München 1943
Reichsstelle zur Förderung des deutschen Schrifttums
o. O., o. J. (1933)
Tafellied Kantate 1933. Von Dr. Hellmut Richter (Melodie: Ich hab' mich ergeben)
Vertrauliche Mitteilungen der [ab 1938 für die] Fachschaft Verlag im Bund Reichsdeutscher Buchhändler [ab Nr. 17 vom 17. 11. 1936 der Gruppe Buchhandel in der Reichsschrifttumskammer]. Als Manuskript gedruckt. Nur zum eigenen Gebrauch der Mitglieder mit der Verpflichtung, den Inhalt streng vertraulich zu behandeln
Leipzig, Nr. 1 vom 31. 5. 1935 – Nr. 533 vom 20. 2. 1945
Vertrauliche Mitteilungen der [ab 1938 für die] Fachschaft Handel im Bund Reichsdeutscher Buchhändler [ab Nr. 3 vom 20. 2. 1937 der Gruppe Buchhandel in der Reichsschrifttumskammer]: Fachgruppe Sortiment. Als Manuskript gedruckt. Nur zum eigenen Gebrauch der Mitglieder mit der Verpflichtung, den Inhalt streng vertraulich zu behandeln
Leipzig, Nr. 1 vom 20. 7. 1936 – Nr. 266 vom 12. 2. 1945
Verzeichnis jüdischer Autoren. Vorläufige Zusammenstellung der Reichsstelle zur Förderung des deutschen Schrifttums (ab T. 3: des Amtes Schrifttumspflege bei dem Beauftragten des Führers zur Überwachung der gesamten geistigen und weltanschaulichen Schulung und Erziehung der NSDAP)
T. 1–7 (A–Z), Berlin 1938–1939
Verzeichnis der polizeilich beschlagnahmten und eingezogenen sowie der für Leihbüchereien verbotenen Druckschriften, hg. von der Bayerischen Politischen Polizei
München o. J. (1934)
Verzeichnis englischer und nordamerikanischer Schriftsteller, hg. vom Reichsministerium für Volksaufklärung und Propaganda, Abteilung Schrifttum
Leipzig 1942
»Wollt Ihr den totalen Krieg?«. Die geheimen Goebbels-Konferenzen 1939–1943, hg. und ausgewählt von Willi A. Boelcke
München 1969

C. Literatur der Jahre 1933 bis 1945

I. Periodika

Almanach der Reichsschule des deutschen Buchhandels
Leipzig, Bd. 1 (1935) – Bd. 7 (1941)
Das Archiv. Nachschlagewerk für Politik, Wirtschaft, Kultur, hg. von Alfred Ingemar Berndt

Berlin, Jg. 1 (1934/35) – Jg. 11 (1944/45); Nachtragsband I Januar–Mai 1933, Nachtragsband II Juni–Oktober 1933, Nachtragsband III November 1933 bis März 1934
Nationalsozialistische Bibliographie. Monatshefte der Parteiamtlichen Prüfungskommission zum Schutze des NS-Schrifttums, hg. von Philipp Bouhler
Berlin, Jg. 1 (1936) – Jg. 9 (1944)
Börsenblatt für den Deutschen Buchhandel. Ausgabe A
Leipzig, Jg. 100 (1933) – Jg. 112 (1945)
Buch und Volk. Buchberatungszeitschrift der Reichsstelle zur Förderung des deutschen Schrifttums
Leipzig, Jg. 10 (1933) – Jg. 20 (1943)
Der Buchhändler im neuen Reich
Berlin, Jg. 1 (1936) – Jg. 6 (1941)
Bücherei und Bildungspflege. Zeitschrift für die gesamten außerschulmäßigen Bildungsmittel
Stettin, Leipzig, Jg. 13 (1933)
Die Bücherei. Zeitschrift für deutsche Schrifttumspflege
Leipzig, Jg. 1 (1934) – Jg. 11 (März 1944)
Bücherkunde der Reichsstelle zur Förderung des deutschen Schrifttums
Bayreuth, Jg. 1 (1934) – Jg. 11 (September/Oktober 1944)
Jahrbuch des Großdeutschen Leihbuchhandels
1. Ausgabe, Leipzig 1941
2. Ausgabe, Leipzig 1942–1943
Nationalsozialistisches Jahrbuch. Hg. unter Mitwirkung der Reichsleitung der NSDAP von Philipp Bouhler
München, Jg. 1 (1927) – Jg. 18 (1944); ab Jg. 13 (1939) hg. von Robert Ley
Deutsche Kultur-Wacht. Blätter des Kampfbundes für deutsche Kultur, hg. von Hans Hinkel
Berlin, Jg. 1–2 (1933)
Großdeutsches Leihbüchereiblatt (ab Jg. 5/1943 Deutsches Büchereiblatt). Mitteilungsblatt der Reichsschrifttumskammer für den Deutschen Leihbuchhandel
Leipzig, Jg. 1 (1939) – Jg. 6 (1944/September)
Unseren Kameraden bei der Wehrmacht diese Mitteilungen der Reichsschrifttumskammer
Oktober, November 1944
Mitteilungen des Kampfbundes für deutsche Kultur
München, Jg. 1 (1929) – Jg. 3 (1931)
Nationalsozialistische Monatshefte. Wissenschaftliche Zeitschrift der NSDAP, hg. von Adolf Hitler, Schriftleitung Alfred Rosenberg
München, Jg. 1 (1930) – 15 (1944); ab Jg. 5 (1934): Nationalsozialistische Monatshefte. Zentrale politische und kulturelle Zeitschrift der NSDAP
Nimm und lies! Zeitschrift für Freunde des Buches
Leipzig, Jg. 10 (1933); ab Heft 5 Fortführung als: Buch und Volk. Buch-

beratungszeitschrift der Reichsstelle zur Förderung des deutschen Schrifttums
Reichsgesetzblatt, hg. vom Reichsministerium des Innern, Teil I und Teil II
Berlin, 1933–1945
Die Reichskulturkammer. Amtliches Mitteilungsblatt der Reichskulturkammer. Reichsmusikkammer – Reichskammer der bildenden Künste – Reichsschrifttumskammer – Reichstheaterkammer – Reichsfilmkammer – Reichspressekammer und des Sondertreuhänders der Arbeit für die kulturschaffenden Berufe, hg. von Hans Hinkel
Berlin, Jg. 1 (1943) – Jg. 3 (1945/Februar)
RSK-Taschenbuch für den deutschen Buchhandel 1937, hg. von Ludwig Warmuth
Berlin 1937
Der deutsche Schriftsteller. Zeitschrift für die Schriftsteller in der Reichsschrifttumskammer, hg. von Kurt O. Friedrich Metzner
Berlin, Jg. 1 (1936) – Jg. 9 (Juli 1944)
Taschen-Jahrbuch für den großdeutschen Buchhandel 1941, hg. von Ludwig Warmuth
Berlin, Wien, Leipzig 1941
Zentralblatt für Bibliothekswesen
Leipzig, Jg. 50 (1933) – Jg. 61 (1947)

II. Buchpublikationen und Aufsätze

Almanach der nationalsozialistischen Revolution, hg. von Wilhelm Kube unter Mitarbeit von Willi Bischoff und Heinz Weiß
Berlin 1934
Arbeitsrichtlinien für den Fachbuch-Lektor, hg. vom Fachbuch-Zentrallektorat des Reichsministeriums für Volksaufklärung und Propaganda und der Deutschen Arbeitsfront
Berlin o.J. (1941)
Bekanntmachung des Vortragsamtes der Reichsschrifttumsstelle beim Reichsministerium für Volksaufklärung und Propaganda. Anschlußtafel/Ausgabe Nr. 1, 1938/39: Dichterlesungen und Schriftstellervorträge
Berlin o.J. (1938)
Sechs Bekenntnisse zum neuen Deutschland. Rudolf G. Binding, E. G. Kolbenheyer, Die »Kölnische Zeitung«, Wilhelm von Scholz, Otto Wirz, Robert Fabre-Luce antworten Romain Rolland
Hamburg 1933
Das Berufsbild des Buchhändlers. Hg. vom Reichsorganisationsleiter der NSDAP
Berlin o.J. (1940)
Weimarer Blätter, hg. von der Reichsschrifttumskammer, ausgewählt und gestaltet von der Reichsschrifttumsstelle beim Reichsministerium für Volksaufklärung und Propaganda.
Festschrift zur Woche des Deutschen Buches 1937

Weimarer Blätter. Festschrift zur ersten Großdeutschen Buchwoche 1938, ausgewählt und gestaltet von der Reichsschrifttumsstelle beim Reichsministerium für Volksaufklärung und Propaganda
Weimarer Blätter. Festschrift zur Großdeutschen Buchwoche 1940, ausgewählt und gestaltet vom Werbe- und Beratungsamt für das deutsche Schrifttum beim Reichsministerium für Volksaufklärung und Propaganda
Blunck, Hans Friedrich, Deutsche Kulturpolitik
in: Das Innere Reich 1 (1934), S. 114–144
ders., Bücher und Schrifttum im neuen Deutschland
in: Deutsche Warte. Nachrichtenblatt der Deutschen Kolonie 1/H. 5 (1935), Sonderbeilage zur Woche des Deutschen Buches in Deutschland vom 25.10. bis 3. 11. 1935, S. 5
Buch und Beruf im neuen Staat. Elf Reden für den deutschen Buchhandel, hg. von Karl Heinrich Bischoff
Bremen 1933
Buch und Schwert. Ein Sinnbild unserer Zeit. Führer durch die Buchausstellung in der Neuen Staatsgalerie am Königlichen Platz in München vom 27. Oktober bis 10. November 1940. Veranstaltet von der Landesleitung der Reichsschrifttumskammer München-Oberbayern. Mit einer Aufstellung über die im Rahmen der Ausstellung gehaltenen Dichterlesungen
München o.J. (1940)
Das Buch ein Schwert des Geistes. Erste Grundliste für den Deutschen Leihbuchhandel, hg. vom Reichsministerium für Volksaufklärung und Propaganda/Abteilung Schrifttum
Leipzig 1940
Das Buch ein Schwert des Geistes. Grundliste für den Deutschen Leihbuchhandel, hg. vom Reichsministerium für Volksaufklärung und Propaganda/Abteilung Schrifttum
2. Folge, Leipzig 1941
Das Buch ein Schwert des Geistes. Grundliste für das deutsche Leih- und Werkbüchereiwesen, hg. vom Reichsministerium für Volksaufklärung und Propaganda/Abteilung Schrifttum
3. Folge, Leipzig 1943
Der deutsche Buchhandel in Zahlen
Leipzig 1937
Der deutsche Buchhandel. Briefe zur Berufsförderung, hg. von der Reichsschrifttumskammer, Gruppe Buchhandel
Briefe 1–15, Leipzig 1942
Sende Bücher an die Front! Deine Buchhandlung hilft Dir bei Auswahl und Versand von Feldpostsendungen. Hg. vom Werbe- und Beratungsamt für das deutsche Schrifttum beim Reichsministerium für Volksaufklärung und Propaganda
o.O., o.J. (1939)
Die parteiamtliche Bücherliste für Lehrerbüchereien, hg. vom Nationalsozialistischen Lehrerbund/Reichswaltung
Bayreuth o.J. (1941)

Casper, Siegfried, Hanns Johst
München 1940
ders., Hanns Johst spricht zu Dir. Eine Lebenslehre aus seinen Reden und Werken
2. Aufl. Berlin 1943
Congrès International des Editeurs. Douzième Session
Leipzig-Berlin 19–24 Juin 1938
T. 1 Rapports; T. II Compte Rendue
Leipzig o.J.
A. D., Junge Lyrik. Eine Veranstaltung der Reichsschrifttumsstelle
in: Berliner Tageblatt Nr. 540 vom 14. 11. 1935
Ausstellung »Deutsche Größe«. Unter der Schirmherrschaft des Stellvertreters des Führers Reichsminister Rudolf Heß veranstaltet von der Dienststelle des Beauftragten des Führers für die Überwachung der gesamten geistigen und weltanschaulichen Schulung und Erziehung der NSDAP. Durchgeführt vom Amt Schrifttumspflege
München 1940
Deutschlands Weg zur Freiheit 1935, bearbeitet von Axel Friedrichs
2. Aufl. Berlin 1937 (= Dokumente der Deutschen Politik, Bd. 3)
Dichter und Krieger. Weimarer Reden 1942, hg. von Rudolf Erckmann
Hamburg 1943
Dichter auf den Schlachtfeldern in Polen. Hg. von ORR Hein Schlecht und Dr. Heinz Riecke
Leipzig, Berlin 1939 (= Sonderfolge der Zeitschrift »Die Buchbesprechung«)
Die Dichtung im Kampf des Reiches. Weimarer Reden 1940
Hamburg 1941
Die Dichtung im kommenden Europa. Weimarer Reden 1941
Hamburg 1942
Einsamkeit und Gemeinschaft. Zehn Vorträge der 5. Arbeitstagung des Amtes Schrifttumspflege beim Beauftragten des Führers für die gesamte geistige und weltanschauliche Erziehung der NSDAP, hg. von Hans Hagemeyer
Stuttgart 1939 (= Schriftenreihe der »Bücherkunde«, Bd. 6)
Das deutsche Fachbuch. Beiträge zur Fachbuchwerbung 1938. Hg. von der Reichsschrifttumskammer/Landesleitung Hamburg
o. O. (Hamburg), o.J. (1938)
Fachbuch-Auswahllisten 1938. Zusammengestellt vom Kuratorium für das Deutsche Fachschrifttum
Leipzig 1938
Fachbuchlisten [Liste II]. Zusammengestellt durch die Reichsarbeitsgemeinschaft für Deutsche Buchwerbung in Zusammenarbeit mit der DAF, dem Jugendamt der DAF, dem Reichsnährstand, den Wirtschaftsgruppen, der Reichsschrifttumsstelle beim Reichsministerium für Volksaufklärung und Propaganda, der Reichsstelle zur Förderung des Deutschen Schrifttums, der NS-Frauenschaft, der Fachschaft 6 des NS-Lehrerbundes und der Fachschaft Verlag im Bund Reichsdeutscher Buchhändler
Leipzig 1936

Dem Führer. Worte deutscher Dichter, ausgewählt von August Friedrich Velmede o.O. 1941 (= Tornisterschrift des Oberkommandos der Wehrmacht/Abteilung Inland. Zum Geburtstag des Führers 1941, H. 37)
Führer durch die Behörden und Verbände, hg. von Ludwig Münz und Carl Lehmann
Berlin 1933
Führer durch die Behörden und Organisationen, hg. von Ludwig Münz und Carl Lehmann
Berlin 1934
Führer durch die Behörden und Organisationen, hg. von Ludwig Münz
Berlin 1936
Führer durch die Behörden und Organisationen, hg. von Ludwig Münz
Berlin 1939
Das Deutsche Führerlexikon 1934/35
Berlin 1934
Gentz, Günther (Hg.), Das Recht der Reichsschrifttumskammer. Loseblattsammlung
Berlin 1936
Grundlagen, Aufbau und Wirtschaftsordnung des Nationalsozialistischen Staates, hg. von Hans-Heinrich Lammers und Hans Pfundtner
3 Bde., Berlin 1936–1939
Hagemeyer, Hans, Der neue Mensch. Neue Aufgaben des Schrifttums und Mittlertums
Leipzig 1934
Hagen, Hans W., Deutsche Dichtung in der Entscheidung der Gegenwart
Dortmund, Berlin 1938
Haupt, Gunther, Was erwarten wir von der kommenden Dichtung?
Tübingen 1934
Hederich, Karl-Heinz, Die Parteiamtliche Prüfungskommission zum Schutze des NS-Schrifttums, ihre Aufgaben und ihre Stellung in Partei und Staat
Breslau 1937 (= Sonderdruck aus Walter Gehl, Der nationalsozialistische Staat, H. 3)
ders., Nationalsozialismus und Buch
Mainz 1937
Heinl, Karl, Die Reichsschrifttumskammer und die berufsständische Eingliederung. Referat gehalten auf der Mitgliederversammlung des Verbandes Deutscher Volksbibliothekare anläßlich seiner Tagung in Danzig am 25. 4. 1934
Leipzig 1934 (= »Die Bücherei«, 1. Beiheft)
Herrmann, Wolfgang, Der neue Nationalismus und seine Literatur. Ein besprechendes Auswahlverzeichnis für Volksbüchereien
Stettin 1933
Hinkel, Hans (Hg.), Handbuch der Reichskulturkammer. Bearbeitet von Günther Gentz
Berlin 1937

Hitler, Adolf, Mein Kampf
2. Bde., 631.–635. Aufl. München 1941 (Erstauflage 1925/1927)
Hövel, Paul, Wesen und Aufbau der Schrifttumsarbeit in Deutschland
Essen 1942 (= Kaiser-Wilhelm-Institut für Kulturwissenschaft im Palazzo Zuccari, Rom, Erste Reihe »Vorträge«, H. 34)
Hoyer, Walter, Bericht der Reichsschule des Deutschen Buchhandels zu Leipzig über das Schuljahr 1935/36
Leipzig 1936
Ihde, Wilhelm (Hg.), Handbuch der Reichsschrifttumskammer. Unter Mitarbeit von Günther Gentz
Leipzig 1942
Johst, Hanns, Erkenntnis und Bekenntnis. Kernsätze aus den Werken und Reden, ausgewählt von Georg von Kommerstädt
München 1940
Das deutsche Jugendbuch. 4 Vorträge, gehalten auf einer Jugendbuch-Arbeitswoche, veranstaltet vom Hauptamt Schrifttumspflege des Beauftragten des Führers für die Überwachung der gesamten geistigen und weltanschaulichen Schulung und Erziehung der NSDAP. in Verbindung mit dem Hauptamt für Erziehung und der Reichsjugendführung in Bayreuth vom 30. Mai bis 5. Juni 1939. Hg. von Bernhard Payr und Hans Georg Otto
München 1942
Der Kampf im Osten bis zur Errichtung des deutschen Interessengebietes. Eine Schrifttumsauswahl. Hg. im Auftrage des Amtes Schrifttumspflege beim Beauftragten des Führers für die Überwachung der gesamten geistigen und weltanschaulichen Schulung und Erziehung der NSDAP von H. G. Otto und P. Göttsching
München o.J. (1940) (= H. 1 der Schrifttumsbeiträge zur weltanschaulichen Schulungsarbeit. Hg. im Auftrag des Amtes Schrifttumspflege von H. G. Otto)
Kirchner, Joachim, Das Schrifttum und die wissenschaftlichen Bibliotheken im nationalsozialistischen Deutschland. Vortrag, gehalten auf der 29. Versammlung des Vereins Deutscher Bibliothekare in Darmstadt
Leipzig 1933 (= Sonderdruck aus dem Zentralblatt für Bibliothekswesen 50, H. 8/9 1933)
Deutsche Kultur im Neuen Reich. Wesen, Aufgabe und Ziel der Reichskulturkammer. Unter Mitarbeit der Präsidenten und Präsidialratsmitglieder der Kammer, hg. von Ernst Adolf Dreyer
Berlin 1934
Das Kulturprogramm und die Gliederung der deutschen Leihbücherei. Überblick. Reden zur Fachschaftstagung 1934. Hg. im Auftrag der Fachschaft Leihbücherei von L. Hürter
Berlin 1934
Langenbucher, Hellmuth, Nationalsozialistische Dichtung. Einführung und Übersicht
Berlin 1935

Lehrmittel- und Bücherschau des Amtes für weltanschauliche Schulung der Reichsjugendführung in Zusammenarbeit mit den Firmen Paul Schulze (Buchhandlung und Antiquariat), Gebr. Höpfel (Lehrmittelanstalt) Berlin o.J. (1938)

Lennartz, Franz, Die Dichter unserer Zeit. 275 Einzeldarstellungen zur deutschen Dichtung der Gegenwart Stuttgart 1938 (= Kröners Taschenbuchausgabe, Bd. 151)

Lieder der Stille. Eine Auswahl neuer Lyrik, hg. von Edgar Diehl Dresden o.J. (1935)

Lingg, Anton, Die Verwaltung der Nationalsozialistischen Deutschen Arbeiterpartei München 1939

E. M., Geordnete Freiheit im Schrifttum. Zielsetzungen der Reichsschrifttumsstelle in: Berliner Lokal-Anzeiger vom 5. 6. 1936 (Morgenausgabe)

Meiner, Annemarie, Der Deutsche Verlegerverein 1886–1935. Dargestellt im Auftrag seines Vorstandes und der Fachschaft Verlag Leipzig 1936

Menz, Gerhard, Der Aufbau des Kulturstandes. Die Reichskulturkammergesetzgebung, ihre Grundlagen und ihre Erfolge München, Berlin 1938 (= Arbeit und Wissen, Bd. 3)

ders., Der deutsche Buchhandel 2., durchgesehene und vermehrte Aufl. Gotha 1942

Metzner, Kurt O. Friedrich, Geordnete Buchbesprechung. Ein Handbuch für Presse und Verlag. Erläuterungen zu der gemeinsamen Anordnung der Präsidenten der Reichsschrifttumskammer und der Reichspressekammer vom 5. 6. 1935 Leipzig 1935

Merkblatt und Richtlinien für die Ausbildung zum Buchhändlerberuf. Hg. von der Reichsschrifttumskammer, Referat Berufserziehung, Berlin-Charlottenburg Berlin o.J. (1940)

Mohr, Mario, Deutsches Schrifttum! – Unsere starke Waffe! Wie das neue Deutschland dem deutschen Schrifttum helfen will. Ein Gespräch mit Hans Hagemeyer in: Berliner Börsen-Zeitung vom 25. 8. 1933

Müller, Georg Wilhelm, Das Reichsministerium für Volksaufklärung und Propaganda Berlin 1940 (= Schriften zum Staatsaufbau, H. 43)

Nachrichtendienst »Buch-Feldpostsendung«. 1. Ausgabe. Hg. vom Werbe- und Beratungsamt für das deutsche Schrifttum beim Reichsministerium für Volksaufklärung und Propaganda Berlin o.J. (1940)

Nachrichtendienst »Herbstveranstaltungen für das deutsche Schrifttum«. Hg. vom Werbe- und Beratungsamt für das deutsche Schrifttum beim Reichsministerium für Volksaufklärung und Propaganda

Berlin 1940
Nachrichtendienst »Jugend und Buch«. Hg. vom Werbe- und Beratungsamt für das deutsche Schrifttum beim Reichsministerium für Volksaufklärung und Propaganda
Berlin 1939
Payr, Bernhard, Kulturarbeit im Stillen: Wie arbeitet die Reichsstelle zur Förderung des deutschen Schrifttums
in: Kasseler Neueste Nachrichten vom 14./15. 7. 1934
ders., Das Amt Schrifttumspflege. Seine Entwicklungsgeschichte und seine Organisation
Berlin 1941 (= Schriften zum Staatsaufbau. Neue Folge der Schriften der Hochschule für Politik, Teil II, H. 54)
Prinzhorn, Friedrich, Die Aufgaben der Bibliotheken im nationalsozialistischen Deutschland. Vortrag, gehalten am 25. Mai 1934 auf einer öffentlichen Kundgebung des Vereins deutscher Bibliothekare in Danzig
Leipzig 1934 (= Bildung und Nation. Schriftenreihe zur nationalsozialistischen Erziehung, Nr. 41–42)
Rantzau, Otto Graf zu, Das Reichsministerium für Wissenschaft, Erziehung und Volksbildung
Berlin 1939 (= Schriften der Hochschule für Politik, II. Der organisatorische Aufbau des Dritten Reiches, H. 38)
Das Recht der Reichskulturkammer. Sammlung der für den Kulturstand geltenden Gesetze und Verordnungen, der amtlichen Anordnungen und Bekanntmachungen der Reichskulturkammer und ihrer Einzelkammern. Unter Mitarbeit der Kammern hg. von Karl-Friedrich Schrieber
5 Bde., Berlin 1935–1937
Das Recht der Reichskulturkammer. Sammlung der für den Kulturstand geltenden Gesetze und Verordnungen, der amtlichen Anordnungen und Bekanntmachungen der Reichskulturkammer und ihrer Einzelkammern, hg. von Karl-Friedrich Schrieber, Alfred Metten und Herbert Collatz
2 Bde., Berlin 1943
Reichsliste für Dorfbüchereien. Zusammengestellt im Auftrage des Reichs- und Preußischen Ministeriums für Wissenschaft, Erziehung und Volksbildung von der Reichsstelle für volkstümliches Büchereiwesen
Leipzig 1936 [2. Ausgabe Leipzig 1938]
Reichsliste für kleinere städtische Büchereien. Zusammengestellt im Auftrage des Reichs- und Preußischen Ministeriums für Wissenschaft, Erziehung und Volksbildung von der Reichsstelle für volkstümliches Büchereiwesen
Leipzig 1936 [2. Ausgabe Leipzig 1939]
RSK-Abteilung III (Gruppe Buchhandel), Rundschreiben Nr. 1 An die zum nebenberuflichen Buchverkauf zugelassenen Firmen
o. O. (Leipzig) o. J. (1943)
Reichsschule des Deutschen Buchhandels zu Leipzig. Ausbildungsplan
Leipzig 1937
Rothemund, Eduard, Die Jugendschriftenarbeit im NSLB

in: Erzieher im Braunhemd 3 (1935), S. 647–648
Rühle, Gerd, Das Dritte Reich. Dokumentarische Darstellung des Aufbaus der Nation
Das erste Jahr 1933, Berlin 1934
Das zweite Jahr 1934, Berlin 1935
Das dritte Jahr 1935, Berlin 1936
Das vierte Jahr 1936, Berlin 1937
Das fünfte Jahr 1937, Berlin 1938
Das sechste Jahr 1938, Berlin 1939
Schlegel, Werner, Dichter auf dem Scheiterhaufen
Berlin 1934
Schmidt-Leonhardt, Kultur und Staat des neuen Reiches
in: Deutsches Recht 5 (1935), S. 338–343
ders., Einheit von nationaler Staatsführung und nationaler Geistesführung
in: Deutsche Presse 25 (1935), S. 654–655
Schrieber, Karl Friedrich: Die Reichskulturkammer. Organisation und Ziele der deutschen Kulturpolitik
Berlin 1934
ders., Überschau über das geltende Reichskulturrecht
in: Deutsches Recht 5 (1935), S. 343–351
Schriewer, Franz, Das ländliche Volksbüchereiwesen. Einführung in Grundfragen und Praxis der Dorf- und Kleinstadtbüchereien
Jena 1937
ders., Die Staatlichen Volksbüchereistellen im Aufbau des deutschen Volksbüchereiwesens
Leipzig 1938 (= Veröffentlichungen der Berliner Bibliotheksschule. Reihe A, Bd. 1)
ders., Das Schülerbüchereiwesen der Volksschulen in Leistungszahlen. Eine buchpolitische Untersuchung über seine Lage und Möglichkeit auf Grund von Ermittlungen im Regierungs-Bezirk Frankfurt (Oder) für das Jahr 1936/37
Leipzig 1938
ders., Die deutsche Volksbücherei
Jena 1939
Schriftsteller-Verzeichnis, hg. von der Reichsschrifttumskammer (Berlin-Charlottenburg)
Leipzig 1942
Das Schrifttum der SA. Bearbeitet von der Dienststelle Schrifttum in der Obersten SA-Führung, München, unter Mitwirkung des Hauptamtes Schrifttumspflege der NSDAP
München o.J. (= Schrifttumsbeiträge zur weltanschaulichen Schulungsarbeit. Hg. vom Hauptamt Schrifttumspflege der NSDAP., H. 10)
Die Schülerbücherei. Hg. von der Reichswaltung des NSLB
Leipzig o.J. [1939]
Schumann, Gerhard, Ruf und Berufung. Aufsätze und Reden
München 1943

Soenke, Jürgen, Studien über zeitgenössische Zensursysteme
Frankfurt a. M. 1941 (= Zeitung und Zeit. Schriftenreihe des Instituts für Zeitungswissenschaft an der Universität Berlin. N. F./Reihe A, Bd. XX)

Deutsches Sport-Schrifttum. Auswahlliste für Schrifttum über Sport, Körperpflege, Sporthygiene und verwandte Gebiete. Hg. von der Reichsarbeitsgemeinschaft für Deutsche Buchwerbung
Leipzig 1936

Uhlig, Friedrich, Der Sortiments-Lehrling. Eine Einweisung in die buchhändlerische Arbeit. Hg. vom Bildungsausschuß. Neubearbeitet von Dr. Friedrich Uhlig
Leipzig, 4. Aufl. 1934

Umlauff, Ernst, Beiträge zur Statistik des Deutschen Buchhandels
Leipzig 1934

Der Verlags-Lehrling. Eine Einweisung in die buchhändlerische Arbeit. Hg. vom Bildungsausschuß. Bearbeitet von Dr. Friedrich Uhlig und Walter Thilo
Leipzig 1936

Verlagsveränderungen im deutschen Buchhandel 1933–1937. Bearbeitet von der Bibliographischen Abteilung des Börsenvereins der Deutschen Buchhändler
Leipzig 1937

Das Volk lebt im Buch. Ein Führer durch die Schau der »Woche des deutschen Buches 1936«, bearbeitet von der Reichsschrifttumsstelle
Potsdam 1936

Vorschlagsliste für Dichterlesungen 1937/38. Reichsschrifttumsstelle beim Reichsministerium für Volksaufklärung und Propaganda. Vortragsamt
Berlin 1937

Vorschlagsliste für Dichterlesungen 1938/39. Hg. von der Reichsschrifttumsstelle beim Reichsministerium für Volksaufklärung und Propaganda. Vortragsamt
Berlin 1938

Vorschlagsliste für Dichterlesungen 1939/40. Hg. vom Werbe- und Beratungsamt für das deutsche Schrifttum beim Reichsministerium für Volksaufklärung und Propaganda
Berlin 1939

Vorschlagsliste für Dichterlesungen 1940/41. Hg. vom Werbe- und Beratungsamt für das deutsche Schrifttum beim Reichsministerium für Volksaufklärung und Propaganda
Berlin 1940

Vorschlagsliste für Dichterlesungen 1941/42, hg. vom Werbe- und Beratungsamt für das deutsche Schrifttum beim Reichsministerium für Volksaufklärung und Propaganda
Berlin 1941

Soldatischer Vortragsdienst. Vorschlagsliste für Dichterlesungen und Schriftstellervorträge 1938. Reichsschrifttumsstelle beim Reichsministerium für Volksaufklärung und Propaganda. Vortragsamt

Berlin 1937
Wagner, Hans, Taschenwörterbuch des Nationalsozialismus
Leipzig o.J.
Weimar. Bekenntnis und Tat. Kulturpolitisches Arbeitslager der Reichsjugendführung 1938, hg. von Otto Zander
Berlin 1938
Weimarer Reden des Großdeutschen Dichtertreffens 1938
Hamburg 1939
Die Welt des Buches. Eine Kunde vom Buch, hg. von Hellmuth Langenbucher
Ebenhausen bei München 1938
Wendt, Bernhard, Der Antiquariatslehrling. Eine Einweisung in die buchhändlerische Arbeit
Leipzig 1938
Westecker, Wilhelm, Kultur im Dienst der Nation
Hamburg 1936
Wismann, Heinz, Der Aufbau der Reichsschrifttumskammer
in: Deutsches Recht 5 (1935), S. 361–365
Die Zeit lebt im Buch. Führer durch die »Jahresschau des deutschen Schrifttums« anläßlich der Woche des Deutschen Buches 1937, bearbeitet von der Reichsschrifttumsstelle beim Reichsministerium für Volksaufklärung und Propaganda
Berlin 1937
Ziegler, Hans Severus, Praktische Kulturarbeit im Dritten Reich. Anregungen und Richtlinien für eine gesunde Volksbildung
2., verbesserte Aufl. München 1932 (= Nationalsozialistische Bibliothek, H. 22)

D. Autobiographien, Memoiren, Tagebücher und Briefe

I. Aus der Zeit 1933–1945

Ebermayer, Erich, Denn heute gehört uns Deutschland... Persönliches und politisches Tagebuch. Von der Machtergreifung bis zum 31. Dezember 1935
Hamburg, Wien 1959
Die Tagebücher von Joseph Goebbels. Sämtliche Fragmente, hg. von Elke Fröhlich im Auftrag des Instituts für Zeitgeschichte und in Verbindung mit dem Bundesarchiv
Teil I: Aufzeichnungen 1924 bis 1941, Bd. 1–4
München 1987
Haecker, Theodor, Tag- und Nachtbücher 1939–1945, hg. von Heinrich Wild
München 1947
Harnack, Axel von, Bibliothekar im »Dritten Reich«. Kulturpolitische Erinnerungen an die Berliner Staatsbibliothek

in: Neue Deutsche Hefte 3 (1956/57), S. 123–132
Heberle, Rudolf, Zur Soziologie der nationalsozialistischen Revolution. Notizen aus dem Jahre 1934
in: VfZG 13 (1965), S. 438–445
Hinkel, Hans, Einer unter Hunderttausend
München, 26.-40. Tsd. 1942 (Erstausgabe 1937)
Klepper, Jochen, Unter dem Schatten deiner Flügel. Aus den Tagebüchern 1932–1942, hg. von Hildegard Klepper. Auswahl, Anmerkungen und Nachwort von Benno Mascher
Stuttgart 1956
Verleger J. F. Lehmann. Ein Leben im Kampf für Deutschland. Lebenslauf und Briefe, hg. von Melanie Lehmann
München 1935
Loerke, Oskar, Tagebücher 1903–1939, hg. von Hermann Kasack
Heidelberg, 2. Aufl. Darmstadt, 1956 (= Veröffentlichungen der Deutschen Akademie für Sprache und Dichtung, Nr. 5)
Rosenberg, Alfred, Letzte Aufzeichnungen. Ideale und Idole der nationalsozialistischen Revolution
Göttingen 1955
Das politische Tagebuch Alfred Rosenbergs 1934/35 und 1939/40, hg. von Hans-Günther Seraphim
München 1964
Stresau, Hermann, Von Jahr zu Jahr
Berlin 1948
Winkler, Eugen Gottlob, Briefe 1932–1936. Hg. von Walter Warnach
Bad Salzig, Boppard a. Rh. 1949

II. Aus der Zeit nach 1945

Andersch, Alfred, Die Kirschen der Freiheit. Ein Bericht
Zürich 1971 (Erstausgabe 1952)
Baur, Karl, Wenn ich so zurückdenke... Ein Leben als Verleger in bewegter Zeit
München 1985 (Erstausgabe als Privatdruck 1968)
Becker, Heinrich, Zwischen Wahn und Wahrheit. Autobiographie
Berlin (Ost) 1972
Bergengruen, Werner, Schreibtischerinnerungen
München 1961
Bermann Fischer, Gottfried, Bedroht – Bewahrt. Der Weg eines Verlegers
Frankfurt a. M. 1967
Blunck, Hans Friedrich, Unwegsame Zeiten. Lebensbericht 2. Band
Mannheim 1952
Carossa, Hans, Ungleiche Welten
Wiesbaden 1951
Eggebrecht, Axel, Der halbe Weg. Zwischenbilanz einer Epoche

Reinbek bei Hamburg 1975
Wilhelm Goldmann Verlag 1922–1962
München 1962
Gonski, Heinrich, 50 Jahre Buchhandlung Gonski Köln, 1. 3. 1927–28. 2. 1977
Köln 1977
Grimm, Hans, Warum – Woher – Aber wohin?
Lippoldsberg 1954
ders., Der Schriftsteller und seine Zeit. Aufsätze, Zeitungsantworten, Politische Briefe
Lippoldsberg 1980 (= Hans-Grimm-Gesamtausgabe, Bd. 35)
Heller, Gerhard, In einem besetzten Land. NS-Kulturpolitik in Frankreich. Erinnerungen 1940–1944. Unter Mitarbeit von Jean Grand. Aus dem Französischen von Annette Lallemand-Rietkötter
Köln 1982
Hövel, Paul, Die Wirtschaftsstelle des deutschen Buchhandels, Berlin 1935 bis 1945. Ein Augenzeugenbericht
in: Buchhandelsgeschichte 1/1984, Beilage zum Bbl./Frankfurter Ausgabe Nr. 24 vom 23. 3. 1984, B1-B16
Klemperer, Victor, LTI. Notizbuch eines Philologen
8. Aufl. Leipzig 1975 (Erstausgabe Halle 1957)
Kogon, Eugen, Der SS-Staat. Das System der deutschen Konzentrationslager
Berlin 1947
Korn, Karl, Lange Lehrzeit. Ein deutsches Leben
Frankfurt a. M. 1975
Landshoff, Fritz H., Amsterdam, Keizersgracht 333, Querido Verlag. Erinnerungen eines Verlegers
2. Aufl. Berlin, Weimar 1991
Langgässer, Elisabeth, Schriftsteller unter der Hitler-Diktatur
in: Ost und West 1/H 4 (1947), S. 36–41
Morzé, Adolf von, Erinnerung an Wilhelm Schuster (10. 6. 1888–15. 3. 1971)
in: Buch und Bibliothek 23 (1971), S. 733–737
ders., Verlust des Bildungsreiches. Volksbibliothekare im Nationalsozialismus
in: Buch und Bibliothek 39 (1987), S. 106–126
Redslob, Edwin, Von Weimar nach Europa. Erlebtes und Durchdachtes
Berlin (West) 1972
Salomon, Ernst von, Der Fragebogen
Hamburg 1951
Schneider, Lambert, Rechenschaft über vierzig Jahre Verlagsarbeit 1925–1965. Ein Verlagsalmanach
Heidelberg 1965
Schneider, Reinhold, Verhüllter Tag. Bekenntnisse eines Lebens
3. Aufl. Freiburg 1961

Schwerin von Krosigk, Lutz Graf, Es geschah in Deutschland. Menschenbilder unseres Jahrhunderts
Tübingen, Stuttgart 1951
Schumann, Gerhard, Besinnung. Von Kunst und Leben
Bodmann/Bodensee 1974
Stummvoll, Josef, Dira necessitas: Der Fall Leyh – Uhlendahl mit Bemerkungen über Nationalbibliotheken und Nationalbibliographien Wien 1968 (= Biblos-Schriften; Bd. 48)
ders., IFLATION: Erinnerungen an die IFLA und an markante Bibliothekare seit 1929
in: Biblos 26 (1977), S. 257–275
Sündermann, Helmut, Hier stehe ich... Deutsche Erinnerungen 1914/45. Aus dem Nachlaß herausgegeben von Gert Sudholt
Leoni am Starnberger See 1975
Vinz, Curt, Die Aufgaben der Verlagsvertreter im Dritten Reich. Ein Zeitzeugenbericht
in: Buchhandelsgeschichte 2/1993, Beilage zum Bbl./Frankfurter und Leipziger Ausgabe Nr. 50 vom 25. 6. 1993, B65-B67
Weisenborn, Günther, Memorial – Der Verfolger. Die Niederschrift des Daniel Brendel
München 1961
Wiechert, Ernst, Der Totenwald. Ein Bericht
München o.J. [1945/46]
ders., An die deutsche Jugend. Vier Reden
München 1951
ders., Jahre und Zeiten
München 1959
ders., Häftling Nr. 7188. Tagebuchnotizen und Briefe
München 1966
Winnig, August, Aus zwanzig Jahren. 1925 bis 1945
Hamburg 1951

E. Befragungen von Zeitzeugen

s = schriftlich
m = mündlich

Hans Benecke, Hamburg (m)
im »Dritten Reich« Buchhändler in der Amelangschen Buchhandlung in Berlin-Charlottenburg
Dr. Walter Dirks, Wittnau/Br. (s)
ehemaliger Mitarbeiter der »Frankfurter Zeitung« (Feuilleton)
Axel Eggebrecht, Hamburg (s)
Schriftsteller, Publizist; im »Dritten Reich« Drehbuchautor der UfA
Heinrich Gruber, Köln (s/m)

1938–1943 Verlagsreferent in der Schrifttumsabteilung des Propagandaministeriums; 1944–1945 kommissarischer Leiter des Suhrkamp Verlags

Wilhelm Haegert, Berlin (s)

1939–1945 Leiter der Schrifttumsabteilung des Propagandaministeriums

Dr. Paul Hövel, Berlin (s/m)

1934–1945 Referent in der Schrifttumsabteilung des Propagandaministeriums; 1935–1945 Leiter der Wirtschaftsstelle des deutschen Buchhandels

Ernst Jünger, Langenensingen/Württemberg (s)

Schriftsteller

Karl Korn, Frankfurt a. M. (s)

ehemaliger Mitarbeiter der Frankfurter Zeitung (Feuilleton) und der Wochenzeitung »Das Reich«

Karl Krolow, Darmstadt (s)

Schriftsteller

Dr. Erich Meyer-Bachem, Köln (s)

Buchhändler

F. Forschungsliteratur nach 1945

Abele, Bernd, 1933–1938: Der Verlag Bruno Cassirer im Nationalsozialismus
in: Buchhandelsgeschichte 1/1990, Beilage zum Bbl./Frankfurter Ausgabe Nr. 25 vom 27. 3. 1990, B1–B18

Ackermann, Josef, Heinrich Himmler als Ideologe
Göttingen, Zürich, Frankfurt a. M. 1970

Adam, Uwe Dietrich, Judenpolitik im Dritten Reich
Königstein/Ts., Düsseldorf 1979 (Originalausgabe Düsseldorf 1972)

Aigner, Dietrich, Die Indizierung »schädlichen und unerwünschten Schrifttums« im Dritten Reich
Frankfurt a. M. 1971 (= Sonderdruck aus dem Archiv für Geschichte des Buchwesens, Bd. XI, 3–5)

Aley, Peter, Jugendliteratur im Dritten Reich. Dokumente und Kommentare
Hamburg 1967 (= Schriften zur Buchmarktforschung 12)

Andrae, Friedrich, Des Teufels Bücherei. Zum Standort der deutschen Volksbüchereien im nationalsozialistischen Propagandaapparat
in: Bibliothek '76 International. Rückschau und Ausblick. Eine Freundesgabe für Werner Mevissen zu seinem 65. Geburtstag am 16. April 1976, Bremen 1976, S. 20–27

ders., Bestandsaufbau der Deutschen Volksbüchereien während der Zeit des Nationalsozialismus
in: Bibliothek und Buchbestand im Wandel der Zeit. Bibliotheksgeschichtliche Studien, hg. von Franz A. Bienert und Karl-Heinz Weimann, Wiesbaden 1984 (= Buchwissenschaftliche Beiträge aus dem Deutschen Bucharchiv München, Bd. 8), S. 149–160

Arendt, Hannah, Elemente und Ursprünge totaler Herrschaft. Aus dem Englischen von der Verfasserin
München, Zürich 1986 (Originalausgabe New York 1951)

dies., Eichmann in Jerusalem. Ein Bericht von der Banalität des Bösen. Aus dem Amerikanischen von Brigitte Granzow
5. Aufl. München, Zürich 1986 (Erstausgabe 1964)

Aronson, Shlomo, Reinhard Heydrich und die Frühgeschichte von Gestapo und SD
Stuttgart 1971 (= Studien zur Zeitgeschichte)

Barbian, Jan-Pieter, »Kulturwerte im Zeitkampf«. Die Kulturabkommen des »Dritten Reiches« als Instrumente nationalsozialistischer Außenpolitik
in: AKG 74, 2 (1992), S. 415–459

ders., Die vollendete Ohnmacht? Das Verhältnis der Schriftsteller zu den staatlichen und parteiamtlichen »Schrifttumsstellen« im »Dritten Reich«
in: Internationales Archiv für Sozialgeschichte der deutschen Literatur 20,1 (1995), S. 137–160

Barkai, Avraham, Das Wirtschaftssystem des Nationalsozialismus. Ideologie, Theorie, Politik 1933–1945
Frankfurt a.M. 1988 (Originalausgabe Köln 1977)

ders., Vom Boykott zur »Entjudung«. Der wirtschaftliche Existenzkampf der Juden im Dritten Reich 1933–1943
Frankfurt a.M. 1988

Beamte im Nationalsozialismus. Katalog zu einer Ausstellung der Fachhochschule für öffentliche Verwaltung Nordrhein-Westfalen
Dortmund 1984 (= Schriftenreihe der FHSÖV, Bd. IV)

Becker, Wolfgang, Film und Herrschaft. Organisationsprinzipien und Organisationsstrukturen der nationalsozialistischen Filmpropaganda
Berlin 1973 (= Zur politischen Ökonomie des NS-Films, Bd. 1)

Benner, Ernst Karl, Deutsche Literatur im Urteil des »Völkischen Beobachters« 1920–1933. Ein Beitrag zur publizistischen Vorgeschichte des 10. Mai 1933
Diss. phil. an der Ludwig-Maximilians-Universität München
München 1954 (ungedruckt)

Benz, Wolfgang, Zum Verhältnis von NSDAP und staatlicher Verwaltung im Dritten Reich
in: Das Unrechtsregime. Internationale Forschung über den Nationalsozialismus. Festschrift für Werner Jochmann. Bd. 1 Ideologie – Herrschaftssystem – Wirkung in Europa. Hg. von Ursula Büttner, Hamburg 1986 (= Hamburger Beiträge zur Sozial- und Zeitgeschichte, Bd. 21), S. 203–218

Bibliotheken während des Nationalsozialismus, hg. von Peter Vodosek und Manfred Komorowski. Teil I
Wiesbaden 1989 (= Wolfenbütteler Schriften zur Geschichte des Buchwesens, Bd. 16)

Boese, Engelbrecht, Walter Hofmanns Institut für Leser- und Schrifttumskunde 1926–1937

in: Bibliothek 5 (1981), S. 3–23
ders., Die Bestandspolitik der Öffentlichen Büchereien im Dritten Reich in: Bibliotheksdienst 17 (1983), S. 263–282
ders., Die Säuberung der Leipziger Bücherhallen 1933–1936 in: Buch und Bibliothek 35 (1983), S. 283–296
ders., Das Öffentliche Bibliothekswesen im Dritten Reich Bad Honnef 1987 (= Bibliothek und Gesellschaft)
Bollmus, Reinhard, Das Amt Rosenberg und seine Gegner. Studien zum Machtkampf im nationalsozialistischen Herrschaftssystem Stuttgart 1970 (= Studien zur Zeitgeschichte)
Bracher, Karl Dietrich/Schulz, Gerhard/Sauer, Wolfgang, Die nationalsozialistische Machtergreifung. Studien zur Errichtung des totalitären Herrschaftssystems in Deutschland 1933–1934 3 Bde., 2., durchgesehene Aufl. Köln, Opladen 1962
Bracher, Karl Dietrich, Die deutsche Diktatur. Entstehung, Struktur, Folgen des Nationalsozialismus 3. Aufl. Köln, Berlin 1970 (Erstauflage 1969)
Bracher, Karl Dietrich/Funke, Manfred/Jacobsen, Hans-Adolf (Hg.), Nationalsozialistische Diktatur 1933–1945. Eine Bilanz Bonn 1986 (= Schriftenreihe der Bundeszentrale für politische Bildung, Bd. 192)
Bramsted, Ernest K., Goebbels und die nationalsozialistische Propaganda 1925–1945. Aus dem Englischen übersetzt von H. E. Strakosch Frankfurt a.M. 1971
Brandenburg, Hans-Christian, Die Geschichte der HJ. Wege und Irrwege einer Generation Köln 1968
Brenner, Hildegard, Die Kunstpolitik des Nationalsozialismus Reinbek bei Hamburg 1963 (= Rowohlts deutsche Enzyklopädie. Zeitgeschichte)
dies., Ende einer bürgerlichen Kunst-Institution. Die politische Formierung der Preußischen Akademie der Künste ab 1933 Stuttgart 1972 (= Schriftenreihe der Vierteljahreshefte für Zeitgeschichte, Nr. 24)
Breuer, Dieter, Geschichte der literarischen Zensur in Deutschland Heidelberg 1982
Broszat, Martin, Der Staat Hitlers. Grundlegung und Entstehung seiner inneren Verfassung 7. Aufl. München 1978 (Erstauflage 1969)
Die Bücherverbrennung. Zum 10. Mai 1933, hg. von Gerhard Sauder München 1983
Buchheim, Hans, Totalitäre Herrschaft. Wesen und Merkmale 2. Aufl. München 1962
Buchheim, Hans/Broszat, Martin/Jacobsen, Hans-Adolf/Krausnick, Helmut, Anatomie des SS-Staates 6. Aufl. München 1994 (Erstauflage 1967)

Buchholz, Wolfhard, Die nationalsozialistische Gemeinschaft »Kraft durch Freude«. Freizeitgestaltung und Arbeiterschaft im Dritten Reich
Diss. phil., München 1976

Bullock, Allan, Hitler. Eine Studie über Tyrannei. Aus dem Englischen übertragen von Wilhelm und Modeste Pferdekamp
Unveränderte Taschenbuchausgabe Düsseldorf 1977 (Englische Originalausgabe 1953/1964)

Hans Carossa. Dreizehn Versuche zu seinem Werk. Hg. von Hartmut Laufhütte
Tübingen 1991

Chatellier, Hildegard, Ernst Wiechert im Urteil der deutschen Zeitschriftenpresse 1933–1945. Ein Beitrag zur nationalsozialistischen Literatur- und Pressepolitik
in: Recherches Germaniques 3 (1973), S. 153–195

Eugen Claassen. Von der Arbeit eines Verlegers. Mit einer Bibliographie der Verlage H. Goverts, Claassen & Goverts, Claassen 1935–1966, bearbeitet von Reinhard Tgahrt unter Mitarbeit von Huguette Herrmann, Gudrun Karlewski und Monika Waldmüller
Marbach a. N. 1981 (= Marbacher Magazin 19)

Corino, Karl (Hg.), Intellektuelle im Bann des Nationalsozialismus
Hamburg 1980

Cuomo, Glenn R., Purging an »Art-Bolshevist«: The Persecution of Gottfried Benn in the Years 1933–1938
in: German Studies Review 9 (1986), S. 85–105

ders., Official and private reactions within the Third Reich to exile literature
in: Die Resonanz des Exils. Gelungene und mißlungene Rezeption deutschsprachiger Exilautoren, hg. von Dieter Sevin, Amsterdam 1992, S. 164–181

Dahm, Volker, Das jüdische Buch im Dritten Reich
Teil I: Die Ausschaltung der jüdischen Autoren, Verleger und Buchhändler; Teil II: Salman Schocken und sein Verlag, Frankfurt a. M. 1979, 1982 (= Sonderdruck aus dem Archiv für Geschichte des Buchwesens, Bd. XX, 1–2)

ders., Anfänge und Ideologie der Reichskulturkammer. Die »Berufsgemeinschaft« als Instrument kulturpolitischer Steuerung und sozialer Reglementierung
in: VfZG 34 (1986), S. 53–84

Dahrendorf, Ralf, Gesellschaft und Demokratie in Deutschland
München 1965

Denkler, Horst/Lämmert, Eberhard (Hg.), »Das war ein Vorspiel nur...«. Berliner Colloquium zur Literaturpolitik im »Dritten Reich«
Berlin 1985 (= Schriftenreihe der Akademie der Künste, Bd. 15)

Deutsche Bücherei 1912–1962. Festschrift zum fünfzigjährigen Bestehen der deutschen Nationalbibliothek
Leipzig 1962

Deutschland 1933. Machtzerfall der Demokratie und nationalsozialistische »Machtergreifung«. Eine Vortragsreihe, hg. von Wolfgang Treue und Jürgen Schmädecke
Berlin 1984 (= Einzelveröffentlichungen der Historischen Kommission zu Berlin, Bd. 42)
Diehl-Thiele, Peter, Partei und Staat im Dritten Reich. Untersuchungen zum Verhältnis von NSDAP und allgemeiner innerer Staatsverwaltung 1933–1945
2., durchgesehene Aufl. Bonn 1971 (= Münchner Studien zur Politik, Bd. 9)
Dorn, Richard W., Otto Harrassowitz, Buchhandlung – Verlag – Antiquariat. The first Century
in: Harvard Library Bulletin 21 (1973), S. 365–374
Drewniak, Boguslaw, Das Theater im NS-Staat. Szenarium deutscher Zeitgeschichte 1933–1945
Düsseldorf 1983
ders., Der deutsche Film 1938–1945. Ein Gesamtüberblick
Düsseldorf 1987
Das Dritte Reich. Herrschaftsstruktur und Geschichte, hg. von Martin Broszat und Horst Möller
München 1983
Günter Eich. 1907–1972. Ausstellung des Schiller-Nationalmuseums Marbach am Neckar. Bearbeitet von Joachim W. Storck und Ute Doster
Marbach a. N. 1988 (= Marbacher Magazin 45)
Eilers, Rolf, Die nationalsozialistische Schulpolitik. Eine Studie zur Funktion der Erziehung im totalitären Staat
Köln, Opladen 1963
Die Braune Elite. 22 biographische Skizzen. Hg. von Ronald Smelser und Rainer Zitelmann
Darmstadt (WBG) 1989
Die Braune Elite II. 21 weitere biographische Skizzen. Hg. von Ronald Smelser, Enrico Syring und Rainer Zitelmann
Darmstadt (WBG) 1993
Faschismus als soziale Bewegung. Deutschland und Italien im Vergleich, hg. von Wolfgang Schieder
2. Aufl. Göttingen 1983
Faschistische Diktatur in Deutschland. Historische Grundlagen – gesellschaftliche Voraussetzungen – politische Struktur
Stuttgart 1972 (= Politische Bildung, 5. Jg., H. 1)
Faust, Anselm, Studenten und Nationalsozialismus in der Weimarer Republik. Der Nationalsozialistische Deutsche Studentenbund
2 Bde., Düsseldorf 1973 (= Geschichte und Gesellschaft. Bochumer Historische Studien)
Feiten, Willi, Der nationalsozialistische Lehrerbund. Entwicklung und Organisation. Ein Beitrag zum Aufbau und zur Organisationsstruktur des nationalsozialistischen Herrschaftssystems

Weinheim, Basel 1981 (= Studien und Dokumentationen zur deutschen Bildungsgeschichte, Bd. 19)
Fenske, Hans, Bürokratie in Deutschland. Vom späten Kaiserreich bis zur Gegenwart
Berlin 1985 (= Beiträge zur Zeitgeschichte, Bd. 15)
Fest, Joachim C., Das Gesicht des Dritten Reiches. Profile einer totalitären Herrschaft
München 1963
ders., Hitler. Eine Biographie
Frankfurt a. M., Berlin, Wien 1973
Fischer, Ernst, Der »Schutzverband deutscher Schriftsteller« 1909–1933
in: Archiv für Geschichte des Buchwesens 21 (1980), Sp. 1–666
S. Fischer Verlag. Von der Gründung bis zur Rückkehr aus dem Exil. Eine Ausstellung des Deutschen Literaturarchivs im Schiller-Nationalmuseum Marbach am Neckar
2., durchgesehene Aufl. Marbach a. N. 1986 (Erstauflage 1985)
Flessau, Kurt-Ingo, Schule der Diktatur. Lehrpläne und Schulbücher des Nationalsozialismus
Frankfurt am Main 1979 (Originalausgabe München 1977)
Fraenkel, Ernst, Der Doppelstaat. Recht und Justiz im »Dritten Reich«
Frankfurt a. M. 1974 (Amerikanische Originalausgabe New York 1941)
Fraenkel, Heinrich/Manvell, Roger, Goebbels. Eine Biographie
Köln, Berlin 1960
Frei, Norbert, Der Führerstaat. Nationalsozialistische Herrschaft 1933 bis 1945
3. Aufl. München 1993 (= Deutsche Geschichte der Neuesten Zeit vom 19. Jahrhundert bis zur Gegenwart)
Fröhlich, Elke, Die kulturpolitische Pressekonferenz des Reichspropagandaministeriums
in: VfZG 22 (1974), S. 347–381
dies., Joseph Goebbels und sein Tagebuch. Zu den handschriftlichen Aufzeichnungen von 1924 bis 1941
in: VfZG 35 (1987), S. 489–522
Der »Führerstaat«: Mythos und Realität. Studien zur Struktur und Politik des Dritten Reiches. Hg. von Gerhard Hirschfeld und Lothar Kettenacker
Stuttgart 1981 (= Veröffentlichungen des Deutschen Historischen Instituts London, Bd. 8)
Füssel, Stephan, »Wider den undeutschen Geist«. Bücherverbrennung und Bibliothekslenkung im Nationalsozialismus
in: Göttingen unterm Hakenkreuz, Göttingen 1983, S. 95–104
ders., Vom Schaufenstergesetz zur Bücherverbrennung. Zur Kontinuität der »Schmutz- und Schunddebatte«
in: Buchhandelsgeschichte 2/1993, Beilage zum Bbl./Frankfurter und Leipziger Ausgabe Nr. 50 vom 25. 6. 1993, B55-B65
Funke, Manfred, Starker oder schwacher Diktator? Hitlers Herrschaft und die Deutschen. Ein Essay. Düsseldorf 1989

Gay, Peter, Die Republik der Außenseiter. Geist und Kultur der Weimarer Zeit 1918–1933. Aus dem Amerikanischen von Helmut Lindemann Frankfurt a.M. 1987 (deutsche Originalausgabe Frankfurt a.M. 1970; amerikanische Originalausgabe New York 1968)

Geissler, Rolf, Dichter und Dichtung des Nationalsozialismus in: Hermann Kunisch (Hg.), Handbuch der deutschen Gegenwartsliteratur, Bd. II, 2., verbesserte und erweiterte Aufl. München 1970, S. 409–418

Georg, Enno, Die wirtschaftlichen Unternehmungen der SS Stuttgart 1963 (= Schriftenreihe der Vierteljahreshefte für Zeitgeschichte, Nr. 7)

Geyer-Ryan, Helga, Trivialliteratur und Literaturpolitik im Dritten Reich in: Sprache im technischen Zeitalter 19 (1978), S. 267–277

Gillessen, Günther, Auf verlorenem Posten. Die Frankfurter Zeitung im Dritten Reich Berlin 1986

Gilman, Sander L. (Hg.), NS-Literaturtheorie. Eine Dokumentation Frankfurt a.M. 1971

Graf, Christoph, Politische Polizei zwischen Demokratie und Diktatur. Die Entwicklung der preußischen politischen Polizei vom Staatsschutzorgan der Weimarer Republik zum Geheimen Staatspolizeiamt des Dritten Reiches. Berlin 1983 (= Einzelveröffentlichungen der Historischen Kommission zu Berlin, Bd. 96)

Graf, Hans-Dieter, Die Verlags- und Sortimentsbuchhandlung Franz Borgmeyer in der Zeit des Nationalsozialismus in: Gutenberg-Jahrbuch 1988, S. 206–243

ders., Der Trierer Buchdrucker Josef Herzig und das Schicksal seiner Druckerei im Dritten Reich in: Gutenberg-Jahrbuch 1989, S. 249–288

ders., Nationalsozialistische Schrifttumspolitik. Goebbels' Weg zur Oberaufsicht über das Presse- und Buchverbotswesen im Dritten Reich in: Buchhandelsgeschichte 3/1991, Beilage zum Bbl./Frankfurter Ausgabe Nr. 76 vom 24. 9. 1991, B111–B118

Hale, Oron J., Presse in der Zwangsjacke 1933–1945. Aus dem Amerikanischen von Wilhelm und Modeste Pferdekamp Düsseldorf 1965

Happel, Hans-Gerd, Das wissenschaftliche Bibliothekswesen im Nationalsozialismus. Unter besonderer Berücksichtigung der Universitätsbibliotheken München, London, New York, Paris 1989 (= Beiträge zur Bibliothekstheorie und Bibliotheksgeschichte, Bd. 1)

Hartung, Günter, Literatur und Ästhetik des deutschen Faschismus. Drei Studien

Berlin (Ost) 1983
Hattwig, Jörg, Das Dritte Reich im Werk Ernst Wiecherts. Geschichtsdenken, Selbstverständnis und literarische Praxis
Frankfurt a.M., Bern, New York 1984 (= Europäische Hochschulschriften. Reihe I Deutsche Sprache und Literatur, Bd. 739)
Hay, Gerhard, Das Jahr 1938 im Spiegel der NS-Literatur
in: Franz Knipping/Klaus-Jürgen Müller (Hg.), Machtbewußtsein in Deutschland am Vorabend des Zweiten Weltkrieges, Paderborn 1984, S. 317–326
Heiber, Helmut, Joseph Goebbels
Berlin 1962
Hildebrand, Klaus, Nationalsozialismus oder Hitlerismus?
in: Persönlichkeit und Struktur in der Geschichte. Historische Bestandsaufnahme und didaktische Implikationen, hg. von Michael Bosch, Düsseldorf 1977, S. 55–61
ders., Das Dritte Reich
4. Aufl. München, Wien 1991 (= Oldenbourg Grundriß der Geschichte, Bd. 17)
Höhne, Heinz, Der Orden unter dem Totenkopf. Die Geschichte der SS
München 1984 (Erstausgabe 1967)
Hövel, Paul, Vom Biedermeier zum Atomzeitalter. Ein Beitrag zur Geschichte des Julius-Springer-Verlages von 1842–1965
Privatdruck, Berlin 1982
Holzbach, Marion, Das »System Hugenberg«. Die Organisation bürgerlicher Sammlungspolitik vor dem Aufstieg der NSDAP
Stuttgart 1981 (= Studien zur Zeitgeschichte, Bd. 18)
Hopster, Norbert/Nassen, Ulrich, Literatur und Erziehung im Nationalsozialismus. Deutschunterricht als Körperkultur
Paderborn, München, Wien, Zürich 1983 (= Informationen zur Sprach- und Literaturdidaktik, Bd. 39)
Hopster, Norbert, Ausbildung und politische Funktion der Deutschlehrer im Nationalsozialismus
in: Wissenschaft im Dritten Reich, hg. von Peter Lundgreen, Frankfurt a.M. 1985, S. 113–139
ders./Josting, Petra, Literaturlenkung im »Dritten Reich«. Eine Bibliographie
2 Bde., Hildesheim, Zürich, New York 1993, 1994
Horn, Wolfgang, Der Marsch zur Machtergreifung. Die NSDAP bis 1933
Königstein/Ts., Düsseldorf 1980 (Originalausgabe Düsseldorf 1972)
Hoyer, Siegfried/Schaefer, Helma, Die fortschrittlichen Traditionen des Börsenvereins der Deutschen Buchhändler zu Leipzig
in: Beiträge zur Geschichte des Buchwesens, Bd. VII, Leipzig 1975, S. 13–70
Huder, Walter, Die sogenannte Reinigung. Die »Gleichschaltung« der Sektion für Dichtkunst der Preußischen Akademie der Künste 1933

in: Exilforschung. Ein internationales Jahrbuch 4 (1986), S. 144–159
Hübinger, Paul Egon, Thomas Mann, die Universität Bonn und die Zeitgeschichte. Drei Kapitel deutscher Vergangenheit aus dem Leben des Dichters 1905–1955
München, Wien 1974
Hüttenberger, Peter, Die Gauleiter. Studie zum Wandel des Machtgefüges in der NSDAP
Stuttgart 1969 (= Schriftenreihe der Vierteljahreshefte für Zeitgeschichte, Bd. 19)
ders., Nationalsozialistische Polykratie
in: GG 2 (1976), S. 417–442
Das »Innere Reich« 1934–1944. Eine »Zeitschrift für Dichtung, Kunst und deutsches Leben«, bearbeitet von Werner Volke
Marbach a.N. 1983 (= Marbacher Magazin 26)
Das »Innere Reich« 1934–1944. Eine »Zeitschrift für Dichtung, Kunst und deutsches Leben«. Verzeichnis der Beiträge, bearbeitet von Adelheid Westhoff
Marbach a.N. 1983 (= Marbacher Magazin 26/Beiheft)
Jens, Inge, Dichter zwischen rechts und links. Die Geschichte der Sektion für Dichtkunst an der Preußischen Akademie der Künste, dargestellt nach den Dokumenten
München 1979 (Erstausgabe München 1971)
Josting, Petra, Der »Jugendschrifttums-Kampf« des Nationalsozialistischen Lehrerbundes
Hildesheim, Zürich, New York 1995
Die Juden in Deutschland 1933–1945. Leben unter nationalsozialistischer Herrschaft. Hg. von Wolfgang Benz
München 1988
Jütte, Werner, Volksbibliothekare im Nationalsozialismus. Einige Anmerkungen zum Beitrag von Adolf von Morzé
in: Buch und Bibliothek 39 (1987), S. 345–348
Jungmichl, Johannes, Nationalsozialistische Literaturlenkung und bibliothekarische Buchbesprechung
Berlin 1974 (= Schriftenreihe der Bibliothekar-Lehrinstitute. Reihe A: Examensarbeiten, H. 25)
Kamenetsky, Christa, Children's literature in Hitler's Germany. The cultural policy of National Socialism
Athens/Ohio, London 1984
Kast, Raimund, Der deutsche Leihbuchhandel und seine Organisation im 20. Jahrhundert
in: Archiv für Geschichte des Buchwesens 36 (1991), S. 165–349
In den Katakomben. Jüdische Verlage in Deutschland 1933 bis 1945, bearbeitet von Ingrid Belke. Kabinett-Ausstellung des Deutschen Literaturarchivs Marbach in der Staatsbibliothek Preußischer Kulturbesitz, Berlin in Verbindung mit dem Leo Baeck Institut, New York 10. 10.–15. 11. 1985

2., durchgesehene Aufl. Marbach a. N. 1985 (= Marbacher Magazin 25/1983)
Kater, Michael H., Das »Ahnenerbe« der SS 1935–1945. Ein Beitrag zur Kulturpolitik des Dritten Reiches
Stuttgart 1974 (= Studien zur Zeitgeschichte)
ders., Studentenschaft und Rechtsradikalismus in Deutschland 1918–1933
Hamburg 1975
ders., Anti-Fascist Intellectuals in the Third Reich
in: Canadian Journal of History 16 (1981), S. 263–277
ders., Die Sozialgeschichte und das Dritte Reich. Überlegungen zu neuen Büchern
in: Archiv für Sozialgeschichte 22 (1982), S. 661–671
Kershaw, Ian, The Nazi Dictatorship. Problems and Perspectives of Interpretation
London, Baltimore/Maryland 1985
Ketelsen, Uwe-Karsten, Völkisch-nationale und nationalsozialistische Literatur in Deutschland 1890–1945
Stuttgart 1976 (= Sammlung Metzler, Bd. 142)
ders., Kulturpolitik des III. Reiches und Ansätze zu ihrer Interpretation
in: Text & Kontext 8 (1980), S. 217–242
ders., Literatur und Drittes Reich
2., durchgesehene Aufl. mit erweitertem und aktualisiertem Literaturverzeichnis, Greifswald 1994
Kettel, Andreas, Volksbibliothekare und Nationalsozialismus. Zum Verhalten führender Berufsvertreter während der nationalsozialistischen Machtübernahme
Köln 1981 (= Pahl-Rugenstein Hochschulschriften, 72/Serie Faschismus-Studien)
Klassiker in finsteren Zeiten 1933–1945. Eine Ausstellung des Literaturarchivs im Schiller-Nationalmuseum Marbach am Neckar. Katalog, hg. von Bernhard Zeller
2 Bde., 2., durchgesehene Aufl. Marbach a. N., 1983 (= Marbacher Kataloge, 38)
Klönne, Arno, Hitlerjugend. Die Jugend und ihre Organisation im Dritten Reich
Hannover, Frankfurt a. M. 1960 (= Schriftenreihe des Instituts für wissenschaftliche Politik in Marburg/Lahn, Nr. 1)
Kluke, Paul, Nationalsozialistische Europaideologie
in: VfZG 3 (1955), S. 240–275
Krockow, Christian Graf von, Scheiterhaufen. Größe und Elend des deutschen Geistes
Berlin 1983
Kron, Friedhelm, Schriftsteller und Schriftstellerverbände. Schriftstellerberuf und Interessenpolitik 1842–1973
Stuttgart 1976
Lämmert, Eberhard, Beherrschte Prosa. Poetische Lizenzen in Deutschland zwischen 1933 und 1945

in: Neue Rundschau 86 (1975), S. 404–421
Lang, Jochen von, Der Sekretär. Martin Bormann: Der Mann, der Hitler beherrschte. Unter Mitarbeit von Claus Sibyll
Stuttgart 1977
Leid der Worte. Panorama des literarischen Nationalsozialismus, hg. von Jörg Thunecke
Bonn 1987 (= Abhandlungen zur Kunst-, Musik- und Literaturwissenschaft, Bd. 367)
Leonhard, Joachim-Felix (Hg.), Bücherverbrennung. Zensur, Verbot, Vernichtung unter dem Nationalsozialismus in Heidelberg
Heidelberg 1983 (= Heidelberger Bibliotheksschriften, 7)
ders., Zensur und Vernichtung. Literatur unter der nationalsozialistischen Diktatur
Kaiserslautern o.J. (1983) (= Schriftenreihe der Universität Kaiserslautern, 3)
Link, Werner (Hg.), Schriftsteller und Politik in Deutschland
Düsseldorf 1979
Die deutsche Literatur im Dritten Reich. Themen – Traditionen – Wirkungen, hg. von Horst Denkler und Karl Prümm
Stuttgart 1976
Die deutsche Literatur in der Weimarer Republik, hg. von Wolfgang Rothe
Stuttgart 1974
Loewy, Ernst, Literatur unterm Hakenkreuz. Das Dritte Reich und seine Dichtung. Eine Dokumentation
Frankfurt a.M. 1974
Lokatis, Siegfried, Hanseatische Verlagsanstalt. Politisches Buchmarketing im »Dritten Reich«
in: Archiv für Geschichte des Buchwesens 38 (1992), S. 1–189
Lükemann, Ulf, Der Reichsschatzmeister der NSDAP. Ein Beitrag zur inneren Parteistruktur
Inaugural-Dissertation FU Berlin, Berlin 1963
Madajzyk, Czeslaw (Hg.), Inter arma non silent musae. The War and the Culture 1933–1945
Warschau 1977
Mallmann, Marion, »Das Innere Reich«. Analyse einer konservativen Kulturzeitschrift im Dritten Reich
Bonn 1978 (= Abhandlungen zur Kunst-, Musik- und Literaturwissenschaft, Bd. 248)
Mank, Dieter, Erich Kästner im nationalsozialistischen Deutschland 1933–1945: Zeit ohne Werk?
Frankfurt a.M., Bern 1981 (= Europäische Hochschulschriften, Reihe 1, Bd. 418)
Manthey, Jürgen, Hans Fallada in Selbstzeugnissen und Bilddokumenten
Reinbek bei Hamburg 1963
Marwedel, Rainer, Theodor Lessing 1872–1933. Eine Biographie
Darmstadt, Neuwied 1987

Matthias, Angela, Das Wirken Heinrich Uhlendahls für die Deutsche Bücherei
in: Jahrbuch der Deutschen Bücherei 21 (1985), S. 51–100
Mayer, Paul, Ernst Rowohlt in Selbstzeugnissen und Bilddokumenten
Reinbek bei Hamburg 1968
Meinhold, Peter, Reinhold Schneider – ein Mann des Widerstandes
in: Saeculum 30 (1979), S. 264–279
Mendelssohn, Peter de, Der Geist in der Despotie. Versuche über die moralischen Möglichkeiten des Intellektuellen in der totalitären Gesellschaft
Frankfurt a. M. 1987 (Erstausgabe Berlin 1953)
Meyer, Andreas, Die Verlagsfusion Langen-Müller. Zur Buchmarkt- und Kulturpolitik des Deutschnationalen Handlungsgehilfen-Verbands (DHV) in der Endphase der Weimarer Republik
in: Archiv für Geschichte des Buchwesens 32 (1989), Sp. 1–271
Möller, Horst, Exodus der Kultur. Schriftsteller, Wissenschaftler und Künstler in der Emigration nach 1933
München 1984 (= Beck'sche Schwarze Reihe, Bd. 293)
Mommsen, Hans, Beamtentum im Dritten Reich. Mit ausgewählten Quellen zur nationalsozialistischen Beamtenpolitik
Stuttgart 1966 (= Schriftenreihe der Vierteljahreshefte für Zeitgeschichte, Bd. 13)
ders., Nationalsozialismus oder Hitlerismus?
in: Persönlichkeit und Struktur in der Geschichte. Historische Bestandsaufnahme und didaktische Implikationen, hg. von Michael Bosch, Düsseldorf 1977, S. 62–71
ders., Der Nationalsozialismus und die deutsche Gesellschaft. Ausgewählte Aufsätze. Zum 60. Geburtstag herausgegeben von Lutz Niethammer und Bernd Weisbrod
Reinbek bei Hamburg 1991
Nationalsozialismus und Modernisierung, hg. von Michael Prinz und Rainer Zitelmann
Darmstadt (WBG) 1991
Nazi Propaganda. The Power and the Limitations, ed. by David Welch
London, Canberra, Totowa/N. J. 1983
Neumann, Franz, Behemoth. Struktur und Praxis des Nationalsozialismus 1933–1944, hg. und mit einem Nachwort von Gert Schäfer
Frankfurt a. M. 1984 (Ungekürzte Taschenbuchausgabe)
1933 – Wege zur Diktatur. Supplementband zum Katalog, hg. von der Staatlichen Kunsthalle Berlin in Zusammenarbeit mit der Neuen Gesellschaft für Bildende Kunst, Berlin
Berlin 1983
Nolte, Ernst, Der Faschismus in seiner Epoche. Die Action française. Der italienische Faschismus. Der Nationalsozialismus
5. Aufl. München, Zürich 1979 (Erstauflage 1963)
Nordstrand, Karl Otto, Stefan Andres und die »innere Emigration«
in: Moderna Språk 63 (1969), S. 247–264

Paul, Gerhard, Aufstand der Bilder. Die NS-Propaganda vor 1933
Bonn 1990
Der deutsche PEN-Club im Exil 1933–1948. Eine Ausstellung der Deutschen Bibliothek Frankfurt am Main. Katalog, hg. von Werner Berthold und Brita Eckart
Frankfurt a. M. 1980 (= Sonderveröffentlichungen der Deutschen Bibliothek, Nr. 10)
Petersen, Jens, Vorspiel zu »Stahlpakt« und Kriegsallianz: Das Deutsch-Italienische Kulturabkommen vom 23. November 1938
in: VfZG 36 (1988), S. 41–77
Petersen, Klaus, Literatur und Justiz in der Weimarer Republik
Stuttgart 1988
Peukert, Detlev J. K., Die Weimarer Republik. Krisenjahre der Klassischen Moderne
Frankfurt a. M. 1987
Pfanner, Helmut F., Hanns Johst. Vom Expressionismus zum Nationalsozialismus
Den Haag, Paris 1970 (= Studies in German Literature, Vol. XVII)
Prümm, Karl, Zwiespältiges auf schwankendem Grund. Bemerkungen zur Neuauflage von Wolfgang Koeppens frühem Roman »Die Mauer schwankt« (1935)
in: Schreibheft. Zeitschrift für Literatur 20 (1982), S. 47–51
Quasten, Christoph, Bibliotheken während des Nationalsozialismus. 5. Jahrestagung des Wolfenbütteler Arbeitskreises für Bibliotheksgeschichte vom 11. bis 14. April 1988
in: Zeitschrift für Bibliothekswesen und Bibliographie 36 (1989), S. 165–172
Raddatz, Fritz J., Versuch über die Ungleichzeitigkeit
in: Frank Grube/Gerhard Richter (Hg.), Die Weimarer Republik, Hamburg 1983, S. 151–154
Rathkolb, Oliver, Führertreu und gottbegnadet. Künstlereliten im Dritten Reich
Wien 1991
Rebentisch, Dieter, Führerstaat und Verwaltung im Zweiten Weltkrieg. Verfassungsentwicklung und Verwaltungspolitik 1939–1945
Stuttgart 1989 (= Frankfurter Historische Abhandlungen, Bd. 29)
Recker, Marie-Luise, Nationalsozialistische Sozialpolitik im Zweiten Weltkrieg
München 1985 (= Studien zur Zeitgeschichte, Bd. 29)
Reiner, Guido, Ernst Wiechert im Dritten Reich. Eine Dokumentation. Mit einem Verzeichnis der Ernst-Wiechert-Manuskripte im Haus Königsberg
Paris 1974 (= Ernst-Wiechert-Bibliographie 2. Teil)
Reinhold, Ursula, Alfred Andersch. Politisches Engagement und literarische Wirksamkeit
Berlin (Ost) 1988 (= Literatur und Gesellschaft)

Renner, Gerhard, Frank Thiess: Ein »freier Schriftsteller« im Nationalsozialismus
in: Buchhandelsgeschichte 2/1990, Beilage zum Bbl./Frankfurter Ausgabe Nr. 51 vom 26. 6. 1990, B41–B50
Reuth, Ralf Georg, Goebbels
München, Zürich 1990
Richards, Pamela Spence, German Libraries and scientific and technical Information in Nazi Germany
in: The Library Quarterly 55 (1985), S. 151–173
dies., Der Einfluß des Nationalsozialismus auf Deutschlands wissenschaftliche Beziehungen zum Ausland
in: Von Göschen bis Rowohlt. Beiträge zur Geschichte des deutschen Verlagswesens. Festschrift für Heinz Sarkowski zum 65. Geburtstag, hg. von Monika Estermann und Michael Knoche, Wiesbaden 1990 (= Beiträge zum Buch- und Bibliothekswesen, Bd. 30), S. 233–259
Riemschneider, Ernst G., Der Fall Klepper. Eine Dokumentation
Stuttgart 1975
Rischer, Walter, Die nationalsozialistische Kulturpolitik in Düsseldorf 1933–1945
Düsseldorf 1972
Ritchie, J. M., The Nazi Book-Burning
in: The Modern Language Review 83 (1988), S. 627–643
Robeneck, Brigitte, Geschichte der Stadtbücherei Köln von den Anfängen im Jahre 1890 bis zum Ende des Zweiten Weltkrieges
Köln 1983 (= Kölner Arbeiten zum Bibliotheks- und Dokumentationswesen, H. 3)
Rötzsch, Helmut/Pleßke, Hans-Martin, Die Deutsche Bücherei in Leipzig. Ein Abriß der Geschichte des Gesamtarchivs des deutschsprachigen Schrifttums 1912 bis 1987
Leipzig 1987 (= Sonderdruck aus Jahrbuch der Deutschen Bücherei 23/1987)
Rothfeder, Herbert P., A study of Alfred Rosenberg's organization for national socialist ideology
Diss. phil. (PHD) University of Michigan 1963
ders., Amt Schrifttumspflege. A Study in literary Control
in: German Studies Review 4 (1981), S. 63–78
Rowohlt-Almanach 1908–1962, hg. von Mara Hintermeier und Fritz J. Raddatz
Reinbek bei Hamburg 1962
Sachslehner, Johannes, Führerwort und Führerblick. Mirko Jelusich. Zur Strategie eines Bestsellerautors in den Dreißiger Jahren
Königstein/Ts. 1985 (= Literatur in der Geschichte, Geschichte in der Literatur, Bd. 11)
Sarkowski, Heinz, Der Springer Verlag. Stationen seiner Geschichte. Teil I: 1842–1945
Berlin u. a. 1992

Schäfer, Hans Dieter, Das gespaltene Bewußtsein. Über deutsche Kultur und Lebenswirklichkeit 1933–1945
München, Wien 1981
Schäfer, Wolfgang, NSDAP. Entwicklung und Struktur der Staatspartei des Dritten Reiches
Hannover, Frankfurt a.M. 1956 (= Schriftenreihe des Instituts für wissenschaftliche Politik in Marburg/Lahn, Nr. 3)
Schmeer, Karlheinz, Die Regie des öffentlichen Lebens im Dritten Reich
München 1956
Schnell, Ralf, Literarische innere Emigration 1933–1945
Stuttgart 1976
ders. (Hg.), Kunst und Kultur im deutschen Faschismus
Stuttgart 1978 (= Literaturwissenschaft und Sozialwissenschaften, Bd. 10)
ders., Innere Emigration und kulturelle Dissidenz
in: Richard Löwenthal/Patrick von zur Mühlen (Hg.), Widerstand und Verweigerung in Deutschland 1933–1945, Berlin, Bonn 1982, S. 211–225
Schöffling, Klaus (Hg.), »Dort wo man Bücher verbrennt«. Stimmen der Betroffenen
Frankfurt a.M. 1983
Schön, Henrike, Literarisches Leben in Göttingen im Spiegel von Autorenlesungen
Schriftliche Hausarbeit im Rahmen der 1. Staatsprüfung für das Lehramt an Gymnasien, Göttingen 1985 (ungedruckt)
Schoenbaum, David, Die braune Revolution. Eine Sozialgeschichte des Dritten Reiches. Aus dem Amerikanischen übersetzt von Tamara Schoenbaum-Holtermann
München 1980 (Amerikanische Originalausgabe 1967)
Schöne, Albrecht, Göttinger Bücherverbrennung 1933. Rede am 10. Mai 1983 zur Erinnerung an die »Aktion wider den undeutschen Geist«
Göttingen 1983 (= Göttinger Universitätsreden, 70)
Schwarz, Falk, Literarisches Zeitgespräch im Dritten Reich, dargestellt an der Zeitschrift »Neue Rundschau«
Frankfurt a.M. 1972 (= Sonderdruck aus dem Archiv für Geschichte des Buchwesens, Bd. XII)
Seier, Hellmut, Kollaborative und oppositionelle Momente der inneren Emigration Jochen Kleppers
in: Jahrbuch für die Geschichte Mittel- und Ostdeutschlands 8 (1959), S. 319–347
Serke, Jürgen, Die verbrannten Dichter. Berichte, Texte, Bilder einer Zeit
Frankfurt a.M. 1980 (erweiterte Taschenbuchausgabe; Originalausgabe: Weinheim, Basel 1977)
Sevin, Dieter, Joachim Maass. Exil ohne Ende
in: Colloquia Germanica 14 (1981), S. 1–25
ders., Der implizite Leser als Formelement des Exilromans am Beispiel von Joachim Maass' »Ein Testament«

in: Schreiben im Exil. Zur Ästhetik der deutschen Exilliteratur 1933–1945, hg. von Alexander Stephan und Hans Wagener, Bonn 1985 (= Studien zur Literatur der Moderne, Bd. 13), S. 212–223

Spiker, Jürgen, Film und Kapital. Der Weg der deutschen Filmwirtschaft zum nationalsozialistischen Einheitskonzern
Berlin 1975 (= Zur politischen Ökonomie des NS-Films, Bd. 2)

Stephan, Alexander, Die deutsche Exilliteratur 1933–1945. Eine Einführung
München 1979 (= Beck'sche Elementarbücher)

Stephan, Werner, Joseph Goebbels. Dämon einer Diktatur
Stuttgart 1949

Stockhorst, Erich, Fünftausend Köpfe. Wer war was im Dritten Reich
Velbert & Kettwig 1967

Strothmann, Dietrich, Nationalsozialistische Literaturpolitik. Ein Beitrag zur Publizistik im Dritten Reich
4. Aufl. Bonn 1985 (= Abhandlungen zur Kunst-, Musik- und Literaturwissenschaft, Bd. 13)

Sywottek, Jutta, Die Gleichschaltung der deutschen Volksbüchereien 1933 bis 1937
in: Archiv für Geschichte des Buchwesens XXIV (1983), Sp. 385–536

Teppe, Karl, Provinz, Partei, Staat. Zur provinziellen Selbstverwaltung im Dritten Reich, untersucht am Beispiel Westfalens
Münster 1977 (= Beiträge zur Geschichte der preußischen Provinz Westfalen, Bd. 1)

Thamer, Hans-Ulrich, Verführung und Gewalt. Deutschland 1933–1945
Berlin 1986 (= Die Deutschen und ihre Nation, Bd. 5)

Toussaint, Ingo, Die Universitätsbibliothek Freiburg im Dritten Reich
2., verbesserte und erweiterte Auflage München, New York, London, Paris 1984

Ulbricht, Justus H., »Die Quellen des Lebens rauschen in leicht zugänglicher Fassung...«. Zur Literaturpolitik völkischer Verlage in der Weimarer Republik
in: Von Göschen bis Rowohlt. Beiträge zur Geschichte des deutschen Verlagswesens. Festschrift für Heinz Sarkowski zum 65. Geburtstag, hg. von Monika Estermann und Michael Knoche, Wiesbaden 1990 (= Beiträge zum Buch- und Bibliothekswesen, Bd. 30), S. 177–197

ders., Die Bücher des heimlichen Deutschland. Zur Geschichte völkischer Verlage in der Weimarer Republik
in: Revue d'Allemagne et des pays de langue allemande 22 (1990), S. 401–413

ders., »Ein heimlich offener Bund für das große Morgen...«. Methoden systematischer Weltanschauungsproduktion während der Weimarer Republik
in: Buchhandelsgeschichte 1/1993, Beilage zum Bbl./Frankfurter und Leipziger Ausgabe Nr. 24 vom 26. 3. 1993, B1–B17

Unbescheid, Rudolf K., Schule des Gemeinsinns. [Der Börsenverein und seine Vorsteher]. Teile VII–IX

in: Buchhändler heute 24 (1970), S. 992–995; S. 1382–1385; 25 (1971), S. 531–534
Verwaltung contra Menschenführung im Staat Hitlers. Studien zum politisch-administrativen System, hg. von Dieter Rebentisch und Karl Teppe Göttingen 1986
Volksbücherei und Nationalsozialismus. Materialien zur Theorie und Politik des öffentlichen Büchereiwesens in Deutschland 1933–1945, zusammengestellt und mit einer Einleitung versehen von Friedrich Andrae
Wiesbaden 1970 (= Beiträge zum Büchereiwesen. Reihe B Quellen und Texte, H. 3)
»Das war ein Vorspiel nur...«. Bücherverbrennung Deutschland 1933. Voraussetzungen und Folgen. Ausstellung der Akademie der Künste (Berlin) vom 8. 5.–3. 7. 1983. Katalog, hg. von Hermann Haarmann, Walter Huder und Klaus Siebenhaar
Berlin, Wien 1983
Walberer, Ulrich (Hg.), 10. Mai 1933. Bücherverbrennung in Deutschland und die Folgen
Frankfurt a. M. 1983
Walter, Hans-Albert, Die deutsche Exilliteratur 1933–1950
Bd. 1 Bedrohung und Verfolgung bis 1933
Darmstadt 1972
Wegner, Bernd, Deutsche Aktenbestände im Moskauer Zentralen Staatsarchiv
in: VfZG 40 (1992), S. 311–319
Werbick, Peter, Urteilsmaßstäbe nationalsozialistischer Literaturkritik
in: Text & Kontext 8 (1980), S. 243–265
Wiesner, Herbert, »Innere Emigration«. Die innerdeutsche Literatur im Widerstand 1933–1945
in: Hermann Kunisch (Hg.), Handbuch der deutschen Gegenwartsliteratur, Bd. II, 2., verbesserte und erweiterte Aufl. München 1970, S. 383–408
Willett, John, Explosion der Mitte. Kunst + Politik 1917–1933. Aus dem Englischen von Benjamin Schwarz
München 1981 (Englische Originalausgabe 1978)
Wistrich, Robert, Wer war wer im Dritten Reich. Anhänger, Mitläufer, Gegner aus Politik, Wirtschaft, Militär, Kunst und Wissenschaft. Aus dem Englischen von Joachim Rehork
München 1983 (Englische Originalausgabe 1982)
Kurt Wolff – Ernst Rowohlt. Ausstellung im Schiller-Nationalmuseum Marbach am Neckar von Juni bis Dezember 1987, bearbeitet von Ernst Pfäfflin
Marbach a. N. 1987 (= Marbacher Magazin 43/1987)
Wulf, Joseph, Literatur und Dichtung im Dritten Reich. Eine Dokumentation
Frankfurt a. M., Berlin, Wien 1983 (Originalausgabe 1966)

Wunder, Bernd, Geschichte der Bürokratie in Deutschland
Frankfurt a. M. 1986 (= Neue historische Bibliothek)
Zitelmann, Rainer, Hitler. Selbstverständnis eines Revolutionärs
Hamburg, Leamington Spa, New York 1987
ders., Adolf Hitler. Eine politische Biographie
Göttingen 1989 (= Persönlichkeit und Geschichte, Bd. 21/22)

Bildnachweise

Abb. 1: Börsenblatt, Kantate-Ausgabe 1936, S. 3.
Abb. 2: Friedrich Oldenbourg zum 100. Geburtstag. Privatdruck 1988.
Abb. 3: Börsenblatt, Nr. 251 vom 27. Oktober 1936, S. 936.
Abb. 4: Börsenblatt, Nr. 260 vom 9. November 1937, S. 898.
Abb. 5: Börsenblatt, Nr. 165 vom 18. Juli 1940, S. 265.
Abb. 6: Schiller-Nationalmuseum, Marbach/N.
Abb. 7: Schiller-Nationalmuseum, Marbach/N.
Abb. 8: Schiller-Nationalmuseum, Marbach/N.
Abb. 9: Historisches Archiv des Börsenvereins, Frankfurt/M.
Abb. 10: Schiller-Nationalmuseum, Marbach/N.
Abb. 11: Schiller-Nationalmuseum, Marbach/N.
Abb. 12: Börsenblatt, Nr. 255 vom 2. November 1938, S. 849.
Abb. 13: Schiller-Nationalmuseum, Marbach/N.
Abb. 14: Börsenblatt, Nr. 221 vom 21. September 1940, S. 333.
Abb. 15: Börsenblatt, Nr. 43 vom 20. Februar 1940, S. 58.
Abb. 16: Börsenblatt, Nr. 140 vom 20. Juni 1939, S. 502.
Abb. 17: Deutsche Bücherei, Leipzig

Register